U0839371

One Belt and One Road Cooperation and Development Yearbook

孙克强　孙巨传　钱运春　**主编**

图书在版编目(CIP)数据

“一带一路”合作与发展年鉴/孙克强等主编.—上海:上海社会科学院出版社,2019

ISBN 978-7-5520-2888-1

Ⅰ.①一… Ⅱ.①孙… Ⅲ.①“一带一路”—国际合作—年鉴 Ⅳ.①F125-54

中国版本图书馆CIP数据核字(2019)第164821号

“一带一路”合作与发展年鉴

主　　编　孙克强　孙巨传　钱运春
责任编辑　杜颖颖
封面设计　何　方　汤　玥
出版发行　上海社会科学院出版社
上海顺昌路622号　邮编200025
电话总机021-63315947　销售热线021-53063735
http://www.sassp.org.cn　E-mail:sassp@sassp.cn
照　　排　南京东汉文化传播有限公司
印　　刷　南京文博印刷厂
开　　本　710×1010毫米　1/16开
印　　张　45.5
字　　数　1180千
版　　次　2019年9月第1版　　2019年9月第1次印刷

ISBN 978-7-5520-2888-1/F·584　　定价　398.00元

编辑委员会

编写说明

2013年9月和10月，中国国家主席习近平在出访哈萨克斯坦和印度尼西亚时先后提出共建“丝绸之路经济带”与“21世纪海上丝绸之路”的重大倡议。该倡议以共商共建共享为原则，以和平合作、开放包容、互学互鉴、互利共赢的丝绸之路精神为指引，以政策沟通、设施联通、贸易畅通、资金融通、民心相通为重点，已经从理念转化为行动，从愿景转化为现实，从倡议转化为全球广受欢迎的公共产品。5年多来，共建“一带一路”倡议得到了越来越多国家和国际组织的积极响应，受到国际社会广泛关注，影响力日益扩大。

为深入研究“一带一路”倡议的内涵、影响与作用，国内外专家学者与实际部门人员，都作了大量的工作。2018年10月，在连云港市政府的领导下，在连云港市委宣传部的指导下，由上海社会科学院、江苏省社会科学院和连云港社会科学院的多位专家共同开展了本年鉴的体例确定、文献研究、资料收集与整理、文稿的撰写与起草等工作。现将体例作一说明：

1. 本年鉴使用篇章编辑法撰写与编辑，篇下设章，篇和章的标题分别使用不同的字体和字号以示区别，篇目标明于页眉，以便于检索。

2. 2019年编写的年鉴反映的是到2018年底关于“一带一路”倡议各方面发展变化的内容。2019年编写出版的《“一带一路”合作与发展年鉴》是第一本，年鉴中也部分地使用了2013年以来“一带一路”倡议实施过程中的有关建设情况，便于使用者从历史变化的角度了解与研究“一带一路”倡议的实施进程。自2020年开始编写出版的年鉴，将主要反映上一年度“一带一路”倡议实施的情况。

3. 本年鉴主要开设以下10个栏目：重要讲话、高峰论坛、国家战略、沿线概况、主要进展、国内发展、合作进展、发展实绩、研究成果与大事记等，以后将根据“一带一路”倡议的实施情况进行调整。

4. 本年鉴主要以上海社会科学院、江苏省社会科学院和连云港市社会科学院的研究人员为主，部分地约请了国内相关单位与部门的人员参加，以后将不断调整和扩大研究队伍。

序

2013年秋，中国国家主席习近平首次向世界发出共建"丝绸之路经济带"和"21世纪海上丝绸之路"的伟大倡议，绘就了一幅磅礴大气、笔墨酣畅的大写意，得到国际社会高度关注和广泛参与。经过6年的发展，已有150多个国家和国际组织同中国签署共建"一带一路"合作协议，"一带一路"的朋友圈越来越大，合作伙伴越来越多，合作质量越来越高，合作前景也越来越广阔。

"一带一路"源于中国，属于世界，根植历史，面向未来。作为中国新一轮改革开放的顶层设计，"一带一路"继承发扬了中华民族"和而不同""天下大同"的价值观点，为全球化发展贡献了中国方案，也为沿线国家、地区带来了巨大的发展机遇。作为历史上海上丝绸之路的一个重要起点，连云港得益于独特的区位优势、良好的港航条件，经济社会发展得到了国家和江苏省的高度重视。习近平曾先后4次亲自见证连云港中哈合作项目，国家将连云港定位为新亚欧大陆桥经济走廊节点城市、上合组织出海基地和中哈物流中转基地，江苏省也将连云港作为"一带一路"交汇点建设的强支点来打造。近年来，在"一带一路"倡议的引领下，连云港乘势开启"高质发展、后发先至"新征程，全力建设大港口、构建大交通、推动大开放、发展大产业、促进城市功能和品质大提升、实现大发展。随着高铁、深水航道、新机场等重大交通基础设施不断完善，"三新一高"产业蓬勃壮大和世界级石化产业基地快速形成，特别是连云港自贸区获批，连云港的发展步伐越来越快，发展态势更加强劲，在国家开放大局中的地位和作用也进一步凸显。

在共享"一带一路"新机遇的同时，连云港也一直助力共建这个开放合作新平台。在"一带一路"倡议从夯基垒台、立柱架梁向落地生根、持久发展阶段迈进的历史时期，我们组织力量编写了《"一带一路"合作与发展年鉴》，汇集收录了"一带一路"倡议提出以来有关重要讲话、重大活动、重点合作项目以及主要学术成果等。希望该书的出版，既能进一步增进海内外人士对"一带一路"倡议的认识，同时也能为研究推动"一带一路"倡议的各方大家提供工具参考。今后，该书将每年编写出版一卷，继续见证和忠实记录"一带一路"倡议在全球的生动实践。本书在编写出版过程中，得到了上海社会科学院、江苏省社会科学院等单位的大力支持，谨在此一并感谢！

"孤举者难起，众行者易趋。"伴随"一带一路"大格局的逐步形成，合作共赢成为新时代发展主旋律。希望更多的海内外朋友关注并走进连云港，在这方投资创业的热土上，在深化"一带一路"合作中，与我们一起奏响共商共建共享的"大合唱"，携手描绘"路路相连、美美与共"的"一带一路"工笔画！

中共连云港市委常委、宣传部部长　滕　雯

2019年8月

目 录

Directory

第一篇 重要讲话

Parts 1 Important speech

第一章 弘扬人民友谊 共创美好未来…………………………………………………… 习近平 3
Chapter 1 Promoting People's Friendship for a Better Future
第二章 中国愿同东盟国家共建21世纪“海上丝绸之路”(摘要)……………………… 习近平 7
Chapter 2 China's willingness to work with ASEAN countries to build the 21st Century Maritime Silk Road(Summary)

第二篇 “一带一路”国际合作高峰论坛

Parts II Belt and Road Forum for International Cooperation

第一章 第一届“一带一路”国际合作高峰论坛 …………………………………………………11
Chapter 1 First Belt and Road Forum for International Cooperation
第一节 携手推进“一带一路”建设 ……………………………………………………………11
Section 1 The Belt and Road Initiative
第二节 第一届“一带一路”国际合作高峰论坛联合公报 ……………………………………16
Section 2 Joint Communiqué of the First Belt and Road Forum for International Cooperation
第三节 第一届“一带一路”国际合作高峰论坛成果清单 ……………………………………19
Section 3 List of Outcomes of the First Belt and Road Forum for International Cooperation
第二章 第二届“一带一路”国际合作高峰论坛 …………………………………………………24
Chapter 2 Second Belt and Road Forum for International Cooperation
第一节 齐心开创共建“一带一路”美好未来 …………………………………………………24
Section 1 The Belt and Road Initiative
第二节 第二届“一带一路”国际合作高峰论坛联合公报 ……………………………………27
Section 2 Joint Communiqué of the Second Belt and Road Forum for International Cooperation
第三节 第二届“一带一路”国际合作高峰论坛成果清单 ……………………………………33
Section 3 List of Outcomes of the Second Belt and Road Forum for International Cooperation

第三篇 推进合作与发展的国家战略

Parts 3 National strategies for cooperation and development

第一章 "一带一路"建设海上合作设想 ……43
Chapter 1 Ideas for Maritime Cooperation in the Belt and Road Initiative

第二章 共同推进"一带一路"建设农业合作的愿景与行动 ……49
Chapter 2 Vision and Actions for the Belt and Road to Build Agricultural Cooperation

第三章 共同推动认证认可 服务"一带一路"建设的愿景与行动 ……54
Chapter 3 Vision and Action of Promoting the Belt and Road Initiative for Certification and Accreditation Services

第四章 推动丝绸之路经济带和21世纪海上丝绸之路能源合作愿景与行动 ……57
Chapter 4 Promoting the Vision and Action for Energy Cooperation in the Silk Road Economic Belt and the 21st Century Maritime Silk Road

第五章 "一带一路"生态环境保护合作规划 ……61
Chapter 5 Belt and Road Ecological Environmental Protection Cooperation Plan

第六章 关于推进绿色"一带一路"建设的指导意见 ……67
Chapter 6 Guidelines on Promoting the Green Belt and Road Initiative

第七章 关于开展支持中小企业参与"一带一路"建设专项行动的通知 ……72
Chapter 7 Circular on Supporting the Participation of Small and Medium-sized Enterprises in the Belt and Road Initiative

第八章 "一带一路"文化发展行动计划(2016—2020年) ……75
Chapter 8 Belt and Road Action Plan for Cultural Development(2016-2020)

第九章 推进共建"一带一路"教育行动 ……80
Chapter 9 Promoting Education Initiatives for the Belt and Road Initiative

第十章 "一带一路"体育旅游发展行动方案 ……85
Chapter 10 Belt and Road Action Plan for Sports Tourism Development

第十一章 标准联通 共建"一带一路"行动计划 ……88
Chapter 11 Action Plan for Building the Belt and Road by Standard Unicom

第十二章 中国社会组织推动"一带一路"民心相通行动计划 ……94
Chapter 12 Action Plan for Promoting People-to-People Connectivity in the Belt and Road Initiative by Chinese Social Organizations

第十三章 国家邮政局关于推进邮政业服务"一带一路"建设的指导意见 ……96
Chapter 13 Guidelines of the State Post Office on Promoting the Belt and Road Construction of Postal Services

第十四章 关于支持香港特区全面参与和助力"一带一路"建设的安排 ……100
Chapter 14 Arrangements to Support Hong Kong's Full Participation in and Contribution to the Belt and Road Initiative

第十五章 关于支持澳门特区全面参与和助力"一带一路"建设的安排 ……103
Chapter 15 Arrangements to Support Macao's Full Participation in and Contribution to the Belt and Road Initiative

第四篇　沿线国家基本情况与主要资源

Parts 4　The basic situation and main resources of countries along the route

第一章　“一带一路”沿线主要国家基本情况 …… 109

Chapter 1　Basic Situation of Major Countries Along the Belt and Road

第二章　“一带一路”沿线国家主要资源 …… 122

Chapter 2　Main Resources of Countries Along the Belt and Road

第一节　“一带一路”沿线国家耕地资源 …… 122

Section 1　Cultivated Land Resources of Countries Along the Belt and Road

第二节　“一带一路”沿线国家水资源 …… 128

Section 2　Water Resources of Countries Along the Belt and Road

第三节　“一带一踣”沿线国家化石能源 …… 133

Section 3　Fossil Energy in Countries Along the Belt and Road

第五篇　“一带一路”建设主要进展

Parts 5　Major Progress in the Belt and Road Initiative

第一章　基础情况 …… 145

Chapter 1　Basic Facts

第二章　时代的呼唤 …… 146

Chapter 2　The Call of the Times

第三章　总体建设方案 …… 147

Chapter 3　Overall Construction Plan

第四章　主要建设进展 …… 150

Chapter 4　Progress of Major Construction

第五章　中国的行动与贡献 …… 157

Chapter 5　China’s Actions and Contributions

第六章　多层次合作机制 …… 160

Chapter 6　Multilevel Cooperative Mechanisms

第七章　未来发展展望 …… 162

Chapter 7　Future Development Outlook

第六篇　国内各省市参与“一带一路”建设的进展

Parts 6　Progress in the Participation of All Provinces in the Belt and Road Initiative

第一章　北京市参与“一带一路”建设 …… 169

Chapter 1　Beijing’s Participation in the Belt and Road Initiative

第一节　以“四大平台”建设为主抓手 …… 169
Section 1　Construction of Four Platforms
第二节　支持企业走出去 …… 171
Section 2　Enterprises to Go Outside
第二章　上海市参与“一带一路”建设 …… 173
Chapter 2　Shanghai’s Participation in the Belt and Road Initiative
第一节　改革开放，成为“一带一路”重要口岸 …… 173
Section 1　Reform and Opening Up To Become an Important Port of the Belt and Road
第二节　创新发展，已架起互联互通的桥梁 …… 174
Section 2　Innovation and Development
第三节　实践集成，已融入“一带一路”建设体系 …… 174
Section 3　Integration of Practice into the Belt and Road Construction System
第三章　天津市参与“一带一路”建设 …… 176
Chapter 3　Tianjin’s Participation in the Belt and Road Initiative
第四章　重庆市参与“一带一路”建设 …… 178
Chapter 4　Chongqing Municipality’s Participation in the Belt and Road Initiative
第一节　积极推进中欧班列开行 …… 178
Section 1 China and Europe
第二节　建成对外开放平台体系和立体化的口岸体系 …… 178
Section 2　An Open Platform System and a Three-dimensional Port System
第三节　优化两大开放通道，创造优质营商环境 …… 180
Section 3　Two Open Channels to Create a High-Quality Business Environment
第五章　河北省参与“一带一路”建设 …… 181
Chapter 5　Hebei Province’s Participation in the Belt and Road Initiative
第一节　经贸合作日益密切，多方位促进“一带一路”建设 …… 181
Section 1　Closer Economic and Trade Cooperation and Promotion of the Belt and Road Initiative
第二节　加强规划引导，推动更积极参与“一带一路”建设 …… 182
Section 2　The Belt and Road Initiative
第六章　山西省参与“一带一路”建设 …… 183
Chapter 6　Shanxi’s Participation in the Belt and Road Initiative
第一节　高效对接，国际经贸合作结硕果 …… 183
Section 1　Results of International Economic and Trade Cooperation
第二节　高频交流，人文互学民心通 …… 183
Section 2　High Frequency Communication, Humanities and People’s Friendship
第三节　高速建设，对外开放平台在完善 …… 184
Section 3　High-Speed Construction and Opening Platform
第七章　吉林省参与“一带一路”建设 …… 185
Chapter 7　Participation of Jilin Province in the Belt and Road Initiative

第一节 东北亚"几何中心"拉长开放半径 …… 185
Section 1 Northeast Asia "Geometric Center" Prolong Open Radius
第二节 内陆省"借港出海"缩短开放距离 …… 185
Section 2 Inland Province "Going to Sea by Port" Shortening the Open Distance
第三节 老工业基地融入"一带一路"以开放促振兴 …… 186
Section 3 The Belt and Road to Promote the Revitalization of the Old Industrial Base
第八章 辽宁省参与"一带一路"建设 …… 187
Chapter 8 Liaoning Province's Participation in the Belt and Road Initiative
第一节 抢抓机遇,加快老工业基地转型发展 …… 187
Section 1 Opportunities to Accelerate the Transformation and Development of Old Industrial Base
第二节 顶层设计:向北开放发展新格局已然成形 …… 187
Section 2 Top Level Design: Open Development to the North
第三节 格局,决定着辽宁未来发展的高度 …… 188
Section 3 The Pattern determines the height of Liaoning's future development
第四节 战略对接:畅通交流合作新桥梁 …… 188
Section 4 Strategic Alignment: New Bridges for Smooth Communication and Cooperation
第九章 黑龙江省参与"一带一路"建设 …… 190
Chapter 9 Heilongjiang Province's Participation in the "Belt and Road" Construction
第一节 推动地方政府间交流合作,黑龙江开放合作朋友圈扩大 …… 190
Section 1 Exchange and Cooperation among Local Governments
第二节 通道建设为重点,设施联通实现新突破 …… 190
Section 2 Channel Construction for Key Facilities Connectivity
第三节 互利互惠为基础,贸易畅通得到新提升 …… 191
Section 3 Trade Smooth on the Basis of Mutual Benefit and Reciprocity
第四节 金融保障为支撑,资金融通取得新成效 …… 191
Section 4 New Achievements of Financial Security in Support of Capital Integration
第五节 人文交流为纽带,民心相通结出新果实 …… 191
Section 5 People-to-People Exchange Will Bring New Fruits to the Connectivity of the People
第十章 陕西省参与"一带一路"建设 …… 192
Chapter 10 Shaanxi Province's Participation in the Belt and Road Initiative
第一节 积极服务贯彻国家战略 …… 192
Section 1 Implementation of the National Strategy
第二节 重点工作有力推进 …… 193
Section 2 Key Work
第十一章 甘肃省参与"一带一路"建设 …… 195
Chapter 11 Participation of Gansu Province in the Belt and Road Initiative
第一节 谋深谋远,强化顶层设计,全力打造丝绸之路经济带甘肃黄金段 …… 195
Section 1 Seeks to go further, strengthen the top-level design, and make every effort to build the Gansu

Golden Section of the Silk Road Economic Belt

第二节　搭建平台，扩大交流，开放平台建设取得新突破…… 195

Section 2　Building Platforms, Expanding Exchanges and Making New Breakthrough in the Construction of Open Platforms

第三节　强化基础，交通先行，开放通道建设呈现新亮点…… 196

Section 3　Strengthening the Foundations, Transportation First, New Highlight in the Construction of Open Roads

第四节　内引外联，加强合作，经贸合作取得新成果…… 197

Section 4　Outreach, Enhanced Cooperation and New Achievements in Economic and Trade Cooperation

第五节　发挥优势，突出特色，人文交流取得新进展…… 197

Section 5　New Progress in People-to-People Exchange

第十二章　青海省参与“一带一路”建设 …… 198

Chapter 12　Qinghai Province’s Participation in the Belt and Road Initiative

第一节　善用对外开放重要节点…… 198

Section 1　Important Points for Opening to the Outside World

第二节　积极促进对外贸易和投资合作快速发展…… 199

Section 2　Rapid Development of Foreign Trade and Investment Cooperation

第三节　大力培育特色优势产业…… 199

Section 3　Characteristic Advantages Industry

第四节　着力构建全方位开放格局…… 200

Section 4　All-round Opening up

第十三章　河南省参与“一带一路”建设 …… 201

Chapter 13　Henan Province’s Participation in the “Belt and Road” Construction

第一节　“陆上丝绸之路”越跑越快 …… 201

Section 1　The Land Silk Road Run Faster and Faster

第二节　“空中丝绸之路”越飞越广 …… 201

Section 2　The Air Silk Road

第三节　“网上丝绸之路”越来越便捷 …… 202

Section 3　The Internet Silk Road

第四节　“海上丝绸之路”越来越顺畅 …… 202

Section 4　The Maritime Silk Road

第十四章　山东省参与“一带一路”建设 …… 204

Chapter 14　Shandong Province’s Participation

第一节　海外布局，集群抱团发展 …… 205

Section 1　Overseas Layout and Cluster Developmentin the “Belt and Road”

第二节　项目储备，培育国际化群体 …… 206

Section 2　Project Reserves to Cultivate Internationalized Groups

第三节　产业协同，构建合作平台 …… 206

Section 3　Industrial Collaboration and Building a Cooperation Platform

第十五章 福建省参与“一带一路”建设 …… 208
Chapter 15 Fujian Province's Participation in the Belt and Road Initiative
第十六章 浙江省参与“一带一路”建设 …… 209
Chapter 16 Zhejiang Province's Participation in the Belt and Road Initiative
第一节 新格局，互惠互利 …… 209
Section 1 New Patterns, Reciprocity and Mutual Benefit
第二节 生力军，“抱团”走出去 …… 210
Section 2 New Forces, "Carry Group" Go Out
第三节 大平台，全省齐协力 …… 210
Section 3 The Great Platform, The Province Works Together
第十七章 湖北省参与“一带一路”建设 …… 212
Chapter 17 Hubei Province's Participation in the "Belt and Road"
第一节 汉欧班列实载率全国第一 …… 212
Section 1 The Actual Load Rate of Hanou Banlie
第二节 湖北优势产能走向世界 …… 213
Section 2 Hubei Advantages Production Capacity to the World
第三节 呼吁抱团出征“一带一路” …… 214
Section 3 Call for Forging Out of the Belt and Road
第十八章 湖南省参与“一带一路”建设 …… 215
Chapter 18 Hunan Province's Participation in the Belt and Road Initiative
第一节 核心竞争力过硬 …… 216
Section 1 Core Competitiveness
第二节 市场洞察力敏锐 …… 217
Section 2 Market Insight
第三节 打造新平台，开创新格局 …… 218
Section 3 A New Platform and a New Pattern
第四节 湖湘文化底蕴深厚，湖南人敢为人先 …… 219
Section 4 Huxiang deep cultural heritage, Hunan people dare to take the lead
第十九章 江西省参与“一带一路”建设 …… 220
Chapter 19 Jiangxi Province Participate in the "Belt and Road" Construction
第一节 积极参与国家重大外交活动 …… 220
Section 1 Active Participation in Major Diplomatic Activities of the State
第二节 全面构建江西对外开放通道 …… 220
Section 2 Jiangxi Open to the Outside World
第三节 打造江西产业海外集聚区 …… 221
Section 3 Overseas Industrial Agglomerations in Jiangxi Province
第四节 引进一批世界500强来赣投资 …… 221
Section 4 Investment from the Top 500 in the World

第五节 开展"一带一路"江西旅游营销 …… 222
Section 5 "Belt and Road" Jiangxi Tourism Marketing
第六节 建设连接"一带一路"大通道 …… 222
Section 6 The Belt and Road Link
第二十章 江苏省参与"一带一路"建设 …… 223
Chapter 20 Jiangsu Province's Participation in the "Belt and Road"
第二十一章 安徽省参与"一带一路"建设 …… 225
Chapter 21 Anhui Province's Participation in the "Belt and Road" Construction
第二十二章 广东省参与"一带一路"建设 …… 226
Chapter 22 Guangdong Province's Participation in the Belt and Road Initiative
第一节 广东省经济结构和对外经贸结构不断优化,新旧动能转换加快进行 …… 226
Section 1 Guangdong's Economic Structure and Foreign Economic and Trade Structure
第二节 文化产业走出去成果丰硕,创新"文化+金融"模式 …… 228
Section 2 The Cultural Industry Extends to Have Rich Achievements and Innovates the "Culture + Finance" Model
第二十三章 海南省参与"一带一路"建设 …… 229
Chapter 23 Hainan Province's Participation in the Belt and Road Initiative
第一节 深化政府间合作 …… 229
Section 1 Intergovernmental Cooperation
第二节 增强互联互通能力 …… 229
Section 2 Connectivity
第三节 提升贸易与投资合作水平 …… 230
Section 3 Trade and Investment Cooperation
第四节 推进金融合作与开放 …… 230
Section 4 Financial Cooperation and Opening-up
第五节 人文交流亮点突出 …… 230
Section 5 Cultural and Cultural Exchange
第二十四章 四川省参与"一带一路"建设 …… 232
Chapter 24 Sichuan Province's Participation in the Belt and Road Construction
第一节 蓉欧国际铁路港供应链服务功能区——保税区物流中心B型 …… 232
Section 1 Rongou International Railway Port Supply Chain Service Function Area
第二节 蓉欧国际铁路港供应链服务功能区——成都铁路口岸 …… 233
Section 2 Rongou International Railway Port Supply Chain Service Function Area
第三节 加快建设陆海新通道 …… 234
Section 3 Rongou International Railway Port Supply Chain Service Function Area
第二十五章 贵州省参与"一带一路"建设 …… 235
Chapter 25 Guizhou Province's Participation in the Belt and Road Construction
第二十六章 云南省参与"一带一路"建设 …… 237
Chapter 26 Yunnan Province Participate in the "Belt and Road" Construction

第一节 进一步打造好对外开放的重要门户 …………………………………… 237
Section 1 Important Gateway to Opening Up
第二节 积极推进合作高地建设 ………………………………………………… 238
Section 2 Highland for Cooperation
第三节 建设好经济走廊……………………………………………………………… 238
Section 3 Economic Corridor
第四节 积极开展先行先试 …………………………………………………………… 238
Section 4 The First Trial
第二十七章 内蒙古自治区参与"一带一路"建设 ………………………………… 240
Chapter 27 Inner Mongolia Autonomous Region's Participation in the Belt and Road Initiative
第一节 "一带一路"上的内蒙古,站在了全面开放新的起点上 ……………… 240
Section 1 Inner Mongolia on the Belt and Road, which stands at a new starting point for all-round opening up
第二节 出境中欧班列占全国近六成,内蒙古已成为中欧班列入境黄金枢纽 ……… 241
Section 2 Departure of Central and European Trails accounted for nearly 60 % of the country, and Inner Mongolia has become the gold hub for entry into China and Europe
第三节 蒙医蒙药被赋予"医疗外交"新内涵 ………………………………… 241
Section 3 New Connotation of "Medical Diplomacy" by Mongolian Medicine
第二十八章 新疆维吾尔自治区参与"一带一路"建设 ……………………………… 243
Chapter 28 Xinjiang Uygur Autonomous Region's Participation in the Belt and Road Initiative
第一节 从内陆变成国家开放的门户和前沿……………………………………… 243
Section 1 From being landlocked to being a gateway and frontier to the west of the country
第二节 国际货运班列形成运输新格局……………………………………………… 244
Section 2 International Cargo Platforms Forming a New Pattern of Transport
第三节 霍尔果斯口岸焕发新生机…………………………………………………… 244
Section 3 The Port of Khorgos
第四节 合作共赢,更多企业共享发展成果 ……………………………………… 245
Section 4 Win-Win Cooperation, More Enterprises Share Development Results
第五节 鼓励建筑企业"走出去" …………………………………………………… 245
Section 5 Encouraging Construction Enterprises to Go Outside
第六节 加快引进境外金融机构……………………………………………………… 246
Section 6 Introduction of Foreign Financial Institutions
第七节 加速资金投放:催生实体经济活力 ………………………………………… 246
Section 7 Accelerating the Delivery of Funds: Promoting the Vitality of the Real Economy
第八节 促进新疆商贸流通业的快速发展…………………………………………… 247
Section 8 Rapid Development of Commerce and Trade Circulation in Xinjiang
第九节 激发纺织服装行业走向世界舞台…………………………………………… 247
Section 9 Stimulate the Textile and Clothing Industry to the World Stage

第二十九章 宁夏回族自治区参与“一带一路”建设 …… 248
Chapter 29 Ningxia Hui Autonomous Region’s Participation in the Belt and Road Initiative
第一节 “第二次改革开放”，宁夏由内陆腹地走向开放前沿 …… 248
Section 1 Second Reform and Opening Up
第二节 宁夏成中国“西望”阿拉伯之窗 …… 248
Section 2 “Xiwang” Arab Window of China
第三节 宁夏成为中国对外开放的新名片 …… 249
Section 3 Ningxia Become a New Business Card for China to Open to the World
第四节 宁夏融入“一带一路”的重要举措 …… 249
Section 4 Ningxia's Important Strategic Initiatives for Integration into the Belt and Road Initiative
第三十章 广西壮族自治区参与“一带一路”建设 …… 251
Chapter 30 Guangxi Zhuang Autonomous Region’s Participation in the Belt and Road Initiative
第一节 国际合作平台不断丰富 …… 251
Section 1 International Cooperation Platform Enriched
第二节 产能合作迈上新台阶 …… 252
Section 2 Production Capacity Cooperation
第三节 人文交流促进民心相通 …… 252
Section 3 People-to-People Exchanges
第四节 做好广西旅游资源开发利用大文章 …… 252
Section 4 The Development and Utilization of Tourism Resources in Guangxi
第三十一章 西藏自治区参与“一带一路”建设 …… 255
Chapter 31 Tibet Autonomous Region’s Participation in the Belt and Road Initiative
第一节 从西南边陲到开放前沿 …… 255
Section 1 From the Southwest Frontier to the Open Frontier
第二节 西藏将更好地融入世界 …… 256
Section 2 Tibet will be better integrated into the world
第三节 守住保护生态环境的红线 …… 257
Section 3 Protection of the Ecological Environment
第四节 进一步加大文化交流工作 …… 257
Section 4 Cultural Exchanges
第五节 积极利用好各项政策 …… 257
Section 5 Good Use of Policies
第三十二章 香港特别行政区参与“一带一路”建设 …… 258
Chapter 32 Participation of the Hong Kong Special Administrative Region in the Belt and Road Initiative
第三十三章 澳门特别行政区参与“一带一路”建设 …… 260
Chapter 33 Participation of the Macao Special Administrative Region in the Belt and Road Initiative
第一节 港珠澳大桥推动粤港澳合作 …… 260
Section 1 Hong Kong-Zhuhai-Macao Bridge to Promote Hong Kong-Guangdong Cooperation

第二节 谋求经济适度多元发展…………………………………………………………………… 261
Section 2 Moderate Diversified Economic Development
第三节 建设“一个中心,一个平台”…………………………………………………………… 261
Section 3 Construction of “One Center, One Platform”
第四节 打造中葡商贸服务合作平台…………………………………………………………… 262
Section 4 China-Portugal Trade Service Cooperation Platform

第七篇 “一带一路”合作

Parts 7 “The Belt and Road” Cooperation

第一章 与亚洲的合作………………………………………………………………………………… 265
Chapter 1 Cooperation with Asia
第一节 与区域内国际组织的合作……………………………………………………………… 265
Section 1 Cooperation with international organizations in the region
第二节 国家与国家之间的合作………………………………………………………………… 276
Section 2 Cooperation between States
第三节 政府有关部门与国家之间的合作……………………………………………………… 305
Section 3 Cooperation between Local Governments and the State
第四节 企业与相关国家政府、机构之间的合作 …………………………………………… 307
Section 4 Cooperation among Enterprises
第五节 社会组织的合作………………………………………………………………………… 309
Section 5 Cooperation of Social Organizations
第二章 与中东欧16国的合作 ……………………………………………………………………… 310
Chapter 2 Cooperation with the 16 Central and Eastern European States
第一节 概 况………………………………………………………………………………… 310
Section 1 Summary
第二节 主要活动………………………………………………………………………………… 310
Section 2 Main activities
第三节 重要宣言………………………………………………………………………………… 314
Section 3 Important Declarations
第三章 与非洲的合作………………………………………………………………………………… 348
Chapter 3 Cooperation with Africa
第一节 五年来,习近平这样说中非合作 …………………………………………………… 348
Section 1 Over the past five years, Xi Jinping has said this about China-Africa cooperation
第二节 中非合作论坛…………………………………………………………………………… 350
Section 2 Forum for Central African Cooperation
第三节 非洲联盟………………………………………………………………………………… 350
Section 3 African Union

第四节 西共体…… 351
Section 4 ECOWAS
第五节 国家之间的合作…… 351
Section 5 Cooperation among States
第四章 与大洋洲的合作…… 384
Chapter 4 Cooperation with Oceania
第一节 大洋洲基本情况…… 384
Section 1 Basic Situation in Oceania
第二节 与区域内国际组织的合作…… 384
Section 2 Cooperation with international organizations in the region
第三节 与大洋洲国家之间的合作…… 388
Section 3 Cooperation with countries in Oceania
第四节 地方政府与国家之间的合作…… 403
Section 4 Cooperation between Local Governments and the State
第五节 企业间的合作…… 404
Section 5 Cooperation among Enterprises
第五章 与美洲国家的合作…… 413
Chapter 5 Cooperation with the Americas
第一节 美州基本情况…… 413
Section 1 Basic Situation in America
第二节 与区域内国际组织的合作…… 413
Section 2 Cooperation with international organizations in the region
第三节 与美洲国家之间的合作…… 447
Section 3 Cooperation with States of the Americas
第四节 企业与国家之间的合作…… 463
Section 4 Cooperation between Enterprises and the State
第五节 地方政府与国家之间的合作…… 465
Section 5 Cooperation between Local Governments and the State

第八篇 “一带一路”发展

Parts 8 Belt and Road Development

第一章 “一带一路”倡议提出六年来的总体进展 …… 469
Chapter 1 Overall Progress of the Belt and Road Initiative Over the Six Years
第二章 一带一路 数读“五通” …… 473
Chapter 2 The Belt and Road Reading “Five Links”

第三章 中国“一带一路”海外园区六大类型 …… 475
Chapter 3 Six Types of China's Belt and Road Overseas Parks
第四章 “一带一路”行稳致远,砥砺前行 …… 479
Chapter 4 The Belt and Road Initiative
第五章 “一带一路”基础设施发展五大新特点 …… 481
Chapter 5 The Belt and Road Infrastructure Development
第六章 “一带一路”最新进展与推进策略 …… 485
Chapter 6 Progress and Strategies of the Belt and Road Initiative
第七章 与103个国家和国际组织签署118份合作协议 …… 491
Chapter 7 118 cooperation agreements with 103 States and international organizations
第八章 共建“一带一路”国家发展情况 …… 497
Chapter 8 Development of Countries Along the Belt and Road
第一节 重点发展领域 …… 497
Section 1 Priority Areas for Development
第二节 亚洲国家的发展 …… 503
Section 2 Development of Asian Countries
第三节 欧洲主要国家的发展 …… 546
Section 3 Development of Major European Countries
第四节 非洲主要国家的发展 …… 583
Section 4 Development of major African countries
第五节 中东主要国家的发展 …… 594
Section 5 Development of Major States in the Middle East
第六节 美洲主要国家的发展 …… 602
Section 6 Developments in the major countries of the Americas
第七节 大洋洲主要国家的发展 …… 610
Section 7 Development of the major countries in Oceania
第九章 中欧班列开行情况 …… 616
Chapter 9 Central European Train Operation

第九篇 “一带一路”研究成果

Parts 9 Research results of “The Belt and Road”

第一章 学术著作 …… 637
Chapter 1 Academic Works
第二章 学术论文 …… 658
Chapter 2 Academic Papers

第十篇　大事记

Chapter 10　Major Events

2013 年 …… 683
2014 年 …… 683
2015 年 …… 689
2016 年 …… 693
2017 年 …… 701
2018 年 …… 704

第一篇

重 要 讲 话

第一章　弘扬人民友谊　共创美好未来

——在纳扎尔巴耶夫大学的演讲

（2013年9月7日，阿斯塔纳）

中华人民共和国主席　习近平

尊敬的纳扎尔巴耶夫总统，
尊敬的校长先生，
各位老师，各位同学，
女士们，先生们，朋友们：

大家好！这次，我应纳扎尔巴耶夫总统邀请，来到伟大邻邦哈萨克斯坦进行国事访问。有机会来到纳扎尔巴耶夫大学，并同大家见面，感到十分高兴。

首先，我向友好的哈萨克斯坦人民，向纳扎尔巴耶夫大学的老师们、同学们，向今天在座的各位朋友，转达中国人民的诚挚问候和良好祝愿。

哈萨克民族有一句谚语："一片土地的历史，就是在她之上的人民的历史。"哈萨克斯坦独立以来，在纳扎尔巴耶夫总统领导下，政治长期稳定，经济快速发展，民生大幅改善，国际影响力显著提升。

我们所在的阿斯塔纳市，在短短十几年间发展成为一座美丽现代化城市，就是哈萨克斯坦人民在这片神奇土地上书写的一个优美诗篇。在这里，我看到了哈萨克斯坦人民勤劳智慧的奋斗，也看到了哈萨克斯坦人民充满光明的未来。

女士们、先生们、朋友们！

2 100多年前，中国汉代的张骞肩负和平友好使命，两次出使中亚，开启了中国同中亚各国友好交往的大门，开辟出一条横贯东西、连接欧亚的丝绸之路。

我的家乡陕西，就位于古丝绸之路的起点。站在这里，回首历史，我仿佛听到了山间回荡的声声驼铃，看到了大漠飘飞的袅袅孤烟。这一切，让我感到十分亲切。

哈萨克斯坦这片土地，是古丝绸之路经过的地方，曾经为沟通东西方文明，促进不同民族、不同文化相互交流和合作作出过重要贡献。东西方使节、商队、游客、学者、工匠川流不息，沿途各国互通有无、互学互鉴，共同推动了人类文明进步。

古丝绸之路上的古城阿拉木图有一条冼星海大道，人们传诵着这样一个故事。1941年伟大卫国战争爆发，中国著名音乐家冼星海辗转来到阿拉木图。在举目无亲、贫病交加之际，哈萨克音乐家拜卡达莫夫接纳了他，为他提供了一个温暖的家。

在阿拉木图，冼星海创作了《民族解放》《神圣之战》《满江红》等著名音乐作品，并根据哈萨克民族英雄阿曼盖尔德的事迹创作出交响诗《阿曼盖尔德》，激励人们为抗击法西斯而战，受到当地人民广泛欢迎。

千百年来，在这条古老的丝绸之路上，各国人民共同谱写出千古传诵的友好篇章。两千多年的交往历史证明，只要坚持团结互信、平等互利、包容互鉴、合作共赢，不同种族、不同信仰、不同文化背景的国家完全可以共享和平，共同发展。这是古丝绸之路留给我们的宝贵启示。

女士们、先生们、朋友们！

20多年来，随着中国同欧亚国家关系快速发展，古老的丝绸之路日益焕发出新的生机活力，以新的形式把中国同欧亚国家的互利合作不断推向新的历史高度。

远亲不如近邻。中国同中亚国家是山水相连的友好邻邦。中国高度重视发展同中亚各国的友好合作关系，将其视为外交优先方向。

当前，中国同中亚国家关系发展面临难得机遇。我们希望同中亚国家一道，不断增进互信、巩固友好、加强合作，促进共同发展繁荣，为各国人民谋福祉。

——我们要坚持世代友好，做和谐和睦的好邻居。中国坚持走和平发展道路，坚定奉行独立自主的和平外交政策。我们尊重各国人民自主选择的发展道路和奉行的内外政策，决不干涉中亚国家内政。中国不谋求地区事务主导权，不经营势力范围。我们愿同俄罗斯和中亚各国加强沟通和协调，共同为建设和谐地区作出不懈努力。

——我们要坚定相互支持，做真诚互信的好朋友。在涉及国家主权、领土完整、安全稳定等重大核心利益问题上坚定相互支持，是中国同中亚各国战略伙伴关系的实质和重要内容。我们愿同各国在双边和上海合作组织框架内加强互信、深化合作，合力打击"三股势力"、贩毒、跨国有组织犯罪，为地区经济发展和人民安居乐业创造良好环境。

——我们要大力加强务实合作，做互利共赢的好伙伴。中国和中亚国家都处在关键发展阶段，面对前所未有的机遇和挑战。我们都提出了符合本国国情的中长期发展目标。我们的战略目标是一致的，那就是确保经济长期稳定发展，实现国家繁荣富强和民族振兴。我们要全面加强务实合作，将政治关系优势、地缘毗邻优势、经济互补优势转化为务实合作优势、持续增长优势，打造互利共赢的利益共同体。

——我们要以更宽的胸襟、更广的视野拓展区域合作，共创新的辉煌。当前，世界经济融合加速发展，区域合作方兴未艾。欧亚地区已经建立起多个区域合作组织。欧亚经济共同体和上海合作组织成员国、观察员国地跨欧亚、南亚、西亚，通过加强上海合作组织同欧亚经济共同体合作，我们可以获得更大发展空间。

女士们、先生们、朋友们！

为了使我们欧亚各国经济联系更加紧密、相互合作更加深入、发展空间更加广阔，我们可以用创新的合作模式，共同建设"丝绸之路经济带"。这是一项造福沿途各国人民的大事业。我们可从以下几个方面先做起来，以点带面，从线到片，逐步形成区域大合作。

第一，加强政策沟通。各国可以就经济发展战略和对策进行充分交流，本着求同存异原则，协商制定推进区域合作的规划和措施，在政策和法律上为区域经济融合"开绿灯"。

第二，加强道路联通。上海合作组织正在协商交通便利化协定。尽快签署并落实这一文件，将打通从太平洋到波罗的海的运输大通道。在此基础上，我们愿同各方积极探讨完善跨境交通基础设施，逐步形成连接东亚、西亚、南亚的交通运输网络，为各国经济发展和人员往来提供便利。

第三，加强贸易畅通。丝绸之路经济带总人口近30亿，市场规模和潜力独一无二。各国在贸易和投资领域合作潜力巨大。各方应该就贸易和投资便利化问题进行探讨并作出适当安排，消除贸易壁垒，降低贸易和投资成本，提高区域经济循环速度和质量，实现互利共赢。

第四，加强货币流通。中国和俄罗斯等国在本币结算方面开展了良好合作，取得了可喜成果，也积累了丰富经验。这一好的做法有必要加以推广。如果各国在经常项下和资本项下实现本币兑换和结算，就可以大大降低流通成本，增强抵御金融风险能力，提高本地区经济国际竞争力。

第五，加强民心相通。国之交在于民相亲。搞好上述领域合作，必须得到各国人民支持，必须加强人民友好往来，增进相互了解和传统友谊，为开展区域合作奠定坚实民意基础和社会基础。

各位老师、各位同学！

青年是民族的未来。哈萨克斯坦伟大诗人、思想家阿拜•库南巴耶夫说过："世界有如海洋，时代有如劲风，前浪如兄长，后浪是兄弟，风拥后浪推前浪，亘古及今皆如此。"看着同学们朝气蓬勃的精神面貌，我不由想起了我的大学时代，那是一个令人难忘的青春记忆。

哈萨克斯坦人民常讲："有知识，世界一片光明；没知识，眼前一片混沌。"知识就是力量。青年时代是学习知识、陶冶情操、增长本领的黄金时期。我相信，从这里走出的莘莘学子，一定能成为哈萨克斯坦民族振兴的栋梁。

为促进上海合作组织框架内青年交流，中国将在未来10年向上海合作组织成员国提供3万个政府奖学金名额，邀请1万名孔子学院师生赴华研修。希望你们利用上述奖学金到中国学习交流。

在此，我邀请贵校200名师生明年赴华参加夏令营活动。

女士们、先生们、朋友们！

青年是人民友谊的生力军。青年人情趣相近、意气相投，最谈得来，最容易结下纯真的友谊。这里，我想起了中哈两国人民交往的两个感人故事。

第一个是，上世纪40年代末，一位在新疆工作的中国小伙儿认识了在当地医院工作的美丽姑娘瓦莲金娜，两人真心相爱并结婚生子。后来，由于一些客观原因，瓦莲金娜回国了，当时他们的儿子才6岁。这个孩子长大后，不断寻找自己的母亲，想尽了各种办法，始终没有音讯。2009年，儿子终于找到了自己的母亲瓦莲金娜，他的母亲就住在阿拉木图。这一年，儿子61岁，瓦莲金娜80岁。后来，儿子来到阿拉木图看望母亲，还把母亲接到中国旅游。这迟到了半个世纪的幸福，是中哈人民友好的有力见证。

第二个是，RH阴性血型在中国属于十分稀有的血型，被称为"熊猫血"。这种血型的病人很难找到血源。哈萨克斯坦留学生鲁斯兰正是这种血型。在海南大学读书期间，鲁斯兰自2009年起参加无偿献血，每年两次，为一些中国病人解除病痛作出了贡献。当中国朋友称赞鲁斯兰时，鲁斯兰说："我觉得应该帮助别人，献血是我应该做的。"

这两个感人故事，只是中哈两国人民友好交往史诗中的两个片断，但充分说明了我们两国人民是心心相印、亲如手足的。

我相信，包括在座各位同学在内的中哈两国青年，一定会成为中哈友谊的使者，为中哈全面战略伙伴关系发展贡献青春和力量。

女士们、先生们、朋友们!

中哈两国是唇齿相依的友好邻邦。1 700多公里的共同边界、两千多年的交往历史、广泛的共同利益,把我们紧密联系在一起,也为发展两国关系和深化互利合作开辟了广阔前景。让我们携起手来,弘扬传统友谊,共创美好未来!

谢谢大家。

第二章 中国愿同东盟国家共建21世纪“海上丝绸之路”(摘要)

中华人民共和国主席 习近平

2013年10月3日

女士们、先生们、朋友们!

中国和东盟国家山水相连、血脉相亲。今年是中国和东盟建立战略伙伴关系10周年,中国和东盟关系正站在新的历史起点上。中方高度重视印尼在东盟的地位和影响,愿同印尼和其他东盟国家共同努力,使双方成为兴衰相伴、安危与共、同舟共济的好邻居、好朋友、好伙伴,携手建设更为紧密的中国-东盟命运共同体,为双方和本地区人民带来更多福祉。为此,我们要着重从以下几个方面作出努力。

第一,坚持讲信修睦。人与人交往在于言而有信,国与国相处讲究诚信为本。中国愿同东盟国家真诚相待、友好相处,不断巩固政治和战略互信。世界上没有放之四海而皆准的发展模式,也没有一成不变的发展道路。中国和东盟国家人民勇于变革创新,不断开拓进取,探索和开辟顺应时代潮流、符合自身实际的发展道路,为经济社会发展打开了广阔前景。我们应该尊重彼此自主选择社会制度和发展道路的权利,尊重各自推动经济社会发展、改善人民生活的探索和实践,坚定对对方战略走向的信心,在对方重大关切问题上相互支持,牢牢把握中国-东盟战略合作的大方向。中国愿同东盟国家商谈缔结睦邻友好合作条约,共同绘就睦邻友好的美好蓝图。中国将一如既往支持东盟发展壮大,支持东盟共同体建设,支持东盟在区域合作中发挥主导作用。

第二,坚持合作共赢。“计利当计天下利。”中国愿在平等互利的基础上,扩大对东盟国家开放,使自身发展更好惠及东盟国家。中国愿提高中国-东盟自由贸易区水平,争取使2020年双方贸易额达到1万亿美元。中国致力于加强同东盟国家的互联互通建设,中国倡议筹建亚洲基础设施投资银行,愿支持本地区发展中国家包括东盟国家开展基础设施互联互通建设。东南亚地区自古以来就是“海上丝绸之路”的重要枢纽,中国愿同东盟国家加强海上合作,使用好中国政府设立的中国-东盟海上合作基金,发展好海洋合作伙伴关系,共同建设21世纪“海上丝绸之路”。

中国愿通过扩大同东盟国家各领域务实合作,互通有无、优势互补,同东盟国家共享机遇、共迎挑战,实现共同发展、共同繁荣。

第三,坚持守望相助。中国和东盟国家唇齿相依,肩负着共同维护地区和平稳定的责任。历史上，中国和东盟国家人民在掌握民族命运的斗争中曾经并肩战斗、风雨同舟。近年来，从应对亚洲金融危机到应对国际金融危机，从抗击印度洋海啸到抗击中国汶川特大地震灾害，我们各国人民肩并着肩、手挽着手，形成了强大合力。我们应该摒弃冷战思维，坚持倡导综合安全、共同安全、合作安全的新理念，共同维护本地区和平稳定。我们应该深化在防灾救灾、网络安全、打击跨国犯罪、联合执法等方面的合作，为本地区人民营造更加和平、更加安宁、更加温馨的地区家园。中国愿同东盟国家进一步完善中国－东盟防长会议机制，就地区安全问题定期举行对话。

对中国和一些东南亚国家在领土主权和海洋权益方面存在的分歧和争议，双方要始终坚持以和平方式，通过平等对话和友好协商妥善处理，维护双方关系和地区稳定大局。

第四，坚持心心相印。"合抱之木，生于毫末；九层之台，起于垒土"。保持中国－东盟友谊之树常青，必须夯实双方关系的社会土壤。去年，中国和东盟国家人员往来达1 500万人次，每周有1 000多个航班往返于中国和东盟国家之间。交往多了，感情深了，心与心才能贴得更近。我们要促进青年、智库、议会、非政府组织、社会团体等的友好交流，为中国－东盟关系发展提供更多智力支撑，增进人民了解和友谊。中国愿向东盟派出更多志愿者，支持东盟国家文化、教育、卫生、医疗等领域事业发展。中国倡议将2014年确定为中国－东盟文化交流年。今后3到5年，中国将向东盟国家提供1.5万个政府奖学金名额。

第五，坚持开放包容。"海纳百川，有容乃大。"在漫长历史进程中，中国和东盟国家人民创造了丰富多彩、享誉世界的辉煌文明。这里是充满多样性的区域，各种文明在相互影响中融合演进，为中国和东盟国家人民相互学习、相互借鉴、相互促进提供了重要文化基础。我们要积极借鉴其他地区发展经验，欢迎域外国家为本地区发展稳定发挥建设性作用。同时，域外国家也应该尊重本地区的多样性，多做有利于本地区发展稳定的事情。中国－东盟命运共同体和东盟共同体、东亚共同体息息相关，应发挥各自优势，实现多元共生、包容共进，共同造福于本地区人民和世界各国人民。一个更加紧密的中国－东盟命运共同体，符合求和平、谋发展、促合作、图共赢的时代潮流，符合亚洲和世界各国人民共同利益，具有广阔发展空间和巨大发展潜力。

第二篇

“一带一路”国际合作高峰论坛

第一章　第一届“一带一路”国际合作高峰论坛

第一节　携手推进“一带一路”建设

中华人民共和国主席　习近平

2017年5月14日

尊敬的各位国家元首，政府首脑，
各位国际组织负责人，
女士们，先生们，朋友们：

“孟夏之日，万物并秀。”在这美好时节，来自100多个国家的各界嘉宾齐聚北京，共商“一带一路”建设合作大计，具有十分重要的意义。今天，群贤毕至，少长咸集，我期待着大家集思广益、畅所欲言，为推动“一带一路”建设献计献策，让这一世纪工程造福各国人民。

女士们、先生们、朋友们！

2 000多年前，我们的先辈筚路蓝缕，穿越草原沙漠，开辟出联通亚欧非的陆上丝绸之路；我们的先辈扬帆远航，穿越惊涛骇浪，闯荡出连接东西方的海上丝绸之路。古丝绸之路打开了各国友好交往的新窗口，书写了人类发展进步的新篇章。中国陕西历史博物馆珍藏的千年“鎏金铜蚕”，在印度尼西亚发现的千年沉船“黑石号”等，见证了这段历史。

古丝绸之路绵亘万里，延续千年，积淀了以和平合作、开放包容、互学互鉴、互利共赢为核心的丝路精神。这是人类文明的宝贵遗产。

——和平合作。公元前140多年的中国汉代，一支从长安出发的和平使团，开始打通东方通往西方的道路，完成了“凿空之旅”，这就是著名的张骞出使西域。中国唐宋元时期，陆上和海上丝绸之路同步发展，中国、意大利、摩洛哥的旅行家杜环、马可·波罗、伊本·白图泰都在陆上和海上丝绸之路留下了历史印记。15世纪初的明代，中国著名航海家郑和七次远洋航海，留下千古佳话。这些开拓事业之所以名垂青史，是因为使用的不是战马和长矛，而是驼队和善意；依靠的不是坚船和利炮，而是宝船和友谊。一代又一代“丝路人”架起了东西方合作的纽带、和平的桥梁。

——开放包容。古丝绸之路跨越尼罗河流域、底格里斯河和幼发拉底河流域、印度河和恒河流域、黄河和长江流域，跨越埃及文明、巴比伦文明、印度文明、中华文明的发祥地，跨越佛教、基督教、伊斯兰教信众的汇集地，跨越不同国度和肤色人民的聚居地。不同文明、宗教、种族求同存异、开放包容，并肩书写相互尊重的壮丽诗篇，携手绘就共同发展的美好画卷。酒泉、敦煌、吐鲁番、喀什、撒马尔罕、巴格达、君士坦丁堡等古城，宁波、泉州、广州、北海、科伦坡、吉达、亚历山大等地的古港，就是记载这段历史的"活化石"。历史告诉我们：文明在开放中发展，民族在融合中共存。

——互学互鉴。古丝绸之路不仅是一条通商易货之道，更是一条知识交流之路。沿着古丝绸之路，中国将丝绸、瓷器、漆器、铁器传到西方，也为中国带来了胡椒、亚麻、香料、葡萄、石榴。沿着古丝绸之路，佛教、伊斯兰教及阿拉伯的天文、历法、医药传入中国，中国的四大发明、养蚕技术也由此传向世界。更为重要的是，商品和知识交流带来了观念创新。比如，佛教源自印度，在中国发扬光大，在东南亚得到传承。儒家文化起源中国，受到欧洲莱布尼茨、伏尔泰等思想家的推崇。这是交流的魅力、互鉴的成果。

——互利共赢。古丝绸之路见证了陆上"使者相望于道，商旅不绝于途"的盛况，也见证了海上"舶交海中，不知其数"的繁华。在这条大动脉上，资金、技术、人员等生产要素自由流动，商品、资源、成果等实现共享。阿拉木图、撒马尔罕、长安等重镇和苏尔港、广州等良港兴旺发达，罗马、安息、贵霜等古国欣欣向荣，中国汉唐迎来盛世。古丝绸之路创造了地区大发展大繁荣。

历史是最好的老师。这段历史表明，无论相隔多远，只要我们勇敢迈出第一步，坚持相向而行，就能走出一条相遇相知、共同发展之路，走向幸福安宁和谐美好的远方。

女士们、先生们、朋友们！

从历史维度看，人类社会正处在一个大发展大变革大调整时代。世界多极化、经济全球化、社会信息化、文化多样化深入发展，和平发展的大势日益强劲，变革创新的步伐持续向前。各国之间的联系从来没有像今天这样紧密，世界人民对美好生活的向往从来没有像今天这样强烈，人类战胜困难的手段从来没有像今天这样丰富。

从现实维度看，我们正处在一个挑战频发的世界。世界经济增长需要新动力，发展需要更加普惠平衡，贫富差距鸿沟有待弥合。地区热点持续动荡，恐怖主义蔓延肆虐。和平赤字、发展赤字、治理赤字，是摆在全人类面前的严峻挑战。这是我一直思考的问题。

2013年秋天，我在哈萨克斯坦和印度尼西亚提出共建丝绸之路经济带和21世纪海上丝绸之路，即"一带一路"倡议。"桃李不言，下自成蹊。"4年来，全球100多个国家和国际组织积极支持和参与"一带一路"建设，联合国大会、联合国安理会等重要决议也纳入"一带一路"建设内容。"一带一路"建设逐渐从理念转化为行动，从愿景转变为现实，建设成果丰硕。

——这是政策沟通不断深化的4年。我多次说过，"一带一路"建设不是另起炉灶、推倒重来，而是实现战略对接、优势互补。我们同有关国家协调政策，包括俄罗斯提出的欧亚经济联盟、东盟提出的互联互通总体规划、哈萨克斯坦提出的"光明之路"、土耳其提出的"中间走廊"、蒙古国提出的"发展之路"、越南提出的"两廊一圈"、英国提出的"英格兰北方经济中心"、波兰提出的"琥珀之路"等。中国同老挝、柬埔寨、缅甸、匈牙利等国的规划对接工作也全面展开。中国同40多个国家和国际组织签署了合作协议，同30多个国家开展机制化产能合作。本次论坛期间，我们还将签署一批对接合作协议和行动计划，同60多个国家和国际组织共同发出推进"一带一路"贸易畅通合作倡议。各方通过政策对接，实现了"一加一大于二"的效果。

——这是设施联通不断加强的4年。"道路通，百业兴。"我们和相关国家一道共同加速推进雅万高铁、中老铁路、亚吉铁路、匈塞铁路等项目，建设瓜达尔港、比雷埃夫斯港等港口，规划实施一大批互联互通项目。目前，以中巴、中蒙俄、新亚欧大陆桥等经济走廊为引领，以陆海空通道和信息高速路为骨架，以铁路、港口、管网等重大工程为依托，一个复合型的基础设施网络正在形成。

——这是贸易畅通不断提升的4年。中国同“一带一路”参与国大力推动贸易和投资便利化，不断改善营商环境。我了解到，仅哈萨克斯坦等中亚国家农产品到达中国市场的通关时间就缩短了90%。2014年至2016年，中国同“一带一路”沿线国家贸易总额超过3万亿美元。中国对“一带一路”沿线国家投资累计超过500亿美元。中国企业已经在20多个国家建设56个经贸合作区，为有关国家创造近11亿美元税收和18万个就业岗位。

——这是资金融通不断扩大的4年。融资瓶颈是实现互联互通的突出挑战。中国同“一带一路”建设参与国和组织开展了多种形式的金融合作。亚洲基础设施投资银行已经为“一带一路”建设参与国的9个项目提供17亿美元贷款，“丝路基金”投资达40亿美元，中国同中东欧“16+1”金融控股公司正式成立。这些新型金融机制同世界银行等传统多边金融机构各有侧重、互为补充，形成层次清晰、初具规模的“一带一路”金融合作网络。

——这是民心相通不断促进的4年。“国之交在于民相亲，民相亲在于心相通。”“一带一路”建设参与国弘扬丝绸之路精神，开展智力丝绸之路、健康丝绸之路等建设，在科学、教育、文化、卫生、民间交往等各领域广泛开展合作，为“一带一路”建设夯实民意基础，筑牢社会根基。中国政府每年向相关国家提供1万个政府奖学金名额，地方政府也设立了丝绸之路专项奖学金，鼓励国际文教交流。各类丝绸之路文化年、旅游年、艺术节、影视桥、研讨会、智库对话等人文合作项目百花纷呈，人们往来频繁，在交流中拉近了心与心的距离。

丰硕的成果表明，“一带一路”倡议顺应时代潮流，适应发展规律，符合各国人民利益，具有广阔前景。

女士们、先生们、朋友们！

中国人说，“万事开头难”。“一带一路”建设已经迈出坚实步伐。我们要乘势而上、顺势而为，推动“一带一路”建设行稳致远，迈向更加美好的未来。这里，我谈几点意见。

第一，我们要将“一带一路”建成和平之路。古丝绸之路，和时兴，战时衰。“一带一路”建设离不开和平安宁的环境。我们要构建以合作共赢为核心的新型国际关系，打造对话不对抗、结伴不结盟的伙伴关系。各国应该尊重彼此主权、尊严、领土完整，尊重彼此发展道路和社会制度，尊重彼此核心利益和重大关切。

古丝绸之路沿线地区曾经是“流淌着牛奶与蜂蜜的地方”，如今很多地方却成了冲突动荡和危机挑战的代名词。这种状况不能再持续下去。我们要树立共同、综合、合作、可持续的安全观，营造共建共享的安全格局。要着力化解热点，坚持政治解决；要着力斡旋调解，坚持公道正义；要着力推进反恐，标本兼治，消除贫困落后和社会不公。

第二，我们要将“一带一路”建成繁荣之路。发展是解决一切问题的总钥匙。推进“一带一路”建设，要聚焦发展这个根本性问题，释放各国发展潜力，实现经济大融合、发展大联动、成果大共享。

产业是经济之本。我们要深入开展产业合作，推动各国产业发展规划相互兼容、相互促进，抓好大项目建设，加强国际产能和装备制造合作，抓住新工业革命的发展新机遇，培育新业态，保持经济增长活力。

金融是现代经济的血液。血脉通，增长才有力。我们要建立稳定、可持续、风险可控的金融保障体系，创新投资和融资模式，推广政府和社会资本合作，建设多元化融资体系和多层次资本市场，发展普惠金融，完善金融服务网络。

设施联通是合作发展的基础。我们要着力推动陆上、海上、天上、网上四位一体的联通，聚焦关键通道、关键城市、关键项目，联结陆上公路、铁路道路网络和海上港口网络。我们已经确立"一带一路"建设六大经济走廊框架，要扎扎实实向前推进。要抓住新一轮能源结构调整和能源技术变革趋势，建设全球能源互联网，实现绿色低碳发展。要完善跨区域物流网建设。我们也要促进政策、规则、标准三位一体的联通，为互联互通提供机制保障。

第三，我们要将"一带一路"建成开放之路。开放带来进步，封闭导致落后。对一个国家而言，开放如同破茧成蝶，虽会经历一时阵痛，但将换来新生。"一带一路"建设要以开放为导向，解决经济增长和平衡问题。

我们要打造开放型合作平台，维护和发展开放型世界经济，共同创造有利于开放发展的环境，推动构建公正、合理、透明的国际经贸投资规则体系，促进生产要素有序流动、资源高效配置、市场深度融合。我们欢迎各国结合自身国情，积极发展开放型经济，参与全球治理和公共产品供给，携手构建广泛的利益共同体。

贸易是经济增长的重要引擎。我们要有"向外看"的胸怀，维护多边贸易体制，推动自由贸易区建设，促进贸易和投资自由化便利化。当然，我们也要着力解决发展失衡、治理困境、数字鸿沟、分配差距等问题，建设开放、包容、普惠、平衡、共赢的经济全球化。

第四，我们要将"一带一路"建成创新之路。创新是推动发展的重要力量。"一带一路"建设本身就是一个创举，搞好"一带一路"建设也要向创新要动力。

我们要坚持创新驱动发展，加强在数字经济、人工智能、纳米技术、量子计算机等前沿领域合作，推动大数据、云计算、智慧城市建设，连接成21世纪的数字丝绸之路。我们要促进科技同产业、科技同金融深度融合，优化创新环境，集聚创新资源。我们要为互联网时代的各国青年打造创业空间、创业工场，成就未来一代的青春梦想。

我们要践行绿色发展的新理念，倡导绿色、低碳、循环、可持续的生产生活方式，加强生态环保合作，建设生态文明，共同实现2030年可持续发展目标。

第五，我们要将"一带一路"建成文明之路。"一带一路"建设要以文明交流超越文明隔阂、文明互鉴超越文明冲突、文明共存超越文明优越，推动各国相互理解、相互尊重、相互信任。

我们要建立多层次人文合作机制，搭建更多合作平台，开辟更多合作渠道。要推动教育合作，扩大互派留学生规模，提升合作办学水平。要发挥智库作用，建设好智库联盟和合作网络。在文化、体育、卫生领域，要创新合作模式，推动务实项目。要用好历史文化遗产，联合打造具有丝绸之路特色的旅游产品和遗产保护。我们要加强各国议会、政党、民间组织往来，密切妇女、青年、残疾人等群体交流，促进包容发展。我们也要加强国际反腐合作，让"一带一路"成为廉洁之路。

女士们、先生们、朋友们！

当前，中国发展正站在新的起点上。我们将深入贯彻创新、协调、绿色、开放、共享的发展理念，不断适应、把握、引领经济发展新常态，积极推进供给侧结构性改革，实现持续发展，为"一带一路"注入强大动力，为世界发展带来新的机遇。

——中国愿在和平共处五项原则基础上，发展同所有"一带一路"建设参与国的友好合作。中国愿同世界各国分享发展经验，但不会干涉他国内政，不会输出社会制度和发展模式，更不会强加于人。我们推进"一带一路"建设不会重复地缘博弈的老套路，而将开创合作共赢的新模式；不会形成破坏稳定的小集团，而将建设和谐共存的大家庭。

——中国已经同很多国家达成了"一带一路"务实合作协议，其中既包括交通运输、基础设施、能源等硬件联通项目，也包括通信、海关、检验检疫等软件联通项目，还包括经贸、产业、电子商务、海洋和绿色经济等多领域的合作规划和具体项目。中国同有关国家的铁路部门将签署深化中欧班列合作协议。我们将推动这些合作项目早日启动、早见成效。

——中国将加大对"一带一路"建设资金支持，向丝路基金新增资金1 000亿元人民币，鼓励金融机构开展人民币海外基金业务，规模预计约3 000亿元人民币。中国国家开发银行、进出口银行将分别提供2 500亿元和1 300亿元等值人民币专项贷款，用于支持"一带一路"基础设施建设、产能、金融合作。我们还将同亚洲基础设施投资银行、金砖国家新开发银行、世界银行及其他多边开发机构合作支持"一带一路"项目，同有关各方共同制定"一带一路"融资指导原则。

——中国将积极同"一带一路"建设参与国发展互利共赢的经贸伙伴关系，促进同各相关国家贸易和投资便利化，建设"一带一路"自由贸易网络，助力地区和世界经济增长。本届论坛期间，中国将同30多个国家签署经贸合作协议，同有关国家协商自由贸易协定。中国将从2018年起举办中国国际进口博览会。

——中国愿同各国加强创新合作，启动"一带一路"科技创新行动计划，开展科技人文交流、共建联合实验室、科技园区合作、技术转移4项行动。我们将在未来5年内安排2 500人次青年科学家来华从事短期科研工作，培训5 000人次科学技术和管理人员，投入运行50家联合实验室。我们将设立生态环保大数据服务平台，倡议建立"一带一路"绿色发展国际联盟，并为相关国家应对气候变化提供援助。

——中国将在未来3年向参与"一带一路"建设的发展中国家和国际组织提供600亿元人民币援助，建设更多民生项目。我们将向"一带一路"沿线发展中国家提供20亿元人民币紧急粮食援助，向南南合作援助基金增资10亿美元，在沿线国家实施100个"幸福家园"、100个"爱心助困"、100个"康复助医"等项目。我们将向有关国际组织提供10亿美元落实一批惠及沿线国家的合作项目。

——中国将设立"一带一路"国际合作高峰论坛后续联络机制，成立"一带一路"财经发展研究中心、"一带一路"建设促进中心，同多边开发银行共同设立多边开发融资合作中心，同国际货币基金组织合作建立能力建设中心。我们将建设丝绸之路沿线民间组织合作网络，打造新闻合作联盟、音乐教育联盟以及其他人文合作新平台。

"一带一路"建设植根于丝绸之路的历史土壤，重点面向亚欧非大陆，同时向所有朋友开放。不论来自亚洲、欧洲，还是非洲、美洲，都是"一带一路"建设国际合作的伙伴。"一带一路"建设将由大家共同商量，"一带一路"建设成果将由大家共同分享。

女士们、先生们、朋友们！

中国古语讲："不积跬步，无以至千里。"阿拉伯谚语说："金字塔是一块块石头垒成的。"欧洲也有句话："伟业非一日之功。""一带一路"建设是伟大的事业，需要伟大的实践。让我们一步一个脚印推进实施，一点一滴抓出成果，造福世界，造福人民！

祝本次高峰论坛圆满成功！

谢谢大家。

第二节 第一届“一带一路”国际合作高峰论坛联合公报

2017年5月16日

1. 我们，中华人民共和国主席习近平，阿根廷总统马克里，白俄罗斯总统卢卡申科，智利总统巴切莱特，捷克总统泽曼，印度尼西亚总统佐科，哈萨克斯坦总统纳扎尔巴耶夫，肯尼亚总统肯雅塔，吉尔吉斯共和国总统阿坦巴耶夫，老挝国家主席本扬，菲律宾总统杜特尔特，俄罗斯总统普京，瑞士联邦主席洛伊特哈德，土耳其总统埃尔多安，乌兹别克斯坦总统米尔济约耶夫，越南国家主席陈大光，柬埔寨首相洪森，埃塞俄比亚总理海尔马里亚姆，斐济总理姆拜尼马拉马，希腊总理齐普拉斯，匈牙利总理欧尔班，意大利总理真蒂洛尼，马来西亚总理纳吉布，蒙古国总理额尔登巴特，缅甸国务资政昂山素季，巴基斯坦总理谢里夫，波兰总理希德沃，塞尔维亚总理、当选总统武契奇，西班牙首相拉霍伊，斯里兰卡总理维克勒马辛哈于2017年5月15日出席在北京举行的“一带一路”国际合作高峰论坛圆桌峰会。我们也欢迎联合国秘书长古特雷斯、世界银行行长金墉、国际货币基金组织总裁拉加德出席。会议由中华人民共和国主席习近平主持。

一、时代背景

2. 当前，世界经济深度调整，机遇与挑战并存。这是一个充满机遇的时代，各国都在追求和平、发展与合作。联合国2030年可持续发展议程为国际发展合作描绘了新蓝图。

3. 在此背景下，我们欢迎各国积极开展双边、三方、区域和多边合作，消除贫困，创造就业，应对国际金融危机影响，促进可持续发展，推进市场化产业转型，实现经济多元化发展。我们高兴地注意到，各国发展战略和互联互通合作倡议层出不穷，为加强国际合作提供了广阔空间。

4. 我们进一步认识到，世界经济面临诸多挑战，虽在缓慢复苏，但下行风险犹存。全球贸易和投资增长依然低迷，以规则为基础的多边贸易体制有待加强。各国特别是发展中国家仍然面临消除贫困、促进包容持续经济增长、实现可持续发展等共同挑战。

5. 我们注意到，“丝绸之路经济带”和“21世纪海上丝绸之路”（“一带一路”倡议）能够在挑战和变革中创造机遇，我们欢迎并支持“一带一路”倡议。该倡议加强亚欧互联互通，同时对非洲、拉美等其他地区开放。“一带一路”作为一项重要的国际倡议，为各国深化合作提供了重要机遇，取得了积极成果，未来将为各方带来更多福祉。

6. 我们强调，国际、地区和国别合作框架和倡议之间沟通协调能够为推进互联互通和可持续发展带来合作机遇。这些框架和倡议包括：2030年可持续发展议程、亚的斯亚贝巴行动议程、非洲2063年议程、文明古国论坛、亚太经合组织互联互通蓝图、东盟共同体愿景2025、亚欧会议及其互联互通工作组、商旅驿站关税倡议、中国和中东欧国家合作、中欧海陆快线、中间走廊倡议、中国-欧盟互联互通平台、欧盟东部伙伴关系、以平等、开放、透明为原则的欧亚伙伴关系、南美洲区域基础设施一体化倡议、东盟互联互通总体规划2025、欧亚经济联盟2030年经济发展基本方向、气候变化巴黎协定、跨欧洲交通运输网、西巴尔干六国互联互通议程、世界贸易组织贸易便利化协议等。

7. 我们重申，在“一带一路”倡议等框架下，共同致力于建设开放型经济、确保自由包容性贸易、反对一切形式的保护主义。我们将努力促进以世界贸易组织为核心、普遍、以规则为基础、开放、非歧视、公平的多边贸易体制。

二、合作目标

8. 我们主张加强“一带一路”倡议和各种发展战略的国际合作，建立更紧密合作伙伴关系，推动南北合作、南南合作和三方合作。

9. 我们重申，在公平竞争和尊重市场规律与国际准则基础上，大力促进经济增长、扩大贸易和投资。我们欢迎推进产业合作、科技创新和区域经济一体化，推动中小微企业深入融入全球价值链。同时发挥税收和财政政策作用，将增长和生产性投资作为优先方向。

10. 我们主张加强各国基础设施联通、规制衔接和人员往来。需要特别关注最不发达国家、内陆发展中国家、小岛屿发展中国家和中等收入国家，突破发展瓶颈，实现有效互联互通。

11. 我们致力于扩大人文交流，维护和平正义，加强社会凝聚力和包容性，促进民主、良政、法治、人权，推动性别平等和妇女赋权；共同打击一切形式的腐败和贿赂；更好应对儿童、残疾人、老年人等弱势群体诉求；完善全球经济治理，确保所有人公平享有发展机遇和成果。

12. 我们决心阻止地球的退化，包括在气候变化问题上立即采取行动，鼓励《巴黎协定》所有批约方全面落实协定；以平等、可持续的方式管理自然资源，保护并可持续利用海洋、淡水、森林、山地、旱地；保护生物多样性、生态系统和野生生物，防治荒漠化和土地退化等，实现经济、社会、环境三大领域综合、平衡、可持续发展。

13. 我们鼓励政府、国际和地区组织、私营部门、民间社会和广大民众共同参与，建立巩固友好关系，增进相互理解与信任。

三、合作原则

14. 我们将秉持和平合作、开放包容、互学互鉴、互利共赢、平等透明、相互尊重的精神，在共商、共建、共享的基础上，本着法治、机会均等原则加强合作。为此，我们根据各自国内法律和政策，强调以下合作原则：

（1）平等协商。恪守《联合国宪章》宗旨和原则，尊重各国主权和领土完整等国际法基本准则；协商制定合作规划，推进合作项目。

（2）互利共赢。寻求利益契合点和合作最大公约数，兼顾各方立场。

（3）和谐包容。尊重自然和文化的多样性，相信所有文化和文明都能够为可持续发展作贡献。

（4）市场运作。充分认识市场作用和企业主体地位，确保政府发挥适当作用，政府采购程序应开放、透明、非歧视。

（5）平衡和可持续。强调项目的经济、社会、财政、金融和环境可持续性，促进环境高标准，同时统筹好经济增长、社会进步和环境保护之间的关系。

四、合作举措

15. 我们重申需要重点推动政策沟通、设施联通、贸易畅通、资金融通、民心相通，强调根据各国法律法规和相关国际义务，采取以下切实行动：

（1）加强对话协商，促进各国发展战略对接，注意到“一带一路”倡议与第六段所列发展计划和倡议协调发展，促进欧洲、亚洲、南美洲、非洲等地区之间伙伴关系的努力。

（2）就宏观经济问题进行深入磋商，完善现有多双边合作对话机制，为务实合作和大型项目提供有力政策支持。

（3）加强创新合作，支持电子商务、数字经济、智慧城市、科技园区等领域的创新行动计划，鼓励在尊重知识产权的同时，加强互联网时代创新创业模式交流。

（4）推动在公路、铁路、港口、海上和内河运输、航空、能源管道、电力、海底电缆、光纤、电信、信息通信技术等领域务实合作，欢迎新亚欧大陆桥、北方海航道、中间走廊等多模式综合走廊和国际骨干通道建设，逐步构建国际性基础设施网络。

（5）通过借鉴相关国际标准、必要时统一规则体制和技术标准等手段，实现基础设施规划和建设协同效应最大化；为私人资本投资基础设施建设培育有利、可预测的环境；在有利于增加就业、提高效率的领域促进公私伙伴关系；欢迎国际金融机构加强对基础设施建设的支持和投入。

（6）深化经贸合作，维护多边贸易体制的权威和效力；共同推动世界贸易组织第11次部长级会议取得积极成果；推动贸易投资自由化和便利化；让普通民众从贸易中获益。

（7）通过培育新的贸易增长点、促进贸易平衡、推动电子商务和数字经济等方式扩大贸易，欢迎有兴趣的国家开展自贸区建设并商签自贸协定。

（8）推动全球价值链发展和供应链联接，同时确保安全生产，加强社会保障体系；增加双向投资，加强新兴产业、贸易、工业园区、跨境经济园区等领域合作。

（9）加强环境、生物多样性、自然资源保护、应对气候变化、抗灾、减灾、提高灾害风险管理能力、促进可再生能源和能效等领域合作。

（10）加强通关手续等方面信息交流，推动监管互认、执法互助、信息共享；加强海关合作，通过统一手续、降低成本等方式促进贸易便利化，同时促进保护知识产权合作。

（11）合作构建长期、稳定、可持续的融资体系；加强金融设施互联互通，创新投融资模式和平台，提高金融服务水平；探寻更好服务本地金融市场的机会；鼓励开发性金融机构发挥积极作用，加强与多边开发机构的合作。

（12）为构建稳定、公平的国际金融体系作贡献；通过推动支付体系合作和普惠金融等途径，促进金融市场相互开放和互联互通；鼓励金融机构在有关国家和地区设立分支机构；推动签署双边本币结算和合作协议，发展本币债券和股票市场；鼓励通过对话加强金融合作，规避金融风险。

（13）加强人文交流和民间纽带，深化教育、科技、体育、卫生、智库、媒体以及包括实习培训在内的能力建设等领域务实合作。

（14）鼓励不同文明间对话和文化交流，促进旅游业发展，保护世界文化和自然遗产。

五、愿景展望

16. 我们携手推进"一带一路"建设和加强互联互通倡议对接的努力，为国际合作提供了新机遇、注入了新动力，有助于推动实现开放、包容和普惠的全球化。

17. 我们重申，促进和平、推动互利合作、尊重《联合国宪章》宗旨原则和国际法，这是我们的共同责任；实现包容和可持续增长与发展、提高人民生活水平，这是我们的共同目标；构建繁荣、和平的人类命运共同体，这是我们的共同愿望。

18. 我们祝贺中国成功举办"一带一路"国际合作高峰论坛。

第三节　第一届“一带一路”国际合作高峰论坛成果清单

中国国家主席习近平在2013年提出共建丝绸之路经济带和21世纪海上丝绸之路的重要合作倡议。3年多来，“一带一路”建设进展顺利，成果丰硕，受到国际社会的广泛欢迎和高度评价。2017年5月14日—15日，中国在北京主办“一带一路”国际合作高峰论坛。这是各方共商、共建“一带一路”，共享互利合作成果的国际盛会，也是加强国际合作，对接彼此发展战略的重要合作平台。高峰论坛期间及前夕，各国政府、地方、企业等达成一系列合作共识、重要举措及务实成果，中方对其中具有代表性的一些成果进行了梳理和汇总，形成高峰论坛成果清单。清单主要涵盖政策沟通、设施联通、贸易畅通、资金融通、民心相通等五大类，共76个大项、270多项具体成果。

一、推进战略对接，密切政策沟通

（一）中国政府与有关国家政府签署政府间“一带一路”合作谅解备忘录，包括蒙古国、巴基斯坦、尼泊尔、克罗地亚、黑山、波黑、阿尔巴尼亚、东帝汶、新加坡、缅甸、马来西亚。

（二）中国政府与有关国际组织签署“一带一路”合作文件，包括联合国开发计划署、联合国工业发展组织、联合国人类住区规划署、联合国儿童基金会、联合国人口基金、联合国贸易与发展会议、世界卫生组织、世界知识产权组织、国际刑警组织。

（三）中国政府与匈牙利政府签署关于共同编制中匈合作规划纲要的谅解备忘录，与老挝、柬埔寨政府签署共建“一带一路”政府间双边合作规划。

（四）中国政府部门与有关国际组织签署“一带一路”合作文件，包括联合国欧洲经济委员会、世界经济论坛、国际道路运输联盟、国际贸易中心、国际电信联盟、国际民航组织、联合国文明联盟、国际发展法律组织、世界气象组织、国际海事组织。

（五）中国国家发展和改革委员会与希腊经济发展部签署《中希重点领域2017—2019年合作计划》。

（六）中国国家发展和改革委员会与捷克工业和贸易部签署关于共同协调推进“一带一路”倡议框架下合作规划及项目实施的谅解备忘录。

（七）中国财政部与相关国家财政部共同核准《“一带一路”融资指导原则》。

（八）中国政府有关部门发布《共建“一带一路”：理念、实践与中国的贡献》《推动“一带一路”能源合作的愿景与行动》《共同推进“一带一路”建设农业合作的愿景与行动》《关于推进绿色“一带一路”建设的指导意见》《“一带一路”建设海上合作设想》等文件。

（九）“一带一路”国际合作高峰论坛将定期举办，并成立论坛咨询委员会、论坛联络办公室等。

（十）中国国家发展和改革委员会成立“一带一路”建设促进中心，正式开通“一带一路”官方网站，发布海上丝路贸易指数。

二、深化项目合作，促进设施联通

（一）中国政府与乌兹别克斯坦、土耳其、白俄罗斯政府签署国际运输及战略对接协定。

（二）中国政府与泰国政府签署政府间和平利用核能协定。

（三）中国政府与马来西亚政府签署水资源领域谅解备忘录。

（四）中国国家发展和改革委员会与巴基斯坦规划发展和改革部签署关于中巴经济走廊项下开展巴基斯坦1号铁路干线升级改造和新建哈维连陆港项目合作的谅解备忘录。中国国家铁路局与巴基斯坦伊斯兰共和国铁道部签署关于实施巴基斯坦1号铁路干线升级改造和哈维连陆港项目建设的框架协议。

（五）中国商务部与柬埔寨公共工程与运输部签署关于加强基础设施领域合作的谅解备忘录。

（六）中国工业和信息化部与阿富汗通信和信息技术部签署《信息技术合作谅解备忘录》。

（七）中国交通运输部与柬埔寨、巴基斯坦、缅甸等国有关部门签署"一带一路"交通运输领域合作文件。

（八）中国水利部与波兰环境部签署水资源领域合作谅解备忘录。

（九）中国国家能源局与瑞士环境、交通、能源和电信部瑞士联邦能源办公室签署能源合作路线图，与巴基斯坦水电部签署关于巴沙项目及巴基斯坦北部水电规划研究路线图的谅解备忘录和关于中巴经济走廊能源项目清单调整的协议。

（十）中国国家海洋局与柬埔寨环境部签署关于建立中柬联合海洋观测站的议定书。

（十一）中国铁路总公司与有关国家铁路公司签署《中国、白俄罗斯、德国、哈萨克斯坦、蒙古国、波兰、俄罗斯铁路关于深化中欧班列合作协议》。

（十二）中国国家开发银行与印度尼西亚-中国高铁有限公司签署雅万高铁项目融资协议，与斯里兰卡、巴基斯坦、老挝、埃及等国有关机构签署港口、电力、工业园区等领域基础设施融资合作协议。

（十三）中国进出口银行与塞尔维亚财政部签署匈塞铁路贝尔格莱德至旧帕佐瓦段贷款协议，与柬埔寨经济财政部、埃塞俄比亚财政部、哈萨克斯坦国家公路公司签署公路项目贷款协议，与越南财政部签署轻轨项目贷款协议，与塞尔维亚电信公司签署电信项目贷款协议，与蒙古国财政部签署桥梁项目贷款协议，与缅甸仰光机场公司签署机场扩改建项目贷款协议，与肯尼亚财政部签署内陆集装箱港堆场项目贷款协议。

（十四）全球能源互联网发展合作组织与联合国经济和社会事务部、联合国亚洲及太平洋经济社会委员会、阿拉伯国家联盟、非洲联盟、海湾合作委员会互联电网管理局签署能源领域合作备忘录。

三、扩大产业投资，实现贸易畅通

（一）中国政府与巴基斯坦、越南、柬埔寨、老挝、菲律宾、印度尼西亚、乌兹别克斯坦、白俄罗斯、蒙古国、肯尼亚、埃塞俄比亚、斐济、孟加拉国、斯里兰卡、缅甸、马尔代夫、阿塞拜疆、格鲁吉亚、亚美尼亚、阿富汗、阿尔巴尼亚、伊拉克、巴勒斯坦、黎巴嫩、波黑、黑山、叙利亚、塔吉克斯坦、尼泊尔、塞尔维亚等30个国家政府签署经贸合作协议。

（二）中国政府与格鲁吉亚政府签署中国-格鲁吉亚自贸协定文件。

（三）中国政府与斯里兰卡政府签署关于促进投资与经济合作框架协议。

（四）中国政府与阿富汗政府签署关于海关事务的合作与互助协定。

（五）中国商务部与60多个国家相关部门及国际组织共同发布推进"一带一路"贸易畅通合作倡议。

（六）中国商务部与摩尔多瓦经济部签署关于结束中国-摩尔多瓦自贸协定联合可研的谅解

备忘录，与蒙古国对外关系部签署关于启动中国－蒙古国自由贸易协定联合可行性研究谅解备忘录。

（七）中国商务部与尼泊尔工业部签署关于建设中尼跨境经济合作区的谅解备忘录，与缅甸商务部签署关于建设中缅边境经济合作区的谅解备忘录。

（八）中国商务部与斯里兰卡发展战略与国际贸易部签署投资与经济技术合作发展中长期规划纲要，与蒙古国对外关系部签署关于加强贸易投资和经济合作谅解备忘录，与吉尔吉斯共和国经济部签署关于促进中小企业发展的合作规划，与捷克工贸部、匈牙利外交与对外经济部签署关于中小企业合作的谅解备忘录，与越南工业贸易部签署关于电子商务合作的谅解备忘录。

（九）中国国家发展和改革委员会与吉尔吉斯共和国经济部签署关于共同推动产能与投资合作重点项目的谅解备忘录，与阿联酋经济部签署关于加强产能与投资合作的框架协议。

（十）中国农业部与塞尔维亚农业与环境保护部签署关于制订农业经贸投资行动计划的备忘录，与阿根廷农业产业部签署农业合作战略行动计划，与智利农业部签署关于提升农业合作水平的五年规划（2017—2021年），与埃及农业和土地改良部签署农业合作三年行动计划（2018—2020年）。

（十一）中国海关总署与哈萨克斯坦、荷兰、波兰等国海关部门签署海关合作文件，深化沿线海关“信息互换、监管互认、执法互助”合作。

（十二）中国海关总署与国际道路运输联盟签署促进国际物流大通道建设及实施《国际公路运输公约》的合作文件。

（十三）中国国家质量监督检验检疫总局与蒙古国、哈萨克斯坦、吉尔吉斯共和国、乌兹别克斯坦、挪威、爱尔兰、塞尔维亚、荷兰、阿根廷、智利、坦桑尼亚等国相关部门签署检验检疫合作协议，与联合国工业发展组织、乌克兰和阿塞拜疆相关部门签署标准、计量、认证认可等国家质量技术基础领域合作协议，与俄罗斯、白俄罗斯、塞尔维亚、蒙古国、柬埔寨、马来西亚、哈萨克斯坦、埃塞俄比亚、希腊、瑞士、土耳其等国有关部门签署《关于加强标准合作，助推“一带一路”建设联合倡议》。

（十四）中国进出口银行与白俄罗斯、柬埔寨、埃塞俄比亚、老挝、肯尼亚、蒙古国、巴基斯坦财政部门签署工业园、输变电、风电、水坝、卫星、液压器厂等项目贷款协议，与埃及、孟加拉国、乌兹别克斯坦、沙特有关企业签署电网升级改造、燃煤电站、煤矿改造、轮胎厂等项目贷款协议，与菲律宾首都银行及信托公司签署融资授信额度战略合作框架协议。

（十五）中国国家开发银行与哈萨克斯坦、阿塞拜疆、印度尼西亚、马来西亚等国有关机构签署化工、冶金、石化等领域产能合作融资合作协议。

（十六）中国将从2018年起举办中国国际进口博览会。

四、加强金融合作，促进资金融通

（一）丝路基金新增资金1 000亿元人民币。

（二）中国鼓励金融机构开展人民币海外基金业务，规模初步预计约3 000亿元人民币，为“一带一路”提供资金支持。

（三）中国国家发展和改革委员会将设立中俄地区合作发展投资基金，总规模1 000亿元人民币，首期100亿元人民币，推动中国东北地区与俄罗斯远东地区开发合作。

（四）中国财政部与亚洲开发银行、亚洲基础设施投资银行、欧洲复兴开发银行、欧洲投资银行、新开发银行、世界银行集团6家多边开发机构签署关于加强在“一带一路”倡议下相关领域合作的谅解备忘录。

（五）中国财政部联合多边开发银行将设立多边开发融资合作中心。

（六）中哈产能合作基金投入实际运作，签署支持中国电信企业参与"数字哈萨克斯坦2020"规划合作框架协议。

（七）丝路基金与上海合作组织银联体同意签署关于伙伴关系基础的备忘录。丝路基金与乌兹别克斯坦国家对外经济银行签署合作协议。

（八）中国国家开发银行设立"一带一路"基础设施专项贷款（1 000亿元等值人民币）、"一带一路"产能合作专项贷款（1 000亿元等值人民币）、"一带一路"金融合作专项贷款（500亿元等值人民币）。

（九）中国进出口银行设立"一带一路"专项贷款额度（1 000亿元等值人民币）、"一带一路"基础设施专项贷款额度（300亿元等值人民币）。

（十）中国国家开发银行与法国国家投资银行共同投资中国－法国中小企业基金（二期），并签署《股权认购协议》；与意大利存贷款公司签署《设立中意联合投资基金谅解备忘录》；与伊朗商业银行、埃及银行、匈牙利开发银行、菲律宾首都银行、土耳其农业银行、奥地利奥合国际银行、柬埔寨加华银行、马来西亚马来亚银行开展融资、债券承销等领域务实合作。

（十一）中国进出口银行与马来西亚进出口银行、泰国进出口银行等"亚洲进出口银行论坛"成员机构签署授信额度框架协议，开展转贷款、贸易融资等领域务实合作。

（十二）中国出口信用保险公司同白俄罗斯、塞尔维亚、波兰、斯里兰卡、埃及等国同业机构签署合作协议，与埃及投资和国际合作部、老挝财政部、柬埔寨财政部、印度尼西亚投资协调委员会、波兰投资贸易局、肯尼亚财政部、伊朗中央银行、伊朗财政与经济事务部等有关国家政府部门及沙特阿拉伯发展基金、土耳其实业银行、土耳其担保银行、巴基斯坦联合银行等有关国家金融机构签署框架合作协议。

（十三）中国人民银行与国际货币基金组织合作建立基金组织－中国能力建设中心，为"一带一路"沿线国家提供培训。

（十四）中国进出口银行与联合国工业发展组织签署关于促进"一带一路"沿线国家可持续工业发展有关合作的联合声明。

（十五）亚洲金融合作协会正式成立。

（十六）中国工商银行与巴基斯坦、乌兹别克斯坦、奥地利等国家主要银行共同发起"一带一路"银行合作行动计划，建立"一带一路"银行常态化合作交流机制。

五、增强民生投入，深化民心相通

（一）中国政府将加大对沿线发展中国家的援助力度，未来3年总体援助规模不少于600亿元人民币。

（二）中国政府将向沿线发展中国家提供20亿元人民币紧急粮食援助。向南南合作援助基金增资10亿美元，用于发起中国－联合国2030年可持续发展议程合作倡议，支持在沿线国家实施100个"幸福家园"、100个"爱心助困"、100个"康复助医"等项目。向有关国际组织提供10亿美元，共同推动落实一批惠及沿线国家的国际合作项目，包括向沿线国家提供100个食品、帐篷、活动板房等难民援助项目，设立难民奖学金，为500名青少年难民提供受教育机会，资助100名难民运动员参加国际和区域赛事活动。

（三）中国政府与黎巴嫩政府签署《中华人民共和国政府和黎巴嫩共和国政府文化协定2017—

2020年执行计划》，与突尼斯政府签署《中华人民共和国政府和突尼斯共和国政府关于互设文化中心的协定》，与土耳其政府签署《中华人民共和国政府和土耳其共和国政府关于互设文化中心的协定》。

（四）中国政府与联合国教科文组织签署《中国－联合国教科文组织合作谅解备忘录（2017—2020年）》。

（五）中国政府与波兰政府签署政府间旅游合作协议。

（六）中国政府倡议启动《“一带一路”科技创新合作行动计划》，实施科技人文交流、共建联合实验室、科技园区合作、技术转移等四项行动。

（七）中国政府与世界粮食计划署、联合国国际移民组织、联合国儿童基金会、联合国难民署、世界卫生组织、红十字国际委员会、联合国开发计划署、联合国工业发展组织、世界贸易组织、国际民航组织、联合国人口基金会、联合国贸易和发展会议、国际贸易中心、联合国教科文组织等国际组织签署援助协议。

（八）中国教育部与俄罗斯、哈萨克斯坦、波黑、爱沙尼亚、老挝等国教育部门签署教育领域合作文件，与塞浦路斯签署相互承认高等教育学历和学位协议，与沿线国家建立音乐教育联盟。

（九）中国科技部与蒙古国教育文化科学体育部签署关于共同实施中蒙青年科学家交流计划的谅解备忘录，与蒙古国教育文化科学体育部签署关于在蒙古国建立科技园区和创新基础设施发展合作的谅解备忘录，与匈牙利国家研发与创新署签署关于联合资助中匈科研合作项目的谅解备忘录。

（十）中国环境保护部发布《“一带一路”生态环境保护合作规划》，建设“一带一路”生态环保大数据服务平台，与联合国环境规划署共同发布建立“一带一路”绿色发展国际联盟的倡议。

（十一）中国财政部将设立“一带一路”财经发展研究中心。

（十二）中国国家卫生和计划生育委员会与捷克、挪威等国卫生部签署卫生领域合作文件。

（十三）中国国家旅游局与乌兹别克斯坦国家旅游发展委员会签署旅游合作协议，与智利经济、发展与旅游部签署旅游合作备忘录，与柬埔寨旅游部签署旅游合作备忘录实施方案。

（十四）中国国家新闻出版广电总局与土耳其广播电视最高委员会、沙特阿拉伯视听管理总局签署合作文件。中国中央电视台与有关国家主流媒体成立“一带一路”新闻合作联盟。

（十五）中国国务院新闻办公室与柬埔寨新闻部、文莱首相府新闻局、阿联酋国家媒体委员会、巴勒斯坦新闻部、阿尔巴尼亚部长会议传媒和公民关系局签署媒体交流合作谅解备忘录。

（十六）中国国务院新闻办公室与柬埔寨外交与国际合作部、文莱外交与贸易部政策与战略研究所、以色列外交部、巴勒斯坦外交部、阿尔巴尼亚外交部签署智库合作促进计划谅解备忘录。

（十七）中国国家开发银行将举办“一带一路”专项双多边交流培训，设立“一带一路”专项奖学金。

（十八）中国民间组织国际交流促进会联合80多家中国民间组织启动《中国社会组织推动“一带一路”民心相通行动计划（2017—2020年）》，中国民间组织国际交流促进会和150多家中外民间组织共同成立“丝路沿线民间组织合作网络”。“一带一路”智库合作联盟启动“增进‘一带一路’民心相通国际智库合作项目”。

（十九）中国国务院发展研究中心与联合国工业发展组织签署关于共建“一带一路”等合作的谅解备忘录。丝路国际智库网络50多家国际成员和伙伴与中方共同发布《丝路国际智库网络北京共同行动宣言》。

（二十）中国国际城市发展联盟与联合国人类住区规划署、世界卫生组织、世界城市和地方政府组织亚太区签署合作意向书。

第二章 第二届"一带一路"国际合作高峰论坛

第一节 齐心开创共建"一带一路"美好未来

——在第二届"一带一路"国际合作高峰论坛开幕式上的主旨演讲

（2019年4月26日，北京）

中华人民共和国主席 习近平

尊敬的各位国家元首，政府首脑，
各位高级代表，
各位国际组织负责人，
女士们，先生们，朋友们：

上午好！"春秋多佳日，登高赋新诗。"在这个春意盎然的美好时节，我很高兴同各位嘉宾一道，共同出席第二届"一带一路"国际合作高峰论坛。首先，我谨代表中国政府和中国人民，并以我个人的名义，对各位来宾表示热烈的欢迎！

两年前，我们在这里举行首届高峰论坛，规划政策沟通、设施联通、贸易畅通、资金融通、民心相通的合作蓝图。今天，来自世界各地的朋友再次聚首。我期待着同大家一起，登高望远，携手前行，共同开创共建"一带一路"的美好未来。

同事们、朋友们！

共建"一带一路"倡议，目的是聚焦互联互通，深化务实合作，携手应对人类面临的各种风险挑战，实现互利共赢、共同发展。在各方共同努力下，"六廊六路多国多港"的互联互通架构基本形成，一大批合作项目落地生根，首届高峰论坛的各项成果顺利落实，150多个国家和国际组织同中国签署共建"一带一路"合作协议。共建"一带一路"倡议同联合国、东盟、非盟、欧盟、欧亚经济联盟等国际和地区组织的发展和合作规划对接，同各国发展战略对接。从亚欧大陆到非洲、美洲、大洋洲，共建"一带一路"为世界经济增长开辟了新空间，为国际贸易和投资搭建了新平台，为完善全球经济治理拓展了新实践，为增进各国民生福祉作出了新贡献，成为共同的机遇之路、繁荣之路。事实证明，共建“一带一路”不仅为世界各国发展提供了新机遇，也为中国开放发展开辟了新天地。

中国古人说：“万物得其本者生，百事得其道者成。”共建“一带一路”，顺应经济全球化的历史潮流，顺应全球治理体系变革的时代要求，顺应各国人民过上更好日子的强烈愿望。面向未来，我们要聚焦重点、深耕细作，共同绘制精谨细腻的“工笔画”，推动共建“一带一路”沿着高质量发展方向不断前进。

——我们要秉持共商共建共享原则，倡导多边主义，大家的事大家商量着办，推动各方各施所长、各尽所能，通过双边合作、三方合作、多边合作等各种形式，把大家的优势和潜能充分发挥出来，聚沙成塔、积水成渊。

——我们要坚持开放、绿色、廉洁理念，不搞封闭排他的小圈子，把绿色作为底色，推动绿色基础设施建设、绿色投资、绿色金融，保护好我们赖以生存的共同家园，坚持一切合作都在阳光下运作，共同以零容忍态度打击腐败。我们发起了《廉洁丝绸之路北京倡议》，愿同各方共建风清气正的丝绸之路。

——我们要努力实现高标准、惠民生、可持续目标，引入各方普遍支持的规则标准，推动企业在项目建设、运营、采购、招投标等环节按照普遍接受的国际规则标准进行，同时要尊重各国法律法规。要坚持以人民为中心的发展思想，聚焦消除贫困、增加就业、改善民生，让共建“一带一路”成果更好惠及全体人民，为当地经济社会发展作出实实在在的贡献，同时确保商业和财政上的可持续性，做到善始善终、善作善成。

同事们、朋友们！

共建“一带一路”，关键是互联互通。我们应该构建全球互联互通伙伴关系，实现共同发展繁荣。我相信，只要大家齐心协力、守望相助，即使相隔万水千山，也一定能够走出一条互利共赢的康庄大道。

基础设施是互联互通的基石，也是许多国家发展面临的瓶颈。建设高质量、可持续、抗风险、价格合理、包容可及的基础设施，有利于各国充分发挥资源禀赋，更好融入全球供应链、产业链、价值链，实现联动发展。中国将同各方继续努力，构建以新亚欧大陆桥等经济走廊为引领，以中欧班列、陆海新通道等大通道和信息高速路为骨架，以铁路、港口、管网等为依托的互联互通网络。我们将继续发挥共建“一带一路”专项贷款、丝路基金、各类专项投资基金的作用，发展丝路主题债券，支持多边开发融资合作中心有效运作。我们欢迎多边和各国金融机构参与共建“一带一路”投融资，鼓励开展第三方市场合作，通过多方参与实现共同受益的目标。

商品、资金、技术、人员流通，可以为经济增长提供强劲动力和广阔空间。“河海不择细流，故能就其深。”如果人为阻断江河的流入，再大的海，迟早都有干涸的一天。我们要促进贸易和投资自由化便利化，旗帜鲜明反对保护主义，推动经济全球化朝着更加开放、包容、普惠、平衡、共赢的方向发展。我们将同更多国家商签高标准自由贸易协定，加强海关、税收、审计监管等领域合作，建立共建“一带一路”税收征管合作机制，加快推广“经认证的经营者”国际互认合作。我们还制定了《“一带一路”融资指导原则》，发布了《“一带一路”债务可持续性分析框架》，为共建“一带一路”融资合作提供指南。中方今年将举办第二届中国国际进口博览会，为各方进入中国市场搭建更广阔平台。

创新就是生产力，企业赖之以强，国家赖之以盛。我们要顺应第四次工业革命发展趋势，共同把握数字化、网络化、智能化发展机遇，共同探索新技术、新业态、新模式，探寻新的增长动能和发展路径，建设数字丝绸之路、创新丝绸之路。中国将继续实施共建"一带一路"科技创新行动计划，同各方一道推进科技人文交流、共建联合实验室、科技园区合作、技术转移四大举措。我们将积极实施创新人才交流项目，未来5年支持5 000人次中外方创新人才开展交流、培训、合作研究。我们还将支持各国企业合作推进信息通信基础设施建设，提升网络互联互通水平。

发展不平衡是当今世界最大的不平衡。在共建"一带一路"过程中，要始终从发展的视角看问题，将可持续发展理念融入项目选择、实施、管理的方方面面。我们要致力于加强国际发展合作，为发展中国家营造更多发展机遇和空间，帮助他们摆脱贫困，实现可持续发展。为此，我们同各方共建"一带一路"可持续城市联盟、绿色发展国际联盟，制定《"一带一路"绿色投资原则》，发起"关爱儿童、共享发展，促进可持续发展目标实现"合作倡议。我们启动共建"一带一路"生态环保大数据服务平台，将继续实施绿色丝路使者计划，并同有关国家一道，实施"一带一路"应对气候变化南南合作计划。我们还将深化农业、卫生、减灾、水资源等领域合作，同联合国在发展领域加强合作，努力缩小发展差距。

我们要积极架设不同文明互学互鉴的桥梁，深入开展教育、科学、文化、体育、旅游、卫生、考古等各领域人文合作，加强议会、政党、民间组织往来，密切妇女、青年、残疾人等群体交流，形成多元互动的人文交流格局。未来5年，中国将邀请共建"一带一路"国家的政党、智库、民间组织等1万名代表来华交流。我们将鼓励和支持沿线国家社会组织广泛开展民生合作，联合开展一系列环保、反腐败等领域培训项目，深化各领域人力资源开发合作。我们将持续实施"丝绸之路"中国政府奖学金项目，举办"一带一路"青年创意与遗产论坛、青年学生"汉语桥"夏令营等活动。我们还将设立共建"一带一路"国际智库合作委员会、新闻合作联盟等机制，汇聚各方智慧和力量。

同事们、朋友们！

今年是中华人民共和国成立70周年。70年前，中国人民历经几代人上下求索，终于在中国共产党领导下建立了新中国，中国人民从此站了起来，中国人民的命运从此掌握在了自己手中。

历经70年艰苦奋斗，中国人民立足本国国情，在实践中不断探索前进方向，开辟了中国特色社会主义道路。今天的中国，已经站在新的历史起点上。我们深知，尽管成就辉煌，但前方还有一座座山峰需要翻越，还有一个个险滩等待跋涉。我们将继续沿着中国特色社会主义道路大步向前，坚持全面深化改革，坚持高质量发展，坚持扩大对外开放，坚持走和平发展道路，推动构建人类命运共同体。

下一步，中国将采取一系列重大改革开放举措，加强制度性、结构性安排，促进更高水平对外开放。

第一，更广领域扩大外资市场准入。公平竞争能够提高效率、带来繁荣。中国已实施准入前国民待遇加负面清单管理模式，未来将继续大幅缩减负面清单，推动现代服务业、制造业、农业全方位对外开放，并在更多领域允许外资控股或独资经营。我们将新布局一批自由贸易试验区，加快探索建设自由贸易港。我们将加快制定配套法规，确保严格实施《外商投资法》。我们将以公平竞争、开放合作推动国内供给侧结构性改革，有效淘汰落后和过剩产能，提高供给体系质量和效率。

第二，更大力度加强知识产权保护国际合作。没有创新就没有进步。加强知识产权保护，不仅是维护内外资企业合法权益的需要，更是推进创新型国家建设、推动高质量发展的内在要求。中国将着力营造尊重知识价值的营商环境，全面完善知识产权保护法律体系，大力强化执法，加强对外国知识产权人合法权益的保护，杜绝强制技术转让，完善商业秘密保护，依法严厉打击知识产权侵权行为。中国愿同世界各国加强知识产权保护合作，创造良好创新生态环境，推动同各国在市场化法治化原则基础上开展技术交流合作。

第三，更大规模增加商品和服务进口。中国既是“世界工厂”，也是“世界市场”。中国有世界上规模最大、成长最快的中等收入群体，消费增长潜力巨大。为满足人民日益增长的物质文化生活需要，增加消费者选择和福利，我们将进一步降低关税水平，消除各种非关税壁垒，不断开大中国市场大门，欢迎来自世界各国的高质量产品。我们不刻意追求贸易顺差，愿意进口更多国外有竞争力的优质农产品、制成品和服务，促进贸易平衡发展。

第四，更加有效实施国际宏观经济政策协调。全球化的经济需要全球化的治理。中国将加强同世界各主要经济体的宏观政策协调，努力创造正面外溢效应，共同促进世界经济强劲、可持续、平衡、包容增长。中国不搞以邻为壑的汇率贬值，将不断完善人民币汇率形成机制，使市场在资源配置中起决定性作用，保持人民币汇率在合理均衡水平上的基本稳定，促进世界经济稳定。规则和信用是国际治理体系有效运转的基石，也是国际经贸关系发展的前提。中国积极支持和参与世贸组织改革，共同构建更高水平的国际经贸规则。

第五，更加重视对外开放政策贯彻落实。中国人历来讲求“一诺千金”。我们高度重视履行同各国达成的多边和双边经贸协议，加强法治政府、诚信政府建设，建立有约束的国际协议履约执行机制，按照扩大开放的需要修改完善法律法规，在行政许可、市场监管等方面规范各级政府行为，清理废除妨碍公平竞争、扭曲市场的不合理规定、补贴和做法，公平对待所有企业和经营者，完善市场化、法治化、便利化的营商环境。

中国扩大开放的举措，是根据中国改革发展客观需要作出的自主选择，这有利于推动经济高质量发展，有利于满足人民对美好生活的向往，有利于世界和平、稳定、发展。我们也希望世界各国创造良好投资环境，平等对待中国企业、留学生和学者，为他们正常开展国际交流合作活动提供公平友善的环境。我们坚信，一个更加开放的中国，将同世界形成更加良性的互动，带来更加进步和繁荣的中国和世界。

同事们、朋友们！

让我们携起手来，一起播撒合作的种子，共同收获发展的果实，让各国人民更加幸福，让世界更加美好！

祝本次高峰论坛圆满成功！

谢谢大家。

第二节 第二届“一带一路”国际合作高峰论坛联合公报

2019年4月27日

1. 我们，中华人民共和国主席习近平，阿塞拜疆总统阿利耶夫，白俄罗斯总统卢卡申科，文莱苏丹哈桑纳尔，智利总统皮涅拉，塞浦路斯总统阿纳斯塔夏季斯，捷克总统泽曼，吉布提总统盖莱，埃及总统塞西，哈萨克斯坦首任总统纳扎尔巴耶夫，肯尼亚总统肯雅塔，吉尔吉斯共和国总统热恩别科夫，老挝国家主席本扬，蒙古国总统巴特图勒嘎，莫桑比克总统纽西，尼泊尔总统班达里，菲律宾总统杜特尔特，葡萄牙总统德索萨，俄罗斯总统普京，塞尔维亚总统武契奇，瑞士联邦主席毛雷尔，塔吉克斯坦总统拉赫蒙，乌兹别克斯坦总统米尔济约耶夫，阿联酋副总统兼总理、迪拜酋长穆罕默德，奥地利总理库尔茨，柬埔寨首相洪森，埃塞俄比亚总理阿比，希腊总理齐普拉斯，匈牙利总理欧尔班，意大利总理孔特，马来西亚总理马哈蒂尔，缅甸国务资政昂山素季，巴基斯坦总理伊姆兰•汗，巴布亚新几内亚总理奥尼尔，新加坡总理李显龙，泰国总理巴育，越南总理阮春福，印度尼西亚副总统卡拉于2019年4月27日聚首北京，出席主题为"共建'一带一路'、开创美好未来"的第二届"一带一路"国际合作高峰论坛领导人圆桌峰会。我们欢迎联合国秘书长古特雷斯、国际货币基金组织总裁拉加德与会。峰会由中华人民共和国主席习近平主持。

2. 我们相聚于世界经济机遇和挑战并存、世界正发生快速而深刻变化的时刻。我们重申加强多边主义对应对全球挑战至关重要。我们相信，构建开放、包容、联动、可持续和以人民为中心的世界经济，有利于促进共同繁荣。

3. 我们忆及首届"一带一路"国际合作高峰论坛圆桌峰会联合公报及其确定的合作目标、原则和举措，并再次确认对落实联合国2030年可持续发展议程的承诺。我们重申，促进和平、发展与人权，推动合作共赢，尊重《联合国宪章》宗旨原则和国际法，是我们的共同责任；实现世界经济强劲、可持续、平衡和包容增长，提高人民生活质量，是我们的共同目标；打造繁荣与和平世界的共同命运，是我们的共同愿望。

4. 古丝绸之路凝聚了和平合作、开放包容、互学互鉴、互利共赢的平等合作精神，为促进互联互通和世界经济增长作出重要贡献。我们期待通过"一带一路"倡议及其他合作框架与倡议，重振古丝绸之路精神。

5. 作为合作伙伴，我们赞赏"一带一路"合作取得的进展及创造的重要机遇，特别是在发展政策对接、基础设施投资、经济走廊、经贸合作区、产业园区、金融和贸易合作、创新和技术、海上合作、商业联系、人文交流等领域取得的合作成果。这些合作为经济增长开辟了新动力，为各国经济社会发展增加了新潜力，为实现联合国可持续发展目标作出了贡献。

6. 展望未来，我们将高质量共建"一带一路"，通过促进政策沟通、设施联通、贸易畅通、资金融通和民心相通，加强各方互联互通，深化务实合作，增进各国人民福祉。在此方面，我们期待合作伙伴作出更多努力。

——我们将坚持共商共建共享。我们强调法治和为所有人创造公平机会的重要性，将在自愿参与和协商一致的基础上开展政策对接和项目合作，责任共担，成果共享。各国都是平等的合作伙伴，尊重开放、透明、包容和公平营商环境。我们相互尊重彼此主权与领土完整。我们认为，根据国内优先事项和法律自主决定本国发展战略，是各国自身的权利和首要责任。

——我们将坚持开放、绿色、廉洁。我们支持开放型经济以及包容和非歧视的全球市场，欢迎所有感兴趣的国家参与合作。我们重视促进绿色发展，应对环境保护及气候变化的挑战，包括加强在落实《巴黎协定》方面的合作。我们鼓励各方在建设廉洁文化和打击腐败方面作出更多努力。

——我们追求高标准、惠民生、可持续。相关合作将遵守各国法律法规、国际义务和可适用的国际规则标准，并将本着以人民为中心的理念，促进包容性和高质量的经济增长并改善民生。我们致力于在各个层面促进合作的可持续性。

7. 我们始于这样一个信念：互联互通有利于推动增长及经济社会发展、促进商品和服务贸易、带动投资、创造就业机会、增进人文交流，在开放、包容和透明的基础上推动构建全球互联互通伙伴关系将为各方带来机遇。今天，我们决心通过包括"一带一路"倡议及其他合作战略在内的这种伙伴关系，在次区域、区域和全球层面加强国际合作，开创共同繁荣的美好未来。我们支持以世界贸易组织为核心、普遍、以规则为基础、开放、透明、非歧视的多边贸易体制。

一、加强发展政策对接

8. 为促进共同发展，我们欢迎各方采取稳健的宏观经济政策，鼓励就落实可持续发展议程开展相关讨论。我们将在联合国和其他多边机制加强宏观经济政策对话，并在已有进展的基础上促进各方发展规划和互联互通倡议的对接。

9. 鉴此，我们强调有关倡议和合作框架所带来的机遇，包括：三河流域经济合作战略总体规划（2019—2023年）、非盟及非洲基础设施发展规划、亚太经合组织互联互通蓝图、阿拉伯国家联盟、东盟及东盟互联互通总体规划2025、东盟智慧城市网络、东盟“链接互联互通”倡议、亚欧会议互联互通工作组、东盟东部增长区、中亚互联互通倡议、拉美和加勒比国家共同体、迪拜丝绸之路战略、欧盟欧亚互联互通战略、中欧互联互通平台、欧盟东部伙伴关系、欧亚经济联盟、欧亚伙伴关系、中非合作论坛、大湄公河次区域经济合作、全球基础设施互联互通联盟、“全球集团倡议”、澜沧江－湄公河合作、美洲国家组织、太平洋联盟、太平洋岛国论坛、地中海联盟及其他次区域和区域合作倡议。

10. 我们决心促进贸易投资自由化和便利化，期待进一步开放市场，反对保护主义、单边主义和其他不符合世界贸易组织规则的措施。我们强调世贸组织协定中“特殊与差别待遇”的重要性。

11. 我们重视通关便利化，鼓励有关部门在边境清关、海关互助、信息共享、精简海关和过境手续等方面增进合作。我们鼓励有关便利化措施符合世贸组织《贸易便利化协定》，同时辅之以打击非法贸易和欺诈等有效的边境管控措施。

12. 我们呼吁各国在符合各自国内法律和国际承诺的前提下，加强在促进外国直接投资和建立合资企业方面的合作。我们鼓励各方为促进投资和创造新商业机会营造有利和可预测的环境。

13. 我们希望加强税收合作，鼓励达成更多避免双重征税协定，促进增长友好型的税收政策。为此，我们将在现有国际税收合作框架内开展工作。

14. 我们将努力建设包容多元、普遍受益的全球价值链。我们鼓励在保护知识产权的同时，在创新领域加强合作。我们也鼓励各方采用电子运单。

15. 我们支持发展可持续蓝色经济，呼吁进一步加强海上联通和国际海洋合作，包括加强港口和航运业界合作，同时以可持续的方式管理海洋和沿海生态系统。

二、加强基础设施互联互通

16. 为促进联动增长，我们支持构建全方位、复合型的基础设施互联互通，通过基础设施投资促进经济增长，改善民生。我们支持帮助陆锁国成为陆联国的政策措施，包括在过境安排及基础设施方面促进联通并加强合作。

17. 我们将努力建设高质量、可靠、抗风险、可持续的基础设施。我们强调，高质量基础设施应确保在全周期内切实可行、价格合理、包容可及、广泛受益，有助于参与国可持续发展和发展中国家工业化。我们欢迎发达国家和国际投资者投资发展中国家的互联互通项目。我们重视项目在经济、社会、财政、金融和环境方面的可持续性，同时统筹好经济增长、社会进步和环境保护之间的平衡。

18. 为实现项目可持续性，我们支持各国在项目准备和执行方面加强合作，确保项目可投资、可融资、经济可行及环境友好。我们呼吁“一带一路”合作的所有市场参与方履行企业社会责任，遵守联合国全球契约。

19. 我们认识到交通基础设施是互联互通的基础之一。我们鼓励各国通过发展相互兼容和复合型的交通等措施，开发相互兼容的基础设施，增强各国在空中、陆地和海上的联通。我们认识到开发跨区域交通和物流通道的重要性，包括建设联通中亚和高加索、欧洲、非洲、南亚、东南亚以及太平洋地区的通道以促进交通和交流。

20. 我们支持加强能源基础设施，提高能源安全，让所有人都能享有可负担、可再生、清洁和可持续的能源。

21. 在遵守各国法律、监管制度以及各自国际承诺的前提下，我们期待加强金融市场互联互通，同时重视普惠金融。

三、推动可持续发展

22. 为促进可持续和低碳发展，我们赞赏推动绿色发展、促进生态可持续性的努力。我们鼓励发展绿色金融，包括发行绿色债券和发展绿色技术。我们也鼓励各方在生态环保政策方面交流良好实践，提高环保水平。

23. 为保护地球免于退化，我们期待建设更具气候韧性的未来，加强在环保、循环经济、清洁能源、能效、综合可持续水资源管理等领域合作，包括根据国际公认的原则和义务对受到气候变化不利影响的国家予以支持，从而在经济、社会和环境三方面以平衡和综合的方式实现可持续发展。我们支持落实联合国关于"水促进可持续发展"国际行动十年（2018—2028年）执行情况中期全面审查的决议。

24. 我们鼓励在可持续农业、林业和生态多样性保护方面开展更多合作。我们同意在抗灾减灾和灾害管理领域促进合作。

25. 我们支持在遵守各国法律法规的基础上开展国际反腐败合作，对腐败问题采取零容忍态度。我们呼吁各国根据自身在《联合国反腐败公约》等国际公约和相关双边条约下的义务，加强相关国际合作。我们期待在交流有益经验和开展务实合作方面加强合作。

四、加强务实合作

26. 为实现共同繁荣，我们应加强务实合作。有关合作应坚持以人民为中心，坚持结果导向和增长导向，遵守市场规则及各国法律，必要时政府可提供相应支持。我们鼓励包括中小微企业在内的各国企业参与合作。我们强调在遵守各国法律法规的基础上，采取开放、透明和非歧视的公共采购程序的重要性，并欢迎交流有益经验。

27. 我们支持各国在已有进展的基础上，继续建设经济走廊、经贸合作区（见附件）和同"一带一路"相关的合作项目，加强价值链、产业链、供应链合作。

28. 我们将在遵守国际法和各国法律的前提下，继续加强多式联运，包括运用内陆国的内河水道、公路和铁路网络、陆海空港口及管道。我们鼓励借鉴国际良好实践，加强包括跨境高速光缆在内的数字基础设施，发展电子商务和智慧城市，缩小数字鸿沟。

29. 我们鼓励开展第三方市场合作、三方合作及政府和社会资本合作，欢迎企业和有关国际组织在符合各国法律法规的前提下就此作出更多努力。我们欢迎开展法务合作，包括为工商界提供争端解决服务和法律援助。

30. 我们支持各国金融机构和国际金融机构开展合作，为有关项目提供多元化和可持续的融资支持。在尊重各国国内优先事项、法律法规、国际承诺以及联合国大会在债务可持续性方面通过的有关原则的同时，我们鼓励本币融资和互设金融机构，更好地发挥开发性金融的作用。我们鼓励多边开发银行和其他国际金融机构以财政可持续的方式加大对互联互通项目的支持，并根据当地需求动员民间资本投资相关项目。

31. 为保障粮食安全和支持可持续发展，我们强调发展节水技术和开展农业创新的重要性。我们重视通过加强动植物卫生检疫合作，促进农产品贸易和投资。

32. 我们注意到附件中列出的各专业领域“一带一路”合作平台。

五、加强人文交流

33. 互联互通让不同国家、人民和社会之间的联系更加紧密。我们相信“一带一路”合作有利于促进各国人民以及不同文化和文明间的对话交流、互学互鉴。我们欢迎扩大人文交流的努力，包括加强青年间的交往。

34. 我们重视加强在人力资源开发、教育和职业培训方面的合作，以增强民众更好适应未来工作的能力，促进就业并提高人民生活水平。

35. 我们期待在科技、文化、艺术、创意经济、农村发展和民间工艺、考古和古生物、文化和自然遗产保护、旅游、卫生、体育等领域进一步开展交流和合作。

36. 我们欢迎各国议会、友好省市、智库、学界、媒体和民间团体加强交往，促进妇女交流和残疾人交流，并在海外劳工方面加强合作。

六、下一步工作

37. 我们欢迎各方同中国进一步在“一带一路”倡议下开展双边和国际合作，期待定期举办高峰论坛并举行相关后续活动。

38. 我们感谢并祝贺中国举办第二届“一带一路”国际合作高峰论坛，期待举行第三届高峰论坛。

附　件

一、由互联互通带动和支持的经济走廊和其他项目：

（1）亚的斯亚贝巴－吉布提铁路经济走廊及沿线工业园
（2）黑水隧道
（3）巴库－第比利斯－卡尔斯跨国铁路和巴库阿里亚特自由经济区
（4）文莱－中国广西经济走廊
（5）中国－中亚－西亚经济走廊
（6）中欧陆海快线
（7）中国－中南半岛经济走廊，包括中老经济走廊
（8）中国－吉尔吉斯共和国－乌兹别克斯坦国际公路
（9）中国－老挝－泰国铁路合作
（10）中国－马来西亚钦州产业园
（11）中蒙俄经济走廊
（12）中国－缅甸经济走廊

(13) 中国–巴基斯坦经济走廊
(14) 泰国东部经济走廊
(15) 大湄公河次区域经济合作
(16) 欧盟泛欧交通运输网络
(17) 欧洲–高加索–亚洲运输走廊
(18) 中白工业园
(19) 国际南北运输通道
(20) 维多利亚湖–地中海海路航线连接计划
(21) 拉穆港–南苏丹–埃塞俄比亚交通通道
(22) 马来西亚–中国关丹产业园
(23) 中国–尼泊尔跨越喜马拉雅立体互联互通网络及中尼跨境铁路
(24) 新亚欧大陆桥
(25) 中国–新加坡(重庆)战略性互联互通示范项目:国际陆海贸易新通道
(26) 非洲北部通道(连接蒙巴萨港和非洲大湖区国家以及泛非公路)
(27) 开罗–开普敦南北通道
(28) 比雷埃夫斯港
(29) 埃塞俄比亚–苏丹港铁路互联互通
(30) 印度尼西亚区域综合经济走廊
(31) 苏伊士运河经济区
(32) 北方海航道货物运输
(33) 跨太平洋海底光缆
(34) 越南"两廊一圈"发展规划
(35) 中国–塔吉克斯坦–乌兹别克斯坦国际公路

二、专业领域多边合作倡议和平台:

(1)"一带一路"国际合作高峰论坛咨询委员会
(2)"一带一路"国际科学组织联盟
(3)"廉洁丝绸之路"北京倡议
(4)"一带一路"能源合作伙伴关系
(5)"一带一路"税收征管合作机制
(6)"一带一路"新闻合作联盟
(7)"一带一路"国际智库合作委员会
(8)"数字丝绸之路"倡议
(9)《"一带一路"融资指导原则》
(10) 国际丝绸之路科学院
(11)"一带一路"绿色发展国际联盟
(12)《关于进一步推进"一带一路"国家知识产权务实合作的联合声明》
(13) 中欧班列运输联合工作组
(14)《海上丝绸之路港口合作宁波倡议》

三、参与方提及的其他倡议和举措：

（1）非洲大陆自由贸易协定

（2）希腊发起的文明古国论坛

（3）2019年将在智利举行的亚太经合组织第二十七次领导人非正式会议

（4）中白“一带一路”专项论坛

（5）蒙古国及其他感兴趣的国家在陆地和机场口岸设立“一带一路”通道

（6）2018年哈萨克斯坦第一届全球丝绸之路国家市长论坛

（7）哈萨克斯坦倡议的全球丝绸之路奖

（8）蒙古国倡议奖励促进“一带一路”合作的外交官和青年学者

（9）泛阿拉伯自由贸易协定

（10）2019年将在智利圣地亚哥举行的第25届联合国气候变化框架公约缔约国大会

（11）2018年在肯尼亚举行的可持续蓝色经济会议

（12）联合国关于调解所产生的国际和解协议公约

（13）2018年在希腊举行的联合国世界旅游组织丝绸之路旅游国际会议

（14）巴库进程框架下的世界跨文化对话论坛

（15）2018年在埃及举行的世界青年论坛

第三节　第二届“一带一路”国际合作高峰论坛成果清单

2019年4月25日—27日，中国在北京主办第二届“一带一路”国际合作高峰论坛。首届高峰论坛以来及本届高峰论坛期间，各国政府、地方、企业等达成一系列合作共识、重要举措及务实成果，中国作为东道国对其中具有代表性的一些成果进行了梳理和汇总，形成了第二届高峰论坛成果清单。清单包括中方打出的举措或发起的合作倡议、在高峰论坛期间或前夕签署的多双边合作文件、在高峰论坛框架下建立的多边合作平台、投资类项目及项目清单、融资类项目、中外地方政府和企业开展的合作项目，共六大类283项。

一、中方打出的举措或发起的合作倡议

（一）发布《共建“一带一路”倡议：进展、贡献与展望》。

（二）发布《“一带一路”国际合作高峰论坛咨询委员会政策建议报告》。

（三）中国与有关国家、国际组织以及工商界学术界代表共同发起《“廉洁丝绸之路”北京倡议》。

（四）中国政府将实施“一带一路”人员出入境便利安排。

（五）中国发展丝路主题的债券，便利境内外主体利用债券市场融资支持“一带一路”倡议。

（六）中国国家开发银行、进出口银行继续设立“一带一路”专项贷款。

（七）中国科技部与有关国家科技创新主管部门共同发布《“创新之路”合作倡议》。

（八）中国政府将继续实施绿色丝路使者计划，未来三年向共建“一带一路”国家环境部门官员提供1 500个培训名额。“一带一路”生态环保大数据服务平台网站正式启动。中国生态环境部

成立"一带一路"环境技术交流与转移中心。

（九）中国国家发展改革委员会和联合国开发计划署、联合国工业发展组织、联合国亚洲及太平洋经济社会委员会共同发起"一带一路"绿色照明行动倡议，与联合国工业发展组织、联合国亚洲及太平洋经济社会委员会、能源基金会共同发起"一带一路"绿色高效制冷行动倡议。

（十）中国财政部发布《"一带一路"债务可持续性分析框架》，与共建"一带一路"国家共同提高债务管理水平，促进可持续融资，实现可持续、包容性增长。

（十一）中国海关总署发起设立"一带一路"海关信息交换和共享平台，与智利、巴基斯坦、新加坡、格鲁吉亚等国家共建原产地电子联网，共享项目信息数据。

（十二）中国国家标准化管理委员会发起建立"一带一路"共建国家标准信息平台，加强与有关国家间的标准信息交换和共享。

（十三）中国政府继续实施"丝绸之路"中国政府奖学金项目，增加硕士、博士学位奖学金名额。

（十四）中国科学院宣布实施"一带一路"硕士生奖学金计划。

（十五）中国将开展"一带一路"共建国家发展经验交流项目，未来5年邀请来自共建"一带一路"国家的政党、政治组织、政要和智库、学者、社会组织等1万名代表来华交流。

（十六）中国科技部宣布实施"一带一路"创新人才交流项目，未来5年支持5 000人次中国及其他"一带一路"共建国家人才开展创新交流合作。

（十七）中国将与共建"一带一路"国家共同实施"一带一路"图书馆合作项目和"一带一路"版权贸易合作计划。

（十八）中国与联合国教科文组织合作发起并设立"丝绸之路青年学者资助计划"项目。

（十九）中国国家发展改革委员会和联合国儿童基金会共同发起"一带一路"沿线国家"关爱儿童、共享发展，促进可持续发展目标实现"合作倡议。

（二十）中国红十字会继续在巴基斯坦推进中巴急救走廊项目。

（二十一）中国将与有关国家共同实施"一带一路"应对气候变化南南合作计划。

（二十二）中国工商银行发行首支"一带一路"银行间常态化合作机制（BRBR）绿色债券，并与欧洲复兴开发银行、法国东方汇理银行、日本瑞穗银行等BRBR机制相关成员共同发布"一带一路"绿色金融指数，深入推动"一带一路"绿色金融合作。

（二十三）中国国家汉办举办"一带一路"共建国家青年学生"汉语桥"夏令营活动。

（二十四）中国将启动第一届"一带一路"法治合作研修项目，与世界银行合办企业廉洁合规经营培训班，举办"一带一路"国家反腐败研修班。

（二十五）中国财政部所属上海国家会计学院将与中亚区域经济合作学院、亚洲开发银行、英国特许公认会计师公会等机构联合启动中国中亚会计精英交流项目。

（二十六）中国2019年将举办第二届中国国际进口博览会，并于博览会期间举办全球电子商务高峰论坛。

二、在高峰论坛期间或前夕签署的多双边合作文件

（一）中国政府与赤道几内亚、利比里亚、卢森堡、牙买加、秘鲁、意大利、巴巴多斯、塞浦路斯、也门等国政府签署共建"一带一路"谅解备忘录。

（二）中国政府和塞尔维亚、吉布提、蒙古国、莫桑比克、埃塞俄比亚、巴布亚新几内亚等国政府

以及非盟、联合国人居署、联合国非洲经济委员会签署共建“一带一路”合作规划或行动计划。

（三）中国政府将与哈萨克斯坦政府签署《中哈产能与投资合作规划》。

（四）中国政府与肯尼亚、瑞典、智利政府签署税收协定和议定书。

（五）中国政府与巴基斯坦、利比里亚、尼泊尔、格鲁吉亚、白俄罗斯、亚美尼亚、沙特阿拉伯、老挝、哈萨克斯坦等国政府签署交通运输领域合作文件。

（六）中国政府与老挝、保加利亚、拉脱维亚、萨尔瓦多、巴拿马等国政府签署科学、技术和创新领域的合作协定，与以色列政府签署创新合作行动计划。

（七）中国政府与尼日尔、巴基斯坦、纳米比亚、尼日利亚、毛里求斯、几内亚等6国政府签署文化交流合作文件，将与尼泊尔、罗马尼亚两国政府签署关于防止盗窃、盗掘和非法进出境文化财产的合作文件。

（八）中国外交部与联合国亚洲及太平洋经济社会委员会签署关于推进“一带一路”倡议和2030年可持续发展议程的谅解备忘录。

（九）中国国家发展改革委员会与匈牙利外交与对外经济部签署关于在“一带一路”双边合作规划框架下共同建立中匈合作促进中心的谅解备忘录，与匈牙利创新和技术部签署关于开展“数字丝绸之路”合作的双边行动计划。

（十）中国国家发展改革委员会与老挝计划投资部签署中老经济走廊合作文件，与缅甸计划与财政部签署中缅经济走廊合作规划，与印度尼西亚海洋统筹部签署关于区域综合经济走廊建设的合作规划。

（十一）中国国家发展改革委员会与奥地利数字化和经济事务部、瑞士财政部、经济教育与科研部签署关于开展第三方市场合作的谅解备忘录，与新加坡贸易与工业部签署关于加强第三方市场合作实施框架的谅解备忘录。

（十二）中国国家发展改革委员会与欧盟欧委会发布关于开展中欧基于铁路的综合运输通道研究联合声明。

（十三）中国国家发展改革委员会与希腊经济发展部签署中国–希腊重要领域三年合作计划（2020—2022年）。

（十四）中国国家发展改革委员会（“一带一路”建设促进中心）与德国西门子股份公司签署围绕共建“一带一路”加强合作的谅解备忘录。

（十五）中国农业农村部与孟加拉国农业部、柬埔寨农林渔业部、缅甸农业部、尼泊尔农业部、巴基斯坦食品与农业部、菲律宾农业部、泰国农业部、斯里兰卡农业部、越南农业和农村发展部发布《促进“一带一路”合作 共同推动建立农药产品质量标准的合作意向声明》。

（十六）中国、白俄罗斯、德国、哈萨克斯坦、蒙古国、波兰、俄罗斯等7国铁路签署《中欧班列运输联合工作组议事规则》。

（十七）中国交通运输部与国际劳工组织签署《关于通过“21世纪海上丝绸之路”倡议推动〈2006年海事劳工公约〉有效实施的合作谅解备忘录》。中国国家邮政局与伊朗邮政局、匈牙利国际发展部、巴基斯坦邮政局签署《响应“一带一路”倡议 加强邮政和快递领域合作的谅解备忘录》。

（十八）中国人力资源社会保障部与国际劳工组织签署“一带一路”框架下南南合作的谅解备忘录。

（十九）中国应急管理部与国际劳工组织签署关于在“一带一路”框架下开展安全生产领域南南合作的谅解备忘录。

（二十）中国国家监察委员会与菲律宾、泰国反腐败机构签署合作谅解备忘录。

（二十一）中国人民银行与欧洲复兴开发银行签署加强第三方市场投融资合作谅解备忘录。

（二十二）中国商务部与联合国开发计划署签署在埃塞俄比亚、斯里兰卡的可再生能源三方合作项目协议，与越南工贸部签署关于设立贸易畅通工作组的谅解备忘录，与捷克工贸部签署关于相互设立贸易促进机构的备忘录，与智利外交部签署关于建立贸易救济合作机制的谅解备忘录。

（二十三）中国商务部与缅甸投资和对外经济关系部签署关于编制中缅经贸合作五年发展规划的谅解备忘录，与越南工贸部签署关于2019—2023年合作计划的谅解备忘录。

（二十四）中国财政部与日本国金融厅、日本国注册会计审计监管委员会，马来西亚证券监督委员会签署审计监管合作文件，加强跨境审计监管合作。

（二十五）中国银保监会与亚美尼亚中央银行、塞尔维亚国家银行、格鲁吉亚国家银行、哈萨克斯坦阿斯塔纳金融服务局、毛里求斯银行、马来西亚纳闽金融服务局等国金融监管当局签署监管合作谅解备忘录。

（二十六）中国科技部与奥地利交通、创新和技术部，日本国文部科学省，墨西哥能源部，以色列外交部国际合作署，希腊教育、研究与宗教事务部，新西兰商业、创新与就业部签署科技创新领域的合作文件，与乌兹别克斯坦科学技术署、乌拉圭教育文化部、南非科技部、以色列科技部、马耳他科学技术理事会、印度尼西亚研究技术与高等教育部签署成立联合研究中心、联合实验室的合作文件。

（二十七）中国工业和信息化部与匈牙利创新和技术部，巴西科技、创新和通信部，智利交通通信部，卢旺达信息通信技术和创新部签署工业和信息通信领域的合作文件。

（二十八）中国海关总署与联合国工业发展组织、柬埔寨海关与消费税总署签署海关检验检疫合作文件，与俄罗斯海关署、哈萨克斯坦财政部、白俄罗斯国家海关委员会、蒙古国海关总局签署关于“经认证的经营者”（AEO）互认合作相关文件。

（二十九）中国国家能源局与芬兰经济事务和就业部、保加利亚能源部签署能源领域合作文件。

（三十）中国国家航天局与联合国外空司签署关于“一带一路”空间信息走廊合作意向的宣言。

（三十一）中国国家开发银行与安哥拉财政部、白俄罗斯财政部签署关于开展授信合作的协议文件。

（三十二）中国进出口银行与国际电信联盟签署关于加强“一带一路”倡议项下数字领域合作以促进联合国2030可持续发展议程的谅解备忘录。

（三十三）中国进出口银行与瑞穗银行、渣打银行等同业机构签署“一带一路”项下第三方市场合作协议。

（三十四）中国水利部、国家标准化管理委员会与联合国工业发展组织签署关于协同合作推进小水电国际标准的合作谅解备忘录。

（三十五）中国国家标准化管理委员会与沙特阿拉伯国家标准化机构签署技术合作协议的行动计划（2019—2021年）。中俄民机标准协调工作组共同签署中俄民机标准互认目录。中国国家认证认可监督管理委员会与联合国亚洲及太平洋经济社会委员会、意大利农业机械化委员会签署协议备忘录。

（三十六）中国国家广播电视总局与阿拉伯国家广播联盟签署关于共建“一带一路”的合作框架协议。

（三十七）中国国务院发展研究中心与丝路国际智库网络54家国际成员和伙伴共同通过《关于推进丝路国际智库网络发展的三年工作计划（2019—2021年）》。

（三十八）中国民间组织国际交流促进会将发起实施“丝路一家亲”行动，未来2年将推动沿线国家社会组织建立500对合作伙伴关系，在沿线发展中国家开展200项民生合作项目。

（三十九）世界旅游城市联合会与西非旅游组织签署合作框架协议。

（四十）更新海上丝路指数体系，发布16+1贸易指数（CCTI）和宁波港口指数（NPI）。

（四十一）中国与俄罗斯开展国际铁路联运“一单制”金融结算融资规则试点。

（四十二）中国与联合国南南合作办公室、南南合作金融中心共同成立“空中丝绸之路南南合作伙伴联盟”，签署合作协议。

三、在高峰论坛框架下建立的多边合作平台

（一）中国与埃及、斯里兰卡、阿联酋、拉脱维亚、斯洛文尼亚、比利时、西班牙、斐济、意大利、荷兰、丹麦、罗马尼亚、新加坡等13个国家33个来自政府交通和海关等机构，重要港口企业、港务管理局和码头运营商的代表共同成立“海上丝绸之路”港口合作机制并发布《海丝港口合作宁波倡议》。

（二）中国与英国、法国、新加坡、巴基斯坦、阿联酋等有关国家和地区主要金融机构共同签署《“一带一路”绿色投资原则》。

（三）中国财政部联合亚洲基础设施投资银行、亚洲开发银行、拉美开发银行、欧洲复兴开发银行、欧洲投资银行、泛美开发银行、国际农业发展基金、世界银行集团成立多边开发融资合作中心。

（四）中国国家发展改革委员会与联合国开发计划署共同发起“一带一路”创新发展平台建设项目，授权开发银行以该项目项下的“一带一路”创新发展中心名义执行。

（五）中国与俄罗斯、巴基斯坦、蒙古国、老挝、尼泊尔、新西兰、沙特阿拉伯、叙利亚、越南等国家会计准则制定机构共同建立“一带一路”会计准则合作机制并发起《“一带一路”国家关于加强会计准则合作的倡议》。

（六）中国国家税务总局与哈萨克斯坦财政部国家收入委员会等有关国家（地区）税务主管当局召开首届“一带一路”税收征管合作论坛，签署《“一带一路”税收征管合作机制谅解备忘录》，建立“一带一路”税收征管合作机制。

（七）中国生态环境部与安哥拉、亚美尼亚、柬埔寨、古巴、爱沙尼亚、埃塞俄比亚、芬兰、冈比亚、危地马拉、伊朗、以色列、意大利、肯尼亚、老挝、马尔代夫、毛里求斯、蒙古国、缅甸、尼日尔、巴基斯坦、俄罗斯、新加坡、斯洛伐克、多哥、阿联酋等25个国家环境部门，以及联合国环境署、联合国工业发展组织、联合国欧洲经济委员会等国际组织，研究机构和企业共同启动“一带一路”绿色发展国际联盟。

（八）中国国家知识产权局与俄罗斯联邦知识产权局、巴基斯坦知识产权组织、老挝科技部、新加坡知识产权局、波兰专利局、匈牙利知识产权局、马来西亚知识产权局、泰国商务部知识产权厅等49个共建“一带一路”国家的知识产权机构共同发布《关于进一步推进“一带一路”国家知识产权务实合作的联合声明》。

（九）中国与阿尔及利亚、阿塞拜疆、阿富汗、玻利维亚、赤道几内亚、伊拉克、科威特、老挝、马耳他、缅甸、尼泊尔、尼日尔、巴基斯坦、苏丹、塔吉克斯坦、土耳其、委内瑞拉、冈比亚、佛得角、刚果（布）、蒙古国、苏里南、汤加、柬埔寨、乍得、塞尔维亚、吉尔吉斯共和国、匈牙利等28个国家建立“一带一路”能源合作伙伴关系。

（十）中国国家发展改革委员会（城市与小城镇中心）与联合国人居署、世界卫生组织、世界城市和地方政府在组织亚太区、欧洲城市联盟、能源基金会等机构共建“一带一路”可持续城市联盟。

（十一）中国国际贸易促进委员会、中国国际商会与欧盟、意大利、新加坡、俄罗斯、比利时、墨西哥、马来西亚、波兰、保加利亚、缅甸等30多个国家和地区的商协会、法律服务机构等共同发起成立国际商事争端预防与解决组织。

（十二）中国地震局与亚美尼亚、蒙古国、俄罗斯、巴基斯坦、哈萨克斯坦、亚洲地震委员会、非洲地震委员会等13个国家和国际组织共同成立"一带一路"地震减灾合作机制。

（十三）中国海关总署倡议实施"海关-铁路运营商推动中欧班列安全和快速通关伙伴合作计划（简称'关铁通'）"。

（十四）中国国家开发银行成立中国-拉美开发性金融合作机制。

（十五）中国联合国教科文组织全国委员会与联合国教科文组织合作举办"一带一路"青年创意与遗产论坛，并发布《长沙倡议》。

（十六）中国科学院与联合国教科文组织、比利时皇家海外科学院、保加利亚科学院、智利大学、哈萨克斯坦科学院、吉尔吉斯斯坦科学院、奥克兰大学、巴基斯坦科学院、俄罗斯科学院、斯里兰卡佩拉德尼亚大学、泰国科技发展署、欧洲科学与艺术院等37家共建"一带一路"国家的科研机构和国际组织共同发起成立"一带一路"国际科学组织联盟。

（十七）中国国家博物馆与俄罗斯、英国、意大利、阿塞拜疆、埃塞俄比亚等33个国家和地区的157家博物馆或研究所共同成立丝绸之路国际博物馆联盟，并签署《丝绸之路国际博物馆联盟展览合作框架协议》。

（十八）中国国家图书馆与蒙古国、新加坡、文莱、塔吉克斯坦等26个国家和地区的图书馆共同成立丝绸之路国际图书馆联盟，并通过《丝绸之路国际图书馆联盟成都倡议》。

（十九）中国上海国际艺术节与克罗地亚、保加利亚、摩洛哥、沙特阿拉伯等40个国家和地区的159个艺术节和机构共同成立丝绸之路国际艺术节联盟并发布《2018丝绸之路国际艺术节联盟合作计划》。

（二十）中国对外文化集团有限公司与俄罗斯、欧盟、日本、菲律宾等37个国家和地区的106家剧院、文化机构共同成立丝绸之路国际剧院联盟并通过《丝绸之路国际剧院联盟共同发展倡议》。

（二十一）中国美术馆与俄罗斯、韩国、希腊、白俄罗斯、哈萨克斯坦、越南、斯里兰卡、乌克兰、立陶宛、保加利亚、孟加拉、匈牙利、土耳其、摩尔多瓦、亚美尼亚、波兰等18个国家的21家美术馆和重点美术机构共同成立丝绸之路国际美术馆联盟。

（二十二）中国有关智库与哈萨克斯坦纳扎尔巴耶夫大学、印度尼西亚战略与国际问题研究中心、保加利亚"一带一路"全国联合会、非洲经济转型中心、新加坡国立大学东亚研究所、韩国"一带一路"研究院、俄罗斯瓦尔代俱乐部、美国哈佛大学艾什中心等智库共同发起成立"一带一路"国际智库合作委员会。

（二十三）中国与有关国家（地区）出版商、学术机构和专业团体共同建立"一带一路"共建国家出版合作体，与有关国家共同组建"一带一路"纪录片学术共同体。人民日报社与有关国家媒体共同建设"一带一路"新闻合作联盟，评选国际传播"丝路"奖。

（二十四）新华社与波兰通讯社、意大利克拉斯集团、俄罗斯国际文传电讯社、阿塞拜疆通讯社等32家机构共同成立"一带一路"经济信息网络。

（二十五）中国与联合国开发计划署共同开展"一带一路"可持续投资促进中心项目，并在埃塞俄比亚等国进行试点。

（二十六）中国科学院启动实施"丝路环境专项"，与沿线各国科学家携手研究绿色丝绸之路建设路径和方案。

（二十七）中国人民银行与国际货币基金组织合作建立的中国－基金组织联合能力建设中心与欧洲复兴开发银行就共同加强共建“一带一路”国家货币当局能力建设达成共识，双方于4月中旬在基金组织维也纳联合学院举行首次联合培训班。中国工商银行在“一带一路”银行间常态化合作机制下为共建“一带一路”国家成员机构开展经济政策培训。中国银行开展“一带一路”国际金融交流合作研修班。

四、投资类项目及项目清单

（一）中国国家发展改革委员会与哈萨克斯坦、埃及、莫桑比克、柬埔寨、老挝、菲律宾等国有关部门签署产能与投资合作重点项目清单，与乌干达有关部门签署产能合作框架协议。

（二）中国国家发展改革委员会与法国财政总署签署中法第三方市场合作示范清单（第三轮）。

（三）中国国家发展改革委员会与捷克共和国工业和贸易部签署中捷合作优先推进项目清单（第二轮）。

（四）中国国家发展改革委员会与缅甸计划与财政部签署中缅经济走廊早期收获项目清单。

（五）中国国家发展改革委员会与泰国交通部、老挝公共工程与运输部签署政府间合作建设廊开－万象铁路连接线的合作备忘录。

（六）中国交通建设集团有限公司与马来西亚投资促进局签署关于加强东海岸铁路产业园、基础设施、物流中心以及沿线开发合作的谅解备忘录。

（七）中国中铁股份有限公司向缅甸交通与通信部递交木姐至曼德勒铁路项目可行性研究报告（技术部分）。

（八）中国丝路基金与沙特国际电力和水务公司、中国长江三峡集团有限公司和国际金融公司、美国通用电气公司、新加坡盛裕控股集团建立联合投资平台。

（九）中国丝路基金与欧洲投资基金、法国投资机构Trial设立共同投资基金，参与美国KKR全球影响力基金、美国华平金融基金、非洲基础设施投资基金三期。

（十）中国丝路基金投资阿联酋迪拜光热电站、哈萨克斯坦阿斯塔纳国际交易所、乌兹别克斯坦撒马尔罕国际会展文旅项目和油气合作项目、亚马尔液化天然气项目，与亚投行合作开展阿曼宽带公司贷款项目。

（十一）中国投资有限责任公司与有关国家和企业共同发起新型双边基金，包括中美制造业合作基金、中日产业合作基金、中意产业合作基金、中法产业合作基金。

（十二）中国光大集团与有关国家金融机构联合发起设立“一带一路”绿色投资基金。

（十三）中国投资有限责任公司投资欧洲物流资产、中东欧伙伴基金第五期、新加坡樟宜机场投资平台、同江大桥、越南南定电厂、亚太地区可再生能源项目等项目。

（十四）中国国际金融股份有限公司与莫斯科交易所签署战略合作备忘录，协助哈萨克斯坦国家原子能工业公司完成伦交所全球存托凭证发行上市。

（十五）中国再保险集团与葡萄牙忠诚保险集团签署服务“一带一路”建设商业合作谅解备忘录。

（十六）中国国家开发银行与科威特丝绸城和布比延岛开发机构签署《“丝绸城和五岛”开发建设咨询合作的谅解备忘录》。

（十七）中国出口信用保险公司与地中海航运公司、法国巴黎银行签署战略合作框架协议。

五、融资类项目

（一）中国国家开发银行与柬埔寨、哈萨克斯坦、土耳其等国有关机构签署公路、矿产、电力等领域项目贷款协议，与白俄罗斯银行、智利智定银行、斯里兰卡人民银行签署融资合作协议。

（二）中国中非发展基金与北汽福田汽车股份有限公司等机构签署福田非洲汽车投资协议。

（三）中国进出口银行与塞尔维亚财政部、柬埔寨经济财政部、哈萨克斯坦国家公路公司签署公路项目贷款协议，与孟加拉国财政部签署桥梁、管道项目贷款协议，与阿根廷财政部、几内亚经济与财政部签署电力项目贷款协议，与玻利维亚发展规划部签署铁矿钢铁厂项目贷款协议，与埃及交通部、尼日利亚财政部签署铁路项目贷款协议，与卡塔尔AL Khalij商业银行、巴拿马环球银行签署流动资金项目贷款协议。

（四）中国进出口银行与瑞士信贷银行合作为尼日利亚MTN电信项目提供银团贷款，与韩国进出口银行、意大利外贸保险公司、法国贸易信用保险公司等合作为莫桑比克液化天然气项目提供银团贷款。

六、中外地方政府和企业开展的合作项目

在塞尔维亚投资建设中塞友好工业园区项目，在阿联酋开展中阿（联酋）产能合作示范园产业及科技合作项目，在柬埔寨开展西港特区产业升级及社会发展合作项目，在塔吉克斯坦投资建设中泰新丝路塔吉克斯坦农业纺织产业园项目，在塞内加尔建设加穆尼亚久工业园区二期项目，缅甸曼德勒市政交通基础设施提升改造项目，在阿联酋投资建设“一带一路”迪拜站物流商贸综合体项目，收购塔塔钢铁公司在新加坡、泰国等东南亚国家工厂项目，在辽宁盘锦与沙特阿拉伯国家石油公司建设精细化工及原料工程项目，在巴基斯坦投资塔尔煤田一区块煤电一体化项目，在塞尔维亚投资建设年产1 362万条高性能子午线轮胎项目，在尼泊尔新建年产150万吨水泥熟料生产线项目，在印度尼西亚开展红土镍矿生产电池级镍化学品（硫酸镍晶体）（5万吨镍/年）项目，在沙特阿拉伯投资建设石油化工化纤一体化项目，在肯尼亚开展健康医疗诊断集成项目，在乌兹别克斯坦投资建设中乌（兹别克斯坦）医药城项目。

第三篇

推进合作与发展的国家战略

第一章　“一带一路”建设海上合作设想

2013年，中国国家主席习近平先后提出共建“丝绸之路经济带”和“21世纪海上丝绸之路”的重大倡议。2015年，中国政府发布《推动共建丝绸之路经济带和21世纪海上丝绸之路的愿景与行动》，提出以政策沟通、设施联通、贸易畅通、资金融通、民心相通为主要内容，坚持共商、共建、共享原则，积极推动“一带一路”建设，得到国际社会的广泛关注和积极回应。

为进一步与沿线国加强战略对接与共同行动，推动建立全方位、多层次、宽领域的蓝色伙伴关系，保护和可持续利用海洋和海洋资源，实现人海和谐、共同发展，共同增进海洋福祉，共筑和繁荣21世纪海上丝绸之路，国家发展和改革委员会、国家海洋局特制定并发布《“一带一路”建设海上合作设想》。

一、时代背景

海洋是地球最大的生态系统，是人类生存和可持续发展的共同空间和宝贵财富。随着经济全球化和区域经济一体化的进一步发展，以海洋为载体和纽带的市场、技术、信息等合作日益紧密，发展蓝色经济逐步成为国际共识，一个更加注重和依赖海上合作与发展的时代已经到来。“独行快，众行远”。加强海上合作顺应了世界发展潮流与开放合作大势，是促进世界各国经济联系更趋紧密、互惠合作更加深入、发展空间更为广阔的必然选择，也是世界各国一道共同应对危机挑战、促进地区和平稳定的重要途径。

中国政府秉持和平合作、开放包容、互学互鉴、互利共赢的丝绸之路精神，致力于推动联合国制定的《2030年可持续发展议程》在海洋领域的落实，愿与“21世纪海上丝绸之路”沿线各国一道开展全方位、多领域的海上合作，共同打造开放、包容的合作平台，建立积极务实的蓝色伙伴关系，铸造可持续发展的“蓝色引擎”。

二、合作原则

求同存异，凝聚共识。维护国际海洋秩序，尊重沿线国多样化的海洋发展理念，照顾彼此关切，弥合认知差异，求大同，存小异，广泛协商，逐步达成合作共识。

开放合作，包容发展。进一步开放市场，改善投资环境，消除贸易壁垒，促进贸易和投资便利化。增强政治互信，加强不同文明之间的对话，倡导包容发展、和谐共生。

市场运作，多方参与。遵循市场规律和国际通行规则，充分发挥企业的主体作用。支持建立多利益攸关方伙伴关系，推动各国政府、国际组织、民间社团、工商界等广泛参与海上合作。

共商共建，利益共享。尊重沿线国发展意愿，兼顾各方利益，发挥各方比较优势，共谋合作、共同建设、共享成果,促进发展中国家消除贫困,推动形成海上合作的利益共同体。

三、合作思路

以海洋为纽带增进共同福祉、发展共同利益,以共享蓝色空间、发展蓝色经济为主线,加强与"21世纪海上丝绸之路"沿线国战略对接,全方位推动各领域务实合作,共同建设通畅安全高效的海上大通道,共同推动建立海上合作平台,共同发展蓝色伙伴关系,沿着绿色发展、依海繁荣、安全保障、智慧创新、合作治理的人海和谐发展之路相向而行,造福沿线各国人民。

根据"21世纪海上丝绸之路"的重点方向,"一带一路"建设海上合作以中国沿海经济带为支撑,密切与沿线国的合作,连接中国–中南半岛经济走廊,经南海向西进入印度洋,衔接中巴、孟中印缅经济走廊,共同建设中国–印度洋–非洲–地中海蓝色经济通道;经南海向南进入太平洋,共建中国–大洋洲–南太平洋蓝色经济通道;积极推动共建经北冰洋连接欧洲的蓝色经济通道。

四、合作重点

围绕构建互利共赢的蓝色伙伴关系,创新合作模式,搭建合作平台,共同制订若干行动计划,实施一批具有示范性、带动性的合作项目,共走绿色发展之路,共创依海繁荣之路,共筑安全保障之路,共建智慧创新之路,共谋合作治理之路。

(一)共走绿色发展之路

维护海洋健康是最普惠的民生福祉,功在当代、利在千秋。中国政府倡议沿线国共同发起海洋生态环境保护行动,提供更多优质的海洋生态服务,维护全球海洋生态安全。保护海洋生态系统健康和生物多样性。加强在海洋生态保护与修复、海洋濒危物种保护等领域务实合作,推动建立长效合作机制,共建跨界海洋生态廊道。联合开展红树林、海草床、珊瑚礁等典型海洋生态系统监视监测、健康评价与保护修复,保护海岛生态系统和滨海湿地,举办滨海湿地国际论坛。

推动区域海洋环境保护。加强在海洋环境污染、海洋垃圾、海洋酸化、赤潮监测、污染应急等领域合作,推动建立海洋污染防治和应急协作机制,联合开展海洋环境评价,联合发布海洋环境状况报告。建立中国–东盟海洋环境保护合作机制。在中国–东盟环境合作战略与行动计划框架下,推动开展海洋环境保护合作。倡议沿线国共同发起和实施绿色丝绸之路使者计划,提高沿线各国海洋环境污染防治能力。

加强海洋领域应对气候变化合作。推动开展海洋领域的循环低碳发展应用示范。中国政府支持沿线小岛屿国家应对全球气候变化,愿意在应对海洋灾害、海平面上升、海岸侵蚀、海洋生态系统退化等方面提供技术援助,支持沿线国开展海岛、海岸带状况调查与评估。

加强蓝碳国际合作。中国政府倡议发起"21世纪海上丝绸之路"蓝碳计划,与沿线国共同开展海洋和海岸带蓝碳生态系统监测、标准规范与碳汇研究,联合发布"21世纪海上丝绸之路"蓝碳报告,推动建立国际蓝碳论坛与合作机制。

(二)共创依海繁荣之路

促进发展、消除贫困是沿线各国人民的共同愿望。发挥各国比较优势,科学开发利用海洋资源,实现互联互通,促进蓝色经济发展,共享美好生活。加强海洋资源开发利用合作。与沿线国合作开展资源调查、建立资源名录和资源库，协助沿线国编制海洋资源开发利用规划，并提供必要的技术援助。引导企业有序参与海洋资源开发项目。积极参与涉海国际组织开展的海洋资源调查与评估。

提升海洋产业合作水平。与沿线国共建海洋产业园区和经贸合作区，引导中国涉海企业参与园区建设。实施一批蓝色经济合作示范项目，支持沿线发展中国家发展海水养殖，改善生活水平，减轻贫困。与沿线国共同规划开发海洋旅游线路，打造精品海洋旅游产品，建立旅游信息交流共享机制。

推进海上互联互通。加强国际海运合作，完善沿线国之间的航运服务网络，共建国际和区域性航运中心。通过缔结友好港或姐妹港协议、组建港口联盟等形式加强沿线港口合作，支持中国企业以多种方式参与沿线港口的建设和运营。推动共同规划建设海底光缆项目，提高国际通信互联互通水平。

提升海运便利化水平。加强与有关国家的沟通协调，围绕规范国际运输市场、提升运输便利化水平等方面紧密合作。加快与有关国家在口岸监管互认、执法互助、信息互换等方面的合作。

推动信息基础设施联通建设。共建覆盖“21世纪海上丝绸之路”的信息传输、处理、管理、应用体系以及信息标准规范体系和信息安全保障体系，为实现网络互联互通、信息资源共享提供公共平台。

积极参与北极开发利用。中国政府愿与各方共同开展北极航道综合科学考察，合作建立北极岸基观测站，研究北极气候与环境变化及其影响，开展航道预报服务。支持北冰洋周边国家改善北极航道运输条件，鼓励中国企业参与北极航道的商业化利用。愿同北极有关国家合作开展北极地区资源潜力评估，鼓励中国企业有序参与北极资源的可持续开发，加强与北极国家的清洁能源合作。积极参与北极相关国际组织的活动。

（三）共筑安全保障之路

维护海上安全是发展蓝色经济的重要保障。倡导互利合作共赢的海洋共同安全观，加强海洋公共服务、海事管理、海上搜救、海洋防灾减灾、海上执法等领域合作，提高防范和抵御风险能力，共同维护海上安全。

加强海洋公共服务合作。中国政府倡议发起“21世纪海上丝绸之路”海洋公共服务共建共享计划，倡导沿线国共建共享海洋观测监测网和海洋环境综合调查测量成果，加大对沿线发展中国家海洋观测监测基础设施的技术和设备援助。中国政府愿加强北斗卫星导航和遥感卫星系统在海洋领域应用的国际合作，为沿线国提供卫星定位和遥感信息应用与服务。

开展海上航行安全合作。中国政府愿承担相应的国际义务，参与双多边海上航行安全与危机管控机制，共同开展打击海上犯罪等非传统安全领域活动，共同维护海上航行安全。

开展海上联合搜救。在国际公约框架下，中国政府愿承担相应的国际义务，加强与沿线国信息交流和联合搜救，建立海上搜救力量互访、搜救信息共享、搜救人员交流培训与联合演练，提升灾难处置、旅游安全等海上突发事件的共同应急与行动能力。

共同提升海洋防灾减灾能力。倡议共建南海、阿拉伯海和亚丁湾等重点海域的海洋灾害预警报系统，共同研发海洋灾害预警报产品，为海上运输、海上护航、灾害防御等提供服务。支持南海海啸预警中心业务化运行，为周边国家提供海啸预警服务。推动与沿线国共建海洋防灾减灾合作机制，设立培训基地，开展海洋灾害风险防范、巨灾应对合作研究和应用示范，为沿线国提供技术援助。

推动海上执法合作。加强与沿线国对话,管控分歧,在双多边框架下推动海上执法合作,建立完善海上联合执法、渔业执法、海上反恐防暴等合作机制,推动构筑海上执法联络网,共同制定突发事件应急预案。加强与沿线国海上执法部门的交流合作,为海上执法培训提供必要帮助。

(四)共建智慧创新之路

创新是引领海洋可持续发展的源动力。深化海洋科学研究、教育培训、文化交流等领域合作,增进海洋认知,促进科技成果应用,为深化海上合作奠定民意基础。

深化海洋科学研究与技术合作。与沿线各国共同发起海洋科技合作伙伴计划,联合开展"21世纪海上丝绸之路"重点海域和通道科学调查与研究、季风–海洋相互作用观测研究以及异常预测与影响评估等重大项目。深化在海洋调查、观测装备、可再生能源、海水淡化、海洋生物制药、海洋食品技术、海上无人机、无人船等领域合作,加强海洋技术标准体系对接与技术转让合作,支持科研机构和企业共建海外技术示范和推广基地。

共建海洋科技合作平台。与沿线国共建海洋研究基础设施和科技资源互联共享平台,合作建设海洋科技合作园。推进亚太经合组织海洋可持续发展中心、东亚海洋合作平台、中国–东盟海洋合作中心、中国–东盟海洋学院、中国–东亚海环境管理伙伴关系计划海岸带可持续管理合作中心、中马海洋联合研究中心、中印尼海洋与气候中心、中泰气候与海洋生态系统联合实验室、中巴联合海洋研究中心、中以海水淡化联合研究中心等建设,共同提高海洋科技创新能力。

共建共享智慧海洋应用平台。共同推动国家间海洋数据和信息产品共享,建立海洋数据中心之间的合作机制和网络,共同开展海洋数据再分析研究与应用,建设"21世纪海上丝绸之路"海洋和海洋气候数据中心。共同研发海洋大数据和云平台技术,建设服务经济社会发展的海洋公共信息共享服务平台。

开展海洋教育与文化交流。继续实施中国政府海洋奖学金计划,扩大沿线国来华人员的研修与培训规模。推动实施海洋知识与文化交流融通计划,支持中国沿海城市与沿线国城市结为友好城市,加强与沿线国海洋公益组织和科普机构的交流与合作。弘扬妈祖海洋文化,推进世界妈祖海洋文化中心建设,促进海洋文化遗产保护、水下考古与发掘等方面的交流合作,与沿线国互办海洋文化年、海洋艺术节,传承和弘扬"21世纪海上丝绸之路"友好合作精神。

共同推进涉海文化传播。加强媒体合作,开展跨境采访活动,共建"21世纪海上丝绸之路"媒体朋友圈。创新传播方式,共同打造体现多国文明、融合多语种的媒介形态。携手开展涉海文艺创作,共同制作展现沿线各国风土人情、友好往来的文艺作品,夯实民意基础。

(五)共谋合作治理之路

建立紧密的蓝色伙伴关系是推动海上合作的有效渠道。加强战略对接与对话磋商,深化合作共识,增进政治互信,建立双多边合作机制,共同参与海洋治理,为深化海上合作提供制度性保障。

建立海洋高层对话机制。与沿线国建立多层次、多渠道的沟通磋商与对话机制,推动签署政府间、部门间海洋合作文件,共同制订合作计划、实施方案和路线图,共同推动重大项目实施。推动建立"21世纪海上丝绸之路"沿线国高层对话机制,共同推动行动计划的实施,共同应对海洋重大问题。办好中国–小岛屿国家海洋部长圆桌会议、中国–南欧国家海洋合作论坛。

建立蓝色经济合作机制。设立全球蓝色经济伙伴论坛，推广蓝色经济新理念和新实践，推动产业对接与产能合作。共同制订并推广蓝色经济统计分类国际标准，建立数据共享平台，开展“21世纪海上丝绸之路”沿线国蓝色经济评估，编制发布蓝色经济发展报告，分享成功经验。打造海洋金融公共产品，支持蓝色经济发展。

开展海洋规划研究与应用。共同推动制订以促进蓝色增长为目标的跨边界海洋空间规划、实施共同原则与标准规范，分享最佳实践和评估方法，推动建立包括相关利益方的海洋空间规划国际论坛。中国政府愿为沿线国提供海洋发展规划相关培训与技术援助，为制订海洋发展规划提供帮助。

加强与多边机制的合作。支持在亚太经合组织、东亚合作领导人系列会议、中非合作论坛、中国－太平洋岛国经济发展合作论坛等多边合作机制下，建立海洋合作机制与制度规则。支持联合国政府间海洋学委员会、东亚海环境合作伙伴、环印度洋联盟、国际海洋学院等发挥作用，共同组织推进重大计划和项目。

加强智库交流合作。推动沿线国智库对话交流，合作开展战略、政策对接研究，共同发起重大倡议，为共建“21世纪海上丝绸之路”提供智力支撑。中国政府支持国内智库与沿线国相关机构和国际性海洋组织建立战略合作伙伴关系，推动建立“21世纪海上丝绸之路”智库联盟，打造合作平台与协作网络。

加强民间组织合作。鼓励与沿线国民间组织开展海洋公益服务、学术研讨、文化交流、科技合作、知识传播等活动，推动民间组织合作与政府间合作相互促进，共同参与海洋治理。

五、积极行动

中国政府高度重视与有关国家的海上合作，加强战略沟通，搭建合作平台，开展了一系列合作项目，总体进展顺利。

高层引领推动。在中国与相关国家领导人的见证下，与泰国、马来西亚、柬埔寨、印度、巴基斯坦、马尔代夫、南非等国签署了政府间海洋领域合作协议、合作备忘录和联合声明，与多个沿线国开展战略对接，建立了广泛的海洋合作伙伴关系。搭建合作平台。在亚太经合组织、东亚合作领导人系列会议、中国－东盟合作框架等机制下建立了蓝色经济论坛、海洋环保研讨会、海事磋商、海洋合作论坛、中国－东盟海洋合作中心、东亚海洋合作平台等合作机制。相继举办“21世纪海上丝绸之路”博览会、“21世纪海上丝绸之路”国际艺术节、世界妈祖海洋文化论坛等一系列以“21世纪海上丝绸之路”为主题的活动，对增进理解、凝聚共识、深化海上合作发挥了重要作用。

加大资金投入。中国政府统筹国内资源，设立中国－东盟海上合作基金和中国－印尼海上合作基金，实施《南海及其周边海洋国际合作框架计划》。亚洲基础设施投资银行、丝路基金对重大海上合作项目提供了资金支持。

推进内外对接。中国政府鼓励环渤海、长三角、海峡西岸、珠三角等经济区和沿海港口城市发挥地方特色，加大开放力度，深化与沿线国的务实合作。支持福建“21世纪海上丝绸之路”核心区、浙江海洋经济发展示范区、福建海峡蓝色经济试验区和舟山群岛海洋新区建设，加大海南国际旅游岛开发开放力度。推进海洋经济创新发展示范城市建设，启动海洋经济发展示范区建设。

促成项目落地。马来西亚马六甲临海工业园区建设加紧推进。巴基斯坦瓜达尔港运营能力提升，港口自由区建设、招商工作稳步推进。缅甸皎漂港"港口+园区+城市"综合一体化开发取得进展。斯里兰卡科伦坡港口城、汉班托塔港二期工程有序推进。埃塞俄比亚至吉布提铁路建成通车，肯尼亚蒙巴萨至内罗毕铁路即将通车。希腊比雷埃夫斯港已建设成为重要的中转枢纽港。中国与荷兰合作开发海上风力发电，与印度尼西亚、哈萨克斯坦、伊朗等国的海水淡化合作项目正在推动落实。海底通信互联互通水平大幅提高，亚太直达海底光缆（APG）正式运营。中马钦州-关丹"两国双园"、柬埔寨西哈努克港经济特区、埃及苏伊士经贸合作区等境外园区建设成效显著。

展望未来，中国政府愿用信心和诚意与沿线各国共同推进"一带一路"建设海上合作，共享机遇，共迎挑战，共谋发展，共同行动，珍爱共有海洋，守护蓝色家园，共同推动实现"21世纪海上丝绸之路"的宏伟蓝图。

第二章　共同推进"一带一路"建设农业合作的愿景与行动

2017年5月

前　言

进入21世纪，世界经济一体化加快推进，以和平、发展、合作、共赢为主题的新时代已经开启。2013年9月和10月，中国国家主席习近平在出访中亚和东南亚国家期间，先后提出共建"丝绸之路经济带"和"21世纪海上丝绸之路"（以下简称"一带一路"）的重大倡议，得到国际社会高度关注。"一带一路"倡议秉承共商、共建、共享原则，致力于维护全球自由贸易体系和开放型世界经济，推动沿线各国实现经济政策协调，共同打造开放、包容、均衡、普惠的区域经济合作架构。

农业交流和农产品贸易自古以来就是丝绸之路的主要合作内容。借古丝绸之路，中国从西方引入了胡麻、石榴、苜蓿、葡萄等作物品种，并把掘井、丝绸、茶等生产技术和产品带到了中亚，促进了沿线国家间农业技术和产品的传播交流，亚欧非的农业文明沿着古丝绸之路交流互通，不断发扬光大。新时期，农业发展仍然是"一带一路"沿线国家国民经济发展的重要基础，沿线大部分国家对解决饥饿和贫困问题、保障粮食安全与营养的愿望强烈，开展农业合作是沿线国家的共同诉求。在"一带一路"倡议下，农业国际合作成为沿线国家共建利益共同体和命运共同体的最佳结合点之一。

"一带一路"倡议提出三年来，中国与沿线国家在双、多边合作机制下积极开展农业领域产业对接，合作领域不断拓展，链条不断延伸，合作主体和方式不断丰富，取得了显著成效。为进一步加强"一带一路"农业合作的顶层设计，制定《共同推进"一带一路"建设农业合作的愿景与行动》。

一、时代背景

当今世界正在发生复杂而深刻的变化，国际金融危机深层次影响继续显现，世界经济复苏缓慢、发展分化，国际投资贸易格局和多边投资贸易规则酝酿深刻调整。共建"一带一路"顺应世界多极化、经济全球化、文化多样化、社会信息化的潮流，是国际合作以及全球治理新模式的积极探索。

近年来，全球农业发展格局深度调整，气候变化对粮食主产区影响不断加深，生物质能源、金融投机活动等非传统因素使农产品国际市场不确定性持续加强，全球粮食安全及贫困问题仍然困扰着很多发展中国家，世界上仍有7.95亿人忍受长期饥饿，20亿人遭受营养不良。农业持续增长动力不足和农产品市场供求结构显著变化，已经成为世界各国需要共同面对的新问题、新挑战，尤其在"一带一路"

沿线，许多国家实现粮食安全与营养、解决饥饿与贫困的形势仍十分紧迫，亟待通过开展农业合作，共同促进农业可持续发展。

后金融危机时代，各国更加重视农业基础地位，更加注重全球农业资源的整合利用和农产品市场的深度开发，对开展农业国际合作的诉求也更加强烈，为“一带一路”建设农业合作提供了难得的历史机遇。当前，中国正与沿线国家积极开展战略对接，共同构建“一带一路”合作框架，双、多边合作机制日益完善，为开展农业合作提供了有利平台。“一带一路”建设基础设施互联互通、资金融通为开展农业合作提供了保障，为沿线国家实现农业产业优势互补、共享发展机遇创造了良好条件。

当前，中国农业与世界农业高度关联，推进“一带一路”建设农业合作意义重大，既是中国扩大和深化对外开放的需要，也是世界农业持续健康发展的需要，有利于推动形成全球农业国际合作新格局，有利于沿线各国发挥比较优势，促进区域内农业要素有序流动、农业资源高效配置、农产品市场深度融合，推动沿线各国实现经济互利共赢发展。中国自改革开放以来，农业农村发展取得了巨大的成就，对世界粮食安全作出了重大贡献。中国愿意在力所能及的范围内承担更多责任义务，在国际粮农治理体系建设中贡献中国智慧，与沿线国家分享中国经验，为全球农业发展和经济增长作出更大的贡献。

二、合作原则

坚持政策协同。支持“一带一路”沿线国家开展愿景对接和政策对话，寻求农业合作利益契合点和最大公约数，围绕共同关切的重点区域、主导产业、重要产品共同开展顶层设计。充分利用沿线已有合作机制，创新推动“一带一路”农业合作持续发展。

坚持市场运作。充分发挥各类企业的主体作用和市场在资源配置中的决定性作用，遵循市场规律和国际通行规则，促进沿线各国企业间开展产业合作，实现优势互补，联动发展。

坚持政府服务。发挥沿线国家政府间合作机制在推进“一带一路”建设农业合作中的引导和服务作用，深化对外开放，进一步提高跨境投资贸易便利化水平，建立健全农业对外合作服务体系，优化农业国际合作环境。

坚持绿色共享。尊重各国农业发展道路和模式选择，深化“一带一路”建设农业合作与落实2030年可持续发展议程粮农目标有机结合，共商、共建、共享“绿色丝绸之路”理念，携手走产出高效、产品安全、资源节约、环境友好的农业现代化道路。

坚持互利合作。兼顾各方利益和关切，积聚各国农业发展优势，充分挖掘合作潜力，加强各大经济走廊农业合作，以点带面、从线到片推进合作进程，构建相互依存、互利共赢、平等合作、安全高效的“一带一路”新型农业国际合作关系。

三、框架思路

“一带一路”贯穿亚欧非大陆，一头是活跃的东亚经济圈，农业发展历史悠久；另一头是发达的欧洲经济圈，现代农业优势明显；中间广大腹地农业资源丰富，发展潜力巨大，各区域在农业资源、技术、产能、市场等方面各具优势，具有较强的互补性。

推进“一带一路”建设农业合作是沿线各国农业发展、对外开放的共同愿景，中国愿与沿线各国携手努力，共同规划实施一批重点建设项目，创建“一带一路”陆海联动、双向开放的农业国际合作新格局，为“一带一路”利益共同体、责任共同体和命运共同体的形成提供有力支撑。

中国政府倡议，沿线国家加强农业合作战略对接，秉承“一带一路”共商、共建、共享的原则与和平合作、开放包容、互学互鉴、互利共赢的理念，兼顾各方利益和诉求，围绕政策沟通、设施联通、贸易畅通、资金融通、民心相通的重点合作内容，以农业科技交流合作为先导，深化新亚欧大陆桥、中蒙俄、中国－中亚－西亚、中国－中南半岛、中巴、孟中印缅等六大经济走廊的农业贸易投资合作，打造优势技术、重点产品农业合作大通道，朝着共建全方位、宽领域、多层次、高水平的新型农业国际合作关系而努力。

四、合作重点

“一带一路”沿线各国合作潜力和空间巨大，围绕“一带一路”沿线国家共同发展需求和优势，着重在以下方面加强合作。

构建农业政策对话平台。加强政策沟通，完善沿线国家间多层次农业政策对话机制，探索建立沿线国家政府、科研机构、企业“三位一体”的政策对话平台，就农业发展战略充分交流对接，共同制定推进农业合作的规划和措施，协商解决合作中的问题，共同为务实合作及大型项目实施提供政策支持。

强化农业科技交流合作。突出科技合作的先导地位，多渠道加强沿线国家间知识分享、技术转移、信息沟通和人员交流。结合各国需求并综合考虑国际农业科技合作总体布局，在“一带一路”沿线共建国际联合实验室、技术试验示范基地和科技示范园区，开展动植物疫病疫情防控、种质资源交换、共同研发和成果示范，促进品种、技术和产品合作交流。共建“一带一路”农业合作公共信息服务平台、技术咨询服务体系、高端智库和培训基地，推动区域农业物联网技术发展，提升“一带一路”沿线国家农业综合发展能力。

优化农产品贸易合作。推动共建“一带一路”农产品贸易通道，合作开展运输、仓储等农产品贸易基础设施一体化建设，提升贸易便利化水平，扩大贸易规模，拓展贸易范围。鼓励建设多元稳定的“一带一路”农产品贸易渠道，发展农产品跨境电子商务。加强“一带一路”沿线国家农产品检验检疫合作交流，共建安全、高效、便捷的进出境农产品检验检疫监管措施和农产品质量安全追溯系统，共同规范市场行为，提高沿线国家动植物安全卫生水平。

拓展农业投资合作。发挥沿线国家农业比较优势，充分利用相关国际金融机构合作机制与渠道，加大农业基础设施和生产、加工、储运、流通等全产业链环节投资，推进关键项目落地。提升沿线国家间企业跨国合作水平，采取多种方式提升企业跨国投资能力和水平，促进沿线国家涉农企业互利合作、共同发展。推动沿线国家之间开展农业双向投资，中国欢迎各国企业来华开展农业领域投资，鼓励本国企业参与沿线国家农业发展进程，帮助所在国发展农业、增加就业、改善民生，履行社会责任。

加强能力建设与民间交流。加强以农民为主体的能力建设和民间交流，共同开展“一带一路”沿线国家农民职业教育培训，提高农民素质以及农民组织化水平，增进沿线国家间交流互信。加强“一带一路”沿线国家企业之间交流合作，共建跨国经营管理人员培训基地，培养复合型跨国经营管理人才。

五、合作机制

为保障“一带一路”建设农业合作顺利实施，沿线国家应携起手来，以现有合作机制为基础，不断完善和创新方式，促进“一带一路”农业合作蓬勃发展。

加强政府间双边合作。开展多层次、多渠道沟通磋商，推动双边关系全面发展，为农业合作提供有力保障。在"一带一路"建设政府间谅解备忘录下推动签署农业合作备忘录或编制农业合作规划。充分发挥现有双边高层合作机制作用，推动更多沿线国家和地区以及相关国际和地区组织建立高水平、常态化农业合作机制。强化政府间条法磋商，加快商签"一带一路"沿线双边投资贸易协定，加强政府间交流协调，加强投资保护、金融、税收、通关、检验检疫、人员往来等方面合作，促进企业实践与政府服务有效对接，为开展"一带一路"农业国际合作创造更佳环境、争取更好条件。

强化多边合作机制作用。深化与国际机构的交流与合作，充分利用二十国集团、亚太经合组织、上海合作组织、联合国亚太经社会、亚洲合作对话、阿拉伯国家联盟、中国－东盟、澜沧江－湄公河合作等现有涉农多边机制，深化与世界贸易组织、联合国粮食及农业组织、世界动物卫生组织、国际植物保护组织、国际农业发展基金、联合国世界粮食计划署、国际农业研究磋商组织等交流合作，加强与世界银行、亚洲开发银行、金砖国家新开发银行、亚洲基础设施投资银行、丝路基金合作，探索利用全球及区域开发性金融机构创新农业国际合作的金融服务模式，积极营造开放包容、公平竞争、互利共赢的农业国际合作环境。

发挥重大会议论坛平台作用。充分利用中非合作论坛、博鳌亚洲论坛、"10+3"粮食安全圆桌会议、中国－东盟博览会、中国－南亚博览会、中国－亚欧博览会、中国－中东欧经贸论坛、中国－中东欧进出境动植物检疫暨农产品质量安全合作论坛、中国－阿拉伯博览会等重大会议论坛平台，加强"一带一路"农业合作交流。在"一带一路"国际合作高峰论坛框架下，逐步建立"一带一路"农业合作对话机制、农业规划研究交流平台，依托"一带一路"网站建立农业资源、产业、技术、政策等信息共享平台。

共建境外农业合作园区。推动沿线国家企业合作共建农业产业园区，形成产业集群和平台带动效应，降低农业合作成本，增强风险防范能力。引导和支持企业参与农业合作园区建设和运营，围绕种植、养殖、深加工、农产品物流等领域加强基础设施建设，优化农业产业链条，为实现经济走廊和海上通道互联互通提供支撑。结合"一带一路"沿线国家的意愿和基础条件，共建一批农业合作示范区，构建"一带一路"农业合作的新载体和新样板。

六、行动与未来

长期以来，中国政府一直坚定不移地推进和扩大农业对外开放，优化政策体系，主动融入农业全球化发展进程。"一带一路"沿线一直是中国开展农业国际合作的重点区域，许多省区利用山水相连、文化相通等优势，与"一带一路"沿线国家开展了富有成效的互利合作。中国西部省区立足旱作农业与中亚国家开展粮食、畜牧、棉花等领域合作，北部省区在俄罗斯远东地区开展粮食、蔬菜等种植合作，中国南部省区立足热带农业，与东南亚、南亚国家开展粮食、热带经济作物等种植合作，发展态势良好，势头强劲，均取得了显著成效。另外，中国通过援建农业技术示范中心、派遣农业技术专家、培训农业技术和管理人员等方式，积极帮助"一带一路"沿线发展中国家提高农业生产和安全卫生保障能力，为保障世界粮食安全做出了积极贡献。

面向未来，中国将继续推动"一带一路"农业合作，积极参与区域性农业国际交流合作平台建设，支持多双边涉农国际贸易投资协定谈判，共同编制双边农业投资合作规划，增强对最不发达国家农业投资，推进实施"中非十大合作计划"，积极利用"南南合作援助基金"，开展农业领域南南合作，支持发展中国家落实2030年可持续发展议程，创新与发达国家农业合作方式，全面构建新型农业国际合作关系，推动全球实现农业可持续发展。

下一步，中国将积极推动境外农业合作示范区和境内农业对外开放合作试验区建设，内外统筹，与沿线国家在金融、税收、保险、动植物检验检疫等方面开展务实合作，加强人才交流和信息互通，分享农业技术、经验和农业发展模式，共同规划实施区域粮食综合生产能力提升、农业科技合作与示范、动植物疫病疫情联合防控、农产品产业一体化建设、贸易基础设施强化、农业研发促进培训综合平台、农业信息化体系建设等七大重点工程。

共建“一带一路”是中国的倡议，也是中国与沿线国家的共同愿望。中国愿与沿线国家一道，在既有的多双边合作机制框架下，兼顾各方利益，尊重各方诉求，相向而行，携手推动“一带一路”建设农业合作迈向更大范围、更高水平、更深层次，共同为提高全球粮食安全与营养水平，推进全球农业可持续健康发展做出更大贡献。

第三章 共同推动认证认可 服务"一带一路"建设的愿景与行动

2015年6月

2 000多年前，亚欧大陆上勤劳勇敢的人民开拓出了连接亚欧非几大文明的"丝绸之路"，形成了"和平合作、开放包容、互学互鉴、互利共赢"的丝绸之路精神。从此，丝绸之路开启了便利区域贸易往来，推进沿线经济繁荣的历史时代。

千百年来，丝绸之路精神代代相传，不断增进着各国人民的相互联系和信任。认证认可，作为国际通行的质量管理手段和贸易便利化工具，为全球贸易和各国经济可持续发展发挥了越来越重要的作用。中国坚持开放战略，遵循国际规则，构建了中国特色认证认可体系，全方位参与和推动国际合作互认进程。在中国政府高度重视和社会各方大力推动下，中国认证认可事业蓬勃发展。认证认可已经成为推动中国经济可持续发展的质量基础，成为中国与世界紧密联系、相互信任、共同发展的桥梁纽带。遵循国际通行规则，尊重各方利益诉求，与世界各国共同推动认证认可的优良实践，是中国自身发展的经验，也是面向未来的愿景。

2015年3月，中国政府授权发布《推动共建丝绸之路经济带和21世纪海上丝绸之路的愿景与行动》，提出了中国和沿线各国共建"一带一路"的合作倡议，明确将认证认可作为合作重点，彰显了认证认可的核心价值，体现了互利共赢的共同需要，为深化沿线国家认证认可合作提供了路径指引。

为了推动"一带一路"沿线国家在认证认可领域开展更大范围、更高水平、更深层次的务实合作，中华人民共和国国家认证认可监督管理局特制定《共同推动认证认可 服务"一带一路"建设的愿景与行动》。

一、总体思路

秉持共商、共建、共享的理念，遵循国际通行规则，立足各国国情实际，坚持互信互鉴、合作共赢，在平等协商、兼顾各方利益的基础上，积极推进与"一带一路"建设相适应的认证认可合作互认进程，共同提高技术性贸易措施透明度，共同促进认证认可制度创新发展，共同推动互联互通建设，共同提升贸易自由化便利化水平，共同服务区域经济高质量、可持续发展。

二、基本原则

坚持开放合作。倡议各国政府主管部门、从业机构、合格评定用户、社会公众以及国际性区域性组织广泛参与，推动认证认可国际合作向着更加开放、更加包容、更加互惠方向发展。

坚持互尊互信。尊重各国在认证认可领域标准多元、法规各异现状，尊重各方的自主性选择和差异化需求，在相互沟通、相互协商的基础上增进互信。

坚持互学互鉴。相互学习借鉴各国在认证认可领域的发展成果与管理经验，取长补短，共同发展。

坚持互利共赢。兼顾各方利益诉求，寻求基于各方利益最大公约数的合作途径及互认安排，让合作成果惠及各国企业及人民。

三、合作重点

（一）加强政策沟通和技术交流

加强各国政府主管部门在认证认可政策法规等方面的沟通，以及在相关国际事务中的磋商和协调，增进相互了解和信任，在政策制定和制度安排上相向而行，避免不合理、不必要的障碍。鼓励各国从业机构开展技术交流，共同推动认证认可的优良实践。倡导建立涵盖认证认可各领域的信息交流机制，提升技术性贸易措施透明度，实现沿线国家资源共享。

中方将不断提高合格评定政策的透明度，通过WTO通报机制、对话机制等双多边渠道，让国际社会及时、充分了解中国认证认可政策和工作动态；同时愿与有关各方共同建立认证认可信息共享及快速通报平台，相互通报证书、机构、人员和执法监管信息。

（二）推进认证认可国际互认

加快认证认可双多边互认进程，促进认证认可、检验检测证书国际互认。基于各国差异化现实，积极寻求等效性、一致性的解决途径，共同开展国别制度研究、标准比对、能力验证等活动，推进认可和人员认证的互认，以能力互信促进结果互认；面对新能源、电子商务等新兴产业全球发展态势，以及气候变化、非传统安全等共同关切，加快可再生能源、低碳、跨境电子商务等新领域互认进程；围绕产能合作、基础设施互联互通等现实需要，推动各方在共同感兴趣领域制定认证认可共通标准和一致性程序，最终实现“一个标准、一张证书、区域通行”。

中方积极推动现有双多边互认机制发挥更加积极作用，将采取措施在人员认证、工厂检查、食品卫生注册等领域扩大互认范围；同时愿意与有关各方展开磋商，达成新的双多边互认成果。

（三）提升认证认可服务能力

从各国发展需求出发，共同推动认证认可与产业经济的深度融合，提升认证认可服务经贸发展的能力。共同应对质量安全挑战，推进基于认证认可的供应链安全与便利化合作，确保互供产品质量安全；共同适应产业变革趋势，加强各方在认证认可标准、技术层面的合作，推进认证认可标准和技术规范的更新；共同提升互联互通水平，促进各方在认证认可基础设施上的互援互助，鼓励认可组织提供国际化服务，推动各国质量基础共建共享。

中方愿为沿线国家提供更多的认证认可技术交流培训机会，为各国合格评定能力建设提供力所能及的帮助；同时欢迎有关各方为中国合格评定能力提升发挥更加积极的作用。

（四）促进检验检测认证市场开放

在相互开放、互利共赢的基础上，共同培育开发检验检测认证市场，营造开放透明、公平竞争的市场环境，鼓励各国检验检测认证机构开展市场整合和区域合作，为目标用户提供本土化服务，促进认证认可和检验检测服务贸易。

中方将进一步扩大国内检验检测认证领域的开放，欢迎外资进入中国检验检测认证市场，将为外资在华设立机构提供更多便利；同时愿意与各国共同开发检验检测认证市场，为当地企业提供更加便捷优良的合格评定服务。

四、合作机制

完善多边合作体系。充分发挥现有多边互认体系的积极作用，推动各政府间和非政府国际组织开展认证认可对话，倡导沿线国家积极参与多边合作互认活动，表达合理利益诉求，协调各方立场行动。中方倡议共同举办"一带一路"认证认可国际研讨会，促进沿线国家认证认可领域相互信任和共同发展。

健全双边合作机制。充分发挥现有双边机制作用，建立多层面、多领域的双边合作渠道，推动双边认证认可合作与双边经贸合作同步发展。中方愿与有关国家加强现有双边机制下认证认可合作，落实既有合作成果，共同提出新的合作安排。

加强行业层面和地方层面合作。积极发挥从业机构参与国际合作的积极性，在各种多双边合作安排中充分吸收从业机构参与，支持各国从业机构间合作互认安排。鼓励地方部门参与双多边合作，在整体合作框架下开展对等合作交流，发挥地缘优势促进区域合作发展。

中华人民共和国国家认证认可监督管理局愿携手沿线国家及有关各方，共同继承和发扬丝绸之路精神，积极推动务实合作，促进认证认可领域互信互认，惠及沿线国家、企业、人民。

第四章　推动丝绸之路经济带和21世纪海上丝绸之路能源合作愿景与行动

国家发展和改革委员会 国家能源局

2017年5月

2013年下半年，中国国家主席习近平在出访中亚和东南亚国家期间，先后提出共建“丝绸之路经济带”和“21世纪海上丝绸之路”（以下简称“一带一路”）的重大倡议，得到国际社会的高度关注。2015年3月，中国政府发布《推动共建丝绸之路经济带和21世纪海上丝绸之路的愿景与行动》，提出“一带一路”建设是开放的、包容的，欢迎世界各国和国际、地区组织积极参与，得到了国际社会的广泛认同与积极响应。

能源是人类社会发展的重要物质基础，攸关各国国计民生，加强“一带一路”能源合作有利于带动更大范围、更高水平、更深层次的区域合作，促进世界经济繁荣，这是中国与各国的共同愿望。为推进“一带一路”建设，让古丝绸之路在能源合作领域焕发新的活力，促进各国能源务实合作迈上新的台阶，中国国家发展和改革委员会和国家能源局共同制定并发布《推动丝绸之路经济带和21世纪海上丝绸之路能源合作愿景与行动》。

一、全球能源发展形势

当今世界能源形势正发生复杂深刻的变化，全球能源供求关系总体缓和，应对气候变化进入新阶段，新一轮能源科技革命加速推进，全球能源治理新机制正在逐步形成，人人享有可持续能源的目标还远未实现，各国能源发展面临的问题依然严峻。

加强“一带一路”能源合作旨在共同打造开放包容、普惠共享的能源利益共同体、责任共同体和命运共同体，提升区域能源安全保障水平，提高区域能源资源优化配置能力，实现区域能源市场深度融合，促进区域能源绿色低碳发展，以满足各国能源消费增长需求，推动各国经济社会快速发展。

当前，中国能源与世界能源发展高度关联。中国将持续不断地推进能源国际合作，深度融入世界能源体系。加强“一带一路”能源合作既是中国能源发展的需要，也是促进各国能源协同发展的需要，中国愿意在力所能及的范围内承担更多的责任和义务，为全球能源发展做出更大的贡献。

二、合作原则

（一）坚持开放包容。各国和国际、地区组织均可参与"一带一路"能源合作，加强各国间对话，求同存异，共商共建共享，让合作成果惠及更广泛区域。

（二）坚持互利共赢。兼顾各方利益关切和合作意愿，寻求利益契合点和合作最大公约数，各施所长，各尽所能，优势互补，充分发挥各方潜力，实现共同发展。

（三）坚持市场运作。遵循市场规律和国际通行规则开展能源合作，充分发挥市场在资源配置中的决定性作用和更好发挥政府作用。

（四）坚持安全发展。加强沟通，增进互信，提高能源供应抗风险能力，共同维护国际能源生产和输送通道安全，构建安全高效的能源保障体系。

（五）坚持绿色发展。高度重视能源发展中的环境保护问题，积极推进清洁能源开发利用，严格控制污染物及温室气体排放，提高能源利用效率，推动各国能源绿色高效发展。

（六）坚持和谐发展。坚持能源发展与社会责任并重，重视技术转让与当地人员培训，尊重当地宗教信仰和文化习俗，积极支持社会公益事业，带动地方经济社会发展，造福民众。

三、合作重点

我们倡议，在以下七个领域加强合作：

（一）加强政策沟通。我们愿与各国就能源发展政策和规划进行充分交流和协调，联合制定合作规划和实施方案，协商解决合作中的问题，共同为推进务实合作提供政策支持。

（二）加强贸易畅通。积极推动传统能源资源贸易便利化，降低交易成本，实现能源资源更大范围内的优化配置，增强能源供应抗风险能力，形成开放、稳定的全球能源市场。

（三）加强能源投资合作。鼓励企业以直接投资、收购并购、政府与社会资本合作模式（PPP）等多种方式，深化能源投资合作。加强金融机构在能源合作项目全周期的深度参与，形成良好的能源"产业+金融"合作模式。

（四）加强能源产能合作。我们愿与各国开展能源装备和工程建设合作，共同提高能源全产业链发展水平，实现互惠互利。开展能源领域高端关键技术和装备联合研发，共同推动能源科技创新发展。深化能源各领域的标准化互利合作。

（五）加强能源基础设施互联互通。不断完善和扩大油气互联通道规模，共同维护油气管道安全。推进跨境电力联网工程建设，积极开展区域电网升级改造合作，探讨建立区域电力市场，不断提升电力贸易水平。

（六）推动人人享有可持续能源。落实2030年可持续发展议程和气候变化《巴黎协定》，推动实现各国人人能够享有负担得起、可靠和可持续的现代能源服务，促进各国清洁能源投资和开发利用，积极开展能效领域的国际合作。

（七）完善全球能源治理结构。以"一带一路"能源合作为基础，凝聚各国力量，共同构建绿色低碳的全球能源治理格局，推动全球绿色发展合作。

四、中国积极行动

我们将依托多双边能源合作机制，促进"一带一路"能源合作向更深更广发展。

建立完善双边联合工作机制，研究共同推进能源合作的实施方案、行动路线图。充分发挥双边能源合作机制的作用，协调推动能源合作项目实施。

积极参与联合国、二十国集团、亚太经合组织、上海合作组织、金砖国家、澜沧江－湄公河合作、大湄公河次区域、中亚区域经济合作、中国－东盟、东盟与中日韩、东亚峰会、亚洲合作对话、中国－中东欧国家合作、中国－阿盟、中国－海合会等多边框架下的能源合作。

继续加强与国际能源署、石油输出国组织、国际能源论坛、国际可再生能源署、能源宪章、世界能源理事会等能源国际组织的合作。

积极实施中国－东盟清洁能源能力建设计划，推动中国－阿盟清洁能源中心和中国－中东欧能源项目对话与合作中心建设。继续发挥国际能源变革论坛、东亚峰会清洁能源论坛等平台的建设性作用。

共建“一带一路”能源合作俱乐部，为更多国家和地区参与“一带一路”能源合作提供平台，增进理解、凝聚共识。扩大各国间能源智库的合作与交流，推动各国间人才交流和信息共享。

五、共创美好未来

推动“一带一路”能源合作是中国的倡议，也是各国的利益所在。站在新的起点上，中国愿与各国携手推动更大范围、更高水平、更深层次的能源合作，并欢迎各国和国际、地区组织积极参与。

中国愿与各国一道，共同确定一批能够照顾各方利益的项目，对条件成熟的项目抓紧启动实施，争取早日开花结果。

“一带一路”能源合作是互尊互信、合作共赢之路。只要各国携起手来，精诚合作，就一定能够建成开放包容、普惠共享的能源利益共同体、责任共同体和命运共同体。

“一带一路”融资指导原则。“一带一路”建设旨在加强沿线国家的政策沟通、设施联通、贸易畅通、资金融通、民心相通，促进经济要素有序自由流动、资源高效配置和市场深度融合，共同打造开放、包容、均衡、普惠的区域经济合作架构。资金融通是“一带一路”建设的重要支撑。为此，我们，阿根廷、白俄罗斯、柬埔寨、智利、中国、捷克、埃塞俄比亚、斐济、格鲁吉亚、希腊、匈牙利、印度尼西亚、伊朗、肯尼亚、老挝、马来西亚、蒙古国、缅甸、巴基斯坦、卡塔尔、俄罗斯、塞尔维亚、苏丹、瑞士、泰国、土耳其、英国财长呼吁沿线国家政府、金融机构、企业共同行动，本着“平等参与、利益共享、风险共担”的原则，推动建设长期、稳定、可持续、风险可控的融资体系。

（一）我们认识到，良好的融资体系和融资环境离不开沿线国家政府强有力的支持。沿线国家政府应加强政策沟通，巩固合作意向，共同释放支持“一带一路”建设和融资的积极信号。

（二）我们鼓励沿线国家建立共同平台，在促进本地区国别发展战略及投资计划对接的基础上，共同制定区域基础设施发展战略或规划，确定重大项目识别和优先选择的原则，协调各国支持政策与融资安排，交流实施经验。

（三）我们支持金融资源服务于沿线国家和地区的实体经济发展。重点加大对基础设施互联互通、贸易投资、产能合作、能源能效、资源以及中小企业等领域的融资支持力度。

（四）我们重申基础设施对经济社会可持续发展的重要作用。我们鼓励沿线国家视情开放公共服务市场，维护良好、稳定的法律、政策和监管框架，积极发展政府和社会资本合作以吸引各类资金，提高基础设施的供给效率和质量。我们鼓励有意愿的相关方在私营部门和金融机构之间建立有效的信息交流，通过基础设施融资支持可持续发展。

（五）我们重视公共资金在规划、建设重大项目上的引领作用。我们将继续利用政府间合作基金、对外援助资金等现有公共资金渠道，协调配合其他资金渠道，共同支持“一带一路”建设，包括加强沿线国家和地区在民生发展、人文交流等领域的交流合作。

（六）我们鼓励各国政策性金融机构、出口信用机构继续为"一带一路"建设提供政策性金融支持。我们鼓励上述机构加强协调合作，通过贷款、担保、股权投资、联合融资等多种方式，发挥融资促进和风险分担作用。

（七）我们呼吁开发性金融机构考虑为"一带一路"沿线国家提供更多融资支持和技术援助。我们鼓励多边开发银行和各国开发性金融机构在其职责范围内通过贷款、股权投资、担保和联合融资及其他融资渠道等各种方式，积极参与"一带一路"建设，特别是跨境基础设施建设。我们支持多边开发银行与各国开发性金融机构加强协调合作，为沿线国家提供可持续性的融资、机构专有技术和融智服务。

（八）我们认识到市场机制在金融资源配置中应发挥决定性作用。我们期待商业银行、股权投资基金、保险、租赁和担保公司等各类商业性金融机构为"一带一路"建设提供资金及其他金融服务。我们欢迎养老基金、主权财富基金等长期机构投资者，在符合其机构职能的情况下视情积极参与，特别是参与基础设施建设。

（九）我们支持进一步发展本地与区域金融市场。我们欢迎发展沿线国家的本币债券市场和股权投资市场，以扩大长期融资来源，并降低货币错配风险。

（十）我们支持金融市场的有序开放，并尊重有关国家可能承担的国际义务。我们鼓励根据国情，在符合国内法律法规的前提下，逐步扩大银行、保险、证券等市场准入，支持金融机构跨境互设子公司和（或）分支机构，促进金融机构设立申请与审批流程的便利化。

（十一）我们鼓励基于"一带一路"建设需求和沿线国家需求的金融创新。我们支持金融机构在风险可控前提下创新融资模式、渠道、工具与服务。

（十二）我们呼吁沿线各国深化金融监管合作，加强跨境监管协调，共同为金融机构创造公平、高效、稳定的监管环境，并尊重有关国家可能承担的国际义务。

（十三）我们倡导建设透明、友好、非歧视和可预见的融资环境。我们支持视情提高对外国直接投资的开放度，加快必要的投资便利化进程，反对一切形式的贸易和投资保护主义。我们倡导建立和完善公平、公正、公开、高效的法律制度，以及互惠互利、投资友好型的税收制度。我们支持通过公正、合法、合理的方式妥善解决债务和投资争端，切实保护债权人和投资人合法权益。

（十四）我们强调应加强对融资项目社会环境影响的评价和风险管理，重视节能环保合作，履行社会责任，促进当地就业，推动经济社会可持续发展。在动员资金时，应兼顾债务可持续性。

（十五）我们认识到，"一带一路"建设的融资安排应惠及所有企业和人群，支持可持续、包容性发展。应为提高科技能力、技术发展以及创造就业，特别是年轻人与妇女的就业提供融资。我们积极支持推进普惠金融的努力，鼓励沿线国家政府、政策性金融机构、开发性金融机构及商业性金融机构加强合作，努力让所有人享受金融信息和服务，并为中小企业提供适当、稳定、可负担的融资服务。

第五章　“一带一路”生态环境保护合作规划

推动共建“丝绸之路经济带”和“21世纪海上丝绸之路”(以下简称“一带一路”)倡议,旨在促进沿线各国经济繁荣与区域经济合作,加强不同文明交流互鉴,促进世界和平发展。自“一带一路”倡议提出以来,“一带一路”建设进展迅速,一批重大工程和国际产能合作项目落地。在生态环保合作领域,中国积极与沿线国家深化多双边对话、交流与合作,强化生态环境信息支撑服务,推动环境标准、技术和产业合作,取得积极进展和良好成效。

为进一步贯彻落实《推动共建丝绸之路经济带和21世纪海上丝绸之路的愿景与行动》(以下简称《愿景与行动》)、《“十三五”生态环境保护规划》和《关于推进绿色“一带一路”建设指导意见》,加强生态环保合作,发挥生态环保在“一带一路”建设中的服务、支撑和保障作用,共建绿色“一带一路”,环境保护部编制《“一带一路”生态环境保护合作规划》。

一、重要意义

(一)生态环保合作是绿色“一带一路”建设的根本要求

中国高度重视绿色“一带一路”建设。中国国家主席习近平多次强调,要践行绿色发展理念,着力深化环保合作,加大生态环境保护力度,携手打造绿色丝绸之路。《愿景与行动》提出,在投资贸易中突出生态文明理念,加强生态环境、生物多样性和应对气候变化合作。推进生态环保合作是践行生态文明和绿色发展理念、提升“一带一路”建设绿色化水平、推动实现可持续发展和共同繁荣的根本要求。

(二)生态环保合作是实现区域经济绿色转型的重要途径

“一带一路”沿线国家多为发展中国家和新兴经济体,普遍面临工业化和城镇化带来的环境污染、生态退化等多重挑战,加快转型、推动绿色发展的呼声不断增强。中国和一些沿线国家积极探索环境与经济协调发展模式,大力发展绿色经济,取得了一些成功经验。开展生态环保合作有利于促进沿线国家生态环境保护能力建设,推动沿线国家跨越传统发展路径,处理好经济发展和环境保护关系,最大限度减少生态环境影响,是实现区域经济绿色转型的重要途径。

(三)生态环保合作是落实2030年可持续发展议程的重要举措

绿色发展已成为世界各国发展的共识,联合国2030年可持续发展议程旨在共同提高全人类福祉,明确提出绿色发展与生态环保的具体目标,为未来十几年世界各国可持续发展和国际发展合作指引方向。"一带一路"生态环保合作将有力促进沿线国家实现2030年可持续发展议程环境目标。

二、总体要求

(一)合作思路

牢固树立和贯彻落实创新、协调、绿色、开放、共享的发展理念,秉持和平合作、开放包容、互学互鉴、互利共赢的丝绸之路精神,坚持共商、共建、共享,以促进共同发展、实现共同繁荣为导向,有力有序有效地将绿色发展要求全面融入政策沟通、设施联通、贸易畅通、资金融通、民心相通中,构建多元主体参与的生态环保合作格局,提升"一带一路"沿线国家生态环保合作水平,为实现2030年可持续发展议程环境目标做出贡献。

(二)基本原则

理念先行,绿色引领。以生态文明和绿色发展理念引领"一 带一路"建设,切实推进政策沟通、设施联通、贸易畅通、资金融通和民心相通的绿色化进程,提高绿色竞争力。

共商共建,互利共赢。充分尊重沿线国家发展需求,加强战略对接和政策沟通,推动达成生态环境保护共识,共同参与生态环保合作,打造利益共同体、责任共同体和命运共同体,促进经济发展与环境保护双赢。

政府引导,多元参与。完善政策支撑,搭建合作平台,落实企业环境治理主体责任,动员全社会积极参与,发挥市场作用,形成政府引导、企业承担、社会参与的生态环保合作网络。

统筹推进,示范带动。加强统一部署,选择重点地区和行业,稳步有序推进,及时总结经验和成效,以点带面、形成辐射效应,提升生态环保合作水平。

(三)发展目标

到2025年,推进生态文明和绿色发展理念融入"一带一路"建设,夯实生态环保合作基础,形成生态环保合作良好格局。以六大经济走廊为合作重点,进一步完善生态环保合作平台建设 提高人员交流水平;制定落实一系列生态环保合作支持政策,加强生态环保信息支撑;在铁路、电力等重点领域树立一批优质产能绿色品牌;一批绿色金融工具应用于投资贸易项目,资金呈现向环境友好型产业流动趋势;建成一批环保产业合作示范基地、环境技术交流与转移基地、技术示范推广基地和科技园区等国际环境产业合作平台。 到2030年,推动实现2030可持续发展议程环境目标,深化生态环保合作领域,全面提升生态环保合作水平。深入拓展在环境污染治理、生态保护、核与辐射安全、生态环保科技创新等重点领域合作,绿色"一带一路"建设惠及沿线国家,生态环保服务、支撑、保障能力全面提升,共建绿色、繁荣与友谊的"一带 一路"。

三、突出生态文明理念,加强生态环保政策沟通

(一)分享生态文明和绿色发展的理念与实践

传播生态文明理念。充分利用现有多双边合作机制,深化生态文明和绿色发展理念、法律法规、政策、标准、技术等领域的对话和交流,推动共同制定实施双边、多边、次区域和区域生态环保

战略与行动计划。

分享绿色发展实践经验。归纳总结沿线国家和地区绿色发展的实践经验，呼应绿色发展需求，推广环境友好型技术和产品，推动将生态环保作为沿线国家绿色转型新引擎。

（二）构建生态环保合作平台

加强生态环保合作机制和平台建设。开展政府间高层对话，充分利用中国－东盟、上海合作组织、澜沧江－湄公河、欧亚经济论坛、中非合作论坛、中阿合作论坛、亚信等合作机制，强化区域生态环保交流，扩大与相关国际组织和机构的合作，倡议成立"一带一路"绿色发展国际联盟，建设政府、企业、智库、社会组织和公众共同参与的多元合作平台。推进环保信息共享服务平台建设。合作建设"一带一路"生态环保大数据服务平台，加强生态环境信息共享，提升生态环境风险评估与防范的咨询服务能力，推动生态环保信息产品、技术和服务合作，为绿色"一带一路"建设提供综合环保信息支持与保障。

（三）推动环保社会组织和智库交流与合作

推动环保社会组织交流合作。积极为环保社会组织开展国际交流与合作搭建平台并提供政策指导。支持环保社会组织与沿线国家相关机构建立合作伙伴关系，联合开展公益服务、合作研究、交流访问、科技合作、论坛展会等多种形式的民间交往。加强生态环保智库交流合作。构建生态环保合作智力支撑体系，提高智库在战略制定、政策对接、投资咨询服务等方面的参与度。推进国内和国际智库、智库与政府部门、智库与企业以及智库与环保社会组织之间的生态环保合作，推动科研机构、智库联合构建科学研究和技术研发平台。

四、遵守法律法规，促进国际产能合作与基础设施建设的绿色化

（一）发挥企业环境治理主体作用，强化企业行为绿色指引

落实环境保护部、外交部、发展改革委员会、商务部共同印发的《关于推进绿色"一带一路"建设的指导意见》，落实商务部、环境保护部共同发布的《对外投资合作环境保护指南》以及19家重点企业联合发布的《履行企业环保责任，共建绿色"一带一路"倡议》，推动企业自觉遵守当地环保法规和标准规范，履行企业环境责任。推动有关行业协会和商会建立企业海外投资生态环境行为准则。鼓励企业加强自身环境管理。引导企业开发使用低碳、节能、环保的材料与技术工艺，推进循环利用，减少在生产、服务和产品使用过程中污染物的产生和排放。在铁路、电力、汽车、通信、新能源、钢铁等行业，树立优质产能绿色品牌。指导企业根据当地要求开展环境影响评价和环境风险防范工作，加强生物多样性保护，优先采取就地、就近保护措施，做好生态恢复。推动企业环保信息公开。鼓励企业借助于移动互联网、物联网等技术，定期发布年度环境报告，公布企业执行环境保护法律法规的计划、措施和环境绩效等。倡导企业就环境保护事宜及时与利益相关方沟通，形成和谐的社会氛围。

（二）推动绿色基础设施建设

推动基础设施绿色低碳化建设和运营管理。落实基础设施建设标准规范的生态环保要求，推广绿色交通、绿色建筑、绿色能源等行业的环保标准和实践，提升基础设施运营、管理和维护过程中

的绿色化、低碳化水平。强化产业园区的环境管理。以企业集聚化发展、产业生态链接、服务平台建设为重点，共同推进生态产业园区建设。加强环境保护基础设施建设，推进产业园区污水集中处理与循环再利用及示范。发展园区生态环保信息、技术、商贸等公共服务平台。

五、推动可持续生产与消费，发展绿色贸易

（一）促进环境产品与服务贸易便利化，加强进出口贸易环境管理

开展以环境保护优化贸易投资相关研究，探讨将环境产品纳入我国与“一带一路”沿线重点国家自贸协定的可行性。推动联合打击固体废物非法越境转移。推动降低或取消重污染行业产品的出口退税，适度提高贸易量较大的“两高一资”行业环境标准。扩大环境产品和服务进出口。分享环境产品和服务合作的成功实践，推动提高环境服务市场开放水平，鼓励扩大大气污染治理、水污染防治、危险废物管理及处置等环境产品和服务进出口。探索促进环境产品和服务贸易便利化的方式。推动环境标志产品进入政府采购。开展环境标志交流合作项目，分享建立环境标志认证体系的经验。推动沿线各国政府采购清单纳入更多环境标志产品。探索建立环境标志产品互认机制，鼓励沿线国家环境标志机构签署互认合作协议。

（二）加强绿色供应链管理，建立绿色供应链管理体系

开展绿色供应链管理试点示范，制定绿色供应链环境管理政策工具，从生产、流通、消费的全产业链角度推动绿色发展。开展供应链各环节绿色标准认证，推动绿色供应链绩效评价，探索建立绿色供应链绩效评价体系。加强绿色供应链国际合作。积极推进绿色供应链合作网络建设，支持绿色生产、绿色采购和绿色消费，在国际贸易中推行绿色供应链管理。推动建立绿色供应链合作示范基地。加强沿线国家绿色供应链建设工作的交流和宣传，鼓励发布政府间绿色供应链合作倡议。鼓励行业协会、国际商会等组织开展宣传和推广。

六、加大支撑力度，推动绿色资金融通

促进绿色金融政策制定。开展沿线国家绿色投融资需求研究，研究制定绿色投融资指南。以绿色项目识别与筛选、环境与社会风险管理等为重点，探索制定绿色投融资的管理标准。

探索设立“一带一路”绿色发展基金。推动设立专门的资源开发和环境保护基金，重点支持沿线国家生态环保基础设施、能力建设和绿色产业发展项目。

引导投资决策绿色化。分享绿色金融领域的实践经验，在“一带一路”和其他对外投资项目中加强环境风险管理，提高环境信息披露水平，使用绿色债券等绿色融资工具筹集资金，在环境高风险领域建立并使用环境污染强制责任保险等工具开展环境风险管理。

七、开展生态环保项目和活动，促进民心相通

（一）加强生态环保重点领域合作，深化环境污染治理合作

加强大气、水、土壤污染防治、固体废物环境管理、农村环境综合整治等合作，实施一批各方共同参与、共同受益的环境污染治理项目。推进生态保护合作。建立生物多样性数据库和信息共享平台，积极开展东南亚、南亚、青藏高原等生物多样性保护廊道建设示范项目，推动中国－东盟生态

友好城市伙伴关系建设。加强核与辐射安全合作。分享核与辐射安全监管的良好实践，积极参与国际核安全体系建设。深入参与国际原子能机构、经合组织核能署等国际组织的各类活动。推动建立核与辐射安全国际合作交流平台，帮助有需要的国家提升核与辐射安全监管能力。加强生态环保科技创新合作。积极开展生态环保领域的科技合作与交流，提升科技支撑能力。充分发挥环保组织的作用，推动环保技术研发、科技成果转移转化和推广应用。推进环境公约履约合作。推进相关国家在“一带一路”建设中履行《生物多样性公约》《关于持久性有机污染物的斯德哥尔摩公约》等多边环境协定，构建环境公约履约合作机制，推动履约技术交流与南南合作。

（二）加大绿色示范项目的支持力度，推动绿色对外援助

以污染防治、生态保护、环保技术与产业以及可持续生产与消费等领域为重点，探索制定绿色对外援助战略与行动计划。推动将生态环保合作作为南南合作基金等资金机制支持的重要内容，优先在环保政策、法律制度、人才交流、示范项目等方面开展绿色对外援助，提高环保领域对外援助的规模和水平。实施绿色丝路使者计划。深化完善绿色丝路使者计划实施方案，以政策交流、能力建设、技术交流、产业合作为主要路线，加强沿线国家环境管理人员和专业技术人才的互动与交流，提升沿线国家的环保能力，提高环保意识和环境管理水平。开展环保产业技术合作园区及示范基地建设。以企业为主体，推动环保技术和产业合作，开展环保基础设施建设、环境污染防治和生态修复技术应用试点示范。引导优势环保产业集群式发展，探索合作共建环保产业技术园区及示范基地的创新合作模式。

八、加强能力建设，发挥地方优势，加强环保能力建设

充分发挥中国“一带一路”沿线省（区、市）在“一带一路”建设中区位优势，编制地方“一带一路”生态环保合作规划及实施方案。重点加强黑龙江、内蒙古、吉林、新疆、云南、广西等边境省区环境监管和治理能力建设，推动江苏、广东、陕西、福建等省份提升绿色发展水平；鼓励各地积极参加多双边环保合作，推动建立省级、市级国际合作伙伴关系，积极创新合作模式，推动形成上下联动、政企统筹、智库支撑的良好局面。

推动环境技术和产业合作基地建设。在有条件的地方建立“一带一路”环境技术创新和转移基地，建设面向东盟、中亚、南亚、中东欧、阿拉伯、非洲等国家的环保技术和产业合作示范基地；推动和支持环保工业园区、循环经济工业园区、主要工业行业、环保企业提升国际化水平，推动长江经济带、环渤海、珠三角、中原城市群等支持环保技术和产业合作项目落地，支撑绿色“一带一路”建设。

九、重大项目规划涉及25个重点项目

包括政策沟通类6个，设施联通类4个，贸易畅通类3个，资金融通类2个，民心相通类4个，能力建设类6个。

序号	项目名称
1	“一带一路”生态环保合作国际高层对话
2	“一带一路”绿色发展国际联盟
3	“一带一路”沿线国家环境政策、标准沟通与衔接
4	“一带一路”沿线国家核与辐射安全管理交流

5 中国－东盟生态友好城市伙伴关系
6 "一带一路"环境公约履约交流合作设施联通
7 "一带一路"互联互通绿色化研究
8 "一带一路"沿线工业园污水处理示范
9 "一带一路"重点区域战略与项目环境影响评估
10 "一带一路"生物多样性保护廊道建设示范贸易畅通
11 "一带一路"危险废物管理和进出口监管合作
12 "一带一路"沿线环境标志互认
13 "一带一路"绿色供应链管理试点示范资金融通
14 "一带一路"绿色投融资研究
15 绿色"一带一路"基金研究民心相通
16 绿色丝绸之路使者计划
17 澜沧江－湄公河环境合作平台
18 中国－柬埔寨环保合作基地
19 "一带一路"环保社会组织交流合作能力建设
20 "一带一路"生态环保大数据服务平台建设
21 "一带一路"生态环境监测预警体系建设
22 地方"一带一路"生态环保合作
23 "一带一路"环保产业与技术合作平台
24 "一带一路"环保技术交流与转移中心（深圳）
25 中国－东盟环保技术和产业合作示范基地

十、保障措施，强化组织协调

建立健全综合协调机制，加强政府部门之间、中央和地方之间、政府和企业及公众之间多层次、多渠道的沟通交流与良性互动，分工负责，统筹推进。加强政策支持。坚持需求导向和目标导向相结合，进一步研究出台一批有针对性政策措施，创新实践方式，完善配套服务，提高对生态环保合作的支持力度。 落实资金保障。加大资金投入力度，保障规划相关工作的资金落实，重点支持生态环保合作基地建设及开展相关示范工程和项目。抓好跟踪评估。切实推进规划落实，对规划确定的重点措施、工程落实情况进行跟踪分析，加强督促检查，及时开展规划实施情况中期评估，适时提出调整规划、完善措施的建议。

第六章　关于推进绿色"一带一路"建设的指导意见

"丝绸之路经济带"和"21世纪海上丝绸之路"(以下简称"一带一路")建设,是党中央、国务院着力构建更全面、更深入、更多元的对外开放格局,审时度势提出的重大倡议,对于我国加快形成崇尚创新、注重协调、倡导绿色、厚植开放、推进共享的机制和环境具有重要意义。为深入落实《推动共建丝绸之路经济带和21世纪海上丝绸之路的愿景与行动》,在"一带一路"建设中突出生态文明理念,推动绿色发展,加强生态环境保护,共同建设绿色丝绸之路,现提出以下意见。

一、重要意义

(一)推进绿色"一带一路"建设是分享生态文明理念、实现可持续发展的内在要求

绿色"一带一路"建设以生态文明与绿色发展理念为指导,坚持资源节约和环境友好原则,提升政策沟通、设施联通、贸易畅通、资金融通、民心相通(以下简称"五通")的绿色化水平,将生态环保融入"一带一路"建设的各方面和全过程。推进绿色"一带一路"建设,加强生态环境保护,有利于增进沿线各国政府、企业和公众的相互理解和支持,分享我国生态文明和绿色发展理念与实践,提高生态环境保护能力,防范生态环境风险,促进沿线国家和地区共同实现2030年可持续发展目标,为"一带一路"建设提供有力的服务、支撑和保障。

(二)推进绿色"一带一路"建设是参与全球环境治理、推动绿色发展理念的重要实践

绿色发展成为各国共同追求的目标和全球治理的重要内容。推进绿色"一带一路"建设,是顺应和引领绿色、低碳、循环发展国际潮流的必然选择,是增强经济持续健康发展动力的有效途径。推进绿色"一带一路"建设,应将资源节约和环境友好原则融入国际产能和装备制造合作全过程,促进企业遵守相关环保法律法规和标准,促进绿色技术和产业发展,提高我国参与全球环境治理的能力。

(三)推进绿色"一带一路"建设是服务打造利益共同体、责任共同体和命运共同体的重要举措

全球和区域生态环境挑战日益严峻,良好生态环境成为各国经济社会发展的基本条件和共同需求,防控环境污染和生态破坏是各国的共同责任。推进绿色"一带一路"建设,有利于务实开展

合作，推进绿色投资、绿色贸易和绿色金融体系发展，促进经济发展与环境保护双赢，服务于打造利益共同体、责任共同体和命运共同体的总体目标。

二、总体要求

（一）总体思路

按照党中央和国务院决策部署，以和平合作、开放包容、互学互鉴、互利共赢的“丝绸之路”精神为指引，牢固树立创新、协调、绿色、开放、共享发展理念，坚持各国共商、共建、共享，遵循平等、追求互利，全面推进“五通”绿色化进程，建设生态环保交流合作、风险防范和服务支撑体系，搭建沟通对话、信息支撑、产业技术合作平台，推动构建政府引导、企业推动、民间促进的立体合作格局，为推动绿色“一带一路”建设做出积极贡献。

（二）基本原则

——理念先行，合作共享。突出生态文明和绿色发展理念，注重生态环保与社会、经济发展相融合，积极与沿线国家或地区相关战略、规划开展对接，加强生态环保政策对话，丰富合作机制和交流平台，促进绿色发展成果共享。

——绿色引领，环保支撑。推动形成多渠道、多层面生态环保立体合作模式，加强政企统筹，鼓励行业和企业采用更先进、环境更友好的标准，提高绿色竞争力，引领绿色发展。

——依法依规，防范风险。推动企业遵守国际经贸规则和所在国生态环保法律法规、政策和标准，高度重视当地民众生态环保诉求，加强企业信用制度建设，防范生态环境风险，保障生态环境安全。

——科学统筹，有序推进。加强部门统筹和上下联动，根据生态环境承载力，推动形成产能和装备制造业合作的科学布局；依托重要合作机制，选择重点国别、重点领域有序推进绿色“一带一路”建设。

（三）主要目标

根据生态文明建设、绿色发展和沿线国家可持续发展要求，构建互利合作网络、新型合作模式、多元合作平台，力争用3—5年时间，建成务实高效的生态环保合作交流体系、支撑与服务平台和产业技术合作基地，制定落实一系列生态环境风险防范政策和措施，为绿色“一带一路”建设打好坚实基础；用5—10年时间，建成较为完善的生态环保服务、支撑、保障体系，实施一批重要生态环保项目，并取得良好效果。

三、主要任务

（一）全面服务“五通”，促进绿色发展，保障生态环境安全

1. 突出生态文明理念，加强生态环保政策沟通，促进民心相通

按照“一带一路”建设总体要求，围绕生态文明建设、可持续发展目标以及相关环保要求，统筹国内国际现有合作机制，发挥生态环保国际合作窗口作用，加强与沿线国家或地区生态环保战略和规划对接，构建合作交流体系；充分发挥传统媒体和新媒体作用，宣传生态文明和绿色发展理念、

法律法规、政策标准、技术实践，讲好中国环保故事；支持环保社会组织与沿线国家相关机构建立合作伙伴关系，联合开展形式多样的生态环保公益活动，形成共建绿色“一带一路”的良好氛围，促进民心相通。

2. 做好基础工作，优化产能布局，防范生态环境风险

了解项目所在地的生态环境状况和相关环保要求，识别生态环境敏感区和脆弱区，开展综合生态环境影响评估，合理布局产能合作项目；加强环境应急预警领域的合作交流，提升生态环境风险防范能力，为“一带一路”建设提供生态环境安全保障。

3. 推进绿色基础设施建设，强化生态环境质量保障

制定基础设施建设的环保标准和规范，加大对“一带一路”沿线重大基础设施建设项目的生态环保服务与支持，推广绿色交通、绿色建筑、清洁能源等行业的节能环保标准和实践，推动水、大气、土壤、生物多样性等领域环境保护，促进环境基础设施建设，提升绿色化、低碳化建设和运营水平。

4. 推进绿色贸易发展，促进可持续生产和消费

研究制定政策措施和相关标准规范，促进绿色贸易发展。将环保要求融入自由贸易协定，做好环境与贸易相关协定谈判和实施；提高环保产业开放水平，扩大绿色产品和服务的进出口；加快绿色产品评价标准的研究与制定，推动绿色产品标准体系构建，加强国际交流与合作，推广中国绿色产品标准，减少绿色贸易壁垒。加强绿色供应链管理，推进绿色生产、绿色采购和绿色消费，加强绿色供应链国际合作与示范，带动产业链上下游采取节能环保措施，以市场手段降低生态环境影响。

5. 加强对外投资的环境管理，促进绿色金融体系发展

推动制定和落实防范投融资项目生态环保风险的政策和措施，加强对外投资的环境管理，促进企业主动承担环境社会责任，严格保护生物多样性和生态环境；推动我国金融机构、中国参与发起的多边开发机构以及相关企业采用环境风险管理的自愿原则，支持绿色“一带一路”建设；积极推动绿色产业发展和生态环保合作项目落地。

（二）加强绿色合作平台建设，提供全面支撑与服务

1. 加强环保合作机制和平台建设，完善国际环境治理体系

以绿色“一带一路”建设为统领，统筹并充分发挥现有双边、多边环保国际合作机制，构建环保合作网络，创新环保国际合作模式，建设政府、智库、企业、社会组织和公众共同参与的多元合作平台，强化中国－东盟、上海合作组织、澜沧江－湄公河、亚信、欧亚、中非合作论坛、中国－阿拉伯等合作机制作用，推动六大经济走廊的环保合作平台建设，扩大与相关国际组织和机构合作，推动国际环境治理体系改革。

2. 加强生态环保标准与科技创新合作，引领绿色发展

建设绿色技术银行，加强绿色、先进、适用技术在“一带一路”沿线发展中国家转移转化。鼓励相关行业协会制定发布与国际标准接轨的行业生态环保标准、规范及指南，促进先进生态环保技术的联合研发、推广和应用。加强环保科技人员交流，推动科研机构、智库之间联合构建科学研究和技术研发平台，为绿色“一带一路”建设提供智力支持。

3. 推进环保信息共享和公开，提供综合信息支撑与保障

加强环保大数据建设，发挥国家空间和信息基础设施作用，加强环境信息共享，合作建设绿色

"一带一路"生态环保大数据服务平台,推动环保法律法规、政策标准与实践经验交流与分享,加强部门间统筹合作与项目生态环保信息共享与公开,提升对境外项目生态环境风险评估与防范的咨询服务能力,推动生态环保信息产品、技术和服务合作,为绿色"一带一路"建设提供综合环保信息支持与保障。

(三)制定完善政策措施,加强政企统筹,保障实施效果

1. 加大对外援助支持力度,推动绿色项目落地实施

以生态环保、污染防治、环保技术与产业、人员培训与交流等为重点领域,优先开展节能减排、生态环保等基础设施及能力建设项目,探索在境外设立生态环保合作中心。发挥南南合作援助基金作用,支持社会组织开展形式多样的生态环保类项目,服务"一带一路"建设。

2. 强化企业行为绿色指引,鼓励企业采取自愿性措施

鼓励环保企业开拓沿线国家市场,引导优势环保产业集群式"走出去",借鉴我国的国家生态工业示范园区建设标准,探索与沿线国家共建生态环保园区的创新合作模式。落实《对外投资合作环境保护指南》,推动企业自觉遵守当地环保法律法规、标准和规范,履行环境社会责任,发布年度环境报告;鼓励企业优先采用低碳、节能、环保、绿色的材料与技术工艺;加强生物多样性保护,优先采取就地、就近保护措施,做好生态恢复;引导企业加大应对气候变化领域重大技术的研发和应用。

3. 加强政企统筹,发挥企业主体作用

研究制定相关文件,规范指导相关企业在"一带一路"建设过程中履行环境社会责任。完善企业对外投资审查机制,有关行业协会、商会要建立企业海外投资行为准则,通过行业自律引导企业规范环境行为。

(1)发挥区位优势,明确定位与合作方向

充分发挥各地在"一带一路"建设中区位优势,明确各自定位。加快在有条件的地方建设"一带一路"环境技术创新和转移中心以及环保技术和产业合作示范基地,建设面向东盟、中亚、南亚、中东欧、阿拉伯、非洲等国家的环保技术和产业合作示范基地;推动和支持环保工业园区、循环经济工业园区、主要工业行业、环保企业提升国际化水平,推动长江经济带、环渤海、珠三角、中原城市群等支持环保技术和产业合作项目落地,支撑绿色"一带一路"建设。

(2)加大统筹协调和支持力度,加强环保能力建设

推动绿色"一带一路"建设融入地方社会、经济发展规划、计划,科学规划产业空间布局,制定严格的环保制度,推动地方产业转型升级和经济绿色发展。重点加强黑龙江、内蒙古、吉林、新疆、云南、广西等边境地区环境监管和治理能力建设,推动江苏、广东、陕西、福建等"一带一路"沿线省份提升绿色发展水平;鼓励各地积极参加双多边环保合作,推动建立省级、市级国际合作伙伴关系,积极创新合作模式,推动形成上下联动、政企统筹、智库支撑的良好局面。

四、组织保障

(一)加强组织协调

建立健全综合协调和落实机制,加强政府部门之间、中央和地方之间、政府与企业及公众之间多层次、多渠道的沟通交流与良性互动,分工负责,统筹推进,细化工作方案,确保有关部署和举措

落实到各部门、各地方以及每个项目执行单位和企业。

（二）强化资金保障

鼓励符合条件的“一带一路”绿色项目按程序申请国家绿色发展基金、中国政府和社会资本合作(PPP)融资支持基金等现有资金(基金)支持。发挥国家开发银行、进出口银行等现有金融机构引导作用,形成中央投入、地方配套和社会资金集成使用的多渠道投入体系和长效机制。发挥政策性金融机构的独特优势,引导、带动各方资金,共同为绿色“一带一路”建设造血输血。继续通过现有国际多双边合作机构和基金,如丝路基金、南南合作援助基金、中国-东盟合作基金、中国-中东欧投资合作基金、中国-东盟海上合作基金、亚洲区域合作专项资金、澜沧江-湄公河合作专项基金等对“一带一路”绿色项目给予积极支持。

（三）加强人才队伍建设

构建绿色“一带一路”智力支撑体系,建设“绿色丝绸之路”新型智库;创新、完善人才培养机制,重点培养具有国际视野、掌握国际规则、熟悉环保业务的复合型人才,提高对绿色“一带一路”建设的人才支持力度。

第七章　关于开展支持中小企业参与"一带一路"建设专项行动的通知

工信部联企业〔2017〕191号

推进"一带一路"建设是党中央、国务院统筹国际国内两个大局作出的重大决策。中小企业是"一带一路"沿线各国对外经贸关系中最重要的合作领域之一，也是促进各国经济社会发展的重要力量。随着"一带一路"建设的不断推进，我国中小企业迎来了新的发展机遇和广阔的发展空间。为加强我国中小企业与"一带一路"沿线各国的经济技术合作和贸易投资往来，支持中小企业"走出去""引进来"，工业和信息化部、中国国际贸易促进委员会（以下简称中国贸促会）决定开展支持中小企业参与"一带一路"建设专项行动。有关事项通知如下：

一、总体要求

贯彻落实党中央、国务院支持中小企业发展的决策部署，以"一带一路"建设为统领，坚持共商共建共享原则，完善双边和多边合作机制，发挥中小企业在"一带一路"建设中的重要作用，深化我国中小企业与沿线各国在贸易投资、科技创新、产能合作、基础设施建设等领域的交流与合作，构建和完善支持中小企业国际化发展的服务体系。支持中小企业技术、品牌、营销、服务"走出去"，鼓励中小企业引进沿线国家的先进技术和管理经验，加快培育中小企业国际竞争新优势。

二、重点工作

（一）助力中小企业赴沿线国家开展贸易投资

1. 支持中小企业参加国内外展览展销活动

创新中国国际中小企业博览会办展机制，推进国际化、市场化、专业化改革，重点邀请沿线国家共同主办，并设立"一带一路"展区，继续为中小企业参展提供支持。鼓励中小企业参与工业和信息化部、中国贸促会举办的境内外展会和论坛活动。支持各地中小企业主管部门与贸促会分支机构合作开展专门面向沿线国家中小企业的展览活动，帮助中小企业特别是"专精特新"中小企业展示产品和服务，为中小企业搭建展示、交易、合作、交流的平台。

2. 建立经贸技术合作平台

共同搭建"中小企业'一带一路'合作服务平台"，为中小企业提供沿线国家经贸活动信息，支持各地中小企业主管部门、中小企业服务机构和贸促会分支机构联合开展企业洽谈、项目对接等活动。鼓励中小企业服务机构和企业到沿线国家建立中小企业创业创新基地，开展技术合作、科研成果产业化等活动。吸引沿线国家中小企业在华设立研发机构，促进原创技术在中国孵化落地。

3. 鼓励中小企业运用电子商务开拓国际市场

支持各地中小企业主管部门积极参与中国贸促会跨境电子商务示范园区和单品直供基地建设，鼓励并支持创新性的中小型跨境电商企业入驻发展。大力推进中国贸促会"中国跨境电商企业海外推广计划"，针对中小企业在通关报检、仓储物流、市场开拓、品牌建设等方面的需求，引入第三方专业机构，提供定制化服务，帮助中小企业利用跨境电子商务开展国际贸易。

4. 促进中小企业开展双向投资

支持在有条件的地方建设我国与沿线国家中小企业合作区，进一步发挥合作区引进先进技术、管理经验和高素质人才的载体作用，在中小企业服务体系建设、技术改造、融资服务、小型微型企业创业创新基地建设、人才培训等方面提供指导和服务。大力培养外向型产业集群。组织中小企业赴境外园区考察，引导企业入园发展，协助园区为入驻企业提供展览展示、商事法律、专项培训等服务，帮助中小企业提高抗风险能力。通过以大带小合作出海，鼓励中小配套企业积极跟随大企业走向国际市场，参与产能合作和基础设施建设，构建全产业链战略联盟，形成综合竞争优势。促进与沿线国家在新一代信息技术、生物、新能源、新材料等新兴产业领域深入合作。

（二）为中小企业提供优质服务

5. 加强经贸信息、调研等服务

加大信息收集、整理、分析和发布力度，用好网站、微信公众号、报纸杂志等载体，提供沿线国家的政治环境、法律法规、政策准入、技术标准、供求信息、经贸项目、商品价格、文化习俗等信息，重点发布沿线国家投资风险评估报告和法律服务指南。注重收集并向沿线国家政府反映我中小企业合理诉求，维护其在当地合法权益。支持建立产学研用紧密结合的新型智库，重点面向中小企业，围绕沿线国家产业结构调整、产业发展规划、产业技术方向等开展咨询研究。实施"中小企业'一带一路'同行计划"，聚合国际合作服务机构，加强信息共享，强化服务协同，助力中小企业走入沿线国家。鼓励中小企业服务机构、商业和行业协会到沿线国家设立分支机构，发挥中国贸促会驻外代表处、境外中资企业商协会和企业作用，探索在条件成熟的沿线国家设立"中国中小企业中心"，为中小企业到沿线国家投资贸易提供专业化服务。

6. 强化商事综合服务

构建面向中小外贸企业的商事综合服务平台，提供商事认证、商事咨询、外贸单据制作、国际结算、出口退税等综合服务。继续完善"中小企业外贸综合服务平台"功能，为广大中小企业提供贸易投资咨询、通关报检、融资担保、信用评级等一揽子外贸服务。

7. 完善涉外法律服务

建立健全中小企业风险预警机制，帮助中小企业有效规避和妥善应对国际贸易投资中潜在的政治经济安全和投资经营风险。开通中小企业涉外法律咨询热线，及时解答企业涉外法律问题并提供解决方案。建立健全中小企业涉外法律顾问制度，提供一体化综合法律服务。组织经贸摩擦应对，帮助中小企业依法依规解决国际经贸争端，维护海外权益。深入实施中小企业知识产权战略推进工程，提升中小企业知识产权创造、运用、保护和管理能力。完善知识产权管理和专业化服务，降低中小企业知识产权申请、保护、维权成本，推动知识产权转化。帮助中小企业开展境外知识产权布局，妥善应对涉外知识产权纠纷。

（三）提升中小企业国际竞争力

8. 开展专题培训

围绕中小企业关注的焦点问题，开展多层次专题培训，帮助中小企业提升经营管理水平和国际竞争能力。进一步发挥国家重大人才工程的作用，深入实施中小企业领军人才培训计划，共同开展中小企业国际化经营管理领军人才培训，加大对中小企业跨国经营管理人才培训力度。

9. 提高中国品牌海外影响力

开展"中国品牌海外推广计划"，引导企业增强品牌意识，提升品牌管理能力。通过帮助中小企业有选择地赴海外参展，组织产品发布会等活动，宣传推介自创品牌及产品，为中国品牌"抱团出海"搭建促进平台。

10. 引导企业规范境外经营行为

引导中小企业遵守所在国法律法规，尊重当地文化、宗教和习俗，保障员工合法权益，做好风险防范，坚持诚信经营，抵制商业贿赂。注重资源节约利用和生态环境保护，主动承担社会责任，实现与所在国的互利共赢、共同发展。

三、保障措施

（一）加强组织领导

工业和信息化部与中国贸促会联合成立工作组，负责指导专项行动的落实，制订年度工作计划，定期评估成效。建立工作机制，整合服务资源，创新服务模式，完善政策措施，形成工作合力。

各地中小企业主管部门、中国贸促会各部门各单位、各地方和行业贸促会要加强组织领导，建立支持中小企业参与"一带一路"建设专项行动的工作协调机制，结合本地实际制订工作计划，明确工作目标及责任人。

（二）发挥多双边机制作用

工业和信息化部继续深化中小企业领域的多双边政策磋商机制，鼓励和支持各地中小企业主管部门、中小企业服务机构与沿线国家有关政府部门、行业协会、商会等建立合作机制，扩大利益汇合点，加强在促进政策、贸易投资、科技创新等领域的合作，探索更多更有效的互利共赢模式。

中国贸促会发挥多双边工商合作机制作用，与有关国际组织、沿线国家贸易投资促进机构、商协会建立并拓展合作关系，为中小企业参与"一带一路"建设营造良好环境。

（三）加强政策与舆论引导

各地方中小企业主管部门要结合本地区产业发展情况，加强产业政策引导，指导和鼓励本地区有条件的中小企业积极参与"一带一路"建设。及时总结中国中小企业国际合作的经验，推介成功案例并做好风险提示，通过示范引领，为中小企业"走出去"提供参考和借鉴。大力宣传中小企业在推进"一带一路"建设中的重要作用，及时准确通报信息，讲好"中国故事"，突出平等合作、互利共赢、共同发展的合作理念，积极推介我国中小企业产品、技术和优势产业。

特此通知。

工业和信息化部　中国国际贸易促进委员会

2017年7月27日

第八章 “一带一路”文化发展行动计划（2016—2020 年）

为深入贯彻十八大和十八届三中、四中、五中、六中全会精神，深入贯彻习近平总书记系列重要讲话精神，落实经国务院授权，由国家发展改革委员会、外交部、商务部联合发布的《推动共建丝绸之路经济带和21世纪海上丝绸之路的愿景与行动》（以下简称《愿景与行动》），加强与“一带一路”沿线国家和地区的文明互鉴与民心相通，切实推动文化交流、文化传播、文化贸易创新发展，特制订本行动计划。

一、指导思想与基本原则

（一）指导思想

高举中国特色社会主义伟大旗帜，以邓小平理论、“三个代表”重要思想和科学发展观为指导，深入贯彻落实习近平总书记系列重要讲话精神，坚持社会主义先进文化前进方向，认真贯彻落实《愿景与行动》的整体部署，助推“一带一路”沿线国家和地区积极参与文化交流与合作，传承丝路精神，促进文明互鉴，实现亲诚惠容、民心相通，推动中华文化“走出去”，扩大中华文化的国际影响力，为实现《愿景与行动》总体目标和全面推进“一带一路”建设，夯实民意基础。

（二）基本原则

政府主导，开放包容。坚持文化对外开放战略布局，发挥政府引领统筹作用，加强与“一带一路”沿线国家和地区政府间文化交流，着力建立长效合作机制，充分发挥国内各省区市优势，鼓励社会力量积极参与、共同建设。

交融互鉴，创新发展。秉承和而不同、互鉴互惠的理念，尊重“一带一路”沿线国家和地区人民的精神创造和文化传统，以创新为动力，充分运用互联网思维和新科技手段，推动“一带一路”多元文化深度融合。

市场引导，互利共赢。兼顾各方利益和关切，遵循国际规则和市场规律，充分发挥市场在资源配置中的重要作用，调动各方积极性，将文化与外交、经贸密切结合，形成文化交流、文化传播、文化贸易协调发展态势，实现互利共赢。

二、发展目标

准确把握“一带一路”倡议精神，全方位提升我国文化领域开放水平，秉承立足周边、辐射“一带一路"、面向全球的合作理念，构建文化交融的命运共同体。着力实现以下目标：

——文化交流合作机制逐步完善。与"一带一路"沿线国家和地区政府、民间文化交流合作机制进一步健全，部际、部省等工作机制进一步完善。形成政府统筹、社会参与、市场运作的整体发展机制和跨地区、跨部门、跨行业的文化交流合作协调发展态势。

——文化交流合作平台基本形成。加快在"一带一路"沿线国家和地区设立中国文化中心，形成布局合理、功能完备的设施网络。以"一带一路"为主题的各类艺术节、博览会、交易会、论坛、公共信息服务等平台建设逐步实现规范化和常态化。

——文化交流合作品牌效应充分显现。打造文化交流合作知名品牌，继续扩大"欢乐春节"品牌在沿线国家的影响，充分发挥"丝绸之路文化之旅""丝绸之路文化使者"等重大文化交流品牌活动的载体作用。

——文化产业及对外文化贸易渐成规模。面向"一带一路"国际文化市场的文化产业发展格局初步形成，文化企业规模不断壮大，文化贸易渠道持续拓展，服务体系建设初见成效。

三、重点任务

（一）健全"一带一路"文化交流合作机制

积极与"一带一路"沿线国家和地区签署政府间文件，深化人文合作委员会、文化联委会等合作机制，为"一带一路"文化发展提供有效保障。加强上海合作组织成员国文化部长会晤、中国-中东欧国家文化部长会议、中阿文化部长论坛、中国与东盟"10＋1"文化部长会议等高级别文化磋商。推动与沿线国家和地区建立非物质文化遗产交流与合作机制。与沿线国家和地区建立文化遗产保护和世界遗产申报等方面的长效合作机制。支持国家艺术基金与沿线国家和地区的同类机构建立合作机制。完善部省合作机制，鼓励各省区市在文化交流、遗产保护、文艺创作、文化旅游等领域开展区域性合作。发挥海外侨胞以及港澳台地区的独特优势，积极搭建港澳台与"一带一路"沿线国家和地区文化交流平台。充分考虑和包含以妈祖文化为代表的海洋文化，构建"21世纪海上丝绸之路"文化纽带。引导和扶持社会力量参与"一带一路"文化交流与合作。

专栏1"一带一路"文化交流合作机制建设

1."一带一路"国际交流机制建设计划

积极贯彻落实我国与"一带一路"沿线国家和地区签订的文化合作（含文化遗产保护）协定、年度执行计划、谅解备忘录等政府间文件，加强我国与"一带一路"沿线国家和地区文化交流与合作机制化发展，推动成立"丝绸之路国际剧院联盟""丝绸之路国际图书馆联盟""丝绸之路国际博物馆联盟""丝绸之路国际美术馆联盟""丝绸之路国际艺术节联盟""丝绸之路国际艺术院校联盟"等，与"一带一路"沿线地区组织和重点国家逐步建立城际文化交流合作机制。

2."一带一路"国内合作机制建设计划

建立"一带一路"部省对口合作机制，共同研究制定中长期合作规划，在项目审批、资金、人才、技术等方面予以支持，建立对口项目合作机制和目标任务考核机制，研究提出绩效评估办法。

（二）完善"一带一路"文化交流合作平台

优先推动"一带一路"沿线国家和地区的中国文化中心建设，完善沿线国家和地区的中心布局。着力打造以"一带一路"为主题的国际艺术节、博览会、艺术公园等国际交流合作平台。鼓励和支持各类综合性国际论坛、交易会等设立“一带一路”文化交流板块。逐步建立“丝绸之路”文化数据库，打造公共数字文化支撑平台。

专栏2“一带一路”文化交流合作平台建设

3.“一带一路”沿线国家中国文化中心建设计划

落实《海外中国文化中心发展规划（2012—2020年）》，优先在缅甸、马来西亚、印度尼西亚、越南、匈牙利、罗马尼亚、保加利亚、哈萨克斯坦、白俄罗斯、塞尔维亚、拉脱维亚、土库曼斯坦、以色列等“一带一路”沿线国家设立中国文化中心。

4.“一带一路”文化交流合作平台建设计划

将“中国新疆国际民族舞蹈节”“丝绸之路国际艺术节”“海上丝绸之路国际艺术节”“丝绸之路（敦煌）国际文化博览会”“厦门国际海洋周”“中国海洋文化节”等活动打造成国际交流合作平台，建设“海上丝绸之路（泉州）艺术公园”和“中阿友谊雕塑园”等重点项目平台。

鼓励中国-亚欧博览会、中国-阿拉伯国家博览会、中国-东盟博览会、中国西部国际博览会、中国（深圳）国际文化产业博览交易会、中国西部文化产业博览会等综合性平台设立“一带一路”文化交流板块。

（三）打造“一带一路”文化交流品牌

在“一带一路”沿线国家和地区打造“欢乐春节”“丝绸之路文化之旅”等重点交流品牌以及互办文化节（年、季、周、日）等活动，扩大文化交流规模。

与“一带一路”沿线国家和地区共同遴选“丝绸之路文化使者”，通过智库学者、汉学家、翻译家交流对话和青年人才培养，促进思想文化交流。推动中外文化经典作品互译和推广。

积极探索与“一带一路”沿线国家和地区开展同源共享的非物质文化遗产的联合保护、研究、人员培训、项目交流和联合申报。加大“一带一路”文化遗产保护力度，促进与沿线国家和地区在考古研究、文物修复、文物展览、人员培训、博物馆交流、世界遗产申报与管理等方面开展国际合作。鼓励地方和社会力量参与文化遗产领域的对外交流与合作。繁荣“一带一路”主题文化艺术生产，倡导与沿线国家和地区的艺术人才和文化机构联合创作、共同推介，搭建展示平台，提升艺术人才的专业水准和综合素质，为丝路主题艺术创作储备人才资源。

专栏3“一带一路”文化交流品牌建设

5.“丝绸之路文化之旅”计划

打造“丝绸之路文化之旅”品牌，到2020年，实现与“一带一路”沿线国家和地区文化交流规模达3万人次、1 000家中外文化机构、200名专家和100项大型文化年（节、季、周、日）活动。联合沿线国家和地区共同开发丝绸之路文化旅游精品线路及相关文创产品。邀请“一带一路”沿线国家和地区知名艺术家来华举行“意会中国”采风创作活动，推动沿线国家的国家级艺术院团及代表性舞台艺术作品开展交流互访，形成品牌活动。

6.“丝绸之路文化使者”计划

开展与“一带一路”沿线国家和地区的智库交流与合作，举办青年汉学家、翻译家研修活动，邀请800名著名智库学者、汉学家、翻译家来华交流、研修。实施“一带一路”中国文化译介人才发展计划。与周边国家举办文化论坛。与沿线国家和地区合办代表国家水准和民族特色的优秀艺术家互访、文化艺术人才培训和青少年交流活动。培养150名国际青年文物修复和博物馆管理人才。

7."一带一路"艺术创作扶持计划

与"一带一路"沿线国家和地区文化机构在戏剧、音乐、舞蹈、美术等领域开展联合创作,在国内"一带一路"沿线区域实施"中华优秀传统艺术传承发展计划",通过国家艺术基金对"一带一路"主题艺术创作优秀项目予以支持。

8."一带一路"文化遗产长廊建设计划

与"一带一路"沿线国家和地区共同实施考古合作、文物科技保护与修复、人员培训等项目,实施文物保护援助工程。举办以"丝绸之路文化遗产"为主题的研讨交流活动。推进海上丝绸之路申遗以及世界文化遗产"丝绸之路:长安-天山廊道的路网"扩展项目。

(四)推动"一带一路"文化产业繁荣发展

建立和完善文化产业国际合作机制,加快国内"丝绸之路文化产业带"建设。以文化旅游、演艺娱乐、工艺美术、创意设计、数字文化为重点领域,支持"一带一路"沿线地区根据地域特色和民族特点实施特色文化产业项目,加强与"一带一路"国家在文化资源数字化保护与开发中的合作,积极利用"一带一路"文化交流合作平台推介文化创意产品,推动动漫游戏产业面向"一带一路"国家发展。顺应"互联网+"发展趋势,推进互联网与文化产业融合发展,鼓励和引导社会资本投入"丝绸之路文化产业带"建设。持续推进藏羌彝文化产业走廊建设。

专栏4"一带一路"文化产业发展

9."丝绸之路文化产业带"建设计划

鼓励国内"一带一路"沿线文化企业跨区域经营,实现文化旅游互为目的地和客源地,建设具有代表性的特色文化产品生产和销售基地。运用文化产业项目服务平台,加强对丝绸之路文化产业重点项目征集发布、宣传推介、融资洽谈、对接落地等全方位服务。将国内"一带一路"沿线区域符合条件的城市纳入扩大文化消费试点范围,逐步建立促进文化消费的长效机制。

10.动漫游戏产业"一带一路"国际合作行动计划

发挥动漫游戏产业在文化产业国际合作中的先导作用,面向"一带一路"各国,聚焦重点,广泛开展。搭建交流合作平台、开展交流推广活动,促进互联互通,构建产业生态体系。发挥中国动漫游戏产业创新能力强、产业规模大的优势,培育重点企业,实施重点项目,开展国际产能合作,实现中国动漫游戏产业与沿线国家合作规模显著扩展、水平显著提升,为青少年民心相通发挥独特作用。

11."一带一路"文博产业繁荣计划

推进"互联网+中华文明"及"文物带你看中国"项目,提高"一带一路"文化遗产与旅游、影视、出版、动漫、游戏、建筑、设计等产业结合度,促进文物资源、新技术和创意人才等产业要素的国际流通。

(五)促进"一带一路"文化贸易合作

围绕演艺、电影、电视、广播、音乐、动漫、游戏、游艺、数字文化、创意设计、文化科技装备、艺术品及授权产品等领域,开拓完善国际合作渠道。推广民族文化品牌,鼓励文化企业在"一带一路"沿线国家和地区投资。鼓励国有企业及社会资本参与"一带一路"文化贸易,依托国家对外文化贸易基地,推动骨干和中小文化企业的联动整合、融合创新,带动文化生产与消费良性互动。

专栏 5 “一带一路” 文化贸易合作

12. “一带一路” 文化贸易拓展计划扶持外向型骨干文化企业与 “一带一路” 沿线国家和地区文化企业围绕重点领域开展项目合作。开展 1 000 人次文化贸易职业经理人、创意策划人和经营管理人才的交流互访。在国内举办的国际文化会展推出 “一带一路” 专馆或专区，支持国内文化企业到 “一带一路” 沿线国家和地区参加知名文化会展。

四、保障措施

（一）组织保障

运用好对外文化工作部际联席会议机制，在文化部 “一带一路” 工作领导小组指导下，根据本规划明确职责分工，制订实施方案，强化督促检查，形成工作合力。

（二）政策法规保障

签署和落实国际间政府文化合作协定，全面落实国家文化、外交和贸易政策，加强文化领域知识产权保护。建立和完善文化事业、文化产业和对外文化贸易的相关法律法规体系，引导企业自觉遵守国际法律和贸易规则。

（三）资金保障

完善财政投入机制，设立文化部 “一带一路” 文化交流专项资金。鼓励社会力量参与，引导社会资本投入 “一带一路” 文化发展建设。鼓励政策性、商业性金融机构发挥优势，探索支持 “一带一路” 文化发展建设的有效模式，为 “一带一路” 文化项目提供多元化金融服务。

（四）人才保障

培养一支政治坚定、业务精通、外语娴熟、纪律严明、作风过硬的文化外交人才队伍。加大非通用语人才储备，引导文化艺术专业技术人才和复合型经营管理人才投身于 “一带一路” 文化工作。有针对性地开展 “一带一路” 文化交流培训工作，加强 “一带一路” 文化人才队伍建设，提升人才队伍的素质和能力。

（五）评估落实

建立 “一带一路” 文化发展重点项目库，定期对落实情况进行检查、评估、总结，宣传推广先进经验和有效做法。

第九章　推进共建"一带一路"教育行动

推进共建"丝绸之路经济带"和"21世纪海上丝绸之路"(以下简称"一带一路"),为推动区域教育大开放、大交流、大融合提供了大契机。"一带一路"沿线国家教育加强合作、共同行动,既是共建"一带一路"的重要组成部分,又为共建"一带一路"提供人才支撑。中国愿与沿线国家一道,扩大人文交流,加强人才培养,共同开创教育美好明天。

一、教育使命

教育为国家富强、民族繁荣、人民幸福之本,在共建"一带一路"中具有基础性和先导性作用。教育交流为沿线各国民心相通架设桥梁,人才培养为沿线各国政策沟通、设施联通、贸易畅通、资金融通提供支撑。沿线各国唇齿相依,教育交流源远流长,教育合作前景广阔,大家携手发展教育,合力推进共建"一带一路",是造福沿线各国人民的伟大事业。

中国将一以贯之地坚持教育对外开放,深度融入世界教育改革发展潮流。推进"一带一路"教育共同繁荣,既是加强与沿线各国教育互利合作的需要,也是推进中国教育改革发展的需要,中国愿意在力所能及的范围内承担更多责任义务,为区域教育大发展做出更大的贡献。

二、合作愿景

沿线各国携起手来,增进理解、扩大开放、加强合作、互学互鉴,谋求共同利益、直面共同命运、勇担共同责任,聚力构建"一带一路"教育共同体,形成平等、包容、互惠、活跃的教育合作态势,促进区域教育发展,全面支撑共建"一带一路",共同致力于:

推进民心相通。开展更大范围、更高水平、更深层次的人文交流,不断推进沿线各国人民相知相亲。

提供人才支撑。培养大批共建"一带一路"急需人才,支持沿线各国实现政策互通、设施联通、贸易畅通、资金融通。

实现共同发展。推动教育深度合作、互学互鉴,携手促进沿线各国教育发展,全面提升区域教育影响力。

三、合作原则

育人为本,人文先行。加强合作育人,提高区域人口素质,为共建"一带一路"提供人才支撑。坚持人文交流先行,建立区域人文交流机制,搭建民心相通桥梁。

政府引导,民间主体。沿线国家政府加强沟通协调,整合多种资源,引导教育融合发展。发挥学校、企业及其他社会力量的主体作用，活跃教育合作局面，丰富教育交流内涵。

共商共建，开放合作。坚持沿线国家共商、共建、共享，推进各国教育发展规划相互衔接，实现沿线各国教育融通发展、互动发展。

和谐包容，互利共赢。加强不同文明之间的对话，寻求教育发展最佳契合点和教育合作最大公约数，促进沿线各国在教育领域互利互惠。

四、合作重点

沿线各国教育特色鲜明、资源丰富、互补性强、合作空间巨大。中国将以基础性、支撑性、引领性三方面举措为建议框架，开展三方面重点合作，对接沿线各国意愿，互鉴先进教育经验，共享优质教育资源，全面推动各国教育提速发展。

（一）开展教育互联互通合作

加强教育政策沟通。开展“一带一路”教育法律、政策协同研究，构建沿线各国教育政策信息交流通报机制，为沿线各国政府推进教育政策互通提供决策建议，为沿线各国学校和社会力量开展教育合作交流提供政策咨询。积极签署双边、多边和次区域教育合作框架协议，制定沿线各国教育合作交流国际公约，逐步疏通教育合作交流政策性瓶颈，实现学分互认、学位互授联授，协力推进教育共同体建设。

助力教育合作渠道畅通。推进“一带一路”国家间签证便利化，扩大教育领域合作交流，形成往来频繁、合作众多、交流活跃、关系密切的携手发展局面。鼓励有合作基础、相同研究课题和发展目标的学校缔结姊妹关系，逐步深化拓展教育合作交流。举办沿线国家校长论坛，推进学校间开展多层次多领域的务实合作。支持高等学校依托学科优势专业，建立产学研用结合的国际合作联合实验室（研究中心）、国际技术转移中心，共同应对经济发展、资源利用、生态保护等沿线各国面临的重大挑战与机遇。打造“一带一路”学术交流平台，吸引各国专家学者、青年学生开展研究和学术交流。推进“一带一路”优质教育资源共享。

促进沿线国家语言互通。研究构建语言互通协调机制，共同开发语言互通开放课程，逐步将沿线国家语言课程纳入各国学校教育课程体系。拓展政府间语言学习交换项目，联合培养、相互培养高层次语言人才。发挥外国语院校人才培养优势，推进基础教育多语种师资队伍建设和外语教育教学工作。扩大语言学习国家公派留学人员规模，倡导沿线各国与中国院校合作在华开办本国语言专业。支持更多社会力量助力孔子学院和孔子课堂建设，加强汉语教师和汉语教学志愿者队伍建设，全力满足沿线国家汉语学习需求。

推进沿线国家民心相通。鼓励沿线国家学者开展或合作开展中国课题研究，增进沿线各国对中国发展模式、国家政策、教育文化等各方面的理解。建设国别和区域研究基地，与对象国合作开展经济、政治、教育、文化等领域研究。逐步将理解教育课程、丝路文化遗产保护纳入沿线各国中小学教育课程体系，加强青少年对不同国家文化的理解。加强“丝绸之路”青少年交流，注重利用社会实践和志愿服务、文化体验、体育竞赛、创新创业活动和新媒体社交等途径，增进不同国家青少年对其他国家文化的理解。

推动学历学位认证标准连通。推动落实联合国教科文组织《亚太地区承认高等教育资历公约》，支持教科文组织建立世界范围学历互认机制，实现区域内双边多边学历学位关联互认。呼吁各国完善教育质量保障体系和认证机制，加快推进本国教育资历框架开发，助力各国学习者在不同种类和不同阶段教育之间进行转换，促进终身学习社会建设。共商共建区域性职业教育资历框架，逐步实现就业市场的从业标准一体化。探索建立沿线各国教师专业发展标准，促进教师流动。

（二）开展人才培养培训合作

实施“丝绸之路”留学推进计划。设立“丝绸之路”中国政府奖学金，为沿线各国专项培养行业领军人才和优秀技能人才。全面提升来华留学人才培养质量，把中国打造成为深受沿线各国学子欢迎的留学目的地国。以国家公派留学为引领，推动更多中国学生到沿线国家留学。坚持“出国留学和来华留学并重、公费留学和自费留学并重、扩大规模和提高质量并重、依法管理和完善服务并重、人才培养和发挥作用并重”，完善全链条的留学人员管理服务体系，保障平安留学、健康留学、成功留学。

实施“丝绸之路”合作办学推进计划。有条件的中国高等学校开展境外办学要集中优势学科，选好合作契合点，做好前期论证工作，构建人才培养模式、运行管理模式、服务当地模式、公共关系模式，使学校顺利落地生根、开花结果。发挥政府引领、行业主导作用，促进高等学校、职业院校与行业企业深化产教融合。鼓励中国优质职业教育配合高铁、电信运营等行业企业走出去，探索开展多种形式的境外合作办学，合作设立职业院校、培训中心，合作开发教学资源和项目，开展多层次职业教育和培训，培养当地急需的各类“一带一路”建设者。整合资源，积极推进与沿线各国在青年就业培训等共同关心领域的务实合作。倡议沿线国家之间开展高水平合作办学。

实施“丝绸之路”师资培训推进计划。开展“丝绸之路”教师培训，加强先进教育经验交流，提升区域教育质量。加强“丝绸之路”教师交流，推动沿线各国校长交流访问、教师及管理人员交流研修，推进优质教育模式在沿线各国互学互鉴。大力推进沿线各国优质教学仪器设备、教材课件和整体教学解决方案输出，跟进教师培训工作，促进沿线各国教育资源和教学水平均衡发展。

实施“丝绸之路”人才联合培养推进计划。推进沿线国家间的研修访学活动。鼓励沿线各国高等学校在语言、交通运输、建筑、医学、能源、环境工程、水利工程、生物科学、海洋科学、生态保护、文化遗产保护等沿线国家发展急需的专业领域联合培养学生，推动联盟内或校际间教育资源共享。

（三）共建丝路合作机制

加强“丝绸之路”人文交流高层磋商。开展沿线国家双边多边人文交流高层磋商，商定“一带一路”教育合作交流总体布局，协调推动沿线各国建立教育双边多边合作机制、教育质量保障协作机制和跨境教育市场监管协作机制，统筹推进“一带一路”教育共同行动。

充分发挥国际合作平台作用。发挥上海合作组织、东亚峰会、亚太经合组织、亚欧会议、亚洲相互协作与信任措施会议、中阿合作论坛、东南亚教育部长组织、中非合作论坛、中巴经济走廊、孟中印缅经济走廊、中蒙俄经济走廊等现有双边多边合作机制作用，增加教育合作的新内涵。借助联合国教科文组织等国际组织力量，推动沿线各国围绕实现世界教育发展目标形成协作机制。充分利用中国－东盟教育交流周、中日韩大学交流合作促进委员会、中阿大学校长论坛、中非高校20+20合作计划、中日大学校长论坛、中韩大学校长论坛、中俄大学联盟等已有平台，开展务实教育合作交流。支持在共同区域、有合作基础、具备相同专业背景的学校组建联盟，不断延展教育务实合作平台。

实施“丝绸之路”教育援助计划。发挥教育援助在“一带一路”教育共同行动中的重要作用，逐步加大教育援助力度，重点投资于人、援助于人、惠及于人。发挥教育援助在“南南合作”

中的重要作用，加大对沿线国家尤其是最不发达国家的支持力度。统筹利用国家、教育系统和民间资源，为沿线国家培养培训教师、学者和各类技能人才。积极开展优质教学仪器设备、整体教学方案、配套师资培训一体化援助。加强中国教育培训中心和教育援外基地建设。倡议各国建立政府引导、社会参与的多元化经费筹措机制，通过国家资助、社会融资、民间捐赠等渠道，拓宽教育经费来源，做大教育援助格局，实现教育共同发展。

开展“丝路金驼金帆”表彰工作。对于在“一带一路”教育合作交流和区域教育共同发展中做出杰出贡献、产生重要影响的国际人士、团队和组织给予表彰。

五、中国教育行动起来

中国倡导沿线各国建立教育共同体，聚力推进共建“一带一路”，首先需要中国教育领域和社会各界率先垂范、积极行动。

加强协调推动。加强国内各部门各地方的统筹协调工作，有序开展“一带一路”教育合作交流。推动中国教育治理体系完善、相关法律法规修订和教育综合改革，提升中国开展“一带一路”教育行动的质量和水平。教育部与国家发展改革委员会、外交部、商务部等部门和全国性行业组织紧密配合，围绕共建“一带一路”大局，寻找合作重点、建立运行保障机制，畅通教育国际合作交流渠道，对接沿线各国教育发展战略规划。

地方重点推进。突出地方推进共建“一带一路”的主体性、支撑性和落地性，要求各地发挥区位优势和地方特色，抓紧制订本地教育和经济携手走出去行动计划，紧密对接国家总体布局。有序与沿线国家地方政府建立“友好省州”“姊妹城市”关系，做好做实彼此间人文交流。充分利用地方调配资源优势，积极搭建海内外平台，促进校企优势互补、良性合作、共同发展。多措并举，支持指导本地教育系统与“一带一路”沿线国家广泛开展合作交流，打造教育合作交流区域高地，助力做强本地教育。

各级学校有序前行。各级各类学校秉承“己欲立而立人”的中国传统，有序与沿线各国学校扩大合作交流，整合优质资源走出去，选择优质资源引进来，兼容并包、互学互鉴，共同提升教育国际化水平和服务共建“一带一路”能力。中小学校要广泛建立校际合作交流关系，重点开展师生交流、教师培训和国际理解教育。高等学校、职业院校要立足各自发展战略和本地区参与共建“一带一路”规划，与沿线各国开展形式多样的合作交流，重点做好完善现代大学制度、创新人才培养模式、提升来华留学质量、优化境外合作办学、助推企业成长等各项工作的协同发展。

社会力量顺势而行。开展更大范围、更深层次、更高水平的“一带一路”教育民间合作交流，吸纳更多民间智慧、民间力量、民间方案、民间行动。大力培育和发展我国非营利性组织，通过购买服务、市场调配等举措，大力支持社会机构和专业组织投身教育对外开放事业，活跃民间教育国际合作交流。加快推动教学仪器和中医诊疗服务走出去步伐，支持企业和个人按照市场规则依法参与中外合作办学、合作科研、涉外服务等教育对外开放活动。企业要积极与学校合作走出去，联合开展人才培养、科技创新和成果转化，积极服务“一带一路”国家经贸发展。

助力形成早期成果。实施高度灵活、富有弹性的合作机制，优先启动各方认可度高、条件成熟的项目，明确时间节点，争取短期内开花结果。2016年，各省市制订并呈报本地“一带一路”教育行动计划，有序推进教育互联互通、人才培养培训及丝路合作机制建设。2017年，基于三方面重点合作的沿线各国教育共同行动深入开展。未来3年，中国每年面向沿线国家公派留学生2 500人；未来5年，建成10个海外科教基地，每年资助 1 万名沿线国家新生来华学习或研修。

六、共创教育美好明天

独行快，众行远。合作交流是沿线各国共建"一带一路"教育共同体的主要方式。通过教育合作交流，培养高素质人才，推进经济社会发展，提高沿线各国人民生活福祉，是我们共同的愿望。通过教育合作交流，扩大人文往来，筑牢地区和平基础，是我们共同的责任。

中国愿与沿线各国一道，秉持开放合作、互利共赢理念，共同构建多元化教育合作机制，制订时间表和路线图，推动弹性化合作进程，打造示范性合作项目，满足各方发展需要，促进共同发展。

中国教育部倡议沿线各国积极行动起来，加强战略规划对接和政策磋商，探索教育合作交流的机制与模式，增进教育合作交流的广度和深度，追求教育合作交流的质量和效益，互知互信、互帮互助、互学互鉴，携手推动教育发展，促进民心相通，构建"一带一路"教育共同体，共创人类美好生活新篇章。

第十章　“一带一路”体育旅游发展行动方案

（2017—2020年）

体育旅游是体育产业与旅游产业深度融合的新兴产业形态，大力发展体育旅游是丰富旅游产品体系、拓展旅游消费空间、促进旅游业转型升级的必然要求，是盘活体育资源、实现全民健身和全民健康深度融合、推动体育产业提质增效的必然选择，对于培育经济发展新动能、拓展经济发展新空间具有十分重要的意义。“一带一路”沿线国家和地区具有丰富的体育旅游资源，体育旅游发展潜力巨大。为贯彻落实国家“一带一路”倡议和《国家旅游局 国家体育总局关于大力发展体育旅游的指导意见》，以“一带一路”为突破口，加快国内沿线地区体育旅游融合发展，推动沿线国家体育旅游深度合作，为促进国内区域协调发展和构建人类命运共同体做出积极贡献，特制订如下行动方案。

一、行动原则

——外引内联。将体育旅游发展与国家“一带一路”倡议相结合，对外本着和平合作、开放包容、互学互鉴、互利共赢的精神，联合打造具有丝绸之路特色的体育旅游产品，提高国际体育旅游合作水平；对内加强“一带一路”沿线地区的体育旅游互动，加强体育旅游供给，共同打造“一带一路”国际体育旅游带。

——突出重点。将促进群众充分参与体育旅游活动和推动体育产品和旅游市场的深度融合作为工作的重点；通过重点体育旅游赛事、重点运动休闲旅游项目、重点体育旅游节点的建设，带动“一带一路”体育旅游发展。

——因地制宜。鼓励国内“一带一路”沿线地区根据自身的资源禀赋和市场条件发展各具特色的体育旅游；根据沿线国家体育旅游发展的不同情况，开展多层次、多领域、多形式的交流与合作。

——开放发展。在国外以亚欧古代丝绸之路沿线国家为主体开展体育旅游合作，同时对非洲、拉美等其他地区开放；在国内重点支持“一带一路”沿线地区体育旅游发展，创新整合国际、国内各方面力量，形成开放共赢的体育旅游发展模式。

——政企结合。遵循市场规律和国际通行规则，充分发挥市场在资源配置中的决定性作用和各类企业的主体作用，同时发挥好政府在引领、规范体育旅游发展方面的作用，通过政府和企业行动的结合，实现“一带一路”体育旅游大发展。

二、行动目标

多措并举，多方联合，培育体育旅游市场，实现一年有影响、两年上规模、三年创品牌，在“一带一路"相关区域形成一批精品体育旅游赛事、特色运动休闲项目、有竞争力的体育旅游企业和知名体育旅游目的地，到2020年，体育旅游人数占该地区旅游总人数的比重超过15%。通过体育旅游全方位的交流互动，促进"一带一路"区域内的政策沟通、产业互通和民心相通，使体育旅游成为"一带一路"区域内开放合作的亮点。

三、行动领域

（一）加大体育旅游宣传力度

1. 设计"一带一路"体育旅游标识系统、宣传口号，制作形象宣传片，并将其作为"一带一路"相关体育旅游活动共同使用的形象品牌。

2. 广泛开展"一带一路"体育旅游宣传，与各类电视、报刊、网络等媒体合作，按照不同主题，宣传"一带一路"沿线体育旅游活动。开设国家体育旅游公众号，加强移动互联网的宣传。

3. 将体育旅游产品作为对外旅游宣传的重要内容，编制"一带一路"体育旅游地图，收集宣传沿线地区体育旅游发展精品案例，与沿线国家共同倡导体育旅游发展。

4. 在体育和旅游部门主办各类展会中增加"一带一路"体育旅游的内容，在参加各类体育和旅游国际展会时，组织更多体育旅游企业参展。

（二）开展沿线国家体育活动

1. 以"一带一路"体育旅游活动为统领，重点在沿线国家和国内沿线地区开展冰雪、汽车摩托车、马拉松、自行车、水上运动、户外挑战、航空运动、定向越野、攀岩、电竞等体育赛事活动，加强赛事创新性、包容性，营造年年有活动，月月有亮点、处处有精彩的运动氛围。

2. 在沿线地区广泛开展太极拳、武术、舞龙、舞狮、龙舟、射箭、摔跤、马术等民族体育旅游活动，组织相关民族体育项目在"一带一路"沿线国家表演和推广；和沿线国家合作开展具有共同民族特色的体育赛事旅游。

3. 加大国家各类运动产业规划的落实力度，大力发展运动休闲旅游和体育培训旅游，发动旅行社等旅游企业增加户外运动的游客流量导入，在国内"一带一路"沿线地区培育一批体育旅游精品线路。

（三）增加体育旅游项目

1. 在体育和旅游部门的重大项目库中，增加"一带一路"体育旅游项目的比例；通过行政系统和协会组织，自下而上征集重大体育旅游项目，建设动态的"一带一路"体育旅游重大项目库，对重点项目给予政策支持。鼓励和支持沿线地区举办专题体育旅游投融资大会。鼓励社会力量设立"一带一路"体育旅游产业基金。

2. 对"一带一路"沿线体育旅游设施进行统一规划；配套建设旅游咨询中心、旅游厕所、停车场等旅游公共服务设施；推进符合标准的登山步道、休闲绿道、自行车赛道、滑雪场、水上运动船艇码头、电竞场馆、汽车自驾运动营地、航空飞行营地、户外运动公园等体育旅游设施建设。对沿线区域自然关联的运动赛道进行联通。

3. 制订体育旅游装备重点发展目录，在沿线地区重点培育多个体育旅游装备制造基地，支持有条件的企业在沿线国家建设体育旅游装备产业园，加强体育旅游装备创新研发。

4. 鼓励“一带一路”沿线地区举办各类体育旅游装备专业展会；提高中国国际体育用品博览会的影响力；在国际旅游商品博览会中设立体育旅游装备专区。

5. 推动体育旅游标准化建设，总结归纳各方面的成功经验，组织制订实施体育旅游相关标准，逐步在沿线国家地区复制推广。

6. 由两部门共同评选表彰一批服务质量高的体育旅行社、体育俱乐部等优秀体育旅游组织，企业家、管理者、服务员、教练员、研究者等优秀体育旅游工作者。

7. 在与“一带一路”重叠的沿边开放地区和沿线体育旅游基础好的全域旅游示范区创建单位中，重点发展20个体育旅游城市，通过政策支持、赛事支持、宣传支持等方式，将其培育成“一带一路”体育旅游带的重要节点；增加体育产业基地中体育旅游类基地的比重。

8. 加强体育旅游示范基地的规划，完善体育旅游支持政策，在国内“一带一路”沿线地区重点培育100个体育旅游示范基地和运动休闲特色小镇。

9. 在沿线地区选择一批经营存在困难的国家、省级旅游度假区和A级旅游景区进行试点，制定专项政策，推动其通过注入新型体育旅游项目推动实现转型升级。

（四）成立体育旅游相关机构

1. 成立“一带一路”体育旅游领导机构，加强管理协调、舆论宣传和政策制定；由国家体育总局和旅游局牵头，建立沿线地区体育旅游的工作沟通机制，沿线地区体育和旅游部门要率先建立起联合行动的工作机制；支持沿线地区利用友好城市等平台，建立体育旅游国际交流与合作机制。

2. 建立涵盖旅行社、景点景区、体育俱乐部、体育场馆设施等体育旅游市场主体的社会团体组织，并以此为基础，以“一带一路”沿线国家为重点，推动组建国际体育旅游联盟。

3. 鼓励体育院校和旅游院校开设体育旅游专业；体育总局和旅游局共同指导相关院校或科研机构设立体育旅游研究基地；组建跨学科、专业化的国家体育旅游智库，鼓励沿线地区组建体育旅游专家人才库；各级体育和旅游部门组织开展战略性、基础性课题研究，为体育旅游发展提供智力支持；组织编写体育旅游系列教材；在业内广泛开展体育旅游业务培训。

4. 形成体育旅游统计体系，测算体育旅游市场规模；建立体育旅游数据观测点，组织相关研究力量，定点开展体育旅游数据研究；结合数据统计，发布年度体育旅游发展报告。

第十一章　标准联通　共建“一带一路”行动计划

（2018—2020年）

标准是人类文明进步的成果，是世界通用语言，标准促进世界互联互通。在推进“一带一路”建设中，标准与政策、规则相辅相成、共同推进，为互联互通提供重要的机制保障。为贯彻落实《推动共建丝绸之路经济带和21世纪海上丝绸之路的愿景与行动》和2017年“一带一路”国际合作高峰论坛精神，在实施《标准联通“一带一路”行动计划（2015—2017）》的基础上，围绕推进“一带一路”建设新阶段的总体要求和重点任务，结合标准化工作实际，制订本行动计划。

一、总体要求

认真学习全面贯彻党的十九大精神，深刻领会习近平总书记关于推进“一带一路”建设的系列重要讲话精神，认真落实习近平总书记在第39届国际标准化组织（ISO）大会对标准化工作的指示要求，坚持需求导向、标准引领、创新合作、互利共赢、滚动实施原则，主动加强与沿线国家标准化战略对接和标准体系相互兼容，大力推动中国标准国际化，强化标准与政策、规则的有机衔接，以标准“软联通”打造合作“硬机制”，努力提高标准体系兼容性，支撑基础设施互联互通建设，促进国际产能与装备制造合作，服务投资贸易便利化和人文交流深入化，为推进“一带一路”建设提供坚实技术支撑和有力机制保障。

二、主要目标

到2020年，基本形成交流互鉴、开放包容、互联互通、成果共享的标准国际化发展新局面，基本建成政府推动、市场主导、多方参与、协同推进的标准国际化工作新格局，中国标准与国际和各国标准体系兼容水平不断提高，标准化在推进“一带一路”建设中的基础性和战略性作用充分发挥。

——标准化开放合作不断深化。巩固提高与欧洲、东盟、金砖国家、东北亚、北美、非洲、大洋洲等区域国家标准化合作水平，拓展延伸与中东欧、中亚、西亚、阿拉伯国家等区域标准化合作渠道，基本实现全面建成与“一带一路”沿线重点国家畅通的标准化合作机制。

——标准“走出去”步伐更加坚实。努力推动与沿线国家新发布一批互认标准，在工业、农业和服务业等领域打造一批海外标准化示范项目，实施一批援外标准化培训项目。

——标准互认领域不断扩大。成体系部署中国标准外文版制订计划或任务不少于1 000项，开展重点领域标准中关键技术指标比对数量力争达到2 000个。

——中国标准品牌效应明显提升。持续提升中国标准与国际标准体系一致化程度，制定推进“一带一路”建设相关领域中国标准名录，推动中国标准在“一带一路”建设中的应用。

三、重点任务

紧紧围绕政策沟通、设施联通、贸易畅通、资金融通、民心相通，聚焦互联互通建设关键通道和重大项目，针对重点国家和区域，开展基础设施、产能合作、贸易金融、能源环境、减贫实践等标准化全领域合作，促进标准化战略、政策、措施、项目的全方位对接，推动标准研究、制定、互换、互译、互认、转化、推广等全过程融通，努力实现各国标准体系相互兼容，树立共建“一带一路”倡议中国标准新形象。

（一）对接规划，凝聚标准联通共建“一带一路”国际共识

推动《国家标准化体系建设发展规划（2016—2020年）》《装备制造业标准化和质量提升规划》《消费品标准和质量提升规划（2016—2020年）》等中国规划与沿线国家或区域标准化规划对接，寻求合作契合点，研究建立合作机制。开展沿线重点国家以及国际、区域标准组织的标准化政策。以《关于加强标准合作，助推“一带一路”建设联合倡议》为契机，加快与俄罗斯、白俄罗斯、塞尔维亚等12个签署协议国家合作对接，推动将标准化纳入国家外交、科技、商务、质检等国家间合作框架协议。

（二）深化基础设施标准化合作，支撑设施联通网络建设

在交通基础设施方面，持续完善铁路、公路、水运、民航等技术标准体系，开展标准外文版制定。在能源基础设施方面，开展沿线国家油气管道标准分析研究，加强与俄罗斯、白俄罗斯、哈萨克斯坦等国家在电力、电网和新能源等领域国际标准化合作，促进国家和地区间能源资源优化配置。在信息基础设施方面，倡导研制城市间信息互联互通标准，在沿线国家开展中国数字电视技术标准、中国巨幕系统和激光放映技术、点播影院技术规范的示范推广，推动联合开展本地化数字电视标准制定。

（三）推进国际产能和装备制造标准化合作，推动实体经济更好更快发展

在石油天然气、核电等产能合作重点领域，在工程项目设计研发、原料采购、生产加工、检验检测和售后服务等各环节引导和帮助企业积极采用科学适用的标准体系，助推国际产能合作重点项目落地。在建材、纺织、钢铁、有色金属、农业、家电等优势产能领域，帮助沿线重点国家完善标准体系，提供标准化信息服务。在航空、船舶、工程机械等装备制造领域，联合沿线国家共同制定国际标准，完善国际标准体系建设。

（四）拓展对外贸易标准化合作，推动对外贸易发展

在自贸区谈判中，积极推进标准协调一致。在亚太经合组织、太平洋地区标准大会等区域组织，积极倡导采用国际标准，提高与北美、日韩、东南亚等重点区域国家间标准的一致化程度。支撑中欧班列建设，完善物流服务、托盘、国际货运代理等标准化合作，提高运行品质。加强电子商务标准国际合作，发展电子商务标准服务新模式。建设“一带一路”国际合作诚信电子商务网络，推动

中、俄、欧铁路跨境电商物流业务发展标准合作。促进电子商务数据服务、物流应用、追溯体系标准化，实现线上线下、国内国外一体化发展。

（五）加强节能环保标准化合作，服务绿色"一带一路"建设

加快绿色产品评价标准的研究制定，推动产品标准体系构建，加强绿色产品标准、认证认可合作交流，推广绿色产品标准，推动绿色产品认证与标识的国际互认，减少绿色贸易壁垒，促进绿色贸易发展。推进绿色基础设施的标准化建设，以标准提升基础设施运营、管理和维护过程中的绿色化、低碳化水平，强化生态环境质量保障。深化节能领域标准化合作，推动与区域重点国家节能标准的协调，开展制冷空调、照明产品等节能标准化合作研究，支撑绿色产业和生态环保合作项目建设。

（六）推动人文领域标准化合作，促进文明交流互鉴

强化标准化人员交流，推动标准化专家、技术人员交流互访，开展沿线国家标准化人员培训，夯实合作基础。促进人文领域标准制定合作，在新闻出版广播影视、文物修复和展览、博物馆、世界文化遗产管理等领域，与沿线国家合作开展标准制定研究。加强与沿线国家的旅游标准化合作交流，推介旅游业标准。开展与沿线国家在艺术品质量管理标准化的交流互鉴，促进艺术品鉴证质量溯源、交易、流通和展示标准化应用合作。

（七）强化健康服务领域标准化合作，增进民心相通

推动中医药国际标准制修订合作，加快药材、药产品、医疗器械、名词术语与信息学等方面国际标准研制工作，共同完善中医药国际标准体系。促进养老、积极辅助生活、家政标准化合作，组织国家级服务业标准化示范单位和有关机构在相关国家开展标准宣传培训应用，对有需求的沿线国家开展养老、家政人员标准化技能培训等。加强口岸公共卫生体系建设领域的合作，促进监管互认、执法互助。

（八）开展金融领域标准化合作，服务构建稳定公平的国际金融体系

围绕银行产品服务描述规范、第三方支付等消费者关注的重点领域，深化与沿线国家金融标准化合作，共同制定金融国际标准。欢迎沿线国家当地银行机构加入人民币跨境支付系统（CIPS），积极推广CIPS业务标准。

（九）加强海洋领域标准化合作，助力畅通"21世纪海上丝绸之路"

在海上装备、海洋观测、海洋产业等重点领域，积极倡导制定国际标准。开展海洋生态环境保护、海洋观测预报和防灾减灾等海洋国家标准外文版翻译，推动国家间海洋标准互认，提升沿线各国海洋标准体系兼容性。

四、专项行动

聚焦重点领域、重点国家、重要平台和重要基础，统筹全国标准化资源，充分发挥企业、行业和地方作用，集中开展一批"一带一路"建设标准化专项行动，力争在较短时间内，实现标准外文版发布、国际国内标准比对、海外标准化示范、区域标准联盟建设等方面突破，带动政策、规则、标准的整

体联通。

（一）国家间标准互换互认行动

在双边贸易发展、科技进步和产业转型升级的重点领域，推动国家间标准化主管机构开展标准互换互认和标准比对工作，努力提高标准一致性程度。持续推进标准互换互认，进一步扩大标准交换范围，开展交换标准的翻译、比对和适用性分析验证工作，形成全面的互认标准目录。进一步推进与英国、法国等在铁路、农业食品、电子医疗、老年经济、城市可持续发展、智慧城市等领域的标准一致性提升合作，促进国家间标准体系相互兼容。

（二）中国标准国际影响提升行动

在电力、铁路、船舶、家电、冶金、中医药等领域，加速科技成果转化，加强技术标准研制，加快完善标准体系，提升标准先进性和系统性，建立重点标准走出去项目库，推动建设标准化海外示范工程，加强境外产业园区、经贸园区标准化建设。大力开展城市间标准化合作，在青岛、杭州、深圳、包头等推进标准国际化创新型城市建设，加强沿线国家间标准化实践的交流互鉴。

（三）重点消费品对标行动

针对重点消费品，面向主要贸易国家和沿线重点国家，组织开展消费品标准与国际国外标准、技术法规的比对工作。到2020年，完成300个重点消费品标准约500项技术指标的比对工作。积极引进国际标准和国外先进标准，加快转化重要国际标准200余项，全面推进与主要贸易国家的标准互认工作，发布外文版的中国消费品标准。积极参与家用电器、玩具、制鞋、纺织品、家具、烟花爆竹等消费品国际标准制修订。

（四）海外标准化示范推广行动

开展国际产能标准合作示范，围绕工程机械、农业机械等装备，建设标准海外应用示范项目。推进全球能源互联网标准化合作示范，开展蒙古国、俄罗斯、巴基斯坦等跨国电网互联领域标准需求分析，推动制定双边或多边跨国电网互联的国际组织标准，并在跨国联网工程中应用。强化东盟农业标准化示范区建设，在粮食、茶叶、果蔬、棉花等大宗、特色农产品领域，示范推广种子种苗、植物品种保护、种植（养殖）管理、农产品质量分级、农产品流通、农业投入品、农机装备等标准。

（五）中国标准外文版翻译行动

围绕“一带一路”建设重点领域，开展1 000项中国标准外文版制定。在交通运输、石油天然气、电力、信息技术、金融、海洋、铁路等领域，重点开展国家标准外文版制定。加强行业标准外文版制定工作，鼓励各有关部门制定有利于快速制定形成标准外文版的政策措施，依托国家重大科技专项成果开发中国标准外文版翻译语料库。鼓励地方、团体和企业等根据实际工作需求积极参与标准外文版制定。鼓励外资企业申报和参与标准外文版制定项目。

（六）标准信息服务能力提升行动

积极推进与沿线国家开展标准信息交换，以标准信息交换带动标准互认。加强政府、智库、企业、社会组织和公众共同参与的多元标准信息服务。提供“一带一路”建设标准信息服务，聚焦国际运输、能源、水电、家电等重点领域，集成标准指标比对研究成果，为企业走出去提供专业的标准信息服务。加强区域标准研究中心信息服务，发布"一带一路"建设标准化信息。推动建设中国浙江义乌标准博物馆。与中国-东盟信息交流中心、联合国工业发展组织等合作推进"绿色智慧标准馆"建设，加强沿线国家标准信息资源共享。

（七）企业标准国际化能力提升行动

推动搭建企业国际标准化创新示范基地，畅通企业参与"一带一路"建设标准化工作的渠道。开展面向企业特别是中小企业的标准化人才的专题培训，提升企业标准化人才的专业水准和综合素质，提升企业参与国际标准化活动能力和水平。努力打造青岛、深圳国际标准化人才培训基地和杭州国际标准化会议基地等，为中国企业、科研机构标准化人员等提供固定的标准化培训和对接国际标准化技术机构机制。

（八）标准国际化创新服务行动

发挥标准的平台性作用，配套服务国内外主题涉及推进"一带一路"建设的重要论坛或博览会，推进标准、质量与品牌的全面发展。打造国际标准化论坛（青岛），推动设立中国-东盟博览会国际标准专题论坛，形成与沿线国家的标准化专题固定交流合作平台。支持中国家用电器标准与技术产业联盟开展境外专业标准化创新服务。着眼打造一批共建"一带一路"海外标准化合作示范项目或示范工程，实现区域标准联盟建设突破，推动沿线各国加强标准化互联互通共识。

（九）标准化助推国际减贫扶贫共享行动

借鉴中国精准扶贫、精准脱贫标准化成功案例和模式，开展精准扶贫标准化培训交流和综合示范项目，为"一带一路"沿线发展中国家培养精准扶贫标准化人才，帮扶建立国际植物新品种保护联盟框架下的植物新品种保护制度，推广和交流中国经验。在制定村级光伏扶贫等产业扶贫国家标准的基础上，推动村级光伏扶贫等产业扶贫的国际标准制定。

五、保障措施

（一）政策法规保障

推动将标准联通共建"一带一路"行动计划要素纳入与沿线国家多双边合作机制。加快推进标准化法以及相关配套法规规章的制修订，为标准联通共建"一带一路"工作提供法制保障。

（二）机制经费保障

发挥推进"一带一路"建设工作领导小组办公室协调机制，加强政府部门之间、中央和地方之间、政府与企业之间的沟通交流与良性互动。在充分利用现有资金渠道，盘活存量资金的基础上，加大对初见成效的标准化项目的资金投入，探索建立市场化、多元化的经费投入机制，做好有关项目的经费保障工作。

（三）评估落实

按照职责分工，各部门要进一步梳理落实重点任务和优先推进项目，制订实施计划和时间表。

加强对行动计划的督促检查，及时解决存在的问题。加强对行动计划实施情况的跟踪评估，及时提出调整计划、完善政策的意见和建议。

（四）宣传引导

通过多双边交流活动等形式，加大对相关工作政策和信息的宣传力度，发挥政府部门在信息引导、政策扶持、沟通协调等方面的作用，调动相关协会、学会、商会、产业联盟的积极性，开展全方位、多层次宣传和推介工作，营造社会各界积极参与标准联通"一带一路"建设的良好氛围。

第十二章　中国社会组织推动“一带一路”民心相通行动计划

（2017—2020年）

“一带一路”倡议提出3年多来，从蓝图到行动，汇聚共商、共建、共享的众智合力，为中国与沿线各国实现共同发展、共享繁荣提供了新的机遇。社会组织作为最具活力的行为主体之一，肩负着理念倡导、民意沟通、民生改善的社会责任。今天，中国民间组织国际交流促进会与90多家国内社会组织在这里正式启动中国社会组织推动“一带一路”民心相通行动计划（2017—2020年）。

一、基本宗旨

我们将通过本行动计划：

汇聚中国社会组织的力量，在2017—2020年4年间，积极落实《推动共建丝绸之路经济带和21世纪海上丝绸之路的愿景与行动》和“一带一路”国际合作高峰论坛精神，为促进沿线各国人民之间的交流，改善“一带一路”沿线国家人民生产、生活条件贡献民间力量，增进人民友谊，进一步夯实各国参与“一带一路”建设的民意基础。坚持平等、合作、开放、包容的价值理念，秉持互学互鉴、以义为先的原则，立足当下、面向未来，共谋发展、共享繁荣。

二、行动目标

我们将通过本行动计划：

（一）积极推动沿线国家经济社会发展

1. 在减贫领域，实施减贫示范项目，举办针对不同贫困人群的技能培训，开展扶贫经验交流，帮助沿线贫困国家发展经济，改善民生。

2. 在减灾救灾、人道主义援助方面，深入开展减灾救灾机制建设和交流，积极开展灾害救援及人道主义物资捐赠项目，帮助受灾地区重建家园。

3. 在农业领域，开展“丝路之友”农业交流项目，派遣农业技术员现场指导，实施农业技能培训。

4. 在应对气候变化和环保领域，互学互鉴各国的成功经验和优秀环保示范项目，与沿线国家非政府组织共同开展生物多样性和生态环保公益活动，实施“一带一路”沿线环保项目，推动沿线国家建设向资源节约型和环境友好型社会发展。

5. 在卫生领域，援建专科诊所或卫生院，对沿线国家落后地区进行医药和医疗器械的捐赠，改善当地的卫生基础设施。积极动员和派遣医生开展国际义诊，实施“光明行”手术及其他义诊。开展医疗领域职业技能培训项目，面向社会大众和普通民众开展预防性卫生知识讲座。

6. 在妇女工作领域，围绕妇女生殖健康、卫生保健、优生优育等开展项目和举办培训活动，保障妇女的各项权利。

7. 在青年工作领域，支持中国青年志愿者开展海外志愿服务，深度参与“一带一路”沿线国家经济社会建设。

（二）不断加强与沿线国家人文与科学合作

1. 在文化领域，开展丰富多彩的交流活动，推动文化互鉴，促进沿线地区文化的繁荣发展。

2. 在教育领域，合作建设职业技能培训学校、孔子学院，援建幼儿园及乡村学校；通过奖学金项目，为沿线国家学生来华留学和进修提供便利；积极开展教育领域的国际人文交流培训。

3. 在科技领域，就共同关注的问题开展联合研究和技术创新，推动科研机构之间的合作，支持沿线国家技术人员相互交流和来华培训。

4. 在新闻及新媒体领域，推动新闻媒体人员交流互访，开展来华学习进修、考察。

（三）致力维护沿线地区和平与安全

通过举办国际和平日、和平论坛等方式，广泛联系沿线国家和平组织，共同维护“一带一路”环境安全。

（四）与沿线国家非政府组织开展交流与合作

积极主动参加丝路沿线民间组织合作网络，邀请沿线国家非政府组织和人士来华考察“一带一路”建设相关项目及成果，积极发起、参与同沿线国家的非政府组织的交流，加强互学互鉴，共同提升参与社会治理和“一带一路”建设的能力和水平；支持沿线国家非政府组织围绕“一带一路”举办活动；在联合国及重要多边国际活动中加强与沿线国家非政府组织的协调沟通；大力推广和积极鼓励实施优秀项目，打造“一带一路”民心相通行动计划的国际品牌。

欢迎更多的中国社会组织自愿参与本行动计划，共同促进“一带一路”沿线国家民心相通，为“一带一路”建设共同贡献民间力量、民间智慧。

第十三章　国家邮政局关于推进邮政业服务"一带一路"建设的指导意见

为深入贯彻党的十九大精神，全面落实党中央作出的"一带一路"重大决策部署，推进邮政业服务"一带一路"建设，加快行业引进来和走出去，充分发挥邮政、快递互联互通作用，更好服务国家全面开放新格局，现提出以下指导意见。

一、重要意义

邮政业具有通政、通商、通民功能，是推动流通方式转型、促进消费升级的现代化先导性产业，是"一带一路"互联互通的桥梁和纽带，在促进国际交流、服务经贸发展中发挥着重要作用。推进邮政业服务"一带一路"建设，全面加强沿线国家邮政快递领域务实合作，有利于进一步扩大我国邮政业对外开放，加快行业企业走出去，促进转型升级提质增效；有利于构建面向全球的寄递服务网络，提升沿线国家邮政快递发展水平，促进国际产能合作和贸易自由化便利化；有利于推动全球产业链延伸、价值链发展和供应链衔接，增进沿线国家人民福祉，实现共同繁荣。

二、指导思想

全面贯彻落实党的十九大精神，以习近平新时代中国特色社会主义思想为指导，牢固树立创新、协调、绿色、开放、共享发展理念，弘扬和平合作、开放包容、互学互鉴、互利共赢的丝路精神，遵循共商共建共享原则，以"丝路传邮，畅达天下"为使命，以推动建设便捷畅通、普惠包容的全球寄递服务网络为主线，坚持引进来和走出去并重，对接沿线国家战略政策和发展需求，全面推进务实合作，共商丝路传邮新模式，共建国际邮政合作新机制，共享沿线邮政业发展新成果，积极服务和平、繁荣、开放、创新、文明之路建设，为推动构建人类命运共同体贡献力量。

三、基本原则

企业主导，政府引导。强化企业主体地位，遵循市场发展规律，使市场在资源配置中起决定性作用，扩大优质服务供给，提升国际竞争力。发挥政府在规划政策等方面的引领保障作用，对接沿线国家邮政业发展战略，营造行业引进来和走出去的良好环境。

创新协同，内外联通。进一步扩大对外开放，加强创新能力开放合作，推动邮政业与跨境电子商务、先进制造业、现代农业等协同发展。完善邮政业国内基础设施建设，衔接"一带一路"综合交通运输网络，推动沿线国家邮政业政策、标准和规则三位一体联通，促进国际贸易发展。

普惠包容，互利共赢。尊重沿线国家发展意愿，秉持正确义利观，遵守国际规则，推动在沿线国家邮政快递领域形成支持“一带一路”建设的广泛共识。坚持共商共建共享原则，携手推动沿线国家邮政、快递服务发展，共享全球邮政治理改革和发展的成果。

突出重点，服务“五通”。聚焦沿线国家关键城市、关键节点的邮件快件进出境需求，依托跨境公路、国际铁路、国际航班、远洋班轮，形成陆空海邮件快件运输通道。通过深化务实合作，畅通邮路、繁荣贸易，面向沿线重要国家和地区提升跨境信息交流、物品递送效率，有力服务“五通”。

因地制宜，有序推动。考虑历史传统、资源禀赋、法律制度和行业实际，共同探讨符合各国国情的邮政快递领域合作模式。充分评估各方面因素，聚焦重点国家、重点项目和重点环节，统筹考虑、稳步实施、有序推进。

四、推动基础设施建设

构建“一带一路”寄递服务网络，加强跨境网络设施建设。结合国内各地区在“一带一路”建设中的定位，优化国际邮件互换局（交换站）布局，加强国际快件监管中心建设，提升国际邮件快件处理能力。鼓励企业在沿边重点口岸、边境城市建设边境仓，依托境外产业集聚区、经贸合作区、工业园区、经济特区等建设分拨中心、集散枢纽和境外快递物流园区，促进各类要素资源整合。支持邮政、快递企业与电商企业、物流地产企业共同投资建设公共海外仓，降低经营风险和成本。促进标准信息互联互通。鼓励企业、产业技术联盟、社会组织积极参与邮政、快递国际标准化活动。加强与沿线国家邮政业标准互认工作，推动制定设施装备、服务产品、封装用品、寄递安全、信息交换等方面的国际标准。搭建集信息发布、数据交换、跟踪追溯、智能分析功能为一体的“丝路传邮”信息交换平台，推进与沿线国家邮政快递信息数据交互共享，促进“一带一路”邮政快递信息互联互通。建设邮政业“丝绸之路”。支持邮政、快递企业开辟国际货运航线，统筹航空快递枢纽布局，建设连接沿线主要国家的航空运递网络。围绕新亚欧大陆桥、中蒙俄、中国－中亚－西亚、中国－中南半岛、中巴和孟中印缅等重要经济走廊建设，聚焦关键通道、关键节点、关键项目，提升国际邮件快件的通关、换装、多式联运能力，形成中国与欧洲、中亚、东南亚、南亚的跨境双向寄递骨干通道。依托陆上、海上、天上、网上四位一体的设施联通，提升国际航空寄递运输能力，推进国际铁路运输邮件快件工作，打通与周边国家邮件快件跨境公路、水路运输通道，打造邮政业“丝绸之路”。

五、加快走出去和引进来

促进“一带一路”跨境贸易发展，推动企业加快走出去。鼓励业内企业通过战略联盟、绿地投资、兼并重组等方式，重点在跨境电商零售交易量大的国家加快布局，提升面向东亚、东南亚、南亚、中亚等周边国家的国际寄递服务能力，拓展在西亚、北美、南美和欧洲等地区的业务覆盖范围。支持邮政企业、快递企业联合沿线国家当地企业在仓储管理和落地配送等环节加强业务合作、实现优势互补，为跨境电商提供一体化配套服务。引导优势企业与沿线国家邮政快递、电子商务、技术装备等企业深化合作，带动邮政业设备、技术、标准和服务走出去。支持业内企业联合境内外上下游企业在沿线国家协同布局，实现资源共享、互利共赢。引导业内走出去企业实施属地化经营管理，提升国际化运营能力，规范海外经营行为，积极帮助当地发展经济、增加就业、改善民生。扩大邮政业开放。全面实行准入前国民待遇加负面清单管理制度，对在境内注册的快递企业一视同仁、平等对待。鼓励沿线国家快递企业依法进入中国包裹快递市场，带动更多商品进出口，支持实体经济发展，促进贸易双向平衡。在自由贸易区、跨境电子商务综试区、自由贸易港等开展试点，支持相关企业依法获得国际快递业务经营许可，为跨境电商提供快件进出境配套服务。促进跨境贸易发展。鼓励与沿线国家邮政企业加强合作，升级传统邮政产品、创新商业模式、拓展服务范围，开发满足跨境电商需求的国际邮政业务。支持邮政、快递企业与电商企业开展合作，搭建跨境快递物流体系，缩短服务时限，提高服务可靠性，促进沿线国家中小企业发展国际贸易。推动邮政业与先进制造业、商贸服务业联动发展，带动跨境电商、转口贸易、服务贸易等枢纽型产业集聚。鼓励快递企业在沿线国家发展智慧物流、冷链物流、供应链管理等高端物流服务，积极开展绿色快递服务。支持邮政企业、快递企业完善邮件快件进出境通道，依法在沿线国家申请报关资质，提供代理报关、结汇退税等增值业务，提升综合通关服务能力。

六、加强创新能力开放合作，培育"一带一路"邮政业发展新动能，推动行业科技创新合作

发挥行业内国家工程实验室等科研机构作用，与沿线国家交流邮政业和互联网、大数据、云计算、人工智能及区块链等融合发展的经验，联合开展科技应用示范。鼓励与沿线国家有关企业、科研机构等共建联合实验室（研究中心）、国际技术转移中心、技术示范与推广平台，促进技术转移和成果转化。

支持与沿线国家有关企业、科研机构等共同研发智能收投、柔性装卸、集装化运输、冷链服务等技术装备，联合推进人工智能、无人装备等创新应用。

加强人才资源交流合作。支持有关院校、科研机构、企业与沿线国家高等院校、科研机构、知名企业开展合作，联合培养行业紧缺人才和企业中高级经营管理人才。创新人才培养机制，着力培养具有国际视野、通晓国际规则和掌握行业知识的复合型国际化人才。

推动实施邮政业高端引智计划，吸引沿线国家和有关国际机构高层次人才来华联合研发技术装备、参与企业经营管理、参加重大项目建设和开展专项培训。探索与沿线国家实施邮政快递领域技能人才职业等级互认。

七、推进政策沟通协调，深化"一带一路"邮政业国际合作，强化双边沟通合作

完善与沿线国家邮政快递主管部门高层互访机制，积极签署双多边合作备忘录和框架协议。加强与沿线国家邮政快递战略规划对接，联合制订合作方案，持续推动务实合作。

围绕提升沿线国家邮政业监管能力，组织开展邮政改革、普遍服务、政策法律、科技应用、绿色邮政、寄递安全等为主要内容的交流培训。联合沿线国家举办"丝路传邮"青少年书信大赛和集邮展览，发行"一带一路"纪念邮票。

深化多边交流协作。推动与万国邮政联盟等有关国际组织签订合作协议，凝聚邮政业服务"一带一路"建设共识。深化与万国邮政联盟、区域邮政联盟等有关国际组织合作，共商全球邮政治理改革。

加强与世界海关组织以及沿线国家邮政、海关、检验检疫等部门交流合作，推动完善"一带一路"邮件快件通关、检验检疫等方面的管理机制。积极参与国际铁路运邮规则和标准制定，推动与沿线国家签署中欧班列运输邮件、快件合作协议，形成常态协调机制，促进运输规模化、常态化和便利化。

打造交流合作平台。建立与沿线国家政策协商和对话机制，研究设立"丝路传邮"国际合作论坛，分享行业改革经验，共同推进国际邮政业发展。支持全球包裹联盟、快递绿色包装产业联盟在

促进“一带一路”邮政业国际合作中发挥积极作用，推动建立“丝路传邮”智库合作联盟，打造多方参与的交流合作平台。

继续办好中国（杭州）国际快递业大会，依托世界邮政博览会、中国－东盟博览会、中国（北京）国际服务贸易交易会等平台，组织举办“丝路传邮”展览，加强技术装备、业态创新、国际服务等方面交流。

八、加强组织领导，抓好贯彻落实

成立邮政业服务“一带一路”建设工作领导小组，强化组织领导，制订工作方案，督促工作落实。

推动建立邮政业服务“一带一路”建设的相关协调机制，发挥部门工作合力。

充实涉外工作力量，创新方式方法，提高能力和水平，加强对“一带一路”邮政业国际合作的支撑。

建立邮政业服务“一带一路”建设的政企联席会议制度，加强政企交流对话，了解落实情况，听取意见建议。

成立邮政业服务“一带一路”建设专家咨询委员会，为政府决策提供支撑。

支持中国快递协会等社会组织加大对企业走出去的指导和服务力度。

加强宣传工作，发布“丝路传邮”白皮书，营造良好氛围。各相关单位要站在全局的高度，充分认识邮政业服务“一带一路”建设的重要意义，切实增强责任感和使命感，明确任务、细化措施、制订方案，全力推进邮政业服务“一带一路”建设工作。

国家邮政局各司（室）要按照职责分工，加强研究、勇于创新、密切配合，确保工作任务落到实处。各省（区、市）邮政管理局要结合地方要求和行业实际，找准定位，提出工作方案，抓好贯彻落实。

行业各有关企业要切实发挥主体作用，把握发展机遇，强化资源投入，成立工作专班，制订实施方案，加快引进来和走出去，积极服务“一带一路”建设。

国家邮政局
2017年12月20日

第十四章　关于支持香港特区全面参与和助力"一带一路"建设的安排

为充分发挥香港特别行政区（以下简称"香港"）的优势，支持其参与和助力"一带一路"建设，国家发展和改革委员会与香港特别行政区政府（以下简称"双方"）经协商一致并报国务院审批同意，现签署《国家发展和改革委员会与香港特别行政区政府关于支持香港全面参与和助力"一带一路"建设的安排》（以下简称《安排》）。

一、原则和目标

全面准确贯彻"一国两制"方针，在宪法和基本法框架下，双方愿以《推动共建丝绸之路经济带和21世纪海上丝绸之路的愿景与行动》为指导，遵循政府引导、市场运作的原则，发挥政府"促成者"和"推广者"作用，围绕实现"五通"加强沟通协商，为香港充分发挥独特的经贸、金融和专业优势，参与和助力"一带一路"建设做出适当安排，实现内地与香港互利共赢、协调发展。

二、重点领域

（一）金融与投资

1. 在符合相关金融市场规范及金融领域监管的基础上，促进各主要利益相关方（包括投融资方和项目营运方）通过香港平台共同合作，为"一带一路"建设提供所需资金和多元化的融资渠道，包括上市集资、银团贷款、私募基金、债券融资等服务。

2. 支持香港金融管理局基建融资促进办公室（IFFO）继续发挥作用，汇聚主要参与者，共同促进基础设施建设项目投融资。

3. 推动基于香港平台发展绿色债券市场，支持符合条件的中资机构为"一带一路"建设相关的绿色项目在香港平台发债集资；推动建立国际认可的绿色债券认证机构。

4. 配合人民币国际化的方向，充分发挥香港作为全球离岸人民币业务枢纽的地位，完善内地与香港之间的人民币跨境双向流动渠道，鼓励通过人民币跨境支付系统（CIPS）完成跨境人民币业务的资金结算，推动两地资本市场进一步互联互通，便利两地规范的跨境投资活动。

5. 支持参与和助力"一带一路"建设的金融机构（含相关投资机构和多边发展银行）进一步加强与香港的合作联系，在符合相关法律规定、规则及程序的基础上，上述机构根据业务需要在香港设立分支机构及开展资金运作、市场营运等业务，鼓励已在香港设立办事处的机构进一步发展其在港业务。

6. 鼓励香港与内地企业、金融机构共同参与和助力“一带一路”建设项目，并与项目所在地的相关部门、企业、金融机构共同合作，进一步探索以“政府和社会资本合作模式”（Public Private Partnership，PPP）推动项目建设，并参照国际规范建立项目合作机制和协议范本，充分调动社会投资。

（二）基础设施与航运服务

7. 支持香港为“一带一路”建设基础设施项目提供可行性及风险评估、研发、融资，以及规划、设计、建造、监理、管理及养护等专业服务，鼓励内地企业以香港为平台，与香港企业一起“走出去”，共同开拓相关国家和地区的基建市场。

8. 支持香港为“一带一路”建设的大型基础设施项目提供保险及再保险等专业服务，视情推动内地企业在香港成立专属自保公司，为其海外业务安排保险，完善企业的风险管理体系。

9. 利用香港在环境和规划管理方面的专业优势，例如在港的专业机构提供有关环境影响评估、绿色建筑和污染控制等方面的技术及服务，促进“一带一路”建设项目符合可持续发展和环保等要求。

10. 支持香港发展高增值海运服务，包括海事保险、船舶融资、海事法律和争议解决、船舶管理等，鼓励内地海运企业充分利用香港的专业服务，推动香港发展成为重要的国际海运服务中心。

11. 巩固香港国际航空枢纽地位，推动珠三角地区机场群良性互动，利用香港通达全球的航空运输网络，发挥香港在国家开放格局中的重要门户作用。

12. 进一步推动内地和香港在信息、公路、铁路、港口、机场等基础设施领域建立合作伙伴关系，积极与相关国家和地区开展工程承包与劳务合作。在发挥内地基础设施设计和制造方面优势的同时，带动香港咨询、金融、项目管理、保险等专业服务发展。

（三）经贸交流与合作

13. 鼓励内地企业根据需要在香港成立地区总部，以香港作为进入相关国家和地区的前沿平台，在“一带一路”建设框架下开展合规经营；支持相关国家和地区的企业在香港成立地区总部，开拓内地市场，使香港能在“走出去”和“引进来”两方面都发挥重要作用。

14. 支持香港参与国家主导的区域经济合作机制，与相关国家和地区及经济体商签自由贸易协议及双重课税宽免安排。

15. 加大内地对香港开放力度，推动《内地与香港关于建立更紧密经贸关系的安排》升级，进一步促进与相关国家和地区的贸易及投资。

（四）民心相通

16. 鼓励香港高等院校积极与相关国家和地区的高等院校合作，吸引相关国家和地区的学生来港升学及进修，培育各方面优秀人才。

17. 鼓励举办更多交流项目，支持香港与具备条件的国家研究签订工作假期计划的双边安排，增加香港青年在相关国家和地区中资企业的实习机会，支持香港艺术机构及艺术家参与在相关国家和地区开展的文化艺术交流。

18. 支持香港为相关国家和地区政府机关、投资机构及企业提供公共行政、城市管理、金融规管、公共关系、宣传推广、航运（特别是航空）、城市轨道交通运营等专业培训。

19. 支持在香港举办高层次的"一带一路"建设主题论坛和国际性展览。支持香港各界参与内地"一带一路"建设主题论坛和国际性展览。

20. 鼓励香港发挥区位优势，与相关国家和地区合作开发"一程多站"旅游产品；利用香港作为亚洲邮轮枢纽地位，积极拓展"海上丝绸之路"旅游线路。支持香港举办"一带一路"建设会展活动，加强与相关国家和地区合作关系。支持香港今后加入内地建立的有关"一带一路"旅游信息平台，共享"一带一路"旅游资源、发展机遇等旅游信息。

（五）推动粤港澳大湾区建设

21. 支持香港积极参与和推动粤港澳大湾区建设，深度参与粤港澳大湾区科技创新中心建设，与大湾区其他城市优势互补，发挥协同效应，并作为双向开放平台，与大湾区城市共同"走出去"，建设带动中南、西南地区发展，辐射东南亚及南亚的重要经济支撑带，积极参与和助力"一带一路"建设。支持香港把握粤港澳大湾区建设的机遇，拓展自身经济社会发展空间，提升在国家经济发展和对外开放中的地位与功能。

22. 深化大湾区与相关国家和地区在基础设施互联互通、经贸、金融、法律及争议解决服务、生态环保及人文交流领域的合作，进一步完善对外开放平台，打造推进"一带一路"建设的重要支撑区。

（六）加强对接合作与争议解决服务

23. 进一步完善内地和香港围绕"一带一路"建设投资合作方面的沟通机制，探讨搭建"一带一路"共用项目库。通过项目库建设及相关信息交流，促进与内地主管部门、贸易投资促进机构和参与项目的内地商协会、企业、金融机构进行充分对接。

24. 推动香港与内地企业及金融机构发挥各自优势，并充分利用内地的贸易投资促进机构和特区政府的海外经济及贸易办事处、香港贸易发展局及旅游发展局的海外网络，通过多种方式合作"走出去"，包括共同组织赴相关国家考察、推介和招商。

25. 进一步推动参与和助力"一带一路"建设的内地和香港企业、金融机构建立策略伙伴关系，联合参与项目投资和产业园区建设，降低企业赴相关国家投资的风险。

26. 支持香港建设亚太区国际法律及争议解决服务中心，为"一带一路"建设提供国际法律和争议解决服务。

三、机制

（一）建立联席会议制度，由国家发展和改革委员会、国务院港澳事务办公室等相关部门负责同志和香港特别行政区政府高层代表组成。

（二）联席会议每年至少召开一次例会，围绕香港参与和助力"一带一路"建设中的重大问题和合作事项进行沟通协商，总结工作进展，研究年度工作重点，协调解决《安排》实施中遇到的新情况新问题。

《安排》自双方代表正式签署之日起生效。

国家发展和改革委员会　香港特别行政区政府

2019年2月

第十五章　关于支持澳门特区全面参与和助力"一带一路"建设的安排

充分发挥澳门特别行政区（以下简称"澳门"）的优势，支持其参与和助力"一带一路"建设，国家发展和改革委员会与澳门特别行政区政府（以下简称"双方"）经协商一致并报国务院审批同意，现签署《国家发展和改革委员会与澳门特别行政区政府关于支持澳门全面参与和助力"一带一路"建设的安排》。

一、原则和目标

全面准确贯彻"一国两制"方针，在宪法和澳门基本法框架下，双方愿以《推动共建丝绸之路经济带和21世纪海上丝绸之路的愿景与行动》为指导，遵循政府引导、市场运作的原则，围绕实现"五通"加强沟通协商，为澳门在世界旅游休闲中心、中葡商贸合作服务平台、会展、特色金融、中医药及文化创意等方面发挥积极作用，参与和助力"一带一路"建设做出适当安排，实现内地与澳门互利共赢、协调发展。

二、重点领域

（一）金融领域合作

1. 支持澳门以适当方式与亚洲基础设施投资银行、丝路基金和中非发展基金、中非产能合作基金、中拉产能合作投资基金、亚洲金融合作协会等开展合作。发挥澳门联系内地与欧盟、东盟等地区和葡语国家的资源优势，推动双多边投资，为企业开展国际投资、并购提供投融资服务。

2. 支持参与和助力"一带一路"建设的金融机构进一步加强与澳门的合作，根据业务需要在澳门设立分支机构，加强金融市场合作。

3. 支持澳门打造中国与葡语国家商贸合作金融服务平台，开展葡语国家人民币清算业务，支持澳门建立出口信用保险制度，充分发挥中葡合作发展基金的作用，促进中国与葡语国家经济合作。

4. 支持澳门发展融资租赁和财富管理等特色金融业务，支持澳门研究建设绿色金融平台和以人民币计价的证券市场。

（二）经贸交流与合作

5. 支持两地业界加强合作，联合参与重大项目建设，共同开拓"一带一路"建设市场。支持澳门有条件的企业和机构以市场化的方式与内地企业合作拓展海外投资项目，以及为促进内地与“一带一路”相关国家和地区产能合作提供专业化服务。

6. 支持澳门利用区位优势和自由港地位，在“一带一路”建设相关经贸规则制定方面发挥独特作用，打造“21世纪海上丝绸之路”重要的交通枢纽和贸易物流中心。

7. 提升澳门在国家对外开放中的地位与功能，支持澳门参与区域贸易协定和其他非主权性质的国际专业组织。

8. 支持澳门发挥与葡语国家的传统联系优势，充分发挥“中葡中小企业商贸服务中心”“葡语国家食品集散中心”“中葡经贸合作会展中心”的作用，促进世界旅游休闲中心建设、中葡商贸合作服务平台建设与“一带一路”建设的有机结合。

9. 支持在澳门举办高层次的“一带一路”建设主题论坛和国际性展览，以及澳门各界参与内地“一带一路”建设主题论坛和国际性展览。重点支持“国际基础设施投资与建设高峰论坛”等大型国际会议和展览会。支持举办“中国与葡语国家企业经贸合作洽谈会”，继续支持澳门举办高层次的中葡会展活动。

10. 加大内地对澳门开放力度，推动《内地与澳门关于建立更紧密经贸关系的安排》升级，进一步促进与相关国家和地区的贸易及投资。

11. 鼓励内地企业根据需要在澳门成立葡语国家业务总部，并支持葡语国家企业在澳门成立中国业务总部，发挥澳门在“走出去”和“引进来”中的重要作用，促进双向投资合作。

（三）民心相通

12. 支持澳门发挥归侨侨眷众多的优势，以多种形式加强与相关国家和地区的交流合作。利用特区政府和澳门民间在东南亚等地的人脉及商业网络优势，发挥澳门精准联系的功能，协助内地企业开拓东南亚市场。

13. 支持澳门与“一带一路”相关国家和地区的城市建立友好城市关系，开展地区交流，发挥民间组织力量，加强文化交流互动，打造文化交流平台，为“一带一路”建设培育有利的人文环境。

14. 推动澳门文化发展和交流，建设中国与葡语国家文化交流中心，促进国际文化合作。支持澳门打造以中华文化为主流、多元文化共存的交流合作基地，促进中华文化传播交流，辐射“一带一路”相关国家和地区。

15. 充分利用澳门在教育资源方面的优势，以多种形式加强与相关国家和地区的人才交流，支持澳门设立奖学金等优惠政策，吸引澳门学生与相关国家和地区的学生双向交流学习。支持澳门打造成为中葡双语人才培养基地，为助力国家“一带一路”建设和“粤港澳大湾区”发展规划提供所需人才。

16. 鼓励澳门发挥区位优势，与相关国家和地区合作开发“一程多站”旅游产品，探讨联合开发“21世纪海上丝绸之路”有关旅游产品的可行性。发挥澳门的专业优势，支持澳门打造成为旅游教育培训基地。支持澳门加入内地建立的有关“一带一路”旅游信息平台，共享“一带一路”旅游资源、发展机遇等旅游信息。

17. 支持澳门与“一带一路”相关国家和地区的青年开展交流和联谊，增进彼此之间的了解。支持澳门青年在相关国家和地区中资企业汲取工作实习经验。

（四）与粤港澳大湾区其他城市合作

18. 支持澳门积极参与和推动粤港澳大湾区建设，拓展自身经济社会发展空间，与大湾区其他城市优势互补，发挥协同效应，并作为双向开放平台，与大湾区城市共同"走出去"，建设带动内地中南、西南地区发展，辐射东南亚、南亚的重要经济支撑带。

19. 支持澳门把握粤港澳大湾区建设的机遇，推动深化澳门与大湾区其他城市在基础设施、投资贸易、金融服务、科技教育、文化和旅游发展、生态环保、社会服务等领域的合作，推进粤港澳大湾区形成多层次、全方位的合作格局，打造推进"一带一路"建设的重要支撑区。支持澳门加入内地建立的有关"一带一路"相关国家和地区科技创新合作的平台，支持澳门深度参与粤港澳大湾区国际科技创新中心建设，加强科技人才的培养和交流。推进澳门与珠海横琴新区深入合作，打造合作示范区。更好发挥港珠澳大桥作用，提升澳门与大湾区其他城市互联互通水平。

20. 支持澳门重点发展中医药产业，与内地合作加强中医药科研、人才培养和成果转化，支持粤澳合作中医药科技产业园建设，支持产业园开展中医药相关的贸易与推广工作，促进中医药相关产品和技术进入葡语国家以及"一带一路"相关国家和地区，推动中医药国际化发展。

三、机制

（一）建立联席会议制度，由国家发展和改革委员会、国务院港澳事务办公室等相关部门负责同志和澳门特别行政区政府高层代表组成，作为推动落实《安排》的协调对接平台。

（二）联席会议每年至少召开一次例会，围绕澳门参与和助力"一带一路"建设中的重大问题和合作事项进行沟通协商，总结工作进展，研究年度工作重点，协调解决《安排》实施中遇到的新情况新问题。

《安排》自双方代表正式签署之日起生效。

国家发展和改革委员会　澳门特别行政区政府

2018年12月

第四篇

沿线国家基本情况与主要资源

第一章　“一带一路”沿线主要国家基本情况

2013年秋，中国国家主席习近平在出访中亚和东南亚国家期间，向世界发出共建“一带一路”的宏伟倡议。2017年，“一带一路”倡议进一步吸引全球关注，关注热度持续攀升。各领域不断签署推进重大项目，建设成果丰硕。

“一带一路”没有明确划定地理界线，本质是一个国际合作的倡议，向所有志同道合的国家和地区开放。那么，目前“一带一路”建设都有哪些国家参与呢？

一、马达加斯加

马达加斯加（首都：塔那那利佛）位于非洲大陆以东、印度洋西部，是非洲第一大、世界第四大岛。由18个民族组成，伊麦利那（占总人口的26.1%）、贝希米扎拉卡（14.1%）、贝希略（12%）等。民族语言为马达加斯加语（属马来-波利尼西亚语系），官方通用法语。居民中信奉传统宗教的占52%，信奉基督教（天主教和新教）的占41%，信奉伊斯兰教的占7%。

马达加斯加属最不发达国家之一。经济以农业为主，严重依赖外援，工业基础薄弱。1987年开始实行贸易进出口自由化政策，鼓励出口多样化，出口额有所增加。主要进口石油、车辆、机械设备、药品、日用消费品及食品等。主要出口咖啡、虾、铬矿石、香草、丁香、棉纺织品等。

二、巴拿马

巴拿马（首都：巴拿马城）位于中美洲地峡，印欧混血种人占65%，其他依次为非裔12%、欧裔10%、华裔7%、印地安人6%。有85%的居民信奉天主教。西班牙语为官方语言。

运河航运、金融服务、科隆自贸区和旅游业是巴拿马经济的主要支柱。近年来，巴拿马经济保持较快增长。主要出口产品为香蕉、虾、蔗糖、鱼粉等。主要进口石油产品、汽车、机电产品、药品等。

三、摩洛哥

摩洛哥（首都：拉巴特）位于非洲西北端，阿拉伯人约占80%，柏柏尔人约占20%。阿拉伯语为国语，通用法语。信奉伊斯兰教。

摩洛哥经济总量在非洲排名第五（在尼日利亚、埃及、南非、阿尔及利亚之后），北非排名第三。磷酸盐出口、旅游业、侨汇是摩洛哥经济主要支柱。主要出口机电产品、运输设备、非针织服装、肥料、无机化学品、建筑材料等。主要进口矿物燃料、机电产品、机械设备、运输设备、粮食等。

四、印度

印度（首都：新德里）是世界四大文明古国之一，南亚次大陆最大国家。有100多个民族，其中印度斯坦族约占总人口的30%，其他较大的民族包括马拉提族、孟加拉族、比哈尔族、泰固族、泰米尔族等。印度已成为全球软件、金融等服务业重要出口国。近年来，受世界经济形势、卢比贬值等因素影响，印度对外贸易增长缓慢，由于进口增速大于出口，贸易赤字扩大。

五、埃塞俄比亚

埃塞俄比亚（首都：亚的斯亚贝巴）属非洲东北部内陆国，素有"非洲屋脊"之称。全国约有80多个民族，主要有奥罗莫族（40%）、阿姆哈拉族（30%）等。居民中45%信奉埃塞正教，40%～45%信奉伊斯兰教，5%信奉新教，其余信奉原始宗教。阿姆哈拉语为联邦工作语言，通用英语，主要民族语言有奥罗莫语、提格雷语等。

埃塞俄比亚属世界最不发达国家之一。以农牧业为主，工业基础薄弱。出口商品主要有咖啡、油籽、恰特草、皮革和黄金，进口机械、汽车、石油产品、化肥、化学品等。

六、新西兰

新西兰（首都：惠灵顿）位于太平洋西南部，欧洲移民后裔占74%，毛利人占15%，亚裔占12%，太平洋岛国裔占7%（部分为多元族裔认同）。官方语言为英语、毛利语。48.9%的居民信奉基督教新教和天主教。

新西兰以农牧业为主，农牧产品出口约占出口总量的50%。羊肉和奶制品出口量居世界第一位，羊毛出口量居世界第三位。严重依赖外贸。主要进口石油、机电产品、汽车、电子设备、纺织品等，出口乳制品、肉类、林产品、原油、水果和鱼类等。

七、波黑

波黑（首都：萨拉热窝）位于巴尔干半岛中西部，波黑联邦占62.5%，塞尔维亚族共和国占37.5%。主要民族为：波什尼亚克族（即南斯拉夫时期的穆斯林族），约占总人口43.5%；塞尔维亚族，约占总人口31.2%；克罗地亚族，约占总人口17.4%。三族分别信奉伊斯兰教、东正教和天主教。官方语言为波什尼亚语、塞尔维亚语和克罗地亚语。

波黑战争给经济带来严重破坏，几近崩溃。近年来，在国际社会援助下，波黑经济恢复取得一定进展。主要出口商品有铝锭、矿产品、木材、机械产品等。主要进口商品有机械、食品、石油、化工、交通工具等。

八、黑山

黑山（首都：波德戈里察）位于欧洲巴尔干半岛中西部，黑山族占43.16%、塞尔维亚族占31.99%，波什尼亚克族占7.77%，阿尔巴尼亚族占5.03%。官方语言是黑山语。主要宗教是东正教。

黑山是南斯拉夫时期较为落后的共和国，经济存在的主要问题是：基础设施落后，能源匮乏，经济规模小，商品缺乏竞争力，外贸逆差严重。旅游业和制铝工业是黑山的经济支柱。黑山严重依赖进口，贸易逆差日益严重。

九、土库曼斯坦

土库曼斯坦（首都：阿什哈巴德），有100多个民族，土库曼族占94.7%。多数居民信奉伊斯兰教（逊尼派）。国语为土库曼语，俄语为通用语。土能源资源丰富，油气是支柱产业。

十、立陶宛

立陶宛（首都：维尔纽斯）位于波罗的海东岸，立陶宛族占84.2%，波兰族占6.6%，俄罗斯族占5.8%。此外还有白俄罗斯、乌克兰、犹太等民族。官方语言为立陶宛语，多数居民懂俄语。主要信奉罗马天主教，此外还有东正教、新教路德宗等。主要出口商品为矿产品、机电设备、电气设备、木材等，主要进口商品为矿产品、机电设备、电气设备、化工产品、蔬菜及水果等。

十一、拉脱维亚

拉脱维亚（首都：里加）位于波罗的海东岸，主要民族有拉脱维亚族（占62%），俄罗斯族（占26%）等。官方语言为拉脱维亚语，通用俄语。主要信奉基督教路德教派和东正教。

2008年遭国际金融危机重创，国内生产总值连续两年下降达20%，2011年起恢复经济增长。主要出口商品是木材、木制品及木炭、钢铁、矿物燃料；主要进口商品为矿物燃料、机械用具及零配件、车辆及零配件。

十二、巴勒斯坦

巴勒斯坦（首都：耶路撒冷）位于亚洲西部，地处亚、非、欧三洲交通要冲，战略地位重要。通用阿拉伯语，主要信仰伊斯兰教。以农业为主，其他有手工业、建筑业、加工业、服务业等。巴勒斯坦经济严重依赖以色列，因此巴以对峙对巴勒斯坦经济发展形成严重制约。

十三、阿尔巴尼亚

阿尔巴尼亚（首都：地拉那）位于东南欧巴尔干半岛西部，阿尔巴尼亚族占82.58%。少数民族主要有希腊族、马其顿族等。官方语言为阿尔巴尼亚语。56.7%的居民信奉伊斯兰教，6.75%信奉东正教，10.1%信奉天主教。

近年来，阿尔巴尼亚经济平稳增长。出口商品主要为纺织品和鞋类，矿产品和燃料，建筑材料和金属，食品、饮料和烟草；进口商品主要为机械产品及零配件，食品、饮料和烟草，化工产品和塑料制品，纺织品和鞋类，建筑材料及金属等。

十四、阿富汗

阿富汗（首都：喀布尔）位于亚洲中西部的内陆国家，普什图族占40%，塔吉克族占25%，还有哈扎拉、乌兹别克、土库曼等20多个少数民族。普什图语和达里语是官方语言，其他语言有乌兹别克、俾路支、土耳其语等。逊尼派穆斯林占80%，什叶派穆斯林占19%，其他占1%。

阿富汗是最不发达国家之一。历经30多年战乱，经济破坏殆尽，交通、通信、工业、教育和农业基础设施遭到的破坏最为严重，生产生活物资短缺，曾有600多万人沦为难民。主要出口商品有天然气、地毯、干鲜果品、羊毛、棉花等。主要进口商品有各种食品、机动车辆、石油产品和纺织品等。

十五、爱沙尼亚

爱沙尼亚（首都：塔林）位于波罗的海东岸，主要民族有爱沙尼亚族、俄罗斯族、乌克兰族和白俄罗斯族。官方语言为爱沙尼亚语。英语、俄语亦被广泛使用。主要信奉基督教路德宗、东正教和天主教。

自恢复独立以来，爱沙尼亚一直奉行自由经济政策，大力推行私有化，实行自由贸易政策，经济发展迅速，年均经济增速在欧盟成员国内位列前茅。电子、通信产品、矿产品、机械设备和木材、木质制品这四大类产品一直是爱沙尼亚最主要的进出口商品。

十六、巴基斯坦

巴基斯坦（首都：伊斯兰堡）位于南亚次大陆西北部，是多民族国家，其中旁遮普族占63%，信德族占18%，帕坦族占11%，俾路支族占4%。乌尔都语为国语，英语为官方语言，主要民族语言有旁遮普语、信德语、普什图语和俾路支语等。95%以上的居民信奉伊斯兰教（国教），少数信奉基督教、印度教和锡克教等。

巴基斯坦经济以农业为主，农业产值占国内生产总值21%。近年来，巴基斯坦政府一直努力加速工业化，扩大出口，缩小外贸逆差。主要进口石油及石油制品、机械和交通设备、钢铁产品、化肥和电器产品等。主要出口大米、棉花、纺织品、皮革制品和地毯等。

十七、斯洛文尼亚

斯洛文尼亚（首都：卢布尔雅那）位于欧洲中南部，主要民族为斯洛文尼亚族，约占83%。少数民族有匈牙利族、意大利族和其他民族。官方语言为斯洛文尼亚语。居民主要信奉天主教。

拥有良好的工业、科技基础。2009年以来，斯洛文尼亚经济受国际金融危机影响较大。主要出口商品类别为：汽车和运输设备、医药、电子机械和设备、工业机械产品、金属制品、石油化工产品、钢铁产品等。主要进口商品类别为：汽车和运输设备、石油化工产品、电子机械及设备、医药、工业机械产品、钢铁产品、涂料、金属制品等。

十八、克罗地亚

克罗地亚（首都：萨格勒布），主要民族有克罗地亚族（90.42%），其他为塞尔维亚族、波什尼亚克族等，共22个少数民族。官方语言为克罗地亚语。主要宗教是天主教。克罗地亚是南斯拉夫时期经济较为发达的国家，经济基础良好。旅游、建筑、造船和制药等产业发展水平较高。

十九、黎巴嫩

黎巴嫩（首都：贝鲁特）位于亚洲西南部地中海东岸，绝大多数为阿拉伯人。阿拉伯语为官方语言，通用法语、英语。居民54%信奉伊斯兰教，主要是什叶派、逊尼派和德鲁兹派；46%信奉基督教，主要有马龙派、希腊东正教等。

外贸在黎巴嫩国民经济中占有重要地位，政府实行对外开放与保护民族经济相协调的外贸政策。出口商品主要有蔬菜、水果、金属制品、纺织品、化工产品、玻璃制品和水泥等。

二十、阿曼

阿曼（首都：马斯喀特）位于阿拉伯半岛东南部，阿曼人230.3万人，约占56.3%。伊斯兰教为国教，90%本国穆斯林属伊巴德教派。官方语言为阿拉伯语，通用英语。

阿曼是典型的资源输出型国家，油气产业是国民经济的支柱。阿曼出口产品主要为石油。非石油类出口主要有大理石、铜、化工产品、鱼类、椰枣等。进口机械、运输工具、食品及工业制成品等。

二十一、巴林

巴林（首都：麦纳麦）位于波斯湾西南部的岛国，85%的居民信奉伊斯兰教，其中什叶派占70%，逊尼派占30%。官方语言为阿拉伯语，通用英语。

巴林是海湾地区最早开采石油的国家。近年来，巴林开始向多元化经济发展，建立了炼油、石化及铝制品工业，大力发展金融业，成为海湾地区银行和金融中心。

二十二、也门

也门（首都：萨那）位于阿拉伯半岛西南端，绝大多数是阿拉伯人，官方语言为阿拉伯语。伊斯兰教为国教，什叶派的宰德教派和逊尼派的沙斐仪教派各占50%。

也门经济落后，是世界上最不发达的国家之一，主要依赖石油出口收入。运输工具、机械设备等国内建设所需物资以及大量轻工产品均需进口。

二十三、埃及

埃及（首都：开罗）跨亚、非两大洲，伊斯兰教为国教，信徒主要是逊尼派，占总人口的84%。科普特基督徒和其他信徒约占16%。另有约600万名海外侨民。官方语言为阿拉伯语。

埃及属开放型市场经济，拥有相对完整的工业、农业和服务业体系。同120多个国家和地区建有贸易关系，主要进口商品是机械设备、谷物、电器设备、矿物燃料、塑料及其制品、钢铁及其制品、木及木制品、车辆、动物饲料等。主要出口产品是矿物燃料（原油及其制品）、棉花、陶瓷、纺织服装、铝及其制品、钢铁、谷物和蔬菜。埃及出口商品主要销往阿拉伯国家。

二十四、约旦

约旦（首都：安曼）位于亚洲西部，阿拉伯半岛西北。98%的人口为阿拉伯人，还有少量切尔克斯人、土库曼人和亚美尼亚人。国教为伊斯兰教，92%的居民属逊尼派，2%的居民属于什叶派和德鲁兹派。信奉基督教的居民约占6%，主要属希腊东正教派。官方语言为阿拉伯语，通用英语。

约旦系发展中国家，经济基础薄弱，资源较贫乏，可耕地少，依赖进口。国民经济主要支柱为侨汇、旅游和外援。主要进口原油、机械设备、电子电器、钢材、化学制品、粮食、成衣等。主要出口服装、磷酸盐、钾盐、蔬菜、医药制品和化肥等。

二十五、叙利亚

叙利亚（首都：大马士革）位于亚洲大陆西部，地中海东岸。其中阿拉伯人占80%以上，还有库尔德人、亚美尼亚人、土库曼人等。居民中85%信奉伊斯兰教，14%信奉基督教。阿拉伯语为国语。农业在叙利亚国民经济中占据重要位置，叙利亚局势动荡后，经济形势更趋严峻，对外贸易锐减。

二十六、印度尼西亚

印度尼西亚（首都：雅加达）是世界第四人口大国，有数百个民族，民族语言共有200多种，官方语言为印尼语。约87%的人口信奉伊斯兰教，是世界上穆斯林人口最多的国家。6.1%的人口信奉基督教，3.6%信奉天主教，其余信奉印度教、佛教和原始拜物教等。

印度尼西亚是东盟最大的经济体。农业、工业、服务业均在国民经济中发挥重要作用。外贸在印度尼西亚国民经济中占重要地位，政府采取一系列措施鼓励和推动非油气产品出口，简化出口手续，降低关税。主要出口产品有石油、天然气、纺织品和成衣、木材、藤制品、手工艺品、鞋、铜、煤、纸浆和纸制品、电器、棕榈油、橡胶等。主要进口产品有机械运输设备、化工产品、汽车及零配件、发电设备、钢铁、塑料及塑料制品、棉花等。

二十七、菲律宾

菲律宾（首都：大马尼拉市）位于亚洲东南部，马来族占全国人口的85%以上，有70多种语言，国语是以他加禄语为基础的菲律宾语，英语为官方语言。国民约85%信奉天主教，4.9%信奉伊斯兰教，少数人信奉独立教和基督教新教，华人多信奉佛教，原住民多信奉原始宗教。

出口导向型经济，第三产业在国民经济中地位突出，农业和制造业也占相当比重。主要出口产品为电子产品、服装及相关产品、电解铜等；主要进口产品为电子产品、矿产、交通及工业设备。

二十八、缅甸

缅甸（首都：内比都）位于中南半岛西部，共有135个民族，缅族约占总人口的65%。全国85%以上的人信奉佛教，约8%的人信奉伊斯兰教。缅甸自然条件优越，资源丰富。缅甸主要出口产品为天然气、玉石、大米等，主要进口产品为石油与汽油、商业用机械、汽车零配件等。

二十九、文莱

文莱（首都：斯里巴加湾市）位于加里曼丹岛西北部。其中马来人占66%，华人约占10%，其他族群和外籍人占24%。马来语为国语，通用英语，华人使用华语较广泛。伊斯兰教为国教，其他还有佛教、基督教等。

文莱经济以石油天然气产业为支柱，非油气产业均不发达。最近几年，由于油气产量下降，文莱经济增长出现停滞，而国际原油价格下滑更使文莱经济雪上加霜。主要出口原油、石油产品和液化天然气，进口机器和运输设备、工业品、食物、药品等。

三十、东帝汶

东帝汶（首都：帝力），78%为土著人（巴布亚族与马来族或波利尼西亚族的混血人种），20%为印尼人，2%为华人。德顿（TETUM）语和葡萄牙语为官方语言，印尼语和英语为工作语言，德顿语为通用语和主要民族语言。约91.4%人口信奉天主教，2.6%信奉基督教，1.7%信奉伊斯兰教。

东帝汶经济发展水平落后，结构失衡，严重依赖油气收入和外国援助。近年来积极发展外贸，努力扩大出口。主要出口产品为咖啡、木材、橡胶、椰子等经济作物，进口燃油、谷物、车辆、机电设备等。

三十一、不丹

不丹（首都：廷布）位于喜马拉雅山脉东段南坡，其东、北、西三面与中国接壤，南部与印度交界，为内陆国。不丹族约占总人口的50%，尼泊尔族约占35%。不丹语"宗卡"为官方语言。藏传佛教（噶举派）为国教，尼泊尔族居民信奉印度教。

不丹为最不发达国家之一，农业是其支柱产业。对外贸易主要在南盟成员间进行，主要出口产品为电力、化学制品、木材、加工食品、矿产品等。主要进口产品为燃料、谷物、汽车、机械、金属、塑料等。

三十二、阿联酋

阿联酋（首都：阿布扎比）位于阿拉伯半岛东部，外籍人占88.5%，主要来自印度、巴基斯坦、埃及、叙利亚、巴勒斯坦等国。居民大多信奉伊斯兰教，多数属逊尼派。阿拉伯语为官方语言，通用英语。

以石油生产和石油化工工业为主，外贸在经济中占有重要位置。阿联酋主要出口石油、天然气、石油化工产品、铝锭和少量土特产品；主要进口粮食、机械和消费品。

三十三、泰国

泰国（首都：曼谷）位于中南半岛中南部，与柬埔寨、老挝、缅甸、马来西亚接壤。全国共有30多个民族。泰族为主要民族，占人口总数的40%。泰语为国语。90%以上的民众信仰佛教，马来族信奉伊斯兰教，还有少数民众信仰基督教、天主教、印度教和锡克教。

泰国是世界天然橡胶最大出口国，实行自由经济政策，农产品是外汇收入的主要来源之一，对外贸易在国民经济中具有重要地位。

三十四、越南

越南（首都：河内）位于中南半岛东部，全国有54个民族，京族占总人口86%。主要语言为越南语（官方语言、通用语言、主要民族语言）。主要宗教：佛教、天主教、和好教与高台教。

越南系发展中国家，革新开放以来，越南经济保持较快增长，其中对外贸易保持高速增长，主要出口商品有：原油、服装纺织品、水产品、鞋类、大米、木材、电子产品、咖啡。主要进口商品有：汽车、机械设备及零件、成品油、钢材、纺织原料、电子产品和零件。

三十五、新加坡

新加坡位于马来半岛南端、马六甲海峡出入口。华人占75%左右，其余为马来人、印度人和其他种族。马来语为国语，英语、华语、马来语、泰米尔语为官方语言，英语为行政用语。主要宗教为佛教、道教、伊斯兰教、基督教和印度教。

新加坡属外贸驱动型经济，以电子、石油化工、金融、航运、服务业为主。主要出口商品为：成品油、电子元器件、化工品和工业机械等；主要进口商品为：成品油、电子元器件、原油、化工品（塑料除外）和发电设备等。

三十六、以色列

以色列位于亚洲最西端，毗邻巴勒斯坦。犹太人约占74.9%，其余为阿拉伯人、德鲁兹人等。大部分居民信奉犹太教，其余信奉伊斯兰教、基督教和其他宗教。希伯来语和阿拉伯语均为官方语言，通用英语。以色列总体经济实力较强，竞争力居世界先列。国内市场相对狭小，经济对外依存度高。

三十七、阿塞拜疆

阿塞拜疆（首都：巴库）位于外高加索东南部，主要为阿塞拜疆族（占90.6%），还有俄罗斯族、亚美尼亚族等。官方语言为阿塞拜疆语，居民多通晓俄语，主要信仰伊斯兰教。立国之初阿塞拜疆就制定"石油兴国"发展战略。

三十八、亚美尼亚

亚美尼亚（首都：埃里温）位于亚洲与欧洲交界处的外高加索南部的内陆国，亚美尼亚族约占96%，官方语言为亚美尼亚语，居民多通晓俄语。主要信仰基督教。

2009年以来亚美尼亚政府采取调整产业结构、扩大内需、加快基础设施建设、大力扶植农业等措施，努力消除金融危机后果，收到一定成效。

三十九、捷克

捷克（首都：布拉格）地处欧洲中部，其中约90%以上为捷克族，斯洛伐克族占2.9%，德意志族占1%，此外还有少量波兰族和罗姆族（吉普赛人）。官方语言为捷克语。主要宗教为罗马天主教。

捷克为中等发达国家，工业基础雄厚。外贸在捷克经济中占有重要位置，国内生产总值80%依靠出口实现。进口商品主要有：石油、天然气、计算机、轿车及配件、电信设备、机械设备、医药产品和器械、铁矿石、载重汽车和家用电器等。出口商品主要有：轿车及配件、电力、钢材、机械设备、玻璃制品、木材、化工产品、轮胎、家具等。

四十、孟加拉国

孟加拉国（首都：达卡）东、西、北三面与印度毗邻，东南与缅甸接壤，南濒临孟加拉湾。孟加拉族占98%，另有20多个少数民族。孟加拉语为国语，英语为官方语言。伊斯兰教为国教，穆斯林占总人口的88%。孟加拉国是最不发达国家之一，经济发展水平较低，国民经济主要依靠农业。

四十一、白俄罗斯

白俄罗斯（首都：明斯克）位于东欧平原西部，有100多个民族，其中白俄罗斯族占81.2%，俄罗斯族占11.4%。主要信奉东正教（70%以上），西北部一些地区信奉天主教及东正教与天主教的合并教派。官方语言为白俄罗斯语和俄语。

白俄罗斯工农业基础较好。机械制造业、冶金加工业、机床、电子及激光技术比较先进，农业和畜牧业较发达。

四十二、柬埔寨

柬埔寨（首都：金边）位于中南半岛南部，有20多个民族，高棉族是主体民族，占总人口的80%。高棉语为通用语言，与英语、法语同为官方语言。佛教为国教，93%以上的居民信奉佛教，占族信奉伊斯兰教，少数城市居民信奉天主教。

柬埔寨是传统农业国，工业基础薄弱，属世界上最不发达国家之一。主要出口商品是服装、橡胶、大米和木薯等。主要进口商品为成衣原辅料、燃油、食品、化工、建材、汽车等。

四十三、格鲁吉亚

格鲁吉亚(首都:第比利斯)位于南高加索中西部,主要为格鲁吉亚族(占86.8%)。官方语言为格鲁吉亚语,居民多通晓俄语。主要信奉东正教,少数信奉伊斯兰教。

近年来致力于建立自由市场经济,大力推进经济改革,进一步降低各种税率及关税,加快结构调整和私有化步伐,积极吸引外资。

四十四、匈牙利

匈牙利(首都:布达佩斯)属中欧内陆国。主要民族为匈牙利(马扎尔)族,约占90%。官方语言为匈牙利语。居民主要信奉天主教(66.2%)和基督教(17.9%)。匈牙利经济属中等发达国家,积极鼓励吸收外资。

四十五、伊拉克

伊拉克(首都:巴格达)位于亚洲西南部,阿拉伯半岛东北部。其中阿拉伯民族约占78%(什叶派约占60%,逊尼派约占18%),库尔德族约占15%。居民中95%以上信奉伊斯兰教,少数人信奉基督教等其他宗教。伊拉克战争后,实行开放的外贸政策,对大部分进口商品免征关税。

四十六、伊朗

伊朗(首都:德黑兰)位于亚洲西南部,全国人口中波斯人占66%,阿塞拜疆人占25%,库尔德人占5%,其余为阿拉伯人、土库曼人等少数民族。官方语言为波斯语。伊斯兰教为国教,98.8%的居民信奉伊斯兰教,其中91%为什叶派,7.8%为逊尼派。

石油产业是伊朗经济支柱和外汇收入的主要来源之一,石油收入占伊朗外汇总收入的一半以上。主要出口商品为油气、金属矿石、皮革、地毯、水果、干果及鱼子酱等,主要进口产品有粮油食品、药品、运输工具、机械设备、牲畜、化工原料、饮料及烟草等。

四十七、吉尔吉斯共和国

吉尔吉斯共和国(首都:比什凯克)位于中亚东北部,有90多个民族,其中吉尔吉斯族占68.4%,乌兹别克族占14.3%,俄罗斯族占9.5%。70%居民信仰伊斯兰教,多数属逊尼派。其次为东正教和天主教。国语为吉尔吉斯语,俄语为官方语言。国民经济以农牧业为主,工业基础薄弱,主要生产原材料。

四十八、老挝

老挝(首都:万象)位于中南半岛北部的内陆国家,分为49个民族,分属老泰语族系、孟-高棉语族系、苗-瑶语族系、汉-藏语族系,统称为老挝民族。通用老挝语。居民多信奉佛教。老挝以农业为主,工业基础薄弱。2012年10月,老挝正式加入世界贸易组织。

四十九、哈萨克斯坦

哈萨克斯坦(首都:阿斯塔纳)位于亚洲中部,其中哈萨克族占65.5%,俄罗斯族占21.4%。50%以上居民信奉伊斯兰教(逊尼派)。此外,还有东正教、天主教和佛教等。哈萨克语为国语,官方语言为哈萨克语和俄语。哈萨克斯坦经济以石油、采矿、煤炭和农牧业为主。

五十、卡塔尔

卡塔尔（首都：多哈）位于波斯湾西南岸的卡塔尔半岛上，其中卡塔尔公民约占15%。阿拉伯语为官方语言，通用英语。居民大多信奉伊斯兰教，多数属逊尼派中的瓦哈比教派，什叶派占全国人口的16%。

石油、天然气产业是卡塔尔经济支柱。主要出口产品石油、液化气、凝析油合成氨、尿素、乙烯等，主要进口产品是机械和运输设备、食品、工业原材料及轻工产品、药品等。

五十一、科威特

科威特位于亚洲西部波斯湾西北岸，伊斯兰教为国教，居民中95%信奉伊斯兰教，其中约70%属逊尼派，30%为什叶派。官方语言为阿拉伯语。

石油、天然气工业为国民经济主要支柱，外贸在经济中占有重要地位。出口商品主要有石油和化工产品。进口商品有机械、运输设备、工业制品、粮食和食品等。

五十二、摩尔多瓦

摩尔多瓦（首都：基希讷乌）位于东南欧北部的内陆国，摩尔多瓦族占75.8%，乌克兰族8.4%，俄罗斯族5.9%。主要信仰东正教，官方语言为摩尔多瓦语，俄语为通用语。传统农业国家，葡萄种植和葡萄酒酿造业发达。

五十三、马尔代夫

马尔代夫（首都：马累）是印度洋上的群岛国家。民族语言和官方语言为迪维希语（Dhivehi），上层社会通用英语。伊斯兰教为国教，属逊尼派。旅游业、渔业和船运业是三大支柱。主要出口商品为海产品，主要进口商品为食品、家具、石油产品、电子产品、纺织品和生活用品。

五十四、马来西亚

马来西亚（首都：吉隆坡）位于东南亚，国土被南中国海分隔成东、西两部分。马来人68.1%，华人23.8%，印度人7.1%，其他种族1.0%。马来语为国语，通用英语，华语使用较广泛。伊斯兰教为国教，其他宗教有佛教、印度教和基督教等。

20世纪70年代以来不断调整产业结构，大力推行出口导向型经济，电子业、制造业、建筑业和服务业发展迅速。

五十五、马其顿

马其顿（首都：斯科普里）位于欧洲巴尔干半岛中部，主要民族为马其顿族（64.18%），阿尔巴尼亚族（25.17%）。官方语言为马其顿语。居民多信奉东正教，少数信奉伊斯兰教。

主要进口产品为电力、原油、金属、机动车、食品、饮料、纺织品、化工产品。主要出口产品为钢铁、服装、石油产品、水果、蔬菜、金属矿石、食品、葡萄酒、烟草和卷烟、饮料、化工产品等。

五十六、蒙古国

蒙古国（首都：乌兰巴托）位于亚洲中部的内陆国，东、南、西与中国接壤，北与俄罗斯相邻。喀尔喀蒙古族约占全国人口的80%，此外还有哈萨克等少数民族。主要语言为喀尔喀蒙古语。居民主要信奉喇嘛教。

经济以畜牧业和采矿业为主，实行经济开放政策。出口主要为矿产品、纺织品和畜产品等；进口主要有矿产品、机器设备、食品等。

五十七、尼泊尔

尼泊尔（首都：加德满都）位于喜马拉雅山南麓，北邻中国，其余三面与印度接壤。尼泊尔语为国语，上层社会通用英语。多民族、多宗教、多种姓、多语言国家。居民86.2%信奉印度教。

农业国，经济落后，世界上最不发达国家之一。主要进口商品是煤、石油制品、羊毛、药品、机械、电器、化肥等，主要出口商品是蔬菜油、铜线、羊绒制品、地毯、成衣、皮革、农产品、手工艺品等。

五十八、波兰

波兰（首都：华沙）位于欧洲中部，波兰族约占98%，官方语言为波兰语。全国约90%的居民信奉罗马天主教。加入欧盟后，波兰经济突飞猛进。主要进口石油、汽车、钢铁、合成材料及工业成品油等。主要出口汽车、内燃机、橡胶制品、铝制品、农产品等。

五十九、保加利亚

保加利亚（首都：索非亚）位于欧洲巴尔干半岛东南部，保加利亚族占84%。保加利亚语为官方和通用语言，土耳其语为主要少数民族语言。居民主要信奉东正教，少数人信奉伊斯兰教。

1989年后保加利亚开始向市场经济过渡，发展包括私有制在内的多种所有制经济，优先发展农业、轻工业、旅游和服务业。主要进口机电产品、金属矿石、化工材料、燃料，主要出口纺织品、贱金属、机械装备。

六十、罗马尼亚

罗马尼亚（首都：布加勒斯特）位于东南欧巴尔干半岛东北部，罗马尼亚族占88.6%，匈牙利族占6.5%。官方语言为罗马尼亚语，主要少数民族语言为匈牙利语。主要宗教有东正教（信仰人数占总人口数的86.5%）、罗马天主教（4.6%）、新教（3.2%）。

罗马尼亚目前同全球约180个国家和地区有经贸往来。主要出口产品有：鞋类、服装、纺织品。主要进口产品有：机电、家电、矿产品、石油产品。

六十一、塞尔维亚

塞尔维亚（首都：贝尔格莱德）位于巴尔干半岛中北部，官方语言塞尔维亚语。主要宗教东正教。近年来，塞尔维亚经济状况稍有好转，国民经济呈现出稳中有升的态势。对外经贸活动日渐活跃，外贸额连年上升。

六十二、沙特阿拉伯

沙特阿拉伯（首都：利雅得）位于阿拉伯半岛，沙特公民约占67%。伊斯兰教为国教，逊尼派占85%，什叶派占15%。官方语言为阿拉伯语。

石油工业是沙特经济的主要支柱。实行自由贸易和低关税政策。出口以石油和石油产品为主,约占出口总额的90%,石化及部分工业产品的出口量也在逐渐增加。进口主要是机械设备、食品、纺织等消费品和化工产品。

六十三、斯洛伐克

斯洛伐克(首都：布拉迪斯拉发)是欧洲中部的内陆国,斯洛伐克族占85.8%,匈牙利族占9.7%,罗姆(吉卜赛)人占1.7%。官方语言为斯洛伐克语。居民大多信奉罗马天主教。

近年来,斯政府不断加强法制建设,改善企业经营环境,大力吸引外资,逐渐形成以汽车、电子产业为支柱,出口为导向的外向型市场经济。主要出口商品有：钢材、电子产品、交通工具、机械产品、化工产品、矿物燃料、金属和金属制品、电力设备等。主要进口商品有：石油、天然气、机械设备、原材料、食品、化工产品等。

六十四、塔吉克斯坦

塔吉克斯坦(首都：杜尚别)位于中亚东南部,共有86个民族,其中塔吉克族占80%,乌兹别克族占15.3%。多数居民信奉伊斯兰教,多数为逊尼派(帕米尔一带属什叶派)。塔吉克语为国语,俄语为通用语。

塔吉克斯坦水力、矿产资源丰富。石油天然气资源匮乏。水力资源蕴藏量居世界第8位,人均水资源蕴藏量居世界首位。

六十五、俄罗斯

俄罗斯(首都：莫斯科)有民族194个,其中俄罗斯族占77.7%,主要宗教为东正教,其次为伊斯兰教。俄罗斯有着优越的地理位置,陆海复合,国力雄厚。此外,俄罗斯矿产资源极为丰富,无论是石油、煤炭还是天然气,俄罗斯的产量或储量都位居世界前列。

六十六、南非

南非(首都：约翰内斯堡)位于非洲大陆最南端,分黑人、有色人、白人和亚裔四大种族,有11种官方语言,英语和阿非利卡语为通用语言。约80%的人口信仰基督教,其余信仰原始宗教、伊斯兰教、印度教等。

南非属于中等收入的发展中国家,也是非洲经济最发达的国家。南非实行自由贸易制度,是世界贸易组织(WTO)的创始会员国。出口产品有：黄金、金属及金属制品、钻石、食品、饮料、烟草、机械及交通运输设备等制成品。主要进口机械设备、交通运输设备、化工产品、石油等。

六十七、斯里兰卡

斯里兰卡(首都：科伦坡)位于南亚次大陆以南印度洋上的岛国,僧伽罗族占74.9%,泰米尔族15.4%,摩尔族9.2%,其他0.5%。僧伽罗语、泰米尔语同为官方语言和全国语言,上层社会通用英语。居民70.2%信奉佛教,12.6%信奉印度教,9.7%信奉伊斯兰教,7.4%信奉天主教和基督教。

以种植园经济为主,主要作物有茶叶、橡胶、椰子和稻米。工业基础薄弱,以农产品和服装加工业为主。实行自由外贸政策,除政府控制石油外,其他商品均可自由进口。

六十八、韩国

韩国（首都：首尔）位于亚洲大陆东北部朝鲜半岛南半部。为单一民族，通用韩国语，50%左右的人口信奉基督教、佛教等宗教。

1996年加入经济合作与发展组织（OECD），同年成为世界贸易组织（WTO）创始国之一。1997年，亚洲金融危机后，韩国经济进入中速增长期。主要进口产品有原油、半导体、天然气、石油制品、半导体零部件、钢板、煤炭、通信器材、电缆等。主要出口产品有汽车及零部件、半导体、有线无线通讯器材、船舶、石油制品、平板液晶显示器、个人电脑、影视器材等。

六十九、土耳其

土耳其（首都：安卡拉）地跨亚、欧两洲，土耳其族占80%以上，库尔德族约占15%。土耳其语为国语。99%的居民信奉伊斯兰教，其中85%属逊尼派，其余为什叶派（阿拉维派）；少数人信仰基督教和犹太教。

20世纪80年代实行对外开放政策以来，土耳其经济实现跨越式发展，由经济基础较为落后的传统农业国向现代化的工业国快速转变。对外贸易总值和数量不断增加。主要进口商品为原油、天然气、化工产品、机械设备、钢铁等，主要出口产品是农产品、食品、纺织品、服装、金属产品、车辆及零配件等。

七十、乌克兰

乌克兰（首都：基辅）位于欧洲东部，黑海、亚速海北岸。110多个民族，乌克兰族占72%，俄罗斯族占22%。官方语言为乌克兰语，俄语广泛使用。主要信奉东正教和天主教。经济运转基本靠美欧和国际货币基金组织借款和援助维系。

七十一、乌兹别克斯坦

乌兹别克斯坦（首都：塔什干）位于中亚腹地，是双内陆国。共有134个民族，乌兹别克族占78.8%，塔吉克族占4.9%，俄罗斯族占4.4%。乌兹别克语为官方语言，俄语为通用语言。多数居民信奉伊斯兰教（逊尼派），其余多信奉东正教。矿产资源较丰富。

第二章 "一带一路"沿线国家主要资源

第一节 "一带一路"沿线国家耕地资源

耕地是整个国民经济的基础，耕地资源对于一国的经济发展具有重要影响。耕地是实现国家粮食安全的基础和保证，是提供粮食的基本保障，在近些年随着人口快速增长引起突出的人地矛盾问题，引发世界粮食安全担忧。世界银行在2010年9月发布了《对耕地日益增长的全球关注》，受到人口增长、价格波动、环境压力等的影响，耕地能否满足人类需求成为全球关注的焦点问题，全球对耕地关注度逐渐提升。"一带一路"沿线国家耕地资源禀赋及其存在的问题影响到"一带一路"沿线国家的粮食安全，研究这一问题对"一带一路"倡议下农业合作的顺利进行具有重要意义。

一、"一带一路"沿线国家耕地资源的基本特征

耕地来自自然土壤的发育，只有具备可供农作物生长的条件时土地才能形成耕地。一般来说耕地分为已经开发的和尚未开发的，本文所提到的耕地资源主要是参考了联合国粮农组织的定义，其认为耕地主要包括种植短期作物、可以放牧的短期草场、用作菜园的土地，也包括暂时闲置的土地。一国耕地资源是否丰腴决定了其对农产品进出口情况以及经济发展情况，影响国家的粮食安全。

（一）"一带一路"沿线国家耕地总面积丰富，人均资源短缺

"一带一路"沿线国家总耕地资源丰富，人均不足。根据世界银行的划分标准，将世界各主要区域分为北美、拉丁美洲和加勒比地区、东亚与太平洋地区、欧洲与中亚地区、撒哈拉以南非洲地区、南亚、中东与北非地区等7个区域，以及阿拉伯联盟、经合组织和欧洲联盟等3个地区。根据联合国粮农组织的数据统计结果，2013年世界耕地总面积为14.1亿公顷，占全球土地总面积的10.85%。"一带一路"沿线65个国家的耕地面积为6.81亿公顷，占世界总耕地面积的比重为48.28%，几乎占到世界的一半。世界上耕地面积最大的国家是印度，为1.57亿公顷。俄罗斯和中国则以1.22亿公顷和1.06亿公顷居于世界第3、4位，中俄也是"一带一路"沿线主要国家，"一带一路"沿线国家以几乎占世界一半的耕地资源而凸显出其重要位置，然而当考虑人口因素时，"一带一路"沿线国家则失去了耕地资源优势。

图4-2-1和图4-2-2为世界各主要区域耕地资源，包括耕地总面积和人均耕地面积。可以看出“一带一路”沿线国家总耕地资源远超过其他地区和组织，然而人均耕地资源低于经合组织和欧盟，并且“一带一路”国家主要涉及的阿拉伯联盟、南亚、中东与北非地区的人均耕地资源非常低。

具体来看，图4-2-2将世界人均耕地面积0.197公顷作为横纵轴交叉点，位于横轴以上的为高于世界平均水平的地区，位于横轴以下的为低于世界平均水平的地区。从图中可以看出，“一带一路”沿线国家的人均耕地面积仅为0.152公顷，低于世界平均水平，耕地资源最缺乏的是中东与北非地区。“一带一路”沿线国家中仅有29国高于世界人均耕地面积，超过一半（55.38%）的“一带一路”沿线国家人均耕地面积低于世界平均水平。人均耕地面积最低的是新加坡，每万人占有1.03公顷耕地，其次是巴林每万人12公顷和科威特每万人27公顷。中国的人均耕地面积为每万人771公顷，居于“一带一路”沿线国家耕地面积排名的第45位，属于耕地资源短缺的国家。

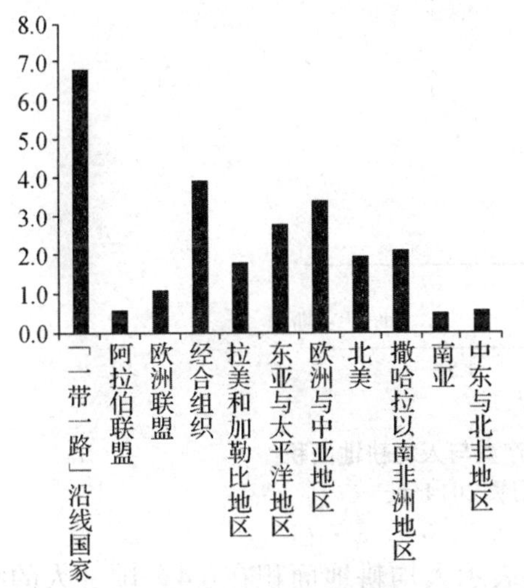

图4-2-1　世界各主要区域耕地总面积（亿公顷）

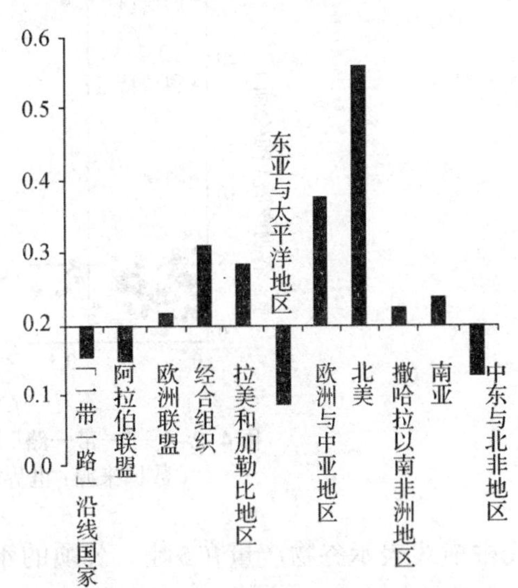

图4-2-2　世界各主要区域人均耕地面积（公顷/人）

数据来源：世界银行WDI数据库，2013年，北京师范大学新兴市场研究院测算。

（二）“一带一路”沿线国家耕地谷物出产率低

耕地产出谷类的产量影响耕地谷物出产率水平，根据联合国粮农组织的定义，谷物产量指的是收获土地每公顷生产的谷物吨数，这些谷物主要包括小麦、玉米、小米、荞麦等。另外在测算时临近年终的粮食收成放在下一年计算。

如图4-2-3所示，世界平均谷物产量为3.897吨／公顷，以此为横纵轴的交叉点，位于横轴以上的地区为高于世界平均水平的地区，位于横轴以下的地区为低于世界平均水平的地区。“一带一路”沿线国家平均谷物产量为3.456吨／公顷，低于世界平均水平。“一带一路”国家涉及的阿拉伯联盟、南亚、中东与北非地区的谷物产量均低于世界平均水平，欧洲与中亚地区与世界平均水平基本持平。其中中东与北非地区的谷物产量仅为2.473吨／公顷。世界发达地区北美地区、欧盟、经合组织、东亚与太平洋地区的谷物产量均高于世界平均水平，其中北美地区为6.670吨／公顷，是“一带一路”沿线国家谷物产量的2倍。

图4-2-4为“一带一路”沿线65国的谷物产量与人均耕地资源的分布关系图，其中的两条横

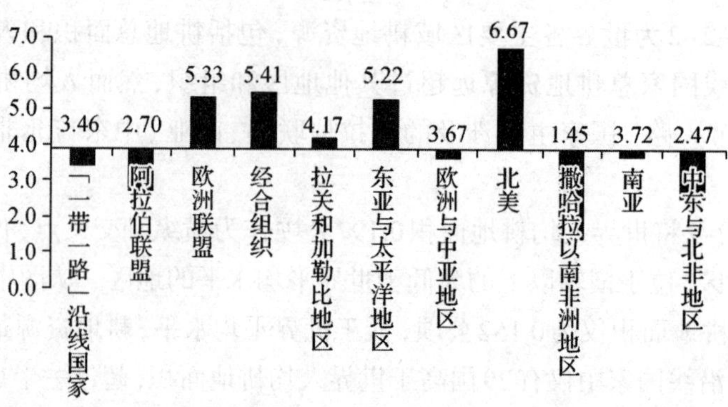

图4-2-3　世界各主要区域谷物产量(吨/公顷)

数据来源:世界银行WDI数据库,2014年,北京师范大学新兴市场研究院测算。

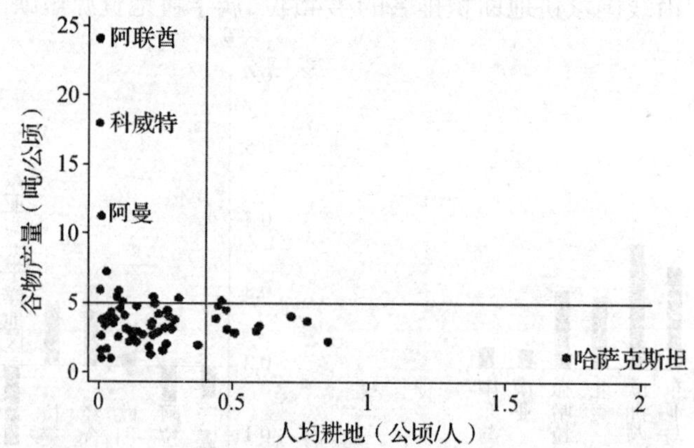

图4-2-4　"一带一路"沿线国家谷物产量与人均耕地面积

数据来源:世界银行WDI数据库,2014年。

纵线中横线表示谷物产量在5吨/公顷的水平线,纵线表示人均耕地面积在0.4公顷/人的线。由此分成4个象限,第一象限为耕地资源丰富且谷物产量高的地区,第二象限为耕地资源紧缺但是谷物产量高的地区,第三象限表示耕地资源紧缺同时谷物产量低的地区,第四象限表示耕地资源丰富谷物产量低的地区。从图中可以看出"一带一路"沿线国家主要集中在第三象限,即人均耕地面积在世界平均水平周围变动,谷物产量在5吨/公顷以下,面临耕地资源缺乏,耕地谷物产量低的双重问题。

落在第二象限的地区是耕地资源非常缺乏的阿联酋、科威特和阿曼,其耕地谷物产量非常高,每公顷耕地生产的谷物达到24.101吨、17.965吨和11.254吨,在世界排名第1、3、4名。然而这些地区的耕地资源非常缺乏,沙漠化土地居多,虽然谷物产出率高,但是总谷物产出量不高,食物仍然主要依赖进口。落在第四象限的地区主要向第三象限集中,特别应该注意的是哈萨克斯坦人均耕地面积最高,在世界上处于领先水平,然而其耕地谷类产量很低,为1.165吨/公顷,在"一带一路"沿线国家中仅高于也门和文莱。哈萨克斯坦的农作物播种面积很大,但单位面积产量较低,因为地广人稀,仍然保留的是粗放的经营方式,这种在农业发展的初始阶段进行农业的生产,降低了经济效益。

(三)"一带一路"多数欠发达国家耕地资源紧缺,粗放式经营造成资源浪费

农业从粗放向集约转变的过程是随着经济发展从欠发达向发达国家的转变而进行的,"一带一

路”沿线70%的国家处于中等收入国家的现状，显示出在这一区域的农业正处于粗放向集约的过渡期，多数处于传统农业阶段，在耕地资源使用上存在相当程度的资源浪费。

高耕地、高收入国家主要是立陶宛、拉脱维亚、爱沙尼亚、匈牙利，根据2015年的世界银行统计结果，立陶宛人均耕地面积达到0.787公顷，居于世界第7位，拉脱维亚以0.611公顷位于世界第11位，爱沙尼亚的人均耕地面积为0.482公顷超过美国（0.472公顷），匈牙利以0.447公顷紧随其后。这部分国家的人口规模较小导致人均耕地面积相对较高，这些国家的人口规模均没有超过1亿人，其中爱沙尼亚仅为131万人，拉脱维亚为198万人，立陶宛为291万人，匈牙利人口相对较多为984万人。同时，这几个国家都是发达的资本主义国家，人均生活水平较高，经济高速发展，土地利用达到集约化水平，在“一带一路”沿线国家中属于耕地资源丰富的发达国家。

低耕地，高收入国家主要是卡塔尔、新加坡、阿联酋、科威特、文莱、以色列、沙特阿拉伯、斯洛文尼亚、巴林、阿曼、克罗地亚、捷克、斯洛伐克、波兰等国家，这些国家是人均耕地面积相对较低的高收入国家。这部分国家人均耕地少的主要原因不是人口密度大，而是耕地占国土面积的比例太小，这些国家沙漠面积庞大，淡水资源严重缺乏，2013年耕地占国土面积的比重方面，阿曼仅为0.12%，阿联酋为0.45%，科威特为0.59%，新加坡为0.81%，文莱为0.95%，卡塔尔为1.22%，沙特阿拉伯为1.43%，巴林为2.08%。受耕地面积限制，这些国家的农业生产结构偏重于饲养－畜牧业和园艺业，粮食和农业原料大多依赖进口，农牧产品不能自给，粮食、蔬菜、水果、肉蛋奶等主要依赖进口。由于这些国家经济发达，完全有能力进口必须的粮食以及其他生活必需品，因此人民生活水平很高。

低耕地，低收入是“一带一路”沿线国家主要集中分布的象限，这一类国家占了40个，占到“一带一路”沿线所有国家的62%，这类国家包括中国、印度、印度尼西亚、老挝、尼泊尔、缅甸、不丹、阿富汗等国家在内的大多数亚洲国家，经济仍处于发展中水平，人均占有耕地面积较少，农业技术水平不高。这类国家主要受到经济条件和后备资源不足等两方面因素限制，使其耕地不足的矛盾比较尖锐。人均耕地少的原因是一方面耕地占国土面积的比例小，另一方面人口密度高。粮食亩产水平很低，经济活动人口的1/2至2/3仍被束缚在土地上。从事农业生产的经济活动人口非常高，其中老挝农业就业人口占总就业的66.45%，尼泊尔为64.33%，缅甸为57.63%，不丹为54.49%，阿富汗为52.95%等，工业化城市化水平低。而作为世界重要粮食出口国的美国、澳大利亚、加拿大，农业人口占就业的比例分别为10.22%，2.79%，2.11%，工业化水平高，农业集约化发展。在第三象限的国家每个农业经济活动人口供养的人口很少，尼泊尔每个农业就业者仅供养2 869人，老挝为3 029人，缅甸为3 222人，越南为3 719人，不丹为3 879人，而发达的粮食主要出口国美国人均供养6 857人，澳大利亚人均供养72 065人，加拿大人均供养91 958人。

高耕地、低收入国家主要是哈萨克斯坦、俄罗斯、乌克兰、白俄罗斯等国家，这类国家的人均耕地水平很高，但土地利用的集约化水平最低，农业技术水平低。人均耕地占有量远超过世界平均，为适应人口激增的需要，耕地总面积都有明显扩大，但是广种薄收。尤其是哈萨克斯坦人均耕地资源丰富，而农业增加值占比仅为4.97%，哈萨克斯坦土地面积广大，人口稀少，劳动力不足，干旱缺水，所以该国农业长期以来一直处于粗放经营的状态。这部分国家占有“一带一路”高比例的耕地面积，而粗放经营造成了耕地资源浪费。丰富的耕地资源使哈萨克斯坦在农业方面的潜力巨大，纳扎尔巴耶夫曾指出哈萨克斯坦农业潜力巨大，呼吁中国对哈萨克斯坦农业方面的投资与开发。农业是哈萨克斯坦传统的强势领域，但土地利用率低下限制了其农业的发展，全球都在积极开发土地、大力发展农产品加工业的今天，哈萨克斯坦却有900万公顷的土地未被开发。哈萨克斯坦前副总理占多索夫也于2016年12月11日在"一带一路"京师大讲堂提出了同样的观点。这可能是"一带一路"倡议推进中哈合作的一个着力点。

二、"一带一路"沿线国家耕地资源问题

（一）"一带一路"沿线国家的人地矛盾更加严峻

1983年世界粮农组织指出，粮食安全的目标为"确保所有的人在任何时候既能买得到又能买得起所需要的基本食品"（史培军等，1999），由此可见保障粮食安全的关键是满足持续增长的人口对粮食的需求，而提高耕地的粮食生产能力是确保粮食安全的重要任务，提高耕地数量和耕地质量是强化粮食生产能力的基本前提。

世界耕地面积从1961年至1991年经历从快速增长到缓慢增长再恢复到快速增长的3个阶段，整体表现为增长态势，然而从1992年至今的23年中，世界耕地面积始终在13亿～14亿公顷，没有表现出稳定增长的态势。而从1961年至今的人口规模呈指数增长，根据联合国粮农组织的预测到2030年人口达到83.09亿人，到2050年将增至91.5亿人。由此在20世纪末至今表现出的人口持续增长，耕地总体不变的矛盾日益凸显。比较1992年至今世界耕地稳定波动期间"一带一路"沿线国家的耕地变化，"一带一路"沿线国家耕地以较大的幅度持续下降，相比于世界整体情况表现出更加糟糕的耕地流失问题。

"一带一路"沿线国家的人地矛盾问题更加紧迫。不同收入国家的人口增速不同，中低收入国家人口增速高于高收入国家和低收入国家，"一带一路"沿线国家处于中等收入水平的国家有45个，占比69.23%，"一带一路"沿线国家的人口增长速度更快，再加上耕地面积处于下降趋势，更加重了人地矛盾。发展中国家生产力水平低，人口增长更快，耕地面积下降。耕地资源这样的变化在全球具有严峻性，在"一带一路"沿线国家更严峻。

（二）"一带一路"沿线国家面临紧迫的粮食安全问题

粮食需求随着人口的增加而增加，尤其是对于"一带一路"沿线地区多数为发展中国家尤甚。粮食是贫困人口的基本需求，人口增长引起刚性需求增加，食物结构升级引起的需求增加以及生物质能源开发带来的巨大需求。2011年10月联合国粮食及农业组织发布《世界粮食不安全状况2011：国际粮价波动如何影响各国经济及粮食安全》强调粮食价格的居高不下和持续波动，将进一步加剧粮食不安全态势，严重影响依赖粮食进口国家的粮食安全，加重相应国家经济危机。据OECD经济合作与发展组织与FAO联合预测，粮食贸易格局也已由传统的以自然资源禀赋为基础，发展为现代的以自然资源、技术资源、资本资源等综合禀赋为基础，欧美地区的粮食出口优势将进一步凸显，"一带一路"涉及的发展中国家的粮食进口压力将进一步加大，粮食贸易的地区差异将更为显著。

根据联合国粮农组织提供了粮食安全指标"粮食进口依赖度"数据，2009—2011年世界粮食进口依赖度最低的是阿根廷，依赖度为-168.5%，其次是澳大利亚为-144.9%。图4-2-5中为"一带一路"沿线国家粮食进口依赖度，依赖度为正值表示该国粮食主要通过依赖进口满足需求，依赖度为负值表示该国粮食除能够满足自身需求外进行部分出口，"一带一路"沿线国家中63%的国家需要通过进口满足粮食需求，其中马尔代夫（100%）、文莱（98.3%）和科威特（97.8%）的粮食进口依赖度

最高，保加利亚（–92.2%）、匈牙利（–81.1%）和立陶宛（–74.7%）的粮食进口依赖度最低，中国的粮食进口依赖度为2.1%，需要通过进口满足粮食需求。

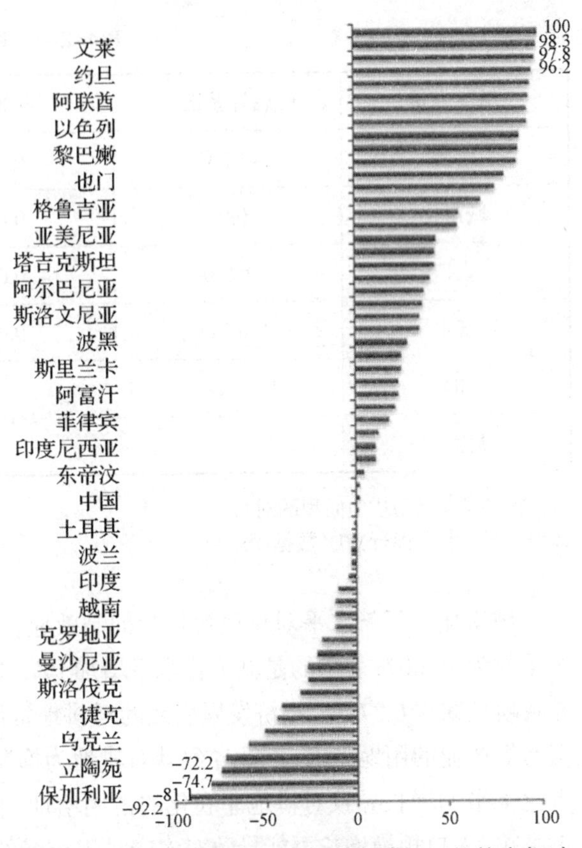

图4–2–5　“一带一路”沿线国家粮食进口依赖度（%）

数据来源：联合国粮农组织统计数据库。

（三）工业化城市化加速“一带一路”沿线国家耕地非农化

作为一种典型的多功能性自然资源，工业化城市化过程中耕地资源的丧失使地球生命支撑系统面临直接威胁（李秀彬，1999），“一带一路”沿线国家耕地面积从1992年至今大幅缩减背后的原因值得探讨。经济发展不可避免要经历工业化和城市化进程，而在工业化城市化过程中，为满足建设用地、工业用地的需求，耕地非农化趋势明显，耕地资源因此发生动态变化（Huang和Rozelle，1995）。综合来看，土地沙土化、人口增长、城市化进程、经济增长均对耕地变化具有一定影响，探讨“一带一路”沿线国家耕地变化的驱动因素，为保护“一带一路”沿线国家耕地资源解决沿线各国粮食安全问题提出对策建议，有助于“一带一路”倡议的推进。

已有文献对耕地变化驱动因素的探讨主要聚焦在工业化城市化过程中带来的耕地非农化占用问题，其中经济增长、人口增长、城市化水平的增长对地区耕地资源变动具有重要影响。人口增长对耕地变化具有双重影响，一方面人口增长会增加对农产品的需求量，增加对耕地资源的需求，国家开垦耕地满足这种增长的需求；另一方面人口增长也增加了对居住、交通等用地的需求，可能导致部分耕地转化为居住、交通等非农用地。国际经验表明，人口密集的国家在工业化过程中必然会遭受耕地严重损失，工业化进程越快，耕地损失也越多（余振国等，2003）。城市化是区域经济和社会发展在空间上的必然表现，城市化引起耕地非农化占用进而导致耕地数量大幅缩减（李秀彬，1996）。

对“一带一路”国家的耕地变化研究主要是基于零散的国家的研究，主要聚焦经济发展、人口增长和城市化因素，学者从经济增长（Tommy Firman，1997），人口增长（Maxim 和Naftaly，2002），城市化（Adam和Krzysztof，2004）的角度探讨了造成耕地非农化的原因。本部分以“一带一路”65个国家为样本对人口、经济、城市化对耕地的影响进行回归估计耕地资源变化的驱动因素，探索“一带一路”沿线国家整体的耕地变化机制。

根据已有理论，城市化、经济发展水平、人口增长等对耕地变化具有重要影响，本部分以1992—2013年的“一带一路”沿线65个国家为样本，选择耕地面积的自然对数为被解释变量，主要解释变量为人口、城市化水平和经济水平，其中人口和经济水平用人口规模的自然对数和人均GDP的自然对数表示，城市化用城镇人口占总人口的比重表示，得到的回归结果如表4–2–1所示。

表4-2-1　回归估计结果

解释变量	估计系数	标准误	t值	显著性水平
常数	−1.337	0.513	−2.604	0.009
城市化	−0.007	0.003	−2.182	0.029
人口	1.110	0.024	46.988	0.000
经济水平	−0.278	0.047	−5.909	0.000
R^2	0.690			
调整R^2	0.689			

注：被解释变量为耕地面积的对数。
数据来源：世界银行WDI数据库。

城市化和经济水平对耕地变化为抑制效应，而人口为正向影响。其中城市化对耕地变化的影响系数为−0.007，表示的是城市化水平增加1%，将使耕地减少0.007%。而人均GDP每增长1%，将导致耕地减少0.278%，经济发展引致的对耕地资源的需求量小于对非农用地尤其是工业、房地产、交通等产业的用地需求，因此导致其对耕地为抑制作用。可见"一带一路"沿线国家经济增长和城市化水平的增长导致对耕地非农化的占用增加，从而使耕地面积减少。人口对耕地面积的影响为正影响，人口规模增长可能导致对农产品需求量的增长进而提高对耕地资源的需求，因此表现为耕地面积的增加，从系数也可以看出人口增加1%将导致耕地增加1.11%。常数项包含了一些无法估计的因素包括生态环境恶化、水土流失等问题也引起耕地资源的损失。

当前的土地利用制度无法充分表达耕地资源的非农价值，受到经济利益驱使，耕地资源逐渐向工业用地、建设用地等非农化过度，这造成了严重的社会问题，威胁国家粮食安全，这个问题在"一带一路"沿线国家耕地资源相对匮乏的情况下尤其严重（宋敏，2013）。杨利民等（2013）提到中国的人口将在2028年达到峰值14.37亿人，超载的人口对粮食的需求爆发式增长，使其面临更加严峻的形势，而崔许锋（2014）在其研究中提出城镇化率已经超过50%，中国城市化正处于快速发展期，这必然引起对非农化用地的需求增长，如何实现耕地资源安全与城镇化共同发展成为学术界和实务界应该关注的重要问题。

第二节　"一带一路"沿线国家水资源

20世纪后半叶多数国家用水量激增，甚至在一些地区出现水危机，这引起世界的广泛关注，有关组织开始对水资源问题进行重点探讨（陈家琦等，2003）。联合国在1977年的世界水会议就已经将水资源问题上升到全球战略高度，随着人口增长和工业化城市化发展，越来越突出的问题是水的供需矛盾。1998年世界环境与发展委员会（WCED）提出的一份报告中指出："水资源正在取代石油而成为在全世界范围引起危机的主要问题。"世界经济论坛在2015年1月宣布基于对社会影响破坏的量化，水资源短缺问题——水危机是全球第一大风险。

一、"一带一路"沿线国家水资源基本特征

本文所指的水资源主要指陆地上的淡水资源，研究"一带一路"国家的水资源使用的指标是可再生内陆淡水资源，数据主要来自联合国粮农组织农业与水信息系统（AQUASTAT），可再生内陆淡水资源是指某国国内的可再生资源（内陆河流及降雨产生的地表水），人均可再生内陆淡水资源使用世界银行的人口估算值进行计算（人均可再生内陆淡水资源在后续简称水资源）。

（一）"一带一路"沿线国家人均可利用水资源短缺

"一带一路"沿线国家人均水资源低于世界平均值。根据联合国粮农组织2014年的统计数据，世界共有可再生内陆淡水资源42.81万亿立方米，"一带一路"沿线国家的可再生内陆淡水资源为15.23万亿立方米，占世界总的比重为35.58%，而"一带一路"沿线国家的人口占世界总人口的62.16%，用世界上35.58%的水资源供养62.16%的人口，水资源在"一带一路"沿线国家尤其短缺。世界人均水资源为0.593万立方米，"一带一路"沿线国家人均水资源为0.337万立方米，整体低于世界平均水平，而"一带一路"中的西亚北非地区的水资源尤其短缺。

"一带一路"沿线国家水资源总量最高，但人均水资源比经合组织、拉美地区、欧洲中亚地区和北美地区都低，在世界上水资源相对短缺。其中，阿拉伯联盟、南亚、中东北非地区的水资源无论是总量还是人均都较低，在世界人均水平之下。

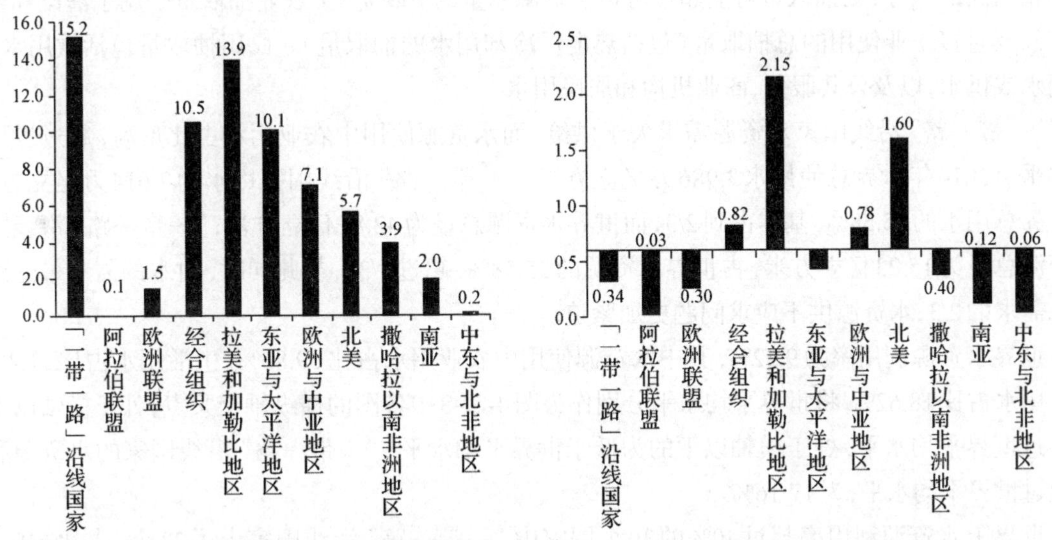

图4-2-6　世界各区域水资源总量（万亿立方米）　　**图4-2-7　世界各区域人均水资源（万立方米/人）**

数据来源：世界银行WDI数据库，2014年，北京师范大学新兴市场研究院测算。

"一带一路"沿线多数国家处于干旱半干旱地区，为世界上最缺水的地区。世界上水资源总量最高的是巴西（5.661万亿立方米），水资源最短缺的国家是科威特，被称为无水之国。世界上人均淡水资源最高的国家是冰岛（51.93万立方米 / 人），而人均水资源低于100立方米的10个国家都来自"一带一路"沿线国家，并且以科威特、巴林、阿联酋、埃及、卡塔尔等阿拉伯世界的国家为主，科威特、巴林等几乎没有可恢复的淡水资源。这些地区处于干旱半干旱地区，平均降水深度在世界上处于低位，世界上平均降水深度低于700年毫米的67个国家中有40个国家是"一带一路"沿线国家，占比60%。

联合国界定当一个地区的人均水资源量跌破1 700立方米为用水紧张，当人均水资源量低于1 000立方米为缺水，人均水资源低于500立方米为极度缺水（郭久亦等，2016）。世界上处于缺水线1 000立方米/人以下的50个缺水国，"一带一路"沿线国家占了24个，占比48%。而在人均水资源500立方米/人的极度缺水线以下的29个国家，"一带一路"沿线国家占了17个，占比58.62%，"一带一路"多数国家处于世界上最缺水国行列。据统计，柬埔寨地区居民平均每天仅靠6升水维持生活。经预测再过50年，在最缺水的中东和非洲地区中，科威特（47）、卡塔尔（58）、沙特阿拉伯（76）、巴林（96）、阿曼（177）将分别成为第二、第三、第五、第七和第十一大缺水国（莫杰，2013）。而这些最缺水国均来自"一带一路"沿线国家，因此，"一带一路"国家的水资源面临巨大危机。

（二）"一带一路"沿线国家用水矛盾突出，农业用水占用过多资源

水资源利用率指的是一定区域内水资源被人类开发和利用的状况，一般用被使用量与水资源的比值表示。水资源开发使用率越高，表示该地区水资源越欠缺，供给无法满足需求。世界各国的实践经验表明，当一个流域的地表水资源利用率超过40%时，就会出现水资源严重短缺和生态环境恶化等一系列问题（郭大本，2007）。本文使用联合国粮农组织农业与水信息系统公布的年度淡水抽取量总量占内部资源（内陆总淡水资源）的百分比作为水资源利用率的测算指标。年度淡水抽取量指水源总抽取量，未计入水库的蒸发损失。在咸水淡化厂作为重要水源的国家，抽取量也包括来自咸水淡化厂的水。在从不可再生的蓄水层或咸水淡化厂的抽取量相当可观，或者废水回收利用率相当高的地方，则抽取量可能超过可再生资源总量的100%。工农业抽取量是用于灌溉和畜牧生产以及直接工业使用的总抽取量（包括热电厂冷却用水的抽取量）。民用抽取量包括饮用水、市政用水或供水，以及公共服务、商业机构和居民用水。

"一带一路"沿线国家水资源需求大于供给，而水资源使用中农业用水占比最高，超过世界平均水平。2014年世界总使用水3.986万亿立方米，"一带一路"沿线国家用水为2.614万亿立方米，占世界总用水的65.58%，基本占到2/3，而世界水资源总量为42.81亿立方米，"一带一路"沿线国家水资源总量为15.23亿立方米，占世界水资源的35.58%，超过1/3。与此同时，对水的需求量达到世界总需求的2/3，水资源供不应求问题更加紧迫。

世界水资源利用率为9.32%，其中水资源使用中农业用水占比69.86%，生活用水占比11.49%，工业用水占比18.62%，将世界平均水平分别作为图4-2-8中各图的横纵轴交叉点，处于横轴以上的为超过世界平均水平，处于横轴以下的为低于世界平均水平。"一带一路"沿线国家的水资源利用率超过世界平均水平，为17.16%。

世界上水资源利用率超过40%的36个国家中"一带一路"沿线国家占了23个，占比64%，其中，阿拉伯联盟的水资源利用率高达225.73%，世界上水资源利用率最高的是巴林，达到8 935%，埃及、阿联酋、土库曼斯坦、沙特阿拉伯等国家紧随其后，分别达到43 333%、2 665%、1 989%、986%。中东与北非地区（138.4%）、南亚地区（51.63%）的水资源利用率也远超过世界平均水平。而在农业用水占比方面"一带一路"沿线国家远超过世界平均水平，达到79.63%。其中，阿拉伯联盟（84.25%）、南亚（91.15%）、中亚北非地区（85.21%）超过世界平均水平，最缺水的地区农业用水占比也最高，这些地区水资源极度缺乏，农业用水过高阻碍了工业化发展过程中工业用水的使用，以及人口增长过程中对生活用水的使用，造成用水不足的矛盾。"一带一路"沿线国家增加农业灌溉有助于满足人口增长对粮食的需求，但农业灌溉使用了"一带一路"沿线国家80%的淡水资源，农业用水占用了过多水资源。

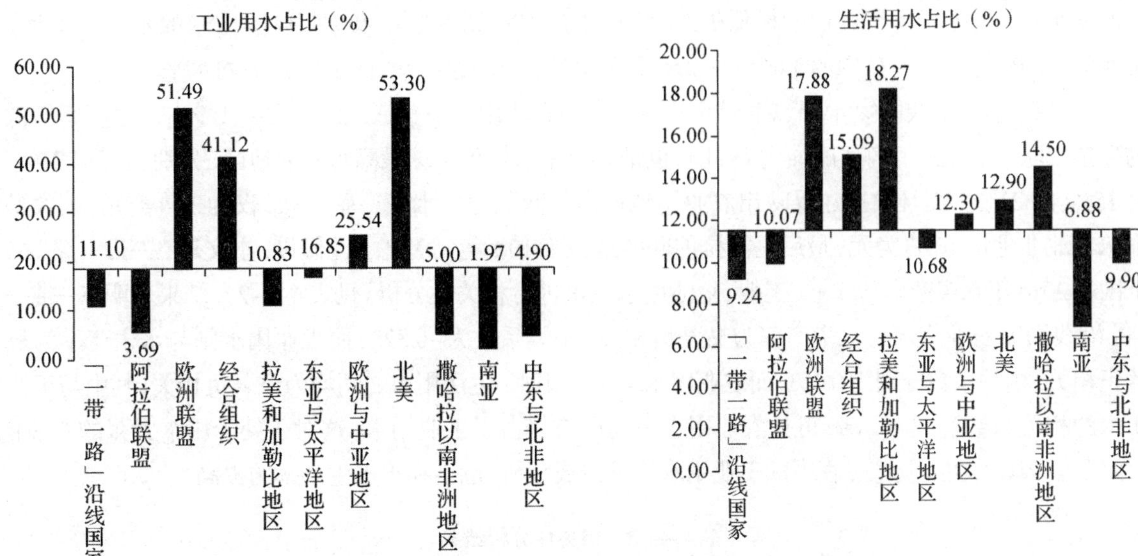

图4-2-8　世界各区域水资源利用率及不同用途的用水比重（2014）

数据来源：世界银行WDI数据库，2014年，北京师范大学新兴市场研究院测算。

随着人类社会的发展和人口的剧增，世界各国工农业生产和人民生活的用水量也不断增加。“一带一路”65个国家中70%的国家为中等收入国家，这些国家正处于工业化城市化发展中，对工业用水的需求急剧增加，而人口的增加和生活水平的提高也对生活用水需求增加，再加上“一带一路”沿线国家相比于世界平均水平水资源更加短缺，因此用水矛盾也将更加突出。

二、“一带一路”沿线国家水资源存在的问题

（一）“一带一路”沿线国家水生产率低，农业灌溉用水效率低成诱因

水生产率是反映经济发展与水资源消耗的重要指标，水的生产率计算用不变价GDP除以水的年度总提取量所得，表示的是每立方米水产生的2010年不变价美元GDP。

世界平均水生产率为18.22美元／立方米，表示每使用1立方米水产生的GDP是18.22美元，以此为图4-2-9中横纵轴交叉点，可以看出“一带一路”的阿拉伯联盟、南亚、中东与北非地区的水生产率均低于世界平均水平，尤其是南亚的水生产率仅为2.54美元／立方米。欧盟的水生产率最高，达到70.64美元／立方米，其次是经合组织（44.31美元／立方米）和北美地区（34.23美元／立方米），而这些地区的水资源利用率仅为16.45%，10.13%和9.25%。“一带一路”沿线国家中中亚的塔吉克斯坦、吉尔吉斯共和国、乌兹别克斯坦、土库曼斯坦，和中东地区的阿富汗、巴基斯坦，东南亚的东帝汶、越南、缅甸，南亚地区的尼泊尔的水

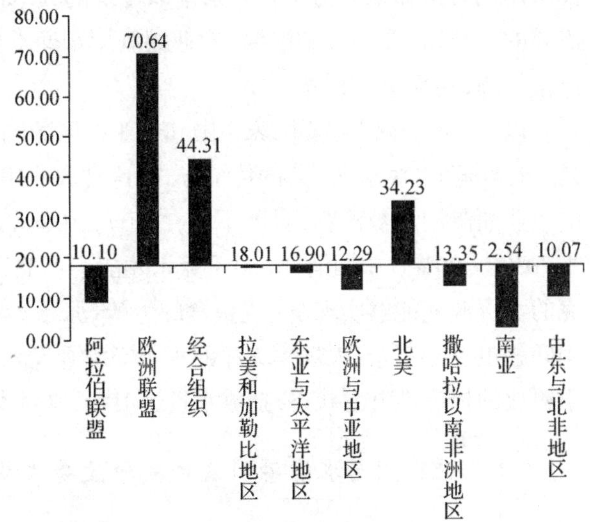

图4-2-9　世界各地区水生产率（美元/立方米）

数据来源：世界银行WDI数据库，2014年。

生产率最低，也处于世界各国的最低生产率国，生产率不到2美元，即使用1立方米的水产生不到2美元的GDP，包括中国在内的34个"一带一路"沿线国家水生产率低于世界平均水平。

"一带一路"沿线国家水资源生产率不高可能是农业用水浪费造成的。图4–2–9中水生产率最低的阿拉伯联盟、南亚、中东与北非地区同时也是农业用水处于全球最高水平的地区，分别达到84.25%、91.15%、85.21%。而且数据还反映出农业用地最高的南亚地区水生产率最低，仅为2.54美元，其次是中东与北非地区10.07美元，最后是阿拉伯联盟地区为10.1美元。基于此假设，本文对"一带一路"65个国家2014年水生产率与农业、工业、生活用水比重进行相关性分析（见表4–2–2），结果表明"一带一路"沿线国家农业用水与水生产率为显著负相关，相关系数为–0.322，而工业用水则与水生产率为显著正相关，相关系数分别为0.413，而农业用水与工业用水、生活用水之间均为显著负相关，其中与工业用水的相关系数达到–0.809，可见农业用水占比严重挤占了工业用水，这对于处于用水紧张的"一带一路"沿线国家在工业化过程中的工业用水需求造成危机，也不利于水生产率的提高。

表4–2–2　相关性分析结果

	水生产率	农业用水	生活用水	工业用水
水生产率	1.000			
农业用水	–0.322	1.000		
生活用水	0.413	–0.654	1.000	
工业用水	0.114	–0.809	0.097	1.000

数据来源：世界银行WDI数据库。

联合国2012年公布的最新《世界水资源开发报告》指出全球水资源浪费严重，很多国家由于管理不善，管道陈旧以及沟渠泄漏等，大概每年有30%的水资源被浪费（王春晓，2014）。"一带一路"沿线多数国家水资源可用量已经达不到灌溉的需求，快速增长的人口和用水的低效性使这一问题更加突出。"一带一路"沿线国家农业用水占去了水资源的80%，"一带一路"沿线国家农业用水浪费严重，让水顺势流入下方较低农田的重力漫灌法，仍是当前"一带一路"沿线国家大部分农民采用的普遍做法。由于多年来采取传统的大水漫灌方式，目前大部分灌溉系统耗用了远远超过需要的水量，由于蒸发和泄漏，农业灌溉用水通常要损失一半，造成土地盐碱化和涝浸，土质退化，产量下降，甚至毫无收入。

以"一带一路"主要国家中国和中亚地区的国家来说，中国当前的农业灌溉主要使用的方法还是"土渠输水、大水漫灌"的传统方式，这种农业用水造成水资源渗漏、蒸发，利用系数非常低，65%的农业灌溉用水被浪费（景跃军等，2000）。中国的农业用水有效使用率仅为40%，低于发达国家水平70%～90%。中国消耗650千克水才能生产1千克粮食，而在发达国家仅需要消耗不到1 000千克的水资源就能够实现1千克粮食的生产（张永军，2014）。中亚五国跨界河流众多，水资源开发利用问题也十分复杂，大规模无序的水土资源开发利用引发的生态问题相当突出，中亚水资源长期处于粗放的掠夺性开发状态，造成水资源浪费，这对本就缺水的中亚国家来说面临更大的水危机。

（二）世界因为水资源引发的战争主要发生在"一带一路"国家

因水资源匮乏导致或加剧国家、地区间的冲突在"一带一路"频发。1991年第七届世界水资源大会提出在水资源缺乏的干旱半干旱地区可能因为争夺水源的使用权而引发战争（Biswas，1991）。

联合国教科文组织调查发现，全世界有261条河流的河谷是多国共有的，这些地区是可能引发水危机的敏感地区。根据学者的研究，在过去50年，引发1 831起因水资源问题造成的冲突，而其中在507件个案中有37件上升为暴力事件，其中21件军事冲突中18件是“一带一路”沿线国家以色列与其邻国发生的（郭大本，2007）。

约旦河对于“一带一路”沿线国家约旦、以色列和巴勒斯坦来说具有非常重要的战略作用，这些国家也因为对水资源的争夺而冲突不断，阿拉伯联盟各国为对抗以色列的河流改道计划，在约旦河的支流修建水坝，控制水流量，但被以色列武力摧毁，并对叙利亚进行空袭，引发第三次中东战争，这场战争的结果是以色列侵占并夺走大量水源。最近黎巴嫩在约旦河支流修建输水管道又遭到以色列的武力威胁。目前以色列70%的供水主要来自1948年边界之外的地区，巴以和谈以土地换水资源可能才是和谈的重要原则。幼发拉底河和底格里斯河水系发源于土耳其境内，经过叙利亚和伊拉克，土耳其计划在幼发拉底河进行水利建设的举动可能使叙利亚失去40%放入水源，伊拉克几乎失去80%～90%，伊拉克85%人口用水主要来自这两条河。三国在分享这两条河流水权方面存在极大矛盾，一方面叙利亚支持土耳其的库尔德分裂主义运动，土耳其则以切断幼发拉底河相威胁，同时利用水资源换取伊拉克的石油。印度和巴基斯坦共同拥有印度河流域，然而处于上游的印度却以断水威胁巴基斯坦，后在世界银行的调解下两国签订印度河水条约。恒河方面印度在恒河修建大坝造成孟加拉国西南地区受到严重影响，引发多次争端，后于1997年孟印双方签署《分享恒河水条约》目的是确保孟加拉在旱季的用水需求，然而并未得到落实。水已成了国家缺少时就会诉诸武力的唯一资源（杨中强，2001）。

第三节　“一带一路”沿线国家化石能源

根据美国能源部能源情报署（EIA）的预测，到2030年，化石燃料仍然占世界一次能源构成的83%（王克强等，2009），以煤炭、石油、天然气为主的化石能源以其丰富的储量和成熟的开发技术，将继续成为21世纪中叶之前能源生产和消费的主体。本部分研究“一带一路”沿线国家的化石能源特征及存在的问题对于促进“一带一路”框架下的能源合作具有重要意义。

一、“一带一路”沿线国家的化石能源特征

化石能源是一种碳氢化合物或其衍生物，它由古代生物的化石沉积而来，是一次能源。化石燃料不完全燃烧后，都会散发出有毒的气体，却是人类必不可少的燃料。本文分析所用到的与化石能源相关的数据主要来自历年的《BP能源统计年鉴》和世界银行报告的公开数据。

（一）“一带一路”沿线国家是世界化石能源生产重心

“一带一路”沿线国家在全球能源市场非常重要，这里是全世界最大的能源生产重心。2015年世界化石能源生产113.9亿吨油当量，“一带一路”沿线国家生产69.27亿吨油当量，贡献了60.81%，亚太地区以31.62%居于其次，北美地区仅为20.23%，而南美和非洲地区的生产量最低为5.42%和6.5%。

在“一带一路”沿线65个国家中，石油输出国（OPEC）集中在“一带一路”的中东地区，俄罗斯、阿塞拜疆、哈萨克斯坦、土库曼斯坦也是石油和天然气输出国，中国是第四大的石油生产国。中

国和印度是第一和第三煤炭生产国。俄罗斯、伊朗和卡塔尔是第二、三、四天然气生产国。中国、印度和俄罗斯是在电力生产方面排第一、三、四名。在2015年，"一带一路"沿线国家为世界提供了57%的石油生产，53%的天然气生产，70%的煤炭生产和47%的电力生产。

石油生产方面，中东和埃及为全球生产贡献了33%的石油，俄罗斯、阿塞拜疆和中亚国家贡献了15.6%，东亚和东南亚国家贡献了7.4%。尤其是沙特阿拉伯在2015年生产了5.685亿吨石油，为全球贡献了13%，排列第一，比美国高。俄罗斯在2015年生产了5.407亿吨，贡献了12.4%，排列第三。2015年世界天然气生产32亿吨油当量，"一带一路"沿线国家以16.95亿吨油当量的生产量为世界贡献了53%，其次是北美地区贡献28.1%，欧洲地区贡献了27.8%。相比于石油生产，天然气在"一带一路"上更加多元化。中东地区贡献了世界上17.4%的天然气，俄罗斯贡献了16.1%，中国、东南亚和印度总计贡献12.2%，阿塞拜疆和中亚国家也是重要的生产者。世界上多数煤炭产量都发生在"一带一路"沿线国家，尤其是中国在2015年占世界比值47.7%。除了中国之外，印度占世界比重7.3%，印度尼西亚占比6.3%，俄罗斯占比4.8%，也是很大的份额。"一带一路"沿线所有国家贡献了世界煤炭生产量的70%，无疑是煤炭生产的中心。

从1985年至2015年这31年间世界主要区域化石能源生产占比的动态变化情况来看，"一带一路"沿线国家从1985年占世界的49.33%到2015年的60.81%，长期处于世界其他区域之上，欧洲与北美地区的化石能源生产占比有所下降，亚太地区在上升，这得益于其在煤炭生产方面的优势，而中东地区石油、天然气供应有所上涨。经合组织和欧盟的化石能源生产占世界的比重逐年下降。"一带一路"沿线国家长期维持在全球化石能源生产的重心，并将继续增长。

（二）世界能源消费中心正快速向"一带一路"沿线国家转移

英国BP公司在2012年12月发布的*Energy Outlook 2030*中预计，到2030年发展中国家的一次能源消费将占到全球消费总量的93%，尤其是中国、印度等代表性新兴发展大国将对全球能源消费做出巨大贡献（彭倩等，2014）。

2015年世界上化石能源总消费113.06亿吨油当量，其中"一带一路"沿线国家消费59.3亿吨油当量，占世界的比重达到52.45%，贡献了超过一半的化石能源消费，"一带一路"沿线国家消费了39.9%的石油，45.9%的天然气，72%的煤炭，亚太地区的化石能源消费为43.61%，占比较大。而中东、非洲、南美地区的化石能源消费仅为世界的7.76%、3.55%、4.57%，在世界上化石能源的消费量较低。中国、印度和俄罗斯在世界石油消费方面排第二、第三和第五。俄罗斯和中国在天然气消费方面排世界第二和第三。中国在煤炭消费方面以占世界50%的比重排第一，而印度占世界10.6%的比重排第二。这两个国家在全球煤炭消费中占比超过60%。

世界化石能源消费重心正快速向"一带一路"沿线国家转移。从1985年至今各区域能源消费的动态变化过程来看，"一带一路"沿线国家和亚太地区正在逐年增长，欧洲和北美地区从1985年占比较高的消费开始下跌，中东、南美和非洲地区的化石能源消费依旧较低，世界消费重心向"一带一路"沿线国家转移。从世界上各主要组织区域的能源消费来看，经合组织、欧盟和独联体国家均有下降趋势，尤其是经合组织从1985年消费占世界比重的56.97%下降至2015年的39.75%，而"一带一路"沿线国家的能源消费从1985年占世界比重的38.23%一路上涨至2015年的52.45%，欧盟也表现出下降趋势，从21.94%下降至10.83%。

发达国家经济发展进入后工业化时期，经济向低能耗高产出的产业结构发展，高能耗的制造业逐步转向发展中国家，并且发达国家高度重视节能与提高能源利用效率。而"一带一路"沿线国家和亚太地区正在进入工业化时期，并且伴随着人口的快速增长，对化石能源的需求极速增长。石油消费中心正在转向产油国和发展中国家，消费增长速度较快，消费量比较高。人口和经济的增长使"一带一路"发展中国家成为未来能源需求的增长地区。"一带一路"国家是世界生产和消费中心，无论是生产还是消费都具有话语权。因此在"一带一路"倡议中能源合作方面具有很大潜力。

（三）"一带一路"沿线多数国家人均化石能源消费仍较低

"一带一路"沿线国家是世界的化石能源消费中心，然而人均能源消费不高，世界每年人均化石能源消费1.54吨／人，"一带一路"沿线国家为1.298吨／人，低于世界平均水平，经合组织人均消费3.503吨／人，欧盟为2.403吨／人，均高于世界平均水平。可见"一带一路"沿线国家人均消费量非常低。印度是个典型的例子，印度总消费排世界第三，仅次于中国和美国，然而其人均消费量仅为0.494吨／人，国内获得通电的人口仅占总人口的78.7%，尚有21.3%的人口未能满足基本的用电需求，广大发展中国家居民的能源消费仍然是为了满足基本的生活需要。

从世界范围来看，经济水平越高的地区人均化石能源消费越高，图4-2-10中的方程拟合水平较好，其中特立尼达和多巴哥、瑞士、爱尔兰、挪威为特殊例外，这可能是因为这些地区注重环保，为避免化石能源污染环境，注重对水能、太阳能和风能等新能源技术的开发利用，尤其是瑞士在这方面作出巨大贡献，其研究的太阳能汽车和太阳能飞机技术已经相对成熟。图4-2-11以"一带一路"沿线国家为样本进行估计发现拟合效果更好，R^2达到0.923，而经济水平对人口化石燃料消费的影响系数达到1.638，可见在"一带一路"沿线国家经济发展水平越高，人均化石消费越高。同时根据这些主要消费国在坐标上的分布来看，多数国家集中在人均GDP为4万美元以下，集中表现为低经济水平和低人均消费水平的特征。

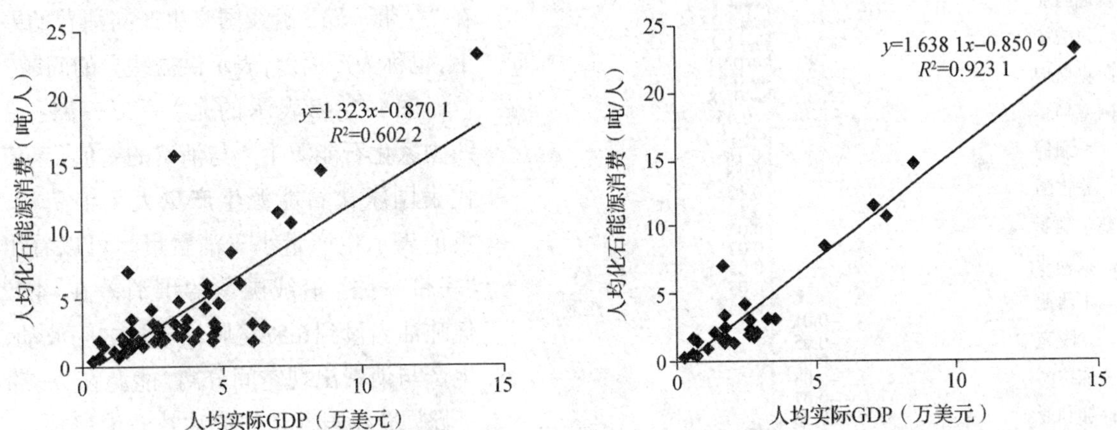

图4-2-10　世界经济水平与人均化石燃料消费　　图4-2-11　"一带一路"沿线国家经济水平与人均化石燃料消费

数据来源：《BP世界能源统计年鉴》，2015年。

从图4-2-12国家具体分布来看，卡塔尔、科威特、阿联酋、沙特阿拉伯拥有充足的石油和天然气供应，因此人均化石能源消费较高，而新加坡虽然能源资源不丰富，但是经济发达，有足够的资金支持其能源进口，人们获取的化石能源高。人均能源消费最低的地区是孟加拉国、菲律宾、巴基斯坦、印度和越南，这些地区的人均消费水平较低，孟加拉国人均消费0.189吨，卡塔尔人均消费是其122倍，美国是其32.26倍。这些国家的通电率较低，孟加拉国为59.6%，印度为78.7%，世界平均通电率为84.58%，这两个国家低于世界平均水平。孟加拉国国内将近一半的人无法享有通电，基本生活需要得不到满足。

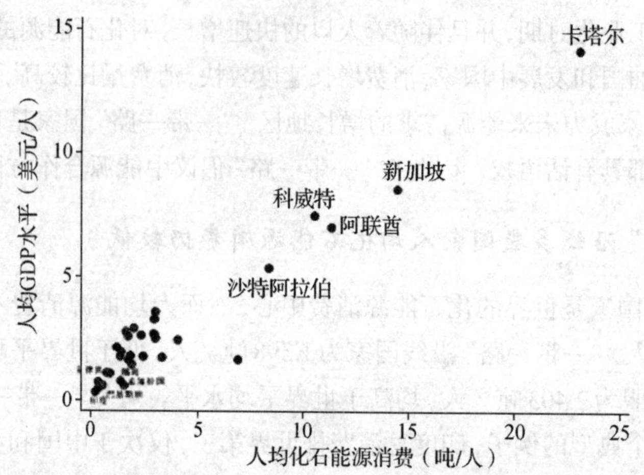

图4-2-12 "一带一路"沿线国家不同经济水平国家的人均化石能源消费

数据来源：世界银行WDI数据库，《BP世界能源统计年鉴》，2015年。

（四）"一带一路"沿线国家生产与消费空间分离，促使其成为世界能源贸易重心

"一带一路"沿线国家的能源供给与需求存在空间分布的差异，从而使生产与消费的区域布局出现严重错位，这促使"一带一路"沿线国家成为世界能源贸易重心。中东地区是世界上最大的石油输出地，亚太地区是最大的石油输入地，因此产生"一带一路"沿线国家生产与消费存在空间分离的问题。表现在"一带一路"沿线国家生产与消费的差上，也称为产消差，表示供需差异的问题。

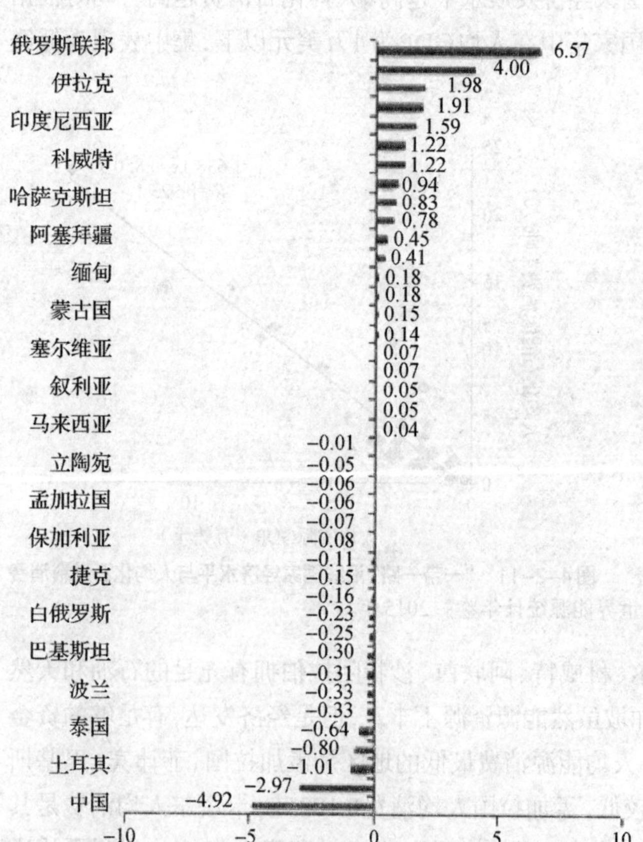

图4-2-13 "一带一路"沿线国家化石能源的产消差（亿吨油当量）

数据来源：《BP世界能源统计年鉴2016》，2015年。

图4-2-13表示的是"一带一路"沿线国家化石能源生产与消费的差值，正值代表国家化石能源生产量大于消费量，负值表示生产量小于消费量。可以看出"一带一路"沿线国家的供消差在-4.92亿吨油当量到6.57亿吨油当量之间波动，生产与消费出现空间分离，能源在"一带一路"沿线国家之间流动补充消费缺口。图中可以看出中国是消费大国，印度、土耳其、新加坡均是消费大国，而能源大国是俄罗斯、沙特阿拉伯、伊拉克等国家，生产能源除能够供给自身消费外，进行出口，属于能源出口型大国。

区域之间生产与消费分离促进能源贸易的扩大。区域之间的分布显示中东地区在"一带一路"沿线国家中是最重要的出口者，为中国石油进口贡献了高于50%

的比例，为印度的石油进口贡献了高于50%的比例，为新加坡的石油进口贡献了高于80%的比例，这个占比说明“21世纪海上丝绸之路”的重要性。相比于“一带一路”沿线国家中中东在石油贸易方面的重要性，俄罗斯和中亚地区的重要性相对较弱。在2015年，俄罗斯仅仅贡献中国石油进口的1/8，其他独联体国家出口更少。俄罗斯和其他独联体国家对印度和其他亚非国家的出口甚至少于中国。在“一带一路”沿线地区，俄罗斯、中东和印度尼西亚是天然气主要出口商，包括管道天然气和液化天然气，而在需求方面，中国是天然气最大购买者。2015年中国进口276亿立方米管道天然气和262亿立方米液化天然气。可见，未来在“一带一路”框架下的能源贸易合作具有极大潜力。

（五）“一带一路”沿线国家消费结构长期以煤炭消费为主并有增长势头

能源消费结构受到地区资源禀赋和生产结构的影响，例如，中东地区的油气资源最为丰富的特征决定了其能源消费更加倾向于石油和天然气，而在亚太地区煤炭资源丰富，也促使其在消费结构中具有较高的比重，欧洲地区的天然气生产高于石油，因此在其能源消费结构中消费最多的是天然气（朱孟珏等，2008）。

图4-2-14中可以看出总体上亚太地区的煤炭消费占比最高，这一方面是因为中国为世界煤炭生产大国，另一方面这些地区经济发展水平较低，煤炭的使用比较广泛，导致“一带一路”沿线国家整体煤炭消费占比也较高。南美和北美地区的石油消费最高，中东地区的石油和天然气消费均较高，原因是资源禀赋高，生产石油和天然气的成本较低。可见资源禀赋在一定程度上决定地区的能源消费结构。存在某种能源的高依赖性的国家多数是因其资源禀赋，许多高度依赖石油的国家本身是石油丰富的国家，比如科威特和沙特阿拉伯，而许多依赖天然气的国家本身天然气富裕，比如土库曼斯坦、卡塔尔，伊朗、阿联酋。中国和印度在煤炭资源方面非常富裕。然而，仍然有一些高依赖性的国家依赖能源进口，比如白俄罗斯、孟加拉国、菲律宾和新加坡。

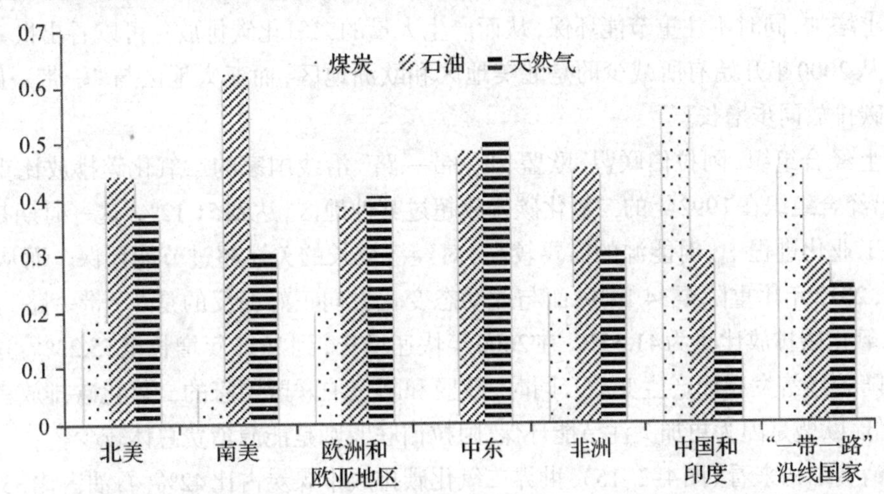

图4-2-14　世界各主要区域煤油气消费占比（%）

数据来源：《BP世界能源统计年鉴2016》，2015年，北京师范大学新兴市场研究院测算。

从消费结构来看，北美和南美等发达地区则主要是以石油和天然气消费结构为主。“一带一路”沿线国家和亚太地区仍然是以煤炭消费为主的消费结构，煤炭消费占比46.61%，石油为29.11%，天然气为24.28%。世界平均水平煤炭消费为33.96%，石油为38.31%，天然气为27.73%。“一带一路”国家的煤炭消费占比超过世界平均水平，而石油和天然气占比低于世界水平。

当非洲、欧洲和北美洲从1985年开始煤炭消费占比逐渐下降的时候，“一带一路”沿线国家的煤炭消费比正在逐渐上升，亚太地区几乎一半的国家为"一带一路"沿线国家，根据其与亚太地区的上升幅度来看，亚太地区煤炭消费比的上升直接导致"一带一路"沿线国家的煤炭消费增加。南美和中东地区长期维持在煤炭消费比重的低水平。可见处于工业化发展高速期的"一带一路"沿线国家，碳排放的成本尚未对其燃料选择产生重大影响，以煤炭为主的消费结构不尽合理，导致能耗高、能源利用率低、能源浪费及严重的污染问题。

二、"一带一路"沿线国家能源消费产生的问题

（一）以煤为主的能源消费结构使"一带一路"沿线国家面临更大的碳减排压力

因为能源消费产生的温室气体造成全球性气候变暖，根据《世界能源展望（2008）》的预测，2030年与能源相关的二氧化碳排放量将增长至410亿吨，相对于2006年增长了45%，从而可能引起全球平均温度上升6℃。并且根据预测全球75%的与能源相关的二氧化碳排放可能来自中国、印度、中东地区（王克强等，2009）。以化石燃料为主的能源消费结构正在成为全球气候变暖的重要诱因（范世涛等，2013），"一带一路"沿线国家超过2/3的国家正处于工业化进程的发展中国家，随着中国、印度等发展中国家进入能源密集型发展阶段，这些国家的能源需求大大增加，再加上"一带一路"沿线国家能源结构以煤炭消费为主，煤炭燃烧产生的二氧化碳比其他燃料更高，这使得其面临的环境问题更加严峻。

2013年全球共排放二氧化碳3 584.86亿吨，"一带一路"沿线国家排放1 979.74亿吨，占比55.23%，超过一半。世界各主要区域的二氧化碳排放动态变化，可以看出1992年至今"一带一路"沿线国家二氧化碳排放占世界的比重逐年增高，从1992年的41.55%增长至2013年的55.23%，尤其是2000年以后二氧化碳排放占世界的比重快速增长，这可能是因为发展中国家进入快速工业化进程对能源需求增加，同时不注重节能环保，从而产生大量的二氧化碳排放。可以看出世界上二氧化碳排放比重从2000年开始有所减少的是北美地区和欧洲地区，而亚太地区与"一带一路"沿线国家的二氧化碳排放同步增长。

从世界上经合组织、阿拉伯联盟、欧盟、"一带一路"沿线国家的二氧化碳排放比重动态变化看，可以看出经合组织在1992年的二氧化碳排放超过其他地区，达到51.12%，这一时期是经合组织多数国家的工业化进程中，对能源的需要较高，对经济增长的关注超过节能环保。而从2000年开始逐步下跌，2013年比重降至34.14%，而与此动态变化方向正好相反的是"一带一路"沿线国家，在1992年二氧化碳排放比重为41.55%，在2000年快速增长，到2013年增长至55.23%，这说明了能源消费结构随着经济发展而产生变动。同时，欧盟和阿拉伯联盟国家的二氧化碳排放占世界总排放的比重较低，欧盟是因为更加关注节能环保，阿拉伯联盟则是能源消费总体较少。

从能源消费结构来看（图4-2-15），世界二氧化碳排放中煤炭占比42%，石油占比33%，天然气约占比18%，而"一带一路"沿线国家二氧化碳排放中煤炭占比56.41%，远超过世界水平。"一带一路"沿线国家使用能源排放的二氧化碳主要来自煤炭燃烧，这与其煤炭为主的消费结构密切相关。从各区域对比可以看出亚太地区因为燃烧煤炭产生的二氧化碳是其本地区所有能源燃烧产生二氧化碳的68%，"一带一路"沿线国家煤炭排放占到总排放的56%，比重均较高。可以预计，优化能源消费结构，降低煤炭消费，将有助于降低二氧化碳排放。

"一带一路"主要煤炭消费国大多来自亚太地区，煤炭消费生产的二氧化碳排放也与亚太地区二氧化碳有直接相关性，从亚太地区煤炭燃烧排放的二氧化碳总量及占比情况，可以看出从

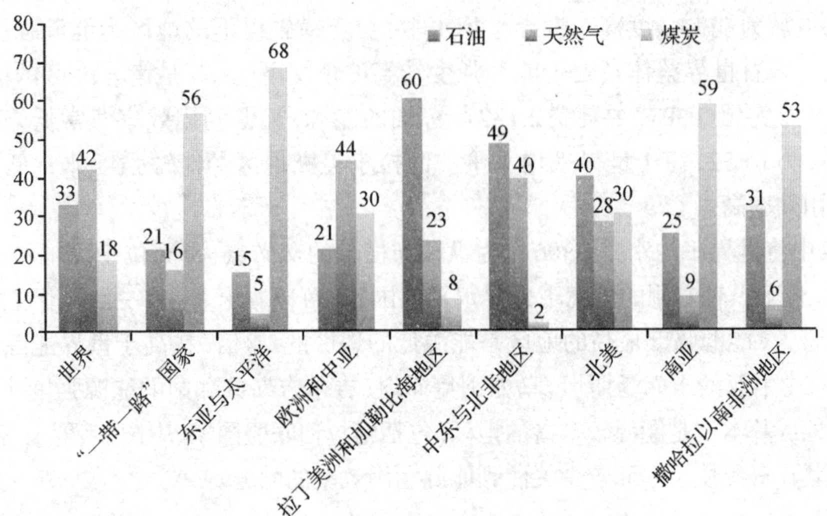

图4-2-15 世界主要区域煤油气燃料产生的二氧化碳占比(%)
数据来源:世界银行WDI数据库,北京师范大学新兴市场研究院测算。

1960年至2000年二氧化碳排放总量持续上升但是幅度不大,到2000年后出现极速上升,而在煤炭排放的二氧化碳占总能源排放的二氧化碳比重来看,从1960年至1974年快速下降,1975年开始保持相对平稳并略有下降,到2000年以后比重再次上升。这可能与进入21世纪后亚太地区多数国家快速工业化城市化进程有关,经济发展提高了对煤炭燃料的需求,同时发展中国家急切的经济增长需求使其过度使用煤炭能源而忽略了对碳排放引起环境问题的关注,缺少实际有效的降低碳排放的措施。

(二)"一带一路"沿线国家能源利用效率低,节能减耗潜力大

能源强度是评价能源经济效率的指标,指单位GDP能耗,测算方法是吨标油/万美元GDP,能源强度越高说明生产单位GDP需要耗费的能源越多,能源效率越低。世界能源强度为1.306,"一带一路"沿线国家中多于1/3的国家能源强度超过世界平均水平,其中土库曼斯坦的能源强度达到3.697,乌克兰、乌兹别克斯坦、巴林、吉尔吉斯共和国、哈萨克斯坦、俄罗斯的能源强度均超过2,这些国家也是能源最丰富的国家,而发达国家德国仅为0.913,日本为1.004,法国为1.03。从世界主要区域来看,欧盟为0.932,经合组织为1.141,均处于世界平均水平之下,能效较高,单位GDP需要消耗的能源少。

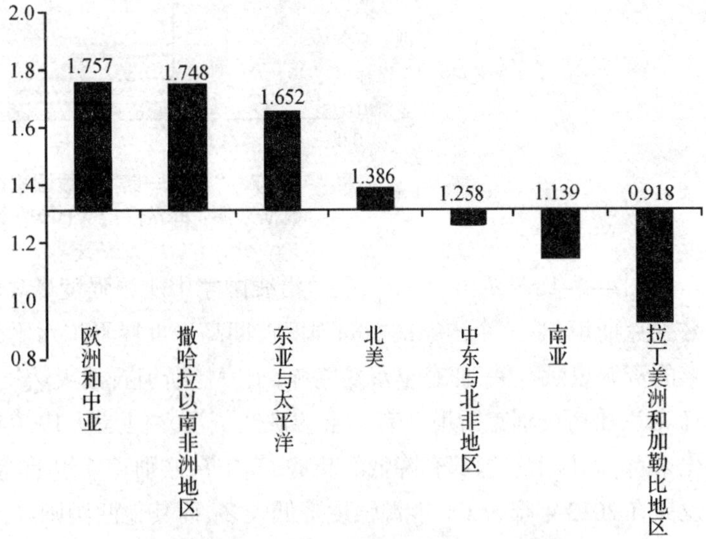

图4-2-16 世界各区域能源强度(吨标油/万美元GDP)
数据来源:世界银行WDI数据库。

图4-2-16为世界各区域能源强度对比,以世界能源强度平均水平1.306为横纵轴的交叉点,位

于横轴以上的区域为能源强度高于世界平均水平，位于横轴以下的地区为能源强度低于世界平均水平。从图中来看世界整体还处于能源强度较高的情况下，尤其是南非地区的能源强度达到2.132，即产生1万美元GDP需要耗费2.132吨标油的能源，能源利用效率非常低，亚太地区的能源强度也较高，为1.652，高于世界平均水平。而拉丁美洲地区的能源强度非常低，拉丁美洲为0.918，能源利用效率高。

图4-2-17中将世界平均水平1.306作为纵轴与横轴的交叉点，那么位于纵轴左侧的为低于世界水平的国家，位于纵轴右侧的为高于世界水平的国家，可以看出"一带一路"沿线国家内部的能源强度差异非常大，能源强度最高的地区是能源低的地区的8.8倍，在高于世界能源水平的"一带一路"沿线国家中中亚的土库曼斯坦、乌兹别克斯坦、吉尔吉斯共和国的能源强度非常高，并且高于世界水平的地区基本上是能源较丰富的地区，包括阿拉伯联盟国家、中国、俄罗斯等，这可能是因为能源丰富使其在资源使用方面较少关注到能源利用效率的问题。

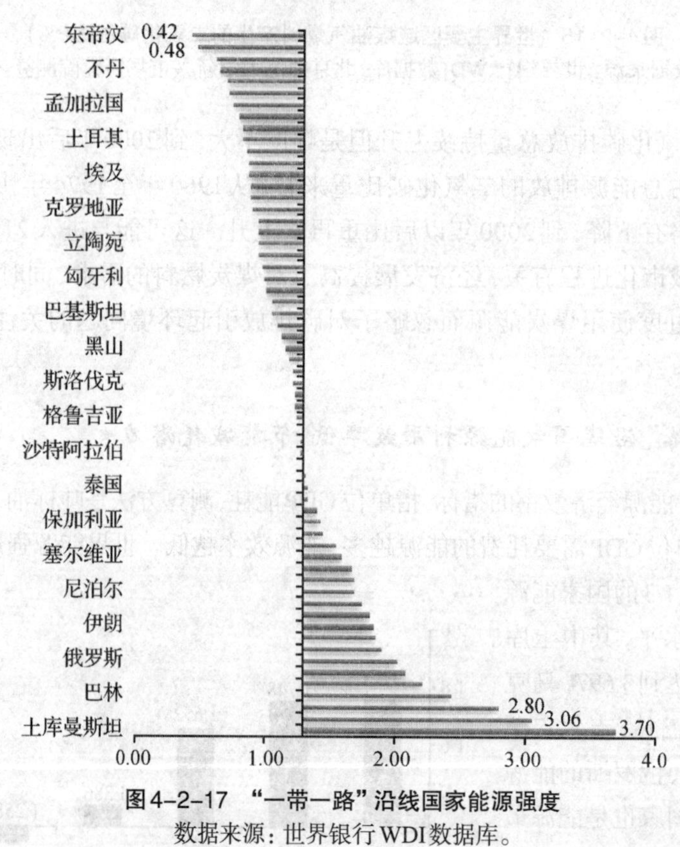

图4-2-17 "一带一路"沿线国家能源强度
数据来源：世界银行WDI数据库。

图4-2-18显示出"一带一路"沿线国家中能源强度最高的3个国家是土库曼斯坦、乌克兰和乌兹别克斯坦，这三个国家的能源强度长期高于世界平均水平，能源利用效率低下，这可能与这些国家的资源禀赋有关，拥有丰富的能源，土库曼斯坦石油天然气资源丰富，天然气储备位列全球第五。乌克兰和乌兹别克斯坦含有丰富的矿产资源。但是从1990年至今这三个国家的能源强度动态变化来看，总体上三国都有降低的趋势，其中乌兹别克斯坦的能源强度在1990年为7.36，经过23年的发展在2013年降为2.8，能源强度降低较多，而其他两国则经历波动后减少幅度不大。

提高能效是各国政策制定者关注的关键问题，然而目前仍未实现对节能潜力的充分开发。在2011年中国宣布其到2015年的目标是将能源强度降低至16%，然而能效提升依然存在巨大潜力，

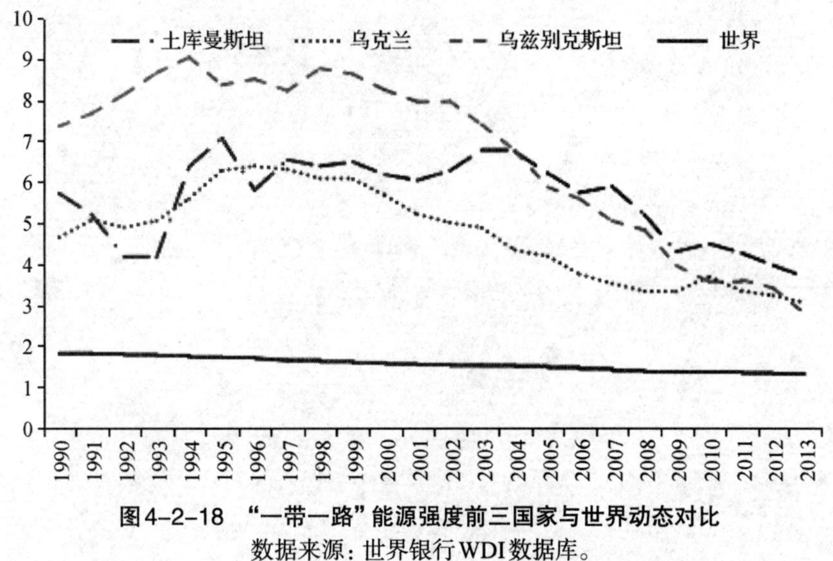

图4-2-18　“一带一路”能源强度前三国家与世界动态对比
数据来源：世界银行WDI数据库。

这其中在建筑领域的节能潜力几乎达到80%，而在产业部门的节能潜力也在50%以上（国际能源署，2012）。随着世界能源技术的进步，能耗逐步降低，经预测包括中国、印度在内的发展中国家，降低能耗的潜力最大，几乎是发达国家的2.3～3.2倍。

第五篇

“一带一路”建设主要进展

第一章 基础情况

2013年9月和10月，中国国家主席习近平在出访哈萨克斯坦和印度尼西亚时，先后提出共建“丝绸之路经济带”和“21世纪海上丝绸之路”的重大倡议。中国政府成立了推进“一带一路”建设工作领导小组，并在中国国家发展改革委员会设立领导小组办公室。2015年3月，中国发布《推动共建丝绸之路经济带和21世纪海上丝绸之路的愿景与行动》；2017年5月，首届“一带一路”国际合作高峰论坛在北京成功召开。中国还先后举办了博鳌亚洲论坛年会、上海合作组织青岛峰会、中非合作论坛北京峰会、中国国际进口博览会等。5年多来，共建“一带一路”倡议得到了越来越多国家和国际组织的积极响应，受到国际社会广泛关注，影响力日益扩大。

共建“一带一路”倡议源自中国，更属于世界；根植于历史，更面向未来；重点面向亚欧非大陆，更向所有伙伴开放。共建“一带一路”跨越不同国家地域、不同发展阶段、不同历史传统、不同文化宗教、不同风俗习惯，是和平发展、经济合作倡议，不是搞地缘政治联盟或军事同盟；是开放包容、共同发展进程，不是要关起门来搞小圈子或者“中国俱乐部”；不以意识形态划界，不搞零和游戏，只要各国有意愿，都欢迎参与。共建“一带一路”倡议以共商共建共享为原则，以和平合作、开放包容、互学互鉴、互利共赢的丝绸之路精神为指引，以政策沟通、设施联通、贸易畅通、资金融通、民心相通为重点，已经从理念转化为行动，从愿景转化为现实，从倡议转化为全球广受欢迎的公共产品。

2018年8月，习近平在北京主持召开推进“一带一路”建设工作5周年座谈会，提出“一带一路”建设要从谋篇布局的“大写意”转入精耕细作的“工笔画”，向高质量发展转变，造福沿线国家人民，推动构建人类命运共同体。

第二章 时代的呼唤

当今世界，经济全球化、区域一体化激发出强大的生产潜力，科技进步极大地提高了生产和生活效率，人类在物质和精神财富的创造方面达到了前所未有的高度。与此同时，随着经济社会的快速发展，各国之间的利益纽带不断密切，共同面临的挑战也日益增多：世界经济增长乏力，传统增长引擎对经济的拉动作用减弱；全球化面临新的艰难险阻，符合全人类利益的开放合作理念面临威胁；全球经济治理体系未能反映客观变化，体制机制革新进展缓慢；发达经济体进入后工业化阶段，一些发展中国家却尚未开启现代化的大门；全球贸易投资体系有待完善，互利共赢的全球价值链尚未成型；相当多的国家基础设施不足，区域、次区域发展面临瓶颈制约。面对困难挑战，唯有加强合作才是根本出路，正基于此，中国提出共建"一带一路"的合作倡议。

共建"一带一路"倡议是促进全球和平合作和共同发展的中国方案。共建"一带一路"合作是所有国家不分大小、贫富，平等相待共同参与的合作；是公开、透明、开放，为世界和平与发展增添正能量的合作；是传承丝绸之路精神，追求互利共赢和优势互补的合作；是各国共商共建共享，共同打造全球经济治理新体系的合作；是推动要素高效流动和市场深度融合，实现多元、自主、平衡和可持续发展的合作；是推动地区发展，促进繁荣稳定，扩大文明对话和互学互鉴的合作。

中国愿意将自身发展形成的经验和基础，与各国的发展意愿和比较优势结合起来，以共建"一带一路"作为重要契机和合作平台，促进各国加强经济政策协调，提高互联互通水平，开展更大范围、更高水平、更深层次的双多边合作，共同打造开放、包容、均衡、普惠的新型合作架构。共建"一带一路"倡议以其平等包容的外在特征和契合实际的内在特点，体现了包括中国在内的"一带一路"沿线各国的共同利益，是面向未来的国际合作新共识，展现了中国梦与世界梦相互联通，各国携手打造人类命运共同体的美好愿景。

为推动理念变为现实，2015年3月，中国政府授权有关部门对外发布了《推动共建丝绸之路经济带和21世纪海上丝绸之路的愿景与行动》，提出了共建"一带一路"的顶层设计框架，为共建"一带一路"的未来描绘了宏伟蓝图。

第三章 总体建设方案

中国秉持“和平合作、开放包容、互学互鉴、互利共赢”的丝绸之路精神，坚持共商、共建、共享原则，不断扩大与“一带一路”沿线国家的合作共识，推动共建“一带一路”由规划设计方案变为各方参与的合作行动。

一、达成合作共识

中国主动推动共建“一带一路”倡议与“一带一路”沿线国家的国家战略、发展愿景、总体规划等有效对接，寻求共建“一带一路”的合适切入点。截至2018年底，已有125个国家和29个国际组织达成173份合作文件。特别是2015年7月10日，上海合作组织发表了《上海合作组织成员国元首乌法宣言》，支持中国关于建设丝绸之路经济带的倡议。2016年11月17日，联合国193个会员国协商一致通过决议，欢迎共建“一带一路”等经济合作倡议，呼吁国际社会为“一带一路”建设提供安全保障环境。2017年3月17日，联合国安理会一致通过第2344号决议，呼吁国际社会通过“一带一路”建设加强区域经济合作。中国积极履行国际责任，在共建“一带一路”框架下深化同各有关国际组织的合作，与联合国开发计划署、亚太经社会、世界卫生组织签署共建“一带一路”的合作文件。

中国政府对共建“一带一路”高度重视，成立了推进“一带一路”建设工作领导小组，在国家发展和改革委员会设立领导小组办公室。为落实好已签署的共建“一带一路”合作协议，领导小组办公室制定了工作方案，有步骤地推进同相关国家的合作。按照协商一致的原则，与先期签署备忘录的国家共同编制双边合作规划纲要，编制并签署中蒙俄经济走廊建设规划纲要和中哈（萨克斯坦）、中白（俄罗斯）、中捷（克）对接合作文件，开展同老挝、柬埔寨、孟加拉国、塔吉克斯坦、沙特阿拉伯、波兰、匈牙利等国的规划对接。

二、构建顶层框架

根据中国国家主席习近平的倡议和新形势下推进国际合作的需要，结合古代陆海丝绸之路的走向，共建“一带一路”确定了五大方向：“丝绸之路经济带”有三大走向，一是从中国西北、东北经中亚、俄罗斯至欧洲、波罗的海；二是从中国西北经中亚、西亚至波斯湾、地中海；三是从中国西南经中南半岛至印度洋。“21世纪海上丝绸之路”有两大走向，一是从中国沿海港口过南海，经马六甲海峡到印度洋，延伸至欧洲；二是从中国沿海港口过南海，向南太平洋延伸。

根据上述五大方向，按照共建“一带一路”的合作重点和空间布局，中国提出了“六廊六路多国多港”的合作框架。“六廊”是指新亚欧大陆桥、中蒙俄、中国－中亚－西亚、中国－中南半岛、中巴和孟中印缅六大国际经济合作走廊。"六路"指铁路、公路、航运、航空、管道和空间综合信息网络，是基础设施互联互通的主要内容。"多国"是指一批先期合作国家。"一带一路"沿线有众多国家，中国既要与各国平等互利合作，也要结合实际与一些国家率先合作，争取有示范效应、体现"一带一路"理念的合作成果，吸引更多国家参与共建"一带一路"。"多港"是指若干保障海上运输大通道安全畅通的合作港口，通过与"一带一路"沿线国家共建一批重要港口和节点城市，进一步繁荣海上合作。"六廊六路多国多港"是共建"一带一路"的主体框架，为各国参与"一带一路"合作提供了清晰的导向。

三、共建经济走廊

新亚欧大陆桥、中蒙俄、中国－中亚－西亚经济走廊经过亚欧大陆中东部地区，不仅将充满经济活力的东亚经济圈与发达的欧洲经济圈联系在一起，更畅通了连接波斯湾、地中海和波罗的海的合作通道，为构建高效畅通的欧亚大市场创造了可能，也为地处"一带一路"沿线、位于亚欧大陆腹地的广大国家提供了发展机遇。中国－中南半岛、中巴和孟中印缅经济走廊经过亚洲东部和南部这一全球人口最稠密地区，连接沿线主要城市和人口、产业集聚区。澜沧江－湄公河国际航道和在建的地区铁路、公路、油气网络，将"丝绸之路经济带"和"21世纪海上丝绸之路"联系到一起，经济效应辐射南亚、东南亚、印度洋、南太平洋等地区。

新亚欧大陆桥经济走廊。新亚欧大陆桥经济走廊由中国东部沿海向西延伸，经中国西北地区和中亚、俄罗斯抵达中东欧。新亚欧大陆桥经济走廊建设以中欧班列等现代化国际物流体系为依托，重点发展经贸和产能合作，拓展能源资源合作空间，构建畅通高效的区域大市场。

中蒙俄经济走廊。2014年9月11日，中国国家主席习近平在出席中国、俄罗斯、蒙古国三国元首会晤时提出，将"丝绸之路经济带"同"欧亚经济联盟"、蒙古国"草原之路"倡议对接，打造中蒙俄经济走廊。2015年7月9日，三国有关部门签署了《关于编制建设中蒙俄经济走廊规划纲要的谅解备忘录》。2016年6月23日，三国元首共同见证签署了《建设中蒙俄经济走廊规划纲要》，这是共建"一带一路"框架下的首个多边合作规划纲要。在三方的共同努力下，规划纲要已进入具体实施阶段。

中国－中亚－西亚经济走廊。中国－中亚－西亚经济走廊由中国西北地区出境，向西经中亚至波斯湾、阿拉伯半岛和地中海沿岸，辐射中亚、西亚和北非有关国家。2014年6月5日，中国国家主席习近平在中国－阿拉伯国家合作论坛第六届部长级会议上提出构建以能源合作为主轴，以基础设施建设、贸易和投资便利化为两翼，以核能、航天卫星、新能源三大高新领域为突破口的中阿"1+2+3"合作格局。2016年G20杭州峰会期间，中哈（萨克斯坦）两国元首见证签署了《中哈丝绸之路经济带建设和"光明之路"新经济政策对接合作规划》。中国与塔吉克斯坦、吉尔吉斯共和国、乌兹别克斯坦等国签署了共建"丝绸之路经济带"的合作文件，与土耳其、伊朗、沙特阿拉伯、卡塔尔、科威特等国签署了共建"一带一路"合作备忘录。中土双方就开展土耳其东西高铁项目合作取得重要共识，进入实质性谈判阶段。

中国－中南半岛经济走廊。中国－中南半岛经济走廊以中国西南为起点，连接中国和中南半岛各国，是中国与东盟扩大合作领域、提升合作层次的重要载体。2016年5月26日，第九届泛北部湾经济合作论坛暨中国－中南半岛经济走廊发展论坛发布《中国－中南半岛经济走廊倡议书》。中国与老挝、柬埔寨等国签署共建"一带一路"合作备忘录，启动编制双边合作规划纲要。推进中越陆上基础设施合作，启动澜沧江－湄公河航道二期整治工程前期工作，开工建设中老铁路，启动中泰铁路，促进基础设施互联互通。设立中老磨憨－磨丁经济合作区，探索边境经济融合发展的新模式。

中巴经济走廊。中巴经济走廊是共建“一带一路”的旗舰项目，中巴两国政府高度重视，积极开展远景规划的联合编制工作。2015年4月20日，两国领导人出席中巴经济走廊部分重大项目动工仪式，签订了51项合作协议和备忘录，其中近40项涉及中巴经济走廊建设。“中巴友谊路”——巴基斯坦喀喇昆仑公路升级改造二期、中巴经济走廊规模最大的公路基础设施项目——白沙瓦至卡拉奇高速公路顺利开工建设，瓜达尔港自由区起步区加快建设，走廊沿线地区能源电力项目快速上马。

孟中印缅经济走廊。孟中印缅经济走廊连接东亚、南亚、东南亚三大次区域，沟通太平洋、印度洋两大海域。2013年12月，孟中印缅经济走廊联合工作组第一次会议在中国昆明召开，各方签署了会议纪要和联合研究计划，正式启动孟中印缅经济走廊建设政府间合作。2014年12月召开孟中印缅经济走廊联合工作组第二次会议，广泛讨论并展望了孟中印缅经济走廊建设的前景、优先次序和发展方向。

第四章　主要建设进展

2013年以来，共建"一带一路"倡议以政策沟通、设施联通、贸易畅通、资金融通和民心相通为主要内容扎实推进，取得明显成效，一批具有标志性的早期成果开始显现，参与各国得到了实实在在的好处，对共建"一带一路"的认同感和参与度不断增强。

一、政策沟通

政策沟通是共建"一带一路"的重要保障，是形成携手共建行动的重要先导。5年多来，中国与有关国家和国际组织充分沟通协调，形成了共建"一带一路"的广泛国际合作共识。

（一）共建"一带一路"倡议载入国际组织重要文件

共建"一带一路"倡议及其核心理念已写入联合国、二十国集团、亚太经合组织以及其他区域组织等有关文件中。2015年7月，上海合作组织发表了《上海合作组织成员国元首乌法宣言》，支持关于建设"丝绸之路经济带"的倡议。2016年9月，《二十国集团领导人杭州峰会公报》通过关于建立"全球基础设施互联互通联盟"倡议。2016年11月，联合国193个会员国协商一致通过决议，欢迎共建"一带一路"等经济合作倡议，呼吁国际社会为"一带一路"建设提供安全保障环境。2017年3月，联合国安理会一致通过了第2344号决议，呼吁国际社会通过"一带一路"建设加强区域经济合作，并首次载入"人类命运共同体"理念。2018年，中拉论坛第二届部长级会议、中国-阿拉伯国家合作论坛第八届部长级会议、中非合作论坛峰会先后召开，分别形成了中拉《关于"一带一路"倡议的特别声明》《中国和阿拉伯国家合作共建"一带一路"行动宣言》和《关于构建更加紧密的中非命运共同体的北京宣言》等重要成果文件。

（二）签署共建"一带一路"政府间合作文件的国家和国际组织数量逐年增加

在共建"一带一路"框架下，各参与国和国际组织本着求同存异原则，就经济发展规划和政策进行充分交流，协商制定经济合作规划和措施。共建"一带一路"国家已由亚欧延伸至非洲、拉美、南太等区域。

（三）共建"一带一路"专业领域对接合作有序推进

数字丝绸之路建设已成为共建"一带一路"的重要组成部分，中国与埃及、老挝、沙特阿拉伯、塞尔维亚、泰国、土耳其、阿联酋等国家共同发起《"一带一路"数字经济国际合作倡议》，与16个国家签署加强数字丝绸之路建设合作文件。中国发布《标准联通共建"一带一路"行动计划（2018—2020年）》，与

49个国家和地区签署85份标准化合作协议。“一带一路”税收合作长效机制日趋成熟，中国组织召开“一带一路”税收合作会议，发布《阿斯塔纳“一带一路”税收合作倡议》，税收协定合作网络延伸至111个国家和地区。中国与49个沿线国家联合发布《关于进一步推进“一带一路”国家知识产权务实合作的联合声明》。中国组织召开“一带一路”法治合作国际论坛，发布《“一带一路”法治合作国际论坛共同主席声明》。中国组织召开“一带一路”能源部长会议，18个国家联合宣布建立“一带一路”能源合作伙伴关系。中国发布《共同推进“一带一路”建设农业合作的愿景与行动》《“一带一路”建设海上合作设想》等。中国推动建立了国际商事法庭和“一站式”国际商事纠纷多元化解决机制。

二、设施联通

设施联通是共建“一带一路”的优先方向。在尊重相关国家主权和安全关切的基础上，由各国共同努力，以铁路、公路、航运、航空、管道、空间综合信息网络等为核心的全方位、多层次、复合型基础设施网络正在加快形成，区域间商品、资金、信息、技术等交易成本大大降低，有效促进了跨区域资源要素的有序流动和优化配置，实现了互利合作、共赢发展。

（一）国际经济合作走廊和通道建设取得明显进展

新亚欧大陆桥、中蒙俄、中国－中亚－西亚、中国－中南半岛、中巴和孟中印缅等六大国际经济合作走廊将亚洲经济圈与欧洲经济圈联系在一起，为建立和加强各国互联互通伙伴关系，构建高效畅通的亚欧大市场发挥了重要作用。

——新亚欧大陆桥经济走廊。5年多来，新亚欧大陆桥经济走廊区域合作日益深入，将开放包容、互利共赢的伙伴关系提升到新的水平，有力推动了亚欧两大洲经济贸易交流。《中国－中东欧国家合作布达佩斯纲要》和《中国－中东欧国家合作索菲亚纲要》对外发布，中欧互联互通平台和欧洲投资计划框架下的务实合作有序推进。匈塞铁路塞尔维亚境内贝旧段开工。中国西部－西欧国际公路（中国西部－哈萨克斯坦－俄罗斯－西欧）基本建成。

——中蒙俄经济走廊。中蒙俄三国积极推动形成以铁路、公路和边境口岸为主体的跨境基础设施联通网络。2018年，三国签署《关于建立中蒙俄经济走廊联合推进机制的谅解备忘录》，进一步完善了三方合作工作机制。中俄同江－下列宁斯阔耶界河铁路桥中方侧工程已于2018年10月完工。黑河－布拉戈维申斯克界河公路桥建设进展顺利。中俄企业联合体基本完成莫喀高铁项目初步设计。三国签署并核准的《关于沿亚洲公路网国际道路运输政府间协定》正式生效。中蒙俄（二连浩特）跨境陆缆系统已建成。

——中国－中亚－西亚经济走廊。5年多来，该走廊在能源合作、设施互联互通、经贸与产能合作等领域合作不断加深。中国与哈萨克斯坦、乌兹别克斯坦、土耳其等国的双边国际道路运输协定，以及中巴哈吉、中哈俄、中吉乌等多边国际道路运输协议或协定相继签署，中亚、西亚地区基础设施建设不断完善。中国－沙特阿拉伯投资合作论坛围绕共建“一带一路”倡议与沙特阿拉伯“2030愿景”进行产业对接，签署合作协议总价值超过280亿美元。中国与伊朗发挥在各领域的独特优势，加强涵盖道路、基础设施、能源等领域的对接合作。

——中国－中南半岛经济走廊。5年多来，该走廊在基础设施互联互通、跨境经济合作区建设等方面取得积极进展。昆（明）曼（谷）公路全线贯通，中老铁路、中泰铁路等项目稳步推进。中老经济走廊合作建设开始启动，泰国“东部经济走廊”与“一带一路”倡议加快对接，中国与柬老缅越泰（CLMVT）经济合作稳步推进。中国－东盟（10+1）合作机制、澜湄合作机制、大湄公河次区域经济合作(GMS)发挥的积极作用越来越明显。

——中巴经济走廊。以能源、交通基础设施、产业园区合作、瓜达尔港为重点的合作布局确定实施。中国与巴基斯坦组建了中巴经济走廊联合合作委员会,建立了定期会晤机制。一批项目顺利推进,瓜达尔港疏港公路、白沙瓦至卡拉奇高速公路(苏库尔至木尔坦段)、喀喇昆仑公路升级改造二期(哈维连—塔科特段)、拉合尔轨道交通橙线、卡西姆港1320兆瓦电站等重点项目开工建设,部分项目已发挥效益。中巴经济走廊正在开启第三方合作,更多国家已经或有意愿参与其中。

——孟中印缅经济走廊。5年多来,孟中印缅四方在联合工作组框架下共同推进走廊建设,在机制和制度建设、基础设施互联互通、贸易和产业园区合作、国际金融开放合作、人文交流与民生合作等方面研拟并规划了一批重点项目。中缅两国共同成立了中缅经济走廊联合委员会,签署了关于共建中缅经济走廊的谅解备忘录、木姐–曼德勒铁路项目可行性研究文件和皎漂经济特区深水港项目建设框架协议。

(二)基础设施互联互通水平大幅提升

"道路通,百业兴"。基础设施投入不足是发展中国家经济发展的瓶颈,加快设施联通建设是共建"一带一路"的关键领域和核心内容。

——铁路合作方面。以中老铁路、中泰铁路、匈塞铁路、雅万高铁等合作项目为重点的区际、洲际铁路网络建设取得重大进展。泛亚铁路东线、巴基斯坦1号铁路干线升级改造、中吉乌铁路等项目正积极推进前期研究,中国–尼泊尔跨境铁路已完成预可行性研究。中欧班列初步探索形成了多国协作的国际班列运行机制。中国、白俄罗斯、德国、哈萨克斯坦、蒙古国、波兰和俄罗斯等7国铁路公司签署了《关于深化中欧班列合作协议》。截至2018年底,中欧班列已经联通亚欧大陆16个国家的108个城市,累计开行1.3万列,运送货物超过110万标箱,中国开出的班列重箱率达94%,抵达中国的班列重箱率达71%。与沿线国家开展口岸通关协调合作、提升通关便利,平均查验率和通关时间下降了50%。

——公路合作方面。中蒙俄、中吉乌、中俄(大连–新西伯利亚)、中越国际道路直达运输试运行活动先后成功举办。2018年2月,中吉乌国际道路运输实现常态化运行。中越北仑河公路二桥建成通车。中国正式加入《国际公路运输公约》(TIR公约)。中国与15个沿线国家签署了包括《上海合作组织成员国政府间国际道路运输便利化协定》在内的18个双多边国际运输便利化协定。《大湄公河次区域便利货物及人员跨境运输协定》实施取得积极进展。

——港口合作方面。巴基斯坦瓜达尔港开通集装箱定期班轮航线,起步区配套设施已完工,吸引30多家企业入园。斯里兰卡汉班托塔港经济特区已完成园区产业定位、概念规划等前期工作。希腊比雷埃夫斯港建成重要中转枢纽,三期港口建设即将完工。阿联酋哈利法港二期集装箱码头已于2018年12月正式开港。中国与47个沿线国家签署了38个双边和区域海运协定。中国宁波航交所不断完善"海上丝绸之路航运指数",发布了16+1贸易指数和宁波港口指数。

——航空运输方面。中国与126个国家和地区签署了双边政府间航空运输协定。与卢森堡、俄罗斯、亚美尼亚、印度尼西亚、柬埔寨、孟加拉国、以色列、蒙古国、马来西亚、埃及等国家扩大了航权安排。5年多来,中国与沿线国家新增国际航线1239条,占新开通国际航线总量的69.1%。

——能源设施建设方面。中国与沿线国家签署了一系列合作框架协议和谅解备忘录,在电力、油气、核电、新能源、煤炭等领域开展了广泛合作,与相关国家共同维护油气管网安全运营,促进国家和地区之间的能源资源优化配置。中俄原油管道、中国–中亚天然气管道保持稳定运营,中俄天然气管道东线将于2019年12月部分实现通气,2024年全线通气。中缅油气管道全线贯通。

——通信设施建设方面。中缅、中巴、中吉、中俄跨境光缆信息通道建设取得明显进展。中国与国际电信联盟签署《关于加强“一带一路”框架下电信和信息网络领域合作的意向书》。与吉尔吉斯共和国、塔吉克斯坦、阿富汗签署丝路光缆合作协议,实质性启动了丝路光缆项目。

三、贸易畅通

贸易畅通是共建“一带一路”的重要内容。共建“一带一路”促进了沿线国家和地区贸易投资自由化便利化,降低了交易成本和营商成本,释放了发展潜力,进一步提升了各国参与经济全球化的广度和深度。

(一)贸易与投资自由化便利化水平不断提升

中国发起《推进“一带一路”贸易畅通合作倡议》,83个国家和国际组织积极参与。海关检验检疫合作不断深化,2017年5月首届“一带一路”国际合作高峰论坛以来,中国与沿线国家签署100多项合作文件,实现了50多种农产品食品检疫准入。中国和哈萨克斯坦、吉尔吉斯共和国、塔吉克斯坦农产品快速通关“绿色通道”建设积极推进,农产品通关时间缩短了90%。中国进一步放宽外资准入领域,营造高标准的国际营商环境,设立了面向全球开放的12个自由贸易试验区,并探索建设自由贸易港,吸引沿线国家来华投资。中国平均关税水平从加入世界贸易组织时的15.3%降至目前的7.5%。中国与东盟、新加坡、巴基斯坦、格鲁吉亚等多个国家和地区签署或升级了自由贸易协定,与欧亚经济联盟签署经贸合作协定,与沿线国家的自由贸易区网络体系逐步形成。

(二)贸易规模持续扩大

2013—2018年,中国与沿线国家货物贸易进出口总额超过6万亿美元,年均增长率高于同期中国对外贸易增速,占中国货物贸易总额的比重达到27.4%。其中,2018年,中国与沿线国家货物贸易进出口总额达到1.3万亿美元,同比增长16.4%。中国与沿线国家服务贸易由小到大、稳步发展。2017年,中国与沿线国家服务贸易进出口额达977.6亿美元,同比增长18.4%,占中国服务贸易总额的14.1%,比2016年提高1.6个百分点。世界银行研究组分析了共建“一带一路”倡议对71个潜在参与国的贸易影响,发现共建“一带一路”倡议将使参与国之间的贸易往来增加4.1%。

(三)贸易方式创新进程加快

跨境电子商务等新业态、新模式正成为推动贸易畅通的重要新生力量。2018年,通过中国海关跨境电子商务管理平台零售进出口商品总额达203亿美元,同比增长50%,其中出口84.8亿美元,同比增长67.0%,进口118.7亿美元,同比增长39.8%。“丝路电商”合作蓬勃兴起,中国与17个国家建立双边电子商务合作机制,在金砖国家等多边机制下形成电子商务合作文件,加快了企业对接和品牌培育的实质性步伐。

四、资金融通

资金融通是共建“一带一路”的重要支撑。国际多边金融机构以及各类商业银行不断探索创新投融资模式,积极拓宽多样化融资渠道,为共建“一带一路”提供稳定、透明、高质量的资金支持。

（一）探索新型国际投融资模式

"一带一路"沿线基础设施建设和产能合作潜力巨大，融资缺口亟待弥补。各国主权基金和投资基金发挥越来越重要的作用。近年来，阿联酋阿布扎比投资局、中国投资有限责任公司等主权财富基金对沿线国家主要新兴经济体投资规模显著增加。丝路基金与欧洲投资基金共同投资的中欧共同投资基金于2018年7月开始实质性运作，投资规模5亿欧元，有力促进了共建"一带一路"倡议与欧洲投资计划相对接。

（二）多边金融合作支撑作用显现

中国财政部与阿根廷、俄罗斯、印度尼西亚、英国、新加坡等27国财政部核准了《"一带一路"融资指导原则》。根据这一指导原则，各国支持金融资源服务于相关国家和地区的实体经济发展，重点加大对基础设施互联互通、贸易投资、产能合作等领域的融资支持。中国人民银行与世界银行集团下属的国际金融公司、泛美开发银行、非洲开发银行和欧洲复兴开发银行等多边开发机构开展联合融资，截至2018年底已累计投资100多个项目，覆盖70多个国家和地区。2017年11月，中国－中东欧银联体成立，成员包括中国、匈牙利、捷克、斯洛伐克、克罗地亚等14个国家的金融机构。2018年7月、9月，中国－阿拉伯国家银行联合体、中非金融合作银行联合体成立，建立了中国与阿拉伯国家之间、非洲国家之间的首个多边金融合作机制。

（三）金融机构合作水平不断提升

在共建"一带一路"中，政策性出口信用保险覆盖面广，在支持基础设施、基础产业的建设上发挥了独特作用；商业银行在多元化吸收存款、公司融资、金融产品、贸易代理、信托等方面具有优势。截至2018年底，中国出口信用保险公司累计支持对沿线国家的出口和投资超过6 000亿美元。中国银行、中国工商银行、中国农业银行、中国建设银行等中资银行与沿线国家建立了广泛的代理行关系。德国商业银行与中国工商银行签署合作谅解备忘录，成为首家加入"一带一路"银行合作常态化机制的德国银行。

（四）金融市场体系建设日趋完善

沿线国家不断深化长期稳定、互利共赢的金融合作关系，各类创新金融产品不断推出，大大拓宽了共建"一带一路"的融资渠道。中国不断提高银行间债券市场对外开放程度，截至2018年底，熊猫债发行规模已达2 000亿元人民币左右。中国进出口银行面向全球投资者发行20亿元人民币"债券通"绿色金融债券，金砖国家新开发银行发行首单30亿元人民币绿色金融债，支持绿色丝绸之路建设。证券期货交易所之间的股权、业务和技术合作稳步推进。2015年，上海证券交易所、德意志交易所集团、中国金融期货交易所共同出资成立中欧国际交易所。上海证券交易所与哈萨克斯坦阿斯塔纳国际金融中心管理局签署合作协议，将共同投资建设阿斯塔纳国际交易所。

（五）金融互联互通不断深化

已有11家中资银行在28个沿线国家设立76家一级机构，来自22个沿线国家的50家银行在中国设立7家法人银行、19家外国银行分行和34家代表处。2家中资证券公司在新加坡、老挝设立合资公司。中国先后与20多个沿线国家建立了双边本币互换安排，与7个沿线国家建立了人民币清算安排，与35个沿线国家的金融监管当局签署了合作文件。人民币国际支付、投资、交易、储备功能稳步提高，人民币跨境支付系统（CIPS）业务范围已覆盖近40个沿线国家和地区。中国－国际货币基金组织联合能力建设中心、“一带一路”财经发展研究中心挂牌成立。

五、民心相通

民心相通是共建“一带一路”的人文基础。享受和平、安宁、富足，过上更加美好生活，是各国人民的共同梦想。5年多来，各国开展了形式多样、领域广泛的公共外交和文化交流，增进了相互理解和认同，为共建“一带一路”奠定了坚实的民意基础。

（一）文化交流形式多样

中国与沿线国家互办艺术节、电影节、音乐节、文物展、图书展等活动，合作开展图书广播影视精品创作和互译互播。丝绸之路国际剧院、博物馆、艺术节、图书馆、美术馆联盟相继成立。中国与中东欧、东盟、俄罗斯、尼泊尔、希腊、埃及、南非等国家和地区共同举办文化年活动，形成了“丝路之旅”“中非文化聚焦”等10余个文化交流品牌，打造了丝绸之路（敦煌）国际文化博览会、丝绸之路国际艺术节、海上丝绸之路国际艺术节等一批大型文化节会，在沿线国家设立了17个中国文化中心。中国与印度尼西亚、缅甸、塞尔维亚、新加坡、沙特阿拉伯等国签订了文化遗产合作文件。中国、哈萨克斯坦、吉尔吉斯共和国“丝绸之路：长安－天山廊道的路网”联合申遗成功。“一带一路”新闻合作联盟建设积极推进。丝绸之路沿线民间组织合作网络成员已达310家，成为推动民间友好合作的重要平台。

（二）教育培训成果丰富

中国设立“丝绸之路”中国政府奖学金项目，与24个沿线国家签署高等教育学历学位互认协议。2017年沿线国家3.87万人接受中国政府奖学金来华留学，占奖学金生总数的66.0%。香港、澳门特别行政区分别设立共建“一带一路”相关奖学金。在54个沿线国家设有孔子学院153个、孔子课堂149个。中国科学院在沿线国家设立硕士、博士生奖学金和科技培训班，已培训5 000人次。

（三）旅游合作逐步扩大

中国与多个国家共同举办旅游年，创办丝绸之路旅游市场推广联盟、海上丝绸之路旅游推广联盟、“万里茶道”国际旅游联盟等旅游合作机制。与57个沿线国家缔结了涵盖不同护照种类的互免签证协定，与15个国家达成19份简化签证手续的协定或安排。2018年中国出境旅游人数达1.5亿人次，到中国旅游的外国游客人数达3 054万人次，俄罗斯、缅甸、越南、蒙古国、马来西亚、菲律宾、新加坡等国成为中国主要客源市场。

（四）卫生健康合作不断深化

自首届“一带一路”国际合作高峰论坛召开以来，中国与蒙古国、阿富汗等国，世界卫生组织等国际组织，比尔及梅琳达•盖茨基金会等非政府组织相继签署了56个推动卫生健康合作的协议。2017年8月，“一带一路”暨健康丝绸之路高级别研讨会在北京召开，发布了《北京公报》。中国与澜沧江－湄公河国家开展艾滋病、疟疾、登革热、流感、结核病等防控合作，与中亚国家开展包虫病、鼠疫等人畜共患病防控合作，与西亚国家开展脊髓灰质炎等防控合作。中国先后派出多支眼科医疗队赴柬埔寨、缅甸、老挝、斯里兰卡等国开展"光明行"活动，派遣短期医疗队赴斐济、汤加、密克罗尼西亚、瓦努阿图等太平洋岛国开展"送医上岛"活动。在35个沿线国家建立了中医药海外中心，建设了43个中医药国际合作基地。

（五）救灾、援助与扶贫持续推进

首届"一带一路"国际合作高峰论坛以来，中国向沿线发展中国家提供20亿元人民币紧急粮食援助，向南南合作援助基金增资10亿美元，在沿线国家实施了100个"幸福家园"、100个"爱心助困"、100个"康复助医"等项目。开展援外文物合作保护和涉外联合考古，与6国开展了8个援外文物合作项目，与12国开展了15个联合考古项目。中国向老挝等国提供地震监测仪器设备，提高防震减灾能力。中国在柬埔寨、尼泊尔开展社会组织合作项目24个，助力改善当地民众生活。

六、产业合作

共建"一带一路"支持开展多元化投资，鼓励进行第三方市场合作，推动形成普惠发展、共享发展的产业链、供应链、服务链、价值链，为沿线国家加快发展提供新的动能。

（一）中国对沿线国家的直接投资平稳增长

2013—2018年，中国企业对沿线国家直接投资超过900亿美元，在沿线国家完成对外承包工程营业额超过4 000亿美元。2018年，中国企业对沿线国家实现非金融类直接投资156亿美元，同比增长8.9%，占同期总额的13.0%；沿线国家对外承包工程完成营业额893亿美元，占同期总额的53.0%。世界银行研究表明，预计沿线国家的外商直接投资总额将增加4.97%，其中，来自沿线国家内部的外商直接投资增加4.36%，来自经济合作与发展组织国家的外商直接投资增加4.63%，来自非沿线国家的外商直接投资增加5.75%。

（二）国际产能合作和第三方市场合作稳步推进

沿线国家加快发展产生了国际产能合作的巨大市场需求，中国积极响应并与相关国家推进市场化、全方位的产能合作，促进沿线国家实现产业结构升级、产业发展层次提升。目前中国已同哈萨克斯坦、埃及、埃塞俄比亚、巴西等40多个国家签署了产能合作文件，同东盟、非盟、拉美和加勒比国家共同体等区域组织进行合作对接，开展机制化产能合作。中国与法国、意大利、西班牙、日本、葡萄牙等国签署了第三方市场合作文件。

（三）合作园区蓬勃发展

中国各类企业遵循市场化法治化原则自主赴沿线国家共建合作园区，推动这些国家借鉴中国改革开放以来通过各类开发区、工业园区实现经济增长的经验和做法，促进当地经济发展，为沿线国家创造了新的税收源和就业渠道。同时，中国还分别与哈萨克斯坦、老挝建立了中哈霍尔果斯国际边境合作中心、中老磨憨－磨丁经济合作区等跨境经济合作区，与其他国家合作共建跨境经济合作区的工作也在稳步推进。

第五章 中国的行动与贡献

共建“一带一路”倡议着眼于构建人类命运共同体，坚持共商共建共享原则，为推动全球治理体系变革和经济全球化做出了中国贡献。

一、共商：从中国倡议到全球共识

共商就是“大家的事大家商量着办”，强调平等参与、充分协商，以平等自愿为基础，通过充分对话沟通找到认识的相通点、参与合作的交汇点、共同发展的着力点。

——打造共商国际化平台与载体。2017年5月，首届“一带一路”国际合作高峰论坛在北京成功召开，29个国家的元首和政府首脑出席论坛，140多个国家和80多个国际组织的1 600多名代表参会，论坛形成了五大类、76个大项、279项具体成果，这些成果已全部得到落实。2019年4月，第二届“一带一路”国际合作高峰论坛继续在北京举办。“一带一路”国际合作高峰论坛已经成为各参与国家和国际组织深化交往、增进互信、密切往来的重要平台。2018年11月，首届中国国际进口博览会成功举办，172个国家、地区和国际组织参加，3 600余家境外企业参展，4 500多名政商学研各界嘉宾在虹桥国际经济论坛上对话交流，发出了“虹桥声音”。中国还举办了丝绸之路博览会暨中国东西部合作与投资贸易洽谈会、中国－东盟博览会、中国－亚欧博览会、中国－阿拉伯国家博览会、中国－南亚博览会、中国－东北亚博览会、中国西部国际博览会等大型展会，都成为中国与沿线各国共商合作的重要平台。

——强化多边机制在共商中的作用。共建“一带一路”顺应和平与发展的时代潮流，坚持平等协商、开放包容，促进沿线国家在既有国际机制基础上开展互利合作。中国充分利用二十国集团、亚太经合组织、上海合作组织、亚欧会议、亚洲合作对话、亚信会议、中国－东盟（10+1）、澜湄合作机制、大湄公河次区域经济合作、大图们倡议、中亚区域经济合作、中非合作论坛、中阿合作论坛、中拉论坛、中国－中东欧16+1合作机制、中国－太平洋岛国经济发展合作论坛、世界经济论坛、博鳌亚洲论坛等现有多边合作机制，在相互尊重、相互信任的基础上，积极同各国开展共建“一带一路”实质性对接与合作。

——建立“二轨”对话机制。中国与沿线国家通过政党、议会、智库、地方、民间、工商界、媒体、高校等“二轨”交往渠道，围绕共建“一带一路”开展形式多样的沟通、对话、交流、合作。中国组织召开了中国共产党与世界政党高层对话会，就共建“一带一路”相关议题深入交换意见。中国与相关国家先后组建了“一带一路”智库合作联盟、丝路国际智库网络、高校智库联盟等。英国、日本、韩国、新加坡、哈萨克斯坦等国都建立了“一带一路”研究机构，举办了形式多样的论坛和研讨会。中外高校合作设立了“一带一路”研究中心、合作发展学院、联合培训中心等，为共建“一带一路”

培养国际化人才。中外媒体加强交流合作，通过举办媒体论坛、合作拍片、联合采访等形式，提高了共建"一带一路"的国际传播能力，让国际社会及时了解共建"一带一路"相关信息。

二、共建：共同打造和谐家园

共建就是各方都是平等的参与者、建设者和贡献者，也是责任和风险的共同担当者。

——打造共建合作的融资平台。由中国发起的亚洲基础设施投资银行2016年开业以来，在国际多边开发体系中发挥越来越重要的作用，得到国际社会广泛信任和认可。截至2018年底，亚洲基础设施投资银行已从最初57个创始成员，发展到遍布各大洲的93个成员；累计批准贷款75亿美元，撬动其他投资近400亿美元，已批准的35个项目覆盖印度尼西亚、巴基斯坦、塔吉克斯坦、阿塞拜疆、阿曼、土耳其、埃及等13个国家。亚洲基础设施投资银行在履行自身宗旨使命的同时，也与其他多边开发银行一起，成为助力共建"一带一路"的重要多边平台之一。2014年11月，中国政府宣布出资400亿美元成立丝路基金，2017年5月，中国政府宣布向丝路基金增资1 000亿元人民币。截至2018年底，丝路基金协议投资金额约110亿美元，实际出资金额约77亿美元，并出资20亿美元设立中哈产能合作基金。2017年，中国建立"一带一路"PPP工作机制，与联合国欧洲经济委员会签署合作谅解备忘录，共同推动PPP模式更好运用于"一带一路"建设合作项目。

——积极开展第三方市场合作。共建"一带一路"致力于推动开放包容、务实有效的第三方市场合作，促进中国企业和各国企业优势互补，实现"1+1+1＞3"的共赢。2018年，第一届中日第三方市场合作论坛和中法第三方市场合作指导委员会第二次会议成功举办。英国欣克利角核电等一批合作项目顺利落地，中国中车与德国西门子已经在一些重点项目上达成了三方合作共识。

三、共享：让所有参与方获得实实在在的好处

共享就是兼顾合作方利益和关切，寻求利益契合点和合作最大公约数，使合作成果福及双方、惠泽各方。共建"一带一路"不是"你输我赢"或"你赢我输"的零和博弈，而是双赢、多赢、共赢。

——将发展成果惠及沿线国家。中国经济对世界经济增长的贡献率多年保持在30%左右。近年来，中国进口需求迅速扩大，在对国际贸易繁荣做出越来越大贡献的同时，拉动了对华出口的沿线国家经济增长。中国货物和服务贸易年进口值均占全球一成左右，2018年，中国货物贸易进口14.1万亿元人民币，同比增长12.9%。2018年，中国对外直接投资1 298.3亿美元，同比增长4.2%，对沿线国家的直接投资占比逐年增长。在共建"一带一路"合作框架下，中国支持亚洲、非洲、拉丁美洲等地区广大发展中国家加大基础设施建设力度，世界经济发展的红利不断输送到这些发展中国家。世界银行研究组的量化贸易模型结果显示，共建"一带一路"将使"发展中的东亚及太平洋国家"的国内生产总值平均增加2.6%至3.9%。

——改善沿线国家民生。中国把向沿线国家提供减贫脱困、农业、教育、卫生、环保等领域的民生援助纳入共建"一带一路"范畴。中国开展了中非减贫惠民合作计划、东亚减贫合作示范等活动。积极实施湄公河应急补水，帮助沿河国家应对干旱灾害，向泰国、缅甸等国提供防洪技术援助。中国与世界卫生组织签署关于"一带一路"卫生领域合作的谅解备忘录，实施中非公共卫生合作计划、中国－东盟公共卫生人才培养百人计划等项目。中国累计与沿线国家合作培养数千名公共卫生管理和疾病防控人员，累计为相关国家5 200余名白内障患者实施免费复明手术。中国每年为周边国家近3万名患者提供优质医疗服务。中国中医药团队先后在柬埔寨、科摩罗、多哥、圣多美和普林西比、巴布亚新几内亚等国家实施快速清除疟疾方案。

——促进科技创新成果向沿线国家转移。中国与沿线国家签署了46个科技合作协定，先后启动了中国－东盟、中国－南亚等科技伙伴计划，与东盟、南亚、阿拉伯国家、中亚、中东欧共建了5个区域技术转移平台，发起成立了“一带一路”国际科学组织联盟。通过沿线国家青年科学家来华从事短期科研工作以及培训沿线国家科技和管理人员等方式，形成了多层次、多元化的科技人文交流机制。2018年，中国接收500名沿线国家青年科学家来华科研，培训科技管理人员逾1 200人次。中国积极开展航天国际合作，推动中国北斗导航系统、卫星通信系统和卫星气象遥感技术服务沿线国家建设。

——推动绿色发展。中国坚持《巴黎协定》，积极倡导并推动将绿色生态理念贯穿于共建“一带一路”倡议。中国与联合国环境规划署签署了关于建设绿色“一带一路”的谅解备忘录，与30多个沿线国家签署了生态环境保护的合作协议。建设绿色丝绸之路已成为落实联合国2030年可持续发展议程的重要路径，100多个来自相关国家和地区的合作伙伴共同成立“一带一路”绿色发展国际联盟。中国在2016年担任二十国集团主席国期间，首次把绿色金融议题引入二十国集团议程，成立绿色金融研究小组，发布《二十国集团绿色金融综合报告》。中国积极实施“绿色丝路使者计划”，已培训沿线国家2 000人次。中国发布《关于推进绿色“一带一路”建设的指导意见》《“一带一路”生态环境保护合作规划》等文件，推动落实共建“一带一路”的绿色责任和绿色标准。

四、愿景：构建人类命运共同体

共建“一带一路”顺应了人类追求美好未来的共同愿望。国际社会越来越认同共建“一带一路”倡议所主张的构建人类命运共同体的理念，构建人类命运共同体符合当代世界经济发展需要和人类文明进步的大方向。共建“一带一路”倡议正成为构建人类命运共同体的重要实践平台。

——源自中国更属于世界。共建“一带一路”跨越不同地域、不同发展阶段、不同文明，是一个开放包容的平台，是各方共同打造的全球公共产品。共建“一带一路”目标指向人类共同的未来，坚持最大程度的非竞争性与非排他性，顺应了国际社会对全球治理体系公正性、平等性、开放性、包容性的追求，是中国为当今世界提供的重要公共产品。联合国秘书长古特雷斯指出，共建“一带一路”倡议与联合国新千年计划宏观目标相同，都是向世界提供的公共产品。共建“一带一路”不仅促进贸易往来和人员交流，而且增进各国之间的了解，减少文化障碍，最终实现和平、和谐与繁荣。

——为全球治理体系变革提供了中国方案。当今世界面临增长动能不足、治理体系滞后和发展失衡等挑战。共建“一带一路”体现开放包容、共同发展的鲜明导向，超越社会制度和文化差异，尊重文明多样性，坚持多元文化共存，强调不同经济发展水平国家的优势互补和互利共赢，着力改善发展条件、创造发展机会、增强发展动力、共享发展成果，推动实现全球治理、全球安全、全球发展联动，致力于解决长期以来单一治理成效不彰的困扰。

——把沿线国家的前途和命运紧紧联系在一起。人类只有一个地球，各国共处一个世界。为了应对人类共同面临的各种挑战，追求世界和平繁荣发展的美好未来，世界各国应风雨同舟，荣辱与共，构建持久和平、普遍安全、共同繁荣、开放包容、清洁美丽的世界。人类命运共同体理念融入了利益共生、情感共鸣、价值共识、责任共担、发展共赢等内涵。共建“一带一路”主张守望相助、讲平等、重感情，坚持求同存异、包容互谅、沟通对话、平等交往，把别人发展看成自己机遇，推进中国同沿线各国乃至世界发展机遇相结合，实现发展成果惠及合作双方、各方。中国在40年改革开放中积累了很多可资借鉴的经验，中国无意输出意识形态和发展模式，但中国愿意通过共建“一带一路”与其他国家分享自己的发展经验，与沿线国家共建美好未来。

第六章　多层次合作机制

政策沟通是共建"一带一路"的重要保障，合作机制是实现政策沟通的有效渠道。中国与"一带一路"沿线国家共同打造多层次合作机制，加强沟通协调，增进政治互信，为深化合作创造了良好条件。

一、高层推动

高层访问为共建"一带一路"提供了强大的政治助推力。共建"一带一路"倡议提出以来，中国国家主席习近平、中国国务院总理李克强等国家领导人的出访足迹遍布中亚、东南亚、南亚、中东欧等"一带一路"沿线地区。推动共建"一带一路"是高访的重要内容之一，也得到了相关国家和国际组织的积极回应，形成了包括凝聚合作共识、签署合作协议、推动重大项目建设、扩大各领域交流合作等一系列丰硕成果。

二、战略对接

中国努力推动共建"一带一路"倡议与"一带一路"沿线国家的发展战略对接，寻求合作的最大公约数。哈萨克斯坦"光明之路"、沙特阿拉伯"西部规划"、蒙古国"草原之路"、欧盟"欧洲投资计划"、东盟互联互通总体规划2025、波兰"负责任的发展战略"、印度尼西亚"全球海洋支点"构想、土耳其"中间走廊"倡议、塞尔维亚"再工业化"战略、亚太经合组织互联互通蓝图、亚欧互联互通合作、联合国2030年可持续发展议程等与"一带一路"倡议高度契合，中国愿意与有关国家和国际组织共同推动实施。

三、双多边机制

中国与"一带一路"沿线国家在相互尊重、相互信任的基础上，建立了较为完善的合作机制。双边对话是政策沟通的主要渠道，中国与有关国家不断强化双边机制作用，服务互联互通、贸易投资、产能合作、人文交流等共建"一带一路"重点领域合作。中国政府部门还将建设若干国别合作促进中心，推动已签署的共建"一带一路"合作协议加快落实。中国重视维护和促进多边机制作用，通过上合组织峰会、亚信峰会、中非合作论坛、中国-太平洋岛国经济发展合作论坛、泛北部湾经济合作论坛、中国共产党与世界对话会等多边平台，开展合作对话。举办中国-东盟博览会、中国-亚欧博览会、中国-阿拉伯国家博览会、中国-南亚博览会及中国-中东欧国家投资贸易博览会等大型展会，发挥经贸合作的桥梁纽带作用。以领事磋商等为平台，完善外交协调机制，为共建"一带一路"创造有利的人员往来和安全保障条件。

四、“二轨”对话及交流合作

中国与“一带一路”沿线国家通过政党、议会、地方、民间等交往渠道，开展形式多样的交流合作，增进各国人民的相互理解，广泛凝聚共建“一带一路”的各方共识。加强智库交流合作，建立“一带一路”智库合作联盟等合作机制。中国政府在北京大学设立“南南合作与发展学院”，与发展中国家分享治国理政经验，培养政府管理高端人才。中国国务院发展研究中心与有关国际智库发起成立了“丝路国际智库网络”(SILKS)，打造国际智库合作平台与协作网络。促进媒体交流合作，举办媒体论坛、人员互访等活动，开展供版供稿、联合采访、合作拍片、研修培训等合作。推动妇女、青年、创业就业等领域交流，分享促进社会公平进步的理念和经验。这些覆盖广泛的对话交流活动，与政府间合作相互促进，为共建“一带一路”不断营造民意基础。

第七章 未来发展展望

当今世界正处于大发展大变革大调整时期，和平、发展、合作仍是时代潮流。展望未来，共建"一带一路"既面临诸多问题和挑战，更充满前所未有的机遇和发展前景。这是一项事关多方的倡议，需要同心协力；这是一项事关未来的倡议，需要不懈努力；这是一项福泽人类的倡议，需要精心呵护。我们相信，随着时间的推移和各方共同努力，共建"一带一路"一定会走深走实，行稳致远，成为和平之路、繁荣之路、开放之路、绿色之路、创新之路、文明之路、廉洁之路，推动经济全球化朝着更加开放、包容、普惠、平衡、共赢的方向发展。

一、和平之路

古丝绸之路，和时兴，战时衰。共建"一带一路"离不开和平安宁的环境。共建"一带一路"倡议主张建设相互尊重、公平正义、合作共赢的新型国际关系，打造对话不对抗、结伴不结盟的伙伴关系。各国应尊重彼此主权、尊严、领土完整，尊重彼此发展道路和社会制度，尊重彼此核心利益和重大关切。

和平安全是推进共建"一带一路"的基本前提和保证。各国需树立共同、综合、合作、可持续的安全观，营造共建共享的安全格局。要着力化解冲突，坚持政治解决；要着力斡旋调解，坚持公道正义；要着力推进反恐，标本兼治，消除贫困落后和社会不公。各国需摒弃冷战思维、零和游戏和强权政治，坚决反对恐怖主义、分裂主义、极端主义。在涉及国家主权、领土完整、安全稳定等重大核心利益问题上给予相互支持。坚持以对话解决争端、以协商化解分歧，增进合作互信，减少相互猜疑。各国需深化在网络安全、打击跨国犯罪、打击贩毒、打击"三股势力"、联合执法、安全保卫等方面的合作，为区域经济发展和人民安居乐业营造良好环境。

中国始终是维护地区和世界和平、促进共同发展的坚定力量。中国坚持走和平发展道路，坚定奉行独立自主的和平外交政策，尊重各国人民自主选择的发展道路和奉行的内外政策，决不干涉各国内政，不把自己的意志强加给对方，不把本国利益凌驾于他国利益之上。为保证共建"一带一路"顺利推进，中国愿同沿线各国共同构建争端解决机制，共建安全风险预警防控机制，共同制定应急处置工作机制。一旦发生纠纷，当事方能够坐下来就相互利益关切沟通交流，对话而不是对抗，不但为共建"一带一路"营造良好发展环境，而且共同推动建设各国彼此尊重核心利益、和平解决分歧的和谐世界。

二、繁荣之路

发展是解决一切问题的总钥匙，共建"一带一路"聚焦发展这个根本性问题，释放各国发展潜力，实现经济融合、发展联动、成果共享。共建“一带一路”顺应世界多极化、经济全球化、文化多样化、社会信息化的潮流，致力于维护全球自由贸易体系和开放型世界经济。

沿线国家市场规模和资源禀赋各有优势，互补性强，潜力巨大，合作前景广阔。各国需在充分照顾各方利益和关切基础上，凝聚共识，将共识转化为行动，按照战略对接、规划对接、平台对接、项目对接的工作思路，形成更多可视性成果，实现优势互补，促进共同繁荣发展。

共建“一带一路”将继续把互联互通作为重点，聚焦关键通道、关键节点、关键项目，着力推进公路、铁路、港口、航空、航天、油气管道、电力、网络通信等领域合作，与各国共同推动陆、海、天、网四位一体的互联互通。中国愿意与各国共建“一带一路”空间信息走廊。深化与沿线国家在经贸领域的互利共赢，扩大双多边投资贸易规模。深入开展产业合作，共同办好经贸、产业合作园区。抓住新工业革命的发展新机遇，培育新动能、新业态，保持经济增长活力。第二届“一带一路”国际合作高峰论坛期间，中国将与有关国家签署一批产能与投资合作重点项目清单。建立稳定、可持续、风险可控的金融服务体系，创新投资和融资模式，推广政府和社会资本合作，建设多元化融资体系和多层次资本市场，发展普惠金融，完善金融服务网络。

三、开放之路

开放带来进步，封闭导致落后。对一个国家而言，开放如同破茧成蝶，虽会经历一时阵痛，但将换来新生。共建“一带一路”以开放为导向，努力解决经济增长和平衡发展问题。

共建“一带一路”坚持普惠共赢，打造开放型合作平台，推动形成开放型世界经济。共建“一带一路”是和平发展、经济合作倡议，不是搞地缘政治联盟或军事同盟；是开放包容、共同发展进程，不是要关起门来搞小圈子或者“中国俱乐部”；不以意识形态划界，不搞零和游戏。不管处于何种政治体制、地域环境、发展阶段、文化背景，都可以加入“一带一路”朋友圈，共商共建共享，实现合作共赢。

中国支持、维护和加强基于规则的、开放、透明、包容、非歧视的多边贸易体制，促进贸易投资自由化便利化，与沿线国家共建高标准自由贸易区，推动经济全球化健康发展。同时，共建“一带一路”也着力解决发展失衡、治理困境、数字鸿沟、分配差距等问题，让世界各国的发展机会更加均等，让发展成果由各国人民共享。

在共建“一带一路”过程中，中国开放的大门只会越开越大，中国愿为世界各国带来共同发展新机遇，与各国积极发展符合自身国情的开放型经济，共同携手向着构建人类命运共同体的目标不断迈进。

四、绿色之路

共建“一带一路”倡议践行绿色发展理念，倡导绿色、低碳、循环、可持续的生产生活方式，致力于加强生态环保合作，防范生态环境风险，增进沿线各国政府、企业和公众的绿色共识及相互理解与支持，共同实现2030年可持续发展目标。

沿线各国需坚持环境友好，努力将生态文明和绿色发展理念全面融入经贸合作，形成生态环保与经贸合作相辅相成的良好绿色发展格局。各国需不断开拓生产发展、生活富裕、生态良好的文明发展道路。开展节能减排合作，共同应对气候变化。制定落实生态环保合作支持政策，加强生态系统保护和修复。探索发展绿色金融，将环境保护、生态治理有机融入现代金融体系。

中国愿与沿线各国开展生态环境保护合作，将努力与更多国家签署建设绿色丝绸之路的合作文件，扩大"一带一路"绿色发展国际联盟，建设"一带一路"可持续城市联盟。建设一批绿色产业合作示范基地、绿色技术交流与转移基地、技术示范推广基地、科技园区等国际绿色产业合作平台，打造"一带一路"绿色供应链平台，开展国家公园建设合作交流，与沿线各国一道保护好我们共同拥有的家园。

五、创新之路

创新是推动发展的重要力量。共建"一带一路"需向创新要动力。5年多来，中国与沿线国家优化创新环境，集聚创新资源，加强科技创新合作，将继续促进科技同产业、科技同金融深度融合。

21世纪以来，全球科技创新进入空前密集活跃时期，新一轮科技革命和产业变革正在重构全球创新版图、重塑全球经济结构。共建"一带一路"为大部分处于工业化初中级阶段的国家平等合理融入全球产业链和价值链提供了新契机。随着各类要素资源在沿线国家之间的共享、流动和重新组合，各国可以利用各自比较优势，着眼于技术前沿应用研究、高技术产品研发和转化，不断将创新驱动发展推向前进。共建"一带一路"将成为沿线国家创新发展的新平台，成为沿线国家实现跨越式发展的驱动力，成为世界经济发展的新动能。中国与沿线国家之间的联动发展、合作应对挑战，已经并还将使不同国家、不同阶层、不同人群在开放型世界经济发展中共享经济全球化的成果。

数字经济是继农业经济、工业经济之后的主要经济形态。当今世界正在经历一场更大范围、更深层次的科技革命和产业变革，现代信息技术不断取得突破，数字经济蓬勃发展，各国利益更加紧密相连。共建"一带一路"坚持创新驱动发展，与各方加强在人工智能、纳米技术、量子计算机等前沿领域合作，推动大数据、云计算、智慧城市建设，连接成21世纪的数字丝绸之路。通过沿线国家青年科学家来华从事短期科研工作以及培训沿线国家科技和管理人员等方式，形成多层次、多元化的科技人文交流机制。通过共建国家级联合科研平台，深化长期稳定的科技创新合作机制，提升沿线国家的科技创新能力。构建"一带一路"技术转移协作网络，促进区域创新一体化发展。知识产权是创新驱动发展的基本保障，沿线国家应尊重知识产权，推动更加有效地保护和使用知识产权，构建高水平知识产权保护体系。

六、文明之路

共建"一带一路"推动文明交流超越文明隔阂、文明互鉴超越文明冲突、文明共存超越文明优越，使各国相互理解、相互尊重、相互信任。

古丝绸之路打开了各国各民族交往的窗口，书写了人类文明进步的历史篇章。共建"一带一路"深厚的文明底蕴、包容的文化理念，为沿线国家相向而行、互学互鉴提供了平台，促进了不同国家、不同文化、不同历史背景人群的深入交流，使人类超越民族、文化、制度、宗教，在新的高度上感应、融合、相通，共同推进构建人类命运共同体。共建"一带一路"推动沿线国家在教育、科技、文化、卫生、体育、媒体、旅游等领域开展广泛合作，促进政党、青年、社会组织、智库、妇女、地方交流协同并进，初步形成了和而不同、多元一体的文明共荣发展态势。

中国愿与沿线国家和有关国际组织共同推动建立多层次人文合作机制，搭建更多合作平台，开辟更多合作渠道。推动教育合作，扩大互派留学生规模，提升合作办学水平。建设好"一带一路"国际智库合作委员会和"一带一路"新闻合作联盟。继续开展历史文化遗产保护、文物援外合作、联合考古合作，推进博物馆交流合作，联合打造具有丝绸之路特色的旅游产品。加强政党、民间组织往来，密切妇女、青年等群体交流，促进包容发展。第二届"一带一路"国际合作高峰论坛期间，中国有关部门将与联合国儿童基金会共同发起“关爱儿童、共享发展，促进可持续发展目标实现”合作倡议。中国社会组织将启动“丝路一家亲”行动，推动沿线各国社会组织共同开展民生领域合作。中国也将继续向沿线发展中国家提供力所能及的支持和帮助。

七、廉洁之路

廉洁是共建“一带一路”的道德“底线”和法律“红线”。沿线国家需协力打造廉洁高效的现代营商环境，加强对“一带一路”建设项目的监督管理和风险防控，建立规范透明的公共资源交易流程。在项目招投标、施工建设、运营管理等过程中严格遵守相关法律法规，消除权力寻租空间，构建良性市场秩序。各国应加强反腐败国际交流合作，以《联合国反腐败公约》等国际公约和相关双边条约为基础开展司法执法合作，推进双边引渡条约、司法协助协定的签订与履行，构筑更加紧密便捷的司法执法合作网络。各国需推动企业加强自律意识，构建合规管理体系，培育廉洁文化，防控廉洁风险，坚决抵制商业贿赂行为。政府、企业、国际社会三方需共同努力，采取有效措施，建立拒绝腐败分子入境、腐败资产返还等合作机制，通力协作斩断腐败链条、构筑反腐败防线。

中国愿与各国一道完善反腐败法治体系和机制建设，不断改善营商环境，持续打击商业贿赂行为。深化与沿线国家反腐败法律法规对接，深化反腐败务实合作。加强对“走出去”企业廉洁教育培训，强化企业合规经营管理。中国愿与沿线国家共同努力，把“一带一路”建设成为廉洁之路。

世界潮流浩浩荡荡。共建“一带一路”倡议顺应历史大潮，所体现的价值观和发展观符合全球构建人类命运共同体的内在要求，也符合沿线国家人民渴望共享发展机遇、创造美好生活的强烈愿望和热切期待。毋庸置疑，随着时间的推移，共建“一带一路”将进一步彰显出强大的生命力和创造力。通过布局开篇的“大写意”和精耕细作的“工笔画”，共建“一带一路”将久久为功，向高质量高标准高水平发展，为建设一个持久和平的世界，建设一个普遍安全的世界，建设一个共同繁荣的世界，建设一个开放包容的世界，建设一个清洁美丽的世界，最终实现构建人类命运共同体的美好愿景做出更大贡献。

第六篇

国内各省市参与“一带一路”建设的进展

第一章　北京市参与“一带一路”建设

北京将以“四大平台”建设为主抓手，推进参与共建“一带一路”再上新台阶。

一、对外投资在增长，朋友圈在扩大

在国际经贸合作领域，2013—2018年，北京市对外贸易总额累计约3万亿美元、实际利用外资规模累计约850亿美元。2018年北京市对外投资规模70亿美元，较2013年增长近70%，北京市属企业积极参与肯尼亚蒙内铁路、非洲“万村通”、英国曼彻斯特空港城等一批重点项目建设，北汽南非工业园、北控柬埔寨金边经济特区建设进展顺利。

北京市已与全球51个国家的56个城市缔结友城，遍布五大洲。北京先后在保加利亚、黑山和塞尔维亚举办了三届中国－中东欧国家首都市长论坛，签署了《共同宣言》。另外，京港两地也将在“一带一路”建设、经济贸易、服务业、科技创新等领域开展全面对接合作。

二、推广中关村品牌，打造海外科技园区

科技创新合作领域，2013年以来，成功举办六届中国（北京）跨国技术转移大会，共促成7 000多项跨国技术对接，签约金额超过1 000亿元人民币。发挥中关村科技创新发展主阵地作用，推进剑桥启迪科技园、中意设计创新基地、太库以色列中国创新中心等一批科技园区和海外孵化基地建设。

在人文交流合作领域，雅典中国文化中心正式挂牌并启动系列推广活动。北京发起服务国际青年创新创业的“藤蔓计划”项目，帮助1 200余名国际青年获得实习机会。推进共建“健康丝绸之路”，与泰国、土耳其、匈牙利等国签署了10余项医疗卫生合作协议。

第一节　以“四大平台”建设为主抓手

北京2018年制订了“一带一路”三年行动计划，在政策指引下搭建好对外交往、科技支撑、人文交流、服务支持的平台，进一步扩大国际影响力。

国家提出“一带一路”倡议以来，北京市立足首都城市战略定位，着力打造四大平台，积极参与“一带一路”建设。

一、拓展对外交往平台，全方位构建"一带一路"服务保障体系

首届"一带一路"国际合作高峰论坛、亚太经合组织会议等重大国际活动陆续在北京举办，北京市全方位构建国际交往服务保障体系，高水平、高质量、高标准服务保障重大国际活动。为亚洲基础设施投资银行、丝路基金等机构在京投资建设、开展经营活动提供优质配套服务，吸引上海合作组织、博鳌亚洲论坛等一批国际组织总部落户北京。新国展、怀柔雁栖湖国际会都等一批重大国际交往设施建设也已全部完成。

北京市加强政府间对接合作，与全球49个国家的54个城市建立友好城市关系，包括19个"一带一路"沿线国家的首都。通过举办"俄罗斯联邦布里亚特共和国北京项目推介会"，发布布里亚特共和国旅游、交通物流、矿产资源、工业、农业等优势领域重点项目65个，总投资约231亿元人民币。与74个国家和地区的184家商协会和贸促机构签订友好合作协议，在沿线国家设立36家非公经济发展服务基地，为当地中资企业提供法律、安保、经济咨询等服务。

二、深化人文交流平台，筑造品牌讲好中国故事

2016年，北京市20余家企业被国家认定为年度文化出口重点企业，数量居全国前列。设立北京文化艺术基金，计划5年投入5亿元，重点支持"一带一路"题材的舞台艺术作品和符合"一带一路"国家外交战略传播交流推广，目前，已投入资金8 361万元，资助项目共97个。连续多年在芬兰、爱沙尼亚及波罗的海地区举办北京文化庙会，展示传统技艺，促进民间文化交流。

北京市发起设立的世界旅游城市联合会已有来自121个知名旅游城市的会员单位182个，联合会以沿线73个国家及城市为载体，积极推动"一带一路"国际旅游走廊建设。支持市属高等院校、科研院所、企业与沿线国家共同合作，培养交流国际高端人才，中法国际大学城正式启用运行，已与多所国内学校建立了合作关系，30余家学校签约入园。

大力推进"欧洲中医药发展和促进中心"建设，以中医药产业园区为载体、以医院为支撑、以中医教育为保障，打造中医医疗、保健、教育、科研、商贸、文化于一体的中医药品牌和服务机构。目前，已在西班牙加泰罗尼亚建设1.5万平方米产业园区，建设中医研究院和中医药文化传播中心，开设中医学硕士研究生课程；建设拥有200张床位的中医院，使中医硕士学位、中药和中医师首次得到官方认可。北京友谊医院、北京儿童医院分别与巴基斯坦和俄罗斯医疗机构开展合作项目，实现国际间医疗技术的交流、互通和医疗资源的共享。

三、打造科技支撑平台，带动国际产能合作取得新进展

北京市连续6年举办中国（北京）跨国技术转移大会，共有40多个国家和地区的知名企业和机构代表1.3万人参会，依托中国－东盟技术转移中心、中国－阿拉伯国家技术转移中心等机构，共完成6 500多项次跨国技术对接，实现项目签约近140项，签约额超过600亿元。2016年北京市在欧洲承建并正式成立亚欧科技创新中心，与巴基斯坦、俄罗斯、德国等20多个亚欧会议成员国相关机构建立科技合作联系。

充分发挥北京市在轨道交通、垃圾焚烧、污水处理、电力等领域的咨询设计、技术研发、投资建设和运营管理的优势，着力推进优势技术、标准和品牌"走出去"。以市属国企为主导，实施一批具有广泛影响力的合作项目。截至目前，共16家市属国有企业参与沿线国家项目78个，涵盖基础设

施、能源、装备制造、环保等14个行业。

首创集团和法国夏斗湖市合作建设中法经济贸易合作区，是首个建于发达国家、集国际大学城、国际创新研发园和物流工业园于一体的大型综合型产业园区。依托欧洲科技优势，重点打造国际创新研发园，推动关键核心技术研发与合作，建设规模6万平方米，其中一期4 400平方米已竣工并投入使用。大力发展跨境电子商务，已有天竺综保区等6家园区获评首批中国（北京）跨境电子商务产业园。

四、创建服务支持平台，构建开放型经济新体制

据悉，北京市已建立全国首个集信保、担保、银行等资源于一体的中小企业出口金融服务平台“政保贷”，共支持6个项目融资305万美元。2016年底，北京市国际经贸合作信息网站作为全国首创“互联网地图+国际经贸”服务网站正式上线，包括全球联络网、全球展会、两类贸易、投资合作、风险预警、项目撮合和“一带一路”7个专题，成为企业“走出去”的综合信息服务平台。

在促进贸易便利化方面，北京国际贸易“单一窗口”启动运行，口岸通关环境进一步优化，2016年实现货物进出口总额1.86万亿元，服务进出口总额超过1 500亿美元。新兴服务贸易快速发展，对外文化服务贸易增长9.5%，保险、金融、信息等新兴领域在全国处于领先地位。第四届京交会上首次与世界贸易组织共同举办全球服务贸易峰会和2016世界客商“一带一路”经贸文化论坛，到会客商累计17.1万人次，达成意向签约额1 010.8亿美元。

第二节　支持企业走出去

“一带一路”建设倡议提出后，企业发展活力继续增强，对外合作取得多项积极进展。2018年“一带一路”跟踪调查结果显示，5年来，北京市企业参与“一带一路”建设成果达预期，重点项目推进情况良好，境外合同金额等主要指标稳定增长，“一带一路”沿线合作地域辐射面继续扩大，项目开展更加多样化。

一、建设成果达预期，重点项目推进情况良好

在调查的14家受访企业中，92.8%的企业表示“一带一路”倡议提出5年来，取得的效果达到预期。其中，35.7%的企业认为效果“非常显著，超越预期”，表明随着“一带一路”建设稳步推进，取得的成果逐渐得到企业认可。从“一带一路”建设达成的具体效果看，71.4%的企业认为“推进战略对接，密切政策沟通”效果最为突出；其次是“深化项目合作，促进设施联通”，比重为35.7%；此外，“扩大产业投资，实现贸易畅通”的认可度也较高，为21.4%。5年来，“一带一路”沿线上一些重点项目推进情况良好，成为后续跨国商务合作的典范和标杆。如北京住总集团有限责任公司承揽的白俄罗斯中白工业园商贸物流园项目，位于中国目前对外合作层次最高、占地面积最大的中白工业园区内，已于2017年12月30日竣工交用，成为中白合作的样板工程之一。由北京市国资公司、城建集团、轨建公司共同承建的阿斯塔纳轻轨项目是哈萨克斯坦首条城市轻轨线路，全部采用中国标准设计、建造，建成后将成为哈萨克斯坦乃至中亚地区最具技术代表性的城市交通项目。

二、主要指标稳定增长，企业预期较为乐观

随着"一带一路"沿线重点项目的稳步推进，北京市企业对外合作步伐逐步加快，签订的境外合同金额和营业收入均实现较快增长。2017年，海关数据显示，北京市在"一带一路"沿线国家实现进出口额1 255.5亿美元，同比增长28.6%，高于全市水平14.0个百分点，占全市进出口贸易总额的38.8%，比上年同期提升4.2个百分点。调研中，14家受访企业在"一带一路"沿线国家新签工程项目数598个，同比增长27.8%；新签项目合同额88.6亿美元，同比增长41.7%；在沿线国家实现营业收入47.4亿美元，同比增长21.5%。中国政府也积极完善出台相关政策，优化企业营商环境，降低企业经营成本。调研中有企业表示，2017年底国家出台了对"走出去"企业的税收优惠政策《财政部和国家税务总局关于完善企业境外所得税收抵免政策问题的通知》(财税〔2017〕84号)，企业因此减税约3 000万元。调查中，78.6%的受访企业表示与"一带一路"沿线国家业务往来(商务合作)的经济效益基本达到预期或超过预期。从企业未来预期来看，71.4%的企业认为未来与"一带一路"沿线国家业务合作的预期非常乐观或比较乐观，信心较为饱满。

三、地域辐射面继续扩大，项目开展更加多样化

2017年，14家受访企业平均每家与11.7个"一带一路"沿线国家有合作关系，比2016年多0.8个国家，比2015年多4.8个国家。本次调研中合作国家最广泛的一家企业已与"一带一路"沿线马来西亚、白俄罗斯、越南、巴基斯坦、印度等34个国家建立业务合作关系，在2016年的基础上继续拓展5个国家。被调研企业中，投资合作形式在货物贸易(57.1%)、基础设施投资(42.9%)、资源开发(14.3%)、技术合作(7.1%)等方面均有涉及，同时又逐渐扩展到实业投资、管理咨询等方面，合作方式更加多样化。调研中一家医药行业的企业表示，企业近年来致力于中国医药产品的出口和海外销售服务，目前已取得数百个原料药、化学制剂和生物制品的海外注册证，具有成功的海外实业投资经验。另一家从事智能终端销售的企业也表示，未来将抓住"一带一路"沿线国家仍处于从功能机到智能机和从2G、3G到4G网络转换阶段的机遇，加大在当地市场的渗透力度。

第二章 上海市参与“一带一路”建设

上海位于东海之滨，长江之尾，黄浦江畔连着“长江经济带”，也是“21世纪海上丝绸之路”的起点，要全力以赴完成中央交给上海的各项重大改革试点任务，努力当好全国改革开放排头兵、创新发展先行者。

按照国务院《全面深化中国（上海）自由贸易试验区改革开放方案》，上海自贸试验区要主动服务“一带一路”建设和长江经济带发展等国家战略；加强与上海国际经济、金融、贸易、航运中心建设和具有全球影响力的科技创新中心建设的联动；担当起服务国家“一带一路”建设、推动市场主体走出去的桥头堡。

第一节 改革开放，成为“一带一路”重要口岸

根据上海市委深改领导小组会议审议通过的全面深化自贸区改革开放方案和2017年重点工作安排，按照党中央、国务院的要求部署，深化推进开放和创新融为一体的综合改革试验区建设，加强开放型经济体系风险压力测试区的先行先试，深化提升政府治理能力的先行区体制机制创新，加强服务国家“一带一路”建设、推动市场主体走出去的桥头堡建设，进一步强化区内改革同全市改革的联动、同上海国际金融中心和科技创新中心的联动，不断放大政策集成效应。

一、要进一步转变政府职能，打造提升政府治理能力的先行区

在上海自贸区建设步入3.0版前夕，俄罗斯铝业联合公司在上海证券交易所成功完成了首期人民币债券发行，这是首单“一带一路”沿线国家企业在中国发行的熊猫债券。标志着上海自贸试验区已搭建起“一带一路”开放合作新平台，建设服务“一带一路”的市场要素资源配置功能枢纽，并进入发挥辐射带动作用的快车道。目前可以更多地利用债券市场，推动上海国际金融中心与“一带一路”沿线国家和地区金融市场的深度合作、互联互通；吸引沿线国家央行、主权财富基金和投资者投资境内人民币资产，为“一带一路”重大项目提供融资服务；大力发展海外投资保险、出口信用保险、货物运输保险、工程建设保险等业务，为企业海外投资、产品技术输出、承接“一带一路”重大工程提供综合保险服务等金融方面的改革，打造成“一带一路”投融资的中心。

二、在金融领域服务"一带一路"倡议

依托上海的多层次资本市场，推动优质企业上市。上海自贸区以制度创新为核心，以"可复制可推广"为目标倒逼改革所做的有益尝试。据上海电力设计有限公司负责人认为，以青海省为起点，希望沿着"一带一路"做更多的总承包工程；通过在"丝绸之路经济带"上的成功尝试，将市场扩展至海外。从2016年开始，以自贸区为平台，上海保险业就通过出口信用保险这项创新举措，为企业在"一带一路"沿线国家的投资出口提供服务和保障。以总额为14.54亿美元的风险保障，落实了上海电建、上海电气等一批总投资69.2亿美元的重大项目。在自贸区3.0版的平台上，除了出口信用保险，上海保险业还将进一步拓展海外投资保险、货物运输保险、工程建设保险等业务，为企业海外投资、产品技术输出、承接"一带一路"重大工程提供更多的综合保险服务。上海正成为长江经济带，尤其是长三角地区企业享受制度改革"红利"，成为走向"一带一路"沿线国家的重要口岸。

第二节　创新发展，已架起互联互通的桥梁

上海自贸试验区要建设开放和创新融为一体的综合改革试验区。"互联互通"也是"一带一路"倡议的主要内容，上海企业正通过对外直接投资和技术输出参与到"一带一路"国家的建设当中，同时也为中国与外界架起了互联互通的"桥梁"。据上海市商务委统计数据显示，近5年间，上海企业"走出去"网络已覆盖178个国家和地区，并与14个"一带一路"沿线国家经贸部门和重要节点城市建立了经贸合作伙伴关系。

据上海市商务委相关负责人介绍，仅2016年一季度，上海企业在"一带一路"沿线国家的非金融类直接投资达3亿美元，占全市总投资的16.7%，新签工程承包项目合同额为12亿美元，占全市项目总额的77.5%。在柬埔寨暹粒，上海建工在这里修建起一条条平整的公路，一座座坚固的桥梁；在埃及，上海电气总承包了汉纳维燃煤发电项目，一座凝聚着上海工匠智慧的电厂将建成；在泰国，上汽集团的新工厂将于2016年底建成投产。上海企业在"一带一路"沿线国家参与基础设施投资建设，不仅提升了承接工程总承包的能力，同时在参与国际产能合作和装备制造投资项目时提升了效率。

中国的先进技术也加快了"走出去"的步伐。在过去5年中，位于上海的蚂蚁金服企业将在国内积累的电子商务和普惠金融方面的技术、服务能力，以及商业模式输出到印度、菲律宾、泰国等"一带一路"沿线国家。蚂蚁金服集团国际事业部总裁赵颖曾表示，通过这一过程，企业走向了全球化，也寻找到了更多的合作伙伴。通过合作伙伴，我们也学会了如何更好地融入当地市场。

第三节　实践集成，已融入"一带一路"建设体系

上海的优势就是要成为经济、航运、金融、贸易和具有全球影响力的科创中心。

根据上海自由贸易港区建设方案、扩大对外开放领域、推进跨境服务贸易创新发展、提高口岸通关效率、完善自由贸易账户服务功能，高标准建设国际贸易"单一窗口"、实施海关综合监管改革

创新、建立检验检疫风险分类监管综合评定机制，特别是首次明确提出设立“自由贸易港区”。依托国际航运中心建设，除了洋山港，上海完善了浦东、虹桥两座航空港的建设，总部在上海的东方航空和春秋航空加速开辟了多条欧亚国家与中国之间的航线。同时，上海与长三角地区的高铁线路也日益完善，进一步融入了欧亚铁路网。依托国际金融中心建设，上海自贸试验区已在自由贸易账户、跨境人民币资金池等方面有所突破，并建立起上海保险交易所、上海票据交易所等金融要素市场服务“一带一路”。

在国际上，自由贸易港区通常被视为开放程度最高的一种自由贸易区。简单来说，就是实现区港一体化，海关一线真正放开，让货物自由流动，为市场主体创造一种“境内关外”的环境，依托国际贸易中心建设，上海在自贸试验区率先推出出口退税无纸化，完成国际贸易“单一窗口”改革，有效促进了上海与“一带一路”沿线国家的贸易往来。数据显示，2017年一季度，上海与“一带一路”沿线国家的贸易额达1 555亿元人民币，占全市外贸总额的比重提升至20.7%，其中出口、进口、进出口增幅分别为17.7%、33.6%和26.1%，均好于全市平均水平。

第三章 天津市参与“一带一路”建设

作为“一带一路”重要节点城市，天津积极参与海外基础设施建设和国际产能合作。来自天津市商务局的数据显示，“一带一路”倡议提出5年来，2014—2018年，天津对外承包工程完成营业额253.6亿美元，比前5年增长85%，天津企业海外工程参建人员累计超5.4万人次。截至2018年底，天津有近30家企业在“一带一路”34个国家承揽建设工程。这些海外建设者，主要是拥有一技之长的熟练工，有的还担任项目工班长，还有懂技术、擅营销的勘察设计、施工管理等复合型人才。天津海外建设者不仅克服了当地语言文化不同、自然条件艰苦、社会不稳定等难题，而且工作中展现的敬业奉献精神，赢得了海外业主和民众的称赞。

首先，天津是中蒙俄经济走廊的东部起点；其次，天津是新的亚欧大陆桥经济走廊的重要节点；再次，天津是21世纪海上丝绸之路和丝绸之路经济带陆海交汇的支撑点。

天津在参与“一带一路”建设过程中，重点发挥了四方面的优势：

一、港口优势

天津港是沿海港口功能比较全的港口之一，是北方国际航运核心区。目前，天津港和180多个国家500多个港口有着贸易往来，下一步要进一步提升港口营商环境和服务环境，主要提升港航服务业、港口服务业，提升港口作业效率，降低港口的费用，提升通关效率。

因为天津港不光是天津的港口，也是整个“一带一路”和北方京津冀地区乃至于整个西部华北地区的港口，所以要使天津港综合成本大幅度地下降，具有明显的竞争优势。要使天津港的综合通关效率大幅度地提升，达到一流的水平。要使天津港智能化建设、智能化水平达到国际一流水平。使天津港真正在“一带一路”建设当中发挥好桥头堡的作用。

二、产业优势

天津是先进制造业的研发转化基地，也是老工业基地，工业体系比较完备，目前一方面对于传统产业进行改造升级；另一方面大力发展生物医药、人工智能、新材料、新能源等战略性新兴产业。在产能国际合作方面空间非常大，2018年上半年天津在沿线的投资大概1亿美元，进出口贸易额达1 000亿元人民币，下一步在这方面还有进一步拓展产业合作的空间。

三、开放优势

特别是打造自贸区的升级版，滨海新区高质量开发开放，用好自贸区的升级版开放，大幅度提高投资便利化、贸易便利化，深化人民币的跨境使用，外汇管理体制的改革，加快建设跨境电子商务综合园区的建设等。

四、教育资源的优势

职业教育是天津的一个特色，也是教育部和天津政府共同打造现代职业教育改革创新实验区。随着“一带一路”建设深入推进，天津有一批重大项目、重大基础设施工程要落地。

第四章　重庆市参与“一带一路”建设

近年来，重庆积极参与“一带一路”建设，取得了哪些成效?

2019年4月25日，第二届“一带一路”国际合作高峰论坛新闻吹风会重庆专场在国家会议中心举行。会上，重庆晒出了自己的成绩单。

第一节　积极推进中欧班列开行

目前，在全国的欧洲班列中，每4趟中欧班列就有1趟发自重庆。

目前，中欧班列(重庆)已累计开行3 552班次，占全国中欧班列的25%，总货值1 340亿元，位居所有中欧班列前列。截至目前，运营线路达到20条，境外集结点和分拨点涵盖亚欧11个国家30多个城市，开行数量和货值均位居中欧班列前列。

向西开行中欧班列(重庆)的同时，重庆牵头向南推进中新(重庆)战略性互联互通示范项目国际陆海贸易新通道(简称陆海新通道)建设，开通到东盟“五定”跨境货运班车、陆海联运“五定”公路班车，并通过深圳、钦州发展铁海联运，把重庆与东南亚、大洋洲、非洲紧密连在一起。

“渝黔桂新”铁海联运班列、重庆—东盟跨境公路班车、重庆—河内铁铁联运班列累计分别开行854、846及67班次，总货值60亿元，通达71个国家166个港口。

向东，重庆依托长江黄金水道，形成江海联运网络。2018年，港口货物吞吐量2.04亿吨，外贸集装箱达到48.8万标箱。

通过与欧洲、中西亚、东南亚等国家合作，联合我国西部地区主要省份，建立省际合作机制和市场化运营平台，构建贯通“一带一路”的出海出境大通道，推动铁海联运、国际铁路联运和跨境公路运输常态化运行，重庆正成为联通“一带”和“一路”的内陆国际贸易物流枢纽。

第二节　建成对外开放平台体系和立体化的口岸体系

5年来，重庆市累计签约项目1 872个、总投资5 620亿元，新增市场主体2.5万户——重庆自贸区成立以来，通过探索陆上贸易规则，推动物流金融创新试点，加快形成国际化、法治化、便利化的营商环境，已经对国际国内资本产生强大吸引力。

类似的平台，如中国与新加坡第三个政府间合作项目——中新（重庆）战略性互联互通示范项目，目前已累计落地156个项目、总投资224亿美元，涵盖金融服务、航空产业、交通物流、信息通信等10多个领域。

近年来，重庆大力推进开放平台建设，优化平台布局，拓展平台功能，建成了包括1个国家级新区（两江新区）、2个国家自主创新示范区、7个国家级经开区和高新区以及8个海关特殊监管区或保税物流中心的对外开放平台体系。

依托开放平台体系，重庆积极推进口岸大通关，打造贸易便利化示范窗口，着力建设水、空、铁等全方位、立体化口岸体系。目前，重庆已建成4个国家开放口岸、3个海关特殊监管区和3个保税物流中心，并获批9类特殊商品进口指定口岸功能，口岸高地渐具雏形。

通过指定口岸，居民可用较优惠的价格购买各种进口轿车、水果等商品，实实在在感受到“一带一路”建设带来的获得感。

在此基础上，重庆积极寻求与“一带一路”国家的通关合作，强化政策沟通，提升通关效率。例如，重庆开展了“关铁通”中哈项目测试，率先启用安全智能关锁，开展以安全智能锁和数据交换平台内信息为先决条件的国际海关数据互换和监管互认合作；启动智慧口岸建设，在国内率先实现在线国际结算，率先提出进口药械全程追溯等9项创新功能；建成国际贸易“单一窗口”并实现关区全覆盖，实现7×24小时通关常态化，整体通关时间压缩1/2以上。

目前已与70多个国家和地区开展822个合作项目。重庆对“一带一路”沿线国家和地区进出口增长34.6%，拉动整体进出口增长21.9%。对俄罗斯、捷克、沙特阿拉伯、波兰等国的进出口均增长了40%以上，对伊拉克进出口增长了3.8倍。

近两年，重庆对这些国家和地区的进出口量，都保持在1 100亿元以上规模。

重庆与“一带一路”沿线国家和地区繁荣的贸易往来，得益于重庆创新贸易业态，充分挖掘贸易合作潜能。例如开展汽车平行进口、贸易多元化等试点，进一步释放贸易合作潜能；推进跨境电商综合试验区建设，大力发展“保税+展示交易”、总部贸易、转口贸易等新兴业态。

除了贸易，重庆与“一带一路”沿线国家和地区，有着频繁的相互直接投资和国际产能合作。在“引进来”方面，重庆全面推行“准入前国民待遇”+“负面清单”的外资管理模式，全市各类外商投资市场主体超过6 000户，在渝世界500强企业达287家。建设中德、中意、中韩等12个国际合作产业园，为中外企业加强产能合作搭建起重要平台。

在“走出去”方面，重庆小康、国际复合材料等121家本土企业“走出去”投资经营，投资领域拓展到40多个细分行业，带动5 000多家企业的产品供应海外市场。同时，重庆积极开展对外承包工程和劳务合作，2018年新签对外承包工程合同总额32.4亿美元，85%分布在“一带一路”沿线国家。重庆参与建设的文莱大摩拉岛大桥、马尔代夫中马友谊大桥等标志性工程，既带动就业改善民生，又有效促进了当地的经济社会发展。目前，重庆已与70多个国家和地区开展合作项目822个，双边投资总额超过260亿美元。

第三节　优化两大开放通道，创造优质营商环境

重庆在对外开放通道构建上成绩卓然，率先开通了中新（重庆）战略性互联互通示范项目国际陆海贸易新通道（简称陆海新通道）和中欧班列（重庆）物流通道。

一、降本

即加强与兄弟省市和"一带一路"沿线国家的合作，推进多式联运，优化运营线网，降低站场费用及口岸、通关等费用，多措并举推动多种物流成本的综合平衡。

二、提质

重庆将大力提升中欧班列（重庆）、重庆—河内国际铁路联运班列、"渝黔桂新"铁海联运等物流通道运行质量，压缩运输时间，提高运输时效，形成货量、运价、信息、通关等方面的竞争优势。陆海新通道方面，推动在重庆设立国际陆海贸易新通道运营中心，建立跨区域的市场化运营平台。中欧班列（重庆）方面，继续拓展跨国邮包运输功能，增强对跨境电商、高端装备制造等货物的货源组织能力。

三、扩面

在国内，重庆将完善沿线多式联运物流设施布局和功能，建设内陆国际物流分拨中心。与更多的省区市加强合作，拓展通道网络和规模，扩大覆盖面、提升辐射力。在海外，重庆将推动与更多国家和地区合作，在条件合适的地区设立货物分拨中心，打造境内外集采平台，扩大在海外的覆盖面和影响力。

为"一带一路"建设创造优质营商环境。重庆市委、市政府高度重视营商环境的打造，重拳出击，系统发力，实施了一大批政策措施，纠正了一大批错误做法，着力打造国际化、法治化、便利化的一流营商环境。

优化市场环境方面，重庆坚持内资外资一视同仁、国有民营一视同仁、本地外地一视同仁，实现同等国民待遇。

优化政务环境方面，重庆深化"放管服"改革，按照方便企业和群众办事的原则，进一步优化审批流程，全面提升行政审批和政务服务效率。

优化法治环境方面，重庆公检法司纪等机关协同发力，推出了保护市场经济主体合法权益、增强市场主体发展活力的一系列举措，推动公正执法、透明执法，保护各方合法权益。

优化信用环境方面，重庆强化政府诚信建设，严格兑现承诺，严肃追责"新官不理旧事"、政府欠债不还等行为，提升政府公信力。

在此基础上，重庆还着力减轻企业运营成本。2018年减税70多亿元，降低水、电、气等要素成本，工商业用电成本每年减少约16亿元。

第五章　河北省参与“一带一路”建设

在“一带一路”沿线国家，由河北企业投资建设的地标式项目正在拔地而起，来自“河北制造”的产品正在走进当地消费市场。

第一节　经贸合作日益密切，多方位促进“一带一路”建设

沿着“一带一路”，越来越多的河北企业走向国际市场。2018年一季度，全省对“一带一路”沿线国家进出口211亿元，同比增长4.3%。

贸易往来日益密切的同时，河北省企业“走出去”势头良好。仅2016年，河北省就有一批大项目取得积极进展。华夏幸福基业股份有限公司积极构建境外产能合作平台，投资建设的印度尼西亚唐格朗产业新城前期项目于2016年12月开工，河北万特生物化学有限公司投资柬埔寨特许林地综合开发、河北天顺有限公司并购乌兹别克斯坦电缆生产企业、秦皇岛通联集团老挝矿产资源和农业开发等一批项目也加快推进。

河北企业和产品在积极开拓“一带一路”沿线国家市场的同时，许多当地企业也来到河北，主动寻求合作。

在泰国投资贸易机遇（河北）推介会上，泰国驻华大使馆投资处公使衔参赞钟宝芬说，泰国投资促进委员会已连续多年在河北举办推介会，之所以看好河北，是因为双方有着广阔的合作空间。

例如，泰国是东南亚第一大汽车生产基地，而河北在汽车轮毂等装备制造领域颇有实力，双方有着深入合作的潜力。现在保定立中车轮制造、博深工具等企业，就已经在泰国投资置业。在泰国投资促进委员会和河北省商务厅的共同推动下，泰国已有79家企业在河北投资置业，泰方出资2.6亿美元。

随着互联互通、互动交流增多，“一带一路”沿线国家到河北投资发展的企业也多了起来。据统计，“一带一路”沿线国家对河北省的投资企业累计达到1 080家，投资总额79.8亿美元，其中外商出资36.8亿美元。

合作共赢，共享发展成果，河北企业和“一带一路”沿线国家的人民越来越紧密地连在一起。

在“彩虹之国”南非的林波波省塔巴兹姆比市，3年前还是一片荒草的土地上，如今矗立着这个城市第一个现代化水泥工厂——曼巴水泥厂，这也是当地老少皆知的一座“中国地标”。

之所以成为地标，并不仅仅因为它产生的效益。这个工厂为当地带去了最先进的节能环保技

术，曼巴水泥厂设计的粉尘排放不超过每标准立方米30毫克，完全达到甚至优于南非标准。为此，南非政府特别给予了该项目1.7亿兰特现金及税收减免奖励。这个项目为当地居民提供了就业岗位——在公司273位员工中，南非当地员工就有201位。

除了在塞尔维亚、南非，带着"河北烙印"的地标性项目在"一带一路"沿线许多国家落地。提供就业岗位、捐资助学、保护生态、建设公共设施等，河北企业越来越多地融入"一带一路"沿线国家建设中，积极服务当地经济社会发展。

在以色列，当前世界上最大的国会太阳能项目——以色列国会大楼太阳能项目，采用晶龙的光伏组件，与其他节能措施一起，可节省1/3能耗。

在越南，邯郸冀达制铁有限公司投资落地10年来，与当地群众友好互动频繁，已较为深入地融入当地人文环境，公司每年给所在地评比出来的五好家庭赞助资金。

第二节　加强规划引导，推动更积极参与"一带一路"建设

为发挥产能优势，积极参与"一带一路"建设，推动国际产能合作持续有序健康发展，促进经济结构调整和产业转型升级，2018年7月，河北省政府办公厅印发《关于积极参与"一带一路"建设推进国际产能合作的实施方案》。根据实施方案，到2020年，境外投资中方投资额力争达到50亿美元，年均增长10%以上。

实施方案确定了4个主要目标：

一、境外投资规模稳步增长

到2020年，全省境外投资中方投资额力争达到50亿美元，年均增长10%以上。全省钢铁境外产能力争达到1 200万吨，水泥境外产能力争达到400万吨，玻璃境外产能力争达到500万重量箱。

二、境外投资质量显著提升

国际产能合作实现三个转换：（一）从生产初级产品向生产高附加值产品转换；（二）对外承包工程从传统承建模式向提供整体解决方案转换；（三）从进入海外市场向提升市场占有率和创建自主品牌转换。

三、初步形成一批境外产业园区

依托重点龙头企业，在境外打造一批产业园区，引导省内企业进区入园，抱团发展，形成聚集和规模效应。

四、国际产能合作样板作用凸显

全省境外投资规模前移1～2位。全省国际产能合作体制机制进一步完善，综合服务保障能力全面提升，重点优势行业在境外形成初步布局。

第六章　山西省参与“一带一路”建设

自“一带一路”倡议提出以来，山西省以人文交流为基础、以经贸合作为先导、以产能合作为突破口，加大“引进来”“走出去”步伐，对外开放水平大幅提升。截至2018年10月底，山西省在57个国家备案设立263家境外投资企业，累计对外直接投资26.3亿美元，涉及采矿、制造、批发零售、建筑等领域。

第一节　高效对接，国际经贸合作结硕果

近年来，山西省积极组织企业参与“千企百展”国际市场开拓行动，先后在“一带一路”沿线17个国家举办了26站山西品牌丝路行活动，组织500多家企业携山西名优品牌产品参展。其间，利用2018中国–东盟博览会柬埔寨展契机，山西省集结26家晋企、1 000种产品在金边举办山西品牌展。在德国柏林国际轨道交通技术展，14家晋企亮出轮对、高铁电机、精密零件等“山西制造”，签署2项战略合作协议，对接国际企业300多家。2018年1月—10月，山西省对“一带一路”沿线国家进出口254.7亿元，同比增长28.4%。

在国际产能合作方面，山西省建立了国际产能合作项目库。组织国开行山西省分行、山西建工、太重、太钢、焦煤等组建了晋企“走出去”战略合作联盟。此外，还赴冰岛、瑞典、芬兰、印度尼西亚、哈萨克斯坦等10多个国家开展了国际产能合作对接活动。截至2018年10月底，山西省在“一带一路”沿线国家共备案设立93家境外投资企业，累计对外直接投资7.07亿美元。

第二节　高频交流，人文互学民心通

“一带一路”倡议提出以来，山西省大力加强国际友城建设，同“一带一路”沿线国家在科技、教育、文化、医疗、旅游等各领域开展合作，加强交流，互学互鉴，促进民心相通。

2018年4月，山西省与哈萨克斯坦巴甫洛达尔州建立友好省州关系。11月，与智利奥希金斯大区签署建立友好关系备忘录。山西省国际“朋友圈”不断扩大，截至2018年底，共建国际友城49对，友好合作伙伴85对。

2016年，省文化厅与毛里求斯中国文化中心创新交流合作机制，签订了《在毛里求斯中国文化中心建设"山西省图书馆分馆"项目框架协议》。2018年4月23日，山西省图书馆首家海外分馆——毛里求斯分馆开馆，成为展示山西历史文化底蕴和对外开放形象的海外窗口和阵地。

为推动山西文化"走出去"，讲好山西故事，山西省积极参与国家在"一带一路"沿线国家和地区打造的"欢乐春节""中华风韵""中国文化日"等形式多样的海内外文化交流活动。如：举办了山西非物质文化遗产面食艺术走进中国台湾地区大型展演，组织《粉墨春秋》剧组赴德国、比利时、瑞士参加"中华风韵"对外文化交流，承办中国内地与中国港澳地区重点文化交流项目"香港与内地青少年绛州鼓乐研习活动"等。

"华夏古文明，山西好风光"。2016年9月，山西旅游推介会走进葡萄牙里斯本，山西省相关部门、企业与葡方签署旅游交流合作协议，省内重点旅行社与欧洲7家旅行商签署客源互换合作协议。

在医疗卫生方面，省卫计委与俄罗斯传统医疗委员会签署了合作协议；省针灸医院与圣彼得堡中医院签署了战略合作协议，并成立了山西针灸医院圣彼得堡中医院；承办了"第五届中法家庭发展政策研讨会"，并为60名发展中国家和40名非洲法语国家的相关人员进行了针灸推拿技术临床应用培训。

第三节 高速建设，对外开放平台在完善

2017年2月，满载着太重集团生产的矿用挖掘机专列，从中鼎物流园驶向俄罗斯列索西比尔斯克，实现了山西中欧班列"零"的突破。同年12月，载有1 231吨俄罗斯木浆的回程班列顺利抵达中鼎物流园，实现了山西省中欧班列往返开行，有效降低了班列运行成本和企业物流成本。截至2018年9月底，中欧班列已成功开行26列，覆盖"一带一路"沿线5个国家的10多个城市。

2017年以来，山西省优化提升"铁、公、机"，加快建设"岸、港、网"，着力构建空地网一体化的现代开放大通道，不断提升开放水平。

2018年10月底，太原开通至澳大利亚悉尼和俄罗斯圣彼得堡两条远程洲际航线，有效增进了山西与欧洲、澳大利亚等重要城市之间在经贸、旅游、文化及产学研方面的合作交流与发展。在高速公路方面，修编了《山西省高速公路网规划调整方案》，2014—2018年新增高速公路930千米，全省33个出省口已有23个实现互联互通。

与此同时，山西省的开放功能平台不断完善。大同航空口岸连续12次实现临时开放，并启动了正式开放审理程序；大同、运城、五台山航空口岸和太原铁路口岸被列入国家"十三五"口岸发展规划。武宿综合保税区、方略保税物流中心、兰花保税物流中心、永旺公用型保税仓库等一批海关特殊监管区已建成使用。大同进口肉类指定查验场及大同国际陆港封关运营。跨境电商平台和太原国际邮件互换局（交换站）建成投入使用。

贸易便利化改革进一步深化。山西省全面推进各项通关作业改革，压缩货物通关时间1/3。将出入境检验检疫报检企业备案、原产地证申报企业备案和对外贸易经营者备案纳入全省第一批"多证合一"改革事项。太原武宿国际机场开通落地签证业务，全面启动了自动进口许可证通关作业无纸化工作，实行24小时和节假日预约通关，实现通关作业无纸化全覆盖。这些软硬件基础设施建设的顺利推进，都将极大地提升山西省参与"一带一路"建设的能力。

第七章　吉林省参与“一带一路”建设

打开世界地图，以吉林为几何中心，可以绘制出几个半径不断扩大的经济发展“同心圆”：东北、图们江地区、东北亚区域，并可串接起活跃的东亚经济圈与发达的欧洲经济圈。作为“一带一路”倡议中向北开放的重要窗口，吉林不断打通向欧洲和太平洋伸展的陆海新通道，面向全球积极寻找发展新坐标。老工业基地吉林正在形成全方位对外开放新格局。

第一节　东北亚“几何中心”拉长开放半径

在长春国际陆港的拼装箱区，铁路轨道两侧都高高地堆满了集装箱。一边是产自东北亚地区的电子产品、纺织品整装等待发往欧洲；另一边，刚刚卸下的来自欧洲的集装箱装满汽车零部件、板材。东北亚“几何中心”拉长了开放半径，连接起活跃的东亚经济圈与发达的欧洲经济圈，架起了一座新的亚欧大陆桥。

吉林首条中欧班列“长满欧”正在经历开通以来的黄金期。2018年前8个月，“长满欧”累计进出口21 390标箱、货值超6.5亿欧元，班列密度、承运量均位列经满洲里口岸进出境的中欧班列之首，居全国领先地位。“长满欧”起于长春，经满洲里口岸出境，途经俄罗斯、白俄罗斯、波兰等国家。历经2年运营，“长满欧”达到1.6列/天的运行密度。

2018年上半年，吉林省实现进出口总值633.59亿元，同比增长4.8%。其中，出口总值147.10亿元，同比增长10.9%；进口总值486.49亿元，同比增长3.1%。结构持续优化，一般贸易出口95.90亿元，占出口总值的比重达到65.2%。

第二节　内陆省“借港出海”缩短开放距离

俄罗斯司机阿里克谢衣每个星期开着他的白色货车往返在海参崴和珲春，每次将20吨冷冻比目鱼或其他冻海鲜从俄罗斯运到中国，再开着货车返回俄罗斯。这些海鲜在珲春加工之后，再通过陆运、海运发往中国各地、亚洲各国以及欧洲、美洲。

冷冻海鲜顺畅的“国际旅程”，离不开近年来吉林沿边通海的国际通道规划建设。随着珲春—俄罗斯扎鲁比诺—韩国釜山的陆海联运航线开通，珲春—俄罗斯扎鲁比诺—韩国束草航线延伸至日本舞鹤港，长春到珲春高铁开通，一条由中国东北内陆腹地进入西太平洋的新通道脉络逐渐清晰。

立足国内，吉林则加快了向南面向渤海的开放步伐。通化国际内陆港从2016年8月开工至12月通关运营，仅用134天。借助于公路、铁路，通化成为吉林距渤海最近的近海经济区。通化港成立以来，已经与国内部分重点港口和美国、澳大利亚、巴西等位于三大洋沿岸的几十个国家和地区开展贸易往来。

通化还与丹东港共同建设"通丹经济带"，借助于丹东港，近海不靠海的吉林又增加一条出海通道，穿梭两地的高速公路像血管一样，连接港口与吉林内陆腹地，大宗货物在其中畅流。

第三节 老工业基地融入"一带一路"以开放促振兴

东北振兴战略以来，吉林对外开放不断迈出新步伐，与"一带一路"建设融合越来越紧密，对外合作大门全面打开。更多外资开始注目吉林，寻找振兴中的共赢机遇。

在中国-东北亚博览会上，一大批"一带一路"沿线国家代表参展。来自伊朗的大卫•特在博览会展厅里一边销售藏红花；一边寻找中国代理商。"我们现在的销售网络主要在广西等地，希望在吉林找到合作伙伴，把商品带到中国东北以及日本、韩国、俄罗斯。"

博览会期间举办的第五届世界产业领袖大会暨"一带一路"经贸合作对接会更是吸引了来自以色列、巴基斯坦、喀麦隆、澳大利亚、美国、德国以及东北亚的数十家企业，在制造业、医疗、食品等领域与吉林省内企业开展洽谈。

老工业基地经济外向度偏低，以往，各地各部门在研究经济发展时大多"眼睛向内"。如今的开放热潮下，这种理念开始发生积极变化。为开拓"一带一路"沿线市场，吉林省先后在马来西亚、俄罗斯、伊朗等国家和地区建设了13个境外营销展示中心；从2015年开始，吉林实施国际市场开拓三年行动计划，已经与83个国家地方政府、382户跨国公司建立了联系，积累了大批资源。

在全国利用外资增速普遍收窄的形势下，2018年上半年，吉林省实际利用外资额达50.02亿美元，同比增长8.1%。

"一带一路"倡议，为中国对外开放创造了新理念和新机遇。主动融入"一带一路"建设，早已成为吉林省开放发展的最强音。作为"一带一路"向北开放的重要窗口，吉林省不断扩大对外开放，全方位对外开放的新格局正在形成。

第八章　辽宁省参与“一带一路”建设

第一节　抢抓机遇，加快老工业基地转型发展

国家“一带一路”建设推进5年来，在东北，老工业基地辽宁借助于这条新时代的新丝路，正在更深刻地融入世界：多条大通道畅达四方、一系列高端平台建成、一批批企业扬帆远航。

借助于区位优势，发挥沿海港口作用，如今，辽宁省的华晨集团、东北特变电工等企业在“一带一路”沿线已布局97个大项目，“三互”大通关、大连港、营口港集装箱多式联运成为全国首批示范工程。

站在时代的高点，辽宁积极融入“一带一路”，全省上下认真学习贯彻习近平总书记系列重要讲话精神，持之以恒、锲而不舍地将新发展理念和“四个着力”“三个推进”落实到振兴发展实践中，激发了广大干部群众拼搏进取、干事创业的干劲和斗志。

推进“一带一路”建设，全省各地以“实”字当头、“干”字为先，找准自身与“一带一路”的契合点，向着“政策沟通、设施联通、贸易畅通、资金融通、民心相通”的目标进发。

借助于“一带一路”东风，更多开放平台、优势资源强强联合，为全省对外开放注入新活力、新动能。一路豪歌向天涯，老工业基地的开放之路，越走越宽阔，越行越远。今日的辽宁与世界同步，正在以开放的胸襟拥抱未来。

第二节　顶层设计：向北开放发展新格局已然成形

辽宁地处东北亚腹地，沿海沿边，是我国向北开放的重要窗口。可以说，“一带一路”建设为辽宁带来了难得的重大发展契机。如何融入“一带一路”？辽宁人从思考到实践，统筹布局，全面设计，步步为营，步履沉稳有力——

2014年底，辽宁省明确提出融入“一带一路”构想。2015年的省两会的《政府工作报告》中强调，辽宁必须主动融入“一带一路”，加快“辽满欧”等综合交通运输大通道建设。

辽宁要抓住机遇，必须在更高的起点上参与国际竞争与合作，进一步完善综合交通运输大通道，拓展国际市场，真正把经济互补性转化为发展推动力，实现互惠互利、共进共赢。

登高才能望远。辽宁省充分挖掘自身发展潜力，发挥自身比较优势，以更高的视角审时度势，

融入"一带一路"进程再提速——

2016年9月，省委召开常委会议进一步明确辽宁参与"一带一路"建设的重点国家和地区、重点项目和产业，不断创新合作机制，拓展合作领域，提高合作水平，深度开发境外市场。

与此同时，《辽宁省参与"一带一路"实施方案》《辽宁省参与"一带一路"战略"十三五"建设规划》两个纲领性文件相继出台，对全面参与"一带一路"建设进行总体安排和统筹布局。辽宁省推进"一带一路"建设走向深入。

站在更高起点上，2016年12月，省委经济工作会议提出，积极参与"一带一路"建设，推进国际产能和装备制造合作，要以辽宁自由贸易试验区建设为突破口，打造对外开放新高地。

第三节　格局，决定着辽宁未来发展的高度

积极融入"一带一路"，辽宁找到了突破口，沿着主路向北开放的同时，海上也在向南拓展。辽宁省在优化对外开放的基础上，最终形成"一核两翼三轴多节点"发展格局。在大格局下，辽宁犹如一只飞鸟，沿着"一带一路"振翅高飞。

辽宁正在发展成自己想要的样子——在"一带一路"中成为联结亚欧海陆大通道的重要节点、参与东北亚合作的重要区域、推进国际产能与人文交流合作的重要平台、老工业基地改革创新的先行区。

辽宁处在东北老工业基地和欧亚大陆桥东部陆海节点上，深入参与"一带一路"，加快利用国际国内两个市场、两种资源，对于开创全方位对外开放新局面，具有重大意义。

第四节　战略对接：畅通交流合作新桥梁

明者因时而变，知者随事而制。

"一带一路"追求的是合作共赢，辽宁人对此感触颇深。共同发展才是"一带一路"倡议的主旋律，有了顶层设计，省委、省政府将目光放在互联互通的载体建设上，畅通交流合作的新桥梁。

一、向北开放，构筑合作新平台

2015年，辽宁省友好经贸代表团出访俄罗斯等欧洲国家期间，与政府高层、工商界人士广泛接触，深入分析双方经济互补优势，共同探讨重点领域合作，达成多项共识。

2016年，德国总理默克尔到辽宁参观访问，推进中德（沈阳）高端装备制造产业园建设。辽宁与德国合作领域不断拓展、合作内容不断丰富、合作层次不断提升。

仅2018年一年，辽宁组织境内外"走出去"活动达20次，为企业搭建对外经济合作平台，与"一带一路"沿线国家和地区建立起合作关系。

搭建高端平台，辽宁快马加鞭、不遗余力。2018年4月的一场春雨过后，一则消息激动人心：辽宁进入"自贸时间"。对于辽宁来说，推进"一带一路"，自贸试验区是一个再好不过的内部平台。

"一带一路"与自贸试验区，两个机遇叠加，瞬间在辽宁迸出耀眼的火花。眼下，全省正在推进

的检验检疫、认证认可、标准计量等国际合作与交流，自贸试验区的“先行先试”和“制度创新”，将辽宁融入“一带一路”推向更高层次。

向北开放，海外园区建设同样必不可少。沿着“一带”方向，辽宁省推进俄罗斯巴什科尔托斯坦石化工业园等境外工业园区建设；沿着“一路”方向，推进印度特变电综合产业园等境外工业园区建设。

沿着“一带一路”布局海外，辽宁省不断开拓俄罗斯、中东欧等新兴市场，七大境外工业园区建设不仅是“一带一路”建设的重要载体，更是带动企业抱团“走出去”的重要方式。

搭平台、建园区是一个个点，而畅通互联互通的大通道，则是审时度势的连线。发挥欧亚大陆桥陆海枢纽优势，辽宁作了一次极为重要的选择——打通去欧洲的3条综合交通运输大通道。

如今，“辽满欧”“辽蒙欧”“辽海欧”等中欧班列形成承南启北、连接国内外的综合交通运输体。拥有100多条国际国内航线，覆盖全球300多个港口和地区，辽宁沿海港口率先融入“一带一路”，打开与欧洲交流合作的大门。

这正是“一带一路”倡议的意义所在，通过内外联动、海陆联动、产业布局调整，重构全球产业链、供应链、服务链、价值链，塑造全球互联互通的超级版图，为最终打造政治互信、经济融合、文化包容的利益共同体、命运共同体和责任共同体提供载体、平台和渠道。

二、深度融合：外向型经济释放新动能

有了顶层设计，有了合作的新桥梁，辽宁企业万事俱备、扬帆远航。

辽宁是东北老工业基地重点省份，有发达的装备制造、石化、冶金、农产品加工产业基础，这是辽宁省产业优势所在。借助于这一优势，更多高质量的“辽宁制造”涌向海外，抢占“一带一路”沿线市场。

外向型经济，在辽宁持续释放新动能。“一带一路”的67个沿线国家中，沈阳市与其中66个国家保持着贸易往来，对沿线国家的出口额和新签对外承包工程项目合同额，分别占全市总额的三成左右。

作为老牌装备制造企业，沈阳北方重工集团紧紧抓住“一带一路”建设这个发展机遇，多年来，不断加快大型装备出口。新订单纷至沓来的同时，北方重工品牌影响力直线提升，为沿线国家经济建设提供了“辽宁方案”。

不只是北方重工，在“一带一路”给企业提供的产业升级大平台上，全省各地的企业也瞄准市场空间，寻找发展突破口。

在“一带一路”上做文章，港口企业的眼光更加敏锐。大连港、营口港等港口借力“一带一路”创新增量，在深度融合中实现转型升级。

2017年，大连港过境集装箱完成1.8万标准集装箱，同比增幅达到106%。国际货运通道的爆发式增长，为大连这座港口城市带来一系列发展机遇，进而不断形成新的经济增长点，为大连各行业融入“一带一路”增添信心。

既在“带”上又在“路”上的营口港，中欧班列线路已经开通12条，平均每周到发7～8列，旺季可达到每周10列，与境外5个国家、8个城市实现了互联互通。在融入“一带一路”的进程中，营口港从终点港向中转港转型成功。

随着深度融合，人文交流也在“一带一路”上沸腾。5年多来，辽宁向“一带一路”沿线国家派出汉语教师和志愿者100余人，30多所高校与俄罗斯高校建立了长期合作关系。沿线国家的留学生人数占全省留学生总人数的1/3。

第九章　黑龙江省参与"一带一路"建设

黑龙江省地处东北亚中心区域，与俄罗斯拥有2 981千米共同边境线，有25个国家一类口岸，与世界200多个国家和地区建立了经贸往来，对俄贸易额居全国首位，在中国沿边开放格局中占有重要地位，是中国对东北亚地区和俄罗斯开放合作的"桥头堡""枢纽站"。乘着东风，黑龙江省始终坚持共商共建共享的理念，更加注重发挥地缘优势，积极参与中蒙俄经济走廊建设，深度融入共建"一带一路"，构建全方位对外开放的新格局，取得了新的重要的标志性成果。

第一节　推动地方政府间交流合作，黑龙江开放合作朋友圈扩大

"一带一路"沿线国家发展水平不同、利益诉求多元，加强政府间合作、做好政策交流对接是共建"一带一路"的重要保障。黑龙江省积极推动地方政府间交流合作，开放合作朋友圈不断扩大。目前，已同35个国家的地方政府和城市建立友好合作关系93对，与毗邻的俄罗斯5个州区建立了省州长定期互访机制。黑龙江省作为中俄友好、和平与发展委员会地方合作理事会中方主席单位，促进民间往来，有效发挥主渠道作用，目前委员会成员已经扩大到中国16个省（市区）和俄罗斯70个联邦主体，增进了中俄民间友好，促进了各领域的互助合作。此外黑龙江省与俄罗斯、韩国、日本、希腊等多个国家的地方工商会，组织建立了友好的商会关系，企业间交流合作呈现出良好发展态势。

第二节　通道建设为重点，设施联通实现新突破

同江铁路大桥中方主体工程已基本完工，中俄双方即将顺利实现合龙。黑河公路大桥建设加快推进，即将开通。东宁界河公路桥前期工作加快推进。备受瞩目的黑瞎子岛保护与开放发展稳步推进，黑瞎子岛公路口岸开放获得中国国务院批复，中俄双方规划对接工作已经启动。中俄原油管道二线工程投入运营。中俄天然气管道项目加快建设。2018年，全省口岸货运量实现4 142.3万吨，同比增长37.1%。

第三节　互利互惠为基础，贸易畅通得到新提升

黑龙江省各类开放平台竞相发展，中俄博览会等成为黑龙江对外开放合作的靓丽名片。对外农业合作加快发展，在俄远东地区农业开发合作面积达到900万亩，与日本新潟县农林水产部签订三年合作协议。全省有170余户企业参与国际产能和装备制造业合作，海外市场拓展到170个国家和地区。国务院批复设立中国（哈尔滨）跨境电商综合试验区，对俄邮政小包累计发运5 235万件，哈尔滨连续多年成为国内对俄出口电商包裹量最多的城市。2018年12月，全省口岸出口整体通关时间0.60小时，比2017年压缩80%，通关时效领跑全国。

第四节　金融保障为支撑，资金融通取得新成效

跨境人民币业务发展迅速，黑龙江省与92个国家和地区开展了跨境人民币业务，其中涉及"一带一路"沿线国家36个。2018年跨境人民币实际收付394.6亿元人民币，同比增长1.4倍。对俄金融合作扎实推进，中俄金融联盟成功合作4项跨境融资业务、金额126亿元，累计签署40多项合作协议。绥芬河市卢布现钞使用试点累计办理兑换3.9亿卢布。

第五节　人文交流为纽带，民心相通结出新果实

黑龙江省努力通过文化、教育、科技、体育、中医等领域的全方位交流合作，让民心相通与经贸合作交流相得益彰。用民心相通、相亲好故事、好声音助力"一带一路"理念广泛传播。

2018年，黑龙江省各地开展各类对俄文化交流活动113项，互访艺术团组达到116个，连续成功举办9届中俄文化大集。先后成立了中俄工科、中俄医科、中国东北地区与俄远东及西伯利亚地区3个大学联盟平台和中俄中学联盟，高校合作办学项目达20余个，黑龙江省"一带一路"沿线国家留学生占比达到70%。此外黑龙江省还举办了中俄界江冰球友谊赛，中俄城际冰球联赛、中俄国际勘探挑战赛友谊赛等对俄体育交流精品赛事。中俄科技合作联盟正式成立，科技交流合作日益深化。

"打造一个窗口、建设四个区"，乘着"一带一路"的东风，黑龙江省书写"一带一路"建设和中蒙俄经济走廊规划建设合作共赢的新篇章。

第十章　陕西省参与"一带一路"建设

2018年是习近平总书记提出共建"一带一路"倡议5周年。经过夯基垒台、立柱架梁的5年，共建"一带一路"正在向落地生根、持久发展的阶段迈进。作为古丝绸之路的起点，5年来，陕西以"三个经济"为引领，积极推动"一带一路"建设，主动担当、系统谋划、积极作为，各项工作亮点纷呈，全面开放的新优势正在加快形成，在"一带一路"倡议全局中的作用更加突出。

第一节　积极服务贯彻国家战略

根据"一带一路"倡议，陕西承担着建设内陆开发开放新高地的重要职责，肩负着建设向西开放重要支点的历史使命。5年来，陕西省始终服从服务于中央部署，围绕"五通"总体要求，积极发挥"一带一路"重要节点的作用，继承弘扬丝路精神，切实完成好中央和国家部委安排的各项任务。

一、政策沟通不断深化

认真落实国家总体部署，加强顶层设计，积极构建与沿线国家的交流、沟通、磋商渠道和机制，2013年发表"西安宣言"，2015年形成"西安倡议"，不断扩大友好城市的"朋友圈"，"元首家乡外交"影响力凸显，沿线国家参与"一带一路"建设的积极性进一步增强。

二、设施联通不断加强

立体丝绸之路建设稳步推进，新增高速公路通车里程916千米，高速铁路里程超过850千米，已开通国内主要城市的"航空快线"21条、国际航线59条，联接全国的铁路、高铁、高速公路及航空交通网络日趋完善，服务辐射范围日益壮大。

三、贸易畅通不断提升

投资贸易便利化水平进一步提升，营商环境不断改善。目前，进出口平均通关时间减少50%，国际物流成本降低了20%～30%。全面落实外资准入负面清单管理模式，对外投资合作步伐加快。2013—2017年，与"一带一路"沿线国家外贸进出口超过1 283亿元，年均增长10%。

四、资金融通不断扩大

金融服务能力不断增强，达成了一系列金融战略合作协议，设立了多只丝路主题基金，形成了多个金融服务创新典型案例。截至2018年上半年，陕西省金融机构本外币各项存款余额超过4万亿元，本外币各项贷款余额接近3万亿元，分别较2013年末增长55%和77%。

五、民心相通不断促进

积极发挥历史文化影响，弘扬丝绸之路精神，与沿线国家在科学、教育、文化、卫生等各领域广泛开展合作。举办各类丝绸之路旅游节、艺术节、影视节、研讨会、智库对话等活动，人文合作项目百花纷呈，进一步增进了沿线人民的彼此了解。

第二节 重点工作有力推进

"一带一路"倡议提出以来，在省委、省政府的坚强领导下，全省上下以打造"一带一路"五大中心作为贯彻落实"五通"要求的具体实践，以"一带一路"建设总体方案和年度行动计划为指引，搭平台、建机制，各部门、各市（区）认真履责、狠抓落实，积极融入"一带一路"建设，各方面工作成效显著。

一、积极打造"一带一路"五大中心

打造交通商贸物流、国际产能合作、科技教育、国际文化旅游、丝绸之路金融等五大中心，是陕西推动"一带一路"建设走深走实的具体抓手。通过5年努力，西安咸阳国际机场实现快速崛起，高速公路通车总里程位居全国前列，"米"字形高铁网络日趋完善，自贸试验区全面改革开放试验田作用充分彰显，陕西互联互通的枢纽和门户作用不断增强。中俄、中哈、中韩等一批特色国际合作产业园区加快建设，陕煤、延长、法士特等一批优势企业加速布局全球产业链，陕西与沿线国家和地区间的经贸交往不断深化。丝绸之路大学联盟、"一带一路"职教联盟号召力日益提升，科教优势潜能进一步释放。丝博会、欧亚经济论坛、杨凌农高会影响力不断增强，丝绸之路国际艺术节、电影节、旅游博览会等文化活动的规模不断扩大，为世界了解陕西搭建起了坚实桥梁。

二、积极构建"空中丝绸之路"联通世界

依托中国地理几何中心的区位优势，以西安咸阳国际机场为核心，全力打造陕西国际运输走廊和国际航空枢纽，拓宽国际航空网络，先后开通了赫尔辛基、巴黎、罗马、莫斯科、悉尼、墨尔本、旧金山、阿斯旺、布拉格等多条重要洲际客运航线，至2017年，西安咸阳国际机场客运量超4 100万人次，在全国八大机场中增速第一；此外，认真落实省委"三个经济"战略布局，积极打造临空经济示范区，提速航空物流建设，先后开通首尔、阿姆斯特丹、芝加哥、哈恩等全货运航线，截至2018年上半年，国际（地区）航线由2013年的21条增加至59条，全货运航线达到14条，通达25个国家的48个城市，其中包括14个"一带一路"沿线国家的26个城市，形成了向西开放、丝路贯通、美澳直达、五洲连通的国际航线网络，构建起了陕西省对外开放和走向世界的航空大通道。

三、大力发展中欧班列"长安号",续写古丝路华章

2013年11月28日,"长安号"国际货运班列从西安港始发,彻底解决了新亚欧大陆桥20多年来"通而不畅"的问题。经过近5年的不断发展,"长安号"已然成为陕西向西开放的重要平台,为践行国家"一带一路"倡议奠定了坚实的基础。5年来,积极支持"长安号"国际货运班列加大货源组织力度、组建市场化平台公司、开拓新线路新市场,进一步激活了市场资源,为中欧班列(长安号)的快速发展夯实基础,促进了班列数量飞速增长。目前,中欧班列"长安号"已累计开行超过1 200列,开通了10条向西通道,目的地从中亚地区延伸到欧洲腹地,贸易货物品种从单一变得丰富多元,基本实现了中亚与欧洲地区主要货源地全覆盖,出口货物贸易国别从17个增加至30个。尤其是2013年以来,"长安号"国际货运班列开行量快速增长,截至2018年8月末,开行789列,先后超越成都、郑州和重庆等地,仅半年多时间便连创下"开行量、货运量、重载率、单月开行量"4个第一。

四、大力推动国际产能合作,打造国际合作样板

近些年,依托科技人才和工业门类齐全的优势,大力推动优势企业和优势产能"走出去",中俄丝路创新园、陕韩中小企业园、中哈苹果友谊园、中哈现代农业示范园等一批国际合作产业园竞相发展,陕西能源化工、装备制造、有色冶金、建材水泥、纺织服装、现代农业等领域的优势企业也在积极开展国际产能合作。2014年10月,法士特以东盟市场为着力点的泰国公司开工投产,标志着其海外战略已经从产品出口升级到技术和品牌出口,也标志着陕西企业开始加速优势产能"走出去"的步伐;2015年1月,陕鼓集团收购捷克EKOL汽轮机公司,成为近年来中国在捷克制造业领域的最大一笔投资;2016年5月,爱菊集团在哈萨克斯坦投资的中哈爱菊农产品加工园区开工建设,被列入"中哈产能与投资52个合作项目清单",是清单中我国唯一的粮油加工型农业项目,一期为年加工30万吨的油脂厂,已于同年12月建成投产,为哈萨克斯坦最大的油脂厂;2017年1月,由陕煤化控股建设的中大石油炼油项目投产运行,该项目是全省最大的单体境外投资项目。值得一提的是,继哈萨克斯坦爱菊粮油工业园之后,吉尔吉斯共和国中大工业园2015年被正式纳入商务部境外经贸合作区监测统计,成为陕西省境外合作园区的典范。

第十一章 甘肃省参与“一带一路”建设

扼丝绸之路“咽喉”要道的甘肃，无疑成为实施这一重大建设的重要节点，也为甘肃迎来全新的发展机遇。“一带一路”建设不仅为我国新一轮对外开放开辟了广阔空间，也为甘肃这样的内陆欠发达省份全面深化改革、扩大对外开放、加快发展步伐指明了方向。

在省委、省政府高度重视和强力推动下，全省上下奋力推进“一带一路”建设，全省对外开放步伐明显加快，开放空间进一步拓展，对外交流合作取得实质性成果，丝绸之路经济带甘肃黄金段建设取得重大进展。

第一节 谋深谋远，强化顶层设计，全力打造丝绸之路经济带甘肃黄金段

2018年6月召开的甘肃省第十二次党代会明确提出，现在面临的最大希望是开发开放，要坚持开放带动的发展取向，努力走出一条内陆边远地区开放开发的新路子。

按照中央赋予甘肃对外开放的战略定位，省委、省政府抢抓机遇，谋深谋远，强化顶层设计，及时制定出台了《丝绸之路经济带甘肃段建设总体方案》，以落实“五通”为重点，拉开了甘肃丝绸之路经济带建设的大幕。

为认真贯彻落实党中央、国务院“一带一路”建设规划，按照国家发展改革委员会、外交部、商务部发布的《推动共建丝绸之路经济带和21世纪海上丝绸之路的愿景与行动》，省委、省政府又编制了《甘肃省参与丝绸之路经济带和21世纪海上丝绸之路的实施方案》，进一步细化了全省丝绸之路经济带建设的发展目标、战略布局、重点任务和项目清单。

根据两个《方案》，确立了在“一带一路”建设中的定位：向西开放的纵深支撑和平台、丝绸之路的综合交通枢纽和黄金通道、经贸物流合作的区域中心、产业集聚和合作示范基地、人文交流合作的桥梁和纽带。用一句话来概括，就是要打造丝绸之路经济带甘肃黄金段。

第二节 搭建平台，扩大交流，开放平台建设取得新突破

要让丝绸之路经济带黄金段真正“动”起来，“活”起来，“亮”起来，就要进一步提升甘肃整体

开放平台的层级。

兰州新区作为丝绸之路经济带第一个国家级新区，被定位为国家向西开放的战略平台、国家重要的产业基地、西部重要的增长极和承接产业转移的示范区。目前，已引进39家全球、中国、民营500强企业，龙头产业项目达200多个。

扩大对外开放，必须加快口岸开放步伐。目前兰州中川机场国际航空口岸和敦煌机场国际航空口岸实现对外开放，嘉峪关机场航空口岸对外开放正在申请列入"十三五"规划。同时全力推进兰州、武威铁路口岸的规划申报和对外开放。

海关特殊监管区建设取得积极进展。武威保税物流中心2018年10月封关运营，实现了海关特殊监管区"零"的突破。兰州新区综合保税区于近期通过国家验收并封关运行，为甘肃省与中西亚国家的贸易往来提供平台和基地。

值得关注的是，对外合作交流正在向全方位、多领域拓展，已在白俄罗斯、伊朗、吉尔吉斯共和国、印度尼西亚以及我国新疆霍尔果斯口岸设立了5个商务代表处，省商务厅在霍尔果斯口岸中哈国际边境合作中心建设了"甘肃特色商品展示展销馆"，为150多家企业、1 200种特色产品搭建展示展销平台，促进瓜果蔬菜、农副产品、灯具等产品的出口。

同时，还着力把兰洽会、丝绸之路（敦煌）国际文化博览会、敦煌行•丝绸之路国际旅游节和中国（甘肃）新能源国际博览会等展会节会，作为扩大对外开放和推动丝绸之路经济带甘肃段建设的重要载体，不断提升层次和国际化水平，使其成为对外开放和合作交流的重要平台。

第三节　强化基础，交通先行，开放通道建设呈现新亮点

道路联通是"一带一路"建设的重中之重。立足区位和通道优势，把道路联通作为丝绸之路经济带甘肃段建设的基础性工作。

甘肃省委省政府加快制订出台了《丝绸之路经济带甘肃段"6873"交通突破行动实施方案》，决定集中用6年时间、完成投资8 000亿元以上、建成公路铁路7万千米以上、实现"公路畅通、铁路连通、航路广通"三大目标，从根本上解决甘肃交通发展不足的问题。

这一重大建设的实施，必将为打破交通瓶颈制约、扩大对外开放、促进全省经济社会发展产生重大而深远的影响。

为努力把甘肃打造成为丝绸之路经济带陆路货物集散中心，积极开辟国际航线，开行中欧货运班列。目前，全省已开通14条国际和地区航线，2018年上半年出入境人员7.8万人次，同比增长75%。

货运班列密集开通。2017年12月，开通了"天马号"中欧班列，截至2018年8月14日，已经开行22列，货运总值9 375万美元，基本实现了常态化运营；2018年7月5日，"兰州号"中亚国际货运班列从兰州新区首发，截至2018年8月25日，共开行11列，货物总值1 429万美元；2018年8月21日，兰州至汉堡中欧国际货运班列发车，成为甘肃第一列开行到欧洲的往返货运班列；"嘉峪关号"酒钢钢材中亚国际货运班列于2018年8月28日正式发车，预计每年发运约5万吨外贸货物……

路通百业兴。公路、铁路、民航的加快建设，为甘肃推进"一带一路"建设铺平了发展的"快车道"。

第四节　内引外联，加强合作，经贸合作取得新成果

在推进“一带一路”建设中，立足资源、能源和产业优势，主动“走出去、请进来”，加强与中亚、西亚等丝绸之路沿线国家的经贸合作，进一步拓展对外开放空间，提升对外合作水平。

金川公司、白银公司、酒钢集团等大型企业坚持市场化、国际化取向，初步形成了国际化经营格局。民营企业“走出去”拓展国际市场也取得重大进展，兰州海默科技公司在美国、阿联酋、阿曼、哥伦比亚等国家拥有6家海外子公司及分支机构，截至2018年7月底，对境外累计投资6 730万美元；天水星火机床公司在法国并购成立法国索玛（SOMAB）公司，累计投资595万美元。

特别是2018年5月，应邀参加了“中白地方经贸合作论坛”。在两国元首见证下，金川集团公司投资建设的PVC管材生产线项目和甘肃聚馨农业科技集团投资建设的啤酒麦芽加工项目，成为中白工业园入园项目。

在加大投资合作的同时，国际贸易合作日益活跃。向吉尔吉斯共和国、塔吉克斯坦、土库曼斯坦、乌兹别克斯坦等中亚国家出口的石油钻采设备、特色农产品、民族用品、电子产品等均有大幅增长。2018年上半年，与丝绸之路沿线国家进出口贸易额实现稳定增长。

第五节　发挥优势，突出特色，人文交流取得新进展

近年来，立足与丝绸之路沿线国家的历史文化渊源和已经建立的友好城市关系，在人员培训、技术合作、文化推广等领域广泛开展政府间合作和民间交流，促进了人文相通。

目前已与五大洲35个国家建立了50对国际友好城市，其中与“一带一路”沿线国家建立17对国际友好省州和友好城市。

通过建立政府间互访机制，进一步扩大互动交流和合作。第二十届兰洽会，伊朗库姆省省长率团参展参会；2018年6月，白俄罗斯经贸代表团来洽谈合作；第21届兰洽会期间，白俄罗斯政府和企业代表团访问甘肃，进一步促进双方交流和合作。

在技术交流方面，充分发挥在风能、太阳能、旱作农业、雨水积蓄利用等方面的技术优势，承担了商务部下达的为30多个国家400多名学员进行的援外项目培训。积极实施甘肃省国际交流员研习班项目，近年来共有54个国家的232名交流员参加了学习培训。

随着“一带一路”建设的深入推进，与丝绸之路沿线国家民间交流也日益活跃。近两年丝路沿线20多个国家的民间代表团来考察，甘肃省《丝路花雨》《大梦敦煌》等优秀舞剧赴欧洲、中亚等丝绸之路沿线国家演出，取得圆满成功。

第十二章 青海省参与"一带一路"建设

"一带一路"是大方案，必须具备战略眼光，增强机遇意识。要认识到"一带一路"是开放之路、发展之路、共赢之路，是西部大开发的战略性指引，不融入就会迷失，不参与就会掉队。必须树立全球视野，大力弘扬新青海精神，破除体制机制束缚，加强顶层设计，挖掘发展潜能，坚持以融入"一带一路"建设统领对外开放，加强同长江经济带、兰西城市群等国家战略的对接，带动青海经济发展转型升级。

青海省作为古丝绸之路和唐蕃古道的必经之地，是进藏入疆的重要门户。不断优化的交通网络、迅速发展的特色产业、开放多元的人文环境，如今，青海正努力把自身打造成新丝绸之路的绿色通道、战略基地和重要节点，使"丝绸之路经济带"成为青海向西开放的主阵地和推动全省经济发展的新增长极。

第一节 善用对外开放重要节点

从地理位置和在古丝绸之路中的地位来看，青海是贯穿南北丝绸之路大通道的桥梁和纽带，更是中国连通南亚国家的重要走廊和通道。青海省地处青藏高原东北部，东邻甘肃，南联川藏，西接新疆。如今，青海省地处"丝绸之路经济带"中国-中亚-西亚经济走廊主线，位于新亚欧大陆桥、中国-中南半岛及中巴、孟中印缅三大经济走廊的交汇地带，是我国深化向西开放的重要区域，是连接"丝绸之路经济带"和"21世纪海上丝绸之路"的节点省份，具有连南接北、承东启西的战略地位。

不仅如此，如今的青海省更是具有明显的综合交通优势。目前，东连陇海、北接兰新、西通南疆、西南连接拉萨、东南通达成都的铁路网正在形成，联通河西走廊，延伸至新疆大地，可达中亚、欧洲。

"六纵九横二十联"的公路网正在建设，不仅将兰州、西宁、格尔木串成一线，未来也与新疆交通网相连，青海省公路将完全实现四通八达。铁路建设也是必不可少的，青海打造"1268"铁路建设布局，即加强青藏铁路主轴线，形成西宁、格尔木两个铁路枢纽，规划形成青藏、兰新、格库、格敦、西成、西昌等6条干线铁路和8个方向的出省通道。加速民航发展，形成"一主八辅"民用机场运营格局。联通信息通道，加快与国家骨干直连点周边省份的互联互通，优化与周边省区的链路网络，重点建设大中型云计算数据中心，打造区域信息汇集交换中心，推进"宽带青海"建设，建设"数字丝绸之路"。

便捷的交通使得青海具备了扩大对外人文科技生态合作的必要条件。2018年，青海重点推进文化、旅游、科技、教育等重点领域的合作交流，提升人文合作水平。充分发挥民族文化人文优势，广泛开展教育、文化、旅游、卫生等领域合作，形成面向周边国家和地区的人文交流基地。另外，青海还将扎实开展人文交流，以唐蕃古道、昆仑文化为重要载体，发展文化贸易，打造文化展示交流平台，打造丝绸之路历史文化旅游区。

另外，作为“三江之源、中华水塔”的青海，具有无可替代的中国生态安全屏障的战略地位。近年来，青海省大力实施生态立省战略，先后实施了三江源综合试验区建设等一批重点生态保护工程，生态环境明显好转，实现了经济发展、社会进步、生态文明共赢的良好局面，为融入“一带一路”建设提供了良好的生态基础。

第二节　积极促进对外贸易和投资合作快速发展

青海省作为“一带一路”的重要节点，提升多领域合作水平，提高出口综合竞争力，加快平台载体建设，优化贸易结构和创新贸易方式，着力培育贸易新增长点。

其中，青海省对外贸易持续增长。数据显示，全省进出口总额从2010年的7.9亿美元增长至2016年的100亿元，年均增长17.6%，在西亚、欧洲设立15个中国（青海）特色商品国际营销网点，建成9个进口商品展销中心，认定3个国家级外贸转型示范基地和1个国家级出口商品质量安全示范区。青洽会、藏毯展、清食展等重大展会活动的国际化、品牌化不断提升，与“一带一路”沿线国家间的经贸合作规模不断扩大，达成经贸合作协议40多亿元。

2017年，青海提升外贸交流与合作水平作为重要任务，着力培育外贸企业主体，推进“千万美元潜力企业培育计划”，培育一批主业突出、核心竞争力强的外贸优势企业，深挖省内各园区外向型企业进出口潜力，加大外向型、创新型、创业型中小微企业孵化培育力度，支持行业龙头企业、优势骨干企业等多种形式做大做强。促进出口稳定增长，推进实施“出口自主品牌培育计划”，积极推进特色纺织、生物制品、文化产品等国家级、省级出口基地建设，稳定特色优势产品出口规模，扩大新能源、新材料、特色轻工、农畜加工和文化产品出口规模，提高特色优势产品竞争力和国际市场占有率，积极拓展国际营销网络，开辟青海省特色产品的新兴市场，加快发展外贸新业态，支持企业发展跨境电子商务、市场采购贸易等新型贸易方式，拓展营销渠道，加快品牌建设。加快培育省内外贸综合服务企业，同时积极争取省外大型外贸综合服务公司在青海省设立子公司，为省内中小企业提供物流、报检、通关、保险、退税、外汇等环节集成化服务。

第三节　大力培育特色优势产业

多民族聚集赋予了青海独特优势，青海穆斯林人口在宗教信仰、文化习俗等方面与中亚国家有较强的互通性，特有的撒拉民族，与中亚国家一些民族风俗习惯相近，宗教信仰相似，易建立亲近认同感。这是其他省区无法比拟的特色人文交流资源，是架起青海与中亚文化、教育、经贸等方面桥梁的宝贵财富，是与中亚国家共建“一带一路”的民族和文化优势。

近年来，青海省不断培育特色优势产业集群。青海省推动产业发展由要素驱动向创新驱动转变，大力发展特色农牧业、战略性新兴产业及现代服务业，培育打造具有国际水平的产业集群。

青海发展现代生态农牧业，围绕"世界牦牛之都""中国藏羊之府""中国有机枸杞之乡""中国冷水鱼养殖繁育之库"等高原特色生态有机品牌，大力发展藏羊、牦牛、枸杞、沙棘、中藏药材、藜麦、果蔬花卉、饲草料等特色优势产业，培育百亿元产业，建设产业带和示范园区，发展农产品流通业。据统计，全省外贸进出口企业共获得中国驰名商标13件、青海省著名商标17件，青海省内骨干枸杞出口企业全部获得国际有机食品认证，12家枸杞企业纳入我国有机枸杞认证试点工作，核桃露、核桃油、辣椒等产品获得清真认证，特色产品在"一带一路"沿线国家市场的知名度和市场占有率不断提高。

在工业方面，青海省不断发展壮大战略性新兴产业，实施"百项创新攻坚工程"项目，打造全国新能源锂电产业基地和重要的光伏光热制造基地，发展以电子信息材料、新型化工材料、新型合金材料等新材料产业，构建以健康制品和药品两大系列为方向的特色生物产业集群，加快高精尖、数字化、网络化高端制造业发展，着力构建在国际国内具有影响力的新能源、新材料、电子信息、生物医药、高端设备制造等战略性新兴产业集群。

第四节　着力构建全方位开放格局

近年来，青海省积极引导西宁、海东、海西提升开放层次，开放型经济区域格局呈现"东升西快"的可喜态势。西宁和海东的竞争力进一步增强，柴达木和环湖地区承接国际资本和产业转移的步伐加快，力求全方位开放格局逐步形成。

近年来，青海省将积极推进"三互"大通关合作机制建设，加强与沿海、沿边地区口岸的合作对接，不断增强口岸综合效能。积极推动贸易便利化，加快对外贸易"单一窗口"和口岸体系建设，建立信息互换、监管互认、执法互助的通关协作机制，全面推行关检合作一次申报、一次查验、一次放行的"三个一"模式。

同时，青海还将加快口岸功能建设，建立青海省电子口岸信息服务平台，加强与沿海、沿边地区口岸之间的物流联动发展；提升西宁航空口岸货运能力，推进国际货运包机开通，建设青藏高原航空货运集散中心；利用西宁、海东、格尔木的地理区位、基础设施、产业支撑等资源条件，加快推进青海省青藏国际陆港建设。提升保税服务功能，优化曹家堡保税物流中心（B型）、青海国际保税购物中心等海关特殊监管区服务；推行"保税仓储+保税展销"、进口商品直销、国际采购—进口—销售等模式进口馆、机场口岸免税商店建设积极发展保税物流业务。

当然，全方面开放格局的形成也离不开金融服务的支持与创新。创新国际化的融资模式，深化金融领域合作，青海省打造多层次金融平台，建立服务"一带一路"建设长期、稳定、可持续、风险可控的金融保障体系。同时，青海发挥好政策性金融作用，在金融风险可控的范围内，鼓励和支持金融机构对有订单、有效益的外贸企业贷款，扩大基于外贸订单、保单、应收账款、出口退税账户等抵（质）押融资和出口信用保险融资规模，综合运用内保外贷、外保内贷、银团贷款等金融手段，为青海省企业开展对外贸易提供有力支持。鼓励优化金融服务，调整融资方向和结构，扩展融资渠道，使贸易融资向重点行业和企业倾斜。推进外汇改革，加大出口产品外汇政策支持力度，鼓励符合条件的企业使用本外币开展资金集中运营，拓宽直接融资渠道，发挥跨境人民币政策优势，简化业务办理流程，降低汇兑成本和汇率波动风险。

第十三章　河南省参与“一带一路”建设

丝路贯古今，中原通天下。共建“一带一路”倡议提出近6年来，一个不靠海、不临江、不沿边的内陆省份相继打通“空陆网海”4条丝路，实现了从“腹地”到“高地”的一系列重大转变。河南省委书记王国生指出，近年来，河南积极落实习近平总书记关于对外开放的一系列重要论述，加快对外开放步伐，积极融入“一带一路”建设，与世界的联系越来越密切、交流越来越频繁。

第一节　“陆上丝绸之路”越跑越快

位于河南自贸试验区郑州片区内的郑州国际陆港开发建设有限公司，依托陆路交通区位优势，以中欧班列（郑州）为载体，着力拓展中欧、中亚铁路货运通道，集聚了越来越多的进出口货物，成为“陆上丝绸之路”的主力军。

2014年5月10日，习近平总书记在考察调研郑州国际陆港时，对拓展“陆上丝绸之路”给予充分肯定，并提出“希望班列越来越频密”。

牢记总书记的嘱托，河南深度融入国家“一带一路”建设，拓展“东联西进”物流通道，将中原腹地与世界连为一体。

数据显示，到2018年前7个月，中欧班列（郑州）共开行352班，总货重17万吨，货值166.25亿元，同比分别增长70.9%、58.4%和51.1%；目前已实现每周“去九回八”常态化均衡开行，5年累计开行1 400多班；境内集疏网络覆盖20多个省（市、区），境外网络遍布欧洲、日韩、中亚24个国家126个城市，形成了“境内境外双枢纽、沿途多点集疏”格局。

除了郑州—汉堡、郑州—莫斯科等班列外，郑州—中亚、洛阳—中亚班列也先后开通，分别抵达哈萨克斯坦、乌兹别克斯坦和吉尔吉斯共和国等中亚国家。

第二节　“空中丝绸之路”越飞越广

2014年6月，郑州与卢森堡之间的定期洲际货运航线开通，搭起了河南与卢森堡以及欧盟合作的空中桥梁，为中欧互通打开新大门。

2017年6月14日，习近平总书记在人民大会堂会见卢森堡首相贝泰尔时提出，要深化双方在"一带一路"建设框架内金融和产能等合作，支持建设郑州—卢森堡"空中丝绸之路"。

"空中丝绸之路"的提出，让"一带一路"建设覆盖的维度更加广泛，不仅连接大陆、沟通海洋，还在浩瀚的天空中构架起合作的桥梁。

河南自贸试验区从政策、通关、金融等多领域入手，积极支持这条"空中丝绸之路"快速发展。河南将其作为融入国家"一带一路"建设的中心任务，全力拓展新线路、新节点，扩大空中丝路覆盖面。

截至2018年8月，郑州新郑国际机场开通全货机航线36条，客运航线194条，在全球前20位货运枢纽机场中开通15个航点，国际全货机航班日均110架次，初步形成了横跨欧美亚、覆盖全球主要经济体的国际枢纽航线网络。2017年，郑州机场客货运吞吐量分别达到2 430万人次和50.3万吨，分列全国第13位和第7位，涉及"一带一路"沿线国家的货邮吞吐量约占总量的53%，货运吞吐量首次跻身全球机场50强。2018年上半年，郑州机场完成货邮吞吐量23.3万吨，增长12.3%。

第三节　"网上丝绸之路"越来越便捷

在河南自贸试验区郑州片区，诞生了令全球跨境电商监管部门和企业都交口称赞的跨境电商保税进口"1210模式"，成功破解了跨境电商关务申报、税收征管、质量监督、物流服务等系统性难题，成为我国跨境电商发展的"领跑者"。

2014年5月10日，习近平总书记在郑州视察时，对郑州跨境电商试点寄予厚望，嘱咐"要朝着'买全球卖全球'的目标迈进"。

按照习近平总书记提出的目标要求，河南自贸试验区着力推动"多主体运行、多模式发展、多点布局、联动发展"格局，大胆试、大胆闯，在全国首推O2O现场下单、现场提货模式，首创"一区多功能"监管服务模式，"查验双随机""跨境秒通关"成为行业标杆。启动建设EWTO核心功能区，基本建成全球网购商品集疏分拨中心，集聚了全球近4万种产品。

2017年，河南省跨境电商交易额达1 024.7亿元，同比增长33.3%，占全省进出口总额的19.6%，推动河南外贸进出口再创新高，进入全国前十。2018年上半年，河南省跨境电商交易额651.6亿元，同比增长35.7%。"网上丝绸之路"助推"河南制造"更加便捷地走出国门和河南外贸发展转型升级。

第四节　"海上丝绸之路"越来越顺畅

河南省不断加强与沿海港口合作，建设海铁联运国际国内大通道。

郑州铁路局联合海关、青岛港、连云港等在郑州集装箱中心站设立了"铁海联运服务中心"，通过铁路货场与沿海港口的信息、业务、操作等无缝对接，将码头功能成功延伸到铁路场站，实现了沿海港口业务前移，打造出铁路"无水港"。

自2015年郑州至连云港、青岛、天津等港口的海铁联运班列开行以来，已累计运行近400班。与此同时，全省内河水运与沿海港口也进行了无缝衔接，全省已建成沙颍河、淮河两条通江达海内河高等级航道，有效连接上海等“海上丝绸之路”重点港口。

通过4条丝绸之路，河南进一步加强了与世界的联系，改革开放的步伐越迈越大，走出去的企业越来越多，引进来的资金也越来越充足，河南的枢纽作用进一步发挥。

第十四章 山东省参与"一带一路"建设

山东与"一带一路"的历史渊源非常深厚。作为中国古代丝绸业最为发达的地区，这里是古丝绸之路最重要的货源地之一。唐代山东丝绢在中国外销丝绢中占据着十分重要的地位，今天山东的丝织业依旧一枝独秀。同时，山东也是海上丝绸之路的首航地之一。1 600年前，东晋高僧法显经陆上丝绸之路赴印度求经，10年之后沿海上丝绸之路北上登陆青岛，写成《佛国记》，留下了很多关于"一带一路"的珍贵历史记忆。1 400年前，唐朝在胶州湾设立板桥镇，从此开启我国北方海上贸易的大门。1 000年前宋朝在此设置具有海关职能的"市舶司"，成为当时全国五大通商口岸之一。

"一带一路"建设是我国深化对外开放的重大战略部署。山东作为沿海经济大省、对外经贸大省，在"一带一路"建设中的地位不言而喻。

随着"一带一路"建设的深入推进，山东省区域合作及参与对外经贸合作程度显著增强。日前发布的《"一带一路"大数据报告（2016）》显示，山东综合得分位居全国第七。

2018年山东省对"一带一路"沿线国家进出口5 196亿元，同比增长7.3%，占山东省外贸进出口总值的比重达到26.9%。其中，出口2 822.5亿元，增长5.7%，进口2 373.5亿元，增长9.3%。

"一带一路"倡议自2013年提出以来，目前与中国签署共建"一带一路"合作文件的国家已超过60个，遍布亚洲、非洲、大洋洲、拉丁美洲，已累计同122个国家、29个国际组织签署了170份政府间合作文件。

山东省积极参与"一带一路"建设，通过全面推进互联互通、全面开展国际产能合作、提升经贸合作水平、深化能源资源合作、拓展金融业务合作、加强人文交流合作等方面工作，推动"一带一路"建设不断取得实质性进展，带动了山东与沿线国家的经贸往来。

从对外贸易企业数量上看，2017年山东省对"一带一路"沿线国家进出口实绩的企业为2.4万余家，2018年这一数字为2.7万余家，增长12.5%，越来越多的山东企业正参与到对"一带一路"沿线国家的贸易中来，山东省对沿线国家贸易活力显著提升。

这其中，民营企业主导进出口。2018年，山东省民营企业对"一带一路"沿线国家进出口3 713亿元，增长10.3%，占71.5%；外商投资企业进出口961.2亿元，下降3.1%，占18.5%；国有企业进出口521.8亿元，增长8.4%。

新兴市场经济向好叠加下半年汇率低位提振出口增长。2018年山东省对印度、越南、印度尼西亚和泰国出口271.1亿元、265.9亿元、244.7亿元和196.6亿元，分别增长13.9%、14.5%、43.1%和18.6%，出口增速远高于同期山东省对"一带一路"沿线国家整体出口增速。

与此同时，2018年下半年以来人民币汇率维持低位也为农产品、劳动密集型商品、钢材、食品等对价格变化较为敏感的商品出口起到了支撑作用，2018年下半年以来山东省对沿线国家出口农产品、劳动密集型产品、钢材和食品172.1亿元、170.1亿元、159.4亿元和149.2亿元，分别增长13%、10.5%、28.6%和13.1%。

原油对进口增长贡献最大。自原油进口“双权”放开以来，原油始终占据山东省自“一带一路”沿线国家进口第一大商品的位置，对月度进口情况起着决定作用，尤其是2018年10月份以来，山东地炼企业加快原油进口速度，第四季度累计进口原油507.6亿元，同比增长1.3倍，其中12月当月进口值增长4.1倍，2018年山东省自沿线国家进口原油达到1 022.2亿元，同比增长30%，对山东省进口增长的贡献度达到116.3%。

中东欧市场成为“一带一路”贸易畅通新增长点。积极借助于中国-中东欧国家“16+1”合作机制，搭建贸易合作平台。加快发展外贸新兴业态。在匈牙利切佩尔港建成山东省首个中东欧国家省级公共海外仓，推进青岛跨境电商综试区建设，积极开展跨境电商峰会、“跨境电商进万企”专项活动，推动自主品牌企业利用知名跨境电子商务平台开拓中东欧国家等“一带一路”沿线市场。2017年，山东省对中东欧16国实现进出口233亿元，增长12.4%，其中，出口182.1亿元，增长15.1%；2018年上半年对中东欧16国实现进出口113亿元，增长1.2%，其中，出口89.5亿元，增长7.1%。

在国际产能和基础设施建设合作领域取得新突破。利用中东欧国家连接欧亚的枢纽位置，充分挖掘对外投资合作潜力实现突破。在化工、电子家电、橡胶轮胎等行业领域推动了一批国际产能合作项目，烟台万华并购匈牙利宝思德化学公司是我国在中东欧最大的收购项目，青岛海信、山东豪迈、青岛软控、东营科瑞等一批企业在中东欧国家设立生产服务基地和研发中心。截至2018年6月，山东省累计对中东欧国家实际投资153亿元。山东省在中东欧国家对外承包工程完成营业额31.2亿元。

境外经贸合作区建设居全国前列。纳入商务部统计的13家境外经贸合作区，其中9家布局在在“一带一路”沿线，初步形成纺织服装、精细化工、木材加工、家电等海外产业集群。在全国通过确认考核的20家国家级境外经贸合作区中，山东省有4家，全部位于“一带一路”沿线国家，其中2家（烟台万华中匈宝思德合作园区、临沂帝豪中欧商贸物流园区）位于中东欧国家。山东是全国唯一在中东欧地区拥有2个国家级境外经贸合作园区的省份。

全省“一带一路”政策环境不断优化，管理体制逐步健全，政策文件陆续出台，资金保障力度逐渐加强，相关配套设施建设正在加快。

第一节　海外布局，集群抱团发展

“一带一路”倡议不仅拓展了中国的“筑梦空间”，也为城市开启了“机遇之窗”。

在“一带一路”规划与建设中，青岛被定位为新亚欧大陆桥经济走廊主要节点和海上合作战略支点城市。截至2015年底，青岛已与海外67个城市建立了友好城市关系，遍及六大洲30多个国家和地区。青岛充分发挥其独特的区位、产业和开放优势，以合作共赢方式，与“一带一路”沿线国家加强经贸合作，建起“一带一路”沿线国家经贸合作重点项目库，涉及项目102个，总投资600亿美元。

“走出去”海外布局中，烟台着力打造境外经贸合作区，鼓励和支持优势企业、特色企业到资源丰富、合作前景广阔的沿线国家，以生产加工、并购兼并等为切入点，积极建立产业园区、经贸合作区，搭建产业合作平台，吸引国内外企业进驻，在国际合作走廊上形成了独具特色的"烟台群体"。

在国家商务部、财政部公布的国家级境外经贸合作区中，烟台市的中匈宝思德经贸合作区、中俄托木斯克木材工贸合作区榜上有名，总数占全国的1/10、全省的1/2。其中，匈牙利中匈宝思德经贸合作区是迄今我国在中东欧地区最大的投资项目。

临沂发挥地处"一带一路"桥头堡区位优势，放大商贸物流两大引擎产业特色，全方位融入"一带一路"。2018年前8个月，对"一带一路"国家实现进出口总额123.8亿元，占全市比重达到34%。同时，海外临沂商城加速布局。巴基斯坦（瓜达尔）中国临沂商城纳入了山东省与国家发改委签订的《关于建立推进国际产能和装备制造合作委省协同机制的合作框架协议》。该项目建成后将成为辐射南亚、中亚、中东和北非等地市场的区域性国际商贸物流中心。

第二节　项目储备，培育国际化群体

项目是经贸合作的载体。围绕重点国家、重点领域，青岛不断完善"一带一路"重大项目储备库，筛选入库项目126个。推进20个"走出去"项目建设，其中11个入选国家"一带一路"重点项目库，位居全省首位。

2018年1月—9月份，青岛对沿线国家协议投资额16.8亿美元，同比增长14.09%；对沿线国家外贸进出口额1 600.13亿元，同比增长1.4%，占比51.4%。推动16个境外经贸合作园区项目建设，已有6个境外园区纳入了商务部境外园区重点项目库。目前，与52个国际城市（省、州）或商务机构缔结经济合作伙伴关系，遍布五大洲、30个国家，对外贸易实现新突破。

烟台以产业国际化、市场国际化、企业国际化、园区国际化、城市国际化"五化联动"为抓手，积极培育国际化企业群体。目前，已培育出杰瑞油服、中集来福士、万华化学等本土国际化企业30多家，在俄罗斯、印度尼西亚、巴基斯坦等27个沿线国家投资项目127个。借助于"一带一路"，烟台进一步加强与俄罗斯的友好合作，全力推进合作区木材深加工项目，加快建设林、产、研、销一体化森工基地，打造"中蒙俄经济走廊"示范性项目。2018年上半年，沿线国家在烟台新增投资项目3个，合同外资12 045万美元、实际使用外资16 211万美元，分别增长112.1%和117.6%。

当前，跨国并购、合作开发正在成为临沂融入"一带一路"的新亮点，金正大集团出资1.1亿欧元完成对德国康朴公司的收购，成为中国化肥行业最大的一宗海外并购。

第三节　产业协同，构建合作平台

为搭建海洋科技新平台，青岛市政企学研单位与美国斯坦福大学在轨道交通结构健康监测、油气渗流等领域开展合作研究。国家海洋实验室与澳大利亚联邦工业和研发组织等国际科研机构共建创新平台，联合建立南大洋观测基地等科研项目；与来自英、俄、韩等国的20余家海洋科研机构建立战略合作关系。海洋生物领域新获批3家国家地方联合工程研究中心，总数达到16家。新获批7家省级工程研究中心(工程实验室),数量居全省前列,总数达到25家。

烟台以现有国家级开发区、高新区、海关特殊监管区、省级开发区、高新区为依托,积极搭建面向“一带一路”沿线国家的国别产业园、创新平台。“引进来”与“走出去”双向互动,烟台中俄高新技术产业化合作示范基地是国家科技部在全国设立的第一家对俄罗斯及独联体国家开展高新技术产业化合作的国家级示范基地。基地通过与相关国家互设技术转移中心,构建起覆盖独联体国家的一体化技术转移协作网络。目前,已在烟台成立了“中格”“中乌”“中俄”等国际技术转移中心,在格鲁吉亚和俄罗斯分别成立了“格中”“俄中”国际技术转移中心,累计向中方企业推荐独联体国家科技项目1 000多个,运作中俄合作项目200余项,20个项目进展顺利。

目前,临沂已与22个国家和地区开展了实质性科技合作,实施国际科技合作项目42项,引进国外人才110多名,转化技术成果60余项,国际科技合作走在全省前列。总投资5.6亿元中印软件产业园,已发展企业研发平台105个,进驻园区的国内外知名软件企业30多家,引进印度、乌克兰、俄罗斯、捷克等国家的高层次人才100余名。

作为全省获批建设的第一家与国外机构联合共建的临沂市中德创新中心,将围绕高端装备制造、新材料等领域开展先进技术引进和联合研究。依托临沂市科学技术合作与应用研究院和临沂应用科学城(全省人才工作重点项目),推进白俄罗斯国家科学院和俄罗斯国家科学院西伯利亚分院在临沂设立国际技术转移中心。

第十五章　福建省参与"一带一路"建设

5年来，福建省着力开拓发展空间，开放水平进一步提升，积极建设"21世纪海上丝绸之路"核心区，为古代海上丝绸之路赋予了新的时代内涵。自贸试验区建设成效明显，国际贸易"单一窗口"等17项创新成果在全国复制推广。

互联互通不断加强。福建在推进"海丝"核心区建设中，始终把设施联通放在突出位置，加快拓展海上通道，不断加密空中通道，逐步完善联运通道。建成万吨级以上泊位168个，集装箱外贸航线达到138条；空中国际航线46条，通达东南亚、欧洲、美洲、澳大利亚、日本、韩国等世界各地，港澳台航线17条，打造了福州、厦门两大门户枢纽机场和晋江、武夷山、冠豸山、沙县等4个区域干线机场；实现了市市通高铁、县县通高速；开通中欧国际货运班列，实现"海丝"与"陆丝"的有效对接。

经贸合作不断提升。成功举办"21世纪海上丝绸之路"博览会暨福州海峡两岸经贸交易会、"21世纪海上丝绸之路"建设暨国际产能合作研讨会、亚洲合作论坛工商大会等活动。企业"走出去"步伐加快，福建对"海丝"相关国家和地区投资备案项目96个，投资额22.3亿美元。双向贸易有效拓展，2017年与"海丝"相关国家和地区贸易额2 696.5亿元。其中，在海洋产业合作方面，目前福建企业已在印尼、缅甸、毛里塔尼亚等国建立了9个境外远洋渔业综合基地，数量与规模为全国第一；有10家企业在境外建立渔业养殖基地，水产养殖规模居全国首位。

资金融通不断扩大。在合作平台建设方面，福州设立的中国-东盟海产品交易所，被列为八大"21世纪海上丝绸之路"重要平台之一，首创跨境人民币交易结算系统，已发展渔企会员358家，交易商2 187个，年度累计交易额达3 112亿元。

人文交流渐入佳境。成功举办福州海上丝绸之路国际电影节、国际旅游节、泉州海上丝绸之路国际艺术节等活动。文化精品加快走出去，大型舞剧《丝海梦寻》先后在联合国总部、欧盟总部以及"海丝"相关国家演出。教育交流交往持续加强，厦门大学马来西亚分校建成投入使用，中文、中医等12个专业就读学生超过1 300人，成为我国公立大学在海外开办的第一所分校。"古泉州（刺桐）史迹"正式作为2018年世界文化遗产申报项目，提交联合国教科文组织世界遗产中心，泉州被指定为联合申遗牵头城市。

第十六章　浙江省参与“一带一路”建设

放眼“一带一路”,曾经驼铃声声的千年古道,如今列车呼啸飞驰。浙江正加速连通东西——率先搭建新平台、配置新资源、开拓新市场,续写古道新传奇,争做“一带一路”建设排头兵。

第一节　新格局,互惠互利

国际贸易摩擦频发、单边主义抬头……面对复杂形势,浙江经济2018年一季度实现“开门红”,其中外贸成绩可圈可点。2018年一季度浙江省外贸进出口总值6 635.7亿元,同比增长6.8%,增速领跑沿海主要省市。杭州海关统计分析处有关负责人表示:“一季度全省外贸的这一抹亮色中,‘一带一路’沿线国家和地区贡献不小,其中东盟市场一季度出口同比增长高达21.7%。”

可喜的数据背后是浙江外贸多元化市场的加速形成。2017年5月,省委、省政府出台《关于以“一带一路”建设为统领构建全面开放新格局的意见》《浙江省打造“一带一路”枢纽行动计划》,进一步加速培育新市场、配置新资源,一个互惠互利、对外开放的新格局加快形成。

沿着古丝绸之路,2017年“义新欧”班列共开行320列,累计发运25 060个标箱,比上年增长68.8%。

在繁忙的“义新欧”班列沿线,一个个“一带一路”沿线国家系列站正加快建设中。2017年9月,“一带一路”捷克站挂牌,货运场正式启用;如今,迪拜站以及一批浙商海外基站正在加快布局建设。同时,“义乌—马德里”班列还被写进了中国与西班牙全面战略伙伴关系联合声明。

加速流动的不只是物流,更有资金流。仅2017年,浙江就完成对外直接投资备案额183.8亿美元,比上年增长90.6%。

资金背后是一个个大项目的落地,给当地带去就业和税收。截至2018年,浙江在“一带一路”沿线国家建设了10个境外经贸合作区,累计投资超过55亿美元,带动东道国就业超6万人。

“义新欧”班列

2018年　共开行320列　累计发运25060个标箱

比上年增长 68.8%

截至 2018 年,浙江在“一带一路”沿线国家建设了 10 个境外经贸合作区,累计投资超过 55 亿美元,带动东道国就业超 6 万人。

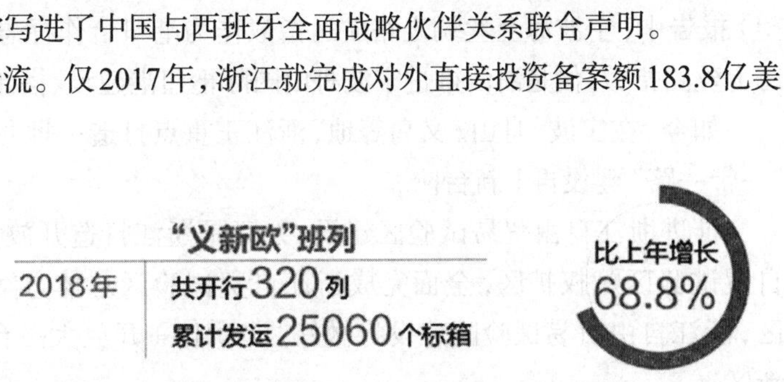

图6-16-1　浙江外贸经济数据

民相亲在于心相通,浙江如今的“一带一路”朋友圈一再拓展,朋友们也频频在浙江聚首。截至2019年4月,浙江已与80多个国家建立了423对友城合作关系,甚至在巴黎、约翰内斯堡等地还建起了跨境远程"最多跑一次"侨民服务中心。

第二节 生力军,"抱团"走出去

用电,靠的是浙江制造的变压器;取水,是浙江供水公司施工的跨国取水项目;住房,是浙江建筑企业开发的地产项目……在"一带一路"沿线国家和地区,浙江企业的身影随处可见。

浙江企业已经成为践行"一带一路"倡议的生力军。省工商联主席、富通集团董事长王建沂说,2013年以来,浙江企业对"一带一路"沿线国家直接投资超过280亿美元,几乎相当于有的国家一年的国民生产总值。年均31.1%的增速,较全国年均增长率高出整整26个百分点。

静水流深,这些项目给当地经济社会发展带来可喜的变化。2017年底,在巴基斯坦信德省,正泰集团建设的大型变电站项目进入尾声。项目建成后,将大大增强当地电网公司的输电能力和可靠性,为当地工业生产用电稳定提供保障。正泰集团董事长南存辉表示,类似的项目已经建设了不少,例如之前参与的萨希瓦尔电站项目,就关系着巴基斯坦1 000万人口的用电需求。

深度融入"一带一路"建设,携手共赢发展。近年来,不少东盟国家的信息化基础设施建设发展迅速,富通泰国工厂作为主要的产品供应商,产品经常供不应求,目前其在东盟的市场份额已超过15%。在巴基斯坦市场,正泰的电力变压器稳居该国电力系统市场份额第一位。

一辆满载着60个标箱货物的"义新欧"中欧班列驶入铁路义乌西站。

第三节 大平台,全省齐协力

走过数个春夏秋冬,浙江参与"一带一路"建设不断走深走实,呼唤更包容、更开放的新平台,也比任何时候都更迫切。

在推进"一带一路"建设工作领导小组办公室发表的《共建"一带一路"倡议:进展、贡献与展望》报告中,宁波海上丝绸之路航运指数作为港口合作标志性成果被写入其中。而丰富完善这一海上丝路指数,便是浙江推进宁波舟山国际枢纽港建设、搭建物流大平台中的一环。

如今,在宁波、舟山、义乌等地,浙江正重点打造一批"一带一路"标志性项目,推动全省参与"一带一路"建设再上新台阶。

推进浙江自由贸易试验区建设,无疑是浙江打造开放大平台的重中之重。浙江正积极争取自贸试验区赋权扩区,全面完成浙江自贸试验区总体方案89项改革试点任务。作为改革先行区,浙江自由贸易试验区建设将做好"自贸区+开放大平台"文章,探索设置自贸试验区联动创新区。

在宁波,"一带一路"建设综合试验区也正在积极创建中,这被视为全省"一带一路"枢纽建设的关键。这其中,既有高水平建设"16+1"经贸合作示范区,也有完善宁波国际贸易"单一窗口"建设等具体举措。在义乌,"义新欧"扶持政策不断创新,以此做强"义新欧"班列品牌,探索推行"义新欧+”战略。

此外，浙江还在境外搭建了多个的新平台：推进中印尼区域综合经济走廊产业园区合作，成立产业园区建设推进小组和前期工作专班，提出产业园区建设方案；推进境外经贸合作区建设，推动企业跨国并购，鼓励省内企业在境外设立研发中心和境外营销网络；加快推进“一带一路”捷克站建设，启动捷克站商贸园项目，完善“义新欧”货运场和物流项目运营建设。

第十七章 湖北省参与"一带一路"建设

5年来,"一带一路"建设促进我国改革开放形成新格局,为世界经济发展注入了新动能,为全球治理体系变革做出了新贡献。把湖北工作融入国家发展大局,充分发挥湖北联结"一带一路"和长江经济带的重要节点作用,更好更深更实地融入"一带一路"建设。加快构建开放型经济体系,加强政府引导和服务工作,更好发挥市场主体作用,推进重大项目、重点工程谋划建设。要加强平台建设,办好中国中部国际产能合作大会、湖北对话世界500强等活动,提高活动实效。

湖北融入"一带一路",优势产能"走出去",既有利于企业自身转型升级,增强全球竞争力,亦推动了相关国家的经济发展,带动了当地就业,可谓互利共赢。

第一节 汉欧班列实载率全国第一

3年前,中欧(武汉)班列(下称"汉欧班列")恢复常态化运营,线路从最初的中亚、中东欧,不断向西延伸,如今汉欧班列已开辟了以武汉至德国、法国等工业制造强国和俄罗斯、白俄罗斯等资源大国为定位的15条班列线路,辐射欧洲、中亚、西亚等28个国家、68个城市,发送、分拨、转运货物可辐射欧洲全境。

截至2018年5月12日,汉欧班列往返共发运541列,运输货物货值约18.96亿美元。2017年,汉欧班列实载率达到95.48%,在全国28个中欧班列中位居第一。

地方经济需求促进了汉欧班列的发展,也让湖北融入了"一带一路"倡议中。

在汉欧班列的吸引下,多家大型制造企业纷纷将生产线转移至湖北武汉,直接为武汉市带来数十亿元的年产值及配套产值。2016年,法国班列开行后,法国知名体育品牌迪卡侬将部分订单下至武汉、荆门等市,后期预计将形成3 000个大柜/年的出口量;美赞臣公司也计划将40%的运量走汉欧班列进口。俄罗斯回程木材解决了本地木材产业资源缺乏的难题,约79%的木材原材料通过长江航道水运分拨至天津、上海、大连、青岛、厦门、广东、安徽等十几个省市地区,约21%的木材原材料通过集卡运往武汉周边地区。

2015年,汉欧班列推出公共班列。公共班列每列火车82个标准集装箱,根据货物数量自行选择。对于有些小微企业,汉欧班列又适时推出拼箱服务。成立于2004年的中实物流就是公共班列的直接受益者。过去10年来,中实物流近70%的业务来自航空运输;汉欧班列开通后,铁路运输业务占比逐年提高，2018年该比例达到30%。尤其是汉欧班列开放了公共班列后，全国各地的拼箱业务纷至沓来，客户已经不局限于湖北省，华东、华南、西南、中原、华北地区的8~10个客户合租一个集装箱的现象比比皆是。

图6–17–1　汉欧班列常态化运营

第二节　湖北优势产能走向世界

如果说汉欧班列促进了世界与湖北的联系，那么烽火通信、葛洲坝集团、人福医药、格林美、华新水泥、安琪酵母等一批企业成功拓展海外市场，则是让来自湖北的通信技术、水电、桥梁、生物医药等优势产业一步步走向世界。目前，葛洲坝集团在“一带一路”沿线在建项目超过30个，业务范围涵盖水电、公路、港口等10多个领域，合同总金额达100亿美元，预计未来还会持续增长。

人福医药在马里建成西非地区标准最高的现代化药厂；华新水泥在柬埔寨、塔吉克斯坦、哈萨克斯坦建起3个水泥厂；格林美在南非打造首个中非循环经济产业园，助推南非垃圾资源循环再利用；安琪酵母分别落地埃及、俄罗斯，让中国酵母香飘世界。

作为“一带一路”倡议的先行者，烽火通信更是早早布局相关国家市场。2016年，“一带一路”上的销售收入达到20.69亿元，占公司海外总营收的74%以上，并呈逐年上升的趋势。

不仅如此，烽火通信还积极探寻新的海外发展模式，由过去简单的外贸交易逐步向本地化运营转变。推动研发和产能资源进一步向海外一线配置，完成硅谷、欧洲研究所，以及厄瓜多尔、印度等生产基地的布局，整合更具作战能力的一线营销服务力量，建设更符合当地实际的运作机制。而在大数据、智慧城市等新兴领域，烽火通信与“一带一路”相关国家同样有着巨大的合作空间。作为亚太电信联盟培训中心，烽火通信每年都会与商务部合作，承接"一带一路"国家的通信人员培训，加强"一带一路"国家在通信领域的科技交流；公司还积极与马来西亚电信、印度尼西亚电信等主要客户兴建联合实验室，研究智慧家庭相关业务。烽火通信以"FitCloud云网一体化"为核心，已形成信息安全与大数据挖掘平台能力。公司在标准制定、产品开发、项目运营中积累的经验和资金，已经在"一带一路"上的多个国家寻找落地路径，推动本地企业和政府探讨大数据、智慧城市等新兴业务的合作可能性。

从对外发展方面来看，湖北省"走出去"的均为优势产能，投资类项目分布在巴基斯坦、哈萨克斯坦等30多个"一带一路"相关国家和地区。

第三节　呼吁抱团出征"一带一路"

在"一带一路"建设过程中，央企强强联合展开项目合作，甚至通过股权合作"抱团出海"的案例日益增多，一方面可以增强中国企业的议价能力；另一方面也减少了内部竞争。

事实上，从行业属性来看，中国的装备制造、通信信号、基础设施建设以及金融企业，更容易实现抱团出海。"一带一路"有别于传统的基建、装备市场，大市场、大业主与区域经济发展紧密结合，项目大型化、综合化、高端化的趋势明显，对参与企业的资源整合能力、产业协调能力、投资能力等提出更高要求。

加强企业在"一带一路"建设中的主体作用，鼓励各方加强平台建设，促进企业根据产业链分工合作，实现龙头企业整合资源模式下的"抱团出海"。

第十八章 湖南省参与“一带一路”建设

湘人活跃在“一带一路”，已有上千年历史。唐代，长沙铜官窑的瓷器便从“海上丝绸之路”一路远帆，到达亚非欧29个国家和地区；从18世纪中期开始，大量湖南黑茶伴随着声声驼铃，从陆上丝绸之路，穿越中亚，远至欧洲腹地，成为“世界之饮”。

沿着古老的“丝绸之路”，湖南人凭着抢先一步的勇气、吃苦耐劳的作风、可靠的产品与先进的技术，在“一带一路”大显身手，书写着新时期经贸发展新篇章。

2018年，湖南省预计对“一带一路”国家实现进出口总额超过110亿美元，增长40%左右。2018年，湖南省对“一带一路”沿线国家投资3.28亿美元，新签对外承包工程合同额24.32亿美元，完成营业额15.37亿美元。湖南省积极推进与沿线国家的经贸合作，首届中国国际进口博览会上，湖南省组织了2 700余家企业参加，达成意向采购金额7.25亿美元；成功举办第四届对非投资论坛；中国–非洲经贸博览会永久落户湖南，实现湖南省国家级经贸平台历史性的突破。湖南省共开行湘欧快线191列，综合实力居全国52个中欧班列城市第8位；阿治曼中国城等12个重点境外经贸合作区顺利推进；长沙获批国家跨境电商综合试验区、国家文化出口基地。人文交流方面，湖南省高校共与“一带一路”沿线国家高校签订合作协议252份，引进外籍专家103名；“一带一路”世界青年创意与遗产论坛连续2年在长沙成功举办。2018年，湖南省工业企业在境外并购和富余产能转移也取得了一定成效：工程机械、智能装备、先进轨道交通装备的海外市场持续拓展；军工领域开放合作步伐加快；生物制药、服饰等消费品领域正在日益打开国际市场；岳阳、邵阳等部分市州重点企业的开放发展成效显现。

湖南建立了高效的组织协调机制，国际友城总数达88对；互联互通水平提升，湘欧班列纳入中欧班列统一品牌管理，已开行线路11条，物流服务覆盖30个国家，黄花机场可通达“一带一路”沿线12个国家31个机场；经贸合作量质齐升，2018年全省对“一带一路”沿线国家贸易额802.6亿元，增长36.5%，湖南省经商务部门备案在“一带一路”沿线国家投资的企业达840家。此外，金融服务能力不断增强，人文交流日益密切。

如何对接融入“一带一路”？“一带一路”建设，将带动沿线国家和地区发展基础设施建设，而与此相关的工程机械、电力机车等产业恰恰是湖南的优势。

作为国家战略构想的内陆核心经济腹地，湖南面临难得的发展机遇。总体看，湖南在资源禀赋、产业基础、科教人文等方面具有鲜明特色，在强化对外开放、产业合作、协作交流等方面具备较强优势。

一、扩大开放的机遇

有利借助于和利用国家通道、国家平台、国际机制，加强开放体制、开放领域的创新和拓展，打造内陆开放高地。

二、产业转型的机遇

有利于加快产能"走出去",缓解当前产能过剩的突出矛盾,并通过引进先进技术推动产业迈向中高端。

三、市场拓展的机遇

有利于挖掘沿线资源丰富但发展相对滞后国家巨大的市场需求潜力,拓展省内产品市场空间。

四、均衡发展的机遇

有利于推动大湘西、湘北区域对接新亚欧、中国－东盟等经济走廊建设,加快开放发展,促进省内区域协调发展。

不靠海、不沿边,中部湖南正续写古丝路传奇,展现浓浓"国际范"。下南洋、闯欧美,海外市场频频刮起"湘旋风":一粒种子,播撒"一带一路";一块茯砖,闯出万里茶路;电力机车开往亚非欧,工程机械覆盖六大洲。

装备制造、新能源、新材料、生物制药、电子信息等战略性新兴产业和资源勘探开发、水稻育种、瓷器、烟花等具有比较优势的传统产业强势出击,加紧抢滩"一带一路"市场:中车株机已获大部分国际市场准入许可,产品打入欧美市场;中联重科收购CIFA,落子白俄罗斯,签下印度大单,与全球行业巨头一争高下;三一集团基本完成"一带一路"产业布局,在土耳其、俄罗斯、比利时、法国、德国、印度等都设有工厂或研发基地,2016年海外销售收入超过百亿元。

第一节 核心竞争力过硬

"建筑湘军"在"一带一路"声名远扬。91家建工企业获得对外承包工程经营资质,水电八局、中建五局、湖南建工等企业,在"一带一路"沿线捷报频传,带动湖南省大批机电产品出口和劳务输出。2015年,湖南对外工程承包和对外劳务合作新签合同额12.54亿美元,增长77.9%。

19年前,株机公司机车车辆首次走出国门,代表中国电力机车第一次出海"闯世界"。如今,株机公司产品驰骋在中东、东南亚、中亚、非洲、欧洲等地的铁轨上,展示中国高端制造业崭新形象,成为中国装备"走出去"的大明星。

湘企高调从海外"迎娶名门",当然离不开自身过硬实力。意大利CIFA公司、德国普茨迈斯特、英国丹尼克斯……这些,曾经都是世界制造强国的"明星企业",如今悉数改旗易帜,纳入湘字号企业麾下。

中联重科凭借强大的吸收、转化、创新能力,通过并购国际行业巨头,其制造能力实现质的飞跃。"全球最长臂架泵车""全球最大履带式起重机""全球最大轮式起重机"等多个世界纪录相继诞生。携众多"全球之最",中联重科从行业巨头名下抢得市场,产品迅速覆盖六大洲。

除了"高大上"的机车、工程机械,小小一块茯砖茶,要想闯荡海外,同样要有"独门绝技"。欧洲茶商和消费者爱黑茶,但对"傻大黑粗"砖茶不感兴趣。湖南茶企通过技术攻关,开发出外观像立顿红茶、内质却是纯正茯砖风味的速泡茶，很快风靡东欧市场。

从事农业的隆平高科，凭借杂交水稻这一核心优势，在东南亚以及非洲享有较高声誉。从援外培训、杂交水稻种子出口到本地化育种……隆平高科与40多个国家和地区建立贸易关系，沿着“一带一路”播撒合作共赢种子，续写湘企“走出去”传奇。

第二节 市场洞察力敏锐

小地方，大商机。一些看似投资冷门的国家，如毛里求斯、文莱、苏里南等，面积虽小，但商机不小。早在2015年，远大住工就从苏里南获得一个1.8万套房屋住宅的建设项目，出口额达40亿元人民币。

埃塞俄比亚，“世界最不发达国家之一”。世界知名的工程机械企业三一集团，却选定与该国开展国际产能合作，建设湖南装备制造合作园区。

三一集团相关负责人解释，埃塞俄比亚位于非洲东北角，选择在这里办园建厂，既可覆盖周边的非洲10国，还能以此为跳板辐射中东、欧洲及美洲的21个国家。

模式创新，也能掘金。博深实业接手外国人经营3年却陷入巨亏的阿联酋阿治曼中国城，改善硬件设施，规范流程设置，创新营销模式，提升管理水平，如今中国城内1 600家店铺，全部卖中国商品，生意红火旺盛，成为中东乃至西亚地区第二大中国商品批发集散地。

政府乐做“走出去”的“敲门砖”“助推器”。

政府的工作就是“架桥拓市”。对内，湖南省有关部门新增五大地区处；对外，湖南省在重点国家设立了“五位一体”的境外服务网络。内有“大本营”，外有“桥头堡”，方便联络政企、对接服务，让企业“走出去”走得更顺更好。

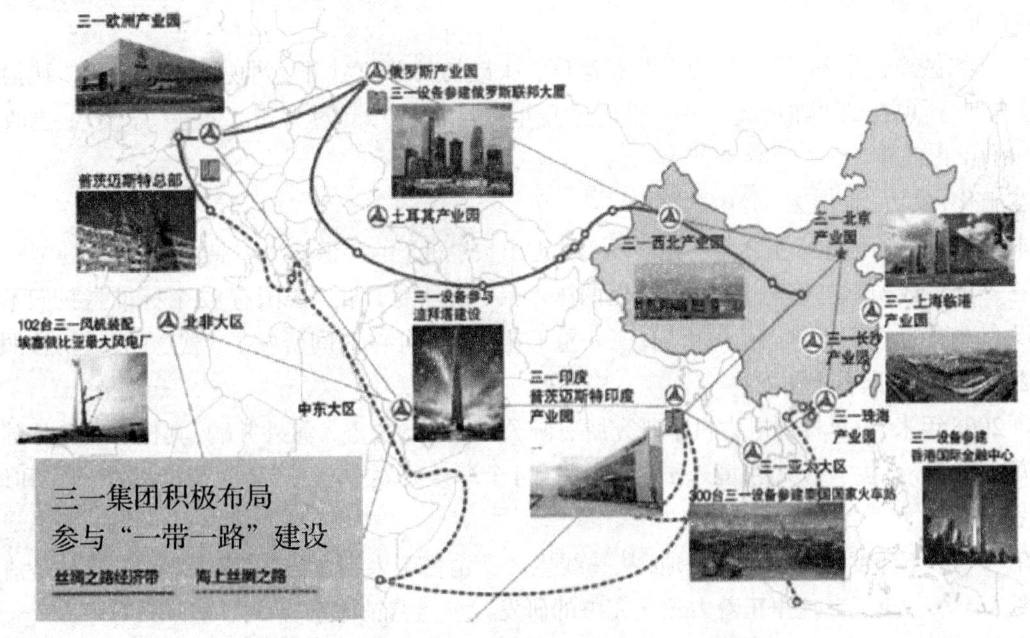

图6-18-1 三一集团积极布局参与“一带一路”建设

商务部门建立全省"走出去"项目信息库。目前已收集各类项目519个，区域、行业、金额、项目进展等一目了然。

服务企业，多管齐下。出台十大举措，鼓励引导全省优势产能和富余产能"走出去"；省工商联举办多场次"走出去"培训班，请来专家给企业进行政策辅导，组织企业家前往高校学习风险控制；长沙海关提高通关效率，推进开放型平台建设，为湘企"走出去"打开大门。

金融机构主动参与，成为企业"走出去"的"助推器"。2015年末，中国出口信用保险公司长沙营管部承保了中南勘测设计研究院出口越南莱州水电站成套设备项目，承保金额1.53亿美元。有了信用保障，银行解除了对于融资安全的担心，从而帮助项目业主获取了低成本长期限的资金，也缓解了项目后期支付的资金压力。仅2015年，中国信保长沙营管部就为湖南423家出口企业提供了风险保障服务，新培育"一带一路"项目20余个；创新推出小额中长期信用保险，护航湖南装备产能阔步海外。

第三节　打造新平台，开创新格局

融入"一带一路"，湖南已经划出清晰的路线图：高起点规划布局，《湖南省参与建设丝绸之路经济带和21世纪海上丝绸之路的实施方案》于2015年12月正式出台。方案明确了湖南省融入"一带一路"的战略定位、主攻方向、重点任务、保障措施，也定下了发展目标：用3—5年时间，湖南对"一带一路"沿线国家直接投资、工程承包年均增长15%～20%，进出口贸易年均增长10%～15%。

此前已推出的《湖南省对接"一带一路"战略的行动方案（2015—2017年）》透露，湖南省将实施"装备产能出海行动、对外贸易提升行动、引资引技升级行动，基础设施联通行动、合作平台构筑行动、人文交流拓展行动"等六大行动，推进86个"一带一路"重大项目，总投资达2 429亿元（约383亿美元）。

从单纯做产品贸易，到"出海"投资建厂；从最初的单打独斗，到现在抱团出海；从最早的"打游击"，到现在的"阵地战"……湘企这些年"走出去"，受过打击，交过"学费"；也收获了经验，悟出了门道。

本土化，成功"走出去"必由之路。

本土化是国际化的必由之路。这是所有"走出去"湘企的共识。

三一重工最初想进德国市场，但对比两国产品，顿时傻了眼："德国有82个标准是我们不知道或者没有遵循的。"为了进入德国市场，三一重工花了约两年半时间研发了6款产品，一切按照德国标准去做，专为德国本土研发。

自2008年来，中车株洲电力机车研究所有限公司通过5次重大海外并购，其核心业务从陆地拓至深海。目前，直接掌管10家境外子公司，拥有4个海外研发中心，产品覆盖60多个国家和地区，由"借船出海"转为"驾船闯海"。

在三一重工印度普纳产业园基地，从一线生产及销售工人到业务、商务总监等，几乎是清一色的印度人。三一重工在这里正着力建立完整的研发、生产、营销体系。

抱团出海，握指成拳。

从自发到自觉，从无组织到有组织，直至打破行业界限结成联盟，已成为湘企成功"走出去"新模式。

十万邵商闯东盟，靠的是"亲带亲、友帮友"。

通过境外商会平台，邵阳人在东盟抱团合作，境外经商办企业的规模日渐扩大。目前，10家境外湖南商会，由邵商发起成立的就占了5家。多家境外商会还发起成立了湖南境外商会资源整合联盟，借此充分发挥海外人脉资源优势，协调湖南优势企业抱团发展，打造"海外湘军"品牌。

以产业链模式"走出去"，已成为湖南对外开放的新常态。湖南产业布局较为完整，在"走出去"企业中，既有上游的规划设计企业，也有下游的建筑施工企业和设备制造企业。

为加强产业链上下游企业的合作，湖南省积极打造水电、农业、装备制造、新能源新材料等多个产业联盟，锻造行业全产业链。目前，已形成了10个"抱团出海"产业联盟。

抓住"一带一路"机遇，湖南正大力搭建"走出去"服务平台，目前，已建成北欧湖南农业产业园、老挝湖南橡胶产业园、泰国湖南工业园、越南湖南商贸物流园等多个境外园区。

正在筹划建设的埃塞·湖南装备制造合作园区，由中地海外、长沙经开区、三一集团与埃塞俄比亚政府联合投资建设，这也是我国在非洲国际产能合作的第一个先行先试样板开发区。

第四节　湖湘文化底蕴深厚，湖南人敢为人先

谁也没有想到，省内鲜为人知的湘潭神州龙实业有限公司，竟是湖南首家经商务部门核准备案的境外投资企业。

谁能想到，从省内相对贫困地区走出去的"邵商"，投资兴业，纵横东盟，在泰国、越南、老挝、印度尼西亚创办了湖南工业园。

"神州龙"和邵商的海外创业史就是对敢为人先的湖湘精神的生动诠释。

在对阿尔及利亚的钢铁行业、废钢资源、金属加工进行深入调研后，2011年，"神州龙"创办阿尔及利亚圣龙钢铁有限公司，在国内购买钢铁原料，再出口至阿尔及利亚轧钢、制管后销售。

18年前，"神州龙"勇闯北非。18年打拼，"神州龙"从单一服装加工贸易成长为"纺织大佬"，并跨界在钢铁领域玩得风生水起。

水电八局，素有"水电湘军"之称。巴基斯坦的巴罗塔水电站，是水电八局走出国门的首个工地。当工程进入关键阶段，正巧碰上美国对阿富汗境内基地组织实施空中打击。巴罗塔水电站离阿富汗只有100多千米，战机几乎每天从工地上空飞过。承建电站的外国公司相继撤离，唯有水电八局施工人员全部留下来继续干。如今，水电八局项目已遍布全球20多个国家。

"吃得苦、霸得蛮"，成为湘企湘人走向海外闯市场的"精神标配"，始终鼓舞着湖南人开疆拓土。

第十九章　江西省参与"一带一路"建设

江西参与"一带一路"建设，以强化互联互通为基础，以深化对外交流为纽带，以健全平台机制为支撑，积极参与国家各项重大经贸及外交活动，着力扩大经贸投资，着力推进国际产能合作，全面构建全省对外开放通道，奋力获取江西参与"一带一路"建设的阶段性重大成效。

第一节　积极参与国家重大外交活动

2018年，江西省主动参与2018年中非合作论坛、中俄地方合作交流年、中国国际进口博览会等重大国际交流活动，组织江西有关企业和单位开展系列经贸推介、文化交流，争取达成一批重大合作成果。同时将深入推进江西与美、俄、日、韩等国的友好城市合作，谋划拓展非洲、拉丁美洲等地的一批友城，组织实施江西"彼尔姆日"、韩国全罗南道江西经贸文化周、日本岐阜友好省县30周年等一批友城交往活动，积极开展了2018年省领导友好访问活动。

与此同时，江西将精心筹办好重大对外推介活动，组织好第5届世界绿色发展投资贸易博览会、2018年世界VR产业大会、江西国际旅游消费节等重大活动，推介江西文化旅游生态产业优势，积极展示江西形象、扩大江西影响。

第二节　全面构建江西对外开放通道

江西省将加快全省铁路、航空等基础设施建设，全面构建通江达海、联通内外的对外开放通道。2018年12月25日昌景黄铁路开工建设，此外，还要加快昌吉赣客专、赣深客专、安九客专建设，加快长赣铁路、昌九客专、瑞梅铁路项目前期工作。稳定开行江西至宁波、福州、厦门铁海联运，拓展通达沿海港口的集装箱快速班列。

加快完成昌北国际机场T1航站楼改造、赣州黄金机场改扩建主体工程建设，完善全省机场网络布局，积极争取国家第五航权开放试点，积极引进基地航空，探索打造临空经济区进出口贸易电子商务集中(结算)平台。积极开拓江西至俄罗斯、新加坡等国家的航线航班。加快赣州国际港、向塘铁路物流基地、九江长江流域性航运中心等重大物流枢纽建设，推进昌北国际机场航空物流港建设,着力打造航空陆地运输无缝对接的现代物流体系。

此外,将稳定开行赣欧(亚)班列,着力提升班列数量和质量,推动班列与产业联动发展,打造高效便捷的国际货运走廊。积极强化赣州、南昌等城市货源集并能力,整合出口资源、优化班线服务、完善有效供给,不断提升班列效率和效益。

第三节　打造江西产业海外集聚区

深化航空及汽车制造、光伏新能源、轻工机械、有色金属、生物医药等产业对外合作。重点支持汉腾汽车与俄罗斯德尔维斯汽车生产合作、江西昌兴航空公司与意大利直升机生产合作,晶科能源马来西亚光伏组建工厂二期扩能、美国新建年产400兆瓦太阳能电池组件生产线等项目建设。

加快对外投资并购。支持省内企业通过绿地投资、股权并购等方式,快速拓展海外市场;鼓励并购欧美企业品牌,引进先进技术和企业管理经验。重点支持省铁路投资集团与黎巴嫩银行股权合作项目,江西国际公司尼日利亚民爆合作项目,江西赣锋锂业股份有限公司收购澳大利亚里德工业矿物公司股份项目,赣州腾远钴业新材料股份有限公司投资刚果民主共和国铜钴湿法冶炼等项目建设。

同时,大力实施好江西国际公司赞比亚江西产业园建设,打造江西产业海外集聚区。推进江西华美马来西亚现代农业产业园、华坚鞋业埃塞俄比亚国际轻工业城等项目。

第四节　引进一批世界500强来赣投资

2018年,江西加大对外招商力度,积极引进一批世界500强企业来赣投资,筹办好第17届赣港经贸合作活动暨首届赣深经贸合作交流会、亚布力中国企业家夏季高峰论坛、第16届赣台经贸文化合作交流会等重大招商活动,达成一批项目合作。加大对欧美、日韩国家产业招商力度,围绕智能制造、现代服务业开展专题招商活动,引进一批优质外资项目。

深入实施外贸优进优出战略,优化对外贸易的产品结构、市场结构、贸易方式结构,提升国际竞争力。努力培育出口品牌,大力推动生产企业出口,推动出口优势产业与知名跨境电商平台合作,促进内外贸一体化。

推进江西海外工程承包项目建设,打造一批“江西建设”样板工程;鼓励龙头企业探索海外工程承包新模式,带动产业、设备和劳务出口。加快江西国际公司赞比亚卢萨卡至恩多拉收费公路400KM项目、江西中煤赞比亚JALALA军营项目、江西中鼎国际公司阿尔及利亚社会福利房建设、江西省建工集团孟加拉达卡居民住宅楼建设等项目进展。

第五节 开展"一带一路"江西旅游营销

开展江西省"一带一路"境外旅游营销计划，针对美日韩等入境市场做好"江西风景独好"宣传，持续吸引国际游客来赣旅游。举办好全省旅发大会、国际旅游消费节等推介活动。

大力引进海外人才，开展好"海外人才江西行""海智惠赣鄱"活动，举办好"珠三角引智座谈会"等人才专场招商活动，积极引进海外"高精尖缺"人才，促进赣籍海外人才回归；继续实施"留学江西"行动计划，加快江西海外孔子学院建设，推动华东交大、东华理工在俄罗斯、尼泊尔开设孔子学院（孔子课堂），深化南昌大学俄语中心建设，筹划南昌大学与巴什基尔国立大学共建汉语研究中心。

加快推进葡萄牙里斯本中国文化中心建设，争取年内开业运营。开展好"江西文化年"、江西文化遗产国际巡展等活动，持续推动江西瓷器瓷乐、油画、杂技等文化产品走出去，支持抚州申报汤显祖国际戏剧节；加快江西中医药大学岐黄国医外国政要体验中心建设，继续向海外推广热敏灸技术，建设中医药海外中心，筹办好世界中医药大会第四届夏季峰会，打造中医药发展产业论坛。

第六节 建设连接"一带一路"大通道

支持南昌、赣州打造连接"一带一路"节点城市，建设连接"一带一路"大通道、开放型经济试点示范区、国际货物集散地、产业双向合作示范区；加快打造景德镇"一带一路"文化节点城市，建设国家对外文化交流重要节点和"一带一路"文化合作重要支撑，争取国家设立景德镇陶瓷文化综合保税区。

持续推进赣州、南昌铁路口岸建设，支持赣江新区建设首个国际多式联运海关监管中心，推动赣州铁路集装箱场站建设监管作业场所，争取纳入全国铁路网运营。着力强化赣州、南昌综合保税区内涵，推动九江等地出口加工区转型为综合保税区。全面推广使用国际贸易"单一窗口"国家版，全面推进检验检疫一体化和无纸化，开展好一批出口质量安全示范区建设。

第二十章　江苏省参与“一带一路”建设

2014年，习近平总书记在江苏视察时指出，江苏处于“丝绸之路经济带”和“21世纪海上丝绸之路”的交汇点上，要按照统一规划和部署，主动参与“一带一路”建设，放大向东开放优势，做好向西开放文章，拓展对内对外开放新空间。的确，江苏独特的区位优势，成为“一带”和“一路”的交汇点，为新时代对外开放注入了新动能。

从“大写意”到“工笔画”，“一带一路”建设正在走深走实。江苏“一带一路”建设也取得重要进展。

境外园区建设进展良好。园区建设运营是江苏的优势，发展境外合作园区，江苏探索“重资产投资运营”和“轻资产输出管理”两个路径。特别是中阿（联酋）产能合作示范园、柬埔寨西港特区等，发展态势良好。习近平访问阿联酋时，在署名文章中指出，“设在哈利法港临港工业园的中阿产能合作示范园进展良好”，并亲自见证示范园金融服务平台协议交换仪式。两国联合声明明确提出将示范园打造为双方共建“一带一路”的典范项目。2018年12月，园区最大单体投资项目龙道博特汽车轮胎项目正式开工。在国家级境外经贸合作区柬埔寨西港特区，入园企业已达153家，解决当地就业2.2万人。与此同时，园区输出管理合作也有新进展。昆山与埃塞俄比亚开展园区输出管理经验合作，获得当地高度评价。2018年9月，双方签署总投资超过14亿美元的合作项目。

国际产能合作持续深化。江苏发挥产业基础雄厚的优势，既推动境外投资提质增效，又重点打造跨境产业链。到2018年底，江苏省赴“一带一路”沿线国家投资项目超过1 700个，协议投资额162.6亿美元，分别占全省对外投资项目总数的25%和协议投资总额的23%。全省涌现出中江集团、红豆集团、徐工集团、金升集团、亨通光电等一批示范带动作用较强的参与“一带一路”建设支点企业。

江苏把支点城市建设作为一个着力点，点面结合推进“一带一路”建设。一方面，围绕打造新亚欧陆海联运通道标杆示范，加快推进连云港战略支点建设。省委、省政府在连云港举行全省重大项目现场推进会，盛虹炼化一体化等10个重大项目开工，总投资1 005亿元。上合组织国际物流园获批国家级示范物流园区，中哈（连云港）物流合作基地获批国家级示范物流园区。另一方面，其他节点城市开放发展也有新的亮点，徐州“无水港”直联宁波舟山港，南京江北新区建设加快，苏州加快境外经贸合作区建设，常州加快推进中以创新园建设。

共建“一带一路”，关键是提高互联互通水平。聚焦海上通道，江苏省新辟连云港—南非远洋航线1条，太仓—日本、连云港—东南亚、连云港—日本、连云港—韩国、南京—日本、张家港—韩国等6条近洋航线。在航空方面，积极推进机场改扩建项目建设，进一步拓展机场航线网络，持续加密面向“一带一路”沿线地区的航线航班。2018年，全省累计开行中欧（亚）班列1 094列。

按照国家推进"一带一路"建设工作领导小组会议部署，秉持共商共建共享原则，坚持开放、绿色、廉洁理念，强化目标导向、问题导向，以绘制"工笔画"的精神抓落实、求实效，高质量推进"一带一路"交汇点建设。

实施国际综合交通体系拓展计划，旨在加快交通网络建设。铁路方面，全力推进沿海铁路大通道建设，确保"十四五"初全线贯通。加快构建对接上海、联通中西部地区的沿江铁路大通道，南沿江铁路力争2022年前建成，北沿江高铁力争"十三五"期间开工、2025年前建成。加快连徐高铁建设，力争2021年前建成，推动陆桥沿线地区高效联通。港口方面，加快连云港30万吨级航道二期工程及码头工程建设。发挥长江12.5米深水航道优势，加快南京区域性航运物流中心建设。大力推进通州湾港区建设，加快航道、码头、集疏运体系建设，积极开辟远洋航线，强化与太仓港联动发展、一体化经营。航空方面，以东部机场集团组建为契机，优化全省航空网络布局，加强省内机场航空资源整合，在开辟"一带一路"沿线国家和地区航线、加强与国外航空公司合作等方面取得更大进展。提升服务"一带一路"的信息基础设施互联互通水平，加快"数字丝路"建设。

实施国际产能合作深化计划，抢抓国际产业分工深度调整机遇，有序推动有实力、有意愿的企业"走出去"拓展海外发展空间。引导工程机械、轨道交通、新型电力、船舶和海洋工程等装备制造企业，积极参与非洲、拉美等地基础设施建设，多渠道承揽重大工程项目，开展产业合作试点。引导轻纺、石化、冶金、建材、新能源装备等企业，到东南亚、中亚、非洲等国家和区域建设生产基地，开拓新的市场空间，有效释放优势产能。同时，培育壮大跨境产业链。聚焦国家鼓励的境外投资方向，支持企业整合国际优质要素资源，积极参与境外并购，建立境外生产基地，设立境外研发机构、设计中心和高新技术企业，融入全球研发设计、生产制造、营销服务链条，提升核心竞争力和跨国经营能力。鼓励企业建立境外营销网络和服务体系，推动跨境物流支撑体系建设，鼓励有条件的物流企业开展国际化经营，建设海外仓、边境仓等物流设施。深化与重点国家的重点领域合作，不断完善江苏"一带一路"产业技术创新合作伙伴网络。

实施"丝路贸易"促进计划，多元化开拓国际市场。深化与"一带一路"沿线国家商会、协会和会展机构等交流合作，鼓励企业积极参与沿线国家举办的展览会、博览会等经贸交流活动。加快跨境电商综合平台建设，大力培育新业态新模式，积极发展"丝路电商"。推动中欧班列优化整合，探索在中欧班列沿线重要节点布局加工组装基地、物流枢纽等，放大中欧班列集聚辐射效应。着力优化贸易环境，持续推进跨境贸易便利化，优化口岸营商环境，推动口岸提效降费，到2020年底，相比2017年集装箱进出口环节合规成本降低一半，到2021年底，整体通关时间比2017年压缩一半。全面推广应用国际贸易"单一窗口"标准版，不断深化拓展应用范围，积极参与国家"一带一路"沿线大通关合作行动计划。

实施重点合作园区提升计划，做大做强境外合作园区。支持中阿（联酋）产能合作示范园建设，支持以柬埔寨西港特区、埃塞俄比亚东方工业园为代表的民营企业境外园区建设发展，推进模式升级。加强政府间沟通交流，务实支持"霍尔果斯－东门特区"建设。支持江苏－新阳嘎农工贸现代产业园等省级境外农业合作示范区建设，支持金升集团乌兹别克斯坦江苏纺织服装产业园规划建设。做"特"做"精"省内合作园区。

实施人文交流品牌塑造计划，打造特色品牌。坚持"一国一策"，突出地方定位和民间性质，多层次、宽领域推动人文科教领域交流蓬勃开展，提高合作档次和实效。打造"留学江苏"教育品牌、"健康江苏"医疗品牌、"水韵江苏"旅游品牌、"赛事江苏"体育品牌、"友好江苏"侨务品牌、"丝路青年行"等外事活动品牌。

第二十一章 安徽省参与“一带一路”建设

处于“一带一路”重要节点的安徽将立足自身优势，精准谋划合作项目、着力畅通贸易渠道、加快推进互联互通设施建设，在深度融入“一带一路”建设中，不断刷新开放合作的成绩单。

2018年1月—10月，安徽省与“一带一路”沿线国家和地区进出口额达124.2亿美元，增长10.8%。安徽省还实施百家皖企走进“一带一路”计划，组织100多家企业参加境外展会。

对外通道建设快速推进，“合新欧”国际货运班列年初至今共计发运180余列，达到2倍增长，货源半径已辐射上海、江苏、浙江、广东等省市，2018年11月8日首趟合肥至芬兰赫尔辛基班列满载出发。跨区域交通基础设施建设提速，新开合肥—莫斯科航线，截至2018年12月已开通至新加坡、泰国、德国等15条国际客运航线，以及合肥—美国洛杉矶国际货运航线。

推动合作项目落地是促进安徽省参与“一带一路”建设的重要抓手。2018年安徽省不断完善“一带一路”重点项目库，在基础设施、经贸合作、产业投资等领域谋划和实施重点项目。总投资50亿元的江淮汽车与德国大众合资生产的新能源汽车于2018年5月正式下线。同时，发挥安徽省钢铁、建材、家电、装备等行业优势，支持有条件的企业走出去。2018年1月—9月，安徽省在“一带一路”沿线国家新设企业23家，实际对外投资12 576万美元，分别同比增长77%、89%；“一带一路”沿线国家来安徽省投资项目（企业）数21家，同比增长61.5%。

此外，安徽还将深化皖德、皖俄合作。继续推动安徽省江淮汽车与德国大众新能源汽车项目等一批重点项目的实施，加快推进中德（合肥）中小企业国际创新产业园、中德（芜湖）中小企业国际合作园建设，积极参与“长江－伏尔加河”地方合作理事会第三次会议。

安徽省将结合省内产业结构调整和产能转移的需要，依托行业骨干龙头企业确定重点项目，在市场潜力大、生产能力不足的发展中国家，加快汽车、光伏、纺织家电、建材等境外生产基地的建设和布点，加强国际产能合作，带动相关行业装备出口。同时，发挥本省电力、水利、交通、建筑建材等行业优势，积极推动对外承包工程企业以BOT、PPP等模式，参与“一带一路”基础设施互联互通重大项目建设，多渠道延伸产业链，带动安徽装备制造、技术标准、服务出口。

安徽省还将推动省内服务业龙头企业在“一带一路”沿线国家开展商贸、物流、旅游、文化、教育、信息技术等服务业投资，带动服务出口；支持高新技术企业向“一带一路”市场推广中国技术、标准和系统解决方案，推动服务外包企业开展研发、设计和品牌建设，在沿线国家建立国际（离岸）接包中心和研发中心。

第二十二章　广东省参与"一带一路"建设

广东在全国各省市"一带一路"参与度指数排名中，连续三年位居第一。广东为何能够持续领跑？我们试着从《中国广东企业"一带一路"走出去行动报告2018》中寻找答案。

广东高质量参与"一带一路"，外贸投资力主"创新"。

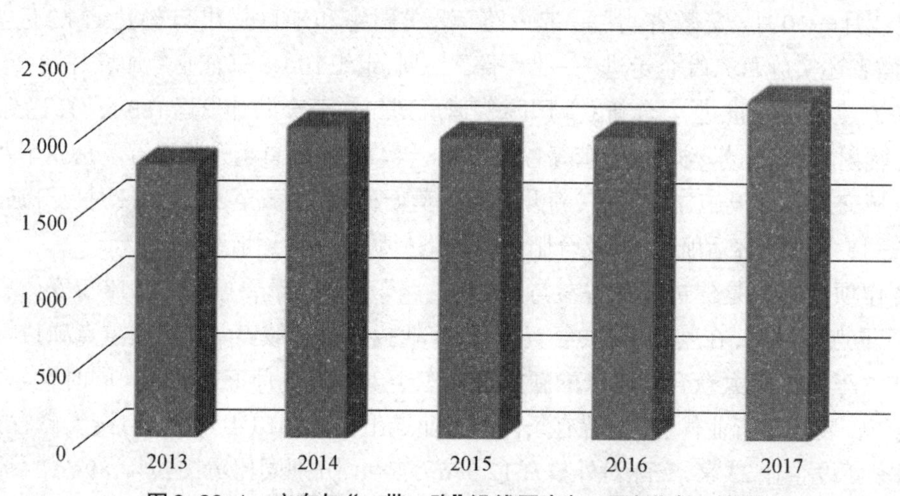

图6-22-1　广东与"一带一路"沿线国家（64国）进出口情况

2017年广东与"一带一路"沿线国家进出口贸易额15 036.9亿元人民币，同比增长14.9%，占全省进出口总额22.1%。与"21世纪海上丝绸之路"沿线重点14国进出口贸易额同比增长14.6%，高于全省8%的进出口增幅。广东在"一带一路"沿线国家设立境外企业（机构）118家，实际投资2.9亿美元。

2018年上半年，广东与"一带一路"沿线国家进出口贸易额7 289.5亿元人民币，同比增长1.7%，占全省进出口总额22.5%。广东在"一带一路"沿线国家设立企业（机构）90家，实际投资2.2亿美元，同比增长21.7%。

第一节　广东省经济结构和对外经贸结构不断优化，新旧动能转换加快进行

广东经济从总量扩张向结构优化转变，发展动力从依靠资源和低成本劳动力等要素投入向创新驱动转变。广东数字经济指数排名全国第一，生物医药领跑全国，海洋生产总值连续23年居全

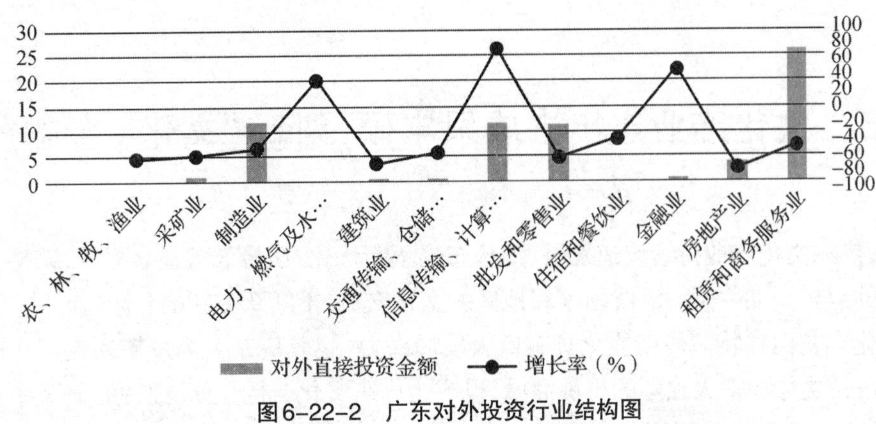

图6-22-2　广东对外投资行业结构图

国首位。新一代信息技术、高端装备制造、生物医药、数字经济、新材料、海洋经济等战略性新兴产业正成为广东产业体系的新支柱。

广东大力推进企业研发创新，促进走出去企业增强品牌实力和营销能力，使企业参与"一带一路"建设的空间和广度得到不断拓展，企业在全球价值链中的地位不断提升。其中，重大项目国际产能合作成为广东"一带一路"建设的关键抓手。广东与"一带一路"沿线国家国际产能合作稳步推进，对外投资加速流向实体经济。特别是制造业，对外投资加快，协议投资增长49.5%。

国际产业合作成效显著，海洋产业成亮点。

"一带一路"倡议提出5年来，广东大力提升开放型经济发展水平，着力培育开放合作新优势，全方位对外开放新格局进一步形成，国际产业合作规模不断扩大。广东将国际产业合作重点放在丝路沿线国家，搭建国际产业合作平台，推动优势产能面向"一带一路"沿线市场需求，推动企业深度参与"一带一路"建设。

广东是中国的制造业大省。近年来，广东制造业企业不断发展科技实力，依靠高端加工设备和先进加工工艺，逐渐取代劳动密集型、低技术含量的生产加工，推动广东制造业转型升级，向中高端迈进。同时，广东的服务贸易发展开放程度日益提升，资源能源产业合作有序推进，旅游产业合作也逐渐彰显出自己的特色。

广东省海洋GDP连续23年居全国首位，发展海洋经济潜力巨大，海洋经济已经成为广东经济发展新的增长极。一方面培育海洋产业国际合作新引擎，使海洋产业国际合作朝多元化、高层次发展。以惠尔海工为代表的一批大型海工装备集团在新技术、新产品研发方面取得重大突破，海工装备制造业已成为广东参与"一带一路"建设的前沿领域。广东鼓励和引导企业赴东盟和南太平洋国家进行远洋渔业合作，扶持远洋渔业综合基地建设，完善远洋渔业在补给、仓储、加工、营销等方面的产业链。

另一方面，通过中国海洋经济博览会促进国际交流合作，这对促进广东与国外政府、企业、行业机构、科研院所在海洋资源开发、海洋经济发展、海洋科技创新、海洋生态文明建设等方面开展交流合作、实现多方共赢具有积极的推动作用。海博会邀请海上丝绸之路沿线国家商协会和跨国公司代表参会参展，对广东深化与"丝绸之路经济带"和"21世纪海上丝绸之路"沿线国家的海洋产业合作具有积极的促进作用。

第二节　文化产业走出去成果丰硕，创新"文化+金融"模式

近年来，广东文化产业持续快速发展，结构布局不断优化，质量效益显著提升，秉持开放包容的精神，密切开展与"一带一路"沿线国家和地区的文化交流，不断跃上新的台阶。

广东文化丰富而独特。岭南文化具有巨大发展潜力，也是广东大力发展现代文化产业创意资源。优越的区位优势和得天独厚的粤侨商脉，也成为广东文化"走出去"独特的地缘和人文优势。

此外，广东由于得改革开放之先机，文化产业起步较早，实力在全国居于领先地位。文化及相关产业增加值连续15年居全国各省市首位，成为广东国民经济重要支柱性产业。在此基础上，广东推进文化体制改革和现代文化市场建设，做大做强广播影视、演艺娱乐、文化装备制造等文化产业。发展数字出版、财经信息、动漫游戏、网络音乐等新兴产业，加强网络版权保护，建设创意文化产业强省。

同时在资金方面，广东还相继组建3支100亿元量级的广东省新媒体产业基金、广东南方媒体融合发展投资基金和全媒体文化产业基金以及总规模50亿元的珠影越秀影视文化产业发展投资基金等，为文化产业发展注入强大动能。广东的国际文化交流活动异彩纷呈，文化产业国际知名度日益提升。

近年来，广东文化"走出去"稳步增长，成绩突出，文化产品出口年均增长约20%。2017年，广东文化产品进出口总额为437.6亿美元，其中，文化产品出口420.4亿美元，覆盖160多个国家和地区，前四位出口文化产品的贸易伙伴依次为美国、中国香港特区、欧盟、东盟。对"一带一路"沿线国家出口66.94亿美元，同比增长28.5%，在出版、动漫游戏、创意设计、文化设备制造等领域培育了一批具有国际竞争力的重点出口企业和品牌。

第二十三章　海南省参与“一带一路”建设

海南依托博鳌国家农业公园打造的“美丽乡村会客厅”吸引了许多重量级嘉宾。在田园风光和青山绿水间举行的一系列外事招商洽谈活动，为海南加强同“一带一路”沿线国家和地区的务实合作提供了极具吸引力的新平台。

2013年以来，海南坚决落实习近平总书记嘱托，主动参与“一带一路”建设，致力于推动与“一带一路”沿线国家和地区的政策沟通、设施联通、贸易畅通、资金融通、民心相通等“五通”，努力建设“21世纪海上丝绸之路”重要支点，取得了积极成效。

第一节　深化政府间合作

海南“朋友圈”遍布“一带一路”沿线。积极推动政府间政策沟通和战略对接。5年间，海南省级领导累计出访“一带一路”沿线国家52批次，占出访总量的80%。新增“一带一路”沿线国家友城6个，国际友城数量增至60对，省级友城数量位居全国前列。

积极实施“请进来”战略。5年来，海南省累计接待来访外国团组225批次2 025人次。与“一带一路”沿线国家和地区在友城交流、医疗健康、旅游、服务贸易、离岸金融等领域签署合作协议60多项，促成对外合作项目30多个。

此外，海南圆满完成了历届博鳌亚洲论坛年会、澜沧江-湄公河合作首次领导人会议、中非合作圆桌会议、中国中亚合作对话会等40多场高层次高规格外交外事活动服务保障工作，配合中央出色完成80余场党和国家领导人出席的多、双边重大外事活动，累计接待中外嘉宾3万多人次，其中副国级以上外宾68批2 000多人次，提升了海南的国际影响力。

第二节　增强互联互通能力

国际空海航线各74条、邮轮航线14条。海南积极推进美兰机场二期扩建、凤凰机场三期改扩建，博鳌机场建成运营，加密和新开国际航线，进一步夯实了海南与“一带一路”沿线国家和地区互联互通基础。

2018年，全省共执飞境外航线74条，全年新开境外航线26条，恢复境外航线6条，加密境外航线3条。以海口港、洋浦港为重点，大力推进港口资源整合和基础设施建设，积极开辟国际海运航线，拓展到74条。2018年12月，洋浦港中远海运“海南—东盟（新加坡）”班轮航线首航，启动国际陆海贸易新通道新支点建设。推动成立“21世纪海上丝绸之路邮轮旅游城市联盟”，开辟邮轮航线14条。

第三节　提升贸易与投资合作水平

在“一带一路”沿线投资项目近110个。海南省与“一带一路”沿线国家外贸进出口额占比高于全国平均水平。2014—2018年，海南与“一带一路”沿线国家外贸进出口额达666.1亿元、605.9亿元、504亿元、317亿元、319亿元，分别占同期全省外贸进出口总额的68.3%、69.8%、67.3%、45.1%、37.6%。

自2018年4月以来，全省外贸规模持续扩大，进出口增速明显快于同期全国平均水平，特别是2018年12月以来，连续4个月高于全国增速50个百分点以上。免税品贸易、租赁贸易、保税物流贸易等新兴贸易占比逐年增加。

海南对外投资走在全国前列。2017年全省非金融类对外直接投资24.55亿美元，全国排名第八；2018年达33.87亿美元，全国排名第六。

第四节　推进金融合作与开放

省内金融机构开立各类FT主账户3 700多户。近年来，海南省先后推动汇丰银行、富邦华一银行、开泰银行、永丰银行、彰化银行等6家外资银行在海南设立分支机构，积极与新加坡淡马锡、德国安联保险集团、汇丰银行、花旗银行等多家境外机构洽谈合作，推动与阿布扎比国际金融中心开展合作。

海南积极推动全省银行业金融机构参与“一带一路”建设，通过贸易融资支持我省企业走出去，在政策措施、产品创新、信贷扶持等方面给予“一带一路”项目充分支持。

2018年底，海南FT账户体系正式上线，省内金融机构共开立各类FT主账户3 700多户，子账户达1.3万多户。

第五节　人文交流亮点突出

不断提升海南国际知名度和美誉度。依托博鳌亚洲论坛，海南策划和实施了“中国东盟省市长对话会”“21世纪海上丝绸之路岛屿经济分论坛”等政治外交分论坛、经贸招商、旅游推介、特色文化展示等系列海南主题活动70多场次。开展泛南海公共外交，成功举办中国（海南）–东盟智库论坛、博鳌亚洲论坛南海主题分论坛等国际学术会议。

2018年，海南成功举办外交部海南全球推介活动，拓展了海南与“一带一路”沿线国家合作机会，提升了海南国际知名度和美誉度；成功举办“一带一路”媒体合作论坛、首届海南岛国际电影节。

海南省高校与全球68个国家和地区的453所高校、科研机构建立了校际友好关系；成功开展“中国海南·柬埔寨光明行”义诊活动和对斯里兰卡“点对点”专项工作。

发挥侨务资源优势，海南成功举办了第15届世界海南乡团联谊大会、海南文昌南洋文化节等大型侨务交流活动。

面对自由贸易试验区和中国特色自由贸易港建设新的历史机遇，海南将发挥区位、平台、资源和政策等优势，实行更加积极主动的开放战略，聚焦重点区域、重点领域和重点工作务实开展合作，加快建设成为“21世纪海上丝绸之路”的重要支点，打造成为我国面向太平洋和印度洋的重要对外开放门户。

第二十四章　四川省参与"一带一路"建设

四川省通过深度融入"一带一路"建设，更多分享了全球机遇，为全省经济社会发展注入了强大动力。四川省融入"一带一路"建设取得了丰硕成果：一是对外交流呈现新气象；二是设施联通取得新进展；三是经贸合作呈现新局面；四是金融保障机制释放新动能；五是人文交流迈上新台阶。

共建"一带一路"倡议。自2013年提出以来，四川省委、省政府深入学习贯彻习近平总书记关于"一带一路"建设的重要论述，认真落实党中央、国务院推进"一带一路"建设决策部署，始终把四川推进"一带一路"建设工作放在国家对外开放大格局中去谋划和定位，与推进西部大开发、长江经济带发展等重大战略有机融合，坚持开放引领、创新驱动，围绕"政策沟通、设施联通、贸易畅通、资金融通、民心相通"，强化举措、聚焦用力，以"一带一路"建设引领四川开放发展迈上新台阶、取得新成效。

第一节　蓉欧国际铁路港供应链服务功能区——保税物流中心B型

成贵铁路四川段时速250千米"复兴号"试验试乘，成自宜时速350千米高速铁路开工；截至2018年底，四川累计开行国际班列数量超过4 300列、居全国首位；目前全省规模以上物流企业达914家，A级以上物流企业223家，居西部之首……

交通先行对区域发展尤为重要。四川是支撑"一带一路"建设和长江经济带发展的重要纽带与核心腹地，是连接我国西南西北、沟通南亚、东南亚、中亚的重要交通走廊，也是西部地区最大的消费市场、要素市场，发挥着重要的经济集聚、物资集散作用。四川省委、省政府历来高度重视、大力推动南向开放合作，南向通道建设和班列运行取得了积极成效，为加快形成立体全面开放新态势提供了有力支撑。

参与陆海新通道建设，提升国际产能合作。

为什么要参与陆海新通道建设？四川省强调要"突出南向，拓展新兴大市场，强化与粤港澳大湾区、北部湾经济区、南亚和东南亚开放合作""畅通南向综合运输大通道，提升至北部湾港口、粤港澳大湾区的陆路和出海铁路通道能力"，把深化南向开放合作摆在了"四向拓展、全域开放"战略的突出位置。

为此，四川省先后出台了《关于畅通南向通道深化南向开放合作的实施意见》《关于实施综合交通建设三年行动的意见》等文件，推动与广西签署了《关于深化川桂合作共同推进南向开放通道建设框架协议》，为进一步畅通南向通道提供了有力的政策保障。西部陆海新通道与四川南向通道大致吻合，四川参与西部陆海新通道建设已具备良好的现实基础。

积极参与西部陆海新通道建设，进一步强化南向铁路、公路项目建设，构建大能力、功能强、综合性陆海交通走廊，充分利用广西、云南等沿海沿边开放口岸，深化与东南亚、南亚等南向国家（地区）开放合作，有利于四川主动融入国家对外开放战略，全面对接“六大经济走廊”和“21世纪海上丝绸之路”，扩大与“一带一路”沿线国家开放合作，拓展发展新空间；有利于积极探索内陆开放新模式，开辟直达东南亚、南亚等铁海联运通道，打造西部开放枢纽；有利于四川全面参与国际产业分工，建立与南向国家（地区）的新型合作关系和产业供应链，在更高层次、更大范围、更广领域开展国际产能合作。

第二节　蓉欧国际铁路港供应链服务功能区
——成都铁路口岸

公路、铁路、国际班列、开放口岸，多线并进构建南向开放通道。

在加快构建南向陆路通道方面，建成投运成昆、内六、成渝、成渝客专4条南向进出川铁路通道，建成通车攀田、宜水、丽攀、纳黔、成自泸赤、达渝、南渝、巴广渝8条南向进出川高速公路通道，与周边省份路网顺畅衔接，初步形成四川通达粤港澳大湾区、北部湾港区和凭祥、磨憨、瑞丽口岸的南向综合运输通道。同时，成贵铁路四川段时速250千米“复兴号”上线试验试乘，成自宜时速350千米高速铁路开工建设，叙永至毕节铁路、成都至宜宾高速公路等一大批通道项目加快实施，南向开放基础不断夯实。

同时，南向国际班列方面稳定运行。截至2018年底，四川累计开行国际班列数量超过4 300列、居全国首位，基本形成向西至欧洲腹地和中亚、向北至俄罗斯、向南至东南亚的国际物流大通道。成都国际铁路港经广西钦州港至东南亚的国际铁海联运班列于2017年11月正式开通，目前已实现双向稳定运行，截至2019年3月底已累计开行超过380列。2018年2月打通连接欧洲与东南亚的陆上跨洲际全程铁路通道（越南河内—广西凭祥铁路口岸—成都国际铁路港—欧洲），已组织开行29列。泸州、宜宾、自贡等地也相继开通至北部湾的铁海联运班列。

此外，开放口岸建方面也进展顺利。目前，全省建成开放口岸1个（成都航空口岸）、临时开放口岸3个（成都国际铁路港、泸州港、宜宾港），进境产品指定口岸功能8个（进口药品、植物苗种、冰鲜水产品、食用水生动物、水果、粮食、肉类、汽车整车）。成都、遂宁、达州、泸州、攀枝花纳入国家物流枢纽布局和建设规划，全省规模以上物流企业达914家，A级以上物流企业223家，居西部之首。

第三节 加快建设陆海新通道

形成成都通往粤港澳大湾区、北部湾经济区、昆明的高铁大通道。

陆海新通道建设方面，四川下一步将如何发力呢？四川重点从五个方面推进。

一、着力打通高铁进出川大通道

加快建设成自宜350千米时速高铁，形成成都经宜宾至贵阳连接贵广高铁通往粤港澳大湾区、连接贵南高铁通往北部湾经济区的高铁大通道，同步推进渝昆高铁年内开工建设，加速形成成都通往昆明的高铁大通道。

二、着力畅通铁路货运物流大通道

进一步优化提升既有低等级客货通道能力，加快建设叙永至毕节铁路，尽快启动隆昌至叙永铁路扩能改造，协同推进黄桶至百色铁路建设，打通通往北部湾最近出海货运通道。加快推进成昆铁路扩能改造，研究成昆客运新通道，畅通成都经攀西通往滇中，衔接孟中印缅和中国—中南半岛的铁路货运大通道。

三、着力推进交通物流枢纽项目实施

依托成都国际航空枢纽，充分发挥中国民航业发展第四极引领带动作用，统筹推进成都天府国际机场空港铁路货站、成都龙泉驿铁路货站、成都天府国际空铁公多式联运物流港等项目实施。

四、着力加快公路水路通道项目建设

打通省际间高速公路待贯通路段，重点推进西昌—昭通、古蔺—金沙、南充—潼南等高速公路年内开工建设。进一步发挥长江黄金水道的资源优势，开辟经万州港进入长江的货运出海新通道。

五、着力打造高水平对外开放平台

高质量建设中国（四川）自由贸易试验区，推动成都国际铁路港、宜宾港、泸州港和天府国际机场等建设国家开放口岸，争取设立更多海关特殊监管区域。

第二十五章　贵州省参与“一带一路”建设

近年来，贵州省深入贯彻落实中央关于“一带一路”建设的战略部署，聚焦“五通”，坚持“引进来”与“走出去”并举，以建设国家内陆开放型经济试验区为抓手，以重大项目为支撑，把提升交通物流枢纽功能作为融入国家战略的突破口，务实推进“一带一路”建设取得新进展。

2018年，贵州省实际利用外资44.9亿美元，同比增长15.3%，增速居全国第六位；对外经济技术合作营业额12亿美元，同比增长9.1%。

——政府间合作不断深化。按照国家总体外交部署，贵州主动加强与沿线国家对接协调，与190多个国家和地区建立了经贸往来关系，在境外设立了贵州驻东非（肯尼亚）、瑞士、柬埔寨、印度、马来西亚、意大利、吉尔吉斯共和国等商务代表处，国际友好城市和友好省州达到57对。推动设立了瑞士（贵州）产业示范园、德国（贵州）产业园，中瑞生态文明建设合作向纵深推进，中瑞清洁技术交流中心和黔瑞环保产业基地加快建设。连续成功举办8届生态文明贵阳国际论坛和10届中国–东盟教育交流周活动，成功召开全球电子商务减贫大会，加快形成与“一带一路”沿线国家在生态文明建设、教育、扶贫等领域合作交流、政策协调的重要机制。

——互联互通水平不断提升。贵州不断加快推进设施联通建设，对外联络大通道不断畅通，在西部地区率先实现县县通高速公路，西南出海便捷通道厦蓉高速黔桂界全线通车，全省高速公路通车里程2018年底将突破5 800千米，出省通道将达到17个。随着黔深欧海铁联运班列实现常态化运营，中欧班列（贵阳—杜伊斯堡）开通并列入国家规划，川贵广–南亚物流大通道、渝桂黔陇–中新互联互通项目南向通道等大型综合交通枢纽建设加快推进，“数字丝路”跨境数据枢纽港启动建设，贵阳•贵安国家级互联网骨干直联点建成，贵州省与“一带一路”国家的便捷大通道加快构建，贵州作为西部地区“一带一路”重要连接线作用日益体现。

——经贸合作领域不断拓展。随着国家内陆沿边地区国际贸易“单一窗口”在贵州试点加快推进和贵安新区获批国家服务贸易创新发展试点等政策利好，贵州已实现与泛珠三角各省区通关一体化。国家级出口食品农产品质量安全示范区达到8个，位居西南地区第1位。贵州省“走出去”企业达到142家，茅台集团、瓮福集团、中铁五局、詹阳动力、水电九局、七冶建设、西南能矿等一大批优强企业加速在“一带一路”沿线国家和地区布局，贵州生产的马桶盖每年销往欧美200多万套，正安吉他远销巴西、泰国和西班牙等30个国家和地区，每天卖到全球的吉他近1万把。微软、高通、苹果、戴尔、华为、富士康等一批全球500强企业落户贵州，入驻贵州的500强企业达198家，其中国（境外）世界500强企业达到43家。2018年前三季度进出口贸易总额增长37.1%，手机等智能终端产品出口增长3.7倍，目前已形成白酒、轮胎、肥料、茶叶、手机、吉他等知名出口品牌。

——不断加快开放合作平台建设。国家内陆开放型经济试验区、国家大数据综合试验区、国家生态文明试验区和贵安新区等"1+8"国家级开放创新平台，以及生态文明贵阳国际论坛、数博会、中国-东盟教育交流周、国际山地旅游大会、贵洽会、酒博会、茶博会等重大开放活动，成为贵州融入"一带一路"、联通世界的重要窗口和平台。

贵州是一个内陆山区省份，贵州过去发展落后，很大程度上就是因为封闭。现在贵州呈现持续向好的发展态势，展现出强大的活力，很大程度上得益于打开了山门，走出了大山，扩大了开放。

第二十六章 云南省参与“一带一路”建设

地处古代南方丝绸之路要道的云南，拥有面向“三亚”（东南亚、南亚、西亚）和肩挑“两洋”（太平洋、印度洋）的独特区位优势，是“一带一路”建设中的重要省份。云南省委、省政府抓住机遇，迅速部署，依托区位优势，切实找准在国家“一带一路”建设中的战略定位，努力融入“一带一路”建设，为推进“一带一路”建设发挥好重要省份的作用。

近年来，云南本着共商、共建、共享的原则，积极参与“一带一路”建设，着力推进政策沟通、设施联通、贸易畅通、资金融通和民心相通，展现了“一带一路”建设的云南作为。

政策沟通方面，云南先后与38个国家的75个省和城市缔结了友好关系。积极参与大湄公河次区域合作，着力推动孟中印缅地区合作论坛、云南–以色列创新论坛等对话交流机制和双边合作机制建设。

贸易畅通方面，云南拥有25个国际口岸，贸易伙伴覆盖全球，积极提高通关便利化水平，全面开展了瑞丽国家重点开发开放试验区、临沧国家级边境经济合作区建设，红河综合保税区正式封关运营，勐腊（磨憨）重点开发开放试验区、昆明综合保税区获得国家批复，成功举办了南亚博览会和昆明进出口商品交易会。

资金融通方面，云南沿边金融综合改革试验区建设稳步推进，跨境人民币业务已覆盖75个国家和地区，过去3年跨境人民币结算总金额接近3 000亿元人民币。一批外资金融机构入驻云南，中国建设银行泛亚跨境金融中心落地昆明。

民心相通方面，地面数字电视传输境外首个示范点建成，云南卫视在东盟国家落地入网。海关、警务等专业培训成为经常性合作项目。与有关国家合作培养卫生人才，连续10次在周边国家实施“光明行”公益医疗活动。

第一节 进一步打造好对外开放的重要门户

加快推进云南桥头堡建设，发挥“一带一路”建设重要门户作用。目前，云南铁路营业里程2 619千米，高等级公路通车里程近2万千米，运营民用运输机场达12个，运输能力显著提升。同时，国际大通道建设逐步加快，初步具备我国向西延伸至印度洋出海、向南陆路延伸至南太平洋的关键支撑条件。“八出省、四出境”铁路通道建设快速推进；“七出省、四出境”公路干线主骨架基本建成；“两出省、三出境”水运通道建设加紧推进；泸沽湖、澜沧、沧源机场加快建设，机场布局和航线网络进一步完善。

随着大通道的加快建设和口岸设施的不断完善，云南对外贸易规模逐年增加。下一步，云南将积极发挥重要门户作用，主动融入"一带一路"建设，加强政策沟通、道路联通、贸易畅通、货币流通、民心相通，加快与周边国家互联互通步伐。政策沟通，贯彻好"亲、诚、惠、容"的周边外交新理念，进一步健全合作交流机制，提升合作水平；道路联通，加快构建第三亚欧大陆桥，形成连接东南亚、南亚、西亚的交通运输网络；贸易畅通，完善口岸和重点通道设施，拓展服务功能，完善对外投资政策措施，提高区域经济循环速度和质量；货币流通，建设沿边金融综合改革试验区，大力推进跨境人民币结算业务；民心相通、人文交流，加强文化、艺术、学术等人文交流，筑牢社会和民意基础。

第二节　积极推进合作高地建设

打造大湄公河次区域合作升级版，发挥"一带一路"建设区域合作高地作用。1992年，在亚洲开发银行的倡议下，中国、缅甸、老挝、泰国、柬埔寨、越南正式启动大湄公河次区域经济合作（GMS）机制。20多年来，GMS合作成为国际区域合作典范，是深化东南亚区域经济一体化的重要动力。另外，云南–泰北合作工作组、云南–老北合作工作组、云南–越北边境4省联合工作组、云南–越南昆河经济走廊会议和滇缅合作论坛等合作机制，构建了对话协商、互利合作的对外交流新模式。

云南作为中国参与GMS合作的最前沿和主体省份之一，为推动大湄公河次区域经济合作做出了贡献，正在积极推进GMS升级版发展，加快完善区域合作机制，力争在更高的层面上、更大的范围内发挥合作潜力，取得更大的合作效益，努力成为推动"一带一路"建设的合作高地。

第三节　建设好经济走廊

推进孟中印缅经济合作，发挥"一带一路"建设经济走廊作用。孟中印缅经济走廊大约包括世界将近6.7%的人口，占世界经济总量的2%左右，属于经济欠发达地区。同时，该区域地处南亚和东南亚交会之处，是中国西南地区进入印度洋周边区域最便捷的陆路通道，连接着中国、印度两个世界上最大的发展中国家。中国–东盟商务理事会执行理事长许宁宁认为，建设好孟中印缅经济走廊，这里将会成为亚洲乃至全球经济最具活力的地区。

孟中印缅经济走廊将以沿线中心城市为依托，以铁路、公路为载体和纽带，以人流、物流、信息流、资金流为基础，加快形成优势互补、区域分工、联动开发、共同发展的区域经济体，开拓新的战略通道和战略空间。

第四节　积极开展先行先试

着力提升沿边开放步伐，发挥"一带一路"建设先行先试区作用。云南沿边开放的热度、广度、深度不断提升。面对“一带一路”建设的历史机遇，云南提出：加快推动滇中产业新区建设，作为融入国家“一带一路”建设的重要平台和构建开放型经济新体制的试验田；加快推动沿边金融综合改革试验区建设，推动金融改革创新发展；推进瑞丽重点开发开放试验区建设步伐，稳步推进跨境经济合作区建设进程，积极参与国家级境外经贸合作区——老挝万象赛色塔综合开发区建设，推动开放型经济发展取得新成效；充分发挥中国-南亚博览会、中国昆明进出口商品交易会、边境经济贸易交易会在对外开放中的平台作用。

加快形成以昆明区域性国际金融中心建设为龙头主题，以沿边金融综合改革试验区为核心主线，以昆明泛亚金融产业中心园区建设为主要载体，以沿边8州市为侧翼，辐射全省、带动周边的金融发展新格局——云南沿边金融综合改革试验区先行先试目前取得实质性进展，“一心两区”金融新格局建设取得阶段性成果，在跨境人民币结算、人民币与周边国家货币兑换、企业“新三板”挂牌、巨灾保险试点、民营金融服务机构试点、金融出（入）滇工程等10多方面成果凸显。

第二十七章　内蒙古自治区参与“一带一路”建设

内蒙古横跨“三北”，外接俄蒙，内连八省区，东西长2 400多千米，是京津冀地区和环渤海经济圈的重要腹地，是“丝绸之路经济带”的重要组成部分。现有18个对外开放口岸，其中满洲里和二连浩特是我国面向俄罗斯和蒙古国的最大陆路口岸。

牢记习近平总书记考察内蒙古时的殷切嘱托，内蒙古积极先行先试，主动融入和服务“一带一路”倡议、京津冀协同发展战略、长江经济带建设等，提高开放型经济发展水平。

第一节　“一带一路”上的内蒙古，站在了全面开放新的起点上

加强顶层设计、逐步提高基础设施互联互通，与俄蒙合作取得重要阶段性成果。

2016年7月，首届中俄蒙三国旅游部长会议在内蒙古呼和浩特市开幕。来自俄罗斯、蒙古国驻华使馆代表，中俄蒙“万里茶道”国际旅游联盟成员及新增观察员单位，中国与俄、蒙旅游合作重点省、区、市，中俄蒙知名旅游专家学者等参会。会议期间，中俄蒙三国旅游部长聚焦区域合作，共同签署了《首届中俄蒙三国旅游部长会议谅解备忘录》，并共同发表《首届中俄蒙三国旅游部长会议联合宣言》。

在内蒙古电网图上，7条输电通道向蒙古国南部地区蜿蜒伸展——近年来，随着“一带一路”合作成果的不断深化，内蒙古电力公司积极推进跨境电力输送，拓展电力出口业务，搭建起多条向蒙古国供电的通道。截至2017年5月，蒙西电网共有7条供电通道通过6个口岸向蒙古国南部地区供电，包括1条220千伏通道、2条35千伏通道、4条10千伏通道，主要满足奥尤陶勒盖铜金矿项目和珠恩嘎达布其、二连浩特、满都拉、甘其毛都、策克等边境口岸供电需求。

除经贸旅游合作进一步加深外，内蒙古与俄蒙互联互通水平也在逐渐提高，通关条件进一步改善，合作平台建设初具规模。

2016年5月，策克—西伯库伦（蒙古国西伯库伦口岸位于策克口岸北面离国门1千米之处，也是蒙古国唯一和我国的策克口岸对应的双边性开放口岸）首条标准轨距跨境铁路开工建设，珠恩嘎达布其—毕齐格图（珠恩嘎达布其口岸位于内蒙古自治区锡林郭勒盟东乌珠穆沁旗嘎达布其镇境

内，与蒙古国苏赫巴托省毕其格图口岸相对应）铁路口岸过境点已确定，滨州铁路电气化改造完成主体工程，二连浩特—锡林浩特铁路竣工停车。

内蒙古找准与俄蒙合作的利益共同点和交汇点，加快构建互利共赢的利益分配格局，出台了《内蒙古自治区创新同俄罗斯、蒙古国合作机制实施方案》《建设向北开放桥头堡和沿边经济带产业发展规划》以及《深化同俄蒙经贸合作和人文交往的意见》。通过政策落实，内蒙古同俄蒙合作水平不断提高，合作领域不断拓展，内蒙古对俄、对蒙进出口贸易额实现年均两位数高增长。

2016年岁末年终，满洲里综合保税区正式封关运营。据了解，满洲里综合保税区是内蒙古首家综合保税区，也是全国第46家获批的综合保税区，于2015年3月经国务院正式批复设立，规划区域面积1.44平方千米。

第二节 出境中欧班列占全国近六成，内蒙古已成为中欧班列入境黄金枢纽

千年之前，一列列驼队踏上了茶马古道，奏响一路清脆的驼铃；千年之后，一列列火车联通了亚欧诸国，谱写着经济合作的新篇章。

如今，我国正在加快推进中欧班列国际物流品牌建设，将二连浩特口岸确定为中欧班列通道的唯一出境口岸。随着中蒙俄经济走廊建设的加快推进，国内多个省市开通了直达欧洲的铁路货运班列，中欧班列已经成为各地对接国家战略、开拓国际市场和稳定外贸增长的重要载体和抓手。

二连浩特口岸连接亚欧大陆，也是“中欧”班列中线运输走廊的支撑和节点，已经成为“中欧”班列进出国境的一个重要口岸通道。

据悉，2016年全国进出境班列1 702列，而经内蒙古口岸进出境班列占59.4%，占比接近六成。

2016年全年经内蒙古口岸出入境班列1 011列、82 118标箱，与2015年相比，分别增长53%、44.3%。其中出境班列739列、60 310标箱；入境班列272列、21 808标箱。

目前，经满洲里、二连浩特口岸开往欧洲班列共31条，班列运行终点远至俄罗斯、德国、波兰等地，跨境班列开行路线日趋丰富，辐射范围不断扩大，实现了与渤海、长三角、珠三角地区铁路或陆海联运跨省运输，内蒙古已成为中欧班列入境黄金枢纽。

第三节 蒙医蒙药被赋予“医疗外交”新内涵

近年来，内蒙古积极发挥蒙医蒙药在国际交流中的作用，赋予蒙医蒙药独特的“医疗外交”新内涵，不断深化与蒙古国及毗邻国家的交流与合作。

蒙古国公民对内蒙古蒙医蒙药医疗服务口口相传，加之蒙古国多家媒体的宣传报道，蒙古国公民对国际蒙医院的认可度逐年提升，到中国内蒙古就医人数越来越多了，蒙医药成为内蒙古对外医

疗的特色优势。

近期，内蒙古自治区与蒙古国签订了建设蒙药药用植物数据库，继续加大收治蒙古国、俄罗斯患者力度，年均超过3万人次。

蒙医蒙药医疗服务也越来越得到蒙古国政要的认可——中国驻蒙古国前大使高树茂说："你们（内蒙古医学专家）不仅治好了疾病，更重要的是增进了中蒙两国的友谊。"

据悉，内蒙古先后组织专家团队深入蒙古国乌兰巴托、后杭盖省等省市及基层牧区开展义诊和学术交流14次，义诊受益人群3万余人次，投入经费100余万元；与蒙古国传统医学研究院、巴音朱日和医院、苏和巴特尔医院等10余家医院签署了合作协议；为外籍患者开辟绿色通道，减免30%的医疗费，几年来减免200余万元。

第二十八章　新疆维吾尔自治区参与"一带一路"建设

新疆地处我国西北边陲，是"丝绸之路经济带"核心区，战略位置十分重要。

第一节　从内陆变成国家开放的门户和前沿

党的十八大以来，以习近平同志为核心的党中央密集出台了一系列确保新疆社会稳定、长治久安和促进新疆加快发展的特殊政策，尤其是"丝绸之路经济带"核心区的确立，给新疆带来重大历史机遇。新疆充分发挥在"丝绸之路经济带"建设中的特殊地缘、资源、人文优势，围绕自治区党委确定的建设丝绸之路经济带交通枢纽中心、商贸物流集散中心、金融服务中心、科教文化中心、医疗服务中心的战略目标，积极主动作为，加快推进"丝绸之路经济带"核心区建设，在许多方面取得了实实在在的进展，初步具备了支撑核心区的基础和能力。

设施联通方面，公路通车里程18.21万千米，连霍、京新、南北疆高速大通道全线贯通，开通国际道路运输线路111条。铁路营运里程6 232千米，兰新高铁通车营运，即将与全国高铁网联通。民航开通国际国内航线224条，与24个国家、25个国际（地区）城市通航。多条石油、天然气管道、西电东送主电网和信息大通道正在加快建设。新疆正逐渐从国家交通网络"末端"向亚欧交通枢纽转变。

商贸物流方面，建成阿拉山口、喀什、乌鲁木齐、中哈霍尔果斯国际边境合作中心中方配套区等4个综合保税区；乌鲁木齐集装箱中心站、新疆跨境电商服务平台建成运营；积极推行西行国际货运班列，已开行西行班列749列，2018年又开行了公铁海联运班列，中欧、中亚班列乌鲁木齐集结中心初步形成；乌鲁木齐国际陆路港区建设全面启动。

人文交流方面，积极推进对外科技、教育、文化、卫生等各领域合作，密切与周边国家的人文交流。目前来疆留学生规模已达2万余人。建成10个国家级国际科技合作基地，建成跨境远程医疗服务平台，多次举办中国新疆国际民族舞蹈节、中外文化周及周边国家文化交流活动，涉及60多个国家和地区。

金融服务方面，积极吸引国内外银行在新疆设立分支机构。霍尔果斯成为全国首个"关外"离岸人民币金融业务试点区，人民币与周边国家货币直接交易发展迅速，涉及86个国家和地区，金额达2 435亿元。

总之，新疆已从过去的内陆"口袋底"变成了国家向西开放的门户和前沿，从末端变成了中枢，正在逐步发挥"丝绸之路经济带"枢纽站作用、我国向西开放重要门户和战略高地作用、先行先试改革试验区作用。

第二节　国际货运班列形成运输新格局

登高俯瞰，中欧班列乌鲁木齐集结中心连着新疆最大的铁路货运编组场——乌鲁木齐西站，贯通中国与欧亚国家的"钢铁新丝路"车流不息……中欧班列加速了中国与"一带一路"参与国家的贸易合作、互利共赢，也让新疆的枢纽地位日渐凸显。

货源分散一直是制约中欧班列壮大的短板。集结中心针对国内客户个性化物流需求，设计全程物流方案，提供仓储、分拨、转运、通关等"一站式"物流服务，吸引内地出口物资"化零为整"集结，实现货源快速聚集，满载率居全国前列。

近年来，由集结中心始发的西行国际货运班列线路从4条增加至19条，覆盖欧亚17个国家、24个城市，形成了多点始发、多地运行、多点到达的运输新格局。

全国越来越多的西行货品在这里集结，新疆由一个向西物流通道变成了"一带一路"的重要物流集散地。

目前，乌鲁木齐集结中心已与200余家进出口企业形成稳定的合作关系，为国内中小企业走出国门搭建起物流集结服务平台；班列运输产品不仅服务于新疆本地企业，同时辐射广东、浙江、四川、北京、上海、重庆等10余个省市。

第三节　霍尔果斯口岸焕发新生机

霍尔果斯是我国西北最大的国家一类陆路公路口岸，跨国贸易辐射中西亚地区。2012年，我国和哈萨克斯坦合作建立了中哈霍尔果斯国际边境合作中心。5年来，这个伴随着"一带一路"倡议一同发展的合作贸易区，吸引了越来越多的商户。

中哈霍尔果斯国际边境合作中心自2012年封关运营以来，客流量快速增长，仅2017年出入园人数就达到了554.8万人次，较2016年增长了10.8%。合作中心总面积5.28平方千米，中哈两国公民和第三国公民凭有效证件就可出入合作中心，实现面对面商贸洽谈和商品交易。在合作中心的各大商场，汇聚了两国上千户商家和世界各地上万种免税商品。

5年前，中哈霍尔果斯国际边境合作中心里，只有两栋商贸大楼600多个商铺；如今已发展到10多个商城近5 000个商铺，中方占90%以上。5年前，边境合作中心里主要是家纺、箱包和日用百货；如今已扩大到电子产品、汽车配件等10多个门类。在义乌商品城1层，有200个店铺，占地7 000多平方米；2018年9月，电子交易市场也已开业。

除了生意人、务工者，中哈霍尔果斯边境合作中心还吸引了不少游客前来观光、购物，人气越来越旺，餐饮产业也热闹起来……2018年5月，餐饮广场正式营业。哈萨克斯坦餐厅老板热阿万，在收款台放置了二维码，“这是为了中国顾客付款方便”。

第四节　合作共赢，更多企业共享发展成果

在2016年科技合作论坛上，30多个国家和国际组织的230多名中外嘉宾齐聚特变电工总部科技研发基地，围绕“一带一路”参与国家能源国际合作、基础设施建设、民生领域技术交流分享等议题展开交流。

特变电工股份有限公司是一家新疆本土装备制造企业，其在海外项目不仅有设备输出，还包括境外电力工程和基础设施项目建设。2017年，特变电工完成了塔吉克斯坦和吉尔吉斯共和国的热电联产两大项目，让塔吉克斯坦首都杜尚别告别了限电历史。目前，特变电工高新技术产品已成功进入俄罗斯、印度等70多个国家和地区市场，为塔吉克斯坦、菲律宾等20多个国家和地区提供涵盖电网、电源建设的成套项目总承包服务。这些总承包项目的实施，带动近50亿美元中国机电产品出口、上万人劳务输出，提升了中国企业的竞争力和影响力。

如今，中方在塔吉克斯坦建设的纺织工业园，成为当地就业最热门的去处；塔吉克斯坦杜尚别热电厂给民众送去期盼多年的温暖；新疆三宝实业与哈萨克斯坦阿拉木图市无轨电车公司的合作项目，让人们有了舒适环保的出行选择。

第五节　鼓励建筑企业“走出去”

近几年，随着建筑业发展不断取得新的突破，位于“丝绸之路经济带”核心区的新疆，在对外工程承包业务方面，持续向“一带一路”沿线国家推进，建筑企业海外影响力不断提升。

在埃及首都开罗，一栋高345米、总建筑面积超过24万平方米、工程造价5.68亿美元的高楼正拔地而起，这栋建筑是中建新疆建工（集团）有限公司（以下简称新疆建工）与中国建筑股份有限公司第八工程局联合中标的开罗新首都地标塔项目，也是迄今为止新疆建工在海外承建的最高、最大的工程。

新疆北新路桥集团股份有限公司一直是积极践行“走出去”战略的新疆企业之一，凭借雄厚的实力，企业在国际市场的占有率不断提升。“截至目前我们已经建成了国外项目50余个，金额超100亿元。”该公司副总经理杨俊告诉记者，公司积极拓展海外业务，在吉尔吉斯共和国、巴基斯坦、塔吉克斯坦等国家设立办事处，并以其为中心，辐射北非、中亚、南亚等地区，公司先后承建了中巴公路、吉尔吉斯—中亚连接道路以及当地国家的机场、市政建设等城市建设项目。

从中亚到南亚，从北非到中非，新疆建筑企业参与“一带一路”建设的程度不断加深。

为了加强新疆建筑企业创新能力，形成陆海内外联动、东西双向互济的开放格局，2018年7月，受国家住房和城乡建设部委托，自治区住房和城乡建设厅承办了《建筑业企业参与“一带一路”建设研究》课题项目，自治区住房和城乡建设厅副厅长全河表示，“一带一路”建设是中国与沿线国家

分享优质产能、共商项目投资、共建基础设施、共享合作成果的伟大构想，基础设施互联互通是"一带一路"建设的优先领域，"一带一路"建设对建筑业是重大利好和难得机遇。

据悉，在"一带一路"建设的发展机遇下，新疆建筑业发展取得新的突破，2013—2017年，建筑业总产值均保持较快增速，2017年建筑业产值突破2 800亿元，实现全社会建筑业增加值1 080亿元、税收146亿元，拉动经济、促进就业作用进一步增强。

第六节　加快引进境外金融机构

金融中心形成的最直观表现就是金融机构的加速聚集，目前新疆已经初步形成以银行、证券、保险为主体，信托、租赁、小额贷款公司等并存的多层次、功能齐备的金融机构组织体系，核心区区域金融中心雏形初现。

截至2018年末，新疆银行业机构主体达147家，较2014年末增加12家；各类银行分支机构网点4 152个，较2014年末增加592个。新疆证券期货机构主体50家，较2014年末增加24家。保险主体34家，较2015年初增加4家。

新疆资本市场同样迎来发展的黄金期。目前，新疆A股上市公司总数达到55家。近3年新疆平均每年新增上市公司4家，增长速度明显高于历年平均增速。

近年来，境内外金融机构纷纷落地新疆，一系列金融改革举措相继推出。

跨境人民币业务的发展推动企业更多使用人民币进行结算，支持了新疆与"一带一路"沿线国家经贸往来。

由中国工商银行新疆分行发起询价，中国工商银行（阿拉木图）股份公司报价，双方成功达成3万坚戈跨境直接交易，这标志着境外银行参与中国银行间外汇市场新疆区域交易实现零的突破。

作为"丝绸之路经济带"核心区，近年来，新疆在建设区域金融中心进程中步伐坚定，金融服务丝路沿线各国实体经济、促进各国商贸流通的效果日益彰显。

第七节　加速资金投放：催生实体经济活力

金融市场的活跃，给新疆带来的不仅仅是资金，更是人才、先进管理模式和管理理念，推动了新疆产业重组、结构调整和经济转型。

2017年6月，国务院将新疆维吾尔自治区昌吉回族自治州、克拉玛依市和哈密市列为绿色金融改革创新试验区，积极开展体制机制、政策体系和产品业务创新，以此撬动新疆经济绿色化转型，促进新疆经济高质量发展。

在一系列制度安排下，试验区绿色信贷、绿色债券、绿色基金等金融产品和服务取得明显进展。2014年以来，新疆银行业贷款余额年均增速12.59%，有力支持了交通枢纽中心、商贸物流中心、金融中心、文化科教中心、医疗服务中心建设。

2015年1月—2018年4月，新疆上市公司从证券市场累计融资1 970.74亿元，是2011—2014年

4年累计融资总额的3.13倍。

第八节　促进新疆商贸流通业的快速发展

跨境人民币业务的发展推动企业更多使用人民币进行结算，减小了企业的汇率风险，支持了新疆与丝路沿线国家经贸往来。

近年来，新疆跨境人民币业务规模持续扩大，跨境人民币业务覆盖了全区各地（州、市）和22家银行机构，全国范围内参与新疆跨境人民币结算的企业1 620余家。截至2018年末，中国新疆已与哈萨克斯坦、美国等98个国家和地区开展了跨境人民币实际收付业务，跨境结算实际收付累计达1 760亿元。

为拓宽企业融资渠道，2013年9月，中哈霍尔果斯合作中心启动跨境人民币创新业务试点。合作中心7家试点银行从境外融入人民币资金，再发放给国内企业，截至2018年末，各项贷款余额148.8亿元。贷款利率低于国内同期利率，企业融资渠道进一步拓宽，融资成本进一步下降。

第九节　激发纺织服装行业走向世界舞台

2018年新疆成功举办“一带一路”纺织服装产业发展论坛。中国是全球最大的纺织服装生产消费和出口国，纺织品服装出口占全球的35%以上。“一带一路”倡议提出5年来，我国纺织行业对外投资80%以上、纺织品服装30%以上出口“一带一路”沿线国家。

周边一些国家轻纺产业较为薄弱，与中国新疆纺织服装产业发展互补性强，大力开展产业商贸合作具有广阔空间。目前，金升、中泰等企业纷纷布局“一带一路”沿线国家开展产业合作。江苏金升控股有限公司在德国开办24家工厂，在乌兹别克斯坦还投资建设了现代纺纱厂。

如今，区位优势突出的新疆机遇凸显，正依托“一带一路”建设，深度融入国家发展大局、阔步走向世界舞台。面向未来，新疆纺织服装产业如何在开放创新道路上实现更好的发展？

准确把握产业发展方向，着眼于国内外市场需求和产业的可持续发展，合理布局并完善纺织服装的产业链，推动形成有特色的产业链配套高效的产业集聚区。另外，充分发挥新疆作为“丝绸之路经济带”核心区和亚欧大通道交通枢纽的区位优势，必须加快推动资源共享，构筑新疆纺织服装产业竞争新优势。

第二十九章　宁夏回族自治区参与"一带一路"建设

宁夏是西部地区、民族地区、经济欠发达省区，距离北京1 000多千米，由于地处西部内陆，不沿边、不靠海，过去一直被外界视为封闭落后的地区。要把这个地区打造成"丝绸之路经济带战略支点"，宁夏的信心何在？

第一节　"第二次改革开放"，宁夏由内陆腹地走向开放前沿

2013年，中国国家主席习近平提出"一带一路"倡议，有专家称之为"中国的第二次改革开放"。第一次改革开放使中国东部沿海地区迅速发展起来，"一带一路"倡议则将西部地区历史性地由开放腹地推向开放前沿，让人们看到了宁夏这样的西部地区开放发展、追赶转型的深厚潜力。

过去宁夏就是古丝绸之路的必经之地和商埠重镇，现在宁夏处在"一带一路"重要节点，迎来了开放发展的新时代。

宁夏地理位置"不东不西""不南不北"，过去这确实是开放的劣势。但现在，航空、高铁、互联网快速发展，宁夏又紧邻雅布赖国际航路，处在新亚欧大陆桥和中国－中亚－西亚经济走廊的节点位置，成为东西通道的交汇点，辐射西北、连接华北、东北，直至通达西亚、北非，交通四通八达，物流成本低，这使宁夏的区位劣势逐步变成了开放优势。

第二节　宁夏成中国"西望"阿拉伯之窗

宁夏打造"丝绸之路经济带战略支点"的具体举措，即"123"思路。

"1"就是重点打造中阿博览会这一开放平台。中国的对外开放，向欧美开放、向周边国家开放的时间比较早、开放合作水平比较高，向阿拉伯国家开放合作相对较少，对阿合作交流的空间和潜力很大。中阿博览会主要是向阿拉伯国家开放、中阿共建"一带一路"的一个平台，服务于国家外交战略，下一步我们要借助于这个平台，向全球开放。

作为回族自治区，宁夏是中国独具特色的省份，与阿拉伯国家开展经贸合作的优势明显，不少专家看好宁夏“向西开放”的前景——从面向全世界22个阿拉伯国家，到面向更远的欧洲，最终面向全世界。

“2”就是重点打造区内和境外产业园区这两个方面的开放载体，把“走出去”与“引进来”结合起来，积极探索双向开放、内外联动的发展路子。

“3”就是重点打造“陆上丝绸之路”“空中丝绸之路”“网上丝绸之路”3条开放通道。这是对古丝绸之路赋予新的时代内涵和意义。古丝绸之路是人背马驮走出来的，现在只要建好陆上、空中、网上通道，对外交流交往就不再受地域空间的限制。

第三节 宁夏成为中国对外开放的新名片

宁夏虽然地处西部，但在对外开放的一些领域，实际上已经走到开放的前沿。中国外交部部长王毅对各国使节推介宁夏时曾说：“随着‘一带一路’建设的全面推进，今天的宁夏已成为中国对外开放的一张新名片。”

这几年宁夏抓住“一带一路”建设的机遇，充分运用内陆开放型经济试验区和中阿博览会两个“金字品牌”，充分发挥向西开放的独特优势，内外联动、务实合作，加快推进开放宁夏建设，不断提高开放层次和水平，走出了一条内陆省区开放发展的新路子。

实践证明，开放引领发展，开放激发活力。“我们将坚持打‘开放牌’、走‘开放路’，使宁夏这样的内陆省区走出国门、走向世界。”李建华说。

第四节 宁夏融入“一带一路”的重要举措

结合国家“一带一路”的建设愿景，宁夏也提出了“融入一带一路、建设开放宁夏”的部署，将“一带一路”、开放宁夏建设融为一体，成为推进国家和自治区重大部署的结合体。

一、构筑立体化开放通道

宁夏虽地处祖国西部内陆，却从来都不是一个封闭所在，随着开放发展的推动，宁夏致力于打造一个覆盖陆地、空中和网上的立体通道。

在打造空中丝绸之路方面，宁夏主要是通过加强基础设施建设、开辟航线、发展空港相关产业等措施，将银川河东机场建设成为面向阿拉伯国家和穆斯林地区的门户机场。目前，河东机场向阿联酋航空同时开放第三、第四、第五航权，突破了开通国际航线的政策瓶颈。

陆上丝绸之路方面，宁夏加快银西高铁、银川—呼和浩特高铁、银川—兰州高铁等重点铁路项目建设，与全国高铁网联通。这些举措，为宁夏融入“丝绸之路经济带”建设创造了有利条件。

让“丝绸之路”不再受到时空局限，宁夏还启动了网上丝路宁夏枢纽工程，通过夯实互联网基础设施、大力发展云计算、大数据、电子商务、服务外包等产业，建设中阿航空邮件分拨中心、跨境电商交易服务平台。

3条丝绸之路的建设和完善，把一个多维立体的开放通道格局展现给了世界，宁夏在实现国家战略的同时，也为本区域的对外开放安装了强劲引擎。

二、搭建对外开放大平台

内陆开放是新一轮对外开放的潜力和动力所在。宁夏是国务院批准设立的唯一覆盖全省域的内陆开放型经济试验区，首府银川还是中阿博览会永久主办地。近年来，宁夏充分运用试验区和中阿博览会两个"金字品牌"，积极拓展国际经贸合作。

在对外合作中，宁夏结合实际，依托自身优势和产业发展特点，"引进来"与"走出去"并举。在引进来方面，宁夏充分发挥中阿博览会的平台作用，吸引世界各地投资者来宁投资，第二届中阿博览会签约投资类项目110个，已开工77个，到位资金272.1亿元。2016年，全区利用外资同比增加40%，有26个国家的资金在宁夏投资。

在走出去方面，宁夏积极推进境外产业园区建设。2016年5月，中国－阿曼（杜古姆）产业园签约揭牌，确定首批投资项目14个，园区基础设施建设等项目正在加紧推进中。中国－沙特（吉赞）产业园开展了实质性合作，正在进行中沙合资公司组建和招商引资。中国－毛里塔尼亚海洋综合产业园列入商务部重点推进项目，已进入融资阶段。

在开放政策方面，"民用机场运营""清真食品加工""宽带网络建设及运营""大型或超大型数据中心建设及运营""针对穆斯林地区和阿拉伯国家的软件外包及文化创意产业"等产业纳入国家《西部地区鼓励类产业目录》，享受15%企业所得税优惠政策。银川河东机场获国家同意开展口岸签证政策；银川市获批全国跨境贸易电子商务试点城市；进口肉类、水果、种苗指定口岸获批建设……"这些项目政策的争取，为宁夏开放发展奠定了坚实基础。"

三、架设人文交流友谊桥梁

"一带一路"是经贸合作之路也是文化交流之路，宁夏在大力拓展对外经贸合作的同时，也在加大与各国的人文和科技、教育等领域合作。人文交流合作是国家"一带一路"倡议的重要内容，是与老百姓自身关系最紧密的部分，也是宁夏对外交流合作的重要内容。

宁夏5个地级市，先后与39个国家的52个地方政府建立了国际友城关系。中阿技术转移中心、中阿商事调解中心、中阿联合商会中方理事会联络办公室、中阿农业技术转移中心等一系列双边合作机构的总部落户宁夏；中阿大学校长论坛、中阿卫生合作论坛、中阿旅行商大会成功举办；中阿国际学院、阿拉伯国家标准化（宁夏）研究中心等一批项目已开工建设。

此外，《花儿》《月上贺兰》《回乡婚礼》等一批特色文化品牌产品远赴埃及、沙特阿拉伯、阿联酋等国展演展销；中国（宁夏）国际文化艺术旅游博览会、中国西部民歌（花儿）歌会、中阿文化艺术展示周、阿拉伯艺术节、丝绸之路国际文化之旅等文化交流品牌活动影响日益扩大。

这些成果的落地，为中阿人文交流合作架起了友谊的桥梁，也为双方科技、教育、医疗、文化、旅游等领域的合作起到了积极的推动作用，双方老百姓也在改革中得到了实惠和便利。

第三十章　广西壮族自治区参与"一带一路"建设

目前，广西列入国家"一带一路"库项目总数在全国各省区中位居前列。根据由推进"一带一路"建设工作领导小组办公室指导、国家信息中心"一带一路"大数据中心编著的《"一带一路"大数据报告（2017）》显示，在"一带一路"省区综合参与度指数上，广西居全国第7位、西部省区第1位。

2017年以来，广西认真贯彻落实习近平总书记在党的十九大报告和"一带一路"国际合作高峰论坛以及视察广西等重要讲话精神，紧紧围绕中央赋予的"三大定位"历史使命，狠抓各项工作，"一带一路"建设取得显著成效。

第一节　国际合作平台不断丰富

2017年，广西积极打造双边和多边合作平台，丰富中国－东盟博览会、商务与投资峰会等服务平台，助力政策沟通。第14届中国－东盟博览会和商务与投资峰会成功举办，参会国家首次延伸至哈萨克斯坦等"丝绸之路经济带"国家，促进了"一带一路"有机衔接，助推中国－东盟自贸区升级版建设。

2018年1月17日，满载着电器包材、精细板材等货物的集装箱搭乘中欧班列从钦州港火车东站驶出，前往波兰马拉舍维奇。这是首趟由广西发出直达欧洲的中欧班列，开辟了一条从东盟国家经广西、连接我国西南中南地区、直至中亚和欧洲的国际陆海贸易新通道，为广西深度参与"一带一路"建设"提挡加速"。

广西与"一带一路"国家互联互通不断拓展，广西在"一带一路"上发展的新脉络不断延伸。

据了解，在设施联通方面，广西通过推进包括中新互联互通南向通道在内的"一道两港"等项目，促进海陆通道衔接。

南向通道建设正式启动后，广西积极打造海铁、陆铁等多式联运方式，海铁联运班列实现常态化运行；中国－东盟信息港建设加快，广西已建成中国－东盟信息交流中心一期、亚欧5号、亚太直达及亚非欧1号海缆等一批基础设施和公共服务平台；东盟跨境联通网络建设越发完善，铁路、公路、跨境桥梁、航空等各领域建设项目齐头并进，特别是航空网络方面，广西机场的东盟国际航线和通航城市数位列全国第五。

第二节　产能合作迈上新台阶

2017年12月28日，在马来西亚的关丹市，马中关丹产业园首个入园项目——年产350万吨联合钢铁项目试产成功，标志着马中关丹产业园从发展建设阶段步入了收获阶段，广西企业在践行"一带一路"倡议中交出了一份漂亮答卷。

中马钦州产业园区和马中关丹产业园区共同开创的"两国双园"国际产能合作新模式，成为"一带一路"建设的先行探索和积极实践，现阶段其示范作用更加凸显。在完成"三年打基础"之后，中马钦州产业园进入"五年见成效"的新阶段。至2017年底，马中关丹产业园共有10个项目签订入园投资协议，投资额超245亿元。

开放型园区体系建设成效显著。目前，广西壮族自治区正在建设和推进的园区有20多个，基本实现东盟国家合作园区全覆盖，并逐步扩大到非洲等"一带一路"其他参与地区和国家。

"一带一路"建设中，基础设施联通和国际产能合作是经贸合作的两大重要引擎。在这两大引擎的带动下，广西壮族自治区对"一带一路"沿线国家投资贸易持续增长。2017年，全区外贸进出口总额为3 866.3亿元，增长22.6%，其中对"一带一路"沿线国家进出口达2 100.2亿元，增长5.2%。

此外，资金进一步融通。至2017年，广西跨境人民币结算总量连续8年保持中国西部和边境省区第一位；人民币对越南盾银行间市场区域交易稳步推进。2017年，人民币对柬埔寨瑞尔银行间市场区域交易在广西正式启动。

第三节　人文交流促进民心相通

2017年5月，广西与马尔代夫的马累市签署建立友好区市关系协议书。同时，广西向马累市赠送由广西壮族自治区自行研发设计的新生儿出生医学登记信息管理系统及相关设备，填补了马方此类系统的空白。至2017年底，广西已缔结国际友城104对，居全国第4位，其中东盟52对，居全国第1位。

广西继续实施"留学广西计划"，来桂留学生近1.5万人，其中东盟留学生逾万人。2017中国－东盟职业教育联展暨论坛顺利举办，中国－东盟联合大学等项目有序推进。

此外，广西与"一带一路"国家在科技、文化、体育、旅游、医疗卫生等领域的人文交流全方位深化，进一步系紧了"一带一路"民心相通的纽带。

第四节　做好广西旅游资源开发利用大文章

广西边海国家旅游风景道项目是"一带一路"重点项目，是以旅游线路为主题的全域旅游、国家风景道示范项目。广西立足边境丰富的旅游资源，依托与越南山水相连、人文相通优势，充分利用国家给予边境地区的优惠政策，推动边境旅游资源保护和开发、边境特色旅游产品打造、旅游基础设施建设、旅游市场宣传和旅游环境综合整治等工作有效开展，努力打造广西边海国家旅游风景道品牌。

中越德天－板约瀑布是边关旅游风景带上的一颗明珠。围绕该景区建设的中越跨境旅游合作区建设如火如荼。2017年12月以来，广西旅游发展委、外办、公安、边防、海关等部门负责人和崇左市、大新县一线工作的负责同志组成司局级联合工作组，与越南高平省省级协调委员会常值办公室举行了4次会谈，就合作区游客往来通道查验点、边界拦阻带、物理围网、试运行游客管理方案、门票销售及优惠政策等事项进行了多轮磋商，取得一致共识，并签署会议纪要。《德天瀑布景区详细规划》《合作区出入境证件签发管理工作方案》《合作区试运行中方边防查验工作方案》已上报国家相关部委。合作区游客往来通道查验点已完成基础浇筑，按程序同步开展查验设备采购工作；合作区物理围网（中方）部分区域已开工建设。德天跨国瀑布景区游客集散中心、换乘中心等创5A级景区提升工程全面投入使用。

广西全面推进防城港边境旅游试验区建设。根据《防城港边境旅游试验区建设实施方案》，广西旅游发展委牵头编制了《广西防城港边境旅游试验区建设实施方案部门任务分工》，细化了59项具体任务，涉及36个责任单位。任务分工表中包含了工作任务、工作内容、牵头和配合单位以及完成时限，进一步明确了分工，细化了各单位的责任。

广西旅游发展委与自治区公安、交通运输、边防、海关和保监6个部门于2018年5月28日，联合印发了《中国广西—越南广宁跨境自驾车旅游管理试点方案》。试点方案规范了中国广西桂林市—越南广宁下龙市黄金旅游线跨境自驾游活动的监督和管理。2018年6月1日，中国桂林—越南下龙黄金旅游线跨国自驾游实现常态化开通。中越双方就中国广西—越南谅山跨国自驾车旅游试点的有关事宜积极探索，对涉及开通跨国自驾车旅游的有关管理规定达成一致并签署会谈纪要，为下一步开展中国广西—越南谅山跨国自驾车旅游试点工作奠定了基础。

在广西旅游发展委的指导下，北海、钦州、防城港、百色和崇左市抱团整合发展，成立了边关旅游联盟，合力推进国家旅游风景道项目建设。2018年，广西旅游发展委下拨旅游发展资金8 930万元，用于东兴、宁明、龙州、大新和凭祥等边境县旅游基础设施建设，其中1 960万元专项用于国家旅游风景道项目建设。广西旅游发展委将边境地区7项旅游建设项目列入自治区统筹推进旅游重大项目，年度计划投资8.05亿元。风景道范围内项目建设进展顺利。北京东方园林公司承担的大新县武阳山项目、那坡县“壮族三月三•那坡风流街”文化旅游广场项目、崇左龙州山水连城项目等3个项目已开工，计划于2018年竣工接待游客。中国旅游集团与百色、崇左两市达成合作建设广西左右江国家度假公园的意向。

广西旅游发展委制定了风景道品牌营销方案，结合中国－东盟博览会、中越跨境自驾游、马拉松、骑行等国际赛事，开展广西边海国家旅游风景道整体推广活动，培育桂林—防城港（东兴）—芒街—下龙、南宁—凭祥—谅山—河内跨国游线路、崇左—宁明—凭祥—龙州—大新—靖西边关精华体验游线路等9条精品旅游线路，力争在3年时间内，将广西边海国家旅游风景道打造成为全国一流、世界知名的国际旅游目的地品牌。

随着边海国家旅游风景道建设的推进，广西边境旅游正在从出境旅游通道转变为国际旅游目的地，旅游业富民兴边的成效显著。目前，广西具有边境旅游资质的旅行社30多家。2018年上半年，广西边关风情旅游风情带沿线的防城港、百色、崇左3市的8个边境县（市）共接待游客2 614.01万人次，同比增长23.4%；旅游总消费243.36亿元，同比增长26.5%。通过东兴市办理边境旅游通行证赴越旅游13.01万人次，同比增长50.79%；凭祥友谊关口岸入境过夜游客人数8.52万人次，同比增长4%。

2018年广西壮族自治区《政府工作报告》中提出，聚焦深度融入"一带一路"建设，进一步提升开放型经济水平。全力实施开放带动战略，统筹实施"一带一路"百项重点工程，抓住国家加大西部开放的有利机遇，推动"引进来"和"走出去"，完善四维支撑、四沿联动开放新格局。

第三十一章　西藏自治区参与“一带一路”建设

“一带一路”倡议赋予了西藏更加重要的战略地位，它的贯彻对西藏的发展是难得的机遇。

在积极融入“一带一路”建设的过程中，西藏将坚持以开放促发展、促稳定，营造有利于要素有序流动、资源高效配置、市场深度融合的政策环境，促进社会经济的快速发展。

2018年以来，西藏积极应对外贸严峻形势，研究出台出口信用保险和增强边贸企业能力建设等惠企政策，加快培育外贸经营主体综合竞争新优势，着力促进外贸回稳向好。拉萨海关统计数据显示，2018年西藏外贸进出口总值达47.52亿元，边民互市贸易总值突破亿元大关，同比增长169.3%，增长势头迅猛；对尼泊尔双边贸易值同比增长4.6%，占全年贸易总值的52.6%。

第一节　从西南边陲到开放前沿

西藏是我国面向南亚的战略枢纽和开放门户，是国家确定的沿边地区开放开发重点区域和面向南亚开放的重要通道，也是孟中印缅经济走廊的重要门户。2015年，国家发布了《推动共建丝绸之路经济带和21世纪海上丝绸之路的愿景与行动》，就已经将西藏纳入了“丝绸之路经济带”。中央第六次西藏工作座谈会，又将西藏定位为我国面向南亚开放的重要通道，赋予了西藏更加重要的战略地位。

国家将西藏纳入“一带一路”建设总体布局，对于全区发挥链接祖国内地与南亚的区位优势和纽带作用，加快对内对外开放提供了广阔空间。可以说，西藏融入“一带一路”建设面临的机遇是很大的、很难得的，这实际上是把西藏从过去的西南边陲变成了对南亚开放的前沿。

西藏对于贯彻“一带一路”倡议态度是坚决的，行动也是有力的。

一、实施更加积极的开放政策

坚持以开放促发展、促稳定，营造有利于要素有序流动、资源高效配置、市场深度融合的政策环境。一方面，坚持扩大对外开放区域。由点到面，以铁路、国省干道沿线城镇、旅游环线、主要景区为重点，构建有重点、多层级的对外开放空间格局。搞全域旅游，也就是不断扩大开放的区域，让更多的国内外游客能够欣赏西藏的美丽景观，领略西藏的独特魅力。另一方面，积极拓展对外投资开放领域。西藏要真正对接"一带一路"倡议，肯定离不开一个市场化、国际化和法治化的营商环境，这样才能吸引国内外资本进藏投资兴业。西藏在拉萨、日喀则探索设立了综合保税区（保税物流园区），并完善外贸特殊优惠政策，提升了贸易便利化水平。

二、全面融入经济大格局

在这方面，西藏能够做的事很多。全国一盘棋，西藏要发展，就必须融入内地市场。高度重视和东部沿海发达省市合作，认真学习他们的企业管理经验和先进技术，注重引进资金、技术和人才，来增强西藏的经济实力。还鼓励引导区内企业走出去，开拓内地市场，鼓励西藏各族群众到内地就学、务工、经商、旅游。另外，往周边省区看，就有川渝经济圈、陕甘青宁经济圈、大香格里拉经济圈，西藏和周边省区也有很大的合作与发展空间，基础设施、产业发展、生态环保等领域都有很大合作空间。西藏一直以来就注重实现和周边省区基础设施互联互通，大力发挥青藏铁路辐射作用，推进川藏、滇藏大通道建设，打造318旅游景观大道。旅游上确实可以做很多文章，比如说青藏铁路沿线旅游经济带、康巴风情旅游线路、茶马古道旅游线路和大香格里拉旅游经济圈，都需要各省区合作起来倾力打造。

三、大力建设国家面向南亚开放的重要通道

把西藏建设成国家面向南亚开放的重要通道，是"一带一路"倡议的重要组成部分，是西藏开发开放、加快发展的希望和机遇所在。这就要求西藏发展和周边国家的往来，不仅是设施上的、贸易上的，还有政策上的、文化上的民间交流，总之是一种全方位、多方面的交往。中央强调"一带一路"倡议要实现"五通"——政策沟通、设施联通、贸易畅通、资金融通、民心相通。

第二节　西藏将更好地融入世界

西藏曾是一个封闭落后的地方，历史上欧洲许许多多的探险家，他们把西藏作为世外桃源。实际上，西藏从来都不是一个世外桃源。西藏毗邻印度、尼泊尔等南亚国家，边境线长达4 000多千米，历来就是我国与南亚各国交往的重要门户。

中国经济与南亚各国的互补性很强，具有很大的发展潜力。"一带一路"倡议使西藏成为对外开放的前沿阵地，给西藏经济社会发展提供了很大的空间，也就是帮助西藏更好地融入了世界。

目前，正在建设的川藏铁路是促进西藏基础设施互联互通、实现开放开发的一项重点工程。川藏铁路项目建成后，将进一步突破制约西藏经济社会发展的瓶颈，把西藏连入长江经济带，形成我国通往南亚的边界陆路通道，使西藏能够充分利用区位优势，积极融入"一带一路"建设，全面改善口岸基础设施建设条件，大力发展与周边国家和地区的经贸合作，加快发展跨境贸易、小额贸易、边民互市贸易，积极参与孟中缅印经济走廊建设，推进中尼跨境经济合作区建设，打造环喜马拉雅经济合作带，努力将西藏建设成面向南亚的贸易和物流中心。

通过实施"一带一路"倡议，西藏将更加开放，更加发展，更加美好，也有利于继承弘扬西藏的传统文化。

第三节 守住保护生态环境的红线

生态保护对西藏来说可以说是一条红线。习近平总书记反复叮嘱西藏要保护好“世界上最后一方净土”，保护好“雪域高原的一草一木、山山水水”。对于西藏来说，保护生态环境就是保护生产力，改善生态环境就是发展生产力，绿水青山是金山银山，冰山雪地也是金山银山。

在扩大开放和积极引进外资的同时，西藏始终守住守牢保护生态环境的红线底线，强化环境规划引领作用，严格项目建设环境评价，严格执行矿产资源开发自治区政府“一支笔”审批制度，严格落实环境保护“一票否决”制度，严禁“三高”企业和项目进西藏。另一方面，西藏还加强城镇生活污水、垃圾处理设施建设，扩大燃气覆盖率，提高能源清洁化。西藏这几年加大“两江四河”造林绿化力度，实施退耕还林、退牧还草、人工种草等工程，让西藏的天更蓝、地更绿、水更清、空气更洁净。

第四节 进一步加大文化交流工作

西藏大力实施“文化走出去”工程，通过文化展览、展会、论坛等形式，积极组织文化遗产展览、文艺演出团队出境出国，开展文化交流活动，支持各级各类院校、社会团体和民间组织对外开展文化、艺术、宗教交流，鼓励藏学研究机构和藏学家积极参与国际藏学领域的交流合作，推动西藏文化产品走向国际市场。

从2014年开始，西藏已经连续成功举办3届中国西藏旅游文化国际博览会，打响了“人间圣地•天上西藏”的品牌。另外，西藏积极推动建立与印度政府间的经贸磋商机制，支持与印度开展陆路贸易；打造好印度官方香客经乃堆拉山口进藏朝圣路线，建立印度香客进藏朝圣便利机制，扩大中印民间经济文化交流。

在面向南亚开放中，西藏把优秀的中华传统文化更加发扬光大。一种文化如果不在开放的环境当中与时俱进，就会自生自灭。特别是现在的非物质文化遗产，如果不吸收先进的理念，只用传统的方法守着，很难传承下去。

第五节 积极利用好各项政策

重要战略屏障方面，中央给西藏的定位是两个方面，一个是重要的国家安全屏障；一个是重要的生态安全屏障。这就要求西藏在贯彻“一带一路”倡议方面，有所为，有所不为。

“有所为”指的是，西藏必须用好用活用足中央赋予西藏的各项特殊优惠政策，充分利用好中央在政策、资源等各方面的支持，大力建设国家面向南亚开放的重要通道，积极参与孟中印缅经济走廊建设，为“一带一路”建设服务。“有所不为”指的是，西藏贯彻“一带一路”倡议必须服从国家大局和整体利益，把维护国家安全和国家利益放在首位，任何有可能危害国家安全、国家利益的事情坚决不能做，必须建设好重要的国家安全屏障和生态安全屏障。

第三十二章 香港特别行政区参与"一带一路"建设

自"一带一路"倡议提出以来,香港各界积极参与国家新一轮对外开放,相关智库、基金及商会纷纷成立,不少公司紧抓"一带一路"商机,结合自身优势,提升竞争力。

参与"一带一路"建设对香港的未来发展有深远的意义。香港作为"一带一路"的首选平台和重要节点,未来可以发挥金融、贸易及专业服务各方面的优势,为国家和香港的发展做出新贡献。

如何把香港参与"一带一路"建设工作落到实处,是特区政府的施政重点之一。为此,香港特区政府制定了参与"一带一路"的5个策略重点,即加强政策联通;充分利用香港优势;用好香港专业服务中心地位;促进项目参与;推动与内地和"一带一路"相关国家及地区伙伴协作。在这一思想指导下,近两年来,香港特区政府积极发挥"促成者"及"推广者"的作用,参与"一带一路"建设的工作迈出重要的四步。

一、与中央政府有关部门加强政策连通

2017年12月,香港特区政府与国家发改委签署《国家发展和改革委员会与香港特别行政区政府关于支持香港全面参与和助力"一带一路"建设的安排》(以下简称《安排》)。《安排》聚焦金融与投资、基础设施与航运、经贸交流与合作、民心相通、推动粤港澳大湾区建设、加强对接合作与争议解决服务等,支持有关方面利用好香港平台。《安排》还设计了联席会议制度,作为推动落实《安排》的保障机制。1年多来,特区政府还通过与有关部委就"一带一路"建立的联席会议制度和各种联系平台,就"一带一路"建设的政策动向加强沟通。

二、积极推动香港与内地企业及专业服务业界建立策略伙伴关系,充分利用香港优势及用好香港专业服务中心的地位

特区政府通过举行多场企业交流及对接活动,让两地商会和专业团体加强交流合作,为香港企业和专业界别拓展"一带一路"商机。例如举办"一带一路"联席会议;举办"一带一路"高峰论坛;举办内地以国有企业为对象,主题为"国家所需香港所长"的大型论坛,促进内地与香港企业及专业服务界对接。特区政府还与香港贸易发展局联合主办多届;分别与国务院国有资产监督管理委员会及国家商务部举办以海外产业园区、"一带一路"贸易投资政策与实务及项目风险管理为主题的企业交流会,通过举办投资及商贸配对环节及一对一项目对接会,鼓励企业交流合作,推动

香港作为“一带一路”建设的国际商贸平台。特区政府商务及经济发展局还与国务院国资委合作，先后几次接待几十家央企访问香港。

三、积极推动香港工商和专业界“走出去”，把握“一带一路”建设的商机

特区政府加强了与其他经济体的经贸关系，通过缔结自由贸易协议及促进和保护投资协议，寻求“一带一路”沿线国家和地区的更多贸易伙伴。特区政府官员多次率领工商和专业界组成的代表团访问“一带一路”沿线国家，使香港企业家和专业人士可以深入了解当地市场发展最新情况，直接与当地企业的对接及合作。商务及经济发展局还通过“专业服务协进支持计划”，拨款支持“一带一路跨专业发展计划”。

四、成立专门机构

早在2016年8月，香港特区政府就设立了“一带一路”办公室，当时办公室编制为19人，负责统筹协调与“一带一路”建设有关的各项工作。2019—2020年度，“一带一路”办公室将增至21人，预算开支将达到3 995.8万港元，从而保证香港参与“一带一路”建设工作的顺利进行。

第三十三章 澳门特别行政区参与“一带一路”建设

澳门北邻广东省珠海市，西与珠海市的湾仔和横琴对望，东与香港隔海相望，相距60千米。提起澳门，不少人的印象只停留在其享有的“世界赌城”称号上，然而作为世界人口密度较高的地区之一，澳门不仅是繁忙高效的重要国际自由港，更是全球最富裕的地区之一。根据澳门统计局提供的数据，2016年，澳门人均GDP为6.94万美元，约为香港的1.6倍，位列全球第五。在2017年6月中国社会科学院与《经济日报》联合发布的2016年版《中国城市竞争力》报告中，澳门在海峡两岸暨港澳地区近300个城市中脱颖而出，在三大榜单中分别晋升至前十名。其中，宜居竞争力位列第四，综合经济竞争力及可持续竞争力均位列第八。澳门2016年总体失业率低于2%，是全世界失业率最低的十大国家和地区之一。

国家一直支持澳门特区的发展，特别是经济适度多元和可持续发展。而澳门定位是“海上丝绸之路”最后一段，在地理环境和制度优势上，澳门都具备条件。

澳门过往发挥的很多平台作用主要是搭建平台，此次如果能作为“一带一路”的直接参与者，将比平台联系更向前推进一步，更能够发挥澳门的相关优势。澳门特区把国家的“一带一路”战略作为澳门发展的新机遇。

近年来，“一带一路”倡议和粤港澳大湾区建设框架的提出，为澳门带来了新的发展机遇。目前，澳门正积极探索自身与两者的契合点，提出建设世界旅游中心，打造中国与葡语国家商贸合作服务平台，建设以中华文化为主流、多元文化共存的交流合作基地，促进经济适度多元可持续发展的目标。

第一节 港珠澳大桥推动粤港澳合作

澳门与广东地区的合作有着先天的优质土壤，早在2003年，国家商务部就与澳门特区签订《内地与澳门关于建立更紧密经贸关系的安排》协议，这是澳门与内地合作的重要标志。之后，《泛珠江三角洲区域合作框架协议》和《珠江三角洲地区改革发展规划纲要》在2004年和2008年的分别实施、2011年《粤澳合作框架协议》的签订等，都使澳门与内地的合作进一步加强。

中央政府给予澳门特区各方面大力的支持，包括给予澳门制造产品零关税进入内地市场、开放内地49个城市居民以“自由行”形式赴澳门旅游、澳门大学在珠海横琴建立校区、在横琴设立粤澳合作产业园以及明确划定澳门管辖水域范围等系列措施，都使澳门在与内地的合作中得到真实的成果。目前,“一带一路”是一个很好的契机,“一带一路”背景下的粤港澳大湾区建设为粤澳合作提供更多空间和动力,粤澳合作迎来了新的起点。

“一带一路”倡议下,国家赋予澳门一个中心一个平台,即“世界旅游休闲中心”和“中国与葡语国家商贸合作平台”的定位。这就要求澳门必须和周边广东城市合作,丰富旅游资源,弥补澳门休闲空间不足的短板。粤港澳大湾区的建设从更大范围、更高层次对区域合作进行变革创新和融合升级,粤澳合作被纳入这一大的框架体系内,其活力和潜力被进一步激发,进一步推动中葡、中拉合作,吸引国际高端人才。

第二节　谋求经济适度多元发展

自澳门回归以来,博彩业持续快速增长,一直是澳门的主要经济支柱和特区政府财政收入的重要来源。由于财政收入主要来自博彩税收,一旦游客减少,澳门经济就会出现较大波动。

近年来,中央强调澳门经济应“适度多元”发展。在2016年公布的“五年规划”发展篇中,澳门也重点突出推动经济适度多元发展以及与国家发展战略的对接,提出优先培育澳门的会展业、中医药业、文化创意产业的成长,在经济多元化发展的同时提供更多就业岗位。“推动经济适度多元是中央政府交给我们的重要任务,也是澳门要实现可持续发展的必由之路。”澳门财政经济司司长梁维特在接受《21世纪经济报道》记者采访时表示。

如今在仅有30余平方千米的澳门,会展业异军突起。国际展览业协会最近发布的报告显示,作为亚洲区内发展时间最短及最小型的展览市场之一,澳门被评为过去5年表现最出色的展览市场,其净销售展览面积从2012年至2016年的升幅高达200%,为全亚洲升幅最高的地区。

而基于特殊的历史条件及地理环境,中医药在澳门有非常大的发展潜力。近年来,澳门特区政府推出一系列积极措施支持中医药教育、科研及产业化发展,将中医药作为经济多元发展的一个重点,这也得到了中央政府的积极支持。世界卫生组织确定将在澳门构建传统医药中心,传统医药中心将与国家重点实验室,以及中医药科技产业园区有机结合,令澳门的中医药发展更进一步。中医药产业发展是澳门多元发展的重要组成部分,特区政府高度重视中医药产业化和标准化,未来的工作重点是加快横琴粤港澳合作中医药产业园区的发展,共建国际中医药产业基地及国际中医药交易平台。

除此之外,澳门还大力发展特色金融业、文化创意产业以及扶持培育中小企业发展,打出促进经济适度多元发展政策“组合拳”。2017年,港澳两地特区政府签署了《香港特别行政区与澳门特别行政区关于建立更紧密经贸关系的安排》(简称“港澳CEPA”)。协议覆盖货物贸易开放、服务贸易开放、海关程序和贸易便利化、知识产权等多项内容。作为《内地与澳门关于建立更紧密经贸关系的安排》(CEPA)升级版重要组成部分的“投资协议”和“经济技术合作协议”先后签订。

第三节　建设“一个中心,一个平台”

党的十九大报告明确指出,香港、澳门发展同内地发展紧密相连。要支持香港、澳门融入国家发展大局，以粤港澳大湾区建设、粤港澳合作、泛珠三角区域合作等为重点，全面推进内地同香港、澳门互利合作，制定完善便利香港、澳门居民在内地发展的政策措施。根据2017年7月1日国家发改委和粤港澳三地政府共同签订的《深化粤港澳合作 推进大湾区建设框架协议》，澳门的合作目标是推进建设世界旅游休闲中心，打造中国与葡语国家商贸合作服务平台，建设以中华文化为主流、多元文化共存的交流合作基地，促进经济适度多元可持续发展。

建设"世界旅游休闲中心"和"中国与葡语国家商贸合作平台"既是国家层面赋予澳门在"一带一路"倡议和粤港澳大湾区建设中的功能，亦是澳门结合自身优势寻找到的定位，即"国家所需，澳门所长"。未来澳门应进一步探索与"一带一路"倡议的契合点，发挥自身在国家经济建设和对外开放中的作用，参与区域合作，将"澳门优势"用到实处。同时结合澳门提出的"五年规划"，在把澳门建成具有国际先进水平的宜居、宜业、宜行、宜游、宜乐的城市的过程中，将"世界旅游休闲中心"的定位具体化为旅游城市、休闲城市、世界城市等多重含义，达成安居乐业、繁荣稳定的城市追求。

对于澳门特区而言，在国家经济发展和对外开放中发挥独特优势，其中一项功能和作用，就是在澳门举办中国与葡语国家经贸合作论坛，并加强澳门作为中葡商贸合作平台的服务作用。此外，澳门此前因服务业收益减少而遇到经济调整周期，在与粤港澳大湾区城市群合作发展旅游业的基础上，澳门应顺应国家经济从高速增长到高质量发展的新阶段，适度增加经济发展中的文化元素和科技元素，发展实体经济。澳门应把握好"一带一路"和粤港澳大湾区的机遇，积极参与，在建设"一个中心"和"一个平台"的过程中通过与湾区城市群的合作解决自身资源不足，以及土地短缺问题，助力国家发展。

第四节　打造中葡商贸服务合作平台

2016年10月，李克强总理视察澳门并宣布了包括支持在澳门建设葡语系国家人民币清算中心和设立中葡合作发展基金总部等19项惠澳政策，更进一步凸显澳门作为中葡商贸合作平台的定位。同时，在"一带一路"建设持续推进中，澳门可借助于发展机遇发挥独特作用，将中葡平台融入"一带一路"建设中。

澳门特区政府当前需要应对的挑战包括：首先，澳门应完善有关法规，进一步改善营商环境。特别要针对中葡投资贸易等商事案件，建立专业化审理机制，发展国际仲裁、商事调解机制；其次，发展特色金融推进经济适度多元发展，可以考虑的方向包括融资租赁、资产管理、人民币结算等业务。特区政府应建立融资租赁仲裁机制，实施更优惠的融资租赁特定税率，采取更为灵活的资产折旧政策，引进有竞争力的大型金融机构进入澳门，推动澳门金融产品多元化和金融市场建设；再次，澳门可利用网络信息科技，将澳门的商贸网络与内地、葡语系国家的相关网络结合起来。短期内，澳门可以引进国际上知名的电商平台，借助于有经验的营运商，牵线内地与葡语系国家的企业组成策略联盟或合作伙伴，为内地企业"走出去"和葡语国家企业"引进来"发挥中介作用。

在"一带一路"建设中，澳门通过区域合作打造中葡商贸服务合作平台，不但可以扩大"一带一路"建设领域，还可以加速培育新兴产业，实现经济多元发展的目标。

第七篇

“一带一路”合作

第一章 与亚洲的合作

第一节 与区域内国际组织的合作

一、中国与亚洲国际组织的合作

（一）东南亚国家联盟（东盟）

简称东盟，总部设立在印度尼西亚雅加达，成立于1967年。目前有印度尼西亚、马来西亚、文莱、新加坡、菲律宾、越南、老挝、柬埔寨、泰国、缅甸等10个成员国，以及东帝汶、巴布亚新几内亚2个观察员国，总面积447.9万平方千米，人口6.01亿。

中国于1991年与东盟建立对话关系。1991年以前，中国与东盟的关系主要是与东盟各成员的双边关系。虽然1975年中国正式承认了东盟作为一个地区组织的合法性，但在1991年前，与东盟组织并没有建立正式联系。不过，从1991年起，中国与东盟组织建立了对话关系，使双边关系出现了重大突破，直至今天成为战略伙伴关系。

“一带一路”倡议提出以来，中国同东盟国家签订了若干项合作协议，在政策沟通上，与新加坡、缅甸、马来西亚签订了《政府间“一带一路”合作谅解备忘录》；与老挝、柬埔寨签订了《共建“一带一路”政府间双边合作规划》。在设施联通上，与泰国签订了《政府间和平利用核能协定》，与马来西亚签订了《水资源领域谅解备忘录》，与柬埔寨签订了《加强基础设施领域合作的谅解备忘录》，与柬埔寨、巴基斯坦、缅甸签订了《“一带一路”交通运输领域合作文件》，与柬埔寨共建了《联合海洋观测站》，与印度尼西亚、老挝、泰国签订了《基础设施融资合作协议》，与柬埔寨、越南签订了《轻轨项目贷款协议》，与缅甸签订了《机场扩改建项目贷款协议》。在贸易畅通上，与越南、柬埔寨、老挝、菲律宾、印度尼西亚、缅甸签订了《政府间经贸合作协议》；与缅甸签订了《边境经济合作区的谅解备忘录》；与越南签订了《电子商务合作的谅解备忘录》；与马来西亚、柬埔寨签订了《关于加强标准合作，助推“一带一路”建设联合倡议》；与菲律宾签订了《融资授信额度战略合作框架协议》；与印度尼西亚、马来西亚签订了《化工、冶金、石化等领域产能合作融资合作协议》；中国与东盟10国共同发表《中国－东盟产能合作联合声明》，加强“一带一路”框架下的产能合作，中国与湄公河5国发表《澜沧江－湄公河国家产能合作联合声明》，规划湄公河区域国家利用好“一带一路”平台实现产能合作。2017年5月，中国广东、广西与东盟国家签署“一带一路”环保与产业合作集聚区共建协议，加强环保技术协同创新、产业合作开发与人力资源共享等方面的合作。在资金融通上，与老挝、柬埔寨、印度尼西亚签订了《信用保险公司框架合作协议》。

2015年11月，中国与东盟签署自贸区升级版议定书，2016年7月1日正式生效。东盟更广阔的市场、更便利的贸易条件和更优质的投资环境将有力促进中国–东盟自贸区有效升级。

（二）南亚区域合作联盟（南盟）

简称南盟，总部设立在尼泊尔加德满都，成立于1985年12月，目前有印度、巴基斯坦、斯里兰卡、不丹、尼泊尔、马尔代夫、孟加拉国、阿富汗等8个成员国，同时有中国、日本、美国、韩国、欧盟、伊朗等6个观察成员国。南盟总人口达15亿人。南亚次大陆雄踞"丝绸之路经济带"与"21世纪海上丝绸之路"之间，中巴、孟中印缅和中尼印三大经济走廊促成两者南北联动态势，而其印度洋港口和南亚岛国则由东向西，衔接起东北亚、东南亚和西亚、非洲乃至欧洲之间的海上丝绸之路。因此，在"一带一路"开展的国际合作框架中，南亚拥有牵连东西、联动南北、沟通海陆的区位优势，具有其他地区难以企及的枢纽地位。

南盟范围内的国际经济合作走廊和通道建设取得明显进展。

——中巴经济走廊。中巴经济走廊地处"四亚"（东亚、南亚、西亚和中亚）和印度洋之间，北接丝绸之路经济带，南临海上丝绸之路，实际上成为贯通南北海陆丝绸之路的主要纽带，将中国中西部、中亚、南亚、中东和印度洋地区历史性地联结在一起。中国与巴基斯坦组建了中巴经济走廊联合合作委员会，建立了定期会晤机制。一批项目顺利推进，瓜达尔港疏港公路、白沙瓦至卡拉奇高速公路（苏库尔—木尔坦段）、喀喇昆仑公路升级改造二期（哈维连—塔科特段）、拉合尔轨道交通橙线、卡西姆港1 320兆瓦电站等重点项目开工建设，部分项目已发挥效益。中巴经济走廊正在开启第三方合作，更多国家已经或有意愿参与其中。

——孟中印缅经济走廊。孟中印缅经济走廊位于东亚、南亚和东南亚之间，走廊主干道长约2 800千米，北经中国的川渝经济带、接丝绸之路经济带和长江经济带，南经孟、印、缅印度洋港口与海上丝绸之路相连，是中国西南地区和印度东北诸邦通往印度洋的捷径。中缅两国共同成立了中缅经济走廊联合委员会，签署了关于共建中缅经济走廊的谅解备忘录、木姐—曼德勒铁路项目可行性研究文件和皎漂经济特区深水港项目建设框架协议。

——中尼印经济走廊。中尼印经济走廊是中国领导人在2016年5月向印度总理提出的倡议，印方提议建立联合研究小组探讨。与此相应，中央在同年8月决定，"把西藏打造成为我国面向南亚开放的重要通道"。这既将促进西藏与尼泊尔、印度之间的互联互通，也在中国与南亚开展国际合作的原有两条经济走廊之间，增加了一条新的战略大通道。

（三）阿拉伯国家联盟（阿盟）

1945年3月，埃及、伊拉克、约旦、黎巴嫩、沙特阿拉伯、叙利亚和也门7个阿拉伯国家的代表在开罗举行会议，通过了《阿拉伯国家联盟条约》，宣告联盟成立。到1993年共有22个成员国。宗旨是加强成员国之间的密切合作，维护阿拉伯国家的独立与主权，协调彼此的活动。2011年11月中旬，阿拉伯国家联盟中止了叙利亚的成员国资格；同年11月27日，阿盟在埃及首都开罗召开外长会议后决定，立即对叙利亚实施经济制裁。2017年6月5日，以沙特阿拉伯为首的阿拉伯联盟发表声明，宣布将卡塔尔排除出该组织。目前阿盟成员为21个：阿尔及利亚、阿联酋、阿曼、埃及、巴勒斯坦、巴林、吉布提、科威特、黎巴嫩、利比亚、毛里塔尼亚、摩洛哥、沙特阿拉伯、苏丹、索马里、突尼斯、叙利亚、也门、伊拉克、约旦、科摩罗。

2018年7月，在中阿合作论坛第八届部长级会议上，中阿双方达成并签署了《北京宣言》《论坛2018—2020年行动执行计划》和《中国和阿拉伯国家合作共建“一带一路”行动宣言》3份重要成果文件。《行动宣言》提出了中阿共建“一带一路”的重大合作设想。中阿双方商定将以习近平提出的共建“一带一路”为主线，为增进战略互信、实现复兴梦想、实现互利共赢、促进包容互鉴共同努力。

中国和阿拉伯国家合作共建“一带一路”行动宣言

一、中华人民共和国与阿拉伯国家（以下并称为“双方”），传承古代陆上和海上“丝绸之路”凝聚而成的共同历史价值，欢迎建设丝绸之路经济带和21世纪海上丝绸之路（“一带一路”）倡议，是共建“一带一路”的天然伙伴，致力于弘扬和平合作、开放包容、互学互鉴、互利共赢的丝路精神，实现政策沟通、设施联通、贸易畅通、资金融通、民心相通。

二、双方高度赞赏中国国家主席习近平阁下2014年出席中阿合作论坛北京第六届部长级会议开幕式和2016年访问阿盟总部面向阿拉伯世界发表重要演讲，提出中阿合作共建“一带一路”倡议。双方认为，这一倡议是中国和阿拉伯国家互利合作、提升中阿战略伙伴关系和实现共同发展的良好契机。

三、双方同意发表中阿共建“一带一路”行动宣言，包括合作原则与目标、双方在倡议框架内取得的成就，以及合作重点与前景，具体内容如下：

合作原则与目标

四、双方强调，中阿合作共建“一带一路”旨在实现双方共同发展目标，实现务实合作和持续增长，以加强双方在政治、安全、经济和社会领域的关系。

五、双方强调，应按照共商、共建、共享原则合作建设“一带一路”，在中国和阿拉伯世界之间建设和平之路、繁荣之路、开放之路、创新之路、文明之路，使之有助于拓展合作领域，服务双方的共同利益。

六、双方支持世界贸易组织规则框架下的多边贸易体系规则，及其提高世界各国可持续发展水平的目标。

七、双方将秉持相互尊重、公平正义、互利共赢的理念，以构建人类命运共同体为目标，尊重彼此核心利益和重大关切，深化互信和共同利益。

八、双方将按照各自有效的法律和法规，并遵守各自承担的国际义务和承诺，保障中阿各领域务实合作的推进，包括充分依靠既有的双边合作机制及双方共同参与的多边机制，借助行之有效的区域合作平台。

合作成就

九、阿方欢迎“一带一路”倡议，赞赏中阿双方在此框架内合作所取得的丰硕成果，中国同沙特、苏丹、伊拉克、阿曼、卡塔尔、科威特、黎巴嫩、埃及、摩洛哥等9个阿拉伯国家签署了“一带一路”合作文件，同阿联酋、阿尔及利亚、沙特、苏丹和埃及等5个阿拉伯国家签署了产能合作文件，阿联酋、沙特、约旦、阿曼、卡塔尔、科威特和埃及等7个阿拉伯国家成为亚洲基础设施投资银行创始成员国。阿拉伯国家和阿盟积极参与2017年5月在北京举行的第一届“一带一路”国际合作高峰论坛。在此应赞赏中阿企业家大会暨投资研讨会的成果，作为中阿合作论坛最重要的机制之一，其第八届会议将于2019年召开，首要任务是加强双方经贸投资往来和双方私营领域的合作。

2017年，中阿货物贸易额达1 913.52亿美元，同比增长11.9%。双方召开了第五届中阿能源合作大会，双方将于2018年11月5日—8日以“一带一路和广阔的投资机会”为主题在埃及开罗举办第六届大会。双方在油气、电力、核能、可再生能源、能效和核电领域的务实合作不断深入。阿拉伯国家联盟秘书处与中国全球能源互联网发展合作组织（GEIDCO）签署了谅解备忘录。中国国家原子能机构与阿拉伯原子能机构签署了关于建立阿拉伯和平利用核能培训中心的谅解备忘录。

十、中方企业在阿拉伯国家承建的多个“一带一路”倡议重点基建项目取得显著进展，其中包括中国和阿尔及利亚合作建设阿尔及利亚中心港的项目筹备、埃及“斋月十日城”市郊铁路、埃及国家主电网输电线、埃及玻璃纤维生产线、埃及小卫星总装集成测试中心项目、阿联酋哈利法港二期集装箱码头、毛里塔尼亚友谊港扩建、摩洛哥“穆罕默德六世大桥”及包括摩洛哥北部新一代战略项目在内的中摩共建“一带一路”合作成就、卡塔尔路赛体育场、约旦阿塔拉特油页岩发电站、阿曼苏哈尔独立电站项目、苏丹上阿特巴拉水利枢纽等。

中国设立了150亿美元支持中东工业化专项贷款和100亿美元优惠性质贷款。中国在卡塔尔、阿联酋设立人民币清算中心，并同两国设立共计200亿美元的共同投资基金。中埃苏伊士经贸合作区、阿曼杜库姆中阿产业园区、中国沙特吉赞产业集聚区、中国阿联酋产能合作示范园等项目不断推进。

中阿技术转移中心挂牌成立，阿拉伯和平利用核能培训中心、中阿清洁能源培训中心取得积极进展。阿尔及利亚一号通信卫星成功发射，首届中阿北斗论坛成功举办。双方欢迎2018年4月在突尼斯启动的中阿北斗卫星导航系统卓越中心。中国企业中标迪拜哈翔清洁燃煤电站项目。

中阿改革发展研究中心在中国成立并举办四期研修班，中阿翻译联合培养计划已有两批学员毕业。中阿典籍互译出版工程积极推进，中阿友好大会、文明对话、新闻合作论坛等人文交流活动定期举行。

2017年，在华学习的阿拉伯学生达20 149名，有1 129名中国学生赴阿拉伯国家学习，比2012年均有大幅增长。目前，中方已在约旦、阿联酋、巴林、突尼斯、苏丹、科摩罗、黎巴嫩、埃及和摩洛哥等9个阿拉伯国家建立了12所孔子学院和4所孔子课堂。约旦、阿联酋、巴林、突尼斯、阿尔及利亚、苏丹、叙利亚、阿曼、卡塔尔、黎巴嫩、利比亚、埃及和摩洛哥等13个阿拉伯国家已成为中国公民组团出境旅游目的地。每周有195个民航航班往来于中国和阿拉伯国家。

合作重点与举措

十一、双方重申推动各合作领域的政策协调，继续致力于推进中阿“1+2+3”合作格局，即：1. 以能源合作为主轴；2. 以基础设施和贸易、投资便利化为两翼加强双方合作；3. 提升双方在核能、航天卫星和新能源等高科技领域的务实合作水平，和促进稳定、创新合作、产能对接、增进友好四大行动计划，强调根据双方法律法规和相关国际义务，重点开展以下合作：

（一）加强对话协商，就双方发展战略和政策开展交流，根据各自优先方向，推动“一带一路”倡议同阿重大发展战略和政策对接，实现互利共赢。中方与阿拉伯国家将进一步推动签署更多“一带一路”合作文件，包括与沙特签署关于共建“一带一路”倡议与“2030愿景”对接实施方案，与科威特共同编制双边合作规划纲要，做好“一带一路”同其他发展战略的对接协调，包括卡塔尔“2030国家愿景”、巴林“2030经济发展愿景”、埃及“2030愿景可持续发展战略”、摩洛哥王国“经济起飞计划和2014—2020工业振兴计划发展战略”等。突尼斯同中国政府签署谅解备忘录，加入“一带一路”倡议。约旦政府愿同中国政府签署共建“一带一路”谅解备忘录。

（二）进一步推动公路、铁路、桥梁、隧道、民航、建筑以及电力、光纤和通信等重大基础设施项目规划和建设合作，推进产业园区合作，开展阿拉伯半岛铁路网和有关国家高铁等项目合作。

（三）实施好中阿已经开展的务实合作项目，促进海上丝绸之路合作不断走深走实。

（四）深化石油、天然气全产业链合作，推动有关勘探、开采、炼化、储运设施建设等项目。

（五）进一步加强能源领域合作，包括和平利用核能、核电站设计和建造、核安全、核电技术培训、太阳能、风能、水电等，深化中阿新能源和清洁能源合作。共同推动建设全球能源互联网，实现绿色发展。

（六）提高相互开放水平，特别是改善投资环境，加快双边、多边自贸区建设，加强交通运输领域合作。

（七）积极开展“网上丝绸之路（互联网领域）”“空中丝绸之路”及建设“一带一路”空间信息走廊合作，打造立体化、多元化共建网络。实施好埃及二号卫星等项目，在中沙成功完成月球探测基础上，积极推动中国火星探测任务与沙特的合作；积极开展空间技术应用合作，推动风云气象卫星为阿拉伯国家提供气象服务，推动北斗卫星导航合作不断取得新进展。推进科技创新合作和中阿科技伙伴关系。加强通信、信息技术、数字经济等服务领域的合作和互补，实现普惠，共同应对可能出现的挑战，加强通讯和信息技术国际政策的共同协调，推进中阿电子商务合作。

（八）积极探讨货币金融合作，扩大本币在贸易和投资中的使用，加强金融同业交流合作，提供金融支持。

（九）鼓励双方通过高层互访进行信息交流，加强官方与民间交流，支持中阿改革发展研究中心建设，开展治国理政经验交流。深化教育、体育、卫生、艺术、出版、培训等领域合作，推进互设文化中心，推动建立友好城市网络。欢迎于2018年在摩洛哥举办第二届中阿城市论坛。继续对在突尼斯建立中阿旅游和酒店业培训中心进行可行性研究。

（十）支持和帮助巴勒斯坦提升自主发展能力。在确保安全条件下，合作参与和支持地区国家重建进程，通过发展逐步夯实和平、稳定的基础。

十二、阿拉伯国家和阿盟欢迎并将积极参加将于2018年在华举办的中国国际进口博览会。中方支持阿联酋办好2020年迪拜世博会，支持沙特办好2020年二十国集团领导人峰会。

合作保障

十三、双方认为，共建“一带一路”有利于消除隔阂、促进区域经济融合，为实现发展、繁荣提供内生动力，并保障发展权这一基本人权。双方将共同努力为推进建设“一带一路”营造良好环境。

十四、双方将继续丰富文明对话内涵，深化去极端化和反对一切形式恐怖主义的合作。

十五、双方将继续加强维稳能力建设合作，继续落实好中方就开展执法合作、警察培训等项目宣布的3亿美元援助，并根据落实情况和实际需要就新的合作项目进行研究，帮助地区国家提高维稳能力建设。

十六、双方愿加强沟通与合作，完善双边和多边机制，共同维护海上的航行自由和通道安全，共同打击海盗。

愿景展望

十七、双方重申，中阿合作共建“一带一路”，共同责任是尊重《联合国宪章》宗旨原则和国际法，促进和平、推动互利合作，以实现包容和可持续增长与发展、提高人民生活水平；促进中阿合作实现中东和平、安全和稳定，以维护阿拉伯国家的主权、稳定、统一和领土完整；以构建人类命运共同体为目标，建设相互尊重、公平正义、合作共赢的新型国际关系，坚持不干涉内政原则。

十八、双方强调，应依据双方国内现行法律法规及自己的历史传承、文化传统和经济社会发展水平，在共建"一带一路"进程中自主探索符合自身特色的发展道路，在保持自身独立性的同时，坚持商业包容性，不断扩大开放、增进合作，实现发展。

十九、双方致力于继续努力，推进中阿合作共建"一带一路"，为全面合作、共同发展、面向未来的中阿战略伙伴关系开辟更广阔前景。

本宣言于2018年7月10日在北京签署，一式两份，每份均用阿拉伯文和中文两种语言写成，两种文本同等作准。

中华人民共和国代表　　　　阿拉伯国家联盟代表

王　毅
中华人民共和国
国务委员兼外交部长

艾哈迈德•阿布•盖特
阿拉伯国家联盟秘书长

（四）上海合作组织（上合）

简称上合，总部设立在中国上海，成立于2001年，目前有中国、俄罗斯、哈萨克斯坦、吉尔吉斯共和国、塔吉克斯坦、乌兹别克斯坦、巴基斯坦、印度等8个成员国，以及阿富汗、白俄罗斯、蒙古国、伊朗等4个观察员国，阿塞拜疆、亚美尼亚、柬埔寨、尼泊尔、土耳其、斯里兰卡等6个对话伙伴国。

上合组织成员国元首理事会第14次会议近日在塔吉克斯坦首都杜尚别落下帷幕。作为此次峰会的三大成果之一，各成员国完成10年谈判，签署了《上海合作组织成员国政府间国际道路运输便利化协定》，计划2017年建成从连云港至圣彼得堡公路网，使各成员国更好地共享连云港这个出海口。

在上海合作组织秘书处举办的"哈萨克斯坦担任上合组织2016—2017年轮值主席国推介会"上，国家高端智库商务部国际贸易经济合作研究院与上海合作组织秘书处举行了合作框架协议签字仪式。商务部研究院院长顾学明和上海合作组织秘书长阿利莫夫分别代表双方签署合作协议。

2018年7月，中国国家能源局和阿拉伯联盟秘书处在北京中国－阿拉伯国家合作论坛第八届部长级会议上签署了《关于成立中阿清洁能源培训中心的协议》，旨在加强双方在清洁能源领域的交流与合作，共同拓展在清洁能源领域的开发和应用。根据协议，国家能源局与阿盟秘书处拟在北京共同建立中阿清洁能源培训中心，双方将通过该中心组织光伏、光热、风电、智能电网等方面的培训工作。除在北京建立培训中心外，双方还将根据实际情况在阿拉伯国家建立一处或多处分中心。

（五）海湾阿拉伯国家合作委员会（海合会）

简称海合会，总部设立在沙特阿拉伯利雅得，成立于1981年5月，目前有沙特阿拉伯、阿联酋、阿曼、巴林、卡塔尔、科威特、也门等7个成员国。

中国和海合会于2004年启动了自贸协定谈判，并已经进行了5轮谈判。2009年，海合会单方面宣布暂时中止对17个国家和地区组织的自贸谈判，中国海合会谈判也被搁置。中国商务部和海合会秘书处于2016年1月19日共同宣布，中国和海合会于17日恢复自由贸易协定谈判。第六轮谈判于2016年2月29日—3月3日在利雅得举行，双方原则上实质性地结束货物贸易谈判，并就服务贸易、投资、经济技术合作以及货物贸易遗留问题等内容进行了深入交流。第七轮谈判于2016年5

月8日—9日在广州举行，双方继续就服务贸易、投资、经济技术合作以及货物贸易遗留问题等内容进行了深入探讨，谈判取得积极进展。第八轮谈判于2016年10月25日—27日在北京举行，双方就服务贸易、投资、电子商务以及货物贸易遗留问题等内容进行了深入磋商。第九轮谈判于2016年12月19日—21日在利雅得举行，双方就服务贸易、投资、电子商务以及货物贸易遗留问题等内容进行了深入磋商，结束了经济技术合作等章节的谈判。至此双方就15个谈判议题中的9个结束谈判，并就就技术性贸易壁垒、法律条款、电子商务等3个章节内容接近达成一致，在核心的货物、服务等领域取得积极进展。

（六）亚洲开发银行（亚行）

简称亚行，总部设立在菲律宾马尼拉，成立于1966年11月，目前有中国、日本、美国、澳大利亚、阿富汗、韩国、印度、印度尼西亚、马来西亚、哈萨克斯坦、加拿大等68个成员国，其中49个来自亚太地区。中国正在转变经济增长模式，新的模式以创新为驱动、强调质量和可持续性。亚行中国《国别合作伙伴战略》（2016—2020年）与中国政府的“十三五”规划协调一致，也符合亚行的《2020战略》中期检查以及亚行对中高收入国家的援助方式。它帮助中国应对气候变化和环境、包容性增长、知识合作和机构建设等方面的发展挑战。

2014年1月亚行与中国发展和改革委员会以及环境保护部分别签署了有关气候变化的谅解备忘录。中尾武彦与国家发展和改革委员会副主席谢振华签署了解决气候变化问题的谅解备忘录，并与环境保护部部长周生贤签署了关于推动绿色可持续发展的另一份谅解备忘录。未来5年内，亚行为中国提供的支持将着重于应对气候变化，包括试行低碳经济区、提高能源效率、清洁煤技术，以及试点排放交易计划。亚行还将进一步帮助中国治理空气、水和土壤污染，实现湿地、河流、湖泊和森林的可持续性管理，减轻土地退化，保护生物多样性，从而保护环境。亚行将帮助中国在这些领域推进创新。与此同时，亚行还将继续帮助中国解决贫困和不平等加剧问题。通过提高农业生产效率，增加获得金融服务的渠道，改善基础设施建设，亚行将帮助中国解决农村贫困问题。同时，提供最基本的社会服务，尤其是教育和医疗，对于解决城市贫困问题至关重要。亚行将通过分享其他国家的经验教训继续强化对中国的知识支持。在“南南合作”的背景下，亚行还将帮助中国与亚太地区其他发展中国家分享其发展经验。

2014年亚行支持设立中国绿色发展和生态补偿知识中心。

2015年12月亚行与中国贵州省签订贷款协议，批准第一个1.5亿美元的结果导向型贷款，用于支持贵州省职业技术教育和培训改革项目。这是亚行首次在中国采用结果导向型贷款模式，自2013年3月以来，亚行已在6个国家试点这一贷款方式。亚行采用结果导向型贷款方式提供资金援助，通过运用成员国规则体系来支持整个改革项目的实施，将贷款支付与项目结果而非支出情况挂钩，从而更有效地实现项目成果。重点关注创建具有包容性的、能满足产业需求的职业教育体系，从而为贵州省的中长期经济发展提供人力资源基础。

2015年12月亚洲开发银行（亚行）批准向中国提供一笔总额为3亿美元的政策性贷款（PBL），这是亚行首次向中国提供政策性贷款，旨在帮助中国解决长期困扰首都及周边地区的空气污染问题。通过减少该地区的煤炭使用，这些举措也将有助于中国政府实现其在《联合国气候变化框架公约》第21次缔约方会议中承诺的温室气体减排目标。

2016年2月亚洲开发银行（亚行）董事会批准了2016—2020年同中华人民共和国（中国）进行合作的《国别合作伙伴战略》（CPS，《战略》）。新的《国别合作伙伴战略》基于2015年3月亚行行长中尾武彦(Takehiko Nakao)和中国国务院总理李克强之间达成的协议,将直面亚行-中国合作伙伴关系中多方面的扩展和深化,包括公共和私营部门的借贷关系、知识合作、在推动区域和"南南"合作方面的协作,以及中国在亚行业务中作为出资方的作用。

2018年3月亚洲开发银行(亚行)签署了一项价值2亿美元的贷款协议,旨在帮助中国水务集团有限公司(中国水务)在中华人民共和国(中国)改善废水管理,提高供应清洁和可靠用水。

2018年12月亚行已经与中国珠江金融租赁有限公司签署一项总额6 000万美元的贷款协议,以扩大中国中西部地区中小企业的融资渠道。

2018年12月亚洲开发银行(亚行)签署一项1.5亿美元的贷款协议,用于帮助湖北省中东部的宜昌市建设综合养老体系,为中华人民共和国(中国)其他城市示范开展养老服务。

2019年4月亚洲开发银行(亚行)与上海康恒环境股份有限公司(康恒环境)签署了1亿美元贷款协议,为中华人民共和国(中国)低碳静脉产业园(EIP)内具有创新性和社会包容性的垃圾焚烧发电设施融资。此项目将利用领跑市场的焚烧以及烟气处理技术,以可持续的方式处理城市固体废弃物,为电网提供清洁电力,并有望向园内其他不同类型废弃物处理设施输出电力和蒸汽。

(七)亚洲基础设施投资银行(亚投行)

简称亚投行,总部设立在中国北京,成立于2015年12月,目前有中国、俄罗斯、印度、巴基斯坦、哈萨克斯坦、沙特阿拉伯、伊朗、澳大利亚、德国、法国、英国、韩国、马来西亚、中国香港地区、巴西等77个成员国和地区。中国为第一大股东。

2016年4月13日世界银行与亚洲基础设施投资银行在华盛顿签署首份联合融资框架协议。世界银行13日在一份声明中表示,世行行长金镛与亚投行行长金立群当天分别代表两家机构签署了这份联合融资框架协议。该协议概述了两家机构进行联合融资的一系列条款,为两家机构年内共同开发项目铺平道路。

(八)金砖国家新开发银行(金砖银行)

简称NDB,又名金砖银行。是在2012年提出的,目的是金融危机以来,金砖国家为避免在下一轮金融危机中受到货币不稳定的影响,计划构筑的一个共同的金融安全网,可以借助于这个资金池兑换一部分外汇用来应急。简称金砖银行,总部设立在中国上海,成立于2014年7月,目前有中国、印度、俄罗斯、巴西、南非等成员国。

2015年7月21日,金砖国家新开发银行开业。2017年9月4日,中国向金砖国家新开发银行项目准备基金捐赠仪式在厦门举行。财政部副部长史耀斌与新开发银行行长卡马特签署了中国捐赠400万美元的协议。

金砖国家新开发银行2017年9月3日往厦门与我国福建、湖南、江西三省分别签署贷款协议,以支持这3个省有关绿色发展项目建设。此次签署的3个项目贷款总规模达8亿美元,将分别用于福建省莆田平海湾海上风电项目、湖南省长株潭绿心区域生态综合治理项目、江西省工业低碳转型绿色发展示范项目。

(九)亚洲太平洋经济合作组织(亚太经合组织)

简称亚太经合组织,总部设立在新加坡,成立于1989年,目前有中国、美国、俄罗斯、日本、澳大利亚、韩国、加拿大、智利、秘鲁、越南、菲律宾等21个成员国。

2013年印度尼西亚巴厘岛会议重点讨论了茂物目标、互联互通、可持续和公平增长等议题，发表了《活力亚太，全球引擎——APEC第二十一次领导人非正式会议宣言》和《支持多边贸易体制和世界贸易组织第九届部长级会议声明》。

2014年11月10日至11日，APEC第二十二次领导人非正式会议在北京举行，会议主题为“共建面向未来的亚太伙伴关系”，讨论了推动区域经济一体化，促进经济创新发展、改革与增长，加强全方位基础设施与互联互通建设三项重点议题。会议取得多项重要成果，发表了《北京纲领：构建融合、创新、互联的亚太——APEC领导人宣言》和《共建面向未来的亚太伙伴关系——APEC成立25周年声明》。

2015年菲律宾马尼拉会议重点讨论了区域经济一体化、中小企业、人力资源开发、可持续增长等议题，发表了《领导人宣言——打造包容性经济，建设更美好世界：亚太大家庭愿景》并通过《APEC加强高质量增长战略》和《APEC服务业合作框架》。

2016年11月秘鲁首都利马峰会围绕全球经济和贸易状况、创新和可持续经济发展、促进人类发展等议题展开讨论。

2016年11月20日，亚太经合组织第24次领导人非正式会议在秘鲁利马举行。国家主席习近平出席并发表题为《面向未来开拓进取促进亚太发展繁荣》的重要讲话。

（十）阿拉伯石油输出国组织（OAPEC）

简称OAPEC。阿拉伯石油输出国组织是阿拉伯石油生产国为维护自身利益、反对西方石油公司的垄断和剥削而建立的组织。1968年1月9日，利比亚、沙特阿拉伯和科威特三国在贝鲁特创建了阿拉伯石油输出国组织，总部设在科威特城，共有11个成员国：阿尔及利亚、利比亚、巴林、埃及、伊拉克、卡塔尔、沙特阿拉伯、科威特、叙利亚、突尼斯、阿拉伯联合酋长国。其宗旨是：协调成员国间的石油政策，协助交流技术情报，提供培训和就业机会，探讨成员国之间在石油工业方面进行合作的方式和途径，利用成员国的资源和潜力，建立石油工业各个领域的联合企业，维护成员国的利益。

2019年2月15日—18日，中国国家发展改革委副主任宁吉喆访问科威特，重点就发展中科友好关系、共建“一带一路”和“丝绸城和五岛”合作建设深入交换意见。访问期间，中科签署了一项822亿美元的协议。中科将耗资822亿美元开发Madeenat Al Hareer（丝绸新城）。丝绸新城将包括：一个自然保护区、免税区和新机场的Burj Mubarak Al Kabir塔、一个大型商业中心和其他设施，此外还有5个科威特岛屿。而第一阶段的目标是：在穆巴拉克港建立一个区域贸易区、一个货物物流区、一条运送货物和人员的国际机场及铁路，以及一个面向中小型企业的工业城市。两国将与中国交通建设股份有限公司合作，开始收集信息，并为穆巴拉克港第一阶段的投资、实施和运营制订一个工作计划。

2019年2月21日沙特阿拉伯王储默德·本·萨勒曼一行抵达北京，对中国进行访问。沙特阿拉伯支持中国的“一带一路”倡议，愿将沙方“2030愿景”同“一带一路”倡议对接。在沙特阿拉伯投资机构与中方举办的联合投资论坛上，中沙签署了35份协议和谅解备忘录，签约总金额超过280亿美元，涉及石油化工、制造业、新能源、通信等各行业。

（十一）亚洲奥林匹克理事会（亚奥理事会）

简称亚奥理事会。成立于1982年11月16日，其前身为1949年2月13日在新德里成立的亚洲运动会联合会。总部设在科威特。它是全面管理亚洲奥林匹克运动的唯一组织，是代表亚洲与国际奥委会和其他洲级体育组织联系的全权代表。负责协调亚洲国家和地区之间的体育活动，在亚洲宣传奥林匹克理想，保证4年一届的亚运会顺利举行。目前有中国、沙特阿拉伯、日本、韩国、印度、巴基斯坦、阿富汗、印度尼西亚等45个成员。

2017年11月10日，中国大学生体育协会、中国中学生体育协会与阿里体育在上海交通大学联合召开新闻发布会，宣布签署10年战略合作协议。双方第一期合作将从跑步、足球、功守道、英式橄榄球入手，协力运营校园体育比赛，倡导受益终生的体育理念和生活方式，推进校园体育长期、良性的发展。

二、经济走廊的合作

（一）新亚欧大陆桥经济走廊

5年多来，新亚欧大陆桥经济走廊区域合作日益深入，将开放包容、互利共赢的伙伴关系提升到新的水平，有力推动了亚欧两大洲经济贸易交流。《中国－中东欧国家合作布达佩斯纲要》和《中国－中东欧国家合作索菲亚纲要》对外发布，中欧互联互通平台和欧洲投资计划框架下的务实合作有序推进。匈塞铁路塞尔维亚境内贝旧段开工。中国西部—西欧国际公路（中国西部—哈萨克斯坦—俄罗斯—西欧）基本建成。

（二）中蒙俄经济走廊

中蒙俄三国积极推动形成以铁路、公路和边境口岸为主体的跨境基础设施联通网络。2018年，三国签署《关于建立中蒙俄经济走廊联合推进机制的谅解备忘录》，进一步完善了三方合作工作机制。中俄同江－下列宁斯阔耶界河铁路桥中方侧工程已于2018年10月完工。黑河－布拉戈维申斯克界河公路桥建设进展顺利。中俄企业联合体基本完成莫喀高铁项目初步设计。三国签署并核准的《关于沿亚洲公路网国际道路运输政府间协定》正式生效。中蒙俄（二连浩特）跨境陆缆系统已建成。

（三）中国－中亚－西亚经济走廊

5年多来，该走廊在能源合作、设施互联互通、经贸与产能合作等领域合作不断加深。中国与哈萨克斯坦、乌兹别克斯坦、土耳其等国的双边国际道路运输协定，以及中巴哈吉、中哈俄、中吉乌等多边国际道路运输协议或协定相继签署，中亚、西亚地区基础设施建设不断完善。中国－沙特阿拉伯投资合作论坛围绕共建"一带一路"倡议与沙特阿拉伯"2030愿景"进行产业对接，签署合作协议总价值超过280亿美元。中国与伊朗发挥在各领域的独特优势，加强涵盖道路、基础设施、能源等领域的对接合作。推进《中亚区域运输与贸易便利化战略（2020）》运输走廊建设中期规划有序实施；完成了《上海合作组织成员国政府间国际道路运输便利化协定》的制定、谈判、签署和生效工作；开展了与中亚有关国家国际道路运输协议谈判，签订了《中哈俄国际道路临时过境货物运输协议》并组织开展了试运行活动。

（四）中国－中南半岛经济走廊

5年多来，该走廊在基础设施互联互通、跨境经济合作区建设等方面取得积极进展。昆（明）曼

(谷)公路全线贯通，中老铁路、中泰铁路等项目稳步推进。中老经济走廊合作建设开始启动，泰国“东部经济走廊”与“一带一路”倡议加快对接，中国与柬老缅越泰(CLMVT)经济合作稳步推进。中国－东盟(10+1)合作机制、澜湄合作机制、大湄公河次区域经济合作(GMS)发挥的积极作用越来越明显。雅万高铁、中泰铁路、中老铁路和马来西亚南部铁路等一批高铁和铁路建设合作项目取得阶段性成果；完成了《大湄公河次区域交通发展战略规划(2006—2015)》的实施工作，初步形成了该次区域9大交通走廊；《大湄公河次区域便利货物及人员跨境运输协定》的实施和修订工作取得突破性进展，各国达成了新的便利化措施和实施时间表；启动了中老缅泰澜沧江－湄公河国际航道二期整治前期工作；中越北仑河二桥主体建设顺利完工。

三、国际组织综合合作

(一) 中国政府与有关国际组织签署“一带一路”合作文件，包括联合国开发计划署、联合国工业发展组织、联合国人类住区规划署、联合国儿童基金会、联合国人口基金、联合国贸易与发展会议、世界卫生组织、世界知识产权组织、国际刑警组织。

(二) 中国政府部门与有关国际组织签署“一带一路”合作文件，包括联合国欧洲经济委员会、世界经济论坛、国际道路运输联盟、国际贸易中心、国际电信联盟、国际民航组织、联合国文明联盟、国际发展法律组织、世界气象组织、国际海事组织。

(三) 全球能源互联网发展合作组织与联合国经济和社会事务部、联合国亚洲及太平洋经济社会委员会、阿拉伯国家联盟、非洲联盟、海湾合作委员会互联电网管理局签署能源领域合作备忘录。

(四) 中国海关总署与国际道路运输联盟签署促进国际物流大通道建设及实施《国际公路运输公约》的合作文件。

(五) 中国财政部与亚洲开发银行、亚洲基础设施投资银行、欧洲复兴开发银行、欧洲投资银行、新开发银行、世界银行集团6家多边开发机构签署关于加强在“一带一路”倡议下相关领域合作的谅解备忘录。

(六) 中国财政部联合多边开发银行将设立多边开发融资合作中心。

(七) 中国政府与联合国教科文组织签署《中国－联合国教科文组织合作谅解备忘录(2017—2020年)》。

(八) 中国政府与世界粮食计划署、联合国国际移民组织、联合国儿童基金会、联合国难民署、世界卫生组织、红十字国际委员会、联合国开发计划署、联合国工业发展组织、世界贸易组织、国际民航组织、联合国人口基金会、联合国贸易和发展会议、国际贸易中心、联合国教科文组织等国际组织签署援助协议。

(九) 金砖国家领导人第八次会晤

金砖国家领导人第八次会晤2016年11月16日在印度南部城市果阿举行，会议通过了《果阿宣言》。金砖五国还签署了农业研究、海关合作等方面的谅解备忘录和文件。分析人士指出，这次会晤取得了重要成果，提振了金砖国家的信心，为金砖国家今后合作提供了新动力。

在果阿会晤上，金砖五国决定加强务实合作。五国同意进一步推动保险和再保险市场合作、税收体系改革、海关部门互动等，并探讨设立一个金砖国家评级机构的可能性。此外，五国就在农业、信息技术、灾害管理、环境保护、妇女儿童权利保护、旅游、教育、科技、文化等领域加强合作也进行了沟通协调。

(十) 亚投行与各国之间的合作。自2016年1月开业以来，亚投行迅速展开投资，已批准34个项目，批准投资达70亿美元。在埃及，一片沙漠被改造为该国第一个太阳能村；在菲律宾，得益于改善后的排水系统和抽水站，马尼拉21万户家庭、97万人免受洪水的威胁；在塔吉克斯坦，3个发电机组效率提升，将帮助该国七成电力短缺人口过冬；在孟加拉国，天然气生产和输送效率的提升，可以解决1.6亿人口的能源供应短缺问题；在印度古吉拉特邦，1 060个村庄的道路被修缮，方便了800万人出行……亚投行正助力全球数以亿计的人们改善生活，不断创造着"点石成金"的发展奇迹。

亚投行已经与世界银行、亚洲开发银行、欧洲复兴开发银行、欧洲投资银行等签署合作协议，非洲开发银行、伊斯兰开发银行、泛美开发银行也充分表达了合作意愿。亚洲开发银行行长中尾武彦表示，亚投行是"亚行在亚洲一个新的强大伙伴"。世界银行行长金墉认为，亚投行与世行拥有共同的目标，即消除极端贫困。

亚洲基础设施投资银行（亚投行，AIIB）行长金立群2016年5月2日在德国法兰克福召开的亚洲开发银行（亚开行，ADB）第49届年会期间与该行行长中尾武彦共同签署了一项旨在增强两家机构合作关系的谅解备忘录。其中涉及的合作内容包括一系列合作融资项目。双方未来还将定期举行高级别磋商。亚投行方面2日透露，已与亚开行就道路和供水领域的共同融资项目展开讨论。首批项目预计将包括巴基斯坦的M4高速路，这是一条将连接该国旁遮普省的绍尔果德与哈内瓦尔的64千米长的高速公路。接下来通过各自成员国之间合作融资、知识共享、共同政策对话等机制，两家机构将在能源、交通、电信、农村和农业建设、水资源、城镇化建设和环境保护领域展开合作。根据上述谅解备忘录，双方将合作推出融资项目。双方同意，将在优势互补、创造附加值、加强制度建设、发挥比较优势、推动互惠共赢等基础上，加强彼此在战略和技术层面领域的合作融资等合作。双方将定期举行成员国之间的高级别磋商，并联合采集数据，以促进联合国可持续发展目标以及巴黎气候协议的达成。

（十一）中国与蒙古国、阿富汗等国，世界卫生组织等国际组织，比尔及梅琳达•盖茨基金会等非政府组织相继签署了56个推动卫生健康合作的协议。

第二节　国家与国家之间的合作

一、中国与多国合作

（一）中国政府与有关国家政府签署政府间"一带一路"合作谅解备忘录，包括蒙古国（东亚）、巴基斯坦（南亚）、尼泊尔（南亚）、东帝汶（东盟）、新加坡（东盟）、缅甸（东盟）、马来西亚（东盟）。

（二）中国政府与老挝、柬埔寨政府签署共建"一带一路"政府间双边合作规划。

（三）中国政府与乌兹别克斯坦、土耳其、白俄罗斯政府签署国际运输及战略对接协定。

（四）中国政府与巴基斯坦、越南、柬埔寨、老挝、菲律宾、印度尼西亚、乌兹别克斯坦、白俄罗斯、蒙古国、肯尼亚、埃塞俄比亚、斐济、孟加拉国、斯里兰卡、缅甸、马尔代夫、阿塞拜疆、格鲁吉亚、亚美尼亚、阿富汗、阿尔巴尼亚、伊拉克、巴勒斯坦、黎巴嫩、波黑、黑山、叙利亚、塔吉克斯坦、尼泊尔、塞尔维亚等30个国家政府签署经贸合作协议。

（五）我国已与"一带一路"沿线国家签署了包括《上海合作组织成员国政府间国际道路运输便利化协定》《中国－东盟海运协定》等130多个涉及铁路、公路、海运、航空和邮政的双边和区域运输协定。

（六）中国与沿线有关国家制定了中亚区域交通发展战略、大湄公河次区域交通发展战略，与东盟通过了有关交通规划对接和技术合作文件。

（七）中蒙俄完成了《沿亚洲公路网政府间国际道路运输协定》的签署工作，并组织开展了三国卡车试运行活动；在既有铁路合作文件基础上，中蒙双方磋商后续行动计划，中蒙俄启动铁路通道研究工作。

（八）中国与“一带一路”沿线62个国家签订了双边政府间航空运输协定，与东盟签订了首个区域性的航空运输协定。与俄罗斯、亚美尼亚、印度尼西亚、柬埔寨、孟加拉、以色列、蒙古国、马来西亚、埃及等沿线国家举行双边航空会谈并扩大了航权安排。

（九）中国与印度尼西亚、缅甸、塞尔维亚、新加坡、沙特阿拉伯等国签订了文化遗产合作文件。中国、哈萨克斯坦、吉尔吉斯共和国“丝绸之路：长安－天山廊道的路网”联合申遗成功。

二、中国与亚洲31个国家国别合作

（一）与泰国

中泰是友好近邻，两国关系保持健康稳定发展，双方领导人往来频繁，各领域交流合作广泛、深入，人民之间有着深厚的友好感情。1975年7月1日，中泰两国正式建交，建交后两国各领域友好合作关系全面、顺利发展。2012年4月，中泰两国建立全面战略合作伙伴关系，是东盟成员国中第一个与中国建立战略性合作关系的国家。2009年6月，两国签署《扩大和深化双边经贸合作的协议》。2011年签署《双边货币互换协议》。2012年4月，两国签署《经贸合作五年发展规划》。2014年12月，两国央行签署《关于在泰国建立人民币清算安排的合作谅解备忘录》，并续签《双边本币互换协议》。2017年中国政府与泰国政府签署政府间和平利用核能协定。

2017年3月29日，国家发展改革委员会副主任、国家能源局局长努尔·白克力与泰国能源部部长阿兰他蓬·甘乍纳拉在北京签署《中华人民共和国政府和泰王国政府和平利用核能合作协定》，双方就两国在核电、电力联网、电力贸易等领域的合作深入交换了意见。

（二）与马来西亚

中国和马来西亚两国于1974年5月31日正式建立外交关系。建交后，两国关系总体发展顺利。1999年，两国签署关于未来双边合作框架的联合声明。2004年，两国领导人就发展中马战略性合作达成共识。2013年，两国建立全面战略伙伴关系。

2009年，两国签署《高等教育合作谅解备忘录》。2011年，两国签署《关于高等教育学位学历互认协议》。2012年，两国签署《打击跨国犯罪的合作协议》。2015年，两国签署《刑事司法协助条约》《在马来西亚设立中国文化中心的谅解备忘录》。2016年，两国签署《农业合作谅解备忘录》，并续签了《教育合作谅解备忘录》。2017年，两国签署《关于通过中方“丝绸之路经济带”和“21世纪海上丝绸之路”倡议推动双方经济发展的谅解备忘录》《中国商务部同马来西亚交通部关于基础设施建设领域合作谅解备忘录》。2017年4月8日—11日，应马来西亚自然资源与环境部邀请，水利部长陈雷率团访马，并于10日代表中国政府与马方签署《马来西亚政府与中华人民共和国政府水资源领域谅解备忘录》。该备忘录为马来西亚首个水资源领域政府间双边合作协议。马来西亚希望与中方在协议框架下深入开展合作，中方表示愿与马方在双边机制下，加强交流合作，分享中国在水资源领域治水、管水、兴水的相关经验和做法。2018年，两国签署了《跨境会计审计执法合作备忘录》《马来西亚冷冻榴莲输华检验检疫要求的议定书》等。

"一带一路"倡议以来，中马两国重要的双边文件有《中华人民共和国政府与马来西亚政府关于中马战略性合作共同行动计划》(2009年6月)，《中华人民共和国和马来西亚联合新闻稿》(2013年10月)，《中华人民共和国和马来西亚建立外交关系40周年联合公报》(2014年5月)，《中华人民共和国和马来西亚联合声明》(2015年11月)，《中华人民共和国和马来西亚联合新闻声明》(2016年11月)，《关于通过中方"丝绸之路经济带"和"21世纪海上丝绸之路"倡议推动双方经济发展的谅解备忘录》(2017年5月)，《中华人民共和国政府和马来西亚政府联合声明》(2018年8月)。

（三）与韩国

中韩于1992年8月建立外交关系以来，两国关系迅速发展。中韩不断开展高层往来，增进互信共识，拓展合作领域，深化合作层次。1998年，中韩最高领导人同意两国建立面向21世纪的合作伙伴关系。2000年，两国宣布将中韩友好合作关系推向全面发展的新阶段。2003年7月，胡锦涛与卢武铉在北京会晤时，双方同意将中韩关系提升为全面合作伙伴关系。2008年5月，胡锦涛在人民大会堂同韩国总统李明博举行会谈。两国元首一致同意，顺应两国关系发展的现实需要和长远要求，将中韩全面合作伙伴关系提升为战略合作伙伴关系。

重要双边协议有《中韩关于韩国在武汉设立总领事馆的换文》(2009年)，《中韩联合新闻公报》(2012年)，《中韩关于中国在济州设立总领事馆的换文》(2012年)，《中韩面向未来联合声明》(2013年)，《中韩联合声明》(2014年)，《中韩领事协定》(2014年)，《中韩自由贸易协定》(2015年)。

2012年5月中韩启动自由贸易协定政府间谈判，2014年11月双方宣布完成实质性谈判并签署有关谅解备忘录。2015年6月双方正式签署协定，同年12月20日协定正式生效。2017年12月文在寅总统访华期间，双方宣布启动协定第二阶段谈判。

2014年7月中韩宣布在韩国先行建立人民币对韩元直接交易机制，在韩国首尔建立人民币清算安排，选择在首尔的中国交通银行作为人民币业务清算行，同年11月该清算行业务启动。2015年3月韩国正式加入亚投行。2016年6月人民币对韩元直接交易在中国正式启动。2017年10月中国人民银行和韩国银行续签本币互换协议，协议延长3年，规模为3 600亿元人民币。

2015年10月31日，在李克强总理和朴槿惠总统见证下，双方签署了《关于在丝绸之路经济带和21世纪海上丝绸之路建设以及欧亚倡议方面开展合作的谅解备忘录》，以及其他一系列文件。双方将共同挖掘"一带一路""欧亚倡议"与两国自身发展的契合点，共同推进在政策沟通、设施联通、投资贸易畅通、资金融通、人员交流等领域开展合作，实现两国共同发展目标，将地缘毗邻、经济互补、人文交流的优势转化为务实合作、经济增长的优势，使两国经济纽带更加牢固、人文联系更加紧密。同时，双方希望"一带一路"与"欧亚倡议"涉及的广大地区国家加强合作，发展和加强区域间互联互通，促进和深化与有关国家的全方位合作，共同建设开放、包容、均衡、普惠且互联互通、创新、信任的经济合作架构，促进地区和平与发展。

实现两大倡议对接，双方将打造新的合作亮点，构建新的合作平台。韩国制订实施创新经济行动计划，中国正在实施创新驱动发展战略，两国在重视创新的理念上具有较高的契合度。中国"大众创业、万众创新"同韩国"创造型经济""中国制造2025"同韩国"制造业革新3.0"、中韩共同开拓第三方市场开展国际产能合作同时实现成功对接。在现有高水平互利合作的基础上，双方将加强创新、智能制造、高端技术研发等合作，助推两国经济转型升级。双方还将发挥各自比较优势，推动两国企业强强联合，探索在包括东盟国家在内的第三国开展基础设施和产能合作，共同开拓国际市场，支持有关国家提升工业化和城镇化水平，促进地区互联互通，更好实现互利共赢、共同发展。

（四）与新加坡

1980年6月14日，中国和新加坡关于互设商务代表处协议在北京签字，次年9月两国商务代表处正式开馆。中国和新加坡自1990年10月3日建交以来，两地在各领域的互利合作成果显著。1999年10月，中新签署《经济合作和促进贸易与投资的谅解备忘录》，建立了两国经贸磋商机制。双方还签署了《促进和保护投资协定》《避免双重征税和防止漏税协定》《海运协定》《邮电和电信合作协议》《成立中新双方投资促进委员会协议》等多项经济合作协议。2008年10月两国签署中新自由贸易协定，2009年1月1日正式生效。

2007年7月，双方签署《关于借鉴运用新加坡园区管理经验开展中西部开发区人才培训合作的谅解备忘录》。2007年，两国有关部门分别签署《出入境卫生检疫合作谅解备忘录》和《关于在城镇环境治理和水资源综合利用领域开展交流与合作的谅解备忘录》。2009年以来，双方已联合举办4届“中新领导力论坛”。2012年7月，两国签署中新自贸协定框架下有关银行业事项的换文。2012年9月，首届中新社会管理高层论坛在新加坡举行，双方签署关于加强社会管理合作的换文。2013年3月，中国人民银行同新加坡金融管理局续签中新双边本币互换协议，互换规模扩大至3 000亿元人民币/600亿新加坡元，有效期3年。10月，中国人民银行确定新加坡市场人民币合格境外机构投资者（RQFII）投资额度为500亿元人民币。2014年7月，第二界中新社会治理高层论坛在华举行。2013年10月，双方签署《关于农产品质量安全和粮食安全合作的谅解备忘录》。2018年4月中新两国签署了开展第三方市场合作谅解备忘录。

2018年11月14日发表《中华人民共和国和新加坡共和国政府联合声明》，声明如下：

一、应新加坡共和国总理李显龙邀请，中华人民共和国国务院总理李克强于2018年11月12日—16日对新加坡进行正式访问。

访问期间，李克强总理同李显龙总理举行会谈，会见哈莉玛总统，双方全面梳理各领域合作进展，规划部署两国关系未来发展，并就共同关心的地区和国际问题交换意见。

二、新方祝贺中国改革开放40年取得的伟大成就，祝愿中国人民在实现发展目标过程中不断取得新进展，享有持久和平、稳定与繁荣。中方赞赏新加坡为中国改革开放做出的贡献，祝愿新加坡继续保持发展和繁荣。

三、双方一致认为，中新关系有着突出的与时俱进、前瞻性和战略性特点。双方务实合作成果丰硕，具有示范效应，不仅为两国和两国人民带来实实在在的利益，也为地区和世界的繁荣与稳定做出贡献。两国副总理共同主持的双边合作联委会为推动和指导两国各领域合作，发展中新与时俱进的全方位合作伙伴关系发挥了重要作用。

四、双方一致认为，要在两国老一辈领导人奠定的基础上，保持密切高层交往，深化相互理解和信任。双方将继续在相互尊重、主权平等和互不干涉内政的原则基础上发展中新友好关系。新方将继续奉行一个中国政策。

五、双方一致认为，“一带一路”合作是当前中新关系的新重点。双方将继续加强“一带一路”框架下互联互通合作、金融支撑合作、三方合作，以及法律与司法这一新的重点领域合作。契合两国发展需要，把中新（重庆）战略性互联互通示范项目“国际陆海贸易新通道”和三方合作打造成两大合作新亮点。双方同意提升两国间各种交通方式的互联互通，进一步加强航空客货往来，加强人文交流，促进旅游发展，从而支持"一带一路"倡议。双方同意基于规则的营商环境有利于推进"一带一路"建设，将加强法律、司法交流与合作。

六、双方一致认为，中新经贸合作成果丰硕，双方在此访期间签署关于升级双边自由贸易协定的议定书，推动中新经贸合作再上新台阶。双方将继续推动苏州工业园区、天津生态城和中新(重庆)战略性互联互通示范项目三个政府间合作项目深入发展，推广和复制成功经验，发挥示范和引领作用。双方欢迎2018年中新天津生态城庆祝开工建设10周年，期待2019年庆祝中新苏州工业园区建设25周年。双方欢迎中新广州知识城上升为国家级双边合作项目，将继续提升共建水平，扩展在科技创新、高端制造业、知识产权保护和人才培养等领域合作。双方将继续通过7个地方合作机制开拓新的合作领域，不断为新加坡参与中国地方经济发展注入新动力。双方欢迎新加坡和上海市探讨建立全面合作机制。

七、双方将加强跨境金融监管合作以防范金融风险，继续加强金融合作。双方欢迎新加坡金融管理局同中国人民银行签署金融科技合作协议，同中国证监会签署期货监管合作与信息交换谅解备忘录。双方鼓励两国金融机构按照市场化、商业化原则为贸易和投资提供融资支持，包括为区域内的"一带一路"项目提供融资。中方欢迎新加坡核准"一带一路"融资指导原则。

八、双方一致同意在现有紧密的文化合作基础上，落实好双方签署的文化合作谅解备忘录2018—2020年交流执行计划，进一步扩大和深化人文交流合作。双方将继续开展各层级的官员交流互访活动，办好中新领导力论坛和中新社会治理高层论坛，落实好两国中高级官员交流项目的框架协议。双方同意加强教育合作，探讨按照对等互惠原则商签两国大学生实习交流项目协议。

九、双方同意深化城市治理合作，加强经验共享，促进知识、理念和方法创新，解决双方城市当前和未来面临的挑战，共同打造具有经济竞争力、环境可持续发展、居民生活质量高的宜居城市。

十、双方高度重视科技创新对经济社会发展的作用，一致认为中新在科技创新领域互补性强、合作空间大，将以中新联合研究计划为载体，开展联合研发、人员交流培养、技术转移经验分享。双方将继续加强生态文明、循环经济、环境研究、发展和治理等领域合作，落实2030年可持续发展议程和巴黎协定，促进中国－东盟环境合作。双方共同支持启动"一带一路"绿色发展国际联盟。

十一、双方一致同意进一步推进法律、司法合作。加强防灾减灾、应急救援和执法合作，包括共同打击跨境犯罪、腐败、洗钱、网络犯罪和毒品犯罪。双方同意启动刑事司法协助条约谈判。双方认为，年度中新法律和司法圆桌会议是双边法律司法合作和"一带一路"合作的重要平台，欢迎两国最高法院签署关于承认与执行商事案件金钱判决的指导备忘录，期待双方加强"一带一路"法律、司法合作。

十二、双方将继续加强防务部门沟通，加强高层互访，出席各自主办的北京香山论坛和香格里拉对话会等多边防务论坛，拓展中国人民解放军和新加坡武装部队的务实合作，推动两国防务智库间机制化交流。双方同意开展2019年两国陆军"合作"系列联训，更新2008年签署的防务交流和安全合作协议。继续加强中国－东盟防务合作，继续举行中国－东盟海上联演。

十三、双方积极评价中国－东盟关系发展。中方赞赏新加坡过去3年担任中国－东盟关系协调国以及2018年担任东盟轮值主席国为推动中国－东盟关系发展所作贡献。中方欢迎新加坡东盟轮值主席国任内取得的成绩和提出的主要倡议。2018年是中国－东盟建立战略伙伴关系15周年，双方欢迎在第21届中国－东盟领导人会议上通过《中国－东盟战略伙伴关系2030年愿景》，积极评价2018中国－东盟创新年取得务实成果，包括中方支持东盟智慧城市网络建设。双方重申将共同维护和促进地区和平、安全和稳定。

十四、双方重申将共同坚持基于规则的多边主义，维护《联合国宪章》宗旨和原则，坚持国际法，加强在联合国等多边机制中的协调与配合。双方积极评价《联合国调解协议公约》对维护基于规则的多边秩序的重要性，愿考虑适时签署。

十五、双方一致认为，中新同为自由贸易的贡献者和受益者，拥有广泛共同利益，愿共同维护世界贸易组织体现的以规则为基础的多边贸易体制，推动经济全球化朝着开放、包容、普惠、平衡、共赢方向发展。双方愿共同努力，推动“区域全面经济伙伴关系协定”谈判早日完成。

十六、双方欢迎访问期间签署的一系列双边合作文件（清单附后）。

十七、李克强总理感谢新加坡政府的热情接待，欢迎李显龙总理2019年赴华出席第二届“一带一路”国际合作高峰论坛。李显龙总理接受了邀请。

附件

李克强总理访新双边合作文件清单

一、两国政府《关于升级〈中华人民共和国和新加坡共和国自由贸易协定〉的议定书》

二、两国政府《关于中新（重庆）战略性互联互通示范项目“国际陆海贸易新通道”建设合作的谅解备忘录》

三、两国政府《关于中新广州知识城升级合作的框架协议》

四、宣布新加坡成为“一带一路”融资指导原则的签署方

五、中国发展改革委员会同新加坡国家发展部《关于加强城市治理、规划和管理合作的谅解备忘录》

六、中国文化和旅游部同新加坡文化、社区及青年部和通讯及新闻部《文化合作谅解备忘录2018—2020年交流执行计划》

七、中国生态环境部同新加坡环境及水源部环境合作备忘录

八、中国人民银行同新加坡金融管理局《关于金融科技合作协议》

九、中国证监会同新加坡金融管理局《关于期货监管合作与信息交换谅解备忘录》

十、中国海关总署同新加坡关税局《关于国际贸易“单一窗口”合作的框架协议》

十一、中新广州知识城管委会同新加坡星桥腾飞集团《关于合作共建中新国际科技创新合作示范区的谅解备忘录》。

（五）与柬埔寨

1958年7月19日中柬两国正式建交。长期以来，中国几代领导人与柬埔寨太皇西哈努克建立了深厚的友谊，为两国关系的长期稳定发展奠定了坚实的基础。2010年12月，两国建立全面战略合作伙伴关系，双边关系进入新的发展阶段。

2016年10月13日下午，国家主席习近平对柬埔寨进行国事访问期间，在中柬两国元首共同见证下，国家发展改革委员会主任徐绍史代表中国政府与柬埔寨政府代表、财政与经济部大臣安蓬•莫尼拉签署了《中华人民共和国和柬埔寨王国关于编制共同推进“一带一路”建设合作规划纲要的谅解备忘录》。

该备忘录是继老挝之后，中国与中国－中南半岛经济走廊沿线国家签署的第二个政府间共建“一带一路”合作文件。根据备忘录，中柬双方将围绕“一带一路”倡议深化合作，共同编制《中华

人民共和国与柬埔寨王国共同推进"一带一路"建设合作规划纲要》(以下简称《规划纲要》),并共同推进中国-中南半岛经济走廊建设。该备忘录的签署,将推动中柬在"一带一路"框架下全面务实合作,树立中国-中南半岛国家双边合作又一典范。

2016年11月13日,国家主席习近平在金边会见柬埔寨国王西哈莫尼。双方同意加快两国发展战略对接,制定并实施好共同推进"一带一路"建设合作规划纲要,采取措施扩大双边贸易规模,加强在产能、投资、农业、水利、基础设施建设、能源、通信、工业、海洋等领域合作,继续实施好西哈努克港经济特区等合作项目。

会谈后,两国领导人共同见证了外交、共建"一带一路"、产能合作、海洋等领域多项双边合作文件的签署,并共同出席金边中国文化中心揭牌仪式。两国发表联合声明,声明中明确,双方高度评价中柬经贸合作取得的积极进展,同意加快中国"一带一路"倡议、"十三五"规划同柬埔寨"四角"战略、"2015—2025工业发展计划"的有效对接,制定并实施好共同推进"一带一路"建设合作规划纲要,落实好产能和投资合作谅解备忘录及产能与投资合作重点项目协议。

声明称,访问期间双方签署了《中柬两国政府经济技术合作协定》《关于编制共同推进"一带一路"建设合作规划纲要的谅解备忘录》《关于确认并共同推动产能与投资合作重点项目的协议》等31份合作文件。

(六)与越南

中越两国于1950年1月18日建交,尚未从内战中恢复的中国开始向越南无偿提供了累计达几千亿元人民币的资金和几百万吨的物资,越南爆发战争后,更有大量物资无偿赠送给越南并派出大量科技人员帮助越南发展工业,支持越南作战,最终迫使美国签订停战协议。中国一直还以很低廉的价格把矿产品出售给越南。

2017年11月12日,中共中央总书记、国家主席习近平在河内同越共中央总书记阮富仲举行会谈。会谈后,两国领导人共同见证了共建"一带一路"和"两廊一圈"合作备忘录以及产能、能源、跨境经济合作区、电子商务、人力资源、经贸、金融、文化、卫生、新闻、社会科学、边防等领域合作文件的签署。

(七)与老挝

1961年4月25日,中国和老挝正式建立外交关系。20世纪70年代末至80年代中,双方关系曾出现曲折。1989年中老关系正常化,双边关系得到全面恢复和发展,在政治、经济、军事、文化、卫生等领域的友好交流与合作不断深化,双方在国际和地区事务中保持密切协调与合作。老挝政府坚持一个中国立场,支持中国人民和平统一大业。2009年9月,中共中央总书记、国家主席胡锦涛与访华的老挝人民革命党中央委员会总书记、国家主席朱马里•赛雅颂达成共识,决定把中老关系提升为全面战略合作伙伴关系。

2016年9月8日下午,正在老挝进行正式访问的中国国务院总理李克强与老挝总理通伦举行会谈。会谈期间,在两国总理的共同见证下,国家发展改革委员会副主任何立峰代表中国政府,与老挝政府代表、计划与投资部部长苏潘签署了《中华人民共和国和老挝人民民主共和国关于编制共同推进"一带一路"建设合作规划纲要的谅解备忘录》。该备忘录是中国与中国-中南半岛经济走廊沿线国家签署的首个政府间共建"一带一路"合作文件,具有标志性意义,必将推动中老两国政治关系更加友好、经济纽带更加牢固、人文交流更加紧密,树立中国-中南半岛国家双边合作的典范。

双方一致同意，秉持“一带一路”合作、发展、共赢的理念，按照共商、共建、共享原则，扩大在双方共同关注领域的多元化、多层次合作，不断创新合作机制、模式和内容。双方商定，在中老两国《共同推进“一带一路”建设合作规划纲要》中纳入基础设施、农业、能力建设、产业集聚区、文化旅游、金融、商业与投资等合作领域，并围绕其开展合作。下一步，双方将力争在年内完成该规划纲要的编制工作，经两国政府审批后，择机签署规划纲要。

此次见签仪式上，何立峰副主任还代表国家发展改革委员会，与老挝有关部门签署了《关于确认并共同推动产能与投资合作重点项目的协议》，老挝有关部门和中国有关金融机构签署了《共同编制老挝电力、中老铁路沿线综合开发、旅游等重点领域经济发展专项规划合作框架协议》。

2017年10月14日，习近平和本扬共同见证《中华人民共和国外交部和老挝人民民主共和国外交部关于加强新形势下合作的协议》的签署。

（八）与文莱

中国和文莱于1991年9月30日建立外交关系，双边关系发展顺利，各领域友好交流与合作逐步展开。1999年，两国签署联合公报，进一步发展在相互信任和相互支持基础上的睦邻友好合作关系。2013年，两国建立战略合作关系。2018年，应文莱达鲁萨兰国苏丹和国家元首苏丹•哈吉•哈桑纳尔•博尔基亚•穆伊扎丁•瓦达乌拉的邀请，中华人民共和国主席习近平于2018年11月18日—20日对文莱进行了国事访问。并于19日在斯里巴加湾发表了《中华人民共和国和文莱达鲁萨兰国联合声明》。

国家主席习近平2018年11月13日在人民大会堂同文莱苏丹哈桑纳尔举行会谈。会谈后，两国元首共同见证了两国“一带一路”建设、基础设施建设、卫生等领域双边合作规划的签署。双方发表了《中华人民共和国和文莱达鲁萨兰国联合声明》。

（九）与斯里兰卡

1950年斯里兰卡政府承认中华人民共和国。1957年2月7日两国建交。1952年，斯里兰卡在未与中国建交的情况下，不顾美国等西方国家对中国的封锁，同中国签订了米胶贸易协定，开创了中斯两国友好的经贸合作史。2005年4月，温家宝总理访斯期间，两国宣布建立真诚互助、世代友好的全面合作伙伴关系。2013年5月，斯里兰卡总统拉贾帕克萨来华国事访问，双方决定将中斯关系提升为真诚互助、世代友好的战略合作伙伴关系。

中国政府与斯里兰卡政府签署关于促进投资与经济合作框架协议。商务部和斯里兰卡财政计划部签署有关共建“21世纪海上丝绸之路”的备忘录。2014年12月9日，商务部副部长高燕和斯里兰卡财政计划部常秘贾亚桑德拉签署了关于在中斯经贸联委会框架下共同推进“21世纪海上丝绸之路”和“马欣达愿景”建设的谅解备忘录。双方商定，以此为契机，进一步加强在基础设施建设、贸易、投资、技术、人力资源等领域合作，全面深化双边经贸关系，促进两国共同发展。

（十）与孟加拉国

1975年10月4日，中国与孟加拉国正式建立外交关系。建交后，两国友好合作关系一直健康、顺利地向前发展。双方在政治、经济、军事、文化等各个领域进行了卓有成效的合作。1983年11月，两国成立了经济、贸易和科学技术联合委员会，原则上轮流在两国首都开会。迄今已召开过13次会议。2006年1月起，中国在《曼谷协定》框架下向孟加拉国84种商品提供零关税待遇。2008

年、2009年，中国商务部采购团赴孟加拉国，签署总计1.5亿美元的采购合同。自2010年7月1日起，中国已向孟60%输华商品实施零关税待遇。2003年，全国政协主席贾庆林对孟加拉国进行正式友好访问，双方签署了《中孟文化合作协定2004—2006年执行计划》。2008年12月，《中孟文化合作协议2009—2012年执行计划》在达卡签署。2009年8月，孟加拉国文化部长来华参加第十一届亚洲艺术节暨亚洲文化部长圆桌会议。

2016年11月14日，国家主席习近平在达卡会见孟加拉国总统哈米德。两国领导人为双边关系未来发展规划蓝图，一致决定将中孟关系提升为战略合作伙伴关系，将中孟传统友谊推向新高度，让中孟友好合作更多造福两国人民。

会谈后，两国领导人见证了共建"一带一路"、产能合作、信息通信、能源电力、外交、海洋、防灾减灾、气候变化等领域多项双边合作文件的签署，并共同出席中孟重大合作项目揭牌仪式。

两国发表联合声明，孟方认为"一带一路"将助其建成中等收入和发达国家。

声明称，孟方赞赏"丝绸之路经济带"和"21世纪海上丝绸之路"（"一带一路"）倡议，认为这一倡议将为孟方实现2021年建成中等收入国家和2041年成为发达国家的目标带来重要机遇。双方同意，加强两国发展战略对接，充分挖掘各领域合作潜力，推进"一带一路"建设，实现两国可持续发展和共同繁荣。

（十一）与马尔代夫

1972年10月14日中马建交，中国驻斯里兰卡大使兼任驻马尔代夫大使。2011年11月8日，中国驻马尔代夫使馆正式开馆。

2010年4月，两国教育部签署教育合作协议。2017年，在华学习的马尔代夫留学生总数为208名，其中中国政府奖学金生30名，自费留学生178名。

2013年6月，中国海军"和平方舟"医院船对马尔代夫进行友好访问，为马尔代夫民众提供人道主义医疗服务。

2014年9月，中马双方签署关于卫生合作的谅解备忘录。

2014年12月中国与马尔代夫也签署了共建21世纪海上丝绸之路谅解备忘录，同时还建立了中马经贸联委会机制。2017年12月7日国家主席习近平在人民大会堂同来华进行国事访问的马尔代夫总统亚明举行会谈。会谈后，两国元首共同见证了《中华人民共和国政府和马尔代夫共和国政府关于共同推进"一带一路"建设的谅解备忘录》《中华人民共和国政府和马尔代夫共和国政府自由贸易协定》以及经济技术、人力资源开发、海洋、环境、卫生、金融等领域双边合作文件的签署。

中马自贸谈判于2015年12月正式启动，2017年9月结束，12月正式签署中马自贸协定。中国对马尔代夫出口商品主要包括建材、机械设备、交通工具、通信设备、家具、箱包、纺织品等，从马尔代夫进口商品主要为水产品。

（十二）与阿联酋

1984年11月1日，中阿两国建立外交关系。建交以来，两国关系发展顺利，高层和各级别人员互访不断，双方在各领域的友好合作不断深化。

2012年1月，温家宝总理对阿联酋进行正式访问，双方签署建立战略伙伴关系的联合声明。

2018年7月19日国家主席习近平应邀对阿联酋进行友好访问。

作为此访最重要的成果，两国发表《联合声明》，对下阶段双边关系发展作出政治引领和统筹规划，宣布建立中阿全面战略伙伴关系，这一新定位体现了两国结成命运与共伙伴的共同愿望，将使中阿关系继续走在中国同中东海湾地区国家关系前列。

“一带一路”倡议同阿联酋“重振丝绸之路”设想高度契合。中阿两国签署共建“一带一路”谅解备忘录，同意加强发展战略对接和产业政策沟通，在更高水平、更宽领域、更深层次推进合作。哈利法港二期集装箱码头和中阿产能合作示范园是两国共建“一带一路”的旗舰项目，双方同意港园一体，打造国际贸易、产业聚集、区域辐射三位一体功能布局，推动传统油气和低碳能源合作“双轮”转动、科技和金融合作“两翼”齐飞。双方将在阿布扎比加快建设首个“一带一路”国际交易所，为中东海湾地区“一带一路”建设提供金融服务。双方将实施好“百校教中文”“拥抱中国”互设文化中心等项目，促进民心相通、文明互鉴。两国领导人共同见证签署近20项合作文件，涵盖经贸、金融、能源、农业、文化等领域，昭示了双方合作广阔空间。

（十三）与科威特

1971年3月22日中科建交。建交以来，两国关系稳步发展。中国作为安理会常任理事国，一贯支持科威特的独立、主权和领土完整，支持科威特在解决海湾战争遗留问题上的合理要求。科威特在人权、涉台、涉藏等问题上给予中方坚定支持。

2018年7月9日国家主席习近平在人民大会堂同科威特埃米尔萨巴赫举行会谈。两国元首一致决定建立中科战略伙伴关系，为新时期中科关系注入新动力、开辟新前景。会谈后，两国元首见证了多项双边合作文件的签署。双方还发表了《中华人民共和国和科威特国关于建立战略伙伴关系的联合声明》。

双方一致认为，1971年3月22日中华人民共和国和科威特国建交以来，政治互信不断增强，传统友谊持续加深，能源、经贸、金融、基础设施建设、文化等领域合作成果丰硕，双方合作前景广阔。

基于两国传统友好关系和深化各领域合作的共同愿望，两国元首一致决定两国建立战略伙伴关系，强调这符合两国和两国人民的共同利益，也有利于促进两国的共同发展和繁荣。在此框架下，双方愿重点开展以下合作：

一、保持和加强两国各层级的交往和磋商，通过加强高层互访，就双边关系及共同关心的国际和地区问题保持经常性沟通和协调，不断扩大共识，巩固和深化政治互信。

二、中方支持科威特国埃米尔萨巴赫•艾哈迈德•贾比尔•萨巴赫殿下为解决海湾危机发挥的主要、明确作用。

三、中方支持科威特国在地区问题上秉持的公正、建设性立场及在人道事业中发挥的突出作用，赞赏科埃米尔殿下作为联合国授予的“人道事业领袖”在人道事业中所发挥的重要作用。

四、两国重申在涉及各自国家独立、主权和领土完整问题上相互支持，强调坚持不干涉内政的原则。科威特重申坚定奉行一个中国原则，台湾是中国领土不可分割的一部分，支持两岸关系和平发展和中国的和平统一大业，支持中国政府在台湾问题上的立场。

五、强调自由、开放、稳定的海洋对两国和平稳定的重要性，双方重申根据包括《联合国海洋法公约》在内的国际法和平解决纠纷，合法利用全球海洋。

六、科威特欢迎和支持中国提出的共建“一带一路”的倡议，将继续支持并参与“一带一路”国际合作高峰论坛等相关重大活动。中国赞赏科威特国在这方面采取的积极行动。双方愿进一步加强政策沟通，围绕中科共同编制双边合作规划纲要，推动共建“一带一路”倡议与科威特“2035

国家愿景"对接,深化中科在该倡议框架下的务实合作。

七、两国认为,产能与投资合作是双方务实合作的重要内容,愿加强发展战略对接,以科威特"丝绸城和五岛"开发项目为重要载体,结合各自优势,按照"政府指导、企业主体、市场导向、商业原则",以港口、铁路、公路、化工、制造业等领域为重点,持续推进产能与投资合作,不断提升两国务实合作水平。

八、两国愿充分利用双方经贸互补优势,继续发挥两国经贸联合委员会机制的作用。推动投资贸易自由化、便利化,探讨建立完善平等的市场准入机制,扩大在福利住房和基础设施建设、物流、通信等方面多种形式的互利合作,促进双边经贸关系全面发展。中方欢迎科方积极参加中国国际进口博览会。

九、两国认为,能源合作是双方务实合作的重要支柱,愿支持两国企业在原油贸易、油气资源勘探开发、工程服务、炼油化工等领域进一步开展合作,加强电力、核电、新能源和可再生能源领域合作。

十、两国愿加强金融领域合作,就开展货币合作的可能性进行探讨,更多发挥本币在双边贸易和投资中的作用。两国将继续鼓励各自金融机构交流互鉴并互设分支机构,促进金融服务的对接,为双边贸易和投资合作提供金融支持。

十一、两国愿积极开展两国人民间形式多样的交流,加强在文化、教育、卫生、科研、旅游、新闻等领域合作,加强各自国家旅游宣传推广,鼓励更多学生赴对方国家留学,加强在新闻出版、广播影视、智库等领域合作,增进两国人民之间的了解和友谊。

十二、双方强调愿在互免持外交、公务、因公普通护照人员签证基础上,适时研究签署持普通护照人员互免签证协定的可能性,便利两国人员往来。

十三、两国愿加强在安全、执法和反恐等方面的交流与合作,加强情报和信息交流,开展技术合作和人员培训。

十四、两国愿共同努力,推动尽早建立中国-海湾合作委员会自由贸易区,加强在中国-阿拉伯国家合作论坛框架下的沟通协调,加强中国同海合会国家及阿拉伯国家联盟的集体合作。

十五、两国一致认为,中科在许多重大地区和国际问题上拥有广泛共同利益,将密切在联合国等国际组织和多边场合的协调与合作。

十六、双方强调,联合国安理会改革问题需要各成员国协商一致,平衡推进,达成最广泛的共识,寻求"一揽子"解决。双方支持通过对话和政治谈判方式和平解决地区热点问题。

十七、科威特对中国在地区事务中所持的公正立场和发挥的重要作用表示赞赏,中国赞赏科威特致力于维护地区和平稳定,支持科威特在地区事务中发挥更加积极和建设性作用。

(十四)与土耳其

1971年8月4日,中国和土耳其建交。20世纪80年代以来,两国高层互访增多,双边关系发展较快。近几年,双边关系发展良好。

2015年7月,土耳其总统埃尔多安对华进行国事访问。其间,习近平主席同埃尔多安会谈,李克强总理和张德江委员长分别同埃尔多安会见,双方就双边关系及共同关心的国际和地区问题深入交换意见并达成广泛共识。双方签署《中华人民共和国政府和土耳其共和国政府关于建立副总理级合作委员会的谅解备忘录》。2015年11月,习近平主席赴土耳其出席二十国集团领导人安塔利亚峰会。其间，习近平主席同土耳其总统埃尔多安会谈，就双边关系、国际和地区问题交换意见，并宣布建立两国外长磋商机制。

2015年11月14日，国家主席习近平在土耳其安塔利亚会见土耳其总统埃尔多安。会见后，两国元首共同见证了关于共推“一带一路”建设的谅解备忘录，以及基础设施、进出口检验检疫等领域合作协议的签署。

（十五）与卡塔尔

中国和卡塔尔于1988年7月9日建立外交关系。建交后，两国关系发展顺利。两国在文化、金融、航空等领域合作成果丰硕。

2014年双方签署本币互换协议；多哈人民币清算中心正式启动，中方还给予卡塔尔“人民币合格境外机构投资者”资格。卡塔尔航空公司目前已开通了多哈至北京、上海、广州、成都、重庆和杭州的直航航班。

2014年11月3日国家主席习近平在人民大会堂同卡塔尔埃米尔塔米姆举行会谈。两国元首共同宣布，建立中卡战略伙伴关系，推动两国务实合作迈上更高水平。

中方欢迎卡方参与“丝绸之路经济带”和“21世纪海上丝绸之路”建设，愿意同卡方建立上下游一体、长期稳定的能源伙伴关系，同时扩大基础设施建设、通信、金融等各领域合作，促进相互投资，并研究在第三国开展联合投资。双方要加强两军交流和安全执法合作，共同打击恐怖主义。卡方即将成为海湾合作委员会轮值主席国，希望卡方推动加快中国-海湾合作委员会自由贸易区谈判。中方支持举办2016中卡文化年，促进人文交流。

卡方将扩大对华天然气出口，并作为创始成员国积极参与亚洲基础设施投资银行筹建工作，欢迎中国企业投资卡方在建大型项目。卡方将坚定致力于推动海中自贸区谈判早日完成。

会谈后，两国元首共同见证了“一带一路”、金融、教育、文化等领域合作文件的签署。双方还发表中卡关于建立战略伙伴关系的联合声明。

2016中卡文化年开幕。近年来，中国艺术团队多次赴卡塔尔演出，受到当地民众广泛好评。

（十六）与阿曼

1978年5月25日中国、阿曼建交。建交后，两国关系发展顺利，各领域合作不断拓宽。阿方始终在涉及中国核心利益和重大关切问题上给予中国支持。2010年6月，商务部钟山副部长率中国政府经贸代表团访问阿曼。访问期间，钟副部长分别与阿国王外事顾问扎瓦维、商工大臣马格布勒和国民经济次大臣阿卜杜马立克举行了会谈，就中阿经贸关系和相互关心的经贸合作问题进行了商讨。2010年，阿中友协正式成立。国务委员兼外交部长王毅15日在北京与阿曼外交事务主管大臣阿拉维举行会谈。会谈结束后，双方共同签署了《中华人民共和国政府与阿曼苏丹国政府关于共同推进丝绸之路经济带与21世纪海上丝绸之路建设的谅解备忘录》，推进两国互联互通、产业园、能源、产能、科技、金融、港口等领域务实合作。

（十七）与黎巴嫩

中、黎1971年11月9日建交，双边关系发展平稳。中国对黎巴嫩主要出口商品是机电类产品、纺织品、电子设备、汽车类、家具等，中国从黎巴嫩进口商品主要是废金属等产品。21世纪初，中国多次向黎巴嫩提供人道主义援助。2005年12月，中黎签署《两国政府旅游合作协定》，黎巴嫩成为中国公民组团旅游目的地国。2008年11月，双方签署《中国旅游团队赴黎巴嫩旅游实施方案的谅解备忘录》。2010年5月1日，中国公民赴黎巴嫩旅游业务正式实施。

2017年9月8日，国家发展改革委员会主任何立峰会见了黎巴嫩经济和贸易部长扈里，双方就共建"一带一路"、进行规划对接、深化产能与投资、金融、贸易合作以及人文交流等深入交换了意见。会后，何立峰主任与扈里部长代表两国政府签署了《关于共同推进丝绸之路经济带与21世纪海上丝绸之路建设的谅解备忘录》。

中国政府与黎巴嫩政府签署《中华人民共和国政府和黎巴嫩共和国政府文化协定2017－2020年执行计划》，与突尼斯政府签署《中华人民共和国政府和突尼斯共和国政府关于互设文化中心的协定》，与土耳其政府签署《中华人民共和国政府和土耳其共和国政府关于互设文化中心的协定》。

（十八）与沙特阿拉伯

1990年7月21日，中国和沙特阿拉伯建交。2006年1月，沙特阿拉伯国王阿卜杜拉对中国进行国事访问，中沙两国签署能源等领域合作文件。2008年6月，时任国家副主席习近平对沙特阿拉伯进行正式访问，双方建立了战略性友好关系。2012年1月，温家宝总理对沙特阿拉伯进行正式访问，两国发表联合声明。2016年1月，两国建立全面战略伙伴关系，并决定成立中沙高级别联合委员会。

2016年1月19日，中华人民共和国和沙特阿拉伯王国在利雅得发表《中华人民共和国和沙特阿拉伯王国关于建立全面战略伙伴关系的联合声明》，联合声明全文如下：

中华人民共和国和沙特阿拉伯王国关于建立全面战略伙伴关系的联合声明

（2016年1月19日，利雅得）

应沙特阿拉伯王国国王萨勒曼·本·阿卜杜勒－阿齐兹·阿勒沙特邀请，中华人民共和国主席习近平于2016年1月19日至20日对沙特阿拉伯王国进行国事访问。

访问期间，习近平主席同萨勒曼国王举行会谈，双方在亲切友好的气氛中就双边关系和共同关心的地区和国际问题深入交换意见，达成广泛重要共识。

双方对中沙1990年7月21日建交以来，特别是2008年宣布建立战略友好关系以来，双边关系取得的长足发展表示满意，强调应进一步增进友好的两国和两国人民之间的传统友谊，加强在政治、经贸、能源、人文、军事、安全等领域及地区和国际层面的密切合作，推动中沙关系迈向更高水平。

基于两国进一步深化各领域合作的共同愿望，双方决定将中华人民共和国和沙特阿拉伯王国的双边关系提升为全面战略伙伴关系。

在此框架下，中沙双方愿努力发展以下领域的合作：

一、政治领域

双方一致认为，在世界多极化、经济全球化不断向前推进的背景下，中沙关系越来越具有战略性和全局性，两国已成为彼此在全球的重要合作伙伴。双方始终从战略高度和长远角度看待彼此关系，将对方置于本国外交关系发展的重要方向。

双方重视高层互访，就双边关系和共同关心的地区和国际问题加强战略沟通，密切战略合作，巩固战略互信。

双方重视两国各领域、各层次的磋商机制，将采取有效措施促进和便利双方人员往来，加强各领域交流和互鉴。

双方重申相互支持彼此核心利益。沙方强调继续坚定奉行一个中国政策。中方强调支持沙方为维护本国安全稳定、发展经济和改善民生所作的努力，支持沙方在地区和国际事务中发挥更大作用。

二、能源领域

双方愿进一步加强在能源领域的合作关系，强调石油市场稳定对世界经济的重要性。中方赞赏沙特作为国际石油市场安全、可信、可靠的供应方，在保障国际石油市场稳定方面发挥的突出作用。

三、务实合作领域

双方愿继续本着互利共赢原则，开展务实合作，发挥两国经贸联委会机制作用，不断充实合作内涵。扩大相互投资，进一步深化基础设施领域合作，重点做好铁路、道路桥梁、通信、港口等方面的互利项目。

双方对在航天、卫星发射、和平利用核能、新能源等领域启动合作并取得成果表示赞赏，愿继续推动相关合作持续发展。

双方愿在共同推进丝绸之路经济带和21世纪海上丝绸之路建设的框架内深入开展合作，认为两国务实合作潜力巨大，愿加强产能政策协调与对接，推动技术转让、产业升级和经济多元化。

中方对沙方作为创始成员国参与亚洲基础设施投资银行建设表示赞赏，双方愿加强相关领域合作，共同推进亚洲地区的发展与振兴。

四、安全领域

双方强调坚决反对威胁世界和平稳定的一切形式的恐怖主义，愿在该领域加强安全合作，反对将恐怖主义与任何宗教或教派挂钩。中方赞赏沙特支持建立联合国反恐中心，支持沙特等国在打击恐怖主义方面所作努力。

五、人文领域

双方强调，不同文明都是人类智慧的结晶，应当相互尊重、相互包容，实现人类不同文明和谐共处。中方赞赏沙方积极促进不同文明和宗教间的对话与交流。双方愿本着包容互鉴的精神共同维护文明多样性。中方赞赏沙特在维也纳建立阿卜杜拉国王宗教文化对话中心的努力。

双方鼓励两国官方和民间文化交往，支持在新闻、卫生、教育、科研、旅游等领域的交流与合作，将继续相互举办文化周活动，积极参与对方举办的各类文化活动，加强两国青年、体育和职业技术领域合作，增进友好的两国和两国人民间的沟通和友谊。

六、地区和国际事务

双方一致认为，促进中东和平稳定符合国际社会共同利益，愿就地区局势加强沟通与协调，推动热点问题政治解决，支持地区国家和人民自主探索符合本国国情的政治制度和发展道路，实现地区持久稳定与经济社会可持续发展。

双方强调，应防止各类大规模杀伤性武器的扩散，支持根据有关国际决议，使中东地区成为无核武器及其他大规模杀伤性武器区。

双方强调在联合国有关决议、《阿拉伯和平倡议》等基础上实现中东地区全面和公正的和平，保障巴勒斯坦人民的合法权利，包括建立以东耶路撒冷为首都、统一的、具有完全主权的独立巴勒斯坦国。中方赞赏沙特为促进地区和平所作贡献。沙方赞赏中方为支持巴勒斯坦人民正义事业所作努力，以及中方对中东和平努力的支持。

双方对叙利亚的严峻局势深表担忧，重申应尽快以和平方式政治解决叙利亚问题，全面落实2012年6月30日第一次日内瓦会议公报、2015年叙利亚问题国际支持小组两份维也纳会议公报和安理会第2254号决议。同时强调应继续向叙利亚难民提供人道主义援助和救济，鼓励国际社会提供更多支持。

双方强调维护也门统一、独立和主权的坚定立场，要求也门各社会、宗教、政治派别维护自身民族团结，避免采取任何可能造成也门社会分裂和混乱的决定。双方强调支持也门合法政权，支持联合国安理会有关决议及海合会关于也门的倡议。

双方一致认为，中沙在许多重大地区和国际问题上拥有广泛共同利益，将密切在联合国、二十国集团等国际组织和多边场合的协调与合作。双方强调，联合国安理会改革问题需要各成员国协商，平衡推进，达成最广泛的共识，寻求"一揽子"解决。沙方支持中方主办2016年二十国集团峰会，将共同推动峰会取得成功。

（十九）与巴林

1989年4月18日与中国建交。

2018年7月9日国务委员兼外交部长王毅在北京同来华出席中国–阿拉伯国家合作论坛第8届部长级会议的巴林外交大臣哈立德举行会谈。会后，双方签署了共同推进"一带一路"建设的谅解备忘录和中巴关于互免外交和公务护照签证的协定。

（二十）与伊朗

1971年8月16日，中国和伊朗正式建交。

2016年1月23日，中华人民共和国和伊朗伊斯兰共和国在德黑兰发表《中华人民共和国和伊朗伊斯兰共和国关于建立全面战略伙伴关系的联合声明》。联合声明全文如下：

中华人民共和国和伊朗伊斯兰共和国关于建立全面战略伙伴关系的联合声明

（2016年1月23日，德黑兰）

应伊朗伊斯兰共和国总统哈桑•鲁哈尼邀请，中华人民共和国主席习近平于2016年1月22日—23日对伊朗伊斯兰共和国进行了国事访问。

两国元首在亲切友好的气氛中就双边各领域合作及共同关心的国际和地区问题深入交换意见，达成广泛共识。双方一致认为，中国和伊朗拥有2 000多年的友好交往历史，为推动古丝绸之路沿线的友好合作作出重要贡献，促进了世界贸易的发展和便利化。两国于1971年8月16日建交，建交45年来，双方在政治、经济、文化、国防等各领域合作取得了丰硕成果。

当前形势下，国际和地区局势正经历深刻复杂变化。在此背景下，双方强调应加强发展中国家在国际事务中的合作，并将共同致力于实现地区和世界的和平、稳定与发展。

基于新形势下进一步提升中伊关系水平的现实需要，双方同意建立全面战略伙伴关系，并愿在此框架内积极推进以下领域合作：

一、政治领域

（一）双方一致认为，在世界多极化、经济全球化深入发展的背景下，中伊关系越来越具有战略意义。两国均视对方为重要战略合作伙伴，将发展彼此关系作为本国外交政策的优先方向。中伊关系健康稳定发展，符合两国共同利益，有利于维护地区及世界的和平、稳定与发展。

（二）为加强双方高级别官员就共同关心的问题举行的政治对话，深化战略互信，双方同意建立两国外长年度会晤机制，加强两国主管地区的副外长之间的政治磋商。

（三）双方强调将扩大两国政府交往以及地方政府、政党、政治团体间的合作，加强各领域经验交流和互动。

（四）双方强调两国立法机构为发展双边关系发挥的积极作用，支持两国议会和立法机构进一步开展多层次多领域交流与合作，加强在各国议会联盟、亚洲议会大会等国际和地区组织中的沟通和磋商。

（五）双方继续在涉及独立、主权和领土完整等事关彼此核心利益的重大问题上相互坚定支持。伊方继续坚定奉行一个中国政策。中方支持伊方的发展规划，支持伊方在地区和国际事务中发挥更大作用。

二、务实合作领域

（六）考虑到双方积极发展双边关系的意愿、经济互补性以及双方在能源、基建、工业、技术等领域的合作，双方同意就达成25年全面合作协议进行必要沟通和磋商。

（七）伊方对中方提出的“丝绸之路经济带”和“21世纪海上丝绸之路”倡议表示欢迎。双方将依托自身优势，以签署《中华人民共和国政府和伊朗伊斯兰共和国政府关于共同推进“丝绸之路经济带”和“21世纪海上丝绸之路”建设的谅解备忘录》以及《中华人民共和国国家发展和改革委员会与伊朗伊斯兰共和国工业、矿产和贸易部关于加强产能、矿产和投资合作的谅解备忘录》为契机，扩大在交通运输、铁路、港口、能源、贸易和服务业等领域的相互投资和合作。

（八）考虑到双方具有的经济比较优势，两国将加强在化石和可再生能源领域的双、多边合作，保障化石能源供求和运输安全。中方将考虑对伊朗能源产业的上、下游项目进行投资和融资，伊方将为此提供必要的便利和支持。

（九）双方同意加强两国贸易和投资交往，以《中华人民共和国商务部和伊朗伊斯兰共和国经济事务和财政部关于加强两国投资领域合作的谅解备忘录》为指导，深化双方在经济、银行、相互投资、金融、矿产、交通、通信、航天、制造业、港口开发、铁路网线改造和建设、高铁、农业、水利、环保、粮食安全、防治荒漠化、海水淡化、和平利用核能以及可再生能源等领域的务实合作，并在上述领域开展经验和技术交流、人员培训等合作。

（十）中方对伊方作为创始成员国参与亚洲基础设施投资银行建设表示赞赏。双方愿加强相关领域合作，共同推动亚洲地区的发展与振兴。

三、人文领域

（十一）双方在人文领域具有历史共通点与巨大的合作潜力，同意继续发挥两国文化联委会的引领作用，提升中伊文化合作水平。鼓励两国公民互访，加强双方在旅游、卫生、青年、体育领域的合作。深化两国新闻和公共外交交流，进一步扩大媒体间合作和记者团互访。通过加强各种形式的人文交流与对话，以及扩大民间组织间的联系，增进两国人民相互了解及彼此友谊。双方将积极探讨互办文化年的可行性，继续为互设文化中心事宜提供必要便利并就此保持磋商。为加强两国领事合作机制，双方强调为前往对方国家的两国公民提供支持和必要便利。

（十二）双方将加强在高等教育、互派教授与留学生、科学合作、新技术转移以及联合开展项目等方面的合作。

四、司法、安全及国防领域

（十三）深化司法领域全方位合作，通过互派高级别团组、开展专业领域合作、执行《中华人民共和国和伊朗伊斯兰共和国引渡条约》《中华人民共和国和伊朗伊斯兰共和国关于刑事司法协助的条约》和《中华人民共和国和伊朗伊斯兰共和国关于民事和商事司法协助的条约》，加强有关协商与合作。

（十四）双方认为，恐怖主义、极端主义和分裂主义对人类社会和世界和平与稳定构成威胁，强调国际社会有必要坚定信念，团结一致，共同打击"三股势力"。双方愿就此进行政策对话与务实合作。双方认为，联合国大会根据伊朗总统鲁哈尼倡议，通过的《反暴力和极端主义的世界》决议为实现上述目标构建了合理的框架。

（十五）双方将加强在打击非法越境、商品走私、毒品及易制毒化学品走私、网络犯罪、跨国犯罪、有组织犯罪等领域的沟通与合作，用好现有合作机制，研究建立新的合作机制，加强在执法人员培训等执法领域合作。

（十六）双方认为，加强两国军队及防务部门之间的交流将为实现稳定和安全奠定基础，将增加互访团组数量，增进双方各层级沟通与协调，通过双方在人员培训、反恐、情报分享、装备及技术等领域建立的合作机制，提升两军合作水平。

五、国际和地区事务领域

（十七）双方强调支持世界多极化发展，愿共同应对全球性挑战，推动建设一个和平与稳定的世界。主张切实遵循《联合国宪章》的宗旨和原则，特别是尊重各国主权和领土完整、不干涉内政等原则。反对动辄诉诸武力或以武力相威胁，反对对他国实施不公正的制裁，反对一切形式的恐怖主义。主张通过政治对话与谈判妥善解决和处理国际争端和热点问题。

（十八）中方赞赏伊朗在打击恐怖主义及维护地区和平与稳定方面的建设性作用。双方一致认为，促进该地区和平与稳定符合国际社会共同利益，愿就叙利亚、也门等地区热点问题以及建立中东无大规模杀伤性武器区等重大地区问题加强沟通，推动热点问题政治解决，支持地区国家和人民自主探索符合本国国情的政治制度和发展道路，实现地区持久稳定与经济社会可持续发展。支持地区国家及巴勒斯坦人民为维护自身权利所作的努力。

（十九）双方将加强在国际及地区组织框架下的协商。中国重视伊朗作为地区大国的重要影响，高度评价伊朗积极参与上海合作组织有关活动，支持伊朗申请成为上海合作组织成员国。

（二十）双方欢迎伊核问题六国与伊达成《联合全面行动计划》，认为该计划有利于确保伊核活动的和平属性，同时使伊充分享有《不扩散核武器条约》所规定的和平利用核能的合法权利。双方重申，所有相关方必须真诚、全面、平衡执行《联合全面行动计划》与联合国安理会第2231号决议。强调双方致力于与其他相关方共同努力，推进阿拉克重水堆现代化改造工作。

（二十一）与伊拉克

1958年8月25日中国同伊拉克建交以来，两国关系发展顺利。

2015年12月22日中华人民共和国和伊拉克共和国发表关于建立战略伙伴关系的联合声明，全文如下：

中华人民共和国和伊拉克共和国关于建立战略伙伴关系的联合声明

应中华人民共和国国务院总理李克强邀请，伊拉克共和国总理海德尔·阿巴迪于2015年12月

22日—23日对中国进行正式访问。访问期间，中华人民共和国主席习近平会见阿巴迪总理，双方决定进一步提升双边关系水平，建立战略伙伴关系。李克强总理同阿巴迪总理举行会谈，全国人民代表大会常务委员会委员长张德江会见阿巴迪总理。

双方一致认为，1958年中华人民共和国和伊拉克共和国建交后，特别是2003年以来，双边关系取得长足发展，政治互信不断加强，经贸、能源等各领域互利合作不断拓展，传统友谊不断加深。两国建立战略伙伴关系将有利于深化两国各领域合作，促进两国共同发展和繁荣，符合两国和两国人民共同利益。在此框架下，双方愿重点开展以下合作：

一、双方同意加强高层交往，就双边关系及共同关心的国际和地区问题加强战略沟通，不断扩大共识，巩固战略互信。双方将进一步促进两国政府、立法机构和政党间的交流合作，增进相互了解。

二、双方承诺继续在涉及国家主权、独立、领土完整与安全问题上给予对方坚定支持，照顾彼此核心利益和重大关切，互不干涉内政。伊方表示坚定奉行一个中国原则，支持中方在涉疆问题上的立场。中方支持伊拉克的统一、领土安全、主权和独立。

三、伊方对中方关于建设“丝绸之路经济带”和“21世纪海上丝绸之路”的倡议表示赞赏，愿积极参与“一带一路”建设。双方强调，愿在共建“一带一路”框架内加强两国各领域务实合作，实现互利双赢。

中方强调支持并愿积极参与伊拉克经济重建，鼓励有实力、有信誉的中资企业赴伊拉克参与能源、电力、通信、基础设施建设等关系民生的重点领域重建项目，同伊方开展各种形式的投融资合作。双方同意充分发挥两国经贸联委会机制作用，不断充实合作内涵，提升双边贸易投资便利化水平。

双方认为能源合作是两国务实合作的重要支柱，同意建立能源领域特别是油气领域长期全面的战略合作关系，扩大对能源领域投资，鼓励两国政府主管部门和相关企业深化在原油贸易、油气资源勘探开发、油田工程技术服务、储运设施建设、炼油化工、能源装备等领域合作。

双方愿发挥产业结构互补优势，推进产能与投资合作，推动技术转让、产业升级和经济多元化，实现共同发展。

中方重申将一如既往地向伊拉克提供力所能及的帮助。伊方感谢中方长期以来为伊拉克经济重建提供的无私帮助，承诺将继续为在伊拉克的中资机构和人员提供切实保障和便利。

四、双方谴责和反对一切形式的恐怖主义，坚定支持对方维护国家安全稳定和打击恐怖主义所作努力，强调反恐需要标本兼治，反对在打击恐怖主义过程中奉行双重标准，反对将恐怖主义同特定国家、民族、宗教挂钩，主张反恐行动应遵守《联合国宪章》宗旨和原则以及国际法和国际关系基本准则，尊重各国的主权、独立和领土完整。

五、双方愿进一步促进两国文化、教育、体育等人文领域交流合作，增进两国人民间的相互了解和友谊。中方将继续为伊拉克培训各领域重建急需的专业人员，并为更多伊拉克学生赴华留学提供政府奖学金名额，帮助伊拉克加强能力建设。双方同意互免持外交护照人员签证，以便利两国人员往来。

六、双方认为，当前国际和地区形势正发生深刻复杂变化，两国应加强在国际和地区事务中的协调与合作。双方支持西亚北非地区国家和人民自主探索符合本国国情的发展道路，通过对话与谈判的和平方式解决地区热点问题，实现地区的稳定和发展。伊方对中方在地区事务中所持的公正立场和发挥的重要作用表示赞赏。中方支持伊拉克在地区事务中发挥积极作用。

（二十二）与阿富汗

1955年1月20日，中阿两国建立外交关系。1957年1月，周恩来总理、贺龙副总理访问阿富汗，是中阿关系史上中国领导人第一次访问阿富汗。1960年两国签订友好和互不侵犯条约，1963年签订边界条约。中阿边界全长92.45千米。

中国政府与阿富汗政府签署关于海关事务的合作与互助协定。

2016年5月18日中华人民共和国和阿富汗伊斯兰共和国发表联合声明，全文如下：

中华人民共和国和阿富汗伊斯兰共和国联合声明

一、应中华人民共和国国务院总理李克强邀请，阿富汗伊斯兰共和国政府首席执行官阿卜杜拉•阿卜杜拉于2016年5月15日—18日率团对中国进行正式访问。中华人民共和国主席习近平会见阿卜杜拉首席执行官，李克强总理与阿卜杜拉首席执行官举行会谈，中华人民共和国副主席李源潮会见了阿卜杜拉。阿卜杜拉还访问了新疆维吾尔自治区首府乌鲁木齐。

二、两国领导人认为，中阿1955年建交以来，始终相互理解、相互支持。阿富汗和平重建和建立新的合法政治秩序以来，中阿关系取得长足发展。双方对此感到满意。双方决定在新时期进一步深化中阿战略合作伙伴关系，推进在政治、安全、经济、人文以及国际地区事务中的合作，为两国人民带来更多福祉。

三、双方承诺坚定支持各自国家主权、统一和领土完整，相互尊重，密切合作，在涉及共同利益的问题上相互理解和支持。阿方重申将继续坚定奉行一个中国政策，坚定支持中方在台湾、涉藏、涉疆等问题上的立场，不允许任何势力利用阿领土从事任何反华分裂活动。中方重申尊重并支持阿富汗人民为争取国家和平、稳定和经济繁荣所做努力，及根据自身国情选择的发展道路。

四、中方介绍了南海最新形势进展和中方立场。双方呼吁，有关国家应根据双边协议和《南海各方行为宣言》的规定，通过友好协商和谈判，解决领土和海洋争议问题。双方强调，应尊重主权国家及《联合国海洋法公约》缔约国享有的自主选择争端解决方式的权利。

五、中方坚定支持阿富汗民族团结政府施政，实现阿政治、经济、安全转型。中方坚定支持"阿人主导、阿人所有"的广泛包容的和平与和解进程，希望阿富汗早日实现持久和平、稳定与发展，并为此提供一切可能的道义和实际的帮助与支持。

六、中方将在四方协调组等双多边机制下支持阿富汗，并发挥建设性作用，鼓励国际社会和地区国家全力配合，为推动阿富汗和平与和解进程创造良好条件。中方呼吁所有阿富汗武装反对派参与同阿富汗政府的和解进程，以结束暴力，实现国家持久和平。阿方赞赏并欢迎中方在阿富汗和平与和解问题上发挥建设性作用。

七、双方认为，高层交往对双边关系发展具有特殊重要意义。双方同意保持高层交往势头，深化政治互信，积极利用双多边场合举行两国领导人会晤，就双方共同关心的重要事务交换看法。双方将进一步促进两国政府、立法、司法机构和政党间的交流与合作。

八、中国政府将继续支持阿富汗政府的和平重建工作，愿继续在力所能及范围内向阿提供帮助，积极开展两国间的经济技术合作。2016年中国政府将向阿政府提供5亿元人民币无偿援助，用于探讨实施双方商定的项目。双方商定在年内就援建低造价住房开展可行性研究工作。中方将落实好喀布尔大学综合楼和礼堂项目及向阿提供约5 000万元人民币的非紧急人道主义物资援助。中方将积极支持阿方加强能力建设，继续根据阿方需求为阿各领域专业人员提供培训。中国愿通过同阿合作增加阿自主发展能力，将与阿方合作编制阿富汗政府国家基础设施规划，确定优先领域。阿方对中方长期以来为阿富汗和平重建提供的真诚帮助表示衷心感谢。

九、双方同意充分发挥中阿经贸联委会机制的作用，探讨扩大和深化两国经贸投资合作。中阿两国加强投资合作符合双方根本利益，合作潜力和发展空间巨大。双方对埃纳克铜矿和阿姆达利亚油田项目进展缓慢表示关切，同意开展友好协商，推动项目取得实际进展，为帮助阿富汗发展经济、改善民生发挥积极作用。中方鼓励并支持有实力的企业赴阿投资兴业，开展包括信息通信在内的基础设施建设，愿与阿方在平等互利、合作共赢原则基础上，探讨灵活多样的合作方式。阿方将根据其法律法规，为中国企业在阿投资提供必要便利，保障项目及人员安全。双方主管部门将积极合作，加紧完成阿富汗藏红花准入议定书，松子、石榴等特色产品准入评估工作，早日实现上述产品输华贸易，并为将来阿其他水果和干果出口中国提供便利。

十、双方认为，丝绸之路经济带建设对促进中阿及地区务实合作具有重要意义。中国将继续大力支持阿富汗发挥其作为天然大陆桥、亚洲中心的区位优势，融入区域合作。中方欢迎阿方积极参与中方提出的丝绸之路经济带倡议。阿方将继续做出努力，发挥其地缘和资源优势，成为地区互联互通、能源运输、转运和区域贸易的积极参与者。阿方重申支持丝绸之路经济带倡议，愿坚定地与中方合作，共同推进丝绸之路经济带建设。双方就中国—吉尔吉斯共和国—塔吉克斯坦—阿富汗—伊朗五国铁路项目交换了意见，同意继续就此保持沟通。

双方同意加强两国信息通信领域互联互通，包括开展“阿富汗卫星-2”合作项目，支持“亚欧信息高速公路”建设，鼓励两国企业在“优势互补、互利共赢”原则基础上，开展信息通信基础设施建设合作。

十一、双方同意在文化、教育等领域加强交流与合作，进一步增进两国人民的相互了解与友谊。中方将继续鼓励和支持阿学生来华学习，自2016年起，未来5年每年额外增加50个新生国别奖名额。中方将继续支持阿办好喀布尔大学孔子学院，通过提供孔子学院奖学金名额、帮助阿培养本土教师、中方派遣更多汉语教师和志愿者、赠送汉语教材和图书等方式支持阿开展汉语教学，中方愿考虑支持在赫拉特、马扎里沙里夫及其他双方商定的城市新建孔子学院。中方还愿与阿方在卫生人力资源、突发公共卫生事件应对、商品检验、动植物检疫及食品安全、卫生检疫、农业等领域加强合作。中阿两国将进一步加强农业领域的交流与合作。中方愿在旱作农业、农作物生产、农产品加工与贸易、畜牧兽医和能力建设等领域与阿开展合作，并愿在今后3年为阿培训30～50名农业管理与技术人员。

十二、双方对在发展领域与美方开展的三边合作表示赞赏，愿在平等协商基础上，开展更多中阿+1的三方合作。

十三、双方坚决反对任何形式的恐怖主义、极端主义、分裂主义以及有组织犯罪行为，同意加强两国安全领域交流与合作。阿方重申在打击“东突厥斯坦伊斯兰运动”和削弱支持其活动的组织方面继续坚定支持中方，将采取切实措施，加强对在阿中资机构与人员的安全保障。中方赞赏阿方致力于继续配合中方打击“东伊运”。中方愿深化与阿反恐、禁毒合作，愿继续为阿方举办反恐、禁毒等领域培训班，为帮助阿方加强能力建设提供力所能及的支持和帮助。双方同意加快有关程序，使《中阿引渡条约》尽早生效。双方愿根据各自法律法规，加强情报交流和边境管控，开展联合执法行动，打击非法移民、贩运人口、贩运武器和毒品等跨境威胁活动，开展防灾减灾等非传统安全领域合作。

十四、双方指出，为应对国际、地区形势发生的深刻复杂变化，双方将加强在国际和地区机制内的协调与合作,就重大国际和地区问题保持沟通,协调立场。

双方认为,阿富汗保持和平与稳定符合阿人民的根本利益,也是本地区国家的共同期待。双方同意继续致力于促进阿富汗乃至整个地区的和平、稳定与发展。中方支持上海合作组织为阿富汗的和平与发展发挥积极作用。阿方希望早日成为上合组织正式成员和加入亚洲基础设施投资银行,中方表示重视和欢迎。阿方赞赏中方为南盟发展所做贡献,支持中国深化同南盟关系。双方同意继续加强在联合国等多边机制下的沟通与协调。

十五、双方签署了经济技术合作、互联互通、检验检疫等领域的合作文件。

十六、阿卜杜拉首席执行官和他的代表团对访华期间受到的热情友好接待深表感谢。阿卜杜拉邀请李克强总理在方便时对阿富汗进行正式访问,李克强总理对此表示感谢。

(二十三)与阿塞拜疆

习近平同阿塞拜疆总统阿利耶夫会谈。

2015年12月10日,国家主席习近平在北京人民大会堂同阿塞拜疆总统阿利耶夫举行会谈。会谈后,两国元首共同签署《中阿关于进一步发展和深化友好合作关系的联合声明》,共同见证了《中阿关于共同推进丝绸之路经济带建设的谅解备忘录》及经贸、司法、民航、教育、交通、能源等领域双边合作文件的签署。

(二十四)与格鲁吉亚

中国与格鲁吉亚启动自贸区可行性研究,并签署共建"丝绸之路经济带"合作文件。

2015年3月9日,中国商务部和格鲁吉亚经济与可持续发展部在北京签署关于启动中国-格鲁吉亚自由贸易协定谈判可行性研究的联合声明,商定尽快成立联合专家组,启动中格自由贸易协定谈判可行性研究。双方同时签署关于加强共建"丝绸之路经济带"合作的备忘录,将在中格经贸合作委员会框架内,共同推进"丝绸之路经济带"建设的经贸合作,全面提升贸易、投资、经济技术合作和基础设施互联互通水平。

(二十五)与亚美尼亚

2015年3月24日—28日,应中华人民共和国主席习近平邀请,亚美尼亚共和国总统谢尔日·萨尔基相对中华人民共和国进行国事访问。中华人民共和国和亚美尼亚共和国发表关于进一步发展和深化友好合作关系的联合声明,声明如下:

一、双方将延续业已建立的相互尊重、平等互利的关系,恪守1996年5月5日签订的《关于中华人民共和国和亚美尼亚共和国友好关系基础的联合公报》和2004年9月27日签订的《中华人民共和国和亚美尼亚共和国联合声明》,坚定不移地扩大两国政治、经贸和人文等各领域合作,推动中亚友好合作不断深入发展,造福两国人民。

二、双方认为,在涉及彼此核心利益和重大关切问题上相互理解和支持是中亚关系健康稳定发展的政治基础。

亚方重申奉行一个中国政策,反对任何形式的"台独",承诺不与台湾进行任何官方往来,支持两岸关系和平发展和中国政府为实现国家统一所作的一切努力,认为台湾是中华人民共和国不可分割的组成部分,台湾问题属于中国内政。

中方主张按照《联合国宪章》的宗旨和原则以及公认的国际法准则,和平、公正解决纳卡问题。

双方重申,不参与任何有损对方国家主权、安全和领土完整的同盟或集团,不采取任何此类行动,不同第三国缔结此类条约,不允许在本国领土上成立任何损害对方国家主权、安全和领土完整的组织和团体,并禁止其活动。

双方坚定支持两国人民根据本国国情选择的发展道路,支持对方为维护国家独立、主权、安全和领土完整,保障社会政治稳定,发展民族经济所作的努力。

三、双方一致认为,加强两国高层交往对两国关系发展具有引领作用,同意进一步加强两国领导人互访以及两国政府、立法机关、政党、军队和社会友好团体之间的沟通与合作,相互交流治国理政经验,丰富深化双边关系的途径。

四、双方认为,经贸合作是中亚友好合作关系的重要组成部分,高度评价中亚政府间经贸合作委员会为深化两国务实合作发挥的重要作用,将继续借助该委员会优化两国贸易结构,丰富合作形式,拓宽合作渠道,逐步完善贸易和投资环境,在平等互利互惠基础上为对方商品、服务、技术、资本准入提供良好条件。

中方鼓励和支持中国企业在平等互利的基础上,按照商业原则赴亚投资兴业,将根据有关项目的经济和技术可行性,参与农业、交通、能源、通信、卫生和基础设施等领域建设和发展,愿继续向亚提供力所能及的援助,帮助亚方实施重大民生项目。

亚方感谢中方多年来为亚经济、社会发展提供的宝贵援助,欢迎中国企业加大对亚投资,并将为中国企业提供便利条件。

双方将积极商讨开展包括本币互换在内的金融领域合作,探寻灵活多样的融资方式,为重点合作项目提供融资支持。

双方愿积极推动地方务实交流与合作,将根据两国地方产业结构和特色,在优势互补基础上推动更多的省州市建立友好合作关系。

双方指出,共同建设丝绸之路经济带的倡议为两国开展全方位合作提供了新的历史机遇。双方将积极落实已签署的相关协议,共同推动丝绸之路经济带建设,开辟双方合作新的广阔前景。

五、双方强调进一步扩展和完善两国教育、文化、科技、环保、新闻、体育和旅游等领域合作。双方将认真落实已签署的各项协定,扩大教育科研机构、新闻媒体、民间友好组织、文艺团体和青年组织友好交往与合作,不断增进两国人民间的相互了解和友谊,巩固两国世代友好。

双方愿共同探讨联合办学、相互学习对方国家的语言,支持孔子学院在亚发展。

双方将扩大互派留学生,中方愿继续为亚美尼亚青年学生提供中国政府奖学金名额,帮助亚方培养各领域专业人才。

双方将积极商签两国文化部未来五年的合作规划,积极协助对方办好“文化日”等大型活动。

双方将积极开展民航领域合作,愿适时举行航空会谈,鼓励两国空运企业和航空主管部门开展多种形式的合作,为进一步扩大两国人员多种形式的交往创造有利条件。

六、双方将根据国际法、双边条约和各自法律,采取有效措施促进和便利双方人员往来,保障对方国家公民和法人在本国境内的合法权益。

七、双方承认并尊重人权的普遍性原则,主张各国在平等和相互尊重的基础上通过对话和合作消除分歧,认为国际人权保护应建立在坚定维护各国主权和不干涉内政的原则基础上,反对在人权问题上搞双重标准和将人权问题政治化,双方反对以人权为借口干涉别国内政,并将就人权问题加强双边和多边沟通与合作。

八、双方强调，日益增长的各种形式和表现的恐怖主义对主权国家的安全、社会政治稳定以及世界范围内的安全和稳定构成严重挑战。

双方一致谴责和坚决反对任何形式和表现的恐怖主义，愿在《联合国宪章》及有关反恐国际文件的框架下，进一步加强两国执法、安全和防务部门交流与合作，共同打击恐怖主义、洗钱、贩运毒品和其他跨国有组织犯罪活动。

双方愿加强双边和多边层面的执法安全、司法协助、预防和消除紧急状态领域合作。

双方愿继续在军事团组互访、人员培训、军事援助等领域稳妥开展务实合作。

九、双方强调，2018年是第二次世界大战胜利70周年，也是联合国成立70周年，双方作为"二战"胜利国，坚决谴责和抵制一切歪曲"二战"历史、宣传纳粹主义和军国主义及其帮凶的图谋。两国及两国人民将以最大的决心和努力，与国际社会和热爱和平的国家和人民一道，为维护以联合国为核心的国际秩序、防止战争和冲突而继续共同努力。双方认为，通过国际努力防止反人类罪发生有重要意义，强调否认此罪行不可接受，主张对此予以谴责并保持历史真相。

十、双方将继续加强在联合国等多边框架内的对话与协作，就共同关心的国际和地区问题保持密切沟通与配合，为两国发展营造良好的国际环境。

双方指出，联合国在维护世界和平、促进共同发展和推动国际合作方面发挥着核心作用，支持联合国及其安理会进行必要、合理并经会员国协商一致的改革，以更好地履行《联合国宪章》的职责。

双方一致认为，安理会改革应在最大协商一致基础上进行。必须研究扩大发展中国家和中小国家的代表性和发言权，使其有更多机会轮流进入安理会，参与其决策并发挥更大作用。有关各方应继续进行协商，寻求能够兼顾各方利益和关切的"一揽子"解决方案。

十一、双方一致认为，此次访问期间达成的共识和签署的文件为进一步发展和深化中亚友好合作关系注入新的动力，有利于巩固两国传统友好，促进共同发展和繁荣，造福两国人民。

十二、亚美尼亚共和国总统谢尔日•萨尔基相邀请中华人民共和国主席习近平在方便的时候对亚美尼亚进行国事访问。中华人民共和国主席习近平表示感谢并愉快地接受了邀请。访问时间将通过外交渠道商定。

（二十六）与哈萨克斯坦

2014年12月14日下午，李克强总理同哈萨克斯坦总理马西莫夫在阿斯塔纳总理府出席签字仪式，共同签署中哈总理定期会晤联合公报。在双方总理的见证下，国家发展和改革委员会主任徐绍史与哈国民经济部部长多萨耶夫共同签署了《中华人民共和国国家发展和改革委员会与哈萨克斯坦共和国国民经济部关于共同推进丝绸之路经济带建设的谅解备忘录》（以下简称《备忘录》）。《备忘录》提出，中哈双方将共同推进丝绸之路经济带有关合作，发展和加强区域间互联互通，促进和深化丝绸之路经济带沿线有关交通、经贸、旅游、投资及其他合作领域的经济活动。双方拟成立由中华人民共和国国家发展和改革委员会、哈萨克斯坦共和国国民经济部为牵头部门的联合工作组，商议双方的合作方式、合作重点领域等，并给予指导性意见。

（二十七）与吉尔吉斯共和国

应中华人民共和国国家主席习近平邀请，吉尔吉斯共和国总统索隆拜•热恩别科夫于2018年6月6日—8日对中华人民共和国进行国事访问。

双方重申2002年6月24日签署的《中华人民共和国和吉尔吉斯共和国睦邻友好合作条约》、2013年9月11日签订的《中华人民共和国和吉尔吉斯共和国关于建立战略伙伴关系的联合宣言》和2014年5月18日签署的《中华人民共和国和吉尔吉斯共和国关于进一步深化战略伙伴关系的联合宣言》及其他双边文件为两国关系发展奠定了坚实的法律基础，推动双方合作提升到新的更高水平。

基于当前中吉关系发展的现实需要和两国继续积极推进各领域合作的愿望，双方决定建立全面战略伙伴关系，并作出声明如下：

一、双方决定，在互相尊重主权和领土完整、互不干涉内政、平等互利的基础上，并根据双方自1992年两国建交以来基于公认国际法原则签署的一系列双边协议，不断巩固睦邻友好和真诚互信，扩大互利合作，拓展人文交流。双方相信，这不仅符合两国共同利益，促进两国和两国人民的共同发展和繁荣，而且有利于维护和巩固本地区以及全球的和平、稳定和发展。

双方重申，不参加任何损害对方主权、安全和领土完整的联盟或集团，也不同第三国缔结此类条约。不允许第三国、任何组织、团体或人员在本国领土上从事损害对方国家主权、安全和领土完整的活动。

双方将保持各级别密切交往，及时就双边关系和共同关心的重大国际和地区问题交换意见，进一步推动两国政府部门、立法机构、社会团体、企业和金融机构等开展合作。

中方高度评价吉尔吉斯共和国独立以来在国家建设事业中取得的重大成就，坚定支持吉人民独立自主选择的发展道路，理解和尊重吉尔吉斯共和国政府为维护国家内部稳定、促进社会经济发展所采取的一切措施。

吉方高度评价习近平新时代中国特色社会主义思想，认为其为中国未来发展指明了方向，对建立人类命运共同体具有划时代的重大意义。

吉方坚定奉行一个中国政策，重申中华人民共和国政府是代表全中国的唯一合法政府，台湾是中国领土不可分割的一部分。吉方反对任何形式的“台湾独立”，支持两岸关系和平发展和中国政府为实现国家统一所作的一切努力。

二、吉方支持中方提出的共建“一带一路”倡议。双方认为，共建“一带一路”合作对推动双边关系发展和加强地区合作具有重要意义。

双方将本着相互尊重、平等互利、合作共赢的原则，落实好两国业已签署的各项合作文件和共同商定的合作项目，推动实施更多经贸领域双边和多边合作项目，包括建设公路和铁路、光纤通信线路、能源、采矿、发展信息技术基础设施、数字技术等，不断拓展新的合作领域，为两国务实合作发展不断充实新内容，促进合作可持续发展。

双方一致认为，务实合作是中吉全面战略伙伴关系的重要物质基础。双方重申反对一切形式的保护主义，致力于促进贸易和相互投资。

双方鼓励两国企业积极合作并开拓对方国家市场，同时在两国领土上建立合资企业和生产厂。双方高度评价各领域合作取得的成就，表示愿遵循务实和互利原则进一步发展和深化合作。

双方将深挖合作潜力，深化经贸合作，扩大贸易规模，优化贸易结构，提升贸易便利化水平，推动两国贸易均衡发展。两国主管部门将就统一统计数据计算方法开展合作。双方将支持两国商、协会建立直接联系，鼓励举办经贸促进活动。

双方支持深化金融领域合作，扩大本币结算在贸易和投融资领域的使用规模，推动金融机构互设，拓展金融服务网络。加强银行间合作以及金融监管交流，为金融机构和金融服务提供便利的准入安排。

双方决定进一步深化能源领域合作,共同确保中吉天然气管道建设顺利实施和安全稳定运营。

双方将重点加强在出入境动植物检验检疫、动植物疫病防控、食品加工、灌溉、土壤改良、清洁饮用水保障、污水处理、畜牧养殖、农业机械和人员培训等领域合作。中方欢迎吉优质、绿色农产品对华出口,愿与吉方共同推进相关准入工作。

双方将鼓励发展农业领域相互投资项目,推动主管部门签署加强农业领域合作的协议。

双方一致认为,加强区域交通基础设施互联互通建设具有重要意义,将继续致力于建立连接两国和地区国家间的高效交通走廊。双方将全力推动中吉乌铁路项目相关工作,争取早日开工建设,并采取有效措施,确保中吉乌公路运输顺利平稳运营。

双方将采取共同措施,在现有的双边和多边运输协议框架内,为中吉两国间双边以及过境其中一方至第三国的货物运输创造有利条件,消除障碍。

双方愿加强投资合作,支持本国企业赴对方投资兴业,并将采取切实措施,努力改善投资环境,保护本国境内对方国家公民和法人的合法权益。

双方指出,中吉两国经济互补性强。开展产能与投资合作前景广阔。双方愿通力合作,研究在吉境内建立合资企业的可行性。双方应充分发挥中国进出口银行、国家开发银行、丝路基金、中国-欧亚经济合作基金等投资平台作用,支持本国企业赴对方投资兴业,加强能源、交通运输、通信、发展农业信息技术基础设施、矿业、中小企业、汽车制造、制药等领域合作。

双方在对方国家领土上实施共同项目时,需严格遵守当地法律,考虑民众意见。

双方指出,地方合作是两国关系特别是经贸合作的重要组成部分。双方重视建立和发展中国和吉尔吉斯共和国友好省州和友好城市关系。

双方高度评价中吉政府间经贸合作委员会及其框架下中国新疆-吉尔吉斯共和国工作组对深化两国务实合作起到的统筹、指导和协调作用,将继续支持委员会和工作组各项工作。

两国人员往来数量不断增长是发展双边经贸和人文合作的重要组成部分,双方同意采取具体措施简化签证办理程序,双方将就达成互惠安排继续协商。

双方欢迎尽快开通“北京—比什凯克”定期直航,继续开展相关工作。

三、双方强烈谴责和反对一切形式的恐怖主义、极端主义和分裂主义,重申“三股势力”是对两国和整个地区安全稳定的严重威胁。双方将充分发挥中吉共建“一带一路”安全保障联合工作组机制作用,为两国共建“一带一路”合作提供全方位安全保障。

为有效应对上述威胁和挑战,双方将进一步深化执法安全合作,加强对口部门交流,加大情报信息共享和边境安全合作力度,共同打击包括“东突”暴恐势力在内的“三股势力”、国际恐怖组织、犯罪所得合法化(洗钱)、毒品走私、网络犯罪以及一切形式的跨国有组织犯罪活动,维护两国和本地区的和平、安全和稳定。

双方将继续扩大两国防务部门各级别交往,加强军事和军事技术领域合作。

双方将在宗教领域加强信息、经验、国家政策实践交流合作,预防极端主义思想传播。

吉方对中方多年来给予的援助表示感谢。双方将密切配合,共同推动落实好援助项目,为吉经济发展和改善民生作出贡献。

四、双方将进一步扩大文化、教育、卫生、科技、体育、旅游、环保、考古等人文领域合作,加强新闻媒体、社会团体、学术机构、民间友好组织的友好交流,互办文化日、电影日,加大科学和教育机构的合作力度。

双方将继续开展教育领域合作，中方教学机构将继续为吉尔吉斯共和国培训吉经济所需的各类专家。

五、双方指出，加强在国际问题上的相互协作是两国高水平全面战略伙伴关系的重要体现。

双方将继续加强在联合国、上海合作组织、亚信等多边机制框架内的相互支持与合作，就重大国际和地区问题及时交换意见，共同应对全球性和区域性挑战，维护两国共同利益，继续就符合双方共同利益的倡议加强协作。

双方支持联合国在国际事务中发挥核心作用，将加强两国在联合国等多边框架内的协作，推动国际秩序和国际体系朝着公正合理的方向发展。双方支持联合国及其安理会进行必要的改革。

双方认为，有关各方应在共识基础上继续协商，就联合国安理会改革问题找到能够照顾彼此利益和关切的“一揽子”解决方案，达成最广泛一致。

中方高度评价吉方为推动举办世界游牧民族运动会所做努力。联合国大会就这一国际体育赛事通过相关决议并获得广泛支持。举办世界游牧民族运动会有助于推动民族历史类体育运动发展和促进文明文化间对话。

中吉双方将继续在联合国和其他国际组织各类竞选活动中保持密切合作。中方注意到吉方在2026年举行的第80届联合国大会期间作为亚太组成员竞选2027—2028年联合国安理会非常任理事国的意愿。

（二十八）与塔吉克斯坦

2015年9月2日，国家主席习近平在北京钓鱼台国宾馆会见了塔吉克斯坦总统拉赫蒙。在双方元首见证下，国家发展和改革委员会主任徐绍史作为中国政府代表与塔吉克斯坦经济发展与贸易部部长希克马图洛佐达签署了双方政府间《关于编制中塔合作规划纲要的谅解备忘录》，明确了共同编制《中塔合作规划纲要》的总体框架和主要内容，双方将以共建“丝绸之路经济带”为契机，继续扩大和深化投资、贸易、产业、人文等各领域务实合作，共同推进中国–中亚–西亚经济走廊建设，促进双方共同发展繁荣。

（二十九）与乌兹别克斯坦

2015年6月15日，中国–乌兹别克斯坦政府间合作委员会第三次会议在山东日照举行。其间，在委员会中方主席、中共中央政治局委员、中央政法委书记孟建柱和委员会乌方主席、乌兹别克斯坦第一副总理阿济莫夫的共同见证下，商务部国际贸易谈判代表兼副部长钟山与乌兹别克斯坦对外经济关系、投资和贸易部部长加尼耶夫共同签署了《关于在落实建设“丝绸之路经济带”倡议框架下扩大互利经贸合作的议定书》。此次双方签署《议定书》，将在共建“丝绸之路经济带”的框架下充分发挥现有双边经贸合作机制的作用，进一步全面深化和拓展两国在贸易、投资、金融和交通通信等领域的互利合作，重点推动大宗商品贸易、基础设施建设、工业项目改造和工业园等领域项目实施，实现双边经贸合作和共建“丝绸之路经济带”的融合发展。

（三十）与印度尼西亚

2018年11月17日，国家主席习近平在莫尔兹比港会见印度尼西亚总统佐科，两国2018年10月签署了推进“一带一路”和“全球海洋支点”建设谅解备忘录，要积极推进有关合作。中方重视总统先生提出的“区域综合经济走廊”倡议，愿同印尼方早日启动实质性合作。

（三十一）与菲律宾

2018年11月21日，中华人民共和国与菲律宾共和国发表联合声明，声明如下：

中华人民共和国与菲律宾共和国联合声明

一、应菲律宾共和国总统罗德里戈·罗亚·杜特尔特邀请，中华人民共和国主席习近平于2018年11月20日—21日对菲律宾进行国事访问。

访问期间，两国领导人举行会谈，回顾中菲友好交往历史，规划两国关系未来发展，并就共同关心的地区和国际问题交换意见，达成重要共识。

访问期间，习近平主席还会见菲律宾国会众议长格罗丽亚·马卡帕加尔·阿罗约和参议长文森特·卡斯特罗·索托。

二、菲律宾对中国改革开放40年伟大成就表示祝贺，祝愿中国人民顺利实现"两个一百年"奋斗目标。中方祝贺菲律宾在杜特尔特总统领导下，在维护国家安宁、促进经济可持续增长和社会发展方面取得的卓越成就，预祝菲律宾国家发展取得更大进步。

三、双方一致认为，良好的中菲关系有利于增进两国人民根本福祉。在双方共同努力和相互信任下，两国关系实现转圜并不断向好发展。双方同意再接再厉，推动已达成的合作协议取得更多积极成果。

四、两国元首一致认为，将中菲关系提升到更高水平符合两国及两国人民的根本利益和共同愿望，决定在相互尊重、坦诚相待、平等互利、合作共赢基础上建立中菲全面战略合作关系。

五、双方重申，现有的中菲双边对话机制，包括中菲外交磋商、领事磋商、经贸合作联委会、年度防务安全对话、农业合作联委会、渔业合作联委会、科技合作联委会等，对增进了解、拓展合作、强化双方伙伴关系具有重要意义。

六、两国元首同意保持密切高层交往，将通过双边互访、通话、信函和多边场合会晤等方式加强对双边关系的引领规划，就重大地区国际问题及时沟通，增进治国理政经验交流。菲律宾重申坚持一个中国原则。

七、双方欢迎此访签署两国《共建"一带一路"合作谅解备忘录》，欢迎《2025年东盟互联互通总体规划》等合作倡议对促进地区互联互通的贡献。

八、双方认为，两军关系是两国关系重要组成部分，有助于维护地区和平稳定。双方将共同执行好两国《防务合作谅解备忘录》，加强在反恐、人道主义救援、减灾、维和等领域务实合作。

九、双方认为有必要加强医疗卫生合作。双方领导人同意继续拓展在传统医学、医疗专家和科技人员培训、公共卫生、医疗信息化、卫生管理等领域的交流合作。

十、中方承诺继续支持菲律宾政府打击非法毒品和毒品犯罪的努力，愿在打击毒品和易制毒化学品走私、情报共享、联合办案、戒毒康复等方面加强合作。菲方高度评价中方援建的萨兰加尼省戒毒中心竣工，阿古桑省戒毒中心建设顺利推进，感谢中方捐赠毒品查缉检验设备并提供人员培训。

十一、双方强烈谴责任何形式的恐怖主义，将加强信息交流、能力建设等合作，共同防范和应对恐怖主义威胁。中方重申将坚定支持和援助菲律宾打击恐怖主义及马拉维战后重建。菲方对此表示感谢。

十二、双方同意加强执法合作，共同打击职务犯罪、电信诈骗、非法网络赌博、计算机犯罪、人口贩卖、濒危野生动植物及其制品走私等跨国犯罪。双方同意加快推动两国移管被判刑人条约缔约工作。

十三、双方高度评价中菲经贸合作成果，将继续落实好两国《经贸合作六年规划（2017—2022）》。推动双边贸易和投资更多使用本币结算，加强两国海关交流合作，促进经贸活动便利化。

十四、中方愿加快有关认证进程，扩大进口更多菲律宾热带水果等优质农产品，促进双向贸易平衡。

十五、双方将加快落实此访签署的《中菲工业园区合作规划》，为两国企业赴对方国家投资提供良好环境。

十六、双方一致认为，基础设施合作是中菲合作的亮点。双方将推动赤口河灌溉、马尼拉帕西格河桥梁等项目早日完工，加速推动卡利瓦大坝、平安菲律宾一期、南北铁路南线以及其他亟须可行性研究支持的项目，确保有关项目顺利执行。双方愿积极探讨制定中国援菲优惠贷款实施流程，并继续利用无偿援助、优惠出口买方信贷、开发性商业贷款、多边机制下融资安排等服务于上述重点基础设施合作项目。

十七、双方同意充分发挥中菲农技中心三期作用，加强在优质农作物种子、农业基础设施、农业机械等领域合作。双方支持进一步加强渔业合作。菲方感谢中方2017年捐赠给巴拉望和达沃地区10万尾东星斑鱼苗，并为菲方在相关领域的能力建设提供协助。欢迎中方2018年继续向菲方捐赠10万尾东星斑鱼苗，并于2019年初捐赠1.5万尾淡水鱼苗。双方还将加强减贫实践交流和项目合作。

十八、双方将在中菲政府间科技合作联委会框架下，就科技人员交流、经验共享、联合研究、科技园区、组织研讨会和研修班等开展合作。双方还同意在水稻研究、竹类加工、可再生能源、腰果榨油和技术转移等领域加强合作。中国科技部愿邀请菲青年科学家来华参加“国际杰青计划”，帮助菲方加强能力建设。双方欢迎第21届中国－东盟领导人会议发表中国－东盟科技创新合作联合声明。

十九、双方鼓励加强信息通信领域交流合作，提升两国通信技术水平和服务能力。

二十、双方注意到近年来中国赴菲游客呈现大幅增长，为菲律宾经济发展作出贡献。双方将继续鼓励本国公民赴对方国家旅游，加强旅游基础设施开发合作，鼓励两国航空公司开通更多直航航线，进一步便利双向人员往来。

二十一、双方充分肯定包括职业技术教育与培训在内的教育交流对增进两国了解与友谊的重要作用，鼓励双方教育行政部门及各级各类教育机构积极开展务实合作。

中方将于2019—2021年在原有基础上每年向菲方新增提供50个中国政府奖学金新生名额。双方将共同落实好此访签署的两国《文化合作协定2019—2023年执行计划》，鼓励两国文化机构和团组加强交流合作。

中方将启动在菲律宾设立中国文化中心。双方支持两国省市间缔结更多友好省市关系。

二十二、双方同意加强劳务就业领域合作，共同执行好2018年4月10日在博鳌签署的《关于菲律宾英语语言教师来华工作的谅解备忘录》，欢迎正式落实菲律宾英语教师在华工作安排。有关谅解备忘录表明中方认可菲律宾教师在高等教育机构担任英语教师的资格和能力，以及双方致力于保护和促进有关教师在工作中的福利。

二十三、菲方欢迎中国驻达沃总领事馆正式建馆。双方将基于国际实践和互惠原则，本着1975年建交公报精神，对双边外交馆舍尤其是最紧迫的关切作出互惠安排。

二十四、双方就南海问题交换了意见，认为南海争议不是中菲关系的全部，不应影响双方其他领域互利合作。双方重申维护和促进地区和平稳定以及在南海的航行和飞越自由的重要性。致力于根据包括《联合国宪章》和1982年《联合国海洋法公约》在内的国际法中公认的原则，由直接有关的主权国家通过友好磋商和谈判，以和平方式处理争议，不诉诸武力或以武力相威胁。

二十五、双方认为，在中国和包括菲律宾在内的东盟国家共同努力下，南海形势更趋稳定。双方将同其他东盟国家一道，全面、有效落实《南海各方行为宣言》，保持"南海行为准则"单一磋商文本草案积极磋商势头，争取在协商一致基础上早日达成有效的"准则"。

二十六、双方同意保持自我克制，不采取使争议复杂化、扩大化和影响和平与稳定的行动。双方认识到建立信任措施对增进互信意义重大，肯定中菲南海问题双边磋商机制和海警海上合作联委会机制的重要性。

双方同意最大限度发挥并加强既有的防务和海警对话联络机制作用，及时应对海上突发情况，增进双方有关部门互信和信心。

二十七、双方欢迎签署《中华人民共和国政府与菲律宾共和国政府关于油气开发合作的谅解备忘录》，愿积极商讨包括海上油气勘探和开发，矿产、能源及其他海洋资源可持续利用等在内的海上合作。

双方同意加强其他既有涉海合作机制作用，落实好有关国际海事文件，确保海上人命安全，加强海洋环境保护和人力资源开发合作。

二十八、双方积极评价中国－东盟关系发展，祝贺中国－东盟建立战略伙伴关系15周年和中国－东盟创新年，欢迎第21次中国－东盟领导人会议通过《中国－东盟战略伙伴关系2030年愿景》。中方支持菲律宾履行好中国－东盟关系和中国－东盟东部增长区合作协调国职责。菲方欢迎并支持中方提升与东盟东部增长区合作，为东盟共同体建设和中国－东盟合作作出贡献。

二十九、双方同意共同维护国际和平与安全，维护基于规则的国际多边自由贸易体制，促进发展合作，加强在联合国等国际多边框架下合作。

三十、双方欢迎访问期间签署的一系列协议和合作谅解备忘录（详见附件）。

三十一、双方一致认为，习近平主席此次访问增进了中菲友好与合作，对中菲关系发展具有里程碑意义。习近平主席对杜特尔特总统及菲方给予的热情友好接待表示感谢，邀请杜特尔特总统2019年4月来华出席第二届"一带一路"国际合作高峰论坛。杜特尔特总统愉快地接受了邀请。

附件

签署合作文件及授牌仪式清单

一、《中华人民共和国政府与菲律宾共和国政府关于共同推进"一带一路"建设的谅解备忘录》

二、《中华人民共和国政府与菲律宾共和国政府关于油气开发合作的谅解备忘录》

三、《中华人民共和国政府与菲律宾共和国政府经济技术合作协定》

四、《中华人民共和国政府与菲律宾共和国政府基础设施合作规划》

五、《中华人民共和国政府与菲律宾共和国政府工业园区合作规划》

六、《中华人民共和国政府与菲律宾共和国政府关于援菲律宾达沃河桥梁项目立项换文》

七、《中华人民共和国政府与菲律宾共和国政府关于援菲律宾马拉维道路桥梁修复项目立项换文》

八、《中华人民共和国政府与菲律宾共和国政府关于援菲律宾集装箱检测设备项目立项换文》

九、《中华人民共和国政府和菲律宾共和国政府关于紧急人道主义现汇援助的交接证书》

十、《中华人民共和国政府与菲律宾共和国政府文化合作协定2019—2023年执行计划》

十一、《中华人民共和国教育部与菲律宾共和国教育部关于基础教育合作谅解备忘录》

十二、《中华人民共和国工业和信息化部与菲律宾共和国信息和通信技术部关于加强通信领域合作的谅解备忘录》

十三、《中华人民共和国农业农村部与菲律宾共和国合作社发展署关于加强农业合作社建设的谅解备忘录》

十四、《中华人民共和国商务部与菲律宾共和国财政部关于共同促进达沃重点基础设施项目合作的谅解备忘录》

十五、《中华人民共和国商务部与菲律宾共和国公造部关于援菲跨海大桥工程可行性研究项目实施协议》

十六、《中华人民共和国商务部与菲律宾共和国公造部援菲达沃高速公路可行性研究项目实施协议》

十七、《中国人民银行与菲律宾国家银行关于建立人民币清算安排的合作备忘录》

十八、《中华人民共和国海关总署与菲律宾共和国农业部关于菲律宾鲜食椰子输华植物检疫要求议定书》

十九、《中华人民共和国海关总署与菲律宾共和国农业部关于菲律宾冷冻水果输华检验检疫要求议定书》

二十、《中华人民共和国国家国际发展合作署与菲律宾共和国财政部关于支持开展重大项目可行性研究的谅解备忘录》

二十一、《中国外交学院和菲律宾外交学院关于外交培训合作谅解备忘录》

二十二、《中国进出口银行和菲律宾共和国城市供水和污水管理局关于优惠出口买方信贷菲律宾卡里瓦大坝项目贷款协议》

二十三、《菲律宾共和国2018年熊猫债券发行合作谅解备忘录》

二十四、《平安菲律宾一期项目商务合同》

二十五、《中国能源建设股份有限公司和菲律宾马尼拉城市供水污水管理局菲律宾新百年水源——卡里瓦大坝项目合同协议》

二十六、《中国葛洲坝集团股份有限公司和菲律宾共和国基地转化发展署关于中菲克拉克新城产业园框架开发协议》

二十七、《南北铁路南线(设计管理咨询部分)商务合同》

二十八、菲律宾央行向菲律宾人民币交易商协会代表颁发证书

二十九、中国工商银行马尼拉分行授牌仪式

第三节 政府有关部门与国家之间的合作

一、中国国家发展和改革委员会与巴基斯坦规划发展和改革部签署关于中巴经济走廊项下开展巴基斯坦1号铁路干线升级改造和新建哈维连陆港项目合作的谅解备忘录。

二、中国国家铁路局与巴基斯坦伊斯兰共和国铁道部签署关于实施巴基斯坦1号铁路干线升级改造和哈维连陆港项目建设的框架协议。

三、中国商务部与60多个国家相关部门及国际组织共同发布推进"一带一路"贸易畅通合作倡议。

四、中国商务部与摩尔多瓦经济部签署关于结束中国–摩尔多瓦自贸协定联合可研的谅解备忘录，与蒙古国对外关系部签署关于启动中国–蒙古国自由贸易协定联合可行性研究谅解备忘录。

五、中国商务部与尼泊尔工业部签署关于建设中尼跨境经济合作区的谅解备忘录，与缅甸商务部签署关于建设中缅边境经济合作区的谅解备忘录。

六、中国商务部与斯里兰卡发展战略与国际贸易部签署投资与经济技术合作发展中长期规划纲要，与蒙古国对外关系部签署关于加强贸易投资和经济合作谅解备忘录，与吉尔吉斯共和国经济部签署关于促进中小企业发展的合作规划，与越南工业贸易部签署关于电子商务合作的谅解备忘录。

七、中国国家发展和改革委员会与吉尔吉斯共和国经济部签署关于共同推动产能与投资合作重点项目的谅解备忘录，与阿联酋经济部签署关于加强产能与投资合作的框架协议。

八、中国农业部与与埃及农业和土地改良部签署农业合作三年行动计划（2018—2020年）。

九、中国海关总署与哈萨克斯坦等国海关部门签署海关合作文件，深化沿线海关"信息互换、监管互认、执法互助"合作。

十、中国国家质量监督检验检疫总局与蒙古国、哈萨克斯坦、吉尔吉斯共和国、乌兹别克斯坦、挪威、爱尔兰、塞尔维亚、荷兰、阿根廷、智利、坦桑尼亚等国相关部门签署检验检疫合作协议，与联合国工业发展组织、乌克兰和阿塞拜疆相关部门签署标准、计量、认证认可等国家质量技术基础领域合作协议，与俄罗斯、白俄罗斯、塞尔维亚、蒙古国、柬埔寨、马来西亚、哈萨克斯坦、埃塞俄比亚、希腊、瑞士、土耳其等国有关部门签署《关于加强标准合作，助推"一带一路"建设联合倡议》。

十一、中国教育部与俄罗斯、哈萨克斯坦、波黑、爱沙尼亚、老挝等国教育部门签署教育领域合作文件，与塞浦路斯签署相互承认高等教育学历和学位协议，与沿线国家建立音乐教育联盟。

十二、中国科技部与蒙古国教育文化科学体育部签署关于共同实施中蒙青年科学家交流计划的谅解备忘录，与蒙古国教育文化科学体育部签署关于在蒙古国建立科技园区和创新基础设施发展合作的谅解备忘录，与匈牙利国家研发与创新署签署关于联合资助中匈科研合作项目的谅解备忘录。

十三、中国国家旅游局与乌兹别克斯坦国家旅游发展委员会签署旅游合作协议，与智利经济、发展与旅游部签署旅游合作备忘录，与柬埔寨旅游部签署旅游合作备忘录实施方案。

十四、中国国家新闻出版广电总局与土耳其广播电视最高委员会、沙特阿拉伯视听管理总局签署合作文件。中国中央电视台与有关国家主流媒体成立"一带一路"新闻合作联盟。

十五、中国国务院新闻办公室与柬埔寨新闻部、文莱首相府新闻局、阿联酋国家媒体委员会、巴勒斯坦新闻部、阿尔巴尼亚部长会议传媒和公民关系局签署媒体交流合作谅解备忘录。

十六、中国国务院新闻办公室与柬埔寨外交与国际合作部、文莱外交与贸易部政策与战略研究所、以色列外交部、巴勒斯坦外交部、阿尔巴尼亚外交部签署智库合作促进计划谅解备忘录。

十七、中国商务部与柬埔寨公共工程与运输部签署关于加强基础设施领域合作的谅解备忘录。

十八、中国工业和信息化部与阿富汗通信和信息技术部签署《信息技术合作谅解备忘录》。

十九、中国交通运输部与柬埔寨、巴基斯坦、缅甸等国有关部门签署"一带一路"交通运输领域合作文件。

二十、中国国家能源局与巴基斯坦水电部签署关于巴沙项目及巴基斯坦北部水电规划研究路线图的谅解备忘录和关于中巴经济走廊能源项目清单调整的协议。

二十一、中国国家海洋局与柬埔寨环境部签署关于建立中柬联合海洋观测站的议定书。

二十二、在互联互通方面，中国和新加坡开展了3个政府间合作项目，分别是中新苏州工业园、天津生态城和中新（重庆）战略性互联互通示范项目。

二十三、2018年6月5日在第五届中国（北京）国际服务贸易交易会主宾省江苏主题日活动上，江苏省旅游局与亚美尼亚国家旅游委签署合作协议，共同推动江苏与亚美尼亚旅游产业的国际化发展。江苏省旅游局副局长经圣贤与亚美尼亚共和国驻中国大使谢尔盖•马纳萨良签署旅游合作协议书。此次签署的协议包括两地互为旅游目的地和客源地，积极推动两地居民往来；两地在旅游发展经验分享、旅游市场开发、旅游信息共享、节庆活动举办等方面利用各自渠道互为对方提供支持和协助；鼓励两地旅游行业加强相互投资、促进非营利性组织交流等内容。

第四节 企业与相关国家政府、机构之间的合作

一、中国铁路总公司与有关国家铁路公司签署《中国、白俄罗斯、德国、哈萨克斯坦、蒙古国、波兰、俄罗斯铁路关于深化中欧班列合作协议》。

二、中国国家开发银行与印度尼西亚－中国高铁有限公司签署雅万高铁项目融资协议，与斯里兰卡、巴基斯坦、老挝、埃及等国有关机构签署港口、电力、工业园区等领域基础设施融资合作协议。

三、中国进出口银行与塞尔维亚财政部签署匈塞铁路贝尔格莱德—旧帕佐瓦段贷款协议，与柬埔寨经济财政部、埃塞俄比亚财政部、哈萨克斯坦国家公路公司签署公路项目贷款协议，与越南财政部签署轻轨项目贷款协议，与塞尔维亚电信公司签署电信项目贷款协议，与蒙古国财政部签署桥梁项目贷款协议，与缅甸仰光机场公司签署机场扩改建项目贷款协议，与肯尼亚财政部签署内陆集装箱港堆场项目贷款协议。

四、中国进出口银行与白俄罗斯、柬埔寨、埃塞俄比亚、老挝、肯尼亚、蒙古国、巴基斯坦财政部门签署工业园、输变电、风电、水坝、卫星、液压器厂等项目贷款协议，与埃及、孟加拉国、乌兹别克斯坦、沙特阿拉伯等有关企业签署电网升级改造、燃煤电站、煤矿改造、轮胎厂等项目贷款协议，与菲律宾首都银行及信托公司签署融资授信额度战略合作框架协议。

五、中国国家开发银行与哈萨克斯坦、阿塞拜疆、印尼、马来西亚等国有关机构签署化工、冶金、石化等领域产能合作融资合作协议。

六、中哈产能合作基金投入实际运作，签署支持中国电信企业参与“数字哈萨克斯坦2020”规划合作框架协议。

七、丝路基金与上海合作组织银联体同意签署关于伙伴关系基础的备忘录。丝路基金与乌兹别克斯坦国家对外经济银行签署合作协议。

八、中国国家开发银行与法国国家投资银行共同投资中国－法国中小企业基金（二期），并签署《股权认购协议》；与意大利存贷款公司签署《设立中意联合投资基金谅解备忘录》；与伊朗商业银行、埃及银行、匈牙利开发银行、菲律宾首都银行、土耳其农业银行、奥地利奥合国际银行、柬埔寨

加华银行、马来西亚马来亚银行开展融资、债券承销等领域务实合作。

九、中国进出口银行与马来西亚进出口银行、泰国进出口银行等"亚洲进出口银行论坛"成员机构签署授信额度框架协议，开展转贷款、贸易融资等领域务实合作。

十、中国出口信用保险公司同白俄罗斯、塞尔维亚、波兰、斯里兰卡、埃及等国同业机构签署合作协议，与埃及投资和国际合作部、老挝财政部、柬埔寨财政部、印尼投资协调委员会、波兰投资贸易局、肯尼亚财政部、伊朗中央银行、伊朗财政与经济事务部等有关国家政府部门及沙特阿拉伯发展基金、土耳其实业银行、土耳其担保银行、巴基斯坦联合银行等有关国家金融机构签署框架合作协议。

十一、中国人民银行与国际货币基金组织合作建立基金组织-中国能力建设中心，为"一带一路"沿线国家提供培训。

十二、中国进出口银行与联合国工业发展组织签署关于促进"一带一路"沿线国家可持续工业发展有关合作的联合声明。

十三、中国工商银行与巴基斯坦、乌兹别克斯坦、奥地利等国家主要银行共同发起"一带一路"银行合作行动计划，建立"一带一路"银行常态化合作交流机制。

十四、中国国务院发展研究中心与联合国工业发展组织签署关于共建"一带一路"等合作的谅解备忘录。丝路国际智库网络50多家国际成员和伙伴与中方共同发布《丝路国际智库网络北京共同行动宣言》。

十五、中国渤海商品交易所与蒙古国商品交易所签订国际合作协议。2018年1月26日，中国渤海商品交易所总裁巫克力应蒙古国商品交易所巴特尔总裁的邀请，出席由蒙古国农业部、国家国有资产协调总局见证下的渤商所和蒙交所国际战略合作协议的签署仪式。巴特尔总裁表示，今天蒙古国商品交易所与渤海商品交易所签署了首份合作协议，这是两家交易所进行跨国合作的开始。根据合作协议，蒙古的羊绒、羊毛系列产品预计将在2018年4月份通过两家交易所系统进行现货交易。未来，蒙交所将与渤商所积极合作，在稳定羊绒、羊毛系列产品的价格、商品质量、资金结算以及货物仓储运输交收等方面为市场参与者提供保障，特别是蒙交所必须提供高质量的原材料，并计划加强与蒙古农业合作社进行合作，努力支持和满足牧民的生产需要。此外，蒙交所也将与渤商所进一步探索除羊绒、羊毛系列产品以外的皮革、肉类及相关矿产品等方面的合作。签署仪式结束后，在蒙交所巴特尔总裁的陪同下，巫克力总裁拜访了蒙古国农业部，就山羊绒、皮革及其他农牧资源产品在渤商所现代现货交易平台挂牌上市进行了深入交流。蒙古国农业部政策与规划司负责人表示，将大力支持两个交易所的跨境交易合作，从政府政策协调发展方面提供规划和支持。双方约定，在具体产品实施方案、规则与标准制定、资金结算、技术系统对接等方面共同成立工作小组并大力推进合作品种的挂牌上市；届时，将在天津渤商所总部举办蒙古国资源产品的跨国交易挂牌上市仪式。双方承诺，为做大两国国际品种的交易交收规模，服务双方实体经济，保障双方实体经济利益和货物、资金安全，实现跨境商品交易的便捷服务和增值服务，共同努力。

十六、新加坡太平船务集团与中企签订"一带一路"建设合作协议。太平船务集团2016年8月16日在新加坡与中国招商局港口控股有限公司（招商局港口）及中国机械设备工程股份有限公司（中设集团）分别签署"一带一路"建设合作框架协议，拟以"一带一路"倡议为契机，促进航运、港口、物流等领域的合作。根据合作协议，太平船务和招商局港口将协调资源，通过合资形式携手开拓非洲、南亚和东南亚等新的市场。同时，双方也将进一步深化在中国的现有合作并且共同探索在冷链物流领域的合作。依托中设集团在国际工程物流领域的优势和广泛的物流网络，以及太平船务在船舶运营及管理领域的经验，双方将携手在非洲地区开展船舶制造、转租和船舶管理以及物流服务领域项目的合作。此外，双方将在新加坡建立合资公司，在非洲区域开展集装箱存储、内陆运输和全程物流解决方案业务。

十七、中新机构签署“一带一路”全球合作协议。2015年11月6日中国银行与新加坡工商联合总会签署《中国银行–新加坡工商联合总会“一带一路”全球战略合作协议》(下称“协议”)。中国银行董事长田国立与新加坡工商联合总会主席张松声出席并见证协议签署。根据协议内容，中国银行将在未来3年内为新加坡工商联合总会的企业会员提供不少于300亿元人民币的意向授信。中国银行将充分发挥全球网络优势，扮演穿针引线的角色，协助新加坡工商联合总会的企业会员扩展在中国及区域市场的业务，开拓新商机。新加坡工商联合总会与中国银行也将定期举办论坛、商务交流会、商务考察等促进两国经贸往来的活动，并将向会员推荐中国银行的服务和产品。

十八、2014年中国和新加坡两国在银行间外汇市场开展人民币对新加坡元直接交易。

十九、2016年中国、新加坡两国央行续签双边本币互换协议，中新金融合作正加速向民间扩展。

二十、2018年9月，中国建设银行与新加坡盛裕集团签署战略合作谅解备忘录，双方将为中新企业投身“一带一路”基础设施建设提供强有力的支持和服务。

二十一、2015年12月23日，中广核集团与广西投资集团有限公司、泰国国家电力公司子公司RATCH曾在广西南宁正式签署《防城港核电二期项目合资协议》。根据协议，三方将在中泰两国政府间和平利用核能协议的基础上，合资成立防城港核电二期项目公司，共同开发、建设和运营采用“华龙一号”技术的防城港核电站二期项目。

第五节 社会组织的合作

一、中国国际城市发展联盟与联合国人类住区规划署、世界卫生组织、世界城市和地方政府组织亚太区签署合作意向书。

二、2018年9月21日，二连浩特市红十字会与蒙古国东戈壁省红十字会签订“一带一路”•“光明行”蒙古国行动协议。双方均表示，“一带一路”•“光明行”蒙古国行动是中蒙人文领域合作的一个重要项目，将以此次会见为契机，进一步加强沟通对接，全力做好这项“复明一人、幸福一家、造福一方”的惠民助困工程，给每位复明患者及家人带来光明和希望。经过协商，双方签订了《中国内蒙古二连浩特市与蒙古国东戈壁省红十字会委员会友好合作协议》《中国内蒙古二连浩特市红十字会与东戈壁省红十字会委员会合作备忘录》，约定双方在艾滋病与传染病防治、应急救护培训、内蒙古“光明行”社会公益活动走进蒙古国等领域加强交流与合作。同时，双方协定，每年年初举行互访并按季度对合作事项进行商谈。

三、2017年，新加坡国际调解中心和中国国际贸易促进委员会、中国国际商会调解中心签署谅解备忘录，合作建立解决“一带一路”跨境合作相关争议的机制。

第二章 与中东欧16国的合作

第一节 概 况

2012年4月26日，首次中国－中东欧国家领导人会晤在波兰华沙举行，中国－中东欧国家合作正式启动。

中国和中东欧16国，包括阿尔巴尼亚、波黑、保加利亚、克罗地亚、捷克、爱沙尼亚、匈牙利、拉脱维亚、立陶宛、黑山、北马其顿、波兰、罗马尼亚、塞尔维亚、斯洛伐克和斯洛文尼亚。

2012年9月，中国政府在外交部设立中国－中东欧国家合作秘书处，作为推进合作的协调机构。秘书处中方成员单位包括20多家中央部委和有关机构。中东欧国家任命国家协调员负责与中方秘书处协调对接。2015年4月，设立"外交部中国－中东欧国家合作事务特别代表"。

2013年11月26日，第二次中国－中东欧国家领导人会晤在罗马尼亚布加勒斯特举行，国务院总理李克强与中东欧16国领导人共同发表《中国－中东欧国家合作布加勒斯特纲要》，明确每年举行中国－中东欧国家领导人会晤。此外，每年举行2次国家协调员会议。

第二节 主要活动

一、国家领导人会晤

2012年4月26日，首次中国－中东欧国家领导人会晤在波兰华沙举行。时任国务院总理温家宝提出了中国关于促进与中东欧国家友好合作的12项举措，与会中东欧16国领导人对此予以高度评价。会晤发表新闻公报，明确与会领导人愿今后继续开展此类形式的合作。

2013年11月26日，第二次中国－中东欧国家领导人会晤在罗马尼亚布加勒斯特举行，会晤主题为"合作共赢，共同发展"。李克强总理提出中国－中东欧国家战略合作框架，包括"三大原则"，即相互尊重，平等相待；互利共赢，共同发展；中欧合作，相向而行；以及六大领域，分别为做大做实经贸合作，加快推进互联互通，大力加强绿色合作，积极拓展融资渠道，深挖地方合作潜力，丰富人文交流。李克强总理与中东欧16国领导人共同发表《中国－中东欧国家合作布加勒斯特纲要》，提出38项合作举措。

2014年12月16日，第三次中国－中东欧国家领导人会晤在塞尔维亚贝尔格莱德举行，会晤主题为“新动力、新平台、新引擎”。李克强总理提出“五个新”，包括打造中国与中东欧合作新亮点，构建互联互通新走廊，拓展产业合作新空间，搭建投融资协作新框架和扩大人文交流新领域。李克强总理与中东欧16国领导人共同发表《中国–中东欧国家合作贝尔格莱德纲要》，提出49项举措。

2015年11月24日，第四次中国–中东欧国家领导人会晤在中国苏州举行，会晤主题为“新起点 新领域 新愿景”。李克强总理提出“1+6”合作框架，即一个目标和六大重点。一个目标是制定未来五年合作规划，六大重点包括落实合作推进路线图，对接“一带一路”倡议与中东欧国家发展战略并开展基础设施建设合作，打造产能合作新样板，不断创新投融资合作方式，促进贸易投资双增长和扩大人文交流的广度深度。11月26日，习近平主席在北京与16国领导人举行集体会见。

2016年11月5日，第五次中国–中东欧国家领导人会晤在拉脱维亚里加举行，会晤主题为“互联、创新、相融、共济”。李克强总理就中国–中东欧国家合作提出四大倡议，即一是深化基础设施和互联互通合作；二是发挥好金融合作的支撑作用；三是开拓绿色经济合作新空间；四是进一步密切人文领域交流合作。李克强总理与中东欧16国领导人共同发表《中国–中东欧国家合作里加纲要》，提出64项合作举措；共同发表关于开展三海港区基础设施、装备合作的里加声明。

2017年11月27日，第六次中国–中东欧国家领导人会晤在匈牙利布达佩斯举行，会晤主题为“深化经贸金融合作，促进互利共赢发展”。李克强总理在讲话中积极评价中国–中东欧国家合作5年来取得的丰硕成果，将其定位为具有重要影响的跨区域合作机制，并提出做大经贸规模、做好互联互通、做强创新合作、做实金融支撑、做深人文交流五大建议。会晤发表《中国–中东欧国家合作布达佩斯纲要》《第六次中国–中东欧国家领导人会晤成果清单》和《中国–中东欧国家合作五年成果清单》。

2018年7月7日，第七次中国–中东欧国家领导人会晤在保加利亚索非亚举行，会晤主题为“深化开放务实合作，共促共享繁荣发展”。李克强总理就中国–中东欧国家合作未来发展蓝图提出五点建议：一是共同维护经济全球化和自由贸易；二是深入挖掘园区建设和创新合作潜力；三是继续拓展金融合作渠道；四是着力提升地方合作水平；五是不断拉紧人文交流纽带。会晤发表《中国–中东欧国家合作索非亚纲要》《第七次中国–中东欧国家领导人会晤成果清单》。中国同中东欧16国领导人共同见证“一带一路”、交通和能源基础设施建设、工业园区、金融、教育、文化、质检等领域19余项合作协议签署。

2019年4月12日，第八次中国–中东欧国家领导人会晤在克罗地亚杜布罗夫尼克举行，会晤主题为“搭建开放、创新、伙伴之桥”。李克强总理就中国–中东欧国家合作下一步发展提出建议：一是共同维护多边贸易体制；二是进一步扩大贸易规模；三是推进共建“一带一路”合作；四是大力拓展创新合作；五是持续推动中小企业和产业园区建设合作；六是深入开展人文交流合作。会晤发表《中国–中东欧国家合作杜布罗夫尼克纲要》，欢迎希腊作为正式成员加入中国–中东欧国家合作。中国同中东欧国家领导人共同见证17项合作协议签署。

二、地方领导人会议

2013年7月，首次中国–中东欧国家地方领导人会议在重庆举行。时任马其顿总理格鲁埃夫斯基、时任罗马尼亚总理蓬塔及中外方近70个地方省市代表团、600多家企业的代表近1 000人与会。中外地方领导人联合发起旨在促进地方合作的“重庆倡议”。共签署25项合作协议。

2014年8月，第二次中国–中东欧国家地方领导人会议在捷克布拉格举行。国务院总理李克强向会议致贺信。时任国务院副总理张高丽，捷克总统泽曼、时任总理索博特卡、时任众议长哈马切克，以及中国15个省区市、捷克12个州和其他中东欧15国数十个地方省州市代表1 300余人出席。中国–中东欧国家合作秘书处同捷克内务部签署《关于推动建立中国–中东欧国家地方省州长联合会的谅解备忘录》，并正式组建联合会，与会40余省区市签署入会意向书。

2016年6月，第三次中国–中东欧地方领导人会议在中国河北省唐山市举办。时任国务院副总理马凯、时任捷克总理索博特卡、时任黑山副总理伊瓦诺维奇，以及中国14个省区市、中东欧16国58个省州市代表共约1 300人出席。会议期间还举行了中国–中东欧国家地方省州长联合会第二次工作会议，并发表成果文件《唐山共识》。

2018年10月，第四次中国–中东欧地方领导人会议在保加利亚索非亚举办。国务院总理李克强向会议致贺信，全国人大常委会副委员长曹建明、保加利亚总理博里索夫，中国和中东欧国家地方政府及企业代表等共约600人出席会议。会议期间，发表了《索非亚共识》。会议同期举办了中国–中东欧国家地方省州长联合会，辽宁省接替河北省担任联合会新任中方主席，并宣布2020年在中国辽宁举办第五次中国–中东欧国家地方领导人会议。

三、其他领域

2012年，在上海中国国际旅游交易会期间举行中东欧国家旅游产品专场推介会。

2013年，先后举行中国–中东欧国家文化合作论坛、教育政策对话、农业经贸合作论坛、青年政治家论坛以及首次高级别智库研讨会。

2014年为"中国–中东欧国家合作投资经贸促进年"，举行中国–中东欧国家经贸促进部长级会议、中东欧国家特色商品展、中国–中东欧国家投资促进研讨会、中国投资论坛等活动。同年，分别举行中国–中东欧国家创新技术合作及国际技术转移研讨会、中国–中东欧国家旅游促进机构和旅游企业联合会成立大会、里加高级别交通物流会议、中匈塞交通基础设施合作联合工作组第一次会议、第二届中国–中东欧国家高级别智库研讨会、第二次中国–中东欧国家教育政策对话、中国–中东欧国家农业经贸合作论坛等活动。

2015年为"中国–中东欧国家旅游合作促进年"，举行中国–中东欧国家旅游合作促进年启动仪式、第二次中国–中东欧国家旅游合作高级别会议等活动。同年，分别举行中国、匈牙利、塞尔维亚、马其顿海关通关便利化合作框架协议第一次工作组会议、中国–中东欧国家联合商会第一次会议、高级别欧亚交通物流会议暨第三届亚欧交通部长会议、中亚、黑海及巴尔干地区央行行长会议组织第33届行长会、中国–中东欧国家地方省州长联合会第一次会议、首届中国–中东欧国家投资贸易博览会、16+1农业部长会议、首届中国–中东欧国家卫生部长论坛、第十届中国–中东欧农业经贸合作论坛、首次中国–中东欧国家农业部长会议、第三届中国–中东欧国家教育政策对话、中国–中东欧国家高校联合会第二次会议、第二届中国–中东欧国家创新技术合作及国际技术转移研讨会、第二届中国与中东欧青年政治家论坛、第2次中国–中东欧国家文化合作论坛、第二届中国–中东欧国家高级别智库研讨会等活动。

2016年为"中国–中东欧国家人文交流年"，举办中国–中东欧国家艺术合作论坛、首届中国–中东欧国家文学论坛、中东欧16国记者访华团、中东欧16国知名画家写生团、首届中国–中东欧国家文化产业论坛、中国–中东欧国家合唱夏令营、第四届中国–中东欧国家教育政策对话和中国–中东欧国家高校联合会第三次会议、中东欧国家国际戏剧节艺术总监访华团、中国–中东欧国家非物质文化遗产保护专家级论坛、中国–中东欧国家创新合作大会、中国–中东欧国家旅游合作高级别会议等活动。同年，分别举行中国–中东欧国家合作经贸论坛、中国–中东欧国家最高法院院长会议、首届中国－中东欧国家交通部长会议、中国－中东欧国家高级别林业合作会议、中国－中东欧国家林业经贸合作论坛、第二次中国－中东欧国家经贸促进部长级会议和中国－中东欧国家投资促进机构联系机制第三次会议、中国－中东欧国家投资贸易博览会、第二届中国－中东欧国家卫生部长论坛、第二届中国－中东欧国家舞蹈夏令营、中东欧国家高级别官员访华团、中国－中东欧国家首都市长论坛、中国－中东欧国家高级别智库研讨会、第11届中国－中东欧国家农业经贸论坛、中国－中东欧国家农业合作促进联合会第三次会议。

2017年为“中国－中东欧国家媒体年”，举办中国－中东欧国家媒体年开幕式暨“中东欧主题影展”开幕式、中国－中东欧国家新闻发言人对话会、中东欧国家广电高级记者编辑研修班等活动，中国与中东欧国家媒体围绕政策沟通、新闻报道、节目交流、联合制作、影视节展、人才培养等主题开展了50余项合作项目。同年，分别举行中国－中东欧国家舞蹈冬令营、16+1农产品和葡萄酒博览会、中国－中东欧国家文化季、第二届中国－中东欧国家文化创意产业论坛暨第11届国际服务贸易论坛、首届中国－中东欧国家文化遗产论坛、第三届中国－中东欧国家投资贸易博览会、第二届中国－中东欧国家质检合作对话会、中东欧国家学者研讨班、第四次中国－中东欧国家旅游合作交流会、第三届中国－中东欧国家卫生部长论坛、中国－中东欧国家联合商会与经贸促进机构会议、首届中国－中东欧国家海关合作论坛、中国－中东欧政党对话会、第三届中国与中东欧青年政治家论坛、第三届中国－中东欧国家舞蹈夏令营、中国与中东欧智库建设国际学术论坛、第二届中国－中东欧国家农业部长论坛、第12届中国－中东欧国家农业经贸合作论坛、中国投资论坛、首届“未来之桥”中国－中东欧青年研修交流营活动、首届中国－中东欧发展论坛、第三届中国－中东欧国家文化合作论坛、第五届中国－中东欧国家教育政策对话、中国－中东欧国家高校联合会第四次会议、第二届中国－中东欧国家首都市长论坛、第三次中欧陆海快线海关通关便利化工作组会议、首届中国－中东欧国家物流合作秘书处联络员会议、中国－中东欧国家地方省州长联合会第三次工作会议、中国－中东欧国家林业科研教育国际研讨会、第三届中国－中东欧国家交通部长会议、第四次中国－中东欧旅游合作高级别会议、16+1能源合作论坛和博览会、第二届中国－中东欧国家创新合作大会、第四次中国－中东欧国家高级别智库研讨会等活动。

2018年为“地方合作年”，该框架下，举办第4次中国－中东欧国家地方领导人会议，同期举办中国－中东欧国家地方省州长联合会第4次工作组会议，举办第3届中国－中东欧国家首都市长论坛，配合第7次中国－中东欧国家领导人会晤举办“16+1地方合作成果展”。同年，分别举办16+1农业投资与装备合作博览会、第2届中国－中东欧国家新闻发言人对话会、中国－中东欧银联体“一带一路”与区域金融合作研讨会、第2次中国－中东欧国家林业合作高级别会议、中国－中东欧国家林业合作协调机制联络小组第2次会议、中国－中东欧国家农业合作促进联合会第7次会议、中国－中东欧国家高校联合会第5次会议、16+1海事合作会议、第3次中国－中东欧国家经贸促进部长级会议、第4届中国－中东欧国家投资贸易博览会、中国－中东欧能源合作第1次技术交流会、“推进16+1合作平台走向未来”国际智库会议、首次中国－中东欧国家环保合作部长级会议、第4次中国－中东欧国家旅游合作高级别会议、第3届16+1交通部长会议、中国－中东欧国家投资促进机构联系机制第4次会议、第3届中国－中东欧国家创新合作大会、第2届中国－中东欧物流合作秘书处联络员会议、首届中国－中东欧国家央行行长会议、中国－中东欧国家联合商会第4次会议、中国－中东欧国家林业科研合作研讨会、中欧陆海快线海关通关便利化合作专家研讨会、第5届中国－中东欧国家高级别智库研讨会、第13届中国－中东欧国家农业经贸合作论坛、第2届16+1艺术合作论坛、第3届16+1文化创意产业论坛、第2届中国－中东欧市长论坛、第2届16+1非物质文化遗产保护专家级论坛、中国－中东欧中小企业合作论坛、首届16+1图书馆联盟馆长论坛、中国－中东欧健身气功论坛、中国－中东欧国家药品监管合作论坛、中国品牌商品（中东欧）展、第22届波罗的海农业展、第6届中国－中东欧国家教育政策对话、第2届中国－中东欧国家舞蹈大师工作坊、第2届"未来之桥"中国－中东欧青年研修交流营活动、第2批中东欧国家作曲家访华采风活动、首届16+1爵士乐夏令营、第4届16+1舞蹈夏令营、"武术丝路行"武术训练营等。同时，中国－中东欧投资合作基金（二期）正式运营。

2019年为"中国－中东欧教育、青年交流年"。根据《中国－中东欧国家合作索非亚纲要》，将举办第四届首都市长论坛、第四届交通部长会议、第四届文化合作部长论坛、第四届文化创意产业论坛、首届航空论坛、首届高级别金融科技论坛、第七届教育政策对话和高校联合会第六次会议、第五次旅游高级别会议等活动。

第三节　重要宣言

一、中国关于促进与中东欧国家友好合作的十二项举措（2012年4月26日）

（一）成立中国与中东欧国家合作秘书处。秘书处设在中国外交部，负责沟通协调合作事宜，筹备领导人会晤和经贸论坛并落实有关成果。中东欧16国根据自愿原则指定本国对口部门及1名协调员参与秘书处协调工作。

（二）设立总额100亿美元的专项贷款，其中配备一定比例的优惠性质贷款，重点用于双方在基础设施建设，高新技术，绿色经济等领域的合作项目。中东欧16国可向中国国家开发银行、进出口银行、工商银行、中国银行、建设银行和中信银行提出项目申请。

（三）发起设立"中国－中东欧投资合作基金"，首期募集基金目标为5亿美元。

（四）中方将向中东欧地区国家派出"贸易投资促进团"并采取切实措施推进双方经贸合作。愿与各国共同努力，力争中国与中东欧16国贸易额至2015年达到1 000亿美元。

（五）根据中东欧国家的实际情况和需求，推动中国企业在未来5年同各国合建1个经济技术园区，也愿继续鼓励和支持更多中国企业参与各国已有的经济技术园区建设。

（六）愿与中东欧16国积极探讨货币互换，跨境贸易本币结算以及互设银行等金融合作，加强对务实合作的保障与服务。

（七）成立"中国－中东欧交通网络建设专家咨询委员会"。由中国商务部牵头，中东欧16国本着自愿原则加入，共同探讨通过合资合作，联合承包等多种形式开展区域高速公路或铁路示范网络建设。

（八）倡议2013年在中国举办"中国－中东欧国家文化合作论坛"，并在此框架下定期举行文化高层和专家会晤及互办文化节，专题活动。

（九）在未来5年向中东欧16国提供5 000个奖学金名额。支持16国孔子学院和孔子课堂建设，未来5年计划邀请1 000名各国学生来华研修汉语。加强高校校际交流与联合学术研究，未来5年派出1 000名学生和学者赴16国研修。中国教育部计划2013年在华举办"中国－中东欧国家教育政策对话"。

（十）倡议成立"中国－中东欧国家旅游促进联盟"。由中国国家旅游局牵头，欢迎双方民用航空主管部门，旅游和航空企业参与，旨在加强相互推介和联合开发旅游线路，并探讨开通与中东欧

16国更多直航。中国国家旅游局计划今秋在上海中国国际旅游交易会期间协办中国–中东欧国家专项旅游产品推介会。

（十一）设立“中国与中东欧国家关系研究基金”。中方愿每年提供200万元人民币，支持双方研究机构和学者开展学术交流。

（十二）中方计划于2013年举办首届“中国与中东欧青年政治家论坛”，邀请双方青年代表出席，增进相互了解与友谊。

二、“中国–中东欧国家合作布加勒斯特纲要”

2013年11月26日，中国–中东欧国家领导人会晤在罗马尼亚布加勒斯特举行。中华人民共和国国务院总理李克强和罗马尼亚总理维克托•蓬塔，阿尔巴尼亚共和国总理埃迪•拉马，波斯尼亚和黑塞哥维那部长会议主席维耶科斯拉夫•贝万达，保加利亚共和国总理普拉门•奥雷沙尔斯基，克罗地亚共和国总理佐兰•米拉诺维奇，捷克共和国总理伊日•鲁斯诺克，爱沙尼亚共和国总理安德鲁斯•安西普，匈牙利总理欧尔班•维克托，立陶宛共和国总理阿尔吉尔达斯•布特克维丘斯，马其顿共和国总理尼古拉•格鲁埃夫斯基，黑山总理米洛•久卡诺维奇，波兰共和国总理唐纳德•图斯克，塞尔维亚共和国总理伊维察•达契奇，斯洛伐克共和国总理罗伯特•菲乔，斯洛文尼亚共和国总理阿伦卡•布拉图舍克以及拉脱维亚共和国总理瓦尔季斯•东布罗夫斯基斯的代表埃德加斯•林克维奇斯外长出席会晤。出席会晤的领导人对罗马尼亚作为东道国为会晤成功所作努力表示赞赏和感谢。

与会各方回顾了中国–中东欧国家合作取得的成就，积极评价中国–中东欧国家合作为巩固中国和中东欧国家传统友谊，加强政治互信，深化务实合作，促进人文交流，推进中欧关系全面发展做出的重要贡献，一致认为中国–中东欧国家合作契合了中国和中东欧国家的各自发展特点与合作需求，符合中国和中东欧国家人民的共同愿望和利益。

与会各方强调中国–中东欧国家合作与中欧全面战略伙伴关系相辅相成，并行不悖，愿继续本着相互尊重，平等互利，合作共赢的原则，加强和深化中国–中东欧国家合作，致力于将中国–中东欧国家合作打造成为中欧合作的增长点，服务各自发展，造福各国人民，促进世界和平与稳定，并为处于不同文明、不同制度和不同发展阶段的国家和谐相处，共同发展提供有益经验。

为推动中国–中东欧国家合作进一步发展，与会各方围绕“合作共赢，共同发展”的主题，共同制定和发表“中国–中东欧国家合作布加勒斯特纲要”，表示将根据各自国家法律法规，欧盟成员国并将根据欧盟相关法律法规，开展合作。

（一）每年举行中国–中东欧国家领导人会晤，梳理合作成果，规划合作方向，各方将尽早商定2014年会晤举办时间和地点。

（二）根据合作发展情况，适时考虑制定中期合作规划。

（三）促进投资经贸合作

1. 坚决反对任何形式的保护主义，致力于促进相互投资，提升经贸合作规模和水平。在扩大贸易规模的同时，努力减少现有贸易不平衡现象。

2. 宣布2014年为“中国–中东欧国家合作投资经贸促进年”。在促进年框架内：

（1）举办中国和中东欧国家经贸促进部长级会议。

（2）在中国举办中东欧国家商品展。

（3）在中国举办中国–中东欧国家宏观经济政策研讨会。

（4）在中国举办中国－中东欧国家投资促进研讨会。

（5）在中国国际投资贸易洽谈会上举办中国－中东欧国家投资推介会。

（6）在捷克举办中国投资论坛。

（7）建立中国－中东欧国家投资促进机构联系机制。

（8）支持建立中国－中东欧国家联合商会，中国和中东欧国家商会组织将根据自愿原则参与。

3. 鼓励中小企业在经贸合作中发挥积极作用，探讨建立中国－中东欧国家中小企业交流合作平台。中方欢迎中东欧国家参加2014年中国国际中小企业博览会，愿为中东欧国家中小企业设立专场。各方支持中小企业加强在绿色技术领域的合作。波兰将在波兰国际环保科技展上举办专场活动。

4. 鼓励企业探讨利用中国和中东欧国家的区位优势和良好的投资环境共同开拓第三方市场。

5. 鼓励各方在保证供给，满足各自检验检疫要求的前提下发展农产品贸易。

6. 支持建立中国－中东欧国家农业合作促进联合会，欢迎中国和中东欧国家相关机构，企业及团体根据自愿原则参与。

7. 轮流在中国和中东欧国家举行中国－中东欧国家农业经贸合作论坛。

（四）扩大金融合作

1. 中国和中东欧国家加强协调，鼓励各自金融机构开展灵活多样的合作，充分发挥"100亿美元专项贷款"对中国－中东欧国家经贸合作的促进作用。

2. 各方欢迎"中国－中东欧投资合作基金（首期）"正式启动，赞赏中国、波兰、匈牙利金融机构为此所作努力，支持相关金融机构适时启动基金第二期，鼓励更多金融机构，企业参与基金。同时，欢迎中东欧各国政府，金融机构，企业向中国－中东欧投资合作基金推荐具有潜力的优质项目。

3. 支持符合条件，有意愿的中国和中东欧国家的金融机构依照有关监管立法到对方国家设立分支机构，发展业务。支持中国人民银行与中东欧国家央行根据各自实际需要签署本币互换协议，推动本币结算成为促进贸易与投资的方式之一。

4. 支持中国和中东欧国家符合条件，有意愿的机构投资对方银行间债券市场。

（五）推进互联互通合作

1. 积极探讨构建中国和中东欧国家之间的国际铁路运输大通道，推动企业在铁路沿线建设保税区和物资分拨中心，打造中欧物流新动脉。

2. 在互利互惠原则下，加强在公路、铁路、港口、机场等基础设施建设领域的合作。

3. 支持建立中国－中东欧国家基础设施建设合作联合会，欢迎中国和中东欧国家相关机构，企业根据自愿原则参与。

4. 欢迎2014年在拉脱维亚首都里加举办高级别欧亚交通物流贸易通道会议。

（六）拓展科技创新环保能源领域合作

1. 定期举行中国－中东欧国家促进创新技术合作及国际技术转移的研讨会，2014年举办首届会议。

2. 加强信息通信领域合作。

3. 加强中国与中东欧国家在保护森林、湿地和野生动植物，发展绿色经济和生态文化方面的合作与交流。

4. 中国愿与中东欧国家加强在环保科技领域的合作与交流，商签有关环境合作谅解备忘录，鼓励环保科研院所之间建立伙伴关系和研究网络，支持环保专家、学者的交流互访，开展水、空气、固体废物管理等领域的合作研究项目，推动在环保产业、可持续消费与生产和环境标志认证领域的交流、合作与能力建设，实现在环保科技创新方面的互利共赢。

5. 中国愿与中东欧国家加强核电、风电、水电、太阳能发电等清洁电力领域的合作，互利互惠，共促发展.中东欧国家对此表示欢迎。

6. 鼓励中国和中东欧国家在自然资源保护和可持续利用、地质、采矿和空间规划方面加强合作。

（七）活跃人文交流合作

1. 2013年12月在中国召开首届中国－中东欧国家高级别智库研讨会。

2. 2014年中国－中东欧国家合作秘书处组织中国和中东欧国家各50名记者互访团。

3. 每两年举行一次中国与中东欧青年政治家论坛和中国－中东欧国家文化合作论坛。中国和中东欧国家将尽快商定2015年论坛举办地点和时间。

4. 支持建立中国－中东欧国家旅游促进机构和旅游企业联合会，欢迎中国和中东欧国家旅游促进机构和企业本着自愿原则参与。中国国际旅游交易会将继续举办中国中东欧国家旅游产品专场推介会。

5. 定期举办中国－中东欧国家教育政策对话，积极探讨建立中国－中东欧国家高校联合会。

6. 采取有效措施便利人员往来，中方欢迎罗马尼亚、捷克等中东欧国家为中国公民申办签证，居留实行便利措施，宣布将中东欧16国全部列入外国人72小时免签过境北京、上海等口岸名单。

7. 为鼓励和支持地方合作，将地方合作作为中国－中东欧国家合作的重要支撑之一。支持建立中国－中东欧国家地方省州长联合会，中国和中东欧国家省州市将根据自愿原则参与。每两年举行一次中国－中东欧国家地方领导人会议。

三、中国－中东欧国家合作贝尔格莱德纲要

2014年12月16日，第三次中国－中东欧国家领导人会晤在塞尔维亚贝尔格莱德举行。与会各方发表《中国－中东欧国家合作贝尔格莱德纲要》。全文如下：

中国－中东欧国家合作贝尔格莱德纲要

2014年12月16日，第三次中国－中东欧国家领导人会晤在塞尔维亚贝尔格莱德举行。中华人民共和国国务院总理李克强和塞尔维亚共和国总理亚历山大•武契奇、阿尔巴尼亚共和国总理埃迪•拉马、波斯尼亚和黑塞哥维那部长会议主席维耶科斯拉夫•贝万达、捷克共和国总理博胡斯拉夫•索博特卡、爱沙尼亚共和国总理塔维•罗伊瓦斯、匈牙利总理欧尔班•维克托、拉脱维亚共和国总理莱姆多塔•斯特劳尤马、立陶宛共和国总理阿尔吉尔达斯•布特克维丘斯、马其顿共和国总理尼古拉•格鲁埃夫斯基、黑山总理米洛•久卡诺维奇、罗马尼亚总理维克托•蓬塔、斯洛伐克共和国总理罗伯特•菲佐、斯洛文尼亚共和国总理米罗•采拉尔、保加利亚共和国副总理鲁米亚纳•伯奇瓦罗娃、克罗地亚共和国第一副总理兼外交和欧盟事务部部长韦斯娜•普希奇、波兰共和国副总理兼国防部长托马什•谢莫尼亚克出席会晤。出席会晤的领导人对塞尔维亚作为东道国为会晤成功所作努力表示赞赏和感谢。欧盟应邀派代表与会。

与会各方积极评价中国－中东欧国家合作取得的进展，特别是《中国－中东欧国家合作布加勒斯特纲要》相关措施执行情况（见附件），认可这一合作为巩固中国同中东欧国家的传统友谊注入新动力，为拓展中国同16国的互利合作搭建新平台，为全面深化互利共赢的中欧关系打造新

引擎。

与会各方重申，中国－中东欧国家合作与中欧关系并行不悖，再次确认致力于本着平等相待、相互尊重、相互信任的原则深化和平、增长、改革、文明四大伙伴关系，为落实《中欧合作2020战略规划》作出应有贡献。

与会各方表示，中国－中东欧国家合作显示出越来越旺盛的生命力和强大吸引力，愿意继续在平等、互利、合作、共赢的基础上，共同推动合作不断迈上新台阶，造福各自国家和人民，实现共同发展繁荣，促进和平稳定。

为此，与会各方围绕"新动力、新平台、新引擎"的主题，共同制定和发表《中国－中东欧国家合作贝尔格莱德纲要》，并再次确认，将根据各自国家法律法规，欧盟成员国根据欧盟相关法律法规及作为成员国应遵守的政策，扩大合作。

一、支持中国承办2015年第四次中国－中东欧国家领导人会晤。

二、认可《中欧合作2020战略规划》为中欧关系的指导性文件，支持2015年适时启动制定《中国－中东欧国家中期合作规划》。

三、推进互联互通合作

（一）与会各方注意到欧盟和其他地区互联互通领域业已达成共识的规定、规划、政策和进程，欢迎和支持中国和中东欧国家在该领域探寻合作的可能性。

（二）与会各方欢迎中国、匈牙利、塞尔维亚签署匈塞铁路合作文件，希望相关方共同努力，继续为匈塞铁路合作创造良好氛围。

（三）继续推进中欧国际铁路集装箱班列建设，将其作为中欧深化互利合作、建设亚欧大通道和大市场的重点项目，推动在相关国家通关便利化，打造新的物流支线，建设物流中心，鼓励企业发挥自身优势参与进来。

（四）在互利互惠原则下，加强在公路、铁路、港口、机场等基础设施建设领域的合作，并积极探讨合作构建区域交通网络。

（五）邀请更多中东欧国家加入中欧海关安全智能贸易航线试点计划。积极探讨将陆运、空运等运输方式纳入安全智能贸易合作。

（六）欢迎塞尔维亚牵头组建中国－中东欧国家交通基础设施合作联合会，欢迎中国和中东欧国家相关机构、企业及团体根据自愿原则参与。

（七）支持中国同中东欧国家现有直航正常运营并尽快开通新直航，开展民航相关领域交流与合作。

（八）支持2015年举办里加高级别欧亚交通物流会议。

（九）支持适时组建中国－中东欧国家物流合作联合会。

（十）欢迎中东欧国家海关署长2015年赴华参加有关论坛。

四、促进经贸投资合作

（一）坚决反对任何形式的保护主义，支持促进相互投资，提升经贸合作规模和水平，努力为贸易持续稳步增长创造条件。

（二）欢迎并支持在波兰华沙组建中国－中东欧国家联合商会执行机构，邀请中国和中东欧国家相关商协会、机构及企业根据自愿原则参与。

（三）欢迎中国－中东欧国家投资促进机构联系机制在中国北京和波兰华沙设立秘书处，支持其在中国同中东欧国家投资信息共享和双向投资促进上发挥积极作用。

（四）每两年召开一次中国-中东欧国家经贸促进部长级会议。2015年在中国宁波国际日用消费品博览会期间举办中国-中东欧国家投资贸易博览会。

（五）中方欢迎中东欧国家企业继续参与中国国际中小企业博览会以及河北等地方省份举办的展会。中东欧国家欢迎中国企业参加中东欧国家举行的交易会和博览会。

（六）鼓励企业探讨利用中国与中东欧国家的区位优势和良好的投资环境共同开拓第三方市场。

（七）鼓励各方在保证供给、符合满足各自检验检疫标准和要求的前提下发展农产品贸易，加强在畜牧业育种、养殖、加工及贸易等方面的合作。

（八）欢迎并支持保加利亚牵头组建中国-中东欧国家农业合作促进联合会，邀请中国和中东欧国家相关机构、企业及团体根据自愿原则参与，注意到联合会将于2015年上半年在索非亚正式启动。

（九）2015年，在匈牙利举行第十届中国-中东欧国家农业经贸合作论坛。

（十）2015年，在波兰卡托维茨欧洲经济大会期间举办中国-中东欧国家论坛。

五、扩大金融合作

（一）鼓励中国和中东欧国家金融机构继续开展灵活多样的合作，探索金融合作创新模式，改善企业融资条件。充分发挥“100亿美元专项贷款”等融资工具对中国-中东欧国家经贸合作的促进作用。

（二）积极评价中国-中东欧投资合作基金（一期），赞赏匈牙利为此所作贡献，支持中国-中东欧投资合作基金（二期）启动，鼓励更多金融机构、企业参与基金，积极开展投资合作。

（三）鼓励并支持符合条件、有意愿的中国和中东欧国家的金融机构依照有关监管立法到对方国家设立分支机构，培育市场，拓展业务。

（四）支持中国人民银行与中东欧国家央行根据各自实际需要签署本币互换协议，推动本币结算成为促进贸易与投资的有效方式之一。欢迎中国与匈牙利、阿尔巴尼亚分别签署本币互换协议。鼓励中国和中东欧国家企业在跨境贸易和投资中采用人民币结算。

（五）支持中国和中东欧国家符合条件、有意愿的机构投资对方银行间债券市场。中方欢迎匈牙利、立陶宛有关机构投资中国银行间债券市场。

（六）鼓励中国和中东欧国家银行在信息沟通、人员交流、相互提供业务便利和支持等方面开展全面金融合作。

（七）中方愿积极考虑2015年在华举办中亚、黑海及巴尔干地区央行行长会议组织行长会议，欢迎有关地区国家参加。

六、拓展科技创新环保能源领域合作

（一）2015年在斯洛伐克举办中国-中东欧国家创新技术合作及国际技术转移研讨会。鼓励中国和中东欧国家的科研机构和企业在产学研及国际技术转移等领域加强合作。

（二）继续支持加强信息通信领域合作。鼓励中国-中东欧国家开展联合研究项目，促进科技园区企业合作。

（三）加强中国与中东欧国家在保护森林、湿地和野生动植物、发展绿色经济和生态文化方面的合作与交流，分享林业发展成功经验，增进理解，促进合作。

（四）鼓励中国和中东欧国家遵循透明、负责的原则发展核能项目。认可各国有发展核能的权利，应妥善履行核安全国际义务。对中国同罗马尼亚、捷克签署有关核能合作文件并与匈牙利就核能领域合作达成共识表示欢迎。

（五）鼓励中国和中东欧国家在自然资源保护和可持续利用、地质、采矿、页岩气开发和空间规划方面加强合作。

（六）欢迎罗马尼亚设立有关能源项目对话与合作中心的倡议，鼓励中国、中东欧国家及其他国家学术机构、法律机构、企业和政府代表共享经验和信息，促进各方在该领域的进一步发展。

七、深化人文交流和地方合作

（一）中方鼓励国内演出机构赴中东欧国家选购节目，支持中国与中东欧国家文化艺术机构、团体、企业及艺术家群体和个人在艺术培训、共同创作、经验分享及平台搭建等方面开展全方位、多领域务实合作。中方愿以"波罗的海艺术节"为契机，逐渐完善与中东欧国家文化交流模式，提升文化交流规模和水平。鼓励中国和中东欧国家开展文化遗产保护领域合作。

支持中国与波兰合作在波兰举办中国－中东欧国家文化遗产保护专家级论坛。欢迎阿尔巴尼亚有关举办物质和非物质文化遗产管理和保护领域专家级论坛的倡议。

2015年，邀请中东欧国际爵士音乐节艺术总监访华；在华举办中国－中东欧国家舞蹈夏令营；在波罗的海三国举办中国艺术节。

（二）定期召开中国－中东欧国家高级别智库研讨会。

（三）支持组建中国－中东欧国家智库交流与合作中心。

（四）2015年中国－中东欧国家合作秘书处组织中国和中东欧国家各50名记者互访团。

（五）2015年在中国举办第二届中国与中东欧青年政治家论坛。

（六）2015年举办第二届中国－中东欧国家文化合作论坛。

（七）欢迎并支持在匈牙利成立中国－中东欧国家旅游促进机构和旅游企业联合会。联合会将举办推介活动，开通中英文双语版16+1旅游合作网站，推出更多适合中国、中东欧游客的精品旅游线路。

（八）举办2015中国－中东欧国家旅游合作促进年。在此框架下，举办第二次中国－中东欧国家旅游合作高级别会议（斯洛文尼亚）、中国旅游产品推介会、中国千名游客访问中东欧及"中国旅游日"等系列活动，为中国－中东欧国家旅游业界交流合作搭建平台。同时，还将互相邀请媒体和旅行商代表团考察旅游产品和线路，相互举办宣传推广活动。中方将继续邀请中东欧国家旅游部门负责人率团来华参加于2015年10月在云南昆明举办的2015中国国际旅游交易会。

（九）2015年在中东欧国家举办第三届中国－中东欧国家教育政策对话。

欢迎保加利亚索非亚大学担任中国－中东欧国家高校联合会首任欧方轮值主席，支持联合会在推动中国和中东欧国家教育交流与合作方面发挥重要作用。

（十）支持中国与中东欧国家开展文学作品互译出版合作项目。中方欢迎2016年中东欧国家作为整体担任北京国际图书博览会主宾国。

（十一）2015年，在中国举办罗马尼亚电影展；中方组织中东欧国家广播电视高级研修班；中国与捷克共同拍摄动画片《熊猫与鼹鼠》。

（十二）中国和中东欧国家愿为促进人员往来便利化作出更多贡献。

（十三）支持地方全面积极参加中国－中东欧国家合作框架下的各领域交流与合作，共同办好中国－中东欧国家地方省州长联合会，将其打造成为地方合作最重要的平台。欢迎"中国投资论坛"将地方合作列为重要议题。

（十四）2016年在河北举办第三次中国－中东欧国家地方领导人会议。

（十五）加强中国－中东欧国家合作框架下的信息共享与交流。

八、支持2015年在捷克举行首届中国－中东欧国家卫生部长会议。

中方将与有兴趣的中东欧国家开展合作，选择在合适的地点推动建立中医中心，对捷克将中药纳入国民医保范围表示赞赏。

九、2015年中国－中东欧国家合作秘书处组织中东欧国家高级别官员代表团访华。

附件

《中国－中东欧国家合作布加勒斯特纲要》相关措施执行情况

一、2013年12月，中方将中东欧16国全部列入外国人72小时免签过境北京、上海等口岸名单。

二、2013年12月，在中国北京举行第一次中国－中东欧国家高级别智库研讨会。

三、2014年4月，中东欧国家记者访华团访华。

四、2014年5月，在中国上海举行第一次中国－中东欧国家促进创新技术合作及国际技术转移研讨会。

五、2014年5月，在匈牙利布达佩斯举行中国－中东欧国家旅游促进机构和旅游企业联合会成立大会。

六、2014年6月，在中国北京举行中匈塞交通基础设施合作联合工作组首次会议。

七、2014年6月，在中国宁波举行中国－中东欧国家经贸促进部长级会议。

八、2014年6月，在中国宁波举办中东欧国家特色产品展。

九、2014年6月，在拉脱维亚里加举行高级别欧亚交通物流贸易通道会议。

十、2014年8月，在捷克布拉格举行第二次中国－中东欧国家地方领导人会议。

十一、2014年8月，在捷克布拉格举行中国投资论坛。

十二、2014年8月，在捷克布拉格签署推动成立中国－中东欧国家地方省州长联合会备忘录。

十三、2014年9月，在斯洛文尼亚布莱德举行第二届中国－中东欧国家高级别智库研讨会。

十四、2014年9月，在中国天津举行第二次中国－中东欧国家教育政策对话。

十五、2014年9月，在中国天津成立中国－中东欧国家高校联合会。保加利亚索非亚大学当选为欧方首任轮值主席。

十六、2014年9月，在中国厦门举行中国－中东欧国家投资促进研讨会。

十七、2014年9月，在中国厦门宣布成立中国－中东欧国家投资促进机构联系机制。

十八、2014年9月，在中国厦门举行中国－中东欧国家投资推介会。

十九、2014年10月，在中国广州举行第11届中国国际中小企业博览会中东欧国家专场推介会。

二十、2014年10月，在罗马尼亚布加勒斯特举行中国－中东欧国家农业经贸合作论坛。

二十一、2014年10月，就保加利亚牵头组建农业合作促进联合会达成共识。

二十二、2014年10月，中东欧国家国际舞蹈节艺术总监及编舞访华。

二十三、2014年10月，在波兰波兹南环保科技展期间举办中国－中东欧国家合作专场活动。

二十四、2014年11月，中国－中东欧国家投资促进机构联系机制第二次会议在波兰华沙举行。

二十五、2014年11月，在中国上海举行中国国际旅游交易会中国－中东欧国家旅游产品专场推介会。

二十六、2014年11月—12月，中国记者代表团访问中东欧国家。

二十七、2014年12月，在塞尔维亚贝尔格莱德举行第三次中国－中东欧国家领导人会晤。

二十八、中国－中东欧投资合作基金（一期）正式启动，并成功投资相关项目。

二十九、中国与匈牙利、阿尔巴尼亚分别签署本币互换协议。

三十、匈牙利、立陶宛有关机构投资中国银行间债券市场。

三十一、中国同罗马尼亚、捷克分别签署和平利用核能合作文件，并与匈牙利就核能领域合作达成共识。

三十二、中国同匈牙利、拉脱维亚、塞尔维亚、马其顿等国签署质检领域有关合作协议。

四、中国－中东欧国家合作中期规划

2015年11月24日，中国苏州。阿尔巴尼亚、波黑、保加利亚、中国、克罗地亚、捷克、爱沙尼亚、匈牙利、拉脱维亚、立陶宛、马其顿、黑山、波兰、罗马尼亚、塞尔维亚、斯洛伐克和斯洛文尼亚积极评价中国－中东欧国家合作（以下简称“16+1合作”）取得的重要进展，认为16+1合作进一步推动了中国和中东欧国家关系发展，促进了中欧全面战略伙伴关系全方位、均衡发展。

17国表示，以《中欧合作2020战略规划》为中欧关系的指导性文件，依据《中国与中东欧国家领导人会晤新闻公报》《中国关于促进与中东欧国家友好合作的十二项举措》和《中国－中东欧国家合作布加勒斯特纲要》《中国－中东欧国家合作贝尔格莱德纲要》，制订《中国－中东欧国家合作中期规划》。

本规划旨在明确2015—2020年的工作方向和重点，进一步释放合作潜力，推动16+1合作提质增效。17国将相互尊重各自主权独立和领土完整，加深对各自发展道路的理解，结合自身特点、需求和优先方向，本着平等协商、优势互补、合作共赢的原则，积极落实本规划。17国将在协商一致基础上商定其他合作方参与具体项目和活动的可能性。各国根据各自法规，欧盟成员国根据欧盟相关法规及作为成员国应遵守的政策，开展具体合作。领导人年度会晤将对规划落实情况进行梳理总结。

16+1合作将努力推动重要的国别和区域项目。16+1合作不替代现有双边合作机制或平台，两者相互补充、相互促进，加快提升中国同16国关系水平和规模。16+1合作将与欧盟重大倡议和规划对接，有效促进中欧和平、增长、改革、文明四大伙伴关系。欢迎和支持建立中欧互联互通平台。16+1合作将充分把握“一带一路”建设带来的重要契机，不断拓展合作空间，同时为“一带一路”建设作出更多贡献。

年度领导人会晤对合作发挥引领和指导作用，将制订年度纲要，锁定重点成果，及时解决合作进程中遇到的突出问题。欢迎欧盟领导人或其代表与会。

每年在中国和中东欧国家各举办一次16+1合作国家协调员会议。欢迎并支持中国－中东欧国家合作秘书处（以下简称“秘书处”）进一步提升统筹协调和信息共享功能。建立秘书处及其成员单位与中东欧国家驻华使馆季度例会机制。欢迎并赞赏中国外交部设立“中国－中东欧国家合作事务特别代表”。

领域合作联合会是16+1领域合作的支柱。充分发挥现有联合会作用，鼓励条件成熟时组建新的领域合作平台。联合会向国家协调员会议通报合作情况。

（一）经济合作

1. 进一步促进中国和中东欧国家双向投资和贸易的便利化水平，力争将投资贸易打造成16+1合作中最富活力的增长点之一。

2. 每两年召开一次中国－中东欧国家经贸促进部长级会议。

3. 欢迎企业发挥积极作用，鼓励企业积极参加展会、团组交流互访等活动。

4. 鼓励开展跨境电子商务等新的商业业态，培育贸易新的增长点。

5. 认识到中小企业对促进贸易投资合作的重要作用。加强中小企业政策交流沟通，研究适时举行中国–中东欧国家中小企业政策磋商，为双方中小企业合作牵线搭桥。

6. 欢迎并支持位于华沙的中国–中东欧国家联合商会、中国–中东欧国家投资促进机构联系机制发挥作用，促进信息共享，协助双方企业建立联系、加强交流。

7. 促进透明、开放的市场和各国公平的竞争环境，反对任何形式的保护主义。以双边投资为重点，支持中欧之间达成一个高水平、全面的投资协定。

（二）互联互通合作

8. 结合关键通道、关键节点和重点工程，加强中欧之间安全高效的海陆空互联互通网络，共建新亚欧大陆桥经济走廊，为亚欧之间的联通做出新贡献。

9. 鼓励并支持16+1互联互通合作与欧盟现有核心交通网络规划及其向西巴尔干的延伸进行对接。

10. 欢迎和赞赏匈塞铁路建设，稳步构建中欧陆海快线，促进区域互联互通合作。组建16+1交通基础设施合作联合会。

11. 欢迎16国同中方相向而行，加强物流领域交流与合作，推进中欧国际铁路集装箱班列建设。组建16+1物流合作联合会。

12. 注意到欧盟有关政策承诺和优先方向，加强在公路、铁路、港口、机场、电信、油气管网等基础设施建设领域合作。

13. 视情根据欧洲共同航空区域，扩大民航相关领域交流与合作。

14. 加强海关通关便利化合作，加强信息共享和情报交换，推动更多符合条件的中东欧国家参与中欧安全智能贸易航线试点计划及其他中欧海关合作战略框架下的合作项目。

（三）产能和装备制造合作

15. 加强轨道交通装备、电力装备、工程机械、船舶和海洋工程装备、航空、汽车等装备制造合作。深化石化、化工、钢铁、有色金属、建材、铁路等领域优质产能合作。

16. 鼓励中国和中东欧国家遵循透明、负责的原则发展核能项目合作。

17. 加强水电、风电及其他可再生能源等领域合作。

18. 鼓励和支持中国和中东欧国家加强产业园区和自由经济区合作，深化产业链合作。

19. 积极探讨三方合作，拓宽产能和装备制造合作渠道。

20. 欢迎并支持能源项目对话与合作中心倡议。

（四）金融合作

21. 加快完善投融资合作框架，创新金融合作模式，支持实体经济合作和优质合作项目，为16+1合作提供有力支撑。

22. 探讨充分发挥100亿美元专项贷款的作用、设立30亿美元投资基金和人民币中东欧合作基金的可能性，启动中国–中东欧投资合作基金二期。

23. 鼓励中国和中东欧国家开展本币互换、本币结算、金融监管等合作。支持在中东欧国家建立人民币清算安排。

24. 支持中国和中东欧国家符合条件的金融机构互设分支和开展多领域业务合作。

25. 研究探讨设立中国–中东欧国家金融公司的可能性。

26. 欢迎和支持同亚洲基础设施投资银行、丝路基金、欧洲投资银行、欧洲复兴开发银行及其他国家、地区和国际金融机构开展合作。支持中方有关倡议与欧洲投资计划进行对接。

（五）农林与质检合作

27. 保持农业与质检合作的快速发展势头。

28. 充分发挥位于索非亚的中国－中东欧国家农业合作促进联合会的作用。每年轮流在中国和中东欧国家举办中国－中东欧国家农业经贸合作论坛。

29. 鼓励和支持中国和16国本着互惠互利的原则，在严格遵守有关法规和标准的前提下，相向而行，加强检验检疫合作，共同促进食品农产品贸易安全发展和快速增长。中方欢迎符合相关检验检疫法律法规的16国食品农产品进入中国市场，致力于加快中东欧国家有关申请的审核过程。加强动植物卫生检疫标准合作，就食品安全问题建立信任，促进全球食品安全。

30. 加强农产品贸易、农业可持续生产、农产品深加工、农村发展和农业科技以及种植业和养殖业等方面合作，鼓励建设农产品基地。

31. 支持在灌溉等农业基础设施建设、节水灌溉技术与设备等领域开展合作。

32. 加强防洪和水管理领域法律法规和政策交流。

33. 拓展合作渠道，鼓励全方位林业交流，支持建立中国－中东欧国家林业合作协调机制，定期轮流在中国和中东欧国家举办中国－中东欧国家高级别林业合作会议。

（六）科技、研究、创新与环保合作

34. 加强科技、创新与环保合作。根据联合国《2030年可持续发展议程》，促进可持续发展。

35. 继续举办16+1创新技术合作及国际技术转移研讨会。加强创新成果和产品应用开发和推广。鼓励和支持设立虚拟的16+1技术转移中心。

36. 在确保遵守国际公认标准基础上，加强在通信技术和应用方面合作，探讨建立通信领域合作机制。

37. 鼓励中国和中东欧国家开展联合研究项目，促进双方科技园区企业合作。

38. 考虑到中欧之间现有网络空间合作，欢迎和支持在物联网、大数据、下一代互联网方面开展合作。

39. 以可持续方式加强在地质、采矿、空间规划、城镇化以及页岩气（法律允许的前提下）等领域合作，减少这些活动对环境和气候的影响。

40. 促进务实节能环保产业合作，探索在节能环保政策对话、自然和生物多样性保护、应对气候变化等方面的交流与合作，提高公众意识和参与度。

（七）文化、教育、青年、体育和旅游合作

41. 密切中国和中东欧各国人民间的交往，鼓励进一步便利双方人员往来。

42. 逐渐完善16+1人文交流模式，提升合作规模和水平。落实《中国－中东欧国家文化合作行动指南》。

43. 定期轮流在中国和中东欧国家举办部长级文化合作论坛和高级别智库研讨会，举办中国－中东欧国家文化季，定期组织记者互访团等活动。积极考虑成立中国－中东欧国家文化合作中心。

44. 定期在中国和中东欧国家轮流举办教育政策对话，支持高校联合会建设。扩大中国和中东

欧国家学生交流。加强在学历学位与学分互认、合作科研、国别和区域研究等方面合作。鼓励汉语在中东欧国家教学，加强中东欧国家语言在华教学。

45. 支持智库交流与合作中心建设，重视发挥“中国与中东欧国家关系研究基金”的促进和引导作用。鼓励和支持中方同中东欧国家汉学家之间的交流与联系。

46. 定期举行16+1旅游部门高级别会议。支持位于布达佩斯的中国－中东欧国家旅游促进机构和旅游企业联合会发挥更大作用。

47. 每两年举办一届中国与中东欧青年政治家论坛。

48. 欢迎体育领域的交流与合作。

49. 欢迎新闻出版领域的交流与合作。

（八）卫生合作

50. 定期举办卫生部长论坛，推动建立中国－中东欧国家卫生合作促进联合会。

51. 开展联合卫生体制研究，定期举办学术研讨会。扩大卫生专业技术人员往来。

52. 考虑到各国卫生体系多样性、不同国情和法律框架，鼓励建立“中国－中东欧国家公立医院合作网络”和“公共卫生机构合作联盟”。

53. 支持加强传统医学领域的合作，增进中东欧各国对中医药的理解和认识，中方愿在相互认可有关法律框架和传统的基础上，与有意向的中东欧国家开展中医药合作。

（九）地方合作

54. 欢迎和支持地方全面参加16+1合作框架下的各领域交流与合作，共促地方发展。

55. 每两年在中国和中东欧国家轮流举行中国－中东欧国家地方领导人会议。

56. 加强位于布拉格的中国－中东欧国家地方省州长联合会建设，鼓励和支持中东欧国家更多地方省州加入中国－中东欧国家地方省州长联合会。

57. 鼓励和支持发展友好省市关系。

58. 鼓励和支持中国和16国首都市长开展交流与合作。

五、《中国－中东欧国家合作苏州纲要》

2015年11月24日，第四次中国－中东欧国家领导人会晤在中国苏州举行。中华人民共和国国务院总理李克强和波兰共和国总统安杰伊•杜达，阿尔巴尼亚共和国总理埃迪•拉马，波斯尼亚和黑塞哥维那部长会议主席戴尼斯•兹维兹迪奇，保加利亚共和国总理博伊科•博里索夫，克罗地亚共和国议会议长约西普•莱科，捷克共和国总理博胡斯拉夫•索博特卡，爱沙尼亚共和国总理塔维•罗伊瓦斯，匈牙利总理欧尔班•维克多，拉脱维亚共和国总理莱姆多塔•斯特劳尤马，立陶宛共和国总理阿尔吉尔达斯•布特克维丘斯，马其顿共和国总理尼古拉•格鲁埃夫斯基，黑山总理米洛•久卡诺维奇，塞尔维亚共和国总理阿莱克桑达尔•武契奇，斯洛文尼亚共和国总理米罗•采拉尔，罗马尼亚副总理兼经贸和商业环境部长科斯汀•博尔克，斯洛伐克共和国副总理卢博米尔•瓦日尼出席会晤。出席会晤的领导人对中国作为东道国为会晤成功所作努力表示赞赏和感谢。欧盟、奥地利、欧洲复兴开发银行等应邀派代表作为观察员与会。

与会各方积极评价中国－中东欧国家合作（以下简称“16+1合作”）在过去一年所取得的重要进展，特别是“中国－中东欧国家合作贝尔格莱德纲要”相关举措执行情况（见附件），欢迎和支持中国和欧盟领导人就建立中欧互联互通平台，"一带一路"倡议与欧洲投资计划对接，16+1合作与中欧关系对接达成重要共识。各方愿以此为契机，共同促进16+1合作取得更大发展。

与会各方围绕"新起点 新领域 新愿景"主题，共同制定和发表"中国－中东欧国家合作苏州纲要"。

（一）支持拉脱维亚承办2016年第五次中国－中东欧国家领导人会晤。

（二）欢迎会晤期间发表《中国－中东欧国家合作中期规划》，愿结合自身特点，需求和优先方向加以落实。

（三）2016年将分别在中国和拉脱维亚举办中国－中东欧国家合作国家协调员会议。

（四）支持建立中国－中东欧国家合作秘书处及其成员单位与中东欧国家驻华使馆季度例会机制，支持对秘书处网站加以更有效利用。

（五）互联互通合作

1. 注意到中国和匈牙利签署政府间"一带一路"合作文件，中国同其他中东欧国家有意向签署类似文件，促进区域互联互通合作。

2. 欢迎中国和波兰开通定期快速铁路货运中转班列，鼓励和支持中国和其他中东欧国家开通类似班列，赞赏为确保货物双向运输所作努力。支持继续建设亚欧大陆桥，欢迎在中东欧国家设立物流中心。

3. 赞赏匈塞铁路项目取得重要进展，欢迎相关方共同努力，早日完成相关项目。

4. 欢迎中国、匈牙利、塞尔维亚和马其顿等相关国家2016年在布达佩斯举行海关通关便利化合作框架协议第二次工作组会议及专家研讨会，简化过境货物和运输工具通关手续，推动中欧陆海快线通关便利化合作。

5. 鼓励更多中东欧国家海关加入安全智能贸易航线试点计划第三阶段工作。

6. 欢迎并支持塞尔维亚牵头组建中国－中东欧国家交通基础设施合作联合会，欢迎中国和中东欧国家相关机构，企业和团体根据自愿原则参与。

7. 欢迎并支持拉脱维亚牵头组建中国－中东欧国家物流合作联合会，欢迎中国和中东欧国家相关机构，企业和团体根据自愿原则参与。

8. 除北京—华沙直航航线外，欢迎北京—布达佩斯直航航线恢复，北京—布拉格直航开通。支持中国和更多中东欧国家深化民航领域合作。

9. 2016年在拉脱维亚里加举行首届中国－中东欧国家交通部长会议。

（六）经贸金融合作

1. 2016年6月在中国宁波召开第二次中国－中东欧国家合作经贸促进部长级会议。

2. 2016年6月在中国宁波中国国际日用消费品博览会期间举办中国－中东欧国家投资贸易博览会。

3. 2016年在中国召开中国－中东欧国家投资促进机构联系机制第三次会议。

4. 欢迎和支持罗马尼亚提出的能源项目对话与合作中心倡议，并于2016年在罗马尼亚举行首次会议。

5. 欢迎和支持中国和中东欧16国中小企业参加2016年中国国际中小企业博览会。

6. 2016年中国以伙伴国身份参加捷克布尔诺国际机械博览会。

7. 2016年在捷克举办中国投资论坛。

8. 欢迎和支持2016年上半年在波黑萨拉热窝举行经贸论坛，重点探讨16+1基建，产能和旅游合作。

9. 欢迎符合条件的中东欧境内金融机构申请成为人民币跨境支付系统（一期）的间接参与者。

10. 欢迎中国银监会同捷克中央银行适时签署跨境危机管理合作协议，并与波兰金融监管局重新签署银行监管合作谅解备忘录。

（七）农林合作

1. 2016年在中国举办第十一届中国与中东欧国家农业经贸合作论坛，同期召开中国－中东欧国家农业合作促进联合会第二次会议。

2. 2016年下半年在中国云南举办的第14届中国国际农产品交易会上设立中东欧国家精品农产品展区。

3. 中方将在全国农业展览馆内设置中东欧国家精品葡萄酒和烈性酒展区，并免费提供场地。

4. 欢迎中国与塞尔维亚、马其顿、斯洛文尼亚、立陶宛、波兰、爱沙尼亚签署有关动物及动物源性产品输华检疫议定书，支持中国与更多中东欧国家进一步扩大农产品和食品贸易。

5. 支持斯洛文尼亚牵头组建中国－中东欧国家林业合作协调机制，2016年5月在斯洛文尼亚召开第一次中国－中东欧国家高级别林业合作会议。

6. 欢迎中国同中东欧国家签署加强水资源，农业灌溉等领域合作协议。

（八）科技卫生合作

1. 2016年在中国举办第三届中国－中东欧国家创新技术合作及国际技术转移研讨会。

2. 鼓励和支持设立虚拟的16+1技术转移中心，由中国和斯洛伐克有关部门行使秘书处职能。

3. 支持中国和中东欧国家环保部门在16+1合作框架下加强交流，探讨开展三方合作。

4. 2016年在中国举办第二届中国－中东欧国家卫生部长论坛。

5. 2016年邀请中东欧国家医药卫生领域的中青年学者来华访问，参加全球卫生外交，卫生体制改革，健康促进等方面的学术研讨会，加强学术和专业交流。

6. 2016年邀请中东欧国家医药卫生企业来华参加健康服务业和医药器械展览，促进医药产业合作。

（九）人文交流

1. 2016年中国－中东欧国家合作秘书处继续邀请中东欧国家高级别官员代表团访华。

2. 2016年在中国举办第四届中国－中东欧国家教育政策对话和中国－中东欧国家高校联合会第三次会议。

3. 2016年在中国举办中国－中东欧国家艺术合作论坛和第二届中国－中东欧国家舞蹈夏令营。

4. 2016年中方邀请中东欧国家著名美术家，作曲家来华采风创作，邀请中东欧国家国际戏剧节艺术总监访华。

5. 支持中国与中东欧国家开展文学作品互译出版合作项目，中方欢迎中东欧国家作为整体担任2016年北京国际图书博览会主宾国。

6. 2016年在塞尔维亚贝尔格莱德举办首届中国－中东欧国家文化产业论坛。

7. 2016年在波兰克拉科夫举办首届中国－中东欧国家非物质文化遗产保护专家级论坛。

8. 欢迎中国社会科学院牵头组建16+1智库交流与合作网络。

9. 2016年举办第四次中国－中东欧国家高级别智库研讨会。

10. 鼓励和支持2016年中国和中东欧国家记者互访。

11. 2016年举办中国－中东欧国家汉学家研讨会。

12. 欢迎2016年3月在布达佩斯举办旅游交易会及相关专业会议，中国将担任主宾国，支持设立中国驻布达佩斯旅游办事处。

13. 2016年在克罗地亚举办中国－中东欧第三次旅游部门高级别会议。

（十）地方合作

1. 2016年在中国河北举办第三次中国－中东欧国家地方领导人会议暨2016年中国•河北国际经济贸易洽谈会。

2. 2016年在中国河北举办中国－中东欧国家地方省州长联合会第二次工作会议。

3. 鼓励和支持中国和中东欧16国首都市长开展交流与合作。

附件

"中国－中东欧国家合作贝尔格莱德纲要"

相关举措执行情况

一、2015年1月，中国、匈牙利、塞尔维亚、马其顿、希腊五国海关促进中欧陆海快线建设通关便利化合作机制正式建立。

二、2015年2月—10月，在立陶宛、爱沙尼亚、拉脱维亚举办"中国艺术节"。

三、2015年3月，在匈牙利布达佩斯举行中国－中东欧国家旅游合作促进年启动仪式。

四、2015年3月，在中国上海举行中国、匈牙利、塞尔维亚、马其顿海关通关便利化合作框架协议第一次工作组会议。

五、2015年4月，在中国外交部设立"中国－中东欧国家合作事务特别代表"。

六、2015年4月，在波兰卡托维茨举行中国－中东欧国家联合商会首次会议。

七、2015年4月，在拉脱维亚里加举行高级别欧亚交通物流会议暨第三届亚欧交通部长会议。

八、2015年5月，在中国上海举办中国、匈牙利、塞尔维亚、马其顿四国海关首次中欧陆海快线通关监管技术研讨班。

九、2015年5月，在中国上海举办中亚，黑海及巴尔干地区央行行长会议组织第33届行长会。

十、2015年5月，在中国河北举行中国－中东欧国家省州长联合会第一次会议。

十一、2015年5月，北京－布达佩斯定期客运航线通航。

十二、2015年5月，在中国西安举办中国、匈牙利、塞尔维亚、马其顿海关署长会晤并签署2015—2016年合作计划。

十三、2015年5月，中国同匈牙利签署核能合作谅解备忘录。

十四、2015年5月至6月，中国文化部组织演出机构赴匈牙利、塞尔维亚、罗马尼亚选购节目。

十五、2015年6月，中东欧国家记者团访问中国浙江、河南和北京。

十六、2015年6月，在中国宁波举行首届中国－中东欧国家投资贸易博览会。

十七、2015年6月，在保加利亚索非亚举行中国－中东欧国家农业合作促进联合会成立仪式暨16+1农业部长会议。

十八、2015年6月，在捷克布拉格举行首届中国－中东欧国家卫生部长论坛。

十九、2015年6月，捷克首家中医中心成立。

二十、2015年6月，在捷克举行中国与捷克合拍动画片《熊猫与小鼹鼠》首发仪式。

二十一、2015年7月，在中国北京举行中国－中东欧国家合作第五次国家协调员会议。

二十二、2015年7月，中东欧国家高级别官员访问中国四川、云南和北京。

二十三、2015年7月至8月，在中国陕西举行首届中国－中东欧国家舞蹈夏令营。

二十四、2015年8月，中国银行布拉格分行成立。

二十五、2015年8月—9月，在斯洛文尼亚布莱德举行第二次中国－中东欧国家旅游部门高级别会议。

二十六、2015年9月，在匈牙利布达佩斯举行第十届中国－中东欧国家农业经贸合作论坛。

二十七、2015年9月，在波兰华沙举行第三届中国－中东欧国家教育政策对话，第二次16+1高校联合会工作磋商。

二十八、2015年9月，北京—布拉格直达航线通航。

二十九、2015年9月，在斯洛伐克布拉迪斯拉发举行第二届中国－中东欧国家创新技术合作及国际技术转移研讨会。

三十、2015年10月，在中国广州举行的第11届中国国际中小企业博览会上设中东欧国家展区。

三十一、2015年10月，在马其顿斯科普里举办中国、匈牙利、塞尔维亚、马其顿四国海关转运货物通关手续以及风险管理专项研讨会。

三十二、2015年10月，中东欧爵士音乐节艺术总监团访华。

三十三、2015年10月，在中国上海，湖南举行中东欧国家广播电视节目制作研修班。

三十四、2015年10月，在波兰华沙举行中国－中东欧国家合作第六次国家协调员会议。

三十五、2015年10月，在中国举行第二届中国与中东欧青年政治家论坛。

三十六、2015年11月，在保加利亚索非亚举行第二届中国－中东欧国家文化合作论坛。

三十七、2015年11月，在捷克布拉格举行中国投资论坛。

三十八、2015年11月，中国同斯洛文尼亚签署关于建立中国－中东欧国家林业合作协调机制的谅解备忘录。

三十九、2015年12月，计划在中国北京举行第三次中国－中东欧国家高级别智库研讨会。

四十、中国将适时同罗马尼亚签署国家间新的避免双重征税协定；中国同捷克、爱沙尼亚、立陶宛、罗马尼亚签署教育领域有关合作协议；中国同立陶宛、马其顿、波兰、罗马尼亚、塞尔维亚、斯洛文尼亚等国签署质检领域有关合作协议；中国同保加利亚、克罗地亚、拉脱维亚、波兰签署文化交流与合作有关文件；中国同罗马尼亚签署有关核电项目谅解备忘录。

六、《中国－中东欧国家合作里加纲要》

2016年11月5日，第五次中国－中东欧国家领导人会晤在拉脱维亚里加举行。中华人民共和国国务院总理李克强和拉脱维亚共和国总理马里斯•库钦斯基斯、阿尔巴尼亚共和国总理埃迪•拉马、波斯尼亚和黑塞哥维那部长会议主席戴尼斯•兹维兹迪奇、保加利亚共和国总理博伊科•鲍里索夫、克罗地亚共和国总理安德烈•普连科维奇、捷克共和国总理博胡斯拉夫•索博特卡、爱沙尼亚共和国总理塔维•罗伊瓦斯、匈牙利总理欧尔班•维克托、立陶宛共和国总理阿尔吉尔达斯•布特克维丘斯、马其顿共和国总理埃米尔•迪米特里耶夫、波兰共和国总理贝娅塔•希德沃、罗马尼亚总理达奇安•乔洛什、塞尔维亚共和国总理亚历山大•武契奇、斯洛伐克共和国总理罗伯特•菲佐、斯洛文尼亚共和国总理米罗•采拉尔、黑山副总理兼信息社会和电信部部长武伊察•拉佐维奇出席会晤。出席会晤的领导人对拉脱维亚作为主办国为会晤成功所作努力表示赞赏和感谢。奥地利、白俄罗斯、欧洲复兴开发银行、欧盟、希腊、瑞士等应邀派代表作为观察员与会。

与会各方回顾了中国－中东欧国家合作（以下简称"16+1合作"）自2012年启动以来取得的积极进展和良好成果，积极评价《中国－中东欧国家合作中期规划》以及《中国－中东欧国家合作苏州纲要》落实情况（见附件）。

与会各方认识到，中国－中东欧国家合作提升了17国之间合作的深度和广度，具有旺盛活力，已进入成熟期和收获期。各方重申愿意构建持久务实高效的"16+1合作"，打造开放包容、互利共赢的伙伴关系，通过中欧互联互通平台等渠道对接"16+1合作"和中欧全面战略伙伴关系。

为此，与会各方围绕"互联、创新、相融、共济"主题，共同制定和发表《中国－中东欧国家合作里加纲要》，表示将根据各自国家法律法规，欧盟成员国将根据欧盟相关法律法规，予以认真执行，以进一步巩固既有合作，不断开辟合作新领域。

（一）支持匈牙利承办2017年第六次中国－中东欧国家领导人会晤。

（二）赞赏《中国－中东欧国家合作中期规划》对"16+1合作"的引领和推动作用，愿继续结合自身特点、需求和优先方向，持续加以落实。

（三）2017年分别在中国和匈牙利举办中国－中东欧国家合作国家协调员会议。

（四）贸易投资

1. 鼓励并支持欧盟与中国在商签高水平、全面的中欧投资协定谈判方面取得进展，相信该协定将有力推动中国－中东欧国家投资合作，并为双方企业营造良好的投资环境、提供市场准入。

2. 2017年6月在中国宁波中国国际日用消费品博览会期间举办中国－中东欧国家投资贸易博览会。

3. 2017年在捷克举办中国投资论坛。

4. 认识到中小企业对促进贸易投资合作的重要性，愿支持中国－中东欧国家中小企业加强合作交流，探讨成立16+1中小企业联合会的可能性。欢迎中东欧16国企业参加2017年中国国际中小企业博览会。

5. 欢迎通过电商平台进一步促进贸易发展，鼓励各国企业通过电子商务促进各自优质特色产品进出口。

（五）互联互通

1. 与会各方认为，欧亚大陆互联互通具有丰富内涵和重要影响，重申支持中欧互联互通平台取得的进展。认识到有必要并愿共同努力对接"一带一路"倡议和泛欧交通网络等欧盟有关倡议。

2. 强调各方在中国－中东欧国家合作框架下开展交通物流领域合作的重要性，并注意到所取得的进展。欢迎在交通物流领域促进信息共享，加强双边和多边合作，进一步推进亚欧大陆交通走廊一体化。

3. 支持促进亚欧之间运输通道建设，推进中欧班列发展建设，促进货物双向流动。支持根据各国和欧盟的能力在中东欧国家和整个亚欧大陆桥沿线设立多种模式的物流中心，优化国际供应链和交通走廊通关安排。

4. 赞赏塞尔维亚牵头组建的中国－中东欧国家交通基础设施合作联合会取得积极进展，欢迎中国和中东欧国家有关机构、企业和组织自愿参加。

5. 欢迎拉脱维亚在里加成立中国－中东欧国家物流合作联合会秘书处，创建虚拟信息平台，支持秘书处发挥牵头协调促进作用，推动物流合作。

6. 支持深化中国和中东欧国家在运输航空和通用航空领域合作，赞赏上海－布拉格、成都－布拉格、北京－华沙开通直航，欢迎双方航空企业在中国与中东欧16国之间开通更多航线。探讨在捷克举办中国－中东欧国家民用航空论坛。

7. 支持在“16+1合作”框架下对巴尔－贝尔格莱德铁路进行升级改造，促进高速铁路网络发展，提升巴尔港与中东欧现代铁路网络互联水平。

8. 2017年在中东欧国家召开第二届中国－中东欧国家交通部长会议。

9. 中国、匈牙利、塞尔维亚、马其顿四国海关将于2017年在塞尔维亚举行第三次中欧陆海快线海关通关便利化工作组会议。与会各方赞赏波兰参与安全智能贸易航线试点计划第三阶段合作，鼓励更多符合条件的中东欧国家根据“信息互换、监管互认、执法互助”的目标和原则，参与“安智贸”及其他中欧海关合作战略框架下的合作项目。

10. 2017年5月，在匈牙利举行中匈塞交通基础设施合作联合工作组第六次会议。

（六）产能、产业及科技合作

1. 欢迎并支持中国与波罗的海、亚得里亚海、黑海地区中东欧国家开展“三海港区合作”，在波兰设立中国－中东欧国家海事秘书处，推动三海重点港口合作，支持临港产业园区建设，鼓励开展港区相关铁路、公路、航道、物流中心等基础设施合作。

2. 支持罗马尼亚牵头组建中国－中东欧国家能源项目对话合作中心，欢迎中国和中东欧国家相关机构、企业、组织等根据自愿原则参与中心建设，支持中心推动能源领域合作。2017年第一季度将在布加勒斯特举办首届16+1能源博览会。

3. 2017年在中东欧国家召开第二届中国－中东欧国家创新合作大会。

4. 支持设在斯洛伐克布拉迪斯拉发的中国－中东欧国家技术转移中心的发展。

5. 支持中国和中东欧国家环保部门在“16+1合作”框架下加强交流，探讨开展三方合作。

（七）金融合作

1. 支持中东欧国家金融机构和企业根据自愿原则参与中国－中东欧金融控股有限公司发起的投资基金，共同推动中国－中东欧互联互通及相关产业合作。

2. 鼓励中资银行在中东欧国家开展业务，鼓励中东欧国家银行来华开展业务，支持金融监管部门之间加强交流与合作。

3. 鼓励包括丝路基金在内的中方金融机构积极拓展在中东欧地区的投资与合作，为中国－中东欧国家合作提供金融支持。

4. 支持中国与中东欧国家在欧洲复兴开发银行框架下加强务实合作，包括与其他国家、地区的三方合作。

5. 2017年中国－中东欧投资合作基金（二期）完成设立并投入运营。

6. 探讨成立中国－中东欧国家银联体，欢迎中东欧国家机构自愿参加。

（八）农林合作

1. 2017年在斯洛文尼亚召开第12届中国－中东欧国家农业经贸合作论坛及中国－中东欧国家农业合作促进联合会顾问委员会第五次会议，进一步加强中国与中东欧国家农业经贸合作。

2. 中方欢迎中东欧国家派团参加2017年下半年在中国举办的第15届中国国际农产品交易会。

3. 中方将继续在全国农业展览馆内设置中东欧国家精品葡萄酒和其他酒类展区，并免费提供场地。欢迎2017年4月在波黑莫斯塔尔经贸博览会期间举办16+1农产品和葡萄酒博览会。

4. 认识到农业投资合作将有利于促进中国与中东欧各国农业优势互补、共同发展，支持中国和中东欧国家开展更多农产品贸易促进活动，包括参加国际性农业博览会、加强农产品市场准入方面的信息交流等。

5. 鼓励中国和中东欧国家继续为签署输华动物和动物源性产品及植物和植物源性产品检验检疫相关议定书而努力。

6. 赞赏斯洛文尼亚牵头组建中国－中东欧国家林业合作协调机制。支持落实《中国－中东欧国家林业合作协调机制行动计划》，进一步加强中国和中东欧国家在森林可持续和多功能经营、林业科研教育、木材加工和林产品贸易领域的合作。支持定期举行中国－中东欧国家高级别林业合作会议。

7. 欢迎中国和中东欧国家签署加强水资源管理和农业灌溉合作相关协议，深化涉水多双边交流与合作。

（九）人文交流

1. 举办2017年中国－中东欧国家媒体年。在此框架下，加强媒体交流，举行媒体合作论坛；组织中国和中东欧国家记者互访；鼓励中国和中东欧国家媒体在对方国家制作宣传片、纪录片等多媒体产品，并探讨联合制片。

2. 2017年中国－中东欧国家合作秘书处继续邀请中东欧国家高级别官员代表团访华。

3. 2017年在中东欧国家举办第五届中国－中东欧国家教育政策对话和中国－中东欧国家高校联合会第四次会议。

4. 2017年在中国召开第三届中国－中东欧国家文化合作论坛。

5. 2017年在中国举办中国－中东欧国家文化季。

6. 2017年在中国举办第二届中国－中东欧国家文化创意产业论坛。

7. 2017年在中国举办第三届中国－中东欧国家舞蹈夏令营。

8. 支持中国与中东欧国家开展文学作品互译出版合作项目。

9. 鼓励和支持中国与中东欧国家开展历史文化遗产保护与修复、联合考古、展览交流、人员培训等合作项目。

10. 2017年在中国举办第四次中国－中东欧国家高级别智库研讨会。

11. 2017年在塞尔维亚举行中国－中东欧国家文化遗产论坛。

12. 认识到中国与中东欧国家之间旅游合作的重要性，支持通过分享旅游业经验、鼓励游客赴对方国家旅游、开发地区旅游产品等方式加强该领域跨国合作。支持中国和中东欧国家采取更多措施，促进人员往来便利化。

13. 2017年在波黑萨拉热窝举办第四次中国－中东欧旅游合作高级别会议。

14. 支持加强青年交流和青年互访活动。2017年在罗马尼亚举行第三届中国与中东欧青年政治家论坛。

15. 2017年在中国举办第二届中国－中东欧国家文学论坛。

16. 鼓励双方互设文化中心。

17. 探讨在马其顿设立16+1文化合作协调中心的可能性。

18. 支持加强体育交流，探讨新的合作可能。

19. 中方邀请中东欧国家青年出席"未来之桥"中国－中东欧青年研修交流营。

20. 欢迎在中东欧国家举办"欢乐春节"活动。

（十）卫生合作

1. 支持在中国－中东欧国家卫生合作促进联合会框架下开展多种形式的活动，进一步加强中国与中东欧国家医疗机构间的直接合作。

2. 继续支持捷克、匈牙利、马其顿、黑山和立陶宛等中东欧国家进行中医药领域的探索，中方将为其提供必要的技术支持。

3. 支持中国与中东欧国家在考虑到各国医疗体系差别、特定国情与法律框架的基础上开展健康产业领域合作，欢迎双方医药卫生企业直接对接。

4. 2017年在匈牙利举办第三届中国－中东欧国家卫生部长论坛。

（十一）地方合作

1. 2017年在保加利亚举行中国－中东欧国家地方省州长联合会第三次工作会议。

2. 2018年在保加利亚举行第四次中国－中东欧国家地方领导人会议。

3. 鼓励和支持中国和中东欧国家首都市长开展交流与合作。

4. 鼓励中国同中东欧国家开展地方合作，发展友好省市关系。

附件

《中国－中东欧国家合作苏州纲要》相关举措执行情况

一、2016年1月，在中国北京举行“罗马尼亚珍宝展”。

二、2016年2月，在中国北京举行中国－中东欧国家合作秘书处同16国驻华使馆第一次季度例会。

三、2016年2月，在中国北京举行16+1人文交流年启动新闻发布会。

四、2016年2月，在保加利亚索非亚举行中国－中东欧国家农业合作促进联合会第二次会议。

五、2016年2月—3月，在爱沙尼亚首都塔林市、克罗地亚首都萨格勒布市、捷克首都布拉格市举行“欢乐春节”活动。

六、2016年3月，在斯洛文尼亚卢布尔雅那举行新琥珀之路和新丝绸之路区域电子智库研讨会。

七、2016年3月，中国国家旅游局驻布达佩斯办事处成立。

八、2016年4月，在中国北京举行中国－中东欧国家合作秘书处与中东欧国家驻华使馆第二次季度例会。

九、2016年5月，在波黑萨拉热窝举行16+1经贸论坛。

十、2016年5月，在中国苏州举行中国－中东欧国家最高法院院长会议。

十一、2016年5月，在中国北京举行中国－中东欧国家艺术合作论坛。

十二、2016年5月，在拉脱维亚里加举行首届中国－中东欧国家交通部长会议，成立中国－中东欧国家物流合作联合会秘书处，通过《中国－中东欧国家加强物流合作里加声明》。

十三、2016年5月，中东欧国家旅游部门负责人来华出席在北京举行的首届世界旅游发展大会。

十四、2016年5月，在斯洛文尼亚卢布尔雅那举行首届中国－中东欧国家高级别林业合作会议和中国－中东欧国家林业经贸合作论坛。

十五、2016年5月，在匈牙利布达佩斯举行首届中国－中东欧国家文学论坛。

十六、2016年5月，中东欧国家记者团访问中国广东、江西和北京。

十七、2016年6月，在中国宁波举行第二次中国－中东欧国家经贸促进部长级会议，中国－中东欧国家投资贸易博览会及中国－中东欧国家投资促进机构联系机制第三次会议。

十八、2016年6月，在中国唐山举行第三次中国－中东欧国家地方领导人会议暨第二次省州长联合会工作会议。

十九、2016年6月，在中国苏州举行第二届中国－中东欧国家卫生部长论坛。

二十、2016年6月，在中国海口举行中国－中东欧国家合作第七次国家协调员会议。

二十一、2016年6月，在塞尔维亚贝尔格莱德举行首届中国－中东欧国家文化创意产业论坛。

二十二、2016年6月，第4批中国演出行业代表团赴斯洛文尼亚、斯洛伐克和克罗地亚等3国选购节目。

二十三、2016年6月，中东欧16国知名画家赴中国贵州写生创作。

二十四、2016年7月—8月，在中国举行第二届中国－中东欧国家舞蹈夏令营。

二十五、2016年8月，中东欧国家高级别官员访问中国福建、宁夏。

二十六、2016年8月，在中国北京举行2016年度北京国际图书博览会中东欧主宾国活动。

二十七、2016年9月，在塞尔维亚贝尔格莱德举行中匈塞交通基础设施联合工作组第五次会议。

二十八、2016年9月，在保加利亚索非亚举行16+1首都市长论坛。

二十九、2016年10月，在中国北京举行中国－中东欧国家合作秘书处同16国驻华使馆第三次季度例会。

三十、2016年10月，在中国举行第四届中国－中东欧国家教育政策对话和中国－中东欧国家高校联合会第三次会议。

三十一、2016年10月，波兰和保加利亚参加在中国广州举行的中国国际中小企业博览会。

三十二、2016年10月，组织中东欧国家国际戏剧节艺术总监访华。

三十三、2016年10月，在波兰克拉科夫举行首届中国－中东欧国家非物质文化遗产保护专家级论坛。

三十四、2016年10月，中国以伙伴国身份出席在捷克布尔诺举行的国际机械博览会。

三十五、2016年10月，在匈牙利布达佩斯举行中国－中东欧政党对话会。

三十六、2016年10月，在拉脱维亚里加举行中国－中东欧国家合作第八次国家协调员会议。

三十七、2016年10月，作为中国－中东欧国家艺术合作论坛的一部分，中国－中东欧国家舞蹈文化艺术联盟在保加利亚普罗夫迪夫市成立。

三十八、2016年11月，在拉脱维亚里加举行第六届16+1经贸论坛、中国－中东欧国家关系国际论坛、中东欧国家汉学研究和汉语教学研讨会等第五次中国－中东欧国家领导人会晤配套活动。

三十九、2016年11月，计划在捷克布拉格举行中国投资论坛。

四十、2016年11月，计划在中国昆明举行第十一届中国－中东欧国家农业经贸合作论坛。

四十一、2016年11月，计划在中国昆明举行中国－中东欧国家农业合作促进联合会第三次会议。

四十二、2016年11月，计划在中国南京举行中国－中东欧国家创新合作大会，正式启动虚拟中国－中东欧国家技术转移中心。

四十三、2016年11月，计划在中国上海举行中国国际旅游交易会。

四十四、2016年11月，中国健身气功队拟赴斯洛文尼亚和塞尔维亚进行推广和培训活动。

四十五、2016年12月，计划在克罗地亚举行中国－中东欧国家旅游合作高级别会议。

四十六、2016年12月，计划在中国举行中国－中东欧国家合作秘书处同16国驻华使馆第四次季度例会暨人文交流年闭幕活动。

七、中国－中东欧国家合作布达佩斯纲要

2017年11月27日，第六次中国－中东欧国家领导人会晤在匈牙利布达佩斯举行。匈牙利总理欧尔班·维克多、中华人民共和国国务院总理李克强、波斯尼亚和黑塞哥维那部长会议主席戴尼斯·兹维兹迪奇、保加利亚共和国总理博伊科·博里索夫、克罗地亚共和国总理安德烈·普连科维奇、捷克共和国总理博胡斯拉夫·索博特卡、爱沙尼亚共和国总理于里·拉塔斯、拉脱维亚共和国总理马里斯·库钦斯基斯、立陶宛共和国总理萨乌柳斯·斯克韦尔内利斯、马其顿共和国总理佐兰·扎埃夫、黑山总理杜什科·马尔科维奇、波兰共和国总理贝阿塔·谢德沃、塞尔维亚共和国总理阿娜·布尔纳比奇、斯洛伐克共和国总理罗贝尔特·菲佐、斯洛文尼亚共和国总理米罗·采拉尔、阿尔巴尼亚共和国副总理塞尼达·梅西、罗马尼亚副总理保尔·斯特内斯库出席会议。与会领导人对匈牙利作为主办国为会晤成功举办所作努力表示赞赏和感谢。奥地利、白俄罗斯、希腊、瑞士、欧洲复兴开发银行和欧盟等应邀派代表作为观察员与会。

鉴于2017年适逢中国－中东欧国家合作成立5周年，与会各方共同回顾了合作5年来走过的历程（从2012年华沙会晤、2013年布加勒斯特会晤、2014年贝尔格莱德会晤、2015年苏州会晤、2016年里加会晤到2017年布达佩斯会晤）及《中国－中东欧国家合作中期规划》落实情况，一致认为“16+1合作”在政治、经贸、交通物流、基础设施和人文等领域取得巨大成就和丰硕成果。

与会各方指出，世界仍面临不稳定不确定因素。在此背景下，各方应坚定维护联合国宪章的宗旨和原则，坚定维护多边主义，坚定支持以世界贸易组织为核心的多边贸易体制，建设开放型世界经济。各方重申应在公平、遵守市场规则和普遍遵守的国际关系准则基础上，推进贸易、投资和经济增长。中国和中东欧国家愿为此作出积极努力。

与会各方认识到，“16+1合作”是中欧整体合作的重要组成部分，中方重申高度重视中欧全面战略伙伴关系，支持欧盟国家自主选择的一体化道路，乐见欧洲团结、稳定、繁荣，致力于推动中欧和平、改革、增长、文明四大伙伴关系发展。16国中的欧盟成员国和候选国承诺继续支持推进中欧全面战略伙伴关系和中欧合作2020战略规划，包括积极推动在中欧互联互通平台和欧洲投资计划框架下的务实合作，并支持中国同欧盟缔结高水平、全面的投资协定。

与会各方认识到亚欧互联互通的巨大潜力及“一带一路”倡议为此带来的重要机遇，积极评价“一带一路”国际合作高峰论坛取得的成果。各方强调，愿以“16+1合作”为依托，继续共商、共建、共享“一带一路”，推动“一带一路”倡议与欧洲投资计划等重大倡议和各国国家发展规划相对接。

与会各方认识到合作范围越来越广，成就与日俱增，重申致力于进一步加强战略规划，密切统筹协调，拓宽合作领域，创新合作方式，继续构建持久务实高效的“16+1合作”，将开放包容、互利共赢的伙伴关系提升到新的水平。为此，各方围绕“深化经贸金融合作，促进互利共赢发展”主题，共同制定和发表《中国－中东欧国家合作布达佩斯纲要，为下一阶段“16+1合作”指明方向。

各方重申将根据各自法规、欧盟成员国根据欧盟相关法规及作为成员国应遵守的政策，本着自愿、公平、透明、包容、互惠、共赢原则，在遵守国际关系准则基础上，根据各自国情开展各领域合作。

（一）与会各方支持保加利亚承办第七次中国-中东欧国家领导人会晤。

（二）合作规划与协调

1. 各方积极评价《中国-中东欧国家合作中期规划》对"16+1合作"的重要作用，愿继续根据各国优势和需求持续加以落实，适时启动2021—2025年合作规划研究。

2. 欢迎更多国家结合本国国情、通过各种方式积极参与"一带一路"建设。

3. 2018年上半年，中方将邀请中东欧16国国家协调员访华并出席中国-中东欧国家合作国家协调员会议。下半年，在保加利亚举办中国-中东欧国家合作国家协调员会议。

4. 支持中国-中东欧国家合作秘书处与中国和中东欧国家有关部门更好发挥统筹协调作用，进一步完善合作体系和架构。秘书处将继续与中东欧国家驻华使馆举行信息通报会议。

5. 肯定各国牵头在"16+1合作"框架下建立中国-中东欧国家各领域合作联合会的努力。欢迎更多中国和中东欧国家有关机构、企业本着自愿原则参与各领域联合会。

（三）贸易和投资

1. 各方重申将坚定支持以世界贸易组织为核心的多边贸易体制。各方同意推动2017年12月在布宜诺斯艾利斯举行的世界贸易组织部长级会议取得积极成果，维护世贸组织核心价值和基本原则。各方重申支持中国加入世界贸易组织《政府采购协定》，支持出口信贷国际工作组的工作。中方和中东欧国家将在遵循世贸组织规则的基础上，致力于继续扩大中国同中东欧国家间的贸易，推动双方贸易更加均衡、互利发展。各方认识到市场作用、企业主体地位以及政府采购程序开放、透明、非歧视的重要作用。

2. 各方相信外国投资是国内外经济增长和创造就业的重要推动力，同意致力于进一步为利益攸关方推动投资自由化便利化。中欧投资协定若能达成，将有助于提升中国-中东欧国家投资合作水平，为各方企业和投资者创造稳定、透明、可预见的营商环境。

3. 各方支持中国于2018年在上海举办首届中国国际进口博览会。

4. 2018年在中国宁波举办第三次中国-中东欧国家经贸促进部长级会议。2018年6月在中国宁波举办中国-中东欧国家投资贸易博览会。各方支持在宁波等中国城市设立16+1经贸合作示范区，愿探讨建立经贸官员研讨交流机制的可能性。

5. 2018年在中东欧国家举办中国-中东欧国家投资促进机构联系机制第四次会议。

6. 2018年将在捷克举办中国投资论坛。

7. 各方支持中国-中东欧国家联合商会在促进中国-中东欧国家经贸合作中发挥作用。2018年举办中国-中东欧国家联合商会第四次会议。各方支持中国贸促会与中东欧国家对口机构在联合商会框架下探讨成立商事法律合作委员会，加强商事法律服务合作。

8. 各方愿探讨在服务贸易、电子商务、服务外包和数字经济方面开展合作的可能性，包括创新、创业管理和商业模式，并共同探讨设立中国-中东欧国家电子商务合作机制，加强政策沟通和协调，开展电子商务联合研究，鼓励电子商务企业开展合作，促进中国与中东欧国家经济可持续发展和共同繁荣。

（四）互联互通

1. 各方重申支持中欧互联互通平台，愿寻求对接"一带一路"倡议。各方愿探讨"一带一路"建设同泛欧交通网络、西巴尔干交通网络和相关周边合作倡议相对接。包括中国-中东欧国家合作、中欧互联互通平台、欧盟东部伙伴关系等在内的合作倡议之间在经济合作、互联互通方面沟通协调，将为有关国家深化合作提供机遇。各方将在中欧互联互通平台框架下开展务实合作以实现早期收获。中国、塞尔维亚、匈牙利三国在匈塞铁路项目上取得重要进展，2018年三国将继续在中匈塞交通基础设施合作联合工作组框架下协调配合。

各方注意到有关国家提出的三海倡议。各方对克罗地亚、斯洛文尼亚通过地中海铁路走廊将里耶卡港、科佩尔港与中东欧国家相连表示欢迎，同意在开展可行性研究基础上探讨将匈塞铁路延长至黑山和阿尔巴尼亚有关港口的可能性。

2. 各方希望在考虑到各国实际情况、地理平衡、中欧互联互通平台目标的基础上，基于经济、社会、财政、环境可持续原则发展亚欧大陆交通网络。

3. 各方愿在中欧互联互通平台框架下，发展中欧班列和多式联运合作，提升跨境管理运营效率，促进铁路互联互通，寻求换轨技术解决方案。各方愿共同研究更好利用中东欧国家现有物流中心及建立新物流中心的选项。

4. 各方共同致力于采取必要措施，落实中欧陆海快线等基础设施、交通、物流等方面的合作倡议，促进“16+1合作”框架内的经济合作。

5. 2018年在塞尔维亚贝尔格莱德举办第三届中国－中东欧国家交通部长会议。

6. 各方继续支持中国和中东欧国家间的民航合作，欢迎中国与中东欧国家在增加直航航线、签署双边民航合作协议方面取得的进展。各方支持正在谈判的中欧双边航空安全协议尽早完成。支持2018年在捷克举办首届中国－中东欧国家航空论坛。

7. 各方赞赏设立在拉脱维亚的中国－中东欧国家物流合作秘书处为推动16+1双多边合作发挥的作用。

8. 各方欢迎在波兰华沙设立中国－中东欧国家海事和内河航运秘书处。各方支持中国同中东欧国家依托国际海事组织亚洲海事技术合作中心开展海事领域技术交流、人才培训等合作。

9. 为发展运输通道，各方同意在遵守相关规定基础上加强海关合作。支持在中东欧国家举办中国－中东欧国家海关合作论坛。中国、匈牙利、塞尔维亚、马其顿将于2018年举行中欧陆海快线海关通关便利化合作第四次工作组会议及专家研讨会。中国与16国中的欧盟成员国将在中欧海关事务合作与行政互助协定和中欧海关合作战略框架内开展海关合作。鼓励符合条件的中东欧国家参与中欧安智贸航线试点计划，支持中国同中东欧国家加快推进中欧陆海快线通关便利化合作。

（五）产能、科技合作

1. 为加强各国供应链发展，中国和中东欧国家愿基于各自比较优势探索在重要领域挖掘合作潜力，确定投资方向，共享有益做法，研究技术转移倡议，支持G20杭州峰会达成的共识。

2. 各方欢迎罗马尼亚牵头成立16+1能源对话与合作中心，支持举办16+1能源合作论坛和博览会，为推动中国－中东欧国家能源合作发挥更大作用。

3. 各方支持中国和中东欧国家能源主管部门开展能源合作联合研究，为企业开展务实合作提供参考，共享研究成果。

4. 各方赞赏创业创新对促进中国－中东欧国家合作的积极作用。2018年在波黑萨拉热窝举行第三届中国－中东欧国家创新合作大会。

5. 支持中东欧国家同中国建立联合实验室，加强科研领域合作。支持中东欧国家同中国建立科技园，开展联合研究。

6. 各方愿探讨在中国和中东欧国家合作建设智慧城市的可能性。

7. 各方鼓励中国和中东欧国家中小企业加强交流合作。中国愿探讨与中东欧国家共同主办中国国际中小企业博览会的可行性，欢迎中东欧国家中小企业参加2018年中国国际中小企业博览会。各方支持克罗地亚牵头组建16+1中小企业联合会。

8. 各方决定探讨中国和中东欧国家在科研和创新领域签署双边协议的可能性，将着手规划建立联合实验室。

9. 各方继续支持斯洛伐克在创新、研发、技术转移领域合作中发挥协调作用，支持设在斯洛伐克布拉迪斯拉发的16+1虚拟技术转移中心不断发展，促进技术转移合作便利化。

（六）金融合作

1. 各方赞赏中国–中东欧国家投资合作基金（二期）正式成立，欢迎中东欧国家积极参与中国–中东欧国家金融控股公司，共同为中国–中东欧国家合作筹集资金。

2. 各方欢迎中国设立丝路基金并支持丝路基金投资中东欧地区。各方欢迎中国国家开发银行、进出口银行设立"一带一路"专项贷款、丝路基金与欧洲投资基金推动设立中欧共同投资基金，各方欢迎将相关资金用于中国–中东欧国家有关项目。支持中国和中东欧国家不断创新投融资模式，推出新的投融资工具，探讨通过人民币投融资为务实合作项目提供支持。

3. 各方欢迎设立《里加纲要》提出的中国–中东欧国家银行联合体，欢迎中东欧国家金融机构本着自愿原则参与。各方支持中国国家开发银行设立银联体秘书处，支持匈牙利开发银行设立银联体协调中心。

4. 各方鼓励各自银行在平等市场准入和互惠基础上在中国和中东欧国家开展业务，并在自愿和遵守各自法律和监管标准基础上加强交流，扩大互惠合作。欢迎中国与部分中东欧国家签署双边金融监管合作谅解备忘录，支持金融监管部门之间加强合作。

5. 各方欢迎2018年在布达佩斯举办中国–中东欧国家央行行长会议。

6. 各方继续支持人民币国际化，赞赏中国银行布达佩斯分行行使地区人民币清算中心的作用。

7. 各方愿探询16+1投融资工具与西巴尔干投资框架开展合作的可能性。

（七）农林环保合作

1. 为对接各自食品安全和食品供应战略，考虑到中东欧国家的互补优势，各方鼓励通过互访、国际农业展会和其他农产品贸易推介活动在各自国家推广对方农产品和食品。中国欢迎中东欧国家参加中国国际农产品交易会，中东欧国家赞赏中方在全国农业展览馆为其农产品提供免费展位。

2. 2018年5月在立陶宛维尔纽斯举办第十三届中国–中东欧国家农业经贸合作论坛、中国–中东欧国家农业合作促进联合会第七次会议和第22届波罗的海农业展。

3. 支持波黑2018年在莫斯塔尔举办16+1农业投资与装备合作博览会。

4. 支持在保加利亚和其他中东欧国家建立16+1农业合作示范区。2018年在保加利亚普罗夫迪夫举办16+1国际农业示范园博览会。

5. 探讨在波黑设立16+1兽医科学合作中心的可能性。支持加强动物疫病防控信息与技术交流，及时通报有关信息。

6. 各方赞赏中国–中东欧国家质检合作对话会召开，欢迎中国与中东欧国家主管部门签署相关合作协议，欢迎在中国宁波建立"中国–中东欧国家贸易便利化国检试验区"。各方同意在各自权限内并在遵守国际标准（包括世界动物卫生组织和《国际植物保护公约》的情况下加强农产品和食品相关的检验、检疫合作。各方愿促进农产品和食品市场准入，包括采取符合各自法律法规的便利措施，加快农产品和食品市场准入有关审批程序。

7. 各方鼓励开展水资源管理、节水、农田水利等领域合作和加强环保合作，欢迎各方参与有关环保项目，特别是废弃物管理、废水处理、污染治理和生态修复项目。

8. 欢迎中国和中东欧国家林业学科带头人积极参与16+1林业合作。各方期待早日正式开通中国－中东欧国家林业合作网站，为中国和中东欧国家在林业领域加深了解、促进合作搭建平台。2018年在塞尔维亚举行第二次中国－中东欧国家林业合作高级别会议。

9. 支持黑山牵头组建中国－中东欧国家环保合作协会，通过举办高级别会议、展览等活动，深化17国之间的环保合作。

10. 各方同意探询在中国和中东欧国家建立16+1农产品物流中心、电子商务中心和产品展示中心。

（八）人文交流

1. 各方高度评价2017年“中国－中东欧国家媒体年”各项活动，决定继续加强媒体交流与合作，鼓励双方开展相互新闻报道、联合制作、节目交流和技术合作，积极参加彼此国家举办的广播影视和国际图书展会。

2. 2018年，中国－中东欧国家合作秘书处继续邀请中东欧国家高级别官员代表团访华。

3. 2018年在匈牙利举办第二届中国－中东欧国家新闻发言人对话会。

4. 2018年举办第六届中国－中东欧国家教育政策对话和中国－中东欧国家高校联合会第五次会议。各方欢迎塞尔维亚诺维萨德大学设立中国－中东欧国家高校联合会第二届中东欧国家秘书处。各方欢迎中国与中东欧国家签署教育合作协议。

5. 各方支持落实《中国－中东欧国家文化合作杭州宣言 。2018年在华举行第二届16+1艺术合作论坛、第二届中国－中东欧国家非物质文化遗产保护专家级论坛、首届16+1图书馆联盟馆长论坛、第二届16+1舞蹈冬令营、首届16+1爵士乐夏令营；在中东欧国家举办第四届16+1舞蹈夏令营。支持在马其顿共和国设立16+1文化合作协调中心，支持16+1舞蹈文化艺术联盟、16+1音乐院校联盟和16+1艺术创作与研究中心等平台开展深度交流与务实合作。

6. 各方愿本着自愿原则，探讨设立16+1出版联盟。

7. 各方高度评价中国－中东欧国家文化创意产业论坛及相关活动，愿深化该领域合作，支持2018年举办第三届中国－中东欧国家文化创意产业论坛。

8. 各方鼓励在文化遗产保护和复原、考古发掘和研究、互设展览、专家培训及其他领域开展合作，2019年在华举办第二届中国－中东欧国家文化遗产论坛。

9. 机制化举办中国－中东欧国家政党对话会，并在其项下继续共同办好中国与中东欧青年政治家论坛。

10. 2018年在马其顿举办第五次中国－中东欧国家高级别智库研讨会。

11. 作为加强中国和中东欧国家友好关系的基石，各方支持中国和中东欧国家青年通过互访、短期学习和奖学金计划等开展交流。支持继续举办“未来之桥”中国－中东欧青年研修交流营活动，探讨在中东欧国家建立中国－中东欧青年发展中心的可能性。鼓励在“16+1合作”框架下加强妇女儿童教育、保护、女性创业等领域合作。

12. 各方认识到中国和中东欧国家间旅游领域的巨大潜力，支持采取措施促进旅游合作，包括定期交流、分享经验、联合开展旅游调研、相互组织营销活动、加强旅游企业交流联系、打造区域旅游产品等。各方致力于继续推动人员往来便利化。

2018年在克罗地亚杜布罗夫尼克举办第四次中国－中东欧国家旅游合作高级别会议。各方鼓励中东欧国家与中国旅游机构进一步密切合作。各方赞赏中国－中东欧国家旅游协调中心在中国推广中东欧国家旅游品牌，鼓励中东欧旅游主管部门进一步支持做强中东欧旅游品牌。各方支持中国–中东欧国家旅游协调中心于2018年在布达佩斯举办第三届中国旅游信息日活动。

13. 各方支持加强体育领域合作，鼓励各级体育组织建立直接联系，开展交流，探讨举办研讨会和联合训练营、开展长短期教练交流、分享管理经验、合作建设体育设施的可能性。各方同意以北京2022年冬奥会为契机加强冬季项目交流，欢迎在中东欧国家开展武术活动，探讨设立16+1体育合作机制的可行性。

（九）卫生合作

1. 各方欢迎建立中国–中东欧国家卫生人才合作网络、卫生政策合作网络、公共卫生合作网络，欢迎中国–中东欧国家医院联盟网站启用。支持2019年举办第四届中国–中东欧国家卫生部长论坛。

2. 考虑到各国卫生体系和机制的差异，各方继续支持中国–中东欧国家卫生合作促进联合会积极开展活动，促进医疗机构和卫生产业主体间的直接合作。支持在中东欧国家进一步开展中医药研究与合作，包括中西医比较研究并挖掘中医药在预防领域的潜力。各方支持捷克、马其顿、黑山等国既有的中医中心发展，支持设立更多新的中医药机构，包括在匈牙利设立中东欧中医医疗、教育与研究中心。

3. 中方重申愿协助中东欧国家探索将中医药服务和产品列入中东欧国家卫生战略、医药教育和医保体系。欢迎中东欧国家出台有关法律法规，为深化中医药服务贸易与合作提供更好的法律保障。

4. 鼓励扩大中药材种植及生产等方面的合作，包括在中东欧国家建立中草药种植基地。

5. 欢迎中东欧国家参与"一带一路"框架下的"康复助医""幸福家园"等项目合作。

6. 2018年在捷克举办中国–中东欧国家药品监管合作论坛。

（十）地方合作

1. 各方确定2018年为"地方合作年"。各方继续支持中国和中东欧国家首都和各省、区、市间建立友城关系，支持中国和中东欧国家地方团组互访，促进地方间的直接交流与合作。

2. 各方赞赏捷克和河北省为16+1地方省州长联合会所做工作。2018年在保加利亚举办第四次中国–中东欧国家地方领导人会议。2018年举行第四届地方省州长联合会工作组会议。

3. 2018年在塞尔维亚举行第三届中国–中东欧国家首都市长论坛。

4. 鼓励中国和中东欧国家地方政府和地方企业继续开展直接合作，积极出席对方举办的国际会议和博览会等活动。

附件

《中国–中东欧国家合作里加纲要》
相关举措执行情况

一、2017年1月，在深圳举行中国–中东欧国家舞蹈冬令营。

二、2017年2月，在北京举行中国–中东欧国家媒体年开幕式暨"中东欧主题影展"开幕式。

三、2017年3月，中国–中东欧国家海事秘书处在波兰华沙设立。

四、2017年3月，中东欧中医药学会联合会在匈牙利布达佩斯成立。

五、2017年4月，16+1农产品和葡萄酒博览会在波黑莫斯塔尔经贸博览会期间举行。

六、2017年4月，中国–中东欧国家文化季在中国启幕。

七、2017年4月，在北京举行中国–中东欧国家合作秘书处同16国驻华使馆例会。

八、2017年5月，在北京举行第二届中国－中东欧国家文化创意产业论坛暨第十一届国际服务贸易论坛。

九、2017年5月，在塞尔维亚贝尔格莱德举行首届中国－中东欧国家文化遗产论坛。

十、2017年6月，在匈牙利布达佩斯举行中匈塞交通基础设施合作联合工作组第六次会议。

十一、2017年6月，在宁波举行第三届中国－中东欧国家投资贸易博览会。

十二、2017年6月，在北京举行中东欧国家学者研讨班开班仪式。

十三、2017年6月，在宁波举行第二届中国－中东欧国家质检合作对话会。

十四、2017年6月，在匈牙利布达佩斯举行第三届中国－中东欧国家卫生部长论坛。

十五、2017年6月，第四批中东欧国家记者团访问中国北京、上海、深圳。

十六、2017年7月，在北京举行第九次中国－中东欧国家合作国家协调员会议。

十七、2017年7月，在罗马尼亚布加勒斯特举行中国－中东欧政党对话会。

十八、2017年7月，在罗马尼亚布加勒斯特举行第三届中国与中东欧青年政治家论坛。

十九、2017年7月，中东欧国家新闻发言人代表团访华，在北京举行中国－中东欧国家新闻发言人对话会。

二十、2017年7月，在成都举行第三届中国－中东欧国家舞蹈夏令营。

二十一、2017年7月，在石家庄举行中国与中东欧智库建设国际学术论坛。

二十二、2017年7月，在捷克布拉格举行中国投资论坛。

二十三、2017年8月，在斯洛文尼亚布尔多举行第二届中国－中东欧国家农业部长论坛及第12届中国－中东欧国家农业经贸合作论坛。

二十四、2017年8月，中东欧国家高级别官员代表团访问北京、甘肃、湖南。

二十五、2017年9月，在北京、西安举行首届“未来之桥”中国－中东欧青年研修交流营活动。

二十六、2017年9月，在波兰华沙举行首届中国－中东欧发展论坛。

二十七、2017年9月，在杭州举行第三届中国－中东欧国家文化合作论坛。

二十八、2017年9月，在塞尔维亚诺维萨德举行第五届中国－中东欧国家教育政策对话和中国－中东欧国家高校联合会第四次会议。

二十九、2017年9月，在黑山波德戈里察举行第二届中国－中东欧国家首都市长论坛。

三十、2017年9月，在塞尔维亚贝尔格莱德举行第三次中欧陆海快线海关通关便利化工作组会议。

三十一、2017年9月，中东欧国家派团参加在北京举行的第十五届中国国际农产品交易会。

三十二、2017年10月，在匈牙利布达佩斯举行第十次中国－中东欧国家合作国家协调员会议。

三十三、2017年10月，在保加利亚索非亚举行中国－中东欧国家地方省州长联合会第三次工作会议。

三十四、2017年10月，在北京举行中国－中东欧国家林业科研教育国际研讨会。

三十五、2017年10月，在波兰华沙举行第二届中国－中东欧国家交通部长会议。

三十六、2017年10月，中东欧国家的27家中小企业参加在广州举办的第十四届中国国际中小企业博览会。

三十七、2017年11月，在匈牙利布达佩斯举行第六次中国－中东欧国家领导人会晤。

三十八、2017年11月，在波黑萨拉热窝举行第四次中国－中东欧旅游合作高级别会议。

三十九、2017年11月，在罗马尼亚布加勒斯特举行16+1能源合作论坛和博览会。

四十、2017年11月,在斯洛伐克举行第二届中国-中东欧国家创新合作大会。

四十一、2017年12月,计划在北京举行第四次中国-中东欧国家高级别智库研讨会。

四十二、2017年6月,在宁波举行第四次中国-中东欧国家旅游合作交流会。

四十三、2017年6月,在里加举行中国-中东欧国家联合商会与经贸促进机构会议。

四十四、2017年6月,在宁波举行首届中国-中东欧国家海关合作论坛。

四十五、2017年8月,在成都举行"一带一路"倡议下的16+1电子商务发展会议。

四十六、2017年9月,首届中国-中东欧国家物流合作秘书处联络员会议在拉脱维亚里加召开。

四十七、2017年11月,在保加利亚普罗夫迪夫成立16+1农产品物流、电子商务和产品展示中心。

八、中国-中东欧国家合作索非亚纲要

2018年7月7日,第七次中国-中东欧国家领导人会晤在保加利亚索非亚举行。保加利亚共和国总理博伊科•鲍里索夫、中华人民共和国国务院总理李克强、阿尔巴尼亚共和国总理埃迪•拉马、波斯尼亚和黑塞哥维那部长会议主席戴尼斯•兹维兹迪奇、克罗地亚共和国总理安德烈•普连科维奇、捷克共和国总理安德烈•巴比什、爱沙尼亚共和国总理于里•拉塔斯、匈牙利总理欧尔班•维克托、拉脱维亚共和国总理马里斯•库钦斯基斯、马其顿共和国总理佐兰•扎埃夫、黑山总理杜什科•马尔科维奇、罗马尼亚总理维奥丽卡•登奇勒、塞尔维亚共和国总理安娜•布尔纳比奇、斯洛伐克共和国总理彼得•佩莱格里尼、斯洛文尼亚共和国总理米罗•采拉尔、波兰共和国副总理雅罗斯瓦夫•戈温、立陶宛共和国财政部长维柳斯•沙波卡出席会议(以下简称各方)。与会领导人对保加利亚作为主办国为会晤成功举办所作努力表示赞赏和感谢。奥地利、白俄罗斯、欧盟、希腊、瑞士、欧洲复兴开发银行应邀派代表作为观察员与会。

与会各方认为中国-中东欧国家合作(以下简称"16+1合作")取得积极进展和众多成果,《中国-中东欧国家合作布达佩斯纲要》得到有效落实,确信16+1各领域合作蓬勃发展,日益成为务实的跨区域合作机制,惠及各方。

各方将继续秉持相互尊重、合作共赢、共同发展的原则,共同建设开放型世界经济,推动经济全球化更有活力,更加包容,更可持续。各方重申致力于根据《联合国宪章》精神和原则开展合作。

各方强调,"16+1合作"是中欧关系的重要组成部分和有益补充,各方愿根据各自国情和既有承诺,以"16+1合作"为依托,共同促进中欧关系持续均衡发展。各方愿积极落实业已签署的"一带一路"建设合作文件,基于市场规则和国际准则推动取得更多合作成果,保持合作的开放性。中东欧国家中的欧盟成员国将推动合作为相关欧盟政策和项目提供补充。

各方重申将本着自愿、透明、包容、互惠、公平、共赢的原则,通过协商与合作,助力实现联合国2030年可持续发展议程,并将在遵守国际关系准则的基础上,根据各自法规和国情,欧盟成员国与候选国根据欧盟相关法规及作为成员国应遵守的政策,开展合作。

16国中的欧盟成员国和候选国将支持推动中欧和平、增长、改革、文明四大伙伴关系及《中欧合作2020战略规划》,在中欧互联互通平台、欧洲投资计划和泛欧交通网络及其延长线等框架下通过试点项目积极推动务实合作,支持中国与欧盟缔结高水平、全面的投资协定。

与会各方本着《中国-中东欧国家合作中期规划》及领导人会晤系列纲要精神,围绕"深化开放务实合作,共促共享繁荣发展"主题,共同制定和发表《中国-中东欧国家合作索非亚纲要》。

（一）与会各方支持克罗地亚承办第八次中国－中东欧国家领导人会晤。

（二）加强16+1统筹协调

1. 各方支持中国－中东欧国家合作秘书处同中国和中东欧国家有关部门加强统筹协调，进一步完善合作体系和架构。

2. 2019年上半年，中方邀请中东欧16国国家协调员访华并出席中国－中东欧国家合作国家协调员会议。下半年，在克罗地亚举办中国－中东欧国家合作国家协调员会议。

3. 继续举办中国－中东欧国家合作秘书处与中东欧国家驻华使馆信息通报会，加强秘书处同各领域联合会、协调中心之间的工作交流。鼓励秘书处同中东欧国家有关部门结合双多边活动，在中国和中东欧国家举行“16+1合作”有关磋商。支持不断完善中国－中东欧国家合作网站建设，为各国有关部门、企业和民众提供更加便捷的信息服务。

各方认识到有必要对现有的“16+1合作”机制和会议进行回顾，以高效利用成员国的行政资源，让合作更有针对性，更加注重结果导向。

4. 探讨在“16+1合作”框架下加强国际法和公务员培训等方面的交流与合作。

5. 各方将在“16+1合作”框架下，结合中国与部分中东欧国家建交70周年，举办有关活动。

6. 各方欢迎观察员、其他国家和机构在各方协商一致的基础上参与“16+1合作”并发挥建设性作用。

（三）深化经贸投资、互联互通等领域务实合作

各方欢迎中国与中东欧国家之间贸易合作不断增长，欢迎中方为促进市场准入和改善投资环境所作努力，同时认识到有必要在公平竞争和机会均等原则基础上，世贸组织成员并在遵守世贸组织规则基础上，构建更加平衡的经济伙伴关系。各方将探讨在服务贸易和电子商务方面开展务实合作的可能性。

1. 各方支持中东欧企业和机构参加中国于2019年在上海举办的旨在增加对华出口的第二届中国国际进口博览会，赞赏在上海自由贸易试验区设立中东欧16国国家馆，支持沈阳等中国城市搭建类似平台。鼓励更多中方省市设立16+1经贸合作示范区。中方欢迎更多中东欧国家投资者参与海南自由贸易港建设，共享发展机遇。各方鼓励上述平台和有关企业采取有效措施，为中国与中东欧国家之间贸易便利化发挥积极作用。

2. 2019年6月在宁波举办第五届中国－中东欧国家投资贸易博览会。

3. 各方支持在波兰继续举办中国－中东欧国家投资促进机构联系机制会议。

4. 各方欢迎设在波兰的中国－中东欧国家联合商会为促进贸易投资合作发挥更加积极的作用，支持联合商会年度会议机制化，并于2019年举办联合商会第五次会议。

5. 各方愿继续加强中欧互联互通平台建设。各方同意基于公平竞争、市场原则和国际准则，促进中欧互联互通平台项目发展，并为交通领域投资更加公平开放创造良好环境。

6. 各方认识到政府采购程序开放、透明、非歧视的重要作用。各方支持中国加入世界贸易组织《政府采购协定》。

7. 各方将推进中欧班列和多式联运务实合作，支持加强中欧陆海快线通关便利化合作，提升跨境运营效率，缩短跨境等候时间。同时更好使用中东欧国家既有的运输能力，在班列增多的情况下保证货运通畅。

8. 各方欢迎中国、塞尔维亚、匈牙利在匈塞铁路项目上取得的重要进展，注意到有关国家提出的三海倡议，愿探讨将匈塞铁路延长至阿尔巴尼亚、克罗地亚、黑山和斯洛文尼亚有关港口的可能

性，并继续推进中欧陆海快线务实合作。各方欢迎17国企业在中欧陆海快线和中欧班列沿线路段开展类似的基础设施建设合作。

9. 各方愿支持"一带一路"建设同中欧互联互通平台、泛欧交通网络西巴尔干延长线以及相关周边合作倡议相对接，这将有益于欧洲一体化进程。包括中国－中东欧国家合作、中欧互联互通平台、欧盟东部伙伴关系等在内的合作倡议之间在经济合作、互联互通上的协调沟通，将为有关国家深化合作提供机遇。

10. 中国、匈牙利、塞尔维亚、马其顿将于2019年举行中欧陆海快线海关通关便利化合作第五次工作组会议及专家研讨会。

中国与16国中的欧盟成员国将在中欧海关事务合作与行政互助协定和中欧海关合作战略框架内开展海关合作。鼓励更多符合条件的中东欧国家参与安智贸航线试点计划。中国和中东欧国家愿加强通关便利化合作。中国和中东欧国家之间的海关合作将在各自能力范围内进行。

11. 2019年在波兰举办中国－中东欧国家海关合作论坛。

12. 2019年在波黑举办第四届中国－中东欧国家交通部长会议。

13. 各方继续支持在民航领域开展合作，包括拓展中国和中东欧国家之间的航线。2019年在捷克举办首届中国－中东欧国家航空论坛。

14. 各方欢迎中国和中东欧16国开展各类基础设施投资合作。

（四）培育科技创新、金融、绿色、环保、农业、能源、林业和卫生领域合作新动能

1. 各方支持在公平基础上，加强在研究和创新领域的互利合作，启动"中国－中东欧国家科技创新伙伴计划"，定期举办中国－中东欧国家创新合作大会。各方愿在自愿基础上开展联合研究，加强科技人员交流，开展科普合作。各方将探讨在塞尔维亚成立中国－中东欧创新能力建设工作组的可能性。

2. 各方愿采取积极措施支持中小企业发展，鼓励中国和中东欧国家中小企业和创业者加强交流合作，建立企业间联络机制。支持克罗地亚牵头组建16+1中小企业联合会，支持中方设立中国－中东欧中小企业合作区。

3. 各方赞赏16+1环保合作机制筹建工作取得的积极进展，欢迎各国环保机构和企业本着自愿原则参与其中，支持该机制在推动环保合作方面发挥更大作用。

4. 各方鼓励中国与中东欧国家金融机构在自愿基础上加强现有投融资合作，并根据市场需求开辟投融资新渠道，推出新的融资工具，增强银企联动，探讨开展人民币融资及发行绿色金融债券合作。中方欢迎中东欧国家央行将人民币纳入外汇储备。

5. 各方欢迎中国与更多中东欧国家签署双边金融监管合作谅解备忘录，加强金融监管合作。

6. 各方支持中国和中东欧国家有关银行和金融机构之间加强合作，推动贸易规模进一步扩大，基础设施、能源等领域合作进一步深化。各方支持出口信贷国际工作组的工作。

7. 各方支持罗马尼亚牵头建立16+1智慧城市协调中心。

8. 各方支持立陶宛成立16+1金融科技协调中心，2019年在立陶宛举办16+1高级别金融科技论坛。

9. 各方支持中国－中东欧银联体等金融合作平台取得更大发展，欢迎举办中国－中东欧银联体第一次理事会会议。

10. 各方赞赏立陶宛承办第三届中国－中东欧国家农业部长会议和第十三届中国－中东欧国家农业经贸合作论坛。各方认为活动的成功举办和相关决策对推动16+1农业务实合作发挥了积极

作用。2019年在中国举办第四届16+1农业部长会议和第十四届16+1农业经贸合作论坛。

11. 各方支持举办中国与中东欧国家农业企业投资对接活动，搭建投资合作的有效对接平台，积极开展农业机械与技术合作。中方将担任2019年莫斯塔尔经贸博览会主宾国，博览会期间将举办16+1相关活动。各方欢迎中方采取促进农产品等中东欧商品进入中国市场的便利化政策，以促进双方贸易平衡发展。

12. 各方愿探讨制定中国－中东欧国家农业合作行动计划，将共同在中国和中东欧国家推进16+1农业合作示范区、农产品电商物流与展示中心建设，探讨开展蔬菜水果园艺生产合作。鼓励相关机构开发相关工具，支持农业合作示范区和共同关心的发展项目。

欢迎中国农科院与中东欧国家有关科研机构合作建设联合实验室，开展农业联合科研。

支持加强动物疫病、植物病虫害防控信息与专家交流，开展兽医和植物检疫员培训等活动。

鼓励通过研讨会和论坛等形式加强绿色发展、乡村振兴等领域的交流与合作。

各方根据各自法律法规，采取有效措施，在保证安全的前提下，促进农产品和食品市场准入，包括加快审批程序，使中东欧国家农产品更快进入中国市场。各方可就共同关心的烈性动物疫病开展合作研究。

各方愿探讨在波黑设立16+1兽医科学合作中心的可能性，并及时通报相关进展信息。

13. 2019年举行第四届中国－中东欧国家卫生部长论坛。各方支持匈牙利、捷克、黑山等国现有的中医药中心，愿探讨在其他国家合作建立中医药中心。欢迎中国中医科学院及地方中医药大学与中东欧国家医科大学间开展直接合作。探讨在中东欧国家建立中草药种植基地。

14. 各方支持深化双边水利政策对话、技术交流和经验分享，加强在中欧水资源交流平台、中国－欧盟水政策对话机制等框架下的多边水利交流与合作，推动开展相关合作项目。

15. 各方赞赏塞尔维亚承办第二次中国－中东欧林业合作高级别会议，支持定期举行高级别会议，进一步加强中国与中东欧国家在林业科研教育、林业贸易投资等领域的合作。欢迎中东欧国家代表来华参加林业相关展会和活动，促进相互了解。

16. 各方欢迎设在罗马尼亚的中国－中东欧国家能源项目对话与合作中心为推进能源合作发挥的作用，赞赏中心为开展国别调研、技术交流等能源联合研究项目所作努力。

17. 各方同意在保加利亚成立“16+1全球伙伴中心”，为“16+1合作”提供政策、法律咨询及智力支持。

（五）拓展人文交流

1. 2019年，中国－中东欧国家合作秘书处继续邀请中东欧国家高级别官员代表团、记者团访华。

2. 各方宣布2019年为“16+1教育、青年交流年”。各方支持通过对话、访问、培训等多种形式增进相互了解，深化教育、青年领域合作。各方赞赏中方承办第六届中国－中东欧国家教育政策对话，愿共同开展教育能力建设项目。中方将邀请中东欧国家教育官员和校长来华参访、开展教育能力培训等。欢迎中东欧国家参加2019中国教育展，以加强中国与中东欧国家高校交流对话。各方支持在中东欧国家设立16+1青年发展中心。2019年中方继续举办“未来之桥”中国－中东欧青年研修交流营活动。2019年在中东欧国家举行第七届中国－中东欧国家教育政策对话和中国－中东欧国家高校联合会第六次会议。16+1大学生冬季运动节将于2019年在波黑举办。

3. 各方支持在“16+1合作”框架下，继续拓展与中东欧各国的旅游合作。进一步推动扩大双向旅游交流规模，推动实施更加便利的旅行手续，鼓励增加直航航线。各方支持进一步丰富旅游合作平台内涵，加强地方政府、旅游企业间合作。2019年在拉脱维亚里加举办第五次中国－中东欧国家旅游合作高级别会议。

4. 各方支持落实《中国－中东欧国家文化合作杭州宣言》及《中国－中东欧国家2018—2019年文化合作计划》，积极配合16+1文化合作协调中心工作。2019年在马其顿共和国举办第四届中国－中东欧国家文化合作部长论坛；在华举办第五届16+1舞蹈夏令营、中东欧国家美术家采风创作活动、第三届16+1舞蹈大师工作坊；在匈牙利举办第四届16+1文化创意产业论坛；在中东欧国家举办第二届16+1音乐夏令营。鼓励16+1舞蹈文化艺术联盟、16+1音乐院校联盟、16+1艺术创作与研究中心、16+1青年艺术人才培训和实践中心以及16+1文创产业交流合作中心等平台开展深度交流与务实合作。支持在中国成立"16+1合作"人文体验基地。

5. 各方赞赏塞尔维亚与中国共同举办第一届中国－中东欧国家文化遗产论坛，2019年将于中国举办第二届中国－中东欧国家文化遗产论坛。各方支持围绕世界文化遗产申报与管理、联合考古研究和文物保护等重点方向规划文物遗产合作路线图。以"16+1合作"机制为基础，建设一个开放包容平等、共商共建共享的对话和发展平台。各方支持在文物遗产保护领域开展合作，构建稳定多维的政府间文化遗产合作网络。

6. 支持中国与中东欧国家开展文学作品互译出版项目合作，鼓励参加中东欧国家举办的国际书展和北京国际图书博览会。

7. 各方支持在自愿基础上，深化中国－中东欧国家新闻发布领域的交流合作，支持机制化举办中国－中东欧国家新闻发言人对话会，积极推动成立16+1出版联盟。

8. 各方支持罗马尼亚于2019年举办促进女性创业大会。

9. 2019年举办第六届中国－中东欧国家高级别智库研讨会。

10. 鼓励并支持在"16+1合作"框架下加强体育交流与合作，鼓励各类体育组织建立直接联系，开展球类及冰雪训练、比赛等，并在共同关心的国际体育事务中加强合作，为推动各国体育事业的发展做出贡献。

11. 各方积极评价"地方合作年"为促进中国和中东欧国家地方之间的交流合作所发挥的积极作用，支持中国－中东欧国家地方省州长联合会继续履行沟通协调职能，不断增进地方相互了解，深化地方合作。2019年举行第六次地方省州长联合会工作组会议。

12. 2019年在阿尔巴尼亚地拉那召开第四届中国－中东欧国家首都市长论坛。

13. 2019年在中国举办第三届中国－中东欧市长论坛。

附件：

《中国－中东欧国家合作布达佩斯纲要》相关举措执行情况

一、2018年2月，中国－中东欧投资合作基金（二期）正式运营。

二、2018年4月，在波黑莫斯塔尔国际经贸博览会期间举办中国馆展览及16+1农业投资与装备合作博览会。

三、2018年4月，中国－保加利亚商事法律合作委员会成立。

四、2018年4月，第二届中国－中东欧国家新闻发言人对话会在匈牙利布达佩斯举行。

五、2018年4月，中国－中东欧银联体"一带一路"与区域金融合作研讨会在北京、重庆召开。

六、2018年5月，第二次中国－中东欧国家林业合作高级别会议、中国－中东欧国家林业合作协调机制联络小组第二次会议、中国－中东欧国家林业科研合作研讨会在塞尔维亚举行，16+1林业网站正式启动。

七、2018年5月，中国品牌商品（中东欧）展在匈牙利布达佩斯举办。

八、2018年5月，第十三届中国－中东欧国家农业经贸合作论坛、中国－中东欧国家农业合作促进联合会第七次会议和第二十二届波罗的海农业展在立陶宛举办。

九、2018年5月，第六届中国－中东欧国家教育政策对话在深圳举行。

十、2018年5月，中国－中东欧国家高校联合会第五次会议在深圳举行。

十一、2018年5月，中国与匈牙利、塞尔维亚、马其顿举行中欧陆海快线海关通关便利化合作专家研讨会。6月举行第四次工作组会议。

十二、2018年5月—6月，第二批中东欧国家作曲家访华采风。

十三、2018年5月—10月，举办第二届中国－中东欧国家舞蹈大师工作坊。

十四、2018年6月，在成都举行第二届16+1艺术合作论坛。

十五、2018年6月，16+1海事合作会议于2018世界海事日期间在波兰举行。

十六、2018年6月，在波兰举行第三届16+1文化创意产业论坛。

十七、2018年6月，在宁波举办第三次中国－中东欧国家经贸促进部长级会议、第四届中国－中东欧国家投资贸易博览会，拉脱维亚担任2018年博览会主宾国；在宁波举办第二届中国－中东欧市长论坛。

十八、2018年6月，在上海等中国城市举办第二届“未来之桥”中国－中东欧青年研修交流营活动。

十九、2018年6月，在北京举办中国－中东欧能源合作第一次技术交流会。

二十、2018年6月，在保加利亚索非亚举办“推进16+1合作平台走向未来”国际智库会议。

二十一、2018年7月，计划在长春举行首届16+1爵士乐夏令营。

二十二、2018年8月，计划在克罗地亚和匈牙利举行第四届16+1舞蹈夏令营。

二十三、2018年9月，计划在黑山举办中国－中东欧国家环保合作部长级会议。

二十四、2018年9月，计划在杭州举行第二届16+1非物质文化遗产保护专家级论坛。

二十五、2018年9月，计划在沧州举办中国－中东欧中小企业合作论坛。

二十六、2018年9月，计划在克罗地亚召开第四次中国－中东欧国家旅游合作高级别会议。

二十七、2018年9月，计划在马其顿共和国召开第五届中国－中东欧国家高级别智库研讨会。

二十八、2018年10月，计划在塞尔维亚举办第三届16+1交通部长会议。

二十九、2018年10月，计划在杭州举行首届16+1图书馆联盟馆长论坛。

三十、2018年10月，计划在波兰举办中国－中东欧国家投资促进机构联系机制第四次会议。

三十一、2018年10月，计划在塞尔维亚举行中国－中东欧健身气功论坛。

三十二、2018年11月，计划在波黑举办第三届中国－中东欧国家创新合作大会。

三十三、2018年，计划在保加利亚举行第四次中国－中东欧国家地方领导人会议。

三十四、2018年11月，计划在中国成都举办第二届中国－中东欧物流合作秘书处联络员会议。

三十五、2018年11月，计划在捷克举办中国－中东欧国家药品监管合作论坛。

三十六、2018年，计划在匈牙利布达佩斯举行中国－中东欧国家央行行长会议。

三十七、2018年，计划在捷克举行中国投资论坛。

三十八、2018年，计划举办中国－中东欧国家联合商会第四次会议。

三十九、16+1农业合作示范区于2018年在保加利亚普罗夫迪夫成立。

四十、2018年，中方计划派武术专家赴波兰、罗马尼亚等中东欧国家举办“武术丝路行”武术训练营。

第三章　与非洲的合作

第一节　五年来，习近平这样说中非合作

"中非虽然远隔重洋，但我们的心是相通的。"加强同非洲国家团结合作一直是中国外交政策的重要基础。5年多来，在不同场合，习近平频频阐述中非友好合作，传递出真实亲诚的对非政策理念和正确义利观。

一、患难与共，世代交好

非洲有句谚语："河有源泉水才深。"中非友好交往源远流长。二十世纪五六十年代，毛泽东、周恩来等中华人民共和国第一代领导人和非洲老一辈政治家共同开启了中非关系新纪元。从那时起，中非人民在反殖反帝、争取民族独立和解放的斗争中，在发展振兴的道路上，相互支持、真诚合作，结下了同呼吸、共命运、心连心的兄弟情谊。

——2013年3月25日，习近平在坦桑尼亚尼雷尔国际会议中心发表重要演讲时强调。

中非是患难与共、风雨同舟的好兄弟、好朋友、好伙伴。中国政府和人民不会忘记，每当中国人民遇到困难时，非洲人民都及时伸出援手，给予支持和帮助。值此艰难时刻，中国政府和人民同三国政府和人民站在一起，愿向三国紧急援助一批传染病防治物资，支持三国抗击疫情。

——2014年8月10日，习近平就埃博拉疫情致电几内亚、塞拉利昂、利比里亚三国总统时指出。

中非相距遥远，但相似的历史遭遇、渴望共同发展的理念，使中非人民具有天然的亲近感。中非友好是历史的选择，是双方几代领导人精心培育和中非人民共同努力、不断传承的结果，是我们共同的宝贵财富。

——2015年12月3日，习近平在南非约翰内斯堡出席中非合作论坛峰会欢迎宴会时指出。

当前，全球经济依然低迷，中非双方推动经济发展，既面临机遇，也面临挑战，应该肩并肩、手挽手一起前进。兄弟同心，其利断金。

——2016年7月29日，习近平致信祝贺中非合作论坛约翰内斯堡峰会成果落实协调人会议召开时指出。

二、彼此联结，高度契合

中国的发展离不开世界、离不开非洲，世界和非洲的繁荣稳定也需要中国。中非虽然远隔重

洋，但我们的心是相通的。联结我们的不仅是深厚的传统友谊、密切的利益纽带，还有我们各自的梦想。

——2013年3月25日，习近平在坦桑尼亚尼雷尔国际会议中心发表重要演讲时强调。

中国是最大的发展中国家，非洲是发展中国家最集中的大陆，中国和非洲历来是命运共同体。当前，非洲各国普遍期待加快工业化和农业现代化进程，致力于实现经济独立和自主可持续发展，中国正在全面深化改革，推进经济结构调整，具备了更多同非洲国家在优势互补基础上实现互利共赢发展的条件。中非发展战略高度契合，中非合作发展迎来了前所未有的历史性机遇。

——2015年12月1日，习近平在南非《星报》发表的署名文章中指出。

实现中华民族伟大复兴的中国梦和非洲《2063年议程》描绘的非洲梦高度契合。中方愿同包括南非在内的非洲国家一道，携手开创中非合作共赢、共同发展的新时代。

——2017年4月24日，习近平致信祝贺中国—南非高级别人文交流机制首次会议在比勒陀利亚召开时强调。

当今世界，各国相互联系和依存日益加深，同时也面临许多共同挑战。中卢两国应该同心协力、同舟共济，为实现互利共赢、共同发展，构建中卢、中非命运共同体携手前行。

——2018年7月21日，习近平在卢旺达《新时代报》发表的署名文章中指出。

三、互利共赢，全面务实

展望未来，中国发展将给非洲带来前所未有的机遇，非洲发展也将为中国发展带来前所未有的机遇。我们双方应该携手同行，继续坚定走互利合作、共同发展的道路。我们愿同非洲朋友一起，抓住历史机遇，深化务实合作，把中非友好事业推向前进，更好造福中非人民。

——2013年3月29日，习近平在刚果共和国议会发表重要演讲时强调。

非洲有句谚语，“一根原木盖不起一幢房屋”。中国也有句古话，“孤举者难起，众行者易趋”。亚非国家加强互利合作，能产生“一加一大于二”的积极效应。

——2015年4月22日，习近平在亚非领导人会议上发表重要讲话时强调。

中南关系已经成为中非关系、南南合作以及新兴市场国家团结合作的典范，对打造更加紧密的中非命运共同体，构建相互尊重、公平正义、合作共赢的新型国际关系具有重要示范意义。

——2018年7月22日，习近平在南非《星期日独立报》《星期日论坛报》《周末守卫者报》发表的署名文章中指出。

四、深入发展，携手共进

中非是休戚与共的命运共同体，中非友好合作有助于增进24亿人民的福祉。在追求和平与发展的道路上，中非要做永远的可靠朋友和真诚伙伴。中非携手共进，有助于构建以合作共赢为核心的新型国际关系，促进全球治理体系朝着更加公正更加合理方向发展。

——2015年12月1日，习近平致2015中非媒体领袖峰会的贺信中指出。

中方将继续秉持真实亲诚对非政策理念和正确义利观，积极推动中非“十大合作计划”和“一带一路”建设同非盟《2063年议程》对接，推动中非全面战略合作伙伴关系深入发展，更好造福中非人民。

——2017年7月3日，习近平致电祝贺非洲联盟第29届首脑会议召开时强调。

中方将继续秉持正确义利观和真实亲诚对非政策理念，把中国发展同助力非洲发展紧密结合起来，实现合作共赢、共同发展，特别是让非洲各国通过中非合作增强自主可持续发展能力。相信中非将携手构建更加紧密的中非命运共同体，不断为中非关系发展注入新动力。

——2018年3月29日，习近平同纳米比亚总统根哥布举行会谈时指出。

第二节　中非合作论坛

2018年9月，2018年中非合作论坛北京峰会通过了《关于构建更加紧密的中非命运共同体的北京宣言》和《中非合作论坛—北京行动计划（2019—2021年）》两个重要成果文件，《北京宣言》宣示中非双方在战略性、全球性问题上的重要共识，《北京行动计划》则重点对未来3年中非合作进行具体规划。两者构成未来一段时期发展中非关系的纲领和指南。

中非双方应携手打造责任共担、合作共赢、幸福共享、文化共兴、安全共筑、和谐共生的命运共同体，明确了构建更加紧密的中非命运共同体的时代内涵、发展方向和前进路径。

"一带一路"合作是此次峰会的一大热点，也是与会各国领导人频频提及的"热词"。论坛期间，28个国家（塞拉利昂、科特迪瓦、索马里、喀麦隆、南苏丹、塞舌尔、几内亚、加纳、赞比亚、莫桑比克、加蓬、纳米比亚、毛里塔尼亚、安哥拉、吉布提、埃塞俄比亚、肯尼亚、尼日利亚、乍得、刚果共和国、津巴布韦、阿尔及利亚、坦桑尼亚、布隆迪、佛得角、乌干达、冈比亚、多哥）和非洲联盟签署谅解备忘录，掀起了又一波支持参与"一带一路"建设的热潮，扩展了"一带一路"的朋友圈。截至9月6日，中国与非洲37国以及非洲联盟签署共建"一带一路"政府间谅解备忘录，签署国家占出席中非合作论坛北京峰会53个国家的70%。

作为中非"十大合作计划"的升级版，它强调下一步中方将致力于加强中非在产业产能、基础设施、贸易等领域合作，同时拓展双方在绿色发展、能力建设、健康卫生、人文交流、和平安全等领域合作潜能，进一步推动中非合作换挡提速，加快实现非洲各国的可持续发展。

北京峰会期间，四川与塞内加尔、江苏与埃塞俄比亚举办了产能与投资合作对接会，江西与赞比亚举行了投资促进会。

第三节　非洲联盟

中国同非盟及其前身非统保持着友好往来和良好合作，并向其提供了力所能及的援助。1996年5月，江泽民主席访问非统总部并就中国对非洲政策发表重要演讲。自2002年非盟成立以来，中国每年均应邀派团出席其首脑会议。2005年3月，中国成为首批向非盟派遣兼驻代表的区外国家。2015年5月，中国驻非盟使团开馆。2018年9月，非盟驻华代表处开馆。

中国与非盟在气候变化、2030年可持续发展议程等重大国际问题以及非洲热点问题上保持沟通协调。非盟在涉及中国核心和重大利益问题上积极支持中国。中国向非盟机构能力建设、有关维和行动和非盟总部会议中心、非洲疾控中心等项目建设提供援助。

第四节 西共体

中国与西共体15个成员国均保持着良好合作关系。

2017年，中国与西共体国家整体贸易总额353.5亿美元，其中中方出口额292.3亿美元，进口额61.2亿美元。2018年1月—11月份，中国与西共体15国整体贸易额348.7亿美元，其中中方出口额281.5亿美元，进口额67.2亿美元。

第五节 国家之间的合作

一、埃及

（一）简介

埃及是世界上最重要的文明古国之一，地处亚欧非三大洲交界处，扼苏伊士运河之咽喉，地理位置极其重要，在世界地缘政治格局中拥有不可替代的特殊地位。开罗是埃及的政治、经济、文化中心，人口超过2 000万人，是非洲和阿拉伯国家最大的城市，是阿拉伯国家联盟总部所在地和重要的国际会议中心。自2014年塞西总统执政以来，埃及政府逐步清除2011年“革命”引发的动荡因素，稳定国内政治局势，并在国际货币基金组织的配合支持下，切实推动浮动汇率、削减补贴、开放市场等全方位的经济改革措施，经济发展的元气日渐恢复。

2017年以来，埃及经济虽然经历改革阵痛期，但改革措施的“组合拳”收获丰硕成果：国际货币基金组织、欧洲复兴开发银行等国际金融机构上调埃及经济增长预期至5%以上；标准普尔等国际评级组织纷纷上调埃及主权信用评级；PPI指数连创2011年以来新高；外汇储备连续13个月创历史新高；旅游业收入同比增长123%；月度通货膨胀率已从最高35.3%（2017年7月）快速回落至11.6%（2018年3月）；南非兰德商业银行发布报告称，埃及首次超越南非，成为非洲最佳投资目的国。种种迹象表明，埃及已基本摆脱浮动汇率改革带来的后遗症，顺利步入经济复苏的轨道。新《投资法》颁布实施，更显著改善了投资环境，各类投资机会涌现，发展潜力巨大。

（二）合作

中埃自1956年5月30日建交以来，两国关系一直发展顺利。1999年4月，两国建立战略合作关系。2006年5月，两国外交部建立战略对话机制。2006年6月，两国签署关于深化战略合作关系的实施纲要。2007年5月，中国全国人大和埃及人民议会建立定期交流机制。自2007年1月27日起，中埃两国互免持中国外交和公务护照、埃及外交和特别护照人员签证。2014年12月，中埃两国建立全面战略伙伴关系。2016年1月，两国签署关于加强全面战略伙伴关系的5年实施纲要。

中埃两国友谊源远流长。自中华人民共和国成立以来，埃及不仅是第一个与中华人民共和国建交，也是首个与中国建立战略合作关系的阿拉伯和非洲国家。2014年，习近平总书记与塞西总统决定将中埃关系提升为全面战略伙伴关系，打开双边合作新格局。2016年1月，习近平总书记访问埃及，中埃经贸方面的务实合作驶入快车道。目前，中国是埃及最大的贸易伙伴，双方在工业、能源、电信、基础设施建设等领域开展了全方位的合作。截至2017年底，中国对埃及直接和间接的投资存量超过60亿美元，为当地创造了1万多个就业岗位；双方共建苏伊士经贸合作区，已吸引了30多家制造业企业入驻（拓展区首期2平方千米已有10余个拟入住企业在谈），成为吸引两国投资的良好平台。据埃方统计，2017年中国首次进入埃及外国直接投资来源国前十名和旅游客源国前十名。中国企业接连签署埃及新行政首都CBD建设和斋月十日城轻轨建设等国家级大项目，见证两国经贸关系步入新的历史阶段。

展望未来，埃及在中国对外经贸合作版图上的定位将不断被强化。中埃两国应当抓住历史机遇，以"一带一路"倡议和中非合作论坛框架为指引，不断丰富合作内涵，在贸易平衡、工业、投资、能源电力、铁路交通、港口物流、航天科技等众多领域推动优势互补和产业衔接。中国企业要充分利用埃及优越的地理位置、便利的国际贸易条件和低廉的生产要素成本，把埃及打造为实现全球资源优化配置、开拓国际市场的重要桥梁。同时，埃及营商环境仍存在一些风险因素，如外汇管制、政策多变、政府效率有待提高、工作签证办理困难、本地保护等。这就要求中国企业必须本着"积极不冒进、理性不消极"的原则，顺势而为、精准调研、审慎投入、防控风险。

经贸往来。2006年11月，埃及宣布承认中国完全市场经济地位。近年来，两国政府积极鼓励和推动双方企业扩大经贸合作，双边贸易持续发展。2013年，中埃贸易额首次突破100亿美元，达102.13亿美元。2017年，双边贸易额108.28亿美元，同比下降1.4%，其中我国出口额94.88亿美元、同比下降9.1%，我国进口额13.40亿美元、同比上升142.1%。我国向埃及主要出口机电产品和纺织服装等，从埃及主要进口原油、液化石油气和农产品等。

文化、教育、旅游交流与合作。中埃文教、新闻、科技等领域交流合作活跃。近年来，双方举办了文化周、电影节、文物展、图片展等丰富多彩的活动，深受两国人民欢迎。中埃两国于1956年签署文化合作协定，此后双方共签署10个文化合作执行计划。2002年中国在开罗设立中国文化中心。2015年8月，双方签署了《中埃两国文化部关于2016年互办文化年的谅解备忘录》。2016年1月，国家主席习近平和埃及总统塞西共同在卢克索出席中埃建交60周年暨中埃文化年开幕式活动。同年3月，刘延东副总理出席在开罗举办的"丝路新韵"展演活动。2017年1月，埃及文化部长纳姆纳姆率团访华，与中国文化部长雒树刚共同出席在广州举办的中埃文化年闭幕式。中埃文化年共执行项目100个，其中在埃及举办56个，在中国举办44个。

两国自1955年起互派留学生，此后逐年增加。1995年12月，中埃签署了两国教育合作谅解备忘录。1997年签署两国教育部相互承认学历、学位证书协议。目前埃及已有10所大学开设中文专业。2007年，北京大学与开罗大学合作成立北非地区第一家孔子学院。2008年，华北电力大学与苏伊士运河大学合建了埃及第二所孔子学院。此外在埃及还开设有2个孔子课堂。

2002年中埃两国签署中国公民组团赴埃及旅游实施方案的谅解备忘录以来，中国赴埃及游客数量增长较快，2017年1月—6月，赴埃及旅游中国公民约15.9万人次，同比增长113%，中国已经跃居为埃及第四大旅游客源国。2005年，埃及航空公司恢复开罗—北京直航，2007年开通开罗—广州直航。两国间现已结成友好省市17对。

重要的双边协议和文件。《中华人民共和国和阿拉伯埃及共和国关于建立全面战略伙伴关系的联合声明》（2014年12月），《中华人民共和国和阿拉伯埃及共和国关于加强两国全面战略伙伴关系的五年实施纲要》（2016年1月），《中华人民共和国政府和阿拉伯埃及共和国政府关于共同推进丝绸之路经济带和21世纪海上丝绸之路建设的谅解备忘录》(2016年1月)。

二、埃塞俄比亚

(一)简介

埃塞俄比亚是具有3 000多年历史的文明古国和非洲第二人口大国。首都亚的斯亚贝巴是埃塞俄比亚政治、经济和文化中心,也是联合国非洲经济委员会和非洲联盟总部所在地,被誉为“非洲的政治心脏”,在非洲具有独特的政治地位。近年来,埃塞俄比亚政局相对稳定,经济保持快速增长,已成为非洲最具经济活力的国家之一。

自1991年埃塞俄比亚人民革命民主阵线(简称“埃革阵”)执政以来,埃塞俄比亚充分借鉴中国发展经验,实施以经济建设为中心、以农业和基础设施建设为先导的发展战略,努力向市场经济过渡,使得埃塞俄比亚经济在短期内实现较快发展。2010年以来,埃塞俄比亚先后制订了两个5年期“经济增长与转型计划”,重点发展制造业和能源、交通等基础设施建设,取得了一系列重大进展。据世界银行统计,过去14年间,埃塞俄比亚经济持续保持高速增长,年均增长率超过10%,长期位居全球经济增长最快的10个国家行列。2017年,在全球经济低迷和国内发生严重干旱的大环境下,埃塞俄比亚仍以10.9%的经济增长率领跑全球。当前,尽管面临政府债务上升、外汇持续短缺、区域发展失衡等“成长中的烦恼”,埃塞俄比亚仍以其有力的招商优惠政策、丰沛的人口红利、低廉的营商成本和巨大的市场潜力不断吸引着外国投资者前来开拓商机。2018年6月,为进一步吸引外资,埃塞执政党联盟通过决议,在埃塞政府控股的前提下,允许国内外投资者购买此前长期由国有资本垄断的埃塞俄比亚电信、埃塞俄比亚航空、埃塞俄比亚电力和埃塞俄比亚航运和物流公司的股权。此外,埃塞俄比亚政府允许铁路、糖业、工业园、酒店及其他国有制造业企业完全或部分私有化,为中埃产能合作带来重大机遇。

(二)合作

中国与埃塞俄比亚于1970年11月24日建交。近年来,两国关系呈现健康、持续发展势头。

中国与埃塞俄比亚建交48年来,两国关系稳定健康发展,政治互信日益加深,特别是在经贸领域的合作精彩纷呈,中国已成为埃塞俄比亚最大贸易伙伴、最大工程承包方和主要投资来源国,两国友好互利合作遍及埃塞俄比亚经济社会发展的方方面面。埃塞俄比亚第一家工业园、第一座风电站、第一条高速公路、城市轻轨、跨国电气化铁路以及数之不尽的公路、大坝、电站、工厂都是两国政府和人民齐心协力、努力合作的结晶,中国印记和中国元素随处可见。中埃经贸合作互利共赢、实实在在,践行了习近平主席倡导的“真、实、亲、诚”对非洲合作方针,已成为南南合作和中非合作的领跑者和示范者。

双边经贸关系和经济技术合作。中埃经济技术合作始于1971年,两国签有贸易、经济技术合作等协定,迄今中国已为埃塞俄比亚建成了公路、兽医站、发电站和供水工程等30个成套项目。2018年1月—10月,双边贸易额22.1亿美元,同比下降13.9%,其中中方出口额19亿美元,进口额3.1亿美元。中方主要出口轻工产品、高新技术产品、机器设备、纺织品和医药化工产品等,进口芝麻、乳香、没药(一种植物药材)、皮革、棉花和咖啡等。埃塞俄比亚系中国第一大芝麻进口来源国。中国是埃塞俄比亚第一大贸易伙伴、第一大投资来源国和第一大工程承包方。

双方在文化、教育、医疗和人力资源开发等领域的交往与合作。1988年两国签订文化合作协定。双方文化代表团、演出团互访频繁。2017年，埃塞俄比亚在华留学生4 883名，其中奖学金生514名。埃塞俄比亚目前有2所孔子学院。自1974年起，中方共向埃塞俄比亚派出22批医疗队共343人次。目前，中方在埃塞俄比亚医疗队员16名。2005年8月以来，中方派出3批共72名青年志愿者赴埃塞俄比亚开展志愿服务工作。埃塞俄比亚是中国青年志愿者前往服务的第一个非洲国家和中国公民组团出境旅游目的地国。

重要协定和议定书。《中华人民共和国政府和埃塞俄比亚联邦民主共和国政府关于经贸合作区的协定》(2014年5月)、《中华人民共和国政府和埃塞俄比亚联邦民主共和国政府互免持外交、公务护照人员签证协定》(2014年5月)、《中华人民共和国政府和埃塞俄比亚联邦民主共和国政府关于共同推进丝绸之路经济带和21世纪海上丝绸之路建设的谅解备忘录》(2018年9月)。

三、安哥拉

（一）简介

安哥拉是撒哈拉以南非洲的第三大经济体和最大吸收外资国家之一。

中华人民共和国与安哥拉共和国于1983年1月12日建交。建交以来，两国关系发展顺利。2010年11月，中安建立战略伙伴关系。

（二）合作

2010年，中国与安哥拉建立战略伙伴关系，双边经贸合作深化发展。安哥拉是中国第三大石油进口来源国、主要对外承包工程市场和重要劳务合作伙伴。

中国与安哥拉开展经贸合作不仅具备相当基础，而且有较大潜力。从“走出去”的经验来看，中国企业在安哥拉开展经贸合作，必须坚持以企业为主体，市场为导向，贸易为先导，效益为中心，共赢为目的的基本原则。同时，中国企业还要特别注意处理好几个关系：

1. 企业与政府的关系：企业是主体，政府不越俎代庖。

2. 市场与规划的关系：市场起决定性作用，规划应符合客观实际。

3. 形式与实质的关系：产能合作也好，园区开发建设也好，本质上都是直接去投资，都须遵循国际贸易投资规律和规则，该由安方解决的问题还只能由其解决，包办不得。

4. “利”与“义”的关系：就互利合作而言，“义”必须以互利共赢为前提和基础。但也必须看到当下安哥拉营商环境的一些短板，如：总体营商环境不尽完善，社会治安问题突出，抢劫、绑架案件数量与日俱增，行政部门效率不高，物资供应不足，物价畸高等。这些问题，是所有企业都必须面对的客观障碍。因此，企业在安哥拉谋求发展的同时，更应主动提高风险识别、风险防范和风险管控能力，通过自身综合竞争力的提高，有效化解和抵御各类风险。

双边经贸关系和经济技术合作。近年来，中国向安哥拉提供了一些经济技术援助，完成了经济住房、罗安达省医院、农村小学校等成套项目。

1984年，中安两国政府签订贸易协定。1988年建立经贸联委会机制。2015年4月，成立中安经贸合作指导委员会并召开首次会议。2015年5月，中安经贸联委会第五次会议在北京召开。安哥拉是中国在非洲第二大贸易伙伴。2017年，中安贸易额226亿美元，同比上升44.5%，其中中方出口额22.5亿美元，同比增长34%，进口额203.5亿美元，同比增长45%。2018年1月—6月，双边贸易额134亿美元、同比增长12.5%。其中中方出口10.4亿美元、同比下降1.2%，进口123.6亿美元、同比增长14%。中国主要从安哥拉进口原油、天然气，向安哥拉出口机电、钢材、汽车及高新技术产品等。2015年4月，中安签署给予安97%输华产品免关税待遇换文。

2011年，两国签署劳务合作协定。目前中国在安哥拉的国有、民营企业超过100多家，在安人员8万人。

其他领域合作。两国签有文化合作协定、互免持外交和公务护照人员签证协议、签证便利化协议、航空运输协定和引渡条约。

2012年4月，中国公安部和安哥拉内政部签署了《关于维护公共安全和社会秩序的合作协议》。2012年7月—8月，中安两国警方在安哥拉联合开展打击侵害在安哥拉的中国公民权益犯罪专项行动，摧毁在安哥拉侵害中国人的绑架、抢劫、敲诈勒索、拐卖等犯罪团伙12个，破获各类重特大刑事案件48起，抓获在安哥拉的中国籍犯罪嫌疑人37名，解救中国籍受害人14人，与此同时，公安部部署国内公安机关将在安哥拉实施侵害中国人犯罪后潜逃回国的24名涉案犯罪嫌疑人抓捕归案。

2017年，安哥拉在华有留学生765人，其中奖学金生156名。2015年2月，哈尔滨师范大学、中信建设公司与安哥拉内图大学合作开办的孔子学院正式揭牌，是全球第一所由中国企业支持建立的孔子学院。中国于2009年向安哥拉派出首批医疗队，迄今派遣4批共58人次。

四、苏丹

（一）简介

苏丹地处非洲东北部，东临红海，陆地上与7个非洲国家接壤，交通非常便利，地缘优势明显。国土面积广袤，农、矿资源丰富，属于尚未大面积开发的处女地，蕴藏巨大发展潜力。近年来，苏丹政局相对稳定，法律不断健全，政策较为连贯，吸引了大量外国企业来苏丹投资兴业。

（二）合作

中国和苏丹自1959年初建立正式外交关系以来，双边政治互信日益巩固，经贸合作不断加深。特别是20世纪90年代中期以来，两国经贸合作领域逐步拓展，合作规模迅速扩大，取得了丰硕成果。中国已连续多年保持苏丹第一大投资国、第一大贸易伙伴、第一大承包工程伙伴国的地位，苏丹也成为中国在西亚非洲地区重要的经贸合作伙伴。

中苏经贸合作极大地促进了苏丹经济发展。经过10多年努力，中国石油企业帮助苏丹建成了年产2 600万吨原油的三大油田和年处理原油500万吨的炼油厂，形成了体系完整、技术先进、规模配套的一体化石油工业体系，使苏丹实现了石油自给自足并盈余出口。中国电力企业帮助苏丹建成了4座火力发电站、3座水力发电站，已建成项目装机容量超过200万千瓦，占苏丹全国总装机容量的70%以上，当地居民和工业用电得到有力保障。中国水利工程企业帮助苏丹在尼罗河上建设的麦罗维大坝，被誉为“苏丹的三峡”“21世纪的金字塔”，实现了苏丹人民的千年梦想。

苏丹一直是中国传统重点受援国。自1970年以来，中国向苏丹提供了大批无私援助，即使在中国国民经济困难时期也从未停止。迄今，中国已通过援助方式推动实施了近100个双边合作项目，其中，最具代表性的是1976年建成的友谊厅，该项目虽经40多年历史沧桑，仍不失为当地最具规模的会堂建筑，苏丹重要的国际、国内大型会议均在此举行，成为中苏友谊长存的象征。在中国援建的农业示范中心的带动下，仅用2年时间，苏丹的棉花产量从几万吨增加至30多万吨。中国在苏丹援建了道路、桥梁、医院、学校等一批基础设施、公益性项目，提供了药品、医疗设备、施工机械、办公设备等大量物资，显著提升了当地公共服务能力，改善了苏丹贫困地区人道状况，促进了苏丹经济发展与社会稳定。

2011年南北苏丹分裂后，苏丹石油资源损失大半，外汇收入锐减，经济和社会发展面临巨大挑战。但苏丹拥有广阔肥沃的土地，全国可耕地面积约5 300万公顷，目前仅耕种1 000多万公顷，盛产阿拉伯胶、芝麻、棉花、花生、苜蓿等经济作物和高粱、玉米、小麦等粮食作物。其中，阿拉伯胶年产量近6万吨，占世界总产量的80%；芝麻产量在阿拉伯和非洲国家中占第一位；花生产量居阿拉伯国家之首，在世界上仅次于美国、印度和阿根廷。近年来，苏丹政府高度重视农业发展，将其作为国民经济的支柱，称为"永恒的石油"，并制订了农业振兴计划，出台一系列促农、惠农举措，对内加强农业市场建设，对外积极吸引农业投资，已取得积极成效。

国际社会积极参与苏丹农业开发。卡塔尔、阿联酋、沙特阿拉伯、埃及、巴西、印度等国竞相与苏丹签署协议，外资企业一次性圈地几十万亩甚至上百万亩的情况已屡见不鲜。相对而言，中国公司明显滞后，目前在苏丹合作种植面积约10余万亩。

中国–阿拉伯国家合作论坛第八届部长级会议2018年7月10日在北京举行，习近平主席出席开幕式并发表题为《携手推进新时代中阿战略伙伴关系》的重要讲话。作为最早积极响应"一带一路"倡议并与中国签署共建"一带一路"协议的国家，苏丹有能力成为"一带一路"建设的重要节点。

中阿合作论坛是中国与阿拉伯国家着眼21世纪双方关系长远发展做出的战略选择，是中阿战略合作持续深入发展的重大举措，为双方共同发展描绘了宏伟的蓝图，已成为推动中阿关系全方位发展的典范机制。在论坛框架下，中国与阿拉伯国家通过部长会和高官会等机制，就共同关心的议题保持磋商，政治互信不断加深，在各领域的合作不断推进。

两国经贸关系发展顺利。2017年，双边贸易额28亿美元，同比上升6.4%。两国经济技术合作涉及范围较广，包括石油、地矿勘探、建筑、路桥、农业、纺织、医疗和教育等。

五、南非

（一）简介

"彩虹之国"南非位于非洲大陆最南端，东濒印度洋，西临大西洋，北邻纳米比亚、博茨瓦纳、津巴布韦、莫桑比克和斯威士兰。是非洲大陆南端的战略要冲，是"金砖五国"和南部非洲关税同盟（SACU）成员之一，是与非洲大陆其他国家进行经济、政治、人文等各方面交流的重要门户，还是跨国公司对非洲投资的首选目的地之一。

南非是非洲综合实力首强和第二大经济体，属中等收入发展中国家，国内生产总值（GDP）约占非洲1/5，总人口5 652万人。2017年，南非经济触底反弹，呈现出企稳向好的迹象，GDP约3 493亿美元（人均GDP约6 182美元），同比增长1.3%。南非失业率达26.7%，青年失业率高达51.5%。据国际货币基金组织预测，南非经济2018年将增长1.5%，2019年增长1.7%。南非经常账户赤字、财政赤字和国债规模分别占GDP的2.3%、4.5%和47.9%。南非国内储蓄和投资率不足GDP的20%。

从长期看，南非经济发展存在较多有利条件，增长潜力亟待挖掘。南非处于大西洋、印度洋两洋要冲，海岸线近3 000千米，专属经济区150万平方千米，海洋渔业、石油天然气等资源丰富。矿产资源种类多、储量大、品位好，铂金、黄金、铁矿砂、锰、镍、铀、铬、煤炭等储量均居世界前列。通信、公路、港口、能源等基础设施优良，部分领域研发和创新能力达到世界水准，具备较好的工业化基础。金融、法律、电信等服务业发达，商业配套设施较为完备。低技能工人数量充沛，是非洲制造业和服务外包基地。黑人中产阶级不断壮大，蕴藏一定消费潜力。

当前，在国际政治经济环境复杂多变的背景下，南非国内政局总体平稳。2018年2月，拉马福萨当选南非新总统，政权顺利交接，南非正式开启“拉马福萨时代”。拉马福萨在发表《南非2018年国情咨文》时提纲挈领的阐述了备受期待的“拉马福萨新政”，高举“变革、复兴与希望”旗帜，希望统筹促进投资与就业创造、经济转型与产业发展、经济效率与社会公平，引领南非走上“经济增长、就业创造与推进转型”之路。拉马福萨提出“千亿美元引资计划”，希望在未来5年内吸引1 000亿美元外资带动本国经济发展。此外，南非仍将坚定实施《2030年国家发展计划》（NDP），力争2010—2030年均经济增长5.4%，创造500万个就业岗位，将失业率降至6%。主要包括加快工业化、新增3 000万千瓦发电能力（其中核电960万千瓦），设立10个经济特区、建设18个重大基础设施项目，并积极筹划大英加水电站、南北交通走廊等跨国基础设施建设。2014年，南非政府提出了《帕基萨计划》，希望开发海洋资源，创造新增长点。

（二）合作

中国与南非自1998年1月正式建立外交关系以来，双边关系平稳发展。中国自2009年连续9年成为南非最大贸易伙伴、出口市场和进口来源地以及主要投资、游客来源国。2015年，习近平主席对南非进行国事访问并和时任南非总统祖马共同主持中非合作论坛约翰内斯堡峰会，其间提出包括“中非贸易投资便利化合作计划”在内的“十大合作计划”。南非是非洲的领头雁，是“一带一路”对接非洲的桥头堡。中南两国政治互信不断增强，各领域务实合作快速发展、前景广阔，其营商环境总体而言有利于我国在南非开展经贸合作。截至2017年底，在我国驻南非使馆经商参处登记备案的大中型中资企业180家，其中大部分以投资并购的方式进入南非，在南非投资金额超过150亿美元，涵盖矿业、金融业、制造业和房地产业等领域，近年来在传媒、农业和新能源等领域也有新的发展。

中国企业对南非投资在不断取得新突破、新成绩的同时，也面临着一定的挑战。近年来南非内政部收紧多项签证政策，一些企业反映获取工作签证比以往更加困难。新的黑人经济振兴政策对支持黑人企业和本地化的要求大幅提高。此外，南非工会组织影响较大，罢工频繁，安全风险也有所上升，暴力排外骚乱事件、小范围骚乱和治安事件时有发生。

对此，中国企业应对南非经济社会发展形势有客观理性的认识，立足南非国情民意，因势利导、有所作为，更好地融入南非经济社会发展与变革中。一方面，稳中求进地对南非开展大项目合作。针对南非政府坚决推动的能源、港口、公路、宽带等基础设施建设项目，中资企业应有针对性地突出具有的成本和融资优惠条件，契合南非当前需求，争取以公私合营等多种方式积极参与南非重大项目合作与建设。另一方面，依法合规开展诚信经营。南非政府明确提出要加强税收征管，跨国公司的资金跨境流动和逃税是下一步重点监管对象。同时还将加大反腐力度，包括对金额超过1 000万兰特的政府采购合同进行严格审议。鉴此，中资企业应高度重视规范在南非商业行为，顺应其监管要求，依法合规经营。

2018年是中南建交20周年，第10次金砖国家领导人会晤和中非合作论坛北京峰会分别在南非和中国举行。中国驻南非大使馆经商参处欢迎中国企业到南非开展经贸合作，将努力为中南两国企业提供更好服务，推动中南经贸合作再上新台阶。

中华人民共和国与南非共和国于1998年1月1日建交。2008年1月，两国建立战略对话机制，并于2008年4月、2009年9月、2010年11月、2011年9 月、2012年11月、2013年10月、2014年12月及2016年9月举行8次战略对话。2010年8月，祖马总统访华期间，两国元首共同签署《中华人民共和国和南非共和国关于建立全面战略伙伴关系的北京宣言》，将双边关系提升为全面战略伙伴关系。2013年3月，习近平主席对南非进行国事访问，双方发表联合公报，中南全面战略伙伴关系迈上新台阶。2014年12月，祖马总统对华进行国事访问，双方签署《中华人民共和国和南非共和国5—10年合作战略规划2015—2024》，为中南关系进一步深入发展注入了新的强劲动力。

经贸关系及经济技术合作。中国是南非最大贸易伙伴，南非是中国在非洲最大贸易伙伴。2004年6月，南非承认中国的市场经济地位。2017年双边贸易额391.7亿美元，同比增长11.65%，其中中方出口额148.25亿美元，同比增长15.34%，进口额243.45亿美元，同比增长9.52%。中国对南主要出口电器和电子产品、纺织产品和金属制品等，从南主要进口矿产品。2018年11月，南非作为主宾国参加首届中国国际进口博览会。

两国双向投资规模不断扩大。截至2017年底，中国对南直接投资存量超过102亿美元，涉及矿业、金融、制造业、基础设施、媒体等领域。南非在华实际投资约6.6亿美元，集中在啤酒、冶金等行业。2018年10月，南非举办投资大会，100余家中资企业参会。

文化、教育等领域合作。中南两国签有文化合作协定及其执行计划，多层次、多渠道文化交流与合作发展顺利。近年来，"中国文化非洲行""感知中国·南非行"等大型活动在南非举行，反响热烈。南多个艺术团组来华参加"国际民间艺术节""相约北京－非洲主宾洲"等活动。

目前，中国已有10余所大学与南非的大学建立合作关系。湖南大学和南非斯泰伦布什大学、东北师范大学和南非比勒陀利亚大学入选中非合作论坛框架内的"中非高校20+20合作计划"，分别结成了合作伙伴。2017年，我国在南留学生总数2 500人，南在华学习的学生总数2 663人。目前南非设有5所孔子学院和3所独立孔子课堂。

新华社、《人民日报》《经济日报》《科技日报》和中央电视台在南设有记者站，《中国与非洲》杂志在南设有代表处，《北京周报》在南非成立"中国与非洲传媒出版有限公司"。

双方已有32对省市结好建立了友省（市）关系，主要有北京市与豪登省、上海市与夸祖鲁/纳塔尔省、山东省与西开普省、浙江省与东开普省、江苏省与自由州省、杭州市与开普敦市等。

2018年11月23日，主题为"共赢发展：'一带一路'对接非洲"研讨会在南非金山大学举行。中南是全面战略伙伴，南非拥有资源、区位和发展基础三大优势，最早同中方签署了"一带一路"政府间合作备忘录。

六、塞内加尔

（一）简介

塞内加尔位于非洲大陆最西端，与毛里塔尼亚、马里、几内亚和几内亚比绍接壤，国土面积19.67万平方千米，人口1 526万人，有20多个民族，94%的人口信奉伊斯兰教。首都达喀尔，人口350万人。官方语言为法语。

塞内加尔属于世界最不发达国家之一，资源相对贫乏，2014年近海发现油田和天然气田，境内有铁矿、金矿、磷酸盐等矿产。塞内加尔工业基础薄弱，农业以花生、水稻为主，渔业、花生、磷酸盐和旅游为四大创汇产业。

1960年独立以来，塞内加尔政局长期稳定，现任总统马基·萨勒于2012年3月当选。2014年3

月，政府出台《塞内加尔振兴计划》，目标是到2035年实现经济平均增长达到7%。该计划规划了27个发展项目，总投资200亿美元，重点涉及农业、能源、矿业、基础设施、贸易、旅游等领域。随着项目推进，加之塞内加尔不断改善营商环境，外来投资不断增长，近三年塞内加尔经济实现较快增长，2017年增速达7.2%。

塞内加尔沿袭法国法律，法律体系相对完备。在吸引外资方面出台了一系列鼓励投资的政策和措施，投资环境更具吸引力，目前正重点发展工业园区。2013—2017年，塞内加尔外来投资持续快速增长，年均增幅高于10%。塞内加尔《劳工法》较为完善，劳工保护相对严格。

（二）合作

中华人民共和国与塞内加尔共和国于1971年12月7日建交。1996年1月3日，塞内加尔政府与中国台湾地区当局签署“复交”公报，1月9日中国政府宣布中止与塞内加尔的外交关系。2005年10月25日，中国外交部长李肇星与塞内加尔外交国务部长谢赫•蒂迪亚内•加迪奥在北京签署复交公报，两国恢复大使级外交关系。此后双边关系发展顺利。2016年9月，中塞建立全面战略合作伙伴关系。2018年7月，两国签署了中国同西非国家第一个共建“一带一路”合作文件，同意推进基础设施和工业园区建设等领域合作。

双边经贸关系和经济技术合作。建交及复交以来，中国为塞内加尔援建了友谊体育场、阿菲尼亚姆水坝、国家大剧院、黑人文明博物馆、国家竞技摔跤场等项目。

中塞互利合作始于1985年，主要以承包工程和劳务合作为主。目前有中国河南国际合作集团有限公司、中国中材国际工程股份有限公司、中国路桥工程有限责任公司、华为技术有限公司、中兴通讯股份有限公司、中地海外集团公司等在塞内加尔开展业务。

1973年，两国政府签订现汇贸易协定。2017年，双边贸易额为21.9亿美元，同比下降7%。其中中方出口20.4亿美元，同比下降7%；进口1.5亿美元，同比下降7.4%。中方主要出口茶叶、生活用品、建材等，进口农渔产品、矿砂等。

文化、教育、卫生等方面的双边交往与合作。

中塞两国于1981年签署文化合作协定。2016年1月、4月，辽宁省、深圳市艺术团先后赴塞内加尔演出。5月，上海大学美术学院、上海公共艺术协同创新中心、上海创新设计工作者协会联合率团参加第12届达喀尔双年展，举办“中国馆”主题展览。6月，中塞就在塞内加尔设立中国文化中心签署协议。2018年12月，文化和旅游部部长雒树刚赴塞内加尔出席黑人文明博物馆开馆仪式。

自1973年起中国开始接受塞内加尔奖学金留学生。截至2017年底，中国共接受塞内加尔奖学金生488名。2017年塞内加尔在华留学生796名。2012年12月，达喀尔大学孔子学院正式成立。

两国军事交往始于1975年。中塞复交后，两军开展友好交往。2014年5月，中国海军第16批护航编队成功访问塞内加尔。2016年4月，中央军委国际军事合作办公室副主任胡昌明少将作为房峰辉参谋长代表赴塞内加尔出席塞内加尔国庆阅兵。2018年10月，塞内加尔军队总参谋长盖耶来华出席第八届北京香山论坛。

中塞两国友好，经济与投资合作发展较快。2017年两国贸易总额21.9亿美元，其中中国对塞内加尔出口20.4亿美元，自塞内加尔进口连续3年突破1亿美元关口，达1.5亿美元；截至2017年底，中国企业在塞内加尔累计签订工程承包合同额65.3亿美元，完成营业额41.8亿美元，累计直接投资2.5亿美元。塞内加尔是中国在西非地区投资热点国家，中国企业在塞内加尔主要从事海产品加工、花生加工出口、基础设施建设等行业。塞内加尔经济体量小，市场狭小，民众购买力低，中国企业赴塞内加尔投资应对塞内加尔法律、行业、市场等方面做好充分调研。

目前，世界形势复杂多变，地区安全和各种非传统安全因素相互交织，塞内加尔也正经历结构调整和经济振兴期，面临着经济发展、进一步改善投资环境等多种挑战。面对新形势，如何更好地实施"走出去"战略，帮助、指导中国企业提高风险防控能力，不断开拓市场，丰富合作内容，把市场做大、做实，实现与驻在国"和谐共赢"，已成为中国驻塞内加尔使馆经商参处工作的重要内容。在"真、实、亲、诚"方针指导下，通过中塞双方的不懈努力，两国经贸与投资合作定会迈向更高台阶。

七、科特迪瓦

（一）简介

科特迪瓦即原"象牙海岸"，位于非洲西部。西与利比里亚和几内亚交界，北与马里和布基纳法索为邻，东与加纳相连，南濒几内亚湾，历史上曾是非洲最大的象牙贸易集散地。科特迪瓦土地肥沃，物产丰富，地理位置优越，基础设施良好，是非洲西海岸的交通要道和整个西非的贸易中心、金融中心、航运中心。科特迪瓦重要的地理位置和独特的泻湖地貌构造，为其建造深水码头、开展海上贸易提供了得天独厚的自然条件，分布广泛的铁、镍、铝矾土、锰、钻石、黄金、石油和天然气等矿物资源和丰富的森林、渔业资源为科特迪瓦经济发展奠定了良好基础。坐拥西非第一大港口，科特迪瓦海运贸易、物流行业发展较为成熟，阿比让港通过与铁路、公路驳接，辐射范围可达布基纳法索、马里、尼日尔等周边国家。

2015年10月，科特迪瓦举行新一轮总统选举，大选顺利举行，打破了许多非洲国家"逢选必乱"的魔咒。最终，瓦塔拉以83.66%高票击败对手，胜选连任。2016年11月8日科特迪瓦总统签署2016-886号法令，正式通过新宪法，设立副总统一职，增设参议院。

受法国长时间殖民影响，科特迪瓦法律大多以法国法律为基础，法律和司法体系较为健全，当地人维权意识较强。政府制定政策有一定连续性，政策调整频率不高。

科特迪瓦政府在2011年大选危机结束后，致力于民族和解，同时大力开展重建，重振经济，通过整顿金融市场、开展基础设施建设、改善投资环境以及积极争取外援和外资等一系列举措，实现了经济稳步复苏，社会发展逐渐步入正轨，市场购买力随着经济的发展逐年提高。2017年，科特迪瓦经济继续保持高速增长，各项宏观经济指标稳定，营商环境持续改善，外来投资不断增加，经济结构调整和各项经济改革稳步推进。得益于良好的区位优势和相对完善的经济基础，如国内政局能够保持长时间稳定，未来科特迪瓦经济发展将具有一定潜力。

（二）合作

中国与科特迪瓦于1983年3月建交以来，双边友好关系稳定发展，政治互信度比较高，经贸互利合作不断扩大。2011年选举危机之后，科特迪瓦市场对中国商品的需求量激增，大批科特迪瓦商人纷纷赴华进行大宗采购。2017年，双边贸易额18.50亿美元，同比增速8.5%。目前，在科特迪瓦经营的中资企业有40余家，主要从事房建、路桥、能源、采矿、渔业捕捞、制药、贸易、通信、酒店等行业。经过数年的努力，中资企业在科特迪瓦通信、交通、电力等基础设施领域承揽了一批有影响的项目，并在资源开发合作、农业合作领域积极开展对科投资。此外，中国政府还向科特迪瓦提供了力所能及的发展援助，对促进科特迪瓦经济社会发展发挥了积极作用。目前，两国经贸关系发展顺利，合作前景广阔。

八、南苏丹

（一）简介

2016年7月8日，在南苏丹建立6周年的前夜，首都朱巴重燃战火，总统基尔领导的政府军和前第一副总统马夏尔领导的武装反对派再次爆发激烈武装冲突（以下简称"'7·8'冲突"），战火随后溢出首都，蔓延至全国多地，短暂的和平又一次沦陷。

"7·8"冲突之后，马夏尔领导的武装反对派分裂。其中，马夏尔本人流亡海外，效忠于马夏尔的武装反对派继续与政府对抗。与马夏尔分道扬镳的武装反对派成员推举另一名主要领导人塔班接替马夏尔，继续与基尔总统合作，出任民族团结过渡政府第一副总统。随后，南苏丹过渡政府对反政府武装恩威兼施，一方面，政府军全面挤压反政府武装控制区、掌握战场主动；另一方面，基尔总统宣布单方面停火并启动全国对话、塔班派保持与政府合作。同时，联合国安理会、非洲联盟、东非国家政府间合作组织以及美国、欧盟、中国等通过多双边渠道共同努力和持续施压，力图重新挽救南苏丹和平进程。

截至目前，南苏丹安全局势总体可控，但局部冲突频发。南苏丹是严重依赖石油收入的单一型经济体，尽管国际油价企稳转暖，但受时局动荡和经济多年深陷危机影响，南苏丹经济社会发展仍面临十分严峻的困难和挑战，难以在短期内根本好转。

（二）合作

南苏丹自独立以来，对华友好关系发展迅速。目前中国是南苏丹最大的投资来源国、最主要的贸易伙伴和重要援助方之一。南苏丹政府视中国为"患难见真情"的好朋友好伙伴，重视发展对华关系。中南合作前景广阔、机遇与挑战并存。

九、塞舌尔

（一）简介

塞舌尔位于非洲大陆东海岸以东1 500千米的印度洋西侧，由115个大小岛屿组成，是典型的小岛型发展中国家（Small Island Developing State，SIDS）。人口9.4万人，人口聚居区和主要经济区马埃岛面积仅150平方千米。塞舌尔拥有海洋专属经济区（EEZ）近140万平方千米（非洲第二），金枪鱼等渔业资源丰富。塞舌尔全境半数地区为自然保护区，享有"旅游者天堂"的美誉。

塞舌尔原为法、英殖民地。1976年独立，1977年政变后实行一党制和中央计划经济，经济得到快速发展，但也造成财政赤字和外汇短缺等问题。2008年10月，由于拖欠2.3亿美元欧债，塞舌尔开始接受国际货币基金组织援助，并进行了较为激进的市场化改革。

塞舌尔经济近年表现较为稳健。2011—2015年平均经济增长率5.3%。2015年，塞舌尔进入高收入国家行列。2016年经济增长率为4.5%，2017年为4.2%，人均国民生产总值现已超过1.5万美元。

近年来，塞舌尔进入政治上的动荡期。以2015年12月总统选举、2016年9月议会选举和10月总统辞职为主要政治事件，标志其由一党制转向多党制和反对党正式登上政治舞台。现政府将更多精力转向社会公平和消除贫困上，采取的措施包括：1. 提高最低工资标准至每月5 050卢比（约合人民币2 500元）。2. 提高养老金40%。3. 2017年开始实行13个月工资。4. 实行累进制所得税，最高可达收入的30%。

塞舌尔面临的主要经济问题有：1. 市场狭小，经济结构单一，主要依靠旅游业和渔业。2. 经济受外部影响较大，尤其是原油、食品和原材料的国际市场价格。3. 私营经济有待发展，营商环境有待提高。据世界银行《2018营商环境报告》，塞舌尔营商环境在190个经济体中排名第95位，在非洲国家中第8位。4. 贫富差距较大，劳动力成本较高。据世界银行统计，塞舌尔基尼系数高达60以上。5. 经济增长对环境保护的挑战上升，可持续发展要求高。据2017年联合国开发署发布的人类发展指数（HDI），塞舌尔在188个经济体中排第63位。在环境可持续发展5个指标中有3个落后于多数国家。

（二）合作

中塞两国建交以来，双边经济技术合作与经贸往来持续发展。中塞签有避免双重征税和防止偷漏税合作协定等，塞舌尔是最早与中国签订双边互免签证的国家之一。

塞舌尔欢迎外来投资。其较高速的经济增长和较高人均收入给投资者带来一定的机遇，但其“小国寡民”的先天特性及市场局限、当前的政局变动及经济改革也对投资者构成潜在的风险。

十、几内亚

（一）简介

几内亚位于非洲西部，西濒大西洋，北邻几内亚比绍、塞内加尔和马里，东与科特迪瓦接壤，南与利比里亚和塞拉利昂接壤，国土面积24.59万平方千米，人口1 052万人。

几内亚资源丰富，铝钒土已探明储量占全球的30%，居世界第一位，铁矿、黄金和钻石等储量也比较大，品质很高。沿海大陆架已发现有石油。同时，几内亚河流众多，淡水资源丰富，有“西非水塔”之称，水电蕴藏量达600万千瓦，而目前只有2%得到开发。沿海渔业资源较丰富，森林覆盖率居西非首位。

自2015年底埃博拉疫情结束以来，几内亚的社会经济恢复重建出现良好的发展势头，经济呈较快增长趋势，2017年增长率达到6.7%。一批矿业开发项目蓄势待发，外国投资者纷至沓来，一批重大基础设施项目正在逐步落实中。

（二）合作

几内亚与中国友好交往源远流长。自1959年建交以来，中国向几内亚援建了广播电视中心、人民宫、金康和丁基索水电站、总统府、科纳克里5万人体育场、中几友好医院等。近年来，两国政治互信不断增强，经济互利合作不断发展，双边在贸易、工程承包、劳务和投资等方面合作不断扩大、深入。

2016年10月底至11月初，几内亚总统孔戴对中国进行了国事访问。国家主席习近平2016年11月2日在人民大会堂同孔戴举行会谈。两国元首决定建立中几全面战略合作伙伴关系，以落实中非合作论坛约翰内斯堡峰会成果为契机，全面深化拓展两国各领域友好互利合作，为中几关系开创更加广阔的未来。

习近平指出，几内亚是撒哈拉以南非洲地区第一个同中华人民共和国建立外交关系的国家。

57年来，双方始终真诚友好、平等相待，在涉及彼此核心利益和重大关切问题上一贯相互理解和支持，两国友好合作关系经受住了国际风云变幻的考验，历久弥坚。中方愿同几方一道，充分发挥两国传统友好和经济互补两大优势，为发展全面战略合作伙伴关系不断注入新动力。习近平强调，中几要坚持从战略高度和长远角度谋划和发展双边关系，加强两国政府、执政党、立法机构、地方政府等各领域人员交流合作，巩固两国长期友好的政治基础。中方坚定支持几内亚探索符合自身国情的发展道路。双方要深化经贸互利合作，落实好有关合作项目。中方愿同几方拓展农业合作，帮助几方提高农业生产水平，实现粮食安全。中方愿同几方开展资源开发战略合作，并带动铁路、港口、电力、通信等基础设施建设和产能合作，支持几方将资源优势转化为发展成果，实现自主可持续发展。中方愿同几方加强文化、教育、卫生、旅游等领域交流合作，增进两国人民相互了解和友谊。中方愿同几方全面加强国际协作，就中非可再生能源领域合作、气候变化、2030年可持续发展议程、非洲和平安全等国际和地区问题加强沟通和协调，共同维护发展中国家正当权益。

2017年9月，几内亚总统孔戴以非盟轮值主席身份应邀赴厦门出席新兴经济国家与发展中国家领导人对话，并与习近平举行双边会谈。

近年来，中几两国合作开展了几内亚电信改扩容、全国骨干网、卡雷塔水电站、苏阿皮蒂水电站、公路建设等大型项目。几内亚拥有丰富的自然资源，经济发展潜力大，两国经济互补性强，合作前景广阔。

十一、加纳

（一）简介

2014年下半年以来，加纳经济发展遇到一定困难，主要表现在GDP增速下滑，通货膨胀率较高，财政赤字较大，债务负担沉重；2015年4月，IMF开始实施对加纳的新一轮援助，在给予加纳3年6.642亿SDR（约合9.2亿美元）特别提款权的同时，也对加纳作出一定限制，包括不允许新增主权担保的商业贷款，要求加纳加税以增加财政收入，并取消税收优惠政策；受此影响，加纳政府举债的大型公共工程项目大多被叫停，工程承包市场出现短期低迷；受全球原油、黄金和可可等商品价格波动影响，2016年，加纳经济增长从上年的3.9%下降至3.5%。2016年12月的大选中，加纳新爱国党（NPP）获胜，新一届政府于2017年1月成立后，推出“一县一厂”“一村一坝”“为工作和食物而种植”等战略，并积极吸引外资，计划改善基础设施。但目前来看，执政效果尚不明显。

（二）合作

加纳是撒哈拉以南非洲第二个与中国建交的国家，中加传统友谊深厚。中国老一辈领导人和加纳首任总统恩克鲁玛的交往至今仍为两国人民所津津乐道。两国经济互补性强，双方在能源、基础设施建设、制造业、航空业、金融和农业等领域的合作潜力巨大。2013年和2014年，习近平、李克强先后访非，确定了“真实亲诚”的对非政策理念和“461”中非合作框架。在2015年亚非领导人会议上，习近平发出3项深化亚非合作倡议，宣布了未来5年对亚非开展合作的政策与措施。2015年12月，中非合作论坛约翰内斯堡峰会召开，为中加经贸合作指明了方向。在中非深化合作的大背景下，2015年3月，时隔24年，第三届中加经贸联委会成功召开。2016年4月，全国政协主席俞正声对加纳进行正式友好访问，为进一步加强双边经贸关系注入了新的活力。2017年加纳新一届政府上台后，两国高层互访频繁。2017年，加纳副总统巴武米亚、第一夫人瑞贝卡女士成功访华，习近平特使王正伟成功访加，商务部副部长钱克明成功访加并召开第四届中加经贸联委会。2018年，加纳外长、农业部部长等先后访华。2018年9月，加纳总统纳纳•阿库福–阿多阁下出席中非合作论坛北京峰会，并对中国进行国事访问。中加关系发展进入新的阶段。与此同时，中加两国经贸合作也取得了丰硕的成果。2017年，中加经贸合作在中国和非洲所有国家的合作中处于突出地位，双边贸易、中国对加纳投资及在加纳工程承包新签合同额在中非合作中分别列第6、11和7位。

加纳是我国对非洲援助重点国家，对其援助力度和规模不断扩大。建交以来中国在加纳实施的援外成套项目有23个，影响力较大的项目有：加纳国家剧场、职业技术培训中心、东当美医院、库马西青年活动中心、国防部办公楼、外交部大楼、霍城医科大学、海岸角体育场等，中方还积极推动医疗专家综合楼、1 000口水井等成套项目，帮助加方改善基础设施和民生等方面。建交以来我国累计向加纳援助物资35笔，主要有援加17辆大客车，2006年以来每年向加捐赠抗疟药、农业机械、援外交部家具及办公用品等。在西非地区遭遇史上最严重的埃博拉疫情时，中国向包括加纳在内的多个国家无偿提供抗埃博拉物资，其中向加纳援助了价值500万元的设备物资，得到了加方的高度评价和诚挚感谢。我国还向加纳派出过青年志愿者，从2009年起先后派出了7支援加医疗队，"光明行""爱心行"活动受到加方民众热烈欢迎。在人力资源援外培训方面，2008年以来，我国为加纳培训人员超6 000人，邀请超过100名加纳留学生赴华参加援外学历教育项目。同时，自2012年起还为加纳提供了多个"量体裁衣"的双边专题培训班，并于2018年首次在加纳举办"竹藤制品加工和开发技术海外培训班"，受到加方热烈好评。

中加贸易发展迅速，中国已成为加纳第一大进口来源地和重要的贸易伙伴。2012年中加贸易发展尤为迅速，首次突破50亿美元。2013年，受全球经济不景气和中国外贸整体发展趋缓的影响，中加贸易同比下滑5.3%，但中国自加纳进口开始明显增长，大幅增长86.7%。2014年，在加纳整体进出口贸易萎缩的情况下，中加贸易反而增长了8.53%，达55.87亿美元。2015年，中加双边贸易额再创新高，达66.04亿美元，增长了18.2%，我们顺应加方"国家出口战略"发展需求，大力促进加纳对华出口，在加纳全国出口大会上，中国驻加纳使馆获得加方政府在国家层面上授予的"经济合作与贸易促进"特别奖。2016年，受全球经济低迷及大宗商品价格下跌等因素影响，中加双边贸易总额略有下降，仍达59.71亿美元。2017年，双边贸易再创新高，达66.75亿美元，同比增长11.69%，特别值得一提的是，加纳对华出口达到18.51亿美元，同比增长41.3%。

中国对加纳投资持续上扬，已成为其吸引外资最大来源国。根据中方统计，2017年中国对加纳直接投资流量0.44亿美元；截至2017年底，中国对加纳累计直接投资额15.75亿美元。近年来，加纳经济发展面临一些困难，在西方国家看空加纳经济，纷纷减少投资时，我国抓住历史机遇期，特别注重引导企业投资加纳能源、航空、制造业和农业等领域，抢占市场先机。目前，中国在加纳投资新上及储备项目领域覆盖全面，梯次衔接紧密，整体处于较好的发展阶段。深能源和中非基金共同投资的天然气电站发电能力占加纳全国总发电能力的20%。海南航空、中非基金与加纳本地资金共同投资的非洲世界航空公司是中国在非投资运营的首个航空公司，目前占加纳国内航空市场份额85%，2016年已实现单年赢利。特别值得一提的是，民营资本在加纳投资也十分活跃，旺康陶瓷厂、科达陶瓷厂、森拓钢铁厂、森大洗衣粉厂等一批工厂纷纷投身加纳本地制造业发展。

中国企业在工程承包领域亦成果斐然。2017年，中国企业在加纳新签工程承包合同额29.06亿美元，在所有非洲国家中列第7位，完成营业额10.85亿美元。截至2017年底，中国在加纳累计新签工程承包合同额约259亿美元，完成营业额137亿美元。加纳主要重大项目均由中国企业建成，代表着中国对外承包工程的最高水平。中国水电建设集团在偏远山区克服重重困难修建的布维水电站是加纳第二大水电站，于2013年投产发电，成为一定程度上缓解加纳电力危机的“及时雨”。由中石化承建的重大项目沿海天然气管线和天然气处理厂项目已竣工。该项目是中国在加纳承包工程历史上金额最大的项目，结束了加纳天然气全部依赖进口的历史，具有里程碑式的重要意义，受到加纳举国上下关注。中国葛洲坝集团承建的凯蓬供水一期工程于2014年底竣工，首都阿克拉市上百万人口获得优质生活用水。

十二、赞比亚

（一）简介

赞比亚地处非洲中南部内陆，近年来经济持续稳定增长，2017年人均GDP为1 433美元，具有一定的市场购买力。

1. 自然资源丰富。铜蕴藏量9亿多吨，是世界第七大产铜国，被誉为“铜矿之国”。除铜外，还有钴、铅、镉、镍、铁、金、银、锌、锡、铀、祖母绿、水晶、钒、石墨、云母等矿藏。其中，钴作为铜的伴生矿物，其储量居世界第二。赞比亚境内河流众多，森林广袤，水力、林业资源丰富，水力发电占全国发电总量的99%，森林覆盖率为45%。在赞比亚与津巴布韦交界处，有世界著名的维多利亚瀑布，全国分布有20个国家级野生动物园，并辟有34个狩猎管理区，每年吸引大量游客。因此，赞比亚在矿业、能源、农业、旅游等行业均有较大的投资开发潜力。

2. 政治环境较稳定。自1964年独立以来，未与邻国发生任何军事冲突。2016年赞比亚举行新一届总统大选，埃德加•伦古成功连任，任期至2021年，连续执政可以为国家发展制定较为长远的规划并有效执行。伦古就职后大力推动政府机构改革。在经济领域，赞比亚政府不断推出新的计划和政策，力图实现宏观经济稳定和增长等。

3. 法律体系健全。赞比亚以英国法律为蓝本，结合本国国情作适当修改，制定了比较完备的宪法、刑法、劳动法、投资法、税法、公司法、土地法、银行与金融法、专利法、商标法、贸易法等。赞比亚政府还制定了《赞比亚发展署法》来鼓励外国投资。2017年以来，赞比亚着力修改宪法、土地法、保险法、货物运输法案等，强化财政政策和税收政策的透明度，对于提高赞比亚营商环境具有积极作用。

4. 经济增长形势较好。受国际铜价持续上涨，雨季降水较为充足，农产品丰收，电力供应逐步稳定等因素影响，赞比亚2017年经济形势显著好转。2017年经济增长4.1%，也领先撒哈拉以南非洲国家2.7%的增长水平。

（二）合作

中赞两国自建交以来，长期保持友好的双边关系。双方贸易和经济合作取得显著成果。中非合作论坛约翰内斯堡峰会召开以来，经贸合作亮点频出，两国关系进入全面上升期。中国不仅是赞比亚重要的贸易伙伴和外援来源地，而且已成为赞比亚最主要的外资来源地之一。截至2017年底，在中国驻赞比亚大使馆经商参处备案的中资企业已约600家，聘用当地雇员超过5万人。在对赞比亚投资规模不断扩大的同时，中方投资行业日益多元化，除采矿业、农业、建筑业等传统领域外，金融、电信、能源、旅游、加工制造等行业正逐渐成为新的投资方向。

在非洲经济快速增长、中非经贸合作不断深化的形势下，两国经济的互补性进一步显现，赞比亚拥有丰富自然资源、巨大的投资发展潜力及良好投资经营环境，必将继续成为中国对外直接投资的热土。

十三、加蓬

（一）简介

加蓬地处非洲中西部，赤道横穿该国中部，西濒大西洋，东、南与刚果共和国为邻，北与喀麦隆、赤道几内亚交界，国土面积26.8万平方千米，2017年国内生产总值约150亿美元，人口超180万人，人均约7 900美元，系非洲法语国家中经济发展水平较高的国家。

加蓬自然资源丰富，拥有石油、森林和锰矿等矿藏。加蓬经济高度依赖石油等资源产品出口，深受国际能源和原材料市场价格影响。为摆脱对石油经济的过度依赖，实现经济多元化发展，总统阿里•邦戈2009年10月上台后，提出建设"新兴加蓬"的战略口号，确立"绿色加蓬"（可持续开发森林等资源）、"工业加蓬"（促进资源加工电力供给）和"服务业加蓬"（提供金融、电信、科研和旅游等高附加值产品）三大目标，力争2025年成为新兴国家。加蓬近年开展大规模经济建设，积极兴建基础设施，经济一度出现较快发展。但2014年下半年以来，受国际油价暴跌和原材料价格低迷影响，经济发展速度放缓，债务负担逐渐加重。2016年阿里•邦戈总统获得连任后，政府着手进行经济结构调整，争取摆脱油价下跌造成的经济困境，实现经济较快发展。

（二）合作

中国与加蓬于1974年建交，双边关系发展顺利，经贸合作日益密切，双方在贸易、投资、工程、发展援助等领域的合作不断深入发展。中国已成为加蓬重要进口来源国和出口目的国。中国企业不仅在石油、木材、矿产等领域开展投资合作，还积极参与当地基础设施建设，在道路、电信、电力、房建等领域承揽了一批重要项目，部分项目甚至对于中部非洲地区的发展都产生了良好的推动作用。2016年12月阿里•邦戈总统访华，两国元首将双边关系提升为全面合作伙伴关系，双方领导人就加强两国合作达成广泛共识，为双边经贸合作的发展注入新的动力。

在当前全球经济呈现回暖向好态势的背景下，加蓬正在努力推进工业化和经济多元化，中国加快"走出去"步伐，积极实施"一带一路"倡议、推动国际产能合作，与加蓬的发展战略十分契合。

十四、纳米比亚

（一）简介

纳米比亚地处非洲西南部，面积82.4万平方千米，海岸线1 600多千米，人口232.4万（约88%为黑人，白人和有色人种约占12%），是世界人口密度最低的国家之一。主要民族12个，最大的奥万博族约占总人口50%。官方语言为英语。纳米比亚在1890年沦为德国殖民地，1949年被南非吞并，1990年3月21日宣告独立。纳米比亚实行三权分立、两院议会和总统内阁制。现任总统哈格•根哥布，集党政军一身，2015年3月就职后，提出"团结繁荣计划"，把消除贫困、缩小贫富差距，实现工业化作为施政重点，致力于民生改善和国家经济独立，获得民众普遍支持。

纳米比亚被联合国列为中等收入国家，经济发展水平在西南部非洲位居前列，矿产丰富，矿业、渔业、农牧业为三大传统支柱产业。制造业发展滞后，物资供应主要依靠进口。2017年，纳米比亚GDP约143亿美元，增长率为-0.8%。根据纳米比亚中央统计局公布，2017年纳米比亚出口608亿纳元（约50.6亿美元），同比下降11%；进口798亿纳元（约66.5亿美元），同比下降21%。总体经济尚处低谷。

（二）合作

中纳两国传统友谊深厚。在纳米比亚独立斗争中，中国曾予以大力支持，纳米比亚独立翌日即与中国建交。2018年3月纳米比亚总统根哥布成功访华，中纳建立全面战略合作伙伴关系。2018年5月栗战书对纳米比亚正式访问，中纳关系持续升温。

近年来，中纳经贸合作不断发展壮大，中资企业成为纳米比亚经济社会发展重要参与者，为纳米比亚发展贡献良多。目前在册中资企业超过57家。业务领域涉及援助项目、工程承包、矿产资源开发、信息通信、农牧业和旅游业等领域。2017年中国企业在纳米比亚新签承包工程合同77份，新签合同额1.60亿美元，完成营业额6.97亿美元；累计派出各类劳务人员230人，年末在纳米比亚劳务人员880人。2017年中纳贸易总额为5.69亿美元，同比上涨30.9%，其中中国从纳米比亚进口2.97亿美元，同比上涨79%，中国对纳米比亚出口2.72亿美元，同比上涨1.3%。

在投资领域，中国是纳米比亚前五大投资来源地之一，如中广核投资的纳米比亚湖山铀矿项目，投资超过46亿美元，2016年底顺利投产；在工程承包领域，中资公司占据了一定市场份额。目前较大的承包项目包括中港湾公司承建的鲸湾港集装箱码头和油码头项目、河南国际公司承建的公路项目、中国机械设备公司和葛洲坝集团完成的两个优贷北方公路项目、中土木工程公司承建的内政部大楼项目和中铁七局承建的首都新机场公路一期工程等；在信息通信领域，华为公司、中兴公司分别与纳米比亚主要通信运营商MTC、TELECOM建立了紧密合作关系，成为纳米比亚信息通信市场的主要设备和技术供应商。

总体看，纳米比亚政局稳定、社会治理基础好，法律健全，具有比较成熟发达、产业完整的市场体系，生活环境适宜，人均收入较高，经济发展潜力较大。随着中纳建立全方位战略伙伴关系，中纳合作前景更为广阔。

十五、吉布提

（一）简介

吉布提地处非洲东北部亚丁湾西岸，扼红海入印度洋的要冲曼德海峡，东南同索马里接壤，北与厄立特里亚为邻，西部、西南及南部与埃塞俄比亚毗连，国土面积2.32万平方千米，海岸线372千米，人口99万人。

（二）合作

吉布提与我国长期友好，双边经贸合作关系发展健康、平稳、热度不减。特别是近年来，在“中非十大合作”框架下，在“一带一路”建设推进中，我国对吉布提投融资合作事业大力发展，扎实推进，成果卓著。越来越多的中资企业进入吉布提市场参与建设或寻机发展。目前，由中资企业实施的重点投融资合作项目有：非洲第一条电气化铁路——亚吉铁路吉布提段项目、延绵358.5千米的吉埃跨境引水项目、多哈雷多功能码头建设项目、阿萨尔盐湖码头建设项目、新自贸区首发区开发建设项目、盐化工工业园开发建设项目、吉埃石油天然气跨境输送液化项目、塔朱拉港口建设项目（当地中标承建）等。随之，在吉布提中资企业的数量也由原来的几家发展到了现在的近30家。2015年3月12日驻吉中资企业商会正式成立。

2017年11月，吉布提总统盖莱访华，中吉关系升级为全面战略伙伴关系，中吉友好开启新篇章。2018年9月，中非合作论坛在北京召开峰会，中非合作步入新时期，在"一带一路"建设统领下，在"共商、共建、共享"全球治理理念引领下，中吉双边经贸合作将具有更大的发展潜力和拓展空间，机遇和挑战并存。

十六、肯尼亚

（一）简介

肯尼亚共和国是非洲的东大门，东邻索马里，南接坦桑尼亚，西连乌干达，北与埃塞俄比亚、南苏丹交界，东南濒临印度洋，赤道横贯东西，东非大裂谷纵贯南北。首都内罗毕有"非洲小巴黎"之称，是一座国际化都市，也是联合国在全球的四大总部城市之一，联合国环境规划署和人类居住规划署总部均设于此地。肯尼亚风景秀丽，气候宜人，全国共有65个国家公园和野生动物保护区，占国土面积的11%。世界知名的私人旅行指南《孤独星球》如此评价："肯尼亚能满足你对非洲的所有幻想，这里有辽阔的草原、成群的野生动物，还有底蕴深厚的肯尼亚人，他们的传统根植于这片人类起源地，令人自豪。"因此，这里每年吸引着世界各地无数的游客。

肯尼亚是东非共同体、东南非共同市场等区域合作组织的倡导者，以其优越的地理位置、相对完善的经济基础，发挥着向东、中非辐射的重要作用。内罗毕有40多条国际航线，通达世界各地。蒙巴萨有东非最大的天然良港，货物转口至东、中非各国。肯尼亚是对非洲贸易、投资、经济技术合作的主要窗口和桥梁。

（二）合作

中肯友谊已绵延600余年。1415年，明朝航海家郑和率领船队第四次下西洋到达肯尼亚东部沿海，开启了中国与非洲国家的第一次官方交往。此后，郑和船队又连续多次访问肯尼亚和非洲其他地区，中非密切交往使得海上丝路日益繁荣。

自2013年习近平和肯尼亚总统肯雅塔共同决定建立中肯全面合作伙伴关系以来，两国经贸关系已经深度融合：中国是肯尼亚的第一大贸易伙伴、第一大工程承包商来源国、第一大投资来源国以及增长最快的海外游客来源国。肯尼亚也连续数年成为吸引中国投资最多的非洲国家。肯尼亚政府公布的30多个"旗舰项目"中，中肯合作项目近半数。

2017年5月，肯雅塔作为非洲唯一的国家元首应邀赴华出席"一带一路"国际合作高峰论坛，两国关系提升为全面战略合作伙伴关系。2017年6月1日，作为"一带一路"倡议的早期收获，蒙巴萨—内罗毕标准轨铁路建成通车，并由中国公司运营。以蒙内铁路为代表的中肯双边务实合作再上新台阶。

作为海上丝路自然与历史的延伸，肯尼亚已经成为中国"一带一路"倡议在非洲的重要支点，也必将成为众多中国企业"走进非洲"的首站。

十七、刚果共和国

（一）简介

刚果共和国位于非洲中西部，赤道横贯中部，东、南两面邻刚果民主共和国和安哥拉，北接中非、喀麦隆，西连加蓬，西南临大西洋，国土总面积34.2万平方千米。矿产及森林资源丰富，其中已探明石油储量18.83亿桶、天然气1 000亿立方米、铁矿石250亿吨、钾矿60亿吨、磷酸盐600万吨及其他大量金、铜等有色金属，森林覆盖率达国土面积60%以上，约占非洲森林资源的10%。1. 政局稳定。2009年，刚果共和国总统萨苏首次连任后提出旨在改善民生、促进经济社会发展的“未来之路”理念，随后提出经济多样化政策、《2016—2020年五年发展规划》以及2025年前刚果共和国迈入新兴国家行列目标，均是对“未来之路”理念的贯彻和细化。经过2015年成功修宪，2016年4月，萨苏再次当选总统，累计总统任期及执政年限超过30年。他表示在新的5年任期内，将在工业化和现代化建设上与中方加强合作，共同发展。2. 法律法规较为健全。刚果共和国基本沿用法国法律法规体系。与投资合作经营有关的法律法规有《非洲统一商法》《非洲知识产权保护协定》、刚果共和国《投资法》《劳动法》《社保安全条例》《税法》《对外贸易法规》《地产法》《经济特区法》等。3. 支柱产业政策调整。2016年8月，刚果共和国参议院审议通过了新版《石油和天然气法》，对环境保护和当地成分提出更严格要求。4. 经济发展形势依然严峻。尽管进入2018年后国际油价逐步回升，但刚果共和国经济反弹趋势并不明显。国际货币基金组织对2018年刚果共和国经济表现进行了预测，预计2018年GDP增速为0.7%，通胀率1.5%。刚果共和国经济多元化战略成效不明显，国际收支压力不断增大，公共债务率快速攀升至GDP的110%。5. 投资环境不断改善。近年来，刚果共和国政府不断增加公共投资，道路、机场、供水、供电等基础设施状况大为改观，外商投资吸引力进一步提高。同时，刚果共和国政府希望借鉴中国发展的成功经验，以特区建设带动经济发展。2017年6月颁布了《经济特区法》，其中包含投资优惠等政策。

（二）合作

中国与刚果共和国自1964年2月建交以来，两国政治战略互信不断增强。特别是近几年来，双方元首交往密切，双边关系得到迅速发展。2013年3月，中国国家主席习近平成功访问刚果共和国，实现中刚建交49周年来国家领导人对刚果共和国首访。刚果共和国总统萨苏2014年、2016年两次访华。两国元首互访期间见证签署了一系列合作协议，为双边经贸合作开启了新篇章。据中国海关统计，2017年，两国贸易总额43亿美元，其中中国对刚果共和国出口约5亿美元，同比下降33%，中国从刚果共和国进口38亿美元，同比增长64%。目前，在刚果共和国的中资企业类型渐趋多元，除在当地承包工程市场占据主导地位外，在石油、矿产、林业和渔业等领域亦多有建树。据中国商务部统计，2017年底，在刚果共和国的各类中方合作人员约5 500人，中国在刚果共和国承包工程类企业新签合同额18.45亿美元；2017年直接投资流量约2.84亿美元。当地华人华侨商铺约200家，主要为零售、餐馆、诊所等。

目前，刚果共和国政府正致力于实施经济多元化战略，通过改善基础设施，推动矿产、现代制造业、绿色经济等领域发展，并大力推动经济特区建设。这与中国国际产能合作、装备制造业“走出去”战略以及中非十大合作计划等高度契合，双边经贸合作前景广阔，相信在两国政府指导和企业积极推动下，中刚经贸合作将不断迈上新的台阶。

十八、尼日利亚

（一）简介

尼日利亚地处西非东南部，南濒大西洋几内亚湾，地理位置优越。尼日利亚自然资源丰富，土地肥沃，人口众多，市场潜力巨大，是一块充满商机的热土。1. 市场规模巨大。尼日利亚是非洲第一人口大国，总人口1.93亿人，占非洲总人口的18%，也是非洲第一大经济体，2016年，尼日利亚国内生产总值为67.98万亿奈拉。经济发展前景较好，市场购买力较强。2. 自然资源丰富。尼日利亚是非洲第一大石油生产和出口大国。已探明石油储量居非洲第二、世界第十；已探明天然气储量居非洲第一、世界第八；已探明76种矿产中有34种具备商业开采价值。3. 政局基本保持稳定。2015年3月，尼日利亚大选有惊无险，选后形势总体稳定。但近年来，尼日利亚国内种族和宗教冲突日益激烈，恐怖活动愈加频繁，北部伊斯兰宗教激进组织"博科圣地"多次制造恐怖爆炸事件，南部产油区反政府武装也不时制造恐怖威胁，尼日利亚安全风险不断升高。2015年新政府上台后，加大反恐力度，取得一定成效，"博科圣地"遭受重创，活动范围不断缩小。4. 法律制度较为健全。尼日利亚现行宪法是以1979年宪法为基础修订而成，其主要内容包括：尼日利亚是不可分割的主权国家，实行联邦制和三权分立的政治体制，总统为最高行政长官，领导内阁；国民议会分参、众两院，是国家最高立法机构；最高法院为最高司法机构；总统、国民议会均由直接选举产生，总统任期4年，连任不得超过两届。尼日利亚联邦设有最高法院、上诉法院和高等法院，各州设高级法院，地方政府设地方法院。有的州还设有习惯法上诉法院。

值得注意的是，尼日利亚商业和政策法规环境具有两面性。一方面，尼日利亚市场对外开放程度相对较高，准入门槛较低，政策较为宽松。能源资源丰富，经济持续增长，市场潜力巨大。另一方面，尼日利亚市场发育程度较低，基础设施落后，政策连续性差，随意性大，办事效率低，政府监管和执行能力弱。2015年政权更迭后，政府打击腐败、走私力度加大，经济政策进入调整期。尤其是2015年出台了一系列外汇管制措施，以美元结算的进口成本大幅提高，外资企业难以通过官方渠道购汇，只能从平行市场兑换美元，生产成本大幅提高。

（二）合作

中尼两国自1971年2月正式建立外交关系以来，双边关系长期友好，高访频繁，经贸合作不断取得新的进展。近年来，随着中尼两国友好关系的不断巩固，双边经贸合作取得丰硕成果，贸易规模迅速扩大，工程承包跨越式发展，中国对尼日利亚投资大幅增加。尼日利亚是中国在非洲的第三大出口市场、第四大贸易伙伴、第五大承包工程市场和主要投资目的地。2016年4月11日—15日，尼日利亚总统布哈里访华，是中非合作论坛约翰内斯堡峰会召开以来首位访华的非洲总统。

目前，在尼日利亚开展业务的中资企业涉及领域主要包括：工程承包、石油开采、自贸区经营、水电站开发、农业、通信、纺织、食品、车辆组装等。

十九、阿尔及利亚

（一）简介

阿尔及利亚位于非洲西北部。北临地中海，东临突尼斯、利比亚，南与尼日尔、马里和毛里塔尼亚接壤，西与摩洛哥、西撒哈拉交界。海岸线长约1 200千米，为非洲面积最大的国家。阿尔及利亚地形分为地中海沿岸的滨海平原与丘陵、中部高原和南部撒哈拉沙漠三部分。沙漠面积逾200万平方千米，约占国土总面积的85%。阿尔及利亚国土辽阔，但大部分地区被沙漠、森林和细茎针茅植被覆盖，耕地面积约800万公顷，水资源紧缺，渔业资源较丰富。阿尔及利亚矿产资源较丰富，品类逾30种，最重要的资源为石油、天然气和页岩气，储量分别居世界第15位、第10位和第3位。

1992—1999年，阿尔及利亚政局持续动荡。1999年，布特弗利卡就任总统后，采取多种措施恢复国内和平与安定，此后国家政局逐步稳定，国家建设进入正轨。当前，阿尔及利亚针对治安警察的恐怖袭击仍时有发生，但国家安保力度和反恐力度较大，社会治安状况已大有改善，生产生活秩序基本正常。自2014年下半年油价下跌以来，经济陷入困境，社会不稳定因素急剧上升，政局仍面临巨大考验。2017年8月，阿尔及利亚组成新一届政府，将优先采取提高购买力、保护民族经济、减少进口、消除失业、保障住房等措施，来应对阿尔及利亚目前遇到的经济危机和社会矛盾。

2019年，阿尔及利亚将举行总统大选。阿尔及利亚法律体系健全，对于投资、贸易、金融等领域都有明确法律规定。同时，某些领域（如海关）政策调整变化较多。2017年阿尔及利亚经济政策调整主要涉及贸易进口和税收等方面。为减少进口，鼓励本土工业发展，其实行配额制度的产品范围进一步扩大，并就付款方式、产品相关证明提出新的要求。而且，根据2018年的《财政法》规定，部分税率将有所上调。投资政策的调整一直在讨论当中，但《投资法》中关于51/49原则（51/49原则出自2009年财政补充法案，要求任何与外国共同投资的项目中阿方股份至少占51%）的规定至今尚未有实质性改变。

阿尔及利亚国土面积和人口数量较大，石油、天然气和页岩气资源丰富，市场体量稳居非洲前列。该国近年来连续实施基础设施五年规划，公路、铁路、通信、电力等领域都得到一定发展，但较规划目标还有一定距离。此外，阿尔及利亚农业、工业、旅游业等发展程度较低，私人部门发展也相对落后，发展潜力仍很大。目前油价下跌对阿经济造成了一定冲击，但同时也为其经济模式转型提供了契机，可能带来新的经济增长机遇。

（二）合作

中资企业和个人在阿尔及利亚主要开展承包工程和贸易业务，投资规模较小。整体来看，中资企业数量较大，派遣的务工人员超过4万人，由于工作效率和工程质量得到阿尔及利亚政府和民众认可，中资企业在当地信誉较高，承揽了一批重要的基础设施项目和大量住房项目。目前，阿尔及利亚经济形势严峻，新上项目随之减少，政府不断为本土企业提供优惠政策扶持，国外公司不断进入阿尔及利亚市场，导致竞争越发激烈。中国公司在当地属地化经营比例不高，投资较少，阿尔及利亚政府和民众对此颇有微词。贸易方面，中国是阿尔及利亚进口第一大来源国，阿尔及利亚对华贸易长期逆差。目前，阿尔及利亚逐渐开始限制进口商品数量和种类，可能会对中阿贸易合作带来一定影响。

二十、坦桑尼亚

（一）简介

坦桑尼亚位于非洲东部、赤道以南。北与肯尼亚和乌干达交界，南与赞比亚、马拉维、莫桑比克接壤，西与卢旺达、布隆迪和刚果民主共和国为邻，东濒印度洋。矿产和旅游资源丰富，已探明的主要矿产有钻石、金矿、煤、铁、磷酸盐、钕镨稀土、天然气、氦气等。除金矿外，其他矿藏尚待充分开发。坦桑尼亚1/3国土为国家公园、动物和森林保护区。非洲三大湖泊维多利亚湖、坦噶尼喀湖和尼亚萨湖（马拉维湖）均在坦桑尼亚边境线上，非洲第一高峰——乞力马扎罗山世界闻名。

坦桑尼亚政局长期稳定。总统马古富力持续推行反腐、反对吃空饷、反对假学历、反对官员年龄造假等举措。强推中央铁路标轨、斯汀格勒峡水电站等大型基建项目上马；斥巨资购买大型客机以振兴坦桑尼亚航空公司；加紧新首都建设并要求政府所有部门在2019年前搬迁至多多马，展现出强势领导风格。坦桑尼亚传统比较优势突出，法制相对完备。但2017年安全形势和经济环境出现了一些新变化。营商环境恶化导致投资项目减少，失业人口增多，加之警察工作效率低下，治安形势堪忧。

2017年，坦桑尼亚政府继续推行一系列新的经济政策，包括加大征税力度、重新审议所签协议的免税额，将经营不善的私有化企业重新收归国有、严厉打击私营企业和外资的投机行为、强力推进大型基础设施建设等，目的是提高自主发展能力以减少对外援的依赖。政府还严格控制官员出访，节省经费高达1.8亿美元；要求大型通信企业上市；对通信、旅游和矿产等行业全面征收增值税；推行电子征税系统，规范对小商贩的税收管理；大幅提高外国人办理居留和工作证收费标准；大力整顿黄金、坦桑蓝、钻石等矿业领域的偷税瞒报乱象，紧急修订矿业法案，提高政府在矿业企业中干股份额，以增强政府对自然资源的控制和收益。

新经济政策积极的一面是规范了政府的税收管理，打击了投机行为并增强了政府对自然资源的管控力度。但与此同时，部分政策因脱离实际也对坦桑尼亚投资环境造成不利影响，税收增速开始下降，经济下行压力不断加大。2017年坦桑尼亚GDP总量达530亿美元，人均GDP为946亿美元；通货膨胀率5.3%；吸引外资42.59亿美元；对外贸易总额达151.16亿美元；外汇储备50.22亿美元。

（二）合作

目前，在坦桑尼亚中资企业超过500家，其中国有企业近100家，主要从事工程承包和大型投资以及优惠性质贷款项目。受投资环境恶化的影响，中资企业在坦桑尼亚投资项目数量有所减少，尤其是一些从事贸易的企业已将投资重点转移到营商环境更好的周边国家。目前中国在坦桑尼亚的投资主要以经营或跟踪多年的项目为主，涉及矿业、制造业、加工业、发电和输变电、基础设施建设和房地产开发、农业、贸易、物流等领域。中方投资项目主要包括剑麻农场、现代农业产业园、煤铁电一体化、巴加莫约港综合开发区、K-Ⅲ和K-Ⅳ天然气电站、陶瓷厂、钢铁厂、水泥厂及多个大型房地产开发项目等。

二十一、布隆迪

（一）简介

布隆迪位于非洲中东部，南部同坦桑尼亚毗邻，西北与刚果民主共和国为邻，北与卢旺达接壤，西南频临世界第二深淡水湖、非洲第二大湖坦噶尼喀湖，气候宜人、风景秀丽，是一个人口众多的内陆小山国。国土面积2.78万平方千米，人口约1 120万人，境内多高原和山地，平均海拔1 600米，有“千山之国”和“非洲瑞士”之称。矿藏主要有镍、泥炭、高岭土、黄金、磷酸盐、钒和锡等，其中镍矿探明储量2.61亿吨，品位为1.6%，居世界第六位，但开采面临能源短缺、地处内地和基础设施落后等诸多不利因素。2017年布隆迪开始出口金矿，成为创汇的重要组成部分。

布隆迪政局长期不稳定，胡图族与图西族历史上长期纠缠、斗争不断。在非洲国家的斡旋下，2000年8月，布隆迪各方力量签署了《阿鲁沙协议》，换来了短暂的和平。2015年，总统恩库伦齐扎第三次参选引发政治危机，同年发生了未遂军事政变，虽然恩库伦齐扎在之后的总统选举中胜出，但导致西方国家普遍不满，对布隆迪实施经济制裁并停止援助。2018年5月17日，布隆迪举行修宪公投，新宪法获得通过，其重要内容之一为将总统任期由5年修改为7年，可连任一届，普遍认为此举意在为恩库伦齐扎总统长期执政做准备。

自2015年的政治危机以来，布隆迪经济状况急转直下，GDP连续出现负增长，2016年人均GDP只有285美元，位列全球末端。由于基础设施落后、电力短缺严重、外汇极度短缺、本币大幅贬值等因素，布隆迪经济发展受到严重影响。不稳定的政治局势严重制约了布隆迪经济的发展，国外投资者望而却步，国民购买力低下，人才流失严重，大量难民外逃，国家缺乏内在发展动力，民心涣散。根据世界银行最新发布的《2018年全球营商环境报告》中布隆迪位列190个国家和地区的第164位，排名继续下降；在达沃斯世界经济论坛发布的竞争力最新排名中布隆迪位列位137个国家和地区的第129位。

（二）合作

中布自建交以来，政治关系稳固，经贸合作不断加深加强，布隆迪人对中国人民亲善友好，在布隆迪的中国人都很受尊敬。但受制于市场活力不足、基础设施落后、国家财政短缺、外汇流动受限、国民购买力水平低下等原因，当前中布投资合作水平不高，在布隆迪中资企业数量较少，不足20家，在布隆迪中国人总数不足400人。2017年，中布双边贸易额为5 208万美元，同比增长8.96%，其中大部分为中国向布隆迪出口。

布隆迪与中国在资源、市场、产品等诸多方面互补性很强，作为东共体的一员，布隆迪对周边国家也有一定的辐射效应，在中非合作大背景下，布隆迪政府一直期待加强和深化与中方的经贸合作，但围绕2020年新一届大选，国际社会和布隆迪国内各派势力又开始了新一轮角力，布隆迪在今后几年内的政治稳定和安全形势存在不确定性因素。

二十二、佛得角

（一）简介

佛得角是位于非洲西岸的大西洋岛国，在北大西洋的佛得角群岛上，由横跨大西洋中部的10个火山岛组成，距离西非海岸线570千米。佛得角国土面积约4 033平方千米，人口约53万人，官方语言是葡萄牙语和克里奥语。

佛得角矿产资源匮乏，主要有石灰石、白榴火山灰、浮石、岩盐等。佛得角有734 265平方千米的专属经济区，渔业资源较丰富，但尚未完全开发利用。佛得角是享誉世界的著名旅游胜地，被誉为“大西洋上的明珠”，每年吸引60多万名各国游客。除旅游业外，佛得角的主要经济来源还有侨汇、农业、海洋经济等。

佛得角自1975年独立以来，政局稳定，社会和谐，经济发展，文化多元，民风淳朴，人均收入和生活质量位居非洲前列，属于中等收入国家。佛得角具有优越的地理位置、稳定的政治环境和丰富的海洋资源，旅游产业和可再生能源发展潜力巨大。

（二）合作

近年来，中佛合作发展很快。2017年5月，中国外长王毅访问佛得角，表示中方愿与佛方一道，以落实两国领导人共识为主线，通过中非合作论坛和中葡经贸合作论坛为双边合作注入新的动力，将两国友好信任转化为互利合作成果。中方愿在农渔业和海洋经济、经济特区开发、旅游服务业、基础设施建设、人力资源开发等五大领域同佛方深化互利合作，帮助佛方发挥区位和海洋资源优势，打造特色岛国经济，实现自主可持续发展。佛得角欢迎和支持习近平提出的"一带一路"倡议，愿意以圣文森特岛经济特区建设为契机积极融入"一带一路"建设。佛得角尤其希望在海洋经济领域成为中国的战略合作伙伴。建立圣文森特岛海洋经济特区是当前佛政府最为优先的项目，希望中方能分享在特区建设方面的经验并积极参与这一项目。

2018年9月，佛得角总理席尔瓦应习近平的邀请将出席中非合作论坛北京峰会。中佛领导人聚首北京，将共商中非、中佛友好合作大计，规划新时代合作蓝图，出台引领合作发展的重大举措，推进各领域交流合作，深化中非全面战略合作伙伴关系和新时代中佛友好合作关系，在更高水平上实现合作共赢、共同发展。

二十三、乌干达

（一）简介

乌干达位于非洲东部，是横跨赤道的内陆国家，国土面积24.2万平方千米，人口3 690万人，气候温和，雨水充沛，植被茂密，被丘吉尔誉为"非洲明珠"。

乌干达是东非共同体、东南非共同市场等区域组织成员。自现任总统穆塞韦尼1986年执政以来，乌干达政局基本稳定，经济保持较快增长，营商环境不断改进。

2017年，乌干达经济政策保持基本稳定，货币政策延续上一年度放松态势。乌干达政府继续完善关键领域基础设施建设，改善投资营商环境，同时开始在外商企业合规经营方面加大监管力度。

（二）合作

中国与乌干达1962年建立正式外交关系。建交50多年来，两国关系持续稳定发展，政治互信日益加深；经贸合作互利互惠，水平不断提高。2013年起，中国已经成为对乌干达直接投资最多的国家。2017年中国对乌干达直接投资额7 904万美元，双边贸易额8.11亿美元。2018年9月召开的中非合作论坛北京峰会将进一步促进中乌经贸合作发展。

目前，中资企业在乌干达市场占有率较高，涉及水电站建设、输变电、公路交通、房建和通信等行业，水电站建设尤为突出。2017年，中资企业在乌干达各投资合作项目进展基本顺利，卡鲁玛水电站将于2018年启动首台机组发电，伊辛巴水电站和坎帕拉—恩德培机场高速路于2018年竣工，辽沈工业园、中乌农业产业园、中乌姆巴莱工业园和广东东送国际产能合作工业园等投资项目建设稳步推进。但同时也存在承包企业内部竞争加剧，部分企业合规经营意识淡薄，企业对在乌干达开展经营的现实和困难认识不足以及政府"征地难"等问题。

二十四、多哥

（一）简介

多哥位于非洲西部，赤道北侧，人口约730万人，面积56 785平方千米，东邻贝宁，西界加纳，北接布基纳法索，南濒几内亚湾。国土南北长600余千米，东西宽50～150千米，海岸线长56千米。主要矿业资源是磷酸盐，产量居撒哈拉以南非洲前列，已探明优质矿储量2.6亿吨。多哥是撒哈拉以南非洲最不发达国家之一。

近年来，多哥政局保持稳定。福雷•埃索齐姆纳•纳辛贝2005年5月就任总统，并于2010年和2015年获得连任。2015年6月5日，福雷总统任命第一副议长科米•塞隆•克拉苏为新总理并组阁。

2010年底，国际货币基金组织宣布多哥已达到“重债穷国减贫动议”完成点。由此，多哥原有22.5亿美元外债余额的80%获得一次性永久免除，从而成为一个“有支付能力的国家”。2011年以来，多哥政府继续整顿公共财政、推进经济振兴战略，在实施严格的财政政策基础上维护宏观经济稳定，并在财政预算中确立卫生、教育、道路基础设施、农业及给排水为优先发展领域。多哥还致力于改善投资环境，积极吸引外国投资。2013年多哥制定《2013—2017年加快经济增长和促进就业战略规划》(SCAPE)，进一步明确了5年中优先发展的领域及项目。

（二）合作

中多两国于1972年9月建交，双边关系发展顺利，经贸合作不断加强。随着中国经济的持续发展，特别是随着中国“走出去”战略的实施，更多的企业进入多哥市场开展经贸与投资合作。截至2017年底，中国在多哥从事投资、承包及劳务合作的各类企业涉及制糖、农业种植、港口经营、制药、筑路、房建、机场扩建、百货等行业。2017年，多哥贸易总额24亿美元，其中进口额16亿美元，出口额8亿美元。中国和多哥双边贸易额为19.60亿美元，其中中国向多哥出口18.86亿美元，从多哥进口0.73亿美元。

二十五、卢旺达

（一）简介

卢旺达位于非洲中东部，总面积为26 338平方千米，全国平均海拔1 600米，森林约占全国面积的28.8%，自然资源贫乏。境内有大小湖泊101个，河流861条。东临坦桑尼亚，南接布隆迪，西接刚果民主共和国，北连乌干达。卢旺达境内多山，有“千山之国”之称。尽管发生在1994年的大屠杀已经过去23年，卢旺达全国至今仍在深刻反思，为何一夜之间平时友好相处的邻居、同事甚至亲人之间突然互相残杀，大屠杀带来的伤痛久久不能愈合。当前在总统卡加梅的领导下，卢旺达政局稳定，社会治安良好，经济发展平稳，干净的街道，友好的人民，廉洁的政府给到访者留下了深刻的印象。

卢旺达实行开放的经济政策，绝大部分经济领域都欢迎外资进入，货币兑换相对自由，外汇进出不受限制。尽管全球经济增长放缓，但卢旺达经济表现不俗。2017年GDP达到7 597万亿卢朗(约91.4美元)，增长6.1%。其中服务业占GDP的51.5%，农业占30.9%，工业占17.6%。根据国际货币基金组织的预测，2018年卢旺达经济将增长10.6%。卢旺达目前是东非地区营商环境最好的国家之一，对水利、电力、通信、公路等基础设施建设需求较大，未来发展有着广阔的空间。

（二）合作

目前中国与卢旺达经贸合作发展顺利。中国是卢旺达第一大工程承包方，主要贸易国和投资国之一。中国政府给予卢旺达出口到中国的绝大部分商品零关税待遇。2017年中国与卢旺达贸易额为1.57亿美元，同比增长10.96%，其中中国对卢旺达出口1.28亿美元，同比增长18.25%；从卢旺达进口0.28亿美元，同比下降12.96%。在非洲国家当中，卢旺达与中国贸易额名列第45位。2017年中国企业在卢旺达新签承包工程合同额3.3亿美元，完成营业额1.96亿美元；2017年当年中国对卢旺达直接投资流量988万美元；截至2017年末，中国对卢旺达直接投资存量9 925万美元。

中国与卢旺达于1971年11月12日建交，此后两国友好合作关系发展顺利。2018年7月23日，两国元首共同见证了关于"一带一路"建设等多项双边合作文件的签署。两国元首积极评价中卢建交47年来双边关系发展成就，共同规划中卢友好合作未来，一致同意共同推动双方互利合作结出更加丰硕成果，为中卢人民、中非人民带来更多福祉。

中国援卢的成套项目主要有：基鲁公路、鲁奔迪稻区开发、马叙赛水泥厂、国家体育场、基本戈医院、外交部办公楼、两所农村小学校、马萨卡医院卢方医生宿舍、职业技校等。2018年1月—10月双边贸易额1.72亿美元，同比增加42.36%，其中中方出口1.36亿美元，同比增长32.18%；进口0.37亿美元，同比增长98.63%。中方主要出口机电产品、车辆等，进口钽铌矿砂和钨矿砂等产品。2013年7月1日，中方给予卢方95%输华商品免关税待遇。2014年，双方签署关于中国给予卢方97%商品免关税待遇换文，2015年1月1日开始实施。6月，中国银联在卢旺达上线。

中卢文化交流密切，两国文艺团体互访频繁。中国成都木偶剧团、福建艺术团、天津艺术团、辽宁歌舞团、新疆歌舞团等曾赴卢旺达访演。卢旺达国家歌舞团、国家艺术团等先后来华演出。2018年2月，甘肃艺术团赴卢旺达演出并执行"欢乐春节"任务。2018年7月，双方签署《中国和卢旺达政府文化和科学合作协定2018—2020年执行计划》。

二十六、摩洛哥

（一）简介

摩洛哥位于非洲西北端。东、东南接阿尔及利亚，南部为西撒哈拉，西濒大西洋，北隔直布罗陀海峡与西班牙相望，扼地中海入大西洋的门户，是连接非洲、欧洲和中东的枢纽。主要资源为磷酸盐，估计储量1 100亿吨，占世界储量的75%，磷酸盐出口量世界第一。旅游业发达，是非洲第一大旅游目的地国。

（二）合作

摩洛哥是中国在非洲重要的合作伙伴。2016年5月，摩洛哥国王穆罕默德六世国王访华，中摩两国建立战略伙伴关系，为两国关系的发展指明了方向。2017年11月，中摩两国签署《共建"一带一路"谅解备忘录》，两国合作站在了新起点。2018年2月，中摩第六届经贸联委会在拉巴特召开，为进一步拓展和深化两国经贸合作打下良好基础。

近年来，中摩两国经贸合作不断拓展，亮点纷呈。中国是摩洛哥第三大贸易伙伴。2017年，中摩双边贸易达38亿美元，中国对摩洛哥投资增长率同比超过1 000%，中国汽车零配件企业在盖尼特拉投资建设汽车空调和汽车转向杆制造厂。中国企业承建的杰拉达350兆瓦火电站项目顺利移交。

中国企业与西班牙企业共同承建努奥太阳能光热电站二期和三期项目，这是目前世界上在建最大规模的光热电站之一，二期项目已并网成功。2017年，中国赴摩洛哥游客超过10万人次，双方了解与交流不断深入，合作机遇明显增多。

摩洛哥地缘位置得天独厚，政局长期稳定，基础设施完善，经济持续发展，社会和谐稳定。近年来，摩洛哥着力发展工业和基础设施建设，制定了2014—2020年加速工业发展战略、基础设施等领域的发展战略。中摩两国发展战略对接，产业优势互补，新的合作机会正在不断涌现。港口、铁路、金融、新能源、电子商务等有望成为两国经贸合作新的增长点。

摩洛哥传统的经济合作伙伴是欧洲、美国、中东和非洲国家。在经济全球化深入发展的今天，摩洛哥积极实施多元化战略和“向东看”，希望与中国进一步加强经济合作，特别是吸引中国投资和承接产业转移，实现其迈向新兴国家的目标，并在南南合作中发挥更大作用，在非洲发挥更大的影响力。2018年是中摩建交60周年。双方政府部门正在加强在“一带一路”框架内的战略对接，推动两国交通和物流基础设施的合作，促进中国加工制造业在摩洛哥落户，并加强金融、信息产业等领域的合作，使摩洛哥成为中国企业开展产能合作的平台、进入非洲和欧洲市场的门户、“21世纪海上丝绸之路”西端的枢纽。

2017年7月17日，两国外长共同签署《中华人民共和国政府与摩洛哥王国政府关于共同推进丝绸之路经济带和21世纪海上丝绸之路的谅解备忘录》。摩洛哥成为首个签署该文件的马格里布国家。

二十七、马达加斯加

（一）简介

马达加斯加是西南印度洋上的一颗明珠，资源禀赋突出，发展潜力大。1. 矿产资源丰富，拥有石墨、镍钴、钛铁、铝矾土、石英、黄金、煤、油气等矿藏，还有宝石、半宝石资源以及大理石、花岗岩和动植物化石等。2. 土地肥沃，气候适宜，适合多种经济作物生长，盛产甘蔗、香草、丁香、胡椒、咖啡、可可、棉花、花生等。3. 沿海以及河流、湖泊盛产鱼虾、海参、螃蟹。4. 森林资源多样，珍稀动植物种类繁多，一些动植物为马达加斯加独有。5. 旅游资源突出，全岛海岸线长，风光旖旎，岛内地形起伏，生态环境独特。

2017年，马达加斯加政府采取措施促进经济振兴，减少贫困，创造就业，健全法律法规，吸引外资，加大对教育、卫生等公共领域的投入。国际社会对马达加斯加经济发展援助增长幅度较大，其经济社会得到一定发展。

（二）合作

中马1972年11月6日建交以来，两国友好合作关系发展顺利。

2017年是中马两国建交45周年，双边关系翻开新篇章。2017年3月，马达加斯加总统埃里访华，与习近平举行会谈，正式建立两国全面合作伙伴关系，双方商定在农业、加工业、渔业、旅游、区域航空等领域，通过基础设施、投资贸易便利化和人力资源三大支撑，开展双赢合作，惠及两国人民。按照“平等互利、讲求实效、形式多样、共同发展”的方针，中国为马达加斯加援建了国家2号公路、体育馆、国际会议中心、综合医院等项目，并在两优贷款项下探讨和建设公路、电站、电网、光缆、机车等项目，为改善当地基础设施条件、促进经济、改善民生、发展文体事业发挥了积极作用。双边贸易持续增长，经贸合作卓有成效。据中国海关数据显示，2017年，中马双边贸易额12.34亿美元，同比增长11.8%。2017年中国企业在马达加斯加新签承包工程合同额3.26亿美元，完成营业额1.33亿美元。对马达加斯加直接投资存量7.66亿美元，主要涉及采矿、贸易、轻纺、房地产、建材、渔业等，绝大部分企业经营正常，业务不断发展。

2017年3月27日，两国元首见证了《中华人民共和国政府与马达加斯加共和国政府关于共同推进丝绸之路经济带和21世纪海上丝绸之路建设的谅解备忘录》以及经贸、基础设施建设等领域双边合作文件的签署。

中马互利合作潜力巨大。中方欢迎马方积极参与"一带一路"建设,愿支持马达加斯加发挥"一带一路"连接非洲的桥梁和纽带作用,同马达加斯加建立全面合作伙伴关系,并在中非"十大合作计划"和"一带一路"倡议框架内,同马方加强对接。中方愿结合马方实际需求和中方比较优势,着力支持马方构筑基础设施建设、人力资源开发、投资贸易便利化三大支撑,重点围绕农业、渔业等产业开展互利合作。双方要密切各界交流,进一步便利双方人员往来。中方愿加强同马方安全、警务、司法、执法合作。中方支持马方在国际和地区事务中发挥更大作用,愿同马方就气候变化、联合国2030年可持续发展议程、非洲和平和安全等重大国际和地区问题加强沟通协调,共同维护两国和发展中国家共同利益。

马方愿发挥连接非洲和中国的桥梁作用,通过深化马中合作助力马达加斯加经济社会发展,促进包括马达加斯加在内非洲的工业化。马方支持"一带一路"倡议,希望加强两国在能源、航空、交通运输、港口和机场建设等领域合作。马方愿密切同中方在国际事务中沟通协调。

建交以来,中马经贸关系和经济技术合作进展顺利。2018年1月—10月双边贸易额10.40亿美元,同比增长3.06%,其中中方出口8.57亿美元,进口1.83亿美元。中国主要出口纺织品、服装、机电产品等,进口铬矿砂、水产品等。

中马两国文化、教育、卫生等方面的交往与合作密切。1980年两国签订文化合作协定。马达加斯加现有2所孔子学院,分别为塔那那利佛大学孔子学院和塔马塔夫孔子学院。截至2017年底,中国累计向马达加斯加派遣汉语教师140名、志愿者251名,赠送教材15 476册。中国自1973年起向马达加斯加提供奖学金名额,截至2017年底累计接收696名马达加斯加奖学金生。2017年马达加斯加在华学生总数为877名,其中奖学金生210名,自费学生667名。

二十八、突尼斯

(一)简介

突尼斯地处非洲大陆最北端,西与阿尔及利亚为邻,东南与利比亚接壤,北、东临地中海,隔突尼斯海峡与意大利相望,历史悠久,位置重要,文化多元,兼具非洲、阿拉伯、地中海三重属性,在地区国家中散发着独特魅力。

2014年1月,突尼斯颁布了新宪法,规定突尼斯是自由、独立的主权国家,实行共和国制。12月埃塞卜西当选总统。2015年2月,突尼斯新政府成立。2016年8月政府改组,沙海德任总理。2018年5月,举行2011年政治变革以来首次市政选举,民主过渡进程得到进一步巩固。经济中农业、工业、服务业并重,分别占GDP的9.9%、25.6%和64%。橄榄油是出口创汇主要农产品。工业以磷酸盐开采、加工及纺织业为主。旅游业在国民经济中占据重要地位,是第一大外汇来源。突尼斯鼓励外国投资,2017年出台了新投资法,对外资进入突尼斯给予更多的优惠和便利,并专门设立了外商投资促进局等机构,为外资进入突尼斯提供一条龙服务。自2011年以来,突尼斯高赤字、高通胀症状明显,外汇储备短缺。2017年GDP为496.34亿美元,政府债务占GDP的69.2%。通货膨胀率为7.8%。截至2018年3月5日,外汇储备为45亿美元左右。突尼斯连接欧洲、中东和非洲,与欧盟签有自贸区协定,自2008年起突尼斯产品进入欧洲市场免关税、无配额。突尼斯与马格里布国家和阿拉伯国家签有互惠协定,与土耳其、埃及、摩洛哥、约旦、伊拉克和利比亚签有自贸区双边协议。突尼斯制造业产品、农产品和手工业产品享有美国、加拿大、澳大利亚等国的税费减免优惠,同时突尼斯还与几内亚、塞内加尔等非洲国家签有市场准入优惠协议。

（二）合作

中国和突尼斯传统友好，1964年1月建交以来，两国友好关系长期健康稳定发展。中国和突尼斯于1964年1月10日正式建立外交关系，两国在政治、经贸、卫生、文教、农业、通信等领域的合作成绩斐然。近几年来，随着中国经济的飞速发展及国力的日益雄厚，凭借“一带一路”倡议的东风，中突两国正进一步加强战略对接，突尼斯已成为中国在北非地区重要合作伙伴之一，双边经贸关系呈现更加广阔的前景。

2018年7月11日，中突签署共建“一带一路”谅解备忘录。加强两国在“一带一路”框架下的合作，挖掘两国合作潜力，继续推动重大合作项目，不断提升合作水平。突尼斯高度重视“一带一路”倡议，愿积极参与共建进程，希望成为该倡议在北非地区落地的重要支点。

中突两国在“一带一路”框架下开展了卓有成效的合作。2018年4月，北斗系统首个揭牌的海外中心——中阿北斗中心在突尼斯落成，架设了一条中阿“太空丝绸之路”。中突两国专家在突南部地区发现了10处古罗马时期考古遗存，这是中国科学家利用遥感技术首次在中国境外发现考古遗址，也是中国“数字一带一路”国家科学计划在突尼斯的重大考古发现。

中国和突尼斯在多个领域的合作呈现良好发展势头。芒扎青体中心完成升级改造，斯法克斯医院建设如火如荼，外交培训学院项目正积极推进。中国同突尼斯成立了双边商务理事会和企业家互访机制。两国于2017年签署互设文化中心协议，突尼斯首所孔子学院落户迦太基高等语言学院。在7月举办的第五届“突尼斯-中国论坛”上，两国企业在通信技术以及基础设施等领域也达成多个合作意向。

中突在经贸、军事、政党、文教、卫生、新闻、农业等领域保持交流与合作。2017年，中突双边贸易额15.3亿美元，同比上升6.3%，其中中国出口13.3亿美元，同比上升2.5%，中国进口2亿美元，同比上升42.5%。突尼斯政府于2017年2月起对中国公民赴突尼斯旅游实行免签政策。

二十九、利比亚

（一）简介

历史上，利比亚由的黎波里塔尼亚（西部）、昔兰尼加（东部）和费赞（南部）等3个地区构成。2012年3月6日，利比亚东部的拜尔盖地区（旧称“昔兰尼加”）宣布实行联邦自治。7月7日，利比亚进行国民议会选举，这是近50年来的首次民主投票选举，11月利比亚新政府宣誓就职。

2014年5月以来，利比亚国内各派别政治军事斗争日趋激烈，局势急剧恶化。2014年7月下旬，德国、荷兰、奥地利、英国和法国先后决定暂时关闭驻利比亚大使馆，并要求本国公民撤离利比亚。随着利比亚首都的黎波里和班加西等地武装冲突持续升级蔓延，安全局势不断恶化，中国驻利比亚大使馆建议在利比亚中国公民，包括经商人员、中资企业员工以及受雇于外资企业的劳务人员等尽快自行组织撤离。

2016年1月19日，利比亚总理委员会宣布，正式组建民族团结政府（Government of National Accord，简称为GNA），设在首都的黎波里，由资深政治人物法伊兹·萨拉杰（Fayez al-Sarraj）出任总理。

2018年5月29日，利比亚各派领导人在巴黎举行的国际会议上达成协议，同意在2018年12月10日举行利比亚总统和议会选举，以结束国家的混乱状态。

（二）合作

中华人民共和国同利比亚于1978年建交。

2017年，中利双边贸易额为23.9亿美元，同比增长55.9%。其中中方出口额为10.3亿美元，进口额为13.6亿美元。中方主要出口机电、通信技术、纺织品等，主要进口原油。

2018年12月，利比亚获得亚洲基础设施投资银行理事会批准，成为该行意向成员。

利比亚局势动荡后，中国向利比亚提供了人道主义物资援助，向埃及、突尼斯等国提供了现汇和物资援助，用于安置利比亚与两国边境难民。

2014年7月，利比亚安全局势恶化。在中国驻利比亚、突尼斯、土耳其、希腊、马耳他等国使、领馆协助下，1 800多名中方人员安全撤出利比亚。中国驻利比亚使馆也从该国撤出，目前在突尼斯留守。

2018年7月11日，国务委员兼外交部长王毅在北京同来华出席中国–阿拉伯国家合作论坛第八届部长级会议的利比亚团结政府外交部长希亚莱举行会谈，签署共建"一带一路"谅解备忘录。

三十、津巴布韦

（一）简介

津巴布韦位于东南部非洲腹地，面积39万平方千米，人口1 300多万人。该国气候宜人，风景秀丽，矿产丰富，人民热情友好，纯朴善良，曾是南部非洲重要的农矿产品出口国，其经济实力位居该地区前列。2017年11月，津巴布韦新旧政权平稳过渡，新政府积极推动多领域改革，扩大对外开放，改善营商环境，吸引外国投资，津巴布韦未来发展前景看好。

（二）合作

中华人民共和国与津巴布韦共和国于1980年4月18日津巴布韦独立当天建交。建交以来，两国关系发展顺利。2018年4月，两国建立全面战略合作伙伴关系。

2015年12月1日，习近平成功对津巴布韦进行国事访问，为两国经贸进一步深化务实合作、促进共同发展繁荣提供了良好契机。近年来，中国不断推动中津经贸合作向生产加工和投资经营优化发展，鼓励更多中国企业到津巴布韦投资，优先打造现代农业产业链、矿业产业链和制造业基地，参与交通、电力、信息通信等基础设施建设和运营，创新融资途径和模式，中津经贸合作不断取得丰硕成果。

双边贸易稳步增长。目前，中国是津巴布韦第二大贸易伙伴，也是津巴布韦烟草的最大买主。津巴布韦主要向中国出口烟草、铬铁和其他矿产品，中国则向其出口轻工业品、机电、高新技术产品。2017年，中津双边贸易额达13.17亿美元，同比增长18.1%，其中，中国对津巴布韦出口4.44亿美元，同比增长14.5%；从津巴布韦进口8.73亿美元，同比增长20.1%，中津贸易增长潜力巨大。

投资合作成果丰硕。自2011年起，津巴布韦成为中国在非投资热点地区，中国连续多年是津巴布韦最大的外资来源地。截至2017年底，中国在津巴布韦投资存量近17.5亿美元，涉及农业、矿业、制造业、服务业等行业，中烟天泽公司烟草合同种植和收购、中钢集团铬铁矿开采和冶炼、华津水泥厂、北汽集团汽车组装等一批中津投资合作重点项目顺利落地实施，为当地创造了大量就业、税收和外汇。

基础设施领域合作持续深化。中国企业积极参与津巴布韦基础设施建设，2017年在津巴布韦新签合同额14.8亿美元，完成营业额3.1亿美元，截至2017年底，累计在津巴布韦承揽工程120.31亿美元，完成营业额48.22亿美元，涉及交通、电力、水利、通信、房建等领域。同时，中国金融机构为多个项目提供了优惠融资支持。目前，卡里巴南岸水电站扩容、维多利亚瀑布国际机场等标志性项目已顺利竣工投运，万吉火电站扩建项目开工在即，必将为津巴布韦经济社会发展提供坚实基础。

发展援助成效显著。建交以来，中国不断加大对津巴布韦援助力度，国家体育馆、马胡塞夸医院、农业示范中心、干旱地区打井、中津友好中学和小学、国家高性能计算机中心等援建项目获得津巴布韦社会各界普遍赞誉，紧急粮食和化肥、野生动物保护设备、气象监测设备等援助项目社会效应显著，援津农业专家组和医疗队工作获得津巴布韦政府有关部门高度肯定。截至2017年底，中国政府累计为津巴布韦培训了4 329名各类人才。

当前，中津两国政治高度互信，发展优势互补，未来两国经贸合作前景广阔。中津传统友谊源远流长，历久弥坚。多年来，双方高层往来频繁，津巴布韦前总统罗伯特•穆加贝和现任总统埃默森•姆南加古瓦曾多次访问中国。2015年12月1日，习近平成功对津巴布韦进行国事访问，推动双方政治互信持续深化。2017年11月，津巴布韦政权平稳过渡后，习近平即派特使访津巴布韦表示祝贺，既体现了相互间良好的关系和深厚的友谊，也反映出中津关系的高度和热度，为进一步深化中津经贸合作提供了坚强的政治保障。

中津发展战略对接进入深度融合、相互促进的新阶段。津巴布韦政府致力于推动经济复苏发展，制定了《津巴布韦可持续社会经济转型规划》，在农业、矿业、基础设施、旅游、经济特区等重点领域提出了一系列目标和具体项目，这与中非合作论坛约翰内斯堡峰会提出的中非“十大合作计划”深度契合，中国在津巴布韦有关领域实施的重点合作项目与其发展需求高度匹配。2018年9月，中非合作论坛新一届峰会将在北京举行，新的峰会成果必将惠及包括津巴布韦在内的所有非洲国家，也必将为中津经贸领域合作丰富新内涵、注入新活力。

中国政府坚定支持贸易自由化和经济全球化，主动向世界开放市场，并为此设立了中国国际进口博览会这一机制。中国积极邀请津巴布韦政府和企业参加进口博览会，推动中方企业参加津巴布韦国际贸易展，配合津总统访华在京召开双边经贸联委会第十次会议、津巴布韦投资政策推介会等活动，促进双方政府和企业交流。津巴布韦农业、矿业、旅游业发展基础良好，基础设施领域发展空间巨大，近期本土化政策放宽，经济特区建设步伐加快，其对外资的需求和发展潜力与中国的资金、技术、市场等优势形成良性互补，在中国“一带一路”倡议和中非合作论坛机制的持续推动下，中津经贸合作面临新的机遇，发展潜力巨大。

多年来，中津经贸关系全面快速发展，两国越来越成为真正的利益共同体和命运共同体。展望未来，两国将以持续深化贸易投资、产能合作、基础设施、发展援助等领域合作为着力点，深入发掘合作潜力，不断拓宽合作渠道，聚焦优势互补、互利共赢，更好造福两国人民。

中津两国政府间签有经济技术合作、贸易、投资保护等协定和避免双重征税协定，设有经济贸易联合委员会。两国建交以来，中国援助津巴布韦建设了哈拉雷国家体育场、医院、学校、水坝、水井、服装厂等项目，利用中国进出口银行出口买方信贷和政府贴息优惠贷款在津巴布韦承担了水泥厂、移动壹网电信改造、国防学院、维多利亚瀑布市机场改扩建、卡里巴南岸水电站扩容等项目。2017年，双边贸易额13.17亿美元，同比增长18%，其中中国出口4.44亿美元，同比增长14.5%；进口8.73亿美元，同比增长20%。2018年1月—10月，双边贸易额12.05亿美元，同比增长0.96%，其中中国出口3.61亿美元，同比下降5.67%；进口8.44亿美元，同比增长4.09%。中方主要从津方进口烟草，向津方出口机电、高新技术产品。

中津签有文化协定、高等教育合作协定和航空协定。2007年3月，津巴布韦大学孔子学院正式开课。2017年全年在华津巴布韦留学生总数为4 607名。津巴布韦为中国公民出境旅游目的地国。2004年11月，津巴布韦航空公司开通哈拉雷—北京的直航，现已停飞。从2018年7月1日起，津巴布韦给予中国赴津游客落地签待遇。中方共向津巴布韦派出15批医疗队，目前在津巴布韦有中国医疗队员10人。

三十一、莫桑比克

（一）简介

莫桑比克位于非洲东南部，南邻南非、斯威士兰，西界津巴布韦、赞比亚、马拉维，北接坦桑尼亚，东临印度洋，隔莫桑比克海峡与马达加斯加相望，是东南部非洲内陆国家重要出海口和区域性交通走廊，是"二十一世纪海上丝绸之路"在非洲的自然延伸。国土面积近80万平方千米，煤炭、天然气、森林、水利、农业、渔业等矿产和自然资源非常丰富。

莫桑比克于1992年结束内战后，国家实现长期和平稳定。莫桑比克政府高举和平发展旗帜，制定脱贫减困战略，大力调整经济结构，加快基础设施建设，努力改善投资环境，积极扩大对外合作，社会经济平稳快速发展。特别是2004—2014年，国民经济总值（GDP）连续10年保持7%以上的增长，使莫桑比克成为同时期非洲发展最快的国家之一。2015年以来，受国际原材料价格大幅下跌、自然灾害、货币贬值等多种因素影响，莫桑比克经济增长有所放缓，2017年GDP增长率下滑至3.7%，但国际货币基金组织（IMF）预测，受煤炭、天然气等资源开发的强力支撑，莫桑比克经济增速在2022年以后可能达到17.6%。

莫桑比克社会保持长期稳定，经济快速增长，中资企业和自然人在莫桑比克投资合作机会很多，但也面临一些问题和挑战，如港口、道路、电力等基础设施不足，医疗卫生条件普遍较差，一些城市和地区社会治安不佳等。

总体上看，莫桑比克政局稳定、资源丰富、区位优势明显、经济发展潜力较大，政府积极扩大对外投资合作，努力完善外资政策法规，改善营商环境。

（二）合作

中华人民共和国与莫桑比克共和国于1975年6月25日建交。建交以来，两国关系发展顺利。2016年5月，中莫建立全面战略合作伙伴关系。

莫桑比克是中国在非洲的传统友好国家和重要合作伙伴。2016年两国元首宣布中莫建立全面战略合作伙伴关系，莫桑比克是中国开展国际产能合作重点国家。中莫建交40多年来，双边关系稳定发展，经贸往来日渐增多，合作领域和规模不断扩大，取得丰硕成果。据莫桑比克投资和出口促进局统计，截至2017年底，中资企业在莫桑比克累计非金融类直接投资17.07亿美元，涉及基础设施、农业、通信、矿业、房地产、商贸物流等多个行业，在莫桑比克具有一定规模的中资企业由几家增加到近100家。中国目前是莫桑比克最大投资来源国、主要贸易伙伴、基础设施项目最主要的融资方和建设者之一。

中莫建交以来，中方为莫方援建了经济住房、国家体育场、2所农村学校、农业技术示范中心等34个成套项目、农业技术合作等22个技术合作项目。

中莫两国签有贸易协定和投资保护协定。2001年，中莫成立经贸联委会。2018年6月在马普托召开第六次会议。2018年1月—6月，双边贸易额12.13亿美元、同比增长38%。其中中方出口8.91亿美元，同比增长47%；进口3.22亿美元，同比增长19%。中方向莫桑比克主要出口机电产品、钢材、服装鞋类等，从莫桑比克主要进口木材、矿砂、农产品等初级产品。自2015年1月1日起，莫桑比克97%输华产品享受免关税待遇。

中、莫两国政府签有文化协定，两国文化和教育代表团曾分别互访。截至2017年底，中方共接收莫桑比克奖学金生335名。2017年莫桑比克在华留学生571名。2008年，两国签署了《中华人民共和国政府和莫桑比克共和国政府科学技术合作协定》。两国签有医疗卫生议定书。2016年1月，两国签署互免持外交和公务护照人员签证协议。

中国已将莫桑比克列为中国公民自费出境旅游目的地国。

中国湖北省与莫桑比克莫加扎省、海南省与楠普拉省为友好省份，上海市与莫桑比克首都马普托市为友好城市。2014年9月，莫桑比克在澳门开设总领事馆。

三十二、非洲间首个多边金融合作机制

2018年9月5日，中非开发性金融论坛暨中非金融合作银行联合体（简称“中非银联体”）成立大会在北京召开。中国国家开发银行等17家成员行在会上签署《中非金融合作银联体成立协议》，标志着中国与非洲间首个多边金融合作机制成立。

中非银联体由中国国家开发银行牵头成立，非方创始成员行包括南非联合银行、摩洛哥阿提加利瓦法银行、莫桑比克商业投资银行、埃及银行、中部非洲国家开发银行、埃塞俄比亚开发银行、泛非经济银行、肯尼亚公平银行、尼日利亚第一银行、刚果民主共和国罗基银行、毛里求斯国家银行、南非标准银行、东南非贸易与发展银行、乌干达开发银行、非洲联合银行、西部非洲开发银行等具有区域代表性和影响力的非洲金融机构。

三十三、中非发展基金

中非发展基金是中国在2006年中非合作论坛北京峰会上宣布设立的股权投资基金，旨在鼓励和支持更多的中国企业对非投资。自2007年6月份开业运营以来，中非发展基金把中国企业和非洲项目连接起来，已成为中国企业对非投资的主要平台，为巩固中非友谊、促进中非经贸合作转型升级发挥了积极作用。

中非发展基金成立11年来，紧紧围绕国家发展和外交大局，做了大量卓有成效的工作。截至2018年7月，基金已决定对分布在36个非洲国家的92个项目投资，投资金额超过46亿美元，涉及基础设施、产能合作、农业民生和资源开发等领域。中非发展基金与中国企业合作投资的很多项目都已成为中非务实合作的典范，充分体现了中非命运共同体“合作共赢、休戚与共”的理念。

中非发展基金自成立以来专注对非投资事业，积累了四大优势。（一）机构优势。中非发展基金在南非、埃塞俄比亚、赞比亚、加纳和肯尼亚5国设立了区域代表处，贴近非洲市场，建立了丰富的非洲项目渠道和公共关系资源。（二）经验优势。中非发展基金积累了非洲项目投资相关的前期开发策划、价值评估、风险管控、法律咨询、投后管理和退出机制等全流程经验，形成了非洲宏观、国别和行业研究的知识库。（三）团队优势。中非发展基金锻炼和培养了一批熟悉非洲、适应高水平对外开放要求的专业化团队，储备了一批项目。（四）品牌优势。中非发展基金形象在非洲深入人心，成为中国与非洲项目投资和企业合作不可或缺的平台。

第四章　与大洋洲的合作

第一节　大洋洲基本情况

大洋洲又称为澳洲，范围有狭义和广义两种说法，前者仅指太平洋三大岛群，即波利尼西亚、密克罗尼西亚和美拉尼西亚三大岛群；后者除三大岛群外，还包括澳大利亚、新西兰和新几内亚岛，共约1万多个岛屿。陆地总面积约897万平方千米，约占世界陆地总面积的6%，是世界上面积最小的一个洲。居民人口约占世界总人口的0.5%，是除南极洲外世界上人口最少的一个洲。城市人口占总人口的60%以上，是各洲中城市人口比重大的一个洲；70%以上的居民是欧洲移民的后裔；当地居民约占总人口的20%，主要是美拉尼西亚人、密克罗尼西亚人、巴布亚人、波利尼西亚人；印度人约占总人口的1%；此外还有混血种人、华裔、华侨以及日本人等。绝大部分居民信基督教，少数信天主教，印度人多信印度教。绝大部分居民通用英语，太平洋三大岛群上的当地居民，分别用美拉尼西亚语、密克罗尼西亚语和波利尼西亚语。

截至2018年12月，大洋洲与中国建交的国家约有14个。中国外交部在此设置了8个大使馆，分别是驻澳大利亚大使馆、驻巴布亚新几内亚独立国大使馆、驻斐济共和国大使馆、驻密克罗尼西亚联邦大使馆、驻萨摩亚独立国大使馆、驻汤加王国大使馆、驻瓦努阿图共和国大使馆、驻新西兰大使馆。其中，与中国签订"一带一路"有关协议约定的有9个国家。

第二节　与区域内国际组织的合作

大洋洲的国际组织主要有两个：一是太平洋共同体，二是太平洋岛国论坛，简要介绍如下：

一、太平洋共同体（Pacific Community（PC））

（一）简介

概况：1947年2月6日，当时在太平洋岛国地区有属地和托管地的美国、英国、法国、澳大利亚、新西兰和荷兰6国政府签署了《堪培拉协议》，宣布成立南太平洋委员会（South Pacific Commission，SPC）。1998年，更名为太平洋共同体（Pacific Community）。1950年，该委员会为使南太地区的属地和托管地有发表意见的机会，决定每3年召开一次南太平洋会议。1967年改为每年召开一次。1973年，根据澳大利亚建议，南太平洋委员会和南太平洋会议决定自1974年起每年举行一次联席会议，通称"南太平洋会议"，就财政预算、资金使用方向、优先项目、吸收合作伙伴、选举和任命委员会主要官员等重大事务作出决策，但仅美、英、法、澳、新、西萨摩亚（后更名为"萨摩亚"）、斐济、巴布亚新几内亚、库克群岛、所罗门群岛、瑙鲁、图瓦卢和纽埃13个政府成员代表有选举权。在1983年第23届南太平洋会议上，根据澳大利亚的提议，规定当时27个成员都有选举权。1997年9月，第37届会议在澳大利亚首都堪培拉举行，会议决定每2年举行一次"南太平洋会议"。

宗旨：促进南太平洋各国（地区）的经济发展、社会福利和进步。与其他国际组织合作，向南太岛国提供经济技术援助。

成员数：26个，包括美国、法国、澳大利亚、新西兰、汤加、萨摩亚、斐济、巴布亚新几内亚、基里巴斯、瓦努阿图、密克罗尼西亚联邦、帕劳、库克群岛、所罗门群岛、瑙鲁、图瓦卢、马绍尔群岛、美属萨摩亚、关岛、法属波利尼西亚、新喀里多尼亚、瓦利斯和富图纳群岛、纽埃、托克劳、皮特凯恩群岛、北马里亚纳群岛。荷兰曾为南太平洋委员会创始成员，1962年在把西伊里安移交给印度尼西亚后退出。英国曾于1996年退出，1998年1月重新加入，2005年1月再次退出。

主要负责人：现总干事科林·图库伊汤加（Dr. Colin Tukuitonga），纽埃人，2014年1月当选。总干事下设2名副总干事分别负责运营和管理具体项目。

总部：设在新喀里多尼亚首府努美阿。网址：www.spc.org.nc 。

出版物：《活动月刊》(*Monthly News of Activities*)；《南太平洋会议报告》(*Report of the South Pacific Conference*)，年刊。两刊均为英、法双语。

组织机构：具体项目的副总干事下设7个司，包括地质科学司（合并南太应用地学委员会SOPAC后设立），经济发展司，社会发展司，渔业、水产养殖和海洋生态系统司，陆地资源司，公共卫生司，发展数据司等。其中SOPAC、陆地资源司和经济发展司办公室位于斐济；其余均位于努美阿。运营管理副总干事下设财务、行政、人力资源、通信、出版、翻译、法务等部门。此外还单独设战略与政策规划署（SEPPF）。太平洋共同体在密克罗尼西亚联邦波纳佩设有北太地区办事处，在所罗门群岛霍尼亚拉设有国家办事处。目前，太平洋共同体每2年召开一届会议，制定相关政策并决定总干事人选。闭会期间，政府及行政机构代表委员会（The Committee of Representatives of Government and Administrations）有权就重要事项作出决策。资金来源分3部分：1. 会员费，总额约1 000万美元，90%由澳、美、法、新等四大国缴纳，其余10%由22个岛国和地区负担；2. 澳、美、法、新等四大国提供的项目援助；3. 欧盟、联合国开发计划署、世界粮农组织、世界卫生组织等国际组织以及各国通过多边组织或直接向太平洋共同体秘书处提供的援助。

主要活动：在医疗卫生、经济发展、社会进步方面提供培训、咨询服务和协助，侧重落实各国和国际组织对南太地区的经援项目。在1976年举行的第16届会议上，南太平洋委员会的活动范围扩大至乡村发展、青年和团体事务、特别专家协商、文体、教育交流以及海洋资源的开发和研究等。

1999年12月，太平洋共同体首届会议在法属波利尼西亚举行，通过了规定该组织机构设置和工作规则的《塔希提宣言》，任命劳迪斯·潘吉莉南女士为首任总干事。

2001年11月，太平洋共同体第二届会议在努美阿举行，制定了2003—2005年的5项重大战略规划，即人力资源开发、在太平洋地区实现国际开发目标、在经济社会领域进行政策分析与建议、与相关国际机构加强沟通与协调、提升机构自身计划与执行能力等，其中人力资源开发被定为核心任务。

2003年11月，太平洋共同体第三届会议在斐济首都苏瓦举行，会议主题是"太平洋岛屿应对传染病",主要讨论了防治艾滋病、疟疾、肺结核全球基金;法国和新西兰资助的"太平洋地区妥善应对流行病计划"(PREPARE);太平洋海洋战略;共同体就执行"千年发展目标"向岛国提供援助;在帕劳举办太平洋艺术节等。

2005年11月,太平洋共同体第四届会议在帕劳首都科罗尔举行,会议主题是"发挥青年作用,创造安全、繁荣及可持续的未来",还讨论了太平洋共同体《机构述评》("Corporate Review")以及大流感、艾滋病地区战略、地区卫生基金、渔业、"太平洋计划"等问题,并任命吉米•罗杰斯为总干事。

2007年11月,太平洋共同体第五届会议暨该组织成立60周年会议在萨摩亚首都阿皮亚举行,会议主题是"太平洋渔业的未来:做好规划和管理,实现食品安全、民生及经济可持续发展",还讨论了城市化、气候变化、数字化战略等问题。

2009年9月,太平洋共同体第六届会议在汤加首都努库阿洛法举行,会议主题是"在国家层面实现地区项目效益最大化",还讨论了太平洋共同体的作用及其长期可持续融资战略、核心发展指标、卫生领域优先工作等。

2011年11月,太平洋共同体第七届会议在新喀里多尼亚首府努美阿举行,会议主题是"气候变化和粮食安全"。

2013年11月,太平洋共同体政府及行政机构代表委员会(CRGA)在斐济首都苏瓦举行会议。太平洋共同体第八届会议在苏瓦举行,会议主题是"加强太平洋共同体可持续发展——帮助制定'2015年后发展议程'"。

2014年11月,太平洋共同体政府及行政机构代表委员会(CRGA)在新喀里多尼亚首府努美阿举行会议,启动了"太平洋性别平等和气候变化问题一揽子方案('Pacific Gender and Climate Change Toolkit')",讨论了"太平洋地区应对气候变化和抵御灾害发展战略('Strategy for Climate Change and Disaster Resilient Development in the Pacific')"等议题。

2015年10月31日—11月5日,太平洋共同体政府及行政机构代表委员会(CRGA)、太平洋共同体第九届会议先后在纽埃首都阿洛菲举行,会议主题是"力挽狂澜,提高太平洋岛国人民的适应性('Resilient Pacific People - turning the tide')"。

2017年7月24日—7月28日,太平洋共同体政府及行政机构代表委员会(CRGA)、太平洋共同体第十届会议先后在新喀里多尼亚首府努美阿举行,会议庆祝了SPC成立70周年,主题是"致力于可持续发展的创新型伙伴关系('Innovative Partnerships for Sustainable Development')"。

(二)中国同太平洋共同体的关系

中国曾向该组织"南太森林保护""偏远地区卫星通信"和"南太地区码头升级"等项目提供过小额援助。2010年8月,外交部副部长崔天凯在瓦努阿图出席第22届太平洋岛国论坛会后对话会期间会见太平洋共同体总干事罗杰斯。同年11月,卫生部部长陈竺在北京会见来华出席国际会议的罗杰斯。2010年7月和2011年9月,太平洋共同体应邀出席中国农业部在厦门和斐济举办的第二届和第三届"中国-太平洋岛国农业合作论坛"。

二、太平洋岛国论坛(Pacific Islands Forum)

(一)简介

概况:1971年8月5日—7日,斐济、萨摩亚、汤加、瑙鲁、库克群岛、澳大利亚和新西兰在惠灵顿召开南太平洋七方会议，正式成立“南太平洋论坛”，并决定此后每年召开一次会议。2000年10月，论坛更名为“太平洋岛国论坛”。

宗旨：加强论坛成员间在贸易、经济发展、航空、海运、电信、能源、旅游、教育等领域及其他共同关心问题上的合作和协调。近年来，论坛加强了在政治、安全等领域的对外政策协调与区域合作。

成员数：18个成员，包括澳大利亚、新西兰、斐济、萨摩亚、汤加、巴布亚新几内亚、基里巴斯、瓦努阿图、密克罗尼西亚联邦、所罗门群岛、瑙鲁、图瓦卢、马绍尔群岛、帕劳、库克群岛、纽埃、法属波利尼西亚、法属新喀里多尼亚。12个特别观察员：瓦利斯和富图纳、英联邦、联合国、亚洲开发银行、中西太平洋渔业委员会、世界银行、非加太集团、美属萨摩亚、关岛、北马里亚纳自由联邦、东帝汶、国际移民组织。

主要负责人：秘书长梅格•泰勒（Meg Taylor，巴布亚新几内亚人），2014年8月当选，2017年9月连任。副秘书长克里斯蒂尔•普拉特（Cristelle Pratt，新西兰人）。

总部：论坛秘书处设在斐济首都苏瓦。网址：www.forumsec.org.fj 。

出版物：《秘书处年度报告》（“Pacific Islands Forum Secretaritat Annual Report”）；《论坛述评》（*Forum Review*），月刊。均为英文。

组织机构：1972年建立常设机构——南太经济合作局（SPEC），1988年改称“南太论坛秘书处”。设论坛秘书长，由论坛成员国政府代表投票产生，对论坛成员国负责；设副秘书长，系合同聘用，协助秘书长工作。下设政治、国际和法律事务司、贸易和投资司、发展和经济政策司、协同服务司（行政），各司设司长。论坛秘书处总部共有约120名官员和职工。在悉尼、奥克兰设有贸易与投资专员署，在东京设有太平洋岛屿中心，2002年在北京开设驻华贸易代表处（2012年更名为“太平洋岛国论坛驻华贸易与投资专员署”），2003年底在日内瓦设立驻世界贸易组织代表处。论坛秘书处财政预算由澳大利亚和新西兰各支付1/3，其余部分由其他岛国成员分摊。目前向秘书处提供捐助的国家、地区和组织有：中国、澳大利亚、加拿大、欧盟、法国、法属波利尼西亚、德国、日本、韩国、马来西亚、新西兰、菲律宾、英国、联合国开发计划署。论坛秘书处和8个相对独立的机构组成太平洋地区组织理事会（CROP），由论坛秘书长担任主席。这8个组织为：论坛渔业局（FFA）、斐济医学院（FSchM）、太平洋岛屿发展署（PIDP）、太平洋电能协会（PPA）、太平洋区域环境规划署（SPREP）、太平洋共同体秘书处（SPC）、南太平洋旅游组织（SPTO）、南太平洋大学（USP）。2004年太平洋岛国论坛首脑会议通过决议，决定对地区组织进行机构重组。2006年，论坛首脑会议审议通过了《改革地区机制框架报告》，为地区组织机构重组描绘了“路线图”。根据论坛有关决议和《报告》，地区组织将整合为三大类，分别是政治政策类、技术服务类和教育培训类。

主要活动：论坛首脑会议：论坛一般每年召开一次政府首脑会议，在各成员国或地区轮流举行。迄今，已举行了49届论坛首脑会议（1972年召开了2次）。最近一次论坛首脑会议于2018年9月在瑙鲁举行。论坛会后对话会：从1989年起，论坛决定邀请中、美、英、法、日和加拿大等国出席论坛首脑会议后的对话会议。1991—2007年，论坛先后接纳欧盟、韩国、马来西亚、菲律宾、印度尼西亚、印度、泰国、意大利为对话伙伴。2013年，接纳古巴为对话伙伴。2014年接纳土耳其、西班牙为对话伙伴。2016年接纳德国为对话伙伴。目前，论坛共有18个对话伙伴，迄今已举行30次对话会议。论坛外交部长会议：为协调并解决成员国共同关心的政治问题，首脑会议不定期授权论坛成员国外长就特定议题召开会议。第46届论坛首脑会决定，自2016年起，论坛将每年在首脑会议前召开外长会议。论坛经济部长会议：为协调和支持各成员的经济改革，从1997年起，论坛每年在首脑会议前召开经济部长会议。论坛贸易部长会议：为协调和推动地区贸易自由化，从1999年起，论坛每年在首脑会议前召开贸易部长会议。论坛与日本领导人会议由日本倡议和推动，始于1997年，每3年举办一次，旨在密切日本与论坛国家关系。2009年5月，在日本冲绳举行了第五届会议，日本承诺3年内向岛国提供500亿日元援助，为岛国培训人员并开展人员交流。会议并决定设立"太平洋环境共同体"以共同应对面临的环境问题。2012年5月，在日本冲绳举行了第六届会议，发表共同宣言，强调日本和岛国将加强在减灾、环境和气候变化、可持续发展、人员交流以及海洋安全等五大领域合作。日本承诺3年内向岛国提供5亿美元援助。2015年5月，在日本福岛举行第七届会议，讨论了防灾减灾、气候及环境变化、人文交流、可持续发展和海洋事务等议题，发表《福岛磐城宣言》。日本宣布未来3年向岛国提供至少550亿日元（约4.53亿美元）援助。2018年5月，在日本福岛举行第八届会议，重点讨论气候变化、可持续发展、海洋保护等议题，发表领导人联合宣言。论坛自1989年亚太经合组织成立时起即为其观察员。1994年起，论坛成为联合国观察员。

（二）中国同太平洋岛国论坛的关系

1988年2月，中国驻斐济大使徐明远应邀参加论坛地区机构协调委员会在苏瓦召开的关于建立对话关系的讨论会。1990年起，中国连续30次派政府代表出席对话会，加强了中国同论坛及其成员国的合作关系。我同论坛秘书处保持频繁往来。论坛秘书长亨利•纳萨利（1991年4月）、耶雷米亚•塔巴伊（1992年9月）、诺埃尔•莱维（1999年5月、2002年9月）、格雷戈里•厄尔文（2006年8月）、图伊洛马•内洛尼•斯莱德（2013年6月、11月）、泰勒（2017年3月）曾访华。2000年10月，中国政府捐资设立中国－太平洋岛国论坛合作基金，用于促进双方在贸易投资等领域内的合作。基金设立后，已先后资助了论坛驻华贸易代表处、投资局长年会、论坛秘书处信息存储系统更换、论坛进口管理等项目。

第三节　与大洋洲国家之间的合作

一、与新西兰的合作

双边贸易和投资简况：1972年中新建交以来，双边经贸关系快速发展。中新两国经济互补性强，在农牧业、服务贸易、环保技术、清洁能源等领域有较大合作空间。中新自由贸易协定于2008年4月7日签署，并于当年10月1日开始实施。这是我国签署的第一个涵盖货物贸易、服务贸易、投资等诸多领域的全面自由贸易协定，有力促进了双边贸易和投资的增长。双边贸易，根据中国海关统计，2017年中新双边贸易额144.8亿美元，同比增长21.6%。其中，中国对新西兰出口51.0亿美元，同比增长7.0%；从新西兰进口93.8亿美元，同比增长31.3%。中国对新西兰出口商品主要为机电产品和服装，从新西兰进口商品主要为乳制品、木材、羊肉等。双向投资，据商务部统计，2017年新西兰在华设立企业67家，实际使用资金2 116万美元。截至2017年底，新西兰累计对华投资设立企业1 979个，累计实际使用新资14.3亿美元，主要分布在农林、轻工、纺织、冶金等领域。据商务部统计，截至2016年底，中国对新西兰直接投资存量21.0亿美元，2017年中国对新西兰直接投资7.5亿美元，主要涉及乳业、资源开发、保险、建筑等领域。双边经贸合作机制，中国–新西兰经贸联委会，根据1973年中国与新西兰签订的政府间贸易协定，中新经贸联委会（副部级）每年轮流在两国举行。2008年，中国–新西兰自贸区联委会（司局级）成立，迄今已召开6次会议。2017年2月，第28届中新经贸联委会在新西兰举行，商务部国际贸易谈判副代表张向晨与新西兰外交贸易部副秘书长维塔利斯共同主持会议。

（一）政策沟通

2017年3月27日，在国务院总理李克强与新西兰总理比尔•英格利希见证下，中国发改委主任何立峰与新西兰经济发展部长西蒙•布里奇斯代表两国政府签署了《中华人民共和国政府和新西兰政府关于加强“一带一路”倡议合作的安排备忘录》(以下简称《备忘录》)。《备忘录》提出，双方将共同加强合作与交流，以支持“一带一路”倡议，实现两国共同发展的目标。双方希望就各自重大发展战略、规划和政策定期开展高级别对话与交流，就各自重大宏观政策调整加强沟通合作，推动双方重大发展战略、规划及政策的对接和融合。在双边合作方面，优化升级《中国–新西兰自由贸易协定》，加大相互投资力度，探讨推动实质性互利合作的途径和方法。积极开展包括基础设施、制造业、农业技术、信息技术、清洁能源、监管协调、公共财政管理、贸易便利化等领域互利合作，深化双方经贸合作，力争早日实现双方领导人达成的2020年双边贸易额达300亿新元的目标。《备忘录》还提出，推进双方教育、旅游、地方、青年等领域的友好合作，利用双方签订电影电视联合制作协议的独特优势，开展广播影视领域的交流与合作，促进两国文化的交流与互鉴，开创人文交流新局面。据了解，在《备忘录》签署后，下一步双方将探讨开展务实合作，共同商定具体合作领域，尽快形成双边合作规划。专家苏晓晖认为中新“一带一路”协议具有示范意义，将开启两国合作新前景。中新关系中创造“第一”并非偶然。在发达国家中，新西兰第一个同中国结束加入世贸双边谈判，第一个承认中国完全市场经济地位，第一个同中国签署并实施双边自由贸易协定，第一个以创始成员国身份加入中国首倡的亚洲基础设施投资银行，第一个举办全国性“中文周”。可见，两国关系一直走在中国与西方发达国家关系的前列。

（二）贸易畅通

2015年6月24日，新西兰政府要求重新评估中新自由贸易协定（FTA）。新西兰政府表示，按照中国和澳大利亚上周签署的自由贸易协定（FTA），澳大利亚享受的贸易条件似乎比新西兰更好。作为第一个与中国签署自贸协定的发达国家，新西兰要和中国进行磋商，对中新自贸协定进行重新评估，以争取更好的贸易条件。新西兰贸易部长格罗泽表示，作为第一个与中国签署自贸协定的发达国家，新西兰将依照中澳自贸协定的条件与中国进行磋商，以争取新西兰自身的贸易利益，并期待2018年底取得谈判成果。新西兰总理约翰•基表示，重新评估中新自贸协定的最主要目的是使中国取消对新西兰乳制品进口的额外征税政策。按照2008年中新两国签署的自贸协定，新西兰出口到中国的乳制品实施特殊保障措施，超过一定数量的进口将征税额外关税。

2018年6月29日，新西兰与中国香港特区签署便利贸易的双边互认协议。新西兰海关与香港特区海关于6月28日在布鲁塞尔签署互认协议（MRA），根据协议，新西兰安全出口计划和香港认可经济营运商计划获得相互确认，双方参与计划的运营商可享有双边通关便利，包括减少查验或优先清关等。新西兰海关部长梅卡•怀蒂里（Meka Whaitiri）称，香港特区是新西兰第九大货物出口目的地，2017年对香港特区出口额达11亿新元，此互认安排使得双方贸易更流畅。作为一个小经济体，新西兰高度依赖有效顺畅的国际贸易，加强贸易便利化对新西兰非常重要，协议的签署意味着新西兰现在已经与其十大贸易伙伴中的6个达成互认安排，包括美国、日本、韩国、澳大利亚和中国。

（三）资金融通

2013年5月27日，新西兰与中国就两国货币直接兑换展开磋商。新西兰与中国就两国货币直接兑换进行磋商，尽管磋商尚处于初期阶段，但已取得积极进展。目前虽还没有达成协议的时间框架，但应注意到澳大利亚与中国耗时约12个月就达成了两国货币直接兑换协议。人民币与新西兰元一旦实现直接兑换，两国企业贸易结算时可不必先将新西兰元或人民币兑换成美元后再行换算，此举有望降低两国企业的贸易成本。此外，两国货币直接兑换还有望为新西兰央行将部分外汇储备投资中国国债以实现外汇资产的多样化铺平道路。

2014年3月18日，李克强与新西兰总理约翰•基举行会谈，共同宣布人民币与新西兰元直接交易，有利于降低两国经济主体汇兑成本，促进双边经贸金融合作，夯实和扩大双边金融合作基础。新方坚定致力于发展对华关系，将与中方共同做好新西兰元和人民币直接交易，并以此为契机，进一步扩大贸易、投资、金融、教育、旅游等各领域合作。

2014年5月22日，中国人民银行与新西兰储备银行正式续签本币互换协议，以支持不断发展的双边贸易，为新中两国企业间的跨境交易结算提供支持。双边本币互换协议展期将进一步推动人民币的国际流通，同时加强中新两国关系。中国人民银行和新西兰储备银行于2011年4月签订了金额为250亿元人民币（约合50亿新元）的双边本币互换协议，协议有效期3年，经双方同意可以展期双边货币互换是人民币国际化的一个重要渠道。据统计，中国已经和20多个境外货币管理机构签署了货币互换协议，总额约2.57万亿元人民币。

二、与澳大利亚的合作

双边贸易和投资简况：1972年中澳建交以来，双边经贸关系稳步发展。2015年12月20日，《中澳自由贸易协定》正式生效。双边贸易，据中国海关统计，2017年中澳货物贸易额1 362.6亿美元，同比增长25.9%。其中，中国对澳大利亚出口414.4亿美元，同比增长11.0%；从澳大利亚进口948.2亿美元，同比增长33.7%。中国对澳大利亚主要出口商品为自动数据处理设备、计算机、电话机、家具等；从澳大利亚主要进口铁矿石、煤炭、黄金和液化天然气等。双向投资，据商务部统计，截至2016年底，中国企业累计对澳大利亚直接投资存量333.5亿美元。2017年，中国对澳大利亚直接投资32.8亿美元。中国企业在澳大利亚投资主要涉及能矿资源开发、房地产、金融等领域。2017年，澳大利亚在华设立企业343家，实际投资2.8亿美元。截至2017年底，澳大利亚累计在华投资设立企业11 699家，实际投资86.0亿美元，主要涉及钢铁、科技、食品、贸易等领域。双边经贸合作机制：1. 中澳部长级经济联委会，根据1986年中国与澳大利亚签订的政府间贸易协定，中澳经贸联委会（正部级）每2年举行一次，轮流在两国举行。目前已举办了15届。2. 中国-澳大利亚自贸区联委会，2015年，中国-澳大利亚自贸区联委会成立，双方每年轮流在两国召开一次会议。2017年第一届中澳自贸区联委会在北京召开。

（一）政策沟通

2015年，中国-澳大利亚自贸区联委会成立，双方每年轮流在两国召开一次会议。

2017年第一届中澳自贸区联委会在北京召开。

（二）设施联通

两国在基础设施的建设和运营方面拥有巨大的合作潜力。2015年，中交集团成功收购了澳大利亚第三大工程建设企业约翰荷兰。一举克服该行业技术标准和工作签证两大壁垒，使澳大利亚成为中国企业重要的海外工程承包建设市场。在投资运营方面，国家电网通过收购南澳输电网公司、国网澳洲资产公司和澳网公司的股权获得了稳定的投资回报，积累了海外投资经验。国家电网正在积极参与澳大利亚其他电力私有化资产的竞购。招商局集团、山东岚桥集团通过99年长期租赁方式投资了纽卡斯尔港和达尔文港，并承诺追加港口建设投资。在新能源发电领域，中资企业也有在澳大利亚开发、运营的成功经验。

2013年以来，中国对澳大利亚房地产行业的商业投资呈爆发式增长。据业内权威机构统计，2013年当年，中国对澳大利亚房地产商业投资从前些年的年均不足1亿澳元，大幅增长至12.9亿澳元，占2013年中国对澳大利亚投资总额的14%。2014年，这一金额再增长239%，达到43.7亿澳元，占中国对澳大利亚投资总量的46%。房地产一跃而成为当年中国对澳大利亚投资的第一大行业。这其中不乏绿地、万达、碧桂园等著名开发商的大手笔投资。根据房地产行业一般情况下使用40%左右自有资金的比例计算，中资企业2014年在澳大利亚投资开发项目的总投资规模预计在100亿澳元左右。中资开发项目在今后的几年间将显著改善悉尼和墨尔本等城市局部地区的面貌，有助于这些城市保持活力。

能矿资源是中澳经贸合作的重要方面。澳大利亚是矿业大国，为我国经济建设提供了源源不断的能源矿业产品。中澳两国贸易中金额最大的商品是铁矿石。据澳方统计，2014—2015财年（2014年7月1日—2015年6月30日），在国际铁矿石价格大幅下跌的情况下，澳大利亚对华出口铁矿石金额仍高达420亿澳元，占澳大利亚同期对华出口货物总额815亿澳元的一半以上，占中澳双边货物贸易总额的30%。能矿资源的投资合作也是重头戏，中国对澳大利亚投资累计金额的80%在能矿资源领域，其中包括中信泰富在西澳投资的中国铁矿项目，兖煤集团收购的澳思达煤矿等煤矿资产以及五矿集团并购的MMG公司等大型矿业项目，也包括中海油、中石化在昆士兰州科蒂斯岛投资建设的大型天然气液化出口项目。在国际大宗商品价格大幅下挫的环境下，中国对澳大利亚能矿资源投资承受着巨大的经济压力。一些小规模的，处于开发前期阶段的项目被迫暂缓开发。但主要的大型投资项目当前仍然保持生产，通过各种合法合规的方式降低成本，增加收益，继续履行相应的社会责任。在相当长的一段时间里，能矿资源合作都将继续作为中澳经贸合作的中坚力量。

双边农业合作前景广阔。农业被视为澳大利亚矿业繁荣消退后最有望成为接替者的产业。农产品对华出口保持高速增长，中国投资者高度认可澳大利亚农业资产，在牧场、屠宰场、酒庄、糖厂、乳品厂、粮食和棉花等经济作物种植业都有较大投资。中粮集团全资收购来宝农业，为后者澳大利亚资产带来了更好的前景。2015年，中澳两国签署了新的屠宰用活牛贸易检疫卫生议定书，两国间活牛贸易的开展将降低澳大利亚牛肉在中国的销售成本，增加中国市场牛肉的供应，满足国人对高品质牛肉不断增长的需求。在健康食品行业，澳大利亚的知名维生素品牌Swisse也引入了中国投资，以寻求更好的发展。展望未来，中澳经贸合作蕴藏着巨大的潜力。“21世纪海上丝绸之路”的建设和澳大利亚的北部大开发为这一合作锦上添花，开创了更多机遇。希望中澳两国企业能够把握住这难得的历史机遇，为中澳两国经济的发展，人民生活水平的提高做出更大的贡献，在中澳经贸合作的历史上书写新的篇章。在这一过程中，中国驻澳大利亚大使馆经商处愿意为两国企业提供更多更好的服务和帮助。

（三）贸易畅通

2016年5月31日，中澳经贸合作开启新的篇章。自1972年中澳两国建交以来，在中澳双方各界人士的共同努力下，双边经贸合作持续、蓬勃发展，从过去能矿资源合作一枝独秀，到现在形成了全方位、多层次、宽领域"全面开花"的良好合作格局。《中澳自由贸易协定》于2015年12月20日正式生效，这个"全面、高质量和利益平衡"的协定，为两国企业继续深化能矿资源合作，扩大服务业、基础设施、农业等领域合作，创造了更好的条件和环境。中澳经贸合作站上了新的起点，开启了新的篇章。"七个第一"体现中澳经贸关系规模。中国与澳大利亚之间的经贸关系中有"七个第一"，中国是澳第一大贸易伙伴、第一大出口市场、第一大进口来源国、第一大农产品出口市场、第一大服务贸易出口目的地、第一大旅游收入来源国、第一大留学生来源国。中澳两国都从这"七个第一"中获得巨大的收益。自由贸易协定奠定发展环境。2014年11月，习近平成功访澳，宣布中澳两国完成了《中澳自由贸易协定》实质性谈判，两国建立全面战略伙伴关系。在两国政、商界的共同努力下，中国商务部部长高虎城与澳大利亚贸易和投资部长罗布于2015年6月17日在堪培拉正式签署了《中澳自由贸易协定》。12月9日，马朝旭大使与澳方在悉尼就该协定生效互换照会，确定12月20日协定生效。2016年1月1日进行第二次降税，施行协定生效第二年的阶梯税率。在协定签署、生效和降税这些环节中，两国政府密切协作，成果史无前例，展现了很高的效率和很大的灵活性，确保两国产业尽早收获协定带来的效益，体现出中澳两国间充满活力的贸易投资合作关系，以及这一关系背后两国经济的高度互补性。据澳大利亚国际经济研究中心预测，中澳自贸协定将拉动澳大利亚国内生产总值增长0.7个百分点，拉动中国国内生产总值增长0.1个百分点。中澳自贸协定能够提高双方优势行业产出，提升贸易水平，营造一个更加公平、稳定的投资与商贸环境。

2015年7月—8月澳大利亚农业部长乔伊斯和中国质检总局局长支树平正式签署《中国从澳大利亚输入屠宰用牛卫生检疫要求议定书》，10月21日，澳大利亚首批150头屠宰用活牛空运抵重庆。

2015年8月12日，国家发展改革委员会主任徐绍史访澳，与澳大利亚国库部长霍基、贸易投资部长罗布共同主持第二届中澳战略经济对话。

2015年12月9日，澳大利亚中国总商会主编的双语《中资企业在澳大利亚》新书发布会在悉尼举行，马朝旭大使、澳前外长卡尔、总商会会长胡善君等嘉宾致辞。澳大利亚总理特恩布尔和中国商务部国际贸易谈判副代表张向晨为此书作序。

（四）资金融通

金融领域，中国银行、建设银行、工商银行、农业银行、交通银行等大型金融机构在澳大利亚业务不断向纵深方向扩展。其中，中国银行悉尼分行建成了南半球第一个人民币清算中心。建设银行悉尼分行在2015年购得了苏格兰皇家银行在澳大利亚24.4亿美元优质信贷资产包，为其在澳大利亚贷款业务的发展奠定了坚实的基础。

（五）民心相通

澳大利亚旅游行业发展前景优势明显。同时，中资企业在澳大利亚酒店行业投资增长较快。中澳两国在医疗健康领域的合作也初现端倪，业内人士正就澳大利亚养老服务产业如何开展对华合作进行积极的探索。中国2016年赴澳大利亚游客已突破100万人次，成为澳大利亚最大的旅游收入来源国。然而，中国公民年出境游人次已超过1亿次，来澳大利亚游客仅占1%，未来仍有巨大发展潜力。

三、巴布亚新几内亚

双边（中国与太平洋岛国）贸易和投资简况：近年来，中国与太平洋岛国的经贸关系发展势头良好，双边贸易不断增长，合作领域日益拓宽。2013年11月，第二届“中国–太平洋岛国经济发展合作论坛”在广州成功举办，副总理汪洋在论坛上宣布了今后4年中国在贸易投资、基础设施建设、农业、教育、旅游、卫生、环保、防灾减灾等领域加强与岛国务实合作，支持岛国发展的7项政策举措，受到建交岛国政府和人民的欢迎和赞赏。2014年11月，习近平对斐济进行国事访问并同建交太平洋岛国领导人举行集体会晤，阐述了新形势下中国深化同太平洋岛国关系的政策举措，与太平洋岛国建立相互尊重、共同发展的战略伙伴关系，推动中国与太平洋岛国友好关系迈上新台阶。据中国海关统计，2017年，中国和太平洋岛国地区双边贸易额82.0亿美元，同比增长1.8%。其中，中国对岛国地区出口47.2亿美元，同比下降13.8%；从岛国地区进口34.8亿美元，同比增长34.9%。中国向太平洋岛国主要出口机电产品、金属及其制品、车船、塑料与橡胶制品等，主要进口原木、渔产品、矿产、天然气等。据中国商务部统计，2017年，中国在太平洋岛国地区对外承包工程新签合同额27.1亿美元，完成营业额9.7亿美元。2017年，中国对太平洋岛国地区直接投资1.6亿美元，涉及农渔业、旅游、基础设施建设等领域。

（一）政策沟通

2017年12月6日，国务院副总理汪洋在广州分别会见出席2017年广州《财富》全球论坛的巴布亚新几内亚总理奥尼尔。汪洋赞赏巴布亚新几内亚长期奉行一个中国政策，愿同巴布亚新几内亚方共商共建“一带一路”，继续对巴布亚新几内亚发展提供力所能及的帮助，支持巴布亚新几内亚2018年举办亚太经合组织领导人非正式会议。奥尼尔表示巴布亚新几内亚将继续奉行一个中国政策，做中方坚定的合作伙伴。

2018年3月31日，巴布亚新几内亚总理表示，欢迎“一带一路”倡议延伸到南太平洋国家。中国一直是巴布亚新几内亚的重要合作伙伴，两国关系不断升温，未来还有广阔的合作空间。两国已经建立起非常稳定的战略伙伴关系，友好合作不断加强。两国友好合作关系现在和将来都将继续向前发展，并且会越来越好。自建交以来，中国和巴布亚新几内亚两国关系取得历史性发展，双方建立起相互尊重、共同发展的战略伙伴关系。特别是近年来双边经贸合作飞速发展，给两国人民带来实实在在的利益。巴布亚新几内亚总理彼得·奥尼尔在接受《经济日报》记者采访时表示，两国友好合作关系现在和将来都将继续向前发展，并且会越来越好。

2018年6月21日，国家主席习近平在北京钓鱼台国宾馆会见巴布亚新几内亚总理奥尼尔。习近平指出，巴布亚新几内亚是太平洋岛国地区具有重要影响的国家。中巴新建交42年来，两国关系得到了历史性发展。特别是2014年习近平同巴布亚新几内亚总理就建立战略伙伴关系达成共识以来，两国关系进入发展快车道，双方政治互信和互利合作都达到了历史新水平。中方赞赏巴布亚新几内亚坚定奉行一个中国政策，愿同巴布亚新几内亚方共同努力，加强沟通，深化合作，扩大交流，推动两国关系不断迈上新台阶。习近平强调两国要坚持增进政治互信，秉持相互尊重、平等相待原则，在涉及主权、领土完整、国家尊严问题上相互支持、相互照顾，不断夯实两国关系政治基础。要坚持拓展互利合作，不断做大合作“蛋糕”，开拓合作新领域。巴布亚新几内亚不久前已正式加入亚洲基础设施投资银行，并成为太平洋岛国地区首个与中方签署“一带一路”建设谅解备忘录的国家，双方要以此为新起点，积极拓展“一带一路”框架内务实合作，为双边关系持续稳定发展提供强劲动力。要坚持深化人民友谊，扩大两国民间交往和地方合作，增强两国人民对发展双边关系的参与感、获得感。中方愿同巴布亚新几内亚加强在多边机制中的协调配合，支持巴布亚新几内亚办好2018年的亚太经合组织领导人非正式会议，共同建设开放型亚太经济。奥尼尔表示巴布亚新几内亚致力于深化同中国战略伙伴关系，坚定奉行一个中国政策，高度评价并积极支持习近平提出的伟大的“一带一路”倡议，期待在经贸、投资、农业、旅游、基础设施等领域同中方扩大合作。

2018年6月21日，在李克强和巴布亚新几内亚总理奥尼尔共同见证下，国家发展和改革委员会副主任张勇与巴新国家计划和监控部长马鲁签署《中华人民共和国政府与巴布亚新几内亚独立国政府关于共同推进丝绸之路经济带和21世纪海上丝绸之路建设的谅解备忘录》。双方将按照“共商、共建、共享”原则，共同推进“一带一路”建设，推动构建人类命运共同体，在政策沟通、设施联通、贸易畅通、资金融通、民心相通等领域开展合作，实现共同发展和共同繁荣。

（二）设施联通

2017年10月9日，巴布亚新几内亚2018年APEC事务局（PNG 2018 APEC Authority）首席执行官霍金斯表示供APEC领导人于2018年11月12日—18日使用的APEC大楼正在顺利建设之中。另一个至关重要的会议场所是中国援建的国家会议中心。该中心正在由中方进行升级改造，将在2018年12月APEC非正式高官会之前完工。

2018年5月27日，中国驻巴布亚新几内亚大使薛冰表示，中国和巴布亚新几内亚在“一带一路”框架下合作潜力巨大，巴布亚新几内亚积极参与中国倡导的“一带一路”建设将极大促进巴布亚新几内亚经济和社会发展，并促进国际及地区合作。巴布亚新几内亚是南太平洋岛国中陆地面积最大的国家，拥有丰富的自然资源和巨大发展潜力，在国际和地区事务中正扮演着越来越重要的角色。随着2018年亚太经合组织（APEC）各项会议在巴布亚新几内亚陆续召开，巴布亚新几内亚受到了国际社会前所未有的关注，各方投资、技术和人员不断涌入，中国与巴布亚新几内亚互利合作也不断扩大和深化，合作潜力巨大，前景光明。“巴布亚新几内亚地处广阔的南太平洋地区和我国21世纪海上丝绸之路南线延伸带，双方在‘一带一路’框架下合作潜力非常巨大。”中国支持巴布亚新几内亚经济和社会发展，巴布亚新几内亚支持中国核心利益，坚持一个中国政策。巴布亚新几内亚政府对中国提出的“一带一路”倡议非常欣赏，认为这为巴布亚新几内亚带来了美好发展愿景，希望搭乘中国“一带一路”发展快车，实现自身可持续发展。近年来，中巴两国高层交往密切，政治互信不断加深。薛冰表示，2014年，双方建立了相互尊重、共同发展的战略伙伴关系，为双边关系发展指明了方向。2016年，巴布亚新几内亚总理奥尼尔访华，两国政府签署关于开展产能合作框架协议，希望将两国合作纳入“一带一路”快车道。2018年5月2日，巴布亚新几内亚获准加入亚洲基础设施投资银行，加快了参与“一带一路”建设的步伐。薛冰说，巴新矿产、林业和农业资源非常丰富，这些都是开展“一带一路”产业合作的优先领域。中国有许多企业在巴布亚新几内亚投资和发展，农业产业园是其中一个重要合作项目。多年来，中国专家常驻巴布亚新几内亚，指导和帮助当地民众种植菌草和旱稻，已经实现连续丰收。两国正致力于共同打造工业产业园。巴布亚新几内亚渔业资源丰富，中国企业可以帮助巴布亚新几内亚建设港口、鱼类加工厂等。除了中国企业继续在巴布亚新几内亚发挥基础设施建设和产能合作方面的优势外，两国在人文交流、教育合作等领域发展前景也非常广阔。

（三）民心相通

截至2018年，中国已累计向440余名巴布亚新几内亚学生提供赴华留学奖学金，很多人在中国学习深造后回到巴布亚新几内亚在各领域发挥了重要作用，成为行业带头人。巴布亚新几内亚政府希望中国能够增加奖学金项目。此外，巴布亚新几内亚航空2018年将开通莫尔兹比港—上海的直航，一旦航线开通，两国人员往来会大幅增加，对于人文交流及汉语人才的需求也会大增。巴布亚新几内亚大学和莱城科技大学等主要高校都在积极与中方沟通，希望建立孔子学院或者开设孔子课堂。

四、萨摩亚

（一）政策沟通

2016年10月12日，中国驻萨摩亚大使王雪峰与萨摩亚总理兼外交贸易部长图伊拉埃帕分别代表两国政府签署了《中华人民共和国政府和萨摩亚独立国政府经济技术合作协定》。中国将一如既往地同萨摩亚加强各领域务实合作，支持和帮助萨摩亚政府发展经济，改善民生，用中萨友好合作的丰硕成果为两国人民带来更多实实在在的好处。萨摩亚是最早同中国建交的太平洋岛国之一。自1975年建交以来，两国在政治、经济、文化、教育、旅游、贸易、投资等领域合作不断加强。

2018年10月16日，萨摩亚总理表示“一带一路”倡议为南太岛国带来发展良机。中国提出的“一带一路”倡议为南太平洋地区岛国打开了广阔市场，为其发展提供了诸多良机，这在当前因气候变化而带来的困难与挑战之际就显得尤为重要。“一带一路”倡议对促进贸易、旅游及文化交流具有积极作用，有益于推动萨摩亚社会与经济发展。萨摩亚是南太地区岛国中第一个与中国签署“一带一路”倡议合作谅解备忘录的国家，以加强与中国的互利共赢合作，建立起更加紧密的伙伴关系。萨摩亚支持中国“一带一路”倡议，愿在这一框架内拓展两国在贸易、投资、旅游等领域的合作，密切人文交流。萨摩亚目前已从这一倡议中获益匪浅，看到了与中国在这一倡议框架内发展合作的巨大潜力。萨摩亚始终坚持一个中国原则，两国建立起相互信任与友好的紧密关系。

（二）设施联通

2015年10月9日，中国驻萨摩亚大使王雪峰率使馆经商处同志考察了中国援助的中萨农业技术合作示范农场。王雪峰参观了示范农场的培训教室、养猪场、沼气综合利用示范池和蔬菜种植示范田，深入了解了中国农业专家组开展农业技术培训、中国品种蔬菜种植推广以及同萨摩亚农业部、农民协会等的合作情况，详细询问了中方人员工作生活中遇到的困难和问题。王雪峰指出，中萨农业技术合作项目做得很成功，在帮助萨摩亚农民提高农业生产技术、改善饮食结构、增加家庭收入等方面取得了实实在在的成果，是一个很接地气的民生项目。大使馆将同农业专家组一道，继续推动该合作项目的深入实施，着力发挥示范农场的辐射带动作用，强化人员培训，让更多的萨摩亚农民朋友掌握科学的农业生产技术，为促进萨摩亚农业发展、改善农民生活做出新的贡献。中萨农业技术合作项目始于2010年，由湖南省农业委员会对外经济技术合作中心负责实施，目前已进行至第三期。中国派出的农业专家组在萨摩亚建设了示范农场，并设立了10个农业技术推广站，进行蔬菜种植、生猪圈养、沼气综合利用示范推广和农业技术培训等工作，该项目得到了萨摩亚政府和民众的广泛欢迎和高度赞誉。

2015年10月23日，中国援建萨摩亚修睦小学（Siumu Primary School）举行竣工仪式。伊拉埃帕总理代表萨摩亚政府热烈祝贺中国政府援建的萨摩亚修睦小学顺利竣工，他对学校工程建设的质量和效率给予高度评价，热情称赞中国工程技术人员一流的设计施工水准和令人尊敬的敬业精神。伴随小学的竣工使用，修睦小学的同学们将来接过中萨友谊的接力棒，让中萨友谊发扬光大、代代相传！即将搬进新校舍的孩子们像过节一样兴奋激动，他们载歌载舞，用热烈的萨摩亚舞蹈和天真质朴的歌声表达对中国援建者的感谢和敬意。

2015年12月23日，驻萨摩亚大使王雪峰与萨摩亚教育体育文化部部长马格莱分别代表两国政府在萨摩亚政府大厦签署了中国援助项目萨摩亚国立大学海洋学院、修睦小学和残疾人培训中心交接证书。使馆经商处负责人孟凡伟和三秘刘鹏参加了签字仪式。签署仪式后，王雪峰接受媒体采访时表示，为增进中萨两国和两国人民的友谊，促进萨摩亚教育事业的发展，两国政府于2012年4月签署协议，明确由中方援建萨摩亚国立大学海洋学院、修睦小学和残疾人培训中心等3个项目。该项目于2014年3月6日开工，在图伊拉埃帕总理的关心下，经过中国驻萨摩亚大使馆、中国湖南省建筑工程集团总公司和萨摩亚各界的共同努力，于2015年11月如期竣工并顺利通过质量验收。12月，中国政府向萨摩亚政府正式移交国立大学海洋学院等3个援建项目，将成为象征中萨友谊的新地标。马格莱感谢中国政府长期以来对萨摩亚教育事业的大力支持，高度评价中国援建项目的工程建设质量和效率，希望中萨两国在教育领域继续深化务实合作，使教育合作成为增进两国和两国人民友谊的新动力。

2016年10月24日，中国驻萨摩亚大使王雪峰与萨摩亚工程、交通与基础设施部部长尼可•李航分别代表两国政府签署了《中华人民共和国政府和萨摩亚独立国政府民用航空运输协定》。该协定是中萨友好合作进程中具有历史意义的又一重要成果，必将极大地推动中萨在航空、旅游、经贸、人文交流等诸多领域的务实合作。萨摩亚是一个美丽的国度，旅游资源丰富，人民热情好客，是理想的旅游目的地。随着中萨航空运输协定的签署，在不久的将来，会有越来越多的中国游客访问萨摩亚，中萨两国人民都将从人员交往中获得更多实实在在的好处。

2016年10月11日，中国驻萨摩亚大使王雪峰出席了中国援建的法莱拉塔伊农技站落成仪式。萨摩亚国家副元首苏瓦拉乌维二世阁下、萨农业渔业部部长拉乌利、萨农业渔业部官员、法莱拉塔伊村村民及媒体记者近100人出席了活动。王雪峰在致辞中表示，中萨两国在农业领域合作前景广阔。多年来，中国一直积极参与农业领域的南南合作。自2010年开始，中国政府已派出了3期农业专家组，在萨摩亚建设了示范农场，并设立了10多个农业技术推广站，进行蔬菜种植、生猪圈养、沼气综合利用示范推广和农业技术培训等工作。萨摩亚自然条件优越，政府高度重视农业生产，相信在中萨两国的共同努力下，萨摩亚的农业发展能力将不断提高，人民生活水平将不断改善。关于今后如何进一步加强两国农业领域合作，进一步发掘农业合作的潜力，王雪峰提出了几点想法：1. 中萨农业技术合作的未来方向应该是帮助萨摩亚实施农产品的“进口替代”；2. 中萨农业技术合作要与当地农民就业和增加收入结合起来；3. 中萨农业技术合作不仅要在当地推广蔬菜种植技术，也要推广健康饮食的理念，改善当地居民饮食结构；4. 中萨农业技术合作的终极目标是提升萨摩亚自我发展能力。拉乌利在致辞中感谢中国政府长期以来对萨摩亚农业发展和人民生活水平改善所给予的大力支持，并表示今后将继续加强与中国政府在农业领域的合作，使萨摩亚农民从两国合作项目中持续受益。法莱拉塔伊农技站位于萨摩亚乌波卢岛法莱拉塔伊村，是中萨农业技术合作项目第3期合作成果之一。在中国专家的指导下，新农技站投入使用，将通过示范种植和培训活动，促进当地蔬菜种植，增加当地农民收入和就业机会，丰富当地民居饮食结构，促进当地经济发展。

五、纽埃

政策沟通

2018年7月23日，中国与纽埃签署“一带一路”合作谅解备忘录。中国驻新西兰兼驻库克群岛、纽埃大使吴玺代表中国政府与纽埃总理托克·塔拉吉共同签署《关于共同推进丝绸之路经济带和21世纪海上丝绸之路建设的谅解备忘录》。中纽签署“一带一路”合作谅解备忘录，不仅将促进两国各领域合作，也标志着中纽关系翻开了新篇章。中方愿与纽方携手努力，为两国人民带来更多实实在在的好处，为本地区乃至世界繁荣与发展做出积极贡献。纽中两国有深厚的历史渊源，一些纽埃人甚至具有中国血统。纽方愿与中方携手努力，全力落实好“一带一路”合作谅解备忘录，共同推进两国各领域务实合作，更好地造福两国和两国人民，进一步促进太平洋岛国地区的可持续发展。

六、斐济

（一）政策沟通

2018年11月12日，中国与斐济正式签署《中华人民共和国政府与斐济共和国政府关于共同推进丝绸之路经济带和21世纪海上丝绸之路建设的谅解备忘录》。根据备忘录，双方将按照“共商、共建、共享”原则，共同推进“一带一路”建设，推动构建人类命运共同体，在政策沟通、设施联通、贸易畅通、资金融通、民心相通等领域开展合作，实现共同发展和共同繁荣。签字仪式上，钱波表示，斐济是南太地区重要国家，位于“21世纪海上丝绸之路”的南向延伸带。中斐签署共建“一带一路”合作谅解备忘录，不仅将极大促进两国各领域交流合作，也标志着中斐关系翻开新篇章。中方愿与斐方携手努力，加强发展战略对接，为两国人民带来更多实惠，为本地区繁荣发展做出积极贡献。卡兰代表斐济政府对中国长期以来的无私帮助表示感谢。中国是斐济的好朋友、好伙伴，斐方高度赞赏并支持“一带一路”倡议，将积极参与“一带一路”建设，不断提升斐中合作水平。

2018年11月12日，中国驻斐济大使钱波与斐济外交部常秘奈瓦卢鲁阿共同签署中斐经济技术合作协定。该协定将进一步促进中斐两国经济技术合作，促进两国共同发展和繁荣。

（二）贸易畅通

2012年3月19日，中国农业部与斐济初级产业部关于农业合作谅解备忘录签字仪式在斐初级产业部举行。中国农业部副部长陈晓华和斐济初级产业部代部长萨马图阿分别代表各自农业部签字并致辞。双方均表示希望两国农业部共同努力，将备忘录中的各项内容落到实处，进一步促进两国农业合作、深化两国友好关系。

七、与密克罗尼西亚联邦、库克群岛、汤加的合作

（一）政策沟通

2013年9月12日上午，王东华和图伊瓦卡诺在汤加外交部分别代表中、汤两国签署了《中华人民共和国政府与汤加王国政府经济技术合作协定》。

2015年11月12日，中国驻汤加王国大使黄华光和汤代理首相、副首相索瓦莱尼分别代表各自政府在努库阿洛法签署了关于中国政府向汤政府提供无偿援助的经济技术合作协定。

2016年10月7日，中国驻汤加王国大使黄华光和汤代理财政部长、海关和税收部部长拉维玛阿乌分别代表各自政府在努库阿洛法签署了《关于中国政府向汤政府提供无偿援助的经济技术合作协定》。协议签署后，拉维玛阿乌对黄华光说，十分感谢中国政府提供援助资金探讨实施汤加南太运动会体育场馆项目，中国政府援助将为汤加成功举办2019年南太运动会提供重要保障。

2016年5月12日，中国驻汤加大使黄华光与汤加农业渔业大臣法卡豪代表双方政府在汤加首都努库阿洛法草签了《中华人民共和国国家质量监督检验检疫总局与汤加王国农林食品渔业部关于汤加南瓜输华植物卫生要求议定书》。

2018年11月16日，国家主席习近平在莫尔兹比港分别会见建交太平洋岛国领导人，同他们就双边关系和务实合作交换看法。习近平指出，中方赞赏密方恪守一个中国原则，愿继续秉持正确义利观和真实亲诚理念同密方加强团结合作。希望双方落实好不久前签署的共建"一带一路"合作协议，推进贸易投资、农业渔业、基础设施建设等领域合作，办好2019年中国－太平洋岛国旅游年系列活动。中方愿在南南合作框架内继续为密方应对气候变化提供支持和帮助。克里斯琴表示，密克罗尼西亚重视对华关系，积极评价中国始终坚持大小国家一律平等，密克罗尼西亚人民感谢中国长期以来给予的宝贵帮助。"一带一路"倡议对本地区发展十分重要。密方愿同中国扩大经贸、旅游等方面合作，在应对气候变化等问题上加强沟通和协调。

在会见萨摩亚总理图伊拉埃帕时，习近平指出，当前中萨关系面临新的发展机遇。双方要秉持高度政治互信，继续在涉及彼此核心利益和重大关切问题上相互支持，在"一带一路"框架内拓展各领域合作，扩大人文交流。中方支持萨摩亚举办2019年太平洋运动会，将继续支持萨方提高应对气候变化能力。萨摩亚感谢中国在基础设施建设等领域给予的支持，这些支持对萨摩亚实现发展、摆脱最不发达国家地位作出了重要贡献。萨摩亚愿在"一带一路"框架内推进同中国有关重点合作项目。

在会见瓦努阿图总理萨尔瓦伊时，习近平强调，中瓦关系正处于历史最好时期。中方将一如既往支持瓦努阿图国家建设和可持续发展，愿鼓励有实力的中国企业赴瓦努阿图投资兴业，在共建"一带一路"框架内加强贸易和投资、基础设施建设、交通通信、文教卫生等领域合作。双方要加强在多边机制中的协调和配合。萨尔瓦伊表示，瓦中关系正处于历史最高水平。瓦努阿图钦佩中国改革发展成就，感谢中方长期以来的帮助。瓦中各领域务实合作进展良好，为瓦努阿图自身发展提供了助力。瓦方坚持一个中国政策，赞赏并积极参与"一带一路"倡议，支持中国在重大国际和地区问题上的主张。

在会见库克群岛总理普纳时，习近平指出，中库建交21年来，始终坚持真诚友好、相互尊重、平等相待，实现了互利共赢。中方愿本着共商共建共享原则，以双方签署共建"一带一路"合作协议为契机，加强经贸、旅游、人文、地方等领域交流合作，筑牢两国人民友谊。普纳表示，库克群岛对同

中国建立在相互尊重、不干涉内政、平等相待基础上的良好关系感到骄傲。库方坚持一个中国政策，感谢中国对库克群岛基础设施建设等领域的支持。库中签署共建“一带一路”协议为双方合作开辟了更广阔空间。

在会见汤加首相波希瓦时，习近平指出，2018年是中汤建交20周年。20年来，两国互利合作取得了丰硕成果。中方赞赏汤方坚定奉行一个中国政策，欢迎汤方积极参与共建“一带一路”。希望双方深挖合作潜力，扩大贸易、投资、基础设施建设等领域合作，拓展人文、地方交流。波希瓦表示，汤加高度评价中国始终视汤加为平等伙伴，感谢中方宝贵帮助、特别是不久前“和平方舟”号医疗船访问汤加。汤方坚持一个中国政策，祝贺首届中国国际进口博览会成功举行，钦佩中国的发展远见和愿景，很高兴参加“一带一路”合作。

在会见纽埃总理塔拉吉时，习近平强调，中方将继续秉持正确义利观和真实亲诚理念发展同纽埃关系。中方欢迎纽方积极参与“一带一路”合作，更好实现同域内外国家互联互通。中方愿同纽方加强气候变化南南合作以及海洋、环境保护等方面合作，推进绿色、低碳、可持续发展。塔拉吉表示，纽埃坚持一个中国政策，珍视同中国的友谊和合作。纽埃高度评价中国为应对气候变化所作积极努力，感谢中国在交通基础设施等领域给予的宝贵支持，愿深化同中方各领域合作和在国际事务中的协调。

（二）设施联通

2016年5月6日，黄华光考察了援汤农业第四期技术合作项目图普学院示范区。项目承办单位湖南国际工程建设有限责任公司副总经理朱文及项目组组长肖令波向黄华光汇报了项目进展情况。目前，项目组已完成新建露天菜地和蔬菜大棚，修复猪舍和沼气池，铺设滴灌设施和示范区内的简易道路。“猪—沼—菜”模式初具规模。黄华光认真听取了汇报，对中国农业技术专家已开展的工作表示肯定。黄华光说，汤方非常重视农业技术合作项目，农业组要扎实做好农业技术示范和技术培训工作，充分利用图普学院150周年校庆的契机，扩大该项目的示范作用和在当地的影响力，促进农业技术的传播和普及，为中汤友谊做出贡献。

2016年9月12日，汤加电力公司和珠海兴业太阳能有限公司签署购电协议（PPA）。珠海兴业太阳能有限公司将投资1 000万潘加（约450万美元）在汤加新建2MW太阳能发电站。预计该项目将在2017年中建成并投入使用。

2016年12月6日，中国珠海兴业太阳能技术控股有限公司投资建设的2MW光伏电站项目在汤加首都汤加塔布岛举行奠基仪式。该项目是汤加第一座由中国企业投资的新能源发电项目，也是汤加目前规模最大的太阳能电站项目。项目建成后，将为汤加提供更加清洁、稳定的电力供应，并有助于降低电价。

2017年4月13日，中汤双方正式签署了《援汤加南太运动会体育场馆项目对外实施协议》。该援助项目增强了汤加政府举办2019年南太运动会的信心，将为汤加成功举办南太运动会打下坚实基础。

2017年6月3日，王保东前往中国援建的汤加政府综合办公大楼现场考察，对施工企业上海建工集团技术组表示慰问，详细了解该项目施工进展和收尾情况，希望施工企业善始善终做好竣工验收和项目移交等工作。

2018年12月18日，由中国香港投资者成立的瀚洋（汤加）养殖有限公司在汤加首都汤加塔布岛举行开业仪式。汤瀚洋（汤加）养殖公司是汤加首个大型渔业养殖项目，已获批准成为汤加唯一的海参养殖出口公司。该公司将向当地社区传授海参养殖技术并开展商业合作，对促进汤加经济可持续发展、增加汤政府税收和当地就业、改善民生都将发挥积极作用。

八、与瓦努阿图的合作

（一）政策沟通

2014年3月11日，中瓦双方签署了中国援瓦医疗技术合作项目换文。为促进中瓦两国政府和人民之间的长期友好关系，自20世纪80年代初瓦努阿图独立不久，中国政府就应瓦方请求开始向瓦努阿图派遣医疗队，迄今已有200多名中国医生来瓦努阿图工作。通过中国医生在瓦努阿图工作，不仅提高了当地医疗水平，为瓦努阿图人民解除疾病痛苦，而且也收获了友谊。副总理纳塔佩感谢中国政府同意继续向桑托岛北方医院和维拉港中心医院派遣医疗队。他说，中国医生医术高超，工作勤奋，为瓦努阿图医疗卫生事业做出了突出贡献，缓解了瓦努阿图医生紧缺的局面。瓦努阿图政府正在大力发展旅游业，中国医生在瓦努阿图工作，也将为中国游客来瓦努阿图旅游提供更有利的保障。

2015年9月18日，中国驻瓦努阿图大使谢波华和瓦努阿图总理基尔曼分别代表两国政府在瓦努阿图总理府签署新的中瓦经济技术合作协定。

2018年11月9日，中国驻瓦努阿图大使周海成与瓦努阿图总理萨尔维代表两国政府正式签署《中华人民共和国政府与瓦努阿图共和国政府关于共同推进丝绸之路经济带和21世纪海上丝绸之路建设的谅解备忘录》。双方将按照"共商、共建、共享"原则，在"一带一路"框架内加强贸易投资、基础设施建设、交通通信、文教卫生等领域合作，实现共同发展。瓦努阿图是南太地区重要国家，位于"21世纪海上丝绸之路"的南向延伸带。中瓦签署共同推进"一带一路"建设的谅解备忘录，将为两国各领域交流合作再添动力。中方与瓦方一道致力于加强发展战略对接，共谱两国友好合作新篇章，为两国人民带来更多实惠，为本地区和平发展做出新贡献。

（二）设施联通

2013年10月28日，中国援助瓦努阿图南太大学埃马路斯分校扩建项目交接仪式在维拉港举行。卡凯塞斯表示，中国是瓦努阿图最重要的发展伙伴之一，感谢中国政府多年来在许多领域给予的宝贵援助。扩建后的埃马路斯分校将为瓦努阿图及南太其他国家学生提供更多接受高等教育的机会，造福瓦努阿图人民及整个南太地区。谢波华说，中瓦建交以来，中国政府一直致力于在力所能及的范围内向瓦努阿图提供帮助，双方在各领域的交流合作不断加强，教育始终是中瓦两国合作的优先领域之一。瓦努阿图教育部部长和南太大学副校长高度评价南太大学埃马路斯分校扩建项目的重要意义及中国对瓦努阿图给予的无私援助，该项目的移交是瓦努阿图、南太大学乃至整个南太地区教育领域具有里程碑意义的大事。

2014年1月29日，中国驻瓦努阿图大使谢波华和瓦副总理纳塔佩就中国援建马拉坡学校扩建项目签署换文。马拉坡学校是瓦努阿图一所历史悠久的重点学校，为瓦努阿图培养了大批建设和管理人材，瓦努阿图多名政要和名人毕业于该校。本次扩建项目包括教室、实验室、图书馆、学生宿舍等。

2014年6月27日，中国驻瓦努阿图大使谢波华赴援瓦国家会议中心项目现场考察。瓦努阿图国家会议中心具有重大政治意义，项目自2013年开工建设以来，中国江苏省建集团高度重视，派出精兵强将，投入大量设备和人员，克服当地高温多雨和地材短缺等不利因素，精心组织，施工安全、质量和进度都令人满意，目前主体结构已接近封顶，希望项目组再接再厉，狠抓安全生产，严把施工质量，争取按期完工。针对下一步面临的困难和问题，使馆将尽全力协助项目组与瓦努阿图政府部门沟通交涉，保障项目顺利实施。

2015年4月2日，中国援助瓦努阿图塔纳岛和马拉库拉岛公路修复改造项目一期开工仪式在塔纳岛举行。纳图曼在仪式上致辞，高度评价瓦中关系的良好发展，对中国多年来在经贸往来、基础设施建设、卫生、教育等领域给予瓦努阿图的无私援助表示感谢。2月初刚出席过卢甘维尔码头扩建项目的奠基仪式，此次的公路项目开工是瓦中友谊的又一重要象征，相信项目建成后，必将提升瓦努阿图的公路运输能力，促进经济社会发展，造福瓦努阿图人民。纳图曼总理感谢中国政府为瓦努阿图政府提供的包括大米、帐篷等价值3 000万元人民币的紧急物资援助。陈汝华指出，中国政府重视瓦努阿图政府在基础设施领域的发展。习近平与纳图曼2014年11月在斐济楠迪的会晤，进一步推动了双方在各领域的合作。塔纳岛和马拉库拉岛公路项目是中瓦两国关系发展史上有一个新的里程碑。项目建设将有助于瓦努阿图恢复生产，重建家园，造福于塔纳岛和马拉库拉岛乃至瓦努阿图人民。飓风灾害发生后，中国政府第一时间通过各种渠道，向瓦努阿图政府提供了紧急救灾援助；中国政府还将为瓦努阿图政府的灾后重建提供力所能及的支持。项目承建单位、中国土木工程集团有限公司积极投入抗飓救灾，彰显了中国企业的奉献精神。中土集团副总经理赵仲宁向纳图曼和来宾介绍了项目施工方案，表示将实施好这一功在当代、利在百年的公路项目，为瓦努阿图奉献一个高标准、高质量的精品工程。

2015年11月19日，中国援瓦努阿图总理府办公楼扩建项目施工合同签字仪式在瓦努阿图总理府举行。中国建筑股份有限公司瓦努阿图总理府项目经理王自强和瓦努阿图总理府总司长纳维蒂代表双方在合同上签字。中国驻瓦努阿图使馆经商处负责人陈汝华一秘、薛松三秘出席签字仪式。瓦努阿图总理府办公楼扩建项目由中国建筑股份有限公司负责实施，总工期15个月。建筑面积约3 500平方米，建设内容包括拆除现有总理府部分建筑并在原址上建造一栋3层新办公楼。瓦方将在2016年初完成搬迁工作后正式动工。项目完成后将极大改善瓦努阿图总理府现有办公环境，提高其行政指挥、管理和控制能力。

2015年12月16日，瓦努阿图总理基尔曼视察中国援瓦码头扩建项目。应谢波华邀请，瓦努阿图总理基尔曼于2015年12月16日前往桑托岛，视察了由上海建工集团承建的卢甘维尔国际码头改扩建项目。经商处负责人陈汝华一秘陪同基尔曼总理参加相关活动。上海建工集团项目负责人华春芳向基尔曼介绍了码头设计和建设进展情况。该项目于2015年7月28日正式开工，计划2017年上半年竣工。项目占地面积约33 460平方米，包括一个总长度360米最终泊位，前沿水深14.5米，可靠泊一艘3万吨级杂货船或一艘10万总吨级邮轮，一幢2层的邮轮旅客航站楼和3栋共计4 500平方米的货品储藏仓库及周边道路等。改扩建后码头设计年货物吞吐量为45万吨，游客吞吐量12万人次。扩建后，该港口将极大提高吞吐能力，对瓦努阿图经济发展起到重要拉动作用。

2016年4月8日，中国驻瓦努阿图大使刘全出席中国援瓦2017年太平洋小型运动会体育场馆开工仪式并致辞。该项目建成后能为瓦努阿图体育事业的发展提供帮助，推动体育事业的发展。

2016年4月9日，刘全大使应瓦努阿图基础设施部邀请，赴马勒库拉岛出席瓦努阿图道路修复项目一期工程动工仪式。马勒库拉公路修复项目一期工程建成后将显著改善该岛的交通和物流条件，促进当地经济发展，为当地居民带来便利。瓦努阿图道路修复项目一期工程共计45千米，其中塔纳岛30千米，马勒库拉岛15千米。塔纳岛项目已于2015年4月开工，目前进展顺利。

2016年5月4日，中国援瓦努阿图储水罐交接仪式在瓦努阿图总理府隆重举行，驻瓦努阿图大使刘全与瓦努阿图总理萨尔维共同出席并签署交接证书。

2016年5月13日，中国援瓦国家会议中心项目交接仪式在瓦努阿图首都维拉港隆重举行。中国驻瓦努阿图大使刘全和瓦努阿图总理萨尔维分别代表中瓦两国政府签署交接证书。

2016年8月1日，中国援建的马拉坡学校扩建项目举行隆重的开工仪式。

2016年11月3日中瓦渔业公司水产品加工厂开始试运营，首次在瓦维拉港国际码头卸载50吨金枪鱼。此前有由于当地没有加工厂，瓦努阿图专属经济区和国际海域捕捞的金枪鱼全部运往斐济加工和出口，中瓦渔业公司正式运营后，将在瓦努阿图水域捕获的金枪鱼实现当地卸载、加工和出口，这会为瓦努阿图带来更多的收益和就业机会。

2016年11月19日，中国驻瓦努阿图大使刘全和瓦努阿图总理萨尔维分别代表两国政府在瓦努阿图总理府签署中瓦经济技术合作协定。当日双方还签署了中国援瓦太平洋小型运动会体育技术援助项目换文。萨尔维衷心感谢中国政府和人民长期以来为促进瓦努阿图经济和社会发展所做的重要贡献。萨尔维向当地记者介绍了瓦中经济技术合作情况，对双边关系取得的进展表示满意。在中方大力支持下，瓦努阿图政府不仅能够成功地举办2017年太平洋小型运动会，而且瓦努阿图运动员一定会取得更好成绩。

2017年3月31日，中国土木工程集团赢得世界银行贷款瓦努阿图机场跑道项目，世界银行批准了瓦努阿图政府遴选的中国土木工程集团作为瓦努阿图首都鲍尔费尔德等3个机场跑道修复项目的总承包商，上述跑道项目由世界银行出资。鲍尔费尔德机场跑道项目总投资额4 700万美元，其他2个机场跑道项目总投资金额1 100万美元。

2017年8月19日上午，中国援助瓦努阿图卢甘维尔码头改扩建项目竣工移交仪式在桑托岛卢甘维尔市举行。

2017年8月30日，中国援助瓦努阿图总理府扩建项目竣工移交仪式在新落成的总理府多功能厅举行。

2017年8月30日，中国驻瓦努阿图大使刘全和瓦努阿图总理萨尔维分别代表两国政府在首都维拉港签署新的中瓦经济技术合作协定。

2017年10月30日，中国援助瓦努阿图太平洋小型运动会体育场馆项目移交仪式在维拉港举行。

2018年9月13日，中国援助瓦努阿图马拉坡学校扩建项目移交仪式在维拉港举行。

（三）贸易畅通

2014年9月19日，中国驻瓦努阿图大使谢波华与瓦努阿图外交、国际合作和对外贸易部长基尔曼分别代表各自政府签署了《关于中华人民共和国给予瓦努阿图97%输华产品零关税待遇》和《中国政府帮助瓦努阿实施太平洋小型运动会体育场馆建设项目》两项换文。中国政府将对瓦输产品零关税待遇扩大至97%的税目，将进一步扩大瓦努阿图对华出口，促进双边贸易。中国政府帮助瓦努阿图建设小型运动会体育场馆，将改善瓦努阿图体育基础设施，提升瓦承办2017年太平洋小型运动会的能力。

（四）资金融通

2013年12月31日，中国驻瓦努阿图大使谢波华与瓦努阿图总理卡凯塞斯分别代表各自政府签署了中国政府向瓦努阿图政府提供优惠贷款框架协议。该笔贷款将用于瓦努阿图塔纳岛和马勒库拉岛道路改建项目。塔纳岛拥有著名的亚瑟火山等丰富的旅游资源，马勒库拉岛是瓦努阿图重要的农业、畜牧业和渔业产品来源地。道路建设项目将有助于促进塔纳岛旅游业发展和马勒库拉岛农牧渔产品的外运，促进当地经济。

（五）民心相通

2014年3月8日，中国驻瓦努阿图大使谢波华在瓦努阿图主流媒体介绍中瓦人力资源合作。瓦努阿图主流媒体《每日邮报》刊登驻瓦努阿图大使谢波华文章《2014：中国加强与瓦努阿图的人力资源合作》。文章指出，2013年11月，汪洋在第2届中国-太平洋岛国经济发展合作论坛开幕式上宣布了中国政府进一步支持太平洋岛国经济社会发展的七项举措，其中人力资源合作是重要举措之一。为落实这一举措，中国有关部门将在2014年继续为瓦努阿图政府官员和技术人员举办一系列研修班和技术培训班，内容涵盖农业、公共管理、通信、世贸规则、传媒、地质、人力资源管理、经济体制改革、城市综合规划、财政管理、海关、新能源等领域。自2006年首届中国-太平洋岛国经济发展合作论坛举办以来，中国政府组织的援外培训为瓦努阿图众多的官员和专业技术人员提供了一个了解最新知识、提高管理和各领域技术水平的平台，为推动瓦努阿图经济社会发展、加强中瓦各领域合作发挥了重大作用，受到瓦努阿图政府、企业和各界人士高度评价。

第四节　地方政府与国家之间的合作

一、与澳大利亚之间的合作

中国政府与维多利亚州政府之间的合作

2018年11月14日，中国政府与维多利亚州政府签署了“一带一路”合作谅解备忘录，该协议将让维多利亚州的企业“在中国雄心勃勃的‘一带一路’倡议中距发现贸易与投资机会近了一步”。

二、与巴布新几内亚之间的合作

（一）广东省与巴布新几内亚之间的合作

2018年9月14日，中共中央政治局委员、广东省委书记李希率中共代表团对巴布亚新几内亚进行友好访问。其间，李希分别会见巴布亚新几内亚总理奥尼尔、巴布亚新几内亚议长波马特及主要政党代表，考察广东在巴布亚新几内亚企业和援建项目，并召开企业座谈会。奥尼尔表示，巴布亚新几内亚非常愿意在“一带一路”框架下与广东省携手扩展全方位合作，包括经济贸易、能源、人文和旅游等。

（二）深圳市政府与巴布新几内亚之间的合作

2017年10月13日，深圳市政府援助巴布亚新几内亚的布图卡学校项目举行开吊仪式。布图卡学校及公交站援建项目是中国深圳市政府与巴新首都莫尔斯比港市政府友好城市重要合作内容之一，深圳市政府无偿原址援建，学校总占地面积约5.5万平方米，包括教学楼、教职工宿舍、体育设备等，解决当地3 000名中小学生上学难的问题。公交站项目是由深圳市政府无偿为莫尔斯比港市援建20个公交站亭。项目预计2018年8月前完工。

（三）云南省政府与巴布新几内亚之间的合作

2017年8月18日—21日，云南省商务厅厅长和良辉率经贸考察团访问巴布亚新几内亚，与巴布亚新几内亚投资促进局、巴布亚新几内亚KTK会计师事务所进行会谈，并与巴布亚新几内亚中资企业协会代表进行了座谈。代表团详细了解了巴布亚新几内亚的政治、社会、经济情况以及贸易和投资环境，以及在矿业、渔业、农业和旅游业等领域的经贸合作机会。

（四）福建省与巴布新几内亚之间的合作

2017年8月15日—17日，驻巴布亚新几内亚使馆经商参处刘林林参赞赴巴布亚新几内亚东高地省考察福建省援助东高地省菌草和旱稻技术合作项目。菌草和旱稻项目是惠及当代泽及子孙的民生项目，将对东高地省增加农民收入、解决粮食安全问题做出重要贡献，是中巴经贸合作项目的典范。东高地省政府和人民希望抓住机会，进一步扩大与中方的菌草和旱稻技术合作。

三、与萨摩亚之间的合作

广东惠州市与萨摩亚之间的合作

2015年11月11日，惠州华罗庚中学与萨摩亚中学建立姐妹学校关系。惠州华罗庚中学和萨摩亚中学缔结姐妹学校，为两地教育交流和两校友好交往架起了友谊桥梁。两校共同为教师的交流培训和学生的互访创造机会、搭建平台，并以此为新起点，扎实推进两校师生互访交流，共同拓展两地教育培训合作，共同谱写双方合作的新篇章。双方签署了《萨摩亚中学与惠州市华罗庚中学建立姐妹学校关系备忘录》。

四、与瓦努阿图之间的合作

广东省与瓦努阿图之间的合作

2016年8月5日，"2016广东21世纪海上丝绸之路国际博览会瓦努阿图推介会"在瓦努阿图首都维拉港举行，刘全在致辞中介绍了"一带一路倡议"，指出广东省在实施21世纪海上丝绸之路倡议中具有的突出优势，诚邀瓦努阿图政府和商界人士参加将于10月27日—30日在东莞举行的海博会，以促成中方和瓦方在文化、旅游等特色产品的合作，不断扩展中瓦合作领域。

第五节　企业间的合作

一、与澳大利亚之间

2014年5月27日，全球第二大矿业公司力拓和中国的中铝集团，同意投资几内亚西芒杜一个价格200亿美元的铁矿、港口和铁路项目。西芒杜拥有世界上最大的未开发铁矿石资源，力拓预计每年矿井可以生产100万吨炼钢成分。该项目可能会使该西非国家目前的国内生产总值增加一倍。力拓拥有西芒杜资源的46.6%，中铝拥有41.3%，几内亚政府占7.5%，国际金融公司占4.6%。

2015年4月8日，中交集团收购价值11.5亿澳元的澳大利亚第三大工程建筑公司约翰荷兰(John Holland)的投资申请获得澳大利亚政府批准。

2015年6月26日，澳大利亚外资审查委员会批准中国建设银行悉尼分行收购皇家苏格兰银行价值约20亿澳元澳洲信贷优质资产包计划。

2015年7月9日，神华集团新州沃特马克(Watermark)露天煤矿项目环境评估报告获得澳大利亚环境部长亨特正式批复，中澳产能合作进入新阶段。

2015年8月22日，中国东方航空公司与澳洲航空公司(Qantas)的联营计划获得澳大利亚竞争与消费者委员会批准。

2015年10月13日，山东岚桥集团与澳北领地政府达成5.06亿澳元合作协议，由岚桥租赁达尔文港土地和附属东区码头设施(包括达尔文海事供应基地)及福特山码头，租期99年。

2015年12月初，国家电网控股的杰米纳(Jemena)公司成功竞得投资8亿澳元建设澳北领地北气东输天然气管道连接线工程项目，中国“一带一路”倡议与澳大利亚北部大开发战略实质性对接揭开新篇章。

2015年5月19日，中资扩大对澳大利亚铜金矿企业持股。澳大利亚铜金矿企业泛澳公司(PanAust)的最大股东、中国广东广晟资产管理公司5月11日以每股1.85澳元买入泛澳6 352万份股票，持股比例由24.7%升至34.5%。与此同时，广东广晟将收购泛澳的总报价提高了近1亿澳元，至12亿澳元，收购要约将于5月15日结束。但如果在此日期前，收购方的持股比例超过50%，则有权选择延期。2015年3月，广东广晟提出以每股1.71澳元竞购泛澳，当时的总报价为11亿澳元。

2016年7月27日，澳大利亚知名房地产经纪威外特寻求开辟中国市场。澳大利亚知名房地产经纪威外特(Ray White)与中国链家地产达成协议，威外特将透过链家在中国的服务网络，销售澳新地区的新老楼盘。为争取中国2.6亿的庞大买家群体，威外特将为中国客户提供丰富的本地化服务，包括普通话和微信支持。

2017年5月，中澳商务合作进入“自贸繁荣”新时代。中国和澳大利亚的经济发展多年来均持续稳定增长，两国产业互补性较强，合作关系紧密，经贸交流内容广泛，不断造福两国人民。1972年中澳两国建交，45年来双边经贸合作持续蓬勃发展，形成了全方位、多层次、宽领域的良好格局，惠及亚太地区及世界各国。《中澳自由贸易协定》于2015年12月正式生效，为两国企业深化能矿资源合作，扩大服务业、基础设施、农业等领域交流，创造了更好的条件和环境。中澳经贸合作站上了新的起点，从此进入了“自贸繁荣”新时代。2017年5月在北京召开的“一带一路”国际合作高峰论坛圆满成功，为今后两国互利互惠经贸合作开辟了新的发展前景，并将对地区和世界经济发展产生积极影响。澳大利亚贸易旅游投资部长乔博和维多利亚州长安德鲁斯专程赴华参加这次高峰论坛，澳大利亚政商学界和媒体给予了高度关注，澳大利亚联邦政府还联署了中国商务部提议的《促进“一带一路”国际合作贸易畅通文件》，承诺支持澳中工商界携手并进，抓住“一带一路”倡议带来的机遇，推动两国经贸合作关系不断向深度和广度拓展。1972年建交之际，两国进出口贸易额仅为8 600万美元，2016年达1 078亿美元，规模扩大了上千倍。双向投资稳定发展，目前，中国已经成为澳大利亚第七大投资来源地和第五大对外投资目的地，两国在对方市场的投资存量均超过了800亿澳元。2017年3月李克强访澳期间签署的《关于审议中澳自贸协定相关内容的意向声明》，将推动中澳双方深入发掘"自贸繁荣"时代的潜力。2009年起中国一直是澳大利亚最大的贸易伙伴、出口市场和进口来源国。双边贸易结构不断优化，目前中国从澳大利亚进口主要产品有铁矿石、煤、天然气、羊毛、大麦、小麦等。中国对澳大利亚出口主要产品有计算机、通讯电子设备、家电、玩具、运动用品、服装和家具等。中澳双边服务贸易近年来发展迅速，目前已涵盖旅游、教育、金融保险、运输、咨询、建筑设计等诸多行业。2016年双边服务进出口总额达140亿澳元，同比增长18.2%，中国已成为澳大利亚第一大服务出口市场和第一大旅游收入来源国。中澳互为两国民众青睐的旅游目的地，2016年双向人员往来近200万人次，其中访澳的中国游客达120万人次，同比增长27%。双方在2017年共同举办了内容丰富多彩的"中澳旅游年"活动。中国为澳大利亚第一大留学生来源地，在澳大利亚注册留学生占澳大利亚在册国际学生总数的近三成。中国六大银行在澳大利亚设立了分行或办事处，澳大利亚四大银行均在华开展业务。2017年10月成功举行的中国共产党第19届全国代表大会为中国的发展和进步规划了美好的蓝图，也为中澳两国未来经贸合作带来了新的重要机遇。习近平对全世界庄严承诺：中国将实行高水平的贸易和投资自由化便利化政策，全面实行准入前国民待遇加负面清单管理制度，大幅度放宽市场准入，扩大服务业对外开放，保护外商投资合法权益。对此，澳中工商界热烈欢迎，拍手称快，纷纷表示中澳两国要协同共进，努力培育贸易新业态新模式，尊重彼此核心利益，妥善处理双边经贸交往中出现的问题和摩擦，推动早日结束区域全面经济伙伴关系协定（RCEP）谈判，加快推进亚太自贸区建设。中澳45年的经贸合作历程充分表明，只有不断加强互信、深化互动，才能实现互利共赢、行稳致远。展望未来，我们信心满怀。开放的中国将贯彻创新、协调、绿色、开放、共享的发展理念，奉行互利共赢的开放战略，坚持正确义利观，谋求开放创新、包容互惠的发展前景，与包括澳大利亚在内的世界各国一道携手并进，推动构建人类命运共同体，促进全世界的和平与发展。

2017年8月4日，澳大利亚CSL集团与人福医药集团合作启动仪式在武汉举行。双方共同投资武汉中原瑞德生物制品有限责任公司，致力于将其打造成为具有全球影响力的血液制品生产企业。CSL集团第一批投资资金达3.52亿美元，CSL集团将持有合资公司80%股权，人福医药集团持有20%股权。本次合作是目前为止，第一个国外企业收购中国血浆制品公司的实例，也是澳大利亚企业对湖北省最大的投资项目。澳大利亚贸易投资委员会（澳贸委）商务专员、澳大利亚驻成都总领事馆商务领事Jeff Turner（唐杰夫）先生率领澳大利亚贸委武汉办公室团队代表澳大利亚政府出席该启动仪式。仪式上，CSL集团CEO Paul Perreault（保尔•佩罗）介绍了CSL集团情况及合作展望：CSL集团是世界最大、技术最先进的血液制品企业，与人福医药集团的合作是CSL集团百年发展史上重要的里程碑事件，CSL为能与如此优秀的湖北企业建立重要的合作关系而倍感荣幸。CSL将与合作伙伴共同努力，将中原瑞德打造成为中国血液制品领先企业，为中国市场带来更多新产品和更高品质，进一步提升中国的血液制品行业，为病患服务。据悉，合作后CSL集团将对中原瑞德再追加投资，输入国际顶尖的血液制品生产技术、质量体系和产品储备，使公司完全达到国际血浆采集和血浆生产最高标准，即由PPTA（血浆蛋白治疗协会）认证所制定的IQPP和QSEAL标准。在研发方面，CSL集团将中原瑞德逐步纳入其全球研发体系，将逐步实现研发产品在中国和其他国家同步开展临床试验及注册。中国血液制品市场每年的增长率约为15%。瑞德在本地拥有丰富的血液制品生产经验，引进了先进的生产设备，并拥有四所血浆采集中心。2016年度，瑞德的销售收入约3 000万美元。这次的合作将使得CSL在中国血浆制品市场拥有一定的地位，是对CSL过去20年在中国市场只从事白蛋白进口业务的补充。

2018年4月4日，中澳双方举行医疗创新论坛和企业项目对接会，探讨双方在这一领域合作的可能性。昆州卫生部部长史蒂文•迈尔斯在3日晚的谅解备忘录签署仪式上说，昆州拥有一些世界顶尖的健康和医药专业研究人员，昆州政府推出的“推动健康研究2026战略”的核心目标就是将昆州的研究优势推广到世界范围。与火炬中心的合作有助于吸引更多直接投资，投入昆州的健康和医药研究领域，增强昆州在全球范围内的研究合作。昆州环境与科技部部长莉安•伊诺克说，当今世界面临着许多社会和环境挑战，如人口老龄化、气候变化、生物多样性减少等，昆州与中方在科学和创新方面的合作将有助于人们找到更多应对这些挑战的解决方案。昆州早在2008年就与中国科技部签署了科技合作谅解备忘录，多年来昆州与上海市科委、中科院及中国科技部等中方机构建立了强劲的战略合作关系，取得了不少成果。在火炬代表团成员、全国生物医药园区产业集群协同创新联盟秘书长芮国忠看来，澳大利亚，特别昆州是亚太地区重要的生命科学和科技创新中心，这里有成熟高效的健康医疗体系、稳健的法律环境和医疗监管制度，以及研发和企业界紧密合作等优势。而中国有168个国家级高新技术开发区，生物医药园区约500家。经过几十年的发展，中国的生物医药业产值已达3万多亿元人民币。芮国忠对记者表示，全国生物医药园区产业集群协同创新联盟将带领企业、投资机构和科研院所通过火炬健康与医药创新园这个新平台和新模式，加强两国合作，尤其是未来产业化的合作，借助于这个平台使中国生物医药走向国际化。火炬中心副主任段俊虎说，该创新园重在结合澳大利亚、特别是昆州的技术创新优势资源和中国的产业化配套能力，实现澳大利亚技术创新成果在中国的产业化，创造的新价值和新知识由中澳双方共享，实现两国技术与产业的紧密合作。希望通过创新园的建设，在全球跨国科技合作的大潮中，探索新模式，树立新典范。宫颈癌疫苗发明人之一、昆士兰大学医疗转化研究所前主任伊安•弗雷泽教授在接受新华社记者采访时表示，在中国医学研究领域，创造性发明的氛围越来越浓厚，澳大利亚的医学创新和临床应用较为领先，澳中发挥各自优势进行更多交流，相信在这一领域的合作能够带来更多成果。火炬代表团成员、深圳泰智会产业加速器总经理石宇告诉记者，由双方政府出面建立火炬健康与医药创新园，更容易在双方参与的企业和机构之间建立起信任，有助于合作项目的快速启动。

2018年6月15日，中检溯源澳新技术服务有限公司（以下简称“中检溯源”）与深圳澳芝曼进出口有限公司（以下简称“澳芝曼”）于悉尼进行了品牌供应链产品溯源战略合作签约仪式。中国检验认证集团澳大利亚有限公司总经理柳华绿在仪式上表示，中检溯源作为溯源行业的代表，在行业发展中表现出了一定的前瞻性，于2008年便创建了输华牛羊皮追溯系统；于2012年在结合中澳贸易特点的基础上建立了红酒、牧草、肉类等追溯系统；自2016年起开始在全球各地广泛发展溯源业务，与多个政府部门、各大跨境电商签署合作协议，为多个大型企业提供溯源服务项目，并全面切入跨境电商溯源和快递包裹溯源领域。其溯源业务遍及全球20个国家，涉及70余品类1 000余款产品。澳芝曼总经理博比•约尔丹诺夫表示，本次的溯源防伪合作是中澳贸易交流合作的新进展，不仅能为其产品在中国市场内的检验验证提供支持，保护其合法的权益，也将为澳大利亚品牌开拓新的贸易市场带来机遇。在谈及中澳贸易交流中的核心溯源行业上，柳华绿指出了四大方面：(一) 传统的食品、药品、农产品等行业；(二) 一些容易被仿冒的产品，比如红酒、化妆品等；(三) 与跨境商贸平台相关的快递包裹；(四) 一些新兴技术领域，如物联网、区块链。柳华绿还表示，在传统中澳贸易中，澳大利亚发达的农产品市场占了相当大的比例。因此，对于这种类型产品的溯源非常有意义，也具有宏大的市场应用前景。随着中澳双方经贸关系日益加深，中方对澳大利亚投资日趋多元化，未来澳大利亚依旧拥有良好和广阔的投资机会。随着溯源服务和技术日臻完善成熟，将会形成一套广泛适用、高效经济的溯源服务体系扩展到更多的产品应用中,必将对中澳贸易的发展起到积极作用。

二、与巴布亚新几内亚之间

2014年8月22日,中国港湾(巴布亚新几内亚)公司留学奖学金协议签字仪式在莫港举行。经过严格挑选的五名巴布亚新几内亚青年将在中国南京度过5年的学习时光。第一年在南京师范大学学习汉语,然后在河海大学攻读专业课程。

2015年12月11日,巴布亚新几内亚总理出席中资企业承建机场启用仪式重申加强基础设施建设。霍斯金斯机场位于巴布亚新几内亚东部的新西不列颠省,由中国海外工程公司承建此次升级改造工程,亚洲开发银行提供融资支持。新机场的启用将为2016年在本省举办的巴布亚新几内亚全国运动会提供保障。同时,新机场的启用将为本省经济发展带来新的动力,尤其是油棕产业。

2015年11月26日,巴布亚新几内亚总理出席中资企业承建的机场改造项目竣工仪式。该机场升级改造是巴布亚新几内亚新一轮机场扩建计划的开始,国内其他城市机场也将陆续启动改造工作。该机场改造后将新增国际航线,大大提高该地区民众出境的便捷程度。首条国际航线通往印度尼西亚查亚普拉,并筹划开通赴澳大利亚航线。未来还将继续拓宽跑道,以便大型飞机起降。芒特哈根国际机场改造项目由中国海外工程有限责任公司承建,2013年开工建设,主要内容是1 200平方米机场设施的升级改造,包括升级供电设施、新建出租车道和停机坪飞机跑道、修建机场临时围栏、原地重建航站楼等。

2015年11月24日巴布亚新几内亚举办太平洋渔业工业园项目开工仪式。巴布亚新几内亚政府在马当省举办太平洋渔业工业园项目(Pacific Marine Industrial Zone,简称PMIZ)开工仪式。项目完工后将使巴布亚新几内亚成为本地区金枪鱼在岸加工的重要枢纽,有助于大幅开发巴布亚新几内亚渔业发展潜力,增加巴布亚新几内亚政府收入,并为巴布亚新几内亚公民创造大量就业机会。该项目由中国沈阳国际公司承建,由中国进出口银行提供优惠贷款,成为中巴两国务实合作的又一个里程碑。PMIZ项目位于巴布亚新几内亚马当省,总投资9 500万美元,计划打造成亚太地区最大的金枪鱼加工和装罐中心。2010年,项目业主方巴布亚新几内亚商工部与承建商中国沈阳国际公司签署建设合同,并与中国进出口银行签署优惠贷款协议。后由于涉及法律诉讼及业主单方面要求改变项目规模等原因,导致项目开工延期至今。目前,地勘及设计工作都已完成,本次开工后,预计2年左右完成一期施工,包括一个4万吨级的集装箱多用途码头、4个渔码头、堆场、道路、办公楼、给排水系统等。巴布亚新几内亚主流媒体《国民报》《信使邮报》和主流电视台等对开工典礼进行了现场报道。

2015年12月11日由中国港湾公司建造的巴新莱城港潮汐码头一期项目提前完工。耗资7.648亿基纳(3.2亿美元)的巴布亚新几内亚莱城港潮汐码头一期项目将提前完工,该项目72%的资金由亚行提供,余下的资金来自巴布亚新几内亚政府。该项目由中国港湾工程公司承建,项目将于12月17日举行竣工仪式。

2015年12月5日张力勇参赞出席Goroko大学学生宿舍竣工典礼。该项目再次见证中国政府对巴布亚新几内亚社会发展、教育进步的支持,再次见证中国人民与巴布亚新几内亚人民的友谊。

2016年2月24日上午,广东深圳产品展销中心揭牌仪式。深圳政府代表团、中国驻巴布亚新几内亚大使馆在中建材巴布亚新几内亚公司举行广东深圳产品展销中心揭牌仪式。

2016年1月19日,巴布亚新几内亚总理彼得•奥尼尔携国家计划与监控部部长、体育旅游文化部部长、公务员事务部部长、巴布亚新几内亚APEC筹备委员会主席、首都行政区省长等一行视察了中国援建的国际会议中心项目。巴布亚新几内亚国际会议中心由中国政府援建，2012年正式开工建设，2015年底竣工，拟于近期正式交付巴布亚新几内亚方。项目建成后，将成为巴布亚新几内亚第一个大型国际会议中心，作为巴布亚新几内亚举办2018年APEC领导人峰会的主会场，并满足巴布亚新几内亚日益增加的大型会议场地需要。

2017年11月21日，中国企业将承建巴布亚新几内亚首个浮动LNG设施。随着中国能源企业惠生集团与KBR（Kellogg Brown and Root）公司签署合作备忘录，巴布亚新几内亚首个浮动LNG设施建设正式启动。根据计划，项目将于年底完成概念设计，年生产能力为150万吨，业主为巴布亚新几内亚国有能源企业Kumul石油公司。2017年8月，Kumul石油公司曾委托KBR公司在海湾省Kikori地区进行能源中心的概念开发与可行性研究，而作为世界领先浮动LNG工程企业的KBR公司，本次与世界领先的浮动LNG建设企业惠生能源公司合作，将大大减小项目执行风险。据悉，惠生能源曾总承包和建设了全球首个小型浮式LNG液化生产装备。

2017年7月5日，中国新奥能源控股公司和弘毅投资将充分利用其在澳大利亚桑托斯（Santos）公司的联合股权，投资澳大利亚和巴布亚新几内亚的天然气生产项目，供给新奥公司在澳大利亚和亚洲的客户。新奥公司是桑托斯公司最大的单一股东，其与弘毅投资的共同持股比例达15.1%。新奥公司负责人表示，桑托斯公司是其在澳大利亚和巴布亚新几内亚投资重大项目的首要媒介，可以将桑托斯的上游勘探和生产能力与中国快速增长的下游市场需求有效结合。桑托斯公司是巴布亚新几内亚PNG LNG项目的股东，占有项目13.5%的股份。

2017年5月25日下午，驻巴布亚新几内亚大使薛冰一行前往中国港湾（巴布亚新几内亚）工程公司位于首都莫尔兹比港的中央省6座桥项目及NCDC公路改造项目施工现场和职工驻地进行考察。薛冰认真听取了项目负责人关于项目整体规划与进展的汇报。在职工驻地，他详细了解了营地建设情况、职工的工作生活情况和安保防护情况。薛冰指出，中国港湾（巴布亚新几内亚）工程公司取得的成绩来之不易，是全体员工克服环境不适、安全系数不高等诸多困难得来的。公司在实施项目的同时，还注重履行社会责任，带动当地工人就业，为自身树立了良好形象。薛冰鼓励企业再接再厉，不断取得好的业绩，为促进中巴双边关系做出应有的贡献。

中国港湾（巴布亚新几内亚）工程有限责任公司于2011年注册成立，负责巴布亚新几内亚及南太平洋岛国的业务。截至2017年5月，该公司累计中标项目20个，其中完工7个，在建9个，另有4个项目处于筹划阶段。公司业务涵盖港航疏浚、道路桥梁、机场及房建领域。

2017年5月7日，2017年巴布亚新几内亚中资企业商会年会在巴布亚新几内亚首都莫尔斯比港成功召开。商会副会长、中江国际公司巴布亚新几内亚公司总经理罗浩忠介绍了商会运行情况，并就修订商会章程的提案进行了说明。会议一致通过该提案。会员企业还积极围绕“中资企业融入当地社会”主题进行了业务交流。尔后，王根华代办、蔡水曾参赞和刘林林参赞先后致辞。王根华代办肯定了商会几年来的工作成绩，介绍了中巴两国双边关系情况，提醒中资企业在巴布亚新几内亚注意安全，并对蔡水曾参赞在任期中的工作给予充分肯定。蔡水曾参赞回顾了在巴布亚新几内亚2年的工作和生活情况，对会员企业给予经商处的支持表示感谢，希望商会今后取得更好的发展和更大的成绩。刘林林参赞高度评价蔡水曾参赞对中巴经贸关系所做的贡献，并对商会今后的工作提出明确要求。希望商会按照“自我管理、交流联谊，合作互助、融入当地，发挥影响、凝聚人心”的原则，加强自我管理和协调，提高对内对外工作水平，更好地为促进中巴经贸关系和提升中国形象服务，为会员企业服务。

2017年2月13日报道，巴布亚新几内亚首都启动艾拉海滩重建工程，主要内容是将艾拉海滩公路升级为双向四车道、开垦海滩、建设停车场以及海洋公园景观等。项目总投资4 500万基纳，由中国港湾公司承建。巴布亚新几内亚首都地区省长Parkop表示，项目将于2018年APEC峰会召开前2个月内完工。

2017年10月16日，巴布亚新几内亚内阁已批准了拉姆二期水电站项目。该项目由深圳能源集团公司和中国水电建设集团共同投资建设，总投资6亿美元（约18亿基纳），装机容量180兆瓦，将提升巴布亚新几内亚全国发电能力的36%。奥尼尔对中国政府和深圳市政府表示感谢。奥尼尔指出，该项目符合《巴新战略发展规划（2010—2030）》。《规划》计划在2030年前将全国家用电的覆盖率由12%提高到70%；建设一个国家电网以提升全国电力供应的稳定性；为巴新发展提供一个稳定、可持续的能源基础；通过大力发展水电降低能源成本；兑现政府支持高地和Momase地区矿业和工业发展的承诺。

2018年11月22日，巴布亚新几内亚可可兰德（Cocoland）糖厂项目签约仪式在莫尔斯比港成功举办。可可兰德糖厂项目位于巴布亚新几内亚中央省，由泰国耀胜糖业公司、巴布亚新几内亚库姆农业公司共同投资，天津机电进出口公司作为EPC总承包。项目将使用整套中国技术和装备。该项目总投资金额4.8亿美元，日处理甘蔗2万吨，预计建成后将为巴新带来6.5万个就业岗位。此外，项目运营产生的甘蔗渣将可用于发电，满足当地居民用电需求。目前，项目已经过巴新国家执行委员会（NEC）批准。

2018年9月14日，巴布亚新几内亚南高地省门迪机场升级改造项目举行开工仪式。项目包括跑道升级、新航站楼、围栏建设等内容，耗资2 700万基纳，由亚洲开发银行和巴新政府共同出资，中国水电建设集团国际工程有限公司中标承建。马纳斯指出，政府已斥资16亿基纳在全国范围内进行机场改造，所有项目将于2019年11月前完工。

2018年8月10日，中国承建海底光缆项目将有效降低巴布亚新几内亚宽带资费。Kumul国内海底光缆项目完工后，巴布亚新几内亚将拥有更加稳定的宽带服务，资费水平也将下降20%。这一造价2.5亿多美元的项目由中国政府通过中国进出口银行提供优惠贷款，并由华为公司承建。杜马将这一项目描述为"游戏规则改变者"和新技术，将给巴布亚新几内亚的营商环境带来革命性的变化。

三、与新西兰之间

2016年10月21日，佳沃鑫荣懋收购新西兰最大果蔬企业部分股权。中国公司佳沃鑫荣懋近日正式完成对新西兰果蔬巨头T&G公司（TurnersGrowers）股权收购交割事宜，以约3.5亿元人民币成功收购T&G全球19.99%的股份，成为T&G全球第二大股东。T&G公司在新西兰等多个国家设有水果种植基地，旗下有爵士（JAZZ）和爱妃（ENVY）等著名苹果品牌。佳沃鑫荣懋由联想控股旗下佳沃集团与鑫荣懋集团合并成立，是中国水果经销商领域的龙头企业，销售规模达到50亿元人民币。佳沃鑫荣懋的优势在于分销渠道，与T&G公司合作可以在产销方面优势互补。

2016年9月21日，新西兰政府批准上海梅林公司2.61亿新元入股银蕨集团。上海梅林公司以2.61亿新元入股新西兰最大肉类公司银蕨农场集团50%股权交易，终于获得新西兰海外投资办公室的批准。这笔交易于2015年10月提交申请，迄今已近1年。该交易不但使新西兰股东继续拥有银蕨农场50%的所有权，还将使银蕨集团使用中方注入的资金偿还债务、保持集团财务状况运转良好；利用上海梅林供应链网络及其总公司——光明食品集团的批发和零售网络将产品分销至中国，增加产品出口。在上海梅林支持下，银蕨集团有望拓展中国业务，力争3年后在中国开设2 000家零售店以及在中国进行肉类加工处理和包装，为中国消费者量身定制牛肉和羊肉产品。

2016年8月17日，新西兰向中国出口5架P-750型多用途飞机。新西兰太平洋航空航天有限公司（Pacific Aerospace Ltd）与北京通用航空有限公司达成一笔总额1 300万美元的合作协议，北京通航将向太平洋航空订购5架P-750XSTOL型短距起降多用途飞机，用于中国国家体育总局飞行学校的专业跳伞训练和比赛。

2016年8月8日，微信将进入新西兰移动支付市场。中国互联网巨头腾讯旗下即时通讯工具微信与新西兰Pure NZ Gateway公司合作，以期进入新西兰移动支付市场。微信电子钱包业务WePay在中国拥有4亿活跃用户，日处理交易数超过5亿笔，内容涵盖交通、旅游、住宿、餐饮以及生活支付等领域。Pure NZ Gateway公司合作首席执行官马克•克里斯滕森表示，过去3年，微信发展势头迅猛，WePay入新将为数十万访新中国游客带来便利。相较于传统支付方式，在线支付更为便捷，且费用低廉，这将有助于广大新西兰商户吸引更多中国游客。

2016年8月2日，中车公司出口新西兰内燃机车（第四批）签约暨中车新西兰公司成立仪式在大连举行。根据协议，新国家铁路公司将向中车公司采购15台内燃机车，合同金额逾4 000万美元。同时，中车大连公司将与PPD公司等共同出资成立中车新西兰公司，为中车出口新西兰机车提供专业化的技术咨询、售后维护、配件供应等服务，全力打造功能齐全的机车“4S店”，使中车在新业务模式由单一出口向“产品+服务”模式转变。据悉，该批机车最大功率2 700千瓦，最高设计时速100千米，轨距1 068毫米，在安全性、环保性方面得到进一步加强，多项技术性能指标得到优化提升。“中国制造”在与欧美公司的竞争中脱颖而出，成功获得订单，彰显了新国家铁路公司对“中国制造”的信心。2009年，中车大连公司与新国家铁路公司签订20台机车供货合同。7年来已累计交付运营48台机车。此次签约是双方第4次合作，届时机车交付总量将达63台，成为新西兰铁路运输系统的主力机车机型，其担负牵引运力将超过新西兰北岛铁路货运运力的一半。

2017年8月15日新西兰“一带一路”产业园与中企签署战略合作协议。2017年8月15日新西兰首个“一带一路”产业园14日与中国检验认证集团新西兰公司签署战略合作协议。据介绍，双方合作内容主要包括对园区内的乳品、肉类、水果、海产品等进行检验、鉴定、认证、测试，提供仓储物流监管、跨境交易、产品展示、电子商务等贸易综合服务，帮助入驻园区的企业降低成本、提升效率。产业园项目一期投资1亿美元，分为空港物流园区和海港物流园区。据项目负责人介绍，空港物流园位于奥克兰机场附近，含3座冷库和恒温库，以及筹备建设的新西兰首个无人操作的“智慧仓”，配备无人分拣系统服务跨境电商；海港物流园位于丰盛湾西南陶朗加市，陶朗加港是新西兰最大的出口港。据介绍，双方期望在园区内创建并探索海外预检验新模式和溯源管理新办法，配合中国监管部门，实现口岸监管前移和通关模式创新，提高口岸通关效率，打造中新商品贸易“一带一路”上的“直达快车”。中国驻新西兰使馆商务参赞张帆说，中新两国都是全球化的坚定支持者，两国经济结构互补，出口产品满足两国人民的需求，希望产业园以及这项战略合作能够为推动两国贸易贡献力量。新西兰国家党国会议员杨健说，中国是新西兰第一大贸易伙伴，两国在生鲜产品贸易领域有着巨大潜力，期望签约双方积极落实这一项目，为两国民众造福。

2018年6月28日，新西兰毛利企业联盟进驻中国电子商务平台。“新西兰毛利企业联盟”将进驻中国重要电商平台天猫全球。该联盟由13家公司组成，主营包括葡萄酒、麦努卡蜂蜜、乳制品、水果棒和软饮料等优质特色产品。中国消费者可以在线订购，新西兰邮政将从机场仓库打包订单，并与中国邮政合作直接发往中国。

四、与瓦努阿图之间

2014年4月8日，中国驻瓦努阿图大使谢波华与瓦努阿图总理卡凯塞斯共同为华为公司通信技术展剪彩。华为公司技术人员向卡凯塞斯介绍了华为自主开发的集合电子医疗、电子教育、电子政府等智能管理的华为智慧城市解决方案、云计算解决方案、端管云发展策略、移动宽带网络和固定宽带网络解决方案及华为集装箱式数据中心等最近通信技术成果和设备。卡凯塞斯表示，作为全球通信领域的最领先的公司之一，华为公司的通信技术展为瓦努阿图描绘了一幅瓦通信领域发展的美丽前景，华为公司是瓦政府电子政务的重要合作伙伴，瓦政府愿与华为公司加强合作，进一步提升瓦通信业水平和政府管理能力。

2015年9月19日，中国驻瓦努阿图使馆经商处组织召开中资企业座谈会，中土集团、上海建工、中铁一局、江苏省建、中国通用机械工程有限公司及南太平洋农业集团等主要在瓦努阿图中资企业参加，商务部合作司参赞陈林率工作组出席座谈会并讲话。陈林向在瓦努阿图中资企业表示慰问，感谢大家在瓦努阿图目前的艰苦条件下，坚持发展，为中瓦经贸合作做出积极贡献。中瓦两国有着良好的政治关系，这是中瓦开展经贸合作的重要基础。工作组来瓦努阿图考察，与瓦方探讨共同制定经济发展规划的可能性，是为进一步深化中瓦合作，为企业来瓦努阿图开展投资合作提供政策、法律以及技术支持，以为中资企业在瓦努阿图更好发展提供优越环境。

第五章 与美洲国家的合作

第一节 美洲基本情况

美洲全称亚美利加洲，是印第安人的故乡，印第安人在距今1.8万年前就到达了美洲。根据行政区划，美洲可以分为北美洲和南美洲两部分，南北美洲以巴拿马运河为界。巴拿马运河以北部分为北美洲，面积达2 471万平方千米，主要国家包括加拿大、美国、墨西哥、古巴以及加勒比海地区的众多国家。巴拿马运河以南部分为南美洲，面积达1 784万平方千米，主要国家包括巴西、阿根廷、智利、秘鲁、委内瑞拉、哥伦比亚等国。

美洲根据社会经济发展程度和政治地理学，又可以划分为北美和拉丁美洲两部分。北美，又称北美地区，主要是指美国和加拿大两个国家，这两个国家是美洲地区仅有的发达国家，人文发展指数很高，两国之间同根同源，一体化程度很高。拉丁美洲是指美国以南的美洲地区，也就是墨西哥及以南的广大美洲地区，包括北美洲的部分和南美洲的全部。这些区域在历史上多为西班牙和葡萄牙的殖民地，语言多为拉丁语系，所以统称为拉丁美洲。当然，不仅仅是语言上的相同，这些国家也多是发展中国家，社会经济发展水平较低，与美国和加拿大有着天壤之别，所以美国总统特朗普要在美墨边境造边境墙，希望和这个穷邻居隔离开来。

第二节 与区域内国际组织的合作

美洲的国际组织，主要有19个，分别是美洲国家组织、南美洲国家联盟、南方共同市场、安第斯共同体、美洲玻利瓦尔联盟、加勒比共同体、加勒比国家联盟、拉丁美洲经济体系、拉丁美洲一体化协会、美洲开发银行、伊比利亚美洲首脑会议、东亚–拉美合作论坛、中国–拉共体论坛、拉丁美洲议会、拉丁美洲和加勒比禁止核武器组织、拉美和加勒比国家共同体、太平洋联盟、中美洲一体化体系、拉美开发银行，其中与中国有正式联系的有14个。现简要介绍如下：

一、美洲国家组织（Organization of American States，OAS）

（一）简介

概况：1890年4月14日，美国同拉美17个国家在华盛顿举行第一次美洲会议，决定建立美洲共和国国际联盟及其常设机构——美洲共和国商务局。4月14日被定为"泛美日"。1948年在波哥大举行的第9次美洲会议上,通过了《美洲国家组织宪章》,联盟遂改称为"美洲国家组织"。

宗旨:加强美洲大陆的和平与安全;确保成员国之间和平解决争端;成员国遭到侵略时,组织声援行动;谋求解决成员国间的政治、经济、法律问题,消除贫困,促进各国经济、社会、文化合作;控制常规武器;加速美洲国家一体化进程。

成员:正式成员35个:阿根廷、安提瓜和巴布达、巴巴多斯、巴哈马、巴拉圭、巴拿马、巴西、秘鲁、玻利维亚、多米尼加、多米尼克、厄瓜多尔、哥伦比亚、哥斯黎达加、格林纳达、古巴、海地、洪都拉斯、加拿大、美国、墨西哥、尼加拉瓜、萨尔瓦多、圣卢西亚、圣文森特和格林纳丁斯、圣基茨和尼维斯、苏里南、特立尼达和多巴哥、危地马拉、委内瑞拉、乌拉圭、牙买加、智利、圭亚那、伯利兹。古巴系美洲国家组织成员国,1962年被中止成员国资格。2009年美洲国家组织第39届大会一致通过废止中止古巴成员国资格的决议,但古巴拒绝重返该组织。常驻观察员70个:欧盟、德国、法国、西班牙、希腊、意大利、比利时、英国、芬兰、瑞士、瑞典、丹麦、挪威、荷兰、葡萄牙、爱尔兰、卢森堡、梵蒂冈、奥地利、塞浦路斯、冰岛、俄罗斯、波兰、捷克、斯洛伐克、罗马尼亚、匈牙利、保加利亚、克罗地亚、波黑、斯洛文尼亚、塞尔维亚、乌克兰、亚美尼亚、阿塞拜疆、格鲁吉亚、哈萨克斯坦、拉脱维亚、爱沙尼亚、土耳其、埃及、摩洛哥、阿尔及利亚、尼日利亚、突尼斯、安哥拉、赤道几内亚、加纳、贝宁、卡塔尔、沙特阿拉伯、以色列、黎巴嫩、也门、日本、韩国、菲律宾、印度、巴基斯坦、斯里兰卡、泰国、中国、瓦努阿图、立陶宛、阿尔巴尼亚、马其顿、马耳他、摩纳哥等。此外,该组织还视情邀请一些国家作为特别观察员出席全体会议。

主要负责人:秘书长路易斯•莱昂纳多•阿尔马格罗•莱梅斯(Luis Leonardo Almagro Lemes),乌拉圭人,2015年5月就职,任期5年。

总部:设在美国华盛顿。在日内瓦设有驻欧洲办事处,在成员国设有办事机构。

网址:http://www.oas.org。

组织机构:

1. 大会:最高权力机构。各成员国外长参加,每年举行1次。经2/3成员国同意,可召开特别大会。

2. 外长协商会议:《美洲互助条约》规定,常设理事会绝对多数票赞成即可召集会议,就共同关心的紧急问题进行协商。如涉及军事合作问题,则同时召集由各成员国最高军事代表参加的防务咨询委员会会议。

3. 大会直属机构:(1) 常设理事会,由成员国各派1名大使级代表组成。正、副主席由各国代表轮流担任,任期半年;(2) 美洲一体化发展理事会,原则上每年召开一次成员国间部长级会议。

4. 咨询机构:美洲法律委员会、美洲人权委员会。

5. 秘书处:常设行政机构。正、副秘书长均由大会选举产生,任期5年,可连任1次。

6. 专门机构:美洲开发银行、美洲儿童协会、美洲妇女委员会、美洲农业合作协会、泛美卫生组织、泛美史地协会。

7. 自治机构:美洲人权法院、美洲防务委员会、美洲控制毒品委员会、美洲通讯委员会、美洲反恐委员会、美洲法学中心、泛美发展基金等。

主要活动:截至2018年,美洲国家组织已举行48届年会。

2017年6月,美洲国家组织第47届年会在墨西哥坎昆市举行。各成员国外长围绕"加强对话协商,促进共同繁荣"的主题,就加强西半球全面发展与繁荣、美洲妇女领导地位、法制社会与民主安全等议题进行讨论。

2018年6月，美洲国家组织第48届年会在华盛顿举行。与会各方就促进西半球民主人权、安全与发展等进行讨论。委内瑞拉局势成为会议焦点，美国呼吁对委内瑞拉实施进一步制裁，暂停其成员资格，直至恢复民主宪政。

中国驻美国大使兼驻美洲国家组织常任观察员杨洁篪2005年2月23日与美洲国家组织代理秘书长艾瑙迪分别代表中国政府和美洲国家组织在华盛顿签署了《中华人民共和国政府和美洲国家组织秘书处关于建立中国-美洲国家组织合作基金的协议》，并宣布启动双方首批合作项目。杨洁篪在签字仪式上表示，中国政府高度重视美洲国家组织这一西半球最重要的地区组织，愿真诚地与之发展互利合作关系。中国成为美洲国家组织常任观察员国，揭开了双方合作的新篇章。中国愿通过美洲国家组织这一平台，为推动中国与美洲国家在政治、经济、社会、文化等各个领域的交流与合作继续努力，以造福于人民，为美洲乃至世界的和平、稳定与繁荣做出贡献。杨洁篪表示，在双方共同努力下，中国同美洲国家组织的关系必将更加密切，双方的合作定将结出更丰硕的成果。艾瑙迪表示，在全球化的背景下，作为重要地区组织的美洲国家组织与正在地区事务中发挥重要作用的中国发展新型合作关系对双方都很重要。成立于1948年的美洲国家组织是西半球最重要的地区组织，成员包括美洲所有的35个国家，但古巴自1962年起被拒绝参加该组织活动。美洲国家组织于2004年5月吸收中国为其第60个观察员国。为表示合作诚意，中国政府决定出资100万美元设立为期5年的合作基金，用于促进美洲社会经济发展、中国与美洲国家间的友好交流项目以及双方商定的其他合作项目。

2014年12月12日，《中国-美洲国家组织合作基金协议第二补充议定书》、中国教育部与美洲国家组织秘书处签订《关于人力资源开发和奖学金项目的谅解备忘录》。2012年是中国成为美洲国家组织观察员10周年。10年间，中国与美洲国家组织关系不断发展。中国积极参与并认真做好同美洲国家组织在政治、经济、安全、社会发展等领域合作项目，使这些项目惠及所有拉美和加勒比国家。中国已成为美洲国家组织最活跃的观察员之一。美洲在许多领域都是中国的重要合作伙伴。中国力争把实现民族复兴的中国梦与美洲国家实现团结协作、发展振兴的进程结合起来。

2017年6月19日—21日，中国政府代表团出席了美洲国家组织第47届年会，本届年会主题为“加强面向繁荣的对话与协商”。中国参会期间阐述了中国创新、协调、绿色、开放、共享的发展理念，强调“一带一路”倡议是中国为国际社会提供的重要公共产品，对推动落实2030年可持续发展议程具有重要意义。中国支持美洲国家在相互尊重、平等相待、互不干涉内政的基础上发展彼此关系，乐见美洲国家通过加强区域合作，共同提高国家治理能力，实现经济社会协调发展。近年来，OAS不断加大在保障公民安全、增强能力建设、推动性别平等及扶贫减灾等地区重要议程的投入，取得积极成效。自2004年成为观察员国以来，中国同OAS保持了良好的交流与合作。中国一贯重视OAS在西半球事务中发挥的独特作用，将一如既往地支持OAS各项工作，促进中国同西半球国家友好合作关系不断发展。

2018年6月4日—5日，中国政府代表团参加美洲国家组织（OAS）第48届年会。参会期间，中国介绍了同OAS合作情况，强调自2004年成为观察员国以来，双方友好合作关系稳步发展。中国-OAS合作基金累计支持了OAS在政治、经济、社会等领域近90个重点项目。作为多边主义的坚定支持者，中国将一如既往地支持OAS工作，促进中国同西半球国家友好合作。中国代表表示，中国同OAS合作是促进中国同拉美和加勒比关系的重要内容。近年来，在双方共同努力下，中拉关系全面快速发展。2018年1月，中拉论坛第二届部长级会议在智利成功举办，各方一致同意以共建“一带一路”引领中拉关系发展。中国发展同拉美和加勒比国家关系不针对、不排斥任何第三方，也不影响、不损害第三方在拉利益。双方合作完全符合国际规则和当地法律。中国将同拉美和加勒比国家一道，在相互尊重、互利共赢的基础上，推动中拉合作优化升级，实现更高水平发展。

（二）中国同美洲国家组织的关系

1979年2月，应外交学会邀请，美洲国家组织秘书长奥尔菲拉以个人身份访华，邓小平会见。

1996年7月，秘书长加维里亚来我国进行私人访问，全国人大常委会副委员长王光英和国务院外办主任刘华秋分别会见。

2004年3月，李肇星外长致函加维里亚秘书长，正式提出我成为该组织常驻观察员的申请；5月，该组织审议通过申请，中国成为其第60个常驻观察员。中国政府出资100万美元，设立为期5年的"中国-美洲国家组织合作基金"。2005年2月，"中国-美洲国家组织合作基金"正式启动。

2005年12月，全国人大副委员长成思危访问美洲国家组织总部并发表演讲。自2005年至2009年，中国常驻美洲国家组织观察员周文重代表中国政府出席了该组织第35届至39届年会。

2006年6月和2009年11月，拉姆丁副秘书长率部分加勒比和中美洲国家常驻美洲国家组织代表访华。

2009年，周文重大使和因苏尔萨秘书长分别代表中国政府和OAS秘书处签署《中国和OAS关于建立合作基金的协议的补充议定书》和《中国教育部和OAS秘书处关于人力资源开发和奖学金项目的谅解备忘录》，根据协议，2010—2014年，中国政府继续设立总额100万美元的"中国-美洲国家组织合作基金"；中国教育部每年将向OAS提供10个政府奖学金名额。

2010年3月，杨洁篪外长致电祝贺因苏尔萨连任秘书长。同年6月，中国常驻美洲国家组织观察员张业遂代表中国政府出席了该组织在秘鲁举行的第40届年会。

2011年6月，中国常驻美洲国家组织观察员张业遂代表中国政府出席了该组织在萨尔瓦多举行的第41届年会。

2012年6月，中国以观察员身份派团出席了该组织在玻利维亚举行的第42届年会。同年11月，因苏尔萨致电祝贺习近平当选中共中央总书记。

2013年11月，中国时任主管部领导在OAS总部会见因苏尔萨。

2014年1月，因苏尔萨向中国外长王毅致新春贺电。5月，王毅与因苏尔萨就中国成为OAS常驻观察员10周年互致贺电、贺函。

2014年6月，中国常驻美洲国家组织观察员崔天凯代表中国政府出席了该组织在巴拉圭举行的第44届年会。

2014年12月，崔天凯和因苏尔萨分别代表中国政府和OAS秘书处在华盛顿签署了《中国和OAS关于建立合作基金的协议的第二补充议定书》和《中国教育部和OAS秘书处关于人力资源开发和奖学金项目的谅解备忘录》。根据协议，2015—2020年，中国政府将"中国-美洲国家组织合作基金"规模扩大至150万美元；中国教育部每年将向OAS提供的政府奖学金名额增加至15个。

2015年3月，王毅致函阿尔马格罗当选秘书长。阿尔马格罗复函表示感谢。

2015年5月，中国常驻美洲国家组织观察员崔天凯代表中国政府出席了该组织第45届年会。

2016年2月，应外交部邀请，阿尔马格罗正式访华。其间，国务委员杨洁篪、外长王毅分别会见，副部长王超会谈。

2016年、2017年和2018年，中国均派团出席了该组织年会。

二、南方共同市场(Mercado Común del Sur—MERCOSUR)

(一)简介

成立日期：1991年3月26日，阿根廷、巴西、巴拉圭和乌拉圭4国总统在巴拉圭首都签署《亚松森条约》，宣布建立南方共同市场(简称“南共市”)。该条约于当年11月29日正式生效。1995年1月1日南共市正式运行。

宗旨：通过有效利用资源、保护环境、协调宏观经济政策、加强经济互补，促进成员国科技进步和实现经济现代化，进而改善人民生活条件，推动拉美地区经济一体化进程。

成员：正式成员国为阿根廷、巴西、巴拉圭、乌拉圭、玻利维亚(尚未完成“入市”程序)、委内瑞拉(因国内局势自2017年8月起被无限期终止成员国资格)。联系国为智利、秘鲁、哥伦比亚、厄瓜多尔、苏里南、圭亚那。

组织机构：

1. 共同市场理事会：最高决策机构。由成员国外交部长和经济部长组成。理事会主席由各成员国外长轮流担任，任期半年。现任轮值主席国为阿根廷。每年至少举行1次成员国首脑会议。

2. 共同市场小组：执行机构。负责实施条约和理事会决议，就规划贸易开放、协调宏观经济政策、与第三国商签经贸协定等提出建议。

3. 秘书处：行政机构，设在乌拉圭首都蒙得维的亚。

4. 议会：立法机构，设在乌拉圭首都蒙得维的亚。实行一院制，设有139个议席。

5. 仲裁法院：司法机构，解决成员国间争端。

6. 贸易委员会：主管贸易事务，下设8个分委会。

网址：http://www.mercosur.int/。

主要活动：

截至2018年，南共市举行了53届首脑会议。

2017年12月，南共市第51届首脑会议在巴西利亚举行。会议就促进区内贸易投资便利化、扩大对外合作、推动与欧盟签署自贸协定、加强同太平洋联盟联系、敦促委内瑞拉尊重民主人权等议题展开讨论，签署《南共市公共采购议定书》。

2018年6月，南方共同市场第52届首脑会议在巴拉圭举行。会议就推进南共市对外自贸谈判进程、委内瑞拉和尼加拉瓜局势等进行讨论。

2018年12月，南方共同市场第53届首脑会议在乌拉圭举行。会议讨论了地区经济融合和民主政治等议题。

对外关系南共市重视发展同其他国家或区域组织的关系，已同中国、欧盟、东盟、日本、俄罗斯、韩国、澳大利亚、新西兰等建立了对话或合作机制。

与欧盟关系：1995年12月南共市与欧盟签署了《区域性合作框架协议》，决定2005年建成跨洲自由贸易区。1998年7月22日，欧盟委员会决定启动与南共市四国和智利建立自由贸易区的谈判。1999年6月，欧盟与南共市宣布将于当年11月就建立自由贸易区谈判的原则、方式和非关税问题正式开始磋商，2001年7月1日启动关税和敏感商品的谈判。2002年5月，在第二届欧拉首脑会议上，南共市与欧盟决定于7月开始新一轮自贸谈判，至2002年11月，南共市与欧盟共进行了八轮贸易谈判，并取得了重大进展。2004年因在农产品和工业产品市场准入问题上分歧严重，南共市与欧盟中止自贸谈判，2010年5月双方宣布重启自贸协定谈判。2013年1月，双方在首届欧盟-拉美和加勒比国家共同体峰会期间就自贸谈判举行部长级会议，决定于2013年第四季度前提交各自谈判条件。同年12月，应欧盟请求，双方推迟谈判进程。2014年7月，南共市第46届首脑会议共同声明中表示，南共市方面已形成与欧盟谈判的共同立场，愿与欧盟早日完成条件交换。2015年7月，南共市第48届首脑会议决定加快推进与欧盟自贸谈判，于当年第四季度与欧方互换减免关税商品清单，力争早日达成共识。2016年5月，南共市和欧盟在比利时首都布鲁塞尔正式互换减免关税商品清单。6月，双方在乌拉圭首都蒙得维的亚举行协调员会议，就清单进行首轮磋商。2017年至今，南共市继续大力推进同欧盟的自贸谈判，迄未取得突破性进展。

与安共体关系：2003年12月南共市第25届首脑会议上，南共市与安共体正式签署自由贸易协议，商定在未来10—15年内逐步取消关税，并自2004年4月开始制定减免关税产品清单。

与其他国家关系：南共市于1996年与智利、2002年与墨西哥签署经济互补协议。1998年7月，南共市与南非总统曼德拉签署了关于扩大南共市与南部非洲发展共同体（SADC）贸易的谅解备忘录。2004年，南共市分别与印度和南部非洲关税同盟（SACU）签署贸易优惠协定，与摩洛哥签署贸易框架协议。2005年，南共市与海湾合作委员会签署经济合作框架协议。2010年12月，南共市同古巴、印度、印度尼西亚、马来西亚、韩国、埃及、摩洛哥等7国在发展中国家全球贸易优惠制度框架（SGPC）内签署关税优惠协定，同叙利亚和巴勒斯坦签署自贸框架协议。南共市分别于2007年与以色列、2010年与埃及、2011年与巴勒斯坦签署自贸协定。2014年12月，南共市同黎巴嫩、突尼斯就深化双方经贸关系签署合作协议。2017年至今，南共市先后启动同加拿大、韩国、新加坡自贸谈判。

（二）中国同南方共同市场的关系

1996年11月，副总理兼外长钱其琛致函南共市时任轮值主席国巴西外长兰普雷亚，提议建立中国-南共市对话机制，得到南共市积极响应。

1997年10月，由南共市轮值主席国、乌拉圭外交部大使埃斯皮诺萨率领的南共市代表团访华，同中国举行首次对话。代表团分别同外交部副部长李肇星和外经贸部副部长孙振宇，就双边政治和经贸关系以及共同关心的国际问题进行了会谈。副总理钱其琛和外交部部长助理杨洁篪分别会见了代表团。双方签署了首次对话纪要。

1998年10月9日，中国和南方共同市场在巴西首都巴西利亚举行第二次对话。中国外交部副部长杨洁篪和外经贸部部长助理高虎城共同率团同由南方共同市场代理轮值主席、巴西大使雷纳多·马尔格斯率领的南共市代表团进行了对话。双方一致强调，要进一步加强经贸和企业合作，并就促进技术合作问题进行了磋商。双方签署了第二次对话纪要，并举行了企业家座谈会。

2000年10月18日，应外交部邀请，南方共同市场轮值主席国、巴西副外长利马率领的南方共同市场代表团访华，在北京同中国举行第三次对话。副总理温家宝会见。中国外交部副部长杨洁篪和外经贸部副部长周可仁分别与南共市代表团举行了工作会谈。双方就中国同南共市政治和经贸关系以及重大国际问题交换了看法，表示愿意继续加强在国际经贸领域的合作。副外长杨洁篪和南共市代表团团长、巴西副外长利马大使签署了第三次对话纪要。中国贸促会会长俞晓松会见并宴请代表团。

2003年9月，副外长周文重率团赴乌拉圭，举行中南第四次对话，双方就进一步加强对话机制和开展务实合作交换了意见。中国提出愿在企业交流、农牧、医疗和人力资源开发等领域与南共市各国进一步开展合作。南共市提出拟于2004年在上海举办商展。

2004年6月，副外长周文重与以南共市轮值主席国阿根廷副外长雷德拉多为团长的南共市代表团在北京举行中国–南共市第五次对话，双方回顾了自1997年建立对话关系以来中南友好合作所取得的重要进展，一致认为对话为增进相互了解和推动双方政治、经济等领域的合作不断深化发挥了积极作用；双方决定正式启动中国–南共市对话联络小组，并初步就中国–南共市自由贸易谈判交换看法，决定各自开始进行可行性研究。

2005年12月，胡锦涛主席特使、建设部部长汪光焘应邀出席南共市第29届首脑会议。

2011年1月，副外长李金章致电祝贺吉马良斯担任南共市首任高级总代表。

2012年6月，温家宝在访问阿根廷期间与南共市轮值主席阿根廷总统克里斯蒂娜及巴西总统罗塞芙、乌拉圭总统穆希卡共同出席中国与南共市国家领导人视频会议，就深化双方关系、加强经贸合作交换意见，达成广泛共识，并就发表《中华人民共和国与南方共同市场关于进一步加强经济、贸易合作联合声明》达成一致。2012年6月，南共市第43届首脑会议正式发表上述联合声明，中国驻阿根廷大使殷恒民作为中国政府代表应邀与会。

2012年8月，中国时任主管部领导致电祝贺拉马略担任南共市新任高级总代表。

2012年11月，南共市派代表团参加上海国际食品展并举办南共市日活动。中国–南共市经贸会议在上海举办，双方就落实联合声明等进行交流。

2015年9月，外交部拉美司司长祝青桥应约会见南共市高级总代表菲耶尔，双方就中国与南共市对话和合作事宜交换看法。

2016年12月，中国政府拉美事务特别代表殷恒民在访问乌拉圭期间会见南共市高级总代表菲耶尔，就中南合作进行交流。

2017年8月，最高人民检察院检察长曹建民出席金砖国家和南方共同市场国家总检察长会议联合研讨会，并代表金砖国家总检察长致辞。

2018年10月，外交部副部长秦刚赴乌拉圭举行中国–南共市对话，中南双方就加强对话机制和进一步深化合作交换了意见。

三、安第斯共同体（La Comunidad Andina）

（一）简介

成立经过：1969年5月，秘鲁、玻利维亚、厄瓜多尔、哥伦比亚和智利政府代表在哥伦比亚的卡塔赫纳城举行会议，讨论本地区经济一体化问题，同月26日在哥伦比亚首都波哥大签署了《卡塔赫纳协定》。同年10月16日，该协定生效。因成员国均系安第斯山麓国家，故称安第斯集团或安第斯条约组织。1973年2月13日，委内瑞拉加入。1976年10月30日，智利退出。1992年9月，秘鲁中止对伙伴国承担经济义务。1995年9月5日，安第斯集团总统理事会第7次会议决定建立安第斯一体化体系。1996年1月，秘鲁政府宣布全面加入安第斯一体化体系，承担成员国所有义务。同年3月9日，更名为安第斯共同体（简称“安共体”）。1997年8月1日，安共体开始正式运作。

宗旨：充分利用本地区资源，促进成员国之间平衡和协调发展，取消成员国之间的关税壁垒，组成共同市场，加速经济一体化进程。

成员：4个：秘鲁、玻利维亚、厄瓜多尔和哥伦比亚（2006年4月，委内瑞拉宣布退出）。巴西、阿根廷、乌拉圭、巴拉圭、智利是联系国。西班牙为观察员国。

主要负责人：现任秘书长何塞•埃尔南多•佩德拉萨（Jorge Hernando Pedraza），哥伦比亚人，2019年1月当选，任期至2023年。

总部：设在秘鲁首都利马。

网址：http://www.comunidadandina.org。

出版物：《安第斯集团》（*Grupo Andino*）月刊，西班牙文。

组织机构：

1. 总统理事会（1995年以前称卡塔赫纳协定委员会）：最高决策机构，确定该组织一体化进程的方向。每年召开1次会议。

2. 外长理事会：由成员国外交部部长组成，负责协调成员国的对外政策。每年至少举行2次会议。

3. 总秘书处：取代原卡塔赫纳协定委员会，是安共体的执行机构，有权代表安共体同其他一体化组织对话。秘书长由各成员国外长选举产生，任期4年，最多可连任1届。秘书长任职期间，不得兼任他职，不得要求、接受任何国家政府和国际机构的指示；若犯有严重错误，经全体成员国同意可予撤换。

4. 安共体委员会：由各成员国总统任命的全权代表组成。同外长理事会一同负责制定一体化政策，协调和监督该政策的落实，并可以召集其他各部部长举行扩大会议，研究制定有关部门政策。

5. 安第斯议会：1979年10月25日成立，系安共体的咨询机构。由每个成员国议会各派5名议员组成，任期不得超过5年。每年召开1次例会，总部和常设秘书处设在哥伦比亚首都波哥大。2013年9月20日，安共体第37届外长理事会决定取消安第斯议会。有关决定将在各成员国议会批准后生效。

主要活动：

2007年6月14日，安共体第17届首脑会议在玻利维亚塔里哈市举行，玻利维亚、哥伦比亚、厄瓜多尔、秘鲁和智利与会，会议共同签署了《塔里哈宣言》，包括正式宣布接纳智利为安共体联系国，宣布启动与欧盟的贸易谈判。

2008年10月14日，安共体特别首脑会议在厄瓜多尔的瓜亚基尔市举行，厄瓜多尔、秘鲁、玻利维亚三国元首及哥伦比亚外贸副部长与会，主要讨论了加强安第斯地区一体化、与欧盟开展贸易谈判等议题。

2010年2月5日，安共体四国外交部长和外贸部长通过了安第斯地区一体化进程指导方针及加强地区合作的战略议程。

2011年5月，安共体委员会决定加强对移民、人员和商品运输的统计工作，建立促进中小企业发展委员会等。

2011年8月，安共体成立文化和多元文化部长委员会，负责推进地区文化政策并对文化产业发展、文化遗产价值评估等提出建议。

2011年11月8日，安共体总统理事会特别会议在哥伦比亚首都波哥大召开，哥伦比亚、厄瓜多尔、玻利维亚和秘鲁四国元首出席，会议发表联合声明，表示安共体将继续致力于推进次区域一体化进程，加强共同体内部现有规则的执行，深化各成员国在能源、安全和环境保护等领域的合作。

2013年9月20日，安共体在利马举行第37届外长理事会，鉴于安第斯议会运行和维持经费高昂，为进一步提高组织运行效率，会议决定取消安第斯议会，并将未来安共体工作重点放在区内贸易一体化和人员流动等务实合作领域。有关决定将在各成员国议会批准后生效。

2014年10月14日，安共体在利马举行第38届外长理事会。会议就“重塑安共体一体化进程”所取得的进展，如何加强地区一体化，使之重新焕发活力等进行了讨论。

2016年1月11日，安共体在利马举行第39届外长理事会。会议选举瓦尔克·圣米格尔·罗德里格斯为新任秘书长，任期至2018年。

2018年10月15日，安共体在利马举行第43届外长理事会。会议选举埃克托尔·金特罗·阿雷东多为新任秘书长，任期至2023年。

2019年1月11日，安共体在利马举行第44届外长理事会。会议选举何塞·埃尔南多·佩德拉萨为新任秘书长，任期至2023年，接任因健康原因辞职的原秘书长阿雷东多。

（二）中国同安第斯共同体的关系

1999年1月，中国同安共体就建立磋商机制达成一致。1999年5月，江泽民向安共体首脑会议发了贺电，庆祝该组织成立30周年，并委派驻哥伦比亚大使出席了会议。

2000年3月30日，外长唐家璇与访华的秘鲁外交部部长、安第斯共同体外长理事会轮值主席德特拉塞格涅斯在北京签署了《中华人民共和国和安第斯共同体关于建立政治磋商与合作机制的协议》。协议自签字之日起生效，无限期有效。

2002年10月21日，唐家璇在哥伦比亚首都波哥大与安共体五国外长进行首次外长级磋商，正式启动中安政治磋商与合作机制。双方就中国同安共体关系以及在重大国际问题上的合作交换了看法，达成广泛共识，会后发表了联合新闻公报。

2003年9月，外长李肇星在第58届联大期间集体会见安共体外长，双方就落实中安政治磋商与合作机制首次外长会议成果交换了意见。2003年10月，安共体国家高级电信官员及企业家代表团访华。

2004年9月，中国-安共体第二次政治磋商在北京举行，国务委员唐家璇和外长李肇星分别会见安共体代表团，副外长周文重主持磋商。双方高度评价中安磋商机制对推动双方关系发展所发挥的积极作用，商定继续在平等互利原则基础上，本着务实和进取的态度，不断增进互信，扩大共识，促进合作。双方决定在电信、能源、招商和人力资源培训等领域开展务实合作。12月，中国信息产业部副部长娄勤俭率团访问委内瑞拉、哥伦比亚和厄瓜多尔。

2005年1月，副主席曾庆红在访问秘鲁期间，集体会见安共体五国外长和该组织秘书长，提出内容涵盖电信、能源、基础设施建设、企业交流、农业、检验检疫、反毒、扶贫、新闻、议会和人力资源培训等重点合作领域的10项倡议。3月，安第斯议会议长乌尔基迪率团访华，全国人大常委会委员长吴邦国、副委员长成思危和副外长杨洁篪分别会见。9月，安共体咨询和审议机构-安第斯议会同中国全国人大签署友好合作协议，接纳全国人大成为该组织观察员。

2006年9月，副外长杨洁篪访问秘鲁期间在安共体秘书处会见安共体代理秘书长富恩特斯。

2008年5月26日，安第斯议会领导委员会通过决议，就中国四川汶川特大地震所造成重大损失向中国政府和灾区人民表示声援，呼吁国际社会及相关社会团体、金融机构对灾区的安置、重建提供帮助。

2013年8月12日，中国时任主管部领导致电祝贺安共体新任秘书长古斯曼就职。16日，古斯曼复函表示感谢。

四、拉丁美洲经济体系(Sistema Económico Latinoamericano y del Caribe, SELA)

(一)简介

成立经过:1975年10月17日,拉美23国政府代表签署《巴拿马协议》,宣告成立拉丁美洲经济体系。1976年6月7日协议正式生效。

宗旨:本着平等、主权、独立、团结、互不干涉内政、互相尊重各国政治、经济和社会制度差异的原则,促进拉美地区合作,推动地区一体化进程,制定和执行经济、社会发展规划与项目,协调拉美各国有关经济和社会问题的立场与战略,切实维护拉美国家的合法权益,为建立公正、合理的国际经济新秩序而努力。

行动准则:平等、主权、独立、团结、互不干涉内政、互相尊重各国政治、经济和社会制度差异。

成员:26个:阿根廷、巴巴多斯、巴哈马、巴拉圭、巴拿马、伯利兹、巴西、秘鲁、玻利维亚、多米尼加、厄瓜多尔、哥伦比亚、古巴、圭亚那、海地、洪都拉斯、墨西哥、尼加拉瓜、萨尔瓦多、苏里南、特立尼达和多巴哥、危地马拉、委内瑞拉、乌拉圭、牙买加和智利。42个拉美、欧洲和联合国的政治、经济和社会组织为观察员。

主要负责人:常任秘书哈维尔·保林尼奇(Javier Paulinich,曾任秘鲁外交部经济司司长),2017年8月就职,任期4年。

总部:常设秘书处设在委内瑞拉首都加拉加斯。

网址:http://www.sela.org/。

出版物:西文季刊《战略性记录》(NOTAS ESTRATÉGICAS),西、英文季刊《拉丁美洲经济体系在美国的天线》(ANTENA DE SELA EN EE.UU.),西文月刊《拉美和加勒比一体化公报》。

组织机构:

1. 拉丁美洲理事会:最高机构。由各成员国政府任命1名全权代表组成,每年举行1次部长级例会,确定拉美经济体系的总政策。如理事会作出决定或不少于1/3的成员国提出要求,可举行部长级或非部长级特别会议。理事会设主席1人、副主席2人、报告员1人(共同组成主席团),由各国代表轮流担任。

2. 行动委员会:临时性的合作机构。每个委员会至少由3个成员国组成,其他成员国可以自由加入或退出。任务是就一些专门问题制定共同纲领和计划,并协调行动。任务完成后,委员会可解散或转变成常设机构。

3. 常设秘书处:执行机构。常任秘书长由理事会选举产生,任期4年。

主要活动:

在维护拉美国家合法权益方面,1976年理事会第1次特别会议协调了拉美国家出席77国集团会议的立场,反对美国外贸法的限制和歧视性条款,要求各国对该法在拉美产生的消极后果采取共同行动,互相声援。1977年理事会第3次例会声援危地马拉反对美国阻挠其发展本国商船队。1978年第4次例会通过声援玻利维亚反对美国抛售战略储备锡的决议。1982年因英国和阿根廷马尔维纳斯群岛冲突,成立援阿行动委员会并通过决议给阿根廷以经济援助和贸易优惠,对欧共体对阿根廷的经济制裁表示遗憾。同年该组织第8次例会通过《拉美经济安全和独立战略》,决定当拉美经济体系成员国遭到经济制裁时应采取必要措施,尽快作出反应。会议谴责欧共体对阿根廷实行经济制裁。1985年该组织第5次特别会议要求美国取消对尼加拉瓜的贸易禁运。

在推动地区一体化方面，1982年拉美经济体系同卡塔赫纳协定委员会共同组织拉美各区域一体化组织会议。指出，必须扩大拉美内部贸易，坚持拉美经济合作和一体化，决定加强协调各区域一体化组织信息的工作。

在解决拉美外债问题方面，1983年第9次例会通过决议，强调拉美国家在解决沉重债务方面需加强合作，采取共同行动；指责美国对尼加拉瓜的经济制裁。1990年成员国财长和央行行长举行会议，讨论地区外债问题，决定成立由11国组成的部长级委员会，旨在“在拉美和加勒比地区关于外债问题提案规定的范围内，对债权国采取地区性协调行动”。1991年第17次例会决定重新设立部长级外债委员会。

在促进社会发展方面，1983年，该组织18个成员国签署成立支援中美洲经济、社会发展行动委员会纪要，决定帮助中美洲的经济和社会发展进程，促进经济、技术和贸易合作，援助和加强该地区一体化机构。1997年，第23次例会通过《关于经济增长与就业的声明》，强调各国要更好地将消除贫困和就业政策联系起来，在保证经济持续增长的同时，减少社会不公平现象。

在古巴问题上，1995年第21次例会发表声明反对美国封锁古巴。1997年第23次例会通过决议，对“赫尔姆斯－伯顿法”和美国强化该法的企图表示最强烈的反对，要求美国立即解除对古巴的封锁。1998年第24次例会通过决议，对“赫尔姆斯－伯顿法”和美国对古巴的封锁表示“强烈愤怒”，要求美国终止孤立古巴的政策。

在消除金融危机影响和建立经济新秩序方面，1998年第24次例会通过《哈瓦那声明》指出，拉美国家应加快金融体制改革，推进地区一体化进程，各国应加强合作，共同迎接全球化挑战，谋求建立开放、非歧视和照顾发展中国家需要的世界贸易新体制。声明呼吁发达国家和国际金融机构采取积极措施，消除金融危机的不利影响。要求世界贸易组织成员，特别是发达成员履行承诺，不再新增贸易障碍。

2005年11月，第31届拉美理事会例会在加拉加斯举行，提出进一步推动地区一体化进程，向遭受自然灾害的成员国提供帮助，并呼吁美国停止对古巴的经济封锁。

2007年3月，第32届拉美理事会例会在加拉加斯举行，继续呼吁美国停止对古巴的经济封锁。

2007年11月，第33届拉美理事会例会在加拉加斯举行，要求进一步推动地区一体化进程，呼吁美国停止对古巴的经济封锁。

2008年11月，第34届拉美理事会例会在加拉加斯举行，会议就呼吁美国停止对古巴经济封锁及国际经济危机对拉美和加勒比地区影响发表声明。

2009年10月，第35届拉美理事会例会在加拉加斯举行，会议就呼吁美国停止对古巴经济封锁及气候变化问题发表声明。

2010年10月，第36届拉美理事会例会在加拉加斯举行，会议发表声明，呼吁国际社会为海地、伯利兹、危地马拉灾后恢复和重建提供援助并加强在此问题上的南南合作，反对破坏厄瓜多尔民主秩序的行为，坚决维护地区和平与民主，呼吁美国停止对古巴经济封锁。

2011年12月，第37届拉美理事会例会在加拉加斯举行，会议就当前国际经济危机形势及拉美和加勒比地区面临的挑战等问题发表声明。

2012年10月，第38届拉美理事会例会在加拉加斯举行，会议就呼吁美国停止对古巴经济封锁发表声明。

2013年11月，第39届拉美理事会例会在加拉加斯举行，会议就呼吁美国停止对古巴经济封锁和呼吁在厄瓜多尔的跨国企业遵守当地环保法律等发表声明。

2014年11月，第40届拉美理事会例会在加拉加斯举行，会议就呼吁美国停止对古巴经济封锁发表声明。

2015年11月，第41届拉美理事会例会在加拉加斯举行，会议就呼吁美国停止对古巴经济封锁发表声明。

2016年10月，第42届拉美理事会例会在加拉加斯举行，会议发表《拉美和加勒比一体化指数》。

2017年11月，第43届拉美理事会例会在加拉加斯举行，会议就呼吁美国停止对古巴经济贸易金融封锁发表声明。

2018年11月，第44届拉美理事会例会在加拉加斯举行，会议就呼吁美国停止对古巴经济贸易金融封锁发表声明。

（二）中国同拉丁美洲经济体系的关系

1995年，国务院外办主任刘华秋率中国代表团参加在哥伦比亚举行的不结盟国家首脑会议，其间会见了拉美经济体系常任秘书长莫内塔。

1996年11月14日，应拉美经济体系的邀请，国务院总理李鹏在访问委内瑞拉期间在该组织总部发表了题为《共同谱写中拉友好合作的新篇章》的重要演讲，阐述了中国关于发展与拉美关系的5项原则和扩大经贸合作的4个重点。

1998年，中国国际贸易促进委员会与拉美经济体系常设秘书处签订合作协议，旨在增进中国企业界与拉美和加勒比国家之间的经贸合作关系。

拉美经济体系常任秘书长莫内塔于1997年、1999年两次率团访华。1999年，莫内塔在访华期间拜会国务委员王忠禹，贸促会与该组织在北京和成都合作举办中国-拉美加勒比经贸研讨会。

1999年11月，贸促会会长俞晓松致电祝贺博耶当选拉美经济体系常任秘书长。2003年、2013年，贸促会会长万季飞两次电贺瓜尔涅里当选拉美经济体系常任秘书长。

2017年9月，贸促会会长姜增伟致信祝贺哈维尔·保林尼奇当选拉美经济体系常任秘书。

五、拉丁美洲一体化协会（Asociacion Latinoamericana De Integracion，ALADI）

（一）简介

成立经过：拉丁美洲一体化协会的前身是1960年成立的拉美自由贸易协会。1980年8月12日，该协会11个成员国的外交部部长在乌拉圭首都蒙得维的亚签署了《蒙得维的亚条约》，宣告拉丁美洲一体化协会成立。1981年3月18日该条约正式生效，拉美自由贸易协会自行停止活动。该协会是拉美地区最重要的政府间促进一体化组织。

宗旨：促进和协调成员国相互间的贸易，扩大出口市场和经济合作，在双边和多边合作的基础上，实现地区经济一体化，最终建立拉美共同市场。基本职能是为拉美地区一体化组织和拉美国家双边协定提供保护，为双边和多边贸易提供方便和咨询。

成员：13个：阿根廷、玻利维亚、巴西、哥伦比亚、智利、厄瓜多尔、墨西哥、巴拉圭、秘鲁、乌拉圭、委内瑞拉、古巴和巴拿马。各成员国按经济发展水平分为3个等级，巴西、墨西哥、阿根廷为经济“高等发展”水平，智利、哥伦比亚、秘鲁、乌拉圭、委内瑞拉、古巴和巴拿马为“中等发展”水平，厄瓜多尔、巴拉圭和玻利维亚为“低等发展”水平。

向该协会派常驻观察员的国家有：萨尔瓦多、洪都拉斯、西班牙、葡萄牙、危地马拉、多米尼加、哥斯达黎加、尼加拉瓜、意大利、瑞士、俄罗斯、罗马尼亚、中国、韩国、日本、乌克兰、圣马力诺、巴基斯坦。

向该协会派常驻观察员的国际组织有：联合国拉美和加勒比经济委员会、美洲国家组织、美洲开发银行、联合国开发计划署、欧盟、拉美经济体系、拉美开发银行、泛美农业合作委员会、泛美卫生组织、世界卫生组织、伊比利亚美洲秘书处。

主要负责人：秘书长亚历杭德罗•德拉培尼亚（Alejandro De la Peña，墨西哥人），2017年9月就任，任期3年。

总部：设在乌拉圭首都蒙得维的亚。

出版物：《拉美一体化协会概况》（Síntesis ALADI）月刊，西班牙文；《时事通讯》（*News Letter*）双月刊，英文。

网址：http://www.aladi.org/。

组织机构：

1. 外长理事会：最高决策机构。

2. 代表委员会：常设政治机构，由各成员国派1名代表和1名副代表组成，每15天举行一次会议。该协会下设协助机构和工作组。协助机构下设金融货币事务委员会（由成员国中央银行行长组成）、金融货币事务顾问委员会和各国海关关长会议等机构。工作组下设规则和纪律、贸易便利化和商品市场准入等小组。

3. 评审和汇总会议：由各成员国政府的全权代表组成。

4. 秘书处：行政技术机构。设1名秘书长和2名副秘书长，任期均为3年，可连任。

5. 商会理事会：1986年10月成立，负责协调企业间贸易活动等。

主要活动：

协会的首要任务是协调成员国之间的经济发展战略，推动地区一体化进程向前发展。

2004年10月，第13届外长理事会在蒙得维的亚召开，选举乌拉圭外长奥佩蒂为拉美一体化协会新任秘书长。

2005年9月，秘书长奥佩蒂出席首届南美洲共同体首脑会议。12月，第60届联大通过决议，接受拉美一体化协会为观察员。奥佩蒂出席第29届南共市首脑会议。

2006年5月，奥佩蒂出席第4届欧拉首脑会议。7月，奥佩蒂出席第30届南共市首脑会议。

2008年3月，第14届外长理事会在蒙得维的亚召开，选举巴拉圭资深外交官萨吉尔为新任秘书长。

2010年5月，第43届金融和货币理事会在布宜诺斯艾利斯召开。

2011年8月，第16次外长理事会在阿根廷召开，选举阿根廷前副总统卡洛斯•阿尔瓦雷斯为拉美一体化协会新任秘书长。

2012年5月，由拉美一体化协会、联合国拉美和加勒比经济委员会（CEPAL）和拉美开发银行（CAF）共同倡议的“亚太－拉美关系观察站”正式成立。

2012年8月，召开拉美主要地区组织协调会，旨在加强各组织在拉共体框架内的合作和相互协调，更有效地推进地区一体化进程。

2013年9月，代表委员会通过关于2014年下半年在乌拉圭举办面向成员国进出口企业的首届拉丁美洲一体化协会博览会(EXPO ALADI)的决议。

2014年8月,第17次外长理事会在乌拉圭召开,现任秘书长卡洛斯•阿尔瓦雷斯获得连任,任期3年。

2015年6月,第二届EXPO ALADI在阿根廷举行。

2016年10月,第三届EXPO ALADI在墨西哥举行。

2017年8月,第18次外长理事会在乌拉圭召开,选举亚历杭德罗•德拉培尼亚为新任秘书长。

2017年10月,第四届EXPO ALADI在玻利维亚举行。

2018年10月,第五届EXPO ALADI在秘鲁举行。

(二)中国同拉丁美洲一体化协会的关系

1994年6月15日,拉美一体化协会常设政治机构代表委员会第25次会议决定,接纳中华人民共和国为该协会观察员。同年,双方签署《中国同拉美一体化协会间合作计划》。中国是拉美一体化协会的首个亚洲观察员。中国常驻ALADI观察员由我驻乌拉圭大使担任。

2011年8月,外交部部长杨洁篪致电祝贺阿尔瓦雷斯当选秘书长。

2013年7月,拉美一体化协会副秘书长拉布克•苏克来华出席第二届中国-拉丁美洲和加勒比智库交流论坛。

2013年9月,双方签署《中华人民共和国外交部与拉美一体化协会总秘书处专门合作备忘录》。

2014年8月,外长王毅致电祝贺阿尔瓦雷斯连任协会秘书长。

2017年9月,外长王毅致电祝贺德拉培尼亚就任协会秘书长。

六、美洲开发银行(Inter-American Development Bank,IDB)

(一)简介

概况:1959年12月30日成立。该行是美洲国家组织的专门机构,其他地区国家也可加入。非拉美国家不能使用该行资金,但可参加该行组织的项目投标。

宗旨:集中各成员国的力量,对拉丁美洲国家的经济、社会发展计划提供资金和技术援助,并协助他们单独和集体为加速经济发展和社会进步做出贡献。

成员:48个。其中美洲28个:阿根廷、巴巴多斯、巴哈马、巴拉圭、巴拿马、巴西,秘鲁、玻利维亚、多米尼加、厄瓜多尔、哥伦比亚、哥斯达黎加、圭亚那、海地、洪都拉斯、墨西哥、尼加拉瓜、萨尔瓦多、苏里南、特立尼达和多巴哥、危地马拉、委内瑞拉、乌拉圭、牙买加、智利、伯利兹、加拿大、美国。欧洲16个:奥地利、比利时、丹麦、德国、法国、芬兰、荷兰、挪威、葡萄牙、瑞典、瑞士、西班牙、意大利、英国、克罗地亚和斯洛文尼亚。亚洲4个:日本、以色列、韩国、中国。

主要负责人:行长路易斯•阿尔贝托•莫雷诺(Luis Alberto Moreno,哥伦比亚人),2005年7月当选,后两度连任,任期至2020年。

总部:设在美国华盛顿。

网址:http://www.iadb.org/。

出版物:《年度报告》(*Annual Report*),英文,在美国出版;《拉美一体化》(Integración Latinoamericana),月刊,西班牙文,在阿根廷出版。

组织机构:

1. 理事会：最高权力机构，由各成员国委派1名理事组成，每年举行1次会议。理事通常为各国经济、财政部部长、中央银行行长或其他担任类似职务者。

2. 执行董事会：理事会领导下的常设执行机构，由14名董事组成，其中拉美国家9名，美国、加拿大各1名，其他地区国家3名，任期3年。

3. 行长和副行长：在执行董事会领导下主持日常工作。行长由执行董事会选举产生，任期5年，副行长由执行董事会任命。

4. 分支机构：在拉美各成员国首都及马德里和东京设有办事处。

5. 投资机构：美洲投资公司（Inter- American Investment Corporacion，IDB INVEST），1989年成立，为美洲开发银行全资附属公司，旨在通过向中小型企业提供融资以促进该地区发展。现有45个成员国，26个为拉美和加勒比地区国家。美洲开发银行自2013年起在该投资公司基础上成立新公司，并于2015年向新公司注资20.3亿美元，其中各成员国新注资13.05亿美元。多边投资基金（Multilateral Investment Fund，MIF），1993年成立，主要目的是为私营企业创造更好的投资环境，促进其发展，由39个成员国集资建立，由美洲开发银行管理。

6. 拉美一体化研究所：1964年成立，设在阿根廷首都布宜诺斯艾利斯，负责培养高级技术人才，研究有关经济、法律和社会等重大问题，为该行成员国提供咨询。

银行资本：1. 成员国分摊；2. 发达国家成员国提供；3. 在世界金融市场和有关国家发放债券。1960年开业时拥有8.13亿美元资金。截至2015年底，该行总资产为1 569.39亿美元。认缴股份较多的国家有：美国占30.006%，阿根廷和巴西各占11.276%，墨西哥占7.249%，委内瑞拉占3.706%，加拿大占4.001%。各成员国的表决权依其加入股本的多寡而定。按章程规定，拉美国家表决权在任何情况下不得低于50%。中国在美洲开发银行投票权为0.004%，多边投资基金为4.76%。

主要活动：

提供贷款促进拉美地区的经济发展、帮助成员国发展贸易，为各种开发计划和项目的准备、筹备和执行提供技术合作。银行的一般资金主要用于向拉美国家公、私企业提供贷款，年息通常为8%，贷款期10—25年。特别业务基金主要用于拉美国家的经济发展优惠项目，年息1%~4%，贷款期20—40年。银行还掌管美国、加拿大、德国、英国、挪威、瑞典、瑞士和委内瑞拉等政府及梵蒂冈提供的“拉美开发基金”。

20世纪六七十年代，该行主要为卫生和教育等公共项目提供资金，1990年代起逐渐加大了对私营企业的投资贷款。50多年来，该行的贷款规模增长迅速，1961年贷款额为2.94亿美元，1998年增至100.63亿美元，2000年为52.66亿美元，2001年为79亿美元，2002年为45.5亿美元，2008年为122亿美元，2014年为138.43亿美元，2015年为112.64亿美元，为促进拉美经济社会发展发挥了重要作用。

该行每年举行年会。2006年4月，第47届年会在巴西贝洛奥里藏特举行。会议呼吁各国抓住近几年本地区经济转好的时机，建立更有效的公共管理机制，加快基础设施建设，努力缩小贫富差距，推动可持续发展。各方强调应加大扶持私营部门发展的力度，使之成为消除地区贫困和不平衡发展的重要力量。

2007年3月，第48届年会在危地马拉首都危地马拉城举行，承诺将大力消除拉美地区的贫困问题，让更多人从经济增长中获益。

2008年4月，第49届年会在美国迈阿密举行。会议强调，气候变化和社会发展使拉美国家能源消耗增加，必须通过能源多样化战略应对挑战，同时要提高能源使用效率，减少环境污染。

2009年3月，第50届年会在哥伦比亚麦德林举行，重点讨论拉美和加勒比国家如何制定经济和社会政策以应对全球经济危机。

2010年3月，第51届年会在墨西哥坎昆举行，通过《坎昆宣言》，就美洲开发银行增资、援助海地等达成一致。

2011年3月，第52届年会在加拿大卡尔加里举行，会议向各成员国报告了有关普遍增资和发展战略的落实情况，并选举出2011—2014年各选区执行董事。

2012年3月，第53届年会在乌拉圭首都蒙得维的亚举行，会议讨论了有关增资事宜，承诺将开拓更多融资渠道和工具来应对金融危机，帮助弱小经济体渡过难关。

2013年3月，第54届年会在巴拿马首都巴拿马城举行，重点分析拉美和加勒比地区面临的经济挑战，尤其是基础设施建设需求。

2014年3月，第55届年会在巴西绍伊皮海滨举行，重点讨论改善拉美和加勒比地区教育和卫生设施，提高中小企业效率和专业化程度，加大同私营部门合作，扩大对可持续能源和节能领域投资等。

2015年3月，第56届年会在韩国釜山举行，重点讨论该行私营部门改革、金融政策和机构战略更新等。

2016年4月，第57届年会在巴哈马首都拿骚举行，会议围绕地区经济形势、气候变化、能源挑战及"巴拿马文件"事件进行讨论，发布年度宏观经济报告，呼吁地区国家深度改革财税制度，削减公共开支，以遏制经济颓势，宣布美开行将增加对气候变化领域融资，由当前占总融资的14%提升至2020年的25%～30%。该行行长莫雷诺重申欢迎古巴加入美开行。

2017年3月，第58届年会在巴拉圭首都亚松森举行，会议围绕拉美地区经济形势、推进经济一体化、应对气候变化、加强同私营部门合作等议题展开讨论。莫雷诺行长强调称，为应对保护主义，应继续深化全球化和一体化。2016年该行共为地区提供120亿美元贷款，为涉及应对气候变化项目提供了27亿美元融资。

2018年3月，第59届年会在阿根廷门多萨举行，重点讨论了该行未来发展、重点支持领域等议题，并决定第60届年会于2019年3月在成都举行。

（二）中国同美洲开发银行的关系

中国自1991年起连续18年应邀派团以观察员身份参加了美洲开发银行年会。1993年9月，中国人民银行正式向美开行提出加入申请。1994年2月伊格莱西亚斯行长应邀访华。1995年9月，该行常务副行长博德塞女士率团出席在北京举行的第四次世界妇女大会。2003年3月，中国人民银行国际司副司长何建雄率团以观察员身份参加第44届年会。2004年3月，黄菊副总理致函伊格莱西亚斯行长，重申中国人民银行加入美开行的申请。2004年3月，中国人民银行行长周小川率团以观察员身份出席第45届年会。2004年5月和2005年4月，伊格莱西亚斯应邀访华，副外长周文重、副外长杨洁篪分别会见。2005年4月和2006年4月，中国人民银行行长助理马德伦率团以观察员身份出席第46届和第47届年会。

2007年3月，中国人民银行行长周小川率团以观察员身份出席了第48届年会，并与美开行行长共同签署了中国加入美开行的备忘录。2008年4月，中国人民银行国际司金荦副司长率团参加第49届年会。2008年10月，美开行执董会决定接受中国人民银行为正式成员；美开行行长莫雷诺访华，杨洁篪和周小川分别会见。2009年1月，中国人民银行代表中国正式加入美洲开发银行集团。3月，中国人民银行行长周小川代表中国以正式成员身份出席在哥伦比亚麦德林举行的美开行成立50周年年会。

2010年3月，中国人民银行行长周小川率团出席在墨西哥坎昆举行的美开行第51届年会。9月，副总理王岐山和外长杨洁篪分别会见来华出席第四届中拉企业家高峰会的美开行行长莫雷诺。2011年3月，中国人民银行行长助理郭庆平率团出席在加拿大卡尔加里举行的美开行第52届年会。9月，杨洁篪会见来华参加大连世界经济论坛年会的美开行行长莫雷诺。2012年3月，中国人民银行副行长刘士余率团出席在乌拉圭首都蒙得维的亚举行的美开行第53届年会。10月，杨洁篪会见来华访问的美开行行长莫雷诺。双方就国际、拉美地区经济、金融形势和中拉关系等交换了意见。2013年3月，中国人民银行副行长易纲出席美开行第54届年会。9月，副总理马凯、外交部副部长张业遂等分别会见来华参加大连世界经济论坛年会的莫雷诺。2014年3月，中国人民银行行长助理郭庆平率团出席在巴西绍伊皮海滨举行的美开行第55届年会。9月，莫雷诺来华出席第八届夏季达沃斯论坛和第八届中拉企业家高峰会，副总理马凯会见。11月，莫雷诺应邀来华出席APEC工商领导人峰会。

2015年1月，美开行副行长罗萨应邀来华出席中拉论坛首届部长级会议。3月，中国人民银行副行长易纲率团出席在韩国举行的第56届年会，并同美开行签署两银行间中期战略合作规划。6月，国务委员杨洁篪在华盛顿出席第七轮中美战略与经济对话期间应约会见莫雷诺。

2015年3月30日，中国与美洲开发银行签署合作框架协议。据西班牙3月27日《拓展报》报道，中国人民银行今天在韩国釜山与美洲开发银行签署合作框架协议，以扩大双方在贸易、投资、金融及交流等方面的合作。协议的签署意在寻求将中国投资与拉美与加勒比地区发展相结合，将就双方共同关心的话题组织相关活动，支持双方专家之间的交流。目前中国已成为拉美和加勒比地区第二大贸易伙伴，2014年双方贸易额达3000亿美元，专家预计未来几年内中国将超越美国而成为该地区第一大贸易伙伴。

2016年3月，美开行行长莫雷诺应邀来华出席中国发展高峰论坛和博鳌亚洲论坛，副总理马凯、财政部部长楼继伟、国务院发展研究中心主任李伟、丝路基金董事长金琦分别会见。4月，全国政协副主席、中国人民银行行长周小川率团出席在巴哈马首都拿骚举行的第57届年会，并见证中拉产能合作投资基金与美开行及其下属美洲投资公司签署三方框架性合作协议。10月，美开行副行长罗萨来华出席第十届中拉企业家高峰会，外交部副部长王超会见。

2017年4月，中国人民银行行长助理张晓慧率团出席在巴拉圭首都亚松森举行的第58届年会，并会见美开行行长莫雷诺。5月11日—16日，莫雷诺应邀来华出席"一带一路"国际合作高峰论坛并在"加强政策沟通方面和战略对接"和"促进资金融通"平行主题会议上发言。其间，国务院副总理马凯同其会见，莫雷诺还同美洲投资公司首席执行官斯克里文、亚洲基础设施投资银行行长金立群签署框架性合作协议。11月30日—12月2日，莫雷诺出席在乌拉圭东角市举行的第11届中拉企业家高峰会并致辞。

2018年1月，美洲开发银行南美地区总经理卢波出席在智利圣地亚哥举行的中拉论坛第二届部长级会议，并参加外交部长王毅集体会见。3月，中国人民银行副行长陈雨露率团出席在阿根廷门多萨举行的第59届年会和第60届年会启动仪式。10月，莫雷诺来华访问，副总理刘鹤、中国人民银行行长易纲、外交部副部长乐玉成、财政部副部长邹加怡、丝路基金董事长金琦分别同其会见。

七、东亚-拉美合作论坛（Forum for East Asia and Latin America Cooperation，FEALAC）

（一）简介

成立经过：1998年10月，新加坡与智利倡议建立东亚-拉美论坛，以促进两区域交往。1999年9月，论坛成立大会暨首次高官会在新加坡召开，会议暂定论坛名为东亚-拉美论坛。2001年3月，论坛首届外长会决定将论坛正式定名为东亚-拉美合作论坛。

宗旨：论坛是目前唯一跨东亚和拉美两区域的官方多边合作论坛，旨在增进两区域之间的了解，促进政治、经济对话及各领域合作，推动东亚和拉美国家之间建立更为密切的关系。

成员：36个：中国、日本、韩国、蒙古国、新加坡、印度尼西亚、马来西亚、泰国、菲律宾、文莱、越南、老挝、柬埔寨、缅甸、阿根廷、巴西、智利、哥伦比亚、委内瑞拉、玻利维亚、巴拿马、巴拉圭、秘鲁、乌拉圭、厄瓜多尔、墨西哥、哥斯达黎加、萨尔瓦多、古巴、尼加拉瓜、危地马拉、多米尼加、苏里南、洪都拉斯、澳大利亚和新西兰。

网址：http://www.fealac.org。

主要机制：论坛每2—3年召开一届外长会，每年召开一次高官会，会议在亚拉地区轮流举办。论坛在东亚、拉美各指定一协调国，负责协调、承办论坛各级别会议，每届外长会改选一次，现任东亚地区协调国为老挝，拉美地区协调国为多米尼加。

论坛下设社会、政治合作和可持续发展，贸易、投资、旅游和中小微企业，文化、青年、性别和体育，科技、创新和教育4个工作组，原则上每年各举行一次会议，通常与高官会在同一地点连续举行。工作组主席分别由两地区各推选一个国家共同担任，任期同协调国。

此外，论坛还设前瞻小组和网络秘书处。2011年论坛第五届外长会设立前瞻小组，全面评估论坛现状，就论坛未来发展战略提出建议，2012年3月—2013年6月期间召开了4次会议，形成最终报告并在论坛第六届外长会上通过。第六届外长会后，前瞻小组机制不再运行。

论坛网络秘书处成立于2011年3月，设在韩国，负责论坛网站日常运营，整理发布论坛相关会议文件和合作项目情况，为论坛各成员国间沟通提供便利。

2010年1月，论坛第四届外长会通过决议，设立论坛协调委员会，由协调国、副协调国、各工作组主席国以及网络秘书处主办国韩国组成，负责协调论坛事务、推动落实外长会有关决议。

2015年8月，论坛第七届外长会通过决议，设立论坛届间协调会机制，邀请现任协调国、前任协调国、候任协调国、各工作组主席国及论坛网络秘书处出席。2016年5月，首次届间协调会在韩国首尔召开。

2016年9月，首届"三驾马车"外长会在第71届联大期间举行。2017年8月，论坛第八届外长会通过决议，正式建立"三驾马车"（前任、现任和候任地区协调国）机制，原则上每年在联大期间举行"三驾马车"外长会。2017年和2018年联大期间，亚拉论坛分别举行第二届和第三届"三驾马车"外长会。

主要会议和成果：论坛迄今已举行8届外长会。

2001年3月，首届外长会在智利首都圣地亚哥举行，通过论坛《框架文件》，规定了论坛宗旨、目标和运作方式，并将论坛正式定名为东亚-拉美合作论坛。会议决定论坛下设政治/文化、经济/社会、教育/科技3个工作组。会议接纳哥斯达黎加、萨尔瓦多和古巴等3个新成员。

2004年1月，论坛第二届外长会在菲律宾首都马尼拉举行，通过《马尼拉行动计划》，决定将原有3个工作组调整为政治/文化/教育、经社和科技工作组。会议接纳尼加拉瓜和危地马拉两国为新成员。

2007年8月，论坛第三届外长会在巴西利亚举行，通过《巴西利亚部长宣言及行动纲要》，确认贸易和投资为论坛的合作重点，决定在经社工作组内成立旅游小组。会议接纳多米尼加为新成员。

2010年1月，论坛第四届外长会在东京举行，通过《东京宣言》。为进一步提高论坛工作效率，会议通过3项举措：1. 成立协调委员会；2. 设立论坛网络秘书处；3. 决定今后工作组会议原则上与高官会在同一地点连续举行。会议接纳蒙古国为新成员。

2011年8月，论坛第五届外长会在阿根廷布宜诺斯艾利斯举行，通过《布宜诺斯艾利斯宣言》。会议决定成立“前瞻小组”，接纳苏里南和洪都拉斯为新成员。

2013年6月，论坛第六届外长会在印度尼西亚巴厘岛举行，通过《乌鲁瓦图宣言》。会议决定将论坛原有3个工作组和1个次工作组调整为4个工作组，分别为：社会、政治合作和可持续发展，贸易、投资、旅游和中小微企业，文化、青年、性别和体育，科技、创新和教育工作组。

2015年8月，论坛第七届外长会在哥斯达黎加圣何塞举行。会议以“两个地区，一个愿景”为主题，回顾了第六届外长会以来论坛发展进程，重点讨论了亚拉两地区合作、论坛机制建设和未来发展方向等议题。会议通过了《圣何塞宣言》和《论坛工作流程指南》两个成果文件。

2017年8月，论坛第八届外长会在韩国釜山举行。会议以“共同的愿望，崭新的行动”为主题，回顾论坛合作现状，规划论坛未来发展方向。会议通过《釜山宣言》，决定提升对话合作水平，完善机制建设，设立亚拉论坛基金，建立“三驾马车”对话机制。

（二）中国同东亚－拉美合作论坛的关系

中国是论坛创始成员国，积极参与论坛各项活动并举办了多个合作项目。中国举办的项目主要有：亚拉论坛法律论坛、亚拉青年外交官研修班、东亚－拉美大学校长论坛、拉美青年干部、高级外交官、新闻记者研修班、中拉政党研修班、“华艺新颜”“欢乐春节”等。

2001年、2004年、2007年和2010年，外长唐家璇、副外长王毅、副外长李金章和外长杨洁篪分别出席了论坛第一届、第二届、第三届和第四届外长会。2011年和2013年，外交部时任主管部领导出席了论坛第五届和第六届外长会。2015年和2017年，中国政府拉美事务特别代表殷恒民出席了第七届和第八届外长会。此外，中国还出席了历次高官会。

中国曾任2013—2015年、2015—2017年论坛社会、政治合作和可持续发展工作组共同主席，论坛第八届外长会上续任该工作组2017—2019年共同主席。

八、中国－拉共体论坛（China-CELAC Forum，CCF）

成立经过：2014年7月17日，国家主席习近平出席在巴西利亚举行的中国－拉美和加勒比国家领导人首次会晤。会晤通过《中国－拉美和加勒比共同体领导人巴西利亚会晤联合声明》，宣布建立中国－拉共体论坛（中拉论坛）并尽早在北京召开论坛首届部长级会议。2015年1月8日—9日，中拉论坛首届部长级会议在北京举行，标志着论坛正式启动。

宗旨：促进平等互利、共同发展的中拉全面合作伙伴关系发展。

成员：中国－拉共体论坛有33个成员国，即安提瓜和巴布达、阿根廷、巴哈马、巴巴多斯、伯利兹、玻利维亚、巴西、智利、哥伦比亚、哥斯达黎加、古巴、多米尼加、多米尼克、厄瓜多尔、萨尔瓦多、格林纳达、危地马拉、圭亚那、海地、洪都拉斯、牙买加、墨西哥、尼加拉瓜、巴拿马、巴拉圭、秘鲁、圣卢西亚、圣基茨和尼维斯、圣文森特和格林纳丁斯、苏里南、特立尼达和多巴哥、乌拉圭、委内瑞拉。

会议机制：中拉论坛首届部长级会议上通过的《中拉论坛机制设置和运行规则》规定，中拉论坛定位为由中国和拉共体成员国外交部牵头的政府间合作平台，主要机制包括部长级会议、中国-拉共体"四驾马车"外长对话、国家协调员会议（高官会）。1. 部长级会议：原则上每3年在中国和拉共体轮值主席国或中拉双方商定的其他成员国轮流举行，必要时可召开特别会议。主要研究讨论在区域及次区域层面加强中国和拉共体成员国互利合作事宜，审议通过相关决定和行动计划等成果文件，作为双方合作的指南。2. 中国-拉共体"四驾马车"外长对话：通过在联合国大会期间会晤或互访等方式，就中拉论坛事务以及共同关心的国际和地区问题保持磋商。3. 国家协调员会议：主要职责为筹备部长级会议，跟踪落实部长级会议成果，制定中拉论坛阶段性工作规划。该会议原则上每年至少举行一次，由中国和拉共体轮值主席国或中拉双方商定的拉共体其他成员国轮流承办。4. 各专业领域论坛和会议：包括中拉农业部长论坛、中拉青年政治家论坛、中拉民间友好论坛、中拉智库论坛、中拉企业家高峰会、中拉科技创新论坛、中拉基础设施合作论坛、中拉政党论坛、中拉地方政府合作论坛、中国-拉美环境与发展政策圆桌对话等，并将视情在工业、金融、航天技术发展与合作等领域建立新的分论坛。

中国后续行动委员会 承袭论坛中国筹备委员会，主要负责中国内部协调，推进中拉论坛部长级会议后续工作。目前共有40家成员单位。后续委由外交部、国家发展与改革委员会和商务部组成中国"三方领导机制"共同牵头。外交部长、发改委主任、商务部长担任后续委共同主任，三部（委）主管部（委）领导为共同副主任，其他成员单位副部级或司局级主管领导担任委员。后续委下设秘书处，由外交部牵头，负责内外联系和组织协调工作。外交部拉美司司长任秘书长，发改委、商务部、财政部和文化部有关司局领导任副秘书长。秘书处设办公室，为日常办事机构，工作地点设在外交部拉美司。

网址：http://www.chinacelacforum.org。

主要活动：2015年1月8日—9日，中国-拉共体论坛首届部长级会议在北京举行。中国国家主席习近平同拉共体轮值主席国哥斯达黎加总统索利斯、候任轮值主席国厄瓜多尔总统科雷亚、委内瑞拉总统马杜罗和拉共体"四驾马车"成员国巴哈马总理克里斯蒂出席会议开幕式。习近平发表题为《共同谱写中拉全面合作伙伴关系新篇章》的致辞。李克强集体会见与会拉方代表团团长。拉共体成员国中29国外长、部长或高级代表出席，联合国拉美经委会、美洲开发银行、拉美开发银行等地区组织和机构代表作为嘉宾与会。会议通过《中国-拉共体论坛首届部长级会议北京宣言》《中国与拉美和加勒比国家合作规划（2015—2019）》《中国-拉共体论坛机制设置和运行规则》等3个成果文件。双方商定下届部长级会议将于2018年在智利举行。

2015年9月27日，中国外交部部长王毅与拉共体"四驾马车"成员国厄瓜多尔外长帕蒂尼奥、哥斯达黎加外长冈萨雷斯、巴巴多斯外长麦克林、多米尼加副外长利里亚诺在纽约举行对话，古巴副外长莫雷诺、墨西哥副外长弗洛雷斯等参加。双方就加强中拉关系，推进中拉论坛首届部长级会议成果落实等交换意见。

2015年，首届中拉基础设施合作论坛、首届中拉科技创新论坛、中拉政党论坛首次会议、第二届中拉青年政治家论坛、第九届中国-拉美企业家高峰会、第五届中拉民间友好论坛等分论坛陆续举办；中拉双方就中国350亿美元对拉一揽子融资安排保持密切沟通，中国发布相关实施方案；中国政府向拉共体成员国增加奖学金和培训名额、首期"未来之桥"中拉青年领导人培训交流营等人文交流计划有序开展。

2016年，中国赴厄瓜多尔同拉共体国家协调员举行集体会晤，在北京同拉共体2016年轮值主席国多米尼加代表会谈，就论坛工作保持沟通。中国政府拉美事务特别代表访问秘鲁、厄瓜多尔、巴西、阿根廷、乌拉圭，并与南美国家联盟、太平洋联盟、南共市对话，就论坛建设做地区重要国家工作，推动拉美重要地区组织参与中拉整体合作。成功举办第二届中拉基础设施合作论坛、第三届中拉青年政治家论坛、第十届中拉企业家高峰会、第三届中拉智库论坛和首届中拉地方政府合作论坛。中国对拉重大融资安排有序推进。"2016中拉文化交流年"取得圆满成功，中国宣布增加对拉培训名额、设立中拉新闻交流中心、为拉方培训媒体从业人员等新举措。"未来之桥"、对拉政府奖学金、地方交流等倡议顺利开展。

2017年9月21日，中国-拉共体"四驾马车"外长在纽约举行新一轮对话。萨尔瓦多外长马丁内斯、多米尼加外长巴尔加斯、厄瓜多尔外长埃斯皮诺萨和格林纳达副总理兼外长尼姆罗德，以及中拉论坛第二届部长级会议东道国智利外长穆尼奥斯和加共体助理秘书长格兰德森参加。双方就拉美和加勒比国家参与共建"一带一路"、中拉论坛第二届部长级会议筹备工作交换意见。

2017年，中国赴多米尼加同拉共体国家协调员举行集体会晤，两赴智利就中拉论坛第二届部长级会议筹备工作同拉共体"四驾马车"和智利国家协调员举行磋商，在北京会见智利外交部代表，讨论中拉论坛第二届部长级会议筹备工作。中国政府拉美事务特别代表殷恒民访问格林纳达、多米尼克并出席第38届拉共体首脑会议，广泛接触加方代表，宣介中拉论坛。成功举办第三届中拉基础设施合作论坛、第四届中拉青年政治家论坛、第四届中拉智库论坛、中国-拉美环境与发展政策圆桌对话和第十一届中拉企业家高峰会。中国对拉一揽子融资安排稳步落实，中国联合阿根廷举办中拉论坛融资研修班，取得良好效果，各项人文交流举措积极推进。

2018年1月19日—22日，中国-拉共体论坛第二届部长级会议在智利圣地亚哥举行。习近平专门致函表示祝贺，智利总统巴切莱特出席开幕式并致辞，外交部部长王毅率中国代表团与会。拉共体31个成员国的外长或高级别代表，以及联合国拉美经委会等4个重要地区组织和多边机构代表出席。会议通过了《圣地亚哥宣言》《中国与拉共体成员国优先领域合作共同行动计划（2019—2021）》和《关于"一带一路"倡议的特别声明》等3个成果文件。双方商定下届部长级会议将于2021年在中国举行。

2018年9月，中国-拉共体"四驾马车"外长在联大一般性辩论期间举行第六次对话。国务委员兼外长王毅和拉共体时任轮值主席国萨尔瓦多外长卡斯塔内达、前任轮值主席国多米尼加外长巴尔加斯、候任轮值主席国玻利维亚外长帕里以及加勒比共同体时任轮值主席国牙买加外长约翰逊-史密斯出席，王毅主持对话。双方就加强中拉论坛建设，共建"一带一路"，推动中拉关系高质量发展等交换意见。

九、拉丁美洲议会（Parlamento Latinoamericano，PARLATINO）

（一）简介

成立日期：1964年12月7日—11日，在秘鲁国会倡议下，阿根廷、巴西、哥伦比亚、哥斯达黎加、智利、萨尔瓦多、危地马拉、尼加拉瓜、巴拿马、巴拉圭、秘鲁、委内瑞拉和墨西哥等13国的119名议员在秘鲁利马召开会议，决定成立拉丁美洲议会。

宗旨：促进拉美和加勒比国家的团结和地区一体化。

成员：由拉美和加勒比的23个国家和地区的议员组成：阿根廷、玻利维亚、巴西、智利、哥伦比亚、哥斯达黎加、古巴、多米尼加、厄瓜多尔、萨尔瓦多、危地马拉、洪都拉斯、墨西哥、荷属阿鲁巴、荷属库拉索、荷属圣马丁、尼加拉瓜、巴拿马、巴拉圭、秘鲁、苏里南、乌拉圭和委内瑞拉。每个成员国议会各选出12名议员作为拉美议会议员参加活动，其任期由各成员国议会确定。

主要负责人：现任议长埃利亚斯•阿列尔•卡斯蒂略•冈萨雷斯（Elías Ariel Castillo González，原拉美议会秘书长，巴拿马国民大会议员），2017年6月当选，任期2年。

总部：设在巴拿马首都巴拿马城。

网址：http://www.parlatino.org。

组织机构：

1. 大会：最高权力机构，1995年以前每两年举行一次会议，1995年修改后的新章程规定每年举行一次会议。

2. 领导委员会：大会休会期间负责日常工作，每6个月举行一次会议，必要时可举行特别会议。由议长、候补议长（2名）、副议长（每成员国1名）、秘书长、候补秘书长（1名）、秘书（3名）、前议长和协商理事会等组成。议长由各成员国议员轮流担任。

3. 总秘书处：办事机构，兼有协调和监督的职能。负责召集会议，协助领导委员会准备大会议程和起草工作文件，散发协议、提案或声明，执行预算并向大会提出财政报告等。

4. 常设委员会：负责分析、研究和调查工作，分别为农业、畜牧业和渔业，经济、社会债务和区域发展，政治、市政和一体化，人权、司法和监狱政策，教育、文化、科技和通信，能源和矿产，性别平等、儿童和青年，劳动、社会保障和司法事务，环境和旅游，土著人和民族，卫生，公民安全、打击和预防贩毒、恐怖主义及有组织犯罪，公共服务与保护用户和消费者等委员会。

5. 协商理事会：咨询机构，负责立法和政治咨询工作。

6. 特别委员会：经济紧急状况委员会，拉美监狱政策委员会，美洲自由贸易区研究委员会。

主要活动：截至2018年12月，共举行了34次年会。

2007年12月，拉美议会第23届年会在巴拿马城召开，决定把改善民生等社会问题和推动地区一体化进程作为会后工作重点。

2008年1月，拉美议会总部由巴西圣保罗市迁址至巴拿马首都巴拿马城。

2008年12月，拉美议会第24届年会在巴拿马城召开，主要就当前国际金融危机对拉美的影响，欧洲新移民政策对拉美移民的影响等议题进行了讨论。

2009年12月，拉美议会第25届年会在巴拿马城举行，着重就国际金融危机对拉美的影响、拉美社会经济政策以及消除贫困和不公等议题进行了讨论。

2010年12月，拉美议会第26届年会在巴拿马城举行，重点就拉美议会在拉美和加勒比地区一体化中应发挥的作用进行了讨论，表决通过洪都拉斯重返拉美议会，选举冈萨雷斯为拉美议会新议长。

2011年12月，拉美议会第27届年会在巴拿马城举行，会议就当前世界经济形势对拉美各国影响、拉美地区移民问题及拉美各国如何实现联合国千年发展目标等议题进行了深入讨论。

2012年11月，拉美议会第28届年会在巴拿马城举行，会议就当前严峻的世界经济形势及食品安全问题进行了深入讨论。

2013年10月，拉美议会第29届年会在巴拿马城举行，会议就当前地区卫生、检疫、医疗等领域的问题进行了深入讨论。

2014年12月，拉美议会第30届年会暨拉美议会成立50周年庆祝大会在巴拿马城举行，会议高度评价拉美议会成立50年来在加强拉美国家政治对话、巩固地区民主体制、促进地区稳定发展、推动地区国家团结及一体化等方面发挥的积极作用，同时强调需着重应对有组织犯罪、非法移民等挑战。

2015年11月，拉美议会第31届年会在巴拿马城举行，会议重点围绕落实2030年可持续发展议程进行了讨论。

2016年12月，拉美议会第32届年会在巴拿马城举行，会议就推动收入平等、改进安全政策、打击毒品犯罪、提升民主质量等议题进行了讨论。

2017年6月，拉美议会第33届年会在巴拿马城举行，会议以“拉美和加勒比地区移民现状”为主题，深入探讨在世界经济持续低迷，“逆全球化”浪潮背景下移民问题给地区带来的政治、安全和社会影响。呼吁地区国家以联合国通过的《关于难民与移民的纽约宣言》为契机，继续推进政府间谈判进程，为在2018年达成“安全、有序和正常移民”的全球契约作出积极努力。其间，还举行了移民问题各国议会间高级别对话会。11月，拉美议会第34届年会在巴拿马城举行，会议主题为“增加透明度，打击腐败”。

对外关系：

拉美议会和欧洲议会于1974年建立对话关系。1999年3月第十四届欧盟–拉美议会间大会发表《最后声明》，研究并提出了有关发展拉美同欧盟未来关系的建议，并决定将之提交首届欧拉首脑会议。议长辛赫尔应邀出席了5月20日首届欧洲–伊比利亚美洲经济会议并代表拉美议会发言。欧洲议会和拉美议会均派代表出席了2000年2月第九次欧盟–里约集团外长例会和2003年4月第108届世界议联大会。2003年5月，双方举行了第16次对话，就两地议会21世纪合作前景，跨地区贸易一体化进程和移民等问题交换了意见。2005年6月，双方举行第17次对话，就加强两地区一体化进程、推动经济与社会发展及环保等问题进行讨论。

（二）中国同拉丁美洲议会的关系

中国与拉美议会保持良好关系，双方互访不断。1993年国务委员兼外长钱其琛访问圣保罗时，应拉美议会的邀请参观了拉美议会总部。1996年拉美议会第一候补议长、墨西哥参议员索拉纳率拉美议会代表团来华参加了在北京举行的各国议会联盟第96届大会。1997年，应中国全国人大的邀请，拉美议会议长、乌拉圭议员辛赫尔和秘书长、巴西众议员内伊•洛佩斯分别率团访华，委员长乔石和副委员长陈慕华分别会见了代表团。1998年，全国人大副委员长田纪云访问了拉美议会总部并会见秘书长洛佩斯。

2003年6月，拉美议会议长洛佩斯致函中国驻巴西大使蒋元德，告知拉美议会领导委员会决定接纳中国全国人大为该组织观察员。2004年3月，双方签署《中华人民共和国全国人民代表大会常务委员会和拉丁美洲议会的合作协议》，中国全国人大正式成为拉美议会观察员。2004年12月，中国驻巴西大使蒋元德代表全国人大以观察员身份出席拉美议会第20届大会。

2005年1月，全国人大副委员长李铁映访问拉美议会总部并会见拉美议会议长洛佩斯。2月，拉美议会议长洛佩斯率团访华，委员长吴邦国、副主席曾庆红、副委员长李铁映会见。6月，中国驻秘鲁大使殷恒民代表全国人大以观察员身份出席拉美议会与欧洲议会的第17次对话。2005年11月，全国人大常委会委员、副秘书长王云龙出席拉美议会第21届大会。2006年6月，拉美议会副议长皮萨罗率团访华。9月，委员长吴邦国访问拉美议会总部并会见议长洛佩斯。12月，全国人大外事委员会副主任委员吕聪敏以观察员身份出席拉美议会第22届年会。2007年12月，全国人大外事委员会副主任委员吕聪敏以观察员身份出席拉美议会第23届年会。2008年12月，全国人大外事委员会副主任委员马文普以观察员身份出席拉美议会第24届年会。2009年7月，拉美议会议长皮萨罗率团访华。2009年12月，全国人大外事委员会副主任委员马文普以观察员身份出席拉美议会第25届年会。

2010年12月，全国人大常委会委员长吴邦国致电祝贺冈萨雷斯当选拉美议会新议长。2011年12月，全国人大外事委员会副主任委员马文普以观察员身份率团出席了拉美议会第27届年会。2012年11月，中国派员参加拉美议会第28届年会。同年12月，冈萨雷斯连任拉美议会议长，全国人大常委会委员长吴邦国致电祝贺。2013年10月，全国人大常委会副委员长向巴平措率团出席拉美议会第29届年会暨议会大楼竣工典礼。2014年12月，全国人大环境与资源保护委员会副主任委员龚建民率团出席拉美议会第30届年会暨拉美议会成立50周年庆祝大会。

2015年拉美议会议长卡斯蒂略率团访华，委员长张德江同其进行会谈，副主席李源潮同其举行会见。5月，阿尔卡拉当选拉美议会新任议长，委员长张德江向其致函祝贺。11月，全国人大外事委员会派团出席拉美议会第31届年会，并接受拉美议会向中国全国人大颁发奖。

2016年12月，全国人大外事委员会副主任委员曹卫洲率团出席拉美议会第32届年会，分别会见拉美议会议长阿尔卡拉、各国议会联盟（议联）主席乔杜里和巴拿马国民议会议长德莱昂。

2017年6月，全国人大外事委员会副主任委员曹卫洲率团出席拉美议会第33届年会，分别会见拉美议会新任议长卡斯蒂略、前议长阿尔卡拉和巴拿马国民议会议长德莱昂。同年6月，全国人大常委会委员长张德江致电祝贺卡斯蒂略当选拉美议会新一届议长。

2017年11月，中国驻巴拿马使馆派员以观察员身份出席拉美议会第34届年会。

2018年11月，中国与拉美议会合作建设的"中国馆"在拉美议会总部落成。

十、拉丁美洲和加勒比禁止核武器组织（Organismo para la Proscripcion de las Armas Nucleares en la America Latina y el Caribe，OPANAL）

（一）简介

成立经过：1962年10月"古巴导弹危机"后，巴西、玻利维亚、厄瓜多尔和智利向第十七届联大提出关于建立拉美无核区的提案。1963年4月29日，上述四国元首以及墨西哥总统在各自首都发表声明，要求拉美国家缔结多边协定，使拉美尽快成为无核区。同年，第十八届联大通过了包括上述五国在内的11个国家关于建立拉美无核区的提案。1964年11月，17个拉美国家决定成立拉丁美洲非核化筹备委员会。1967年2月14日，巴拿马、秘鲁、玻利维亚、厄瓜多尔、哥伦比亚、哥斯达黎加、海地、洪都拉斯、墨西哥、萨尔瓦多、危地马拉、委内瑞拉、乌拉圭和智利在墨西哥城签署《拉丁美洲禁止核武器条约》，即《特拉特洛尔科条约》。条约于1969年4月25日生效。为保证履行条约的各项义务，根据该条约规定，缔约国在条约生效后成立了拉丁美洲禁止核武器组织。1985年该组织第九届例会决定今后将在正式文件中使用"拉丁美洲和加勒比禁止核武器组织"（简称"拉美禁核组织"）的名称。

宗旨：条约规定，缔约国的核材料和核设备只能用于和平目的；禁止在各自领土上试验、使用、制造生产或取得核武器；禁止在各自领土上接受、储存、设置、部署或以任何其他形式拥有核武器。条约有两项附加议定书：第一号附加议定书要求在拉美拥有领土或属地的国家承担条约规定的有关义务。第二号附加议定书要求世界上拥有核武器的国家充分尊重条约，不对拉美国家使用或威胁使用核武器。

成员：33个：巴巴多斯、巴哈马、巴拉圭、巴拿马、古巴、秘鲁、玻利维亚、多米尼加共和国、厄瓜多尔、哥伦比亚、哥斯达黎加、格林纳达、海地、洪都拉斯、墨西哥、尼加拉瓜、萨尔瓦多、苏里南、特立尼达和多巴哥、危地马拉、委内瑞拉、乌拉圭、牙买加、巴西、智利、阿根廷、安提瓜和巴布达、伯利兹、圭亚那、多米尼克、圣基茨和尼维斯、圣文森特和格林纳丁斯、圣卢西亚。

观察员国：中国、英国、美国、俄罗斯、法国和荷兰。

主要负责人：常务秘书长路易斯•菲利佩•德马塞多•苏亚雷斯（Luiz Filipe de Macedo Soares，巴西人），2014年2月11日就职。2018年1月1日起连任，任期至2021年12月31日。

总部：设在墨西哥首都墨西哥城。墨西哥为存约国。

组织机构：

1. 大会：最高权力机构。由全体缔约国组成，每2年召开一次。理事会认为必要时可召开特别大会。

2. 理事会：由5个理事国组成，经大会选举产生，任期4年。

3. 秘书处：大会和理事会领导下的常设办事机构。秘书长由大会选举产生，任期4年，可连任一次。

出版物：《拉美禁核组织文件集》（*OPANAL-Documentos*），不定期，西班牙文。

网址：http://www.opanal.org/。

主要活动：

至1992年8月底，与第一号附加议定书有关的英国、荷兰、美国、法国均已在该议定书上签字并批准。

至1979年1月，与第二号附加议定书有关的中国、英国、美国、法国、苏联（现为俄罗斯）都已签署该议定书并批准。

2005年4月26日—28日，世界无核武器地区会议在墨西哥城举行，拉美禁核组织代表拉美和加勒比无核武器区出席。出席会议的还有代表南太、东南亚、非洲和蒙古无核武器区的《拉罗汤加》《曼谷条约》《佩林达巴条约》缔约国和蒙古。各方就加强各无核武器区建设、密切相互合作、推动全球防核武扩散与核裁军等议题进行讨论。

2005年11月8日，拉美禁核组织第19届例会在智利首都圣地亚哥举行，会议发表《圣地亚哥声明》。

2007年11月22日，拉美禁核组织第20届例会在墨西哥首都墨西哥城举行。

2009年11月26日，拉美禁核组织第21届例会在墨西哥首都墨西哥城举行。

2011年10月11日向联合国递交《拉美和加勒比33国关于建立无核区的声明》。

2011年11月17日，拉美禁核组织在墨西哥城举行第22届例会。

2012年2月14日，拉美禁核组织在墨西哥城举办《特拉特洛尔科条约》签署45周年纪念活动。

2013年8月22日，拉美禁核组织在阿根廷首都布宜诺斯艾利斯举行第23届例会，通过禁核组织《战略日程》，即获得世界所有拥核国家不对拉美无核区各国使用核武器的承诺；积极在多边场合通过谈判和法律手段推动全面禁止核武器；加强对禁核及核不扩散工作的宣传力度。

2014年2月14日，拉美禁核组织在墨西哥城举办《特拉特洛尔科条约》签署47周年纪念活动。

2015年11月26日，拉美禁核组织在墨西哥城举行第24届例会，敦促有关国家履行法律义务，决定进一步加强与联合国、国际原子能机构、拉美和加勒比国家共同体等国际和地区组织合作。

2016年2月14日，拉美禁核组织在墨西哥城举办《特拉特洛尔科条约》签署49周年纪念活动。

2017年2月14日，拉美禁核组织在墨西哥城举行《特拉特洛尔科条约》签署50周年纪念大会。条约组织主席、墨西哥外长比德加赖主持会议，33个缔约国外长或副外长、五核国（中国、美国、俄罗斯、英国、法国）以及有关国际组织等代表与会。墨西哥总统培尼亚到会并致辞。

2018年2月14日，拉美禁核组织发表声明，纪念《特拉特洛尔科条约》签署51周年。

2018年5月，拉美禁核组织举行仪式，庆祝《特拉特洛尔科条约》列入联合国教科文组织世界记忆名录。

（二）中国同拉丁美洲和加勒比禁止核武器组织的关系

1972年11月24日外长姬鹏飞声明，中国政府尊重和支持拉美无核区的正义主张，并同意拉美禁核条约第二号附加议定书的基本内容。1973年8月21日，中国政府签署了该议定书。1975—2001年，除个别情况外，中国均派观察员出席该组织的历届年会。

1983年5月，中国代表在出席该组织在牙买加金斯敦举行的第八届例会期间发言，重申中国决不对拉美国家和无核地区使用或威胁使用核武器，也不在拉美国家和地区试验、制造、生产、储存、安装或部署核武器，或使自己带有核武器的运载工具通过拉美国家领土、领空和领海。

在第14届例会上，中国驻智利大使朱祥忠与会并讲话，阐述了中国对核裁军、无条件不对无核国家和无核区使用或威胁使用核武器及《核不扩散条约》延期问题的立场和主张。

2003年11月，中国驻古巴大使王治权代表中国政府以观察员身份出席该组织第18届例会，重申了中国不使用和不威胁使用核武器的承诺。

2012年2月14日，中国驻墨西哥使馆派代表出席拉美禁核组织在墨西哥城举办的《特拉特洛尔科条约》签署45周年纪念活动。

2017年2月14日，外交部军控司司长率中国观察员代表团参加拉美禁核组织《特拉特洛尔科条约》签署50周年纪念大会，并在一般性辩论阶段发言。

该组织两任秘书长格罗斯和马丁内斯·科沃分别于1975年和1983年访华。

十一、拉美和加勒比国家共同体（Comunidad de Estados Latinoamericanos y Caribeños，CELAC）

（一）简介

成立经过：2010年2月，第21届里约集团峰会暨第二届拉美峰会（统称"拉美和加勒比团结峰会"）在墨西哥举行，会议决定筹建涵盖所有33个拉美和加勒比独立国家的新地区组织，并定名为"拉美和加勒比国家共同体"（简称"拉共体"），以替代现有的里约集团和拉美峰会。会后，里约集团和拉美峰会成立"统一论坛"，负责拉共体的筹建工作，由里约集团时任轮值主席国智利和拉美峰会时任轮值主席国委内瑞拉担任论坛共同主席。2011年12月2日—3日，拉美和加勒比地区33国国家元首、政府首脑或代表在委内瑞拉首都加拉加斯举行会议，宣布正式成立拉共体。

宗旨：在加强团结和兼顾多样性基础上，深化地区政治、经济、社会和文化一体化建设，实现本地区可持续发展；继续推动现有区域和次区域一体化组织在经贸、生产、社会、文化等领域的对话与合作，制定地区发展的统一议程；在涉拉共体重大问题上进行协调并表明成员国共同立场，对外发出“拉美声音”。

成员：33个正式成员：安提瓜和巴布达、阿根廷、巴哈马、巴巴多斯、伯利兹、玻利维亚、巴西、智利、哥伦比亚、哥斯达黎加、古巴、多米尼加、多米尼克、厄瓜多尔、萨尔瓦多、格林纳达、危地马拉、圭亚那、海地、洪都拉斯、牙买加、墨西哥、尼加拉瓜、巴拿马、巴拉圭、秘鲁、圣卢西亚、圣基茨和尼维斯、圣文森特和格林纳丁斯、苏里南、特立尼达和多巴哥、乌拉圭、委内瑞拉。

主要负责人：暂未设秘书处，实行轮值主席国制。2018年轮值主席国为萨尔瓦多。玻利维亚将担任2019年轮值主席国。

组织机构：

1. 国家元首和政府首脑会议：最高机构，由轮值主席国在本国召开，经与成员国协商可召开特别峰会。

2. 外长会：负责筹备拉共体峰会并执行会议有关决定，协调各成员国在拉美一体化等重要问题上的立场，每年召开2次会议。

3. 轮值主席国：拉共体机制建设、技术和行政辅助机构，负责筹备和召开首脑会议和外长会等。

4. 各国协调员会议：负责各成员国和轮值主席国的联系沟通，国家协调员直接负责议题的跟踪和协调。

5. 特别会议：轮值主席国可根据需要召开特别会议，就涉地区团结、一体化与合作的重大和优先议题进行协商。

6. 四驾马车：由现任、前任、候任拉共体轮值主席国和加勒比共同体轮值主席国组成。2018年下半年“四驾马车”为萨尔瓦多、多米尼加、玻利维亚和牙买加。

7. 紧急磋商机制：在出现紧急情况时，任何一个成员国可向轮值主席国提交声明或公告，并由轮值主席国向“四驾马车”成员散发，由“四驾马车”决定是否对上述事件采取共同立场。

主要活动：

2011年12月，拉美和加勒比地区33个独立国家的国家元首、政府首脑或代表在委内瑞拉首都加拉加斯举行会议，宣布正式成立拉共体。会议通过了《加拉加斯宣言》《2012年行动计划》《拉共体章程》和《维护民主和宪政的特别宣言》等重要文件，就拉共体的宗旨、行动原则及发展目标进行了系统阐述。会议决定由智利出任拉共体首任轮值主席国，古巴和哥斯达黎加分别任2013年和2014年轮值主席国。

2013年1月27日—28日，拉共体首届峰会在智利首都圣地亚哥举行，地区32国的国家元首、政府首脑及高级代表与会，巴拉圭因国内政局原因未获邀而缺席会议。会议通过《圣地亚哥宣言》和《拉共体章程修订案》等文件，决定加勒比共同体轮值主席国作为加勒比国家代表同拉共体“三驾马车”一起组成“扩大的三驾马车”。会后，古巴接替智利出任轮值主席国。

2014年1月28日—29日，拉共体第二届峰会在古巴首都哈瓦那举行，地区33国政府首脑或代表出席，联合国秘书长潘基文、美洲国家组织秘书长因苏尔萨等国际或地区组织负责人与会。会议通过《哈瓦那宣言》《拉共体2014年行动计划》及包括《宣布拉美和加勒比为和平区的公告》在内的近30份成果文件。会议决定将“扩大的三驾马车”更名为“四驾马车”，组成不变。会后，哥斯达黎加接替古巴出任轮值主席国。

2015年1月28日—29日，拉共体第三届峰会在哥斯达黎加首都附近小镇贝伦举行，地区33

国政府首脑或代表出席，联合国、美洲国家组织、欧盟、伊比利亚美洲峰会秘书处代表作为嘉宾与会。会议以"共同建设"为主题，围绕消除贫困、饥饿和不平等等议题展开探讨，发表了《贝伦政治宣言》《拉共体2015年行动计划》和20多份特别声明。会后，厄瓜多尔接替哥斯达黎加出任轮值主席国。

2016年1月27日，拉共体第四届峰会在厄瓜多尔首都基多举行，33个成员国的国家元首、政府首脑或代表，以及联合国、世界粮农组织、伊比利亚美洲首脑会议等国际组织代表与会。会议以"为未来加强联盟"为主题，围绕提振地区经济、消除贫困、促进地区一体化等议题展开讨论，并发表《基多政治声明》《2016年共同行动计划》和20项特别声明。会后，多米尼加接任拉共体轮值主席国。

2017年1月24日—25日，拉共体第五届峰会在多米尼加卡纳角举行，古巴、委内瑞拉等12国元首和政府首脑及联合国拉美经委会、世界粮农组织、世界银行、伊比利亚美洲首脑会议等国际和地区组织代表与会。会议就维护地区和平稳定和独立自主、增强域内外合作以推动经济发展、加强社会领域合作等达成共识，发表《卡纳角政治声明》《2017行动计划》和20项特别声明。萨尔瓦多接任轮值主席国。

对外关系：

与欧盟关系：2013年1月26日—27日，首届拉美和加勒比国家共同体-欧盟峰会（拉欧峰会）在智利首都圣地亚哥举行，来自拉美和加勒比地区及欧盟（含克罗地亚）61个国家的国家元首、政府首脑及高级代表与会，欧盟委员会主席范龙佩、欧洲理事会主席巴罗佐、联合国拉美和加勒比经济委员会（拉美经委会）执行秘书巴尔塞纳等应邀出席。会议以"为了可持续发展的联盟：促进在社会和环境领域高质量的投资"为主题，强调推进和深化两地区战略伙伴关系，探讨双边贸易和投资、性别平等、民主人权、科技创新和可持续发展等议题。会议通过了《圣地亚哥宣言》和《拉共体-欧盟行动计划（2013—2014）》，并商定下届峰会于2015年在布鲁塞尔举行。

2015年6月10日—11日，第二届拉欧峰会在布鲁塞尔举行，拉共体和欧盟61国国家元首、政府首脑或高级代表及欧洲理事会、欧盟委员会主席等与会。峰会以"塑造我们共同的未来：为民众创造繁荣、有凝聚力和可持续发展的社会"为主题，讨论了两地区战略伙伴关系、经贸投资合作、消除贫困、维护人权、可持续发展等议题。会议通过了《政治宣言》《布鲁塞尔宣言》和《拉共体-欧盟行动计划（2015—2017）》，并商定下届峰会于2017年在拉共体轮值主席国举行。

2017年9月，拉共体内部围绕委内瑞拉局势产生严重对立，决定推迟原定于当年10月在萨尔瓦多举行的第三届拉共体-欧盟峰会。后经协商，双方于2018年7月在布鲁塞尔举行第二届拉共体-欧盟外长会，会议发表《联合声明》，重申双方支持以联合国为核心的多边体系和以世贸规则为基础的多边贸易体制，反对贸易保护主义。

与俄罗斯关系：2013年5月，拉共体"扩大的三驾马车"外长访问俄罗斯。双方决定加强经济、工业、教育、文化、学术和人道主义等领域合作，宣布将建立"合作与对话常设机制"。2014年1月，拉共体古巴峰会决定支持建立拉共体-俄罗斯政治对话机制。2015年9月，拉共体与俄罗斯建立政治对话与合作常设机制。2016年11月，拉共体"四驾马车"外长访问俄罗斯，双方宣布将加强在联合国框架下合作，反对干涉他国内政，支持世界多极化发展，并在安全、禁毒、外交官培训和自然灾害防控等领域加强人员往来和经验交流，深化经贸合作，扩大高附加值产品贸易，增进双向旅游。2017年9月，拉共体"四驾马车"外长同俄外长拉夫罗夫在纽约会晤。双方同意加强在治理、经济、贸易、教育、科技、应对自然灾害和气候变化等领域的交流与合作。

（二）中国同拉美和加勒比国家共同体的关系

2011年12月2日，中国国家主席胡锦涛致电祝贺拉共体成立，表示拉共体的成立是地区一体化进程中的重要里程碑，相信拉共体必将为地区国家进一步加强团结协作、共同应对全球性挑战发挥积极作用。中国始终从战略高度看待中拉关系，愿同拉共体及地区各国加强交流、协商与合作，共同为建立和发展中拉平等互利、共同发展的全面合作伙伴关系而努力。

2012年8月，拉共体“三驾马车”代表智利外长莫雷诺、委内瑞拉外长马杜罗、古巴副外长谢拉访华，全国人大常委会副委员长蒋树声和外交部部长杨洁篪分别会见。双方就建立中国－拉共体“三驾马车”外长对话机制达成一致。

2012年9月，中国－拉共体“三驾马车”在纽约举行首次外长对话（拉共体方面为智利外长莫雷诺、委内瑞拉副外长格雷罗、古巴外长罗德里格斯）。双方就进一步发展中国同拉共体关系、深化中拉合作和构建中拉整体合作机制等议题交换意见并发表联合声明。双方商定把推动构建以中拉合作论坛为核心的中拉整体合作机制作为共同努力方向。

2013年1月，拉共体首届峰会责成各成员国外交部就建立中国－拉共体合作论坛进行协商，并将相关研究报告提交2014年古巴峰会讨论。

2013年9月，中国－拉共体“扩大的三驾马车”在纽约举行外长对话（拉共体方面为古巴外长罗德里格斯、哥斯达黎加外长卡斯蒂略和特立尼达和多巴哥外长杜克兰，以及部分拉美和加勒比国家代表）。双方就成立中拉合作论坛、拉美各次区域组织的发展、国际发展议程等问题交换意见，达成积极共识。

2014年1月29日，拉共体第二届峰会通过《关于支持建立中国－拉共体论坛的特别声明》，并同意于年内召开论坛首次会议。1月30日，国家主席习近平分别致电古巴和哥斯达黎加领导人，对此表示祝贺和赞赏。

2014年7月17日，国家主席习近平访问巴西期间出席在巴西利亚举行的中国－拉美和加勒比国家领导人会晤并集体会见拉共体“四驾马车”成员国领导人。会上，习近平发表了题为《努力构建携手共进的命运共同体》的主旨讲话。会晤宣布中拉建立平等互利、共同发展的全面合作伙伴关系，宣布建立中国－拉共体论坛并尽早在北京举行论坛首届部长级会议。会晤通过成果文件《中国－拉美和加勒比国家领导人巴西利亚会晤联合声明》。

2015年1月8日—9日，中国－拉共体论坛首届部长级会议在北京举行。习近平同拉共体轮值主席国哥斯达黎加总统索利斯、候任轮值主席国厄瓜多尔总统科雷亚、委内瑞拉总统马杜罗和拉共体“四驾马车”成员国巴哈马总理克里斯蒂出席会议开幕式。习主席发表题为《共同谱写中拉全面合作伙伴关系新篇章》的致辞。李克强集体会见与会拉方代表团团长。拉共体成员国中29国外长、部长或高级代表出席，联合国拉美经委会、美洲开发银行、拉美开发银行等地区组织和机构代表作为嘉宾与会。会议发表《中拉论坛首届部长级会议北京宣言》《中国与拉美和加勒比国家合作规划（2015—2019）》《中拉论坛机制设置和运行规则》等3个成果文件。双方商定下届会议将于2018年在智利举行。

2015年9月27日，外长王毅与拉共体“四驾马车”成员国厄瓜多尔外长帕蒂尼奥、哥斯达黎加外长冈萨雷斯、巴巴多斯外长麦克林、多米尼加副外长利里亚诺在纽约举行新一轮对话，古巴副外长莫雷诺、墨西哥副外长弗洛雷斯等参加。双方就加强中拉关系，推进中拉论坛首届部长级会议成果落实等交换意见。

2017年9月，中国-拉共体"四驾马车"外长在纽约举行新一轮对话。萨尔瓦多外长马丁内斯、多米尼加外长巴尔加斯、厄瓜多尔外长埃斯皮诺萨和格林纳达副总理兼外长尼姆罗德，以及中拉论坛第二届部长级会议东道国智利外长穆尼奥斯和拉共体助理秘书长格兰德森参加。双方就拉美和加勒比国家参与共建"一带一路"、中拉论坛第二届部长级会议筹备工作交换意见。

2018年1月19日—22日，中国-拉共体论坛第二届部长级会议在智利圣地亚哥举行。习近平专门致函表示祝贺，智利总统巴切莱特出席开幕式并致辞，外交部部长王毅率中国代表团与会。拉共体31个成员国的外长或高级别代表，以及联合国拉美经委会等4个重要地区组织和多边机构代表出席。会议通过了《圣地亚哥宣言》《中国与拉共体成员国优先领域合作共同行动计划（2019—2021）》和《关于"一带一路"倡议的特别声明》等3个成果文件。双方商定下届部长级会议将于2021年在中国举行。

2018年9月，中国-拉共体"四驾马车"外长在联大一般性辩论期间举行第6次对话。国务委员兼外长王毅和拉共体现任轮值主席国萨尔瓦多外长卡斯塔内达、前任轮值主席国多米尼加外长巴尔加斯、候任轮值主席国玻利维亚外长帕里以及加勒比共同体现任轮值主席国牙买加外长约翰逊-史密斯出席，王毅主持对话。双方就加强中拉论坛建设，共建"一带一路"，推动中拉关系高质量发展等交换意见。

十二、太平洋联盟（Alianza del Pacífico）

（一）简介

成立日期：2011年4月28日，智利、哥伦比亚、墨西哥、秘鲁四国总统在秘鲁首都利马举行峰会，签署《太平洋协定》，宣布成立太平洋联盟。2012年6月，联盟第四届首脑会议在智利安托法加斯塔举行，签署《太平洋联盟框架协议》，宣告联盟正式成立。2015年7月20日，《框架协议》生效。2018年7月，成员国间96%的货物和服务贸易实现零关税，剩余关税将逐步取消。

宗旨：加强拉美太平洋沿岸国家贸易政策协调，促进联盟内货物、服务、资本和人员自由流通，致力于将联盟打造成为对亚洲最具吸引力的拉美次区域组织和亚洲进入拉美市场最便利的入口。

成员正式成员国：智利、哥伦比亚、墨西哥、秘鲁。观察员国（55个）：哥斯达黎加、巴拿马、澳大利亚、新西兰、加拿大、乌拉圭、西班牙、日本、危地马拉、厄瓜多尔、萨尔瓦多、洪都拉斯、巴拉圭、多米尼加、法国、葡萄牙、中国、美国、韩国、土耳其、英国、德国、瑞士、荷兰、意大利、芬兰、印度、以色列、摩洛哥、新加坡、特立尼达和多巴哥、比利时、印度尼西亚、泰国、格鲁吉亚、奥地利、海地、瑞典、丹麦、匈牙利、希腊、波兰、挪威、捷克、斯洛伐克、乌克兰、罗马尼亚、埃及、阿根廷、斯洛文尼亚、立陶宛、克罗地亚、阿联酋、塞尔维亚、白俄罗斯。候选联系国（4个）：加拿大、澳大利亚、新西兰、新加坡。

组织机构：各成员国以国名字母先后顺序轮流担任轮值主席国，任期1年。现任轮值主席国为秘鲁。联盟尚未设秘书处，但已形成包括首脑会议、部长理事会（外交部部长和贸易部部长）、高级别工作组（副外长和主管贸易的副部长）及技术工作组的基本架构。

网址：http://alianzapacifico.net/。

主要活动：

2011年4月，首届首脑会议在秘鲁利马举行，决定成立太平洋联盟。

2011年12月，第二届首脑会议在墨西哥梅里达举行。墨西哥、智利、哥伦比亚总统和秘鲁外长出席，巴拿马总统应邀出席。会议发表《梅里达宣言》，承诺将加快一体化建设步伐，要求各成员国共同努力尽快制定《联盟宪章条约》，欢迎更多拉美国家入盟。

2012年3月，第三届首脑会议以视频方式举行，各方就促进人员、服务和资本流通，推进贸易及一体化等问题取得重要进展，就《框架协议》达成一致。巴拿马和哥斯达黎加总统与会，巴方表示将加快同联盟成员国商签自贸协定，以尽快“入盟”。

2012年6月，第四届首脑会议在智利安托法加斯塔举行。联盟成员国总统、巴拿马及哥斯达黎加外长与会，西班牙国王受邀出席。会上签署《框架协议》，联盟正式成立。

2012年11月，第五届首脑会议在西班牙加的斯伊比利亚美洲峰会期间举行。联盟成员国总统出席。会议决定吸收哥斯达黎加和巴拿马为候选成员国，接纳西班牙、加拿大、澳大利亚、新西兰和乌拉圭5国为联盟观察员国。

2013年1月，第六届首脑会议在智利圣地亚哥拉美和加勒比国家共同体峰会期间举行。联盟成员国总统出席。会议决定接纳日本和危地马拉为联盟观察员国，确定当年第一季度内结束成员国间互免关税谈判，上半年结束其余领域谈判。

2013年5月，第七届首脑会议在哥伦比亚卡利举行。联盟成员国总统出席。会议一次性吸收厄瓜多尔等7国为观察员国，宣布自当年6月30日起盟内90%货物贸易实现零关税，决定简化四国公民出入境手续，宣布设立共同使馆及联合贸易办事处。

2014年2月，第八届首脑会议在哥伦比亚卡塔赫纳举行。联盟成员国及候选成员国哥斯达黎加总统出席。会议接纳芬兰等5国为观察员国，通过《框架协议补充议定书》，明确盟内92%货物及服务贸易零关税，剩余8%将于未来逐步落实。

2014年6月，第九届首脑会议在墨西哥蓬塔德米塔举行。联盟成员国总统出席。会议接纳特立尼达和多巴哥、比利时为观察员国，在明确盟内92%货物及服务贸易零关税基础上，重申于2030年前落实剩余8%。会议期间，举行首次联盟外长、经贸部长与观察员国对话会。

2015年7月，第十届首脑会议在秘鲁帕拉卡斯举行。联盟成员国总统出席。会议宣布《框架协议》及其附加协议、《设立合作基金协议》自2015年7月20日起生效，标志着联盟成为国际法主体。会议在加快整合证券市场、互免公民短期签证、共享海外使领馆资源等领域通过更多具体举措，决定加快候选成员国巴拿马和哥斯达黎加入盟进程，并吸收印度尼西亚、泰国、格鲁吉亚、奥地利、海地、瑞典、丹麦、匈牙利、希腊、波兰10个新观察员国。会后，秘鲁接替墨西哥任轮值主席国。

2016年7月，第十一届首脑会议在智利巴拉斯港举行。4个成员国以及候选成员国哥斯达黎加和观察员国阿根廷总统，其他47个观察员国和美洲开发银行、拉美开发银行、联合国拉美经委会等金融机构和组织代表，以及700多名企业家与会。会议围绕深化联盟一体化进程、增进公私部门合作、扩大对外合作等议题展开讨论并达成共识，通过《巴拉斯港宣言》。会后，智利接任轮值主席国。

2017年6月，第十二届首脑会议在哥伦比亚卡利市举行，4个成员国总统出席，围绕贸易便利化、金融一体化、“联系国”机制等议题进行讨论。会议决定设立联盟基础设施投资基金，削减成员国间养老基金投资壁垒，吸纳加拿大、澳大利亚、新西兰、新加坡四国为候选“联系国”，并于同年9月启动联盟同上述“联系国”自贸谈判。会后发表《卡利宣言》，哥伦比亚接任联盟轮值主席国。

2018年7月，第十三届首脑会议在墨西哥巴亚尔塔港举行，4个成员国总统出席，会议通过《巴亚尔塔港宣言》，强调将坚持多边主义和自由贸易，深入推进地区一体化进程，持续推进同候选联系国加拿大、澳大利亚、新西兰、新加坡间的贸易谈判，启动研究韩国和厄瓜多尔成为候选联系国。会后，秘鲁接任联盟轮值主席国。联盟峰会框架下还举行了太平洋联盟和南方共同市场首次峰会，双方发表了《联合宣言》和《共同行动计划》。

（二）中国同"太平洋联盟"的关系

2013年6月，中国向联盟提出成为其观察员国的申请；7月，联盟通报中国已接纳中国为其观察员国。

2014年4月，中国驻秘鲁大使应邀参加联盟同观察员国间的首次对话会，对方对同中国在经贸、教育、科技、中小企业等领域开展合作兴趣浓厚，并希进一步明确双方合作领域；6月中旬，应墨西哥外长和经济部部长联名致函邀请，中国派驻墨西哥大使率团出席联盟第九届峰会期间举行的联盟与观察员国集体对话。

2015年7月，中国驻秘鲁使馆临时代办应邀参加联盟同观察员国第三次对话会。

2016年4月，中国政府拉美事务特别代表殷恒民访拉，与联盟轮值主席国秘鲁举行对话，就推动中国与联盟合作进行探讨。

2016年6月，中国驻智利大使应邀参加首届联盟同观察员国部长级对话会。

2017年6月，中国驻哥伦比亚大使应邀参加联盟同观察员国部长级对话会。

2018年7月，中国驻墨西哥大使应邀参加联盟同观察员国部长级对话会。

十三、中美洲一体化体系（Sistema de la Integración Centroamericana，SICA）

成立经过：前身为1951年成立的中美洲国家组织。1991年12月中美洲国家第11次首脑会议通过《特古西加尔巴协议》，决定成立中美洲一体化体系，取代中美洲国家组织，1993年2月1日正式运作。

宗旨：推动中美洲一体化，建立和平、自由、民主和发展的中美洲。

成员：共有8个成员国：伯利兹、哥斯达黎加、多米尼加、危地马拉、洪都拉斯、尼加拉瓜、巴拿马、萨尔瓦多。有32个观察员，其中区域内观察员11个，区域外观察员21个。

主要负责人：现任秘书长马科·比尼西奥·塞雷索·阿雷瓦洛（Marco Vinicio Cerezo Arévalo），危地马拉人，2017年6月当选，任期4年。

总部：设在萨尔瓦多首都圣萨尔瓦多。

网址：www.sica.int。

组织机构：

1. 中美洲国家首脑会议：最高决策机构，每半年召开一次会议，必要时召开特别首脑会议。
2. 总秘书处：常设机构，秘书长由首脑会议任命，任期4年。

其他重要机构还有部长理事会、执行委员会、中美洲议会、中美洲法院、中美洲经济一体化银行等。

主要活动：截至2018年12月，共举行了52次中美洲国家首脑会议。

2000年以来，中美洲一体化体系在推动中美洲地区一体化进程和开展区内交往方面发挥了积极作用。在中美洲共同市场基础上，体系通过首脑会议加强对地区宏观经济政策的协调并协商解决分歧，区内经济交往进一步活跃。

2007年12月，第31次中美洲国家首脑会议上，成员国签署了《建立中美洲关税同盟的框架协议》，该地区一体化迈出重要一步。

2009年6月，洪都拉斯因发生政变被中止成员资格，2010年7月，中美洲首脑特别会议就洪都拉斯恢复成员资格达成一致。

2013年6月，第41次中美洲国家首脑会议通过《关于中美洲一体化体系改革问题的决议》，并吸纳多米尼加为正式成员国。

2014年6月，第43次中美洲国家首脑会议通过“中美洲教育政策”。

2015年6月，第45次中美洲国家首脑会议就推进农村土地发展战略和海洋港口发展战略达成共识。

2015年12月，因大量古巴移民滞留哥斯达黎加问题未获解决，哥方宣布退出该组织政治活动。2016年6月，第47次中美洲国家首脑会议期间，哥方宣布恢复参加该组织政治活动。

2016年12月，第48届中美洲国家首脑会议上，除尼加拉瓜外的其他7个成员国签署了支持保障中美洲北三角国家在美非法移民权益的联合声明。

2017年6月，第49届中美洲国家首脑会议通过题为“制定地区战略议程，实现可持续发展目标”的《圣何塞宣言》，批准了中小微企业生产协作地区战略，强调加紧制定战略优先议程，强化秘书处作用，跟进落实峰会决议。

2017年12月，第50届中美洲国家首脑会议一致通过《中美洲交通物流区域政策框架》，以促进人员、资金和货物流动。会议还呼吁洪都拉斯各方在宪法体制框架内通过对话协商和平解决因总统选举结果产生的分歧。

2018年6月，第51届中美洲国家首脑会议通过了《圣多明各宣言》《加强中美洲一体化体系体制建设特别声明》《关于尼加拉瓜局势特别声明》等，并就域内外热点问题协调立场。

2018年12月，第52届中美洲国家首脑会议通过了《伯利兹宣言》和《关于咖啡种植、贸易的特别声明》，批准吸纳加拿大、玻利维亚、俄罗斯、瑞典、埃及、格鲁吉亚为观察员。

对外关系：

2005年10月，中美洲5国尼加拉瓜、洪都拉斯、萨尔瓦多、危地马拉、哥斯达黎加及多米尼加与美国签署了自由贸易协定。

2007年，中美洲一体化体系与日本、韩国及加勒比共同体建立合作论坛。

2007年6月，第30次中美洲国家首脑会议通过《圣佩德罗宣言》，宣布将启动中美洲与欧盟伙伴关系协定谈判，协定由自由贸易协定、政治对话机制、合作机制三部分组成。2010年5月谈判结束。2012年6月，中美洲6国尼加拉瓜、巴拿巴、洪都拉斯、萨尔瓦多、危地马拉、哥斯达黎加与欧盟在洪都拉斯最终签署协定。2013年12月协定正式生效。

2013年12月，欧盟宣布将在未来6年提供12亿美元支持中美洲经济一体化、安全和气候变化等领域合作项目。

十四、拉美开发银行（Banco de Desarrollo de América Latina，CAF）

（一）简介

成立日期：成立于1970年，原称安第斯开发银行（Corporación Andina de Fomento，CAF），2010年改名拉美开发银行（简称“拉开行”，西文简称仍沿用CAF）。初衷为促进安第斯地区一体化，现已成为拉美地区主要的多边金融机构之一。

宗旨：通过向成员国政府、公共和私营部门提供金融支持和服务，推动各国可持续发展和区域一体化。

成员：阿根廷、巴巴多斯、玻利维亚、巴西、智利、哥伦比亚、哥斯达黎加、多米尼加、厄瓜多尔、牙买加、墨西哥、巴拿马、巴拉圭、秘鲁、特立尼达和多巴哥、乌拉圭、委内瑞拉、西班牙、葡萄牙等19个国家以及13家安第斯地区私营银行。

主要负责人：执行主席，任期5年，可连任一次。现任行长为秘鲁前经济财政部部长路易斯•卡兰萨（Luis Garranza），2017年4月1日上任，任期5年。

总部：总部设在委内瑞拉首都加拉加斯。

网址：www.caf.com。

出版物：《年度报告》（*Annual Report*）。

组织机构：主要有股东大会、董事会、执行委员会、审计委员会和执行主席办公室。下设有负责环境和气候变化、经济分析和发展知识、人力资源、战略通讯、法律咨询、监察与审计、机构发展、企业信贷与风险、后勤与行政服务、运营与技术、秘书及外事等部门。拉美开发银行在布宜诺斯艾利斯、拉巴斯、基多、波哥大、蒙得维的亚、利马、巴西利亚、巴拿马城、马德里、墨西哥城、亚松森、西班牙港设有分支机构。

银行资本：截至2016年，该行总资产为356.69亿美元，2015年11月，该行批准45亿美元增股方案，使其具备在2016—2022年放贷1 000亿美元的能力。已有阿根廷、巴拉圭、秘鲁、多米尼加、乌拉圭和委内瑞拉等拉美国家签署认购协议。2018年7月，惠誉、穆迪和标准普尔等3家国际信用评估公司对拉开行长期信用等级评级分别为AA-、Aa3、AA-，短期信用等级评级分别为F1+、P-1、A-1+。

（二）中国同拉美开发银行的关系

2007年2月，中国国家开发银行与拉开行签署《金融合作协议》，商定在项目合作、信息共享、人员交流等多个方面开展务实合作。同年11月，两行签署《1.5亿元授信贷款协议》，用于支持拉美地区民生领域授信贷款，期限为12年。目前该贷款执行情况良好。2008年5月，两行联合向哥伦比亚Argos水泥公司提供1.5亿美元贷款，其中国开行贷款份额7 500万美元。2009年5月，该项目提前还清全部贷款。

2010年2月，中国进出口银行与拉开行在北京签署合作协议，双方正式确立战略合作关系，为探讨项目联合融资、金融产品、资本市场、人员交流和信息共享等领域的合作奠定了基础。近年来，双方就拉美地区基础设施项目融资、授信额度贷款、设立人民币基础设施基金等进行了积极探讨，但未取得实质性成果。2014年双方曾联合举办投资贸易研讨会。2015年中拉论坛首届部长级会议以来，双方在中拉论坛框架下积极探讨多领域合作。

2011—2015年，中国社科院拉美所与拉开行在华共同举办了5次国际研讨会，就双方共同关心的经济、社会和发展议题进行探讨，每次会议均发布拉开行、经合组织和社科院拉美所的年度研究报告。

拉开行还曾应贸促会和全国友协邀请派员出席2011年第五届中拉企业家高峰会和2015年新兴市场论坛，但双方未建立合作关系。

拉开行前任行长加西亚2010年和2011年访华时，外交部副部长李金章会见。2013年，加西亚来华出席由社科院拉美所与拉开行合办的第9届中国社会科学论坛主题研讨会，中国进出口银行副行长刘连舸会见。2015年1月，拉开行秘书长鲁赫莱斯作为嘉宾来华出席中拉论坛首届部长级会议。

2016年10月8日，财政部副部长史耀斌同加西亚行长在华盛顿签署《合作备忘录》，双方将加强信息交流与融资合作,促进中拉贸易往来和相互投资,不断提升南南合作水平。

2017年7月,拉开行行长卡兰萨应财政部邀请访华,财政部副部长史耀斌和外交部部长助理秦刚分别会见。访华期间,卡兰萨还出席了财政部同该行联合举办的“中拉合作高级研讨班”。

2017年12月,拉开行专家在中拉论坛融资合作研修班授课,介绍该行同中国合作情况。

2018年1月,卡兰萨行长应邀列席中拉论坛第二届部长级会议,并参加王毅外长集体会见地区组织负责人活动。

2018年7月,卡兰萨行长应财政部邀请访华,财政部副部长邹加怡会见。访华期间,卡兰萨还分别拜会了外交部、发改委和人民银行。

第三节 与美洲国家之间的合作

一、与哥斯达黎加的合作

双边经贸关系简况:双边贸易方面,据中国海关统计,2017年哥斯达黎加是中国在拉美和加勒比地区的第十一大贸易伙伴,双边贸易额22.9亿美元,同比增长4.3%,其中中国出口15亿美元,同比下降0.02%,中国进口7.9亿美元,同比增长13.5%。中国对哥斯达黎加主要出口钢材、电话机、电视机、服装和汽车零配件等,从哥斯达黎加主要进口医疗器械、通断电保护装置、集成电路、食糖、原木和肉类等。中哥自贸协定于2010年4月8日签署,2011年8月1日生效。双向投资方面,据《中国对外直接投资统计公报》,截至2016年底,中国对哥斯达黎加直接投资存量820万美元。截至2017年底,哥斯达黎加在华投资项目45个,实际投资3 279万美元。承包工程方面,截至2017年底,中国在哥斯达黎加累计签订承包工程合同额13.2亿美元,完成营业额3.9亿美元。2017年,中国在哥斯达黎加新签合同额4 139万美元,完成营业额3 560万美元。

2018年9月3日,中国驻哥斯达黎加大使汤恒与哥斯达黎加第一副总统兼外长坎贝尔在哥斯达黎加外交部共同签署中哥共建“一带一路”谅解备忘录。汤大使回顾了“一带一路”倡议提出5年来,以共商共建共享原则为基础,取得的辉煌成就。指出在当前单边主义和贸易保护主义抬头的背景下,“一带一路”高举多边主义大旗,为完善全球治理体系变革、推进贸易投资自由化便利化提供中国方案。强调中哥建交以来,两国各领域互利合作成果丰硕,已成为不同规模不同国情国家友好合作的典范。在中哥关系开启“第二个十年”之际,双方签署共建“一带一路”备忘录,恰如双边关系装上了新引擎,必将为两国务实合作注入强劲和持久的动力,推动中哥平等互信、合作共赢的战略伙伴关系迈上新台阶。

二、与巴拿马的合作

双边经贸关系简况:双边贸易方面,据中国海关统计,2017年巴拿马是中国在拉美第八大贸易伙伴和第七大出口目的国,双边贸易额66.9亿美元,同比增长4.8%。其中,中国对巴拿马出口66.3亿美元,同比增长4.5%,自巴拿马进口0.6亿美元,同比增长64.8%。中国对巴拿马主要出口矿物燃料、船舶、纺织品、服装、鞋类、电器产品、机械设备等;从巴拿马进口木材、鱼粉、铜及其制品、皮革及其制品等。双向投资方面,据《中国对外直接投资统计公报》,截至2016年底,中国对巴拿马直接投资存量2.7亿美元，集中在海运、贸易、通信、金融等领域。截至2017年底，巴拿马在华实际投资约9.1亿美元。承包工程方面，截至2017年底，中国在巴拿马累计签署承包工程合同额15.4亿美元，完成营业额10.6亿美元，主要涉及交通运输建设、制造加工设施建设、电力工程建设等领域。2017年，中国在巴拿马新签合同额2.1亿美元，完成营业额3亿美元。

2017年6月13日，中国与巴拿马于正式建立外交关系。

2018年11月17日，中国发展和改革委员会主任何立峰与巴拿马副总统兼外长德圣马洛分别代表两国政府签署中巴政府间《关于共同推进丝绸之路经济带和21世纪海上丝绸之路建设的谅解备忘录》《关于铁路交通系统领域合作的谅解备忘录》，同时代表国家发展和改革委员会和巴拿马经济财政部签署了《关于开展产能与投资合作的框架协议》。双方将以共建"一带一路"为统领，加强发展战略对接，把两国互补优势转化为全面合作优势，以高速度、高起点、高标准规划和推进两国合作。中国商务部部长钟山与巴拿马工商部部长阿罗塞梅纳在北京正式签署《中华人民共和国商务部和巴拿马共和国工商部关于经济贸易合作区合作的谅解备忘录》。两国建交5个月来，双边关系以政治、物流、旅游等12个支柱为基础持续发展。巴拿马地理枢纽优势明显，拥有运河、港口资源，还开通了到达约80个拉美城市的航线。中国对巴拿马投资将不仅局限在巴拿马，还将通过巴拿马向中美洲及加勒比地区辐射。巴拿马支持"一带一路"倡议，并已提出一些基建合作项目建议。例如，巴拿马正研究修建通向哥斯达黎加的铁路，期待中国在资金与技术领域参与建设。

2018年12月4日，巴拿马运河第四大桥项目开工典礼在巴拿马海事大学举行。四桥项目的建设，"架"起来的不仅仅是桥柱和钢索，更是中巴友谊的民心与信心，"通"起来的不仅仅是交通和物流，更是两国发展的机遇与繁荣。中国交通建设集团将集中最优质的资源，科学管理，质量为本，确保安全，诚信履约，打造精品工程，全力以赴为当地民众提供一座技术领先、绿色环保的高标准大桥，为推进巴拿马社会经济发展贡献力量。开工典礼上，巴公共工程部正式向中交和中港联营体颁发了巴拿马四桥项目开工令。巴拿马四桥项目位于巴拿马城美洲大桥北侧，主要工作内容为修建一条新的跨运河大桥。项目金额约15.2亿美元，是中资企业在美洲中标的最大桥梁单体项目，预计工期60个月。

2018年8月15日，中国驻巴拿马大使魏强陪同巴拿马总统巴雷拉分别考察中国港湾公司承建的阿玛多尔邮轮码头项目以及中建美国承建的阿玛多尔国际会展中心项目。阿玛多尔邮轮码头项目是中巴交建以来，中国企业承建的第一个政府现汇项目。项目建成后，将会有力推动巴拿马旅游业发展。巴拿马国际会展中心项目是关系巴拿马经济社会发展的重点项目，对于加强巴拿马商业中心的地位具有至关重要意义。巴拿马希望中国企业把项目建设成当地社会的标志性工程，为中资企业在巴拿马树立良好的品牌形象。中国企业将继续与巴方共同努力，高效、如期、优质履约，更好地服务于巴拿马经济社会发展，造福当地人民。

三、与萨尔瓦多的合作

2018年8月，中萨两国外长签署了《中华人民共和国和萨尔瓦多共和国关于建立外交关系的联合公报》，中国与萨尔瓦多正式建立外交关系，中萨关系翻开了崭新的历史篇章。中国在拉美和加勒比地区又多了一位新合作伙伴，以期共同推进"一带一路"建设和构建人类命运共同体的事业。两国建交为萨尔瓦多提供了合作与发展机遇，萨尔瓦多希望参与中国提出的"一带一路"倡议，促进贸易和投资发展。

2018年11月1日，中国发改委主任何立峰与萨尔瓦多外长卡斯塔内达在北京签署了《中华人民共和国政府与萨尔瓦多共和国政府关于共同推进丝绸之路经济带和21世纪海上丝绸之路建设的谅解备忘录》。

四、与多米尼加的合作

双边经贸关系简况：双边贸易方面，据中国海关统计，2017年多米尼加是中国在加勒比地区第一大贸易伙伴，双边贸易额18.7亿美元，同比增长10.3%。其中，中国对多米尼加出口17亿美元，同比增长8.7%，从多米尼加进口1.7亿美元，同比增长28.7%。中国对多米尼加主要出口钢材、纺织品、计算机和通信产品等；从多米尼加进口医疗器械、医药品和铜矿砂为主。双向投资方面，据《中国对外直接投资统计公报》，截至2016年底，中国对多米尼加直接投资存量101万美元。截至2017年底，多米尼加在华实际投资约2 048万美元。承包工程方面，截至2017年底，中国在多米尼加累计签署承包工程合同额5.7亿美元，完成营业额2.6亿美元。2017年，中国在多米尼加新签合同额3 181万美元，完成营业额3 567万美元。

（一）政策沟通方面

2018年5月1日，中国国务委员兼外交部部长王毅与多米尼加外长巴尔加斯在北京签署《中华人民共和国和多米尼加共和国关于建立外交关系的联合公报》，中多两国正式建交。两国建交将为多米尼加带来广阔机遇，多米尼加未来或能够参与中国"一带一路"建设。建交数月以来，多中关系蓬勃发展，双方正在为搭建两国全方位合作的框架共同努力，并已取得一些早期收获。

2018年11月2日，中国发改委主任何立峰与多米尼加外长巴尔加斯在北京签署了《中华人民共和国政府与多米尼加共和国政府关于共同推进丝绸之路经济带和21世纪海上丝绸之路建设的谅解备忘录》。目前，多米尼加是中国在中美洲和加勒比地区的第二大贸易伙伴，双方的贸易额约为20亿美元。多米尼加是中美洲和加勒比地区最大经济体，在地区事务中有重要影响。多米尼加地理位置优越，是参与"一带一路"建设的天然合作伙伴，多方将充分利用自身优势，努力成为拉美地区国家和中国经贸往来的中心。多米尼加经济环境开放包容，市场化机制完善，和世界多个主要经济体签署了自由贸易协定，中国企业赴多米尼加投资可拓展更广阔的发展空间，尤其在基础设施合作领域。

五、与特立尼达和多巴哥的合作

双边经贸关系简况：1974年中国与特立尼达和多巴哥建交以来，双边经贸关系发展顺利。两国签署的经贸协议有：1999年签署的《贸易、经济和科学技术合作协定》、2002年签署的《鼓励和相互保护投资协定》、2003年签署的《所得避免双重征税和防止偷漏税的协定》和2008年签署的《关于建立贸易和经济技术合作联合委员会的谅解备忘录》等。2005年两国建立"互利发展的友好合作关系"。双边贸易方面，据中国海关统计，2015年中特贸易额5.2亿美元，同比下降2.3%。其中，中国对特立尼达和多巴哥出口4.8亿美元，同比增长12.6%；从特立尼达和多巴哥进口3 921万美元，同比下降62.9%。中国对特立尼达和多巴哥出口的主要商品是机电产品、钢材、家具等；进口的主要商品是液化石油气、钢铁及铜等贱金属及其制品、天然沥青等。工程承包和相互投资方面，截至2015年底，中国企业在特立尼达和多巴哥开展承包工程合同额累计22亿美元，完成营业额14亿美元；中国对特立尼达和多巴哥非金融类直接投资6亿美元。特立尼达和多巴哥在华无投资。

2018年5月14日，中国发改委主任何立峰与特立尼达和多巴哥外交和加勒比共同体事务部部长丹尼斯•摩西签署《中华人民共和国政府与特立尼达和多巴哥政府关于共同推进丝绸之路经济带和21世纪海上丝绸之路建设的谅解备忘录》。该文件是中国与加勒比地区国家签署的首份政府间共建"一带一路"合作文件。中国与特立尼达和多巴哥将深入推进"一带一路"框架下有关合作,以"共商、共建、共享"为原则,加强政策协调与务实合作,促进实现政策沟通方面、设施联通方面、贸易畅通、资金融通、民心相通方面,为构建人类命运共同体做出贡献。

2018年5月14日,国务院总理李克强在北京人民大会堂同来华进行正式访问的特立尼达和多巴哥总理罗利举行会谈。李克强表示,特立尼达和多巴哥是加勒比地区最早同中华人民共和国建交的国家之一。2013年,习近平成功访问特立尼达和多巴哥,中国同特立尼达和多巴哥建立"相互尊重、平等互利、共同发展"的全面合作伙伴关系。中国政府重视发展同特立尼达和多巴哥的关系,愿同特多巩固政治互信,深化务实合作,在国际和地区事务中加强协调配合,推动两国关系达到新水平。特立尼达和多巴哥是中国在英语加勒比地区最大贸易伙伴,两国经济互补性强,合作前景广阔。中国愿将"一带一路"倡议同特立尼达和多巴哥发展战略对接,推进基础设施建设、能源、金融、农业等领域合作。中国鼓励本国企业按照市场原则、商业规则赴特多投资兴业,愿继续向特立尼达和多巴哥提供力所能及的支持,帮助特立尼达和多巴哥发展经济、改善民生。以2019年两国建交45周年为契机,扩大双方教育、文化、体育、旅游等交流,提高两国签证便利化水平,促进人员往来。中国和拉美及加勒比各国同属发展中国家,互为发展机遇。中拉、中加关系是南南合作的重要组成部分,彼此加强合作不仅符合共同利益,也有助于维护地区和世界的稳定与繁荣。

六、与安提瓜和巴布达的合作

双边经贸关系简况:1983年中国与安提瓜和巴布达建交以来,双边经贸关系发展顺利。双边贸易方面,据中国海关统计,2015年中安巴贸易额5408美元,同比下降68.6%。其中,中国对安提瓜和巴布达出口5 408美元,同比下降68.6%,从安提瓜和巴布达进口1万美元,同比下降82.7%。中国对安提瓜和巴布达出口的主要商品有船舶、贱金属及其制品、机电、音像设备及其零部件等;进口的主要商品有废塑料、贱金属制品等。工程承包和相互投资方面,截至2015年底,中国企业在安提瓜和巴布达开展承包工程合同额累计6.8亿美元,完成营业额4.3亿美元;中国对安提瓜和巴布达非金融类直接投资630万美元;安提瓜和巴布达在华投资项目3个,实际投资759万美元。

(一)政策沟通方面

2013年9月20日,中国驻安提瓜和巴布达大使任共平和安提瓜和巴布达总理斯潘塞分别代表两国政府在安提瓜和巴布达总理府签署了经济技术合作协定,中国政府将与安提瓜和巴布达政府开展安提瓜和巴布达板球场维修合作项目。

2018年6月4日,中国驻安提瓜和巴布达大使王宪民与安巴总理贾斯顿•布朗分别代表两国政府签署《中华人民共和国政府与安提瓜和巴布达政府关于共同推进丝绸之路经济带与21世纪海上丝绸之路建设的谅解备忘录》。该协议的签署体现了双方加强互利合作、打造双边关系升级版的共同愿望。中国将与安提瓜和巴布达深入推进"一带一路"框架下有关合作,以共商、共建、共享为原则,以政策沟通方面、设施联通方面、贸易畅通、资金融通、民心相通方面为重点,实现共同发展和共同繁荣,携手构建人类命运共同体。

（二）设施联通方面

2013年10月23日，中国驻安提瓜和巴布达大使任共平与安提瓜和巴布达总理斯潘塞在安提瓜和巴布达总理府会晤，并分别代表两国政府签署实施安提瓜和巴布达社区综合设施项目换文，驻安提瓜和巴布达经商处全程陪同。该合作项目主要建设内容包括社区中心和篮球场综合设施，总建筑面积约3 000平方米。

七、与多米尼克的合作

双边经贸关系简况：2004年中多建交以来，双边经贸关系发展顺利。2017年，中多贸易额为4 998.1万美元，其中中国出口4 927.1万美元，进口71万美元，同比分别增长43.8%、45.9%和–27.9%。中国主要向多方出口纺织品、家具、电线、电缆、塑料制品、服装、陶瓷产品等，进口废金属、废塑料、废纸、通断保护电路装置等。

（一）政策沟通方面

2013年10月，签订《中华人民共和国政府和多米尼克国政府关于互免持外交、公务（官员）护照人员签证的协定》。

2018年7月13日，两国政府签署《中华人民共和国政府与多米尼克政府关于共同推进丝绸之路经济带与21世纪海上丝绸之路建设的谅解备忘录》。签署的合作文件体现了中多双方加强互利合作的共同愿望。中国愿与多方深入推进“一带一路”框架下有关合作，实现共同发展。

（二）人文交流

2014年8月，中国“光明行”眼科专家组赴多米尼克提供白内障义诊。

华全国青年联合会、中国人民对外友好协会、广东省友好代表团、广东省艺术团等曾访多米尼克。多米尼克新闻记者团、青年代表团、工党干部考察团等曾访华。

2018年10月，中国海军“和平方舟”号医院船访多米尼克，提供免费医疗和人道主义援助。

八、与格林纳达的合作

双边经贸关系简况：2005年中格复交以来，双边经贸关系发展顺利。双边贸易方面，据中国海关统计，2015年中格贸易额为1 252万美元，同比下降17.2%。其中，中国对格林纳达出口1 251万美元，同比下降17.2%；从格进口1万美元，同比下降1.4倍。中国对格林纳达出口的主要商品为纺织品、机电、音像设备及零部件、贱金属及其制品、杂项制品、塑料制品等；进口的主要商品有文化产品、冻虾等。工程承包和相互投资方面，截至2015年底，中国企业在格林纳达开展承包工程合同额累计2.8亿美元，完成营业额1.1亿美元；中国对格林纳达非金融类直接投资2 367万美元；格林纳达在华投资项目10个，实际投资366万美元。

（一）政策沟通方面

2018年9月19日，中国驻格林纳达大使赵永琛与格林纳达外交部部长彼得•戴维分别代表两国政府在格林纳达首都圣乔治签署共建“一带一路”谅解备忘录。格林纳达位于东加勒比海向风群岛最南端，拥有加勒比地区特有的热带海岛风光，盛产肉豆蔻等香料和热带水果，被称为“加勒比香料之岛”，旅游业是其重要经济来源。签署共建“一带一路”谅解备忘录，是两国关系发展史上的里程碑，将为格林纳达经济社会发展提供重要和持续机遇。两国以此为契机，挖掘互补优势，深化各领域务实合作，推动格中关系迈上新台阶。

（二）设施联通方面

2014年6月27日，由中交集团全资子公司中国港湾工程有限责任公司垫资援建的格林纳达圣马克河道疏浚项目竣工仪式在圣马克教区圣马克河畔举行。圣马克河道疏浚项目的竣工，是中格两国人民友谊的又一见证。中国港湾公司通过他们的实际行动向格林纳达人民证明了这是一支实力雄厚、具有社会责任感、信誉可靠的队伍。不但为圣马克河建造了一座桥梁，也用心为中格两国人民建立了一座心桥。在两国政府、人民和社会各方的共同努力之下，中格双边关系和人民友谊将更加稳步的发展和深化。工程竣工后，圣马克河沿岸居民不仅不用再担心受到洪水侵害，河流沿岸地区还成为了该教区的旅游休闲景点。

2014年2月12日，中国援格林纳达低收入住房项目后期外线配套工程开工典礼在Mt. Gay举行。

2017年12月6日，格林纳达政府举行中国援助格林纳达农业专家综合楼竣工移交仪式。中国援助格林纳达农业专家综合楼竣工并交付使用是中格农业合作的又一最新成果，是中格友好合作的一个重要标志性工程，必将为今后中格开展农业技术合作，推广中国农业技术，造福格林纳达人民提供重要的平台。

2017年7月21日，中国驻格林纳达大使赵永琛视察中国援格林纳达农业技术合作项目所在地拉萨杰斯农场。赵永琛参观了种苗培育、花卉、蔬菜、果树、养殖、农机等项目，详细了解农业技术合作项目下的农业专家综合楼建设情况。赵永琛对中格农业技术合作项目十几年来取得的成绩感到满意，充分肯定中国农业专家组多年来为中格关系发展和两国人民友谊做出的重要贡献。希望中国专家组再接再厉，努力实施好中国农业技术合作项目；希望施工各单位密切协作，在确保安全和质量的前提下争取工程早日完工，为推进中格农业合作，促进中格友好关系继续做出新贡献。格林纳达农业部临时常秘布朗、农业部主管官员陪同考察。

2018年12月18日，中国援格林纳达低收入住房二期项目圣帕特里克工程举行封顶仪式。赵永琛在致辞中指出，中格复交以来，中国向格林纳达援建了国家体育场等重大项目，低收入住房一期项目已顺利交付使用，农业技术合作及人力资源培训工作开展得如火如荼，首都机场改造升级工程逐步步入正轨。这些都是中格友好关系的见证，反映了中国人民对格林纳达人民的友好情谊和建设人类命运共同体的美好愿望。低收入住房二期项目自2018年1月份开工以来，各地段工程均取得重大进展，圣帕特里克工程的顺利封顶，标志着该项目取得重大进展，朝着最终竣工迈出了重要的一步，二期工程的最终竣工将大幅提高格林纳达人民的生活水平，造福民生。低收入住房工程为格林纳达上千个低收入家庭解决住房问题，使格林纳达民众获得成就感、尊严及自信，保障了基本人权，提高了人民生活水平，将对格林纳达经济社会发展起到良好的促进作用。

（三）人文交流方面

2015年以来，中国援格林纳达人力资源培训工作在格林纳达连续取得突破性进展。在培训内容上，首次向格林纳达双边短期培训项目和高级学历学位项目，2017年首次在格林纳达开设境外短期培训项目；在培训人数上，从复交前10年的年均45人增长至2017年的454人，累计培训人数超过1 000人，超过格林纳达人口总数的1%。中国援格林纳达人力资源培训帮助格林纳达学员开阔眼界，提高专业技能，增强就业竞争力，为格林纳达各领域培养了人才。

2017年7月12日，由中国商务部主办的“2017年格林纳达汽车维修技术海外培训班”在格林纳达玛丽秀社区大学举行开班仪式。这是中国在格林纳达举办的第一个海外培训班，意义重大，标志着中格双边培训项目进入一个新的发展阶段，希望学员们珍惜培训机会，学有所成。

九、与巴巴多斯的合作

双边经贸关系简况：1977年中巴建交以来，双边经贸关系发展顺利。两国签署的经贸协议有：1998年签署的《鼓励和相互保护投资协定》；在2000年签署的《所得避免双重征税和防止偷漏税协定》基础上，2010年双方签署《所得避免双重征税和防止偷漏税协定议定书》。双边贸易方面，据中国海关统计，2015年中巴贸易额8403万美元，同比下降2.6%。其中，中国对巴巴多斯出口6 520万美元，同比下降8.8%；从巴巴多斯进口1 883万美元，同比增长27.2%。中国对巴巴多斯出口的主要商品是集装箱、机电产品、钢铁、家具等；进口的主要商品是医疗设备等。工程承包和双向投资方面，截至2015年底，中国企业在巴巴多斯开展承包工程合同额累计1.8亿美元，完成营业额1.9亿美元；中国对巴巴多斯非金融类直接投资为330万美元；巴巴多斯在华投资项目311个，实际投资43.6亿美元。巴巴多斯来华投资企业多为离岸公司。

（一）政策沟通方面

2013年6月2日，国家主席习近平在特立尼达和多巴哥首都西班牙港会见巴巴多斯总理斯图亚特。习近平指出，中国同巴巴多斯的合作要搞出亮点。双方要加强农业合作，保障各自粮食安全。巴方在搞“可再生能源革命”，中国在太阳能、风力、沼气发电上经验丰富，技术成熟，双方可根据巴方需要开展合作。双方要促进人文交往和旅游合作，增进相互了解。中国将继续在南南合作框架内为包括巴巴多斯在内的小岛屿国家应对气候变化提供力所能及的支持。斯图亚特表示，巴中关系基础牢固，巴方希望两国互利合作取得更多成果。巴方重视气候变化问题，愿在清洁和可再生能源等领域同中国合作，实现可持续发展。巴方欢迎中国游客，希望在本国推广汉语教学。

2013年4月15日，中国商务部国际贸易谈判代表兼副部长钟山在巴巴多斯拜会巴巴多斯总理斯图亚特，并与巴巴多斯外交外贸部部长玛克辛•麦克林，工业、国际商务、商业、小企业发展部部长唐维尔•英尼斯和总理府部长达西•博伊斯举行正式会谈。在会见会谈中，双方高度评价中巴关系和中巴经贸合作取得的成就，并就进一步深化两国在投资、贸易、能源、农业、旅游等领域的务实合作深入交换了意见，达成了许多共识。

2014年5月9日，王克应约会见巴巴多斯总理斯图亚特，双方就两国相关合作项目沟通情况。王克表示，中国重视发展中巴友好合作关系，愿继续在力所能及的范围内向巴方提供援助，积极拓展双方互利合作的领域和内容，造福两国人民。斯图亚特感谢中国政府长期以来对巴巴多斯提供的真诚援助，期待同中国落实好2013年6月他本人与习近平会晤时达成的共识，进一步加强双方在旅游基础设施等领域的互利合作。

2014年4月30日，国家体育总局副局长杨树安在京会见了巴巴多斯文化、体育和青年事务部长史蒂芬•拉什利一行。双方就两国体育交流合作的相关事宜交换了意见。杨树安说，两国在政治、经济、文化、体育等各领域始终保持着良好的合作关系，各领域的交流与合作也在不断深化。杨树安向史蒂芬•拉什利简要介绍了中国全民健身和竞技体育等发展情况。两国拥有不同的优势运动项目，可进一步加强两国运动员、教练员间的交流，互相学习提高。希望借助于此次史蒂芬•拉什利来访的契机，进一步推动两国体育领域的交流与合作。史蒂芬•拉什利表示，两国的友好合作关系持续稳定发展，两国的文化、体育交流合作是其中重要的组成部分，希望两国体育界在更多的领域加强交流合作。

2016年3月21日至23日，外交部副部长王超访问巴巴多斯，同巴巴多斯外交和外贸部部长麦克林举行会谈，并拜会了巴巴多斯总理斯图亚特，就进一步深化中巴关系、加强各领域交流与合作等问题深入交换了意见。

2016年3月22日，中国与加勒比国家发表了《中国和加勒比建交国外交部间第六次磋商联合新闻公报》，双方积极评价近年来友好关系发展成就，就进一步加强双方在政治、经贸、人文及国际事务等各领域友好合作达成广泛共识。

2019年2月21日，中国发展和改革委员会主任何立峰与巴巴多斯外长沃尔科特举行会谈，双方签署《中华人民共和国政府与巴巴多斯政府关于共同推进丝绸之路经济带和21世纪海上丝绸之路建设的谅解备忘录》，双方就中巴共建"一带一路"合作进行了交流。中巴建交以来，两国经贸往来密切。2017年中巴双边贸易额达1.32亿美元，同比增长约47%，中国已成为巴巴多斯第四大进口商品来源地和第五大出口商品目的地。目前在巴巴多斯跟踪、开展项目的中资企业共有6家，主要从事建筑施工业，其最大的在建项目总投资2亿美元的山姆罗德酒店重建项目就是由中国公司承建的。

2017年3月，中巴两国政府签署互免持普通护照人员签证协定，中国公民持普通护照可免签入境巴巴多斯，免签停留期为30天。巴巴多斯中学还将汉语列为了外语选修课，孔子学院也在巴巴多斯落地生根。在与国务委员兼外交部部长王毅的会谈中，巴巴多斯外长沃尔科特表示，共建"一带一路"是富有远见、互利共赢的倡议，巴方欢迎和支持。巴方期待继续加强对华合作，在"一带一路"框架下开展海运、航运、基础设施等互联互通合作。

（二）民心相通方面

2015年12月3日上午，执行"和谐使命-2015"任务的中国海军"和平方舟"医院船圆满结束对巴巴多斯为期7天的访问。在巴巴多斯期间，医院船共接待巴政府主要官员、驻巴巴多斯使节、巴巴多斯国防军官兵、当地民众、华人华侨共2 400余人次登船参观；为巴巴多斯官兵和民众开展放射性医疗检查1038人次；为中国驻巴巴多斯使馆、中资机构工作人员及华人华侨诊疗426人次；派出4支小分队分别赴巴巴多斯国防军总部、当地敬老院、残障保育院等地开展医疗设备维修、疾病预防知识宣讲、健康服务和文化传播工作；与巴方100余名医务人员就灾害医疗救援、海上伤病员医疗救护与后送、传统中医培训与展示等3个专题进行了学术交流。

十、智利

双边经贸关系简况：双边贸易方面，据中国海关统计，2017年中国与智利货物贸易总额353.9亿美元，同比增长12.7%。其中，中国出口144.1亿美元，同比增长12.5%；中国进口209.8亿美元，同比增长12.8%。中国对智利主要出口机电产品、高新技术产品、纺织品服装、钢材等商品，主要进口铜、铜矿砂、纸浆、水果、木材和葡萄酒等商品。相互投资方面，截至2016年底，中国对智利直接投资存量4.04亿美元；智利在华投资项目数181个，实际投入约1.45亿美元。承包工程方面，截至2017年底，中国企业在智利累计签订承包工程合同16.4亿美元，完成营业额14亿美元。自贸协定方面，中智自贸协定于2006年10月开始实施。中智自贸协定关于服务贸易的补充协定于2010年8

月实施。中智自贸协定关于投资的补充协定于2014年2月实施。2017年11月11日，中智双方签署自贸区升级议定书。目前，双方正就议定书生效分别履行各自相关核准程序。

2018年11月2日，中国与智利签署共建"一带一路"合作谅解备忘录。该备忘录将深化中智两国在一个美国拥有强大影响力地区的经济与政治合作。参与"一带一路"倡议将促使智利对中国投资者更有吸引力，并成为"投资拉美的落脚点"。智利是第一个同中国建交的南美国家，也是第一个同中国签署双边自由贸易协定的拉美国家。近日，智利参议院通过了《中华人民共和国政府与智利共和国政府关于修订〈自由贸易协定〉及〈自由贸易协定关于服务贸易的补充协定〉的议定书》，智利成为第一个与中国深化自贸关系的拉美国家。2017年，中智贸易额超过340亿美元，占智利对外贸易总额的26%。中国是智利矿产品、林产品、葡萄酒和新鲜水果的主要出口市场。自2016年起，智利成为中国第一大鲜果供应国。目前90%的智利出口樱桃销往中国，70%的中国进口樱桃来自智利。

十一、圭亚那

2018年7月27日，中国与圭亚那签署了《中华人民共和国政府与圭亚那合作共和国政府关于共同推进丝绸之路经济带和21世纪海上丝绸之路建设的谅解备忘录》。中国愿与圭方在"一带一路"框架下深化各领域务实合作，实现共同发展。圭方高度赞赏中国提出的"一带一路"倡议，表示圭政府愿与中国共建"一带一路"，推动双边务实合作迈上新台阶。

十二、玻利维亚

2018年6月19日，国家主席习近平在北京人民大会堂同玻利维亚总统莫拉莱斯举行会谈。两国元首共同签署了《中华人民共和国和多民族玻利维亚国关于建立战略伙伴关系的联合声明》，并共同见证了共建"一带一路"等双边合作文件的签署。两国元首一致决定建立中玻战略伙伴关系，推动中玻关系在新的历史起点上实现更大发展。习近平指出，中玻建交33年来，两国关系持续稳定发展，当前处于历史最好时期。中国赞赏玻方坚定奉行一个中国政策，积极响应"一带一路"倡议，大力推动深化中拉关系。中国愿同玻方一道，以两国建立战略伙伴关系为重要契机，不断深化各领域交流和合作，推动两国关系迈上新台阶、开辟新前景。习近平强调，中玻要做政治互信的友好伙伴，在涉及彼此核心利益和重大关切问题上坚定相互支持，加强各领域各层级往来。要做务实合作的发展伙伴，在"一带一路"框架内加强发展战略对接，共同打造投资、贸易、服务并举的合作新模式。中国对进口更多的玻利维亚特色农牧产品持开放态度。中玻都是文明古国，要做文明互鉴的亲近伙伴，探讨利用先人智慧更好应对当今问题。要做多边协作的战略伙伴，继续就联合国事务及可持续发展、气候变化等重大国际问题紧密协调立场，共同维护发展中国家的正当权益，共同建设相互尊重、公平正义、合作共赢的新型国际关系，携手构建人类命运共同体。莫拉莱斯表示，玻利维亚人民对中国深怀好感，钦佩中国的发展理念和成就，高度评价中国为世界和平与发展、为建设和谐的人类社会做出的重要贡献。中国支持和帮助玻利维亚经济社会发展从不附加政治条件，玻利维亚高度信任中国，愿意密切同中国的战略伙伴关系，共建"一带一路"，深化各领域务实合作，推动深化拉中合作关系，为世界的和平发展与公平正义做出更大贡献。习近平指出，中拉合作的实质是南南合作，体现为相互帮助、相互支持、优势互补、合作共赢。中国一贯在平等互利、共同发展原则基础上推进同拉美国家合作，"一带一路"为中拉合作提供了新的平台。中国愿同玻方共同推动中拉全面合作伙伴关系持续稳步发展。

十三、乌拉圭

双边经济贸易关系：双边贸易方面，据中国海关统计，2017年中乌双边贸易总额48亿美元，同比增长29%。其中，中国出口26.5亿美元，进口21.5亿美元，同比分别增长36%和21.4%。中国对乌拉圭主要出口机电产品、高新技术产品、自动数据处理产品、汽车及零部件、纺织服装、鞋类等；从乌拉圭主要进口大豆、纸浆、羊毛、冻鱼、皮革、肉类、奶制品、木材等。相互投资方面，截至2016年底，中国在乌拉圭直接投资存量2.3亿美元，主要涉及汽车组装、运输服务、贸易等项目。2017年，中国对乌拉圭直接投资975万美元。截至2017年底，乌拉圭在华投资项目22个，实际投资5 065万美元，主要涉及纺织、汽车零部件等项目。承包工程方面，截至2017年底，中国在乌拉圭承包工程合作累计签订合同额2亿美元，完成营业额3.6亿美元，主要涉及港口疏浚、通信等项目。

2018年8月19日，国务委员兼外交部部长王毅在北京与乌拉圭外长尼恩举行会谈，签署共建"一带一路"、服务贸易协议等合作文件。

王毅表示，中乌是相互信赖的好朋友、好伙伴。建交30年来，中乌关系始终保持着稳定性和进取性，这既归功于两国领导人的亲自关心和战略引领，也因为双方坚持平等相待，相互尊重，政治互信基础牢固。双方要保持全方位交往，继续在涉及彼此核心利益和重大关切问题上相互支持。双方要加强发展战略对接，规划推进好"一带一路"建设，推动各领域务实合作和人文交流取得更多成果。中国赞赏乌方大力支持中拉整体合作，重视乌方在南美共同市场中的重要作用，希望乌方继续发挥积极影响，推动中拉合作优化升级，推进中国同南共市对话合作取得新的进展。

十四、委内瑞拉

经贸关系简况：双边贸易方面，据中国海关统计，2017年中国与委内瑞拉货物贸易总额89.21亿美元。其中，中国出口17.47亿美元，同比下降30.7%。进口71.75亿美元，同比增长29%。中国对委内瑞拉主要出口机电产品、高新技术产品等，从委内瑞拉主要进口原油、成品油、铁矿砂等。相互投资方面，截至2016年底，中国对委内瑞拉直接投资存量27.4亿美元。委内瑞拉在华投资项目累计134个，实际投资3 419万美元。承包工程方面，截至2017年底，中国在委内瑞拉累计签订对外承包工程合同额600亿美元，完成营业额404.8亿美元。

2018年9月14日，国家主席习近平在北京人民大会堂同委内瑞拉总统马杜罗举行会谈。两国元首共同见证了两国政府关于共同推进"一带一路"建设的谅解备忘录等双边合作文件的签署。习近平指出，中国始终从战略高度和长远角度看待和发展中委关系。当今世界不稳定、不确定性增多。面对新形势新挑战，中委要协力增进友好互信，创新推进互利合作，持续促进共同发展，引领中委全面战略伙伴关系迈上新台阶，更好造福两国人民。双方要筑牢政治互信，保持高层交往势头，让中委友好成为两国各界政治共识。中国赞赏委方在涉及中国核心利益和重大关切问题上给予中国理解和支持，将一如既往支持委内瑞拉政府谋求国家稳定发展的努力，支持委内瑞拉探索符合本国国情的发展道路，愿同委方加强治国理政经验交流。双方要优化创新务实合作，以签署共建"一带一路"谅解备忘录为契机，加紧对接、推进落实双方业已达成的合作共识，提升委方自主发展能力，推动两国合作可持续发展。双方要积极促进民心相通方面，扩大人文领域交流合作和地方交往，夯实两国友好社会根基。双方要加强多边协调配合，继续在联合国等国际和地区组织内加强沟通，共同参与全球治理体系改革和建设，维护发展中国家正当权益。习近平指出，中国一贯在平等互利、共同发展原则基础上推进同拉美国家合作，愿促进中拉论坛建设，推动中拉全面合作伙伴关系持续稳步发展。马杜罗表示，委中人民长期友好。在双方共同努力下，委中关系经受了各种考验，日益坚实、富有成果。马杜罗这次访华，双方就拓展广泛领域合作达成共识，充分体现出两国合作是全方位的，完全契合委内瑞拉正在推进的“国家经济复苏、稳定和繁荣计划”。委方感谢中国长期以来给予的理解和支持，希望更多借鉴中国改革开放和治国理政成功经验，愿积极参与“一带一路”建设，探讨有效融资方式，加强能源、产能等领域合作，扩大人文交流，携手共创两国关系更加美好的未来。马杜罗高度认同习近平倡导的构建人类命运共同体理念，愿同中国一道维护多边主义。委方坚定支持中拉论坛发展，愿为加强中拉合作作出积极努力。

十五、苏里南

2018年5月，苏里南与中国签署共建“一带一路”合作文件，为中苏合作开辟了更为广阔的前景。

2018年9月23日，国务委员兼外长王毅在帕拉马里博会见苏里南外长拜赫勒。王毅表示，中苏友好源远流长，建交42年来，两国成为可以相互信赖的好朋友，双边关系进入快速发展轨道。在涉及彼此核心利益和重大关切问题上，我们一直相互尊重、相互理解、相互支持。我们赞赏苏里南始终坚持一个中国政策。牢固的互信为双方合作奠定了重要基础。双方合作的广度和深度不断拓展。中国愿与苏方一道，拓展基础设施建设、农业、林业、执法、人力资源、卫生等领域合作，推动新时期中苏关系不断迈上新台阶。拜赫勒表示，苏方热烈欢迎国务委员兼外长王毅来访，实现中国外长历史性地首次访苏。苏中传统友好，两国保持着强有力的政治、经济、文化联系。苏里南高度重视发展对华关系，长期坚持一个中国原则。苏方愿积极参与共建“一带一路”，深化同中国在贸易、投资、林业、农业、渔业、人文等各领域合作。

十六、厄瓜多尔

双边经贸关系简况：双边贸易方面，据中国海关统计，2017年中厄双边贸易总额40.8亿美元，同比增长27.8%。其中，中国出口29.6亿美元，进口11.2亿美元，同比分别增长31.2%和19.5%。中国对厄瓜多尔主要出口机械设备、汽车、钢材、摩托车等；从厄瓜多尔主要进口原油、香蕉、海产品、鱼粉等。相互投资方面，截至2016年底，中国在厄瓜多尔直接投资存量11.8亿美元。2017年，中国对厄瓜多尔直接投资额为3亿美元。截至2017年底，厄瓜多尔在华投资项目51个，实际投资863万美元。承包工程方面，截至2017年底，中国在厄瓜多尔累计签订承包工程合同额123.2亿美元，完成营业额157.7亿美元。

2018年12月12日，国家主席习近平在北京人民大会堂同厄瓜多尔总统莫雷诺举行会谈。习近平指出：2016年，我对厄瓜多尔进行国事访问，两国建立全面战略伙伴关系，翻开了中厄关系发展新篇章。总统先生上任后致力于深化中厄友好合作，我对此表示赞赏。推动中厄关系健康稳定发展，符合两国和两国人民根本利益，也符合和平、发展、合作、共赢的时代潮流。习近平强调，双方要密切高层及各领域各层级交往，加强战略沟通协调，交流治国理政经验，增进对彼此发展道路的相互理解和支持，在涉及彼此核心利益和重大关切问题上，继续相互坚定支持。习近平指出，中国欢迎厄方参与共建“一带一路”，共同推进基建、产能、农业、信息技术、新能源、环保等领域合作。欢迎厄方积极开拓中国市场，分享中国发展机遇。中国对厄瓜多尔融资合作完全基于平等互利和商业原则，从不附加任何政治条件。中国政府要求在厄瓜多尔的中资企业遵守当地法律法规，诚信经营，凭借自身实力公平竞争，希望厄方为他们创造良好的投资环境，保护他们的合法权益。双方要鼓励人文、科技交流，开展执法合作，保障正常人员和经贸往来。

十七、阿根廷

双边经贸关系简况：双边贸易方面，据中国海关统计，2017年双边贸易总额138.1亿美元，同比增长12.1%。其中，中国出口90.7亿美元，同比增长25.9%，进口47.4亿美元，同比下降7.4%。中国对阿根廷主要出口机电产品、高新技术产品、纺织服装、通信产品、空气调节器、摩托车、自动数据处理设备及其部件、液晶显示板、箱包、鞋类、农药、汽车零部件等；从阿根廷主要进口大豆、原油、肉类、海产品、皮革、食用植物油、羊毛、酒类、钢材、医药品、废塑料等。相互投资方面，截至2016年底，中国在阿根廷直接投资存量19.4亿美元。2017年，中国对阿根廷直接投资额8 340万美元。截至2017年底，阿根廷在华投资项目440个，实际投资1.9亿美元。承包工程方面，截至2017年底，中国在阿根廷承包工程合作累计签订合同额171亿美元，完成营业额71亿美元。

十八、加拿大

双边经贸关系简况：1970年中加两国建交并于1973年签订政府间贸易协定以来，双边经贸合作保持良好发展势头。两国间商品、服务、人员及资本的流动日益频繁，经济联系不断加强。双边贸易方面，根据中国海关统计，2017年中加双边贸易额517.6亿美元，同比增长13.3%。其中，中国对加拿大出口313.9亿美元，同比增长14.8%；从加拿大进口203.7亿美元，同比增长11.1%。中国对加拿大出口的主要商品为电话和传真机等设备、自动数据处理设备、汽车零配件等；从加拿大进口的主要商品为油菜籽、木浆、木材、大豆等。双向投资方面，据商务部统计，2017年，加拿大在华投资新设企业459家，实际投入2.93亿美元。截至2017年底，加拿大累计在华设立企业1.4万余家，实际投入104.4亿美元，主要涉及旅游、化工、电子器件制造、药品制造、机械制造等行业。据商务部统计，2017年，中国对加拿大直接投资12.2亿美元。截至2016年底，中国在加拿大直接投资累计约127.3亿美元，主要涉及采矿业、金融业、租赁和商务服务业、制造业、批发和零售等行业。成立中加经贸联委会，根据中加两国政府1973年签署的贸易协定，双方成立联合经济贸易委员会，每年举行一次会议。2017年11月，第27届中加经贸联委会会议在北京举行，由商务部副部长兼国际贸易谈判副代表俞建华与加拿大全球事务部国际贸易副部长萨金特共同主持。

（一）政策沟通方面

2018年7月10日，中国驻加拿大大使卢沙野在官邸会见新近访华归来的加拿大小企业和旅游部部长、政府驻众议院领袖查格一行，双方就以查格此访和2018中加旅游年为契机，进一步深化中加旅游领域合作交换了意见。

2018年4月17日，中国驻加拿大大使卢沙野应邀出席加中友协"一带一路"座谈会并发表主旨演讲。演讲中提到：从发展趋势看，加拿大未来发展潜力在亚太，我们希望看到加拿大真正加大对亚太地区的投入。而中国，无论是从经济体量，还是从发展前景看，都应该是加拿大在亚太地区最理想的合作伙伴。加拿大是亚太地区重要国家，在交通、通信、清洁能源、金融服务、人才培训等方面有自己的优势，完全可以通过积极参与"一带一路"建设而受益。加拿大已加入亚洲基础设施投资银行，这为加拿大参与"一带一路"基础设施建设提供了有利条件。2016年不列颠哥伦比亚省政府和中国广东省政府签署有关"一带一路"的合作文件，2018年1月中国政府发表《中国的北极政策》白皮书，表示中国愿依托北极航道的开发利用，与各方共建“冰上丝绸之路”。中国真诚希望加拿大能积极参与到“一带一路”建设进程中来。

2017年9月12日—13日，中国-加拿大自贸协定联合可行性研究暨探索性讨论第四次会议在渥太华举行。双方就联合可研报告和探索性讨论联合成果文件深入交换意见，达成广泛共识，取得积极进展，为尽快完成联合可研和探索性讨论奠定了良好基础。此前，2016年9月，李克强对加拿大进行正式访问期间，与加拿大总理特鲁多共同宣布启动中加自贸协定联合可行性研究与探索性讨论。为落实领导人共识，双方此前已分别于2017年2月、4月和7月举行了3次会议。

2017年8月9日，外交部部长王毅在北京同加拿大外长弗里兰举行第二次中加外长年度会晤。王毅表示，中加关系总体保持良好发展势头。2016年两国总理在1个月内成功实现互访，为中加关系发展注入强劲动力。中国愿同加方共同努力，抓住当前重要机遇，开创两国关系新的黄金时代。王毅表示，中国愿同加方加强沟通，密切配合，推动中加战略伙伴关系不断取得新的发展。双方要保持高层和各级别交往，用好有关对话机制，加强对两国关系的战略规划；要以推进中加自贸区建设为主线，深化各领域互利合作。

2017年5月12日，加拿大政府宣布国际贸易部长驻议会秘书帕米拉•戈德史密斯-琼斯（Pamela Goldsmith-Jones）将代表加官方，出席5月14日—15日在中国北京举行的“一带一路”国际合作高峰论坛。加拿大全球事务部表示，与像中国这样庞大而快速成长的市场扩展贸易关系，对加拿大民众而言十分重要。作为世界第二大经济体，中国为产品及服务贸易的增长提供了许多新的机遇。这也为加拿大商界及中产阶级的成长带来新的契机。加拿大官方表示，“一带一路”国际合作高峰论坛将为加拿大提供良机，探讨在亚太地区开展基础设施互联互通、贸易、投资、金融以及人员往来等重要领域的合作。加方代表将借此平台寻求加拿大企业参与区域基础设施投资的商机。

（二）民心相通方面

2013年7月4日，国务委员杨洁篪在北京会见加拿大外交部部长贝尔德。杨洁篪说，近年来，在双方努力下，中加关系呈现良好发展势头。中国高度重视中加关系，愿同加方一道，增进政治互信，深化互利务实合作，扩大人文交流，将双边关系推向新的高度，更好地造福两国人民。贝尔德表示，加拿大政府将发展对华关系作为外交政策的优先目标之一。加方希与中国共同努力，不断深化和扩大两国务实合作，推动加中关系取得更大发展。双方还就共同关心的国际和地区问题交换了意见。

2013年10月18日，习近平在人民大会堂会见加拿大总督约翰斯顿。习近平表示，中国人民对加拿大人民怀有深厚的友好感情，白求恩大夫支持中国人民反对法西斯斗争的事迹在中国家喻户晓。近年来，中加关系保持良好发展势头，这符合两国和两国人民的根本利益，也有利于亚太乃至世界的和平、稳定与繁荣。中加有着广泛的共同利益和广阔的合作空间，中国愿与加方共同努力，推动两国战略伙伴关系迈上新台阶。习近平表示，中国高度重视发展同加拿大的友好合作关系，愿同加方一道，以实际行动和具体成果为两国关系注入更多内涵和动力。一是密切高层交往，尊重彼此核心利益和重大关切，深化政治互信，推动中加关系取得新发展。二是充分发挥互补优势，挖掘潜力，扩大两国贸易投资合作，深化能源资源、交通通信、金融、环保等领域务实合作。希望加方尽早批准《中加投资保护协定》。三是扩大人文交流，加强旅游、文化、地方合作，密切人员往来，鼓励两国更多青年到彼此国家学习，增进两国人民之间的相互了解与友谊。四是加强国际事务合作，在联合国、亚太经合组织、二十国集团等多边机制中加强沟通和协调，共同为促进地区及世界的稳定和繁荣做出贡献。约翰斯顿表示，加中友谊源远流长，人员往来日益密切，各领域合作不断深化。

两国经济互补性强，合作潜力巨大。加方赞赏中国为维护世界和平、稳定发挥的积极作用，愿与中国本着互利共赢的原则，扩大贸易、投资、创新、能源、环保等领域合作，加方欢迎更多中国企业赴加拿大投资，并为此提供便利；加强人文交流，为两国合作奠定坚实的社会基础；密切在国际与地区事务中的沟通协调，推动两国关系取得更大发展。

十九、巴西

双边经贸关系简况：双边贸易方面，据中国海关统计，2017年中巴双边贸易总额875.4亿美元，同比上涨29%。其中，中国出口289.6亿美元，进口585.8亿美元，同比分别增长31.8%和27.8%。中国对巴西主要出口电器及机电产品、机械设备、计算机及通信技术、纺织纱线、织物及制品、运输工具、仪器仪表、液晶显示板、服装及衣着附件、钢材自动数据处理设备及其部件等商品；从巴西主要进口铁矿石及其精矿、大豆、原油、纸浆、鸡肉以及豆油等商品。相互投资方面，截至2016年底，中国在巴西直接投资存量29.6亿美元。2017年，中国对巴西直接投资5.3亿美元，主要涉及能源、矿产、输电、制造业、金融、农业、服务业和批发零售业等项目。截至2017年底，巴西在华投资项目703个，实际投入外资金额6.4亿美元，主要涉及压缩机生产、电机、煤炭、房地产、汽车零部件、纺织服装等领域。承包工程方面，截至2017年底，中国企业在巴西签署承包工程合同总额221.8亿美元，完成营业额166.9亿美元，主要涉及天然气管线、火电厂、港口疏浚、通信等项目。

二十、哥伦比亚

双边经贸关系简况：双边贸易方面，据中国海关统计，2017年中国与哥伦比亚货物贸易总额113.04亿美元，同比增长21.5%。其中，中国出口74.4亿美元，同比增长10.1%；中国进口38.64亿美元，同比增长35.8%。中国对哥伦比亚主要出口机电产品、高新技术产品、纺织品和服装等商品，主要进口原油、废金属、生皮革等商品。相互投资方面，截至2016年底，中国对哥伦比亚直接投资存量3.62亿美元；哥伦比亚在华投资项目数102个，实际投入1 765万美元。承包工程方面，截至2017年底，中国企业在哥伦比亚累计签订承包工程合同45.3亿美元，完成营业额24.8亿美元。

二十一、美国

双边经贸关系简况：中美建交30多年来，双边经贸关系迅速发展。中美贸易额从1979年的25亿美元，增长至2017年的5 837亿美元，增长233倍。与建交时相比，双边经贸合作已发生质的变化，合作内容已从单一的贸易扩展到经济的各个领域。双边贸易方面，据中国统计，2017年，中美贸易额5 837.0亿美元，同比上升12.3%。其中，中国从美国进口1 539.4亿美元，同比上升14.5%；对美出口4 297.6亿美元，同比上升11.5%。中国顺差2 758.2亿美元，同比上升9.9%。2017年中美服务贸易额1 200.9亿美元，同比上升1.7%，其中，中国从美进口870.8亿美元，同比上升0.2%；对美国出口330.1亿美元，同比上升5.7%；中国对美国服务贸易逆差540.7亿美元，同比下降2.9%。双向投资方面，多年来，中美在投资领域进行了卓有成效的合作。2017年，中国新批设立美资企业1 346家，同比上升8.7%，占同期中国新批设立外资企业的3.8%；实际使用美资金额26.5亿美元，同比上升11.0%。2017年，中国企业在美国非金融类直接投资78.1亿美元，同比下降59.9%，占同期中国对外非金融类直接投资的6.5%。截至2017年底，中国企业在美国累计非金融类直接投资579.0亿美元，占中国累计对外非金融类投资金额的4.5%。

二十二、墨西哥

双边经贸关系简况：双边贸易方面，墨西哥是中国在拉美最重要的经贸合作伙伴之一。据中国海关统计，2017年，墨西哥是中国在拉美第二大贸易伙伴、第一大出口市场和第三大进口来源国。当年，中墨贸易额为476.7亿美元，同比增长11.7%，其中中国出口359亿美元，同比增长10.9%，进口117.7亿美元，同比增长14%。双向投资方面，据《中国对外直接投资统计公报》，截至2016年底，中国对墨西哥直接投资存量为5.8亿美元。中国主要投资领域为矿业、制造业和农业等。截至2017年，中国实际使用来自墨西哥的外资金额1.45亿美元。承包工程方面，截至2017年底，中国累计在墨西哥签订承包工程合同额91.6亿美元，完成营业额75亿美元，主要集中在能源和通信领域。2017年，中国在墨西哥签订合同额7.7亿美元，完成营业额7.5亿美元。

二十三、秘鲁

双边经贸关系简况：双边贸易方面，据中国海关统计，2017年中秘双边贸易总额201.5亿美元，同比增长30.2%。其中，中国出口69.6亿美元，进口131.9亿美元，同比分别增长16.1%和39%。中秘自贸协定于2009年签署，并于2010年3月1日生效。中国对秘鲁主要出口电机电气设备、机械产品、车辆及其配件、钢铁及钢铁制品、塑料及其制品、玩具、运动用品、家具等；从秘鲁主要进口矿砂、铜及其制品、水果坚果、矿物燃料及其制品、鱼类、肉类、羊毛、木材及其制品等。相互投资方面，截至2016年底，中国在秘鲁直接投资存量7.6亿美元，2017年，我对秘鲁直接投资额为2 531万美元，主要涉及能源、矿产、金融、建筑业、贸易等项目。截至2017年底，秘鲁企业在华投资项目198个，实际投资4377万美元，主要涉及电子、汽车零部件等行业。承包工程方面，截至2017年底，中国企业在秘鲁累计签署承包工程合同额40.8亿美元，完成营业额39.1亿美元，主要涉及基础设施、通信等项目。

二十四、牙买加

双边经贸关系简况：1972年中牙建交以来，双边经贸关系发展顺利。两国签署的经贸协议有：1976年签署的《贸易协定》；1994年签署的《鼓励和相互保护投资协定》和1996年签署的《所得避免双重征税和防止偷漏税的协定》。2005年中牙建立“共同发展的友好伙伴关系”。双边贸易方面，据中国海关统计，2015年中牙贸易额6.6亿美元，同比增长17.8%。其中，中国对牙买加出口6.3亿美元，同比增长20.3%；从牙买加进口3 131万美元，同比下降16.5%。中国对牙买加出口的主要商品是机电产品、服装和纺织品、塑料制品、家具等；进口的主要商品是氧化铝、咖啡等。工程承包和相互投资方面，截至2015年底，中国企业在牙开展承包工程合同额累计33.2亿美元，完成营业额22.1亿美元；中国对牙买加非金融类投资1.9亿美元；牙买加在华投资项目24个，实际投资1 244万美元。

二十五、圭亚那

双边经贸关系简况：1972年中圭建交以来，双边经贸关系发展顺利。1984年两国通过换文确认成立中圭经济、贸易和科技合作混合委员会，至今已召开了11届混委会会议。两国签署的经贸协议有：2001年签署的《贸易协定》和2003年签署的《鼓励和相互保护投资协定》。双边贸易方面，据中国海关统计，2015年中圭贸易额2.1亿美元，同比增长1.4%；其中，中国对圭亚那出口

1.6亿美元，同比下降3.8%；从圭亚那进口4 937万美元，同比增长22.7%。中国对圭亚那出口的主要商品为机电产品、纺织品、鞋帽、家具等；进口的主要商品主要为铝矿砂、原木等。工程承包和相互投资方面，截至2015年底，中国企业在圭亚那开展承包工程合同额累计11.4亿美元，完成营业额5.3亿美元；中国对圭亚那非金融类直接投资2.5亿美元；圭亚那在华投资项目4个，实际投资10万美元。

二十六、巴哈马

双边经贸关系简况：1997年中巴建交以来，双边经贸关系发展顺利。两国签署的经贸协议有：2003年签署的《海运协议》、2009年签署的《促进和保护投资协定》和《税收情报交换协议》。双边贸易方面，据中国海关统计，2015年中巴贸易额16.1亿美元，同比增长116.8%。其中中国对巴哈马出口15.9亿美元，同比增长113.6%；从巴哈马进口2 437万美元，同比增长了约130倍。中国对巴哈马出口的主要商品是船舶、钢铁制品、纺织、鞋帽等；进口的主要商品是原油、铜及制品等。工程承包和相互投资方面，截至2015年底，中国企业在巴哈马开展承包工程合同额累计22.7亿美元，完成营业额19.4亿美元；中国对巴哈马非金融类直接投资60万美元；巴哈马在华投资项目205个，实际投资17亿美元。

（一）政策沟通方面

2013年1月，全国政协副主席李兆焯访问巴哈马，会见巴哈马总督福克斯和参议长威尔逊。

2013年6月，国家主席习近平在访问特立尼达和多巴哥期间同巴哈马总理克里斯蒂举行双边会晤。

2015年1月，国家主席习近平和国务院总理李克强分别会见来华出席中拉论坛首届部长级会议巴哈马总理克里斯蒂。

2016年4月，全国政协副主席、中国人民银行行长周小川出席在巴哈马举办的57届泛美国家开发银行理事会年会，会见巴哈马总理克里斯蒂。

（二）民心相通方面

2014年2月，《中华人民共和国政府和巴哈马国政府关于互免签证的协定》正式生效实施。根据协定规定，中国公民凭有效的普通、公务普通、公务、外交护照均可免签入出境巴哈马，每次停留不超过30日。

2014年5月和2015年11月，中国"光明行"眼科专家组赴巴哈马开展义诊。

二十七、苏里南

双边经贸关系简况：1976年中苏建交以来，双边经贸关系发展顺利。两国签署的经贸协议有1998年签署的《贸易协定》。双边贸易方面，据中国海关统计，2015年中苏贸易额2.5亿美元，同比增长10.2%。其中，中国对苏里南出口2亿美元，同比增长14.3%；从苏里南进口5 084万美元，同比下降3.4%。中国对苏里南出口的主要产品是机电产品、贱金属及其制品、纺织品、塑料及橡胶制品等；进口的主要商品是木及木材制品、冻鱼等。工程承包和相互投资方面，截至2015年底，中国企业在苏里南开展承包工程合同额累计8.6亿美元，完成营业额5.8亿美元；中国对苏里南非金融类直接投资1.2亿美元；苏里南在华投资项目17个，实际投资2 013万美元。

二十八、古巴

双边经贸关系简况：双边贸易方面，据中国海关统计，2017年中古双边贸易额17.6亿美元，同比下降14.5%，中国对古巴出口13.6亿美元，同比下降23.7%，中国从古巴进口4.0亿美元，同比增长45.4%。中国从古巴主要进口食糖、镍及其制品等，对古巴出口机电产品、汽车、高新技术产品和化工产品等。双向投资方面，据《中国对外直接投资统计公报》，截至2016年底，中国对古巴直接投资存量为1.3亿美元，涉及的主要领域有农业、旅游、电信、轻工等。截至2017年底，商务部共批准古巴在华投资项目19个，实际投资6 047万美元，投资领域涉及酒店和生物医药品等。承包工程方面，截至2017年底，中国在古巴累计签订承包工程合同总额73亿美元，完成营业额19.3亿美元。2017年，中国在古巴新签工程承包合同额6.7亿美元，完成营业额2.6亿美元。

2009年11月，在古巴哈瓦那大学建立了第1所孔子学院，3年来孔子学院学生人数成倍增长，2010—2011年学生注册人数225人，2011—2012年学生注册人数超过600人。孔子学院不光在汉语教学上进行工作，如承办HSK考试、与社区机构合作建立中文课堂等，而且推动两国文化交流。中国在古巴留学生也积极参与孔子学院的工作，先后有60多人作为志愿者到孔子学院任课。

2011年，古巴高教部、教育部多位副部长访问中国教育部及教育机构。哈瓦那大学、哈瓦那医科大学的校长和副校长也分别多次访问中国10多所大学。

2012年在古巴中国公派留学生有1 100多人，他们在哈瓦那大学、哈瓦那师范大学和哈瓦那医科大学分别主修西班牙语、旅游管理学、教育心理学、教育人文、医学和护理等专业，学生主要分布在塔拉拉等3个校区。

2012年8月，中国科技部部长万钢在古巴首都哈瓦那出席科技合作混委会第九次会议，并与古巴科技环境部长佩雷斯女士签署会议纪要。

二十九、玻利维亚

双边经贸关系简况：双边贸易方面，据中国海关统计，2017年中国与玻利维亚货物贸易总额10.84亿美元，同比增长15.7%。其中，中国出口7.29亿美元，进口3.55亿美元，同比分别增长19.4%和8.7%。中国向玻利维亚主要出口汽车及其零配件、橡胶轮胎、杀虫剂、钢材等。从玻利维亚主要进口铅矿砂、铜矿砂、锯材、废金属等。相互投资方面，截至2016年底，中国对玻利维亚直接投资存量3.71亿美元；玻利维亚在华投资项目数213个，实际投入7187万美元。承包工程方面，截至2017年底，中国在玻利维亚累计签订承包工程合同金额61.8亿美元，完成营业额21.1亿美元。

第四节 企业与国家之间的合作

一、与安提瓜和巴布达的合作

2013年3月20日，中国进出口银行副行长朱鸿杰一行访问安提瓜和巴布达，与安提瓜和巴布达总理斯潘塞在总理府举行会谈，并同安提瓜和巴布达财政部部长洛弗尔签署了《安提瓜和巴布达国际机场航站楼二期项目优惠贷款协议》。

2013年4月19日，中国新任驻安提瓜和巴布达大使任共平先后视察了中国土木工程集团有限公司承建的安提瓜和巴布达新航站楼项目、板球场技术合作项目和北京建工集团有限公司承包运行的电厂项目。

二、与巴拿马的合作

2017年6月7日上午，巴拿马科隆集装箱港口（PCCP）项目开工仪式在巴拿马科隆市玛格丽特岛举行。岚桥集团收购并投资建设巴拿马科隆集装箱港口，是中国内地企业首次在巴拿马进行的大型投资。该项目的开工和运营将为巴拿马人民提供大量的就业机会，也将为推动巴拿马的经济发展，发挥非常重要的作用。亚洲岚桥港、大洋洲达尔文港、美洲巴拿马科隆集装箱港，岚桥集团三港互联，组成"一带一路"的重要海上合作支点，积极构建"海上经济走廊"，让"一带一路"成果惠及更广阔的区域空间。巴拿马科隆集装箱港的开工建设标志着中巴经贸关系提升到了新的高度，对于促进巴拿马经济社会发展，增加就业，助力巴拿马政府把巴拿马打造成全球物流中心的发展战略，以及进一步深化中巴两国经贸关系都将发挥重要作用。该项目的开工建设标志着中巴经贸关系进入了一个新阶段。巴拿马科隆港集装箱港口项目位于巴拿马运河大西洋一侧的玛格丽特岛，是全球首个按照新巴拿马运河船闸设计和建造的集装箱码头，预计项目总投资额约10亿美元。山东岚桥集团等中国企业于2016年2月收购该项目，并于2016年6月与中交疏浚公司签定了EPC总承包合同，合同金额暂定3.16亿美元，工期34个月，项目包括设计、码头、疏浚、吹填、地基处理等5个主要部分。合同签订后，中交疏浚立即启动了地勘、设计及设备、材料的采购工作。港口建成后，将拥有4个超巴拿马级集装箱船的专用泊位，预计年吞吐量250万标箱，将成为巴拿马和拉美地区最大港口，也将是巴拿马唯一可停靠超巴拿马级集装箱船的港口。该项目将会为当地创造2 000个就业岗位，包括施工建设期间的800个工作岗位和建成运营后的1 200个工作岗位。该项目将是中国内地企业在巴拿马最大投资项目，对促进当地经济社会发展，进一步深化两国经贸关系将发挥重要作用。

2016年6月27日，中远海运集运中美洲和巴拿马有限公司成立揭牌仪式在巴拿马城举行。巴拿马地理位置得天独厚，是世界航运中心和中南美洲商业及金融中心，在全球拥有重要的经济和战略地位。6月26日，巴拿马运河拓宽仪式成功举行，中国远洋海运集团的COSCO SHIPPING PANAMA轮顺利首航拓宽后的巴拿马运河，这标志着这一世界级的黄金水道已经成功升级。拓宽后的巴拿马运河预计通过量将增加1倍，最大可通过1.3万TEU的集装箱船，这必将进一步促进全球航运业的发展，并改写世界贸易的版图。

2015年10月19日，中建美国巴拿马公司中标的巴拿马"希望之城"住宅开发项目开工仪式在巴拿马省西部阿莱汉市项目工地举行。巴拿马"希望之城"住宅项目是巴拿马政府积极推动的低收入保障房项目之一，造价1.37亿美元，工期34个月，预计2019年9月竣工。项目占地36公顷，包括建设2 270套公寓及道路、学校、警察局、公园等配套设施。该项目预计将会为当地社区提供1 000个就业岗位。项目建成后将会缓解巴拿马城住房紧张问题，为当地居民提供更好的居住条件和生活环境。

2015年5月14日，中国巴拿马贸易发展办事处王卫华代表、王建副代表赴湖南中烟公司巴拿马工厂考察。湖南中烟公司选择在巴拿马建厂的战略决策符合国家"走出去"战略导向，符合巴拿马政府和人民的利益，一定意义上促进了巴拿马的产品出口，也符合目前国家倡导的优势产能向外转移的趋势。湖南中烟巴拿马工厂是由新加坡OVERSEAS UNITED公司投资，湖南中烟公司负责生产的卷烟工厂，于2012年4月正式投产，共有2套生产线，主要生产湖南中烟下属品牌NISE(白沙)，SILVERELEPHANT(银象)、MARSHAL以及浙江中烟下属品牌MODERND等各规格卷烟，年生产能力达24万件，产品销往墨西哥、哥斯达黎加、尼加拉瓜、哥伦比亚、智利、秘鲁等中南美洲国家，累计销量已达50万件。

2014年7月30日，华为技术公司在巴拿马酒店会议中心举行了“华为ICT产品路演开幕式”。华为公司是中国著名私企，在世界通信领域享有盛誉，在巴拿马经营10年来，以其领先的技术设备和优质的服务赢得了客户的信任，开拓了巴拿马市场，从而为巴拿马经济社会进步和中巴两国经贸关系发展做出了贡献。

三、与加拿大的合作

2017年8月8日，中国飞鹤乳业董事长冷友斌表示，飞鹤在加拿大投资建设婴幼儿奶粉厂，这一项目投资额为3亿加元(约2.34亿美元)。该厂坐落在加拿大安大略省金斯顿市，2017年6月破土动工，将于2019年下半年完工并投入生产。建成后的奶粉厂将有2条婴幼儿奶粉生产线，1条生产牛奶粉，1条生产羊奶粉，每条生产线年产2万吨。这一农业领域的合作成果，标志着中国在加的投资，正从石油和矿产转向民生领域。飞鹤加拿大分厂建成后，将为金斯顿市提供200多个直接就业岗位，间接就业岗位1 300多个。

2013年，加拿大樱桃首次进入中国，在上海口岸登陆。根据上海出入境检验检疫局数据，此次进口检测加拿大樱桃的数量是234箱、702箱，总重4 680千克，货值5.5万美元。

第五节　地方政府与国家之间的合作

一、与巴巴多斯的合作

安徽省：2014年8月2日，应巴巴多斯文化、体育和青年部部长拉什利的邀请，安徽省副省长谢广祥率安徽文化体育代表团于7月底访问巴巴多斯。双方就加强安徽省与巴巴多斯文化、体育、教育等领域的交流与合作进行了深入友好交流。

二、与加拿大的合作

北京：2016年5月20日，中国驻加拿大大使罗照辉在官邸会见北京语言大学李宇明书记一行。罗照辉介绍了中加关系发展近况，表示愿为北京语言大学与加拿大高校务实开展语言政策研究、外语人才培养、孔子学院合作等语言文化交流提供支持。双方就国别区域语言文化研究、全球语言资源库建设、特色办学等话题交换了意见。

广东：2016年5月16日，罗照辉在使馆会见广东外语外贸大学仲伟合校长一行。罗照辉介绍了中加关系最新情况，希望广东外语外贸大学在深入开展加拿大研究、与加高校务实开展外语人才培养、教研合作等方面开展合作。双方还就创新驱动发展、国别区域问题研究、大学智库建设、高校服务国家战略、特色办学等话题进行了探讨。

2015年3月16日，加拿大全球最具影响力的青少年素质教育和志愿者服务机构Me to We组织第一批加拿大学生赴中国访问交流。在北京四中的教室里、操场上和饭堂里，一群金发碧眼的孩子们大声朗读着中文，学剪纸，做课间操，打篮球，包饺子，和中国学生一起聊NBA、少林寺，让这群加拿大孩子真切感受了中国校园的氛围。当天下午，学生们又来到孔子学院总部中国文化体验中心，他们拿起毛笔练习中国书法，轻抚琴弦聆听来自古老中国的宫商之音，穿上古装来一次时光穿梭的旅行，还有他们向往的少林功夫、美味食品。通过一系列的体验活动，让大洋彼岸的加拿大学生深刻体会了5 000年古老中国的文化和艺术，激起了他们学习中国文化的浓厚兴趣。他们纷纷表示第一次到访中国感觉到了当今中国的强大和中国人民的友好，希望以后再有机会访问中国。结束在北京的活动后，学生们还将赴Me to We的合作伙伴、世界最大的青少年公益机构Free The Children在河北援建的学校做志愿者，并赴河南参观访少林寺。

2015年1月29日，中国驻加拿大大使罗照辉应卡尔顿大学校长罗珊娜•伦特博士邀请，来到卡尔顿大学孔子学院访问，考察学院运作和汉语教学情况。卡尔顿大学创办于1942年，在全加拿大研究型综合性大学中排名前十，现有近3万名学生，其中中国留学生有1 000余人。据孔子学院院长李征先生介绍，该校孔子学院成立于2012年4月，全称为"加拿大首都文化、语言及商业孔子学院"，旨在不仅为本校提供汉语教学、带动本校中国问题研究和教学，同时发挥地处首都优势，辐射社会，向联邦政府机构和企业商会提供培训。卡尔顿大学孔子学院是全加12所孔子学院和18个孔子课堂中的佼佼者。罗照辉一行来到汉语课堂，同学们正在学习如何使用汉语采购春节年货。他们为使馆客人用中文演唱了《我和你》，字正腔圆，声情并茂，现场气氛愉快热烈。同学们还演示了以秦始皇统一度量衡、荆轲刺秦王等典故为主题的原创3D数媒动画游戏，将现代科技与古代历史完美结合，形式新颖，寓教于乐。教室墙上的中国书画，黑板上的汉字和拼音，无处不在的中国元素，令人仿佛置身于中国的大学课堂。罗照辉还会见了卡尔顿大学中国留学生代表，对大家的学习和生活嘘寒问暖，并合影留念。此前，罗照辉一行同校长罗珊娜•伦特、常务副校长彼特•瑞基茨、协理副校长宝琳•蓝金、人文学院院长约翰•奥斯本、语言学院院长兰德尔•葛斯、孔子学院院长李征等座谈，就中国高等院校同卡尔顿大学合作、孔子学院运行情况等问题交换了意见。罗照辉表示，近年来中加关系发展顺利，中加教育交流与合作更加密切，中国在加留学生已达到10万人。罗照辉高度赞赏卡尔顿大学为促进中加交流和友谊，增进两国人民了解和互信所做积极贡献。校长伦特表示，孔子学院为提供汉语教学，传播中华文化发挥了重要作用。

湖北：2014年10月30日，中国驻加拿大大使罗照辉会见武汉大学校长李晓红院士一行。罗照辉向代表团一行介绍了中加两国关系发展的近况，指出教育合作是两国关系的重要组成部分，希望通过各方的努力，两国学生双向流动不平衡等状况可以逐步改善。校长李晓红向罗照辉介绍了武汉大学与加拿大高校合作的基本情况，包括当天上午与渥太华大学校长Allan Rock会见与签署校际合作协议等访问成果，表示愿意大力促进中加两国在高等教育领域的交流与合作。

第八篇

“一带一路”发展

第一章 "一带一路"倡议提出六年来的总体进展

一、"一带一路"倡议的提出和推动进程

2013年9月和10月,中国国家主席习近平在出访哈萨克斯坦、印度尼西亚期间,先后提出共建"丝绸之路经济带"和"21世纪海上丝绸之路"的构想和合作倡议,标志着"一带一路"倡议(Belt andRoad,B&R)的正式诞生。2013年11月召开的中共十八届三中全会,将"建立开发性金融机构,加快同周边国家和区域基础设施互联互通建设,推进丝绸之路经济带、海上丝绸之路建设"写入了全会决定,标志着"一带一路"倡议成为国家决策。

2014年3月,"一带一路"正式写入国务院《政府工作报告》。2014年11月,习近平总书记主持召开中央财经领导小组第八次会议,研究"一带一路"规划、发起设立亚洲基础设施投资银行和丝路基金,要求加快推进"一带一路"建设。为推动和落实"一带一路"构想和倡议,国务院成立了议事协调机构——推进"一带一路"建设工作领导小组,指导和协调推进"一带一路"建设。该小组于2015年2月在北京召开了第一次工作会议。此后,全国31个省级单位均设立了各自的"推进'一带一路'建设工作领导小组",并出台了"一带一路"建设对接方案1。香港、澳门特别行政区也积极参与和助力"一带一路"建设。

2015年3月,中国政府制定并正式发布了《推动共建丝绸之路经济带和21世纪海上丝绸之路的愿景与行动》,对共建"一带一路"的五大原则、框架思路、五大合作重点、合作机制等方面进行了清晰的表述。此后,在有关方面积极协调推动下,制定和发布了一系列关于"一带一路"的工作文件(表8-1-1),亚洲基础设施投资银行、丝路基金、亚洲金融合作协会等机构相继成立,首届"一带一路"国际合作高峰论坛、中非合作论坛北京峰会、首届中国国际进口博览会等大型会议相继召开,越来越多的国家、国际组织与中国签订了共同推进"一带一路"建设的谅解备忘录等双边或多边文件,"一带一路"范围和地域也突破传统意义上以欧亚大陆为主的沿线区域,延伸到了非洲全部、大洋洲、拉丁美洲等地。

表8-1-1 "一带一路"倡议相关文件

发布日期	文件名称	发布机构
2015年3月28日	推动共建丝绸之路经济带和21世纪海上丝绸之路的愿景与行动	国家发展和改革委员会、外交部、商务部
2015年6月29日	亚洲基础设施投资银行协定	财政部

续表

发布日期	文件名称	发布机构
2015年10月22日	标准联通"一带一路"行动计划(2015—2017)	国务院推进"一带一路"建设工作领导小组办公室
2016年7月13日	推进共建"一带一路"教育行动	教育部
2016年10月24日	中欧班列建设发展规划(2016—2020)	国务院推进"一带一路"建设工作领导小组办公室
2017年1月18日	中医药"一带一路"发展规划(2016—2020年)	国家中医药管理局、国家发展和改革委员会
2017年3月1日	文化部"一带一路"文化发展行动计划(2016—2020年)	文化部"一带一路"工作领导小组
2017年5月8日	关于推进绿色"一带一路"建设的指导意见	环境保护部、外交部、国家发展和改革委员会、商务部
2017年5月10日	共建"一带一路":理念实践与中国的贡献	国务院推进"一带一路"建设工作领导小组办公室
2017年5月13日	共同推进"一带一路"建设农业合作的愿景与行动	农业部、国家发展和改革委员会、商务部、外交部
2017年5月14日	"一带一路"生态环境保护合作规划	环境保护部
2017年5月16日	推动丝绸之路经济带和21世纪海上丝绸之路能源合作愿景与行动	国家发展和改革委员会、国家能源局
2017年5月16日	"一带一路"融资指导原则	中国财政部与阿根廷等26国
2017年6月20日	"一带一路"建设海上合作设想	国家发展和改革委员会、国家海洋局
2018年1月11日	标准联通共建"一带一路"行动计划(2018—2020年)	国务院推进"一带一路"建设工作领导小组办公室

资料来源:中国民生银行研究院整理。

二、"一带一路"倡议提出所取得的成就

(一)已成为推动新型全球化的成功范式

"一带一路"倡议提出6年来,得到了国际社会的的高度关注,许多国家积极响应并参与其中,"一带一路"的顶层规划和每一次重大事件均成为全球舆论关注的焦点。6年间,"一带一路"就像一个呱呱坠地的婴儿快速成长为一个风度翩翩的少年。更为重要的是,"一带一路"虽"脱胎"于亚欧大陆的古丝绸之路,但6年来其合作范围早已突破了古丝绸之路的地理范畴,已经成为覆盖全球六大洲的全球性公共产品。国家发展和改革委员会公开信息显示,截至2018年底,有60多个国家与中国签订了"一带一路"合作协议,中国已累计同122个国家、29个国际组织签订了170份政府间共建"一带一路"合作文件,其中包括亚洲国家35个、非洲国家37个、欧洲国家24个、大洋洲国家9个、南美洲国家7个、北美洲国家9个。6年来,"一带一路"倡议与多个国家的经济发展战略实现了对接,包括欧洲"容克计划"、俄罗斯"欧亚经济联盟"和跨欧亚大通道建设、蒙古国"发展之路"倡议3、哈萨克斯坦"光明大道"发展战略、波兰"琥珀之路"、越南的"两廊一圈"构想、柬埔寨的"四角"战略、印度尼西亚的"全球海洋支点"构想、文莱"2035宏愿"、"环孟加拉湾多领域经

济技术合作倡议”、沙特阿拉伯“2030愿景”、匈牙利“向东开放”、泰国东部经济走廊、土耳其中间走廊、非盟2063年议程等发展战略构想。一个覆盖全球半数以上国家和地区的超级发展框架和网络正在形成之中。“一带一路”倡议已经由理念转化为行动,从愿景变成现实,引领新一轮全球化进程。实践证明,“一带一路”倡议已成为推动新型全球化的成功范式。

(二)沿线基础设施互联互通成果丰硕

基础设施互联互通是“一带一路”倡议的五大重点合作内容之一和优先领域,因此,港口、铁路、公路、电力、航空、通信、互联网等基础设施建设是“一带一路”合作的突出重点领域。6年来,中国与“一带一路”相关国家在基础设施领域开展了大量合作,有效提升了相关国家的基础设施建设水平,成果超出预期。

表8-1-2 “一带一路”倡议下的部分基础设施建设情况

基础设施	国　家	项目名称	目前进度
铁路	埃塞俄比亚—吉布提	亚吉铁路	2013年开始建设,2014年正式铺轨,2016年10月正式通车
	沙特阿拉伯	麦麦高铁	200年启动,201年建成通车
	老挝	中老铁路	2019年将完成九成以上已招标铁路桥梁和隧道工程,2021年12月通车
	印度尼西亚	雅万高铁	2016年1月项目动工,现已进入全面实施推进阶段
公路	蒙古国	乌兰巴托新国际机场高速公路	2016年5月建成通车
	柬埔寨	金边第三环线公路	2019年1月14日举行了开工仪式
	尼泊尔	加德满都内环路改造项目一期	2013年9月正式开工,2018年12月全线贯通
桥梁	挪威	纳尔维克哈罗格兰德大桥	2012年中标,2018年12月完工
	马尔代夫	中马友谊大桥	2014年商定,2018年正式通车
	巴拿马	运河第四座大桥	2018年12月开工建设,2023年完工
	文莱	淡布隆跨海大桥	计划于2019年11月底通车
港口	巴基斯坦	瓜达尔港	2002年开工兴建,2015年投入运营
	马来西亚	关丹深水港码头	2016年开工,2018年完工开港
	尼日利亚	莱基深水港	2018年3月开工
	斯里兰卡	汉班托塔港	2007年开始兴建,2012年建成运营
运河	科特迪瓦	弗里迪运河拓宽加深工程	2015年11月开工,现已提前完工并交付使用
电站	巴基斯坦	卡洛特水电站	2018年9月顺利实现大江截流,目前进入施工高峰期
	柬埔寨	桑河二级水电站	2019年1月正式全面投产。该电站是柬埔寨最大水力发电工程
	越南	永河水电站	2016年9月正式竣工并交付使用
	尼泊尔	上马相迪A水电站	2016年9月正式竣工并交付使用
电网	巴西	巴西特里斯皮尔斯输电特许权二期项目	2016年4月中标,2019年1月顺利完工投入商业运行

资料来源:中国民生银行研究院整理。

6年来，共建"一带一路"国家间的基础设施互联互通水平大幅提高。

1. 港口之间的互联互通。目前中国港口已与世界200多个国家、600多个主要港口建立航线联系，海运互联互通指数保持全球第一。中国与共建"一带一路"国家的港口连通度明显高于其他交通基础设施的联通水平。中国与韩国、印度、印度尼西亚等3个国家的港口运输交流最为频繁，也带动了贸易合作的发展。

2. 铁路互联互通层次表现突出，其中中欧班列贡献了较大力量。2011年，中欧班列全年开行仅17列，年运送货物总值不足6亿美元；2018年，累计开行突破1.2万列，年运送货物总值达160亿美元。目前，中欧班列线路已经到达15个国家、49个城市，主要分布在德国、俄罗斯、哈萨克斯坦、塔吉克斯坦、波兰、白俄罗斯等国；国内开行中欧班列的城市达到56个，返程班列比例达到去程班列数量的72%。宽轨运行时间最快压缩135个小时，其中国内段运行时间压缩24个小时，平均运输费用下降30%；货物由最开始的电脑、手机等电子用品，逐步扩大到服装、鞋帽、粮食、葡萄酒、汽车及配件等人民日常生活必需品。

3. 电信基础设施的联通和服务有所突破。19颗组网卫星将向"一带一路"国家和地区提供基本导航服务；风云卫星国际用户防灾减灾应急保障机制2018年4月建立，已有老挝、缅甸等10个"一带一路"国家正式申请成为应急机制用户。历经三年半施工的中尼跨境互联网光缆2018年正式开通，尼泊尔通过中国的线路接入互联网，喜马拉雅山南麓国家搭起了"数字丝路"。

（三）贸易投资总体快速增长

"一带一路"倡议有效地促进了沿线国家间的贸易投资活动。6年来，中国与共建"一带一路"国家的进出口总额达到64 691.9亿美元，为当地创造24.4万个就业岗位，新签对外承包工程合同额超过5 000亿美元，建设境外经贸合作区82个，对外直接投资超过800亿美元，上缴东道国税费累计20.1亿美元。仅2018年，中国企业在"一带一路"沿线对56个国家非金融类直接投资156.4亿美元，同比增长8.9%，占同期总额的13%，主要投向新加坡、老挝、越南、印度尼西亚、巴基斯坦、马来西亚、俄罗斯、柬埔寨、泰国和阿联酋等国家。对外承包工程方面，2018年，中国企业在"一带一路"沿线国家新签对外承包工程项目合同7 721份，新签合同额1 257.8亿美元，占同期中国对外承包工程新签合同额的52%，完成营业额893.3亿美元，占同期总额的52.8%。大数据分析显示，中国与亚洲、大洋洲、西亚的贸易合作水平较高。韩国、越南、马来西亚、印度、俄罗斯等国是中国最重要的"一带一路"贸易伙伴。截至2018年底，首届"一带一路"国际合作高峰论坛279项成果中的269项已完成或转为常态化工作，10项正在推进，落实率达96.4%。"一带一路"倡议为沿线国家经济发展做出了实实在在的贡献。

（四）多元化投融资体系不断完善

6年来，围绕基础设施建设等方面的投融资体系不断推进和完善，亚洲基础设施投资银行、丝路基金、金砖国家银行、中非基金等开发性和政策性金融支持力度持续加大，多双边投融资机制和平台发展迅速，为"一带一路"建设提供了强有力的支撑。尤其中国与亚洲大洋洲、南亚地区国家的金融合作表现突出，阿联酋、巴基斯坦、俄罗斯、哈萨克斯坦、韩国、泰国等16个国家的金融合作进展良好。截至2018年底，亚洲基础设施投资银行成员已达到93个；中国出资400亿美元成立的丝路基金，2017年获增资1 000亿元人民币，目前已签约19个项目；24个国家设立了102家中资银行等机构，新加坡、马来西亚、印度尼西亚、泰国等数量最多；人民币跨境支付系统覆盖40个共建"一带一路"国家的165家银行；银联卡发卡超过2 500万张，覆盖超过540万家商户，比倡议提出前增长超过14倍。

第二章 一带一路 数读“五通”

2018年，“一带一路”倡议迎来5周年。5年来，“一带一路”正在成为中国参与全球开放合作、改善全球经济治理体系、推动构建人类命运共同体的中国方案。中国与共建“一带一路”的105个国家和29个国际组织签署了149份政府间合作文件，130多个双边和区域运输协定，中欧班列开行突破1万列，中国已成为25个共建“一带一路”国家的最大贸易伙伴。

一、政策沟通

中国政府已与125个国家和29个国际组织签署173份合作文件。共建“一带一路”国家已由亚欧延伸至非洲、拉美、南太等区域。

共建“一带一路”倡议及其核心理念已写入联合国、二十国集团、亚太经合组织以及其他区域组织等有关文件中。

二、设施联通

截至2018年底，中欧班列已经联通亚欧大陆16个国家的108个城市，累计开行1.3万列，运送货物超过110万标箱，中国开出的班列重箱率达94%，抵达中国的班列重箱率达71%。与沿线国家开展口岸通关协调合作、提升通关便利，平均查验率和通关时间下降了50%。

中国与15个共建“一带一路”国家签署了包括《上海合作组织成员国政府间国际道路运输便利化协定》在内的18个双多边国际运输便利化协定。

5年多来，中国与共建“一带一路”国家新增国际航线1 239条，占新开通国际航线总量的69.1%。

三、贸易畅通

中国平均关税水平从加入世界贸易组织时的15.3%降至目前的7.5%。

2013—2018年，中国与共建“一带一路”国家货物贸易进出口总额超过6万亿美元，年均增长率高于同期中国对外贸易增速，占中国货物贸易总额的比重达到27.4%。

世界银行研究组分析了共建“一带一路”倡议对71个潜在参与国的贸易影响，发现共建“一带一路”倡议将使参与国之间的贸易往来增加4.1%。

四、资金融通

2014年11月，中国政府宣布出资400亿美元成立丝路基金，2017年5月，中国政府宣布向丝路基金增资1 000亿元人民币。截至2018年底，丝路基金协议投资金额约110亿美元，实际出资金额约77亿美元，并出资20亿美元设立中哈产能合作基金。

中国先后与20多个共建“一带一路”国家建立了双边本币互换安排，与7个共建“一带一路”国家建立了人民币清算安排，与35个共建“一带一路”国家的金融监管当局签署了合作文件。

截至2018年底，亚洲基础设施投资银行已从最初57个创始成员，发展到遍布各大洲的93个成员；累计批准贷款75亿美元，撬动其他投资近400亿美元，已批准的35个项目覆盖印度尼西亚、巴基斯坦、塔吉克斯坦、阿塞拜疆、阿曼、土耳其、埃及等13个国家。

五、民心相通

丝绸之路沿线民间组织合作网络成员已达310家，成为推动民间友好合作的重要平台。

中国设立“丝绸之路”中国政府奖学金项目，与24个沿线国家签署高等教育学历学位互认协议。

中国与57个共建“一带一路”国家缔结了涵盖不同护照种类的互免签证协定，与15个国家达成19份简化签证手续的协定或安排。

首届“一带一路”国际合作高峰论坛以来，中国向共建“一带一路”发展中国家提供20亿元人民币紧急粮食援助，向南南合作援助基金增资10亿美元，在共建“一带一路”国家实施了100个“幸福家园”、100个“爱心助困”、100个“康复助医”等项目。

第三章 中国“一带一路”海外园区六大类型

海外园区有效促进了园区所在国的工业化和相关产业的发展，中国海外园区具有较为清晰的产业类型区分和对应发展特征。中国海外园区目前发展已经相对成熟的产业主要包括纺织、家电、机械、电子、建材、化工、资源开发和科技研发等。目前，中国海外园区按照园区定位类型可分为加工制造型、资源利用型、农业开发型、商贸物流型、技术研发型、多元综合型等6种。

表8-3-1 中国“一带一路”海外园区六大定位类型

序号	园区定位	含义
1	加工制造型	多属于市场寻求导向型的园区，主要目的是积极实施“走出去”战略，吸引中国企业到东道国投资建厂，转移国内过剩产能，同时规避贸易摩擦和扩大出口创汇
2	资源利用型	以开发当地富集的资源和能源为导向，产业定位主要是国内相对紧缺的矿产、新能源开发与自然资源开发利用等
3	农业开发型	以当地特色农业产业开发为主要导向，利用种植业、林业、畜牧养殖以及经济作物等生态资源，开发适合当地环境的农业产业
4	商贸物流型	以提供商贸物流等综合服务为主导，通常集商品展示、物流分拨、物流、仓储、信息服务等配套功能与一体的现代化物流园区
5	技术研发型	以境外技术研发为主导，主要目的在于利用国外发达的技术创新网络和丰富的技术创新资源，紧跟世界前沿技术动态、提供自主创新能力
6	多元综合型	一种是较为低端的因为主导产业不明确而形成的多元综合；另一种是从较为高端的专业化园区向着多元化、综合性发展的园区转化

资料来源：前瞻产业研究院整理。

一、45个“一带一路”中国海外园区汇总

在商务部、外交部和国家测绘局联合公布的中蒙俄经济走廊、新亚欧大陆桥经济走廊、中国–中亚–西亚经济走廊、中巴经济走廊、孟中印缅经济走廊以及中国–中南半岛经济走廊等“一带一路”六大经济走廊所经过的65个国家和地区中，分布有45个已经建设和发展的中国海外园区。

表8-3-2 2018年共建“一带一路”国家和地区中国海外园区情况汇总（一）

序号	园区名称	所在地区	所在国家	所在省邦州区	类型
1	埃及苏伊士经贸合作区	北非	埃及	苏伊士	加工制造型
2	中俄现代农业产业合作区	东欧	俄罗斯	托木斯克州	农业开发型
3	泰国罗勇工业园	东南亚	泰国	曼谷直辖市	多元综合型

续表

序号	园区名称	所在地区	所在国家	所在省邦州区	类型
4	巴基斯坦海尔·鲁巴经济园区	南亚	巴基斯坦	旁遮普省	加工制造型
5	中俄乌苏里斯克经贸合作区	东欧	俄罗斯	滨海边疆区	加工制造型
6	柬埔寨西哈努克港经济特区	南亚	柬埔寨	西哈努克省	加工制造型
7	中国·印尼聚龙农业产业合作区	东南亚	印度尼西亚	大雅加达首都特区	农业开发型
8	越南龙江工业园	东南亚	越南	胡志明市	多元综合型
9	中国·印尼经贸合作区	东南亚	印度尼西亚	中国里曼丹省	加工制造型
10	中俄托木斯克工贸合作区	东欧	俄罗斯	滨海边疆区	农业开发型
11	乌兹别克斯坦吉扎克工业特区	中亚	乌兹别克斯坦	吉扎克	多元综合型
12	老挝万象赛色塔综合开发区	东南亚	老挝	首都万象	多元综合型
13	匈牙利商贸物流合作园区	东欧	匈牙利	布达佩斯	商贸物流型
14	中匈宝思德经贸合作区	东欧	匈牙利	博-奥-赞州	加工制造型
15	吉尔吉斯共和国亚洲之星农业产业合作区	中亚	吉尔吉斯共和国	楚河州	农业开发型

资料来源：前瞻产业研究院整理。

表8-3-3　2018年共建"一带一路"国家和地区中国海外园区情况汇总（二）

序号	园区名称	所在地区	所在国家	所在省邦州区	类型
16	中国印尼综合产业园区青山产业园	东南亚	印度尼西亚	中加里曼丹省	资源利用型
17	俄罗斯龙跃林业经贸合作区	东欧	俄罗斯	犹太自治州	农业开发型
18	白俄罗斯中白工业园	东欧	白俄罗斯	明斯克州	加工制造型
19	老挝云橡产业园	东南亚	老挝	首都万象	农业开发型
20	深圳-海防经济贸易合作区	东南亚	越南	海防市	加工制造型
21	格鲁吉亚华凌自由工业园	西亚	格鲁吉亚	伊梅列季州	加工制造型
22	加里曼丹岛农工贸经济合作区	东南亚	印度尼西亚	中苏拉威西省	农业开发型
23	印度马哈拉施特拉邦汽车产业园	南亚	印度	马哈拉施特拉邦	加工制造型
24	中哈边境合作中心	中亚	哈萨克斯坦	阿拉木图州	商贸物流型
25	印度古吉拉特电力产业园	南亚	印度	古吉拉特邦	资源利用型
26	马中关丹产业园区	东南亚	马来西亚	马六甲州	多元综合型
27	中塔产业园	中亚	塔吉克斯坦	索格特州	多元综合型
28	斯里兰卡科伦坡港口城	南亚	斯里兰卡	西部省	商贸物流型
29	哈萨克斯坦中国工业园	中亚	哈萨克斯坦	满格斯特州	多元综合型
30	中塔农业纺织产业园	中亚	塔吉克斯坦	哈特隆州	农业开发型

资料来源：前瞻产业研究院整理。

表8-3-4　2018年共建"一带一路"国家和地区中国海外园区情况汇总（三）

序号	园区名称	所在地区	所在国家	所在省邦州区	类型
31	中民投印尼产业园	东南亚	印度尼西亚	大雅加达首都特区	多元综合型

续表

序号	园区名称	所在地区	所在国家	所在省邦州区	类型
32	中国-东盟北斗科技城	东南亚	泰国	曼谷直辖市	技术研发型
33	瓜达尔自贸区	南亚	巴基斯坦	俾路支省	商贸物流型
34	万达印度产业园	南亚	印度	哈里亚纳	多元综合型
35	伊朗格什姆自贸区	西亚	伊朗	霍尔木兹甘	多元综合型
36	缅甸皎漂特区工业园	东南亚	缅甸	若开邦	加工制造型
37	华夏幸福印尼产业新城	东南亚	印度尼西亚	万丹省	多元综合型
38	马来西亚皇京港	东南亚	马来西亚	彭亨州	多元综合型
39	孟加拉中国经济工业园	南亚	孟加拉国	吉大港志区	多元综合型
40	斯里兰卡中国工业园	南亚	斯里兰卡	南方省	加工制造型
41	华夏幸福越南产业新城	东南亚	越南	庆和省	多元综合型
42	中国-阿曼产业园	西亚	阿曼	中部省	资源利用型
43	中老磨憨-磨丁经济合作区	东南亚	老挝	琅南塔省	多元综合型
44	中缅边境经济合作区	东南亚	缅甸	掸邦	商贸物流型
45	中尼友谊工业园	南亚	尼泊尔	努瓦科特	多元综合型

资料来源：前瞻产业研究院整理。

共建“一带一路”国家和地区主要的45个中国海外园区类型分布情况如下，以多元综合型园区数量最多，达16个，占比高达35.56%；其次是加工制造型园区有12个，占比为26.67%；农业开发型、商贸物流型、资源利用型和技术研发型分别为11个、8个、3个和1个。

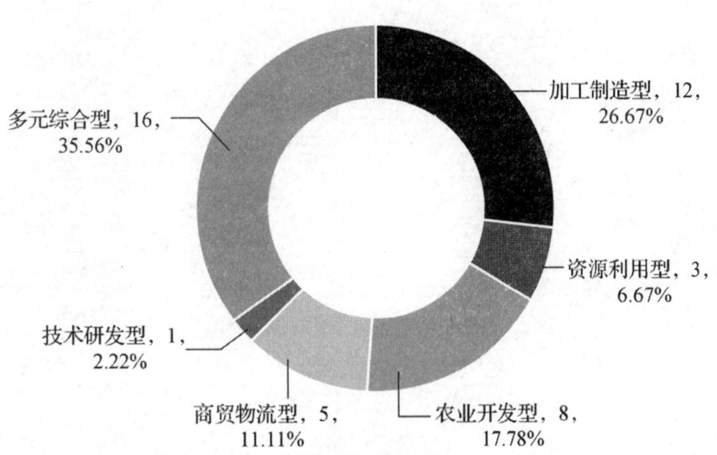

图8-3-1 2018年中国“一带一路”主要海外园区不同类型分布情况（单位：个，%）

资料来源：前瞻产业研究院整理。

二、“一带一路”中国海外园区分布特征

目前中国的海外产业园区遍布“一带一路”六大经济走廊所覆盖的亚欧非地区，主要集中分布在亚洲的东南亚、南亚和欧洲的东欧地区，“丝绸之路经济带”沿线的吉尔吉斯共和国、乌兹别克斯坦、俄罗斯、巴基斯坦、匈牙利和“21世纪海上丝绸之路”沿线的柬埔寨、泰国、越南和老挝等是中国

海外园区的集中分布地区。亚洲是中国海外园区分布的主要地区和重点区域，共建"一带一路"国家和地区45个中国海外园区中有37个分布在亚洲、7个分布在欧洲。

地处亚洲的中国海外园区，东南亚分布多达18个，形成了中国海外园区的集中分布区；南亚地区分布有10个中国海外园区，接近占据了亚洲地区"一带一路"沿线中国海外园区数量的1/3。中亚5国分布有6个中国海外园区，西亚距离中国较远，目前只有3个中国海外园区分布，"一带一路"六大经济走廊支撑的"一带一路"互联互通网络下，中国海外园区在亚洲形成了东南-西北依次减少、圈层拓展的空间分布结构，东南亚成为中国海外园区最大分布圈层的同时，又沿西北依次向南亚、中亚、西亚地区拓展。

而欧洲作为亚欧大陆贯通的终点和"一带一路"西方拓展的节点，也以白俄罗斯、俄罗斯、匈牙利3个国家7个中国海外园区的分布格局打造了中国海外园区在东欧地区的"小集中"。

总体上讲，中国海外园区，特别是发展较好的中国境外经贸合作区，大多数位于"一带一路"沿线上，而且具有"大分散小集中"的空间分布特征。

三、2019年"一带一路"中国海外园区发展趋势

共建"一带一路"国家和地区未来仍是中国海外园区建设和发展的重要空间承载体。作为全球治理手段的新探索，中国的海外园区正在以全新的速度和全新的姿态推动着"一带一路"六大经济走廊沿线国家和地区的交流与合作，已经成为中国"一带一路"倡议的重要组成部分。随着"一带一路"倡议的实施，海外园区成为承载投资母国与东道主国家经济空间拓展和治理结构拓展的作用会进一步显现，共建"一带一路"国家和地区中国海外园区的分布也必将趋向于更科学、更合理、更全面的分布和发展。

第四章 “一带一路”行稳致远，砥砺前行

21世纪以来，世界进入了新的发展阶段：以投资和技术进步为动力的全球经济逐步趋缓，以西方为主导的攫取型的全球化发展模式日渐步入困境，以华尔街为代表的资本主义的贪婪最终把美欧经济带入2007—2009年的影响全球的金融危机。今天，危机逐渐远去，但危机造成的影响远未消失，全球经济进入低增长乃至停滞期；美国单边主义日趋明显，贸易保护主义逐渐抬头；欧洲债务危机久拖未决，难民问题逐渐扩散。现在，全球经济发展需要新动能，国家间的合作乃至全球和区域一体化急需要新的合作模式。

在此背景下，中国向世界发出具有历史意义的“一带一路”倡议：以“志合者，不以山海为远”的合作理念与世界各国签署经济合作协议；以“要想富，先修路”的中国经验倡导各国拉动经济要从发展和改善基础设施做起；以中国特有的“和”文化倡导互利共赢的“贸易畅通”；以“汇通天下”的理念推动货币流通；以“国之交在亲民”的朴素道理，加深各国间的“民心相通”，呼吁各国以“共商、共建、共享”为基本原则，积极推动建立区域性乃至全球性的利益共享的“利益共同体”，责任共担的“责任共同体”，和共享繁荣与稳定，互助危机与灾难的“命运共同体”。

“一带一路”倡议提出后，得到了全球范围的积极响应。在2017年5月召开的“一带一路”国际合作高峰论坛上，来自29个国家的元首和政府首脑、130多个国家和70多个国际组织的代表齐聚北京，共同推动“一带一路”新发展。

5年来，中国先后与80多个国家和组织签署了合作文件，在24个“一带一路”沿线国家在建境外经贸合作区82家，通过加强产能合作、共建合作园区，因地制宜，采取多种合作方式，积累了一系列成功的案例：赞比亚的蒙内铁路，希腊的比雷埃夫斯港，柬埔寨的西哈努克港区，白俄罗斯的“巨石”工业园区，墨西哥华富山工业园区等。“中欧班列”从无到有，迄今已突破9 000列，为沿线国家的经济注入新的生机，创造了大量的工作岗位，取得了丰硕的成果。

5年来，“一带一路”倡议是在不断用事实驳斥西方国家的歪曲和消除南方国家的不解中逐步发展的。例如，针对攻击中国经济是搭乘了西方经济发展的便车等言论，中国向全世界公开宣布，欢迎世界各国搭乘中国经济的快车；有西方学者渲染马来西亚“东海岸衔接铁道”(ECRL)计划停建，重新执政的马哈蒂尔总理把中国作为东盟之外的首个正式出访国家，以此表明他对与中国在“一带一路”框架下加强合作的高度重视；有西方媒体攻击汉班托塔港项目造成的“债务陷阱”，其结果是斯里兰卡方面表示是斯方政府主动向中方提出希望中方接手经营汉班托塔港的请求，等等。

5年来，世界各国越来越清醒地认识到，“一带一路”不是中国的“独角戏”，而是在“共商、共建、共享”基础上的双边或多边的经济合作；不是中国争夺区域或全球范围内地缘优势的措施，而

是开放包容、面向全球的合作倡议。"一带一路"为沿线国家注入了新的活力，为世界经济早日走出低增长格局提供了现实的方案，是中国彰显大国责任的体现。亚投行的成立源自各成员国的资金和金融专业人士的支持和帮助，也体现了"一带一路"倡议下国际合作新模式的国际化、专业性、高效率。

此外，"一带一路"还与时俱进，注重社会发展、人文交流、强调环境保护，致力于打造成绿色、健康、智力、和平的"四个丝绸之路"。"一带一路"倡议符合联合国"千年计划"的理念，符合可持续发展的经典理论，深得世界各国的积极支持，必将行稳致远，不断为世界发展做出独特的贡献。

第五章 “一带一路”基础设施发展五大新特点

2018年6月7日，在中国澳门特区举行的第九届“国际基础设施投资与建设高峰论坛”上，中国对外承包工程商会（以下简称承包商会）发布了2018年度“一带一路”国家基础设施发展指数（以下简称指数）和《指数报告（2018）》。根据《指数报告》，“一带一路”国家基础设施发展呈现五大新特点：

一、国际基础设施发展总体向好

随着“一带一路”倡议国际影响力的提升，相关国家在基础设施互联互通领域的合作日渐紧密，为国际基础设施投资建设行业发展提供了广阔的发展空间。

本年度指数测算结果显示，共建“一带一路”国家基础设施发展总指数本年度达到124，创出新高。共建“一带一路”国家基础设施发展整体向好，发展环境逐步改善，发展潜力依然巨大，基础设施发展速度不断攀升，跨国基建项目热度进一步提高，为跨国基建参与者带来不错的投资机遇，预计未来3年基础设施发展指数将会延续稳步增长的态势。

2018 年指数研究的国家范围包括“一带一路”沿线63 国：蒙古国、新加坡、马来西亚、印度尼西亚、缅甸、泰国、老挝、柬埔寨、越南、文莱、菲律宾、伊朗、伊拉克、土耳其、约旦、黎巴嫩、以色列、沙特阿拉伯、也门、阿曼、阿联酋、卡塔尔、科威特、巴林、希腊、塞浦路斯、埃及、哈萨克斯坦、乌兹别克斯坦、土库曼斯坦、塔吉克斯坦、吉尔吉斯共和国、印度、巴基斯坦、孟加拉国、阿富汗、斯里

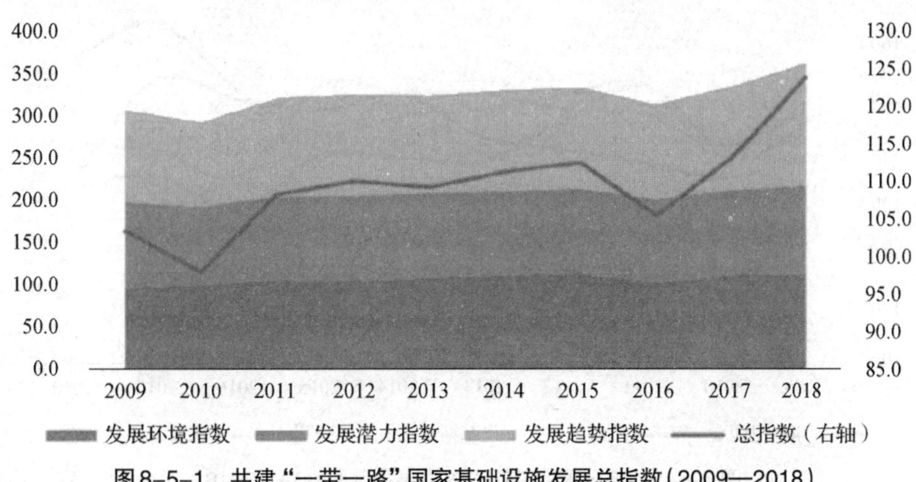

图8-5-1 共建“一带一路”国家基础设施发展总指数（2009—2018）

兰卡、马尔代夫、尼泊尔、不丹、波兰、立陶宛、爱沙尼亚、拉脱维亚、捷克、斯洛伐克、匈牙利、斯洛文尼亚、克罗地亚、波黑、黑山、塞尔维亚、阿尔巴尼亚、罗马尼亚、保加利亚、马其顿、俄罗斯、乌克兰、白俄罗斯、格鲁吉亚、阿塞拜疆、亚美尼亚、摩尔多瓦；葡语国家8国：安哥拉、巴西、佛得角、几内亚比绍、莫桑比克、葡萄牙、圣多美和普林西比、东帝汶。

二、东南亚地区发展势头依然强劲，西亚部分国家排名下滑

本年度指数结果显示，共建"一带一路"国家基础设施发展差异明显，印度尼西亚、新加坡、巴基斯坦、俄罗斯、越南、巴西、波兰、土耳其、马来西亚和印度等国位居指数排行榜前10位。其中印度尼西亚指数得分158.2，连续两年排名榜首，其发展环境、发展潜力和发展趋势指数均排名前列；新加坡以141.7分排名第二，其发展环境指数突出，分值最高；巴基斯坦排名大幅上升11位，跃居本年度榜单第3位，其基础设施增长速度和跨国基建项目热度排名前列，受到越来越多跨国基建参与者的青睐。在葡语国家中，巴西指数表现良好，居总榜单第6位，巨大的市场需求和丰富的生产要素资源使其在发展潜力指数得分名列第三。

从区域排名情况来看，东南亚继续保持强劲增长势头，连续2年位居第一；葡语国家综合实力快速发展，排名提升两位；而西亚区域指数排名出现明显下降，由2017年第二位下滑至第六位。由于庞大的人口数量，东南亚国家基础设施投资建设需求持续旺盛，区域内各国在能源、交通、公用事业、建筑等领域的投资建设市场空间巨大。在东南亚10个国家中，有7个国家的指数得分位列本年度排行榜前20位。市场需求指标得分较高，使东南亚国家指数普遍处于高位。西亚区域指数得分排名在本年度出现较大幅度下滑，区域内各国指数得分排名差异较大。其中，卡塔尔、阿联酋、沙特阿拉伯、伊朗等国受地缘政治及国际油价波动影响，跨国基建项目数量明显减少，国家指数得分出现不同程度下降。

地处亚欧交接地区的土耳其凭借在发展趋势指数方面的优异表现，年度排名快速上升，跃居指数排行榜第8位。需要注意的是，西亚石油出产国政府财政实力雄厚，发展基础设施意愿强烈，虽然区域指数排名下降，但相关国家在基础设施建设方面的发展潜力不容忽视。得益于巴西指数得分上升的拉动，本年葡语国家在区域指数排行榜中排名有所提升，由上年的第7名提升至第5名。葡萄牙和安哥拉分别凭借优越的发展环境和较大的发展潜力受到跨国基建投资者的关注。

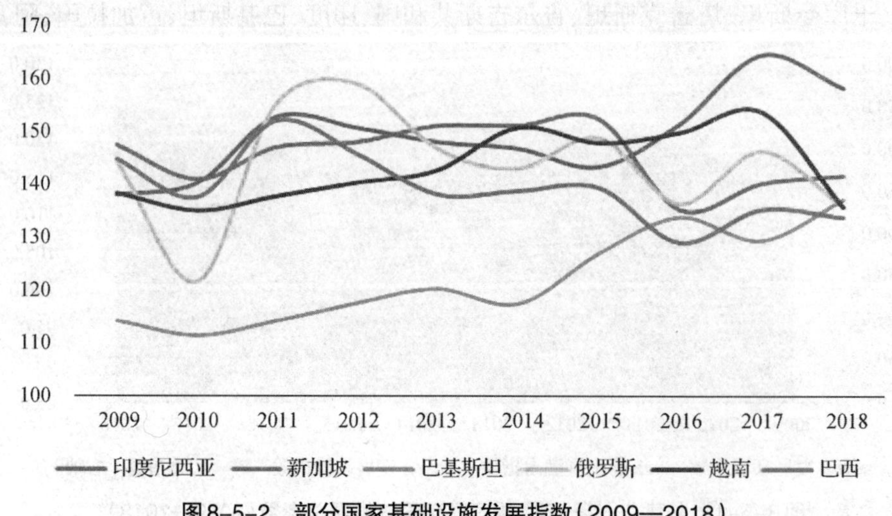

图8-5-2 部分国家基础设施发展指数(2009—2018)

三、交通业与能源业将继续为国际基础设施发展提供支撑

交通业是促进“一带一路”沿线各国设施联通、贸易畅通、民心相通不可或缺的重要纽带和桥梁，也是助推国际基础设施发展的最主要动力来源。本年度交通业指数受到规模与增速指标的拉动平稳增长，由上年109.9 上升至113.8。具体来看：2017 年共建“一带一路”国家交通业产值为2 321.5 亿美元，较上年上升16.9 亿美元，增长率7.9%，增速高于基础设施总产值增长率。5 年来，“一带一路”沿线交通运输业发展取得了积极成果，一批境内外铁路、公路、港口、机场和跨境桥梁等基础设施项目相继开工建设，国际道路、海运、航空、快递等运输服务网络逐步完善，不仅促进了设施联通，而且为推动“一带一路”全面建设发挥了先行和基础作用。

以电力基础设施建设为核心的能源业同样为国际基础设施发展提供了重要支撑，各国工业、商业和居民用电增加以及电气化进程的加快使得能源业指数得分连续两年上升，2018 指数达到135.7。具体来看：2017 年“一带一路”电力行业产值为2 177.8 亿美元，较上年增加25.3 亿美元，增长率为13.1%，明显高于基础设施总产值增长率。“一带一路”倡议与中巴经济走廊、俄罗斯欧亚经济联盟、蒙古国“草原之路”、哈萨克斯坦光明之路计划、欧盟容克投资计划等战略对接，将为电力行业的发展带来新的市场机遇。预计未来交通业和电力基础设施仍然保持快速增长的趋势，从而引领各国基础设施的发展。

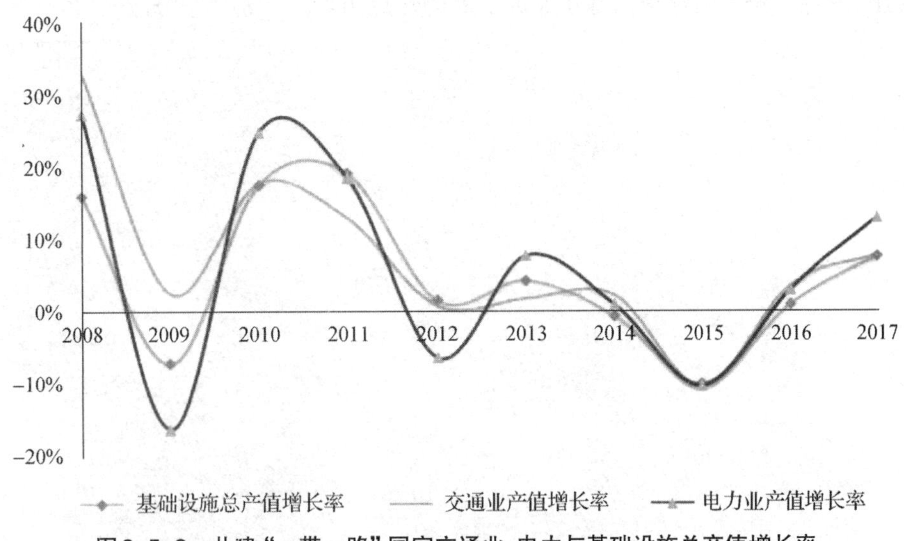

图8-5-3 共建“一带一路”国家交通业、电力与基础设施总产值增长率

数据来源：BMI。

四、新政策、新金融、新技术为基础设施发展提供新动能

从本年指数研究发现，“一带一路”倡议背景下的国际基础设施发展模式正出现新的变化，新政策、新金融、新技术的出现为“一带一路”跨国基建发展注入了新动能。

从政策环境方面来看，相关国家和地区先后通过“新政策”以加强国际合作、激发增长潜力，推动跨国基建业务向纵深发展。中国政府在构建具体行业的国际标准、打造国际合作新平台、营建“丝路明珠”等方面着力部署，积极推动“一带一路”项目建设；中东欧国家通过“16+1 合作”规划，将深化基础设施和互联互通合作明确作为今后一个时期的发展目标；俄罗斯明确提出“冰上丝绸之路”概念，积极推动北极航道与“一带一路”倡议的对接；波海三国签署《波海铁路项目协

议》,并以此为契机带动区域经济转型发展,进一步丰富了"一带一路"跨国基建发展的内涵。

从金融环境方面来看,由于共建"一带一路"国家多为财政和金融实力有限的发展中国家,金融环境的变化对相关国家基础设施投资和建设的影响至关重要。2017 年以来,国际多边金融机构、各国央行及商业银行,积极拓宽"一带一路"基础设施建设融资路径,为改善"一带一路"跨国基建业务发展金融环境做出了重要贡献。其中,亚洲基础设施投资银行通过主权担保融资、非主权担保融资等有竞争力的产品,为基础设施互联互通提供融资支持。2017 年,瑞士、俄罗斯等国央行同中国央行签署双边本币互换协议,降低汇率风险,保障了跨国基础设施项目的资金安全。

从技术环境方面来看,为更好地满足"一带一路"跨国基建需求,一批具有国际领先水平的技术正以跨国基建项目为依托,服务于共建"一带一路"国家的发展。其中,以特高压直流输电技术、高铁集成技术为代表的工程建筑类技术的应用,为相关跨国基建项目的顺利建成打下基础。

五、跨国基建新签合同额上涨,项目热度持续提升

近两年,跨国基建参与者对共建"一带一路"国家的投资热情显著提高,共建"一带一路"国家发展趋势指数快速上升。具体来看,2017 年共建"一带一路"国家跨国基建项目新签合同额同比增长6.1%,新签合同额达4 307亿美元,稳定维持较高增长速率;共建"一带一路"国家跨国基建项目热度指数217.4。其中,印度、巴基斯坦、孟加拉国等南亚国家项目热度指数较高,或将在2018 年成为引领共建"一带一路"国家跨国基建业务发展的热点市场。

第六章 “一带一路”最新进展与推进策略

2017年是“一带一路”建设具有里程碑意义的一年，在国家高层引领和相关部门的密切配合推动下，“一带一路”建设各项工作加快推进，国际合作范围和领域不断扩大，国内推进机制不断完善，重点方向及重点领域建设取得积极进展和显著成效。展望2018年，国际国内经济形势总体保持稳定，但大国间博弈依然激烈，沿线国家安全形势仍不容乐观，国内经济仍面临稳定增长和结构转型的双重压力。在新的一年，如何按照党的十九大对“一带一路”建设提出的新要求，逐项落实“一带一路”国际合作高峰论坛形成的成果，更加积极主动地推动“一带一路”建设再上新台阶，仍将是我国构建全面开放新格局的重大努力方向。

一、2017年“一带一路”建设进展

2017年，以首届“一带一路”国际合作高峰论坛成功举办和党的十九大召开为契机，“一带一路”倡议的国际国内影响力进一步提高，主要经济走廊基础设施互联互通有所突破，国际产能合作、中欧班列建设、投融资平台培育取得积极进展，“一带一路”建设取得了显著成效。

图8-6-1 “一带一路”国际合作高峰论坛与会者合影

二、“一带一路”建设在中国扩大对外开放和经济外交中的地位更加明确，国际影响力显著提升

国内层面，作为2017年中国最重要的主场外交活动，“一带一路”国际合作高峰论坛在北京成功召开，标志着“一带一路”建设框架下最高规格的官方国际对话机制建立；党的十九大明确指出，“要以‘一带一路’建设为重点，坚持引进来和走出去并重，遵循共商共建共享原则，加强创新能力开放合作，形成陆海内外联动、东西双向互济的开放格局”，“坚持正确义利观，推动构建人类命运

共同体，遵循共商共建共享原则，推进'一带一路'建设"等内容被写入党章，"一带一路"建设作为中国扩大对外开放的重大举措和经济外交顶层设计的定位更加明确。

国际层面，共建"一带一路"倡议与相关国家战略对接工作不断推进，朋友圈和合作范围持续扩大。2017年，中国新签署约50份"一带一路"框架下的合作协议，占当前已签署的协议总数的近1/2。新签协议涉及新增国际组织约20个，与国际多边组织对接明显加强；涉及新增沿线国家20余个，主要分布在中东欧、非洲及东南亚地区，截至2018年已实现中东欧地区全覆盖。

新亚欧大陆桥、中国-中南半岛、中蒙俄及中巴经济走廊基础设施建设推进较快，互联互通水平明显提升。

新亚欧大陆桥经济走廊方向，西欧—中国西部国际公路境内段建成通车，哈萨克斯坦和俄罗斯境内路段建设正在推进；中哈连云港物流合作基地和"霍尔果斯—东大门"经济特区无水港取得阶段性进展，连云港—霍尔果斯新亚欧陆海联运通道建设开启；匈塞铁路贝—旧段突破重重阻力正式开工。中国-中南半岛经济走廊方向，中泰铁路年内实现开工，中越北仑河公路二桥建设完成，中老缅泰澜沧江-湄公河航道二期整治工程前期工作持续开展。中蒙俄经济走廊方向，同江—下列宁斯阔耶界河铁路桥俄方侧、黑河—布拉戈维申斯克界河公路桥启动建设并顺利推进；中俄东线天然气管道工程境内段全面加速建设，亚马尔液化天然气项目正式投产；与俄罗斯北极航道及"冰上丝绸之路"建设合作不断推进。中巴经济走廊方向，瓜达尔港及"两大"公路项目建设稳步推进，"两小"项目实施步伐加快，东湾快速路正式开工。中国-中亚-西亚经济走廊方向，中吉乌国际道路运输成功试运行，德黑兰—伊斯法罕高铁建设持续推进。在海上丝绸之路方向，汉班托塔港特许经营权正式生效并转交招商局运营，科伦坡港口城填海造地工程正在有序展开，马来西亚皇京港等海上支点港口建设推进顺利。

在贸易方面，2017年中国与沿线国家的贸易额明显增长，东南亚地区仍是中国最大的贸易伙伴，而且地位有所上升。根据中国海关总署统计，2017年1月—10月，中国与共建"一带一路"国家商品贸易总额为8 760.9亿美元，较2016年同比增长14.8%；出口额5 126.3亿美元，同比增长8.3%，进口额3 634.6亿美元，同比增长25.3%。从地区结构来看，相较于2014年，中国从东南亚进口份额明显增加，从蒙俄进口占比小幅增加，从西亚及中东地区进口占比减少；对西亚及中东出口份额明

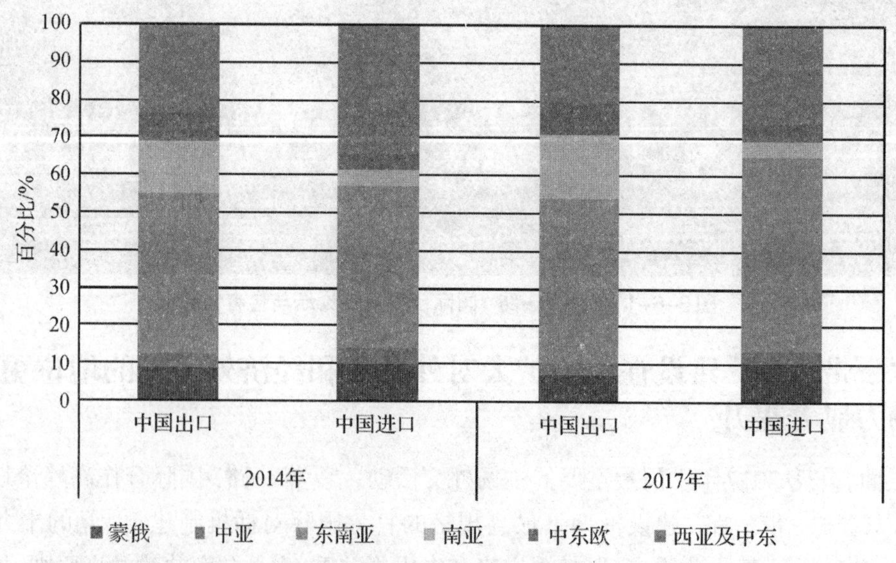

图8-6-2 2014年和2017年中国与"一带一路"沿线六大板块贸易对比
（注：2017年为1月—10月数据）

显减少，但对南亚及中东欧地区出口占比增加。

在投资方面，中国对共建“一带一路”国家投资降幅较2016年同期收窄，中国-中南半岛、中蒙俄及中巴经济走廊方向成投资重点。2017年1月—10月，中国企业共对“一带一路”沿线的58个国家进行了非金融类直接投资111.8亿美元，同比下降7.4%，降幅较2016年同期减少了1个百分点，占同期我国对外投资总额的13%，较2016年提高了4.7个百分点。投资主要流向新加坡、马来西亚、老挝、印尼、巴基斯坦、俄罗斯、越南等国家和地区，东南亚地区仍是中国在“一带一路”沿线投资流向重点。

三、境外经贸合作园区发展迅速，跨境和边境经济合作区建设有新进展

2017年，中国在“一带一路”沿线的国家级境外经贸合作区新增19个，涉及国家新增4个，主要分布在中亚、东南亚、非洲及中东欧地区；入园企业增加2330家，较2016年底增长2倍多；上缴东道国税费11.4亿美元，较2016年翻了一番；园区入驻企业主要集中在农业、商贸物流、轻纺、家电、钢铁、建材、化工、汽车、机械、矿产品等行业领域。中国－白俄罗斯工业园、中国－马来西亚“两国双园”项目、埃及苏伊士经贸合作区等一批重点境外经贸合作区建设推进迅速。截至2017年8月，中马钦州产业园建成及在建的产业和城市项目近100项，总投资约500亿元，入园项目投资超过280亿元。马中关丹产业园已吸引了7个中国优势产能项目入驻，包括年产350万吨的现代化全流程综合性钢铁厂、大型轮胎生产基地、铝型材加工项目、炼油催化剂项目等，投资金额超180亿元。同时，中国与沿线国家共同推进的跨境、边境经济合作区建设也取得新进展。2017年1月—11月，中哈霍尔果斯国际边境合作中心出入境人员达509.4万人次，同比增长10.7%。2017年5月，我国与缅甸、尼泊尔分别就边境、跨境经济合作区建设达成新的共识。2017年11月，《中国商务部与越南工贸部关于加快推进中越跨境经济合作区建设框架协议谈判进程的谅解备忘录》正式签署。

四、中欧班列开行数量和质量不断提高，国际合作和国内运输协调机制不断完善

2017年，中欧班列发展势头迅猛，开行数量突破3000列，超过前6年开行数量总和，同时新增开行国家3个，新增开行城市20个。同时，中欧班列货值快速增长，返程满载率不断提高。2017年前三季度，“苏满欧”中欧班列共发运班列97列、货值8.34亿美元，同比分别增长27.6%和34.1%。2017年，“郑新欧”“义新欧”和“长安号”返程货物满载率均为100%，“汉新欧”“渝新欧”满载率均超90%。返程班列商品种类日趋多元化，由早期的IT产品、汽车配件、板材等拓展到奶粉、婴儿食品以及高附加值的汽车整车及零部件、工程设备、医疗设备等。中欧班列国际合作和国内运输协调机制不断完善。2017年4月，中国、白俄罗斯、德国、哈萨克斯坦、蒙古国、波兰、俄罗斯等7国铁路部门正式签署《关于深化中欧班列合作协议》，并于10月组织召开中欧班列运输联合工作组第一次会议。5月，在中国铁路总公司倡议下，重庆、成都、郑州、武汉、苏州、义乌、西安等7家班列平台公司共同发起成立中欧班列运输协调委员会。

五、开发性和政策性金融支持力度持续加大，多双边投融资机制和平台发展迅速

2017年，中国持续加大对“一带一路”建设的投融资力度。国家开发银行、进出口银行将分别提供2 500亿元和1 300亿元等值人民币专项贷款，用于支持“一带一路”基础设施建设和产能合作。丝路基金明确后续增资1 000亿元人民币，2017年新签项目2个，承诺投资金额约10亿美元。国家发改委牵头设立中俄地区合作发展投资基金，总规模1 000亿元人民币，首期100亿元人民币，

重点推动中国东北地区与俄罗斯远东地区开发合作。同时，多双边投融资机制发展迅速。中国–中东欧“16＋1合作”框架下的多边金融合作取得积极进展，由各国政府控股的政策性银行、开发性金融机构和商业银行等14家成员行构成的中国–中东欧银行联合体正式成立，国家开发银行将在未来5年内向银联体成员行提供总额度为20亿等值欧元的开发性金融合作贷款。中国–中东欧投资合作基金二期已完成设立。人民银行稳步推进与IMF合作，建立中国–基金组织能力建设中心。亚洲金融合作协会正式成立。

六、“一带一路”建设面临的形势变化

共建“一带一路”国家经济预期普遍较好，但政治安全局势仍不容乐观

预测表明，2018年全球经济状况将持续改善，共建“一带一路”国家经济有望持续向好。根据联合国发布的《2018年世界经济形势与展望》，2017—2019年全球经济将持续保持3%的增长速度。由表8-6-1可见，共建“一带一路”国家和地区中，南亚和东亚将继续保持全球最高的经济增速，南东欧、非洲和西亚经济体在2018年的经济增长速度均会比2017年有较大幅度的提升，与发达经济体的经济增速放缓形成鲜明对比，这将为推动“一带一路”建设尤其是深入推进中国–中南半岛、新亚欧大陆桥及中国–中亚–西亚经济走廊建设提供重要经济支撑。尽管如此，近年来全球范围内恐怖主义、激进主义和民粹主义势力不断抬头，加大了“一带一路”沿线的安全风险，对中国企业“走出去”形成挑战。展望2018年，部分共建“一带一路”国家政局动荡态势可能会增强，相关国家政策持续性将受到影响；贫富分化导致极端民族主义抬头，对中国企业的投资落地带来阻碍；中东地区的宗教冲突、欧洲及南亚地区的恐怖袭击、中国与周边国家的主权和权益争端、美俄大国的地缘博弈等都可能对中国顺利推进“一带一路”建设产生不同程度的负面影响。

表8-6-1　国际机构对世界各主要经济体的经济增长速度预期（%）

	联合国		世界银行		国际货币基金组织		经济合作与发展组织	
	2017	2018	2017	2018	2017	2018	2017	2018
全球经济	3	3	2.7	2.9	3.6	3.7	3.6	3.7
发达经济体	2.2	2	1.9	1.8	2.2	2		
美国	2.2	2.1	2.1	2.2	2.2	2.3	2.2	2.5
欧元区	2.1	2	1.7	1.5	2.1	1.9	2.4	2.1
日本	1.7	1.2	1.5	1.0	1.5	0.7	1.5	1.2
新兴市场与发展中经济体	4.3	4.6	4.1	4.5	4.6	4.9		
东亚	5.9	2.7						
中国	6.8	6.5	6.5	6.3	6.8	6.5	6.8	6.6
南亚	6.3	6.5	6.8	7.1				
印度	6.7	7.2	7.2	7.5	6.7	7.4		
南–东欧	2.5	3.2						
俄罗斯	1.8	1.9	1.3	1.4	1.8	1.6		
西亚	1.9	2.3						
非洲	3	3.5						

七、世界主要国家和周边大国对参与“一带一路”建设的态度分化，部分国家的忧虑和质疑没有消除

当前，世界主要国家对共建“一带一路”倡议态度出现明显分化。美国、澳大利亚、日本、印度、欧盟等大国和地区心态复杂，态度摇摆不定，一方面希望通过参与“一带一路”建设拉动本国经济增长及就业；另一方面又担心中国企业在沿线国家的投资贸易活动会强化中国的地缘政治和经济影响力。为此，部分国家企图通过制定地区性战略、制造边境对峙事件等对冲和降低“一带一路”建设影响力。如2017年美国联合澳大利亚、日本、印度等推出的“印太战略”、印度与日本联合提出“亚非增长走廊”战略和印度挑起的洞朗对峙事件。美国政界和商界的态度存在显著差异，企业界对共建“一带一路”倡议表现出极大兴趣，与美国驻华使馆联合成立“一带一路”小组，希望借此拓展国际合作新空间，但美国政府的表态却相对比较消极。俄罗斯是共建“一带一路”的重要伙伴，正在通过“欧亚经济联盟”和“冰上丝绸之路”等倡议，积极推进与中国“一带一路”倡议的对接。韩国为提振国内经济和促进半岛和平，对“一带一路”建设表现出极大热情，积极提出新北方经济政策与共建“一带一路”倡议对接。日本政府新近的态度出现变化，表示愿意通过参与“一带一路”建设加强与中国的合作，显示出日本发展对华关系的矛盾心理。

八、国内经济持续稳定和清洁能源需求提升助力“一带一路”合作深化，西部地区参与“一带一路”建设的能力提升

2018年国内宏观经济增速平稳为“一带一路”建设顺利推进提供内在保障。根据国际货币基金组织、联合国、世界银行、经济合作和发展组织的估计，2018年中国经济增长预期为6.5%，总体来看仍将保持中高速增长，对中国与沿线国家的投资贸易合作和重大项目建设提供有力支撑，与沿线国家的贸易增长态势也有望进一步延续。同时，随着2017年“煤改气”推进过程中“气荒”问题出现，中国对天然气等清洁能源的需求日益增加，这为中国加快推动与俄罗斯及中亚各国在能源领域的合作提供了迫切的内在需求。同时，2017年以来西部地区经济总体保持快速增长，部分省市如重庆、成都、西安与欧洲和东南亚的互联互通通道和自贸区、中欧班列、保税区、内陆口岸等重要开放平台正在加快建设，这将有利于促进西部地区加快向西开放和深度参与“一带一路”建设。

表8-6-2 2017年前三季度我国三大地带GDP的同比增长率（%）

	第三季度	第二季度	第一季度
东部	1.11	1.09	1.11
西部	1.13	1.13	1.14
中部	1.14	1.13	1.12

数据来源：根据国家统计局公布数据计算得出。

九、2018年推进“一带一路”建设的策略

积极应对地缘政治格局新变化，加强与世界主要国际及周边大国的对接。

（一）以俄罗斯为重点，深入推进东北亚地区国际合作。深化共建“一带一路”倡议与欧亚经济联盟对接，深入推进中蒙俄经济走廊建设。加强“一带一路”倡议与韩国北方经济合作政策的战略对接，以经济合作促进维护半岛稳定。

（二）以第三方市场合作为抓手，引导具有一定积极性的西方大国参与共建"一带一路"。加强与美、日以及英、德、法等欧洲大国合作，充分发挥其在技术、管理及专业服务方面的优势，联合开拓第三方市场，进一步扩大"一带一路"建设国际合作共识，促使这些国家从"一带一路"建设的旁观者转变为参与者和受益者，有效化解"一带一路"建设的外部阻力。

（三）加强与印度的沟通交流及释疑增信，进一步深化两国经贸领域合作，同时引导其亲华友华力量支持"一带一路"建设。

十、依托重点方向、重点领域与重大工程建设，探索与重点国家建立共建"一带一路"常态化合作机制

借鉴中巴经济走廊联委会机制，推动与尼泊尔、缅甸等建立类似的政府间双边合作机制，共同推动中尼经济走廊和中缅经济走廊建设。围绕中尼跨境铁路、中吉乌铁路、中吉塔阿伊五国铁路、马新高铁、中印铁路等重大基础设施项目建设，推动中国与尼泊尔、吉尔吉斯共和国、乌兹别克斯坦等国家建立常态化的多双边部门间沟通协调机制，推动各国达成合作共识并加强技术标准对接。围绕中俄东线天然气管道建设、中国－中亚天然气管道D线建设以及中土天然气领域谈判工作，考虑与俄罗斯、土库曼斯坦等国建立常态化能源合作机制。

十一、瞄准金融支撑、中欧班列培育、境外产业园区建设等方面的短板，加大政策支持力度

在金融支撑方面，以中国境外经贸合作区为支点，搭建金融机构与中资企业需求对接平台，鼓励各类银行特别是商业银行加快构建在共建"一带一路"国家的布局，同时推动商业银行在资金筹集、资源配置、配套服务、信息交互、风险评估等方面发挥积极作用。针对重大投资行为，鼓励国内金融机构与多边金融机构进行合作，降低中国对外投资可能遭遇的社会经济风险。

在中欧班列建设方面，充分发挥运输协调委员会作用，加强对国内中欧班列开行运营管理，进一步优化布局，降低运行成本。同时加快出台相关文件，规范地方政府补贴行为，提高运行品质及效率。

境外产业园区建设方面，加强与东道国在投资保护、劳动用工、劳务签证等领域的政策沟通及技术标准对接，帮助企业解决在东道国建设和运营园区中遇到的困难，同时将中国对外援助资源适当向园区所在地予以倾斜，改善当地基础设施及公共服务水平，降低企业总体运营成本。

十二、提升人文交流合作在"一带一路"建设中的地位，增强中国在沿线国家的文化影响力和认同感

将人文交流合作贯穿于政策沟通、设施联通、贸易畅通、资金融通建设进程中，确保软环境建设同步或领先于硬联通建设。加强"软力量"的精准投放，围绕"一带一路"建设的重点方向、重点国家、重点领域，立足处理好重大项目建设存在的问题，统筹教育、文化、医疗卫生、科技等对外合作资源，设计资源投放的地区、类型及时序。率先向巴基斯坦、哈萨克斯坦、缅甸、沙特阿拉伯、埃及、埃塞俄比亚等国家和区域提供财税金融改革、扶贫、城市管理、社会治理、沙漠化防治、河湖污染治理、安全防控等方面的"中国经验"和技术支持。调整对外援助结构和领域，加大援助支持公用设施建设和社会民生项目尤其是小型民生项目比重，提高当地社会团体及民众对共建"一带一路"的获得感及认同感。

第七章 与103个国家和国际组织签署118份合作协议

2018年8月27日，国务院新闻办公室举行新闻发布会，推进“一带一路”建设工作领导小组办公室副主任、国家发展和改革委员会副主任、国家统计局局长宁吉喆，商务部副部长钱克明，外交部部长助理张军出席，介绍了共建“一带一路”5年进展情况及展望。

一、“一带一路”建设取得重大进展

国际合作：已有103个国家和国际组织同中国签署118份“一带一路”方面的合作协议。2017年首届“一带一路”国际合作高峰论坛279项成果中，到目前为止有265项已经完成或转为常态工作，剩下的14项正在督办推进，落实率达95%。

项目合作：中巴经济走廊建设进展顺利，中老铁路、中泰铁路、匈塞铁路建设稳步推进，雅万高铁部分路段已经开工建设，瓜达尔港已具备全作业能力。8月26日，中欧班列累计开行数量突破1万列，到达欧洲15个国家43个城市，已达到“去三回二”，重箱率达85%。

经贸合作：截至2018年6月，与沿线国家货物贸易累计超过5万亿美元，对外直接投资超过700亿美元。在沿线国家建设的境外经贸合作区总投资200多亿美元，创造的就业数十万个，给当地创造的税收几十亿美元。目前，中国企业已经与发达国家的企业，包括一些大型跨国公司，探索开展“一带一路”建设领域第三方市场合作。

金融合作：中国与17个国家核准《“一带一路”融资指导原则》，加快推进金融机构海外布局，已有11家中资银行设立71家一级机构。与非洲开发银行、泛美开发银行、欧洲复兴开发银行等多边开发银行开展联合融资合作。加强法律风险防控，启动建立“一带一路”国际商事争端解决机制和机构。

文化交流：通过实施“丝绸之路”奖学金计划，在境外设立办学机构等，为共建国家培育技术管理人才。2017年，来自共建国家留学生达30多万人，赴共建国家留学的人数6万多人。预计到2020年，与共建国家双向旅游人数将超过8 500万人次，旅游消费约1 100亿美元。

二、“一带一路”经贸合作取得显著成效

贸易往来不断扩大。过去5年，中国同沿线国家贸易总额超过5万亿美元，年均增长1.1%，这在世界贸易下滑、负增长的情况下，是正增长1.1%。中国已经成为25个共建国家最大的贸易伙伴。

投资合作持续深化。5年来，中国对共建国家直接投资超过700亿美元，年均增长7.2%，在共建国家新签对外承包工程合同额超过5 000亿美元，年均增长19.2%。

重大项目落地生根。蒙内铁路竣工通车，亚吉铁路开通运营，中泰铁路、匈塞铁路等开工建设，汉班托塔港二期竣工，巴基斯坦瓜达尔港恢复运营，中老铁路和中巴经济走廊项下交通基础设施建设等项目也在稳步向前推进。

经贸区建设稳步推进。5年来，中国企业在共建国家建设境外经贸合作区共82个，累计投资289亿美元，入区企业3 995家，将近4 000家，上缴东道国税费累计20.1亿美元，为当地创造就业24.4万个就业岗位。

自贸网络建设不断扩大。已与13个共建国家签署或升级了5个自贸协定，立足周边、覆盖"一带一路"、面向全球的高标准自由贸易网络正在加快形成。中国还与欧亚经济联盟签署经贸合作协定，与俄罗斯完成欧亚经济伙伴关系协定的联合可研。

需要特别指出的是，中国积极筹办首届中国国际进口博览会，目前招展工作已经顺利完成，有138个国家和地区、3个国际组织、2800多家企业已确认参展。

三、第三方市场合作参与"一带一路"建设

（一）第三方市场合作体现了共商共建共享的共建"一带一路"理念，有助于中国企业和各国企业，尤其是与发达国家企业和跨国企业优势互补，共同为第三国经济发展注入新动能，实现"1+1+1>3"的共赢效果。

（二）中国与有关国家在推进第三方市场合作方面已经取得积极成效。目前已经与法国、加拿大、日本、新加坡，还有其他一些国家和国际组织，正式签署了第三方市场合作的文件，与有关国家推动设立了第三方市场合作的基金，中法第三方市场合作具体项目已经有了早期收获，近期还要扩大到新的项目上。中国和欧盟的三方市场合作也敲定了具体的项目。英国及其他发达国家，还有一些新兴经济体国家，都有比较强的意愿，中方也有这个意愿，在共建"一带一路"广泛的领域里，在世界范围内，开展第三方市场合作。

（三）下一步，中方愿与有关国家及其企业一道，扩大第三方市场的合作范围，开拓投资生产经营的市场，积极创新合作模式，支持企业通过多种方式，包括联合投标、共同投资等，开拓新的市场，实现优势互补，多方共赢。

四、中非开展"一带一路"合作面临的挑战

"一带一路"建设重点面向亚欧非大陆，非洲国家是共建"一带一路"的重点方向之一。非洲作为发展中国家的一个主要群体，面临着基础设施建设、经济社会发展的艰巨任务，支持非洲、帮助非洲实现和平发展稳定，一直是中国外交的重点之一。长期以来，中国为非洲的发展做出了很多投入，也取得了很大的成绩。

中非合作论坛北京峰会即将在北京召开，经过中非双方商定，在非洲推进"一带一路"合作，特别是加强中国发展战略、共建"一带一路"，与非洲《2063年议程》的对接，加强联合国2030年可持续议程与非洲发展战略的对接，将成为2018年中非合作论坛的一个重要内容。

在本届中非合作论坛峰会上，还将签署十几份中国与非洲国家之间的合作文件，这将推动中非在共建"一带一路"上的合作进一步走深走实。

五、贸易保护主义升温,“一带一路”建设如何推进

商务部主要从5个方面去扎实推进“一带一路”建设。

(一)办好首届国际进口博览会

将进口博览会打造成为世界各国展示发展成就、开展国际贸易的开放型的合作平台,成为推进“一带一路”建设,推动经济全球化的国际公共产品。

(二)创新贸易投资合作方式

主要抓两点:1. 在“一带一路”沿线区域,推进一些重要的项目建设。2. 推进“丝路电商”,把电商,包括大数据现代最新的科技,推进到“一带一路”建设上来。

(三)加快推进对外开放平台的建设,包括自由贸易试验区,包括海南建设自由贸易港,也包括中国跨境经济合作区和境外经济合作区等。

(四)推动区域经济一体化,包括区域、次区域,中国也愿意和共建“一带一路”国家和地区共建高标准的自由贸易区,推动形成一个“一带一路”的大市场。

(五)在国内落实习近平总书记对外宣布的一些重大对外开放的举措,尤其是全面实行准入前国民待遇加负面清单的管理制度。加强知识产权保护,推动落实世贸组织贸易便利化协定,深化沿线大通关的合作。

表8-7-1 2014年共建“一带一路”国家概况

国家	国土面积(万平方千米)	人口(万)	GDP(亿美元)	人均GDP(美元)	外国直接投资净流入(万美元)*(2013年)
阿富汗	65.29	3 162.75	208.42	659	5 960.23
阿尔巴尼亚	2.88	289.45	133.70	4 619	125 378.33
亚美尼亚	2.97	300.62	108.82	3 620	37 985.50
阿塞拜疆	8.66	953.78	751.98	7 884	261 943.70
巴林	0.08	136.19	338.69	24 868	98 882.98
孟加拉国	14.85	15 907.75	1 738.19	1 093	159 882.94
白俄罗斯	20.76	947.00	761.39	8 040	224 610.00
不丹	3.84	76.50	18.21	2 381	4 978.44
波黑	5.12	381.76	183.44	4 805	31 501.85
文莱	0.58	41.74	172.57	41 344	89 500.00
保加利亚	5.66	423.64	572.23	13 507	58 837.61
捷克共和国	7.89	1 051.06	2 055.23	19 554	735 757.87
埃及	100.15	8 957.97	2 865.38	3 199	419 220.00
爱沙尼亚	4.52	131.36	259.05	19 720	88 415.64
格鲁吉亚	6.97	450.41	165.30	3 670	95 632.35
匈牙利	9.30	986.17	1 371.04	13 903	–411 226.90
印度	328.73	129 529.15	20 669.02	1 596	2 815 303.13
印度尼西亚	191.09	25 445.48	8 885.38	3 492	2 328 174.24
伊朗	174.52	7 814.36	4 153.39	5 315	304 994.50

续表

国家	国土面积（万平方千米）	人口（万）	GDP（亿美元）	人均GDP（美元）	外国直接投资净流入（万美元）*（2013年）
伊拉克	43.52	3 481.23	2 205.06	6 334	285 200.00
以色列	2.21	821.53	3 042.26	37 032	1 180 420.00
约旦	8.93	660.70	358.27	5 423	179 845.07
哈萨克斯坦	272.49	1 728.91	2 122.48	12 276	973 852.17
科威特	1.78	375.31	1 758.27*	48 927*	143 363.04
吉尔吉斯共和国	19.99	583.42	74.04	1 269	75 764.24
老挝	23.68	668.93	117.72	1 760	42 666.77
拉脱维亚	6.45	199.04	319.21	16 038	98 950.32
黎巴嫩	1.05	454.68	457.31	10 058	302 893.38
立陶宛	6.53	292.93	481.72	16 445	70 829.09
马其顿	2.57	207.56	113.24	5 456	41 346.26
马来西亚	33.08	2 990.20	3 269.33	10 933	1 158 267.57
马尔代夫	0.03	35.74	30.32	8 484	36 081.63
摩尔多瓦	3.39	355.64	79.44	2 234	24 904.00
蒙古国	156.41	290.99	120.16	4 129	215 089.71
黑山	1.38	62.18	45.83	7 371	44 649.03
缅甸	67.66	5 343.72	643.30	1 204	225 460.40
尼泊尔	14.72	2 817.47	196.36	697	7 424.50
阿曼	30.95	423.61	817.97	19 310	162 587.75
巴基斯坦	79.61	18 504.43	2 468.76	1 334	133 300.00
菲律宾	30.00	9 913.87	2 845.82	2 871	373 737.17
波兰	31.27	3 799.55	5 480.03	14 423	1200.00
卡塔尔	1.16	217.21	2 118.17	97 519	–84 038.46
罗马尼亚	23.84	1 991.10	1 990.44	9 997	385 481.94
俄罗斯	1 709.83	14 381.96	18 605.98	12 736	6 921 889.87
沙特阿拉伯	214.97	3 088.65	7 462.49	24 161	886 469.33
塞尔维亚	8.84	712.94	438.66	5 153	197 433.82
新加坡	0.07	546.97	3 078.72	56 287	6 479 317.51
斯洛伐克	4.90	541.85	997.90	18 417	214 560.71
斯洛文尼亚	2.03	206.22	494.16	23 963	9 517.31
斯里兰卡	6.56	2 063.90	749.41	3 631	93 255.13
叙利亚	18.52	2 215.78	736.70*	2 610*	146 919.69
塔吉克斯坦	14.26	829.58	92.42	1 114	–5 416.65
泰国	51.31	6 772.60	3 738.04	5 519	1 430 500.41
东帝汶	1.49	121.21	15.52	1 280	5 585.71

续表

国家	国土面积（万平方千米）	人口（万）	GDP（亿美元）	人均GDP（美元）	外国直接投资净流入（万美元）*（2013年）
土耳其	78.36	7 593.23	7 995.35	10 530	1 245 700.00
土库曼斯坦	48.81	530.72	479.32	9 032	306 100.00
乌克兰	60.36	4 536.29	1 318.05	3 082	450 900.00
阿联酋	8.36	908.61	4 016.47	44 204	1 048 795.10
乌兹别克斯坦	44.74	3 074.25	626.44	2 038	107 700.00
越南	33.10	9 073.00	1 862.05	2 052	890 000.00
也门共和国	52.80	2 618.37	359.55*	1 408*	–13 357.09
合 计	4 205.02	315 278.67	127 504.08	4 135	34 147 230.56

注："一带一路"沿线国家包括但不限于以上国家。*为2013年数据。数据来源：世界银行。

六、五年多来共享文明丰硕成果

推动民心相通、文明交融，最终目的是要造福人民，让共建"一带一路"国家的人民都拥有实实在在的获得感。

一份"一带一路"的成绩单，带你快速浏览一下这5年多来，共享文明的丰硕成果。

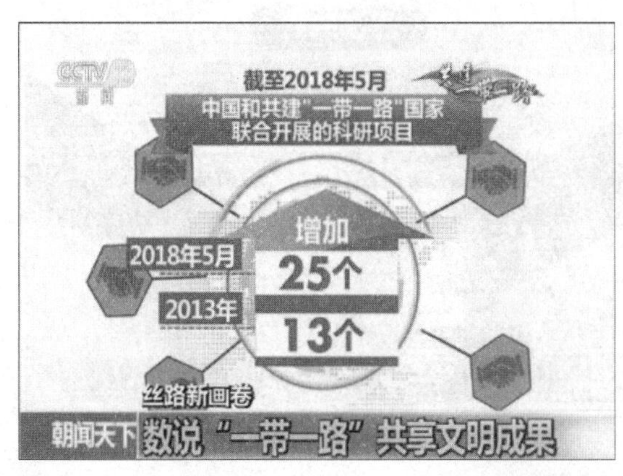

图8–7–1 中国和共建"一带一路"国家开展科研项目

（一）科技、教育合作

截至2018年5月，中国和共建"一带一路"国家联合开展的科研项目由2013年的13个增加至25个。合作领域涉及农业、能源、交通、生态环境、海洋等多个领域。从国家分布看，和中国合作最密切的国家是新加坡、印度和俄罗斯。

和2013年相比，各国来华留学人数大幅增长。如今，相关国家留学生接近32万人，占来华留学生总人数的64.84%。2016年，北京率先设置"一带一路奖学金"项目，随后，上海、四川、江西等13个省市区分别设立了"一带一路"奖学金。总体超额完成每年向共建国家提供1万个政府奖学金名额的目标。

（二）文化、旅游合作

目前"一带一路"旅游成为世界旅游的新增长点，中国和共建"一带一路"国家双向旅游交流超过6 000万人次。和5年前比，"一带一路"出境人数和入境人数分别增长了2.6倍和2.3倍。和29个共建"一带一路"国家实现了公民免签或者落地签，范围扩展到西亚。

如今，共建"一带一路"国家已经设立了173所孔子学院，184个孔子学堂。5年多来，通过举办文物展览、传统文化节目，电影、文学、新闻出版等多项活动，各国间增强相互了解，共同发展，形成"一带一路"沿线文化交流全覆盖。

（三）援助、扶贫与卫生健康合作

5年多来，中国政府累计安排7.2亿元人民币开展应对气候变化的南南合作，支持和帮助非洲国家、最不发达国家和小岛屿国家。截至目前，中国政府和巴基斯坦、缅甸、蒙古国、埃及等28个国家签订了32份物资赠送谅解备忘录。

图8-7-2　中国和共建"一带一路"国家双向旅游

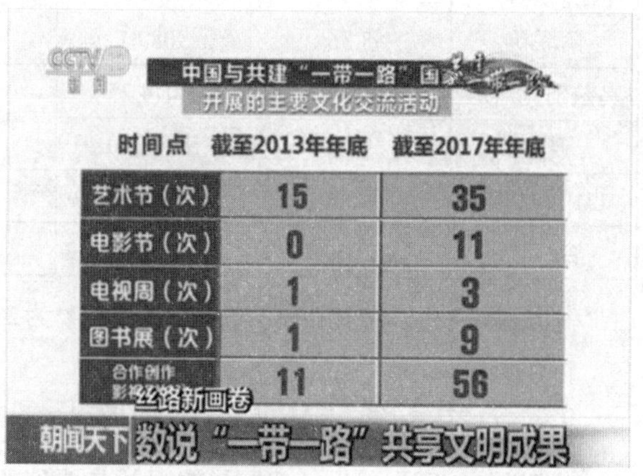

图8-7-3　中国与共建"一带一路"国家开展文化交流活动

图8-7-4　开展应对气候变化的南南合作

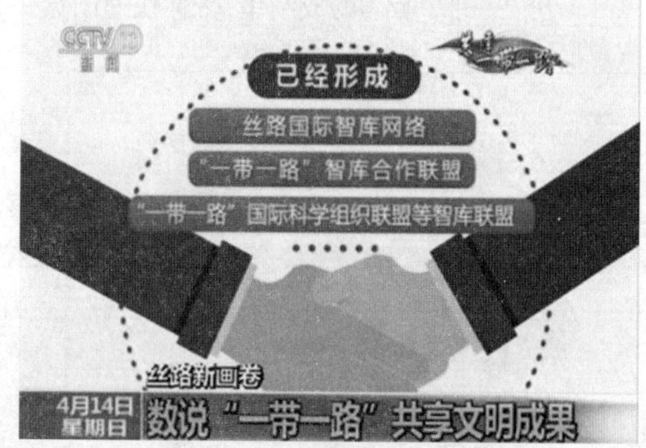

图8-7-5　已经形成智库网络与联盟

2017年1月，中国政府和世界卫生组织签署《关于"一带一路"卫生领域合作备忘录》。最新统计显示，中国与外国政府、地区和组织签署了86个中医药合作协议，在"一带一路"相关国家和地区建立了17个中医药海外中心，在30多个国家和地区开办了数百所中医药院校。

（四）政党、智库与民间组织合作

目前，全国人大与40多个国家的议会就"一带一路"议题展开交流。已经形成丝路国际智库网络，"一带一路"智库合作联盟，"一带一路"国际科学组织联盟等智库联盟。

截至2018年4月底，中国和61个共建"一带一路"国家一共建立了1 023对友好城市，占中国对外友好城市总数的40.18%。

第八章 共建“一带一路”国家发展情况

第一节 重点发展领域

一、“一带一路”国家40余个商协会发布《西安宣言》

2016年9月10日，在西安举办的“丝绸之路工商领导人（西安）峰会·丝绸之路国际总商会合作发展大会”上，来自丝路沿线国家的40多个商协会组织发布携手共建丝绸之路的《西安宣言》，表示将打造服务“一带一路”建设的“超级联络人”，共同分享国际合作的红利。

在以丝绸之路国际总商会名义发表的《西安宣言》中，与会各成员国商协会代表表示，总商会将努力探索各国、各地区商会之间的合作机制，形成项目、产能、产品、技术、资金等方面的有效配置，努力成为密切联系各国政府、商（协）会以及企业的桥梁和纽带，当好“一带一路”建设的助推器和“超级联络人”。

峰会期间，与会各成员国商协会代表一致同意在总商会框架下设立能源、交通、商贸、金融和文化等5个专业委员会，促进会员间项目投资与金融合作。同时，与会人士一致认为，应促进建立和完善开放、公平、高效的国际商贸规则，促进不同文明间的对话与文化交流，继续在创新、活力、联动、包容的世界经济发展中发挥积极的建设性作用。

与会各成员国商协会代表还签署了多个合作框架协议，搭建产能合作、项目合作、投融资合作和文化交流的平台，推动务实合作与可持续发展。丝绸之路国际总商会主席吕建中表示，共同创办的网上丝绸之路、丝绸之路国际发展基金及智库联盟等机构，将把总商会的务实合作落到实处。

丝绸之路国际总商会是由国际商会、世界商会联合会、丝绸之路沿线各国国家工商协会和大唐西市国际集团共同发起成立的非营利性、非政治性的国际商会组织。

据了解，此次峰会以“构筑工商合作平台，共推‘一带一路’建设”为主题，吸引了50多个国家的工商代表及业界嘉宾与会，旨在探讨推动国际工商界多层次、多领域务实合作与平台建设。

二、国际税收合作提速助推“一带一路”

伴随着越来越多的中国企业“走出去”，中国企业在境外遭遇的各类税收风险也不断增加。据统计，税收歧视、税收争议等问题给中国“走出去”企业每年带来的损失或高达数百亿元。

2016年9月14日《经济参考报》报道，“一带一路”战略实施3年来，中国税收协定网络也不断扩大。目前中国已与105个国家和地区签署了避免双重征税协定和10个信息交换协定，数量规模仅次于英国和法国，排名世界第三。仅2015年新签署的税收协定等，就减轻了中国金融机构境外利息相关税收负担约96亿元人民币。

一家国内企业到印度尼西亚从事电力专业技术服务，按中国相关规定在国内适用增值税零税率，但因为该企业不了解政策而缴纳了6%的增值税，在印度尼西亚又被征收了10%的增值税。后来在税务部门帮助下，这家企业避免了每年37.5%的双重税收。

这只是众多遭遇过税收损失的"走出去"企业中的一个案例。据有关部门统计，中国"走出去"企业面临的问题中有60%来自税收方面，税收歧视、税收争议等问题给这些企业每年带来的损失或高达数百亿元。

伴随着更多中国企业"走出去"，中国企业在境外遭遇的各类税收风险也不断增加。《经济参考报》报道，近年来，中国企业在跨国经营中遇到的税收问题趋向多样化、复杂化和专业化。比如，很多企业特别是中小企业，对国外税收制度缺乏系统了解，在不知不觉中被执行东道国税法，蒙受不必要的经济损失；或是境外经营发生税收争议时往往不知道利用税收协定待遇、政府之间双边磋商机制等手段维护自身的税收权益。

尤其是共建"一带一路"国家，一方面是企业自身了解不足，无法合理判断并有效控制"走出去"税收风险；另一方面，也是因为很多共建"一带一路"国家的税制还不完善。

德勤会计师事务所此前发布的一份报告显示，受访企业中69%没有完整的税务风险管理制度和专门的税务岗位，67%的受访企业从未在进行海外投资的过程中，聘请税务顾问对海外项目所在国的税收环境、征管体系、税务风险进行评估，并对海外项目在可能的情况下进行适当的税务优化安排。

国家税务总局相关人士指出，企业"走出去"既要了解我国税收政策，还要了解东道国有哪些投资优惠，有没有和我国签订税收协定，有哪些优惠待遇等。

三、"一带一路"已形成各国共商共建共享的合作局面

"一带一路"建设启动后，中国成立了"一带一路"建设工作领导小组，国家发改委、外交部、商务部联合发布《推动共建丝绸之路和21世纪海上丝绸之路的愿景与行动》，提出共建"一带一路"的顶层设计框架。3年来中国与共建国家不断推进合作，落实各项规划与项目，积极利用现有双多边合作机制，有力推动了区域与跨区域合作。"一带一路"倡议已经与沿线多国的国家发展战略实现对接，包括哈萨克斯坦的"光明之路"、俄罗斯"欧亚经济联盟"、蒙古国"草原之路"等。

报告显示，基础设施互联互通是"一带一路"建设的优先领域。中国与共建国家在交通贯通、能源联通、信息畅通等领域的合作不断加强。截至2016年上半年，中国已开通中欧班列39条，逐步形成了连接亚洲各次区域以及亚非欧之间的交通基础设施网络。在贸易畅通方面，中国与共建国家共同致力于推动贸易与投资便利化，加强双边投资保护协定和避免双重征税协定磋商，逐步消除各项贸易和投资壁垒，为区域内各国构建良好的营商环境。从2013年6月至2016年6月，中国与共建"一带一路"国家货物贸易额为3.1万亿美元，占中国同期对外贸易总额的26%。在资金融通方面，中国积极推动与沿线国家及国际金融机构展开跨境金融合作，以满足沿线国家进行基础设施建设的融资需求和金融服务需求。其中亚投行于2016年6月25日批准了首批4个项目共5.09亿美元的贷款，涉及孟加拉国、印度尼西亚、巴基斯坦和塔吉克斯坦等共建"一带一路"国家的能源、交通和城市发展等领域。

民心相通是"一带一路"建设的社会根基，3年来中国同共建"一带一路"国家和地区广泛开

展文教合、旅游、卫生医疗、科教、青年、党政和民间等领域合作，为“一带一路”建设奠定了坚实的民意基础。报告指出，中国每年向共建国家提供1万个政府奖学金名额，并向发展中国家提供12万个来华培训和15万个奖学金名额，为发展中国家培养50万名职业技术人员；地方政府则采取增设“丝绸之路专项奖学金”等措施来鼓励国际文教交流。

四、北斗系统覆盖“一带一路”国家

2017年1月0日，第二届北斗民用推进会上，中国北斗系统在国民经济和国防建设各领域应用逐步深入，核心技术取得突破，整体应用已进入产业化、规模化、大众化、国际化的新阶段，预计将于2018年率先覆盖“一带一路”国家，2020年覆盖全球。

北斗系统投入应用以来，一直保持稳定运行，始终处于良好工作状态。截至2017年6月，北斗民用用户已达到千万级。无源服务方面，监测数据表明，系统整体性能全部满足设计要求，特别是定位精度、授时精度等关键指标明显优于设计指标。累计提供有源定位服务12亿次，短信服务61亿次，双向授时服务9 000余万次。其中，2016年全年用户量及服务量均增加明显，全年入网注册用户量逾7万，有源定位服务2.5亿次，短信服务30.8亿次，双向授时服务833万次。

目前，北斗全球系统建设正在加速推进，已发射5颗试验卫星，根据后续组网建设计划，预计将于2018年率先覆盖“一带一路”国家，提供基础服务，2020年前后全面建成，具备覆盖全球的服务能力，全球系统在定位授时精度、抗干扰、系统容量等性能方面比北斗二号将有大幅提升。积极拓展北斗国际化应用，始终坚持和平利用、平等互利、共同发展的原则，开放兼容、合作共享，推动北斗系统步入大发展大交流大合作的新时代。

五、七国铁路部门签署深化中欧班列合作协议，助推“一带一路”

2017年4月20日，中国、白俄罗斯、德国、哈萨克斯坦、蒙古国、波兰、俄罗斯等七国铁路部门正式签署《关于深化中欧班列合作协议》。这是中国铁路第一次与共建“一带一路”主要国家铁路签署有关中欧班列开行方面的合作协议，标志着中国与共建国家铁路的合作关系更加紧密，既为中欧班列的开行提供了更加有力的机制保障，也对进一步密切中国与上述六国的经贸交流合作、助推“一带一路”建设具有重要意义。

该协议立足于服务“一带一路”建设，以提高亚欧间铁路货运市场份额、带动沿线国家经济发展和经贸合作为目标，合力打造中欧班列国际物流品牌，努力为中欧班列深化发展提供机制保障。主要内容包括：

（一）推动铁路基础设施发展规划衔接，打造中欧铁路运输大通道，共同组织安全、畅通、快速、便利和有竞争力的中欧铁路运输；（二）加强全程运输组织，加快集装箱作业，采用信息技术，提高班列在各自国家境内的旅行速度；（三）推动服务标准统一、信息平台统一，实现全程信息追踪，建立突发情况通报和处理合作机制，保障货物运输安全；（四）加强中欧班列营销宣传，扩大班列服务地域，开发新的运输物流产品，推进跨境电商货物、国际邮包、冷链运输，促进中欧班列运量持续增长；（五）协调沿线国家海关等联检部门，简化班列货物通关手续，优化铁路口岸站作业，压缩通关时间；（六）成立中欧班列运输联合工作组及专家工作组，及时协商解决班列运输过程中的问题。

作为“一带一路”倡议的一项重要务实合作举措，中欧班列受到沿线各国的欢迎和支持。自2011年开行至2017年一季度，中欧班列已累计开行3 557列。其中，2017年一季度开行593列，同比增长175%，回程班列198列，同比增长187%。目前，中欧班列国内开行城市已达27个，覆盖21

个省区市，到达欧洲11个国家的28个城市。

六、上合组织发展为"一带一路"建设带来新机遇

2017年6月9日，上海合作组织成员国元首理事会第17次会议在哈萨克斯坦首都阿斯塔纳举行。中国国家主席习近平出席会议，并发表了题为《团结协作 开放包容 建设安全稳定、发展繁荣的共同家园》的重要讲话，为推动上合组织持续健康稳定发展，助力成员国应对威胁挑战、实现发展振兴，再次贡献中国智慧、中国方案。

上个月，中国北京刚刚举行了"一带一路"国际合作高峰论坛，多数上合组织成员国和观察员国的领导人参加了论坛，希望本国的战略与"一带一路"建设实现对接。与此同时，实现上合组织与"一带一路"建设的互动发展，也是本次阿斯塔纳峰会的重要议题。两者合作理念相通，重点领域合作路径相似，随着机制建设和法律基础越来越完备，上合组织可以为"一带一路"建设提供更加有效的支撑和保障。

因为有"一带一路"倡议和欧亚经济联盟这两大平台，上合组织还具有更大的经济潜力，能够用发展促安全。从本次峰会可以看出，上合组织成员国之间的联系越发紧密，集体发声也越发响亮，"一带一路"建设已经成为上合组织发展的天然助推力。

七、通过金砖合作，携手推进"一带一路"建设

2017年6月13日金砖国家合作虽已有10年，但从历史的角度看仍是一个新事物，如何开展和深化合作仍缺乏现成的经验可供借鉴，金砖国家政党、智库和民间社会组织要发挥各自优势，在争取、培育和凝聚金砖合作力量上多发力，不断夯实金砖国家合作的民意和社会基础。

作为发展中国家的重要群体代表，金砖国家要继续探索符合自身国情的发展道路，帮助发展中国家加强能力建设，在推动发展中国家开展平等互信、互利共赢、团结互助的新型合作方面进一步发挥重要作用。金砖国家政党、智库和民间社会组织要密切跟踪国际合作新形势，继续探索通过金砖合作促进南南合作的新途径，积极参与、携手推进"一带一路"建设，不断为金砖合作注入新的动力和活力。

当前金砖合作正处在一个关键的发展阶段，既面临难得机遇，也面临复杂挑战。要推动金砖合作成为新型全球化的实践者、新型全球治理的推动者、新型南南合作的先行者。

金砖国家政党、智库和民间社会组织要积极支持金砖国家参与经济全球化，维护和发展开放型世界经济；积极倡导共商、共建、共享为原则的全球治理新理念，推动金砖国家更加积极主动地承担起全球治理引领者的责任。

八、亚投行再度扩容，成员数增至84个

2017年12月19日，亚洲基础设施投资银行19日宣布批准库克群岛、瓦努阿图、白俄罗斯和厄瓜多尔四个经济体的加入申请，实现了自2016年开业以来的第4次扩容。

其中，库克群岛和瓦努阿图系域内成员，白俄罗斯和厄瓜多尔为域外成员。这4个经济体走完其国内法定程序，缴纳初始认缴股本后，即可正式成为亚投行成员。

亚投行2016年开业时共有57个成员。2017年3月、5月和7月，该机构先后进行3次扩容，批准了23个成员的加入申请。此次扩容后，亚投行成员增加至84个，成员从亚洲拓展至全球。

亚投行是由中国发起成立的区域多边开发机构，旨在满足亚洲地区基础设施和互联互通建设

的资金需求。目前，该机构已经为巴基斯坦水电站扩建、缅甸225兆瓦联合循环燃气轮机发电等多个基建项目提供了资金支持，发放贷款总额超过20亿美元。

九、亚投行与世行签合作备忘录，已为5项目联合融资

2017年4月23日，亚洲基础设施投资银行（下称"亚投行"）行长金立群与世界银行集团行长金墉签署谅解备忘录，加强两个机构之间的合作与知识共享。

该谅解备忘录为世界银行集团与亚投行在共同感兴趣的领域加强合作提供了一个整体框架，这些领域包括发展融资、员工交流、分析调研工作等。这份备忘录为两个机构在地区和国家层面进一步加强合作铺路。

一年前，世界银行集团曾与亚投行签署了投资项目联合融资框架协议。自那时以来，亚投行与世行为5个项目提供了联合融资，包括巴基斯坦的发电项目、阿塞拜疆的天然气管道项目和印尼的贫民区改造项目、大坝安全项目、区域基础设施建设项目等。两个机构正在商讨在2017年和2018年进行更多的联合融资项目。

此外，亚投行和世行集团面向私营部门的国际金融公司在缅甸联合投资了一个电力项目，并且在商谈更多的潜在投资项目。

签署这一谅解备忘录符合新型国际主义愿景，深化了中国同世界银行集团的关系，建立了一个便于加强合作和分享信息的机制。我们高度重视中国两家的伙伴关系，因为通过共同努力，中国显著提升了在亚洲取得积极成果的潜力。

十、"一带一路"倡议下的南南合作研讨会在北京召开

2018年4月26日，为期3天的"'一带一路'倡议下的南南合作研讨会：中国在灾后重建领域的援助"25日上午在北京开幕。该研讨会由联合国开发计划署和中国国家行政学院联合主办。联合国机构代表、中国政府机构代表、共建"一带一路"国家的政府代表及灾后重建专家，各国驻华使团及国际组织代表等120多人参加会议。

2017年，世界各地自然灾害频频。重建是发展的必要前提。正是在重建的过程中，受灾民众的生活逐渐步入正轨，并为未来类似的灾害作好充足准备。进入新千年以来，中国不断扩大同联合国机构在人道主义援助和灾后重建上的合作，取得了举世瞩目的成就。

每年，约30%的国家需开展灾后重建工作。联合国开发计划署致力于在全球范围内开展灾后重建工作，推进灾后重建工作与各国的发展相结合，关注和促进解决各国因自然灾害而导致的贫困问题。

据联合国开发计划署公布的数据，2005—2016年，约2 300万人因自然灾害流离失所。2017年，中国政府通过南南合作援助基金，以联合国开发计划署为实施合作伙伴，为孟加拉、尼泊尔、巴基斯坦、多米尼克、安提瓜和巴布达等受灾国家的62万多人提供灾后援助及重建援助。

十一、《区域全面经济伙伴关系协定》（RCEP）部长级会议在新加坡举行

2018年10月13日，《区域全面经济伙伴关系协定》（RCEP）第6次部长级会间会在新加坡举行。东盟10国、中国、澳大利亚、印度、日本、韩国、新西兰等16方经贸部长或代表出席会议。商务部副部长兼国际贸易谈判副代表王受文代表部长钟山出席会议。

会议就货物贸易、服务贸易、投资、卫生和植物卫生措施、标准技术法规和合格评定程序、电

子商务、竞争政策等议题进行了深入讨论，推动各方完成年底一揽子成果，并实质性结束谈判。会议发表了《联合新闻声明》，表示在当前全球贸易面临单边主义挑战等诸多不确定性的情况下，尽快完成RCEP谈判有利于增强和完善区域供应链和价值链，对维护地区贸易自由化和便利化，支持全球自由贸易，具有重要意义。

会议期间，王受文还分别与日本、印度、新加坡代表团团长和RCEP贸易谈判委员会主席举行会谈。

十二、中国与17国发布建立“一带一路”能源合作伙伴关系部长联合宣言

2018年10月18日，在江苏省苏州市举行的“一带一路”能源部长会议上，中国与17国共同发布建立“一带一路”能源合作伙伴关系部长联合宣言，期待在2019年正式成立这一面向所有国家和国际组织开放的国际间能源合作平台。

在本次“一带一路”能源部长会议前，各国代表已先后在北京、苏州召开3次高官预备会，就本次部长会议的成果进行充分磋商。阿尔及利亚、阿塞拜疆、阿富汗、玻利维亚、赤道几内亚、伊拉克、科威特、老挝、马耳他、缅甸、尼泊尔、尼日尔、巴基斯坦、苏丹、塔吉克斯坦，土耳其、委内瑞拉17国与中国共同发布建立“一带一路”能源合作伙伴关系部长联合宣言。

宣言表示，“一带一路”能源合作伙伴关系将遵循共商、共建、共享的原则，目的是促进各参与合作的国家在能源领域的共同发展、共同繁荣。下一步，所有感兴趣的国家将就“一带一路”能源合作伙伴关系的原则与务实行动开展深入的协商讨论，在2019年正式成立“一带一路”能源合作伙伴关系，伙伴关系是向所有国家和国际组织开放的平台，欢迎大家未来加入。相信在各方的齐心协力，精诚合作下，“一带一路”能源合作伙伴关系一定将建成互利能源合作的新平台，为各国能源发展注入新动力。

十三、“一带一路”基础设施合作与融资论坛在新加坡举行

“一带一路”基础设施合作与融资论坛2016年9月19日在新加坡举行，论坛深入探讨了中、新机构参与全球基础设施建设运营的机遇及挑战。

该论坛由中国工商银行新加坡分行（工行新加坡分行）与专注于提供可持续城市发展解决方案的新加坡盛裕控股集团共同举办。同时，中国工商银行也在论坛期间与多家中、新机构签订了合作意向协议。

中国驻新加坡大使陈晓东、新加坡贸工部部长林勋强、中国工商银行董事长易会满、新加坡报业控股集团执行总裁陈庆鏻，以及新加坡樟宜机场集团和新加坡盛裕控股集团主席廖文良等200余位来自中新两地企业和金融机构代表出席了此次论坛。

易会满在开幕致辞中简要介绍了工行目前在“一带一路”建设中所取得的成绩和对未来的展望。他表示，共建“一带一路”国家在互联互通及基础设施建设方面具有很大的需求和发展空间。

中国工商银行已在全球42个国家和地区建立了412家机构，其中123家分支机构分布在“一带一路”沿线的18个国家和地区。截至2016年上半年，工商银行已累计支持“一带一路”项目95个，总承贷金额达220亿美元（约合1 467亿元人民币），同时还储备了211个商业前景较好的重大项目，涉及总投资金额2 132亿美元（约合14 218亿元人民币）。未来，工商银行将在服务“一带一路”基础设施建设、国际产能合作等重点领域发挥国际化银行优势，主动适应“一带一路”相关企业全球化、多元化金融服务需求，大力推动“商投互动”“投贷联动”发展模式，为企业全面提供全球现金

管理、本地化融资、人民币清算、境外理财投资等“一揽子”金融服务。

会上，工商银行与5家机构及企业签订合作意向协议，包括新加坡报业控股集团、新加坡工商联合总会、新加坡交易所、中化国际及盛裕控股集团。工行新加坡分行与盛裕控股集团签订合作备忘录，旨在金融服务方面加大双方的合作力度。

第二节 亚洲国家的发展

一、中国－东盟：经贸合作 拒绝“不便”

2015年，中国与东盟贸易额达4 721亿美元，中国已经连续7年成为东盟的第一大贸易伙伴，东盟连续5年是中国的第三大贸易伙伴。与此同时，通关不畅、制度标准存在差异等因素也在制约着中国和东盟贸易的便利发展。2016年9月，第13届中国－东盟商务与投资峰会上，《中国－东盟(柬、老、缅、越)贸易便利化研究报告》针对中国与东盟4国贸易中存在的通关不畅、制度标准差异、基础设施落后、手续繁杂等问题。报告以工商界的角度，从通关环境、规制环境、口岸效率、电子商务、商务人员流动等5个方面提出了建议，包括加强各国海关合作和协调，提高法律法规政策和信息透明度与可获得性，利用亚洲基础设施投资银行等渠道支持口岸基础设施建设，开展合作提高口岸通关效率，鼓励发展跨境电子商务和电子政务，改善签证管理制度，推进商务旅行卡计划等。

逐步在东盟新成员国间探索通关一体化改革。包括加强各国海关的合作和政策协调，共建中国－东盟跨境电商平台；推动5国在检验检疫方面开展更高层次的合作，利用中国－东盟质检部长会议平台和一系列双边合作协议，建立口岸疫情疫病防控体系及产品质量和进出口食品认证认可合作机制；进一步提升通关综合效率，在区域内逐步推行通关一体化，推行前推后移和预归类、预审查等制度；积极推动北部湾自由贸易试验区建设。

提升政府职能，完善贸易体系，创建和谐的贸易环境。如各国政府应主动形成有效的信息沟通和决策协调机制；进一步完善贸易法律体系，着力从制度建设层面提高统一执法性；提高法律法规政策和信息透明度与可获得性；在简化通关手续、促进人员跨境流动方面进行协调。

完善口岸基础设施，提升口岸工作效率。包括加大对各国重要口岸基础设施和重要交通节点之间的投入和完善；构建一体化物流网络；组建和形成中国与东盟统一的物流标准体系；共同建设中国－东盟电子口岸服务平台，在各口岸推行一站式通关等。

全方位便利商务人员流动。如简化改进签证管理制度，放宽审批权，为商务人员颁发1—3年多次有效的签证，设立商务人员在区域内一国或多国多次往返的签证制度；运用信息技术便利商务人员出境，缩短商务人员出入境时间。

二、中国与越南多措并举务实推动全方位友好合作

2015年，中越双边贸易额达958亿美元，较2014年增长14.6%，中国连续12年成为越南最大贸易伙伴国。2015年1月—7月，中越进出口贸易额达522亿美元，越南超过马来西亚成为中国在东盟的第一大贸易伙伴。

互联互通建设稳步推进。中越边境广西凭祥市，一条长627米的跨国隧道正在打通。隧道打

通后，将连通中越两国约1.5千米的跨境货物专用通道，逐步解决中越浦寨贸易口岸交通拥堵问题。原本要数小时才能进出口岸的各种货物只需几十分钟便能快速通关。

随着中国－东盟自贸区升级版建设步伐加快，中国连接越南的高速公路、铁路、高速铁路等项目不断加快建设，跨越国境线的大桥、隧道等项目正在破除交通瓶颈，未来中越边境地区将成为中国联通东盟的便捷通道。

作为北仑河上连接中越两国的重要通道，北仑河二桥主桥拱已于2017年7月顺利合龙，2017年10月完成桥梁主体工程施工，年底通车。

中越边境兴起跨境经济合作。近年来，中国持续扩大中越边境的开放合作，先后批准在中越边境的广西东兴、凭祥建设国家重点开发开放试验区，以推动东兴－芒街、凭祥－同登两个中越跨境经济合作区的建设。

务实推进两国关系发展。越南与中国企业签订了约30亿美元的投资合作；在北京，中越两国签署了多份涉及经贸、产能、基础设施、教育等领域的合作文件。

2015年以来，中越两国高层推动把中国的"一带一路"倡议与越南的发展规划对接起来，达成了重要的战略共识。

三、"一带一路"下首个多边合作规划纲要正式启动实施，中蒙俄携手建经济走廊

2016年9月13日，《建设中蒙俄经济走廊规划纲要》（以下简称《规划纲要》）正式公布，标志"一带一路"框架下的第一个多边合作规划纲要正式启动实施。共建中蒙俄经济走廊将有利于增强协同发展能力，释放的潜在红利规模至少影响全球经济的1/5。

《规划纲要》明确了三方合作的具体内容、资金来源和实施机制，商定了一批重点合作项目，涵盖了基础设施互联互通、产业合作、口岸现代化改造、能源合作、海关及检验检疫合作、生态环保合作、科技和教育合作、人文合作、农业合作以及医疗卫生等十大重点领域，并提出充分发挥各地比较优势，优先推进三国毗邻地区次区域合作。中蒙俄经济走廊也是推进"一带一路"建设六大国际经济合作走廊之一。

所涉及的重点合作领域充分遵循和体现了我国推进"一带一路"建设始终坚持的"五通"框架，以基础设施建设为突破口，连接中蒙俄三国的工业生产和人民生活，促进投资和消费同步发力，建设共通共荣的中蒙俄发展新篇章。

四、"一带一路"：中孟发展目标高度契合

自1975年建交以来，中孟双边关系健康发展，经贸合作规模不断扩大。双方签署了双边投资贸易保护协定、避免双重征税等政府间协议，建立了双边经贸联委会等合作交流机制，为双边经贸合作的发展提供了保障。自2006年，中国超过印度成为孟加拉国第一大贸易伙伴和第一大进口国，2009年以来双边贸易额连续保持两位数增长。截至2015年12月，中国对孟加拉国非金融类累计投资1.868亿美元；在孟加拉国工程承包累计合同额188.8亿美元。2016年1月—8月，双边贸易额99.57亿美元，同比增长4.1%；工程承包合同额51.3亿美元，增长45.9%；对孟加拉国投资2 199万美元，增长2.4%。

当前，在中国"一带一路"倡议和国际产能合作的大背景下，中孟发展目标高度契合，合作意愿强烈。中孟加强各领域经贸合作恰逢其时，前景广阔。孟加拉国正成为中国企业"走出去"的新热

点和重要市场。随着孟加拉国的中国工业园、煤电、太阳能电站等一批重点合作项目的启动，中孟经贸合作正向更广领域、更深层次发展。

五、泰国：孔子学院10年成规模

从2006年至2016年，10年时间，从当初的全球首家孔子课堂——岱密中学孔子课堂，发展到如今的15所孔子学院和11个孔子课堂，这就是在泰国从事汉语推广的“孔院人”向世人交出的成绩单。如今已具规模的泰国孔子学院，正整体推进中泰双方精诚合作，开展汉语教学，培训汉语师资，为社会提供汉语教学服务，不断拉动和促成中国教育、文化等领域的咨询及交流活动。与此同时，泰国各孔子学院还因地制宜，发挥优势，形成了各具特色的办学模式，成为泰国人民学习汉语言文化、了解中国的窗口和桥梁，受到泰国政府和人民的欢迎。

展丝绸之路情缘，助“一带一路”发展。2015年6月，海上丝绸之路孔子学院在博仁大学隆重揭牌，它是由泰国隆财基金会理事会主席赵昆通猜大师联合博仁大学等26家教育机构共同申办的。海上丝绸之路孔子学院是全球唯一以“海上丝绸之路”命名的孔子学院，具有规模大、形式新、范围广的特点，在泰国孔子学院的发展历程中具有创新和探索的意义。它的建立旨在更好地发展和提升泰国作为海上丝绸之路枢纽国家的汉语教育水平，为促进中泰两国各领域的交流服务。

海上丝绸之路孔子学院自成立1年多来，在推动汉语教学发展与中国文化推广方面取得了丰硕成果。从走出泰国、面向东盟的访问北菲律宾大学，到组织泰国反贪委员会赴天津学习；从承办汉语桥——“宝石王杯”大赛，到组织汉语志愿者教师在博仁大学及其他合作单位开展汉语教学及中国文化推广工作；从组织开展泰中两国基础教育领域交流活动，到选送泰国本土教师赴华进修，各项汉语和文化推广活动贯穿始终。在谈到海上丝绸之路孔子学院发展愿景时，赵昆通猜大师表示，学院将致力于开发适合泰国本土需求的规范教材，促进高等教育领域的汉语教学发展，逐步将海上丝绸之路孔子学院的影响扩大到整个东盟地区。

受到诗琳通公主的影响，泰国王宫秘书厅和公务厅掀起了学习汉语之风，且经年不衰，每年朱大孔院都专门为他们开设3个培训班，很多工作人员主动放弃休息时间参加学习，30人左右的教学班经常座无虚席。甚至一些工作人员因为陪同诗琳通公主出访而耽误了课程，还会要求朱大孔院为他们另外安排时间补课。泰国王室对汉语的热情和推崇起到了很好的示范作用，深深地影响了泰国的普通民众。

孔敬孔院针对泰方的现实科技和技术需求，推动汉语与多领域融合。该院主动请缨，充分利用自身优势资源，与国内铁路院校开展合作，自2015年开设针对泰国需求的职业院校高铁培训班。孔敬孔院在泰国对参训学员进行语言培训，学员合格后被推荐到中国的铁路院校继续学习专业知识。2016年9月，第三届高铁班20余名学员赴武汉铁路职业学院学习。

孔敬孔院高铁培训班联合培养的模式获得了初步成果，受到中泰教育行政部门的高度重视。孔敬孔院中方院长王贵彬表示，高铁培训班是中泰职业教育合作的成功案例，通过与双方职业院校开展密集的项目合作，从汉语教育和培训双向发力，进一步推进了双方教育行政部门接洽并签署框架协议，为职业院校搭建起了更高的合作平台。

六、中孟语言文化交流搭建两国民心相通桥梁

2016年，中国的孟加拉语人才耗时5年多时间，将泰戈尔用孟加拉语创作的文学作品，翻译成了1 600多万字的《泰戈尔作品全集》，让更多中文读者有机会感受到原汁原味的文字魅力。

这一作品集是中孟两国语言文化交流加深的缩影，越来越多的中国大学如中国传媒大学、云南民族大学、云南大学、北京大学、北京外国语大学等开设了孟加拉语专业或课程。这为两国文化交流、民心相通提供了宝贵的人才支持。

在孟加拉国，汉语也越来越多地受到关注和追捧。近年来，在孟加拉国投资设厂的中国企业越来越多，一名汉语流利的孟加拉国人每月可以拿到8000多元人民币的工资，这在制衣工人平均月收入不到1 000元人民币的孟加拉国，有着非常大的吸引力。

达卡大学现代语言学院中文系2016年10月刚刚正式获批设立汉语本科专业。达卡大学孔子学院中方院长周铭东介绍说，达卡大学设置汉语本科专业，以及将在近期与中国云南大学合作设立汉语国际教育硕士专业的举措，将是两国教育、学术交流和合作领域的一次历史性突破，有助于两国教育交流达到更高水平。

达卡大学孔子学院孟方教师内尔说，在前不久欢送获得中国政府奖学金的孟加拉国学生赴华留学时，她回忆起自己在北京师范大学和中山大学的求学经历，中国的大学非常美，生活也丰富多彩。中国老师的言传身教和亲身社会实践，让自己能更好地学习汉语。她说，中国留学生涯是孟加拉国学生光明未来的开端，通过在中国留学，他们将有更多的就业机会、更好的前景。

孟加拉国目前已有2所孔子学院、1所孔子课堂以及1所网络孔子课堂。越来越多的孟加拉国人开始学习汉语。每年孟加拉国都会举办汉语桥比赛、中文歌曲大赛、中国文化节等活动，吸引广大孟加拉国的汉语爱好者参与其中。语言文化交流已成为两国民心相通的重要桥梁。

七、丝路"文化高铁"在敦煌加速

2016年9月22日，正在敦煌举办的首届丝绸之路国际文化博览会上，来自泰国、马来西亚、阿尔巴尼亚、白俄罗斯、孟加拉国、塔吉克斯坦等20多个国家的文化部部长、文化大臣表示，希望借助于敦煌"东风"，开展更高层次的文化交流与合作。各国文化部部长、文化大臣等认为，文化对促进丝路沿线国家和平合作有着重要意义，能够增进各国人民的相互理解，为推进战略互信、经贸合作、人文交流奠定坚实的民意基础。他们期待借助于敦煌文博会的"东风"，进一步完善丝路沿线国家文化合作新机制，达成合作与建设规划，从而把丝绸之路建设成为文化交流之路、民心交融之路、经济合作之路、和平繁荣之路。

丝路沿线国家需要继续完善国家间文化合作新机制，通过增强不同国家间博物馆、档案文献、艺术、遗产和文化机构的密切合作，通过文化周、文化展示、艺术节等形式宣传、推进文化展示。同时，各国可通过交流出版物、研究成果和其他文化信息的形式，在文化研究和发展方面开展协作，为"一带一路"愿景的实现提供动力。为了使多国交流合作的丝路"文化高铁"越走越远，在本届敦煌文博会上，甘肃省还与塔吉克斯坦、白俄罗斯、蒙古国等10多个共建"一带一路"国家签署了建立务实合作关系的协议。

八、"中亚第一铁路隧道"全面通行客货运列车

2016年8月27日，"塔什干—安集延"客运列车正式投入运行。列车由塔什干火车站发出，穿过"中亚第一铁路隧道"安格连－帕普隧道，抵达与吉尔吉斯斯坦接壤的安集延。这条新线路预计年运输600万乘客和1 810万吨货物。

由中铁隧道集团承建的安格连－帕普铁路隧道全长19.2千米，自2013年9月5日进洞，到2016年2月25日全隧道胜利贯通，以整900天的时间完成了包括安全洞、斜井和横通道共计47.3千米的

隧道开挖，创造了海外隧道设计施工总承包安全快速优质的新纪录。隧道穿越乌兹别克斯坦库拉米山、库伊尼德及萨尼萨拉克萨伊河等复杂地质环境地区。中乌双方团结一心，精诚合作，攻坚克难，用3年的时间，顺利建成这条中亚第一铁路隧道。

安格连-帕普铁路隧道的建成，将乌兹别克斯坦两部分国土连接在一起，成为费尔干纳盆地（安集延、那曼干、费尔干纳等东部3州）与其他区域连接的唯一铁路通道，改变了乌境内运输需绕道他国的窘境，对于乌兹别克斯坦改善民生、发展经济和对外联通有着重要意义。同时，安格连-帕普铁路隧道也是中国—吉尔吉斯斯坦—乌兹别克斯坦铁路线路的重要组成部分。

中亚第一铁路隧道顺利建成，是中乌共建“一带一路”的重大成果，也是中乌两国人民友谊与合作的新纽带。

九、北斗卫星定位综合服务系统基站落户老挝

2016年9月18日，老挝北斗卫星定位综合服务系统（CORS）赛色塔基站揭牌仪式在老挝首都万象赛色塔综合开发区举行。该基站的建立标志着老挝北斗卫星综合服务系统正式落地。

系统建成后将为老挝提供高精度卫星导航、定位、授时服务，服务于老挝导航与监控、测绘工程、城乡建设、气象与灾害应急等方面，同时也促使北斗系统更好地服务全球，实现资源共享。该系统将服务于老挝各行各业，推动老挝社会经济发展，是老中合作的又一个典范。

老挝北斗卫星定位综合服务系统（CORS）项目是在中国政府“一带一路”“北斗国际化”“中国高科技走出去”的战略背景下应运而生的。中老双方计划将合作建设40个基站，覆盖老挝全境，其中6个基站坐落于首都万象市，其它省份分别设立1～2个基站。该系统由中国国家测绘地理信息局授权云南省测绘地理信息局协助老方完成，老挝天眼公司和中国南方测绘集团共同投资建设。

十、中泰高铁首期费用约为344亿元，中方提供技术资金

2016年9月22日，经历长时间的艰难谈判后，泰国与中国终于就中泰高速铁路第一期工程的成本达成了协议。这项工程将耗资1 790亿泰铢（约人民币344亿元）。这是双方同意的数额。

为期3天的磋商会议，就中泰高铁的合作框架达成协议。泰国将承担全部建筑费用，中国则将为相关技术系统提供资金。

中泰高铁是中国倡导的泛亚铁路网的重要组成部分，也是泰国政府更新日益老化的铁路网络计划的一部分。这条总长873千米的铁路呈“人”字形，将把泰国东北部重要口岸廊开与邻国老挝接壤的边境地带，与泰国东部的马达普港与拉勇工业区衔接起来，并经老挝连接中国西南城市昆明与泰国。

中泰铁路的首段铁路将从泰国曼谷延伸至东北部呵叻府（Nakhon Ratchasima），总长250千米，工程定于2016年12月展开。

十一、中老铁路项目完成全部土建工程合同签约

中老铁路项目第二阶段招标合同签约仪式于2016年10月24日下午在老挝首都万象举行。至此，该项目已完成全部土建工程合同签约。

签约仪式上，老中铁路有限公司与中国中铁、中国电建所属中标单位签署了第二阶段土建工程施工合同，与天津新亚太工程建设监理有限公司等3家单位签署了施工监理合同，与中铁西南科学研究院等3家单位签署了第三方检测合同。

中老铁路北起两国边境磨憨－磨丁口岸，南至万象，全长418千米，其中60%以上路段为桥梁和隧道，设计时速160千米，全线31个车站，预计2016年年内开工，建设期5年，总投资近400亿元人民币，由中老双方按70%和30%的股比合资建设。这条铁路是第一个以中方为主投资建设、共同运营并与中国铁路网直接连通的境外铁路项目，全线采用中国技术标准、使用中国设备。

十二、中国拿下马来西亚700亿铁路大单，预计5—6年完工

2016年11月3日，中国交建与马来西亚铁路衔接公司在京签署了马来西亚东部沿海铁路项目合同，合同金额约745亿元人民币。

根据双边协议，中国将通过马来西亚进出口银行，为2017年初破土动工的马来西亚东海岸铁路项目提供550亿林吉特（约合890亿人民币）的低息贷款。

这一全长600千米的铁路工程将连接从巴生港至吉兰丹道北等8个重要城市，预计5—6年完工。新建的铁路线将降低马来西部和东部海岸之间运输成本，降低商品价格并缩短旅行时间，这也将给马来西亚人特别是生活在农村的人，创造更多的就业和商业机会。

十三、巴基斯坦瓜达尔港正式启用，首批中国货船出海

2016年11月13日，中资港口瓜达尔港开航揭幕仪式在巴基斯坦瓜达尔港举行。巴基斯坦政界、军界领导人周日前往巴基斯坦西南部瓜达尔港，见证第一艘中国商船出发。

10月29日，首支约50辆卡车组成的中巴经济走廊试点商贸车队从中国新疆喀什出发，沿着中巴经济走廊一路南行了3 000余千米于12日抵达瓜达尔港并将货物装船发往海外，这是首次有贸易商队成功从北到南穿越巴基斯坦西部地区，也是中巴首次合作组织商贸团队经巴基斯坦到达瓜达尔港，标志着中巴经济走廊正式贯通。

此次联合贸易车队是自中巴经济走廊提出3年多以来，中巴双方首次真正实现贸易车队贯通走廊，具有重要意义，并将对走廊建设产生积极的推动作用。巨型吊装设备将本次装载到中远海运"惠灵顿轮"上最后一个集装箱吊装到位，标志着瓜达尔港首次向海外出口集装箱的装载工作全部完成。该船将驶往阿联酋等国，未来瓜达尔港将成为该船的固定停靠点。通过瓜达尔港向海外大规模出口集装箱，对于中巴经济走廊和中巴关系都具有重要意义。

巴基斯坦目前已将瓜达尔港2 000亩土地租赁给中国海外港口控股有限公司40年，用于建设瓜达尔港首个经济特区。

十四、中铁建中标卡塔尔世界杯主体育场项目

2016年11月30日，中国铁建国际集团有限公司（中铁建）中标卡塔尔2022年世界杯主体育场建设工程项目，合同总值28亿卡塔尔里亚尔，约合人民币51.7亿元。

卢赛尔体育场是2022年卡塔尔世界杯主体育场，建成后可容纳9.2万多名观众，将承担世界杯开幕式、决赛、闭幕式等重要活动。

这个项目涉及19个工作面、11个大类、近2 000多种产品和设备，共有6家企业参与了项目投标，其中包括来自德国、意大利、法国、西班牙等国家的知名建筑企业，中铁建是唯一参与投标的中资公司。在经过包括5轮商务谈判、9轮技术谈判等激烈竞争后，中铁建终于成功中标。

据卡塔尔媒体披露，为顺利承办2022年世界杯足球赛事，卡塔尔计划在地铁、公路、机场、体育场馆建设等基础设施建设方面投资1 100亿美元（1美元约合6.90元人民币），其中500亿美元用于

世界杯项目。而体育场馆、训练场地的建设、翻新将投资300亿美元。

十五、中越经贸合作区开工

2016年12月13日，由深圳投资控股有限公司投资建设的中国•越南（深圳–海防）经济贸易合作区日前在越南北部城市海防举行全面开工庆典暨首批入园意向企业签约仪式。

中越两国关系保持良好发展势头，越南已跃升为中国在东盟最大的贸易伙伴，双方发展规划进一步对接，深圳–海防经贸合作区全面开工恰逢其时。深圳–海防经贸合作区是深圳市首个境外产业发展基地，位于越南北部港口城市海防市，由深圳最大的国有企业深圳投资控股有限公司投资，深越联合投资有限公司负责建设运营，投资总额达1.75亿美元，首期规划面积196公顷。

园区计划2017年10月底完成首期基建投资，2021年全部建成，届时预计吸引投资超过10亿美元，为当地创造3万个以上就业岗位。

十六、中国公司开发南欧江梯级水电造福当地民众

2016年12月14日，老挝境内湄公河东岸的最大支流南欧江，北起中国云南江城，奔流崇山峻岭、深林高草，蜿蜒南行，在老挝北部琅勃拉邦汇入湄公河。随着南欧江梯级水电站工程的逐步开展，这里的山乡正迎来巨变，当地百姓和电站移民开始走进新生活。

驱车从琅勃拉邦沿江向北行驶约20分钟就进入山区。这里的道路施工繁忙，每走一小段就会看见一座新加油站，分布得比老挝一般公路频密。随着路旁出现越来越多的中文施工标识和道路警示牌，中国电建旗下各公司、项目部驻地逐一显现。

南欧江梯级水电开发是中国电建在老挝唯一获得全流域整体规划和投资开发的项目，7个梯级电站分两期进行开发，总装机容量达128万千瓦，也是老挝国家能源战略关键项目。2018年5月，开发项目一期3个水电站全部机组已成功投产发电。到二期全部投产时，南欧江将占老挝总装机容量的30%以上。

除了经济效益，项目给整个流域带来了巨大的综合社会效益。项目建设以来，除去项目带来的周边产业就业，项目高峰期提供的5 000余个岗位中，当地员工占了一半；已运营的一期3个电站同样有超过一半的老挝员工。

十七、中孟经贸合作为百姓谋福祉

2016年10月20日，孟加拉国是南亚和印度洋地区重要国家，地处南亚同东亚交汇处，也是陆上和海上丝绸之路汇合地。在“一带一路”框架下，中孟两国正加强发展战略对接，务实合作加速发展，为包括孟加拉国在内的南亚各国人民带来实实在在的利益。中国企业对孟加拉国投资呈现出投资主体多元化、投资领域多样化趋势，中企对孟加拉国投资前景广阔，中孟两国经贸合作正当其时。

中国交通建设股份有限公司（简称“中国交建”）承建的孟加拉国卡纳普里河河底隧道项目位于该国南部吉大港市，连接卡纳普里河东西两岸，项目投资7.058亿美元，采用中国规范设计，双向四车道标准，设计时速80千米，项目路线全长约9 266米。该项目是孟加拉国第一座水下隧道，将加强吉大港市区与卡纳普里河东岸地区的交通联系，带动东岸地区经济建设，缓解中心城区迅速增长的人口所带来的压力，实现“一市两城”经济协调发展。此外，该项目是孟中印缅经济走廊的重要一环，对完善亚洲公路网、促进孟加拉国与周边国家的互联互通、推动孟加拉国向国际化发展有着重要意义。

中国石油天然气管道局（简称“管道局”）进入孟加拉国5年来，先后中标多个项目。管道局孟加拉国分公司经理李吉祥告诉本报记者，该企业在孟加拉国承建的单点系泊项目是孟加拉国总理哈西娜2014年向中国政府申请重点支援的项目。项目建成后，业主卸载原油的时间将从现在的11天缩短至48小时，显著提高生产效益，也从根本上避免了环境污染。预计项目每年可为孟加拉国节省1.2亿美元，同时还将极大缓解孟加拉国唯一的炼化工厂——东方炼厂面临的困境，为当地创造更多就业。

江苏永鼎股份有限公司、北京中缆通达电气成套有限公司和福建省电力工程承包公司组成的联合体，于2015年2月同孟加拉国国家电网公司签订“孟加拉国全国输变电网升级、扩建、改造项目”开发备忘录，项目涵盖100个变电站、1000千米输电线路、7个区域检测维护中心，总金额约13亿美元，建设期为3年。

孟加拉国政府积极推动包括发电厂在内的基础设施建设，并计划在2021年将发电量增长1倍，达到2.4万兆瓦。在发电量大规模增加的前提下，“孟加拉国全国输变电网升级、扩建、改造项目”变得十分重要。项目建成后，不仅能解决当地工业用电问题，还将解决新增发电量的输送问题，为更多百姓带来光明。

由中国成套设备进出口集团总公司（简称“中成集团”）承建的孟加拉国沙迦拉化肥厂项目（简称“沙迦拉项目”）于2016年2月29日获得孟方业主颁发的项目最终接收证书，这标志着该项目成功移交。

孟加拉国政府高度重视信息通信技术发展，希望在2021年实现“数字孟加拉”的愿景，通过信息通信技术基础设施建设和相关行业发展，推动孟加拉国社会经济增长。由华为公司承建的孟加拉国政府基础网项目二期工程，把骨干数据网络从一期的64个市延伸到485个县。为适应孟加拉国政府数字化办公要求，华为给当地新建了一个国家级数据中心，并对现有省、市信息中心进行增强配置，同时，还为孟政府建立了一套覆盖全国的视频会议系统，极大提高了政府部门间的沟通效率。

十八、2016深圳宝安国际马拉松赛现场

中国首个马拉松国际IP赛事“一带一路”马拉松系列赛的首场赛事——华讯方舟•2016深圳宝安国际马拉松赛12月4日在温暖如春的中国南海之滨成功举办。来自国内外的1.6万多名参赛选手参加了这个中国首个国际级IP赛事的首场比赛，其中包括来自肯尼亚、埃塞俄比亚、蒙古、智利、波兰、伊朗、德国、法国、摩洛哥9个国家的27名特邀选手。最终，肯尼亚选手拉扎努斯•图以2小时14分31秒的成绩获得男子组的冠军。

“一带一路”马拉松系列赛是由中国田径协会和智美体育集团共同推出的中国首个国际级IP赛事，旨在深化中国与共建“一带一路”国家的体育合作，搭建中国与共建国家、城市交流的桥梁和纽带，扩大中国体育赛事的国际影响力，将“一带一路”马拉松系列赛打造成为中国向国外展示体育产业发展的标杆项目。同时，主办方还希望通过体育外交的舞台，加强中外体育旅游交流与合作，用体育赛事所附着的全球共通的体育精神加强共建“一带一路”国家的民心交流，从而实现“一带一路”倡议所包含的“五通三同”内涵中的民心相通，以此助力“一带一路”的建设。

十九、新疆一半以上出口果蔬从霍尔果斯口岸“走西口”

2016年12月26日，中亚市场对果品、蔬菜的需求不断增长，有力拉动了我国果蔬产品向中亚

出口。据霍尔果斯海关统计，2015年以来，霍尔果斯口岸果蔬出口共计达8.56万吨，占新疆口岸果蔬出口的55%，贸易额近7亿元。2016年，仅从霍尔果斯口岸出口到哈萨克斯坦的水果就达8万多吨，主要是苹果、鲜桃和鲜桔；蔬菜主要为蒜头、干香菇和菌类。霍尔果斯口岸果蔬出口紧俏主要是因为我国水果价格便宜，果蔬品质好，在哈萨克斯坦市场具有竞争优势。

近年来，随着国内仓储、运输条件的改善，农产品出口呈现出全年不间断的景象。霍尔果斯口岸地缘优势明显，再加上各联检部门对出口农产品的外贸企业实行24小时预约报关报检、开辟“绿色通道”、实行“门对门”验放和非侵入式查验，确保了农产品出口“鲜、活、快”，大大提升了果蔬出口的国际竞争力。

霍尔果斯口岸是“丝绸之路经济带”建设的桥头堡和国家向西开放的前沿。良好的贸易环境，优越的外贸政策，使霍尔果斯口岸成为我国出口果蔬产品“走西口”的重要集散地。

二十、斯里兰卡科伦坡大学孔子学院正式揭牌

斯里兰卡科伦坡大学孔子学院2016年12月30日正式揭牌。这是在斯里兰卡设立的第二所孔子学院。中国驻斯里兰卡大使馆临时代办庞春雪在揭牌仪式上说，孔子学院是中外文明交流互鉴的桥梁、世界认识中国的窗口，是中国同各国深化友谊的纽带，相信科大孔院将为促进中斯友好关系发挥积极作用。科伦坡大学副校长迪桑纳雅克说，科大孔院作为两国学术交流平台，将进一步加强斯中友谊，在教育、文化、商业等领域为两国带来广泛互利。

2014年9月，在中斯两国元首的共同见证下，科伦坡大学同中国国家汉办签署了关于合作设立科大孔院的协议。根据协议，科大孔院由斯里兰卡科伦坡大学、中国北京外国语大学以及云南红河学院3所高校联合建设。斯里兰卡凯拉尼亚大学孔子学院于2007年成立，是斯里兰卡的第一所孔子学院。

二十一、中国投资产业园助推印度尼西亚经济发展

2017年1月3日，作为“一带一路”倡议落地印度尼西亚的重点项目，2013年10月中国与印度尼西亚签署协议，携手建设青山工业园区。3年多来，青山工业园区助推印尼经济发展，为当地民众带来了看得见、摸得着的实惠。

截至2018年10月，青山工业园区已投入资金24.5亿美元，创造约1万个就业岗位。青山工业园区对本县经济发展作用很大。2015年全县经济增长达15%，是印度尼西亚全国经济增速的3倍。通过税收等途径为当地创造了财富。同时，园区积极履行社会责任，通过一些惠民项目带动了当地商业的繁荣。比如，园区对农产品的多元化采购带动了多个地区的畜牧业和渔业发展；园区还协助当地社区修建灌溉水渠，极大方便了当地百姓的生产生活。

二十二、中国与马来西亚借助于“两国双园”构建国际产能合作绿色通道

2017年新年伊始，中国-马来西亚钦州产业园区内，总投资10亿元人民币的马莱大道正式开工，与园区内各大产业项目一起紧锣密鼓加速建设。

2016年内，已入园和即将入园项目达到66个，签约项目总投资超295亿元人民币。于2012年4月开园建设的中马钦州产业园区已进入产业快速聚集时代，园区将与马来西亚-中国关丹产业园区加强合作，共同开辟“两国双园”国际合作新模式为中国企业“走出去”、外国企业“走进来”提供全方位落地服务，构建以园区为载体先行探索国际产能合作的绿色通道。

中马钦州产业园区和马中关丹产业园区由中国和马来西亚两国政府合作建设，是"一带一路"国际产能合作旗舰项目。2016年以来中马两国通过"两国双园"联合招商，促进了中马钦州产业园区与马来西亚创新中心、东海岸特区、拉曼大学、耀杰集团、矿业集团（MMC）的合作，推动了燕窝加工基地、清真加工基地、草药及清真食品研究所、棕榈油储运及深加工基地等项目建设。

中马两国政府将以"两国双园"为载体开展国际产能合作，重点推进跨境产业链和服务链构建，积极推进战略性新兴产业在"两园"的布局，招商重点将瞄准生物技术和新医药、新能源和节能环保、高端装备和智能制造、互联网和新一代信息技术、北斗卫星应用等新兴产业。

二十三、中企承建斯里兰卡机场跑道改扩建项目开工

2017年1月9日，斯里兰卡班达拉奈克国际机场跑道改扩建项目已正式开工建设。这一该国最重要的航空枢纽将进入为期3个月的"白天关闭、夜间运营"的特殊状态，这也是该机场建成30年来首次对跑道进行改扩建。

班达拉奈克国际机场位于首都科伦坡以北35千米的卡图纳耶克，是斯里兰卡最重要的国际机场。该机场每年接待旅客达900万人次，机场现有规模和跑道状况难以满足日益增加的旅客需求。机场跑道改扩建项目将帮助斯里兰卡提升国家航空基础设施水平，极大促进该国航空运输和旅游业发展。

二十四、中企承建的老挝赛德3水电站项目竣工

2017年1月6日，由中国北方国际合作股份有限公司承建的老挝赛德3水电站项目在老挝沙拉湾省正式竣工移交，开始为老挝南部数省发展提供电力支持。

赛德3是老挝国家电力公司于赛德河梯级水资源开发规划中，继赛德1、2后完工的第三个水电站，赛德3水电站为引水式电站，装配2台立轴混流式机组，装机容量23兆瓦，年平均发电量0.80亿度。北方国际合作股份有限公司作为EPC总承包商，负责整个项目的设计、采购与建设工作。项目合同工期为3年，于2014年1月18日开工，计划完工日期为2017年1月17日，提前半年已实现投产发电。该项目的建设与运营不仅可带动当地经济发展，也将为老挝经济增长提供清洁能源并创造长期效益。

该项目还在当地开展了基础设施建设，如修建永久道路通往居民区，创造了就业机会，提高了人民的生活水平，对环境保护和为地方政府的农业、卫生事务等老挝经济社会发展做出了重要贡献。

二十五、中国-斯里兰卡工业园正式启动

中国-斯里兰卡工业园奠基仪式于2017年1月7日在斯里兰卡南部的汉班托塔举行，标志着这一两国重大合作项目正式启动。

对于未来3—5年内中国向中斯工业园投资50亿美元，这将帮助斯里兰卡实现经济发展和腾飞。

中斯工业园的奠基，见证中斯友谊，更是两国关系的新起点。2017年是中斯《米胶协定》签订65周年，两国在困难时期无条件相互支持，共渡难关，几代中国人民始终铭记于心。中国愿全力帮助包括斯里兰卡在内的有发展需要的国家。未来，汉班托塔中斯工业园有望为斯里兰卡带来10万个就业岗位。

按照规划，汉班托塔中斯工业园占地50平方千米，以商贸物流业为切入点，发展船舶服务和海产品加工、农副产品加工等加工制造业。工业园区的开发建设将引领和带动斯里兰卡南部地区整体发展，有利于斯里兰卡实现建设高附加值产品加工中心、国际航运中心和国际商业中心的目标，也有助于进一步促进和深化中斯双边投资和产能合作。

二十六、中企打造科伦坡港口新城 打造南亚地区第一个CBD

2017年2月3日，科伦坡港口城填海造地工程正在有序展开。

斯里兰卡位于印度洋航道中心点，素有“东方十字路口”的美誉。从古至今，这里是海上丝绸之路的重要一环，是连接亚非、辐射南亚次大陆的重要支点。

基于这样的区位优势，作为港口城市的斯里兰卡首都科伦坡正迎来新的发展机遇。由斯里兰卡政府和中国企业投资开发的一座海上港口商业新城正处于填海造地的阶段。计划填海造地269公顷，规划建设规模565万平方米，主要包括住宅、酒店、办公楼、商场等配套设施，工程项目计划5—8年形成初步规模，20—25年全部建设完成。工程项目雇用斯方员工超过1 000人，高峰期能达到2 500人左右。

该工程项目的目标是打造南亚地区第一个高端中央商务区（CBD），建设一个可以容纳25万人的新城。港口城项目是“一带一路”的重要工程项目，同时与斯里兰卡“大西部省”战略对接。港口城项目的实施将促进斯里兰卡国民经济发展，有力提升国家形象和国际竞争力。

二十七、斯里兰卡科伦坡港口城建设重起航

2017年2月6日，在斯里兰卡首都科伦坡，一度暂停的科伦坡港口城项目正在加紧施工，斯里兰卡关于“未来城市”的愿景正在加速浮出水面。

在土地私有，难以大面积重新规划开发的科伦坡，这里将给斯里兰卡首都科伦坡未来的建设发展提供巨大的想象空间。工程直接投资14亿美元，带动二级开发投资约130亿美元，是斯里兰卡目前单一最大的外国投资项目。

科伦坡面积37平方千米。通过工程填269公顷的地，相当于给它增加了7%的面积。这里有CBD的延展区、住宅区、学校、医院、科教文卫等，整个就是一个小型城市。

此外，港口城未来预计还将提供的8.3万个长期就业机会。但港口城的建设也并非一帆风顺。2015年年初，因斯里兰卡政权更迭，该项目一度被迫停工，但在中斯两国政府和企业各方的共同努力下，2016年9月，在重新签署新的三方协议后，项目正式复工。目前项目施工正在加紧追赶进度，最快2017年年底就可以进行地块预售。斯里兰卡政府将在科伦坡港口城内打造一个国际金融中心，配备一套独特的法律体系，实施特殊的税收、海关等政策。

二十八、第七座柬中友谊大桥正式通车

2017年2月13日，柬埔寨哥通柬中友谊大桥通车仪式在该国干丹省巴萨河畔举行，柬埔寨首相洪森、中国驻柬大使熊波出席仪式并致辞。

洪森在致辞中表示，哥通桥是柬埔寨交通基础设施发展的新成果，柬埔寨人民将从中获益匪浅。他同时对中国政府为柬社会经济发展所提供的大量援助表示感谢。

熊波表示，哥通柬中友谊大桥的建成通车极大便利了巴萨河两岸民众的交通出行，提高了公路网的通达性，有助于促进两岸地区的经济发展，是名副其实的“惠民之桥”。中方将继续支持柬埔

寨道路桥梁、水利设施、电网等基础设施建设,使中柬合作成果更多惠及基层民众。

哥通柬中友谊大桥是中国公司承建的第七座柬中友谊大桥,距离金边约60千米,桥长415米,宽13.5米,中国政府提供优惠出口买方信贷,由中国路桥工程有限责任公司承建。

二十九、铁路"快递"穿越喜马拉雅山区,南亚大通道成"一带一路"新支点

2017年2月14日,由沿海城市广州开往内陆西藏的首列粤藏中南亚班列已顺利抵达中尼边界的吉隆口岸,打通了广东—西藏—尼泊尔公铁联运通道。包括这条通道在内的南亚大通道现在已经把中国内地与南亚国家紧密相连,成为"一带一路"的重要构成和战略新支点。

这是中国2016年5月份试运行了从西北城市兰州出发到尼泊尔3 000千米运距的国际联运货运班列"兰州号"后更大胆的一项计划。

10年前,一条被人们誉为"天路"的铁路铺架至世界屋脊的西藏拉萨,成为全球海拔最高的铁路。而今天,这条"天路"正成为连接中国和喜马拉雅山脉南侧贸易通道最为重要的部分。事实上,中国-尼泊尔所倡议的这条新贸易通道正是连接起"一带"和"一路"两个地区重要的陆路通道。

南亚国际班列这项大胆的计划是利用中国与南亚通道沿线现有的交通基础设施,并提高其运行效率。目前采用的是公铁联运的方式,分三段运输:第一段是利用青藏铁路并连接到全国的铁路网。青藏铁路为铁路工程上的奇迹,已经安全运营10年;第二段长约564千米,是日喀则—吉隆口岸的柏油公路,目前该路段仍是交通运输的瓶颈地区;最后一段长约164千米,是吉隆—加德满都的公路。

三十、由中文合资的文莱摩拉港集装箱码头正式运营

2017年2月21日,广西北部湾国际港务集团与文莱达鲁萨兰资产管理公司组建的合资公司——文莱摩拉港有限公司揭牌,这标志着中文两国合资企业正式接手文莱规模最大的摩拉港集装箱码头的运营。

中文合资运营摩拉港集装箱码头标志着"文莱-广西经济走廊"的旗舰项目顺利落地。摩拉港有限公司致力于提高摩拉港集装箱码头的操作效率及服务水平,并逐步降低物流成本,提升摩拉港的区域竞争力。同时,双方正积极探讨"港口-产业-园区"协调发展的模式,吸引更多的企业到文莱投资。

三十一、"一带一路"带来新机遇,中国手机热销哈萨克斯坦

2017年2月17日,近年来,华为、欧珀、中兴、联想、魅族等国产品牌手机,在哈萨克斯坦均有不错的业绩。欧珀手机2016年9月正式进入哈萨克斯坦市场,在短短4个月内,就销售了数万部智能手机,且销量逐月递增。中国制造的智能手机都是近几年才进入哈萨克斯坦市场的。中国品牌的手机在哈萨克斯坦销量增速很快,但配套的售后服务还不健全,广告投入较之国际知名品牌也相距甚远。未来,如果这些问题能够得到很好解决,相信中国品牌手机在哈萨克斯坦的知名度会越来越高,用户也将大幅增加。

三十二、香港教育局在泰国推出"一带一路奖学金"

2017年2月20日,中国香港特别行政区政府教育局与泰国教育部就在泰国推出"一带一路奖学金"计划举行会议。中国香港特别行政区政府教育局20日在曼谷推出"一带一路奖学金",以吸

引泰国优秀学子赴港攻读学士学位，为“一带一路”倡议的实施培养人才。

此次香港特区政府针对泰国的奖学金计划从2017—2018学年起实施，持续3年，每年最多10个名额，也就是最多有30名学生受益。每个获奖学金的学生每年均可得到最多12万港币（1港币约合0.89元人民币）至大学毕业。此外，有经济需要的学生如需额外资助，还可额外获得5万港币的定额奖学金。这笔针对泰国的奖学金款项由香港特区中国商会主席陈经纬及香港经纬集团有限公司捐助。捐助人陈经纬说，配合国家“一带一路”倡议的“一带一路奖学金”非常有意义，泰国学生到香港读书，了解中华文化，发展自我，希望他们学成后为中泰两国的发展做出贡献。据介绍，香港教育局已在2016—2017学年在印尼推出“一带一路奖学金”，已有10名获奖学金的印度尼西亚学生在香港就读大学本科课程，而日后“一带一路奖学金”还将继续拓展至马来西亚。

三十三、泰国官员希望中国技术优势惠及泰国

2017年2月，“泰国4.0”是巴育政府近期提出的经济战略目标，即通过创新和技术手段发展高附加值产业，促进泰国产业转型升级，跨越中等收入陷阱，增强竞争力。泰国目前对生物技术、纳米技术、高级材料技术和数字技术等领域的投资者给予免除一定年限的企业所得税的优惠政策，也用与之类似的税务激励措施鼓励国内外企业参与基础设施建设。泰中罗勇工业园总裁徐根罗说，生产光能板的中国企业来园入驻，填补了泰国的技术空白，在泰国市场引起强烈反响。德晋昌光电科技（泰国）有限公司总经理周利斌说，公司入泰以来一直享受税收优惠政策，泰国产业升级对公司的发展也有促进作用。“一带一路”倡议实施以来，园区不断吸引优秀企业入驻。

三十四、中蒙唯一铁路口岸2016过货量超千万吨，创历史新高。

截至2016年底，二连浩特铁路口岸过货量完成1 231.6万吨。其中，进口货物1 099.3万吨，出口货物132.3万吨。实现历史性的突破。随着中蒙俄战略合作伙伴关系深化，中蒙铁路口岸进出口产品数量快速增长、种类不断增多。检验检疫部门推出区域一体化建设，对中欧班列采取“出口直放、进口直通”的检验检疫监管模式，保证全程无障碍通关也起到了重要作用。

三十五、雅万高铁项目进入全面实施阶段

2017年4月4日，中国与印度尼西亚企业合作建设的雅加达—万隆高速铁路（雅万高铁）项目总承包合同签署仪式在位于雅加达的维贾亚卡亚公司总部大厦隆重举行。该仪式标志着中印尼铁路合作取得重要进展，雅万高铁进入全面实施阶段。

雅万高铁项目是中国高铁首次全系统、全要素、全产业链走出国门，是“一带一路”建设的重大早期收获。

雅万高铁由中印尼企业按照B2B（企业到企业）商业模式合作，中方由中国铁路总公司牵头，组织铁路设计、建造、装备和运营等企业组成联合体，与印度尼西亚维贾亚卡亚公司牵头的印度尼西亚国有企业联合体合作。项目全部采用中国高铁技术和装备，借鉴中国高铁丰富的建设和运营管理经验，是中国高铁标准“走出去”第一单。

雅万高铁将连接雅加达和印度尼西亚第三大城市万隆，全长142千米，最高设计时速350千米，计划3年建成通车。届时，雅加达到万隆的旅行时间将由现在的3个多小时缩短至40分钟，极大地方便民众出行，有效缓解两个城市间的交通压力，带动沿线商业和旅游产业开发，促进印度尼西亚经济社会发展。同时，雅万高铁项目对于发挥铁路在推进“一带一路”建设中的服务保障作用，深

化我国铁路与东南亚相关国家铁路合作，实现共建"一带一路"国家交通基础设施互联互通，具有十分重要的意义。

三十六、阿克套沥青厂：中哈合作"明星"闪耀戈壁滩

2017年4月23日，阿克套沥青厂竣工投产。这不仅是中哈迄今在非资源领域最大的合资项目，也是哈萨克斯坦独立后兴建的第一座现代化石油加工企业。

沥青厂所在地原先是一个塑料厂，因为经营不善而倒闭。在这片荒凉的戈壁上，由中国中信集团和哈萨克斯坦国家石油天然气公司共同投资的阿克套沥青厂拔地而起，从此改写了哈萨克斯坦沥青严重依赖进口的历史，也改变了当地很多民众的生活。

哈萨克斯坦盛产石油，但炼化技术相对滞后，许多石化产业链下游产品长期依赖进口。2014年以前，近九成沥青需要从国外进口，且质量不高。发展自己的石化加工产业，成为哈萨克斯坦各界的企盼。而"一带一路"合作项目的大力推进，让这个愿望成为现实。

三十七、教育和旅游渐成中国与东盟对接"一带一路"建设重点

2017年4月28日，"印尼有句谚语——远在天边，近在心间；中国有句古诗——海内存知己，天涯若比邻。让我们共同架起中印尼友好往来、共赢合作的连心桥。"东盟国家赴华留学生从2010年的约5万人增长到2016年的8万多人，越来越多的东南亚学生选择"逐梦中国"。例如，泰国皇家私立汪盖刚翁学校的每名学生都要选择一门外语作为必修课，其中选择中文的有四成左右。这些孩子都有一个共同心愿：学好汉语，申请奖学金去中国留学。

为了满足这样的需求，中国近年来不断加大政府奖学金投入，并且向周边和共建"一带一路"国家倾斜。目前中国正形成国家、地方、高校三级奖学金网络，其他如孔子学院奖学金、中国各省市政府奖学金等都为东南亚贫困家庭的学子留学中国构筑了"造梦空间"。贵州、广西等地专门设立了东盟国家留学生奖学金，并为他们提供良好的学习生活环境。从2008年至今，汪盖刚翁学校已经有20多名学生通过孔子学院奖学金实现了留学中国梦，同样的圆梦故事在老挝、柬埔寨、缅甸等国不断上演。

值得一提的是，来华选择攻读学历课程的留学生数量日益增加。2013年中国与东盟的合作从"黄金十年"步入"钻石十年"。中国-东盟经贸合作取得飞跃性发展，对人才的需求呈现出多样化、高端化趋势。特别是随着"一带一路"建设的推进，雅万高铁等大项目在促进提升东盟国家工业化水平的同时，也创造出更多新的就业岗位。中国教育部数据显示，2016年来华接受学历教育的人数近21万人，同比增加13.62%，打破了以汉语学习为主的格局，就读人数最多的学科依次为西医、工科、经济和管理。马来西亚留华同学会代表认为，随着中国经济地位的上升，到中国学习经济与贸易相关专业成为潮流。

三十八、中国-巴基斯坦自贸区第二阶段谈判第八次会议举行

2017年5月，在"一带一路"国际合作高峰论坛期间，中巴两国领导人就加强双边经贸合作达成诸多共识。为落实好领导人共识，双方于9月14日在北京举行中国-巴基斯坦自贸区第二阶段谈判第八次会议，双方就货物贸易、服务贸易及协定实施相关议题进行磋商，以进一步提高双边贸易自由化水平。

中巴自由贸易协定于2006年签署，2007年实施生效。双方于2011年启动第二阶段谈判。巴基

斯坦是共建“一带一路”的重要国家,也是中国加快实施自贸区战略中的重要合作伙伴。

目前巴基斯坦外贸正面临压力。据巴官方数据,2017年8月该国贸易逆差达34.2亿美元,同比大幅增长近30%。达噶曾表示,出口下滑对巴基斯坦是巨大的挑战。

在此情况下,巴基斯坦希望通过自由贸易协定来增加出口。该国现与马来西亚、中国、斯里兰卡签署了自由贸易协定,与伊朗、印尼和毛里求斯签署了优惠贸易协定,与伊朗和土耳其的自贸协定正在谈判中。

三十九、四国六方共建中缅油气管道

2017年6月6日,中缅油气管道项目是国际化合作项目,中、缅、韩、印4个国家的6家公司共同参与投资。作为项目的中方建设者,中国石油经过5年前期筹备,7年建设运营,克服了多重困难,成功建设了一条优质、安全、环保、绿色的油气管道。成为中国企业“走出去”的样本工程,也是“一带一路”建设的经典范例。

中缅油气管道项目已经成为中国石油在缅甸发展业务的重要平台和“一带一路”建设的先导示范项目,成为中缅两国经贸合作的典范。

中缅油气管道项目是国际化合作项目,项目包括中缅原油管道、中缅天然气管道和配套原油码头工程。合资公司均采用股东会/董事会管理模式,对重要事务共同决策。在股权结构设计上,形成了利益共享、风险共担的国际化多方合作模式;在公司治理上,油、气两家合资公司作为中缅油气管道项目运营的法律主体,分别在香港注册成立,按照香港公司法、公司章程和股东权利义务协议等规定规范运作。

自项目开始建设以来,中国石油东南亚管道公司运营管理团队始终遵循国际惯例和商业模式,大力实施精细化管理,努力打造国际合作的标杆。

四十、中哈油气合作累计生产原油近3亿吨,多个项目被称“中哈合作典范”

2017年6月6日,中国石油在哈萨克斯坦日产原油5.2万吨。至此,中国石油以累计生产原油2.9亿吨的成绩向中哈油气合作20周年献上厚礼。作为“一带一路”倡议的践行者和先行者,中国石油在哈萨克斯坦近年来成功实施了一系列能源项目,中哈油气合作多个项目被称为“中哈合作典范”。

在20年中哈油气合作中,中国石油发挥整体技术优势,不断推进技术进步,成功破解不同类型油气田生产难题,通过自主勘探发现了哈萨克斯坦独立以来最大的陆上油田——北特鲁瓦油田等一批新油田。所参股企业2016年原油产量占哈国产油量的25%,原油权益产量在哈萨克斯坦油企中排位第三。

自从进入哈萨克斯坦,中国石油就以企业公民的身份积极履行社会责任,通过上缴税费、提供就业、带动相关产业发展、参与社会公益事业等多种方式,主动回报资源国、回报社会。迄今为止,中国石油为当地提供超过3万个直接就业岗位,企业员工本土化率达98%以上,社会公益活动惠及200多万人。

四十一、中越国际货运班列开通,全程854千米

2017年6月12日下午,由昆明开往越南海防的一辆满载850吨货物的货运班列从昆明王家营西集装箱中心缓缓出发,标志着中国到越南国际货运班列(昆明—老街—河内—海防)正式开通。

中越国际货运班列全程854千米，运行时间4～6天。从昆明出发到达河口后，货运班列将进行准米轨换装，最终将通过越南老街、河内到达海防港。本次中越国际货运班列共发运16组32个集装箱，主要运载着化工原材料、矿石等货物。

近年来，中国和越南双边贸易稳定增长，中越国际货运班列的开通，对于云南通过跨境铁路运输与南亚东南亚国家形成资源互补、互联互通具有重要意义，也有利于面向南亚东南亚辐射中心建设。

四十二、东盟华商会探索参与"一带一路"新模式

2017年6月10日，第十五届东盟华商会拉开帷幕，来自42个国家和地区的600余位华商相聚昆明，秉承和弘扬丝路精神，围绕"融入'一带一路'，促进创新发展"主题，共享机遇、共谋合作、共赢发展。东盟华商会已逐步发展成为立足云南、辐射西部、面向东盟、联通世界的涉侨区域性经贸品牌活动，成为中国西南部地区加快开放发展、密切与东南亚交往、推进与共建"一带一路"国家互联互通的重要平台。华商会借助于"一带一路"建设东风，发挥自身优势，建立合作机制，贯彻互利共赢原则，架起友谊合作之桥，积极探索参与"一带一路"建设的新模式新路子。

四十三、中孟柬三国签署《亚太跨境无纸贸易便利化框架协定》

2017年8月29日，中国与孟加拉国、柬埔寨两国商务部长在曼谷联合国会议中心签署《亚太跨境无纸贸易便利化框架协定》(以下简称《协定》)，希望借此推动贸易数据文件交换电子化，提高国际贸易的效率和透明度。联合国亚太经济与社会委员会(亚太经社会)执行秘书长阿赫塔尔及泰国、巴基斯坦、蒙古国和韩国的代表见证了当天的签字仪式，并表态支持《协定》。《协定》于2016年在亚太经社会第72届年会上正式获得通过，同年10月向亚太经社会正式成员开放签署。根据约定，《协定》将在至少5个国家加入后生效。《协定》的签署是促进亚太地区贸易便利化的重要成果。《协定》的达成既表明本地区国家坚定推进贸易便利化、走开放型经济发展道路的政治意愿和决心，也为各国规范单一窗口制式、建立统一电子贸易文件接口及实现跨境质商检互认等提供了共同的行动框架。

四十四、中国-东盟人才培养合作实现跨越式发展，教育成一大亮点

近年来无论是政府间，还是民间，中国和东盟间"以人为中心、以人才为重点"的合作均实现了跨越式发展。最值得一提的是，教育已成其中一大亮点，中国-东盟已连续8年举办教育交流周，签署了近800份合作协议。作为第一所中国重点高校海外分校，厦门大学马来西亚分校2013年立项，2016年2月份迎来首批东盟国家新生，成为中马教育合作的旗舰项目。这一合作事关人的可持续发展，因而落脚点是就业。目前，中国与泰国、马来西亚签订了学历学位互认协定，与印度尼西亚等国的相关协定正在推进之中，这为中国和东盟间新一代人才的就业打下了制度基础。到2020年，学院首批本科毕业生将以在印度尼西亚的中资企业为重点就业方向，进而成长为服务中印尼友好合作各领域的翻译、文员等应用型人才。

近年来，包括格力、华为、小米等一批"走出去"的中国品牌企业，均认识到对当地人才资源的投入和支持，是企业实现本土化经营必不可少的条件，也是中方助力东盟国家实现可持续发展目标的重要途径。诸如马鲁古、北苏拉威西、东加里曼丹等印度尼西亚偏远岛屿和边境地区，虽然很多地方连像样的公路都不通、连24小时供电都不能保障，但中国手机品牌OPPO的门店和维修中心却

随处可见，且员工全是当地小伙儿和大姑娘。据了解，OPPO（印尼）从刚建立时不到10个人，已发展成为实现本地规模化生产、雇用几千名本地员工的“中国品牌+印度尼西亚企业”。该公司总经理刘彬表示，除少数几位高管和高级工程师来自中国，全部使用本地人才，“在人才本地化上加大投入力度，不仅有利于企业扎根印度尼西亚、长远发展，也有利于两国人民间相互学习、增进理解”。

四十五、1.4万余名印度尼西亚大学生在华留学深造，留学生成中印友好合作使者

2017年中国政府将向印度尼西亚提供215个全额奖学金名额，较2015年录取人数增长了11倍。在印度尼西亚科学技术、研究与高等教育部和雅加达华文协调机构等部门的大力协助下，这215名学生获得本科、硕士、博士以及进修生奖学金，学习年限1—5年。这批赴华留学的年轻人将进入北京大学、清华大学、厦门大学等中国著名大学，专业涵盖汉语教育、生物科技、医学、经济学、法学、管理学、文学、艺术等多个门类。其中一半以上的硕士、博士奖学金的获得者来自印尼大学、万隆理工大学、加查玛达大学等印度尼西亚名校，可以说，他们是印度尼西亚赴华留学生中的优秀代表。

中国与印度尼西亚的教育合作已成为两国高级别人文交流机制的重要内容，两国关系发展正处在历史最好时期，两国政治互信加强、商贸投资扩大、人文交流活跃。特别是2015年5月份建立副总理级人文交流机制以来，两国在文化教育等领域的合作明显加强。两国教育主管部门互访频繁，高校之间的交流与合作全面扩展，越来越多的留学生到彼此国家学习，极大增进了双方的相互了解与信任。在该机制框架下，两国已签署《中国印尼高等教育学历互认协议》，这为两国互派留学生创造了更好的条件，也为留学生学成后就业开辟了光明的前景。

随着“一带一路”建设迅速推进，中国的金融机构也开始为两国人文和社会往来提供金融支持。中国银行2018年推出了一系列关于“留学中国”的特别服务，包括兑换人民币现钞、办理人民币预结汇汇款、开立印尼盾–人民币银联双币借记卡、持学生卡在中国内地中国银行ATM机上免费取现、提供人民币存款特优利率等。中国银行（印尼）行长助理杜其齐表示，通过这种一站式的金融服务，留学生及家长们可以获得全方位的跨境金融服务支持和便利，“还有一个好消息，这批留学生毕业时将定向招聘”。此话一出，留学生和家长们迅速将杜其齐和中国银行的工作人员围了个水泄不通，现场就完成了就业咨询。

国之交在于民相亲，民相亲寄望于青年。截至2017年8月，已有1.4万余名印度尼西亚大学生在华留学深造，中国已成为印度尼西亚大学生第二大留学目的地。同时，中国到印度尼西亚留学的学生人数也在逐年稳步增长。相信新一批印度尼西亚留学生必能成长为两国友好使者，必将增进印度尼西亚人民对中国的了解，密切两国的传统友谊，为两国互利合作关系的长远发展奠定坚实的民意基础。

四十六、中国与东盟互为最大海外旅游目的地和客源地，区域内人员流动日益频繁

2017年是中国–东盟旅游合作年，中国和东盟各国借此契机，推动旅游合作向更大规模、更宽领域、更高水平迈进，开拓“美丽经济”。目前，中国与东盟互为最大海外旅游目的地和客源地，每周有2700多个航班往返于中国与东盟国家，区域内人员流动日益频繁。

“旅游是促进中国–东盟人文交流、搭建民心相通桥梁的重要渠道，东博会成功举办13年来，一

直致力于推动区域旅游合作。"东博会秘书处副秘书长杨雁雁表示，自2005年起，东博会每年推出"魅力之城"专题，中国及东盟各国选择具有本国代表性的城市作为"魅力之城"，综合展示其在贸易、投资、科技、文化、旅游等方面的发展和商机。缅甸的蒲甘有古老的佛塔，菲律宾的宿务海水清澈透亮，越南的会安可以定制一身美丽的奥黛……这些过去相对"冷门"的东南亚城市，通过"魅力之城"展示亮相，正走进更多中国游客的视野。

在文化产业合作领域，东博会搭建了良好的交流互通管道。过去13年中，东博会举办了11届文化论坛、3届文化展、4届戏剧周。2017年5月，首届中国－东盟博览会动漫游戏展在广西南宁成功举办。大批中国－东盟文化产品成果瓜熟蒂落。

四十七、亚投行宣布首个股权投资项目

亚投行2017年6月15日批准总额约3.24亿美元的3个新项目，其中包括向印度基础设施基金提供1.5亿美元的股权投资，这也是亚投行首个股权投资项目。亚投行开展首个股权投资项目是亚投行的另一里程碑，将提高亚投行获得及资助高质量私营部门项目的潜力。印度基础设施基金计划融资7.5亿美元，其中亚投行出资1.5亿美元。该基金将致力于投资印度的基建平台及具有高成长潜力的基建公司，并帮助地方基建项目吸引公共养老基金、捐赠和保险公司等全球长线投资者出资，支持印度的基础设施建设。

四十八、中国和东帝汶签署经济技术合作协定

2017年7月13日，中东两国代表签署经济技术合作协定，以支持中东双方在医疗和教育领域开展合作。

中东经济技术合作协定的签署，体现了中国政府和人民对东帝汶政府和人民的一贯支持。中东在医疗和教育等重点领域进一步开展合作，不仅符合东现实发展需要，也符合"一带一路"倡议的精神，将在帮助东改善医疗条件、促进教育发展等方面发挥积极作用。

东、中两国传统友谊深厚，各领域交流合作不断深入，2017年5月刚刚签署粮仓与粮食加工厂项目和数字电视项目的换文，东从东到西，从北到南，都能看见越来越多的中国企业积极参与基础设施项目建设。

四十九、第十一届中国－东盟民间友好大会通过《暹粒宣言》

2017年8月8日，第十一届中国－东盟民间友好大会在柬埔寨暹粒市闭幕并通过《暹粒宣言》。

宣言说，各方愿以2018年中国和东盟建立战略伙伴关系15周年为契机，进一步加强战略沟通，深化务实合作，将人文交流合作打造为中国－东盟关系的第三大支柱，为建设更加紧密的中国－东盟命运共同体贡献智慧和力量。

宣言中说，东盟国家处于"一带一路"的陆海交汇地带，是推进"一带一路"建设的优先方向和重要伙伴。各方支持"一带一路"倡议与东盟各国发展规划加强对接，深化互联互通和产能合作，愿在政策沟通、设施联通、贸易畅通、资金融通等有关合作领域发挥牵线搭桥作用。

五十、中塔签署多项合作文件 加强基础设施领域合作

2017年8月31日，中塔两国政府代表签署了《中塔合作规划纲要》和《关于修改和补充2013年9月12日所签订的〈中华人民共和国政府与塔吉克斯坦共和国政府关于天然气管道建设运营的

合作协议〉的补充议定书》。

当日，中塔两国政府代表签署了《中华人民共和国商务部与塔吉克斯坦共和国经济发展与贸易部关于加强基础设施领域合作的协议》。

根据协议，双方将在“平等互利、优势互补、相互促进、共同发展、政府引导、商业运作”的原则下，开展铁路、公路、电力等领域的基础设施建设合作，进一步扩大中塔双边经贸合作规模，提升合作水平，实现互利共赢、共同发展。

五十一、中孟签署网络建设框架协议，承载“数字孟加拉”战略

2017年9月10日，中国和孟加拉国两国政府代表在孟加拉国首都达卡签署框架协议，中方将为孟方提供优惠贷款，用于建设孟加拉国网络基础设施项目。

根据这份协议，贷款将用于支持孟加拉国政府基础网络三期项目和通信网络现代化项目的建设。基础网络三期项目是对现有信息与通信技术基础网络的扩容和延伸，目的是提升该国市、县、乡三级行政区域的网络带宽。该项目是“数字孟加拉”战略的基础设施载体，将直接带动孟加拉国通信、信息科技、政务及教育等领域的发展，促进孟加拉国社会经济发展。同时，该项目将助益提高中孟信息通信基础设施的互联互通水平，是“一带一路”建设的重要内容之一。

通信网络现代化项目将通过对该国现有通信网络进行升级改造和扩容，建设真正意义上的国家宽带网。作为“数字孟加拉”战略的重要组成部分，该项目建成后将显著提高孟加拉国国际通信互联互通水平，可满足该国未来10年的网络发展需求。

五十二、中企建设境外经贸合作区已达75个，“中国模式”提升区域发展动力

2017年9月6日，中国企业正在推进建设的境外经贸合作区已达75个，遍布亚非拉欧34个国家，共带动投资近180亿美元，吸引入区企业1 141家。其中，中资控股企业711家。建设境外工业园区是中国企业利用两个市场、两种资源，实现有序、有效配置，参与国际竞争的重要途径。同时，中国企业对完善当地产业结构、创造就业岗位和提升本土装备制造水平带来了实实在在的好处。

中国埃及苏伊士经贸合作区、泰中罗勇工业园、中材赞比亚建材工业园、中白工业园等，以园区输出模式“走出去”已成为中国企业拓展国际市场的重要手段，园区模式呈现出抱团出行、带动区域发展等特点，受到越来越多国家的重视。

五十三、中泰铁路合作项目签署两项商务合同，价值约合10亿元人民币

2017年9月4日，中泰两国代表签署了中泰铁路合作项目（曼谷—呵叻段）详细设计合同和施工监理咨询合同。中国铁路国际有限公司和中国铁路设计集团有限公司组成的联合体与泰国国家铁路公司已于9月3日完成企业间签署。

泰国方面与中国国有企业签署的两项高铁项目合同，涵盖工程设计和聘用技术顾问团队，价值52亿泰铢（约合10亿元人民币）。这两项合同的签署标志中泰高铁项目正式启动。

根据合同，项目一期工程是建设一条连接泰国首都曼谷和东北部呵叻府的铁路，全长250千米。该工程将于2017年10月破土动工，预计2021年正式投入运营。

五十四、“一带一路”再获重大进展，中马港口联盟添新成员

2017年9月，中国自提出“一带一路”倡议以来，在海陆两方向不断取得进展。除了引人注目

的中国高铁项目不断有所突破，中国在海上丝绸之路的关键节点——港口方面也取得了重大进展。目前，又有3个马来西亚港口和2个中国港口将要加入中国－马来西亚港口联盟。

马来西亚甘马挽港、古晋港、沙巴港将会加入中国－马来西亚港口联盟。中国则有两个港口新加入中国－马来西亚港口联盟：天津港和青岛港，这使得中国－马来西亚港口联盟的成员达到了21个。

中国与马来西亚此举意在将马来西亚打造成为东盟地区的物流中心，并且将加强这些港口的基础设施建设，以增强其货物吞吐能力。

五十五、曼秧村特大桥完成下部施工，中缅国际通道打通“任督二脉”

2017年9月7日，一条由高速公路与铁路并驾齐驱的中缅国际大通道正在加速推进。它从中国昆明出发，途经大理、临沧，由孟定清水河口岸进入缅甸，继续向西南延伸，最终将抵达皎漂港。

大（理）临（沧）铁路的高风险工程之一曼秧村特大桥，该桥于近日完成下部施工，这也是大临铁路第一座完成下部施工的高墩、大跨特大桥。作为中缅铁路大通道重要组成部分，大临铁路全长202千米，设计标准为国铁Ⅰ级单线，设计时速160千米/小时。自2015年12月开工至今，已累计完成投资42.1亿元，占总投资的28%。

清水河至皎漂通道的关键性工程缅甸滚弄大桥援建项目在2016年内开工。全长156.3千米的临沧—清水河高速公路已于2016年7月20日开工，建设实验路段近45千米，截至目前累计完成投资7.4亿元。该线路建成后，向东将连接昆明、玉溪、百色、南宁、直达防城港，向西可达皎漂港，将打通中国连接印度洋与太平洋最近的陆上通道。

中国是缅甸最大的贸易伙伴和投资来源国。若昆明—皎漂中缅国际大通道建成，对深入推动中缅经济文化交流、加快缅甸国民经济发展、减少贫困将起到十分重要的作用。

五十六、中国、老挝、越南电网互联互通取得实质性进展，将送电600万千瓦

2017年9月18日，中国与东盟国家之间的电力合作成效显著，实际投资额及具体项目落地速度加快，中国、老挝、越南之间电网互联互通取得实质性进展。

2016年中国主要电力企业对东盟10国实际完成投资额（3 000万美元及以上项目）14.8亿美元，新签3 000万美元以上承包工程项目合同额24亿美元。

南方电网公司授权南方电网云南国际有限责任公司，与老挝国家电力公司、老挝彭萨塔瑞集团、越南河内－万象电力公司在昆明共同签署了《中国经老挝向越南特高压送电项目谅解备忘录》。三国四方初步达成2021—2025年，中国经老挝向越南送电500万～600万千瓦。这是中国第一个跨境第三国电网互联互通项目。该项目的启动，标志着中老越电网互联互通取得实质性进展。

五十七、中巴经济走廊19个项目正在建设，为当地直接创造数千个就业机会

2017年9月20日，伊斯兰堡政策研究所举办“南亚安全形势和中巴经济走廊发展”研讨会。中巴经济走廊建设总体进展顺利，收效显著，为中巴乃至地区国家深入推进“一带一路”建设积累了宝贵经验。目前，中巴经济走廊共有19个项目正在建设中，完成投资总额达190亿美元。CPEC项目直接创造了数千个当地就业机会。中国企业始终重视培养青年人才，积极提供培训机会。中巴经济走廊遵循双方的伙伴关系和和平发展原则，是以和平、合作、开放、包容、相互学习和共同繁荣为特色的丝绸之路精神的最佳体现。

五十八、中国与马尔代夫结束自由贸易协定谈判

2017年9月16日下午，中马两国代表共同签署《中华人民共和国商务部和马尔代夫共和国经济发展部关于结束中国－马尔代夫自由贸易协定谈判的谅解备忘录》。此前，由商务部牵头，发展和改革委员会、工业和信息化部、财政部、农业部、海关总署等部门组成的中方代表团与马方就双边自贸协定举行了为期2天的磋商，最终结束了各议题的谈判。

中马自贸协定谈判于2015年12月启动，历经五轮谈判和一次部长级磋商。根据协定，两国间95%以上的货物贸易产品将实现零关税，双方还就各自关心的金融、医疗、旅游等服务部门做出市场开放承诺，并同意进一步加强在重点领域的务实合作。下一步，双方将尽快开展协定的法律文本审核工作并履行国内程序，为正式签署协定做好准备。

五十九、科伦坡港南集装箱码头成为南亚主枢纽港，吞吐量连续3年两位数增长

2017年9月25日，作为中国和斯里兰卡重要合作项目，南集装箱码头2017年上半年吞吐量达到111万标准箱，同比增长21.2%，占整个科伦坡港集装箱吞吐量近40%。南集装箱码头突出的业绩，进一步巩固了科伦坡港在21世纪海上丝绸之路建设中重要海运枢纽的地位。

濒临印度洋北侧的科伦坡港是斯里兰卡的最大港口，由于地处亚欧非以及大洋洲海洋航运的必经之路，历史上便有“东方十字路口”之称。南集装箱码头是斯里兰卡批准的首批重要发展战略项目之一，更是中斯共建21世纪海上丝绸之路务实合作的标杆性项目。

项目目前由中国招商局集团建设、管理和运营。总投资5.6亿美元。2014年4月竣工并投入运营，2016年实现盈利。码头共有4个泊位，年设计吞吐能力240万标准集装箱，配备12台岸桥和40台场桥，可停靠目前世界上最大的1.9万标准集装箱船，是目前南亚地区唯一深水集装箱码头。

六十、中企签约孟加拉国快速公交系统项目，价值2 000万美元

2017年10月2日，威海国际经济技术合作股份有限公司日前与孟加拉国地方政府签署了首都达卡城市快速公交系统的部分项目施工承包合同。

威海国际经济技术合作股份有限公司主要负责在达卡国际机场—加济布尔主路两侧实施100多条支路的新建、扩建、修复升级等工作，包括建设相关排水、照明等设施。同时还将在附近新建9个市场，方便周边居民。

此项目合同金额2 000万美元，资金来自亚洲开发银行，工期为18个月。项目建成后将极大改善周边居民出行条件，缓解交通拥堵压力：同时，也会升级周边生活设施，提高当地居民生活水平。

六十一、诺基亚贝尔的5G布局曝光，涉及“一带一路”40多个国家

2017年10月5日，作为国务院国资委直接监管的央企中的唯一中外合资企业，诺基亚贝尔提倡信息扶智脱贫，为近40多个共建“一带一路”国家，包括亚太区的菲律宾、柬埔寨、老挝，非洲的尼日利亚、喀麦隆、多哥，欧洲和中亚地区的俄罗斯、白俄罗斯、乌克兰等国家和拉美地区的委内瑞拉、哥伦比亚、厄瓜多尔等提供方案包括2G/3G/4G移动网络、IP及光网络、超宽带接入，并开展5G战略合作。

诺基亚贝尔公司已与菲律宾领先的电信运营商Globe Telecom分别就无线技术，以及IP、光与

SDN技术展开合作，满足菲律宾当前及未来快速增长的数据需求。同时，诺基亚贝尔还积极参与大湄公河次区域网络建设，助力老挝政府建立电子政务和信息化教育系统，并承建GTPA国家骨干传输网；帮助老挝国家电力公司升级传输网络，助力老挝电信LTC升级到4G网络，并于近日同LTC签署了5G联盟备忘录。

六十二、"丝绸之路"空中通道：一头连着沿海，一头通向世界

2017年10月8日，2 000多年来，中国"丝绸之路"有海陆两道，近年来随着中国提出"一带一路"倡议，横贯中国东西航路的"丝绸之路"空中大通道开始建设。这条大通道东起上海及江浙，经过华东、华北、中南、西北地区，一路向西直至中哈、中吉国境点，沿途惠及10省1市1自治区共69个机场，是中国"长三角"经济圈与"一带一路"紧密相连的重要空中走廊。

西北是建设这条空中大通道的主力军。通过西北空域内的空中干线进行双向平行化改造，打造了一条连接新疆地区与中东部地区的大容量通道。新开辟国际国内航线共8条，总里程近2 500千米，同时，21条国际国内航线的走向得到优化，每天由华东、华北往返西北、欧洲的700余架次航班由此受益。

9月14日，上海—新疆的"丝绸之路"空中大通道正式全线贯通，这是中国迄今为止最长的一条东西向运行双通道航线。"丝绸之路"空中大通道的全线贯通具有里程碑式的意义。这条大通道调整的航路航线之多、幅度之大、影响范围之广堪称民航空中大通道建设以来之最。

六十三、巴基斯坦轨道交通橙线项目首批列车运抵拉合尔

2017年10月10日，巴基斯坦首条轨道交通橙线项目（OLMT）首批列车运抵拉合尔，巴基斯坦政府举行盛大接车仪式，拉合尔橙线轨道交通项目将为民众提供现代化、安全、便捷以及廉价的交通服务。

列车正式开通后，预计每天将有25万名乘客使用列车服务。列车运行时速将达到80千米，届时从达罗哈瓦拉地区到塔卡尔地区路程将缩短至45分钟以内。拉合尔轨道交通橙线项目在巴基斯坦历史上是首创性项目，是中巴经济走廊早期收获和示范性项目，项目成功实施与顺利运营将对中巴两国具有重要意义。

2015年4月，旁遮普省公共交通公司与联营体正式签订橙线项目EPC总承包合同，合同总价约为16亿美元，由中国进出口银行提供融资支持。项目采用中国标准，地铁车辆及机电系统全部采用中国设备。合同工期为27个月，在项目建设完成后，联营体还将承担5年运营维护工作，为橙线项目提供从建设到运营的全方位支持。

六十四、亚投行批准5亿美元对菲律宾贷款，用于改善大马尼拉地区防洪管理能力

2017年9年29日，由中国倡议成立的亚洲基础设施投资银行（亚投行）批准为菲律宾提供5亿美元的共同融资，用于改善大马尼拉地区的防洪管理能力。报道称，这是亚投行向菲律宾提供的首笔贷款。根据亚投行网站消息，该行已于27日拨款2.076 3亿美元，用于资助改善马尼拉地区的防洪设施。马尼拉防洪项目旨在建设新的泵站和配套基础设施，对泵站排水系统和固体废物管理系统进行现代化改造。亚投行的文件显示，该项目涉及面积1.11万公顷，占整个马尼拉地区的17%，将影响约97万人的生活。项目预计需要约5亿美元，将由亚投行、世界银行及菲律宾政府共同出资

实施。据亚洲开发银行估算，菲律宾2010—2020年基础设施建设资金缺口达1 271.2亿美元。《菲律宾每日问询者报》认为，菲律宾需要亚投行帮助其发展基础设施建设，因为亚投行是一个现代化、多边的组织，菲律宾可以通过亚投行这个更透明的窗口获得资金。

六十五、中国首次实现人民币与越南盾现钞点对点跨境双向调运

2017年10月14日，经国家外汇管理局、国家海关总署批准，并由中国农业银行总行同意，农行东兴市支行已获准开办人民币/越南盾现钞跨境双向、点对点调运业务。12日，一辆装载着50亿元越南盾的车辆缓缓驶入广西东兴口岸，首次实现了中越两国银行点对点完成双币现钞跨境双向调运。该笔50亿元越南盾现钞也是广西农行系统内首笔越南盾现钞跨境调运业务。仅2017年1月—9月，广西对越贸易额占广西与东盟贸易额的85%，占广西外贸进出口总额的42%，占中国对越贸易额的21.5%。广西到越南旅游、留学、公务访问、探亲访友人次逐年增长，对越南盾现钞需求日益增加。

东兴市是广西乃至中国通往越南以及东南亚最便捷的通道之一，是中国与东盟唯一海陆相连的口岸城市。人民币和越南盾现钞跨境双向、点对点调运业务顺利实施，实现中越货币现钞直接跨境互换，打通境内境外，让中越两国人民在“家门口”就能实现人民币与越南的货币互换，推进人民币国际化进程。

东兴市将在实现越南盾现钞跨境调运的基础上，鼓励更多的银行和本外币兑换特许机构开展人民币与越南盾现钞兑换业务，促进现钞跨境调运常态化，不断助推“一带一路”建设走向纵深。

六十六、中国建设银行新加坡分行发行“一带一路”基础设施债券

2017年10月16日，中国建设银行新加坡分行成功发行5亿新元“一带一路”基础设施债券，债券将在新交所挂牌上市。这是建行新加坡分行在本地市场首次发行新元债券，同时也是中国建设银行新加坡分行在本地发行“一带一路”基础设施系列债券的第二期。该债券惠誉评级为“A”。这次发行的债券为5亿新元3年期债券，票面利率为2.08%，吸引了新加坡、英国、德国、中国香港、中国澳门等国家和地区投资者的踊跃认购，认购金额超过7.4亿新元，较发行指导价格收窄了23个基点。

本次债券发行是中国建设银行响应“一带一路”国家发展倡议，重视和支持相关基础设施项目的重要举措。2017年4月，中国建设银行在新加坡成立总行级的基础设施建设服务中心、私人银行中心，将会发挥新加坡作为国际金融中心的吸引力与承载力，进而为东南亚“一带一路”沿线的铁路、港口、航空、交通物流、能源、信息通信等重要基础设施项目提供融资及服务，为新加坡以及东南亚的高净值客户提供私人银行和资产配置服务。建行新加坡分行表示，本次债券发行是中资扎根于东南亚的重要措施，募集资金将主要用于“一带一路”相关项目的融资。本期新元债券获得市场积极认购，再次显示出投资者对中国经济的信心。

六十七、中国首个援巴医疗队入驻瓜达尔港，将提供2年医疗服务

2017年9月，中国首个援巴医疗队抵达巴基斯坦俾路支省瓜达尔港，10余名医务人员将为当地民众提供为期2年的医疗服务。该医疗队由中国国家卫计委和中国红十字会总会共同派出，由来自复旦大学附属华山医院、北京红十字会999急救中心的医务人员及中国红十字会工作人员组成。按照计划，中国援巴医疗队将在瓜达尔社区开展巡诊，培养当地医务人员，向他们传授中国医疗技术，同时将为参与当地建设的中资机构人员提供医疗服务。当地不少疾病是已被中国攻克的传染

病，医疗队还计划在瓜达尔开展流行病调查，此举有助于提升当地民众的健康水平，改善他们的就医环境，造福当地人民。

为服务"一带一路"建设，中国红十字会于2017年2月成立了"丝路博爱基金"，致力于优化"一带一路"人道服务供给，关注"一带一路"参与国家民生需求，以"一带一路"参与国家为服务区域，已资助开展了中巴急救走廊、"一带一路人道救助计划"等民生服务项目。中巴急救走廊是由中国红十字会联合巴基斯坦红新月会开展的应急救护和卫生服务项目，主要沿中巴经济走廊布设由急救站点、急救人员、急救车辆、应急系统等组成的急救单元，提升走廊沿线应急救护和公共卫生服务水平。

六十八、中资承建大摩拉岛大桥于2018年4月完工，为文莱首座跨海大桥

2017年10月23日，大摩拉岛大桥是连接文莱西部摩拉区和东部大摩拉岛的重要桥梁。目前桥的部分即将完成，2018年4月初完工并正式通车。

按照设计，大摩拉岛大桥为双向四车道公路，该项目总体长度5 915米，跨海大桥部分长约2.7千米，主桥为连续钢构结构，桥面宽23.6米，总合同额为2.6亿新加坡币，建成后成为文莱第一座跨海特大桥梁。

由中国港湾公司承建的文莱大摩拉岛大桥项目签约和动工仪式是在2015年5月6日举行的，据悉，该项目除了设计和建造2.7千米四车道跨海大桥和3千米岛上四车道公路外，还包括配套电气网络、通信网络、水供应管道网等。该桥是目前亚洲最大的单箱单室箱梁结构。

六十九、中国国内航空公司将新开共建"一带一路"国家国际航线95条

自2017年10月29日—2018年3月24日，中国民航将执行2017/2018年冬春航季航班计划。新航季，中国国内航空公司计划新开共建"一带一路"国家国际航线95条，主要集中在东欧、中亚、东南亚、南亚及南太平洋地区国家。国外航空公司新开18条共建"一带一路"国家的国际航线，主要集中在菲律宾、马来西亚、泰国、越南、柬埔寨、哈萨克斯坦等国家。

新航季共涉及50家国内航空公司、13家港澳台航空公司和143家外国航空公司，日均航班计划量约14 460班，相比2016/2017年冬春航季增加约5.7%。其中，国内航空公司、港澳台航空公司和外国航空公司航班量占比分别为90.3%、2.1%和7.6%。

七十、中企承建越南首条轻轨将于2018年正式运营

2017年11月4日，由中铁六局承建的越南首都河内吉灵—河东城市轻轨项目将于2018年正式运营，这条轻轨不仅将成为中国轻轨走进越南的第一条轻轨，也是越南全国的第一条轻轨，是越南民众最为期待的一个轻轨项目。

根据越南国家2000—2020年交通网络长远规划的安排，越南政府计划在首都河内市和胡志明市建立城市轨道交通网络。经过越南政府的全面考量，决定将上述第一条轻轨项目交由中国中铁六局进行建设。吉灵至河东线是河内市轨道交通线网中的一条交通主干线，线路全长13.02千米，全线均采用高架方式建造，沿途经过河内市的栋多郡、青春郡及河东郡，共设置12座车站。项目总投资约6.5亿美元，资金主要来源是中国提供的"两优贷款"。

全部工程采用中国标准。项目从规划设计、技术标准、施工规范，到工程设备采购、安装施工、工程监理，全部按照中国标准实施。该轻轨项目的建成，对于完善河内城市路网功能、缓解交通压

力、拓展城市发展空间以及带动当地经济发展具有十分重要的意义，在引导城市空间结构的合理发展上也将发挥巨大的辐射作用。

七十一、阿富汗、阿塞拜疆、格鲁吉亚、土耳其、土库曼斯坦达成协议共建跨境运输走廊

2017年11月20日，日前在阿富汗召开的第七届阿富汗区域经济合作会议（RECCA VII）期间部长级会议上，阿富汗、阿塞拜疆、格鲁吉亚、土耳其、土库曼斯坦达成协议共建“拉祖里特”跨境运输走廊，该走廊将成为阿富汗到欧洲货运最便捷和优惠的通道，项目参与国将有可能享受运输货物零关税政策。

该项目计划投资20多亿美元，资金来源于中国、吉尔吉斯共和国、塔吉克斯坦、伊朗、土耳其、美国，以及国际金融机构——亚洲开发银行和世界银行。

七十二、中企承建格鲁吉亚最长铁路隧道实现贯通

2017年11月19日，由中国企业承建的格鲁吉亚最长铁路隧道实现贯通，标志着格鲁吉亚铁路现代化项目取得了突破性进展。

位于格鲁吉亚中部克维什赫季的9号隧道全长超过8.3千米，是格鲁吉亚有史以来建设的最长铁路隧道，也是格鲁吉亚铁路现代化项目的“咽喉”工程。从2011年开始，中铁二十三局建设者群策群力，大胆采用了数十项国际先进施工工艺，克服了围岩沉降、可燃气体释放、岩层破碎等工程技术难题，确保了隧道按时高标准贯通。这条隧道的顺利贯通有利于提高格鲁吉亚铁路系统的运力、提升铁路安全标准并缩短列车运行时间，对于格鲁吉亚基础设施发展意义重大。

七十三、中缅拟建“人字形”经济走廊，打造三端支撑、三足鼎立合作格局

2017年11月22日，中缅经济走廊是中国“一带一路”倡议中必不可少的一环。缅甸基础设施落后，中缅“人字形”经济走廊建成，将把缅甸最贫穷的地区和最发达的地区连接起来，必将重新整合缅甸的经济发展格局，推动缅甸的经济发展。

中方视缅方为共建“一带一路”的重要伙伴，两国优势互补明显，合作潜力巨大。为巩固中缅全面战略合作伙伴关系、深化务实合作，中方愿根据缅甸国家发展规划和实际需要，与缅方共同探讨建设北起中国云南，经中缅边境南下至曼德勒，然后再分别向东西延伸到仰光新城和皎漂经济特区的“人字形”中缅经济走廊，形成三端支撑、三足鼎立的大合作格局。

这将有助于沿线重大项目相互联接，相互促进，形成集成效应，也有助于推进缅甸各地实现更加均衡的发展。中缅经济走廊是中国在提出“六大经济走廊”后，第二次提出与单个国家建立经济走廊。中缅经济走廊是我国西南部经陆路进入印度洋最便捷的通道。

据缅甸投资与公司管理局统计，截至2017年5月，在所有对缅甸投资的国家和地区中，中国以总投资额180亿美元位居首位，共有183个已批准投资项目。在外资对缅投资领域中，油气行业占31%，投资额超过220亿美元；电力行业排第二位，投资额超过205亿美元。制造业和交通与通信行业的投资额都超过110亿美元，分列第三、第四位。

七十四、基辅市同中方联合体签署地铁建设协议，力争2018年底开工建设

2017年11月23日，乌克兰首都基辅市政府同中国中铁国际集团、中国太平洋建设集团（中方

联合体)22日在基辅签署关于基辅地铁4号线建设合作协议。

这是关于该项目签署的第二个文件。首个文件是2017年5月北京"一带一路"高峰论坛期间中乌双方签署的该项目合作意向书。

据介绍,目前中方联合体已完成对该项目可研报告和投资估算。该项目线路总长约20千米,共设13个车站,投资总额约20亿美元。该线路将把基辅特罗叶辛纳区同市中心商业区相连,将极大改善该区交通拥堵和出行难问题。

七十五、中亚天然气管道累计向国内输气突破2 000亿立方米

截至2017年11月29日15时,中亚天然气管道累计向国内输送天然气突破2000亿立方米。

中亚天然气管道是联通中亚多国与中国的重要能源战略通道,对保障中国能源安全、推进国家能源结构绿色转型具有重要战略意义。

作为中国首条从陆路引进境外天然气的跨国能源通道,中亚天然气管道自2009年12月A线竣工投产以来,经过多年建设目前已形成A、B、C三线并行输气格局,年输气能力达到550亿立方米。

中亚天然气管道途经乌兹别克斯坦、哈萨克斯坦,最终到达位于中国新疆的霍尔果斯口岸,并与国内的西气东输二线和三线相连。每年从中亚国家输送到国内的天然气,约占全国同期消费总量的15%以上。

这2 000亿立方米天然气主要气源来自土库曼斯坦的阿姆河天然气公司和国家天然气康采恩、乌兹别克斯坦国家输气公司。中国石油又成功开拓了哈萨克斯坦气源。

来自中亚国家的天然气,对中国的环境保护发挥了巨大作用。据测算,2 000亿立方米天然气,可替代煤炭2.66亿吨,减排二氧化碳2.84亿吨、二氧化硫440万吨。中亚天然气惠及国内27个省区市和香港特别行政区的3亿多人口。

中亚天然气管道也是"一带一路"能源合作的典范。作为"一带一路"设施联通的重要工程,在中亚天然气管道A、B、C线运营期间给沿线国家带来近万个就业岗位,累计可缴纳税费超过100亿美元,相关国家石油工业也因此得以提升。

七十六、卡西姆港燃煤电站首机发电,将满足巴基斯坦400万户家庭用电需求

2017年11月29日,中巴经济走廊首个落地能源项目——巴基斯坦卡西姆港燃煤电站首台机组发电仪式在巴基斯坦卡拉奇举行。该项目由中国电建与卡塔尔王室基金AMC公司分别按照51%和49%的比例出资建设,总投资20.85亿美元,建设工期36个月。

工程自开工以来,仅用30个月就实现了1号机组投产发电。项目两台660兆瓦超临界机组将在2018年全部实现商业运行,年均上网发电量约90亿千瓦时,能够满足巴基斯坦当地400万户家庭用电需求,较大缓解巴基斯坦电力短缺现状,还将对当地调整电力能源结构、降低发电成本等产生积极影响。

电站项目也带动中国标准、技术和装备"走出去",包括汽轮机等三大主机在内99%的装备来自中国,直接带动中国装备"走出去"金额在70亿元人民币以上。

七十七、马尔代夫内阁批准签署马中自贸协定

2017年12月29日,马尔代夫内阁批准与中国签署马尔代夫-中国自由贸易协定。马中自贸协定将大力促进两国多领域经贸往来,加速两国旅游、航空、建筑等多行业合作。

中马自贸协定谈判于2015年12月启动。中马双方2017年9月签署了关于结束自贸协定谈判的谅解备忘录，目前正在开展协定的法律文本审核工作并履行国内程序，为正式签署协定做准备。

根据协定，两国间95%以上的货物贸易产品将实现零关税。

七十八、《中巴经济走廊远景规划》明确建设发展方向，获巴方盛赞

2017年12月18日，《中巴经济走廊远景规划》（以下简称《规划》）在巴基斯坦首都伊斯兰堡发布，引起了社会各界的积极反响。《规划》分为前言、走廊界定和建设条件、规划愿景和发展目标、指导思想和基本原则、重点合作领域、投融资机制和保障措施等六部分。

《中巴经济走廊远景规划》的发布是中巴两国关系历史上的又一大事。它标志着中巴经济走廊经过从公布至今4年的探索和建设，经过双方合作和研究，中巴经济走廊理论、现实建设和发展方向都有了较为清晰的轮廓；不仅如此，这一规划还会在未来进行优化调整，不断趋于完善，必将促进在建项目不断推进，引领未来项目科学布局，指导中巴经济走廊建设的发展方向。同时，对有意参与中巴经济走廊建设的其他国家提供明确的指导信息。

走廊远景规划将中国“一带一路”倡议和巴基斯坦“2025发展愿景”深入对接，将进一步指导走廊的下一步建设，推动巴中两国协同发展，造福两国百姓。

七十九、中乌天然气管道新调控中心项目开工

2017年12月1日，中乌天然气管道新布哈拉调控中心项目日前在乌兹别克斯坦布哈拉市举行开工仪式，这标志着中乌两国在“一带一路”建设中的又一个重点合作项目正式启动。

新布哈拉调控中心项目是中乌天然气管道项目C线工程建设的一部分，是管道全线的管理和指挥枢纽，对管道全线进行监视、控制、调度和管理，有效加强中乌天然气管道全线调控和管道运行管理职能。

自2009年按期建成A线并通气以及随后相继建成B、C线并投产以来，中乌天然气管道项目已安全运行超过2 900天，成功实现了中乌两国政府和石油企业的合作目标，为促进中乌经济合作发挥了巨大作用。

八十、斯里兰卡政府启动中斯汉班托塔港合作项目

2017年12月9日，斯里兰卡政府在科伦坡举行仪式，正式启动中斯汉班托塔港合作项目。

汉班托塔港位于斯里兰卡南端，距离国际海运主航线约10海里，是一座综合性人工深水海港，目前拥有8个10万吨级泊位和2个2万吨级泊位。根据此前中斯双方达成的汉班托塔港特许经营协议，中国招商局港口控股有限公司与斯里兰卡港务局合资成立了两家公司——汉班托塔国际港口集团有限公司和汉班托塔国际港口服务有限责任公司，分别负责汉班托塔港的商业管理运营和行政管理运营。

汉班托塔港的发展建设是斯中在“一带一路”倡议下合作的重点领域。未来中斯双方进一步加强合作，将汉班托塔港打造成南亚地区的航运中心。

八十一、中老铁路第一条隧道全线贯通

2017年12月12日，中国电建水电十五局承建的旺门村二号隧道顺利贯通，成为中老铁路项目全线首个贯通的隧道。

旺门村二号隧道位于万象省，全长301米，地质情况为黏土、全风化和强风化泥岩、泥岩夹砂岩。安全风险高，施工难度大。

中老铁路（老挝段）北起中老边境，南抵老挝首都万象，全长414千米，全线采用中国技术标准、使用中国设备，设计时速160千米，计划在2021年12月建成通车。

八十二、中企承建的巴基斯坦重要交通干道通车，将惠及当地10万余民众

2017年12月27日，由中国葛洲坝集团承建的巴基斯坦E35高速公路第一、二标段通车仪式在该国西北部开伯尔-普什图省赫里布尔地区举行。

E35高速公路起点位于伊斯兰堡和白沙瓦之前的哈桑阿卜杜勒市，终点为北部的赫韦利扬，全长60千米，位于巴基斯坦西北部开伯尔-普什图省，是巴基斯坦国家贸易走廊的一部分。此次通车的第一、二标段共计39.6千米。

作为连接巴基斯坦主要交通干道的项目，E35高速公路对于加强巴基斯坦与中国的互联互通、促进地区经济增长、带动巴基斯坦北部旅游业发展具有重要意义，并将惠及当地10万余民众。该高速公路预计于2018年5月全部建成。

八十三、中柬首批"澜湄合作"专项基金项目签约

2017年12月21日上午，中柬第一批澜湄合作专项基金，涉及宗教发展、旅游培训、改善民生、渔业保护、减贫与城市化、互联互通等领域的16项协议，协议总额约为732万美元。澜湄合作六国自机制启动以来，在2年时间里迅速从培育期过渡到成长期，在此过程中展现了独具一格的"澜湄速度""澜湄效率"和"澜湄模式"。

目前湄公河流域有美国、日本、印度、韩国等国设立的5项合作机制，澜湄合作机制是该区域最新的合作机制，但却是发展最大、进步最快的机制。机制成立2年时间里，将该机制推进到了领导人会议级别，这显示了澜湄合作机制的活力，以及六方的合作意愿。

八十四、哈萨克中国银行向哈锌矿项目提供1.2亿美元贷款

2017年12月30日，哈萨克中国银行与欧洲复兴开发银行日前在哈南部城市阿拉木图签署银团贷款合同，共同为哈萨克斯坦沙尔基亚锌业公司锌矿改扩建项目提供贷款，这是哈萨克中国银行首次与欧洲复兴开发银行开展合作。根据合同，贷款总金额为2.95亿美元，其中哈萨克中国银行提供1.2亿美元，欧洲复兴开发银行提供1.75亿美元。

沙尔基亚锌业公司锌矿改扩建项目位于哈萨克斯坦克兹勒奥尔达州，由哈国家主权基金控股。锌矿改扩建项目完成后，沙尔基亚锌业公司将在哈锌矿市场占据主导地位，并成为世界排名靠前的锌矿开采公司。项目不仅将带动当地经济发展，还将对哈就业、上下游产业发展等产生一系列积极影响。

哈萨克斯坦能源部表示，将为项目顺利实施提供良好基础设施服务。哈萨克中国银行行长刘伟表示，希望项目能成为"一带一路"框架下的合作典范，为哈实体经济发展带来更多活力。

八十五、四川文化迈向"一带一路"文旅项目《吴哥王朝》在柬埔寨落成

神秘的热带雨林、广阔的洞里萨湖……这正是"一带一路"四川省重点项目——大型情景舞台演艺秀《吴哥王朝》的精彩场面。2017年10月25日晚，《吴哥王朝》在柬埔寨首演，展现柬埔寨王国

的古老历史、灿烂文化和绚丽风情。《吴哥王朝》项目由德阳美忆文化旅游发展投资有限公司携手柬埔寨加华集团倾力打造，总投资2.2亿元，经过2年的精心规划设计及施工建设完成。项目坐落于柬埔寨历史文化古城——美丽的暹粒市区，距世界闻名的吴哥窟仅5千米，是暹粒市区到达吴哥窟的必经之地。《吴哥王朝》汇聚中柬两国杂技、舞蹈、音乐、舞美、服装、舞台科技等众多艺术家的创作灵感，描绘了吴哥时期热带雨林的天然秀丽、邻邦战争的英勇悲壮以及人们重建家园的勤劳智慧等。

八十六、“天使之旅——‘一带一路’大病患儿人道救助计划”第二期行动在蒙古国启动

中国开展的“一带一路”大病患儿人道救助计划急蒙古国普通百姓之所急，及时为当地有迫切需求的人群提供了帮助。由中国红十字基金会“丝路博爱基金”资助的“天使之旅——‘一带一路’大病患儿人道救助计划”行动，计划救助100名蒙古国先天性心脏病患儿。2017年一期行动中，53名先天性心脏病患儿在北京安贞医院、北京华信医院以及内蒙古自治区人民医院完成手术治疗，孩子们得以重获新生。此次二期行动筛查确定的47名先天性心脏病患儿继续向贫困家庭倾斜。

中国红十字基金会“丝路博爱基金”致力于优化“一带一路”人道服务供给，以“一带一路”沿线国家为服务区域，建立全球应急救护走廊，建立救护站，培训医疗人员，并对沿线有迫切人道需求的人群进行救助。“天使之旅——‘一带一路’人道救助计划”是中国红十字基金会“丝路博爱基金”资助开展的系列国际援助项目之一。

目前，该基金的人道足迹已遍布“一带一路”沿线20多个国家和地区，资助开展中巴急救走廊项目、“一带一路”大病患儿人道救助计划阿富汗行动、海外博爱家园项目、“一带一路”人道救助计划叙利亚、伊拉克行动等。“一带一路”倡议不仅对世界经济发展至关重要，对共同实施人道主义救助同样具有重要现实意义。

八十七、中国文物援外项目在尼泊尔赢得赞誉：期待我们的文化瑰宝重放荣光

杜巴广场9层神庙是尼泊尔地标性建筑之一，是联合国教科文组织1979年公布的加德满都谷地世界文化遗产的重要组成部分。作为尼泊尔历史上重要的宫殿建筑，该神庙具有极高的历史和建筑艺术价值。在2015年4月尼泊尔里氏8.1级地震中，9层神庙受到严重损坏，局部倒塌，整体变形严重。据统计，杜巴广场古建筑群中有14座重点建筑遭不同程度毁坏，其中有12座是联合国教科文组织认定的世界文化遗产。

9层神庙地处加德满都谷地世界文化遗产的核心区。这里现已成为文化遗产保护修复的“国际竞技场”。吕舟介绍说，尼泊尔大地震后，美国、日本、韩国、印度等国的相关机构都投入文物修复工作中来，而中国则主动承担了最具挑战性的工程之一——9层神庙。

吕舟说，修复工作绝非易事，中国文保团队一定精心施工，确保工程质量，展现中国文物保护的理念、水平和技术，树立“靠得住”的中国文物保护品牌。

八十八、“美丽中国 美丽越南”图片展等文化交流活动在越举行

2017年11月6日，由中国国务院新闻办公室与越通社联合主办、人民画报社与越南画报社共同承办的“美丽中国 美丽越南”图片展开幕式在越南首都河内胡志明博物馆举行。

“美丽中国 美丽越南”图片展以“睦邻友好 共同发展”为主线，收录了中越两国摄影师拍摄的

大量精美图片。通过"江山如画 岁月如歌""中越相交 情深谊长""丝路华章 追梦未来"等5个部分，展示中越两国的自然风光、历史文化、经贸往来、人文交流、中国"一带一路"倡议与越南"两廊一圈"规划深度对接等内容。

《中国东盟报道·2017APEC越南专刊》首发式5日在中国驻岘港总领馆举行，该刊以2017年岘港APEC为契机，在聚焦APEC领导人非正式会议的同时，集中报道了中共十九大、越共十二届中央委员会第六次会议，展示了近年来两国在经贸合作、"一带一路"倡议与"两廊一圈"规划对接等方面取得的重大成果。

八十九、"一带一路"倡议助力东盟旅游弯道超车

东盟国家普遍拥有丰富的旅游资源，但同时，这些国家在发展旅游基础设施和服务时，急需必要的资本、技术和理念，因此通过国际合作实现东盟旅游业"弯道超车"，成为普遍共识。

2013年，中国国家主席习近平提出"一带一路"倡议以来，东盟国家纷纷将本国战略与"一带一路"相对接，特别是将《东盟互联互通总体规划2025》与"一带一路"倡议紧密结合。泰国亚洲航空商务总监讪提素·孔差亚对本报记者表示，东盟与中国在经济发展和互联互通领域提出的一系列倡议，无疑更好地促进了人员往来，为地区航空业发展提供了难得的机遇。

目前，亚航已经开通了泰国、马来西亚、菲律宾和印度尼西亚等4个东盟国家飞往19座中国城市（含港澳台地区）的55条航线，"无论是飞往大城市还是小城市，中国航线都具有巨大的增长潜力"。孔差亚认为，通过东盟与中国签署的系列文件、旅游发展共同规划、旅游产业环境保护以及基础设施建设等合作，相信东盟和中国都将从旅游业发展中共同受益。

随着中国加速进入全民旅游时代，中国游客对东盟国家旅游产品的需求更趋多元化，对旅游服务的要求也更加个性化，这对东盟国家旅游业发展提出了新要求。不久前，中国企业在柬埔寨投资建设的吴哥王朝大剧院及编导的舞台剧《吴哥王朝》首次与游客见面，为暹粒这座旅游名城增添了新的文化元素；在老挝琅勃拉邦象龙村，中国专家正在因地制宜，帮助村民发展特色旅游，为他们打造发展"金钥匙"的同时，也为游客营造了新的旅行体验；泰国曼谷湄南河畔的"黉利宅"已修葺完好，并打造成新的景点，中国游客可以在这里了解当年华侨华人生存发展的状况。

九十、"一带一路·侨爱心光明行"计划将在东南亚多国开展

2017年11月24日，"一带一路·侨爱心光明行"缅甸站复明仪式在曼德勒梯桑眼科医院举行，中国爱尔眼科的医疗队为缅甸的200名白内障患者实施手术，帮助他们重见光明。"一带一路·侨爱心光明行"是由中国侨联倡导，中国华侨公益基金会和爱尔眼科医院集团联合举办的公益慈善项目，该项目将携手全球华侨华人，为共建"一带一路"国家贫困眼病患者实施爱心手术，帮助他们重见光明。此项活动还计划在菲律宾、柬埔寨、马来西亚等多个东南亚国家开展，未来还将延伸至欧洲等地，将"民心相通"真正落到实处。

九十一、中哈吉丝路文物联合申遗成功后首次主题展举行

为了让中国香港市民更好了解丝绸之路的内涵，国家文物局与香港特区政府康乐及文化事务署联合主办以"绵亘万里——世界遗产丝绸之路"为题的大型展览，展出来自中国内地、哈萨克斯坦和吉尔吉斯共和国的珍贵文物，其中多项展品为中国国家一级文物。该展览28日举行了传媒预展及开幕式，从2017年11月29日至2018年3月期间对公众开放。

此次展览重点介绍了“丝绸之路：长安—天山廊道的路网”沿线的珍贵文物，共展出210多组展品，包括玉器、丝织品、三彩胡人俑、金银器、青铜器及大型壁画等。“丝绸之路：长安—天山廊道的路网”横跨中国、哈萨克斯坦和吉尔吉斯共和国，于2014年被联合国教科文组织纳入《世界遗产名录》。

展品中有160多组来自陕西、河南、甘肃及新疆，包括国宝级文物金神兽、鎏金铜蚕和胡人牵驼壁画等。展览中还有超过50组珍贵文物来自哈萨克斯坦和吉尔吉斯共和国，呈现当地独有的文化特色，包括伊塞克金人服饰和武器的复制品、骑士与动物祭台和佛像石雕等。

九十二、“一带一路”日本研究中心在东京成立

2017年12月1日，由数十名日本学者发起的“一带一路”日本研究中心在东京成立。“一带一路”日本研究中心发起人进藤荣一表示，“一带一路”倡议提出4年多来，得到国际社会广泛响应，建设成果丰硕。而此前日本社会对此了解并不深入，希望以此为契机，加强日本学界对“一带一路”倡议的研究，促进日本政府和民众对“一带一路”倡议的认识和理解。当天，主题为“在‘一带一路’倡议框架下的亚洲环境能源合作之路”的国际研讨会在东京举行，中国驻日本大使程永华、日本前首相福田康夫等出席研讨会。中日两国学者就“一带一路”框架下中日合作问题进行了深入交流。

九十三、韩国成立“一带一路研究院”

中国提出“一带一路”倡议以来，得到了国际社会积极响应和广泛参与。韩国总统文在寅2017年12月访华期间，曾表示韩方愿积极参与共建“一带一路”合作。如今“一带一路”不仅成为韩国政界热词，还取得民间的广泛共识。韩国民间主导创立的社团法人“一带一路研究院”正式成立。

“一带一路研究院”由韩国Heritage律师事务所首席律师崔载千担任理事长，韩国前总统卢泰愚的长子、韩中文化中心院长卢载宪和韩中文化友好协会会长曲欢担任共同院长。将以成为韩国“一带一路”相关研究机构中最具代表性的中国研究中枢为目标，研究院会积极与中国国家级和韩中历史文化交流中心地区——东北三省的社会科学院等进行交流，并将于3月发行学术期刊《一带一路》创刊号，解析“习近平新时代中国特色社会主义思想”。该期刊将以中文、韩文、英文3种语言发行。

九十四、巴基斯坦央行批准用人民币结算巴中双边贸易

2018年1月4日，巴基斯坦国家银行（央行）2日晚发表声明，批准贸易商在与中国的双边贸易中使用人民币作为结算货币。声明说，巴中两国的公共和私营企业在双边贸易和投资活动中可以自由选择使用人民币，巴基斯坦国家银行已经制定了相关法规以促进人民币在贸易和投资中的使用。声明还说，考虑到近期世界和地区经济的发展状况，尤其是中巴经济走廊建设的迅速推进，预计用人民币计价的对华贸易将大幅增长，这符合两国长远利益。

九十五、中国与马尔代夫签署自由贸易协定

2017年12月7日，在习近平和马尔代夫总统阿卜杜拉·亚明·阿卜杜尔·加尧姆共同见证下，商务部国际贸易谈判代表（正部长级）兼副部长傅自应与马尔代夫经济发展部部长穆罕默德·萨伊德分别代表两国政府在人民大会堂签署《中华人民共和国政府和马尔代夫共和国政府自由贸易协

定》。

中马自贸协定是中国商签的第16个自贸协定，也是马尔代夫对外签署的首个双边自贸协定。协定的签署既是党的十九大提出的"促进自由贸易区建设，推动建设开放型世界经济"的最新成果，也是双方按照领导人共识，巩固和加强两国面向未来的全面友好合作伙伴关系的重要举措，树立了规模差异巨大的国家间开展互利合作的典范，在两国经贸发展史上具有里程碑意义，将有力推动双边经贸关系取得更大发展。

中马自贸协定谈判于2015年12月启动，并于2017年9月结束。《协定》涵盖货物贸易、服务贸易、投资、经济技术合作等内容，实现了全面、高水平和互利共赢的谈判目标，将为双方贸易投资自由化和便利化提供坚实的制度保障，有助于促进双方深化有关领域务实合作，不断增进两国企业和人民福祉。

在货物贸易方面，双方同意最终实现零关税的产品税目数和进口额占比均接近96%，中国对马尔代夫出口的绝大部分工业品及花卉、蔬菜等农产品将从中获益。马方绝大部分鱼水产品等优势出口产品也将享受零关税待遇。在服务贸易方面，双方将在各自世贸组织承诺基础上，相互进一步开放服务部门。在投资方面，双方承诺相互给予对方投资者及其投资以准入后国民待遇和最惠国待遇，鼓励双向投资并为其提供便利和有效保护。与此同时，双方还在原产地规则、海关程序与贸易便利化、贸易救济、技术性贸易壁垒和卫生与植物卫生措施等众多领域达成广泛共识。

九十六、中尼跨境互联网光缆正式开通，为两国共建"一带一路"提供成功样本

2018年1月12日，中国电信集团公司与尼泊尔电信公司在尼泊尔首都加德满都举行两国跨境光缆开通仪式，标志着尼泊尔正式通过中国的线路接入互联网。开通尼中跨境光缆是尼泊尔互联网基础设施发展的一个里程碑事件。

在中尼光缆开通前，尼泊尔互联网主要通过锡陀塔那迦、比尔根杰、比拉德讷格尔等南部城镇与印度相连，从而获得入网服务。尼泊尔网络运营维护中心主任卡扎卡扎表示，来自印度的信号不稳定，互联网服务价格非常高。随着中尼光缆投入运营，尼泊尔运营商将有机会显著降低国际互联网宽带的采购成本，从而使终端客户有机会大幅降低移动互联网流量费用。

2015年4月25日，尼泊尔发生大地震，两国已经完工等待测试的跨境光缆严重损毁。尼泊尔2016年5月完成了尼泊尔一侧的光缆修复。中国电信于2016年8月完成了中国一侧光缆恢复重建工作。然而，就在跨境光缆即将开通之际，又先后经历暴雨袭击和公路改建。最终，2017年9月，中国电信与尼泊尔电信完成了通过吉隆口岸的中尼光缆系统测试，各项指标正常，项目进入验收阶段。这一互联网跨境连接工程历经三年半的艰辛施工完成，生动诠释了两国间深厚的友好情谊。

越来越多的外国企业来到尼泊尔，网络流量需求与日俱增，2017年网络流量增加近40%。通过中国网路接入互联网，为尼泊尔增加了一个路径选择，将有效满足网络流量增长需求，将有助于提升尼泊尔的互联网服务水平，大幅改善尼泊尔商业环境。

中尼光缆的开通，在缩短两国网络时延的同时，将为尼经济发展提供支持，并将进一步拉近中尼两国人民的距离，极大促进两国经贸发展，为中尼两国间共建"一带一路"提供了成功的样本。

九十七、中企在斯里兰卡建设南亚第一高塔，催生斯里兰卡超高层建筑标准规范

位于斯里兰卡首都科伦坡市区的莲花塔，西临海滩约1千米，东接机场主路，北望科伦坡港，南邻贝尔湖畔。在科伦坡，它尚未建成已成地标。

该项目由中国进出口银行提供商业贷款，总造价1.043亿美元，中国广播电影电视设计研究院设计，中国电子进出口总公司承建。塔高350米，分为塔座、塔身、塔楼3个部分，工程总建筑面积近2.7万平方米。

该工程是我国第一个在国外采用中国标准设计和建造的电视塔项目。2012年奠基，预计2012年5月完工。届时它将成为斯里兰卡首座电视塔和整个南亚地区最高的电视塔。所有施工规范基本是采用中国标准。它的建成将成为中国高塔技术在世界上重要的展示窗口。

施工开始后遇到的首个难题是施工标准不同造成的冲突。斯里兰卡一般都参考欧美标准，这与中国标准不一致。中方做出示范样板，顺利通过了各项工艺检测，让对方心悦诚服。这不但帮他们提升了浇筑工艺，也完善了浇筑标准。中国诸多新工艺填补了斯里兰卡多项国家标准的空白。随着工程的推进，斯里兰卡不断修正和调整超高层建筑标准，最终形成适合斯里兰卡的超高层建筑标准规范。

斯里兰卡电视转播目前还处于模拟信号阶段。建成后的电视塔是南亚地区的第一高塔，也是斯里兰卡国内首座数字电视塔。莲花电视塔将提供超过50个频道的电视和广播节目，为20多家电信商提供通信服务，这将极大推动斯里兰卡广播电视事业的发展。

九十八、中国将融资建设菲律宾苏比克—克拉克铁路

2018年1月31日，菲律宾经济管理团队已经批准了苏比克—克拉克铁路项目。该项目将会连接中吕宋两个主要工业中心，并在今后成为连接港口的吕宋岛铁路网的一部分。

该项目批准后将成为连接苏比克、马尼拉和八打雁等主要港口铁路网的一部分。苏比克—克拉克铁路将由中国融资实施。中国将向菲律宾提供9.48亿美元贷款用于该条铁路建设。

2017年10月，菲律宾财长多明计斯和中国商务部国际贸易谈判代表兼副部长傅自应签署了合作实施第二批中国融资基础设施项目的谅解备忘录，其中除苏比克—克拉克铁路之外还包括了达沃城市快速路、班乃—吉马拉斯—耐格鲁斯跨海大桥等项目。双方合作的首批中国融资项目为马尼拉城市水务管理局负责的新百年水源——卡里瓦大坝项目和国家灌溉署负责的赤口河灌溉项目，而项目融资的85%将来自菲律宾财政部与中国进出口银行签订的金融合作协议。中国将分别提供2.35亿美元和7 249万美元实施上述两项目。

九十九、土库曼斯坦—中国天然气管道在塔吉克斯坦境内部分开始铺设

2018年2月2日，土库曼斯坦—中国天然气管道铺设在塔吉克斯坦境内部分开始实施。

该天然气管道建设项目政府间协议于2013年9月签署，2014年3月，塔吉克天然气公司和中石油集团签署协议成立了天然气管道建设和运营合资公司——塔吉克天然气管道公司，天然气管道将从2020年1月起全面运行。

塔吉克斯坦境内管道铺设工程由中国石油天然气集团子公司负责。为实施该项目，中塔双方各持3亿美元股份成立合资公司，塔方为此在香港借贷3亿美元，还款期26年，年利率2.7%。塔政府对该项目兴趣在于税收和创造就业岗位，例如，合资公司32年的收入将达到150亿美元，从中塔方可通过单一税收（不包括社会税）获得12亿美元的收入和25亿美元的股息收入。该项目塔吉克斯坦境内部分工程金额为32亿美元，铺设管线总长约400千米，其中，计划建造45条隧道及其他基础设施，隧道总长75千米。该项目建设将为塔吉克斯坦提供超过3 000个就业岗位。

预计该天然气管道每年可从土库曼斯坦向中国输送250亿～300亿立方米天然气，该项目实

施使中国对塔吉克斯坦经济直接投资超过30亿美元。

一〇〇、中国航线网络已覆盖40个共建"一带一路"国家

截至2017年底中国国内机场(不含香港、澳门和台湾地区,以下简称国内机场)直飞航线网络已覆盖40个共建"一带一路"国家,与亚洲35国家实现直航,东欧20国中,仅与5个国家实现直航。

2017年国内机场直飞国际/地区运力8 329.1万座,同比增加5.0%,其中,直飞共建"一带一路"国家运力3 287.5万座,同比增加21.1%;国内机场直飞共建"一带一路"国家运力占国际/地区总运力的39.5%,相比2016年提高5.2%。

2017年国内机场新开国际/地区直飞航线255条,其中200条是共建"一带一路"国家直飞航线;新开共建"一带一路"国家直飞航线中,直飞航东南亚国家线162条,东欧航线31条;而国内机场新开直飞泰国、越南、俄罗斯航线最多,分别新开44条、38条、30条航线。

一〇一、中吉乌公路每年将节省运费250万美元 带来100多万个就业岗位

2018年2月25日,中国—吉尔吉斯共和国—乌兹别克斯坦国际公路(简称中吉乌公路)货运正式运行,三国国际道路运输合作由此掀开新的篇章,更为未来中亚区域经济合作打下了新的基础。"新走廊的开通,是'一带一路'倡议落地的缩影"。

东起中国新疆喀什,穿越吉尔吉斯共和国南部城市奥什,西抵乌兹别克斯坦首都塔什干——这就是全长950千米的中吉乌国际公路。它是新疆塔里木盆地到中亚阿姆河流域一条重要的公路大通道,也是中国–中亚–西亚国际经济走廊的重要组成部分。

新线路的开通,使原来的过境运输周期从8天缩短至2天左右。将使每吨货物运费较此前减少300～500美元,一年运费支出就可节省250万美元左右。同时,新线路可给沿线带来100多万个就业岗位。这是中吉乌三国首次实现国际道路全程运输,也是中国货车首次驶入非接壤国家。

一〇二、人民币对泰铢直接交易扩容至中国全境

2018年2月7日,经中国人民银行授权,自2018年2月5日起银行间外汇市场完善人民币对泰铢交易方式,从人民币对泰铢区域交易发展为人民币对泰铢直接交易。在银行间外汇市场开展人民币对泰铢即期、远期和掉期询价交易。具备银行间人民币外汇市场会员资格的机构均可在银行间外汇市场开展人民币对泰铢直接交易。泰铢是中国外汇交易中心挂牌和人民币直接交易的第24种货币。此前,人民币已实现对墨西哥比索、土耳其里拉、挪威克朗、瑞典克朗等货币的直接交易。人民币对泰铢直接交易做市商共有13家,除了此前已被纳入试点的7家银行之外,又新增了6家银行。未来将进一步延续并放大人民币对泰铢云南区域交易积累的经验成果。

中国人民银行授权中国外汇交易中心于每个工作日上午9时15分对外公布当日人民币对泰铢汇率中间价。银行间即期外汇市场人民币对泰铢交易价在中国外汇交易中心公布的人民币对泰铢汇率中间价上下10%的幅度内浮动。

为积极配合国家"一带一路"倡议,人民币对泰铢直接交易暂不收取交易手续费,暂免期至2020年7月31日。此举将明显减轻了企业在对泰国贸易投资中的汇兑成本,也减少了汇率波动风险,方便了中泰双边贸易投资活动。

附:13家人民币对泰铢直接交易做市商

中国工商银行云南分行、中国农业银行云南分行、中国银行、中国建设银行云南分行、中国交通

银行云南分行、富滇银行和盘古银行（中国）股份有限公司、中信银行、汇丰银行（中国）、渣打银行（中国）、大华银行（中国）、华侨永亨银行（中国）、开泰银行（中国）。

一〇三、“蓉欧+”东盟国际铁路通道首次试运成功

2018年3月2日，越南经凭祥至成都再连接蓉欧国际班列的“蓉欧+”东盟国际铁路通道构建了欧洲与东南亚各国之间的陆上跨洲际新通道。

随着全球产业的转移，东南亚承接了越来越多的国际制造企业。“蓉欧+”东盟国际铁路通道首次试运成功，让这些企业在当地生产的产品运出来有了新的通道。从效率上看，走这条路，半个月就可以把货物从越南经成都运抵欧洲，比航空运输成本下降很多，比海运时间节约20多天。

越南经凭祥至成都再连接蓉欧国际班列的“蓉欧+”东盟国际铁路通道构建了欧洲与东南亚各国之间的陆上跨洲际新通道，能助力成都加快建设国家内陆开放型经济高地和国家向西向南开放门户枢纽。

一〇四、丝路基金与乌兹别克斯坦有关企业、金融机构签署一揽子合作协议

2018年6月，丝路基金与乌兹别克斯坦国家石油天然气控股公司签署合作协议，为乌油气相关项目提供美元和人民币投融资支持；与乌兹别克斯坦国家对外经济银行签署合作备忘录，带动中方产业合作伙伴共同推进乌第二大城市撒马尔罕的文化旅游综合体建设，助力其打造“丝绸之路”上国际地标性的文化旅游项目。

双方此次合作，有助于对接乌兹别克斯坦油气、文化旅游业相关发展规划，深化中乌在双边重点领域的合作，促进乌经济社会发展，从而实现“一带一路”框架下的互利共赢。

乌兹别克斯坦国家石油天然气控股公司是乌兹别克斯坦唯一的石油、天然气、凝析油生产企业，主要从事石油、天然气和石油产品的勘探、生产和提炼。乌兹别克斯坦国家对外经济银行是乌兹别克斯坦最大的商业银行，主要职能是促进乌进出口、吸引外资及提供国际结算等业务。

一〇五、中国和老挝将正式建立知识产权双边合作关系

2018年4月2日，中国国家知识产权局与老挝科技部一致同意将正式建立中老知识产权双边合作关系，并签署首份知识产权领域合作谅解备忘录。根据备忘录，老挝将认可中国发明专利审查结果。

一〇六、韩国持续推进“新北方政策”开展多边合作对接“一带一路”

2017年7月，韩国政府公布“国政百大课题”，明确提出要推进“新北方政策”。“新北方政策”旨在通过推动“九桥”战略、地区差异化战略、制度和金融基础设施构建、人文交流、支援企业发展，以促进包括贸易、投资在内的多领域交流与合作。其中，“九桥”战略是“新北方政策”的核心内容之一，即推动天然气、铁路、港口、电力、北极航路、造船、农业、水产、工业园区九方面的合作。该战略的具体内容中包括，在中、韩、俄、日、蒙等国间构建共享电力的广域电网等。具体到中韩合作，“新北方政策”将重点放在了与“一带一路”建设对接和与中国东北三省开展合作方面。例如，韩国期待积极利用亚投行、大图们江开发计划等，开发与中蒙俄经济走廊相关的项目；积极推动铁路连接，期待将中国、蒙古等国的铁路与朝鲜半岛铁路相连接，构筑铁路网。此外，韩国2017年还计划与“一带一路”相关机构共商合作蓝图。

一〇七、日本通运启用中欧铁路实现日欧联运

日本大型物流企业——日本通运公司2018年5月21日起开始利用中欧铁路提供日本和欧洲之间的联运服务，这将大大缩短货物从日本送达欧洲所需的时间。新服务提供两条运输途径，一条是从日本东京、横滨、名古屋、大阪、神户这些主要港口走海运至中国大连，再从大连经铁路到达德国杜伊斯堡；另一条是从成田、羽田、中部、关西等日本的主要机场走空运到中国重庆，再从重庆用铁路运输至杜伊斯堡。

在海陆联运的情况下，从东京港到杜伊斯堡运输周期将由之前的40天缩短至28天。在空陆联运的情况下，根据整柜和拼箱运输方式的不同，从东京成田机场到杜伊斯堡火车站的运输时间分别为22天和24天。

日本通运从2015年11月起就着手开发中欧铁路联运服务，希望使之成为空运和海运之外的第三种运输途径。该公司今后还准备开发经由大连和重庆之外城市的中欧铁路运输新途径。

一〇八、中哈产能合作基金首单投资阿斯塔纳国际交易所

2018年6月份，丝路基金与哈萨克斯坦阿斯塔纳国际金融中心签署战略合作伙伴备忘录，并通过中哈产能合作基金购买阿斯塔纳国际交易所部分股权。此次合作是中哈产能合作基金首单投资。

2015年12月14日，丝路基金与当时的哈萨克斯坦出口投资署（后改组为哈萨克斯坦投资公司）签署协议，丝路基金单独出资20亿美元设立中哈产能合作基金，重点支持中国与哈萨克斯坦两国之间的产能合作及相关领域项目。这也是丝路基金设立的首个专项国别基金。

为了促进该基金更好地推动中哈产能合作，经丝路基金倡议，中哈双方共同建立了联合工作组，与两国相关政府部门、使领馆、大型企业等建立并保持工作联系，在项目开发、政策协调等方面密切配合，共同对中哈产能合作领域兼具社会效益和经济效益的项目实行重点跟踪。

一〇九、日本货物首次过境中国运至欧洲"日中欧"国际运输路线开启

2018年6月28日，"日新欧"国际运输海铁联运集装箱班列的成功首发。

"日中欧"海铁联运首班路线为日本横滨港至连云港的海上运输，再换乘通往哈萨克斯坦的国际集装箱班列，然后在霍尔果斯口岸转乘通往德国汉堡的国际集装箱班列，预计全程27天可达，比传统海运运输节约了最少15天时间，价格也比空运便宜许多，这给日本客户提供了一条面向中亚、欧洲等国的新出口通道。

通过"日中欧"海铁联运，中国铁路集装箱运转的服务延伸到日本的这种创新模式将在韩国、东南亚等地进行复制推广。

一一〇、援马尔代夫中马友谊大桥主桥合龙贯通

2018年7月9日，援马尔代夫中马友谊大桥主桥正式贯通。

援马尔代夫中马友谊大桥全长2 000米，跨海桥梁1 390米，其中主桥长为760米，为六跨叠合混合梁V型刚构桥。全桥共有6个合龙段，分为3个混凝土梁合龙段和3个钢箱梁合龙段。项目建设期间，以中国智慧和中国创新，解决了珊瑚礁地质及深水长周期波涌浪条件下的桩基、承台施工技术，复杂环境条件上部结构快速架设和精确控制技术，以及新型耐久性材料等关键技术难题，实

现设计与施工多项关键技术突破，开创了世界远洋深海无遮掩环境及珊瑚礁地质上建设特大型桥梁的先河。

大桥建成后，将实现马尔代夫首都马累岛、机场岛和胡鲁马累岛的陆路连接，改善当地居民的出行环境，拓展城市发展空间，带动大马累区域经济发展。同时，也将进一步增进中马两国之间的友谊。

一一一、中老铁路跨湄公河特大桥主桥基础施工全面完成

2018年7月10日深夜，中老铁路琅勃拉邦湄公河特大桥主桥最后一个承台顺利浇筑完成，这标志着中老铁路跨湄公河的两座特大桥主桥基础施工全面完成。

琅勃拉邦湄公河特大桥为中老铁路重点工程。该桥全长1 458.9米，共计34跨。其中，21号主墩基础靠近湄公河主航道，水流较急，水深较深，是琅勃拉邦湄公河特大桥5个主墩基础中施工难度最大、施工工艺最繁琐、施工风险最高的一个深水基础。

一一二、中缅深化互联互通合作，推动基础设施升级

2018年7月12日，随着“一带一路”建设的推进，中国和缅甸在桥梁、道路等基础设施方面的合作硕果累累。从30多年前合建的丁茵大桥，到2018年3月初立项的新滚弄大桥，飞架两岸的一座座桥梁不仅给缅甸百姓生活带来诸多便利，也成为中缅人民世代友好的友谊之桥。

丁茵大桥横跨勃固河，全长约3千米，1986年10月开工，1993年7月竣工，是缅甸最大的公路铁路两用桥。在中国援助下，缅甸不仅建成丁茵大桥，也培养了近100名桥梁建设专家。后来，这些人才为缅甸自主设计并建造了多座跨江、跨河大桥，极大地促进了缅甸经济发展。

迄今为止，中国路桥工程有限责任公司与缅甸建设部合作，推动了“一带一路”倡议下两国多个互联互通和中缅经济走廊基建项目，比如曼德勒—木姐高速公路项目、仰光—曼德勒高速公路升级项目、曼德勒—密支那公路升级改造项目、毛淡棉—丹老—高登公路改扩建项目等，都取得了阶段性成果。中国路桥承建的恩都—高加力公路改扩建项目是连接泰国和缅甸的重要通道，被誉为亚洲一号公路。

一一三、中巴首条陆地直达光缆建成开通

2018年7月13日，“一带一路”关键性项目——“中巴光缆”开通仪式举行。

“中巴光缆”从中国乌鲁木齐市经中巴边境红其拉甫口岸到巴基斯坦拉瓦尔品第市，全长2 950千米。“中巴光缆”项目是连接中国和巴基斯坦的首条跨境直达陆地光缆，是“中巴经济走廊”早期收获项目，也是中国电信实现与周边国家网络互联互通的战略性重点项目。

“中巴光缆”从项目发起到开通，跨越了整整10年。“中巴光缆”开通后，将大幅缩短中巴之间的通信时延，使中国通往中东与非洲形成全新的战略通道。作为“中巴经济走廊”的基础性项目，“中巴光缆”开通将使中巴经济走廊的基础设施能力大幅提高，也为“中巴信息走廊”提供了关键性的能力。

“中巴光缆”是中巴两国通信与信息化领域合作的重要里程碑，也是两国共建“一带一路”取得的最新成果。

一一四、越南永新一期项目1号机组投入商运

2018年7月30日，由中国能源建设集团有限公司旗下广东省电力设计研究院有限公司和广东

火电工程有限公司联合总承包建设的越南永新燃煤电厂一期2台62万千瓦工程（以下简称"永新一期项目"）1号机组近日正式投入商业运营。

永新一期项目是是中越经贸合作五年发展规划和陆上基础设施合作五年规划的重点产能合作项目，也是践行"一带一路"倡议、促进大湄公河次区域电力开发合作的重点项目，还是中国企业在越南首个采用BOT（建设—运营—移交）模式投资的电力项目。按照规划，永新一期项目建设2台60万千瓦级燃煤机组，全部投产后每年可提供约80亿千瓦时发电量，满足当地125万居民的用电需求。

项目的实施，为当地带来价值13亿元人民币的采购、服务和工程分包业务，采用当地采购、服务和工程分包商约40家，促进了当地经济发展。该项目还为越南当地提供尽可能多的就业机会，聘用了超过七成的当地员工，建设高峰期雇用超过2 700名当地员工，并培养了一大批越南籍电力管理人员和技术骨干。

一一五、中国已与"一带一路"沿线62个国家签订航空运输协定

2018年8月11日，中国已与125个国家和地区签署了双边政府间航空运输协定。

其中，与62个共建"一带一路"国家签订了双边政府间航空运输协定，与东盟签订了首个区域性的航空运输协定。与俄罗斯、亚美尼亚、印度尼西亚、柬埔寨、孟加拉国、以色列、蒙古国、马来西亚、埃及等沿线国家举行双边航空会谈并扩大了航权安排。

截至2018年底，中国已与45个沿线国家实现直航，每周约5 100个航班。

2018年夏秋航季，共有29家中方航空公司运营自中国至共建"一带一路"国家81个城市的往返定期航线，每周2 849班，其中客运2 751班，货运98班；与此同时，共有37个共建"一带一路"国家的90家航空公司从84个国外城市运营至52个国内城市的定期航班，每周超过2 346班，其中客运2 204班，货运142班。

一一六、吉尔吉斯共和国首都比什凯克主干道修复完成

2018年8月25日，吉尔吉斯共和国首都比什凯克主干道马纳斯大街的修复工程完成。在这条大街上，中国路桥公司的建设者们在机器轰鸣和滚滚热浪的陪伴下度过了这个夏天。

由于年久失修，比什凯克包括马纳斯大街在内的不少市政道路损坏严重。比什凯克市政道路修复项目由中国路桥公司承建。马纳斯大街长约9千米，贯穿城市南北，是许多当地人上下班的必经之路。全部工程计划于2019年11月完成。

中国路桥2001年入驻吉尔吉斯共和国，先后承建20余个项目，累计新建、修复吉尔吉斯共和国道路约1 600千米。

一一七、"一带一路"航线5年客运量超1亿

2018年10月13日，"一带一路"航线五年客运量超1亿，5年来，共完成旅客运输量达到1.02亿人次。

一一八、中马友谊大桥正式通车

2018年8月30日，中国援助马尔代夫中马友谊大桥开通仪式隆重举行，标志着中马友谊大桥如期建成通车。

该项目由商务部国际经济合作事务局负责组织实施，采取“项目管理+工程总承包”模式。其中，项目管理单位为中交公路规划设计院有限公司，施工总承包单位为中交第二航务工程局有限公司。该桥位于印度洋嘎杜海峡，跨海连接马尔代夫首都马累岛和机场岛，路线全长2 000米，其中跨海桥梁长1 390米。主桥全长760米，为六跨叠合混合梁V型刚构桥。

中方援建的跨海特大桥，是“21世纪海上丝绸之路”的重大标志性项目，也是“一带一路”倡议率先实施并已取得重大成果的大型基础设施项目。

一一九、中油国际奇姆肯特炼厂二期改造工程开工成功

2018年8月15日，中油国际中亚公司哈萨克斯坦奇姆肯特炼油厂二期改造工程投料试车当天完成，标志着这项“一带一路”重点工程一次开工成功。

随着这一改造工程的开工成功，该炼厂的原油加工深度和成品油收率将得到大幅提升，并将为改善当地生态环境、进一步保障哈国成品油供应、创造就业和促进当地经济发展发挥重要作用。

奇姆肯特炼油厂建于20世纪70年代，是哈萨克斯坦的三大炼厂之一。中方2005年参股这家炼厂，与哈萨克斯坦国家石油天然气公司实施等权管理。

一二〇、中企建设的越南河内首条城铁开始试运行

2018年9月20日，由中国企业总承包的越南首都河内吉灵—河东线轻轨项目开始试运行。

吉灵—河东线轻轨项目是中方提供优惠贷款的大型交通基础设施项目，也是中越两国共建“一带一路”的重要合作项目。该线有望成为河内最早开通的城铁，运营后将明显缓解沿线交通压力。

试运行主要测试各个设备系统的联动状态、不同工况下设备反应情况等，标志着整个项目已进入最后阶段。从当天的测试结果看，各项指标完全正常。试运行将持续3个月时间。作为“一带一路”建设的重要项目，吉灵—河东线轻轨项目全长约13千米，共设12座车站，全部为高架车站，全线建有车辆段1座。中铁六局作为该项目EPC总承包商，负责技术设计、供应物资、建设安装、人员培训和工艺转交等。

一二一、中柬签署香蕉输华植物检验检疫要求议定书

2018年8月4日，柬埔寨香蕉输华植物检验检疫要求议定书签字仪式日前在柬埔寨农林渔业部举行。在柬埔寨副首相贺南洪见证下，中国驻柬埔寨大使熊波和柬埔寨农林渔业大臣翁萨坤共同签署了议定书。

柬埔寨是传统农业国，有很多具有市场潜力的高品质农产品。实现香蕉对华出口对柬埔寨农民和香蕉种植企业都是重大利好消息，将成为两国经贸合作的新亮点和新增长点，有助于推动实现2020年双边贸易额达到60亿美元的目标。中国欢迎更多符合中国检验检疫标准的柬优势农产品进入中国市场。熊波还欢迎柬方借助即将于9月份和11月份在广西南宁和上海举办的第15届中国–东盟博览会和首届中国国际进口博览会之机，向中国采购商和消费者展示柬埔寨有特色和竞争力的产品。

据中方统计，2017年中柬双边贸易额达57.9亿美元，增长21.7%，超额完成两国领导人制订的50亿美元贸易目标。截至2017年底，中国对柬各类投资存量接近80亿美元，已连续多年是柬埔寨最大外资来源国。两国在电力、农业、旅游、基础设施建设、经济特区开发等领域的合作为柬经济社会发展和民生改善做出了积极贡献。

一二二、中企承建柬埔寨昔日第一大港的设计施工总承包项目

2018年9月初，贡布港2万吨码头港池及航道疏浚项目（一期工程）开工仪式暨3万吨集装箱码头项目（二期工程）签约仪式在贡布省政府举行。该项目疏浚工程完工后，贡布港的航道水深将达到13.5米，最高可通航5万吨船舶，重新成为柬埔寨第一大港。

位于柬埔寨南部的贡布省物产丰盛，有着94千米的优良海岸线。19世纪时，贡布港曾是柬埔寨第一大港。如今，随着中国铁建港航局集团有限公司承建的贡布港设计施工总承包项目的进行，贡布港将重现辉煌，成为柬埔寨重要的进出口贸易大港。

一期和二期项目完工后，贡布与世界各地之间的大宗运输将更加便捷顺畅，未来贡布港将在柬埔寨经济增长中扮演更加重要的角色。一期项目的疏浚工程量不低于1 000万立方米，预计吹填造陆面积为100万平方米，"相当于在海面上填了140个足球场，将海岸线前移了4千米"。如此浩大的疏浚吹填工程在柬埔寨还从未有过。

一二三、中老铁路贯通首个超1千米隧道

2018年10月28日，在老挝琅南塔省，中国中铁五局工作人员庆祝中老铁路纳堆一号隧道贯通。这是中老铁路首个贯通的1千米以上隧道。

纳堆一号隧道位于老挝北部琅南塔省境内，全长1158米，于2017年6月3日正式开工。

一二四、中泰在七大领域展开合作加强经贸关系

2018年11月，泰国正推进落实与中国经济合作的升级计划，同意就加强两国贸易与经济伙伴关系达成全面框架协议，旨在2021年之前将双边贸易提高1倍，至1 400亿美元（1美元约合6.9元人民币）。中泰全面合作包括七大领域：贸易、投资、科技、数字技术、旅游、金融和地区经济合作。

贸易方面，两国同意到2021年，双向贸易额从2017年的736.7亿美元增加一倍，至1 400亿美元；支持泰国企业家每年参加中国国际进口博览会；促进农产品合作；定期召开联合委员会与联合工作组会议。投资方面，框架呼吁双方促进目标产业投资，比如下一代汽车、智能电子产品、机器人、医疗和保健旅游、农业和生物技术、未来食品及物流和航空。

科技创新方面，双方决心通过以下途径加强合作：人才培养、技术转让、利用泰国的创新食品中心作为研发中心、参与中国航空计划以及科技园区开发。数字技术方面，合作重点是网络安全、电子商务、5G技术、投资泰国数字园区以及通过潜艇和光纤电缆，升级数字化基础设施的联通性。金融方面，中泰同意在双边贸易和投资交易中加强泰铢和人民币的使用率，促进互联网金融发展。旅游方面，双方承诺促进旅游质量、游客安全以及与旅游相关的行业，比如电影拍摄、轮渡服务和温泉开发。地区合作框架方面，中泰两国同意鼓励民营部门充分利用东盟与中国之间的自由贸易协定，在泛珠江三角洲、粤港澳大湾区、澜沧江－湄公河合作机制、大湄公河次区域以及伊洛瓦底－昭披耶河湄公河经济合作战略之间建立联系。

一二五、中企投资建设的斯里兰卡科伦坡公寓项目全面封顶

2018年11月8日，中企投资建设的斯里兰卡Astoria公寓项目11月8日在首都科伦坡举行封顶仪式。

ASTORIA位于斯里兰卡首都科伦坡的核心商业区，是斯里兰卡投资局的战略发展项目。项目

总建筑面积约13万平方米，涵盖472套公寓，致力于打造集零售、餐饮、休闲娱乐、豪华公寓为一体的“一站式”消费居住体验环境。

ASTORIA公寓项目由中国航空技术国际控股有限公司投资、中建股份有限公司三局一公司实施建设。

一二六、中国援建柬埔寨6号公路，极大提升当地互联互通水平

6号国家公路扩建工程项目起点位于磅湛省，经过磅通省，终点位于暹粒省，全长251千米，由上海建工集团股份有限公司承建，2013年5月开工，2018年6月正式启用。

“6号公路启用，标志着国家公路网中最重要、最繁忙的交通干线之一顺利完成全面升级改造，将对公路沿线地区的经济社会发展发挥重要作用。”柬埔寨首相洪森表示，“柬埔寨从‘一带一路’建设中获益良多，感谢中国为柬埔寨提供的大力帮助。”

6号公路是最重要的国家主干道公路，通车促进了金边与中北部各省份的互联互通，提高了沿线城市间的交通流、物流和客流。这一主干道的扩建通车对于完善柬埔寨道路运输网络具有重要意义。6号公路只是中国在柬援助建设交通设施诸多项目中的一个缩影。中国帮助柬埔寨建设了20多条道路，超过2 600千米。中国企业在柬埔寨修了最多的路，建了最多的桥，铺了最长的光缆和首条国际海底光缆……中国帮助柬埔寨加大基础设施建设，有效地减少了贫困，促进柬埔寨经济增长。2018年恰逢中柬建交60周年，这些项目充分展示了中柬友好合作的强劲势头和丰硕成果。

一二七、中巴跨境大巴开通运行，拉合尔直达喀什全程36小时

2018年11月6日，巴基斯坦旁遮普省—中国新疆跨境大巴客运服务正式启用，首班客车于6日凌晨离开始发站巴东部旁遮普省的首府拉合尔市，全程预计耗时36小时，将途经伊斯兰堡、拉瓦尔品第等巴基斯坦5个站点，计划于7日下午抵达终点站喀什。该客运服务将有助于提高中巴经济走廊下的两国陆路联通水平，促进彼此间的经贸往来。

一二八、“一带一路”沿线10国成风云卫星应急保障机制用户

2018年11月13日，自2018年4月24日中国风云卫星国际用户防灾减灾应急保障机制发布以来，已有老挝、缅甸等10个共建“一带一路”国家正式申请成为应急机制用户。

共建“一带一路”国家在遭受台风、暴雨、强对流、森林草原火情、沙尘暴等灾害时，可通过世界气象组织常任代表或其指定联系人申请启动该机制。机制生效后，中国气象局将调动值班的风云气象卫星，对受灾区域进行每5～6分钟一次的高频次区域观测，处理生成图像和定量产品，并通过中国气象局数据广播系统、国际互联网及卫星广播直接接收等方式提供给申请方。

截至2018年，老挝、缅甸、伊朗、马尔代夫、泰国、菲律宾、阿尔及利亚、乌兹别克斯坦、突尼斯和蒙古国等10个国家已正式申请成为该应急机制用户。为更好地服务共建“一带一路”国家，2018年7月，中国气象局将原定点于东经94.5度的风云二号H星漂移到东经79°，观测区域更好地覆盖了共建国家。

一二九、印度新获批亚投行贷款项目助力饮水安全

2018年12月8日，亚洲基础设施投资银行批准了一项针对印度安得拉邦的贷款项目，贷款额约4亿美元，将用于管道供水工程，为安得拉邦提供可持续的安全饮用水。该项目也是印度饮水和

清洁工程改造的一部分，预计将使当地330万人受益。此外，当地人工取水长期以来主要由妇女和女童承担，实现管道供水后，女童入学率将提高，人们因接触污水而感染疾病的风险将降低。

印度获批的亚投行贷款主要集中在交通、电力、供水等基础设施建设领域。随着上述项目获批，亚投行批准的贷款项目增至34个，共计70亿美元。印度继续保持亚投行最大借款国和受益者地位。

一三〇、中国中铁印度尼西亚雅万高铁项目部成功浇筑雅万高铁首榀箱梁

2018年12月12日，经过7个多小时的连续奋战，雅（加达）万（隆）高铁首榀箱梁在中国中铁印尼雅万高铁项目经理部四号制梁场成功完成浇筑，标志着中国中铁，更是中国高铁"海外第一梁"从此诞生。

雅万高铁项目是中国和印度尼西亚两国元首亲自推动，企业参与市场化运作的重大海外工程，是中国"一带一路"倡议与印度尼西亚"全球海洋支点"构想实现成功对接的重要收获。雅万高铁首榀箱梁的成功浇筑极大鼓舞了中国和印度尼西亚全体参建员工的士气，坚定了雅万高铁必将建成的信心，为早日建成雅万高铁奠定坚实的基础，同时，首榀箱梁的成功浇筑充分展现了中国高铁的建设水平和标准，对于切实推动雅万高铁进展，促进中国高铁"走出去"战略和国家"一带一路"倡议顺利实施具有重要的现实意义。

一三一、哈萨克斯坦首次向中国出口肉类产品

2018年12月12日上午，首批来自哈萨克斯坦的冷冻羊肉抵达中国新疆乌鲁木齐国际陆港区，在该陆港区里的乌鲁木齐铁路西站进口肉类指定口岸办理结关手续。该批产品共计逾16吨，货值28.55万元人民币，从新疆霍尔果斯口岸进入中国。这是哈萨克斯坦首次向中国出口肉类产品，也是乌鲁木齐铁路西站通过进口肉类指定口岸验收以来首次进口肉类产品。首批进口的冷冻羊肉来自经中国准入的哈萨克斯坦羊肉屠宰加工企业，该批羊肉办理结关手续后将销往甘肃省、陕西省等地。

随着"一带一路"倡议的推进，哈萨克斯坦肉类生产企业看好中国消费市场。乌鲁木齐铁路口岸进口肉类指定口岸的启动，是完善乌鲁木齐铁路口岸、乌鲁木齐国际陆港区功能平台的重要举措，将有利于吸引跨境商贸物流产业集聚、带动区域冷链产业发展，有利于促进新疆"东联西出""西来东去""西进东接"全程多式联运跨境物流核心通道的构建。该进口肉类指定口岸的启动，俄罗斯、中亚国家以及欧洲国家进入新疆和其他邻近省区的肉类产品，不用再绕行东部沿海地区的口岸，大大缩短了行程。如果从欧洲坐海运到天津港的话，大概需要45天的时间，目前有了这个肉类指定口岸，从欧洲过来只需要15天，从哈萨克斯坦过来只需要6天左右。

一三二、中国援建哈萨克斯坦太阳能及风能电站投入使用

2018年11月30日，由中国政府援建、中信建设有限责任公司承建的1兆瓦太阳能电站及5兆瓦风能电站交接仪式在哈萨克斯坦南部城市阿拉木图举行。该项目将对提高中哈两国在可再生能源领域的合作水平，为哈萨克斯坦普及和推广清洁能源发挥积极作用。随着"一带一路"倡议与哈萨克斯坦"光明之路"新经济政策深入对接，更多合作项目的成功实施，给两国和两国民众带来了实实在在的好处。

2017年9月，中哈两国政府确定正式启动向哈萨克斯坦无偿提供1兆瓦太阳能与5兆瓦风能发电设备的项目。其中，太阳能发电站位于阿拉木图市的阿拉套创新技术园区，风能发电站建在阿拉

木图州的马萨克农业区。经过招投标，中信建设有限责任公司成为该项目的承建方，并于2017年12月开工建设，2017年11月提前竣工投产。风电机组刷新了哈萨克斯坦风能发电机组单台装机容量的纪录，建设安装单机2.5兆瓦的风电设备在当地尚无先例。两座电站全部采用国产设备。这是中哈两国新能源领域合作的示范工程。

一三三、中企承建的斯里兰卡变电站项目开工

2018年12月5日，中国企业承建的斯里兰卡南部汉班托塔地区220千伏变电站项目日前破土动工。该项目是斯里兰卡电力部门重点项目，对南部地区、特别是汉班托塔港电力稳定供应意义重大。

汉班托塔地区变电站项目由亚洲开发银行提供金融支持，工期2年。

在“一带一路”倡议下，中斯两国近年来不断在汉班托塔地区加强合作。2017年底，双方正式启动汉班托塔港合作项目，成立合资公司运营港口。

一三四、中企承建的斯里兰卡库鲁内格勒供水和污水处理项目满足当地7.1万人安全饮水需求

2018年8月，斯里兰卡库鲁内格勒供水和污水处理项目竣工，这是斯里兰卡首个供水和污水处理合建项目，也是首都科伦坡以外地区第一个大型综合水项目。该项目由中国机械设备工程股份有限公司承建，是中国帮助斯里兰卡改善民生的又一重要举措，也是中斯共建“一带一路”的最新成果之一。

该项目能够为该市3个区供水，日均污水处理水量达5 000立方米，可满足7.1万人24小时不间断的安全饮用水需求。该项目还建设了110千米配水管线，138公里污水收集管线。

斯里兰卡库鲁内格勒市内的湖泊原是城市的备用水源，但由于湖边居民废水等直接排入湖内，湖水已经严重污染，无法使用。过去20年，随着日益增多的商业活动和工业发展，城区人口不断增多。然而，由于缺乏足够的饮用水供应服务和安全的废水管线系统，城市环境急剧恶化，经常暴发腹泻和与饮水安全相关的疾病。

在中国政府的支持下，库鲁内格勒的“心病”终于得以解除。新水厂项目由中国进出口银行提供优惠贷款，项目的建成，使该市污水处理厂日均处理能力达4 500立方米，新建水厂和扩建的供水管网日均处理水量达5 000立方米，并且这里的污水排放已经完全符合国际标准。项目大幅减少了城市污染，改善了招商引资环境。

中国公司在污水处理厂还建设了斯里兰卡第一个一流的水处理实验室。项目节约了大笔政府开支，包括每年高达2 000万卢比（1美元约合160卢比）、用于收集废水和清理化粪池的开支。“项目大幅减少了城市污染，改善了招商引资环境，有助于吸引外资。”

一三五、中老铁路桥梁首架仪式在老挝万象举行

2018年12月2日，中老铁路桥梁首架仪式在老挝万象举行。中老铁路首榀简支T梁的成功架设，标志着中老铁路建设由线下施工转为线上工程施工，是实现土建工程决战决胜目标中一个里程性的重大节点，标志着中老铁路工程建设进入一个新的阶段，为全线贯通奠定了坚实基础。

新建中老铁路磨憨/磨丁至万象段起于中老边境口岸磨丁，向北接中国云南省新建玉溪—磨憨铁路，向南到达老挝首都万象市。正线建筑长度414.332千米。全线采用中国管理标准和技术标准建设，设计时速160千米，建设工期5年。由中老两国合资的老中铁路有限公司负责全线建设和运营管理，中国中铁、中国电建等下属多家单位参与工程建设。

一三六、中国与新加坡签署《自由贸易协定升级议定书》

2018年11月12日，中新两国政府代表在新加坡签署《自由贸易协定升级议定书》(简称《议定书》)。

签署中新《自由贸易协定升级议定书》是落实党的十九大提出的"促进自由贸易区建设，推动建设开放型世界经济"的重要步骤，对进一步发挥中新双边经贸合作潜力，深化中国与东盟国家经贸合作具有重要意义。签署《议定书》不仅将进一步充实中新"与时俱进的全方位合作伙伴关系"的内涵，还将对深化中国与东盟的经贸关系起到积极作用。

本次《议定书》对原中新自由贸易协定的原产地规则、海关程序与贸易便利化、贸易救济、服务贸易、投资、经济合作等6个领域进行升级，还新增电子商务、竞争政策和环境等3个领域。《议定书》实现了全面、高水平、互利共赢的谈判目标，有助于促进双方深化有关领域务实合作，不断增进两国企业和人民福祉。

升级版自由贸易协定除了加强指定石油化工产品的原产地规则，以及让本地企业更容易直通中国法律、海事和建筑服务领域，也加强投资保护、海关程序、贸易便利化，并在电子商务、竞争和环境等领域展开新合作。

一三七、中巴合作项目在巴基斯坦瓜达尔港自由区举行奠基仪式

2016年9月1日，中巴合作建设的巴基斯坦瓜达尔港自由区奠基仪式在瓜达尔港港区隆重举行，标志着瓜达尔港建设从港区朝着工业园区扩展，进入新的发展阶段。

瓜达尔港是中巴友好的象征，也是中巴经济走廊重要项目。自由区启动标志着瓜达尔港进入新的发展阶段。大力推进自由区开发建设，提升港口互联互通，加大对民生公益事业的投入，将瓜达尔港打造成为两国合作新的里程碑。

中国海外港口控股有限公司2013年接手瓜达尔港运营以来，港口设施得到修复和升级并已具备全作业能力，相关配套设施建设也在稳步推进。瓜达尔港自由区紧邻瓜达尔港，将以港口为依托，重点发展商贸物流、加工贸易、仓储、金融等产业。

一三八、中越米轨铁路中亚班列一年开行1 000货列

截至2018年12月18日，中越米轨铁路中亚班列开行1周年，开行货物列车1 000列，发送货物40.64万吨。中国河口口岸(对越)铁路的发运量由2013年0.98万吨，增长至2018年300多万吨，许多进出口企业从中受益。

中越米轨铁路中亚班列构建了中国与南亚东南亚国家间低碳、大运量、全天候的国际运输通道。1年来，化肥、鱼粉、黄磷、铁矿石等物资在中国与南亚东南亚各国间高效流转。

第三节　欧洲主要国家的发展

一、中白工业园建设新突破：招商局中白商贸物流园项目破土动工

2015年12月11日，招商局中白商贸物流园动工仪式在位于白俄罗斯首都明斯克近郊的中白工

业园内正式举行。该项目预计2016年11月底建成并交付验收。这是中白两国打造丝绸之路经济带璀璨明珠——中白工业园进程中的一项重大突破。

该项目是中白工业园所有具体入园项目中第一个破土建设的项目。从目前计划看，它也将是首个建成并投入运营的项目。经过近9个月的紧张准备，招商局集团下属有关单位完成了规划、可行性研究、设计、招投标、设计转换等繁杂的工作，施工计划顺利通过白俄罗斯国家鉴定，取得了施工许可证，实现了项目当年决策、当年筹划、当年动工的目标。

这次动工的项目计划投资1.5亿美元，规划总建设面积约10万平方米，由中铁建二十五局和北京住总集团两家总包单位负责施工。

二、中俄：从路相连到心相通

2016年6月8日，在中铁联集成都中心站，中欧班列发车。从哈萨克斯坦出境后，由四川成都等中国城市出发的中欧班列便进入俄罗斯境内。作为中国的重要邻国，俄罗斯在“一带一路”倡议及中欧班列的运行中扮演着重要角色。

作为俄罗斯研究中国经济的专家列梅格，在莫斯科大学成立了“一带一路”研究中心。基础设施建设尤其是交通领域的互联互通，在他看来是推进“一带一路”建设中最基础的部分。如果从成都出发的中欧班列顺利开通北线，那么在莫斯科的200多家中餐馆就将受益，比如可以通过班列来进口中餐调料与新鲜食材。‘蓉欧+’的实现也能够让昆明的花卉通过班列进入俄罗斯市场。而在返程方面，俄罗斯的服装、裘皮等也都值得考虑，因为它们是中国市场的畅销货。”田川说。

为了和中国的“一带一路”对接，俄罗斯提出了“欧亚经济联盟”。在这一过程中，俄罗斯建立了欧亚高科技中心，莫斯科大学也与北京理工大学在深圳联合办学，这都是为发展科技、实现创新驱动服务。

作为俄罗斯国家旅游署副署长，尼古拉•科罗廖夫更在意的是“一带一路”下的民心相通。而旅游则是促进两国人民交流的重要方式。根据俄罗斯官方统计的数据，与2014年相比，2015年中国游客赴俄罗斯数量增加了20%。5年之间，中国赴俄罗斯游客增长了81%。目前，中俄双方互访人数为一年300万人次，俄罗斯希望能将这一数字提高至每年500万人次。

俄罗斯在促进中国旅客赴俄游方面下了很大功夫。如增设新航线，让中国更多地区的游客能够直飞俄罗斯；推进再保险政策，中俄保险公司签署协议，中国游客在购买中方保险公司的境外旅游险后，能够同时获得一份俄方公司的保险，享受旅游期间的免费医疗服务。

三、英国孔子学院促进中英企业文化交流

曼彻斯特领区汉语教学座谈会2016年10月27日在英国曼彻斯特召开。中国驻曼彻斯特总领事孙大立在座谈会期间表示，领区内的部分孔子学院通过企业合作共建这种新形式，做了很好的发展尝试，有助于中英企业文化的交流。

经过多年发展，这些孔子学院以及孔子课堂在汉语教学、中国文化推广方面做了大量工作，并各有侧重，树立了各自品牌。其中，利兹大学商务孔子学院在中英合作，特别是商务合作、组织年会、开展商务汉语培训方面取得了不错的进展。

通过孔子学院这个平台，那些不太懂中文的外国人能够更快地了解中国的理念，更快地了解中国的企业文化，同时这些外国人的理念在这个平台助力下也能更快地融汇到中国企业中，最终让双方加深理解，实现互利共赢。

曼彻斯特领区内目前共有9所孔子学院以及众多孔子课堂，其中包括曼彻斯特大学孔子学院、设菲尔德大学孔子学院、利物浦大学孔子学院以及利兹大学商务孔子学院等。

四、中欧双边本币互换协议展期，互换规模仍为3 500亿元人民币

2016年9月28日，中国人民银行官方网站公布消息，中国人民银行与欧洲中央银行27日签署补充协议，决定将双边本币互换协议有效期延长3年至2019年10月8日，互换规模仍为3 500亿元人民币/450亿欧元。

中国人民银行有关负责人表示，中欧双边本币互换安排，将为双方金融市场的进一步发展提供流动性支持，有利于双边贸易和投资的便利化，标志着双方货币金融合作取得新进展。

五、中葡2017年将开通首条直飞航线

2016年10月8日，葡萄牙国家旅游局宣布将与北京首都航空公司合作，签署了《关于开通中葡直飞航线合作谅解备忘录》，正式宣布新航线的开通。根据协议，北京首都航空将于2017年6月开通北京—里斯本航线，构建中国—葡萄牙的直航通道，每周4班，由空客A330-200机型执飞。2017年夏季开通杭州/北京—葡萄牙里斯本航线。这将是中葡两国间的第一条直飞航线。

此次宣布直飞航线的开通，彰显出中葡两国对推动两国间政治、经济和文化领域发展的决心，同时也必将对推动两国商务及旅游活动产生重大影响，发挥积极作用。

六、克罗地亚作家"话丝路"：中国文化激发创作灵感

2016年11月12日，在克罗地亚第39届图书展上，中国作家徐则臣与克罗地亚作家亚斯娜•霍瓦特有关丝绸之路的对话，吸引了许多听众。

霍瓦特介绍了自己最新出版的小说VILIJUN。小说以马可•波罗沿丝绸之路抵达中国为主线，描写了沿途的所见所闻。她说，2010年访华时，中国的悠久历史、丰富文化以及快速的经济发展激发了她的创作灵感。书名"VILIJUN"效仿马可•波罗在其著名游记中创造的"百万"一词，但可能比马可•波罗对中国伟大和富强的描述更加有力。

生于13世纪中叶的马可•波罗能把一个国家的故事带到世界的另一端，堪称世界上第一位国际化作家；他所开启的国际文化交流之路，可谓文化领域的"丝绸之路"。

克罗地亚学者认为，马可•波罗出生在克南部小岛卡尔丘拉。徐则臣说，正是马可•波罗和"丝绸之路"将中国和克罗地亚两个相距遥远的国家联系在一起。在全球化日益强劲的今天，谈论文化先贤马可•波罗与古老的丝绸之路非常有意义。

七、"一带一路"助推波兰农副产品走进中国市场

2016年12月29日，"一带一路"倡议提出后，横跨欧亚大陆的中欧班列"换挡提速"。借助于中欧班列，波兰把更多产品送入了中国市场。目前，波兰运输、奶制品、甜点等行业已初尝出口带来的红利。

中欧国际货运大通道之一的"蓉欧快铁"中线——成都—罗兹的终点已延伸至波兰库特诺、德国纽伦堡、荷兰蒂尔堡等欧洲城市。"一带一路"倡议不仅确立了罗兹的欧洲交通枢纽地位，也促进了罗兹市和波兰的经济发展。

波兰80%的甜食曾出口欧盟市场，如今正越来越多进入中国市场，并不断获得中国消费者认

可。波兰甜食行业2014年对中国出口额约为6 000万欧元(约合6 280万美元),与上年相比增加了14倍。

波兰是最早承认并同中华人民共和国建交的国家之一。近年来两国关系日益紧密,双边贸易额大幅增长。“一带一路”倡议的实施更使波兰企业家从中获益。波兰驻华大使馆统计数据显示,截至2015年上半年,波兰对华出口持续增加,农副产品出口增幅尤为明显。其中,奶制品出口增幅为166.4%,猪肉出口增幅258.6%,鲜奶、禽肉制品、甜点制品分别增加了74.5%、358.5%和240.4%。

八、中俄人文交流跃上新台阶 在俄罗斯留学生人数中国排第三

俄罗斯教育科学部社会研究中心公布一组数据,2015—2016年,在俄罗斯高校学习的中国学生人数为22 529名。在俄罗斯所有外国留学生中,中国学生人数排第三,仅次于哈萨克斯坦和乌克兰。

近年来中国与俄罗斯的合作与交往不断跃上新台阶,中俄全面战略协作伙伴关系建立以来,人文交流与政治互信、经贸合作一同构成了中俄关系的重要支柱。自2000年起,两国建立了副总理级的人文交流机制。双方开展人才联合培养,鼓励本国青年学习对方国家语言,支持搭建校际合作平台,不断扩大青少年交流规模。在此基础上,两国已商定到2020年使双方留学人员总数达到10万人。

中国留俄学生不断增多,源于两国友好关系的持续发展和诸多有利条件的推动。(一)两国政府层面有政策保证,鼓励学生到对方国家留学。(二)俄罗斯高校接收外国留学生的门槛比较低。比如攻读本科,只要有高中毕业证翻译公证即可,无需国家统考成绩。(三)赴俄留学具有高性价比。比如在莫斯科的大学,人文系每年学费为3 200～5 000美元,工程技术系是2 000～3 100美元,物理系和数学系则为每年2 500～7 800美元。

近年来,吸引外国留学生入读本国高校,已成为世界各国著名高校竞相努力的一个方向,俄罗斯也概莫能外。提高国际学生的数量不仅能够决定学校的国际声望,带来真金白银,更重要的是能够为本国高校在国际排行榜中提供助力。目前,俄罗斯已提出在2020年前使国内5所高校进入世界100强的目标。

俄罗斯的一些知名大学,如莫斯科大学和圣彼得堡大学等都致力于吸引中国生源,其官方网页除俄、英两种语言外,还有中文页面,内容包括学校概况、校长寄语,还有对本校的重点院系介绍、留学手续办理指导等。

不过,语言问题是阻碍更多中国学生进入俄罗斯高校的一个门槛。俄罗斯高校大多用俄语授课。许多来俄留学的中国学生没有语言基础,需要在预科学习一年俄语,然后再选择专业。此外,中国留学生大多选择就读语言、经济或者技术专业,而俄罗斯实力雄厚的数理等基础学科对于中国学生的吸引力有待挖掘。

九、2016年赴俄中国游客数量猛增,旅游交往促进中俄民心相通

根据俄罗斯联邦旅游署最新数据,2016年,按照团体免签协议入境俄罗斯的中国游客同比增长41%,超过76万人次。其中,有32.5万名中国游客前往俄罗斯边境地区,较2015年增长45%。有19万中国人赴俄罗斯滨海边疆区旅游,同比增长58%;有4.35万中国人前往俄罗斯伊尔库茨克州,增幅为158%。前往俄罗斯“名片”城市的中国游客也不在少数:48%的中国游客选择前往俄罗斯首都莫斯科和“北都”圣彼得堡。

中俄旅游往来快速发展有多种原因：

（一）中俄互为友好邻邦，前往对方国家旅游行程短、旅费少。中国游客可以从东北进入一江之隔的俄罗斯滨海边疆区感受俄罗斯风情，欣赏俄罗斯自然美景。

（二）签证手续大为简化。中俄双方2012年签署团队游互免签证协议。根据协议，两国公民可以通过团队旅游方式免签证前往对方国家旅游，免签证旅游期限不超过15个自然日。目前，中俄双方正在进一步讨论放宽免签待遇的旅游团人数和期限。

（三）卢布贬值使赴俄旅游性价比大幅提升，在俄罗斯购物对中国游客极具吸引力。

（四）欧洲各国暴恐事件不断，美国社会矛盾愈加尖锐，俄罗斯严格的移民、内务法令为外国游客提供了相对较高的安全保障等。

目前，中俄旅游合作仍存在一些问题和短板。俄罗斯航运能力在应对中国游客时显得捉襟见肘，目前尚无能够确保运送中国游客的航空公司。中国游客喜欢前往偏远、自然地区游览，需要车龄在5年以内、配备空调的高质量客车，但俄罗斯现有旅游车辆的状况不容乐观。中国旅游团使用中国导游的现象十分普遍，俄罗斯方面希望通过俄罗斯导游帮助中国游客更深入地领略俄罗斯文化的魅力。为解决上述问题，俄罗斯政府不断努力。比如，俄罗斯联邦旅游署与俄罗斯导游和翻译协会于2017年4月—11月启动汉语导游翻译和汉语讲解员培训项目，培养更多专业中文导游，以满足旅游市场的需求。培训对象将学习包括莫斯科建筑风格、人文风俗、宗教历史、游客接待礼仪在内的旅游专业知识。

近年来，"红色旅游"渐成中俄旅游合作新的增长点。2017年是十月革命100周年，俄罗斯旅游部门推出了一系列"红色"主题旅游产品，期望吸引更多中国游客。圣彼得堡市政府2017年面向中国游客推出了"涅瓦河畔的城市——革命的摇篮""彼得格勒二月革命""中国同志在红色的彼得格勒"和"红军指挥官包其三"等红色旅游线路，并在官方网站上配有中文版旅游指南。此外，"千人自驾赴俄游"活动于7月1日在北京启动，旨在为中俄红色旅游宣传添砖加瓦。

十、捷克对中国的高铁产生浓厚兴趣

第58届布尔诺国际机械工业博览会最为抢眼的是"中国智造"的精彩呈现。自1959年该展会创办以来，中国2016年首次成为"伙伴国"参展，并专门开辟了"中国馆"。"中国馆"面积超过3900平方米，共计有120多家中国企业以强大的集团优势在展会中亮相，集中展示我国工业实力，特别是装备制造业的发展水平。

中国铁路总公司展示的标准动车组模型和高速综合检测列车模型，以其先进的造型设计，成为最吸引参观者的展品，人们纷纷驻足，与其合影留念。同时，硕大的中国铁路图则向观众展示了中国高铁迅速发展的现状、令人憧憬的远景规划。此外，涉及尖端领域的展示品，如万米深渊级载人深潜器、智能制造机器人、动态浮球矩阵等，均凸显出"中国智造"的高科技和高水准，受到现场参观者的高度关注。

中国以伙伴国身份参加2016年布尔诺国际机械工业博览会，是落实中捷两国元首共识的一项重要举措。中国连续多年是捷克除欧盟之外的第一大贸易伙伴；捷克则是中国在中东欧地区第二大贸易伙伴。中国贸促会是此次展会的中方主办机构，会长姜增伟表示，中捷两国在经济领域互补性强，合作潜力较大，发展前景广阔，在核电、金融、航空、科技、农业等领域合作水平和规模逐年提升。近年，两国的目标是携手共建"一带一路"以及"中国制造2025"与"捷克工业4.0"的有效对接。中捷双方正以制造业为基础，推进产能合作，并带动各领域务实合作，给两国民众带来实实在在的利益。

十一、人民币国际化为欧洲带来机遇

2016年11月22日，在德国法兰克福举行的第十九届欧元金融周"中国日"论坛上，人民币国际化进程蕴含的机遇，成为重点话题。

随着2016年10月人民币正式加入国际货币基金组织特别提款权货币篮子，人民币国际化进程迎来了里程碑式的发展。目前，已有101个国家将人民币作为其贸易货币之一。欧洲是亚洲之外最重要的离岸人民币市场，在包括伦敦、卢森堡和法兰克福等在内的离岸中心，人民币存款已具备相当规模。

除了人民币债券投资热，人民币国际化对中国乃至欧洲的金融产业改革，都有着促进作用。人民币国际化征程走了已有近10年，其间还有效推动了人民币市场化的改革。而且，人民币国际化可以有效补充国际金融、货币体系的不足之处，进一步推动全球经济治理、金融治理的优化。

2015年11月在法兰克福投入运行的中欧国际交易所，已经并将持续推出一系列有竞争力、吸引力的人民币证券产品链，为欧洲的人民币持有者提供了一个流动性充裕、产品种类丰富的平台。2016年欧洲地区人民币支付清算超过半数在英国进行。中德年贸易额是中英的2倍，德国在华实际投资额是英国在华的1.34倍，中德人民币合作的步伐理应迈得更大、更实。

十二、"一带一路"为捷中合作带来新动力

2016年11月28日嘉斯钢铁股份公司是捷克三大钢铁企业之一，共有2 500多名员工。企业的竞争力在于特种钢设备，供应汽车、航天航空、涡轮机等产业。产品主要出口欧盟、印度、中国等地。不久前，中国华信能源有限公司全资收购日嘉斯钢铁股份公司，这也是中国企业在捷克的最大收购项目之一。日嘉斯钢铁股份公司是中捷务实合作日益提速的缩影，越来越多的中资企业正在探索捷克市场，"一带一路"倡议为深化捷中两国合作提供了新的动力。

捷克和中国之间的关系正在蓬勃发展，特别是在机械制造、交通运输、科研和医疗保健等领域，推进"一带一路"建设和"16+1合作"最重要的是在贸易投资领域开展扎扎实实的项目，为参与国带来实实在在的利益。捷克最大的航空运输企业旅游航空公司正计划把布拉格打造成中国游客赴中东欧旅游的中转站。将利用"一带一路"机遇增加飞机和航线，与东航的合作正在细化中。

捷克总统泽曼2016年10月在该国主流媒体《文学报》上发表署名文章，赞赏"一带一路"倡议为深化捷中两国合作提供了机遇。文章认为，"一带一路"倡议不是简单的"道"或"路"。首先要从"互联互通"的角度来认识它，就是要通过交通运输基础设施建设实现联结，以达到节省时间和成本、促进贸易和投资的目的，同时还包括促进旅游业发展这一层面，从而加深捷中两国人民相互了解，深化对两国历史、传统和文化及价值观的理解。文章说，"一带一路"倡议为深化双边合作提供了机遇。

近年来，中国华信在捷克进行了多笔投资，协议金额超过120亿元人民币。越来越多的中企也正通过收购、并购、投资设厂的方式探索捷克市场。"一带一路"建设和"16+1合作"为共建国家提供了巨大机遇。J&T金融集团将通过3种途径发挥作用：(一) 加入相关投资基金，为中东欧地区的基建、能源、旅游、制造业等项目提供融资。(二) 直接向相关项目提供贷款。(三) 为中国企业进入欧洲提供咨询和服务。

十三、"一带一路"建设让马其顿不再遥远

为促进经济发展，加快融入欧盟一体化，马其顿政府大力推进基础设施建设。中马基础设施合

作全面提速，特别是中国进出口银行提供贷款和由中国水电集团承建的米拉蒂诺维奇—斯蒂普和基切沃—奥赫里德2条高速公路，已经为马其顿创造了众多就业岗位，有力地拉动了沿路地区的生产和消费。这2条高速公路将打通马其顿的运输网络，使马其顿更广泛地融入区域和国际互联中，有力地推动马其顿交通的便利和经济发展。这两条高速公路带动了马其顿国内几乎所有相关行业，在当地反响非常大。这也是"一带一路"建设在巴尔干地区的重要项目，对中国企业在其他国家和地区的发展起到很好的示范作用。

"一带一路"带来了共赢，为两国人民带来了切实的利益。2015年中国和马其顿的贸易，无论是进口还是出口都在大幅增加。中国同马其顿之间的贸易统计基数不是很大，但是2015年增长了31.3%，特别是中国向马其顿出口增长了12.8%，进口增长了37%。马其顿的葡萄酒在欧洲享有盛誉，已经开始出口到中国。马其顿企业也在努力开拓中国市场，参加在上海举办的葡萄酒博览会和在宁波举办的中国－中东欧国家投资博览会，推销他们的产品。两国还签署了马其顿向中国出口羔羊肉的合作议定书，马其顿高质量的羊肉很快就会进入中国市场。

"一带一路"建设为中国和马其顿的经济合作创造了前所未有的机遇，马其顿也以"一带一路"为桥梁，将各类特色产品更多地打入中国市场。中马合作的现实结果表明，"一带一路"建设为中国与中东欧多领域合作展现出更美好的前景，让共建国家都能为获取更大的利益而走到一起，最终形成多方共赢的结果。

十四、波兰苹果通过跨境电商打造入华新渠道

2017年2月10日，随着中国"一带一路"倡议的加快推进，作为欧盟重要成员国的波兰，正将其具备世界顶级种植与质量管控水准的苹果，积极引入中国市场。波兰苹果以及中国官方宣布与跨境电商企业"西游列国"战略合作，双方将积极拓展在华水果贸易。

波兰人有着悠久的栽植苹果传统，是世界上主要的苹果生产国和出口国，出口至全球56个国家。2016年6月，中国国家主席习近平访问波兰期间，波兰总统杜达向习近平推荐了波兰苹果。2016年10月8日，国家质检总局正式发函，允许波兰苹果产区的苹果输入中国。

波兰苹果入华正是"一带一路"政策效应的显现。借助于"一带一路"契机，引进波兰苹果的实践经验是:(一)携手当地政府机构和行业协会，从众多苹果种植园中选择供货伙伴。(二)了解政策规定，解决波兰苹果进口许可证问题。(三)与专业物流企业合作，解决生鲜电商国际长途运输难题。(四)联手本来果坊解决苹果落地难题。

十五、义新欧助力中西贸易

2014年11月18日，义新欧班列正式开通运营。"在义新欧开通前，中国和西班牙之间的贸易生意，基本走海运。但海运抵达西班牙的港口后再转陆运到马德里，再顺利也要3—7天，1个集装箱的运费就要800～1 200欧元，一来一去，成本还不如义新欧划算。更重要的是，走海运需40多天，义新欧只要21天左右，贸易资金流转成本大大降低。同样一笔资金，走海运1年6个来回，走义新欧可以使用10个来回。

每当有四五十个货柜，就能成立班列。因此，大区政府牵头，让辖区内企业"包车"成立班列，将产品运往中国。

义新欧班列运行速度从一开始的21天压缩到最快16天。2017年一季度，往返运行25次，2 242个标箱，同比增长118.5%。今后，德国、法国停靠站设立，还会有更多中国商品销往欧洲，把德国机

械设备、法国皮箱等沿途特色商品带回义乌。

十六、中德经贸合作迎重要机遇期

随着世界经济逐步回稳，中德经贸关系2015年增长较快，发展势头很好。2016年中德贸易总额约为1700亿欧元，再创新高。中国首次成为德国第一大贸易伙伴。中德贸易额在德国外贸总额所占比重也由2015年的7.5%升至7.9%，表明中国在德国对外贸易格局中的重要性进一步提升。

近年来，中国对德国投资不断增加，呈明显上升趋势，根据中国商务部统计，2016年中国对德国直接投资为29.45亿美元，同比增长258.6%，首次超过德国对华直接投资。这反映出中德经贸关系中的一些新特点。与德国对中国投资相比，中国对德国投资起步较晚，基数较小，虽然近年来投资额增长较快，但中国对德国投资总量仍不到德国吸引外资存量的1%。截至2016年底，中国对德国投资总量约为88亿美元，德国在华投资总量约700亿美元，两者之间仍然有很大的差距。

除了双边贸易额和直接投资等领域明显增长外，中德两国积极尝试在创新领域开展务实合作。2014年，中德双方共同发表以“共塑创新”为主题的《中德合作行动纲要》，提出在全方位战略伙伴关系框架下着力发展创新伙伴关系，“创新”成为发展中德关系的关键词，标志着两国经贸合作水平迈上新台阶。在这一框架下，德国“工业4.0”与“中国制造2025”战略对接，成为双方深化创新伙伴关系的重中之重。

在创新合作的引领下，伴随中国经济转型升级，产业结构优化，中德经贸合作从进出口贸易的阶段转型升级到创新合作。德国在制造业方面的传统优势与中国在互联网和电子商务领域的优势相结合，将为双方提供更加广阔的合作空间和新的利润增长点。

展望中德经贸合作前景，双方在以下几个方面仍然具有较大潜力：

（一）双方中小企业合作前景广阔。中小企业是德国经济的重要组成部分，也是德国经济赖以发展的支柱。大力推动两国中小企业之间的合作，实现信息充分共享，为两国中小企业间的合作搭建合作平台，增进双方互信，落实务实合作。

（二）推动两国地方合作继续向前发展。随着中德两国各层面交流的不断深化，中国地方各省与德国各联邦州的交往也日益密切，地方层面的经贸合作在两国经贸合作中扮演越发重要的角色。德国的北威州、巴伐利亚州、汉堡市等都与中国很多省份开展了卓有成效的合作。地方层面的经贸合作也能够充分带动当地中小企业参与到双边经贸合作的大潮之中。

（三）积极探讨两国开展第三方合作的可能性。特别是“一带一路”建设为中德两国开展第三方合作提供了广阔的平台。双方应当不断增进互信，放眼第三国，将双方在不同领域的优势转化成合作的实际成果。

中德经贸合作正在迎来重要机遇期，双边经贸合作的领域不断扩大、深化，潜力巨大，体现了中德双边关系的高水平发展。同时，在当前世界经济不确定因素不断增多，反全球化和自由贸易的声音有所增加的环境中，中德经贸合作的稳步前进，必将对世界经济发展产生深远的积极影响。

十七、中欧密切交往务实合作，人文交流呈现蓬勃生机

2000多年前，古丝绸之路将中国与世界连接在一起。沙漠的驼队、大洋的风帆让世界变得不再遥远。中国和欧洲虽然地理位置相距遥远，但同在一块欧亚大陆上，比邻而居，山水相连。自古以来，东西方民族通过贸易和商品交换促进了各领域的相知、相通。如今，在“一带一路”倡议下，新的陆路丝绸之路和海上丝绸之路正在东西方之间延伸，而作为联通民心的中欧人文交流正呈现

出蓬勃的生机。

近年来，中欧人文交流在"欧盟首都"的布鲁塞尔异常活跃，欧洲议会大厦、欧盟对外行动署、一些欧盟机构驻地、欧盟智库，乃至一些学校，都成为中欧人文交流的场所，一些中国书法展、绘画展、摄影展在这里举行。如果说欧盟机构的官员见多识广，那么，人文交流走向学校则意义非凡。近年来，中国驻欧盟使团与欧盟第二中学建立起合作关系，邀请中国中小学生与欧盟二中的小伙伴进行交流。2017年，第三届中国－欧盟文化艺术节更是选择在布鲁塞尔百年老校圣米歇尔中学剧场举办，在中欧青少年中播下和平与友好的种子。

中国－欧盟文化艺术节于2015年首次举办，次年，艺术节组委会在欧盟总部所在的布鲁塞尔正式注册成立，建立起中欧文化艺术交流的常态化机制。3年来，艺术节将中国书画、绘画、音乐、舞蹈、摄影和动漫等文化精品在欧盟机构集中展示，通过传统艺术表现形式，展现出当代中国欣欣向荣的发展成就和当代中国人蓬勃向上的精神风貌。从某种意义上讲，中国－欧盟文化艺术节成为"一带一路"倡议框架下的重要组成部分，充实了中欧高级别人文交流对话机制的内涵，为中欧人民相互了解和信任，共同创建繁荣、和谐与幸福的美好未来搭建了一座友谊之侨。

在"欧盟首都"，每年春节期间举办的"欢乐春节"大型文艺演出，以及中国驻比利时使馆在布鲁塞尔和比利时其他城市举办的春节巡游活动，已成为中欧人民共同欢庆的重要节日。春节巡游活动期间，大红灯笼高高挂，20余支中外表演团队，1 000多名"演员"舞狮子、扭秧歌、打腰鼓，当地人与华人一起体现了快快乐乐过大年的喜庆气氛。风富多彩的文化艺术活动，让欧洲人感受到中国不仅是一个经济迅猛发展的国家，而且是一个多民族的，包容和开放的东方文明古国。

万丈高楼靠的是坚实的地基，中欧人文交流需要各方共同努力。欧盟有28个成员，中欧人文交流靠的是中国与欧方各成员密切交往与务实合作。孔子学院对推动中比语言文化交流起到了重要的平台支撑作用。在人口只有1 000多万人的比利时，目前中比双方合作建立孔子学院6所。有的孔子学院除在本部开设汉语初、中、高级课程外，还在外设立教学点。孔子学院在不断丰富办学内容的同时，积极开展各类主题活动。2016年比利时6所孔子学院主办和协办了面向比利时和欧盟机构的54场大型活动，从中国政治、经济、历史、文化、艺术等角度举办的学术讲座、研讨会、文艺演出和"中国日"等活动，累计参与人数超过1万人次。欧盟机构、比利时政府和议会的高级官员、校长、智库专家学者都参加过孔院的活动。此类活动深入基层，贴近民众，反响良好。

在比利时最早成立的布鲁塞尔孔子学院和列日大学孔子学院从语言、文化、教学法等角度开展汉语教师培训活动。布鲁塞尔孔子学院借助于比中协会开展社区文化服务活动；列日大学孔子学院依托北京外国语大学与列日大学，每年举办学术讲座，以及汉语教师培训。布鲁日孔院与浙江工商大学合作，通过学生间文化交流促进了校际务实合作，同时通过"一年多考、上门送考"等方式使HSK考试时间和地点更加灵活，极大方便了比利时、法国北部及荷兰南部考生。荷语布鲁塞尔自由大学孔子学院利用在国际关系研究领域的学术优势，以中欧关系和欧盟研究为重点召开系列学术会议，吸引了欧洲政界、商界、学界专家、学者出席，产生了一定学术影响力。

目前中比语言文化交流，尤其是汉语教学和推广整体发展态势良好。目前，比法语区政府已将汉语纳入比中学外语教学大纲，汉语进入了比利时中学教育体系，计入外语学习课学分，这是比汉语教学政策的一个重要调整。与此同时，各级各类汉语教学机构、孔子学院和孔子课堂现已基本覆盖比利时全境，有汉语学习需求的学生大多数都可以就近学习。

国之交在于民相亲，民相亲关键在于青年。作为中欧高级别人文交流的具体执行机构，中国驻欧盟使团充分挖掘和利用"欧盟之窗中国政府奖学金"项目，每年在欧盟成员国内选派200名青年人到中国学习和交流。事实证明,“欧洲之窗”项目在促进“接地气”的中欧民间交流、增强中欧青年人之间的了解和互信方面取得了切实的成功。受益于“欧洲之窗”的贾思博和林赛只是2名普通的比利时青年,他们学成回比利时后,把自己的所见所闻和亲身经历告诉家人、朋友和俱乐部伙伴,以点带面,成为名副其实的中欧友好民间大使。

十八、中俄共建“冰上丝绸之路”

国际航运界公认的北极航道,主要包括两条航线:穿行于俄罗斯北部的东北航线(俄罗斯称为“北方海航线”),以及穿行于美国阿拉斯加和加拿大北部的西北航线。此外,理论上还存在一条穿越北冰洋中心、当前尚不具备条件的中心航线。

临近俄罗斯的东北航线,是中国许多地区到达欧洲的最短航线。据测算,从中国上海以北的港口前往欧洲西部、北海、波罗的海等港口,比传统航线航程缩短约25% ~ 55%。

尤其是近些年随着北冰洋冰川的加速融化,穿越北极圈的航行条件越来越成熟。2013年,中远集团旗下的“永盛”号,成功穿越东北航道,吹响中国商船通行北极航道的“第一声”。未来,越来越多的中国商船,也极有可能通过北极航道到达欧洲。要较好地利用北极航道,与俄罗斯的合作成为必然。在北极开发问题上,俄罗斯对中国持开放态度,“共同开发”的“邀请”不断。

2015年,中俄总理第二十次定期会晤,达成“加强北方海航道开发利用合作,开展北极航运研究”的共识。与此同时,俄罗斯还提出从远东至亚太地区的“滨海国际运输走廊”,以及“冰上丝绸之路”等开放战略,而北极航道是其中的重要载体。在互联互通层面,中方欢迎并愿积极参与俄方提出的共同开发建设滨海国际运输走廊建议,希望双方早日建成同江铁路桥、黑河公路桥等重大跨境基础设施,共同开发和利用海上通道特别是北极航道,打造“冰上丝绸之路”。这实际上是2015年中俄总理级第十二次会晤共识的延续和开放。

从航程上看,厦门以北的港口通过北极航道进入欧洲,都能节省成本,而尤其以上海以北的港口节约最为明显。随着北极航道开发利用的推进,中国的港口格局将迎来明显的改变。由于当前的海运航线主要在中国南线,而北极航道又是在中国的北方地区,因而主要利好北部地区。

从地方政府的布局来看,“近水楼台”的东北地区也试图“先得月”。2015年,辽宁提出加快构建“辽满欧”“辽蒙欧”“辽海欧”等3条综合交通大通道。其中,“辽海欧”则是辽宁省与中远集团合作开通经过北极东北航道的线路,由大连港经白令海峡至挪威北角附近,再前往欧洲各港口,航程由传统航线的1.3万海里缩短至8 000海里,运输成本节约30%左右。

不过值得注意的是,北极航道开发仍有不少掣肘因素:时常反复的冰情、航行数据不足、沿途补给点的施工难度、东亚与北欧贸易往来的货源不足等问题,这些都使得北极航道的开发利用无法在近几年迅速完成。

十九、“网红”冰激凌借“一带一路”运输,从俄罗斯走向中国市场

俄罗斯总统普京2016年9月来华参加二十国集团领导人杭州峰会时,带来一份特殊的礼物——一箱俄罗斯冰激凌。这一幕让俄罗斯冰激凌在中国成了“网红”,不仅很多老百姓想一饱口福,进口商们也对此表现出浓厚的兴趣。

“冰雪老人”是俄罗斯冰冷浆果公司旗下的主打品牌之一。冰冷浆果公司是在苏联时期最大冰联厂的基础上建成,至今已经有近80年历史,目前在北方名城沃洛格达和中南部城市奔萨各有一家工厂。中国游客经常在莫斯科红场旁边慕名购买的冰激凌就来自这家企业。

"冰雪老人"的工厂不但生产奶油冰激凌、巧克力脆皮雪糕等传统畅销产品，还经研发推出了低糖、低脂肪的"健康冰激凌"。另外，工厂根据客户不同要求"按需生产"，比如为一些特色餐馆提供大列巴味冰激凌、口香糖味冰激凌、纯黑色冰激凌等新奇产品。

众所周知，冰激凌容易融化，对运输和存储的要求非常高。由于这种特点的制约，冰激凌厂家的销售"半径"往往有限。过去俄罗斯货运集装箱要到达中国，至少需要1个月，"一带一路"建设让跨境铁路运输提速，通关手续由繁变简，现在俄罗斯货物10天内就可以到达中国大连港。第一批"冰雪老人"冰激凌将很快搭上驶往中国的班列。

二十、人民币合格境外机构投资者试点扩大到爱尔兰

2016年12月21日，中国人民银行21日宣布，人民币合格境外机构投资者（RQFII）试点地区扩大到爱尔兰，投资额度为500亿元人民币。

央行有关负责人表示，RQFII试点地区扩大到爱尔兰，是两国在金融领域深化合作的重要体现，有利于拓宽境外投资者人民币资产配置渠道，扩大境内资本市场对外开放，也有利于促进双边贸易和投资便利化。

央行同日还发布消息，中国人民银行与冰岛中央银行续签了双边本币互换协议，旨在加强双边金融合作，便利两国贸易和投资，共同维护地区金融稳定。互换规模保持35亿元人民币/660亿冰岛克朗，有效期3年，经双方同意可以展期。

二十一、国开行与德银签署谅解备忘录：在"一带一路"倡议下寻求合作机遇

2017年6月1日，中国国家开发银行（简称"国开行"）与德意志银行在德国柏林签署谅解备忘录，双方同意在"一带一路"倡议下寻求合作机遇，促进共同发展，推动人民币国际化，为中国与包括德国在内的"一带一路"沿线国家加强金融与经济合作做出贡献。作为谅解备忘录的一部分，双方同意在未来5年内实现上述领域合作价值30亿美元。

德意志银行企业及投资银行部全球联席总裁加思•里奇表示，加强中国与欧洲国家在基础设施建设方面的连接，对相关国家都是重要的发展机遇。德意志银行亚太地区首席执行官司马维认为，德意志银行在欧洲广泛的业务网络以及领先的业务能力，可以为"一带一路"这一重要倡议的实施提供坚实支持。

二十二、中企为历史文化名城威尼斯设计港口

2017年2月，由中国交通建设股份有限公司（以下简称"中交建"）领衔的中意联合公司4C3与意大利威尼斯港务局签订了离岸深水港口一期设计协议。威尼斯拥有悠久的历史和灿烂的文化，是世界著名旅游城市。为这样一个历史文化名城设计港口，是中国公司在欧洲高端基建市场获得的第一个重大项目，具有里程碑式意义。

该项目是中交建牵头的中意联合体通过国际公开竞争性招投标方式，在欧洲高端市场获得的第一个基建设计咨询项目，合同总金额为296万欧元，设计期限10个月。

二十三、"一带一路"推动中国-东欧地区务实合作

2017年2月，随着东欧各国同中国经济联系的加强，"一带一路"倡议受到东欧国家的普遍欢迎。地处欧亚大陆交界地带的东欧和高加索国家注意到自身的区位优势，期待能从大规模基础设

施投资和不断涌现的商业机会中获益。

中国在东欧地区的基础设施投资建设被认为是重振该区域经济的一剂灵药，同时也能助力东欧国家缩小其与欧盟各国在基础设施方面的巨大差距。此外，多个东欧国家也寄望于“一带一路”基础设施建设能够帮助其拓宽贸易维度，为国内产品拓展外部市场提供机遇。

在过去一年中，中国与欧洲之间的陆上运输已超过3万个集装箱。乌克兰与中国在农业方面的经贸合作近年来不断深化，如今，中国已成为乌克兰粮食的重要出口市场之一。在白俄罗斯，中白工业园项目进展顺利，并已从筹建阶段迈入建设和运营阶段。

从区域性基础设施项目来看，中国在跨里海国际运输通道等货运走廊项目上的投入为区域经贸合作提供了广阔的空间。2016年，乌克兰生产的商品经由该货运通道穿越黑海、格鲁吉亚和阿塞拜疆被运送到更广阔的国外市场。

二十四、匈塞铁路为塞尔维亚近几十年来最大基建项目，让多方受益

作为“一带一路”在东南欧地区基建领域合作的旗舰项目，匈塞铁路塞尔维亚段自2015年底启动以来，各项前期准备工作得到稳步推进。

匈塞铁路自匈牙利首都布达佩斯至塞尔维亚首都贝尔格莱德，全长350千米，其中匈牙利境内166千米，塞尔维亚境内184千米。该项目为电气化客货混线快速铁路，设计最高时速200千米，建设工期两年。建成通车后，两地之间的运行时间将从目前的8小时缩短至3小时以内。

在中方的支持下，塞尔维亚已签署“16+1”框架下在贝尔格莱德设立基础设施领域合作中心的谅解备忘录，这为落实中东欧地区的基础设施项目提供了便利条件。匈塞铁路是目前塞尔维亚交通基建领域的优先发展项目之一，该项目由中、匈、塞三国共同参与，属于泛欧交通网络的组成部分，对塞尔维亚非常重要，是塞尔维亚近几十年来最大的基建项目。

中土集团承建的“塞尔维亚铁路线汇合点G—拉科维察—雷斯尼克”段铁路修复改造项目开工，这是中国公司使用欧盟资金在塞尔维亚实施的首个铁路项目，设计施工均采用欧盟技术标准。根据中匈塞政府签署的合作文件，匈塞铁路将全面采用中国技术和装备，兼容欧洲铁路互联互通标准。这是中国铁路成套技术和装备首次进入欧洲市场，对于推动中欧铁路合作具有重要的示范意义。

二十五、“意中新丝绸之路”项目启动，加强两国文化科技领域合作

2017年4月7日，由意大利“中国文化与研究协会”发起的“意中新丝绸之路”项目近日在意大利参议院举行专题新闻发布会。意大利“中国文化与研究协会”主席、民主党参议院党团副主席马然、参议院议长格拉索、参议院对外关系委员会主席卡西尼、罗马大学宪法学教授皮乃里、中国驻意大利大使李瑞宇等出席了新闻发布会。

意参议院议长格拉索在致辞中表示，意中两国悠久的交往历史和良好的双边关系是两国携手共创美好未来的宝贵财富。在这一过程中，文化、科技和经贸领域合作将发挥至关重要作用。中意两国同样拥有光辉灿烂的文明历史，两国间始终秉持相互尊重的原则。对意大利人而言，中国的辉煌历史和今天取得的巨大发展成就充满着传奇色彩。马塔雷拉总统近期对中国的国事访问开启了中意两国关系的新篇章，中意两国关系的许多方面，无论在质量和数量上均取得了飞速发展。格拉索说：“我在2015年访华时，即表达了意大利渴望积极参与‘一带一路’建设的坚定决心。毫无疑问，意大利无论在地理、文化和历史等方面都具有参与这一宏伟建设的绝佳优势，可以成为中国和欧洲大陆之间联系的桥梁。特别是在世界经贸环境发生巨大变化的当下，欧盟在经济和商贸领域

可以成为中国的最佳合作伙伴,意大利则能在其中发挥关键作用。"

刚刚成立的"中国文化与研究协会"旨在加强中意两国在文化和科技领域的对话与合作,以"打造开放共赢的合作模式"理念和意大利总统马塔雷拉近期访华取得的丰硕成果为纲领,在政府和议会层面推动两国大学、研究机构和企业在文化和科技领域的交流及合作。该协会主席马然在讲话中表示,"在多极化的世界格局中,更加开放和具有较高知识水平的社会将在今天这样一个前所未有的历史发展阶段获得更多发展机会。正因如此,中国文化与研究协会将致力于通过文化与科技交流加强中意两国关系"。

中国驻意大利大使李瑞宇在致辞中称:"意大利是古丝绸之路的终点,也是丝绸之路经济带和海上丝绸之路的交汇点。中方期待与意方一道努力,抓住'一带一路'倡议带来的合作机遇,加强发展战略对接,共商合作大计,共建合作平台,共享合作成果,为中意合作注入新的强大动力。"

二十六、中欧丝路高通量卫星进入评估阶段,将向"一带一路"沿线国家提供大容量低价格宽带接入

2017年5月16日,中国航天科技集团所属中国卫通集团有限公司和欧洲通信卫星公司(Eutelsat)发布消息,计划合作建设覆盖"一带一路"的中欧丝路高通量卫星,双方目前已经就新一代高通量卫星如何提升"一带一路"沿线国家信息互联互通水平进行了评估。

中国卫通公司与欧洲通信卫星公司的合作旨在发挥卫星通信覆盖范围广、不受地理条件限制等独特优势,构建"一带一路"太空丝绸之路,实现该区域陆海空基础电信设施和信息的互联互通。

与传统卫星相比,高通量卫星能够极大地提升卫星通信容量,总容量可达数百Gbps,是传统卫星的数十倍,能够为用户提供100兆以上的互联网接入速率。同时高通量卫星终端类型多样、部署灵活,用户不需要自己投资建设地面系统,可以大大降低成本。在信息安全方面,"一带一路"沿线国家可根据自身需求,选择设置地面关口站,对用户和信息实施安全管理。

中欧丝路高通量卫星的高性能优势能够在"一带一路"沿线电信普遍服务、互联网经济发展、政府公共服务、陆海空物流管理、企业生产作业和社会应急管理等方面发挥作用,是沿线国家地区实施电信普遍服务用得上、用得起、用得好的最佳解决方案。在地面网络不能完全整体覆盖的地方,如航空机载宽带通信、铁路宽带通信、海洋渔业及游(邮)轮等运输和物流管理、应急和灾害应急响应等多方面也将大有可为。

二十七、中瑞海关AEO互认营造便利高效经商环境

中国—瑞士海关2017年9月1日起实施AEO互认,双方经认证企业在办理海关业务时可直接享受到对方海关提供的通关便利。中瑞海关AEO互认协定的正式实施,将为双方营造更为便利高效的对外开放的经商环境,开辟"一带一路"上的"绿色通道"。

AEO是英文Authorized Economic Operator的首字母缩写词,即"经认证的经营者"。AEO制度是世界海关组织《全球贸易安全与便利标准框架》的重要制度,旨在维护全球贸易安全,为经认证的进出口企业提供便利。

按照国际通行规则,海关对信用状况、守法程度和安全管理良好的企业进行认证认可,对通过认证的企业给予优惠通关便利。两国海关实现AEO互认后,本国认证企业出口货物到AEO互认的国家时,可同时享受到本国海关和对方海关提供的进出口通关便利,从而显著降低高信用企业的通关及物流成本。

中瑞海关实施AEO互认后，双方将同时给予两国AEO企业5项便利措施，包括：减少货物查验、评估为安全贸易伙伴、优先处置保证快速通关、指定海关联络员、贸易中断恢复时优先通关等。预计两国AEO企业出口到对方国家的货物在海关平均查验比例和通关时间将下降30%～50%，可有效降低企业港口、保险、物流等贸易成本。

目前，中国与瑞士有进出口业务的企业约2.23万家，其中约1 000家企业获得AEO高级认证，这些企业的进出口额约占中瑞进出口总额的20%。这些企业将率先享受到上述贸易便利。

二十八、中国与格鲁吉亚自贸协定生效

《中华人民共和国政府和格鲁吉亚政府自由贸易协定》于2018年1月1日生效并实施。

中格自贸协定是中国与欧亚地区国家签署的第一个自贸协定，也是“一带一路”倡议提出后中国启动并达成的第一个自贸协定。协定的实施是落实党的十九大关于“促进自由贸易区建设，推动建设开放型世界经济”的具体举措，对推进自贸区战略和实施“一带一路”倡议具有重要意义。

中格自贸协定于2015年12月启动谈判，2017年5月签署。两国领导人高度关注，对启动谈判和加快谈判进程均多次表达了强烈意愿，对协定生效起到重要推动作用。

协定生效后，在货物贸易方面，格方对中国96.5%的产品立即实施零关税，覆盖格鲁吉亚自中国进口总额的99.6%；中国对格鲁吉亚93.9%的产品实施零关税，覆盖中国自格鲁吉亚进口总额的93.8%，其中90.9%的产品（42.7%的进口额）立即实施零关税，其余3%的产品（51.1%进口额）5年内逐步降为零关税。在服务贸易方面，双方在各自世贸组织承诺基础上，进一步相互开放市场。此外，双方还在环境与贸易、竞争、知识产权、投资、电子商务等众多领域达成广泛共识。

中格自贸协定将进一步提升双边贸易自由化、便利化水平，为企业营造更加开放、透明和稳定的贸易环境，为两国人民带来更多质优价廉的产品和服务。中格双方将以协定实施为契机，全面提升两国务实合作水平，进而扎实推进“一带一路”建设，实现共同繁荣。

二十九、匈牙利发行10亿元人民币熊猫债，所募资金将用于“一带一路”

2017年7月26日，匈牙利国家经济部负责金融的国务秘书霍尔农格·阿格奈什宣布，匈牙利将发行价值10亿元人民币的熊猫债，为期3年，收益率为4.85%。这笔债券是匈牙利首次进入中国银行间债券市场发行人民币债券，所募资金将用于“一带一路”建设相关合作项目。

人民币熊猫债的发行具有象征意义，将进一步加强匈中金融领域间的合作，巩固匈中经济关系，未来所募资金将用于支持“一带一路”相关项目。匈牙利作为发行人获穆迪、标普、惠誉评级分别为Baa3、BBB-、BBB-，此次发债所得将转为欧元，亚洲区域的投资者也可参与认购，预计将筹得约1.3亿欧元。中国银行和汇丰银行（中国）为匈牙利该期人民币债的联席主承销商。2016年4月份，匈牙利已在中国香港成功发行过10亿元人民币点心债。

2017年，匈牙利政府计划发行总量为10亿欧元的债券，此次发行人民币债券是这一计划中的一部分。未来面向中国大陆投资者，匈牙利还将根据市场情况再发行20亿元人民币熊猫债。

三十、银联国际与白俄罗斯最大商业银行开展全面合作

2017年8月25日，银联国际与白俄罗斯最大的商业银行白俄罗斯银行在明斯克签署全面合作协议，双方约定2018年内该行所有自动取款机和商户将受理银联卡，并在本地发卡、银联创新产品

推广等领域开展合作。

近年来，中白两国在贸易流通、基础设施建设等领域合作紧密，跨境支付需求不断增加。中国银联董事长葛华勇在当天的签约仪式上表示，借助于"一带一路"倡议实施的东风，白俄罗斯市场银联卡业务将迎来突破性进展。

三十一、国开行向保加利亚提供贷款，支持"一带一路"项目建设

2017年8月27日，国家开发银行重庆市分行与保加利亚最大国有控股银行——保加利亚发展银行签订8000万欧元贷款合同，促成了"中国－中东欧银联体"项下首个金融同业合作项目。

该项目主要用于符合"一带一路"倡议的保加利亚项目建设，在一定程度上缓解了当地中国企业融资难的问题，助力国内企业不仅能"走出去"，更能"站住脚"。

根据重庆银监局统计，截至2017年上半年，重庆银行业支持有比较优势的企业"走出去"拓展发展空间相关融资余额超过90亿元。

三十二、工行布拉格分行正式开业，搭建中捷间经贸往来桥梁

2017年9月12日，中国工商银行布拉格分行在捷克布拉格正式开业。捷克央行行长伊日•努斯诺克、中国工商银行行长谷澍、中国驻捷克大使马克卿等出席了开业仪式。

中捷两国近年来双边关系发展良好，中国连续多年成为捷克在欧盟外第一大贸易伙伴，捷克则成为中国在中东欧地区的第二大贸易伙伴。工商银行于2017年4月成为捷克首家获得外资银行分行牌照的非欧盟银行，创造了该国银行牌照申设的记录。工商银行行长谷澍在开业仪式上表示，工商银行在捷克设立分行，显示了对捷克经济发展前景的信心，表明了搭建中捷间经贸往来桥梁的决心。

三十三、中国信保与白俄罗斯银行签署合作协议，共同支持"一带一路"建设

2017年9月12日，中国出口信用保险公司（以下简称"中国信保"）董事长王毅在访问白俄罗斯期间与白俄罗斯银行储蓄银行股份公司（以下简称"白俄罗斯银行"）董事长维克多•阿纳尼奇共同签署了《中国出口信用保险公司与白俄罗斯银行的框架合作协议》，旨在通过携手搭建融资保险平台，为中白两国间大型项目和贸易提供综合性融资解决方案。

白俄罗斯银行成立于1922年，是白俄罗斯第一大商业银行和国有银行。截至2016年底，白俄罗斯银行总资产约合121.2亿美元，集团旗下同时拥有租赁公司、咨询公司、结算中心和非银信贷机构等。中国信保是我国唯一的政策性出口信用保险公司，业务规模在全球出口信用保险机构中排名第一。自2001年成立以来，中国信保已累计为我国3.2万亿美元的出口和对外投资提供了信用保险服务。

白俄罗斯是最早支持并参与"一带一路"倡议的国家之一，也是中国信保长期以来重点关注市场之一。截至2017年8月底，中国信保在白已累计承保38.7亿美元，支持了一批两国间重大经贸合作与投资项目。中国信保与白俄罗斯银行的框架合作协议，是与白俄罗斯银行业签署的第一份整体合作协议，既是对双方既有合作项目的重要推动，也为未来进一步开展在基础设施、能源及机械等领域的项目合作打下了坚实基础，将有力推动中白共建"一带一路"、支持中白经贸合作、助力中国企业出口和投资。

三十四、中国信保与格鲁吉亚伙伴基金签署协议，多领域将建融资保险合作平台

2017年9月21日，中国出口信用保险公司（以下简称"中国信保"）与格鲁吉亚伙伴基金签署

《中国出口信用保险公司与格鲁吉亚伙伴基金框架合作协议》。根据协议，双方将在基础设施、能源、机械、物流、电力、大型成套设备等领域建立融资保险合作平台。

据了解，中国与格鲁吉亚双边关系历来友好，政治互信牢固。2018年5月，中国与格鲁吉亚两国在“一带一路”国际合作高峰论坛期间签署了《中格自由贸易协定》，这是中国在欧亚地区签署的第一个自由贸易协定，进一步推动了双边贸易的增长和“一带一路”建设。中国信保董事长王毅表示，在“一带一路”倡议的背景下，中国信保愿意与格鲁吉亚伙伴基金建立整体合作关系，并以本次签约活动为契机，进一步推动双方务实合作，促进两国经贸发展、造福两国人民。

伙伴基金主席大卫·萨加涅利泽说，中国是格鲁吉亚最亲密的伙伴，也是格方第三大投资国。在《中格自由贸易协定》签署后，格鲁吉亚也实施了一批优惠政策鼓励中方来格投资。希望此次与中国信保签署框架合作协议后，两家机构能够稳步推进“一带一路”建设合作，共同谱写中格经贸合作的新篇章。

协议签署前，双方就进一步加强务实合作、建立整体合作机制等事宜进行了沟通交流。

三十五、中企在乌克兰首个公路改造项目正式签约

2017年10月10日，中国新疆交通建设集团（新疆交建集团）与乌克兰国家公路局在基辅正式签署关于改造翻修乌两条交通干道的合同。这是中乌公路建设领域的首个合作项目，标志中国企业首次进入乌公路建设市场。

新疆交建集团2017年8月凭借合理报价及丰富的国际市场经验在乌方公开招标中胜出，同时参与竞标的还有10多家外国公司。根据合同，新疆交建集团将对乌M03和M12公路的两个路段进行拓宽和翻修改造，项目路段总长约124千米，合同总金额为9 600万美元。项目预计2018年初开工，完成后将大幅提升当地道路通行能力，促进当地经济发展。

三十六、“一带一路”中医药针灸风采行走进波兰

2017年10月10日，北京同仁堂（波兰）有限公司位于波兰首都华沙的总店，不少当地患者前来候诊。9时整，中国专家们准时来到同仁堂。世界针灸学会联合会主席、中国针灸学会会长刘保延教授用英语和患者萨拉斯沟通后，拿起几根细针在火上烧红，迅速扎入萨拉斯手臂上的患处，并解释道“这是火针，起通经活血的作用”。阿根廷驻波兰大使也慕名赶来就诊，世界针联司库杨金生在他的腹部扎了十几根银针，20分钟后，折磨这位大使4个多月的慢性胃炎带来的疼痛出现缓解。2小时内，7位中医专家共为近50位患者把脉诊疗。

同仁堂华沙总店的这次义诊活动，是10日在华沙维斯瓦大学开幕的人类非物质文化遗产中医针灸展的一部分，这意味着世界针联“一带一路”中医药针灸风采行系列活动正式走进波兰。本次中医针灸展由世界针联、中国中医科学院和波兰克拉科夫孔子学院共同主办，向波兰民众展示了中医针灸的早期历史、诊疗技术、养生保健及现代发展。

世界针联、中国中医科学院和克拉科夫孔子学院当天还签署了合作协议，以便在中东欧地区中医药文化交流与推广、中医药教育培训等领域开展更广泛的合作。

三十七、中俄启用新货币支付系统，俄媒：为建立新储备货币区

2017年10月26日，中国人民银行宣布为俄罗斯卢布和中国人民币金融业务建立PVP（支付对支付）支付系统。此举目的在于降低贸易中的汇率风险。经济学家弗雷德里克·威廉·恩达尔

在加拿大全球化研究中心网站的文章中写道，卢布和人民币面临的主要潜在风险是美元和美国财政部可能的金融战行动。

中国外汇交易系统（CFETS）在其官网上发布声明指出，除俄罗斯卢布外，CFETS还计划在中国的"一带一路"倡议基础上为人民币与其他外币业务启动类似PVP系统。卢布与人民币相互结算（不通过美元）平台的建立是国际金融体系中最重要的变化之一。这一消息自然不被华尔街银行喜闻乐见，毕竟它们从1944年起就开始为至今占主导地位的美元体系工作。

实际上，上述举措的意义甚至不在于降低中俄贸易中的汇率风险——双方贸易早就绕过美元使用本币结算。其意义在于，建立广阔的不依赖美元的新储备货币区。朝着中国与俄罗斯及"新丝绸之路"上其他伙伴国的双边贸易使用本币直接结算迈出的最新一步，为打造有生命力的、能替代美元的储备货币奠定了基础。

2015年10月，中国启动人民币跨境支付系统（CIPS）。此前，该国已与环球银行间金融通信协会（SWIFT）系统签署合作协议，但自己的支付系统提供了一个防备美国对华实施制裁的备选方案。俄罗斯也意识到有必要推出自己的支付系统，因为这有助于大幅降低对华盛顿决策的依赖。俄罗斯央行行长埃莉维拉•纳比乌林娜表示："我们完成了建立自己的支付体系的工作，今后倘若发生不可预见之事，俄罗斯在SWIFT系统内的所有金融业务将继续在国内进行。我们创造了替代选项。"

中俄并不谋求摧毁美元。(一) 这种可能性很低。(二) 这不会带来多少好处。两国很可能是想为希望保护自己不受美国银行和华尔街日益频繁的金融攻击的其他国家打造独立的替代性储备货币。这也将成为国家主权的重要组成部分，因为今天，美国利用美元体系破坏全世界的经济主权。正如基辛格在20世纪70年代所言："如果你控制了金钱，你就控制了全世界。"

三十八、首届布拉格中欧国际艺术双年展举办，成"一带一路"文化亮点

2017年是"一带一路捷克年"，中捷两国不仅在经贸领域往来愈加密切，在人文领域的交流也更加热络。由中欧文化艺术交流联合会和北京分会联合主办的首届布拉格中欧国际艺术双年展9月前在捷克首都布拉格举行。来自中国、捷克、德国、瑞士、意大利、希腊等国的120名中欧艺术家带来了400余部作品参展，布拉格国际会展中心——这幢超过100年历史的新艺术古典主义风格的经典建筑首次迎来东西方艺术的直接对话，也成为"一带一路"建设中的一大文化亮点。

来自中国和欧洲的40多名艺术家及参展嘉宾难掩兴奋之情，感叹于如此大规模的国际双年展终于落到实处。此次展览在中欧艺术交流史上具有许多的"首创"：首次由中国人主办，首次以中国艺术家为主，首次将布拉格作为主办地。中国艺术家代表、广州美院教授、国家近代美术研究中心专家委员会委员谭天认为，这些在中国当代艺术史和艺术展览史上的诸多首创，令本届双年展具有重大的学术价值和艺术史意义。

此次双年展以"地缘"和"日常"为视角去关注世界不同地缘文明下艺术的日常面貌与生存发展状态，遴选出能体现当代艺术先锋性、实验性和日常性的作品，包括油画、当代水墨、版画、雕塑、装置、摄影、影像、非物质文化遗产民间艺术等类型，设计了"地缘与文化记忆""日常艺术"以及"丁村艺术史"三大板块，在探索展览的艺术主题方面做出了有益的尝试。

三十九、中国与中东欧16国共同发表文化合作《杭州宣言》

在2017年9月22日杭州举办的第三届中国－中东欧国家文化合作部长论坛上，中国与中东欧

16国共同发表了《中国－中东欧国家文化合作杭州宣言》，并签署一系列文化合作计划及备忘录，成果丰硕。

依照《中国－中东欧国家文化合作杭州宣言》，论坛通过了《中国－中东欧国家2018—2019年文化合作计划》，内容包括建设合作平台、加强人员互访、举办专业论坛、组织青年交流、促进成果展示、开展影视与调研等。

此外，与会各国代表团还共同签署了《中华人民共和国文化部和中东欧国家文化主管部门关于在马其顿共和国设立中国－中东欧国家文化合作协调中心的谅解备忘录》。

论坛期间，中国文化部部长雒树刚与中东欧国家9位文化部部长以及4位文化部副部长举行双边会见，并与多国签署双边政府间或文化部间的文化合作执行计划，为中国与相关国家开展下一步文化交流合作提供更加充分的保障和依据。

各国代表团还见证了“中国－中东欧国家艺术创作与研究中心”和“中国—中东欧国家音乐院校联盟”的成立。与会代表共同期待，未来在16+1框架下设立更多联盟，搭建更多平台，齐心协力运营好这些已建立和即将建立的平台。

四十、英国将汉语纳入国民教育体系，累计注册学习中文学生达16万人

2017年10月英国《金融时报》中文网站发表一篇文章称，学习中文被“高智商商界人士”视为一项不错的投资。如今，中文教育已经成为英国初中等教育中的重要内容之一，越来越多的学校开设中文课程。英国已将汉语纳入国民教育体系，是欧洲建立孔子学院和孔子课堂数量最多的国家之一。英国政府提出2020年汉语学习人数要达到40万人。越来越多的英国人认识到，学习中文，不再仅仅是兴趣，而是增加一项重要技能，乃至提升自身竞争力。

据中国驻英国使馆教育处统计数据，截至目前，英国已经建立29所孔子学院148个孔子课堂，累计注册学习中文的学生16万余人。国家汉办驻英代表处市场拓展负责人李婷介绍说，近年来，学习汉语的英国学生越来越多，呈现不断上升趋势。报考参加汉语水平考试的英国学生数量也不断刷新。

汉语学习热的出现和持续，与中国的快速发展密不可分，也与中英两国之间文化、经济合作的发展步伐一致。英国近年不仅在越来越多的高校开设系统性的汉语课程，还着手在中小学校推广汉语教学。

在莱斯特城的莱斯特大学，主管国际合作的大学副校长莎拉•狄克逊（中文名：狄苏文）正在准备汉语水平考试的她会定期去学校附近的孔子课堂学习。学习中文既是与中国开展业务的需要，也是宝贵的人生收获。

20年前，一群英国高等院校的汉语教师自发成立英国汉语教学研究会，他们定期举办学术会议，与全球各地的汉语教师切磋教学经验。正是出于这份对汉语教学的热爱和坚持，加入英国汉语教学研究会的汉语老师人数逐年递增，这个非营利性学术组织的规模和影响力不断壮大。

苏格兰地区拥有5所孔子学院和44间孔子课堂，覆盖面达到苏格兰最北端的设得兰群岛，前来支持教学的中国老师不断增加，累积帮助3万名苏格兰中小学生了解中文知识。在2017年举办的第16届“汉语桥”全英大区赛中，来自爱丁堡大学的学生取得了优异成绩。

语言，是文化的载体、沟通的桥梁。学习汉语对英国学生来说，不仅是了解中国博大文化的重要方式，也是开拓沟通世界的重要机会。越来越多的英国学生对中国怀有极大的好奇，希望了解中国、走近中国，涌动在英国各地的汉语热正是满足他们愿望的最好渠道。

四十一、布鲁塞尔举办中国传统文化生活艺术演展

为期近一个月的"山水•心境——中国传统文化生活艺术演展"2017年11月2日在布鲁塞尔中国文化中心正式揭幕。演展由品茗、观画、闻香、插花等环节组成，通过展览、讲座以及体验工作坊等多个展示和交流活动，向当地民众展现中国优秀传统文化的传承与发展。

演展活动由布鲁塞尔中国文化中心、中国文化部中外文化交流中心和吴作人国际美术基金会青年策展人专项基金共同主办。据布鲁塞尔中国文化中心负责人谭曙介绍，此次演展把闻香的"香"之美、品茗的"味"之美、插花的"色"之美和观画的"境"之美结合起来，用立体的方式展现中国传统文化。

在"诗性的关照——中国山水画的审美心境"讲座中，中国中央美术学院山水画系教师丘挺为听众阐释如何以水墨来传达内心情感，畅怀抒写。

作为一种神秘而高贵的香料，沉香在跨越亚欧的丝绸之路上受到一致推崇，成为文化交流的桥梁。天津沉香艺术博物馆馆长黄毅在"沉香：丝绸之路的文化使者"讲座中，为观众讲述了沉香在丝绸之路上的特殊地位，并演示了香篆的制作和使用方法。活动现场，许多观众参与体验。

在当晚"茶香四溢——如何泡好一杯中国茶"的体验工作坊环节，资深茶艺师赵静用经典的茶器为出席开幕式的100多位嘉宾泡了10年、6年、4年不同年份的老白茶，让人们感受茶叶的曼妙与变化，走入人与自然合一的美妙瞬间。

四十二、中企和塞尔维亚签署高速公路合同，金额约5.2亿美元

2017年11月27日，中国交建与塞尔维亚政府正式签订E763高速公路普瑞立那—波热加段项目商务合同。

普瑞立那—波热加段项目为E763高速公路塞尔维亚境内南段部分，起点位于普瑞立那，终点位于南部城市波热加。项目线路全长31.2千米，为双向四车道高速路，设计时速为平原区120千米，山区100千米。合同金额约5.2亿美元，工期42个月。

塞尔维亚E763高速公路即贝尔格莱德—南亚得里亚海高速公路，是泛欧11号走廊高速公路的重要组成部分，是贝尔格莱德向西南通往邻国黑山巴尔港的重要通道，也是塞尔维亚通向亚得里亚海的距离最短的陆路通道。项目建成后，将使塞尔维亚E763高速路继续向南延伸，使得该高速路通车总里程达到150千米，把塞尔维亚西南部的大中城市纳入首都贝尔格莱德的1小时经济圈，不仅能方便当地居民的出行，同时将提高贝尔格莱德到亚得里亚海及波黑、黑山等国家的客货运输质效，促进整个巴尔干地区的互联互通和经贸往来。

塞尔维亚E763高速路起点段（苏尔钦—奥布雷诺瓦茨段）已于2017年5月5日由中国交建正式开始施工。

四十三、中俄联合投资基金将增资：为"数十项协议"铺路

2017年11月，中俄联合投资基金将增加1倍，达到20亿美元，将投资于"数十项协议"。中俄投资基金由中投公司和俄罗斯直接投资基金于2012年设立，双方各出资10亿美元，主要投资俄罗斯和独联体国家的商业项目以及与俄有关的中国项目。中俄联合投资基金首席执行官基里尔•德米特里耶夫表示，该基金已经完成增资的文书工作。

报道称，该基金为俄罗斯提供了一个获取中国资金支持的渠道。德米特里耶夫把该基金作为

刺激中国对俄罗斯投资的平台。

该基金将与得到中国进出口银行支持的中国–欧亚经济合作基金结成伙伴关系。据德米特里耶夫透露，该基金将投资于俄罗斯石油服务公司欧亚钻井公司和联合运输特许控股公司，以便为莫斯科的2条公路和圣彼得堡的1个轻轨交通网融资。

报道称，这个联合基金已经在19个项目中投入了10多亿美元，其中包括中国出租汽车服务公司滴滴出行、中俄边界的一座铁路桥以及俄罗斯的一个零售连锁企业等。

四十四、中国和爱沙尼亚签署《关于电子商务合作的谅解备忘录》

2017年11月27日，在“16+1”领导人会晤后的签字仪式上，中国商务部部长钟山与爱沙尼亚共和国经济事务和通信部乌尔维•帕洛女士在匈牙利布达佩斯代表两国政府签署《关于电子商务合作的谅解备忘录》。

根据该备忘录，双方将在中国–爱沙尼亚双边经贸混委会框架内建立电子商务合作机制，加强政策沟通，鼓励两国企业通过电子商务推广各自的优质特色产品，并积极支持专业人员培训、分享最佳实践和创新经验等方面的电子商务合作，提高中国与爱沙尼亚的经贸合作水平。

四十五、中国与格鲁吉亚自贸协定将于2018年正式生效

2017年11月28日，中格确认双方各自均已完成《中华人民共和国政府和格鲁吉亚政府自由贸易协定》（简称《协定》）的国内审批程序，并宣布《协定》将于2018年1月1日正式生效。

格鲁吉亚地处“一带一路”重要节点，营商环境良好，是中国在欧亚地区的重要经贸伙伴，也是该地区第一个与中国商签自贸协定的国家。《协定》是“一带一路”倡议提出后我国启动并达成的首个自贸协定，是推动形成全面开放新格局、发展更高层次开放型经济的具体举措。根据《协定》，双方对绝大多数货物贸易产品相互取消了关税，对众多服务部门相互作出了高质量的市场开放承诺，并完善了知识产权、环境保护、电子商务和竞争等规则。《协定》将为两国企业营造更加开放、便利和稳定的营商环境，为消费者提供更多质优价廉的产品和服务。中格双方将以《协定》生效为契机，全面提升两国务实合作水平，进而扎实推进“一带一路”建设，实现共同繁荣。

四十六、摩洛哥设立20亿美元政府基金吸引中国企业投资

2017年11月24日，虽地处非洲但有着欧洲血统的摩洛哥，目前正处在经济危机以及阿拉伯之春之后的经济恢复期，相对其他非洲国家而言，摩政治稳定、经济发展迅速，同时又出台一系列极具吸引力的投资激励政策，这为中国企业提供了投资洼地。

据摩高等计划署统计，2017年第一季度，摩洛哥GDP增长率达4.3%，而2016年同期仅为1.7%。摩洛哥外汇管理局数据则显示，1月—4月，摩洛哥FDI流量同比增加了4.5%。EIU最新预测，2017年摩洛哥GDP增长率预计为4%，经济将继续保持良好的增长态势。

非洲经济组织的统计口径是，非洲经济正在进入高速发展期，估计2050年，规模将达到当前规模的10倍。其中，在非洲开发银行、经合组织、联合国开发计划署联合出版的2017年《非洲经济展望》报告中，摩洛哥已成为非洲内部第一大吸引投资国，第五大对外投资国。

“我们希望中国制造更多地进入摩洛哥，希望有更多的经贸合作、投资建厂。摩洛哥劳动力成本低、市场腹地大、税收优惠等。”摩洛哥经贸官员接受采访时说。目前，摩洛哥与欧盟、美国、土耳其等签订了自贸协定，自贸协定和优惠贸易安排涵盖56个国家，可辐射10亿人口以上的市场。

而早在2016年5月中摩关于建立两国战略伙伴关系的联合声明中就明确了这一方向：深化两国在石油、矿产、农业、环保、基础设施建设等领域的合作，拓展在可再生能源等新领域的合作，发展在工业、冶金、电子等领域的伙伴关系，扩大两国贸易规模，提升贸易流通便利性。

四十七、中国－中东欧银行联合体正式成立

2017年11月29日，国务院总理李克强当地时间11月27日上午在布达佩斯出席第六次中国－中东欧国家领导人会晤。中东欧16国领导人参加。此次领导人会晤的主题是"深化经贸金融合作，促进互利共赢发展"。欧盟、奥地利、瑞士、希腊、白俄罗斯和欧洲复兴开发银行作为观察员与会。

李克强围绕"深化经贸金融合作，促进互利共赢发展"的会晤主题提出以下建议：

（一）做大经贸规模。大力促进贸易和投资自由化便利化。中方愿从中东欧国家进口更多优质农产品，满足中国居民多样化消费需求，也促进双方贸易平衡发展。

（二）做好互联互通。加快实施互联互通重点项目，推动陆上、海上、天上、网上联通。推出更多通关便利化措施。开通更多中欧班列、直航航线，在中东欧地区建立物流中心。

（三）做强创新合作。中方建议以产能、能源、物流、农业为重点，按照商业原则，探讨16+1产业园区合作模式。中方倡议实施"16+1科技伙伴计划"，欢迎中东欧企业参与"中国制造2025"。

（四）做实金融支撑。中国－中东欧银行联合体正式成立；中国－中东欧投资合作基金二期已完成设立，将主要投向中东欧。

（五）做深人文交流。进一步加强旅游合作，简化签证、人员通关手续。探讨开展青年、中医药、体育、妇女儿童保护等领域合作。继续扩大教育、媒体交流。建议将2018年确定为16+1地方合作年。

据悉，目前中国－中东欧银联体共有14家成员行，均为各国政府控股的政策性银行、开发性金融机构和商业银行，包括中国国家开发银行、匈牙利开发银行、捷克出口银行、斯洛伐克进出口银行、克罗地亚复兴开发银行、保加利亚发展银行、罗马尼亚进出口银行、塞尔维亚邮储银行、斯洛文尼亚出口发展银行、波黑塞族共和国投资开发银行、马其顿发展促进银行、黑山投资发展基金、拉脱维亚ALTUM金融公司和立陶宛公共投资发展署。

各成员行按照"自主经营、独立决策、风险自担"的原则，开展项目融资、同业授信、规划咨询、培训交流、高层对话、政策沟通、信息共享等领域合作，并配合开展中国－中东欧国家合作机制项下其他相关工作。

中国国家开发银行将在五年内向银联体成员行提供总额度为20亿等值欧元开发性金融合作贷款，用于中国国家开发银行与其他银联体成员行和未来观察员行开展同业合作，共同支持中国和中东欧国家企业参与的中东欧国家基础设施、电力、电信、园区、农业、中小企业、高新科技等领域项目投资建设。

中国－中东欧银联体下设理事会、高官会和秘书处，各成员行通过建立有效的沟通合作机制，共同为中国－中东欧国家合作重点项目提供投融资支持，以优质金融服务促进中国与中东欧国家经济社会发展，提高各国人民福祉。

四十八、中国银联与塞尔维亚国家中央银行签署双边合作备忘录

2017年11月27日，中国银联与塞尔维亚国家中央银行签订双边合作备忘录，根据约定，双方

将共同推动银联卡在塞尔维亚的全面受理，并在芯片标准授权、银联卡发行及创新支付等领域展开合作。

塞尔维亚作为巴尔干地区的重要国家之一，近年来积极参与“一带一路”建设并取得多项成果。2016年有4.5万中国游客赴塞旅游且这一数字有望继续增长，中国企业也在塞尔维亚积极投资并参与建设，目前有超过5万名中国工人常驻塞尔维亚工作，因此，支付市场需求巨大。

银联作为全球第一大发卡组织，目前银联卡发卡量超过65亿张，银联网络已经拓展至全球162个国家和地区。银联非常期待与塞尔维亚央行和商业银行建立密切合作关系，愿与塞尔维亚金融机构分享银联在非现金支付领域的经验，通过产品、技术、规则和标准的合作，助力推动塞尔维亚移动支付及场景建设，共同推动本地支付电子化发展。

下一步，银联将不断增强与塞尔维亚金融机构的合作，从银联卡的受理，逐步向发卡以及在线支付、电子钱包等业务合作领域深入推进，进一步为持卡人提供更加便捷、安全、高效的银联卡支付服务。

目前，“一带一路”沿线已有50多个市场开通银联卡受理业务；累计发行超过2500万张银联卡，覆盖超过400万家商户和40万台ATM，分别比“一带一路”倡议提出前大幅增长了超过14倍、2倍、1倍，部分地区已实现或即将实现受理无障碍。

四十九、意大利孔子学院汉语教学研讨会举行

2017年11月底，由意大利罗马大学孔子学院主办的第三届意大利孔子学院汉语教学研讨会在罗马举行。来自罗马、伦敦、巴塞罗那、米兰、那不勒斯等地的中外汉语教师、学者近80人参会。

研讨会围绕“融合与创新”的主题，探讨孔子学院（课堂）在汉语教学“本土化”方面的探索和面临的问题，以及海外汉语教学可持续发展的路径。和以往不同的是，本次讨论范围不仅涉及意大利，还延伸至欧洲等更广大地区。

中国驻意大利大使馆教育参赞罗平表示，“本土化”是汉语国际推广的终极目标，也是真正实现汉语教学可持续发展的基础，希望与会专家、教师积极交流分享各个孔子学院的教学经验，为推进汉语教学“本土化”做出贡献。

研讨会分设“汉语教材的‘本土化’与‘普适性’”“教学模式的‘本土化’”以及“‘本土化’汉语教学的可持续发展——外延与多样性”3个议题。与会教师在发言和讨论环节各抒已见，结合自己的实际教学工作互相交流心得，分享经验。

罗马大学孔子学院中方院长张红提出，孔子学院在教学方面要互相学习，设立精准课程，同时研究所在国的人文历史，将中国文化以适应当地发展的方式介绍到当地，共同创造一个新颖、丰富的未来世界。

英国伦敦大学学院教育学院孔子学院中方院长李锷表示，在“一带一路”背景下，汉语教学“本土化”的推行应寻找新方向，各孔子学院都应该发挥自身优势，开展贴合本地需求的特色教学和文化活动。

那不勒斯东方大学孔子学院中方院长徐海铭表示，研讨会为海外汉语教师提供了一个成长的机会，也让各地孔子学院教师齐聚，共商汉语教学“本土化”的发展策略。

西班牙巴塞罗那孔子学院教学协调员周扬介绍了该孔院“三位一体”的师资建设方案，以及结合当地需求与大学、中外机构建立的各类合作项目。

五十、第三届丝绸之路国际文化论坛在波兰举行

2017年11月1日—27日，第三届丝绸之路国际文化论坛在波兰首都华沙开幕。论坛主题为"开创'一带一路'多边合作新时代"，由中国丝绸之路基金会和中波经济文化交流基金会联合主办，河北省廊坊市新绎控股集团协办。来自中国、波兰、德国、俄罗斯、斯洛伐克等国的专家学者和文艺界人士共100余人参加论坛。

波兰副参议长兼议会波中议员小组主席柴莱伊在论坛上表示，希望论坛能进一步加深彼此了解，践行两国元首2016年一致决定将波中关系提升为全面战略伙伴关系、加强交流合作的倡议。

论坛包括两场分论坛，主题分别为"博物馆论坛：文化遗产的当代价值与合作路径"和"戏剧论坛：文艺创作与务实合作"。每场分论坛都就推动共建"一带一路"国家传统文化的传承与发展、加强各国文化交流与多边合作提出了具体的多边合作设想。

30日上午，此次论坛的主办方与波兰保罗二世博物馆签署了关于该博物馆在中国巡展的合作协议。

五十一、29所孔子学院已落户中东欧，中资企业推升"汉语热"

国家主席习近平在2017年5月举行的"一带一路"国际合作高峰论坛开幕式上指出，"国之交在于民相亲，民相亲在于心相通。"可见，文化交流合作是"一带一路"的灵魂。

在中东欧国家，尤其是匈牙利，当地人对中文颇感兴趣，匈牙利国土面积不大，却有4家孔子学院，不少中小学均开设中文课，并将汉语列入高考科目。中东欧地区尽管国家不多，体量也偏小，却是孔子学院发展颇为突出的区域。官方数据显示，目前在中东欧16国已建立29所孔子学院和34个孔子课堂。2016年注册学员3.7万余人，开展各类文化活动1 800多场，吸引45万余人次参加。2016—2017年，总部连续举办两届中东欧国家孔子学院来华夏令营，累计邀请16国1 451名师生来华访问。在500家全球孔子学院中，只有16家是示范孔子学院，中东欧占了其中两家，匈牙利罗兰大学的孔子学院就是其中一家。中东欧孔子学院的教师培训很大一个特点是，教师都是外国人（中东欧人），而不像在法国、美国等地都是华人做教师，可见当地中文的普及程度。

匈牙利的汉语言发展有颇深厚的渊源。匈牙利是世界上最早承认并与中华人民共和国建交的国家之一。2015年6月，两国政府签署了《关于共同推进丝绸之路经济带和21世纪海上丝绸之路建设的谅解备忘录》，这是中国同欧洲国家签署的第一个此类合作文件，实现了中国"向西开放"战略与匈牙利"向东开放"政策的有机对接。2016年，匈中双方成立"一带一路"联合工作组，成为第一个在"一带一路"倡议下建立机制化合作的欧洲国家。2017年，欧尔班总理访华出席"一带一路"国际合作高峰论坛，两国将双方关系提升为全面战略合作伙伴关系。在此背景下，匈牙利"汉语热"不断增温，孔子学院蓬勃发展。

随着中资企业在"一带一路"沿线投资设厂，对当地语言人才的需求也大大增加，除了依赖孔子学院在沿线各国的设立的教学点外，孔子学院也积极与国内各大学合作，共同培养小语种人才。可以预见，今后这些具备两国语言能力，又有相应素质教育的人才，会非常紧俏。

五十二、亚投行首次与欧洲投资银行联合融资，批3.35亿美元贷款助印度修地铁

2017年12月12日，亚洲基础设施投资银行对外发布，已经批准一笔3.35亿美元的贷款，用于

印度城市班加鲁鲁修建地铁。这是亚投行首次涉足地铁项目领域，也是这家机构首次与欧洲投资银行联合融资。实际上，在这条纯电力驱动的班加鲁鲁地铁R6线项目中，欧投行是融资主导方，出资5亿欧元。

亚投行副行长兼首席投资官潘迪安表示，投资这个项目，主要是看重它能极大改善通勤质量、减少化石燃料消耗，帮助当地减轻空气污染、降低噪音，让班加鲁鲁“更加宜居”。

据了解，班加鲁鲁地铁R6线将横穿市中心，贯通城市南北部。投入运行后，部分乘客的通勤时间可能从两小时压缩至15分钟。

五十三、英方承诺向亚投行“项目准备特别基金”捐款5 000万美元

第九次中英经济财金对话2017年12月16日在京举行，双方就深化经济财金合作、为中英关系“黄金时代”注入新动力达成一系列新共识。英方正式承诺向亚洲基础设施投资银行“项目准备特别基金”捐款5 000万美元，与中方承诺金额相同。政策成果表示，双方将继续加强在亚投行框架下的全方位合作和伙伴关系。英方将与中方以及亚投行一道，确保特别基金高效运作，促进亚投行业务迅速覆盖低收入国家。

文件指出，双方将与其他成员一道，立足亚投行战略重点，充分借鉴现有多边开发银行的良好做法和经验，打造亚投行自身优势和特色，支持治理结构和业务创新，不断提升机构能力，共同将亚投行打造成21世纪新型多边开发银行。

五十四、中英将成立首期10亿美元双边投资基金 支持“一带一路”倡议

第九次中英经济财金对话2017年12月16日发表政策成果，双方欢迎成立首期10亿美元中英双边投资基金的提议，以创造就业、促进贸易，支持“一带一路”倡议。双方就深化经济财金合作、为中英关系“黄金时代”注入新动力达成一系列新共识。

该基金将由中英机构牵头，以商业化和市场化为基础建立和运作。英国前首相卡梅伦也参与其中。基金将投资于中、英及第三方市场的创新、可持续和消费驱动型增长机会，以创造就业、促进贸易，支持“一带一路”倡议。

中方欢迎英国出口融资署宣布其有能力支持规模不高于250亿英镑的新增业务，以支持“一带一路”亚洲项目。

双方将加强在基础设施互联互通、装备制造、金融、投资等方面的务实合作，并探讨在“一带一路”沿线开展第三方市场合作，在中英面向21世纪全球全面战略伙伴关系框架下打造积极可持续的贸易、经济发展和安全成果。

五十五、中国与乌克兰签署《中国–乌克兰农业投资合作规划》

2017年12月5日，中国商务部、农业部与乌克兰农业政策与粮食部、经济发展与贸易部共同签署《中国–乌克兰投资合作规划》。

该规划由国务院发展研究中心与乌克兰农业科学研究院共同编制，旨在充分挖掘两国农业投资合作潜力，指导两国企业充分扩大农业领域相互投资，实现优势互补、互利共赢。

根据规划，双方将按照“政府引导、市场运作、企业主体”的原则，鼓励两国企业通过多种方式开展农业投资合作，推动重大项目攻坚，不断提高两国农业投资合作水平。

五十六、中俄两国金融机构首次实现卢布现钞空运至中国非边境口岸城市

2017年12月20日，1 000万元卢布现钞跨越欧亚大陆，从位于莫斯科的俄罗斯亚太银行空运至位于中国黑龙江省哈尔滨市的哈尔滨银行金库中。这一操作，标志着在中国非边境口岸城市，俄罗斯卢布现钞实现了中俄金融机构间调入、调出的双向流动，这是中俄两国银行间在现钞调运渠道方面的突破。两家机构凭借良好的协作基础，搭乘"一带一路"建设东风，开启了中俄两国金融机构现钞合作新篇章。

近年来，哈尔滨银行充分发挥地处中国对俄经贸大省——黑龙江省的地缘优势，积极支持地方金融建设，特别是在现钞跨境调运方面，不断尝试新方式、新渠道，在中俄金融机构中独树一帜。俄罗斯亚太银行作为俄罗斯现钞业务的做市商，在现钞调运方面拥有丰富的经验。据介绍，现钞跨境调运非银行常规业务，有一定难度，涉足银行不多。现钞调运途中的风险管理，交易对手的商务沟通，现钞跨境的中、俄海关通关协调，以及跨境调运的路线选择等问题，都是需要攻克的难关。为此，哈尔滨银行作了诸多有益探索和周密准备，最终与俄罗斯亚太银行达成共识，理顺了各项操作障碍，使得从俄罗斯直接调入卢布现钞成为现实。

"此次有意义的尝试，打通了卢布现钞空运海关出、入境渠道，实现了卢布现钞输出与输入的双向流动，改变了境内金融机构卢布现钞只出不进的局面。"哈尔滨银行相关负责人表示，卢布调入极大缓解了境内银行卢布备付金不足的压力，充裕的现金流方便了中俄双方客户，为旅游、留学、商务出差人员使用卢布现钞提供了便利。同时，卢布现钞跨境调入也为部分俄罗斯银行搭建了平台，为加强中俄两国金融机构现钞合作奠定了坚实基础。据悉，哈尔滨银行目前已初步构建起现钞跨境调运的专业化体系，显现出规模化发展优势。畅通的对俄银行间人民币、卢布现钞进出境渠道，高效的运输流程，完备的运输手段等，大力推动了中俄两国金融机构现钞合作，也为俄罗斯金融同业发展现钞特色业务开辟了发展空间。

哈尔滨银行表示，未来将在更深层次上响应"一带一路"倡议，抓住黑龙江省作为中国向北开放重要窗口的契机，充分发挥毗邻俄罗斯远东地区的地缘优势，不断丰富卢布现钞产品，助力打造"中蒙俄"经济合作走廊的金融生态环境，为实现区域合作最优化提供有力的金融支撑。

五十七、中俄原油管道二线工程正式投入运营，年进口俄罗斯原油将达3 000万吨

2018年1月1日，俄罗斯原油进入中俄原油管道二线开始从漠河向大庆林源输送，标志着我国东北能源运输通道俄油进口的第二通道正式投入商业运营。

中俄原油管道二线工程管道全长941.80千米，起于黑龙江省漠河县漠河输油站，途经黑龙江、内蒙古两省区，终点位于黑龙江省大庆市林源输油站。工程于2016年8月13日正式开工建设，穿越500千米原始森林无人区和多年冻土地带，经历了漫长冬季和最低-50℃的极寒考验，创造了高纬度极寒地区管道建设180天焊接800千米的"中国速度"。

根据项目规划，2018年1月1日二线工程正式投产输油后，从东北输油管道进口的俄罗斯原油将由每年1 500万吨增至3 000万吨。建设中俄原油管道二线工程，将有利于进一步完善国家东北油气战略通道，优化国内油品供需格局，提振东北工业经济，有力助推我国经济社会健康持续发展。

五十八、德国央行决定将人民币纳入外汇储备

2018年1月16日，德国央行已经决定将中国的人民币纳入自己的外汇储备，中国货币的国际地位进一步增强。德国央行执委安德烈亚斯•东布雷（Andreas Dombret）表示，是在欧洲央行向人民币资产进行了相当于5亿欧元（6.11亿美元）的投资之后。他表示他不会评论配置的金额。

中国人民银行副行长殷勇表示，人民币国际化还有很大空间。首先，人民币在国际领域的使用，与中国经济在全球经济的占比相比，还有比较大的差距。比如人民币在国际清算使用占比约1.8%，在全球外汇储备占比刚刚超过1%。其次，市场存在扩大人民币国际使用的巨大需求。中国是全球最大的贸易国，但是在跨境结算中，人民币占比只有25%左右。

五十九、保加利亚再掀汉语热，20余所中小学开设了汉语课程

2018年1月15日，随着“一带一路”建设的推进，汉语和中国文化在保加利亚受到更多关注，“汉语热”正在快速升温，越来越多的中小学生选择学习汉语。埃夫洛吉•格奥尔基耶夫学校是保加利亚第一所将汉语作为第一外语教学的私立学校，学校建立之初，整个学校只有4名学生，但仅仅经过了2年多时间，选择这所学校学习汉语的学生已增加至40多人。“一带一路”让“汉语热”在保加利亚加速升温，希望学习汉语的学生数量每年都大幅增加。为此，学校计划再次扩大招生，预计将会达到100多名。

目前，该校汉语和中国文化教学的周课时数，小学阶段为10学时，中学阶段为18学时。学校确定的发展目标是长期开展汉语和中国文化教学，将开设汉语考级相关培训课程，以及学生未来赴中国的后续学习培训项目。

根据保加利亚教科部数据，目前保加利亚20余所中小学开设了汉语课程，学习汉语的在校中小学生近800人，其中最早开设中文课程的保加利亚索非亚第18中学引入汉语教学已超过20年。

汉语热的背后，反映的是中国经济快速发展和综合国力的日渐提升。保加利亚学生们选择学习中文，是看好中国经济的发展和“一带一路”建设前景。正如校长雅拉莫娃所说的那样，中国的发展将会为这些学习汉语的学生提供更多发展空间和机会。

六十、波黑迎来第二所孔子学院

2018年2月11日，波黑巴尼亚卢卡大学孔子学院日前在波黑塞族共和国首府巴尼亚卢卡揭牌，这是中国在波黑成立的第二所孔子学院，由中国天津职业技术师范大学与巴尼亚卢卡大学合作建设。

波黑塞族共和国总统多迪克、天津市副市长赵海山和中国驻波黑大使陈波等出席了当天的揭牌仪式。多迪克在致辞时说，巴尼亚卢卡大学孔子学院的成立是塞族共和国同中方长期友谊和合作发展的结晶，也是中方“一带一路”倡议在民心相通领域的又一举措，意义重大。希望孔子学院为推广中国文化发挥桥梁作用。波黑的第一所孔子学院萨拉热窝大学孔子学院于2015年正式成立，目前该孔子学院在萨拉热窝已经建有多个汉语教学点。

六十一、英首相访华签署800亿大单，电商成为扩大贸易重要内容之一

2018年2月1日，英国首相特雷莎•梅表示，她对中国的访问在经贸方面取得了巨大成功。英国政府称，中国和英国企业签署了总额超过90亿英镑（1英镑约合8.96元人民币）的合作协议，其

中涉及航空、能源和农业领域。据路透社2月2日报道，英国政府2日表示，在首相特雷莎·梅本周访华期间，英国签署了价值超过90亿英镑的交易，将在英国各地创造2500多个就业岗位。

据悉，此次英国首相访华能够签下如此大单，与电商密不可分。也就是说，电商成为了中国与英国扩大贸易合作范围、增加贸易合作规模的重要内容之一。

众所周知，中国的电商业在全球是领先的，中国互联网业的发达和普及，尤其是中国居民电商意识强烈，在全球也是领先的，是值得其他国家居民羡慕的，也是外国企业十分看重的。如每年的"双11""双12"，一定程度上赶上一个经济规模不大、人口不多国家全年的商品销售额。

英国能够把中国电商作为扩大贸易的重要接口之一，可以看出，英国人的"生意经"还是很强的，英国政府、英国商人的市场嗅觉还是很灵的。可以预料，随着英国加强与中国电商的合作，在接下来的时间里，会有更多国家的商人会把目光转向中国电商，并通过与中国扩大合作，以在电商领域获得更多的收益。所以，英国此举，真的是聪明之举。当然，中国互联网企业通过加强与英国的贸易往来和合作，对于发展中国的互联网产业，也是相当有利的。特别是英国的实体经济水平高，如果能够与中国的互联网企业有机结合，也是能够推动互联网企业的进一步实体化的，是能够起到1+1>2的效果的，可谓双赢。需要注意的是，在合作过程中，应当在如何引进英国的先进技术、先进管理经验等方面，也要进一步加强合作，扩大贸易合作，需要双赢。

六十二、中英探索建立中国国际董事库

2018年2月1日，在英国国际贸易部大臣利亚姆·福克斯与中国国务院国资委副主任王文斌的共同见证下，中国企业国有产权交易机构协会与英国董事协会正式签署了战略合作备忘录。这是英国首相特雷莎·梅于开启的就任以来的第一次访华之旅中，双方的合作成为中英良好关系延续的见证之一，成为了中英关系"黄金时代"的最大亮点，意味着英国全力拓展中国对公司治理领域的巨大需求。

英国董事协会成立于1903年，有110多年的发展历史，在公司治理领域有最佳的实践经验和研究，尤其在全世界公司治理准则方面做出了很大的贡献，在引领、培训、代表英国的商业领袖等方面，制定了卓越的标准和全球公司治理议程。目前协会共有34 500名会员，会员包括各领域的杰出商业人才，是英国支持商务活动和其商业领袖历史最悠久的组织。在公司治理、董事会建设以及商业领袖领域的建树，将与中国产权协会探讨如何促进中国中央企业打造世界一流的董事会，培养出具有世界一流水平的董事。

推进国家治理体系和治理能力现代化，是国家发展目标和价值追求，同时也是深入研究探讨转型中国各项体制性改革和政策分析的出发点。中国的公司治理仍处于初级阶段，如何建立符合国际规范的董事制度，分析当前公司治理存在的核心问题，探讨英国公司治理的模式与其公司治理的重要特征，以及公司治理中不同决策主体关系分析、利益相关者理论，研究董事队伍的有效履职等，解决中国的公司治理模式等问题，可以借鉴世界经验，同时汇集公司治理领域的国际知名学术专家和实践者的智慧，积极探讨并推动符合中国本土化的公司治理模式。

中国企业应积极推进董事会建设，建立健全权责对等、运转协调、有效制衡的健全法人治理结构、决策执行监督机制，建立公司治理的全球规则体系。中国产权协会秘书长夏忠仁向记者介绍了相关的背景，目前协会正在成立董事分会，以最有效的方式促进中国企业的董事的综合素养提升和行业自律，形成良好的董事职业化机制，使董事分会成为企业的"董事之家"，实现互利共赢。同时与英国董事协会这样的国际机构进行深度合作，服务于国家"一带一路"建设，为国有企业做强做

优做大贡献力量。

六十三、“一带一路”为中匈合作提供新机遇

匈牙利切佩尔港物流园属于中欧商贸物流合作园区，由山东帝豪国际投资有限公司投资建设，规划总投资2亿欧元，总开发面积12.66万平方米，2015年被商务部、财政部确认为国家级境外经贸合作区。它也是我国在境外建设的唯一的商贸物流型合作园区。园区为当地创造了1400多个工作岗位，外籍员工占95%。这里最新开通的是长沙—布达佩斯中欧班列（湘欧快线），经由俄罗斯和乌克兰进入匈牙利。运营半年多来，已成功开行20多班，每个集装箱货柜里都装满了来自中国的服装、鞋袜、小家电、钢材、建材、茶叶等产品。2017年11月，从布达佩斯开往长沙的返程班列正式开通。

中欧商贸物流合作园区的业务分为物流和商贸两大部分。在布达佩斯市中心，面积4.3万平方米的中国品牌产品展示中心成为中国产品进入中东欧的展示平台。走进大楼，海尔、格力、联想等知名品牌的宣传海报格外醒目。目前已有200多家中国企业入驻中国品牌产品展示中心。他们还与国内省市商务厅局合作，举办了10多次中国产品展销会。2017中国中东欧（匈牙利）展览会有来自山东、福建、甘肃、广东、宁波等省市的170余家企业参展，产品涵盖汽车摩托车及零配件、家居厨房及家电、机械设备、日用品和食品等16个大类。匈牙利、克罗地亚、罗马尼亚、捷克、斯洛伐克、斯洛文尼亚、塞尔维亚等国的3 000余家采购商前来洽谈，签订贸易合同及意向8000多万美元。

目前中国企业对匈牙利投资累计达到41亿美元，占中国对中东欧投资总额的一半。2016年，在全球经贸持续低迷的背景下，中匈双边贸易额达88.9亿美元，同比增长10.1%。2017年前11个月，两国贸易额达到92亿美元，创历史新高。中国驻匈牙利使馆经商处参赞周新健介绍：“匈牙利外交与对外经济部长西雅尔多说，期待更多的中国投资出现在匈牙利，当中国企业考虑在欧洲投资时，希望匈牙利能够成为首选。这句话代表了匈牙利各界对加强同中国合作的真诚愿望。”

六十四、首批白俄罗斯输华牛肉飞抵上海

一批来自白俄罗斯的冷冻牛肉，2018年2月下旬飞抵上海，经上海机场检验检疫局签发“入境货物检验检疫证明”后，正式进入中国消费市场。这批牛肉共计148.45千克，是2017年中国与白俄罗斯双方签署《关于白俄罗斯输华冷冻牛肉的检验检疫和兽医卫生要求议定书》后首批输华的白俄牛肉。由此，白俄罗斯成为我国第14个牛肉进口准入国家。

白俄罗斯是“一带一路”中欧沿线重要节点国家，畜牧业发达，牛肉品质较好且无疫情发生，活牛存栏量超430万头，每年向国外出口牛肉超过13万吨，其中出口到俄罗斯的牛肉占比高达90%以上。此次白俄罗斯牛肉正式输华，或将助力其改变牛肉出口格局。

我国每年牛肉消费总量达790万吨，是世界第三大牛肉消费国。然而，受20世纪80年代欧洲频发疯牛病疫情影响，我国进口牛肉占国内需求总量的比例仍相对较低。近年来，在“一带一路”大背景下，牛肉输华贸易相继破冰，且随着我国居民消费结构升级和对食品安全的日益重视，肉类产品消费逐渐由单纯数量增长转为量质并举，进口牛肉明显的价格和品质优势加速凸显。进口数据显示，近年来，在猪肉、禽肉等传统肉类产品进口量均出现下降的情况下，上海口岸牛肉产品的进口量仍然保持20%左右的增速。

随着“一带一路”倡议与白俄罗斯发展战略对接不断深入，中白质检合作加速发展。而为做好白俄罗斯输华冷冻牛肉的入境检疫和口岸通关工作，上海机场检验检疫局与进口商主动对接，推出

专窗受理、随到随报、加速转单等现场报检便利措施，施行"365天无休、24小时全天候"等口岸查验服务，创新"快检快放""边检边放"等措施，切实推进贸易便利化，维护上海口岸营商环境。

六十五、首趟石家庄—明斯克中欧班列开行

2018年6月2日，中欧班列（石家庄—明斯克）开行仪式在石家庄货运中心西货场举行。石家庄市人民政府副市长、石家庄高新技术产业开发区党工委书记赵文锋，省商务厅党组副书记、副厅长裴世馨，中铁集装箱运输有限责任公司副总经理袁兴，中国铁路北京局集团有限公司党委委员、石家庄办事处主任、党工委书记薛华刚等出席了开行仪式。

该班列将经由满洲里口岸出境驶往白俄罗斯的首都明斯克市，全程约9 500千米，运行时间15天左右。2018年度为试运营阶段，每月运行3列，其中去程两周1列，回程1月1列，从而打通"一带一路"国家倡议河北省省会与欧洲国际物流新通道。

中欧班列是国家"推动共建丝绸之路经济带和21世纪海上丝绸之路的愿景和行动"、建设"丝路驿站"的重要举措。班列的开行将丝路经济带综合资源平台与石家庄功能创新平台连接起来，为扩大我国进出口贸易规模，将两国贸易合作从简单买卖型提升为联动复合型提供了必要支撑。

开行中欧班列是石家庄市委、市政府为加快融入"一带一路"建设，深化与沿线重要节点城市的经贸合作，打通"一带一路"的物流大通道，积极构建全面开放新格局，做出的重大战略决策。2017年，全市对外贸易出口479.7亿元，同比增长12.5%，其中，对"一带一路"沿线国家出口24.9亿美元，同比增长7.2%，约占全市出口总值的35.1%，这为开通中欧班列提供了潜在的市场优势。开通中欧班列，不仅有利于提升石家庄国际贸易便利化水平，而且有利于增进国际经贸交流与合作，促进石家庄4+4"现代产业的发展。

六十六、中欧班列（成都）开行量率先达2 000列

2018年6月28日，中欧班列（成都）鸣笛启程，缓缓驶出成都国际铁路港，标志着中欧班列（成都）累计开行达2 000列，成都也成为国内首个实现中欧班列累计开行达2 000列的城市。

2013年4月26日，中欧班列（成都）从成都青白江始发。经过5年运行，中欧班列（成都）已织线成网，联结境外16个城市、境内14个城市，每天从成都至欧洲间往返的班列不少于3列，已构建以成都为枢纽、联系太平洋和大西洋的新亚欧大陆桥。

东向拓展"蓉欧+"铁路班列货运通道，依托长江水道和沿江铁路打通联结长三角、珠三角等的东向通道，辐射日韩、港澳台及美洲地区。

西向在中欧班列蓉欧快铁稳定运行基础上，加快成都至西宁铁路、川藏铁路等建设，争取成格铁路纳入国家规划，开辟经霍尔果斯出境的第二条西向国际物流通道，形成经阿拉山口至蒂尔堡、经霍尔果斯至伊斯坦布尔的泛欧铁路大通道，打通进出印度洋阿拉伯海最近的铁海联运通道。

南向着重打造蓉桂陆海通道，稳定运行经广西钦州联通东南亚、澳新、中东的铁海联运班列和经广西凭祥至越南河内的跨境铁路班列，适时开通经云南至东盟国家的泛亚班列，依托泛亚西线连接缅甸皎漂港，打造进出印度洋孟加拉湾最近的铁海联运通道，形成东中西三大泛亚铁海联运大通道。

北向稳定开行经二连浩特直达蒙古国、俄罗斯、白俄罗斯的国际铁路运输通道，有效覆盖独联体国家，对接中蒙俄经济走廊。

2018年，成都中欧班列坚持"稳定数量抓质量"的思路，以提升班列开行品质与服务为主导，

推出公共班列、精品班列、定制班列三大产品服务体系，努力提升班列服务质量，推行“520”服务模式，坚持敞开5种受理渠道、2个小时反馈、零投诉的服务质量要求，优化线上线下一体化运营机制，组建包括需求受理、方案制定、价格测算、风险控制等功能为一体的客服中心服务团队，提升班列服务水平。建立重点客户、重点项目营销管理办法，建立针对重点客户的快速反应、快速决策机制。从运价政策、运力保障各方面制定针对大客户的支持策略，建立与大客户的长期战略合作伙伴关系。

2017年来，成都国际铁路港创新中欧班列多式联运提单金融服务，巩固首张中欧班列提单创新成果，实现国外国内段铁路运输的整合，赋予陆路运输提单物权属性，以提单质押方式开具信用证进行贸易结算，提供配套物流金融支持，货物实现“门到门”运输，“一次委托、一口报价、一单到底、一票结算”。

创新集拼集运组织模式。已在2月中旬成功完成蓉欧班列在乌鲁木齐去程、回程集拼集运测试。海关监管由“列”变为“节”，内外贸商品集拼集运，有效提升装载量，降低运行成本。推动舱位共享、代码共享、资源共享、通关便利，促进和提升中中欧班列（成都）重载率。

中欧班列（成都）逐步从开行数量转向提升班列运营效能，重点围绕本地贸易产业发展需求，结合大宗物资交易和进出口货物贸易需求，为客户提供融入供应链的物流、贸易、金融一体化服务。2018年先后开行俄罗斯—成都木材运贸一体化班列，打通了俄罗斯西伯利亚地区—成都的木材贸易通道，为西南木材交易中心的建设提供了保障。根据莫斯科与成都间商贸的需求，开行成都—莫斯科运贸一体化班列开行，辐射带动省内攀枝花地区的蔬菜、水果和成都生产的鞋帽、服装等打开了俄罗斯市场，同时将俄罗斯的糖果、巧克力、纸浆等源源不断运往中国。

随着成都国际班列开行规模的扩大，这趟国内开行数量最多、开行频次最稳定、运输时效最短的国际班列对产业和贸易的带动效应逐步发挥，四川省近年来与“一带一路”沿线国家贸易额增长79.8%，为西部内陆企业沿着“一带一路”走出去提供了稳定的国际物流通道保障。

六十七、中国国家开发银行与保加利亚发展银行签署合作协议

2018年7月6日，在李克强和保加利亚总理博里索夫的共同见证下，中国国家开发银行董事长胡怀邦与保加利亚发展银行董事长马罗迪夫在保加利亚首都索非亚签署《在“一带一路”倡议下开展金融合作协议》。

根据该协议，双方将在“一带一路”倡议下建立战略合作伙伴关系，通过转贷款、银团贷款、联合贷款、股权投资等方式，力争在未来5年内开展总额15亿欧元合作，共同推动中、保两国及其他“一带一路”相关国家的合作。

该协议是对2017年11月李克强总理宣布的20亿等值欧元开发性金融合作贷款的有效落实，对深化两行在中国–中东欧银联体框架下务实金融合作、推动“一带一路”建设具有重要意义。

中国国家开发银行于2009年与保加利亚发展银行开展首笔500万欧元贷款合作，用于支持保中小企业发展及对华合作项目。2017年，中国国家开发银行向保加利亚发展银行提供8000万欧元贷款，支持了惠及保加利亚经济与民生的电力、基础设施、船舶、农业等领域项目。

六十八、中欧共同投资基金正式成立并投入实质性运作

2018年7月16日，在第二十次中国–欧盟领导人会晤期间，在李克强、欧盟委员会主席容克和欧洲理事会主席图斯克的共同见证下，丝路基金与欧洲投资基金（EIF）签署《关于中欧共同投资基

金首单项目落地与继续深化合作的谅解备忘录》,宣布中欧共同投资基金投入实质性运作。

《备忘录》主要内容是,丝路基金与欧洲投资基金已正式设立中欧基金,并完成对首只子基金"凯辉并购基金二期(Cathay Midcap II)"的投资,该子基金致力于推动中国和欧洲企业的合作,发挥协同效应并形成价值增值。

此前,丝路基金与欧洲投资基金已签署《中欧共同投资基金共同投资协议》。中欧共同投资基金投资规模5亿欧元,丝路基金与欧洲投资基金等比例出资并共同进行投资决策。中欧共同投资基金遵循市场化原则,主要投资于欧洲私募基金和风险投资基金,投向对中欧合作具有促进作用、并且商业前景较好的中小企业,促进"一带一路"倡议与欧洲投资计划相对接,实现互利共赢。

欧洲投资基金隶属欧洲投资银行集团,主要任务是通过风险投资和担保等方式,为中小型企业提供资金支持,是落实欧洲投资计划主要机构之一。欧洲投资计划又称"容克计划",是欧盟发展战略的重要组成部分,旨在撬动公共和私人资金促进就业、经济增长和投资。

六十九、德国商业银行与工行签约,5年内将投50亿美元支持"一带一路"项目

2018年7月19日,德国商业银行与中国工商银行公布,双方已签署合作备忘录,将支持"一带一路"倡议的相关项目。德国商业银行并透露,未来5年内投放50亿美元支持"一带一路"倡议的相关项目。

据了解,此次两家银行的合作备忘录将基于长久以来的伙伴关系,围绕"一带一路"倡议进一步探索合作和发展机遇,合作框架涵盖项目融资、资本市场及贸易金融领域。

德国商业银行董事会成员及全球金融机构总裁Nikolaus Giesbert表示:"支持客户的海外投资活动已经成为我们银行的基因。结合德国商业银行在欧洲的强大业务网络和中国工商银行对本地市场的深入了解,我们将携手为在'一带一路'沿线寻找商业机遇的德国和欧洲企业实现更高的价值,并协助亚洲的跨国企业在欧洲拓展业务。"

德国商业银行是唯一与中国工商银行签订合作备忘录的德国银行,此次的备忘录旨在进一步探索贸易融资、企业咨询、债券资本市场、集资及融资、交易银行和资产管理等方面的深入合作渠道。

德国商业银行亚太区董事会主席Nick Johnston称,通过这项协议,德国商业银行将在"一带一路"沿线为客户提供更灵活的融资、投资及风险管理等方案。

"一带一路"倡议持续为中国与沿线国家建立新的贸易和投资联系。德国商业银行预计,中国对"一带一路"沿线国家的对外直接投资会在2020年前翻一番,达到250亿美元。

七十、中俄签署《关于欧亚经济伙伴关系协定联合可行性研究的联合声明》

2017年7月4日,中俄在莫斯科签署了《中华人民共和国商务部与俄罗斯联邦经济发展部关于欧亚经济伙伴关系协定联合可行性研究的联合声明》(以下简称《声明》),决定开展欧亚经济伙伴关系协定的可行性研究。主要从以下3个方面开展相关工作:

(一)加强战略对接。积极推动"一带一路"建设与欧亚经济联盟建设对接合作,开展《欧亚经济伙伴关系协定》联合可研。

(二)巩固贸易增长势头。在扩大传统大宗商品贸易规模的同时,不断改善贸易结构,继续提高高新技术产品、农产品比重,推动中俄贸易提质升级。

(三)加快战略性大项目的实施。力争推动在能源、核能、航空、航天、农业、跨境基础设施等

领域尽早启动一批示范性项目。拓展远东开发、北极开发等新的区域合作增长点，力争取得更多早期收获。

七十一、中海油英国北海区域开发项目投产

2014年11月3日，中国海洋石油有限公司（中海油）宣布英国北海Golden Eagle区域开发项目投产。Golden Eagle区域开发项目包括Golden Eagle、Peregrine及Solitaire油田。这些油田分别位于北海20/1S、20/1N及14/26a区块，在阿伯丁东北70千米处，平均水深89～139米。

该项目主要设施包括1座生产平台、1座井口平台及2套水下生产系统，通过共15口生产井和6口注水井进行开发。目前Golden Eagle油田已投产的两口生产井日产原油约1.8万桶。该项目预计于2015年达到7万桶的高峰日产量。

中国海洋石油有限公司首席执行官李凡荣表示：“在预算内，按计划及世界一流的安全标准建设的Golden Eagle区域开发项目顺利投产，为英国提供了超过2 500个就业机会，并将为公司带来重要的产量贡献。

七十二、中白互免签证协定生效

2018年8月11日，中国和白俄罗斯互免持普通护照人员签证协定10日正式生效后，白俄罗斯首都明斯克国际机场当天迎来首批免签入境的中国公民。

这些中国公民搭乘北京到明斯克的国航直航航班抵达明斯克国际机场。其中，首位免签入境的中国公民是一名到白俄罗斯出差的男士。白俄罗斯体育和旅游部官员向他发放了相关证书，机场工作人员为他送上鲜花。这名幸运者还获得白方为其特别提供的旅游便利。

他在接受媒体采访时说：“中白两国互免签证说明两国友谊得到进一步发展，免签政策便利了两国人员往来，将进一步促进两国关系的发展。”

白俄罗斯体育和旅游部官员格里采维奇当天说，2018年是中国“白俄罗斯旅游年”，白俄罗斯将继续改善本国基础设施，为中国游客提供更多便利，希望有更多中国朋友到访白俄罗斯。

根据协定，两国持普通护照人员可免签入境对方国家，每次停留时间不超过30天，一年内免签入境时间累计不超过90天。该协议对因私出国、商务出差及出境旅游人员有效。

中国驻白俄罗斯大使馆提醒中国公民，如果在白俄罗斯逗留超过30天，或赴白俄罗斯居留、学习、工作、从事新闻报道等其他需白俄罗斯主管部门事先批准的活动，仍应在入境前办理签证。

此前，白俄罗斯已对中国团体游客实行免签政策。2017年5月，白方对持因公普通护照的中国公民给予30天免签入境的优惠政策。据白方统计，2017年赴白俄罗斯中国公民约2万人次。

七十三、第二十八届克雷尼察经济论坛在波兰举行

2018年9月12日，第二十八届克雷尼察经济论坛在波兰举行。作为中东欧最重要的经济论坛之一，本届论坛吸引了来自世界各国的约4 000名代表参会。中国人民对外友好协会在该论坛框架内举办了“重走古丝路 奏响大合唱”特别活动——“中国－中东欧城市合作论坛”，旨在全面推动中国与中东欧国家城市之间的友好交流与互利合作，成为本次经济论坛的一大亮点。本届论坛共举办了5个和中国有关的分论坛，与会代表们就“一带一路”建设、城乡可持续发展、食品安全、空气污染治理等议题进行了讨论。

克雷尼察位于波兰南部，是著名的滑雪胜地，每年秋天在这里举行的经济论坛让这座只有1万

多人的山城显得格外热闹。从1992年创办以来，克雷尼察经济论坛已经发展成为有200多个分论坛、每年4 000多人参会的中东欧最重要的地区性论坛，克雷尼察也因此被誉为"东欧达沃斯"。

随着"一带一路"建设在中东欧地区的不断推进，中国和中东欧国家的合作机制不断完善，中国议题成为克雷尼察经济论坛的重要话题。2014年中国开始派代表团参加克雷尼察经济论坛，2014年在中国人民对外友好协会的组织下，来自河南、内蒙古、福建和四川4个省区的10个市县的代表与世界多国经济专家、学者和企业高管就"一带一路"建设和中国与中东欧国家合作等议题展开对话。

在分论坛上，中国代表向参会者介绍了中国在区域发展、清洁能源和体育文化等方面的创新与实践，并展示了在"一带一路"框架下，中国与中东欧国家之间城市交流的丰硕成果。

七十四、速卖通海外买家突破1.5亿，中东、东欧市场爆发式增长

2018年9月12日，阿里巴巴全球速卖通战略发布会在杭州召开，宣布海外买家数累计突破1.5亿，这是继2017年4月速卖通公布破亿买家后公布的最新成绩单。

速卖通成立于2010年4月，是阿里巴巴旗下面向全球市场打造的在线交易平台。经过8年的发展，速卖通吸引了全球1.5亿买家疯狂"剁手"。这意味着，自2017年4月速卖通累计买家数突破1亿以来，平台新增了5 000万用户。数据显示，目前，速卖通在全球100多个国家的购物类APP下载量中排名第一。全球范围内每月访问速卖通的消费者超过2亿。

2018年，速卖通全球市场进一步拓展，深度渗透全世界220多个国家和地区，成为中国唯一一个能够覆盖"一带一路"全部国家和地区的跨境出口B2C外贸交易平台。

2017年以来，受惠于"一带一路"倡议，速卖通在中东、东欧等"一带一路"新兴市场上势头良好。在速卖通"8·28"大促中，沙特阿拉伯、阿联酋、西班牙等"一带一路"新兴市场爆发式增长，其中中东地区交易规模涨幅高达252%。其中一位沙特阿拉伯土豪买家，在8月大促中一口气下单132件商品，囊括了家具、工具、杯具、灯饰、3C电子、童装、玩具、比基尼等10余个品类。

9月11日，阿里巴巴宣布与俄罗斯社交巨头Mail.Ru集团及国家主权基金成立合资公司，是阿里全球化战略的必经步骤，更是社交与电商融合的一种全新尝试。

速卖通希望通过产品和技术手段，赋能卖家更好地与海外社交媒体相结合，帮助中小企业卖家利用社交化的方式建立与海外消费者的连接，为海外消费者打造电商+社交的全新生活方式。"速卖通总经理王明强表示，未来，在欧洲、中东等俄罗斯以外的其他国家和地区，速卖通也会积极尝试与当地的社交平台做深入整合。同时，阿里巴巴也会通过产品化、智能化、数据化的技术手段，提升卖家的经营水平，优化用户的购买体验和提升购买效率。

在速卖通最大的海外市场俄罗斯，经过速卖通和菜鸟的努力，俄罗斯的物流服务已全面完成数字升级，来自中国的自提柜已经覆盖俄罗斯390个城市多达2 000多个，包裹平均时效提升至平均7—10天。

同时，速卖通联合菜鸟设立海外仓，将货品前置到消费者家门口。从这些海外仓出发，欧洲一半的市场已经可以实现72小时送达，而莫斯科"海外仓"已于2018年7月推出"当日达"服务，为莫斯科消费者提供免费当日配送。

七十五、拉脱维亚掀起"汉语热"，孔子学院在读学生达800多人

2018年10月7日，在不久前结束的2018年夏季达沃斯论坛上，拉脱维亚总统莱蒙德斯·韦约尼斯说："中国和拉脱维亚间的文化相通能够为未来发展提供强有力的基石，能够达到更加均衡包容

的新的‘一带一路’发展。”

“一带一路”建设5年来,中国与拉脱维亚在文化、教育等领域展开合作,两国之间的文化交流不断提速。中国博大的文化、开放的格局让拉脱维亚人心生向往。

在拉脱维亚大学孔子学院,19岁的蜜雪儿已经学习中文2年了,2018年6月,她代表拉脱维亚参加了第17届“汉语桥”世界大学生中文比赛。

在拉脱维亚大学孔子学院,像蜜雪儿这样喜欢中国文化的年轻人不在少数。而引领他们入门的老师,便是拉脱维亚大学孔子学院外方院长——贝德高教授。喜欢被人称作“贝教授”的他,说着一口流利的中文,爽朗的笑声让人很难想象这位学者已经有80岁的高龄了。

中国和拉脱维亚间的文化相通将为两国合作发展提供强有力的基石。对此,尚劝余教授深有体会。他说:“‘一带一路’倡议之后,人们越来越意识到学习中文和了解中国文化的重要性。孔子学院是传播弘扬中国文化的一个桥梁,我们的学员除了学生之外,还有社会人士。有个70岁的学员前年参加汉语桥比赛,还得了奖。”

语言相通搭建起了中拉两国文化交流的大桥。中国文化也在拉脱维亚埋下了希望的种子,这颗种子正在生根、发芽。

七十六、中俄举办“科技创新日”,聚焦协同创新发展

2018年10月11日,在中俄地方合作交流年框架下,由中国科学技术部、俄罗斯联邦科学和高等教育部联合主办的中国–俄罗斯科技创新日暨第三届中俄高技术论坛在哈尔滨举行,加强中俄协同创新发展成为与会人士的焦点话题。

中国近年来不断同俄罗斯加强科研合作,在国际研发及创新成果转移转化等环节取得成效。加快中俄科技创新合作,是两国全面战略协作伙伴关系的重要组成部分。黑龙江省立足地缘优势,建立了丰富稳固的对俄合作渠道,构建起对俄创新服务体系,正逐渐成为中国开展对俄科技合作的窗口和前沿。

在中国唯一以对俄合作为主题的国家级新区——哈尔滨新区,目前已集聚国家和省级研发机构161个、高等院校23所、专业科技孵化器42个,有国家认定的高新技术企业425户。哈哈尔滨将进一步发挥对俄合作优势,深度融入“一带一路”建设,打造国际科技合作新高地,为中俄科技合作注入新活力。

七十七、中国技术将助力波黑建设智慧城市

2018年11月8日,正在波黑首都萨拉热窝举行的第三届中国–中东欧国家创新合作大会上,波黑有关部门与中国华为公司签署合作文件,旨在利用华为领先的信息通信技术,促进波黑建设智慧城市。

波黑交通部6日与华为签署了关于智慧城市和平安城市项目的联合声明。声明说,波黑需要建设高效的信息通信系统,提高市民的生活质量。声明呼吁波黑各大城市,认识到信息通信技术对于交通、基础设施建设、公共安全等方面的意义和作用。与华为展开合作,旨在为建设智慧城市创造必要条件。

萨拉热窝市同日与华为签署了相关合作备忘录。备忘录中说,鉴于华为是一家全球领先的技术公司,拥有实施综合监管项目以及建设智能管理系统、公共安全系统、智能交通控制系统等方面的能力与资源,萨拉热窝市将与华为公司开展合作,促进该市向智慧城市与平安城市转型。

七十八、"东风西韵——紫禁城与海上丝绸之路"展在里斯本开幕

2018年12月5日，当地时间12月3日晚，由中国文化和旅游部、葡萄牙文化部和葡萄牙文化遗产总局支持，故宫博物院和葡萄牙阿茹达国家宫合作举办的"东风西韵——紫禁城与海上丝绸之路"展在葡萄牙里斯本阿茹达国家宫开幕。

主办方精心遴选故宫博物院馆藏的陶瓷、玉器、科学仪器和玻璃器、珐琅器等各类代表性珍品文物共66件(套)，讲述了不同文化交流、碰撞、浸润和滋养并共同繁荣进步的真实故事，成为中葡两国友谊源远流长的见证。

2019年是中葡建交40周年，两国将以此为契机互办"文化节"，加强展览、演出、影视、传媒等方面合作。此次展览是葡萄牙"中国文化节"的重要项目，将持续至2019年3月31日。中国文化和旅游部长雒树刚在开幕式致辞中表示，希望通过展览与葡萄牙人民重温海上丝绸之路的共同历史记忆，加强中葡文化交流互鉴，不断增进中葡两国民众之间的相互了解、欣赏、信任和友谊，持续夯实中葡全面战略伙伴关系的民意基础。

七十九、中国援建白俄罗斯科技成果转化合作中心开工

2018年12月19日，中国援建白俄罗斯的中白工业园科技成果转化合作中心大楼18日在白俄罗斯首都明斯克举行开工仪式。该项目旨在进一步推动中白两国科技交流合作，提高中白工业园的国际竞争力。

中白工业园科技成果转化合作中心使用中国政府提供的经济技术援助资金建设。项目总承包单位为中国十五冶金建设集团有限公司，预计将于2019年12月完成建设。

中国驻白俄罗斯大使崔启明在开工仪式上表示，中白工业园是中国和白俄罗斯两国元首亲自确定和关心的项目，是"一带一路"建设的重点工程。中白工业园科技成果转化合作中心建成后，将为入园企业创造更好的工作、生活和居住条件。中方愿与白方一道，为把中白工业园建设成为基础设施完备、产业协调发展、绿色生态宜居、技术水平先进的国际化产业新城作出不懈努力。

白俄罗斯经济部副部长马图谢维奇对中方提供的经济技术援助表示感谢。他说，白俄罗斯希望通过应用最新科技成果推动本国经济发展，中方援建的中白工业园科技成果转化合作中心有助于白中两国加强科技交流合作，相信中白工业园今后将成为拉动白俄罗斯经济发展的旗舰项目之一。

中白工业园管委会主任亚罗申科表示，目前中白工业园正在快速开发建设，科技成果转化合作中心的建设将有效推动工业园的国际高科技合作，对园区开发建设具有重要意义。

中白工业园位于明斯克机场附近，是白俄罗斯最大的招商引资项目，也是中白两国重要合作项目。自2015年下半年开始实质性开发以来，工业园开发建设快速推进，已吸引来自中国、白俄罗斯、俄罗斯、美国、德国、奥地利、立陶宛和以色列等国的39家企业入驻。

八十、中英两国央行续签规模3 500亿元双边本币互换协议

2018年11月12日宣布，已经与英格兰银行续签了中英双边本币互换协议，此举旨在维护国内金融市场稳定。

协议规模为3 500亿元人民币/400亿英镑，协议有效期3年，经双方同意可以展期。

近期中国央行与境外货币当局签订了多项本外币互换协议。10月26日，中国央行与日本银行签署了规模为2 000亿元人民币/34 000亿日元的中日双边本币互换协议；8月20日，中国央行与马来西亚国家银行续签了规模为1 800亿元人民币/1 100亿马来西亚林吉特的双边本币互换协议。

根据中国央行最新发布的《2018年第三季度中国货币政策执行报告》，截至9月末，在中国央行与境外货币当局签署的双边本币互换协议下，境外货币当局动用人民币余额为324.80亿元，中国人民银行动用外币余额折合8.92亿美元，对促进双边贸易投资发挥了积极作用。

八十一、中国银行在匈牙利发行熊猫债挂钩票据类投资产品

2018年12月12日，由中国银行发行的匈牙利人民币债券（又称“熊猫债”）挂钩结构性票据产品在匈首都布达佩斯交易所挂牌上市，这是中国银行在欧洲地区面向机构投资者发行的第一只连接中国境内熊猫债的美元/欧元双币种票据类投资产品。

此次上市的结构性票据，挂钩对接匈牙利政府2017年在中国境内发行的以人民币计价的熊猫债，匈牙利机构投资者凭借中国银行的结构性票据产品，能非常便利地参与到该笔债券的发行认购，足不出户便能享受到人民币相对较高利率水平带来的收益。

2017年7月，中国银行作为联席主承销商之一，协助匈牙利政府发行了10亿元人民币熊猫债。这是中国银行继2016年4月协助匈牙利在中国香港特区发行10亿元人民币点心债后，第二次协助匈牙利发行以人民币计价的国债。

八十二、亚马尔液化天然气项目第三条生产线正式投产

2018年12月11日，位于北极圈内的亚马尔液化天然气（LNG）项目第三条生产线正式投产，比计划提前1年。这一项目对俄罗斯天然气进入亚洲市场有积极作用，推动了包括北极航道在内的相关跨国基础设施建设的发展。

亚马尔项目是全球最大的北极液化天然气项目，也是“一带一路”倡议提出后在俄罗斯实施的首个特大型能源合作项目。项目由俄罗斯诺瓦泰克公司、中石油、法国道达尔公司和中国丝路基金共同合作开发。

根据协议，在亚马尔项目第二条、第三条生产线投产后，中石油将从2019年起每年进口来自亚马尔项目的300万吨液化天然气。

八十三、中俄首座跨界河铁路大桥中方段主体工程全部完成

2018年10月13日，同江中俄大桥中方段最后一吊钢梁安装到位，标志着同江中俄铁路大桥中方段主体工程全部完成。同江中俄铁路大桥是中俄首座跨界河铁路大桥，设计铁路年过货能力2 100万吨。大桥全长7 193.71米，其中跨江大桥主桥全长2 215.02米，中方境内1 886.45米，俄方境内328.57米。大桥建成通车后，将使国内铁路与俄远东地区至西伯利亚铁路相连，增加一条连俄通欧国际大通道，对于加强中俄经贸往来、推动“一带一路”建设。

八十四、中企承建挪威第二大桥举行通车典礼

2018年12月9日，由中国企业承建的挪威第二大桥哈罗格兰德大桥通车典礼举行。挪威首相索尔贝格出席仪式。

哈罗格兰德大桥由中国四川公路桥梁建设集团(四川路桥)承建。这座大桥位于挪威北部港口城市纳尔维克附近,桥长1 533米,是北极圈内最大跨径悬索桥。该桥缩短了从纳尔维克前往特罗姆瑟、哈尔斯塔等地的路程。建设团队解决了桥梁跨径大和空间设计不规则等技术难题,克服大风、严寒、极夜等影响,按要求完成项目,体现出中国桥梁建设先进水平。

哈罗格兰德大桥是中企"走进挪威"的标杆工程,是践行"一带一路"倡议的切实行动,是中挪互利合作的重要成果,对深入推进两国经贸务实合作具有重要示范意义。

八十五、阿里巴巴世界电子贸易平台首次落地欧洲

2018年12月5日,阿里巴巴集团与比利时联邦政府签署合作谅解备忘录,标志着阿里巴巴集团近年推广的世界电子贸易平台(eWTP)项目第一次在欧洲国家正式落地,也意味着全球更多中小企业将受益公平普惠的贸易环境。

根据该合作谅解备忘录,双方基于eWTP促进双边贸易,通过构建更具包容性和创新性的贸易平台,为欧洲广大中小企业从事跨境贸易提供更便利和公平的选择。互联网正在深刻改变全球贸易格局,中小企业和年轻人正日益成为贸易和全球化的主力。在欧洲,中小企业在企业中占到90%以上,比利时中小企业占比更是高达98%。eWTP进入欧洲,将帮助欧洲中小企业更好地参与、分享和共建普惠式全球化。

双方合作的重要内容之一是建立一个支持中小企业进行跨境贸易的数字中枢(eHub),特别是方便中小企业的产品进入中国。阿里巴巴集团旗下的菜鸟网络将在列日机场以北22万平米的区域,逐步构建一个世界级的数字化贸易基础设施。第一期设施将于2021年年初投入使用。

八十六、英国议会成立跨党派"一带一路"和中巴经济走廊小组

2018年9月10日,英国议会跨党派"一带一路"和中巴经济走廊小组正式成立,目的是帮助英国议会增加对"一带一路"倡议和中巴经济走廊项目的了解,并为英国企业界提供积极参与、寻求机会的平台。

该小组搭建桥梁,有助于增进英国各界对"一带一路"倡议的支持和参与,推动中英"一带一路"合作走实走远。

八十七、中国和比利时签署第三方市场合作谅解备忘录

2018年10月17日,在国务院总理李克强和比利时首相米歇尔共同见证下,中国商务部部长钟山与比利时联邦副首相兼外交大臣雷德尔斯签署了《中华人民共和国商务部与比利时王国联邦外交、外贸与发展合作部关于在第三方市场发展伙伴关系与合作的谅解备忘录》。根据该备忘录,双方将在经贸混委会框架下成立工作组,支持和推动两国企业在第三方市场开展合作。

目前,中国已经与法国、加拿大、日本、新加坡,还有其他一些国家和国际组织,正式签署了第三方市场合作的文件。其中,2016年9月,英国欣克利角C核电项目及后续的塞斯维尔C、布拉德维尔B核电项目便是由中法两国共同投资建设。其中,布拉德维尔B核电项目将采用中国自主三代核电技术"华龙一号",成为第三方市场合作提出以来的首个成功案例。中日双方已签署《关于中日第三方市场合作事项的备忘录》,泰国"BTS"铁道铺设项目或将成为首个合作项目;中新还签署谅解备忘录,将联合组建工作小组,确认两国可共同开发的市场和领域。除此之外,中国与有关国家推动设立了第三方市场合作的基金。

第四节 非洲主要国家的发展

一、中企助力布隆迪进入“高清时代”

2016年12月26日，由中国公司承建的布隆迪广播电视数字化整转项目在布隆迪首都布琼布拉举行启动仪式。这标志着布隆迪将成为东非共同体第一个真正意义上完全实现电视数字化的国家。

在布隆迪国家广播电视台，布隆迪电视网络历史上第一个数字信号的发射标志，从此布隆迪人民将告别模糊不清的模拟信号，进入“高清时代”。

布隆迪广播电视数字化整转项目由中国四达时代集团承建，中国政府提供优惠贷款。未来，四达时代将与布隆迪国家广播电视台成立合资公司并参与运营，以项目自身运营收益偿还中国政府贷款。这一“建设、运营一体化”的项目合资运营期限为25年。

与此同时，由中国提供优惠贷款的布琼布拉城域网项目也已经竣工。该项目由华为公司承建，布隆迪国家通信公司运营，为布琼布拉城内铺设了220千米的光纤网络。研究发现，宽带普及率每增加1%，能带动就业率上升0.2%～0.3%；平均每1美元的宽带投资，可以获得10倍甚至以上的收益。城域网及国家骨干网项目的实施，可以在5年内直接拉动布隆迪3%的国内生产总值增长，预计将创造2万个就业岗位。

除了通信领域的合作，中国与布隆迪在其他多个领域的友好务实合作也结出了丰硕的成果。12月上旬，中国医疗专家组在布隆迪实施的“光明行”义诊活动，为182名白内障患者带来了光明，让他们重燃了对生活的希望。中国援布高级农业专家组在布隆迪高产水稻示范田喜获丰收，产量达当地平均水平的2～3倍，该技术将在布隆迪全国进行推广，有利于布隆迪早日实现粮食自给。此外，中国政府提供的5 000吨粮援首批500吨大米预计2017年初运抵，以解布隆迪受气候灾害影响灾民的燃眉之急。

二、“新时期的坦赞铁路”亚吉铁路通车

2016年10月5日，由中国铁建等中国企业承建的“新时期的坦赞铁路”亚吉铁路首趟列车，从埃塞俄比亚首都亚的斯亚贝巴发出。

亚吉铁路是海外首条集设计标准、投融资、装备材料、施工、监理和运营管理全产业链“中国化”的铁路项目，标志着成套中国铁路“走出去”取得重大突破，是“一带一路”的标志性成果。

2011年底，中国铁建中土集团等与埃塞铁路公司签署项目合同。经过4年多的建设，亚吉铁路正式开通。亚吉铁路横跨非洲两国，西起埃塞俄比亚首都亚的斯亚贝巴，东到吉布提港，全线长约750千米，采用中国二级电气化铁路标准建设，设计时速120千米，总投资约40亿美元（含机车车辆采购）。埃塞俄比亚段70%的资金和吉布提段85%的资金使用中国进出口银行商业贷款。

亚吉铁路作为“一带一路”倡议的重要支撑，在促进各国互联互通方面意义重大。

三、非洲首条电气化铁路由中国造

2016年10月5日，埃塞俄比亚亚的斯亚贝巴—吉布提铁路（亚吉铁路）竣工通车，这是一条连

接埃塞俄比亚首都亚的斯亚贝巴和吉布提首都吉布提港的东非地区首条现代电气化铁路，是中国提供融资，在非洲建设的第一个集技术标准、设备、融资、施工、监理、运营管理为一体的全流程"中国元素"铁路项目，标志着中非互利合作在转型升级道路上迈出了重要一步。

这条电气化铁路全长460英里（约合750千米），在中国资金和人员协助下建成的，耗资27亿英镑，替代了已经破损的法国殖民时代的铁路。火车首次启程时，从亚的斯亚贝巴到海边的距离从原来的3天缩短到了12小时以内，这也是2007年以来第一次有火车从这个城市开出。

亚吉铁路是继坦赞铁路之后中国在非洲修建的又一条跨国铁路。但与坦赞铁路不同的是，亚吉铁路不是一个单纯的援建项目，而是中方融资、承包建设和运营的互利合作项目，开创了新时期中非互利合作的新模式，体现了中非合作的新变化，即中国对非合作已从以政府援助为主向企业投资和融资合作为主转型，从一般商品贸易向产能合作和加工贸易升级，从工程承包逐渐向投资运营基础设施、经济特区、工业园区和商贸物流中心以及金融服务等中高端领域迈进。亚吉铁路合作模式已呈现出中非互利合作转型升级的新变化，并展现了良好的发展势头和广阔前景。

四、肯尼亚内马铁路项目一期工程开工

2016年10月19日，肯尼亚内马铁路项目第一期在卡加多郡恩贡山隧道口举行开工仪式。

内马铁路项目是从肯尼亚首都内罗毕到该国西部边境城市马拉巴，全长487.5千米。项目将分三期实施，第一期内罗毕至纳瓦沙段施工线路全长120.4千米，合同工期54个月，包括4座隧道建设，其中一号隧道长度为4.5千米，建成后将成为东非地区最长的隧道。

作为蒙内铁路的延长线，内马铁路由中国交建负责设计、施工、采购，采用中国国铁一级标准设计，设计时速为120千米。

五、中肯合作设立空管联合实验室

2016年11月27日，由中国电子科技集团、中国民用航空局、东非共同体及其6个成员国的民航局共同主办的首届中国－东非空管高层论坛在坦桑尼亚北部城市阿鲁沙举行。中国电科与肯尼亚民航局当天就在肯尼亚设立空中交通管制联合实验室签署合作协议。

空管联合实验室项目定于2017年启动。设立空管联合实验室是为响应国家"一带一路"倡议，在东非地区推进技术合作与技术转移，为东非国家空管领域规划设计和能力建设提供技术支持，培养空管专业人才，助力地区经济发展。

六、中海外承建的科马边境公路项目通车

科特迪瓦当地时间2016年12月8日上午10时，中铁国际集团中国海外工程有限责任公司（以下简称"中海外"）承建的科马边境公路项目通车。

科特迪瓦130公路项目全线竣工对科国政府、当地民众及中海外而言有着重大意义。该项目是目前科国最大的基础设施项目——圣贝特罗港市综合开发项目的配套工程，西南直通圣贝特罗港，北至马里，打通了沿线各地与外部的联系，并将科国西部的重要城市连为一体。

科马边境公路南起波罗那镇，经腾格里拉市直达马里共和国边境，主线全长42.5千米，同时包括沿线相关支线和市政道路建设等工程。该项目是中海外2014年初沙特伊斯兰开发银行出资，2015年8月开工，2016年6月提前一个半月竣工，11月24日通过业主无保留验收。因两段公路全长合计130千米，通称为科特迪瓦130公路。

七、中企参与的吉布提国际自贸区正式开工建设

2017年1月16日，中国企业参与建设的吉布提国际自贸区在东非国家吉布提首都吉布提举行开工典礼，这标志着吉布提向打造区域物流中心迈出重要一步。

吉布提国际自贸区占地约48平方千米，初期投资3.47亿美元，由吉布提港口与自贸区管理局、招商局集团、大连港集团和亿赞普集团共同投资及运营，将于2017年年底初步建成。

自贸区囊括了吉布提所有主要港口，将重点打造物流、商贸、加工制造、商务配套服务为主导的四大产业集群。入驻企业将享受通关、签证、建立公司、法律税务、培训、金融等方面的一站式服务。

八、中资建设苏丹上阿特巴拉水利枢纽开始发电

2017年2月2日，由中国公司联营体建设的苏丹上阿特巴拉水利枢纽项目首台发电机开始发电。该项目将为苏丹经济和社会发展提供强劲动力和支撑。

该项目是三峡集团、中水电公司继麦洛维大坝工程、罗赛雷斯大坝加高工程之后在苏丹建设的第三个大型水利枢纽工程。工程于2010年5月开工建设，目前已形成一个约30亿立方米的水库。项目建成后可灌溉面积50万公顷，将为700万人口解决灌溉用水、为300万人口提供饮用水保障、为近100万人提供电力供应，苏丹1/3的人口将因此直接受益。

九、中企承建尼日尔重油发电站正式落成

2017年4月2日，由中国水利水电建设股份有限公司承建的尼日尔古胡邦达重油发电站项目在尼日尔首都尼亚美举行竣工仪式。

古胡邦达重油发电站项目为“尼日尔复兴计划”重要组成部分。该项目建成将有效缓解尼日尔的用电紧张，造福人民，并对促进尼日尔国民经济发展具有重大意义。

古胡邦达重油发电站项目2013年4月正式开工，项目总装机容量为100兆瓦，工程由尼日尔政府、西非开发银行和伊斯兰开发银行出资，造价超过754亿西非法郎（约1.26亿美元）。尼日尔全国电网覆盖率仅为6.5%，85%的电力消费由邻国尼日利亚提供。

十、中国铁路成“一带一路”建设国家名片，铁路外交取得新突破

近年来，中国铁路“走出去”步伐不断加快，项目遍及亚洲、欧洲、北美和非洲，成为推进“一带一路”建设的一张国家名片。世界银行2017年2月发布的非洲城市发展报告指出，基础设施投资和土地市场改革是加快非洲城市经济增长、增加就业机会和提高城市竞争力的关键，非洲国家应加大基础设施投资和土地市场改革力度。在非洲，中方为非洲国家援助和融资修建的铁路、公路均已超过5 000千米，还培训了16万多名人才。俄罗斯塔斯社称，中国“铁路外交”在非洲取得新突破。

亚吉铁路：2017年1月10日，在东非国家吉布提首都吉布提，一辆中国生产的电气化旅客列车沿亚吉铁路（埃塞俄比亚首都亚的斯亚贝巴—吉布提首都吉布提）首次驶向埃塞俄比亚，标志着这条由中国修建的铁路在运营方面又向前迈进了一步。

亚吉铁路是非洲首条全线采用中国铁路技术标准和中国装备建造的跨国电气化铁路，从融资、设计、施工、装备材料，到通车后的运营，全产业链过程均由中国中铁和中国铁建中土集团两家中国公司负责。这条长约750千米的铁路，覆盖从零海拔的吉布提到平均海拔超过2 500米的埃塞高

原，设计时速120千米，将亚的斯亚贝巴—吉布提的货运时间从原公路运输的3天降至10小时。埃塞俄比亚近90%的进出口通道都借助于港口，亚吉铁路的通车对其意义重大。

蒙内铁路：该项目是肯尼亚半个多世纪以来兴建的最大基建项目，由中国公司承建。连通内罗毕和印度洋港口蒙巴萨的蒙内铁路，是中国在东非最重要的投资项目之一。这条全长300英里（约合480千米）的铁路，将把肯尼亚首都和蒙巴萨这个港口连接起来。这是自肯尼亚独立50多年以来最大的基础设施项目。蒙内铁路是一条国际铁路的第一段，这条铁路随后将延伸至乌干达的坎帕拉，最终抵达卢旺达，将新兴的东非共同体贸易集团的大片地区连接起来。届时它将取代19世纪末由英国人建设的、如今近乎荒废的铁路。

蒙内铁路将于2017年6月开通，蒙内铁路是肯尼亚经济增长的催化剂，将为肯尼亚和东非地区带来前所未有的经济社会效应。蒙内铁路还是肯尼亚铁路人才的培训基地。为肯尼亚人民创造更多的就业。截至2018年3月，该项目雇员人数近1.3万人，其中1.1万为肯尼亚人，占比达85.1%。

十一、中企承建安哥拉本格拉铁路全线移交，全部采用中国标准

2017年8月1日，安哥拉国家铁路局、本格拉铁路局和中铁二十局三方代表在安哥拉边境城市卢奥共同签署移交协议，中国企业21世纪以来海外一次性建成最长的铁路——本格拉铁路全线交付运营。

作为安哥拉有史以来修建的线路最长、速度最快、规模最大的现代化铁路项目，本格拉铁路于2007年开工建设，2014年8月13日全线完工，2015年2月14日通车试运营。

从设计到施工，本格拉铁路全部采用了中国铁路建设标准。钢轨、水泥等建筑材料，以及大部分通信和机械设备等都全部从中国采购，铁路投入运营后的机车、车辆等也由中国企业提供。

铁路建设10年间，共带动进出口贸易额30多亿美元，有近10万当地劳务工参加铁路建设，其中1万多名工人顺利通过技能考核鉴定，成长为电焊、机械操作、通信电务等不同专业的技工。

十二、中国成为2017年莫桑比克最大的外国投资国

2017年9月7日，根据莫桑比克投资促进局公布的数据，中国已取代了2011—2016年的5年期间阿联酋和南非，成为莫桑比克最大的外国投资国，投资金额为1.73亿美元。紧随中国之后的是毛里求斯、南非、阿联酋、黎巴嫩、印度、西班牙、韩国、巴拉圭、加拿大和美国。

投资和出口促进局（APIEX）总监桑布先生表示，从投资省份分布情况来看，马普托市连续5年为外商投资最多的直辖市，占投资份额的23.34%。太特省（Tete）排名第二，份额达到17.32%，马普托省位居第三，占总投资额的16.29%。尼亚萨省和马尼卡省分别是过去5年中投资最少的2个省份，分别为0.47%和0.90%。

十三、中国对非投资存量超过1 000亿美元

近10多年来中非合作快速发展，目前中国对非各类投资存量已经超过1 000亿美元，有3 100多家中国企业在非洲投资经营。中非产能合作以中非共同发展为目标，以双方企业为主体，以基础设施建设、工业发展、资源能源开发为主要领域，以直接投资、承包工程、装备贸易与技术合作为主要形式，支持非洲工业化、城市化、信息化建设。

截至2016年9月，中国国家发改委已经与埃塞俄比亚、埃及、刚果共和国等7个国家签署了产

能合作框架协议并商定了优先合作领域和重点项目，同时，正在与肯尼亚、南非、坦桑尼亚、喀麦隆等国商签产能合作框架协议。在各方的积极参与下，大批铁路、公路、港口、机场、电力、通信等标志性项目正在有序推进，有效带动非洲国家产业发展，建筑建材、工业制造、农产品加工等行业快速成长。

展望未来，中方将继续把非洲作为开展国际产能合作的重点区域，重点加强基础设施、工业园区、投资融资、绿色发展、增强非洲自我发展能力等五方面的合作。

十四、中非发展基金致力于开发非洲基建项目

2016年10月19日，加强基础设施建设、改善硬件投资环境已成为非洲各国的共识，中非发展基金致力于开发非洲基建项目。

中非发展基金一直将基础设施作为投资非洲的重点领域，当前对非基础设施领域合作面临的主要困难是缺乏具备建设条件和融资方案的成熟项目。对此，中非发展基金创新合作模式，牵头成立了中国海外基础设施开发投资公司，集合中国大型工程相关企业，整合各方资源优势，专门致力于开发和培育非洲等地区的基础设施项目。

加纳在经济转型和工业化进程中需要外国投资的支持与驱动，中加两国应该聚焦于基础设施和工业生产能力投资。中国政府和金融机构应激励中国企业在非洲投资，探索创新合作模式。

中非发展基金对非洲已实际投资40亿美元，带动企业投资及银行贷款共达170亿美元。

十五、中非互利合作呈现新变化

2017年1月13日，中非合作在落实2015年中非合作论坛约翰内斯堡峰会的成果中汲取了新动力，互利合作呈现出新变化。(一) 从政府主导逐渐向市场运作为主转型；(二) 从一般商品贸易逐渐向产能合作和加工贸易升级；(三) 从简单工程承包逐渐向投资建设运营领域迈进。中非合作的理念、结构和主体都在与时俱进，不断深化。

中国制定助推非洲实现工业化和农业现代化为主要目标的中非“十大合作计划”，并为此安排了600亿美元资金支持。峰会召开至2016年7月期间，中非签订的各类合作协议涉及金额已超过500亿美元，一大批基础设施、经济特区和工业园区项目付诸实施或投入使用。中非互利合作已呈现转型升级的良好势头。

多项中非合作大工程2016年在非洲大陆竣工，引起世界瞩目。非洲首条全套采用中国标准和中国装备建造的现代电气化铁路亚吉铁路通车，尼日利亚阿卡铁路投入使用，东非最大斜拉式跨海大桥基甘博尼在坦桑尼亚正式通车，连接肯尼亚首都内罗毕和东非第一大港蒙巴萨港的蒙内铁路也将在2017年试运行。这些重要基础设施不仅可以促进当地经济的发展，还会为区域经济一体化注入强劲动力。

中国和赞比亚、坦桑尼亚三国还将携手升级象征中非友谊丰碑的坦赞铁路。通过全面改革坦赞铁路的管理体系，实现铁路与港口的有效衔接，打造铁路沿线产业经济带三大途径，坦赞铁路这座非洲的“友谊之路”和“自由之路”将实现升级，成为带动赞坦两国及周边沿线各国加快工业化和农业现代化的“配合之路”和“繁荣之路”。

此外，作为中非合作转型升级的重要体现，也是中国支持非洲实现自主发展的重要尝试，中国还将努力把刚果共和国黑角经济特区打造成中非产能合作的旗舰项目和非洲集约发展的样板工程，在刚果建设物流、制造业、航空和能力建设四大次区域中心。

十六、中企承建安哥拉南部主干铁路正式交工

2017年10月30日，由中国企业承建的安哥拉莫桑梅德斯铁路，在完成为期2年的质保期维护和运营支持后，正式交付安哥拉政府。

莫桑梅德斯铁路位于安哥拉南部，西起于海港城市纳米贝，东至梅农盖，加上两条支线，全长1 003千米，是安哥拉南部的横贯主干线，连接着安哥拉南部的两个重要铁矿区。该铁路线原为殖民时期葡萄牙人修建，因年久失修，加上战争破坏，几乎完全损毁。中国浩远集团莫桑梅德斯铁路项目建设历时近10年，除了总里程1 003千米的铁路，还建有56个火车站点。

2015年9月11日，莫桑梅德斯铁路顺利实现初交工，进入为期2年的质保期。在此期间，浩远集团完成了铁路的运营支持、人员培训以及铁路线的维护保障。

十七、中国与津巴布韦签3份政府间合作协议，助力津经济社会发展

2017年12月12日，中国与津巴布韦日前签署3份政府间合作协议。这是津巴布韦新政府与外国政府签订的首批类似协议。此次双方签署的协议是中津"全天候朋友"的又一见证，中国政府将继续为津巴布韦经济社会发展提供力所能及的帮助。

双方签署的协议包括1份优惠贷款框架协议和2份援助经济技术合作协议，根据协议，中国将为穆加贝国际机场的升级改造提供优惠贷款，为津新议会大厦建设项目和津巴布韦大学高性能计算中心二期工程建设提供援助。

十八、非洲首只离岸人民币债券发行

2017年4月17日，非洲首只离岸人民币债券"彩虹债"日前由中国银行约翰内斯堡分行成功发行。分析认为，离岸人民币债券首次登陆非洲市场，将为非洲人民币业务引入"活水"，为人民币国际化深入非洲地区搭建新的桥梁。

本次"彩虹债"发行金额为15亿元人民币，期限为3年，利率4.88%，募集资金将主要用于"一带一路"建设相关信贷项目。"彩虹债"得到了国际投资者的积极响应，订单规模一度高达65亿元，最终订单金额32亿元，认购倍数达2.13倍，且最终定价较初始价格区间大幅收窄。

中国银行约翰内斯堡分行是非洲地区首家人民币清算行。此次由该行发行人民币债券，主要是支持其开展人民币清算及资产业务，增强国际市场影响力。作为2017年中资机构首单离岸人民币债券公募发行，此次发行成功重启了离岸人民币债券市场，具有标志性意义；也说明在中国宏观经济企稳、国际收支改善的大背景下，境外市场人民币配置需求客观存在并不断增长，显示出国际投资者对人民币资产具有信心。

十九、纳米比亚中医粉丝队伍迅速扩大，"红泥人"跋山涉水看中医

自1996年开始，浙江省卫生厅就分批向纳米比亚派出援外医疗队，每批派驻2年，包括2名中医针灸推拿医生和2名护士。多年来，中国医疗队辛勤耕耘，妙手回春，纳米比亚的中医求诊队伍迅速扩大，对中医治疗的需求越来越大，对中国医生的信任度也越来越高。

中国医疗队的诊室设在纳米比亚首都温得和克卡图图拉国立医院。医疗队平均每月要接待600多名病人。另外，医疗队还担负着纳米比亚三任总统的保健工作，几任总统都对医疗队的服务很满意。

在医疗队接诊的病人中，从几百甚至上千千米外赶来看病的人不在少数。就连纳米比亚原始部落的辛巴族“红泥人”（该部落常年用红泥涂抹身体，因此被称为“红泥人”）都从800千米外的西北部库内内地区来到首都找中国医疗队看病。

中国驻纳使馆经商处参赞刘华博认为，中国援纳医疗队能够在当地影响力越来越大，还与他们主动走出诊室、积极对外推广中医文化有关。纳米比亚人原本对中医比较陌生。于是，中国援纳医疗队就走进纳米比亚大学医学院、卡图图拉医院等，免费开办中医保健讲座，推广普及中医知识。

二十、埃及苏伊士运河大学举办“中国文化周”

位于埃及伊斯梅利亚的苏伊士运河大学2017年10月31日举行“中国文化周”开幕式，苏伊士运河大学孔子学院精心策划的一系列丰富多彩的文化活动在这里刮起“中国风”。

苏伊士运河大学孔子学院的师生们在开幕式上表演了舞蹈、武术、旗袍秀以及古筝、陶笛、横笛独奏等颇具中国传统文化韵味的节目，吸引了校内外上千名观众。

“中国文化周”活动将包括中国书法、太极、中国民族服装、美食、中国结制作和卡拉OK中文歌曲等互动体验式项目，吸引了不少在校学生和当地民众参与。此外，中国电影展、书法展、汉语体验课以及乒乓球体验课和比赛等也将在校园内进行。

苏伊士运河大学孔子学院埃方院长兼语言学院院长哈桑•拉杰卜在开幕式上致辞说，苏伊士运河大学有文化学院和语言学院2个中文系以及1个孔子学院，它们为解决苏伊士运河地区巨大的汉语学习需求做出了很多努力，支持和见证了埃中两国人民友好关系的发展。“中国文化周”向埃及普通民众介绍中国优秀的传统文化，旨在增强两国文明的相互了解和交流。

二十一、肯尼亚蒙内铁路正式通车

2017年5月31日，由中国企业承建的肯尼亚蒙巴萨—内罗毕标轨铁路（蒙内铁路）正式通车。

蒙内铁路是中国帮助肯尼亚修建的一条全线采用中国标准的标轨铁路，也是海外首条采用“中国标准”全方位运营维护的国际干线铁路。蒙内铁路全长480千米，东起港口城市蒙巴萨，西至内罗毕，未来还将延伸至乌干达、卢旺达等非洲国家。

这条铁路是肯尼亚独立以来的首条新铁路，是最大基础设施建设项目，也是肯尼亚实现2030年国家发展愿景的“旗舰工程”。

二十二、尼日利亚吹起中国动漫风，已播出2 000多集中国动画片

2018年1月24日，备受中国孩子们喜爱的国产动漫《熊出没》，在遥远的非洲尼日利亚也有一帮忠实的小观众。1月31日—2月7日，2018年春节前夕，由中国文化部指导，四达时代主办，上海炫动汇展文化传播有限公司协办的“欢乐春节——动漫嘉年华”活动在尼日利亚阿布贾举行，小观众们将与更多中国动漫作品来一次亲密接触。

作为文化部2018年“欢乐春节”项目的重点活动之一，此次动漫嘉年华期间将举办中国动漫展播月、动漫主题游园会和中国动漫企业推介会。1月28日—2月28日，四达时代功夫频道、Sinodrama频道将连续播出优秀中国动漫作品。2月3日、4日，阿布贾中心公园将举行面向公众开放的动漫主题游园会，每日邀请不少于500个家庭参加，营造中国动漫主题梦幻乐园。2月1日—6日，中国企业团一行将在尼日利亚当地进行推介，与尼日利亚国家电视台等各大主流媒体、动漫电影企业对接，考察当地市场，推广中国优秀动漫IP。

尼日利亚是非洲第一人口大国，也是中国在非洲第一大贸易伙伴。尼日利亚人口总数超过1.8亿人，年龄结构非常年轻，可以说是撒哈拉以南非洲最具潜力的动漫市场之一，有机会成为中国动漫打开非洲市场的重要突破口。

二十三、中国与卢旺达签署万村通项目换文，将在300个村落实施

中华人民共和国驻卢旺达大使饶宏伟和卢旺达广播电视局局长亚瑟·阿斯林维分别于2017年12月4日和2018年2月6日代表两国政府签署万村通项目换文。根据卢政府的要求，中方将在卢旺达300个村落实施万村通项目，向每个万村通项目实施村落提供2套太阳能投影电视系统、1套数字电视一体机终端及一批机顶盒，并提供安装调试、必要技术服务和人员培训。

万村通项目是习近平在2015年中非合作论坛约翰内斯堡峰会上宣布的援助举措之一，旨在丰富非洲当地人民文化生活，促进中非文化交流和民心相通。经商务部与非方充分沟通、协商和论证，万村通项目将覆盖非洲25个国家共10 112个村落。

据了解，"万村通"项目将在未来1年里，为尼日利亚等30个非洲国家的1万多个村落接入数字电视信号，向20万个非洲家庭捐赠机顶盒。

二十四、刚果民主共和国首所孔子学院举行揭牌仪式

2018年8月21日，由刚果民主共和国外交学院和中国中南大学合作设立的孔子学院在刚果民主共和国外交部举行揭牌仪式，这是该国开办的第一所孔子学院。

中国驻刚果民主共和国大使王同庆在仪式上致辞，对孔子学院的成立表示热烈祝贺。他说，中非合作论坛北京峰会召开在即，孔子学院的成立标志着中刚务实合作的新成果，有利于增进两国文化相互交融。同时，他也希望孔院为两国友好事业培养更多人才，让双方合作成果更加丰硕。

刚果民主共和国外交部副部长马滕博在致辞中表示，刚中合办孔子学院意义重大，孔子学院将成为刚果民主共和国人民学习中文、了解中国文化、领略中国发展成就的窗口，刚果民主共和国愿同中方继续深化各领域合作，推动两国友好关系不断向前发展。

中国中南大学和刚果民主共和国外交学院校方代表在仪式上表示，将全力办好孔子学院，加强人才培养，推动两国人文交流，将孔子学院打造为增进两国人民友谊的重要纽带。

刚果民主共和国参议院第一副议长莫科洛等政要出席仪式，中南大学副校长周科朝宣读了国家汉办的贺信。

二十五、"万村通"项目取得积极进展，预计年底完工

2018年俄罗斯世界杯足球赛精彩纷呈，而在非洲塞内加尔的很多村落，球迷们也度过了一个狂欢的盛夏。由于中国在非洲启动的"万村通"卫星数字电视项目，塞内加尔300个村落因此受益，球迷们通过电视机观看了这届世界杯比赛。

在2015年12月举行的中非合作论坛约翰内斯堡峰会上，国家主席习近平提出，中方愿在未来3年同非方一起实施"十大合作计划"，其中人文合作计划中提出"为非洲1万个村落实施收看卫星电视项目"。

根据计划，"万村通"项目主要内容是在非洲25个国家优先选择城镇周边150户以上的通电的没有信号障碍的10 112个村落，实现卫星电视节目收看并建立可持续发展的体系。来自中国的企业四达时代集团作为实施方承建该项目。

在四达时代集团2018年6月举办的第八届非洲数字电视发展论坛上，来自塞内加尔的与会人员詹姆斯（音译）说：“在塞内加尔，足球是一个备受欢迎的运动项目。我第一次看到了如此清晰的足球比赛，简直不可思议。‘万村通’为我们带来了很多改变。”

“原来村子里并不是所有的家庭都有经济实力买得起电视机，付费的机顶盒更是无从谈起。”詹姆斯说，“到中国开会前，我和村民们聚在一起看比赛，这真是非常棒的体验！”

作为中国文化出口重点企业，四达时代自2002年进入非洲市场以来，已在非洲30多个国家成立公司并开展数字电视运营，拥有近2 000万用户，目前已成为非洲极具影响力的数字电视运营商。

“我们希望每一个非洲家庭都能买得起、看得起、看得好数字电视，共享数字电视的美好。让‘看电视’在非洲不再‘奢侈’。”四达时代集团副总裁郭子琪说。

“有一个国家的官员说，因为‘万村通’项目，很多落后地区的百姓们能看得起电视了，他们的梦想会因此而点燃。一位长期居住在偏远村落的孩子母亲说，在当地，教育是个大问题，希望有了电视，孩子们会得到更多更好的教育。”郭子琪说。

“万村通”项目在2018年年底完工，几内亚和塞内加尔等国家的“万村通”项目首先完成，其他国家的项目也在有条不紊地推进。

二十六、“一带一路心心相通”赠书计划在南非启动

2018年9月12日，“一带一路心心相通”中国书架赠书计划在南非约翰内斯堡启动。中国驻约翰内斯堡总领馆、在南中资企业以及各界华侨华人将向当地学校图书馆（室）、政府及各类民间组织社团阅读室捐赠近1 000本介绍中国的精品图书。

中国驻约翰内斯堡总领事阮平在启动仪式上说，南非已经将中文纳入国民教育体系，中国文化广受南非民众欢迎。此次捐赠活动带来的图书内容涵盖中国政治、经济、文化等各个方面，展现了中国当代经济进步和文化的独特魅力，为南非读者感知中国、走近中国、读懂中国打开了一扇窗户。

南非约翰内斯堡大学孔子学院南方院长大卫•蒙耶表示，书籍是沟通民心的桥梁，这些图书从各方面反映了中国的历史和当前国情，将让非洲朋友更全面、更客观地了解中国，对加深南中友谊发挥重要作用。

二十七、中国与卢旺达互免签证协定于2018年12月23日生效

2018年12月6日，中国驻卢旺达大使馆网站发布消息，《中华人民共和国政府和卢旺达共和国政府关于互免持外交、公务护照人员签证的协定》将于2018年12月23日起生效。

该协定生效后，中国公民持有效的外交、公务、公务普通护照在卢旺达停留不超过90日可免办签证；中国公民持上述护照拟入境卢旺达停留超过90日或者工作、学习、定居、新闻报道等须该国主管部门事先批准的活动，应在入境前申办签证。

中国持外交、公务、公务普通护照在卢旺达境内外交、领事代表机构常驻人员，包括其持外交、公务、公务普通护照的家庭成员，任期内在卢旺达入境、过境、停留，免办签证，但需在首次入境30日内办理就任手续。

中国公民持普通护照入境卢旺达不享受免签待遇，可以在机场海关办理落地签，停留不超过30日，如超过30日需赴卢旺达移民局办理签证延期。

二十八、中几友好医院二期扩建项目举办开工仪式

2018年12月7日，中国政府援几内亚中几友好医院二期扩建项目开工仪式在中几友好医院内隆重举行。驻几内亚大使黄巍、几内亚总统国务部长级代表乌斯曼、卫生国务部长拉马等出席。几卫生部、合作部等部门高级官员、项目承建和监理单位负责人、中国第26批援几医疗队队员、中几友好医院医护人员及当地民众代表等100余人参加。中几友好医院二期扩建项目位于现在中几友好医院的南侧，属于医院的扩建项目，总工期18个月。

工程主要包括：医疗综合楼，医技楼，一期二期之间的风雨连廊，一些功能用房以及室外工程等。二期项目不仅扩大了中几友好医院的规模，也配置了高质量的大型医疗设备，如64排CT，1.5T核磁共振，DSA血管造影机等等，更大程度上有利于对一些复杂、危重疾病的诊断与治疗，进一步扩大了中几友好医院在几内亚公立医院中的综合优势，充分实现其几内亚国家医学中心的定位。

二十九、中科院与肯尼亚签署备忘录深化科研合作

2018年12月13日，中国科学院院长白春礼和肯尼亚教育部长阿明娜•穆罕默德在内罗毕共同签署《关于发展运营中非联合研究中心的谅解备忘录》(以下简称《备忘录》)，旨在进一步深化中非科研合作。

根据这份《备忘录》，中科院和肯尼亚教育部将以中非联合研究中心为平台，共同推动中非在农业、医疗卫生、自然生态系统和环境保护、生物多样性保护和可持续发展等领域的合作与交流。

中非联合研究中心是中非共建的首个综合性科研和教育基础设施，位于肯尼亚乔莫•肯雅塔农业技术大学校园内，由这所大学负责管理，中科院提供技术支持。

未来3年，中非联合研究中心将继续深化科技创新人才培养合作建设，向非洲国家学生提供150个奖学金名额。中非双方未来还将共同设立聚焦粮食安全的现代农业研发中心和聚焦公共卫生服务的传统医药研发中心。

中非联合研究中心是中国与肯尼亚乃至整个非洲大陆在多个科学领域开展科技合作和人才培养的重要平台。截至目前，中心与肯尼亚、坦桑尼亚、卢旺达、埃塞俄比亚、马达加斯加和毛里塔尼亚等国的20家科教机构展开合作，已为非洲各国培养122名研究生。

三十、中企在肯尼亚创造超5万个就业岗位

2018年12月肯尼亚中国经贸协会(简称"肯中经贸协会")发布的《2018年肯尼亚中资企业社会责任报告》显示，在肯尼亚的中国公司员工本土化率达96%，2018年为当地创造了超过5万个就业岗位，并为约6.7万当地员工提供了职业培训。

报告分析称，中国与肯尼亚的合作在许多领域都取得丰硕成果，除了莫伊国际体育中心、蒙内铁路等100多个重大项目，两国在扶贫、公共卫生、文化交流等领域也开展了广泛合作。中国企业与肯尼亚合作伙伴共同规划，为肯尼亚建设了珠江经济特区、蒙巴萨经济特区、奈瓦沙工业园区等多个园区。报告指出，"这些项目的建设将大大加快肯尼亚的工业化进程并创造大量就业机会。"

目前肯尼亚约有400家中资企业，有力地推动了当地就业，中国企业承建的肯尼亚标轨铁路项目就是一个很好的案例。中国交通建设股份有限公司2017年6月发布的该项目社会责任报告说，项目已累计雇用当地员工超过7.2万人。中资企业实施本地化战略，鼓励招募当地员工，同时通过

培训和技术支持提高他们的劳动技能，这展现了中国企业积极履行社会责任的一面。

三十一、中国援建的津巴布韦新议会大厦开工

2018年11月30日，中国在南部非洲的最大援建项目——津巴布韦新议会大厦开工仪式举行，项目建成后将成为当地的地标性建筑。

援建津巴布韦议会大厦项目是落实“一带一路”倡议、中非“十大合作计划”和“八大行动”的有力举措，也是提升中津两国关系的标志性工程。该项目由上海建工集团股份有限公司承建，工程总建筑面积为3.3万平方米，合同总工期32个月。

三十二、中国在博茨瓦纳援建的小学项目开工

2018年8月10日，由中国政府援建的博茨瓦纳莫帕尼小学项目开工仪式在奎嫩区举行。

莫帕尼小学项目是中国政府援建的重点项目。该小学建成以后，将为当地的学生提供高质量的设施，并创造舒适、便利的学习环境。

该项目将于2020年1月完工，包括行政大楼、计算机室、实验室、图书馆、足球场、篮球场等，预计可接收880名学生入学。

三十三、赞比亚江西多功能经济区举行开工仪式

2018年11月21日，赞比亚江西多功能经济区在中央省奇邦博地区举行开工仪式。该经济区的启动是中非合作论坛和“一带一路”倡议的切实成果，标志着中国对赞比亚又一项重要投资。

赞比亚江西多功能经济区由江西国际、江铜集团、新钢集团等7家江西省大型国有企业共同投资建设，由江西联合工业投资有限公司负责运营。该项目占地共600公顷，建设总投资6亿美元，园区建设总规划期限为2018—2028年。项目一期300公顷园区投资约3亿美元，可解决约5 000人就业，计划引入铜制品加工、钢结构加工、农机装配、发电机制造、电瓷产业、服装鞋帽、农业生产、农产品及食品加工等江西优势产业。

三十四、中企承建的哈科特港国际机场新航站楼正式启用

当地时间2018年10月25日，在尼日利亚海滨城市哈科特，由中国铁建中国土木工程集团（以下简称中土）尼日利亚有限公司承建的哈科特港国际机场新航站楼项目一期工程举行启用仪式。

近年来尼日利亚人口大增，航空客运量激增，哈科特港国际机场航站楼容量严重不足。新航站楼的启用对于尼日利亚来说，是一个重要的里程碑。

2014年3月，机场新航站楼正式开工建设，单体建筑面积约2.5万平方米，包括1栋3层航站楼、1栋2层货场、1处停机坪及室外配套工程等，设计年旅客吞吐量120万人次。建成启用后，将为尼日利亚南部地区打通更便捷的国内外航线通道，推动商贸、文化交往和旅游业的发展，也有助于尼日利亚更便捷地参与“一带一路”建设。

三十五、中国与南非首个矿产资源联合研究中心揭牌

2018年9月14日，中国与南非首个联合研究中心——中南矿产资源开发利用联合研究中心在位于约翰内斯堡的南非国家矿业技术研究院揭牌。

该中心将致力于加强中南在采矿、选矿、环保和能源材料等领域的学术交流和人才互访，共同

促进联合研究和成果转化，推动两国矿业领域的科技创新合作。

科技合作一直是中南关系的亮点和主要推动力，是中南互利合作转型升级的重要力量。联合研究中心是中南两国加强科技合作、取得务实成果、共同开发利用矿产资源的生动例证。

三十六、中企承建多哥机场新航站楼投入运营

2016年4月20日，中国民航机场建设集团公司和威海国际经济技术合作股份有限公司联合承建的多哥洛美纳辛贝•埃亚德马国际机场新航站楼投入运营。

纳辛贝•埃亚德马国际机场新航站楼位于现机场候机楼北侧，面积2.1万平方米，约为现候机楼区域的2.3倍。新航站楼新增5个停机位，使停机位总数达到22个。洛美国际机场年客运吞吐量将从67万人次提高至160万人次，年货运吞吐量从目前1万吨提高至3.5万吨。

洛美国际机场航站楼改扩建项目于2011年12月26日奠基动工，于2015年5月底通过竣工验收。该项目总投资1.5亿美元，由中国进出口银行提供优惠贷款，项目包括修建新航站楼、1座站前高架桥及3座登机桥，改扩建停机坪、滑行道、货运库、停车场等设施。

三十七、中国电建承建的世界最大塔式光热电站成功并网

2018年8月15日，由中国电建总承包的摩洛哥努奥三期项目发电机首次并网一次成功，标志着目前全球装机容量最大的150 MW塔式光热电站项目并网目标顺利实现。

摩洛哥努奥光热电站项目，是全球单机容量最大的光热电站工程，包括二期200 MW槽式光热电站和三期150 MW塔式光热电站，采用世界最前沿的光热发电技术，目前，努奥二期项目已投入正式运行。努奥三期采用塔式光热技术，是世界上首次采用混凝土和钢结构混合式结构的光塔，也是世界上最高的光热发电集热塔。该项目建成后，将进一步助力摩洛哥摆脱能源困境，缓解摩洛哥紧张的电力供应。

同时，该项目有效带动了当地就业、技术提升和产业升级，目前已为当地提供了6 000多个就业岗位，并为摩洛哥企业在电力设备材料制造和电力工程建设领域培养了大批人才。该项目对中国企业掌握世界先进光热技术、推动国内光热电站发展也具有十分重要的意义。

第五节　中东主要国家的发展

一、“一带一路”开启中以经贸合作新篇章

近年来，中以经贸关系快速发展，中国已经成为以色列在亚洲地区最大的贸易伙伴，也是以色列在全球范围内的第三大贸易伙伴。以色列经济部统计数据显示，2014年，以色列从中国的进口额首次超过美国，达到81亿美元。2012—2015年，中国对以投资以每年100%的速度增长。2015年，以色列初创企业的主要资金来源——风险投资资金，有40%来自中国；当年，以色列50%的投资项目中都有中国企业的身影。

中以两国在农业、医疗、计算机等领域已经开展了很多合作。远程医疗、食品安全、水处理，以及智慧城市、人工智能等未来科技，是两国最具潜力的合作领域。

以色列是“21世纪海上丝绸之路”的重要节点，是中东地区联系亚洲和欧洲的重要枢纽，也是亚投行的创始成员国。以色列非常支持中国提出的“一带一路”倡议，并将从中得到很多收益，有助于促进以色列经济和对外贸易的发展，更将开启中以经贸合作新篇章。以色列目前正在推动基础设施建设，包括在港口城市海法建设新港口，修建特拉维夫“红线”地铁项目，中港建设集团和中铁隧道集团也都参与到了这些项目中。此外，以色列的公司和科研机构，也非常希望扩大与中国的合作，与中国分享先进的技术，并设立联合研发机构。

中国和以色列近期将启动两国自贸协定（FTA）谈判进程。

二、约旦举行首届“丝绸之路”中约文化研讨会

首届“丝绸之路”中约文化研讨会2016年12月10日在约旦首都安曼举行。100多位约旦作家、学者、文化评论家与首次访问约旦的广东作家代表团齐聚一堂，共商文学交流合作的美好前景。

近年来中约关系在双方领导人的共同关心下发展势头良好，中国目前是约旦第二大贸易伙伴，也是增长最快的出口市场之一。2017年是中约建交40周年，两国将继续在文化、艺术、文学、旅游、遗产保护、文学作品互译等各领域加强沟通与合作。

随着中国政府倡导的“一带一路”建设的深入推进，广东与约旦的文学交流合作潜力更加巨大、前景更为广阔。当前，广东正在实施“广东文学攀登高峰”战略，广东作协将以此访为契机，致力于将中约文学互鉴和交流合作推向新的层次。

双方代表分别就中约关系、“丝绸之路”和“海上丝路”的宗教文化遗存、中阿新闻交流等主题发表了演讲。此外，会上还播放了由约旦作协制作的“丝绸之路”纪录短片和“一带一路”宣传短片。约旦诗人穆斯塔法•哈希玛和玛吉德•奈绥拉特朗诵了为中国和丝绸之路创作的诗歌。

三、中埃文化年开创中埃文化交流“新双高”

2016年1月开幕的中埃文化年是中国与阿拉伯国家举办的首个文化年。从埃及卢克索神庙广场举办的文化年开幕式、由中埃演职人员联袂献上的“两个伟大文明对话”主题演出，到戏法、舞剑、古筝等一系列中国非物质文化遗产表演登上首届中非艺术节的舞台……在1年的时间里，中埃两国共同举办了约150项文化交流活动，内容涉及文化、艺术、电影电视、翻译出版、体育及文化产业等多个领域，将中国与埃及的文化交流推向高潮。在卢克索举办的文化年开幕演出是全年活动的最大亮点，也是文化年的“开门红”。

2016年，中国的文化交流活动首次走进埃及6个省市，使中国文化真正走进了埃及民众生活；2016年7月，中方第一次尝试以民间组织为主参与在埃及举办的中非艺术节活动；11月，阿拉伯翻译家与汉学家联谊会在开罗中国文化中心成立，成为埃及第一个专门研究中国问题、从事中阿文翻译的机构。

四、中国承建大型水利项目在伊朗竣工

2016年9月，由中国葛洲坝集团有限公司承建的一处大型水利项目在伊朗西部洛雷斯坦省鲁德巴河谷地区顺利竣工。

该项目主要工程包括一座高153米的黏土心墙堆石坝、开敞式溢洪道以及两条各3.6千米长的引水系统。同期配建的还有发电机组、地面厂房和封闭式开关站等水电站设施。大坝蓄水预计于2016年底全部完成，届时，首台单机225兆瓦发电机组将并网发电。2017年3月，该项目的2台单机

225兆瓦机组将全部投入使用，总发电容量达450兆瓦。

鲁德巴项目2011年4月正式开工，总投资额度40亿元人民币。项目建设中使用的机电成套设备和金属结构全部由中国制造，占整个项目造价的一半，同时，该项目还为当地提供近2000个就业机会。

五、中以酝酿政府贷款成效好

1995年4月，中以两国政府主管部门签订《中华人民共和国政府和以色列国政府财政合作第一号议定书》，开始双边政府贷款合作。此后，中以双方续签了第二、第三号议定书和相关修正案以及关于西北5省区农田水利建设项目的议定书。通过签署上述议定书，以色列政府累计向中国承诺提供优惠贷款26亿美元。

按照中以双方签订的政府贷款合作议定书的规定，每个贷款项目的以色列供货成分应不低于商务合同总额的30%。截至2015年底，在中以政府贷款合作项下，累计生效项目330余个，贷款总额约17亿美元。贷款项目主要集中在医疗卫生、农业开发、教育培训、水处理、通信以及其他高科技领域。

2012年，为帮助中西部地区农业开发和脱贫，中国财政部利用以色列政府贷款3亿美元，引进以色列农业高效节水技术和灌溉设施，在中国陕西、甘肃、青海、宁夏和新疆西北5省区实施农田水利建设项目。全部贷款资金将由财政部偿还。这一项目创新性地利用以色列贷款和先进技术开展农业开发和扶贫，成为双方合作中具有里程碑意义的项目。

在已经生效的300余个项目中，医疗、农业、教育等领域的项目较多，这也是以色列具备优势的领域，充分显示了中以双方互补性强的特点。未来，中以还将签署第5个关于政府贷款合作的议定书，合作内容也将突出以方具备的优势。

据中方统计，2015年中以双边贸易达114.2亿美元，2015年中国对以色列的非金融投资为60亿美元，以色列对华投资超过10亿美元。目前中国是以色列在亚洲第一大贸易伙伴、全球的第三大贸易伙伴。

以色列的高新技术产业具备优势，在电子、通信、医药、环保等方面的先进技术和独特优势通过中以政府贷款合作项目引进到中国。以色列在农业、制药、信息技术等领域的创新能力较强，中以之间的经济互补性让双边合作有了广阔的空间。下一步中以政府贷款合作应在技术引进与应用方面着力；以环保、农业、信息技术等领域的合作带动中以合作升级；通过政府贷款合作带动更多民间合作，打造中以多主体、全方位、跨领域的合作平台。

六、"中国制造"助力以色列轻轨建设

2017年2月19日，以色列特拉维夫轻轨项目红线首台盾构机始发仪式在位于拉马特甘的施工现场举行，这不仅标志着由中国企业海外主包的轻轨项目第一单——特拉维夫轻轨建设进入新阶段，也象征着中以经济合作迈上新台阶。

以色列海滨城市特拉维夫风景秀丽，随着经济发展，人口不断增长带来的交通问题日益突出。为了缓解交通拥堵，近年来，以色列政府提出了特拉维夫轻轨系统建设规划。总规划包括红线等7条线路，全长176千米，总投资约1 000亿以色列新谢克尔（约合270亿美元）。这是以色列建国以来投资规模最大的政府特许基础设施建设项目。然而，由于施工难度大，技术要求高，从概念到实施历经数十年，项目几经波折。

2015年，中铁隧道集团有限公司与一家以色列公司组成的联营体成功中标红线项目西标段。中国公司利用中国国内地铁盾构领域的装备优势、技术优势和资源优势，以及在东南亚市场积累的项目管理经验，击败了国际上的知名承包商，成功中标这一标段，拿下包括6座地下车站、2条隧道及16条横通道等工程，项目总金额估算约31亿新谢克尔，成功赢得中国海外主包的轻轨项目第一单。

特拉维夫轨道交通项目是中国承包商从中低端市场走向中高端市场的一个重要的标志性项目，这个项目的顺利实施能够使承包商由政府推动转变为由承包商在中高端市场自发开拓和生存，对“一带一路”建设赢得更广泛支持起到了重要的支撑作用。

七、中国已与中东欧13国签署推进“一带一路”合作文件

2017年6月5日，中国已与中东欧16国中的13个国家签署了推进“一带一路”合作文件，中东欧国家参与“一带一路”建设的积极性日益高涨。

近年来，中国和中东欧国家经贸合作扎实推进，主要表现在3个方面：

（一）双方贸易稳步发展。据中方统计，中国与中东欧16国进出口贸易从2010年的439亿美元增至2016年的587亿美元。双方贸易在中欧贸易中的份额持续攀升，2016年占同期中国与欧洲进出口贸易的9.8%。

（二）相互投资不断扩大。据不完全统计，中国企业在中东欧国家投资超过80亿美元，涉及机械、化工、电信、家电、新能源、物流商贸、研发、金融、农业等领域，投资形式更加多样化。中东欧16国在华投资超过12亿美元，涉及机械制造、汽车零部件、化工、金融、环保等多个领域。

（三）基础设施建设领域合作硕果累累。中方企业承建的塞尔维亚贝尔格莱德跨多瑙河大桥、科斯托拉茨电站一期、波黑斯坦纳里火电站、波兰城市防洪项目已完工；塞尔维亚科斯托拉茨电站二期和E763高速公路、马其顿2条高速公路、黑山南北高速公路、波兰输变电安装建设等项目总体进展顺利；匈塞铁路匈牙利段已签署建设合同，塞尔维亚境内的贝尔格莱德—旧帕佐瓦段已签署商务合同和贷款协议，有望于年底开工。

基础设施建设领域合作已成为16+1经贸合作的亮点。

八、中国与伊朗签署加强邮政领域合作的谅解备忘录

2017年7月5日，中伊两国代表举行会谈，就邮政行业发展、邮政事务合作、万国邮联改革等话题进行交流，并共同签署加强邮政领域合作的谅解备忘录。

伊朗自古以来就是丝绸之路的重要交通枢纽和贸易集散地，“一带一路”倡议为中伊两国经贸发展提供了更高更广阔的平台，两国邮政领域在“一带一路”框架下合作潜力巨大。近年来，伊朗邮政加大转型升级力度，更新改造基础设施，拓展业务范围，在电商物流、仓配一体等领域不断发力，电商包裹年均增速超过20%。80%的电商包裹都来自中国。

根据备忘录，双方将建立高层会晤机制，分享两国邮政和快递改革发展的最新进展情况及经验；鼓励两国邮政企业就电子商务、物流服务、邮政金融服务、集邮等潜在领域探索合作的可能性；就有关邮政和快递的法律法规、战略、邮政普遍服务、邮政和快递市场监管、科技创新等主题组织交流、合作或培训等活动，以相互学习，开拓机会，合作共赢；在万国邮联和亚太邮联的框架下，加强沟通和相互支持；为快递服务提供者进入本国市场提供便利条件，支持两国邮政指定经营者在电子商务、国际铁路运邮等领域开展不同形式的双边合作及经验交流，以拓展其服务范围，提高服务

质量，更好地满足两国客户的需要。

九、基建工程获得先期突破"一带一路"，引领中埃互利合作跃上新台阶

近年来，中国与埃及围绕"一带一路"建设广泛开展经贸投资合作。在积极参与埃及电网改造、苏伊士运河开发等国家工程的同时，中国企业也充分利用埃及劳动力和政策优势取得快速发展。随着"一带一路"建设不断推进，中埃互利合作有望跃上新台阶。

基建工程先期突破。2014年以来，埃及政府着力推进苏伊士运河经济走廊、全国电网升级和轨道交通翻修等国家工程，旨在通过这些龙头工程带动国民经济发展。这些基建工程成为在埃中企实现先期突破的领域。其中，中国国家电网公司承接了埃及电网整体升级工程；中埃•泰达苏伊士经贸合作区已完成一期工程建设，2016年开始建设扩展区。

2017年，中企继续围绕关乎埃及国计民生的重点工程进行深耕：中国石油技术开发公司为埃及最大发电站项目配套建设天然气调压站；中国船舶工业集团向埃及苏伊士运河管理局交付一艘总吨位4 744吨的多功能平台供应船，为埃及开发地中海祖赫尔大气田提供支持；中航国际、中国中铁与埃方签订总金额12.4亿美元的合同，建设连接开罗、开罗卫星城斋月十日城和埃及新行政首都的轻轨项目。

据中国商务部统计，截至2015年末，中国对埃及直接投资存量6.63亿美元；在埃及投资的中企超过1 200家，直接创造11 000多个就业岗位。

金融合作引领未来。中国国家开发银行于2009年在埃及成立办事处，通过与埃及中央银行等当地金融机构合作，迄今已向埃及提供超过20亿美元贷款，重点保障中埃金融、电力、能源、交通等重点领域合作，同时也为中小企业提供融资服务。2016年年底，中国人民银行与埃及中央银行签署双边本币互换协议，规模为180亿元人民币/470亿埃及镑，旨在便利双边贸易和投资，维护两国金融稳定。

十、中远海运阿布扎比码头动工，计划在2018年底试营运

2017年11月5日，中远海运港口有限公司（中远海运港口）在阿拉伯联合酋长国阿布扎比哈里发港举行中远海运港口阿布扎比码头正式动工暨场站租赁签约仪式，标志着中国和阿联酋"一带一路"项目建设取得新进展。

2016年9月，中远海运港口有限公司全资附属公司——中远海运阿布扎比公司与阿联酋阿布扎比港务局签署特许权协议，双方共同合资经营阿布扎比哈里发港二期集装箱码头，中远海运阿布扎比公司拥有合营公司的控制性股权。中方获得1 200米岸线，其中800米为已建成岸线，年处理能力240万标准箱，项目2016年11月全面开工建造，目标在2018年底试营运，2019年第一季度开始营运。

十一、亚投行将向埃及太阳能项目提供2.1亿美元债务融资

亚洲基础设施投资银行2017年9月5日发布消息称，该行将向埃及太阳能项目提供2.1亿美元债务融资，旨在利用埃及的可再生能源潜力。

该太阳能发电项目将增加埃及的发电能力，减少对天然气和燃料的依赖，并有助于该国履行"巴黎气候协议"的承诺。该项目由11个总容量为490兆瓦的太阳能光伏装置组成。埃及拥有丰富的太阳能资源并且政府实施绿色增长战略，该项目将使埃及每年减少超过50万吨温室气体排放，从而产生全球环境效益。该计划将增加埃及的发电能力并在高峰时段出口电力，还将改善其在

中东、亚洲、欧洲和非洲的连通性。该项目将由亚投行和国际金融公司(IFC)共同出资,并吸引私人部门和双边金融机构的其他贷款人。

亚投行成立于2015年,为亚太地区基础设施项目进行融资,共汇聚了57个成员。银行注册资本为1 000亿美元。银行董事会最大投票权份额为中国、印度和俄罗斯。2016年1月正式开业运营。

十二、中国和阿联酋实现两国公民互免签证

中国和阿拉伯联合酋长国2017年12月19日以互换照会方式再次修订《中阿关于互免持外交护照人员签证的谅解备忘录》,将两国持普通护照人员纳入免签范围。由于此前阿联酋已经对中国持普通护照人员开放免签,此次修订意味着中国同样给予阿联酋公民免签待遇。

中国驻阿联酋大使倪坚与阿联酋外交部领事事务助理次长艾哈迈德共同出席换文仪式。该修订自2018年1月16日起生效,阿联酋由此成为第11个与中国互免普通护照签证的国家。

2016年11月1日,阿联酋政府宣布,中国公民持普通护照入境阿联酋无须预先申请签证,入境不收取费用,停留期30天。持照人可按阿联酋相关规定缴费延期1次,再停留30天。

十三、中国在约旦设立中国文化中心

2018年1月9日,中国驻约旦大使潘伟芳和约旦文化大臣纳比•舒古姆8日在约旦首都安曼共同签署了《中华人民共和国政府和约旦哈希姆王国政府关于在约旦设立中国文化中心的协定》。

舒古姆表示,感谢中国政府选择在约旦设立中国文化中心,约旦文化部将继续在文化领域和文化中心建设方面与中方加强合作,祝愿文化中心建设进展顺利。潘伟芳说,协定的签署是中约关系的一件大事,文化中心也将成为约旦了解中国的窗口和开展对华合作的平台。

根据协定,中国文化中心为中国政府派驻在约旦的官方非营利性文化机构,中方将在遵守约旦现行法律和法规的基础上运作中心。该中心宗旨是促进中约两国文化交流与合作,增进中约两国人民之间相互了解和友谊,推动中约友好关系发展。

中国文化中心的职能包括举办各种文化、艺术、教育活动,设立图书馆、阅览室、影视放映厅,向约旦公众介绍中国和中国文化,交流中国发展经验和文化艺术等。约方将依法为中国文化中心提供部分免税、办理中心工作人员许可等便利。

2016年9月,时任约旦文化大臣阿德尔•图韦西访华并出席首届丝绸之路(敦煌)国际文化博览会,中约两国文化部在会上签署了《关于在约旦设立中国文化中心的谅解备忘录》。

十四、伊斯兰开发银行将与亚投行建立合作伙伴关系

2018年2月20日《金融时报》报道伊斯兰世界最大的发展机构——伊斯兰开发银行(IDB)将加大融资活动,与中国主导的亚洲基础设施投资银行(AIIB)建立合作伙伴关系,解决非洲及其他发展中国家基础设施缺口,此举将扩大亚投行的全球影响力和贷款规模。

资本规模分别达到1 000亿美元和1 500亿美元的亚投行和伊斯兰开发银行之间的合作,势必成为发展中国家一支新的发展融资力量。IDB57个成员国中的大多数已跻身AIIB80个成员国之列。

亚投行自2015年成立以来,不断扩大其国际关系,分别与世界银行、亚洲开发银行和欧洲复兴开发银行签署了合作协议。伊斯兰开发银行已为250多个项目提供了122亿美元资金支持,土耳其、印度尼西亚、巴基斯坦、埃及和土库曼斯坦是其主要融资接受国。

十五、中国–阿拉伯国家银行联合体正式成立

习近平在中阿合作论坛第八届部长级会议开幕式上宣布，中方将成立"中国–阿拉伯国家银行联合体"，配备30亿美元金融合作专项贷款。2018年7月12日，中阿银联体成立仪式暨首届理事会会议在北京举行，各成员行共同签署了《关于中国–阿拉伯银行联合体成立宣言》。中阿银联体是中国与阿拉伯国家之间首个多边金融合作机制，由中国国家开发银行牵头成立，创始成员行还包括埃及国民银行、黎巴嫩法兰萨银行、摩洛哥外贸银行、阿联酋阿布扎比第一银行等具有区域代表性和影响力的阿拉伯国家银行。

中国国家开发银行董事长胡怀邦出席银联体成立仪式并致辞，副行长张旭光，中国外交部有关领导，阿拉伯国家联盟、埃及、黎巴嫩、摩洛哥、阿联酋驻华使节以及银联体各成员行高管出席会议。

中国国家开发银行发起设立中阿银联体，目的是在中阿合作论坛框架下，加强"一带一路"倡议与阿拉伯国家发展愿景有效对接，建立长期稳定、互利共赢的金融合作关系，为促进中阿全方位、多领域务实合作提供重要支撑。作为中国最大的对外投融资合作银行，国开行已经在中阿务实合作中发挥了积极作用。截至2018年，国开行在埃及、阿曼、阿联酋、科威特、沙特等阿拉伯国家贷款余额近85亿美元，支持了一批石化、电力、电信、金融等领域重点项目。同时，国开行在双边政府框架下积极开展对阿拉伯国家规划合作，与阿联酋穆巴达拉集团联手创建第一只对阿拉伯国家合作基金"中阿基金"，举办各类交流培训近50期，来自19个阿拉伯国家300余人次参加。未来，国开行愿意在银联体框架下，不断深化和各成员行的联系交流，共享客户资源，共同挖掘合作潜力，持续为银联体发展开辟新的合作空间。

十六、以色列红线项目3条主隧洞贯通，获赞"中国朋友了不起"

贯穿以色列特拉维夫最繁华商业中心地段的轻轨项目红线，是特拉维夫计划修建的5条轻轨中服务人口最多、地下区间最长、技术难度最大的一条线路，被称为中国技术走向发达国家的标志性项目。

红线项目是以色列第一条轻轨线路，项目于2015年开工，并计划于2021年正式开通运营，建成后将极大缓解日益严重的交通拥堵状况。中国企业的实力、技术和认真敬业精神，正在以色列得到广泛认可。

2015年5月20日，中国中铁隧道局集团以联营体牵头方的身份顺利中标轻轨红线西标段项目，持有51%的股份，负责隧道的施工设计总承包；2017年11月，中国铁建中土集团、深圳地铁集团，与以色列最大公交运营商艾格德巴士公司一同合作竞标，获得特拉维夫市轻轨红线运营维护项目的合同；2018年2月，中铁隧道局集团有限公司与中铁电气化局集团有限公司组成的联营体又中标该线的系统及轨道设计施工维护工程。截至2018年4月底，该线3条主要隧洞已完成掘进，顺利贯通。

十七、中埃西三国合作实施温室大棚落成

2018年12月24日，由埃及、中国和西班牙有关机构合作实施的温室大棚项目日前在斋月十日城落成，助力埃及农业发展。

据介绍，西班牙公司负责提供蔬菜种子和市场推广，中方提供搭建温室大棚的钢材等材料和

技术支持。项目所在地离尼罗河不远，水源可以得到保证。此外，土质和气温适合温室大棚种植，产出蔬菜品质较好。温室大棚投入使用后将使埃及蔬菜产量大幅增加，有助于稳定埃及蔬菜价格。项目共有7 100个温室大棚，能提供至少7.5万个就业机会。项目还有助于节约灌溉用水、提高单位面积产量。

十八、中突签署共建“一带一路”谅解备忘录

2018年7月11日，国务委员兼外交部长王毅在北京同来华出席中国–阿拉伯国家合作论坛第八届部长级会议的突尼斯外长朱海纳维举行会谈。会后，双方共同签署了中突共建“一带一路”谅解备忘录。

近年来，中突两国在“一带一路”框架下开展了卓有成效的合作。2018年4月，北斗系统首个揭牌的海外中心——中阿北斗中心在突尼斯落成，架设了一条中阿“太空丝绸之路”。中突两国专家在突南部地区发现了10处古罗马时期考古遗存，这是中国科学家利用遥感技术首次在中国境外发现考古遗址，也是中国“数字一带一路”国家科学计划在突尼斯的重大考古发现。

此外，中国和突尼斯在多个领域的合作也呈现良好发展势头。芒扎青体中心完成升级改造，斯法克斯医院建设如火如荼，外交培训学院项目正积极推进。中国同突尼斯成立了双边商务理事会和企业家互访机制。两国于2017年签署互设文化中心协议，突尼斯首所孔子学院落户迦太基高等语言学院。在7月举办的第五届“突尼斯–中国论坛”上，两国企业在通信技术以及基础设施等领域也达成多个合作意向。突尼斯驻华大使迪亚•哈立德表示，2017年2月，突尼斯对中国实行免签政策。当年游客人数相较于2016年，暴增了300%。

十九、麦加到麦地那高速列车24日开通运行，时速可达360千米

2018年9月14日，连接麦加和麦地那的哈拉曼（Haramain）高速列车已完成所有测试工作。将于9月24日开始商业运行。麦麦高铁正式通车运营后，麦加到麦地那之间的行车时间，将由目前的4个小时缩短至2个小时，年客运量将突破1500万人次，极大缓解当地的交通压力。

沙特阿拉伯麦加—麦地那高铁途经吉达、拉比格、阿卜杜拉国王经济城，线路全长450.25千米，设计最高时速360千米，是世界首条穿越沙漠地带的时速最高的双线电气化高速铁路，由中国企业与沙特等国企业以联合体形式参与建设。

这一次修建麦麦高铁，麦加车站特大桥是全线的重点控制性工程，大桥全长1 556米，横跨5条公路，桥梁最大宽度72.6米，相当于20辆中型轿车并排行驶的宽度，属世界高速铁路桥梁宽度之最。此外，铁路桥处于地震带上，年极端高温达到55℃，风沙频繁，施工环境恶劣。中国建设者修建的麦加轻轨曾创造单向每小时运送11万人次的世界地铁最高载客纪录，还登上沙特阿拉伯国家邮票。

二十、中远海运阿布扎比码头正式开港

2018年12月10日，由中远海运集团下属中远海运港口有限公司与阿布扎比港务局合资经营的阿布扎比哈里发港二期集装箱码头开港仪式10日举行，标志着中国和阿联酋“一带一路”项目合作跃上新台阶。

2016年9月，中远海运港口有限公司全资附属公司——中远海运阿布扎比公司与阿联酋阿布扎比港务局签署特许权协议，双方共同合资经营阿布扎比哈里发港二期集装箱码头，中远海运阿布

扎比公司拥有合营公司的控制性股权。中方获得1 200米岸线，其中800米已建成，年处理能力240万标准箱。

中远海运阿布扎比码头开港仪式具有重要的里程碑意义，是阿中长期友好合作的又一重大成果。阿布扎比港务局和中远海运港口合作发展哈里发港将强化阿联酋作为全球贸易的重要支点地位，增进阿联酋经济多元化，进一步合作共建"一带一路"，促进全球互联互通。

二十一、埃及大漠中的挖井人

2018年11月21日，在埃及明亚省，地下水从水管里喷涌而出。2017年，中国中曼石油公司与阿联酋海湾集团签订合同，为该集团在埃及沙漠中的大型农业项目钻探300口水井。根据合同，中曼石油将先期完成30口井的试钻探，剩余水井将以每月7口的速度交付。目前有超过200名工人在钻井现场作业，大部分是埃及本地人。

第六节　美洲主要国家的发展

一、中远海运集团巴拿马轮圆满完成巴拿马扩建运河首航

2016年6月26日，举世瞩目的巴拿马运河新船闸开通启用仪式隆重举行，中远海运集团旗下的中远海运巴拿马轮成为第一艘、也是当天唯一通过新建船闸的新巴拿马型船舶而被载入国际航运史册。巴拿马运河是世界上最重要的航运要道之一，此次巴拿马运河的扩建工程是巴拿马运河1914年开通以来最大的一次航道拓宽工程，运河扩建成功，将促进亚洲与美洲、太平洋与大西洋之间的贸易往来，将在一定程度上改变世界海上贸易运输的格局。

二、中拉经贸合作升级 贸易投资金融三轮驱动

2016年11月30日，随着中拉贸易投资的快速增长，双边经贸合作开始从过去单纯由贸易驱动升级为贸易、投资和金融三轮驱动。数据显示，中拉贸易最近10年来增长了20多倍，2015年达到2 365亿美元。截至2015年底，中国在拉美直接投资存量近1 000亿美元。目前，中国是拉美第二大贸易伙伴和第三大投资来源国，而拉美是中国第七大贸易伙伴。

中国已成为拉美第二大贸易伙伴国，并成为巴西、智利等拉美国家的第一大贸易伙伴国。与此同时，随着中国经济走向新常态，中拉间贸易格局正悄然改变，扩大和深化双方经济合作具备了新的基础。

在既有的贸易规模基础上，中拉贸易合作的空间正在不断拓展和升级。巴西规划、预算和管理部国际事务副部长豪尔赫·阿尔巴谢表示，在中拉贸易往来中，商品贸易的重要性正日益下降，服务贸易的比重会进一步增加。

产能合作是加强中国与拉美经贸合作的新途径，从长远来看，拉美不能止步于做初级产品的"全球供应商"，中国也不能总是充当廉价产品的"世界工厂"。拉美发展资源加工业有助于改变单一经济结构，中国壮大装备制造业并参与国际市场平等竞争是产业优化升级的方向。中方购买巴西优质工农业产品，巴西从中国进口发电设备、地铁列车等投资品，可生产并出口更多高附加值的

优质产品。

2010年以来，中国对拉美的直接投资大幅增加。2010年投资额达到近140亿美元。据估计，2010年至今，中国对拉投资每年大约为90亿～100亿美元，大约占拉美吸收的外国直接投资的6%。

通过资本运作并购或入股当地大型企业或项目，通过本土化经营管理，实现价值链的向上攀升，中国企业在拉美正经历从过去的贸易伙伴和工程承包者，向重要的投资者和经营管理者的身份转型。一些高科技公司也入驻拉美，百度、华为、360等中资企业入驻拉美市场，拉美不仅期待这些公司带来的资本与就业机会，而且也很期望他们能够促进当地的科技创新。

2005年至今，中国国家开发银行和中国进出口银行在拉美地区的累计承诺贷款达到1 250亿美元。工行、中行、建行、交行4家商业银行在拉美设有10多家分支机构，推动中拉双边贸易和投资，并积极为当地居民和市场服务。

中国政府成立的中拉产能合作投资基金正在帮助中国企业走出去，助力拉美产能建设。目前，总规模300亿美元的中拉产能合作基金首期100亿美元已投入运营，效果良好。首笔股权投资撬动其他资金共同支持三峡集团参与巴西两个水电站的经营。

三、中国市场成为拉美对外贸易“稳定器”，双方贸易合作深化

2016年中国同拉美国家和地区的贸易总额达2 166亿美元，其中，拉美对中国的出口总体保持稳定，中国多年来一直是拉美能矿产品和大豆、食糖等产品的最大进口国。联合国拉丁美洲和加勒比经济委员会国际贸易与一体化司司长罗萨雷斯在接受记者采访时表示，中国市场在拉美地区的对外贸易中扮演着至关重要的“稳定器”角色。在拉美发展的重大转折时刻，同为新兴市场国家的中国，将成为拉美地区的重要合作伙伴。

21世纪以来，中拉贸易呈现出前所未有的高速增长势态。2016年中拉贸易额比2000年提高了16倍，占中国外贸总额的比例也由2.7%上升至约6%。中国已成为很多拉美国家的第一大贸易伙伴。厄瓜多尔前副外长马塞洛·费尔南德斯认为，作为世界第二大经济体和全球经济的重要引擎，中国的发展为拉美发展提供了机会。中国现在已经成为拉美重要的能源合作伙伴和经贸伙伴，中国的融投资正在拉美国家的基础设施建设等领域发挥着至关重要的作用。

统计显示，2016年中国对拉美国家和地区的出口额为1 139亿美元，比上年下降13.8%；从拉美进口额为1 027亿美元，比上年下降1.1%。巴西中国问题研究所所长罗尼·林斯表示，经过持续10余年的高速增长周期后，拉中贸易已进入深度调整期，从超高水平上开始下降，这完全符合市场规律。

从大环境来看，拉中双方经济降速也使得市场需求有所下降。近年来，中国经济从高速增长转向中高速增长，拉美经济也连续2年陷入停滞。受全球经济复苏乏力、大宗商品价格持续低迷、国际金融市场动荡、部分拉美国家政局不稳等诸多因素影响，拉美自身发展遭遇瓶颈，社会需求不足。作为发展中国家，拉美出口贸易比较单一，主要是矿石、石油、农副产品等低附加值产品，进出口贸易明显受到抑制。

四、电力建设“中国制造”获拉美市场认可

2017年5月，中国电力建设集团有限公司成功签署了阿根廷高查瑞光伏项目协议，从2011年最初进入阿根廷市场，到2017年阿根廷最大光伏电站项目高查瑞光伏项目签约，中国电建集团已经

在阿根廷耕耘了6年。在此之前，中国电建第一次叩开拉美市场的大门，要从2009年谈判签约的厄瓜多尔科卡科多—辛克雷水电站说起。按照2009年10月正式签署的项目合同，除了并不宽裕的施工期限，中方还需满足厄方劳务比例、服务分包、技术输出等诸多要求。2016年11月，辛克雷水电站在合同工期内宣告完工。大型水电站的落成，改善了厄瓜多尔曾经高度依赖火力发电和外国进口的能源结构。"中国速度"赢得厄方赞许，"中国制造"在当年4月的调试阶段，就经受了7.8级大地震的考验，并在震后提供临时供电。

五、中企并购深化中巴经贸合作

近年来，外国对巴西的直接投资保持快速增长，中企在巴西的并购对促进中国国内经济转型升级、改善巴西国际收支平衡意义重大，堪称新形势下深化巴中经贸合作的双赢之举。

据《巴西经济价值报》报道，2015年外资在巴西并购数达398起，超过巴西并购总数的50%，并购数量12年来首次超过巴西本地投资者。

10多年来，中国以企业并购形式对巴西的直接投资持续加速增加。2005—2008年，中国在巴西参与的并购仅占当时全部外资并购额的0.1%。2009—2012年，这一比例增至16.1%，总额达215亿美元。2013年以来，中企巴西并购在数量上呈现出加速趋势。2016年中企已宣布40亿美元的并购案，首次超过美国，成为巴西资产的最大买家。

从并购的行业来看，中企巴西并购由电力行业不断向其他领域扩展。林斯表示，未来中企并购的目标将向信息技术、生物医药、交通运输等领域扩展优化，更加注重寻求先进技术、管理经验、品牌以及跨国市场份额等。

从并购对象来看，股权收购比例上升。在2016年的并购交易案例中，收购方和出售方都非常关注标的企业所带来的持续收益和投资价值。中国国家电网公司通过两次收购，使其所持有的巴西配电企业CPFL能源公司股份从23%升至52.4%。近日，三峡国际能源投资集团公司以12亿美元（含债务）的价格收购美国杜克能源巴西公司100%股权。中国国家电网巴西分公司总经理蔡鸿贤在接受记者采访时表示，该公司在完成此次并购后，在巴西市场将实现电力发、输、配、售业务领域的全面覆盖，在巴西资产组合将进一步丰富，在巴西投资的抗风险能力也将显著提高，从而为深度开拓巴西及南美市场奠定坚实基础。

六、中阿铁路合作继续深入

2017年5月24日，从中国进口的156节全新货运火车车厢顺利在阿根廷首都布宜诺斯艾利斯港口卸载。此次运抵阿根廷的货运火车车厢只是中阿铁路合作项目的一小部分。根据中阿双方计划，阿根廷将从中国购买共3 500节车厢、107辆机车，用于圣马丁线和北贝尔格拉诺线。加上此前运抵阿根廷的火车及铁路设备，目前运抵阿根廷的车厢已有2 963节。阿根廷交通部当天即发布公报说，新车厢的投入使用将提升阿根廷货运铁路运输能力，推动区域经济增长。

阿根廷政府自2011年以来推出规模庞大的铁路运输系统更新计划，中国铁路装备制造能力与这项雄心勃勃的改造计划正实现全产业对接。阿根廷交通部和中国铁建股份有限公司签署了圣马丁铁路改造项目的协议。除1 626千米铁路路线改建外，该项目还包括建设120座桥、1 600千米的信号系统和400处平交道口。此项目将为阿根廷直接和间接创造2.6万个就业岗位。项目竣工后，阿根廷将恢复通过铁路向主要港口运输内陆产品和副产品的能力。预计到2024年，圣马丁铁路年运力可从现在的230万吨提升至1 300万吨。

七、中国智利金融合作迈出新步伐

2017年9月26日，在智利首都圣地亚哥的智利信贷银行，无论是在柜台还是自动取款机，都能看到醒目的中文提示标识。据了解，智利信贷银行是中国建设银行在智利的人民币清算合作银行，为满足当地客户需求，该行积极主动推广人民币业务。

2016年6月，中国建设银行智利分行暨智利人民币清算中心正式营业，成为落户智利的第一家中资银行以及南美洲第一家人民币清算银行。建行智利分行总经理商立平对本报记者表示，开业一年多来，建行智利分行积极扮演中智两国经贸交流与金融合作平台的角色，响应“一带一路”倡议，服务广大中资企业和智利本土客户。在拉美地区，无论在政治还是经济层面，智利都是中国很好的伙伴。高层互访为中智两国深化合作带来了更多契机，智方越来越认识到吸引中国投资的重要性。

2016年，中智两国签署关于建立全面战略伙伴关系的联合声明，双方同意深化金融合作，充分利用好双边本币互换协议、人民币合格境外机构投资者额度、在智利人民币清算安排等作用，更好地带动双边贸易和投资。建设银行智利分行作为中国人民银行指定的南美第一家人民币清算行，为企业提供人民币结算、融资、金融衍生品、债券等全方位的人民币业务，对于推动中智两国乃至中国和南美地区之间的经贸合作与往来，推动智利离岸人民币市场建设都具有深远意义，同时也是推动人民币在南美地区国际化的重要举措。

八、墨西哥“中国文化年”

2017年11月28日，中国歌剧舞剧院的大型舞剧《昭君出塞》在当地顶级艺术殿堂——墨西哥国家大剧院上演，为5 000余名当地观众奉上一场中国文化的视听盛宴。

该舞剧是近两年中国原创舞剧中脱颖而出的优秀作品，气势恢宏，效果绚丽，服装华美，人物形象丰满。舞剧讲述了中国西汉美女王昭君离开故土，完成与匈奴的和亲宁边使命，最后终老塞外，促成民族融合的感人故事。演员用丰富的情感和细腻的表演将昭君面对国家大义时的勇气、初到塞外时的苦楚以及呼韩邪单于病逝后的悲伤演绎得淋漓尽致。而最后，昭君倾其一生终让匈奴人像对待族人一样完全接受自己的一幕，让人心中莫名感动。

九、中企在巴西投资存量达400亿美元

2017年巴西经济复苏回暖，但政治经济形势仍不稳定，加上巴西市场本身的复杂性、特殊性，中资企业在巴西投资经营面临不少挑战。不过，这些困难并未阻挡中企扩展巴西市场的步伐，中资企业投资总额持续攀升，中国在巴西的投资存量已达400亿美元。

过去几年中，国有企业是中国在巴西的主要投资者，并且多集中在能源、矿产等领域。不过，在2017年已经确认的投资项目中，不少属于交通、农业领域，此外，双方宣布了部分在金融、制药等领域的投资项目。

目前有大量中资企业来巴西投资兴业，投资总额持续攀升，中国在巴西的投资存量已达400亿美元。中国在巴西的企业需要加强相互交流，更需要深入了解巴西。中企协会目前的会员企业涵盖能源、基建、制造、农业、金融等中巴产能合作各领域，在增强行业自律、联通企业政府社会、拓展商业合作等方面发挥了重要作用，成为助力中资企业发展、推动中巴经贸合作的重要平台。

十、中国阿根廷共建世界最南端水电站，采用中国技术标准

2014年7月18日，中阿两国签署基什内尔—塞佩尼克水电站项目融资协议，阿根廷历史上最大的水利工程正式进入实施阶段。中国葛洲坝集团股份有限公司，与阿方企业组成联营体，承担工程建设任务。

圣克鲁斯河起源于佩里多•莫雷诺山，将130多条冰河、两大冰川融化的冰水从阿根廷湖引向大西洋。全长400多千米的河段上有多处宽阔河谷，为建造水电站提供了必要的自然条件。

两个水电站相隔65千米，是世界上最南端的水电站项目，总投资41亿美元。发电能力174万千瓦，不仅可满足150万阿根廷家庭的日常用电需求，还将为能源短缺的阿根廷每年节省近12亿美元的油气进口开支，甚至可对邻国出口电力。水电站建设对阿根廷南部地区至关重要，将有效改变阿根廷电力结构，减少其对石油能源的依赖。

拉美是"21世纪海上丝绸之路"的自然延伸。世界最南端水电站将对整个拉美地区推动"一带一路"合作起到示范效应。

十一、超七成美国企业在华实现赢利

中国美国商会发布的《2018中国商务环境调查报告》显示，在华的美国企业认为中国投资环境正在改善。报告列举了一些调查数据：2017年，73%的美国企业在华实现赢利，74%的企业计划于2018年扩大在华投资，这一比例为近年来的最高；约60%的会员企业视中国为前三大投资目的地之一。受访企业几乎一致认为，近年来中国知识产权保护方面的执法力度保持稳定或有所提升。46%的受访企业认为，未来3年中国将进一步对外资开放市场；62%的受访企业认为，过去5年中国政府政策制定和沟通的透明度有所提高。这说明，大部分在华的美国企业继续看好中国市场，认可中国投资环境正在持续优化，对华投资信心进一步增强。

联合国贸发会议（UNCTAD）近期发布的报告也显示，尽管2017年全球外国直接投资（FDI）下降了16%，但是中国外资流入量仍达到历史新高，同比增长4%，继续保持发展中国家的首位，是全球第二大的外资流入地。

十二、中国在智利投资建设的首个风电场投入使用

2018年8月24日，中国在智利投资建设的首个风电场——蓬塔谢拉风电场正式投产发电。该风电场位于智利北部奥瓦耶市远郊，距离首都圣地亚哥320千米。蓬塔谢拉风电场是中国国家电投积极响应"一带一路"倡议的项目。项目总装机容量80兆瓦，总投资额近1.5亿美元，预计年均发电量为282吉瓦时，可满足13万户家庭的用电需求，同时每年还能减少15.7万吨碳排放。

十三、阿根廷的"中国制造"

中国和阿根廷建交46年来，两国关系持续平稳快速发展，中阿关系已经成为新兴市场国家和发展中国家团结合作、共同发展的典范。近年来，随着中阿经贸关系的不断增进，从火车到"百年梦想"工程，越来越多的"中国制造"走进阿根廷。

中车四方是奔跑在阿根廷的"中国名片"。在阿根廷，2013年，中车四方赢得总计709辆、金额近10亿美元的城际动车组供货合同，这也是迄今为止中国最大的城际动车组出口订单。这些"中国造"城际动车组目前已全部交付阿方，在布宜诺斯艾利斯的萨缅托、米特雷和罗卡三大城铁线上

运营。“中国造”列车技术先进、设施完善，每天奔跑在首都核心区与周边卫星城之间，服务上百万阿根廷人。阿方提供的调查结果显示，乘客满意度高达97%。这些列车已然成为了一张张流动的“中国名片”。

2017年5月，中阿双方在“一带一路”国际合作高峰论坛期间签署合作文件，中国电建集团和上海电力建设有限责任公司联合中标阿根廷胡胡伊省高查瑞光伏发电站项目。由中国企业承建的高查瑞300兆瓦光伏电站项目在2018年4月正式开工，总工期约11个月。这是阿根廷第一个光伏电站项目，也是中阿在清洁能源领域的一次成功合作。整个项目建设过程中可以创造约1500个就业岗位，大约是当地10多个村庄人数的总和。项目的建成不仅有助于促进当地经济发展、改善居民生活，还能改善当地能源结构、保护生态环境。项目采用的先进光伏发电技术以及积累的高海拔建设经验，对于阿根廷能源开发而言十分宝贵。

中联重科塔机助建阿根廷超级工程。目前在建的世界上最大全预制混凝土结构大桥——阿根廷瓦力安特大桥的2台D1500-63中联重科塔机来自中国，它们被冠以“令人叹为观止的塔机”的美誉。中联重科塔机参与建设的瓦力安特大桥是目前世界上最大的全预制混凝土结构大桥。大桥横跨圣罗克湖，全长310米，主拱圈跨度140米。该大桥是连接阿根廷首都到科省的重要通道，也是预制工艺建桥的一次重大进展。D1500-63塔机是中联重科在南美地区目前最大的塔机，也是中联重科全面进驻阿根廷市场的又一成熟产品。

世界最南端水电站——孔多克里夫和拉巴朗科萨2座水电站，是中国企业承建的，它不仅是阿根廷南部地区水电资源开发的重点项目，更是阿根廷“2020年工业战略计划”的重要一环，是“百年梦想”工程。孔拉水电站还创造了3个“之最”：它是中拉合作的最大项目，项目总投资在53亿美元左右；它是阿根廷在建的最大能源项目，项目建成后可以提升阿根廷整个国家电力供应的6.5%；它也是中国企业目前在海外最大的电力投资项目。孔拉水电站建成后预计年平均发电量达49.5亿千瓦时，可以满足约150万户阿根廷家庭的日常用电需求，每年节约燃油进口外汇达11亿美元。

十四、中国企业承建巴西特高压输电工程

美丽山水电站是巴西第二大水电站，2018年二期项目是中国国家电网公司首个在海外独立投资、建设和运营的特高压直流输电工程，也是“特高压+清洁能源”在拉美的示范工程。实现了中国特高压输电技术、电工装备、工程总承包和运行管理一体化“走出去”，是国家电网有限公司推进“一带一路”建设和国际产能合作的重要实践。工程北起巴西北部的帕拉州，向南贯穿5个州，最终达到里约热内卢州，全长2 518千米。建成后可将巴西北部的水电资源直接输送到东南部的负荷中心，给当地近1 600万人带去“光明的希望”。

十五、“一带一路”助哥斯达黎加拓宽国家交通“动脉”

2018年10月，中国港湾工程有限责任公司在“一带一路”倡议框架下实施的32号公路扩改建项目，将把全长107千米的施工路段扩为双向四车道。

32号公路连通哥斯达黎加首都圣何塞与东部重要港口利蒙港，途经瓜皮莱斯、锡基雷斯等重要城市。作为哥斯达黎加最重要的物流通道，这条公路承载着该国约80%的进出口货运量，当地人把这条公路称为哥斯达黎加国家交通“动脉”。这条建成于1987年的公路30多年未曾扩建，一直保持着双向两车道形态，大部分路段宽度仅10米，难以满足当地日益增长的通行需求，道路堵塞严

重、运输效率低下。

扩建后的32号公路将成为哥斯达黎加境内设计标准最高的公路，设计时速达到100千米，运输效率将大大提高。项目还计划建设重型车专用道，以减少轻、重型车之间发生事故的风险。"32号公路当年由美国、法国、日本及当地公司历时16年才完工。如今，在"一带一路"海外工程建设者汗水的浇灌下，哥斯达黎加这条国家交通"动脉"有望在48个月的工期内旧貌换新颜，焕发新活力。

十六、中巴携手30年，开辟航天合作路

2018年是中国和巴西开展航天合作30周年。1988年7月，中巴两国签署《关于核准研制地球资源卫星的议定书》，掀开了中巴航天合作的序幕。1999年10月14日，中巴两国联合研制的01星在太原卫星发射中心成功发射。这是我国第一颗传输型遥感卫星，突破了多项关键技术，形成了自主可控并具有扩展能力的模块化遥感卫星平台，为中国遥感卫星的后续强劲发展奠定了基础。

联合研制6颗中巴地球资源卫星（简称CBERS卫星），数据广泛服务于中国和巴西的经济社会各个领域；为拉美、非洲、东盟等地区的诸多发展中国家提供了50余万景遥感卫星数据；推进中巴两国在空间技术、空间应用、空间科学、人才交流等领域的合作……中国和巴西共同打造了享誉全球的中巴地球资源卫星品牌，被誉为高科技领域"南南合作"的典范。12月，中国国家航天局、西航天局联合在京召开中国－巴西航天合作30年座谈会，双方共叙丰硕合作成果。

十七、中国与格林纳达签署共建"一带一路"谅解备忘录

2018年9月19日，中国驻格林纳达大使赵永琛与格林纳达外交部长彼得•戴维分别代表两国政府在格林纳达首都圣乔治签署共建"一带一路"谅解备忘录。

赵永琛表示，格林纳达作为海上丝绸之路的自然延伸和"一带一路"国际合作不可或缺的参与方，加入"一带一路"朋友圈具有重要意义。希望格方抓住机遇，与中方共同推进"一带一路"框架下的各项合作，开辟中格友好合作、互利共赢的新境界。

戴维表示，格中签署共建"一带一路"谅解备忘录，是两国关系发展史上的里程碑，将为格林纳达经济社会发展提供重要和持续机遇。格林纳达政府愿以此为契机，学习中国发展规划经验，挖掘互补优势，深化各领域务实合作，推动格中关系迈上新台阶。

格林纳达位于东加勒比海向风群岛最南端，拥有加勒比地区特有的热带海岛风光，盛产肉豆蔻等香料和热带水果，被称为"加勒比香料之岛"，旅游业是其重要经济来源。

十八、中国与智利签署共建"一带一路"合作谅解备忘录

2018年11月2日，国家发改委主任何立峰与智利外长安普埃罗在京举行会谈，双方就中智共建"一带一路"合作交流意见。会后，双方签署《中华人民共和国政府与智利共和国政府关于共同推进丝绸之路经济带和21世纪海上丝绸之路建设的谅解备忘录》。

路透社称，此举将深化中智两国在一个美国拥有强大影响力地区的经济与政治合作。安普埃罗在声明中称，参与"一带一路"倡议将使智利对中国投资者更有吸引力，并成为"投资拉美的落脚点"。

智利是第一个同中国建交的南美国家，也是第一个同中国签署双边自由贸易协定的拉美国家。近日，智利参议院通过了《中华人民共和国政府与智利共和国政府关于修订〈自由贸易协定〉及〈自由贸易协定关于服务贸易的补充协定〉的议定书》，智利自此成为第一个与中国深化自贸关系的拉美国家。

2017年,中智贸易额超过340亿美元,占智利对外贸易总额的26%。中国是智利矿产品、林产品、葡萄酒和新鲜水果的主要出口市场。自2016年起,智利成为中国第一大鲜果供应国。目前90%的智利出口樱桃销往中国,70%的中国进口樱桃来自智利。

十九、中国与萨尔瓦多签署共建"一带一路"合作谅解备忘录

2018年11月1日,萨尔瓦多总统桑切斯访华期间,在两国元首见证下,国家发改委主任何立峰与萨尔瓦多外长卡斯塔内达在京签署了《中华人民共和国政府与萨尔瓦多共和国政府关于共同推进丝绸之路经济带和21世纪海上丝绸之路建设的谅解备忘录》。

2018年8月,中萨两国外长签署了《中华人民共和国和萨尔瓦多共和国关于建立外交关系的联合公报》,中国与萨尔瓦多正式建立外交关系,中萨关系翻开了崭新的历史篇章。王毅强调,对于中方来说,我们在拉美和加勒比地区又多了一位新朋友,在推进"一带一路"建设和构建人类命运共同体的事业中又多了一个新伙伴。

建交后,萨尔瓦多总统府新闻秘书罗伯托•洛伦萨纳表示,萨尔瓦多与中国建交为萨提供了合作与发展机遇,萨尔瓦多希望参与中国提出的"一带一路"倡议:"我们期待在这方面展开对话,促进贸易和投资发展。萨尔瓦多和许多国家签有自由贸易协定,前来萨尔瓦多投资的中国企业可以享受它们带来的便利和实惠。"

二十、中国与多米尼加签署共建"一带一路"合作谅解备忘录

2018年11月2日,多米尼加总统梅迪纳访华期间,在两国元首见证下,国家发改委主任何立峰与多米尼加外长巴尔加斯在京签署了《中华人民共和国政府与多米尼加共和国政府关于共同推进丝绸之路经济带和21世纪海上丝绸之路建设的谅解备忘录》。

多米尼加共和国总统梅迪纳11月1日—6日对中国进行国事访问,并出席首届中国国际进口博览会。目前,多米尼加是中国在中美洲和加勒比地区的第二大贸易伙伴,双方的贸易额约为20亿美元。多米尼加是中美洲和加勒比地区最大经济体,在地区事务中有重要影响。梅迪纳说,多米尼加地理位置优越,是参与"一带一路"建设的天然合作伙伴,多方将充分利用自身优势,努力成为拉美地区国家和中国经贸往来的中心。

二十一、中国和巴拿马签署《关于电子商务合作的谅解备忘录》

2018年12月3日,国家主席习近平对巴拿马进行首次国事访问期间,在两国元首见证下,中国商务部部长钟山与巴拿马工商部长阿罗塞梅纳在巴拿马城签署了《中华人民共和国商务部与巴拿马共和国工商部关于电子商务合作的谅解备忘录》。

根据该备忘录,双方将建立电子商务合作机制,在政策沟通、企业对接、能力建设等方面加强合作,通过电子商务提升物流和旅游服务水平,共同加强"丝路电商"合作,进一步推动双边经贸关系持续稳定发展。

中巴于2017年6月13日正式建立外交关系,开启了两国经贸关系新篇章。建交一年半来,双边经贸务实合作取得了丰硕成果,两国在"一带一路"框架下开展合作的前景广阔。电子商务在双边经贸关系中发挥越来越重要的作用。

截至2018年,中国已分别与17个重点国家签署电子商务合作备忘录并建立双边电子商务合作机制,合作伙伴遍及五大洲,"丝路电商"成为经贸合作新渠道和新亮点。

二十二、中国和阿根廷签署《关于电子商务合作的谅解备忘录》

2018年12月1日，在国家主席习近平对阿根廷进行国事访问期间，中国商务部长钟山与阿根廷生产和劳工部长西卡在布宜诺斯艾利斯签署了《中华人民共和国商务部和阿根廷共和国生产和劳工部关于电子商务合作的谅解备忘录》。

根据该备忘录，双方将建立电子商务合作机制，加强政策沟通和协调，促进地方和企业对接，通过电子商务促进优质特色产品贸易，共同加强"丝路电商"合作，推动双边贸易持续稳定发展和共同繁荣。

中阿建交46年来，特别是2014年两国宣布建立全面战略伙伴关系后，经贸合作呈现全方位、高水平发展态势。目前，中国是阿根廷第二大贸易伙伴和重要外资来源国，经贸关系发展势头良好，在"一带一路"框架下开展合作的前景广阔。两国在深化传统领域合作的同时，积极探索通过电子商务开拓双边经贸合作新途径和新领域。

第七节　大洋洲主要国家的发展

一、澳大利亚史上最大民间贸易团访华，洽谈1 600亿澳元贸易合作

澳大利亚史上规模最大的民间贸易代表团于2016年10月23日抵达中国，有超过200名成员，其中包括昆士兰州政府的部长、农业生产商和出口商，他们此次上海之行的目的是进一步发展澳大利亚与中国之间每年总额达1 600亿澳元（1澳元约合5.17元人民币）的贸易关系。澳航货运公司正寻求扩大在亚洲的运力，澳大利亚一直在努力成为"亚洲的食品店"，利用当地适宜的气候将一箱箱无花果和食用花卉等农产品送上这个越来越富裕地区的商店货架。该代表团涵盖的行业包括健康、老年护理、农业、教育、制造业和旅游业。代表团成员参观了阿里巴巴集团的杭州园区和上海洋山深水港等地。

二、中澳自贸协定生效周年纪念活动在墨尔本举行

在中澳双方的努力下，中澳自贸协定2015年6月正式签署后于同年12月生效，开创了中澳双边合作关系的历史新高。庆祝中澳自贸协定生效1周年纪念活动于2016年11月24日在澳大利亚第二大城市墨尔本举行。与会嘉宾普遍认为，中澳自贸协定不仅造福两国人民，也有利于对冲保护主义的负面影响，促进全球经贸自由开放。中澳自贸协定内容上涵盖货物、服务、投资等10多个领域，实现了"全面、高质量和利益平衡"的目标，是我国与其他国家迄今已签署的贸易投资自由化整体水平最高的自贸协定之一，对推动区域全面经济伙伴关系（RCEP）和亚太自由贸易区（FTAAP）进程以及加快亚太地区经济一体化进程、实现区域共同发展和繁荣具有十分重要的意义。

三、中国专家助巴布亚新几内亚百姓抗疟

世界卫生组织数据显示，巴布亚新几内亚是亚太地区疟疾风险最高的国家之一。中国10年前就开始派遣医疗队协助巴布亚新几内亚防治疟疾，并举办卫生官员、医院管理及医药研究人员培训班。2017年，中国广东新南方集团和广州中医药大学组成的抗疟团队与巴布亚新几内亚政府开始

合作，首先选定人口4万多的米尔恩湾省基里维纳群岛作为抗疟试验区。

四、中澳自贸协定签订后屠宰肉牛贸易进入实质性阶段

2017年2月20日，1 195头来自澳大利亚的屠宰肉牛抵达山东荣成石岛新港，这标志着中澳自贸协定签订后屠宰肉牛贸易进入实质性阶段。以往由于条件所限，中国仅允许进口冷冻国外牛肉，国内百姓较难吃上新鲜的国外牛肉。本批海运屠宰肉牛将接受严格的入境检验检疫，并于14天内全部屠宰完毕，新鲜的澳大利亚牛肉逐渐摆上中国百姓餐桌。

2014年11月，国家质检总局与澳大利亚农业部就澳输华屠宰肉牛检疫议定书达成一致意见。2015年6月，中澳自贸协定签订，为进口澳大利亚活牛带来巨大商机。

五、中企与新西兰“一带一路”产业园合作打造中新贸易“直达快车”

2017年8月14日，中国检验认证集团新西兰公司与新西兰首个“一带一路”产业园签署战略合作协议，旨在共同打造中新商品贸易“直达快车”。这一项目的积极落实能让产业园进一步推动中新两国贸易，为两国民众造福。

即将打造的产业园是在出口前对进入园区仓库的企业及其产品提供全方位的合规性和真实性辨识服务，帮助本地企业的产品预先对标中国要求。通过为跨境电商产品和一般贸易产品提供溯源证明和赋码贴标，使每件产品都有唯一的身份编码，从而让消费者可以通过手机扫码就能实时查阅到新西兰产品的来源证明和产品介绍。通过这种创新的进出口监管一体化模式，打造中新两国商品贸易一带一路的“直达快车”。

双方合作项目的具体内容涉及中新农产品、食品类进口商品，对中国进口贸易创新示范区建设具有重要意义。

该项目一期投资1亿美元，将在新西兰奥克兰市及陶朗加市分别创建空港物流园区和海港物流园区。双方将根据中新食品物流园发展的需要，通过密切配合，对物流园内的乳品、肉类、水果、海产及健康产品进行检验、鉴定、认证、测试，并提供商品溯源、快速一体化通关、仓储物流监管、初加工产品的溯源认证、跨境交易服务、产品展览/展示、电子商务服务等贸易综合服务，帮助入驻园区的企业降低运营成本、提升运营效率。

六、中国-新西兰自由贸易协定第二轮升级谈判在北京举行

2017年7月4日—6日，中国-新西兰自由贸易协定第二轮升级谈判在北京举行。双方围绕技术性贸易壁垒、海关程序与贸易便利化、原产地规则、服务贸易、投资、竞争政策、电子商务、农业合作、环境、政府采购等议题展开磋商。

中国-新西兰自贸协定是中国同发达国家达成的第一个自由贸易协定，2008年签订的中新自贸协定使双边经贸关系步入崭新的发展阶段。协定实施8年多来，两国贸易额年均增幅达13.2%，有力地促进了双边经贸关系的发展，两国经贸合作领域不断拓宽，利益融合日益深化。中新自贸协定的升级将进一步推动中新经贸关系发展，提升双边经贸合作水平，更好地造福两国企业和人民，进一步巩固中新全面战略伙伴关系。

七、中澳签署关于开展收入政策制定合作的谅解备忘录

2017年9月16日，在第三次中澳战略经济对话期间，中国发展和改革委员会与澳大利亚国库

部签署了《关于开展收入政策制定合作的谅解备忘录》。双方将就后金融危机时期的收入政策制度、社会保障制度、就业政策等进行交流合作。

八、农业成澳中贸易投资新热点

2017年11月1日，澳大利亚官方发布的最新外资在澳大利亚持有农业用地数据出台。相关数据显示，中国对澳大利亚农业投资升温，在澳大利亚持有农业用地数量保持上升。农业成澳中贸易投资新热点中国对澳大利亚农地持有仅次英国。据澳大利亚税务局（ATO）最新报告，截至2017财年末（2017年6月30日），澳大利亚外资持有农业用地由上一财年的5 210万公顷下降至5 050万公顷，下降幅度约为3.1%。

其中，中国投资者农业用地持有量则呈现上升趋势，仅次于英国。目前英国仍是外资持有澳大利亚农业土地量最大的国家，占农业用地的2.6%；中国、美国分别位列第二位和第三位，在澳大利亚农业土地占比依次为2.5%和0.7%。

中国在澳大利亚拥有土地数量增加更多源于近期完成的单一投资。该案即澳洲汉考克勘探公司（Hanco ckProspecting）与中国企业上海中房置业有限公司，携手成立澳洲内地牛肉股份有限公司（AustralianOutbackBeefPtyLtd），其中，中方股权占比为33%。

九、2017澳大利亚中华国际艺术节开幕

2017年9月30日晚，一场名为"绽放青春"的大型文艺晚会在澳大利亚墨尔本市政府大礼堂隆重上演。作为此前一天开幕的"2017澳大利亚中华国际艺术节"的活动之一，这场晚会将艺术节推向第一个高潮。在为期1个月的艺术节期间，还将举行京剧表演研讨会、非物质文化遗产艺术展、澳大利亚第二届全国美术邀请展等众多活动项目。

澳大利亚总理特恩布尔在给艺术节发来的贺辞中向活动主办方表示感谢，他说："中国人民通过视觉艺术生动展现了其文化历史之魂与自然风光之美。中华艺术在代代传承的过程中影响了中国人的自我认知和世界观，世界也借此了解中国。"中国驻墨尔本总领事赵建在致辞中表示，2017年是中澳建交45周年，文化交流已经成为两国关系中的重要组成部分。中华国际艺术节自创立以来，致力于弘扬中华传统文化，受到当地各界人士的热烈欢迎。

十、孔子学院落户于南太平洋地区6年 架设了解与友谊桥梁

随着中国对外开放以及世界对了解中国语言文化需求的日益增强，应运而生的孔子学院从2012年开始相继落户于南太平洋地区一些岛国。位于瓦努阿图首都维拉港的南太平洋大学艾玛卢校区主管鲁本·马克沃德盛赞孔子学院是一座增进中国与南太平洋地区国家相互了解与友谊的桥梁。

2015年，南太平洋大学孔子学院下设的艾玛卢校区孔子课堂揭牌成立，迄今累计选派中方教师4人，志愿者1人，招收各类学员约1 156名，举办各类语言文化活动50余场。

这座孔子课堂"独特而别致，生动而充满乐趣"，既为学生们开启了新的知识与文化殿堂，拓展了他们的视野，也为南太平洋大学带来活力，提高了艾玛卢校区的知名度，是南太平洋大学与中国合作高校北京邮电大学以及瓦中两国开展"友好合作与互利共赢的硕果"。

自2012年以来，在南太平洋地区岛国的孔子学院与孔子课堂已经累计招收学生4 000多人，举办各类语言与文化活动100多场。

十一、中国–新西兰自由贸易协定第三轮升级谈判在新西兰举行

2017年11月27日—30日，中国–新西兰自由贸易协定第三轮升级谈判在新西兰举行。双方围绕技术性贸易壁垒、海关程序与贸易便利化、原产地规则、服务贸易、投资、自然人移动、竞争政策、电子商务、农业合作、环境、政府采购等议题展开磋商，谈判取得积极进展。

十二、澳中“一带一路”工商领袖研讨会聚焦新合作机遇

2017年12月1日，澳中“一带一路”工商领袖研讨会在墨尔本举行，约50名澳大利亚知名企业和中国在澳企业负责人、维多利亚州政府官员、学者畅谈了对“一带一路”建设的理解和中澳合作的新机遇。

2017年是中澳建交45周年，中澳关系面临新机遇。世界形势正发生深刻变化，中国等亚洲国家的发展将带来积极影响。基础设施建设是“一带一路”建设的重点内容，而医疗、养老、教育、旅游等领域也同样重要，拥有巨大的发展潜力和合作机会。“一带一路”建设能为澳大利亚企业带来更多合作选择，有助于澳中加强互信，实现共同繁荣。也将有助于“一带一路”的资金融通，能够助力澳大利亚食品的对华出口，更要让“一带一路”建设聚焦两国全面发展。

十三、斐济斯丁森桥和瓦图瓦卡桥顺利通车

2018年1月11日上午，在印有中英两种文字的“中国援斐济斯丁森桥和瓦图瓦卡桥项目通车仪式”红色条幅下，身着民族服装的斐济政府总理姆拜尼马拉马、中国驻斐济使馆政务参赞谷雨在民众热烈的掌声中，微笑着一同为大桥贯通剪彩。这两座凝结着中斐两国人民友谊的桥梁，是两国在“一带一路”倡议合作上的一个成功实践。

两座桥梁的贯通，解决了首都苏瓦多年来的交通瓶颈问题，为正在奔向现代化建设的斐济提供有力支持。大桥不仅外观漂亮，质量优良，而且在建设过程中解决了当地600多人就业问题，为斐方培养了一大批桥梁工程师。

两座桥梁是凝结中斐两国人民友谊与合作的“兄弟之桥”，是凝结着两国政府和人民的友好情谊的“发展之桥”，是合作应对气候变化致力于构建人类命运共同体的“未来之桥”。

十四、中巴新合建“一带一路”农业产业园

2018年5月29日，中铁国际集团有限公司与巴布亚新几内亚农畜业部、东高地省政府、西高地省政府正式签署土地使用权转让协议。据该协议，中铁国际集团有限公司将获取西高地省的哈迪和东高地省的卡洛菲谷两地共计6 000余亩、为期99年的土地使用权。

该地块是中国中铁、福建农林大学与巴布亚新几内亚多个省份合建的“一带一路”中–巴新农业产业园的核心区，将建成集种植、养殖、深加工、检验检疫、进出口许可、自主报关等于一体的综合性中–巴新农业示范园区，园区内设置菌草旱稻科技园区、种植类产业园区、养殖类产业园区、农畜产品深加工科技园区和现代化免税贸易园区等相关配套产业园区。

十五、首条中国直飞澳大利亚北领地航线成功开辟

2018年5月30日，一架来自中国深圳的飞机降落在澳大利亚北领地达尔文机场。达尔文市是北领地的首府，这意味着中国首条直飞澳大利亚北领地的航线成功开辟。这条新航线飞行时间约

为5小时40分钟，比其他飞往澳大利亚的航班大为缩短，是当前最省时、最便捷的洲际旅行航线。

北领地政府十分看重这条新航线的价值，航班抵达后在达尔文机场举行了首航仪。北领地不仅是澳大利亚通往中国的贸易门户，也是一扇通往友谊和美好愿景的大门。既是对"一带一路"倡议的实际响应，也为中澳两国人民打开了一个交流窗口。澳大利亚联邦政府提出了"北部大开发"计划，其中一个重要认识就是认为亚洲经济的快速发展，会给澳大利亚北部地区带来无数发展机遇。北领地是澳大利亚联邦政府实施这一计划的焦点地区之一。北领地希望到2020年能吸引3万名中国游客前来度假。这条新航线的开通，让双方的友好关系更上一层楼。

十六、中国巴新农业合作走向深入，助巴新构建现代化农业

近年来，中国与巴布亚新几内亚关系发展进入了快车道，双方政治互信和互利合作都达到了历史最好水平，特别是经贸投资合作方兴未艾，取得了长足进步。相信随着两国相互尊重、互利共赢的战略伙伴关系进一步深化，两国农业合作将大有可为。

沿着中国巴布亚新几内亚友好合作的足迹，两国农业合作如今又将翻开新的篇章。福建省援助巴布亚新几内亚东高地省的旱稻和菌草项目取得成功，激励着两国农业合作走向深入。特别是"一带一路"倡议延伸到南太平洋岛国，一批农业企业带来了先进技术和资金，帮助巴布亚新几内亚农业朝着现代农业迈进。2018年5月，中铁国际与巴布亚新几内亚农畜业部、东高地省、西高地省正式签署了土地使用权转让协议，共计6 000余亩土地、使用期限99年，用于建设"一带一路"中国–巴新农业产业园核心区，按照规划，该产业园计划建成集种植、养殖、深加工、检验检疫、进出口许可、自主报关等于一体的综合性农业示范园区。

数据显示，农业产值占巴布亚新几内亚国内生产总值的27%，因而发展农业、提高农业生产水平对整个经济社会发展有着重要意义。为此，巴布亚新几内亚总理奥尼尔提出，未来5年重点发展农业，并将2018年年度政府预算中农业领域预算提高至6.659亿基纳，同比增长72%。还设立了总额达1亿基纳的农业商业化基金，其国家开发银行也提供了1亿基纳用于农业中小企业贷款。其他资金扶持项目还包括农业生产伙伴计划、建立国家养牛场、可可和咖啡运费补贴、咖啡果甲虫防治等。此外，巴布亚新几内亚政府还决定在税收政策上给予优惠。例如，农业领域投资可享受10年免税；农业科研和农业服务的支出可享受150%税前扣除；农村企业所得税率下调为20%等。

2018年，巴布亚新几内亚将主办APEC峰会，奥尼尔称这是百年不遇的历史性机会，将极大地推动巴布亚新几内亚经济社会发展。巴布亚新几内亚是首个与中国签署"一带一路"建设谅解备忘录的南太平洋国家，双方在农业投资、农产品加工开发、技术合作和培训等方面都取得了积极进展。相信随着两国相互尊重、互利共赢的战略伙伴关系进一步深化，两国农业合作将大有可为。

十七、中国承建海底光缆项目将有效降低巴布亚新几内亚宽带资费

2018年8月22日，国内海底光缆项目完工后，巴布亚新几内亚将拥有更加稳定的宽带服务，资费水平也将下降20%。

这一造价2.5亿多美元的项目由中国政府通过中国进出口银行提供优惠贷款，并由华为公司承建。杜马将这一项目描述为"游戏规则改变者"和新技术，将给巴布亚新几内亚的营商环境带来革命性的变化。此外，巴布亚新几内亚政府致力于让全国人民享受到优质的宽带服务，所以这一项目还将连接巴布亚新几内亚15个主要的省份，目前登陆点准备和海底勘察工作进展良好。

巴布亚新几内亚位于南太平洋，国土范围内多山多岛屿，国内岛屿间通信主要依靠卫星、微

波等高成本低带宽传输网络。近年来，巴布亚新几内亚互联网连接需求快速增加，但国内互联网连接主要依赖卫星和微波通信，难以满足日益增长的国内需求。该网络在Port Moresby，Alotau，Popondetta，Lae和Madang之间运行，于2019年完成。

十八、中企收购澳大利亚东岸最大港口，海外港口布局实现六大洲全覆盖

招商局港口控股有限公司继2018年2月完成收购巴西第二大集装箱港口巴拉那瓜港（TCP）项目后，于2018年6月14日完成收购澳大利亚东岸最大港口Port of Newcastle。该项收购是招商局港口投资大洋洲迈出的第一步，标志着海外的港口布局由亚洲、非洲、欧洲及南北美洲扩展至大洋洲，实现了六大洲全覆盖。

2018年2月6日，招商局港口以总代价6.075亿澳元（约合38.09亿港元）收购Port of Newcastle 50%总权益（包括1.625亿澳元股东贷款）。Port of Newcastle是澳大利亚东岸最大的港口，亦是全球最大的煤炭出口港。该项目主要业务包括港口管理（包括船舶调度）、港口贸易发展、码头及泊位服务、航道疏浚及测量、港口资产维护、港口物业管理及港口资源开发。

Port of Newcastle的经营模式为“地主港”，自2014年开始拥有98年的管理以及土地租赁权。该项目共有792公顷土地，其中包括约200公顷可持续发展的空置港口用地。Port of Newcastle共分4个港区，包括21个码头泊位，其中9个为煤炭专用泊位。其设计产能为2.11亿吨，2017年实现吞吐量1.67亿吨，其中煤炭为1.59亿吨。该港是生产高质量动力煤的Hunter Valley矿区唯一煤炭下水港，同时承担澳大利亚约40%的煤炭出口。

十九、中国与斐济签署共建“一带一路”合作谅解备忘录

2018年11月12日，中斐两国政府正式签署《中华人民共和国政府与斐济共和国政府关于共同推进丝绸之路经济带和21世纪海上丝绸之路建设的谅解备忘录》。

根据备忘录，双方将按照“共商、共建、共享”原则，共同推进“一带一路”建设，推动构建人类命运共同体，在政策沟通、设施联通、贸易畅通、资金融通、民心相通等领域开展合作，实现共同发展和共同繁荣。

中斐签署共建“一带一路”合作谅解备忘录，不仅将极大促进两国各领域交流合作，也标志着中斐关系翻开新篇章。中斐两国携手努力，加强发展战略对接，为两国人民带来更多实惠，为本地区繁荣发展做出积极贡献。

同日，两国共同签署中斐经济技术合作协定。该协定将进一步促进中斐两国经济技术合作，促进两国共同发展和繁荣。

二十、中国援助斐济水文测量船举行交接仪式

2018年12月21日，中国援助斐济水文测量船在斐济首都苏瓦举行交接仪式。这艘测量船配置了高科技设备，将为包括斐济在内的太平洋岛国开展水文测量和海洋调查，为岛国地区应对气候变化及可持续发展提供帮助。这艘测量船有助于斐济维护海洋安全、应对自然灾害以及有效应对气候变化，还将进一步提升斐济作为地区联系、海洋运输及贸易枢纽的地位。

中斐两国有着深厚的传统友谊，中方与斐方在“一带一路”合作框架下开展务实合作，不断巩固政治互信，扩大交流，丰富两国全面战略伙伴关系内涵，推动中斐关系不断迈上新台阶。

第九章 中欧班列开行情况

一、中欧班列建设发展首个顶层设计规划发布

经推进"一带一路"建设工作会议审议通过，推进"一带一路"建设工作领导小组办公室2016年10月印发了《中欧班列建设发展规划（2016—2020年）》，全面部署未来5年中欧班列建设发展任务。这是中欧班列建设发展的首个顶层设计。

中欧班列（CHINA RAILWAY Express，缩写CR express）是由中国铁路总公司组织，按照固定车次、线路、班期和全程运行时刻开行，运行于中国与欧洲以及共建"一带一路"国家间的集装箱等铁路国际联运列车，是深化我国与沿线国家经贸合作的重要载体和推进"一带一路"建设的重要抓手。为推进中欧班列健康有序发展，根据党中央、国务院部署，国家发展改革委、中国铁路总公司牵头，会同有关部门和地方，共同编制了《中欧班列建设发展规划（2016—2020年）》（以下简称《规划》）。

《规划》系统分析了中欧班列的发展环境，指出随着"一带一路"建设不断推进，我国与欧洲及沿线国家的经贸往来发展迅速，物流需求旺盛，贸易通道和贸易方式不断丰富和完善，为中欧班列带来了难得的发展机遇，也对中欧班列建设提出了新的更高要求。但是，中欧班列仍处于发展初期，还存在综合运输成本偏高、无序竞争时有发生、供需对接不充分、通关便利化有待提升，以及沿线交通基础设施和配套服务支撑能力不足等问题，迫切需要加以规范和发展完善。

《规划》提出，全面贯彻落实中央关于推进"一带一路"建设的战略部署，牢固树立和贯彻落实创新、协调、绿色、开放、共享的新发展理念，以提高发展质量和综合效率为中心，以优化服务、提供有效供给为主线，统筹兼顾当前和长远、地方和全局、陆运和海运、我国与沿线国家利益的关系，充分发挥政府、市场、企业的作用，将中欧班列打造成为具有国际竞争力和良好商誉度的世界知名物流品牌，成为"一带一路"建设的重要平台。

《规划》明确了中欧铁路运输通道、枢纽节点和运输线路的空间布局，统筹利用中欧铁路东中西3条国际联运通道，按照铁路"干支结合、枢纽集散"的班列组织方式，在内陆主要货源地、主要铁路枢纽、沿海重要港口、沿边陆路口岸等地规划设立43个枢纽节点，建设发展43条运行线，并提出完善国际贸易通道、加强物流枢纽设施建设、加大货源整合力度、创新服务模式、建立完善价格机制、构建信息服务平台、推进便利化大通关等七大任务，着力优化运输组织及集疏运系统，提高中欧班列运行效率和效益。

下一步，推进"一带一路"建设领导小组办公室将积极发挥综合协调作用，加大对各部门、地方政府的沟通协调力度，加强对规划实施的跟踪分析和督促检查，确保各项工作任务落到实处。

二、中欧班列助推丝路经贸驶入快车道

2 000多年前，古丝绸之路绵延在广袤的亚欧大陆上，将中国与西域联通。今天，丝绸之路经济带上奔驰的列车络绎不绝，一头连着活跃的东亚经济圈；一头连着发达的欧洲经济圈，这是一条通往繁荣与富强的“钢铁丝路”。

构建丝绸之路经济带上的大动脉。2016年8月20日凌晨，满载着液晶显示器、服装、罐头等货物的集装箱班列缓缓驶出厦门东孚火车站，一路向西奔向波兰罗兹，这是我国首个从自由贸易试验区开出的中欧班列。

中欧班列，是从中国开往欧洲、适合装运集装箱的快速货运编组列车。目前铺画了西、中、东3条通道中欧班列运行线：西部通道由我国中西部经阿拉山口（霍尔果斯）出境，中部通道由我国华北地区经二连浩特出境，东部通道由我国东南部沿海地区经满洲里（绥芬河）出境。

迅速发展的中欧班列，成为丝绸之路经济带上的国际物流品牌。货物品类已经由开行初期的手机、电脑等IT产品逐步扩大到目前的衣服鞋帽、汽车及配件、粮食、葡萄酒、咖啡豆、木材等品类，而且，随着品牌影响扩大，过去“有货去无货回”的局面也大大改观。

中欧班列全程运输时间为12天左右，比海运节省约30天左右，运费比空运节省4/5，为沿线国家提供了差异化的物流选择。为促进中欧互联互通和贸易便利化，中国铁路总公司统一品牌和运输组织调度，积极与沿线国家协商，共同铺画中欧班列全程运行图，实现了国内段与宽轨段运行图全线贯通。

“一带一路”上奔驰的列车，也带动了中亚、西亚国家的发展。中亚、西亚地区盛产优质农牧产品，随着交通和贸易便利化，中国企业更加愿意在中亚投资，建立优质原材料基地。

三、白俄罗斯鲜奶首次通过中欧班列运抵武汉

2016年10月12日，白俄罗斯的灭菌液态奶首次通过中欧班列冷链运输运抵武汉，将摆上武汉各大超市货架，满足市民对优质原产地奶制品的多样化需求。

白俄罗斯气候属温带大陆性气候，适合牧草生长，畜牧业发达，是世界五大奶制品出口国之一。来自白俄罗斯的首批2.1万盒液态奶通过45英尺集装箱大柜，穿越俄罗斯、哈萨克斯坦两国。全行程9 261千米，经过11天运抵武汉，而传统海运转陆运方式至少需要60天。负责中欧武汉班列运营的汉欧国际物流公司介绍，这批白俄罗斯液态奶通过相关海关程序后，将进入冷藏库，并分装供应至武汉各大超市。

四、中欧班列打造知名物流品牌，将是中欧贸易的新增长点

2016年10月12日，国家发改委网站公布了《中欧班列建设发展规划（2016—2020年）》（下简称《规划》），对中欧班列未来5年的建设发展任务进行部署。《规划》称，将中欧班列打造成为具有国际竞争力和良好商誉度的世界知名物流品牌，成为“一带一路”建设的重要平台。

中欧班列是指按照固定车次、线路、班期和全程运行时刻开行，往来于中国与欧洲以及共建“一带一路”各国的集装箱国际铁路联运班列。截至2016年6月底，中欧班列已累计开行1881列，实现进出口贸易总额约170亿美元，其中回程班列达502列。2016年上半年，班列开行619列，同比增长1.5倍，包括回程209列，同比增长3.2倍。

从开行的城市看，由最初的重庆“渝新欧”一家，逐步发展到成都、武汉、郑州等多地均开行中

欧班列的局面。中欧班列运量增加的主要原因，一方面是由于其货类构成已经由IT产品等高附加值货物向日用百货等较低附加值产品拓展；另一方面，是在各地政府补贴支撑下，货源腹地逐步延伸，甚至使得一部分沿海地区的货源转移过来。

目前中欧班列仍处于发展初期，仍存在沿线交通基础设施和配套服务支撑能力不足、通关便利化有待提升、供需对接不充分、综合运输成本偏高，以及无序竞争时有发生等问题，迫切需要政府加强统筹协调，推进统一品牌建设，促进内部良性竞争、形成发展合力。

为此，上述《规划》还提出了七大任务，即完善国际贸易通道、加强物流枢纽设施建设、加大货源整合力度、创新服务模式、建立完善价格机制、构建信息服务平台、推进便利化大通关等七大任务。

具体而言，43个枢纽节点，在西线上包括了昆明、贵阳、成都、重庆、西安、厦门、合肥、连云港、呼和浩特等城市；中线则涵盖了京广线上的主要城市，如广州、武汉、石家庄；东线上的枢纽节点，则包括南昌、福州、上海、济南、天津，大连等。

五、外媒称中俄开通铁路货运新线路：耗时缩短一半以上

2016年10月16日，首趟发自中国的定期货运班列已抵达俄罗斯的叶卡捷琳堡市。50个集装箱将通信、建筑设备、电子仪器、日用品运抵地处俄腹地的乌拉尔地区。此班列虽是新线路，但它对于俄中贸易关系的发展、"新丝绸之路"的兴盛无疑是非常急需的。来自广州、深圳、厦门、宁波、上海、天津、青岛等城市的物资，通过营口港运抵沈阳，而后装上火车启程。

按计划，该集装箱班列将于每周三从满洲里—外贝加尔斯克边境口岸发车。与经过远东港口和西伯利亚大铁路的传统线路相比，货运时间缩短了一半甚至2/3。来自沈阳的货物抵达叶卡捷琳堡车站只需10天。从出发地装箱算起，全程也不过18—20天。跟以往不同的是，该线路的运行时间存在严格保障。提速后的集装箱班列将按固定时刻表运行，从而有利于货物接收者及时安排物流，降低了仓储开销。

六、中欧班现全程运邮，将开启"买卖全球"新格局

2016年10月25日，来自重庆的26袋邮包完成了一次特殊的旅程。9月29日，它们搭乘"中欧·渝新欧"班列从重庆出发，15天后顺利抵达德国法兰克福邮件处理中心，截至10月21日已全部成功投递。这标志着中欧班列全程运邮测试成功，开创了中欧国际铁路运邮的先河。

此次中欧班列全程运邮测试的成功，开辟了性价比更高的国际邮包运输新模式，将带动跨境电商迅速发展，开启"买卖全球"的贸易新格局，推动我国内陆地区与"一带一路"倡议的深度衔接。

近年来，跨境电商"全球购"热潮日益兴起，但传统的国际邮路主要集中在海运和空运，不但运力明显不足，且海运耗时过长，空运运量小、成本过高。若能通过中欧班列运输邮包，时间将比海运节约20多天，成本仅为空运的1/5，无疑将开辟一条性价比更高的国际邮路。

此次运邮测试在通关模式方面实现了"三个首次"：

（一）首次将安全智能关锁运用到渝新欧班列国内段监管，实现启运地、中转地、出境地海关通过安全智能锁统一实施监管。

（二）首次在中欧班列上实现了海关通关与邮政作业系统的数据共享。

（三）首次实现中欧国际铁路运邮电子化通关，实现出境地海关不掏箱、不改变运输方式监管邮件原箱原车出境。

“中欧班列运邮的实现，意味着中国与‘一带一路’沿线国家的经贸、文化交流将从‘大动脉’深入到‘毛细血管’。”中国交通物流协会联运分会秘书长李牧原表示，中欧班列运邮的实现契合“一带一路”倡议，将推动我国内陆地区与“一带一路”的深度衔接，演绎出更为精彩的经济故事。

七、中蒙最大陆路口岸二连浩特—鹿特丹中欧班列首次开行

2016年11月28日，首列由中蒙最大陆路口岸二连浩特始发、前往荷兰鹿特丹的中欧班列鸣笛启程，标志着内蒙古对外开放水平进一步提升，二连浩特口岸进出口货物集散能力明显增强。本次班列运载的货物为二连浩特市金古源粮油有限公司生产的200吨亚麻籽饼，这些亚麻籽饼采用的原料产自蒙古国和俄罗斯。

这趟班列将用时12天左右到达目的地，相比海运节约30多天。“十三五”期间，内蒙古将以深化与俄罗斯、蒙古国合作为重点，扩大对外开放，提高开放型经济发展水平，继续加大口岸互联互通铁路通道建设力度，努力推进国际大通道建设，完善口岸后方通道及集疏运体系，为国家“一带一路”倡议提供有力支撑。

二连浩特是我国对蒙古国最大陆路口岸。根据《中欧班列建设发展规划（2016—2020年）》，中欧铁路的中通道由内蒙古二连浩特口岸出境，途经蒙古国与俄罗斯西伯利亚铁路相连，通达欧洲各国。目前，经由二连浩特的中欧班列已常态化运行，与2017年同期相比，运行列次增长1.5倍。

八、新丝路上的蓝色长龙——中欧班列整装再出发

2016年12月14日，从中国广东省惠州市出发，抵达成都，搭乘前往波兰罗兹的中欧班列，一台中国产电视机在短短两周内横跨欧亚大陆，行程近万里，亮相欧洲市场。中欧班列开通之前，这种物流和商业模式似乎不可思议，如今已成为现实。

自“一带一路”倡议提出后，中欧班列“换挡提速”，还在2017年启动统一品牌，重新出发。与千百年前的古老驼队不同，这支“钢铁驼队”搭载蓝色集装箱，整齐划一，但相同的是，各种商品和不同文化正由此汇集交融。恰如西方媒体报道，欧洲人开始接受并积极利用“一带一路”倡议，“最大原因是通往西方的火车开始行驶了”。

和所有中欧班列运载的货物一样，宝马公司运往中国的这批配件被装入蓝色的集装箱，箱子侧面白色的“CR Express中欧班列”中英文标识格外醒目。中欧班列统一的蓝色集装箱，不仅便于换装、运输，更成为不少港口、码头、货运站一道独特风景。

中欧班列品牌推出以来，单靖感觉到货运量剧增，场站饱和。往返火车站装卸货的货车数量激增，大型货车拖着蓝色集装箱，宣介着中欧班列的影响力。

早在中欧班列2011年开行以前，单靖所在的俄罗斯远东路桥公司就已经在中欧之间通过铁路运输货物。然而，当时货量不足，运输体系尚不成熟，单程有时长达40天。中欧班列开行以后，随着使用率的增加，沿线各国加强合作，提升运行、检验、通关速度，如今中欧班列运输时间缩短至14天左右。

九、中越中老国际铁路昆明—玉溪段开通

2016年12月15日，中越中老国际铁路昆明—玉溪段全线开通运营。当日，满载旅客的昆明—河口北K9832次列车，首趟经新建时速200千米的昆玉铁路前往中越口岸河口，全程不再更换火车头，运行时间缩短约40分钟。

昆明—玉溪铁路正线全长88千米，由东南环线和昆阳—玉溪铁路两部分组成，为双线电气化铁路，开行旅客列车速度目标值为200千米每小时，全线设晋宁东、化城、宝峰、玉溪、玉溪南5个车站。该铁路是中越、中老国际铁路的共用部分。

该铁路的通车，标志着中越国际铁路昆（明）玉（溪）河（口）铁路实现了全线电气化，客货列车运行时间压缩，运输能力大幅提升，将撬动昆明、蒙自经济技术开发区和河口边境经济合作区3个国家级经济开发区的深度融合发展。

该条铁路近期还将开行昆明—玉溪的动车，从昆明出发至玉溪仅需要30分钟。时速200千米昆明—玉溪铁路在昆明南站与沪昆客专、南昆客专联通，融入全国高铁网。在国内联通上，共同构成西南长三角、珠三角和环北部湾的高铁大通道；在国外联通上，通过中越、中老国际铁路，可联通越南、老挝等东南亚国家，这为云南早日建成面向南亚东南亚辐射中心奠定了基础，助推云南更好地服务和融入国家"一带一路"建设。

十、首列中英贸易直通车抵达伦敦

首趟从中国开往英国的中欧班列2017年1月18日下午顺利抵达英国伦敦的火车站，这趟班列于1月1日从中国义乌西站出发，全程运行12 451千米，历时18天到达终点站，开启了中英贸易全新的物流通道。

这趟班列满载从义乌市场上采购的日用百货、服装、布料和箱包等小商品，由阿拉山口出境，途经哈萨克斯坦、俄罗斯、白俄罗斯、波兰、德国、比利时、法国，穿过英吉利海峡隧道，到达终点伦敦。

近年来，中英经贸合作保持稳定发展态势，双边贸易额增长迅速，特别是义乌与英国贸易往来不断增加。据义乌海关统计，2016年1月—11月，义乌对英国进出口贸易额为5.69亿美元，同比增长10%，英国已成为义乌在欧洲最大的出口目的国。

据运营方介绍，此前义乌小商品出口英国主要是通过海运和空运，首趟中欧班列的开通，意味着中英贸易的物流运输实现了全陆地运输，中英贸易往来物流服务更加高效。此次开行的义乌—伦敦中欧班列，对于强化中国与西欧陆路互联互通，密切中英贸易往来，更好地服务"一带一路"建设具有重要意义。

十一、新疆建成中欧（中亚）班列乌鲁木齐集结中心

乌鲁木齐是我国"丝绸之路经济带"核心区的重要节点城市，也是大部分中欧和中亚班列必经之地。乌鲁木齐铁路局抓住机遇，在原有乌西快运中心站的基础上，建成现代化中欧（中亚）班列乌鲁木齐集结中心，为来自全国各地的商贸客户提供报关报检、整列运输为一体的全程国际货运物流服务。

投资8 500万元的中欧（中亚）班列乌鲁木齐集结中心一期11月中旬完工，将集结中心内国一线有效长由646米延长至750米，国二线有效长由610米延长至650米，可以整列停靠中欧及中亚班列，不用再费时重新编组；对站台地面、仓储面积也进行了全面升级改造，满足集装箱正面吊作业需求，全面提升了站场的仓储及运输组织能力。已经开始的二期再投资5 000万元，扩建集结中心三站台，对铁路监管库进行全面改扩建，配置符合海关监管要求的卡口设备，如电子栏杆、电子读写设备、电子识别设备、电子监控设备和电子地磅等，并与海关联网，能够有效满足国际货物进出口集结、监管、发运等物流需求。

十二、“合满欧”首趟回程班列发车

2016年12月5日，满载各类进口货物的“合满欧”班列日前已从德国汉堡杜伊斯堡口岸出发，途经波兰、白俄罗斯、俄罗斯，从满洲里口岸入境，预计12月6日抵达终点合肥。这是自2014年6月合肥开通第一列铁路国际货运专列以来，首次开通回程班列。回程班列的开通标志着安徽初步实现了与中亚、中欧沿线国家贸易的互联互通，为安徽中欧班列往返常态化开创了新的里程碑，同时也为合肥打造中国内陆开放新高地提供了有力支撑。

2014年6月26日，首趟中欧班列从合肥出发，正式开启安徽与欧洲的“新丝绸之路”。2015年年底，班列实现常态化运行，一年内共发运43班次，货值1.55亿美元。

下一步，合肥检验检疫局将与满洲里检验检疫局签署《“合满欧”中欧铁路国际货运班列检验检疫一体化作业合作备忘录》，启动“合满欧”检验检疫一体化监管平台，构建“双向全申报”“互为一线二线”等工作机制，企业可任意选择合肥、满洲里为报检地，实现一次申报、信息共享。

十三、2016年经满洲里口岸进出境中欧班列突破1 000列

2016年经满洲里铁路口岸进出境的中欧班列数量达到1 036列，同比增长88.24%，首次实现年度进出港班列数量破千。拥有25条通俄达欧班列线路的满洲里跻身为我国吞吐班列数量最大、货物跨境转运效率最高的国际陆港。

据了解，2016年经满洲里口岸进出的中欧班列共运载7.297 2万个标箱，同比增长52.41%，进出口贸易值为366 653.91万美元，同比增长46.55%。其中，出境班列774列，共6.01万个标箱，同比增长93.98%，货值273 928.69万美元，主要出口商品为电子产品及配件、服装、家电、日用品等；进境班列262列，共12 848个标箱，同比增长83.22%，货值为92 725.22万美元，主要进口商品为板材、汽车零配件等。

自2013年9月30日“苏满欧”首班班列从满洲里口岸出境以来，以满洲里口岸为枢纽的出境中欧班列已达到25条，从欧洲回程进境班列为7条。

十四、中俄、中蒙最大陆路口岸中欧班列新年“破百”

2017年2月14日，内蒙古满洲里和二连浩特两大口岸新年捷报频传。据官方统计，这两处口岸在2017年1月份共运行中欧班列113列，实现“开门红”。经满洲里口岸进出境中欧班列数量达96列，共7 118个标箱。满洲里口岸不仅是中国最大陆路口岸，也是中俄最大陆路口岸。

中欧班列以“发班准”“速度快”等优势，逐渐成为连接中国与中亚、欧洲各国之间的物流“升级版”，对于促进沿线各国经济与贸易发展，开展更大范围、更高水平、更深层次的区域合作具有重要作用。

十五、中欧“安智贸”首条铁路专列启动

2017年3月2日，一列满载38个标箱、货值3 124.6万元人民币的中欧（厦门）班列从海沧货运站出发，前往波兰罗兹，中欧“安智贸”首条铁路专列正式启动。作为全国首条加入中欧“安智贸”项目的铁路航线，自2016年12月21日试运行以来出口货值已超1 000万美元，截至2017年，累计发运“安智贸”项下出口集装箱131个，总货值1 699.65万美元。

中欧（厦门）班列正在为福建及周边地区企业乃至中国台湾地区及东南亚地区搭建起一条欧

洲贸易的绿色通道，厦门也因此成为"一带一路"经济带上重要的海陆交通枢纽。

"安智贸"项目全称"中欧安全智能贸易航线试点计划"，是全球第一个全面实施世界海关组织《全球贸易安全与便利标准框架》的国际合作项目，通过中欧海关以及海关与企业间合作，实现对集装箱及箱内货物的全程监控，建立安全、便利、智能化的国际贸易运输链。

作为全国自贸试验区开出的首条中欧班列，班列正搭建起一条连接国际的物流大通道。自2015年8月份运营以来，截至2017年3月1日，班列累计发运116列，共3 066大柜（6 132标箱），货值16.892 2亿元人民币。得益于班列的迅猛发展，2016年厦门对波兰的铁路运输出口货值增加了10倍，铁路运输首次超过空运而成为厦门第二大出口运输方式。

十六、全国27座城市已开通中欧班列线路51条 累计开行近3 700列

中欧班列自2011年3月开行以来，目前已累计开行近3 700列，成为国际物流陆路运输的骨干通道。截至2017年4月，全国27座城市已开通中欧班列线路51条，到达欧洲11个国家的28座城市，为共建"一带一路"国家贸易畅通提供了有力保障。

十七、七国铁路部门签署深化中欧班列合作协议，助推"一带一路"

2017年4月20日，中国、白俄罗斯、德国、哈萨克斯坦、蒙古国、波兰、俄罗斯等七国铁路部门正式签署《关于深化中欧班列合作协议》。这是中国铁路第一次与共建"一带一路"国家铁路签署有关中欧班列开行方面的合作协议，标志着中国与沿线主要国家铁路的合作关系更加紧密，既为中欧班列的开行提供了更加有力的机制保障，也对进一步密切中国与上述六国的经贸交流合作、助推"一带一路"建设具有重要意义。

七国铁路部门签署的《关于深化中欧班列合作协议》立足于服务"一带一路"建设，以提高亚欧间铁路货运市场份额、带动沿线国家经济发展和经贸合作为目标，合力打造中欧班列国际物流品牌，努力为中欧班列深化发展提供机制保障。主要内容包括：

（一）推动铁路基础设施发展规划衔接，打造中欧铁路运输大通道，共同组织安全、畅通、快速、便利和有竞争力的中欧铁路运输。（二）加强全程运输组织，加快集装箱作业，采用信息技术，提高班列在各自国家境内的旅行速度。（三）推动服务标准统一、信息平台统一，实现全程信息追踪，建立突发情况通报和处理合作机制，保障货物运输安全。（四）加强中欧班列营销宣传，扩大班列服务地域，开发新的运输物流产品，推进跨境电商货物、国际邮包、冷链运输，促进中欧班列运量持续增长。（五）协调沿线国家海关等联检部门，简化班列货物通关手续，优化铁路口岸站作业，压缩通关时间。（六）成立中欧班列运输联合工作组及专家工作组，及时协商解决班列运输过程中的问题。

各国各方对协议签署普遍表示欢迎和支持，德铁、俄铁、哈铁等代表纷纷表示，中方提出签署中欧班列合作协议的倡议也代表了沿线国家铁路的意愿，通过签署协议和建立合作机制，定能带来中欧班列的更好更快发展。

十八、中欧班列"接力跑"，道路畅通贸易兴

中欧班列与海运不同，它并不是一列火车从起点开到终点，而更像是"一带一路"沿线各国的"接力跑"。如来自义乌的集装箱就如同比赛中的"接力棒"，在它18天穿越8个国家13 052千米的旅程中，要经历3次换轨、多个国家铁路公司和车辆的装载、数十位操着不同语言的火车司机日夜接力，才能成功抵达"终点线"马德里。

为了实现“一带一路”道路联通、贸易畅通的共同目标，沿线国家在为这条亚欧大陆桥进行各种沟通、努力。

中欧班列的数量每年都在大幅度增加，运行速度越来越快，时间越来越短。在通关方面，已与沿线各国实现了电子报关。在列车进入欧洲前，报关资料就已提前送达当地海关，从而减少列车停靠等待的时间。目前在中哈边境班列换轨加清关耗时通常约3小时，而过去需要三四天。

2017年4月20日，中国、白俄罗斯、德国、哈萨克斯坦、蒙古国、波兰、俄罗斯等七国铁路部门签署了《关于深化中欧班列合作协议》。提速、统一、扩围……各种关键词透露的信息是，各方将合力打造中欧班列国际物流品牌。

十九、累计开行超4 000列，中欧班列步入发展“快车道”

中国和欧洲，地处“一带一路”两端。但是，万水千山不是阻隔，奔驰的中欧班列实现了中欧跨越大陆的握手。截至2017年5月19日，中欧班列累计开行突破4 000列，国内开行城市28个，到达欧洲11个国家29座城市。行驶在丝绸之路上的中欧班列，承载“中国梦”而来，托起“世界梦”而行，风驰电掣中奔向共商、共建、共享的中欧黄金时代。

（一）深圳：海铁大联动时代到来

2017年5月22日上午10时38分，集装箱班列——X8428次列车缓缓驶出世界集装箱吞吐量最大的单体港口深圳盐田港，列车一路向西，经新疆阿拉山口出境，途经哈萨克斯坦、俄罗斯，朝着白俄罗斯首都明斯克市驶去。

当日开出的深圳首趟中欧铁路货运班列，共载有深圳海关监管的41个集装箱、总值近800万美元的货柜，满载着对交货时限有要求的大宗电商产品、轻工及高科技电子产品。

近年来，深圳生产的电子产品、轻工产品深受欧洲、中西亚地区欢迎。对于深圳这一贸易特征，

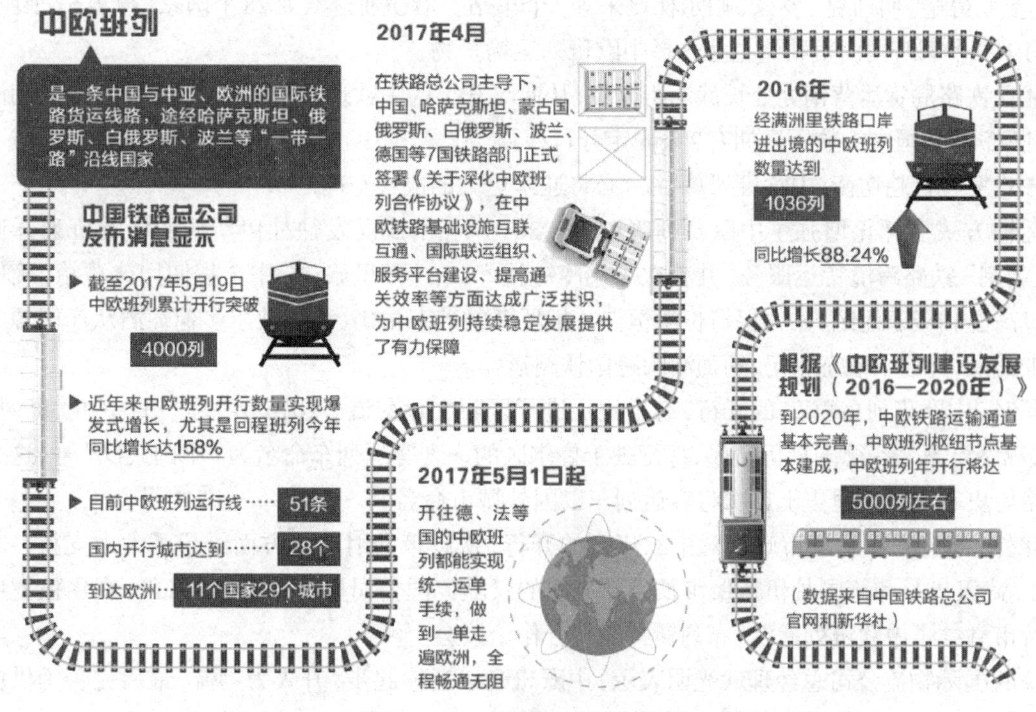

图8-9-1 中欧班列建设与发展

自深圳出发的中欧班列十分有针对性，承运的货物主要是大宗电商产品和高科技产品。此外，随着班列开通，深圳及珠三角企业得以更方便地引进国外先进设备、装备、工业原材料、环保设备等，助推深圳及珠三角地区工业化进程。

铁路货运要与深圳成熟的海运开展竞争，效率是第一位。此次，深圳开行中欧班列，到欧洲的出货时间可以节约近1个月，运行线路总长约9 900千米，运行时间约13天，比海运节省3/4时间，价格约为航空的1/5，能有效节约时限，提升物流效率。深圳中欧班列暂时只开行出口班列，频次为一周一班。待粤港澳大湾区、东南亚地区货源稳定后，适时增加班列频次及返程班列，计划9月份开始实现双向运输，争取每周两班出口、一班进口，并将该班列延伸到德国汉堡等往返欧洲其他国家线路。

作为连接"21世纪海上丝绸之路"的桥梁和行走在"丝绸之路经济带"上的使者，深圳至明斯克的中欧班列不仅开启了海铁转运大联动模式，发挥我国转口贸易先天优势，还满载粤港澳台、东盟货物和"共商、共建、共享"的期许，横穿欧亚陆桥，帮助各国加快经济发展，分享发展成果，打造甘苦与共、命运相连的发展共同体。

（二）武汉：开启私人定制新服务

2017年5月25日上午，从武汉开出的第三趟中欧班列（武汉）X8406/5次，满载武汉及长三角、珠三角等企业生产的电子元器件、饮料、食品、机电产品，从武汉铁路局吴家山车站驶出，经满洲里出境驶往德国汉堡。至此，2017年中欧班列（武汉）已累计开出57趟、返程51趟，往返列数同比分别增长51.5%、51.7%。

2012年10月24日，从武汉开出第一趟中欧班列——武汉—捷克起，由当初不定期开行，到如今常态化每周四列密集始发，截至2017年5月25日，中欧班列（武汉）已累计往返开行543列。目前，武汉开行的中欧班列终到德国、法国、俄罗斯、白俄罗斯、波兰、捷克6个国家的汉堡、杜伊斯堡、里昂、圣彼得堡、明斯克、罗兹、帕尔杜比采等7个车站。沿途通达欧亚28个国家，覆盖62个城市，全球有100多家跨国商贸物流企业选择中欧班列运输货物。

武汉铁路局货运营销处处长武湘涛介绍，从武汉开出的中欧班列从南线经新疆、北线经满洲里出境到欧洲，是国内为数不多拥有2条固定开行线路"双龙出关"的城市。随着武汉铁、水、空三大交通方式发展日趋均衡，中欧班列（武汉）必将迎来更大的成长空间。

运输方式多样化增强了中欧班列吸引力。2016年，由武汉发往杜伊斯堡的中欧班列开通了"私人定制"铁路跨境货运服务，并首次采用冷链技术，在"万里旅途"中全程使用冷藏箱，确保列车经过高温和极寒地区，始终保持恒温恒湿。俄罗斯的液态牛奶、法国波尔多葡萄酒从产区源源不断直抵武汉，开启了液态牛奶、葡萄酒的跨国铁路运输。

同时，中欧班列（武汉）的开行，有力地促进了国际文化交流。2015年9月11日，中欧班列（武汉）欧洲终点站之一德国杜伊斯堡，将行驶于鲁尔区的一列客运列车命名为"中国武汉"号，这是德国铁路历史和欧洲交通史上首次将客运列车以国外城市命名。

此外，湖北省和武汉市政府对中欧班列的开行，从政策和财力等方面给予了大力支持。2016年5月，武汉市长和德国杜伊斯堡市长为新成立的汉欧德国公司揭牌。同年6月份，在白俄罗斯布列斯特市举办了中欧班列武汉•布列斯特经贸合作洽谈会。

汉欧国际物流公司总经理武光明表示，中欧班列以运输起步，升级为物流，最后完善为供应链服务，符合"一带一路"建设方向，顺应了市场需求。

（三）郑州：从独行者到双向满载

2017年5月23日，在郑州中铁联集集装箱中心站的工人们操作着4台五六层楼高的龙门吊，将印有郑州国际陆港公司标识的橙色集装箱装满43节货车车厢。

据中铁联集集装箱中心站负责人介绍，这些集装箱将登上从郑州开往德国汉堡的中欧班列，一路向西经新疆阿拉山口口岸出境，需要行驶13天左右，运行时间比海运节约25天，成本比空运节省3/4。

中欧班列（郑州）去程从2016年8月份开始，已连续8个月保持满载，回程从2016年12月份开始连续4个月保持满载，实现了双向满载常态化运营。截至2017年，中国出口货源地北起黑龙江、南至广州、西起青海、东至华东，覆盖了全国23个省区市；进口货源地也覆盖德国、瑞士、俄罗斯、法国等47个国家及地区。

近日，郑州国际陆港开发建设有限公司和白俄罗斯祖母奶罐股份公司在北京白俄罗斯驻中国大使馆举行战略合作签约仪式。根据协议，郑州国际陆港开发建设有限公司将为白俄罗斯祖母奶罐股份公司提供无菌牛奶跨境冷链运输服务。来自白俄罗斯的液态奶将通过中欧班列（郑州）45英尺集装箱大柜，穿越俄罗斯、哈萨克斯坦两国，经过9天运抵郑州，传统海运转陆运方式至少需要60天。

二十、中欧班列已形成五大班列运输系统，拓宽亚欧国际联运大通道

中欧班列是指按照固定车次、线路、班期和全程运行时刻开行，往来于中国与欧洲以及“一带一路”各国的集装箱国际铁路联运班列。

2011年1月28日，首列中欧班列——“渝新欧”班列开行。2016年全年，中欧班列共往返开行1 700多列，总行驶里程超过1 700万千米，相当于绕行地球424圈。截至2018年6月底，中国开行中欧班列的城市已达48个，到达欧洲14个国家42个城市，累计开行9 000多列。依托新亚欧大陆桥和西伯利亚大陆桥，已初步形成西、中、东3条中欧铁路运输通道，并且形成了以“渝新欧”“郑欧班列”“汉新欧”“蓉欧快铁”和“长安号”为主体的五大班列运输系统。

（一）“国宝”坐上中欧班列

2017年6月2日，一声清脆的汽笛声唤醒了武汉铁路局汉西车务段吴家山站的清晨。装载着“国宝”编钟和舞美道具的X8017/8次列车缓缓开动，它经过汉丹线、焦柳线，由阿拉山口出境，驶往德国汉堡。

2017年7月5日晚，大型音乐史诗舞蹈《编钟乐舞》在柏林亮相，被誉为“国宝”的编钟古乐，是楚文化的典型代表之一。这批“国宝”编钟是文化精品节目《编钟乐舞》中的道具，仿制了曾侯乙墓出土的编钟、编磬、建鼓等数十件古乐器，重达四五吨。现在编钟可以搭乘班列从武汉直达目的地，方便快捷，省时省力。湖北省歌剧舞剧院的编钟、服装和舞美道具等867件文化演出用品，也搭乘着中欧班列去往欧洲，即将与欧洲观众见面。

中欧班列正在沿途停留的站点不断催生出新的物流、工业和商业中心。加强“一带一路”相关国家基础设施的互联互通，将使资源要素流通更加顺畅、利用更加集约，国家和地区之间的联系更加紧密。

（二）换车才能接轨

2017年5月13日，从浙江义乌出发的2017年第1 000列中欧班列，满载着服装、五金、家居产品

等共50个货柜，缓缓停在新疆阿拉山口——中国和哈萨克斯坦边境口岸。像往常一样，工作人员把电气化机车换成内燃机车，这辆内燃机车牵引行驶19千米，便到达了哈萨克斯坦边境。只见工作人员将中方的货物吊装到哈方车辆上，火车也换上了哈方司机。不一会儿，班列再次启动，向目的地西班牙马德里驶去。班列在境外运行时，为确保列车始终由熟悉路况的司机驾驶，班列每到国境线就会更换司机。中欧班列的开通，实现了在重庆一次报关、一次查验，全线全程'开绿灯'，重庆就视同于边境口岸，沿途经过各个国家再也不需要查验。

表8-9-1　部分中欧班列开通线路

序号	线路	序号	线路
1	重庆—德国杜伊斯堡	15	兰州—德国汉堡
2	重庆—俄罗斯切尔克斯可	16	连云港—哈萨克斯坦阿拉木图
3	郑州—德国汉堡	17	连云港—土耳其伊斯坦布尔
4	成都—波兰罗兹	18	营口—俄罗斯后贝加尔
5	武汉—捷克帕尔杜比采	19	青岛—哈萨克斯坦阿拉木图
6	武汉—德国汉堡	20	乌鲁木齐—哈萨克斯坦阿拉木图
7	武汉—俄罗斯托木斯克（回程）	21	西安—匈牙利布达佩斯
8	苏州—波兰华沙	22	西安—波兰华沙
9	苏州—白俄罗斯布列斯特（回程）	23	西安—德国汉堡
10	义乌—西班牙马德里	24	西安—俄罗斯莫斯科
11	义乌—英国伦敦	25	昆明—荷兰鹿特丹
12	沈阳—德国汉堡	26	库尔勒—德国杜伊斯堡
13	长沙—德国汉堡	27	义乌—拉脱维亚里加
14	长沙—匈牙利布达佩斯		

表8-9-2　中欧班列运输货物

方向	货物
中国运往欧洲	手机、电脑等IT产品、汽车零部件、衣服鞋帽、皮具、灯具、食品、家用电器、各种小商品等。
欧洲运往中国	汽车、粮食、葡萄酒、咖啡豆、木材、机械设备、医疗器械、高档食品、化妆品等。

二十一、海关促进中俄经贸发展，中欧班列溢出效益凸显

2017年7月5日，伴随"中蒙俄经济走廊"建设的铿锵步履，中俄海关"信息互换、监管互认、执法互助"，推动了双边贸易稳定增长。

在中俄边境，通过数据信息互换，企业进口货物经俄方海关查验后哈尔滨海关不再查验，出口货物哈尔滨海关查验后俄方海关不再重复查验，实现了国际海关间监管结果互认和进出境一次查验。从我国出口的水果蔬菜在俄罗斯通关避免了再次开箱查验，通关时间减少一半以上，腐烂、伤冻损失大大减少，切实为企业降低了出口成本。

目前，监管结果互认合作实现了提档升级，合作口岸由原来的东宁—波尔塔夫卡口岸、绥芬河公路—波格拉尼奇内口岸新增黑河—布拉戈维申斯克口岸、同江—下列宁斯阔耶口岸。特定商品的种类也更加丰富，由最初中方出口的水果蔬菜和俄方出口的锯材扩大至6种，包括从俄方出口的玉米、矿泉水、苏打水、麦芽啤酒、大豆和从中方出口的包装袋。数据显示，2017年前5月，在中俄监

管结果互认项下自俄罗斯进口以黄豆、板材为主要商品的货物共计972.6吨，出口以水果蔬菜为主要商品的货物232.5吨。

在我国北方重要的铁路口岸满洲里，中欧班列见证着双边经贸的活跃。经满洲里口岸出境的28条班列主要集货地包括苏州、天津、武汉、长沙、广州、营口、大连、沈阳等60个城市，涵盖西南、华南、华东、东北等多个地区。出境班列到达欧洲11个国家的28座城市，为共建“一带一路”国家贸易畅通提供了有力保障。从欧洲（含俄罗斯欧洲地区）始发经满洲里口岸回程的进境班列达到了9条，班列运营溢出效益不断凸显。

在位于福建省厦门市的中欧（厦门—莫斯科）班列转关中心，集装箱林立，拖车、叉车、吊车忙碌地穿梭其间完成货物装卸。作为厦门首条直开中欧的快速货运班列，中欧（厦门—莫斯科）班列正在为福建乃至周边地区企业搭建起一条俄罗斯贸易的绿色通道。

以往厦门及周边地区的货物前往俄罗斯一般通过多式联运，最快需要25天左右，此次班列的开通，可以节省一半的时间，搭建起一条赴俄罗斯的快速物流大通道。

中欧班列（广州—莫斯科）自2016年8月28日首开，目前运营已进入常态化，货运量、货值稳步上升，成为了连接中俄贸易的重要纽带。

二十二、中欧班列累计开行超5 000列，业内建言建设国家级班列集结中心

2017年10月10日，被誉为“钢铁驼队”的中欧班列已开行超过5 000列。去回程货运量不均衡等老问题仍是班列进一步发展的掣肘，同时，国内始发城市争夺货源趋于白热化、境外运费居高不下等新问题开始凸显。有建议是应尽快落实班列运行协调机制，规范建设国家级中欧班列集结中心，使中欧班列更好地发挥“一带一路”纽带作用。

（一）中欧班列实现爆发式增长

中欧班列自2011年首列开行以来，截至2017年9月，累计开行超过5 000列，我国稳定开行中欧班列的城市已达33个，到达欧洲12个国家的33个城市，中欧班列已成为“一带一路”沿线地区重要的物流通道。中欧班列运输距离东西长1.3万余千米，连通50多个国家和地区。目前，中欧班列以其高效的速度和低廉的价格，成为越来越多客商的选择。

这支“钢铁驼队”不只助力中国内陆走向开放前沿，还让中国市场与“一带一路”沿线地区实现了共赢。从开行初期的手机、电脑等IT产品，到如今的服装鞋帽、汽车及配件、粮食、葡萄酒、咖啡豆、木材、家具、化工品、机械设备等，中欧班列的货物品类日益多元化。业内人士表示，义乌—西班牙马德里班列开行以来，马德里地区已逐步发展成为覆盖欧洲的日用小商品集散地。

在“一带一路”倡议下，中欧班列开行数量实现了爆发式增长。数据显示，中欧班列的第一个1 000列历时54个月完成、第二个1 000列历时8.5个月、第三个1 000列历时5.5个月、第四个1 000列仅用了4.5个月。到2020年，中欧铁路运输通道将基本完善，28个国内外重要枢纽节点基本建成。届时，年开行中欧班列将达5 000列以上，干支结合、经济高效的中欧大通道将更加便捷。

（二）老问题待解，新问题露头

随着开行区域范围拓展、频次增多，中欧班列运行中的去回程数量不均衡等老问题仍需解决；同时，国内始发城市货源争夺白热化、一些沿线国家运费居高不下等新问难开始凸显。

1. 因沟通不畅等形成的新问题，成为中欧班列提档升级的隐忧。如中欧班列抵达沿线某国时，

被当地海关要求所有商品换用该国海关编码。抵达目的国时又得重新更换，除高额的换码成本外，企业还得承担货物滞留代价。2. 班列物流成本依然偏高。一些沿线国家出于对本国就业、税收资源的保护，对过境的中欧班列收取的运费依然不低，而高性价比则是中欧班列的主打优势。3. 回程货运量依然不大，国内始发地货源竞争越发激烈。目前中欧班列回程数量刚刚达到去程的50%左右，双向运输仍不均衡，与最佳成本运营方式还有较大距离。

据中国物资储运协会统计，目前中欧班列的始发地对货源的争夺已拓展至1 500千米范围内。这导致部分地方政府为确保班列正常开行，通过大量补贴人为降低物流成本。这种竞争看似企业得利，但不利于行业长久发展。

业界建议，对中欧班列要合理布局规划。

1. 要尽快落实国内外中欧班列运营协调机制，建设国家级中欧班列集结中心，对中欧班列进行合理的布局规划，比如在西南、华东、西北、东北、华南等地培育有核心竞争力的中欧班列公司，引导运营企业朝节约资源、逐步市场化的目标发展。

2. 应与沿线国家和地区在多领域加强协作。我国宜积极参与"一带一路"沿线地区的铁路基础设施和口岸设施建设，以提高通过能力；优化中欧班列运输路径，完善运输组织过程，压缩列车运行时间；协调简化海关手续，提升通关速度；建立统一的信息平台，相互交换列车实时信息和货物在途跟踪信息。

3. 严格把好出口产品的质量关，不让伪劣商品搅乱市场破坏信誉。同时，宜加强人才储备和载体企业培育，鼓励相关企业设立、运营海外仓，拓展我国企业和产品走出去的宽度与广度。

二十三、中欧班列突破6 000列，2018年开行数超过去6年总和

自2011年开行以来，中欧班列累计开行数量已突破6 000列。截至2017年11月17日，2017年中欧班列开行数量已突破3 000列，创中欧班列年度开行数量历史新高，超过2011—2016年6年开行数量的总和。

作为推进"一带一路"建设，加快沿线国家道路联通、贸易畅通，打造利益共同体的重要举措，铁路部门加强内外沟通协调，优化运输组织，完善服务保障，中欧班列呈现良好发展态势。目前，中欧班列已铺画运行线57条，国内开行城市达到35个，到达欧洲12个国家34个城市。

2017年5月，由中国铁路总公司倡议，与重庆、成都、郑州、武汉、苏州、义乌、西安等7家班列平台公司共同发起，成立了中欧班列运输协调委员会，共同协调解决中欧班列发展中面临的问题，进一步降低物流成本，提高运行品质和效率。

与此同时，铁路部门深入推进国际合作机制建设，打造国际物流品牌。2017年4月，在中国铁路总公司主导下，中国、白俄罗斯、德国、哈萨克斯坦、蒙古国、波兰、俄罗斯等7国铁路部门正式签署《关于深化中欧班列合作协议》，纳入了"一带一路"国际合作高峰论坛成果清单。10月，为共同做好七国协议落实工作，中国铁路总公司积极协调各方，组织召开中欧班列运输联合工作组第一次会议，就深化中欧班列运输合作达成广泛共识，取得多项重要成果，共同签署了《中欧班列运输联合工作组第一次会议纪要》，中欧班列国际合作机制的正式建立，为中欧班列持续稳定发展奠定了坚实基础。

二十四、首趟集拼集运中欧班列开行，全面提升运载量降低成本

2017年12月20日，从成都驶出的中欧班列在新疆完成补货后，驶离中欧班列乌鲁木齐集结中

心，继续驶向荷兰南部城市蒂尔堡。这是中欧班列首次尝试集拼集运的新运输方式，可全面提升中欧班列运载量，降低运行成本。

此趟集拼集运实单测试中欧班列从成都铁路集装箱中心站始发，共挂载46个大柜，其中5个柜是到新疆的内贸集装箱，其余41柜是外贸箱。班列在抵达乌鲁木齐后，把运至新疆的内贸箱换装成发往欧洲的外贸箱。

乌鲁木齐市市长伊力哈木•沙比尔说，此次中欧班列集拼集运实单测试，是推进中欧班列创新发展，加快丝绸之路经济带核心区建设的重大举措。这项举措改变了海关的监管模式和铁路物流的组织模式，对降低中欧班列运营的物流成本，提升中国货物出口竞争力具有积极的作用。

成都市副市长刘筱柳说，未来成都、乌鲁木齐两地将在中欧班列集拼集运业务的基础上共同构建区域合作关系，建立多方接受、常态化和长效化的运营模式和合作机制，实现产业的融合发展、合作共赢。

二十五、中欧班列整体运输费用较开行初期下降近四成

2018年1月25日，搭载着41节建材、工业机械、汽车配件等货物的山东临沂—莫斯科（明斯克）的首列中欧班列从临沂站开出，行程比水运缩短了1个月。

不仅是山东，在郑州、武汉，装有速冻汤圆、道口烧鸡、鹃城豆瓣酱、涪陵榨菜以及福达坊芝麻油的中国年货，也在加紧装车，赶在春节前由中欧班列运抵欧洲。

2018年开行3 673列，开行质量不断提升，回程班列快速增长。1月19日，由36组集装箱组成，搭载着汽车配件、工程设备、日用百货的X9089次货物列车从中欧班列乌鲁木齐集结中心驶出，经由阿拉山口出境，在哈萨克斯坦库雷克港再通过海运抵达阿塞拜疆首都巴库。该趟铁海联运班列全程历时8天、行程4 186千米，较以往运输方式节省时间2/3以上。

X9089次货物列车是中欧班列乌鲁木齐集结中心开行的首趟中国•乌鲁木齐—哈萨克斯坦•库雷克—阿塞拜疆•巴库铁海联运班列，为中国—格鲁吉亚、伊朗、土耳其、俄罗斯、白俄罗斯、乌克兰等亚欧国家互通往来提供了又一高效、便捷的物流运输新通道。列车搭载的货物来自上海、山东、浙江、广州等地，统一在中欧班列乌鲁木齐集结中心集结后运往巴库。中欧班列乌鲁木齐集结中心发挥地缘优势，打造以乌鲁木齐为起点的西联东出、东联西出全程物流通道吸引了内陆省区货物的大量集结，构建的“通道+枢纽”中欧班列运输新格局正发挥着积极的作用。

这趟班列的开行，为出口到西亚、东欧的货物提供了全新的物流模式，原来到巴库要1个月左右，通过这趟班列运输只有不到10天，减少了物流中转环节，大大提升了运输效率，为拓展海外市场又增加了一条新的物流通道。较开行初期，运输时间缩短约三成，费用下降约40%。

自2016年中欧班列统一品牌以来，中欧班列快速发展，开行质量不断提升，货值显著增加，回程班列快速增长，不仅有效地促进了沿线各国间的经贸往来，也有力地带动了我国开放型经济的快速发展。尤其2017年，中欧班列服务范围快速拓展，中国开行城市38个，到达欧洲13个国家36个城市，较2016年新增5个国家23个城市，铺画运行线路达61条，取得了重要的阶段性成果。

我国已经铺画了时速120千米中欧班列专用运行线，全程运行时间从开行初期的20天以上逐步缩短至12—14天，运输费用比空运减少80%，有效减少了资金占用率，缓解了企业现金流压力，帮助企业延展了发展空间。

经过中国铁路总公司积极与通道沿线国家铁路、海关、质检等部门对接，中欧班列实行24小时咨询、受理和全程信息追踪服务，叫响了中欧班列品牌。

货源品类越来越丰富，给沿线各国百姓带来了实实在在的获得感。由开行初期的手机、电脑等IT产品逐步扩大到建材、食品、轻工产品等六大类，共计206个品种。衣服鞋帽、葡萄酒、咖啡豆等“海淘”热门货，正通过中欧班列穿梭亚欧大陆。特别是由欧洲回程的中欧班列，已经形成以汽车零配件、钢板等机械设备零配件为主的固定货源，实现了重去重回，互联互通。

国际班列的开行不仅为“中国制造”走出去创造了机会，更为中国与欧亚国家开展产能合作搭建了桥梁。2017年，爱菊集团位于哈萨克斯坦的30万吨油脂厂建成投产，来自哈萨克斯坦的油脂以陕西为中心开始销往全国各地。包括油脂厂在内的“中哈爱菊农产品加工园区”能顺利落地，很大一部分原因就是中欧班列的开通，将海上运输原料的1个多月，缩短为7—10天。

二十六、中欧班列变身“年货班列”，“洋货”装点东方传统佳节

2018年春运期间，中欧班列从国外运回法国红酒、德国啤酒、荷兰饼干等欧洲食品，将“洋货”送到普通人的身边，丰富国人餐桌。同时，中欧班列还将大批水饺、汤圆、春卷等中国传统年货送往欧洲，为当地华人华侨送去家乡的味道。2月9日，满载1336.1吨货物的X8204中欧班列（郑州）缓缓驶入郑州圃田车站，这趟列车载着法国红酒、白俄罗斯牛奶、波兰饮料、荷兰饼干、比利时巧克力、意大利通心粉等美食，成为名副其实的“年货班列”。

2月5日—11日，中欧班列（郑州）开启“年货专列周”，来自欧洲、中亚、日韩等国家的优质进口食品搭乘着每周8班的回程中欧班列（郑州），走进寻常百姓家，用“洋货”装点东方传统佳节，满足国内群众对高品位生活的追求。

二十七、首列直达维也纳的中欧班列成功开行

2018年4月12日，在奥地利总统范德贝伦、总理库尔茨，四川省政府副省长朱鹤新的共同见证下，开往奥地利首都维也纳的首列中欧班列（成都）成功开行。至此，四川省已开通16条国际班列线路，标志着中欧班列（成都）的辐射能力和运行品质快速提升，“蓉欧+”网络欧洲端覆盖面进一步扩大。

成都—维也纳中欧班列的41个集装箱满载着LED显示屏、轮胎、机载配重件、灯具、装饰材料、日用品等货物，从成都青白江城厢站出发，由霍尔果斯口岸出境，途经哈萨克斯坦、俄罗斯、斯洛伐克等多个国家，全程运行约9 800千米，预计在13天后抵达奥地利首都维也纳。班列装载的货物总货值约150万美元，总重量约370吨。该班列将随着成都与维也纳城市间的合作深化、贸易互推、产业并进以及双方国际市场的日趋成熟，逐步实现常态化开行。

为构建四川连接欧洲强有力的经济纽带，打造“一带一路”建设高品质名片，中欧班列（成都）目前已开通成都—罗兹、纽伦堡、蒂尔堡、莫斯科、马拉、伊斯坦布尔、明斯克、斯莫根、阿拉木图、布拉格、托木斯克、塔什干、根特、米兰以及东盟国际海铁联运通道、“蓉欧+”东盟国际铁路通道等16条国际班列线路，并率先以全口岸运行的强大优势全面构建起成都向西至欧洲腹地、向北至俄罗斯、向南至东盟的“Y”字形国际物流通道。同时，通过在国内全面开通至上海、深圳、南宁等14个沿海、沿江、沿边枢纽节点城市的“五定班列”，更加筑牢成都国际铁路港的国际国内铁路枢纽核心地位。

此次直达奥地利维也纳班列的成功首发再次体现了成都“蓉欧+”向欧辐射的力度，将进一步加快成都建设国际门户枢纽城市的速度，将有力助推“一带一路”建设和中欧经贸高质量快速发展。

二十八、中欧班列成“一带一路”金名片，累计开行已突破9 000列

截至2018年6月底，中欧班列累计开行已突破9 000列，运送货物近80万标箱，国内开行城市48个，到达欧洲14个国家42个城市，运输网络覆盖亚欧大陆主要区域。

（一）中欧班列是金名片、新纽带、惠民车

在中国铁路集装箱公司成都分公司重庆营业部工程师张伟眼中，中欧班列创造财富，带来实惠，是“一带一路”的金名片。从2011年重庆地区试验开行中欧班列，到目前覆盖俄罗斯、波兰、德国的常态化开行，张伟作为一名长期从事铁路集装箱运输服务的一线工作人员，深切感受到中欧班列的开行为企业货主带来的便利。“现在重庆地区的国际集装箱发送量占了总发送量的80%，重庆地区的中欧班列2011年单项开行17列到2017年双向开行629列，2018年我们预计双向开行能达到1 500列。可以说，这些都是我国改革开放特别是扩大开放的成果。”

在中国铁路乌鲁木齐局集团公司阿拉山口站货运车间副主任郭三眼中，中欧班列则是联通各国的新纽带。“中欧班列架起了中国与欧洲、世界联系的桥梁，古有丝绸之路，今有新亚欧大陆桥，在这条‘新丝路’上，中欧班列往复驰骋，道路畅通了，中国和世界各国联系更紧密了。”郭三说，得益于中欧班列，阿拉山口从戈壁风口变成了黄金通道，现在口岸通关时间由12小时压缩至6小时以内，运输时间由原来的25天缩短至13—14天，中欧班列开行越来越顺畅。

在中国铁路武汉局集团公司江岸车辆段检车员李超杰眼中，中欧班列则是惠民车。“中欧班列带给我们最大的变化体现在餐桌上。自从中欧班列开行以来，越来越多的国外优质食品被运回国内，像法国的奶酪、德国的啤酒、白俄罗斯的牛奶、俄罗斯的食用油等，都可以在超市买到，而且物美价廉，一箱6瓶装的正宗法国红酒，仅需不到200元。”李超杰说，也有很多中国食品被运到国外，“就在前不久，湖北10万只小龙虾通过中欧班列运送到俄罗斯，让各国的球迷在观看世界杯的同时，享受啤酒加小龙虾的美味。这些都是老百姓能够切切实实感受得到的变化。”

（二）既具备客运列车的平稳，又具备货运列车的重载技术

火车跑得快，全靠车头带，火车司机至关重要。“中欧班列就是一场接力赛跑，需要沿线各个国家通力协作才能完成这个长跑，我的任务就是跑好中欧班列第一棒。”中国铁路成都局集团公司重庆机务段火车司机江彤，自中欧班列开行以来，已安全值乘300多趟。

江彤说，中欧班列和普通货物列车最大的区别是速度不同。普通货物列车最高时速为80千米，中欧班列最高时速为120千米，相当于普通客车的时速，但中欧班列运行线路更长载重更大。

“我们既要具备客运列车操纵的平稳，还要具备货运列车操纵的重载技术，这样才能做到起速快、操纵稳、停车准，实现零事故、零故障、零晚点的目标。”江彤说。从当年一周最多开行1列到现在一周开行近10列，如今，中欧班列开行量增多了，中欧班列班组人员配置也从最初的20名增加到了现在的50多名。

（三）条件不断改善，调车、换装作业效率大幅提升

中欧班列上的货物并非运往同一个目的地，将一列装有不同去向货物的列车进行分解，然后根据目的地再重组成一列新的车列，就要依靠编组调车作业。

“调车作业作为中欧班列的头道工序，我们最重要的任务就是要确保每趟中欧班列在解体编

组后，在规定的时间里安全送到指定位置，从而为中欧班列安全、正点到达目的地开好头、起好步。"中国铁路上海局集团公司金华车务段义乌西站调车长胡俊说。中欧班列刚开行时，曾因站场能力不足，股道少，导致调车作业效率低下。现在对线路、站场设备设施进行了改造，调车作业能力有了翻天覆地的变化，满足了中欧班列安全、快捷、高效的运输需求。

轨道标准不同、车辆标准不同，口岸车辆换装效率也影响着中欧班列的效率。郭三介绍，随着作业条件的改善，中欧班列换装作业量也大幅提升，较中欧班列开行之初，阿拉山口站的工作量翻了六七倍，但作业效率也得到了很大提升。"原来换装一列中欧班列要2个小时，现在只需一半时间就能完成换装工作。看到一列列满载欧亚各国货物的中欧班列经过我和同事的编组换装，驶往国内各地，给老百姓带来了便利实惠，我感到很荣幸、很自豪。"

二十九、中欧班列乌鲁木齐集结中心扩建工程一期竣工投运

中欧班列乌鲁木齐集结中心扩建工程一期2018年12月3日竣工并投入运营，中欧班列编组作业时间将由24小时缩减至6小时左右。

中欧班列乌鲁木齐集结中心扩建工程项目总投资约8.4亿元人民币，建设用地面积约960余亩，主要包含铁路作业区（包含集装箱班列作业区、整车班列作业区）、班列集结编发区等功能区及相关信息系统和其他配套服务功能等组成。

作为乌鲁木齐国际陆港区的重要组成部分，集结中心扩建工程完成后，将进一步提高乌鲁木齐枢纽集结国际班列、整合新疆内外货源的能力，促进新疆从通道经济向区域枢纽物流中心转变，对提高集结中心班列行车组织效率、实现国际班列常态化运行、加快丝绸之路经济带核心区建设等具有重要意义。

2016年5月26日，集结中心建成并投入运营，两年多来，中欧班列开行规模已快速发展为每天3列，累计开行1 770多列，中欧班列线路已增至19条，通达中亚和欧洲17个国家的24个城市，形成了多点始发、多地运行、多点到达的中欧班列运输新格局。

三十、中欧班列累计开行超12 000列，已连接境内外105个城市

2018年12月12日，按照《中欧班列建设发展规划（2016—2020）》，"在国家统一组织协调下，充分发挥国内外各方积极性，按照统一品牌标志、统一运输组织、统一全程价格、统一服务标准、统一经营团队、统一协调平台，精心打造'快捷准时、安全稳定、绿色环保'的中欧班列"的要求，建议研究建立中欧班列全程市场指导价自律机制，推进中欧班列境外价格和服务统一谈判，对使用委员会秘书处采购的境外价格和服务，国内段给予最优价格。

中欧班列运输协调委员会成立于2017年5月，是由中国铁路总公司倡议，中铁集装箱公司与重庆、成都、郑州、武汉、苏州、义乌、西安等7家地方平台公司共同发起，搭建的中欧班列合作共赢、规范有序、健康持续发展的共商共建共享新平台。成立一年多以来，委员会在制度机制建设，优化班列组织、提升服务品质、深化国际协调、扩大品牌影响等方面成效显著。目前，中欧班列已累计开行超过1.2万列，中欧班列双向运输日趋均衡，回程班列数量与去程班列的占比已达到71%，基本实现"去4回3"。开行范围不断扩大，国内开行城市56个，可通达欧洲15个国家49个城市。

成都的中欧班列成绩显著。2018年10月，中欧班列（成都）在全国中欧班列中累计开行量已率先突破2 000列、2018年开行量率先突破1 000列；目前，中欧班列（成都）现已联接境外23个城市、

境内14个城市，将加快打造7条国际铁路通道和5条国际铁海联运通道。同时，作为中欧班列（成都）始发地，中国（四川）自由贸易试验区青白江铁路港片区还在不断探索中欧班列的制度创新，截至2018年9月底，已累计形成42项改革创新实践案例，其中，2017年开出全国首张中欧班列多式联运提单，开始探索多式联运“一单制”，使得多式联运货物实现了“门到门”运输，至2018年12月，多式联运提单签发量已经达到1 054单，位列全国第一。

推进“一带一路”建设工作领导小组办公室、中国铁路总公司、全国44个中欧班列经营管理相关企业和单位及研究机构代表共计110余人参加了本次会议。

三十一、首趟中欧班列日通专列在西安发车

2018年12月20日，日本大型物流企业日本通运（以下简称“日通”）在中国—欧洲首次启动了专用货运列车运输。由于横跨大陆的物流网国际化正在加速，日通将统合铁路和卡车渠道，实现一条龙运输，提高速度和成本方面的竞争力。日通还希望开拓日资企业以外的客户，力争2019年3月启动定期运行。

在驶往德国杜伊斯堡的专用列车出发之前，日通在中国西安举行了发车仪式。列车在中国和欧洲之间的行驶时长为2周。可装载41个长40英尺（约12米）、载重量为10～15吨的集装箱。列车满载了以欧洲企业生产的液晶显示器为主的、汽车零部件和家电产品等货物，还包含兄弟工业（BROTHER）等多家日资企业的货物。

日资企业从中国向欧洲出口时多利用航空和海上运输，如今铁路将成为新的运输手段。中国至欧洲间的海运需要30—40天时间，铁路需要的天数不到一半。铁路比空运慢，但物流费低至一半。一位日系货主表示，“我们将平衡成本和交货期，来利用铁路运输”。

此外，日通还将开拓日资以外的欧美客户。主要竞争对手是国际物流巨头德国敦豪（DHL），以西南地区的成都市为铁路运输的窗口。另一方面，日通则将重心放在中部地区的西安。

共同社报道说，日本通运公司20日利用联结中国和欧洲的铁路网，对从西安市开往德国杜伊斯堡的公司专用货物列车进行了试运行。日本政府将其定位为围绕中国“一带一路”倡议，在第三国市场与中国合作推进的项目之一。

中欧间的物流需求在扩大，日通计划最早2019年3月开通西安始发的定期列车。此次试运行是经济产业省的委托项目，仅实施1次。货物列车由41个长12米的集装箱组成，当天从西安站出发。

据日通介绍，列车将用十六七天抵达杜伊斯堡。与利用海运和陆运的方法相比，所需日数减半。日通强调：“在从中国内陆城市向欧洲内陆城市运输时很有优势。”

兄弟工业等日企和欧洲企业共十几家利用此次的货物列车，运走了在中国制造的电子零件和汽车零件等。日通推出公司专用列车，最快2019年3月开始每周一班的定期列车。预计从欧洲运往中国的货物将是服装和葡萄酒等。

由于中国政府提出的“一带一路”倡议，中欧间的定期货物列车在不断完善，目前已连接中国约50个城市和欧洲逾10个国家的约40个城市。

第九篇

“一带一路”研究成果

第一章　学术著作

一、《“一带一路”支点国家与支点城市分析框架和实践路径研究》，权衡、苏宁，上海社会科学院出版社

本书主要研究“一带一路”沿线支点国家与支点城市的战略作用及推进实践路径的主要特征，以“一带一路”倡议对经济全球化新格局的建设性作用为背景基础，提出了城市在“一带一路”建设中的主要地位和作用，并分析了沿线国家经济表现与城市发展之间的互动关系。基于“一带一路”沿线支点国家与城市发展的实践，作者建构了从支点国家到支点城市的多元发展理论框架，并对沿线国家城市化与城市体系的发展状况进行了整体评估，选取了沿线重要支点城市进行投资环境评析。本书对沿线全球城市的发展现状及发展模式进行了系统梳理，并提出了中国城市参与“一带一路”城市网络构建的特点与合作策略。

二、《一带一路：区域与国别经济比较研究》，刘伟、张辉主编，北京大学出版社

“一带一路”是一个以经济发展为主导，社会、文化等各个方面互相融合的国际合作平台。《一带一路：区域与国别经济比较研究》首先从全球价值链的角度，量化研究世界主要经济体在国际分工中的角色，进而明确中国与发达经济体和发展中经济体的价值循环体系，建立符合当前世界经济格局的理论范式，即世界经济结构逐渐由以发达国家为核心的单循环模式转变为更为复杂的双环流模式，并根据这一理论范式梳理总结“一带一路”中的投资、贸易和相对应的国内城镇布局等。其次通过经济指标测算、社会历史回溯、外交政治综述等方面的梳理归纳，对“一带一路”沿线各个国家进行了相对完整的经济发展分析，并深度发掘在“和平、发展、合作、共赢”的宗旨下我国与沿线国家有潜力的合作方式与领域。期望通过这两部分的研究，深入对“一带一路”的理解，拓宽“一带一路”的研究领域与范畴。

三、《“一带一路”2.0：中国引领下的丝路新格局》，林毅夫等，浙江大学出版社

当今世界经济格局面临重返保守主义的“逆全球化”风险，在此背景下，中国坚定不移地主张一个更加开放的全球化市场，并在2015年发起了“一带一路”倡议，为促进全球背景下的共同发展、实现共同繁荣提供方案。2年多以来，“一带一路”倡议取得了有目共睹的成绩，诸多愿景逐渐变为现实，与此同时也要开始面对和解决更多落地和执行层面的挑战，更要始终坚持共商、共享、共建原则，实现市场运转、互利共赢。此外，不可否认的是，中国的崛起在全球形成了新的意识形态分野，不少国家对中国的领导角色心存芥蒂。政治偏见是否会成为“一带一路”的绊脚石？敏感的地缘政治会如何影响“一带一路”的有效推进？财新传媒汇集不同领域的专家、官员及相关投资机构管理者，回顾“一带一路”发展进程，预言和分析新时期“一带一路”的发展前景，为“一带一路”建设的参与者和广大受影响人群提供权威解读以及可操作的指导性意见。

四、《读懂"一带一路"》,厉以宁等,中信出版社

《读懂"一带一路"》是对"一路一带"倡议作的权威系统的解读之作。《读懂"一带一路"》从历史、地缘、经济、外交等不同视角出发,从蓝图到施工,从回顾到反思,从提出问题到解决问题,由现任官员、经济学家、领域学者抽丝剥茧,从各层面将"一带一路"的大格局战略以庖丁解牛的手法,一一细致呈现在读者面前。

五、《"一带一路":机遇与挑战》,王义桅,人民出版社

六、《"一带一路":全球发展的中国逻辑》,冯并,中国民主法制出版社

"一带一路"战略究竟能为中国和世界带来什么?世界瞩目之下,"一带一路"又会面临怎样的考验?近年来,全球经济持续低迷,经济全球化在曲折中发展,多种"全球风险"威胁着世界和平与经济发展。习近平提出的"一带一路"这一倡议,不仅继承了中国古代丝绸之路共同发展、和平共赢的理念,也构建了更大的、惠及更多国家和地区的经济发展平台,是一项真正的以世界共同繁荣为目标,谋求全球共赢的重大经济举措,为中国与世界的发展注入了巨大的正能量。

本书是自习近平明确提出"一带一路"经济发展倡议一年多来,第一本对该倡议进行系统论述的书籍,全面地分析了"一带一路"倡议产生的国内和国际背景及其深刻动因,展示了丝绸之路从古至今一以贯之的历史与现实特征,解析了"一带一路"在世界范围内经济合作的方向及其地缘构造,佐证了蕴含于新丝绸之路经济带中的巨大经济发展潜力,同时也揭示了实施新丝绸之路倡议所面临的问题和阻碍,并提出中国追求世界和平发展的理念和决心。

七、《丝绸之路:一部全新的世界史》,[英]彼得·弗兰科潘,浙江大学出版社

两千年来,丝绸之路始终主宰着人类文明的进程。不同种族、不同信仰、不同文化背景的帝王、军队、商人、学者、僧侣、奴隶,往来在这条道路上,创造并传递着财富、智慧、宗教、艺术、战争、疾病和灾难。丝绸之路让中国的丝绸和文明风靡世界;罗马和波斯在路边缔造了各自的帝国;佛教、基督教和伊斯兰教沿着丝绸之路迅速崛起并传遍世界,融汇出耶路撒冷三千年的历史;成吉思汗的蒙古铁蹄一路向西,在带来杀戮的同时促进了东西方文明的交融;大英帝国通过搜刮丝绸之路上的财富,铸就了日不落的辉煌;希特勒为了丝绸之路上的资源,将世界推入了战争和屠杀的深渊。时至今日,丝绸之路上的难民与恐怖主义ISIS,依然是欧洲与美国挥之不去的梦魇。丝绸之路的历史就是一部浓缩的世界史,丝绸之路就是人类文明耀眼的舞台。它不仅主宰了人类的过去,更将决定世界的未来。翻开这部包罗万象的史诗巨著,"一带一路"倡议将变得一目了然。

八、《"一带一路"经济走廊:畅通与繁荣》,国务院发展研究中心"一带一路"课题组,中国发展出版社

经济走廊建设对我国意义重大,是"一带一路"倡议尽快落地的重要依托,也是系统建设的切入点,既构成了全面推进的基本支撑框架,也是化整为零分区施策的主要载体。鉴于以上意义,国务院发展研究中心常设重大课题"'一带一路'建设推进思路与政策研究"将之作为第三期研究工作的重点,在整合中心各部所研究力量的同时,还邀请了与经济走廊建设有着密切联系的内蒙古、陕西、新疆、重庆、云南、海南等地方智库参与联合研究,共同编写了本书。本书内容包括1个总报告和7个分报告,详细讲述了六大经济走廊建设面临的形势与机遇,并提出了相应的对策和建议,致力实现理论研与操作实践的统一。

九、《一带一路:产业与空间协同发展》,刘伟、张辉,北京大学出版社

《一带一路:产业与空间协同发展》从全球价值双环流的国际经济贸易格局出发,重点研究中国在一带一路上产业和空间的枢纽和引领机制。目前学界针对中国与发达经济体之间的价值环流

的研究较为充分，但是对于共建“一带一路”国家和地区特别是一些欠发达经济体之间的价值环流研究得相对比较少，而现在中国和发展中经济体的经济发展越来越离不开该价值循环，该循环中的产业和空间协同发展也是未来中国长期稳定持续发展的基石，所以很有必要进行理论及实证研究。本研究所探讨的主要问题是中国与共建“一带一路”国家和地区之间的产业和空间有没有内在的相嵌性，即有没有紧密结合的可能性？本研究将从产业和空间分工的角度分析“一带一路”产业和空间协同发展的必要性。其次，从历史演进及现状，产业与经济增长及波动的关系分析和比较“一带一路”产业和空间协同发展的实现路径，重点研究“一带一路”产业和空间扩散机制，并分析协同发展将对双方带来的效应，并提供相应政策建议。研究总共分为国别、产业、空间和理论历史四篇。

十、《一带一路寻宝记》(共10册)广东/陕西/甘肃/青海/福建/伊拉克/印度/埃及/希腊/俄罗斯，孙家裕，二十一世纪出版社

“一带一路寻宝记系列”由“大中华寻宝记”和“环球寻宝记”两个部分组成，出版了包括我国陕西、甘肃、青海、广东、福建在内的5个地区，以及伊拉克、印度、俄罗斯、埃及、希腊这5个国家的探险寻宝故事。丛书将历史典故、文化遗产、风土人情等知识内容巧妙地融进精彩的故事中，为小读者展现“一带一路”这一神奇纽带上开放创新的中国风貌及多姿多彩的世界画卷。

十一、《中国与“一带一路”沿线国家经贸合作国别报告(东亚、中亚与西亚篇)》，张晓涛，经济科学出版社

在全球经济疲软、逆全球化思潮愈盛的背景下，“一带一路”倡议对于推动经济全球化、改善全球治理、促进共同繁荣起到重要作用。区域与国别研究是全球性大国地位和实力在知识领域的重要表现，一个国家区域与国别研究的兴起也通常是大国地位崛起的重要标志。当前，中国前所未有地靠近世界舞台的中心，这对中国的区域与国别研究提出了新的更高要求。中国开始建设性参与全球治理，正在以越来越积极的姿态参与、引领国际事务，这要求决策精细化、施策精准化，而区域与国别研究必须要为此提供足够的知识储备与智力支持。

本书作者所带领的团队及所主导的中央财经大学国际投资研究中心近年来致力于“一带一路”经贸合作、中国企业海外投资及开放经济新形势下的国际商务人才培养问题研究。目前已经完成的《中国与“一带一路”沿线国家经贸合作国别报告》(以下简称《国别报告》)是系列成果之一，《国别报告》以沿线国家经济现状与产业结构为逻辑起点，通过丰富翔实的数据，采用科学有效的方法深入剖析“一带一路”沿线重要国家具有国际竞争优势产业、外商投资政策及战略规划、双边经贸合作成果等问题，系统梳理“一带一路”倡议实施以来双边高层交流及其成果，客观阐释中国企业投资的机会与风险。《国别报告》文风朴实，共100余万字，分为“东南亚与南亚篇”“东亚、中亚与西亚篇”“东中欧篇”，在保持撰写整体风格的一致性的同时又注意突出国别的特点与产业特征，研究具有客观性、前瞻性与对策性的特点。

十二、《“一带一路”建设的持续性》，傅梦孜，时事出版社

本书是一部融世界经济、世界政治、历史学等学科于一体、具有开创性的学术研究著作。本书选择“一带一路”建设的持续性问题研究是一个全新的研究命题。“一带一路”作为一项宏大倡议，其漫长的建设过程将是十分复杂的，沿途遇到的世情、域情、国情各不相同，对其建设过程必然会发生难以精准预测的影响。本书从理论到实践、从历史到现实，对“一带一路”建设的持续性问题进行的探索，不仅能推动该课题学术研究的进一步深入，同时也能为“一带一路”建设提供有价值的参考。

十三、《“一带一路”：二十四个重大理论问题》，梁昊光、张耀军等，人民出版社

中国特色社会主义进入新时代，中国外交形成全方位、多层次、立体化布局。时代是思想之母，

实践是理论之源。这是一个需要理论而且能够产生理论的时代。随着"一带一路"建设实践的持续深入,"一带一路"理论构建需求不断提上议事日程。新形势下,以习近平新时代中国特色社会主义思想为指引,加快推进"一带一路"理论建设,将为深入推进"一带一路"实践发展提供高水平理论支撑和决策服务。

本书从历史与现实结合、理论与实践融合的视角出发,集中研究"一带一路"命运共同体、绿色丝路、数字丝路、北极航道、地理空间、金融创新、能源合作、语言规划、智库话语权等24个重大问题,并提出相关理论构想和操作建议,将为我国"一带一路"理论研究提供有益的智力支撑,为中国由大而强贡献蓬勃的思想动力。

《"一带一路":二十四个重大理论问题研究》是一部构建"一带一路"理论体系的专著。全书研究在全球自由贸易体系和开放型世界经济背景下,中国如何促进区域经济要素有序自由流动、资源高效配置和市场深度融合,推动"一带一路"沿线各国形成经济政策协调的区域合作架构进行权威论述。

十四、《"一带一路"建设中的港口与港口城市》,郑秉文、李文、刘铭赜,中国社会科学出版社

"一带一路"建设为港口和港口城市发展提供了理论创新、制度创新方面的机遇,港口和港口城市的发展为"一带一路"建设提供了实践创新、技术创新方面的保障。《"一带一路"建设中的港口与港口城市》一书是对我国沿海港口、港口城市在"一带一路"建设中的地位与作用系统研究、深入分析的专著。《"一带一路"建设中的港口与港口城市》作者以求真、求新、求深为宗旨,通过对环渤海港口群的大连与青岛,长三角港口群的上海与宁波,珠三角港口群的泉州、深圳与海口等七大沿海港口和港口城市的实地调研,从理论的高度概括和提炼我国港口和港口城市参与"一带一路"建设的实践经验,揭示和分析所遇到的困难与问题,得出结论具有较高的现实性、原创性与指导意义。

十五、《"一带一路"倡议下中国企业"走出去"》,刘祥,中国经济出版社

本书分为十个章节,阐述了"一带一路"倡议的背景和意义,分析了中国企业"走出去"面临的宏观环境和客观需求,提出了在"一带一路"背景下,如何科学研判"走出去"面临的各种机遇与挑战,如何规避"走出去"面临的政治、金融、市场等风险,以及如何构建高效、便捷的"走出去"综合服务平台,最终探索健康、可持续的"走出去"模式的思考和相关建议。

此外,本书还提出了我国新形势下企业"走出去"需要以境外园区为平台,打造"企业走出去"升级版,这样为中资企业实现海外盈利提供了载体,也加速了东道国的工业化和城市化进程。通过输出"中国园区"经验,将"中国园区"打造成为全球共建"一带一路"、我国推进"走出去"升级战略、开展国际产能合作的"中国方案"。

十六、《一带一路与东北亚区域合作》,孙玉华、刘宏,时事出版社

"一带一路"倡议是一项造福世界各国人民的伟大事业。加快"一带一路"建设,有利于促进沿线各国经济繁荣与区域经济合作,有利于加强不同文明交流互鉴、促进世界和平发展。"一带一路"贯穿亚欧非大陆,一端连接欧洲经济圈;另一端连接东北亚经济圈。中国所属的东北亚经济圈极具活力,是"一带一路"的东部始端,如果谋划好我国与东北亚其他国家的互联互通,将为"一带一路"倡议以及东北亚区域一体化发展发挥重要的助推作用。在目前的区域国际关系格局下,"一带一路"倡议是连接东北亚区域合作的纽带,也是我国东北老工业基地振兴的契机。

十七、《“一带一路”能源合作与西部能源大通道建设战略研究》,黄维和等,科学出版社

《“一带一路”能源合作与西部能源大通道建设战略研究》是“推动能源生产和消费革命战略研究丛书(第二辑)”之一。《“一带一路”能源合作与西部能源大通道建设战略研究》梳理了我国与“一带一路”国家能源的合作基础和存在问题,制定了“一带一路”未来能源合作战略;基于各类能源时空演变过程和LEAP模型预测结果,研判了我国未来西部到东部能源流向总体规模;结合西部能源通道现状和存在问题分析,首次构建了涵盖煤炭、石油、天然气和电力的我国西部综合能源大通道发展战略和实现“横向多能互补、纵向优化配置”的能源互联网架构;利用层次分析法和优化配置法,量化分析了西部能源大通道建设顺序;最后提出了“一带一路”能源合作与西部能源大通道建设政策建议。

十八、《一带一路:全球价值双环流下的区域互惠共赢》,刘伟、郭濂等,北京大学出版社

“一带一路”是“丝绸之路经济带”和“21世纪海上丝绸之路”的统称,是我国政府从金融危机以来世界经济形势和亚太地缘关系的深刻变化出发,首次向国际社会提出的区域发展倡议,意在统筹国际、国内两个大局,立足当前、谋划长远。《一带一路:全球价值双环流下的区域互惠共赢》围绕“一带一路”主题,邀请来自学界、政界和业界不同领域的专家、学者以笔谈的形式,从政治、经济、文化的视角审视“一带一路”的发展脉络,涵盖理论核心、历史沿革、外交政策、区域发展、产业经济等诸多内容,进行了全方位、高层次的分析和解读。

十九、《“一带一路”视角下的文化交流与传播》,郑通涛主编,世纪图书出版公司

当前,中国与世界其他国家正在开创多元文化交融的新局面,“你中有我、我中有你”的文化交融现象已经在中国和世界各国交流的舞台上频频出现。“文明因交流而多彩,文明因互鉴而丰富”,如何使中华文明在与世界各国文明交融合作中实现更大的发展,放射出更加耀眼的光芒是我们不断探索的动力所在。本书主要围绕“‘一带一路’背景下中华文化‘走出去’迈向新台阶”,分别从“习近平出访海外,刮起中国风”“习近平‘文艺范’拉美行助推中国文化外交”“中美、中英关系发展促进文化和汉语国际传播”“两会好声音,聚焦文化走出去”“一带一路”下文化产业格局的构建等热点话题着手,结合相关主题报道进行分析与论述,旨在为推动文化交流,加强国家与国家的相互理解和交流合作提供参考与借鉴。

二十、《“一带一路”大数据定量分析——任务、挑战及解决方案》,高剑波,科学出版社

随着“一带一路”倡议的具体实施,“一带一路”大数据的收集和定量分析变得日益重要。为有效指导我国政策的制定和实施,以及在沿线国的基础设施建设、投资和贸易,及时了解沿线各国政府和人民对“一带一路”倡议的响应情况,本书运用统计分析、系统科学和复杂性科学的思想和方法,通过协同研究人口学、经贸和媒体大数据,导出海外基础设施建设能够成功的必要条件,系统、全面地修正了国际贸易定量分析常用的各种指标,开创了刻画国际关系、地缘政治和各国内政演变的新的定量方法。

二十一、《“一带一路”国家产业竞争力分析》(套装全2册),张其仔、郭朝先、白玫、邓洲、胡文龙、张航燕等,社会科学文献出版社

本书从产业竞争力角度对“一带一路”沿线64个国家的产业竞争力状况及其优劣产业、与中国经贸合作情况进行系统分析。书中按世界银行的标准分为低收入、中等收入和高收入国家等类型,对不同类型国家的产业竞争力变化进行总结性分析,归纳其产业转型升级面临的挑战、产业发展的任务和中国在其中能起到什么样的作用;并分别对东南亚、南亚、中亚、西亚、中东和中东欧等各个国家的产业竞争力变化情况进行系统性分析。

二十二、《一带一路节点国家态度研究：下一个黄金时代》(汉英对照)，易鹏、皮钧，中国青年出版社

首届"一带一路"国际合作高峰论坛于2017年5月14日、15日在北京召开。为了更好地配合高峰论坛，体现智库的智力支持，盘古智库与中国青年出版社联袂推出"'一带一路'节点国家态度研究"丛书。盘古智库根据现有的研究资源选择8个节点国家：印度、土耳其、韩国、印度尼西亚、巴基斯坦、意大利、英国、白俄罗斯，组织力量跟踪这些国家对"一带一路"倡议的反应和态度，探析这些国家如此态度的原因，并给出推动其更好参与"一带一路"建设的对策建议。

二十三、《"一带一路"生态环境蓝皮书——沿线区域环保合作和国家生态环境状况报告》，东盟环境保护合作中心、中国-上海合作组织环境保护合作中心，中国环境出版社

《"一带一路"生态生态环保系列丛书"一带一路"生态环境蓝皮书——沿线区域环保合作和国家生态环境状况报告》介绍了"一带一路"区域环保合作总体情况，东盟、上海合作组织、澜沧江-湄公河、亚太、中非、东北亚、图们江等合作机制的概况和合作进展，土库曼斯坦、乌克兰、以色列、亚美尼亚、阿塞拜疆、格鲁吉亚、尼泊尔、中东欧地区等国家和地区的基本概况、环境管理制度和环境国际合作等方面情况，并就绿色"一带一路"、生态环保信息共享、绿色标准"走出去"、绿色供应链、环保区域合作、生态城市建设、生物多样性保护、技术转移以及基础设施建设等进行了研究并提出有关建议。

二十四、《"一带一路"产业发展与重大项目研究》，郁鸿胜、李娜、张岩等，上海社会科学院出版社

随着"一带一路"倡议的不断推进，我国在沿线国家和地区境外投资步伐明显加快，规模和效益显著提升，带动了相关产品、技术、服务"走出去"。推进"一带一路"建设，对促进国内经济转型升级、深化与相关国家互利合作发挥了重要作用。面对当前国际国内环境的深刻变化，我国在开展境外投资既存在较好机遇，也面临诸多风险和挑战。根据2015年3月发布的《推动共建丝绸之路经济带和21世纪海上丝绸之路的愿景与行动》对"丝绸之路经济带"和"21世纪海上丝绸之路"的界定，本书提出"一带一路"的国内区域布局为"四廊一支点"，沿线国家和地区区域布局为"六大板块"，通过国内、国外两个维度，重点分析"一带一路"产业发展与重大项目总体态势、结构特征，详尽梳理各区域投资合作项目进行情况，最后提出相应的对策建议，以期能够为我国参与"一带一路"投资合作提供一定参考。

二十五、《"一带一路"与国际产能合作——行业布局研究》，徐绍史等，机械工业出版社

《"一带一路"与国际产能合作——行业布局研究》分析我国行业优势富裕产能，借鉴国内外产能合作经验，优化海外布局，对境内外投资者进一步系统了解相关情况提供了多层面的大量信息。

二十六、《"一带一路"建设与人民币国际化新机遇——兼论与上海国际金融中心的协同发展》，周宇、孙立行，上海社会科学院出版社

本专著《"一带一路"建设与人民币国际化新机遇》聚焦于"一带一路"建设、人民币国际化和上海国际金融中心建设的关系。"一带一路"建设代表了我国对外经济发展的时代要求，上海国际金融中心建设是上海市承担的国家战略之一，而人民币国际化构成了国际金融学科创新工程研究的重要内容之一，因此本研究反映了国家、上海市和本研究团队之间的内容联系。从另一个视角来看，"一带一路"建设、人民币国际化和上海国际金融中心建设构成了我国经济发展的三大重要战略，本专著重点研究这三大战略的内在联系和互促关系，就这一内容而言，本专著为三大战略的研究提供了一个新的视角。

二十七、《“一带一路”战略研究》，刘卫东、田锦尘、欧晓理等，商务印书馆

“一带一路”是党中央和国务院统筹国内外形势变化提出的倡议，是新时期我国全方位对外开放的旗帜和主要载体。该倡议旨在借助于“丝绸之路”的文化内涵推动沿线各国探索新的合作方式和模式，深化相互之间的经贸合作和人文交流，打造利益共同体、命运共同体和责任共同体。“一带一路”建设不仅有利于中国实现中华民族伟大复兴的“中国梦”，也将为世界经济增长带来新的动力，造福沿线国家人民，推动世界实现更为开放、包容、普惠、均衡的发展。本书一方面从经济全球化的角度构建了“一带一路”的理论基础，提出“一带一路”是包容性全球化的倡议，将开启包容性全球化新时代；另一方面从跨境运输通道、“中欧班列”组织方案、境外产业聚集合作区、中国对外开放平台及与沿线国家的贸易格局、人文合作等方面研究了“一带一路”建设的若干实践问题。另外，本书还包括了8个国家的国别概况研究。研究成果不仅可为国家有关规划提供科学支撑，也有助于社会各界深入理解和参与“一带一路”建设。

二十八、《“一带一路”山川志》，王胜三，人民出版社

古老的丝绸之路横跨占世界陆地1/3的亚欧大陆，它将沿途的崇山峻岭、大江大河、戈壁沙漠、森林绿野、草原牧场、绿洲平原串联起来，共同见证了东西方交流的辉煌历史。在21世纪的今天，习近平提出了“丝绸之路经济带”和“21世界海上丝绸之路”的构想。为了更好地贯彻“一带一路”倡议，发挥地名在文化传承与交流中的独特作用与优势，民政部地名研究所组织编写了“一带一路”地名文化系列丛书。《“一带一路”山川志》以探讨丝绸之路沿线重要山岭、河流、湖泊的名称及其含义、由来、沿革为基础，追溯中西方经济、文化交流的历史，试图展现一幅自然地理环境与人文社会环境相结合的“一带一路”山河图，从而为“一带一路”倡议提供新的研究视角。

二十九、《外国人眼中的“一带一路”》，曹卫东，人民出版社

2013年9月和10月，中国国家主席习近平在出访中亚和东南亚国家期间，先后提出共建“丝绸之路经济带”和“21世纪海上丝绸之路”的构想，得到国际社会高度关注和有关国家的积极响应。曹卫东主编的《外国人眼中的一带一路》主要从政府、学术界和民间等3个维度，介绍了美国、俄罗斯、日本、韩国、欧盟、英国、德国、法国、西班牙、瑞典、印度、孟加拉国、阿富汗、沙特阿拉伯、埃及、巴西、白俄罗斯等国家对中国“一带一路”战略的评价与反应，有利于政府管理人员、企业人士和学术研究者了解国际社会如何看待我国“一带一路”倡议。

三十、《“一带一路”：打造中国与世界命运共同体》，胡伟，人民出版社

“一带一路”是习近平提出的重大倡议，是打造中国与世界命运共同体的重要举措。它的建设和实施，将会对中华民族的伟大复兴产生深远影响。

它也是中国新时期的对外开放政策，它所倡导的和平发展、合作共赢、相互支持的外交理念，是新时期中国发展与世界各国关系的精髓，它的贯彻和实施，将会惠及周边国家和地区。胡伟主编的《“一带一路”：打造中国与世界命运共同体》对“一带一路”的概况、动因、目标、与相关体系的比较、面临的挑战、实施等6个方面，进行分析和解读，以期读者能够对“一带一路”倡议的基本内容有较为准确的理解和全面的把握。

三十一、《“一带一路”民心相通报告》，郭业洲、金鑫、王文等，人民出版社

“一带一路”是2013年习近平提出的重大倡议，其重点在于加强“五通”工作。“五通”的含义是政策沟通、设施联通、贸易畅通、资金融通和民心相通。其中，“民心相通”是“一带一路”建设的社会根基。国之交在于民相亲。民心相通是“一带一路”建设中不可缺少的一环。民心相通涵盖科技创新、媒体合作、人才交流、环境保护等多个领域，它不仅仅意味着中外人民在上述多个领域上

的接触，还意味着中外人民通过这些了解和接触增进彼此间的友谊和信任。自"一带一路"倡议提出以来，各项工作都在紧锣密鼓进行。"民心相通"工作同样也在进展之中。本书围绕"一带一路"民心相通进行论述，将会涉及中国国内从中央到地方各级机构民心相通工作的进展情况、中国与"一带一路"沿线国家人文交流的发展情况，并从研究者的角度去论证民心相通工作，同时为今后此项工作的开展提出相关的政策建议。本书的前两部分以政策、事实、数据为依据，最后一部分通过多位学者的观点来建立理论框架，以叙论结合方式向读者全方位展示"一带一路"民心相通这一课题。

三十二、《"一带一路"倡议与民族地区发展》，李曦辉，经济管理出版社

民族地区融入"一带一路"倡议研讨会暨2017年中国区域经济学会少数民族地区经济专业委员会年会于2017年7月15日在石河子大学成功召开，会议就"民族地区经济发展""'一带一路'倡议研究"和"新疆、兵团经济发展"等3个专题进行了深入交流与探讨，旨在推动"一带一路"倡议与民族地区经济发展的理论与实践创新，充分借助于"一带一路"倡议实施，为新疆、兵团以及各民族地区的经济社会发展提供决策咨询和智力支持。《"一带一路"倡议与民族地区发展》是此次会议收编的学术论文汇编，学术观点反映了当前民族地区经济与"一带一路"研究的新成果。

三十三、《"一带一路"关键词》，尚虎平，北京大学出版社

《"一带一路"关键词》分七篇，通过105个关键词，全面、系统地介绍了"一带一路"的具体内容、战略目标、历史演变、挑战与风险、海外声音与应对举措等，并作了深层次的解读，使读者能"无死角"地了解"一带一路"的过去、现在与未来，把握"一带一路"的热点、重点和难点，深刻领会"一带一路"的精神实质，既有普知性与可读性，也有重要的参考意义。

本书吸取了学者、政府官员、企业家、记者、国外友人等各界人士对"一带一路"的诸种认知，融入与"一带一路"相关的资料、数据、史实，以通俗的语言编纂成书，有助于读者全面、快速把握"一带一路"的关键内容。

三十四、《一带一路倡议与国际关系》，宋国有，上海人民出版社

三十五、《"一带一路"背景下的税收问题研究》，李旭红，中国财政经济出版社

"一带一路"建设是我国积极发展与沿线国家的经济合作伙伴关系，共同打造政治互信、经济融合、文化包容的利益共同体、命运共同体和责任共同体的重要举措。"一带一路"建设中的国际税收问题值得高度关注。本书将分别从中国的进出口税收制度、国际税收协定、"一带一路"建设沿线国家的国别税收研究、以及我国"一带一路""走出去"企业的经典案例中，全面分析"一带一路"中的国际税收问题，为"一带一路"建设提供支持服务。

三十六、《"一带一路"与南亚地缘政治》，林民旺，世界知识出版社

2013年，中国提出"一带一路"倡议。南亚是"一带一路"建设的重点区域。陆上中巴经济走廊、孟中印缅经济走廊、中尼印经济走廊的建设，以及海上"丝路"的推进，正有力地塑造南亚地区格局。本书对南亚"一带一路"建设进行了系统研究，着力分析"一带一路"在南亚的发展、障碍及未来趋向。中国是南亚邻国，印度是南亚国家。"一带一路"的持续推进，将使中印地缘政治博弈更趋复杂化，本书尝试以地缘政治视角来把握中印关系及南亚格局的发展趋向。

三十七、《"一带一路"与改革开放》，薛力，中国社会科学出版社

本书是薛力研究员研究"一带一路"的第二本专著，系2016年5月—2017年12月发表相关成果的集成。在这本书中，他分析了以下3个方面的问题："一带一路"对中国的意义、全球与区域治理、双边关系与国别研究。这些研究提出了一些富有新意的观点，如："一带一路"建设意味着中国

进入了改革开放新阶段，其主要特点是，中国从“开放自己”到“既开放自己也开放别人”；周边已经成为中国对外关系的优先方向，为此，中国有必要制定针对周边不同次区域方略，这些见解丰富了读者对“一带一路”的认识。

三十八、《“一带一路”工业文明——能源合作》，李富兵，电子工业出版社

“一带一路”倡议提出以来，得到了国际社会的广泛关注和积极响应。“一带一路”是新形势下国际合作的大舞台，是推动世界经济共同发展的伟大构想。能源合作在“一带一路”建设中占有重要地位。“一带一路”既是世界重要的能源生产区，也是世界重要的能源消费区，其能源产量占世界总产量的近3/5，能源消费量超过世界消费总量的1/2。美国页岩油气革命获得成功，对全球能源供需格局产生了重大影响，在国际原油价格低位运行的情况下，如何深化“一带一路”能源合作，是政府、企业共同关注的话题。本书以能源为“主线”，重点介绍了“一带一路”能源合作的现状，总结了我国能源企业在“一带一路”能源合作中的经验和教训，提出了“一带一路”能源合作的构想和建议。

三十九、《“一带一路”：从愿景到行动》，赵可金，北京大学出版社

《“一带一路”：从愿景到行动》从当前众说纷纭的对“一带一路”政策的解读出发，系统全面地对“一带一路”战略布局进行了解释和分析，从新理论、新路径、新外交、新开放、新行动等5个层面展开，为普通读者阐释了“一带一路”的内容和意义，并高屋建瓴地指出这一倡议是通往人类命运共同体的大决策。

四十、《一带一路：中国崛起给世界带来什么？》（阿文），王义桅，新世界出版社

《一带一路：中国崛起给世界带来什么？》为国际问题专家王义桅教授对“一带一路”的解读。书中指出，“一带一路”是全方位对外开放的必然逻辑，也是文明复兴的必然趋势，还是包容性全球化的必然要求，标志着中国从参与全球化到塑造全球化的态势转变。“一带一路”是中国提出的伟大倡议和国际合作公共产品，既面临着全方位开放机遇、周边外交机遇、地区合作机遇、全球发展机遇，也面临着地安全风险、经济风险、道德风险、法律风险。本书对此做出了辩证解读。

四十一、《“一带一路”建设与全球贸易、文化交流》，徐照林、朴钟恩、王竞楠，东南大学出版社

《“一带一路”建设与全球贸易、文化交流》针对中国政府提出的“一带一路”的建设规划，分析了中国政府提出“一带一路”建设的3个重要原因：一是历史上世界文化交流和贸易与丝绸之路之间的关系，特别是古代这是中国与世界贸易、文化交流中的主要交通线路，即古丝绸之路；二是全球基础建设能力不断增强，技术基础日益雄厚，特别是中国的基础建设能力强大，具备全球基 础建设的能力；三是世界贸易与文化交流发展的需要。在这些前提下，中国政府提出了“一带一路”的建设规划，并在积极推进“一带一路”宏伟战略。中国政府的“一带一路”倡议目的是：促进全球经济一体化、贸易一体化、市场一体化，促进文化交流、宗教文化融合，促进世界各国各民族的团结，共建和谐世界。

本书在深入理解“一带一路”的基础上，主要研究了“一带一路”的建设与国际文化交流和国际贸易之间的关系，重点分析了当代国际与未来的文化交流、国际贸易对“一带一路”的强力需求。本书可供国际贸易、电子商务、工商管理等专业作教材和选修课程使用，也适合相关研究机构研究相关课题参考之用。

四十二、《一带一路与欧洲》，黄平、赵晨，时事出版社

随着世界范围内各种挑战的增多，欧洲越来越认识到解决全球性问题需要中国的积极参与和合作，务实态度日益占据上风。自中国提出“一带一路”倡议始，便得到了欧洲各界的普遍关注和

积极研究。参与本书写作的各位专家学者从经济、文化、社会及安全领域探讨了欧洲对"一带一路"倡议的思考,分析了欧洲市场、技术、资金和经验在这一倡议中的积极作用和未来发展空间,将"一带一路"倡议与欧洲发展规划、国际产能合作、"欧洲投资计划"等相对接,同时探讨了难民危机等热点问题,在一定程度上代表了当前中国和欧洲学者在这一前沿领域的研究成果。

四十三、《"一带一路"与中国企业管理国际化》,中国企业管理研究会,经济管理出版社

企业是"一带一路"倡议的重要主体"一带一路"倡议的加速推进,为中国企业"走出去"带来了机遇,大大加快了中国企业的国际化进程,显著增强了中国企业的国际竞争力。真正的国际化不仅是简单的要素国际化、市场国际化,更是企业管理国际化。中国企业要能抓住"一带一路"倡议的历史机遇,成为主力军,必须走真正国际化的路子,加快从低阶国际化向高阶国际化转变,将企业管理国际化置于更加突出和更加重要的位置。《中国企业管理研究会年度报告(2017—2018):"一带一路"与中国企业管理国际化》是中国企业管理研究会2017年年会论文集,主要是学者们向会议提交的研究成果。全书共分为三篇,第一篇是"一带一路"倡议与企业"走出去";第二篇是"一带一路"背景下的改革创新;第三篇是"一带一路"背景下的管理变革,《中国企业管理研究会年度报告(2017—2018):"一带一路"与中国企业管理国际化》收录的论文格式比较规范,行文较为流畅,每篇都是相关专业领域的成果,理论与实践结合,有的既运用了规范分析方法,也进行了实证分析,能够为研究人员提供参考,对相关学科发展起到推动作用,并为我国相关部门进行决策提供理论支撑。

四十四、《"一带一路"青年命运共同体》,苏晖阳,商务印书馆

《"一带一路"青年命运共同体》正文共有五章,分别是青年与和平、青年与繁荣、青年与开放、青年与创新、青年与文明。每一个篇章再细分为理论研究、访谈实录、实例展示等,论述内容覆盖了习近平总书记系列重要讲话所提及的全部内容以及社会的方方面面,以真实、鲜活的视角呈现各国青年对"一带一路"倡议的认识与看法,从理论与实践两个方面揭示出北京大学以及北大青年为构建"一带一路"青年命运共同体所做的努力与反思。

四十五、《"一带一路"倡议下中国对外直接投资与出口贸易转型升级》,杨成玉,中国社会科学出版社

在"一带一路"倡议下,中国对外直接投资不断深化与出口贸易增长放缓形成一定程度的不协调,提升出口产品技术复杂度以促进出口贸易转型升级的时机已经到来。如何利用对外直接投资促进出口贸易转型升级已成为亟待解决的现实问题。

《"一带一路"倡议下中国对外直接投资与出口贸易转型升级》通过对中国在"一带一路"倡议下两者的现状分析,结合实证方法解释了中国对外直接投资对出口贸易转型升级的促进作用与机理,为接下来"一带一路"倡议下对外直接投资与出口贸易之间的协调发展提供理论支持。

四十六、《"一带一路":共创欧亚新世纪》,[美]威廉·恩道尔,中国民主法制出版社

本书从地缘政治的视角全面审视了"一带一路"倡议的内涵和发展机遇。作者认为,伴随基础设施的建设,"一带一路"倡议必将为世界的发展创造更多的机会和条件,中俄合作等多边战略协作将使欧亚崛起,石油战争、金融货币等争夺将改变全球货币体系,国际秩序重构之路已开启。经济领域之外,政治领域尤其是国防领域的合作将开启欧亚大陆防务战略的新时代……面对南海闹剧,作者也以冷峻的眼光指出地缘政治在南海问题中发挥的作用和美国在其中扮演的幕后角色。

四十七、《"一带一路"中国梦的实践》,戴绪龙,中国商务出版社

国家主席习近平在出访中亚和东南亚国家期间,先后提出共建"丝绸之路经济带"和"21世纪

海上丝绸之路"的重大倡议。以国际国内发展大势,统筹国际国内两大格局出发,全面实现中华民族伟大复兴中国梦的高度提出的,把"一带一路"建设这一重大构想贯彻落实好,对当前和今后较长一段时期内中国在国际合作和竞争中赢得优势、提高中国国际地位和国际影响力,推进国内改革开放,造福中国人民甚至是世界人民都具有至关重要的意义。

党的十九大报告不仅将中国梦带入一个新的历史时段,更给"一带一路"倡议指明了新的方向,描画了新的蓝图。十九大强调要着眼于统筹国内国际两个大局,明确了今后一个时期,促进"一带一路"国际合作的重点任务。

"一带一路"不仅是实现中华民族伟大复兴,让中国梦乃至世界梦,得以实现的倡议构想,更是沿线各国需要关注并为之奋斗的共同事业,因为"一带一路"有利于将地缘毗邻、经济互补、人文相通、政治互信等优势转化为务实合作、持续增长的动力。遵循"和平合作、开放包容、互学互鉴、互利共赢"的思路精神,中国与沿线各国在交通基础设施、贸易与投资、能源合作、区域一体化、人民币国际化等领域的广泛联系,必将迎来一个共创共享的新时代,中国在其中扮演更加重要的角色。由此可见,"一带一路"建设不仅有利于中国梦的实现,也有利于世界梦的实现,继而成为紧紧连接中国与周边国家乃至全球"利益共同体"和"命运共同体"的关键要素。

中国梦不仅是让中华民族伟大复兴的梦想,更是维护世界和平,促进区域共同发展,推动区域合作共赢的梦想。中国梦实现的过程,就是进一步扩大开放、与各国共同分享更多发展成果和发展红利的过程,在这个过程中,中国通过"一带一路"建设实现的发展将会持续不断带给世界新的机会和惊喜,中国会继续加强同世界各国的合作,共同把世界经济的"蛋糕"做大,促进更广度和深度的国际经济合作。中国梦是世界各国扩大利益的汇合点,也是构建利益的共同体,更是提升中国形象,向世界传达中国理念与善意的好时机。中国将借助于"一带一路"倡议,通过让国际经济合作、公共外交先行,以达到国与国之间民心相通,文化相融,将中国人民的利益同世界各国人民的共同利益结合起来,以更加积极的姿态参与国际事务,发挥负责任的大国作用,为人类社会贡献更多更好的公共产品,以共同应对全球挑战。

毫无疑问,中国梦的实现是一个极具挑战的过程,需要克服重重困难,而"一带一路"是一个宏大的系统工程,在建设过程中也将会面临众多的风险与挑战,这些风险与挑战既包括切实的商业风险,也包括战略透支风险、地缘政治风险与文明冲突风险。很大程度上来讲,"一带一路"建设的推进是对中国经济实力、外交能力、安全能力的一种全方位考验。作为一个正在崛起中的国家,"一带一路"建设应当被视为中国走向世界舞台中央的序曲,也应当被看作是中国日益迈向成熟大国的"成人礼",更是中国梦实现过程中的必要环节。

习近平曾强调,开展互联互通合作是"一带一路"倡议的核心。中国推进"一带一路"建设,与促进亚太、亚欧、亚非等区域经济合作是一种相融相通、互惠共进的关系。无论是"一带一路",还是亚洲互联互通,意味着欧亚、欧非等几个大陆板块在交通、经贸等领域整合加快,市场链结也将更为紧密,将进一步推动全球经济繁荣与开放。中国推行"一带一路"倡议,是在为世界共同发展振翅,为融合互利打通经络,让中国梦与世界梦更好、更全面、更有效地对接。

《"一带一路"中国梦的实践》首次将"一带一路"与中国梦相融合,是理论创新之作。本文分为五章:世界格局与中国机遇、"一带一路"倡议的建设、"一带一路"倡议与大数据、"一带一路"倡议风险评估与战略应对、"一带一路"倡议的愿景与行动。通过这五个部分将"一带一路"和中国梦,通过理论再结合实践工作做了深度呈现和剖析。

"各美其美、美人之美、美美与共、天下大同"。中国梦是和平、包容、和谐之梦,中国梦与各国梦、世界梦互通互联，世界好、各国好，中国也会更好。"一带一路"倡议将会是高扬的旗帜，也会是有力的工具，为中国圆梦，为世界圆梦。

四十八、《一带一路：机遇与挑战》，陈积敏、高惺惟，国家行政学院出版社

本书以"一带一路"倡议为研究主题，全面阐述了该战略倡议的提出背景与实施内容，以及国际社会对"一带一路"建设的认知与评价。另外，还着重讨论了"一带一路"建设实施的风险评估与战略应对机制，以及"一带一路"和亚投行的联系。本书希望通过对以上各方面内容的论述，向广大读者全面展现"一带一路"的建设理念和实施前景。

四十九、《"一带一路"面临的国际风险与合作空间拓展——以斯里兰卡为例》，赵江林，中国社会科学出版社

斯里兰卡作为一个"虽小尤重"的国家，成为"21世纪海上丝绸之路"的闪耀明珠。斯里兰卡与中国合作过程中的起起伏伏，恰恰也反映出南亚小国在各种力量夹击下的艰难抉择。如何去辨识这些不确定因素，进而拓展合作空间，不仅涉及具体的国别研究，更涉及对国家间相互关系的认知。"一带一路"是沿线国家共同演奏的交响乐，每个参与国找准位子很重要，完美配合也同样重要。

五十、《"一带一路"建设：地方的设计与实践》，徐侠民、霍杰、殷军杰，浙江大学出版社

五十一、《"一带一路"：中国崛起的天下担当》，王义桅，人民出版社

"一带一路"倡议顺应世界多元化、经济全球化、社会信息化的潮流，秉承开放的区域合作精神，致力于维护全球自由贸易和开放型经济。"一带一路"既是中国扩大和深化对外开放的需要，也是加强与亚欧非世界各国互利合作的需要。"一带一路"不是中国一家的独奏，而是沿线国家的合唱。"一带一路"建设不仅助推中国梦的实现，同时也有利于实现联合国和平与发展宗旨，尤其是2030年可持续发展目标，体现中国崛起的天下担当。这本由王义桅著的《一带一路——中国崛起的天下担当》以此为出发点，重在回答"一带一路"是什么（what）、为什么（why）、怎么做（how），以宏观的手笔、深邃的思维、通俗生动的语言展现中国的天下担当。

五十二、《"一带一路"专利法律制度研究》，林秀芹，知识产权出版社

本书选取"一带一路"沿线30余个典型国家和地区为研究对象，按照地理位置和区域法律制度协调密切程度划分为十大区域，对其专利法律制度进行系统研究。通过系统研究，归纳共性与规律、分析差异与特色，继而探究各个区域专利法制的发展趋势，为我国企业"走出去"过程中可能遇到的专利法律风险有针对性地作出示警。同时，本书尝试在比较研究的基础上进一步探讨"一带一路"沿线专利法律制度的协调机制，从而为"一带一路"沿线的知识产权政策沟通建言献策，为促进"一带一路"知识产权交流与合作提供重要的理论基础。

五十三、《"一带一路"争端解决机制》，王贵国，浙江大学出版社

《"一带一路"争端解决机制（精选）》汇集了部分"一带一路"沿线国学者对如何解决当下"一带一路"出现的争端进行的思考，体现了沿线国不同文化、传统、法律制度、法律价值、法律思想的交互融合，分为现存争端解决机制、"一带一路"争端解决的机制制定、争端解决程序和规则三部分。它分析了当下出现的三种争端类型、解决方法及不足之处，明确指出建立起如调解、透明等解决机制的重要性，着重强调了申诉/斡旋机制相关程序、调解规则、仲裁规则，并附上仲裁庭、上诉庭成员及调解员行为准则，透明度规则，费用明细表，既有前瞻性，也具有相当强的实用性，对于推进"一带一路"重大倡议的顺利开展具有重要的指导意义。

五十四、《"一带一路"：全方位的战略》，中国财政经济出版社

五十五、《"一带一路"油气合作国别报告（中亚俄罗斯和中东地区）》，徐建山，石油工业出版社

《“一带一路”油气合作国别报告(中亚俄罗斯和中东地区)》重点剖析了中亚、俄罗斯和中东地区18个国家的地缘政治环境、政体政局、经济和社会形势、油气对外合作历史和现状、油气产业发展和供需展望,以及合作机会和存在的风险。

本书可为政府有关部门、企业以及研究机构等了解“一带一路”国家的油气产业情况,把握合作机会和控制经营风险提供参考。

五十六、《“一带一路”框架下两岸经济合作的方式与路径研究》,盛九元,九州出版社

五十七、《“一带一路”、中国崛起与国际合作》,余虹,世界知识出版社

基于“一带一路”合作倡议的包容性、开放性以及涵盖地域广泛性,这一倡议在区域和国际上吸引了越来越多的关注。迄今为止,“一带一路”倡议不仅获得沿线国家的响应,中国还与许多国际组织签署了“一带一路”框架下的合作谅解备忘录。本书以作者对“一带一路”倡议的持续追踪、田野和访谈调查为基础,围绕“一带一路、中国崛起和国际合作”这一主题框架展开。

五十八、《“一带一路”建设与知识产权风险防范》,钱建平、董新凯,知识产权出版社

本书以南京理工大学2017年12月举办的“‘一带一路’与知识产权风险”国际研讨会论文为基础,精选青年学子“一带一路”建设与知识产权风险防范论文近40篇,围绕“一带一路”国际合作倡议,从不同角度对于我国企业“走出去”的知识产权风险防范及相关问题进行探讨,主要包括“一带一路”建设的知识产权风险的基本情况、与对外贸易、对外投资、海外知识产权风险防范,对于具体的风险内容和防范措施以及国家制度建设,分别提出了年轻学者比较有见地的认识,这些观点的获得是知识产权发展的结果,也与各位导师的指导密不可分,对于我国企业“走出去”过程中防范知识产权风险具有一定的指导和借鉴意义。

五十九、《“一带一路”欧洲区生态环境遥感监测》,葛岳静,科学出版社

《“一带一路”欧洲区生态环境遥感监测》基于多种传感器获取的卫星遥感数据产品和多类型地图资料等信息,结合社会经济统计数据,针对“一带一路”欧洲区的主要自然区、11个重要的节点城市和以新亚欧大陆桥(欧洲段)为主要廊道的交通运输通道的生态环境特征与限制因子开展遥感监测与评估,对城市宜居水平和发展潜力进行分析与评估,以期为“一带一路”中“新亚欧大陆桥国际合作经济走廊”建设提供生态环境影响及可能存在的生态环境风险等方面的决策依据。

六十、《一带一路丝绸之路:神话·宗教·媒介·哲学》,颜亮,金城出版社

《一带一路丝绸之路:神话·宗教·媒介·哲学》全书分为四编,运用后现代理论、媒介生态理论、叙事学理论和现象学方法等前沿性理论方法,以古代丝绸之路上的中西方国度、思想文化、民族文化为阐述对象,进行了深入地分析与研究。作者以独特的学术视角和专业素养,结合神话起源、宗教形态、传播媒介和哲学理念,全方位地将历史时间和地理空间上的历史文本及实物遗存,以动态化的“此在”,予以单个阐释或者整体阐述,体现了从古到今,以丝绸之路为基点的人文书写。

六十一、《“一带一路”国家税制研究》,杜剑、杨杨,经济管理出版社

本书服务于国家政策的需要,通过收集相关信息,梳理和总结出关于“一带一路”相关国家的税收政策情况,以期为我国企业的国际贸易活动、国际投资活动提供科学依据和决策参考。

本书围绕“一带一路”国家税制情况的介绍,总共涉及63个国家和地区,横跨东盟、东亚、西亚、南亚、中亚、独联体以及中东欧的相关税制。从编排体例上,本书将每一个国家的税制情况介绍作为单独一章,从较为常见和重要的税种开始依次介绍(如企业所得税、个人所得税、增值税等),同时针对个别国家所特有的税种也做出了介绍。如有税收优惠政策的国家,在该章最后部分针对税收优惠政策做出了相关说明。

六十二、《中国在“一带一路”沿线国家投资安全研究》，林川、彭程，中国财富出版社

本书基于“一带一路”背景下，针对中国企业海外投资的相关内容进行研究，研究内容包括海外投资的金融支持问题、会计准则趋同问题、企业研究与创新问题、海外用工问题、海外工程承包问题等，也有单独针对俄罗斯、西班牙、哈萨克斯坦等国家的，具有针对性的相应研究。

六十三、《制度型开放：构建“一带一路”投融资新体系》，肖钢，中国金融出版社

本书是中国金融40人论坛课题“顺应新形势 构建新体系——‘一带一路’投融资研究”的成果。本书回顾总结了5年来“一带一路”投融资的情况与特点，全面分析了制约投融资发展的问题与原因，提出构建利益风险共享、资金主体多元、体系运行高效、多边沟通有序的投融资新体系。

通过本书，读者可以了解国际金融治理体系的基本内容和框架、国际信贷规则及其构成要素，对参与“一带一路”建设的中资企业投融资工作提供有益的参考，对金融机构提供有益的借鉴。

本书还收录了投资者-国家争端解决机制、巴黎俱乐部等国际金融治理机制介绍，《纽约公约》《华盛顿公约》等文件原文，是难得的参考资料。

六十四、《“一带一路”：构建全方位开放新格局》，国家发展和改革委员会学术委员会办公室，中国计划出版社

本书为国家发展和改革委员会学术委员会办公室牵头组织新疆维吾尔自治区、宁夏回族自治区、云南省、重庆市、湖北省和江苏省发展和改革委员会学术委员会共同参加的学术课题研究成果。本书主要分为两大部分，国家层面的研究与地方层面的研究。国家层面的研究包括：“一带一路”建设：从中国视野到全球视野；举全国之力推进“一带一路”建设：培育国际合作竞争新优势；举全国之力推进“一带一路”建设：构建国际物流大通道；举全国之力推进“一带一路”建设：健全投融资机制；举全国之力推进“一带一路”建设：构建区域全方位开放格局。地方层面的研究包括：举全国之力，推进一带一路建设：新疆定位；打造“丝绸之路经济带”(宁夏)试验示范区研究；云南举全国之力推进“一带一路”建设，面向西南开放的支撑要素研究；强化重庆中心枢纽作用，增强对“一带一路”的战略支撑研究；湖北实施“一带一路”战略的研究；江苏推进“一带一路”建设的目标定位及重要举措。

六十五、《“一带一路”倡议与大国合作新发展》，胡晓鹏、智艳、姜云飞、陈陶然，上海社会科学院出版社

本书以美国、澳大利亚、欧盟、俄罗斯、印度、日本等主要大国对中国“一带一路”倡议在认识和实践层面的反应为线索，全面剖析了各主要大国不同反应的成因及其对我们的影响，在此基础上提出了针对性的建议思路。在撰写过程中，本书多次组织专家学者对书中相关内容进行研讨。

六十六、《“一带一路”倡议与对外投融资合作框架》，中国人民银行国际司，中国金融出版社

本书由中国人民银行国际司编写。本书分为十一个章节，包括“一带一路”资金融通的现状、应关注的问题、可参考的主要模式和国际经验、合作的理念与原则；以及探讨开发性、政策性和商业性金融在对外投融资合作框架中的定位与作用；以及如何在“一带一路”投融资合作中更多使用人民币、发展本币债券市场、推动“一带一路”投融资绿色化、完善投融资“软环境”等内容。在共建“一带一路”倡议提出5周年之际，对构建对外投融资合作框架进行系统深入的研究，有利于我们总结经验，更好地推动“一带一路”建设向高质量发展迈进。

六十七、《“一带一路”中非发展合作新模式:“造血金融”如何改变非洲》,程诚,中国人民大学出版社

进入21世纪以来,“中国在非洲”频频成为世界各国媒体的头条,“新殖民主义”“债务帝国主义”甚至“流氓援助国”这样的奇谈怪论不绝于耳。事实上,中国与非洲的合作仅仅是提供“援助”吗?“援助”这一概念的内涵和外延是什么?“一带一路”真的是到处撒钱吗?西方国家真的如“好的基督徒”一般无私帮助非洲吗?或者说,援助真的可以拯救非洲吗?这些问题都是国际发展学科的研究问题。

程诚博士接受了西方国际发展研究的系统学习,从中国的实际出发,在8年的时间里游历非洲近10个国家、旅行数十万千米、调研了近100个中国企业项目,对以上问题给出了自己的答案,或者可以说是中国的答案。

进入21世纪,中国在对非交往中广泛使用以互利共赢为导向的“造血金融”模式,对西方长期执行而又效果不彰的“输血金融”进行了扬弃与超越,为“一带一路”建设积累了丰富的经验,竖立了“南南合作”的全球典范。

六十八、《“一带一路”战略构想与国际社会》,戴长征,对外经贸大学出版社

本书为对外经济贸易大学国际关系学院于2015年暑期召开的关于“一带一路”倡议与国际社会这一学术会议的研究成果集结成册。书中汇集中外著名国际关系、国际政治经济领域的专家、学者,内容主要围绕“一带一路”这一主题,各学者从自身研究领域和自身背景出发进行阐释和分享,对当前的政策和“一带一路”的探索有一定的参考价值。内容主要包括三个部分:“一带一路”机遇与挑战,“一带一路”与中国的对外关系,“一带一路”中国政策研究。

六十九、《“一带一路”与区域性公共产品》,黄河、贺平,上海人民出版社

本书为“复旦国际关系评论”系列出版物之一。该系列已经出版21辑。本书为第22辑。本辑专题是“‘一带一路’与区域性公共产品”:“区域性公共产品”概念被引入中国国际关系学界已超过10年,通过外著译介、评论分析、案例研究等诸多路径,已经成为一个广为人知且具有较高接受度的学术概念。随着亚洲基础设施投资银行、新开发银行、丝路基金等一系列机制的创设和涵盖各个领域的政策尝试不断付诸实践,无疑有必要从更多的视角、方法和资料等方面审视此概念。由此,本辑精选了这21篇文章,分别涉及“区域性公共产品与创新合作机制、区域公共产品提供的国际比较、区域性公共产品的中国提供方案、国际政治与经济研究”4个主题,以此来展开学术和研究成果的对话。

七十、《中国与“一带一路”沿线国家合作反贫困研究》,王志章、李梦竹、王静等,人民出版社

七十一、《“一带一路”的多元化解析》,张璐璐,知识产权出版社

2013年,国家主席习近平在访问哈萨克斯坦共和国时,提出了建设“丝绸之路经济带”的倡议;随后在访问印度尼西亚时,提出了建设“21世纪海上丝绸之路”的倡议。“一带一路”倡议提出后,得到了国际社会的广泛关注,沿线国家对此更是跃跃欲试,希望在“一带一路”建设当中发挥自己的优势,实现经济互补,共同发展。

七十二、《“一带一路”背景下海外投资风险》,尹美群、张敏、盛磊等,经济管理出版社

《“一带一路”背景下海外投资风险》对风险投资评价理论进行了系统梳理,对“一带一路”沿线国家的基本情况进行了介绍,对投资风险建立了风险评估评价模型,并从政治、经济、社会文化等3个角度对沿线国家的投资风险进行了风险测评。根据测评结果,分别从政治、经济和社会文化角度提出了“一带一路”背景下海外投资风险的应对策略。《“一带一路”背景下海外投资风险》对我

国企业到海外投资具有的指导意义。

七十三、《"一带一路"：中亚石油安全与共享》，李学林，石油工业出版社

《"一带一路"：中亚石油安全与共享》主要介绍了中亚人文地理、石油资源与面临的恐怖主义威胁，以及在此复杂背景下，如何借助于"一带一路"，实施国际反恐合作，从而选择更好途径维护中亚的石油安全与资源共享。《"一带一路"：中亚石油安全与共享》从地理、历史、理论事实等方面进行叙述，内容丰富，对"一带一路"建设以及推动中国与中亚发展合作的研究具有重要意义。

七十四、《世界是通的："一带一路"的逻辑》，王义桅，商务印书馆

世界是平的，这可能是我们时代的错觉。其实，贫富差距、民心不通，乃各国所面临的紧迫挑战；全球化，成为我们时代的想当然。其实，所谓的全球化更多的是沿海地区与发达群体的"部分全球化"。今天，现代化人口规模从起初欧洲的千万级、美国的上亿级，向新兴国家的几十亿级迈进，单靠欧洲所开创的航线、美国所确立的规则，早已无法承载。在这种时代背景下，中国提出"一带一路"伟大倡议，可谓古丝绸之路的中国化、时代化、大众化，堪称第二次地理大发现，体现中国崛起后的天下担当。同时也预示着，文明的复兴而非单向度的全球化才是世界大势所趋。以政策沟通、设施联通、贸易畅通、资金融通、民心相通"五通"所代表的互联互通，才是塑造人类命运共同体的根本，才能推动实现真正的"包容性全球化"，让全球化普惠而均衡，并落地生根，不仅为中华民族伟大复兴规划路径，也推动更多国家脱贫致富，开创21 世纪地区与国际合作新模式。本书深入浅出地阐述了"一带一路"时代的全球化、文明、战略、经济、政治、外交逻辑，揭示了"一带一路"倡议所展示的中国智慧与世界智慧，是继作者推出《"一带一路"：机遇与挑战》专著一年后从人类文明史与全球化反思角度研究"一带一路"的力作。

七十五、《"一带一路"：面向21世纪的伟大构想》，人民论坛，人民出版社

《"一带一路"：面向21世纪的伟大构想》由人民论坛主编，精选了国内著名的专家学者论述"一带一路"的文章，对"一带一路"意义，"一带一路"从构想到现实的问题与挑战，"一带一路"下的区域合作前景，"一带一路"与人民币国际化，"一带一路"与地方战略对接等几个方面进行了全方位、多角度的深入分析和解读，具有很强的理论价值和实践意义，不仅为政府相关部门制定政策提供参考，对相关企业抓住"一带一路"的机遇和规避相应风险以及开拓市场极具现实意义。

七十六、《以色列与一带一路：角色与前景》，李玮，时事出版社

七十七、《一带一路建设背景下我国港口履约方法律制度研究》，王威，东南大学出版社

《一带一路建设背景下我国港口履约方法律制度研究》在"一路一带"建设背景下展开，从历史上纵向考察了海运履约方制度的沿革，概括介绍了民法履约辅助人制度、海上货物运输中的履约辅助人制度，进而引出我国港口履约方制度的建立，并将相关概念进行比较分析，探讨港口履约方的特征和类型、详细论述港口履约方的权利、义务和责任，在以上分析的基础上，指出我国相关制度与港口履约方制度的差别及构建我国港口履约方制度的障碍，进而提出构建我国海运履约方制度的策略。

七十八、《"一带一路"国家传染病风险评估与对策建议》，杨伟中，人民卫生出版社

对"一带一路"国家15种重点传染病（寨卡、MERS、黄热病、登革热、疟疾、霍乱、HIV、结核、白喉、脊灰、麻疹、丝虫、麻风、鼠疫、狂犬病）和该国需要特别关注的传染病进行风险评估。另外，针对"一带一路"国家主要传染病开展整体风险评估，并提出开展双边及多边合作建议及应对重点传染病综合防控的具体建议。本书共分九章，第一章介绍概述介绍此书的研究方法；第二章介绍"一带一路"国家与中国的卫生合作情况；第三至第八章分别对中亚地区、西亚地区、非洲地

区、南亚地区、东欧地区及亚洲大洋洲地区34个国家传染病进行风险评估和建议。第九章针对“一带一路”国家主要传染病开展风险评估和对策建议。

七十九、《“一带一路”背景下的汉语国际教育》,上海大学出版社

八十、《“一带一路”:引领包容性全球化》,刘卫东,商务印书馆

本书在挖掘“丝路精神”的基础上,重点分析了经济全球化及其局限性、“一带一路”倡议提出的宏观背景、“一带一路”建设的内涵与思路、“一带一路”建设若干重大问题,是对“一带一路”倡议开启包容性全球化新时代的权威解读。

八十一、《“一带一路”世界文化遗产与文明交流互鉴》,侯富儒,浙江工商大学出版社

2015年5月28日,中国政府颁布《推动共建丝绸之路经济带和21世纪海上丝绸之路的愿景与行动》。其中有促进“一带一路”国家世界遗产保护、国际精品旅游路线组合、民心相通、文明交流互鉴等条文,《“一带一路”世界文化遗产与文明交流互鉴》就是根据这一条款进行了挖掘和研究。“一带一路”是“丝绸之路经济带”和“21世纪海上丝绸之路”的简称。它充分依靠中国与有关国家既有的双多边机制,借助于既有的、行之有效的区域合作平台,一带一路旨在借用古代丝绸之路的历史符号,高举和平发展的旗帜,积极发展与沿线国家的经济合作伙伴关系,共同打造政治互信、经济融合、文化包容的利益共同体、命运共同体和责任共同体。首届“一带一路”国际合作高峰论坛2017年5月在北京举行,多国领导出席并开展了丰富多样的合作洽谈,为“一带一路”倡议下的国际合作提供了新的内容。本书遵照源于古丝绸之路,但不限于古丝绸之路的原则,选取了亚洲、欧洲、南美洲、非洲、大洋洲五大洲的88个国家,详细介绍了338处世界文化遗产点。本书主要从世界遗产委员会评价、外文名称、遗产类别、批准时间、符合标准等方面对世界文化遗产点进行了较为全面的介绍。

八十二、《“一带一路”背景下的欧亚人文交流研究》,孙玉华,时事出版社

本书汇集了2017年大连外国语大学主办的“‘一带一路’人文交流”会议和中国社会科学院主办的“哈萨克斯坦研究”会议的会议论文,涉及区域研究与国别研究两大类。书中文章不但关注区域研究的理论与实践,而且对各国的语言政策、法律、文化、教育等诸多方面加以阐述。本书的出版对区域与国别研究以及“一带一路”政策研究具有重要的借鉴意义。

八十三、《中国与“一带一路”沿线国家能源合作》,朱雄关,社会科学文献出版社

本书对世界能源供需格局与中国能源安全形势,“一带一路”沿线主要国家能源状况和发展前景,以及“一带一路”能源合作面临的困难挑战和能源地缘政治博弈等,进行了综合分析研究。全书设绪论和六章,共七个部分。第一章对全球能源供需格局以及面临的困难风险和严峻形势进行分析研究。第二至第五章在对“一带一路”沿线中东、非洲、东盟、中亚、俄罗斯等主要地区和国家油气资源禀赋状况、供给能力以及与中国能源合作历史及现状进行分析和梳理的基础上,对中国与这些国家和地区能源合作的前景进行分析预测。第六章剖析中国推进“一带一路”能源合作面临的困难和路径思考,对“一带一路”主要地区能源合作前景形势进行分析判断。

八十四、《纵横“一带一路”——中国高铁全球战略》,徐飞,格致出版社

习近平总书记强调,实现“两个一百年”奋斗目标,实现中华民族伟大复兴的中国梦,必须坚持走中国特色自主创新道路,加快各领域科技创新,掌握全球科技竞争先机。中国高铁的发展正是经历了一个从无到有、从弱到强,从“跟跑”到“并跑”再到“领跑”的过程,实现了从“技术引进”,到“中国制造”,再到“中国创造”的跨越式赶超,成功走出了一条中国特色的高铁自主创新之路,中国高铁已经成为“中国制造”和“中国速度”的标杆。

本书在全球视域下审视中国高铁的成功实践，重点探讨"一带一路"建设框架下中国高铁"走出去"国家战略。从国际经济、外交政治、文化与文明等多个维度，全面探讨中国高铁的全球战略价值，深刻阐述高铁在构建"一带一路"国际经济合作骨架、开启高铁外交新时代、再造地缘政治新版图、重塑世界金融新秩序、重构"新陆权"、打造"人类命运共同体"等方面的重大意义，并对高铁时代的大学担当、高等工程教育、人才培养等关乎高铁未来发展的焦点问题作了论述与展望。

八十五、《一带一路引领全球化新时代》，第一财经，上海交通大学出版社

全球化发展正处于历史的十字路口——在全球经济、贸易增长低迷的背景下，反全球化和民粹主义思潮风起云涌。"一带一路"倡议提出于这一博弈的关口，为国际秩序转换和全球治理体系重塑贡献了重要的中国智慧。全球化新时代的未来画卷正向人们徐徐展开，其影响，必将遍及从区域、国家到企业乃至个人的各个角落。本书汇集了第一财经上来自不同领域权威专家、各国政府机构官员及相关投资机构管理者关于"一带一路"的精华解读和访谈记录，有高瞻远瞩的前沿瞭望，也有就税务、生态、区域发展等话题的极具操作性的意见；既回顾了"一带一路"自提出以来产生的效应和发展的脉络，更描绘了这一倡议将如何重构未来。从中我们得以窥见，"软硬"各层面互联互通的、普惠性的"一带一路"，将如何深刻影响与其直或间相关的每一个地区和个人。

八十六、《"一带一路"建设对策研究》，刘卫东、刘志高，科学出版社

"一带一路"是新时期中国重要的倡议，将对中华民族的伟大复兴产生深远的历史影响。国家发展和改革委员会、外交部和商务部经国务院授权，于2015年3月28日发布《推动共建丝绸之路经济带和21世纪海上丝绸之路的愿景与行动》，为"一带一路"建设提供科学支撑是当前和今后相当长一个时期的国家重大战略需求。本书大部分学者参与了"一带一路"战略规划研究，为国家有关部委决策提供了科学支撑，并在国家自然科学基金委员会管理学部设立的2015年第5期应急管理项目"'丝绸之路经济带'和'21世纪海上丝绸之路'发展战略与相关政策研究"支持下，进行了学术总结。本书作者来自经济地理、区域经济、国际贸易和产业经济学等领域，在深刻剖析"一带一路"的科学内涵、空间影响的基础上，从对外航空运输联系、对外贸易与投资、海洋经济合作等方面，探究了"一带一路"建设面临的重要理论和实践问题。

八十七、《"一带一路"沿线国家主权信用风险报告》，毛振华、阎衍、郭敏，经济日报出版社

本书针对27个沿线国家，提供了分国别的风险报告，分别从经济财政金融概况、债务及可持续性分析以及主权信用风险分析等3个方面，对国别的风险进行了多角度的刻画，同时对各国债务可持续性及主权评级调整因素进行了展望。

本报告是中诚信国际开展主权评级业务以来的主要研究成果，也是中诚信国际博士后工作站主要研究成果之一。本报告由中诚信国际信用评级有限公司与对外经济贸易大学基于联合成立的课题组共同合作完成，课题组由中诚信集团创始人毛振华教授与对外经济贸易大学人力资源处处长郭敏教授负责。

八十八、《"一带一路"中医药文物图谱集》，曹晖、廖果，暨南大学出版社

中医药文物是中医药文化的精微具象，与"一带一路"相关的中医药文物是中外医学交流的历史见证，是中医药伟大宝库的重要组成部分。本书收录400余幅具代表性的中医药文物图片，配以精练的说明文字，分综合篇、中外交流篇、民族篇、敦煌篇、佛教篇和海药书影篇介绍，涵盖从远古到近现代的各个历史时期，以文物性质与用途分类为经，以文物所属朝代为纬，兼顾文物质地，图文并茂地展现中外医药交流的历史风貌，宣传、弘扬中医药传统文化，描绘中医药与古丝绸之路、海上丝绸之路互相促进、共同繁荣的图景。本书对当代中医药历史研究、中医药文物整理发掘、国内外中

医药学术交流以及世界范围的中医药文物资源共享等将发挥基础性公益作用。

八十九、《“一带一路”相关地区与国家侨情观察2018》，张振江、吉伟伟，暨南大学出版社

两千年前开始的“古代丝绸之路”以及“古代海上丝绸之路”成为亚洲、欧洲与非洲之间人口迁移、贸易流通、文化交融的和平繁荣之路，它是世界各国人民的共同文化遗产。2014年，在第38届世界遗产大会上，联合国教科文组织批准了由中国、哈萨克斯坦和吉尔吉斯共和国三国联合申报的“丝绸之路：长安－天山廊道的路网”项目，“丝绸之路”被正式列入世界遗产名录。这一人类共有的历史遗产继续受到当代诸多国家的重视，很多国家都在借用它来加强当代国与国之间的多领域合作，其中包括日本的“新丝绸之路外交战略”，俄罗斯、印度、伊朗的“南北走廊计划”，欧盟的“新丝绸之路计划”，美国的“新丝绸之路计划”，伊朗的“铁路丝绸计划”，哈萨克斯坦的“新丝绸之路”项目等。从目前来看，中国的“一带一路”倡议的国际影响更大，也可能成为一项延续“古丝绸之路”精神的伟大国际合作事业。正因为如此，中国政府一直呼吁“一带一路”需要所有有志于此的国家密切合作，只有大家“共商”“共建”，才能“共享”“共荣”。

九十、《“一带一路”大实践 中国工程企业“走出去”经验与教训》，周啸东，机械工业出版社

中国工程企业如何抓住“一带一路”战略机遇，“走出去”，而且要走得更好、更稳？北京基业长青管理咨询股份有限公司组织产学研等方面的专家团队进行了深入探讨，并将相关成果编写成书。本书前面部分是12个管理要素的专题报告，介绍了中国工程企业提升管理水平的关键环节和实施路径等；第二部分是12个典型项目的案例报告，精选了中国工程企业在国际市场上具有重大影响和代表性的12个典型项目，力求公正、客观地进行记录，多方面完整体现其中蕴含的经验与教训。

九十一、《世界新趋势：“一带一路”重塑全球化新格局》，[奥]多丽丝·奈斯比特（Doris Naisbitt）[美]约翰·奈斯比特（John Naisbitt）、[美]龙安志（Laurence Brahm），中华工商联合出版社

本书的3位国际知名学者站在局外者的角度，以全球战略的眼光，对中国“一带一路”宏大构想进行深入解读。现在的世界是一个多中心的世界。“一带一路”正是多中心全球秩序、多样化经济结构的重要支柱，也是稳定动荡地区和国家局势的重要力量。“一带一路”会对财富更均衡地分配发挥实实在在的作用。“一带一路”要做的不是提供援助，而是创造出适宜的条件帮助人们自食其力。

“一带一路”倡议是宏大的，它的推动涉及蓝图的设计，各个参与国家、地区、组织的协调，作者以问题的形式，梳理了“一带一路”建设过程中在基础设施建设、金融、环保、投资、能源、产业战略等上的综合考量。“一带一路”的各种策略可谓牵一发而动全身，作者从国际视角，对中国制定的“一带一路”各种政策做了剖析，对其在政治、经济上的影响力作了客观评价，指出中国这个位于世界中央的古老国度即将实现伟大复兴。

九十二、《“一带一路”与中国发展战略》，张蕴岭、袁正清，社会科学文献出版社

《“一带一路”与中国发展战略》是中国社会科学院国际研究学部推出的一本集刊。本刊围绕着“一带一路”（“丝绸之路经济带”和“21世纪海上丝绸之路”）倡议，探讨其内涵和意义。并从综合视角、地区视角和外交视角出发，深入阐释“一带一路”倡议下的中国发展战略布局。其中既有理论辨析，也有对策解答。

九十三、《“一带一路”工业文明——资源融通》，李娜，电子工业出版社

本书聚焦“一带一路”沿线地区和国家的矿产资源产业，分地区和国家阐述了矿产资源的分

布、产业发展布局及资源潜力等情况，分析了各国的投资环境及与我国的产业合作基础，并结合我国企业在沿线国家投资的经验和教训进行热点透视和案例分析，探讨了我国与沿线国家在矿产资源产业领域的合作前景，并对优先合作国家及其矿种提出了建议。另外，本书也对土地、森林等其他自然资源的情况作了简要介绍。本书可为计划在"一带一路"沿线地区和国家从事矿产资源勘查开发的单位和个人提供参考。

九十四、《"一带一路"上的建筑奇观》，乐嘉龙，中国电力出版社

《"一带一路"上的建筑奇观》是一部内涵十分丰富的青少年科普读物。它以"一带一路"为主线，详尽地介绍了沿途著名城市和建筑，内容不仅涵盖了30余个国家、80多座建筑的历史、技术、艺术，还广泛涉及与这些建筑有关的历史、文化、风土人情以及建筑师们的传奇人生，是一部生动有趣、融科学与人文于一炉的图书。本书除了简约的文字介绍，还辅以实景照片、珍贵邮票以及作者的手绘画作等多种表现形式，特别是每篇开头作者的手绘建筑画，颇具特色。

九十五、《"一带一路"：当中国和欧洲邂逅在波罗的海》，[法]让•保罗•拉尔松、李东红，清华大学出版社

本书以"一带一路"为主题，分析其对中国和波罗的海国家之间的贸易和投资、中亚经济合作、丝绸之路沿线中外企业的战略、新大陆桥和物流等方面的影响。总体看来，中国的"一带一路"倡议为那些处在重要贸易路线上的国家和地区，以及位于贸易市场边缘的内陆国家和地区提供了发展机遇。两地及沿线的合作企业的发展战略、投资趋势、投资机遇和挑战也将面临重大变化。本书通过对"一带一路"沿线开发的18个中外合作项目进行分析，对潜在的商业机遇和挑战进行了深度分析，为跨国公司、政策制定部门和研究机构等提供了一个有见地的视角。

九十六、《一带一路：迈向治理现代化的大战略》，冯维红、徐秀军，机械工业出版社

本书讲述当下中国的国家倡议"一带一路"，从历史出发讲述古代丝绸之路的起源和发展，进而引出建设现代丝绸之路。利用翔实的资料分析了"一带一路"倡议在国内外的环境，阐述了"一带一路"的优势和面临的挑战以及对中国和世界的重大意义。

九十七、《"一带一路"建设与中国国际话语权研究》，陈宗权，西南财经大学出版社

当前，国际关系正在经历自"冷战"结束以来最为深刻的变化。全球化的深入发展和信息革命的持续推进使得国际关系与国内局势发生着前所未有的联动，人类日益处在你中有我、我中有你的命运共同体之中。随着西方国家深陷内外困境以及新兴国家的集体崛起，国际格局正从"冷战"结束初期的单极状态向多极化的方向演进。国际力量对比的变化总体上有利于世界的和平与稳定，不过局部的动荡和冲突此起彼伏，传统安全与非传统安全相互交织，大大加剧了国际局势的不确定性。国家之间综合国力较量日益激烈，特别是大国围绕国际规则和话语权的争夺趋于白热化。西方国家希望借助于既有的制度规则维护其垄断性的优势地位，新兴大国和广大发展中国家则要求改变国际权利和资源分配不公的现状，推动国际秩序朝着更加公正合理的方向发展。在国际思潮上，"冷战"结束之后高歌猛进的全球化潮流出现阶段性停滞，以反自由贸易、反移民、反全球化为特征的各类极端主张纷纷在世界范围强势登场。

九十八、《一带一路背景下农牧业现代化发展模式与战略研究——以呼伦贝尔市为例》，王瑞波、孙炜琳、黄圣男，中国农业科学技术出版社

该书主要介绍"一带一路"背景下，呼伦贝尔市的农牧业发展前景和发展规划，主要内容包括呼伦贝尔市的优势、产业布局优化、产业结构调顺、一二三产业融合、强化生态保护、构建支撑服务体系等。

九十九、《“一带一路”下中国企业走出去的法律保障》,陈文等,法律出版社

本书从分析每个不同的专业领域投资的新视角,向读者分析和阐述“一带一路”下我国企业在走出去过程中所遇到的种种法律问题和各类困境,并告诉读者应如何面对这些问题,而且还给出如何解决这些问题的方法和途径。这本书的创新之处在于它揭示了每一个不同专业领域对外投资时所面临的不同的特定问题,并且提供了一些典型的案例。

一〇〇、《“一带一路”:定位、内涵及需要优先处理的关系》,李向阳,社会科学文献出版社

自习近平2013年提出“一带一路”倡议以来,国内外对此给予了高度关注。2015年3月中国政府颁布《推动共同建设丝绸之路经济带与21世纪海上丝绸之路的愿景与行动》标志着“一带一路”进入了实施阶段。但作为一项新生事物,围绕“一带一路”存在诸多理论与实践问题,其中有两个问题备受关注:“一带一路”是什么?“一带一路”能否做到可持续?本书试图按照下述逻辑回答这两个问题:从中国和平崛起的国际背景出发,探讨“一带一路”的定位、内涵及建设“一带一路”所需要优先处理的关系。

一〇一、《“一带一路”国家教育发展研究(精选)》,北京师范大学中国教育与社会发展研究院,北京师范大学出版社

北京师范大学中国教育与社会发展研究院、“一带一路”国家教育发展研究课题组的《“一带一路”国家教育发展研究(精选)》以联合国教科文组织和国际社会两份具有里程碑意义的文件,《达喀尔行动纲领》(200HD年)和《教育2030行动框架》(2015年)为参照框架,力求呈现“一带一路”国家的教育风貌。全书涉及7个方面,涵盖各级各类教育以及跨领域议题:幼儿保育与教育,普及初等教育,中等及中等后教育,青年与成人扫盲,教师队伍建设,性别平等和教育信息化。书中还特别结合不同国家的教育政策及代表性案例对数据进行了深入分析。希望这些分析可以为相关政策制定者、研究人员和教育工作者提供一些有益的借鉴。

一〇二、《“一带一路”与”亚欧世纪”的到来》,薛力,中国社会科学出版社

一〇三、《“一带一路”文化遗产合作交流(2017)》,陈平、李凌川,社会科学文献出版社

一〇四、《“一带一路”与中国农业“走出去”》,初冬梅,社会科学文献出版社

在中国施行农业“走出去”战略和“一带一路”倡议的时代背景下,农业“走出去”问题,是新时代赋予国际问题研究领域的重要科学问题。作为中国现代化农业代表的农垦系统,拥有先进的技术装备和管理经验,在农业走出国门的浪潮中扮演着重要的角色。探讨农垦系统这一特殊的国际经济行为体进行国际农业开发的路径模式,具有重要的学术价值。

一〇五、《丝路泉踪——“一带一路”货币》,中南财经政法大学货币金融历史博物馆,科学出版社

第二章　学术论文

一、《"一带一路"战略下民族文化的传播路径研究》,常凌翀,人民网

"一带一路"战略下,积极推动中华文化"走出去",作为对外文化传播的重要载体,文化品牌正成为中华传统文化的国际表达,精心打造民族文化品牌成为中华文化"走出去"的战略要求。深入挖掘文化内涵,不断创新传播方式,在品牌塑造过程中嵌入中国文化的独特元素,提升文化品牌的潜在价值,已逐渐成为夯实国家文化软实力,增强中华文化国际影响力的重要途径。

二、《"一带一路"倡议下中国水电国际化发展路径》,周建平、周兴波、杜效鹄、王富强,《水利水电施工》2018年12月

本文在深入分析"一带一路"沿线国家基本情况、水电开发迫切性和水电开发潜力的基础上,提出了中国水电国际化发展应遵循"高端切入,规划先行;技术先进,质量优良;风险防控,效益保障;包容合作,互利共赢"的行动路径,认为中国水电企业在开拓国际水电市场的同时,应打造中国水电品牌,提升国际形象与影响力,确保中国水电国际化进程有序有效和可持续发展。

三、《"一带一路"和跨文化语境下江西文化资源建设及其传播路径》,刘艳,《华东理工大学学报》2018年12月

在"一带一路"倡议背景下,考量文化在丝绸之路上的价值体现,分析我国"一带一路"倡议从空间"一带一路"到全面"一带一路"的转变。从江西与丝绸之路的历史渊源、地缘关系提出建设"江西之韵"文化资源库的价值与意义。根据江西历史文化提出"三核三圈"的建设内容,从抓好"特色牌"、搭好"特色牌"、用好"特色牌"3个方面提出相关建设意见与传播路径。

四、《马来西亚华人社会推动中马"一带一路"合作研究》,周兴泰,《八桂侨刊》2018年12月

当前马来西亚共有华人人口将近700万人,人口占比将近1/4,并拥有众多华人政党和华人社团,对于中国"一带一路"倡议的参与态度总体积极,但也面临诸如华人内部政治力量分化、马来人特权限制和现实对接中的困难等问题,特别是在当前马来西亚出现建国以来的首次政党轮替、中马两国合作面临较多挑战的情况下,中国更应注重发挥华人作用,同时避免相关敏感问题的出现,积极稳妥地予以应对。

五、《"一带一路"背景下新疆方志馆公共文化服务能力建设浅析》,陈忠,《新疆地方志》2018年12月

方志馆是集藏书、展示、科研、学术交流、资源开发利用、爱国主义教育等多功能于一体的公共文化基础设施,是推动新时代地方志事业发展的重要平台。新疆方志馆定位为繁荣、发展、保存、传承新疆新编社会主义地方志成果,开发利用地方志资源,宣传、展示新疆地情,实现新疆社会稳定和长治久安总目标的公共文化阵地。"一带一路"背景下新疆方志馆公共文化服务能力建设必将不断

加强。

六、《“一带一路”中外高校纺织服装专业教育合作的战略地图与推进策略》，陈李红、严新锋，《纺织服装教育》2018年12月

在“一带一路”中外高校专业教育合作战略目标和现状分析的基础上，从价值提升、操作流程和支持保障3个层面系统构建专业教育国际合作的战略地图。针对我国高校纺织服装专业和纺织服装产业的现状，提出“一带一路”中外高校纺织服装专业教育国际合作的具体推进策略，为培养纺织服装产业发展所需的国际化专业人才提供有力支撑。

七、《“一带一路”背景下纺织工程专业培养方案的修订》，曹吉强、饶蕾、梁艳、张立杰、夏鑫、葛梦嘉，《纺织服装教育》2018年12月

新疆大学纺织工程专业在原有基础上提高实践教学课时比例，并增设针对少数民族学生的培养方案，从培养目标、课程体系设置等方面修订2017版本科培养方案，以期培养适应新疆经济社会发展需求的具有科学创新能力、实践能力及管理能力的纺织类复合型应用人才，促进新疆地区纺织工业发展。

八、《“一带一路”背景下珠三角企业的外籍人才需求研究——基于广深佛三市314家企业问卷数据的分析》，何展鸿，《广东轻工职业技术学院学报》2018年

“一带一路”倡议的实施中，人才建设是关键。基于6 826条外籍人才网络招聘信息和在广深佛三市发放的314份企业问卷数据，总结分析珠三角企业对外籍人才的需求现状和特点，为广东省高校的国际化办学和留学生培养提供依据，促进“一带一路”倡议的人才互通。

九、《“一带一路”背景下黑龙江省蔬菜产业出口竞争力的实证研究》，杨秀丽、孙正林，《北方园艺》2018年12月

“一带一路”倡议的提出和黑龙江省陆海丝绸之路经济带的构建，为蔬菜产品出口提供了优势和机会，同时也需要蔬菜产业出口竞争力进一步增强。该研究构建了包括规模优势指数、国际市场占有率、出口贡献率和显示性比较优势4个指标的评价体系，对黑龙江省蔬菜产业的出口竞争力进行了评价，并就蔬菜产业质量提升和出口市场布局调整等方面提出对策建议，以期为黑龙江省蔬菜产业的优质发展提供借鉴和参考。

十、《一带一路并购的成本差异性分析——基于宏观的视角》，肖湘、连勇智，《现代国企研究》2018年12月

由于“一带一路”跨越了6个经济带、65个国家，国别的差异，“一带一路”并购必定会遭遇与发达国家并购不一样的情形，国力的差异、制度的差异、并购中双方公司的差异、行业差异以及时间差异等都可能造成并购的成本的差异。本文从宏观的角度分析“一带一路”并购成本的差异性，为更多的相关的研究者和现实的执行者提供参考。

十一、《“一带一路”背景下企业人力资源管理的未来倡议走向研究》，周光华，《现代国企研究》2018年12月

“一带一路”集合了政治、文化、经济多个领域为一体，从国内逐渐向非欧洲、亚洲、欧洲多个国家延续，进一步推动了要一体化的发展进程，而在“一带一路”的背景下，企业的人力资源管理，占据着十分关键的环节，有效、合理的人力资源发展策略，直接关联着“一带一路”倡议实施效果的优劣。基于以上背景，本文对“一带一路”背景下企业人力资源管理的未来走向开展深入研究，在分析“一带一路”主要内容、目标的基础上，研究“一带一路”对企业人力资源管理者提出的要求，并着重研究“一带一路”倡议下企业的人力资源走向，进而为“一带一路”的实施、延伸提供一定的指

导意义。

十二、《"一带一路"背景下服务研习中医口译人才培养模式初探》，李小艳、蒙苑宁，《戏剧之家》2018年6月

在"一带一路"倡议背景下，中医文化要"走出去"，口译人员发挥着举足轻重的作用。因而，中医口译人员的素质和水平，很大程度上影响着中医文化传播的效果。本文提出服务研习口译人才的培养模式，期待为各高校和教育机构提供有益的参考和借鉴，促进中医文化传播，加快中国文化"走出去"的步伐。

十三、《"一带一路"战略下语言人才培养问题与对策》，殷丽莎，《戏剧之家》2018年6月

随着"一带一路"建设的深入推进，我国对外贸易不断加强，对于语言人才需求也不断提升。在现代教育体系中，语言人才培养占据着十分重要的地位。随着经济社会的快速发展，语言人才也呈现出新的授课需求，通过在语言教育中融入多元创新模式，可以助力语言人才教育提挡升级。在教育实践中，需要语言教师深入探索，寻求有效的教育路线，满足现代语言教育发展需求。

十四、《"一带一路"背景下高校学生跨文化交流意识和文化自信的培养途径初探——以英语和商务英语专业为例》，李洪俊、李妍，《戏剧之家》2018年8月

"一带一路"倡议的实施让中国与世界更加紧密地联系在一起，跨文化交流人才的需求日益增大，英语相关专业的人才培养就更加重要。本文对英语和商务英语专业学生的跨文化交流意识和文化自信的培养途径进行了初步探索，以期对相关人才培养提供一些帮助。

十五、《在一带一路视野下的丝绸之路乐舞回望》，魏燕鹏，《戏剧之家》2018年11月

丝绸之路的对外交流起始于中国汉代，至唐代达到顶峰。伴随着"一带一路"建设规划热潮，丝绸之路乐舞文化的研究也在不断深入，业界学者越来越关注古代壁画中包含着的丰富历史信息，那些佛寺建筑废墟中的精美遗存，以及石窟寺群中的大量泥塑、雕刻和壁画，作为西域历史文化的见证和各族人民智慧才能的结晶，生动形象地向我们展示了往昔的绚烂场景。

十六、《一带一路视阈下宁夏境内丝绸之路音乐文化的渗透探讨》，马晓红，《戏剧之家》2018年6月

探寻经济增长之道，促进共同发展共同繁荣的合作共赢之路，"一带一路"倡议的提出，是我国全方位发展和开放必然选择。宁夏是古丝绸之路必经之地，丝绸之路上的宁夏，商旅往来不绝，中原文明和西与文明也就此交汇融合。我们将就宁夏境内丝绸之路的音乐文化在"一带一路"视域渗透下发展进行分析和探讨。

十七、《探析"一带一路"主题微电影的跨文化传播》，李亚文，《戏剧之家》2018年12月

"一带一路"题材微电影是伴随着新时期国家政策衍生的。在新的语境下，"一带一路"主题微电影的跨文化传播显得更为重要。本文在梳理新时期以来"一带一路"主题微电影发展概况的基础上，着重分析"一带一路"主题微电影跨文化传播存在故事内容单薄、战略区域之间文化差异导致认知分别等问题，并提出实现"一带一路"主题微电影的跨文化传播需要寻求文化"公约数"、拓展战略区域传播渠道、优化电影产业区域化布局等措施，从而推动"一带一路"主题微电影"走出去"，向世界讲述中国故事，进一步建立文化自信。

十八、《国家主权让渡与"一带一盟"对接中的机制构建》，孙钰、贾亚男，《经济研究参考》2018年11月

从国家主权让渡的角度看，丝绸之路经济带建设与欧亚经济联盟"对接"的难题为机制建设。虽然"一带一盟"对接的宗旨和方向早已被确定，但其机制构建受欧亚经济联盟拥有的超国家权力

的制约。欧亚经济联盟的超国家权力来源于成员国的国家主权让渡。成员国是否向联盟让渡国家主权取决于各领域的一体化水平。主权让渡影响着“一带一盟”对接的渠道及其机制构建路径。

十九、《“一带一路”增进我国与邻邦戏剧文化的相互了解》,朱平洋,《戏剧之家》2018年7月

在我国戏剧艺术专业课程中,从未涉及我国邻邦的戏剧艺术。但当我们接触到国外教学中有关东南亚的艺术书籍与影视资料后,才知晓:泰国、缅甸、柬埔寨、越南、马来西亚、印度尼西亚、菲律宾等国都有种类繁多的戏剧表演艺术。当前,在“一带一路”倡议的大好形势下,作为从事文化艺术教育的老师,不仅需要拓宽视野,而且应该在教育层面与周边国家的文化艺术类大学进行更多学术与教学的交流,相互学习、沟通、研讨、合作、了解各自不同的文化与教育,一同迈上“一带一路”经济与文化教育发展的快车道。本文试从:1. 古代中印戏剧艺术对东南亚国家有何影响;2. 深入了解中南半岛各国的本土戏剧文化;3. 现代电影与传统戏剧艺术的保护等几方面进行阐述。

二十、《对防范化解“一带一路”重大安全风险的思考》,支东生,《经济导刊》2018年5月

随着“一带一路”建设各项工作扎实推进,国内企业纷纷抓住机遇走出国门发展。在此情况下,全面提高我国境外安全保障能力,加强重大安全风险防范,就显得越发重要。最近几年我国企业、人员在国外遭受恐怖袭击事件屡有发生,一再警示“一带一路”沿线安全形势复杂严峻。2015年12月习近平总书记在中央经济工作会议上就强调:要加紧研究,加大投入,加强防范,逐步提高海外安全保障能力和水平;中央要求有关部门加强境外安全保护工作,确保我国公民和机构安全。

二十一、《沿着“一带一路”讲好中国故事——舞剧〈粉墨春秋〉圣彼得堡精彩上演》,华晋舞剧团,《艺境》(山西艺术职业学院学报)2015年9月

2015年10月3日—11日,山西艺术职业学院华晋舞剧团赴俄罗斯圣彼得堡参加了“亚历山德琳娜国际戏剧节”,10月7日—9日,舞剧《粉墨春秋》在亚历山德琳娜大剧院连演3场。这是华晋舞剧团继美国肯尼迪艺术中心、澳大利亚悉尼歌剧院、法国戛纳电影宫等之后,再次登陆世界顶级艺术殿堂。在中西文化和表演形式差异很大的情况下,舞剧在俄罗斯的艺术之都深深打动了当地观众,融合国粹的现代舞剧让俄罗斯观众陶醉于中国故事。

二十二、《中国首家“一带一路”文化传播研究基地在陕西揭牌》,《今传媒》2017年11月

2017年9月28日,以“聚力•共融•向未来”为主题的2017中国广播电影电视社会组织联合会“一带一路”文化传播研究基地揭牌仪式暨首届“一带一路”传播论坛在陕西西安举行。本次活动由中广联“一带一路”文化传播研究基地主办,陕西省广播电影电视协会、陕西广播电视台研发部承办。会议确定了基地理事长单位和秘书长单位由陕西广播电视台担任。

二十三、《澳大利亚主流媒体中的“一带一路”》,孙有中、江璐,《现代传媒》2017年4月

研究选取亚太地区重要国家澳大利亚的4家主流新闻媒体作为考察对象,对该倡议提出至今所有涉及“一带一路”倡议的报道进行内容分析和话语分析,旨在揭示澳大利亚对“一带一路”倡议的认知与态度。研究发现,4家主流媒体报道总量较少,但呈上升趋势。报道强度与中国政府“一带一路”政策阐释、推广、双边外交/经贸活动强度成正相关。报道信源在行业间分布相对均衡,但过度依赖欧美西方智库和发言人。“一带一路”倡议主要出现在经济和政治议题报道中。经济报道更为正面,认为“一带一路”倡议将为澳大利亚和沿线国家带来利益;政治报道关注中国崛起可能带来的地缘政治变局及对现有国际秩序的威胁。澳大利亚主流媒体“一带一路”倡议报道的内在矛盾凸显了澳大利亚在亚太地缘政治结构性矛盾中所面临的两难处境。

二十四、《时尚产业发展和一带一路的愿景》,孙滨,《中国商界》2015年6月

“一带一路”是“丝绸之路经济带”和“21世纪海上丝绸之路”的简称。它是一种合作发展的

理念，更是中国一项中长期国家发展政策。"一带一路"不仅是古老的丝绸之路的提升和延续，也是中国与有关国家谋求共同利益的合作平台，推动经贸往来和文化交流的融合。"一带一路"倡议主要的目标是解决中国目前的过剩产能、资源物质获取乏力、战略纵深的开拓等一系列国家发展战略问题。

二十五、《"一带一路"背景下大数据在粤桂合作中的发展与应用》，周颖，《经济与社会发展》2018年12月

"一带一路"倡议提出以来，互联互通、共建共享、开放合作成为区域合作的共识，大数据技术为达成这一共识提供了理念指引与技术支撑。作为"一带一路"的重要节点，粤桂应紧乘粤港澳大湾区建设的政策机遇，以大数据基础设施建设、政府大数据工程建设、大数据产业链建设、大数据安全保障体系建设为着力点，拓宽发展视野、发挥比较优势，共同构建大数据政策体系和数据交易平台，促进府际数据跨区域流动，在深挖数据价值的基础上大力发展数字经济，推动区域合作走向深入。

二十六、《中国"一带一路"将改变世界经济版图》，管清友，《中国产经》2015年1月

2015年被视为"一带一路"倡议落地实施的关键年。国务院总理李克强在2014年的《政府工作报告》中提出：把"一带一路"建设与区域开发开放结合起来，加强新亚欧大陆桥、陆海口岸支点建设。外交部部长王毅在回答记者提问时表示，"一带一路"传承着具有两千多年历史的古代丝绸之路精神。它不是中方一家的"独奏曲"，而是各国共同参与的"交响乐"。

二十七、《"一带一路"构建区域协调发展新格局》，王辉，《智慧中国》2015年9月

"一带一路"作为新时期我国协调内外、统筹陆海、兼顾东西的重大战略部署，不仅将有助于改善我国发展的外部环境，也将对优化区域发展格局、促进区域协调发展起到重要的推动作用，将为新常态下经济平稳健康发展注入新的活力。

二十八、《抢抓"一带一路"战略机遇 打造西部地区开放发展高地》，本刊编辑部，《先锋》2015年11月

中国共产党第十八届中央委员会第五次全体会议提出，坚持开放发展，必须奉行互利共赢的开放战略，发展更高层次的开放型经济。推进"一带一路"建设，推进同有关国家和地区多领域互利共赢的务实合作。近日，成都市政府新闻办召开发布会，介绍成都融入"一带一路"和长江经济带发展战略有关举措，提出成都将通过实施四大举措，推进19项工作任务，加快实现建设"一门户一高地双中心"。作为历史上"南丝绸之路"起点城市、"北丝绸之路"货源供应地，成都主动迎接发展新机。融入"一带一路"和长江经济带发展策略，加快实现建设国家门户城市、国家内陆开放高地、西部经济中心和西部创新中心，是成都的战略建设目标。

二十九、《依托长江经济带 走好"一带一路"》，盛毅，《先锋》2015年12月

成都作为长江上游中心城市之一，欧亚大陆在中国西部的地理中心，长江经济带和"一带一路"交汇处的关键节点，在长江经济带和"一带一路"建设中，具有承接东部辐射带动西部发展，贯通南北丝绸之路、串联长江中下游的战略支撑地位。如何立足自身区位优势并抓住国家战略部署逐步落实的机遇，深度融入长江经济带，走好"一带一路"，是谋划成都市"十三五"和更长时间发展的重要立足点。

三十、《"一带一路"背景下中国对中亚五国直接投资结构差异性分析》，刘珅、张金玉，《河北经贸大学学报》2018年12月

在"一带一路"背景下，中国对中亚五国直接投资不断加速，这对双方经济发展都有重要意义。

中国对中亚五国直接投资的投资规模、投资产业和投资主体均存在显著差异性。在引力模型基础上，运用固定效应面板模型，对吸引我国直接投资和影响因素之间的关系进行实证分析发现：中亚国家的市场规模、劳动力成本和科技水平对吸引我国直接投资具有显著正效应，不同国家之间存在较大差异。

三十一、《展会并立 构建国际合作平台 聚焦“一带一路”国际商协会大会》，徐依娜，《中国会展》2018年12月

“一带一路”国际商协会大会是一个以全球各国商会、行业协会等社会组织为主要参与主力的世界级盛会，致力于搭建中国商协会和“一带一路”沿线国家及世界各国商协会互动、融合、协同发展的国际合作交流平台，力求在深度融入“一带一路”建设中积极发挥商协会资源优势，拓展国际合作新蓝海。

三十二、《“一带一路”背景下的国家开放大学海外办学探索——以国家开放大学赞比亚学习中心建设实践为例》，王硕，《高等继续教育学报》2018年12月

“一带一路”倡议对扩大中国教育对外开放并协同中国企业“走出去”有更大的需求，国家开放大学近年来进行了海外办学的探索。赞比亚学习中心的建设实践是国家开放大学践行国际化发展理念的积极行动，也是对“中国职业教育走出去”的响应，其建设目的在于通过教育输出服务中国企业，提高中国企业在海外的竞争力，同时也通过与企业合作，探索在海外开展远程高等教育和职业教育相结合的发展模式。

三十三、《“一带一路”背景下福州海洋渔业产品出口贸易存在的问题与对策研究》，郭丽霞，《木工机床》2018年12月

“一带一路”的建设与海洋经济的发展密切相关，福州作为“一带一路”重要城市，在海洋渔业出口贸易中发挥着重要作用，但存在海洋渔业产品竞争力不强，主要表现在产品附加值低、受绿色贸易壁垒影响大以及海洋渔业外贸人才培养缺乏等突出问题。为了提高福州海洋渔业出口贸易水平，福州市应提高水产品附加值精深加工，积极开展海洋生态环保与产品溯源相结合的绿色环保体系，大力发展海洋经济相关高职教育。

三十四、《秉持“勤计精量”精神，助力“一带一路”建设》，赵慧、蓝哲韬、邵媛，《计量与测试技术》2018年12月

在国家“一带一路”倡议推进下，武汉市计量测试检定（研究）所高度重视对国家发展战略的贯彻落实，站在经济社会发展的全局高度，秉持“勤计精量”精神，计量为民，服务发展。12月初，我所接到武汉科域祥电力设备有限公司的“求助”电话，该公司为中国十五冶金建设集团伊朗项目部配置了一批仪器设备，此批仪器设备事关伊朗项目的工程进度，希望能尽快取得检测证书。

三十五、《“一带一路”倡议下温州对外直接投资策略研究》，潘璐瑶、洪鼎艺、钱翀，《农村经济与科技》2018年12月

随着“一带一路”构想的提出，我国引发新一轮的投资热潮。温州作为最早“走出去”的地区之一，其在“一带一路”沿线国家的直接投资行为极具代表意义。本文在分析“一带一路”倡议下温州对外直接投资现状和优势的基础上，针对温州在对外投资过程中的遇到的问题提出应对策略。

三十六、《“一带一路”背景下〈长征组歌〉的意涵及现实意义研究》，焦志丽，《民族音乐》2018年12月

长征，给中国带来巨大的变化，开启了中国时代的新篇章。今天，我国在国际地位上的经济影

响力不断提高。中国作为区域经济的中心，为了更好地服务于区域经济，中国提出了共同发展的"一带一路"倡议，使各个国家共同发展。未来前行的道路是无尽的，因此也需要不断坚持，砥砺前行，这就需要我们重拾长征精神，排除万难，再创辉煌。

三十七、《"一带一路"视域下新疆对外文化交流与安全》，高敏，《湖北省社会主义学院学报》2018年12月

新疆有东西文化交流中心的得天独厚的地缘优势，被定为"一带一路"建设核心区。在"一带一路"的推动下，新疆与周边国家的经济、文化、商贸交流日益增多。在面对沿线国家特别是中亚、西亚部分国家和地区民族、宗教矛盾问题突出，文化思潮涌动频繁，政治局势动荡不安等问题的形势下，在加强维稳的同时，提升新疆文化竞争力，确保文化和意识形态领域安全显得尤为重要。

三十八、《借势借力"一带一路"壮大临空自贸经济 打造内陆开放高地》，周先毅，《先锋》2015年9月

双流县作为成都天府新区建设的重要承载区和产业发展的重要支撑极，对接融入"一带一路"、加快建设国家级新区、助力成都申报设立内陆自贸区，既是服务国家战略、区域发展的应尽之责和主动之为，也是推动自身发展、转型升级的重大机遇和强力支撑。在此背景下，发挥双流优势、找准双流定位、推动双流发展，打造"一带一路"内陆开放战略高地。

三十九、《电网发展融入"一带一路"》，本刊编辑部，《湖北电力》2015年5月

《推动共建丝绸之路经济带和21世纪海上丝绸之路的愿景和行动》正式发布，关键词"一带一路"热度高企。"一带一路"是世界上跨度最长的经济走廊，发端于中国，贯通中亚、东南亚、南亚、西亚乃至欧洲部分区域，东牵亚太经济圈，西系欧洲经济圈，沿线近60个国家，90多个城市，国内生产总值占全世界总额的55%左右，拥有世界总人口的大约70%和世界已探明能源资源的75%左右，形成世界上最具发展潜力的经济带。

四十、《黑龙江省商务英语专业"一带一路"适应性教改模式研究》，刘静、奚晓丹、李明明，《课程教育研究》2016年5月

为了适应教育部应用技术型大学建设，推动商务英语专业教学改革，从国家"一带一路"倡议中探寻专业发展新契机，进而为该倡议培养语言服务人才。本文通过阐述背景、分析挑战和预测契机，综合分析后，尝试探索黑龙江省商务英语专业经济发展适应性教改，以期构建专业特色，提高就业对口率，促进满足市场需求的应用性、职业型商务英语人才培养。

四十一、《日本对"一带一路"倡议的解读与应对分析》，笪志刚、任晓菲、李扬，《当代韩国》2017年6月

"一带一路"倡议提出时，正值中日关系趋冷，从倡议提出日本负面居多的品头论足和各界的质疑，到2017年5月日本自民党干事长二阶俊博率团参加"'一带一路'国际合作高峰论坛"转为积极态度，日本对"一带一路"的态度经历了一个转变过程。从日本政府的公开见解及政府智库的解读来看，经历了初期排斥、中期竞争、后期软性应对直至现在的积极参与几个阶段。与日本政府较长时间的较为冷淡态度不同，日本企业界的解读相对客观和较为积极。多数经济团体给予"一带一路"倡议较为积极的评价，一些与中国业务不甚紧密的经济团体对倡议表述较为谨慎，有的甚至充满了戒备心态；一些保守系媒体认为日本需要与美欧共同遏制中国粗放式发展模式的向外扩大，部分偏左媒体则认为应加强中日互利合作的正向报道；大学和智库的多数学者认为，"一带一路"倡议是顺应世界经济发展趋势的构想，日本不应一概排斥"一带一路"。普通民众较为普遍地抱有戒备和担忧意识。随着目前日本自民党内主张与中国在"一带一路"延长线上合作的呼声占

据主流，安倍政府对“一带一路”的态度也发生了转变，积极参与的姿态明显。

四十二、《“一带一路”背景下新疆南疆高校生物类专业应用、创新型人才培养模式的探索》，王建明、李艳宾、罗晓霞，《中国教育学刊》2016年2月

生物类相关专业近年来发展迅速，其新技术、新方法、新手段已经逐渐渗透到农业、畜牧、食品及化学化工等多个行业，随着国家对“一带一路”倡议的不断推进，新疆南疆地区作为新丝绸之路经济带的核心区，对生物类专业人才的需求也日益增大，但从新疆南疆地区生物类专业发展现状来看，因起步较晚、培养模式不健全、缺少特色和明确的就业方向等问题，使该类专业一度就业率低下。通过277份问卷对处于新疆南疆地区的塔里木大学生命科学学院在校生物类专业学生的人才培养现状进行调查研究，了解生物类专业出现的问题，结合学校、学生等方面的实际情况提出有针对性的建议，以期对生物类相关专业人才培养模式的改革等方面工作有一定的促进作用。

四十三、《“一带一路”背景下的对外传播》，乔玲玲、苏鹏、苏雪梅，《新闻战线》2017年12月

“一带一路”倡议高举和平发展的旗帜，积极发展与沿线国家的经济合作伙伴关系，共同打造政治互信、经济融合、文化包容的利益共同体、命运共同体和责任共同体。“一带一路”建设涉及地域甚广、国家众多，其实施环境纷繁复杂。为了更好地推动“一带一路”建设，本文客观审视和论述了“一带一路”背景下我国对外传播面临的困境，并有针对性地提出了应对之策。

四十四、《“一带一路”背景下旅游电视节目的传播意义——以中文国际频道〈远方的家〉为例》，张喜丽，《新闻战线》2017年12月

2016年，为了响应“一带一路”倡议，向全世界传达和平、发展、合作、共赢的理念，《远方的家》栏目制作了特别节目《一带一路》，通过行走、记录、采访，将“一带一路”沿线各国的历史文化、自然风光、民俗风情和旅行体验尽情展现在海内外观众面前，使全世界能够真正了解“一带一路”倡议，突出了“一带一路”打造命运共同体、责任共同体和利益共同体的时代精神。

四十五、《“一带一路”背景下中国图们江区域城市国际经济合作战略与格局》，方创琳，《东北亚经济研究》2017年6月

在我国实施“一带一路”倡议和“走出去”战略的大背景下，加快推进中国图们江区域城市国际经济合作具有非常重要的特殊意义和紧迫性。本文通过对中国图们江地区国际经济合作与中朝罗先经济贸易合作的实证研究，认为在中国图们江区域国际经济合作中应实施“手臂联动”的国际合作战略、“三港联动”的国际合作战略和“手臂联动”的反磁力辐射战略，应构建由“一心（珲春国际合作示范区）、两区（中朝罗先经济贸易合作区和中俄哈桑经济贸易合作区）、三带（包括中国图们江区域长吉图开发开放经济带、中朝珲春－罗先跨境经济合作带、中俄珲春－哈桑跨境经济合作带三大走廊式的跨境经济合作产业带）”构成的中国图们江区域城市国际经济合作“T”型战略格局。

四十六、《成都在“一带一路”战略中的方位》，李铮，《先锋》2015年10月

2015年，国家发改委、外交部、商务部联合发布《推动共建丝绸之路经济带和21世纪海上丝绸之路的愿景与行动》。该文件系统说明了我国对“一带一路”倡议的整体设想和初步规划，其中，成都作为“内陆开放高地”被特别提及。作为我国西南重要的经济、教育、文化和金融中心，成都有能力在“一带一路”倡议中扮演举足轻重的角色，与这一倡议共同成长和演进。

四十七、《世界各国智库如何看待“一带一路”》，王灵桂，《智慧中国》2015年12月

看一个人的作为，首先要了解他的思想。了解一个国家的行为，把脉其主流智库思想是重要途径之一。因为从一定意义上讲，智库汇集的是各国精英之才，是国家的“大脑”。“一带一路”，是大

手笔、大视野、大战略、大举措。落实好，首先需要同沿线60多个国家思想相通，知其虑、知其需、知其忧，方能实现合作。这是前提之一。因此，在"一带一路"的实施中，我们应该注重了解和掌握国外智库在研究什么、思考什么、出了什么样的对策建议。

四十八、《"一带一路"积极进展超出预期》，《财经界》2017年7月

在"一带一路"沿线国家，中国同11个国家签署了自贸区协定，与56个国家签署双边投资协定"一带一路"沿线各国要实现梦相通、心相连，首先要做到的是手相牵。3年多来中国领导人利用多个机会和场合，与各国领导人、各界人士广泛交流沟通，努力增信释疑，倡导、介绍中国和平发展理念，商谈合作共赢发展的构想，"一带一路"越来越得到国际社会认同、理解、支持。目前世界已有100多个国家和国际组织参与到"一带一路"建设中，中国已与56个国家和区域合作组织发表了对接"一带一路"倡议的联合声明。

四十九、《深入推进陆海合作 助力"一带一路"建设》，欧阳玉靖，《东北亚经济研究》2017年6月

在当前世界经济复苏乏力、国际地缘政治发生深刻变化的背景下，"一带一路"倡议既宏大高远，又脚踏实地，对引领经济全球化深入发展、促进世界经济平衡发展和包容增长具有重要意义。"一带一路"建设积极推进陆海统筹，谋求扩大同沿线各国的战略契合点和利益汇合点，为打造政治互信、经济融合、文化包容的利益共同体和命运共同体创造了有利条件。

五十、《"一带一路"与我国自贸区开放》，罗芳，《东北亚经济研究》2017年6月

"一带一路"倡议立足与沿线多个国家建立贸易合作关系，通过提高有效供给，催生新的需求，提供了中国"陆海内外联动，东西双向开放"的新平台，为国内自贸区的发展提供了开放空间。在此背景下推进我国自贸区的开放战略，不仅提高我国的对外开放水平，更进一步促进中西部地区的经济发展。

五十一、《"一带一路"沿线国家地区糖果安全标准比较》，廖鲁兴、李惠军、王良填、王庆新、潘雅玲、刘丹、张榆辉，《中国标准化》2018年12月

通过对我国和"一带一路"沿线其他国家（地区）的糖果安全标准进行比较分析，筛选出比我国更加严格的标准，指导企业加强安全控制，确保贸易顺畅。

五十二、《"一带一路"战略下四川省国际贸易与国际物流关系研究》，习佳佳，《科技广场》2018年12月

"一带一路"的实施，让国际贸易和国际物流迎来了新的发展机遇。基于1996—2015年四川省相关数据，分别以进出口总额和货物运输量作为衡量国际贸易和国际物流的指标，运用协整检验、格兰杰因果关系检验等方法，实证分析了四川省国际贸易与国际物流之间的关系，认为四川省国际贸易与国际物流之间存在长期均衡关系，两者之间存在着单向因果关系。在分析的基础上提出"一带一路"倡议机遇下促进四川省国际贸易与国际物流协同发展的启示。

五十三、《"一带一路"背景下青海高校汉语国际推广的新思路》，党永芬，《青海民族大学学报》2018年10月

有效利用本地地域文化资源是推动汉语国际推广的有效手段，同时也是地域文化传播的有效途径。青海在"一带一路"倡议中具有特殊地位，拥有独特的地域文化资源，也有条件、有能力、有责任在汉语国际推广中有所作为。

五十四、《浅析"一带一路"给地勘单位带来的机遇与挑战》，李柯岩，《中国煤炭》2018年12月

阐述了地勘单位参与"一带一路"的现状，分析了地勘单位自身的优势及面临的困难，剖析了地勘单位参与"一带一路"建设面临的机遇及挑战。

五十五、《把江苏饮食文化旅游资源融入“一带一路”的战略设想》，李妍，《知识经济》2018年12月

江苏处于“丝绸之路经济带”和“21世纪海上丝绸之路”的交汇点上(这个点的面积有点大，需要战略设计)，横跨长江下游两岸，东濒黄海，海岸线长达1 000多千米，地处长江三角洲。具有较强的区位优势和丰富的饮食和旅游的资源，早在6 000多年前江苏人民就用陶器烹饪。夏禹时代，淮白鱼成为贡品，到现代国宴中的大多数菜肴仍属于淮扬菜，可以说在几千年的历史饮食文化的长河中江苏的淮扬菜已成为一个品牌，同时江苏的旅游资源丰富，有山、有江、有河、有湖、有海，占尽地理之优势，对于如果融入“一带一路”具有重要的战略意义和价值，本文从江苏饮食文化旅游资源的丰富性和发展的局限性作为切入口，试图搭上“一带一路”这条高速公路，那么这个战略设想就是建立“一带一路泛江苏沿海经济带”的打造，建立以饮食文化和旅游资源为依托的“全景式”沿海休闲带，所谓“全景式”即不以某个景点为立足，而是以沿海休闲带作为“一带一路”经济战略中的缓冲带，起到吸附和联系的作用，积极的推动沿海饮食文化和旅游品牌的深度发展。

五十六、《加强知识产权国际合作，助推“一带一路”建设》，刘剑，《专利代理》2018年11月

知识产权国际合作始终服务中国知识产权事业发展，服务国家对外开放大局。在改革开放40周年之际，本文通过阐述知识产权国际合作在共建“一带一路”中的积极作用，充分展示近年来中国在推动“一带一路”知识产权合作方面取得的成效，特别是如何通过与沿线国家和地区开展务实合作和互鉴互学，增进相互理解信任，共同提升知识产权能力，服务区域创新发展。同时，展望未来“一带一路”知识产权合作不断深入发展的愿景。

五十七、《“一带一路”下跨国油气管道安保培训机制创新研究》，双春亮、赵鑫，《科技资讯》2018年9月

能源合作和跨国油气管道安保问题，是“一带一路”倡议重要内容之一。执法培训作为一种新型合作形式在跨国油气管道领域发挥日益凸显。本文在分析跨国油气管道安保面临的形势任务的基础上，归纳了跨国油气管道安保执法培训的现状和存在主要问题，提出加强执法培训的理论研究、理顺执法培训管理体制、构建执法培训评估体系等具体措施，旨在提高跨国油气管道领域执法培训水平，更好地服务于“一带一路”建设，具有十分重要的理论和现实意义。

五十八、《刍议齐文化在一带一路建设中的历史定位与现实意义》，周朔琦，《科技资讯》2018年9月

随着我国社会经济的快速发展，我国的综合实力不断增强，在国际上的地位和影响力也得到了全面的提升。为了能够进一步促进世界和平发展，我国提出“一带一路”的倡议，通过与其他国家之间的沟通和联系，能够形成和谐发展的国际形势。齐文化作为齐鲁大地文化的统称，不仅具有孔子的道德思想，而且也吸收了当地土著文化，所以齐文化更加崇尚功利，尊重文化传统，讲究革新。齐鲁文化在不断发展的过程中形成了自强不息的刚健精神、崇尚气节的爱国精神、经世致用的救世精神、大公无私的群体精神等，这些精神激励着齐鲁大地的人们，不断地努力创造美好的社会生活，在现代“一带一路”发展的过程中，必须要积极通过齐文化的建设，来促进“一带一路”的快速发展。

五十九、《一带一路与我国电力市场的投资机遇》，李阳，《科技资讯》2018年10月

“一带一路”是党中央和我国政府在新时代提出了伟大构想，“一带一路”不仅仅经济战略，更是一项国家战略，主要目的是加强“一带一路”经济线上国家的经济联系，积极开展资本、技术、劳务与文化合作，实现我国和这些国家与地区之间的政策沟通、道路连通、贸易畅通、货币融通和民心相通。我国电力企业应积极参与“一带一路”经济带建设，开拓国际市场，实现我国同周边地区国

家电力能源的有效合作。

六十、《"一带一路"沿线国家贸易便利化水平对中国出口影响的实证分析》，林琦、欧思歆，《数学的实践与认识》2018年12月

基于中国2005—2016年对"一带一路"沿线64个国家的出口贸易数据，实证检验了东道国贸易便利化水平对中国出口的影响。研究结果表明"一带一路"沿线国家贸易便利化水平的提高对中国出口具有显著的促进作用；东道国贸易便利化水平对中国出口的影响在"一带一路"倡议实施前后并不存在显著差异；东道国贸易便利化水平对中国出口的影响在贸易开放度水平不同的国家间具有异质性，东道国贸易便利化水平的提高对中国出口的促进作用主要体现在中高贸易开放度国家。建议中国政府应督促"一带一路"沿线国家通过加强相关制度建设和利用互联网等措施提高其通关效率，并对于不同贸易开放度的国家应采取不同的贸易措施，以达到双方贸易的共同繁荣。

六十一、《我国各省市"一带一路"沿线国家科技合作态势研究》，马丽丽、吴跃伟、周伯柱、赵晏强，《科技促进发展》2018年8月

加强科技合作是推动我国"一带一路"倡议的重要建设方面和实施举措。本文以我国与72个"一带一路"沿线国家的合作论文为研究对象，在分析论文年份分布、国家分布概况基础上，重点对国内33个省市与"一带一路"沿线国家合作论文的地区分布、合作网络、合作主导力和学科分布进行了分析，以期为今后我国及各省市制定针对性的"一带一路"沿线科技合作实施方案提供参考。

六十二、《发展跨境电子商务促进企业走出去战略研究——基于"一带一路"背景》，李臻、张向前，《科技管理研究》2018年11月

在"一带一路"倡议推动下，跨境电子商务为企业走出去创造了贸易便利化途径，助力经济发展新常态下中国的产业转型升级。通过分析中国跨境电子商务发展现状和"一带一路"背景下企业走出去的国际环境，从国家竞争优势、平台搭建、风险防范和基础设施建设4个方面阐述跨境电子商务发展对企业走出去的影响因素。根据当前发展跨境电子商务促进企业"走出去"战略在竞争与市场、品牌与质量和转型与创新所面临的挑战，提出发展跨境电子商务促进企业"走出去"战略的5点建议：差异化服务、产业链打造、商业模式创新、国际间电商合作和金融配套体系完善。

六十三、《探索新增长点："一带一路"背景下中德农业科技合作的现实困境与模式创新》，俞建飞、姜爱良，《科技管理研究》2018年11月

基于对中德农业科技合作运行机制和合作成效的全面梳理和综合分析，识别出中德农业科技合作的现实困境，也揭示出"欧洲展望2020计划"和"一带一路"倡议形势下中德农业科技合作的战略机遇。从合作机制和项目内容视角建议中国应创新合作机制，建立中德农业科技研究联合实验室，务实深化合作内容，积极融入企业资本，健全中德农业科技项目管理运行机制，从而为"一带一路"沿线发展中国家农业科技发展提供破题机制。

六十四、《"一带一路"背景下沧州市地方高校外贸英语人才培养路径研究》，曹舒婷，《内江科技》2018年12月

"一带一路"倡议的提出，为我国对外贸易全方位、更为深入的发展提供了契机，也给外贸英语人才的培养提出了更高的要求。通过对沧州三所高校商务英语专业人才培养的研究，发现问题，并提出了相应的解决建议。

六十五、《"一带一路"视角下水资源合作的机遇和挑战》，李明亮、李原园、侯杰、肖鹏、高雅祺，《中国水利》

淡水资源匮乏、生态环境退化、自然灾害频发等水问题日益成为全球可持续发展面临的共性

问题，共建“一带一路”为开展更加广泛而深入的水资源合作提供了良好机遇。在阐述水资源政策沟通、基础设施合作、水灾害防治合作、科技人文交流等不同层面水资源合作的基础上，分析了“一带一路”水资源合作机遇，并对“一带一路”水资源合作面临的各国发展条件和阶段不一、基础设施投融资方式多样、跨界河流关系复杂、社会文化风险普遍存在等诸多挑战进行探讨。提出应加强顶层设计和平台支撑，推动政府部门、企事业单位和社会组织等各方形成合力，积极发展多层面的“一带一路”水资源合作。

六十六、《“一带一路”节点城市群轨道交通空间布局分析——以兰州－西宁城市群为例》，高玉祥、韩峰、段晓峰，《测绘通报》2018年12月

轨道交通是城市相互联系的纽带，能加强城市之间的沟通协作和促进区域经济的发展。本文以兰州－西宁城市群为研究对象，运用Arc GIS软件、统计学和经济地理学方法，研究轨道交通网密度和可达性的空间分布规律，分析了影响区域内轨道交通发展的主要因素并规划该区域未来的轨道交通建设方案。结果表明：中心城市兰州、西宁的轨道交通发展良好，具有很高的可达性；兰州片区的轨道交通建设整体上优于西宁片区，西宁片区副中心城市与节点城市间没有直达的轨道交通。根据规划后的轨道交通建设方案，优化完善研究区的轨道交通网布局，可为“一带一路”节点城市群建设提供支持。

六十七、《“一带一路”倡议下跨境流域生态补偿——国际经验与中国对策》，余慧容、郑钰、杜鹏飞，《中国环境管理》2018年12月

跨境流域生态补偿机制的构建，是实现“一带一路”倡议目标的重要基础，有助于化解资源冲突、协调区域发展、增进利益协同，进而增强政治互信，加快经济融合，提升文化包容，推进命运共同体构建。本文基于对西方国家跨境流域生态补偿研究与实践的梳理，总结归纳出西方跨境流域生态补偿中强调流域生态系统分析、注重不同付费原则相互配搭、重视双/多边协商、建立多层次综合管理体系等经验。在此基础上，针对现阶段中国跨境流域生态补偿所面临的挑战，提出加强跨境协商合作平台建设、重视对跨境流域生态系统研究以及构建多层次协同管理体系等应对措施。

六十八、《“一带一路”视角下中华茶典籍翻译的跨文化交际作用研究》，董丽丽，《福建茶叶》2018年12月

在对外开放格局日益提升的今天，跨文化交际已经发展成为文化交流与传播的新常态。在整个文化传播与交流进程中，经典著作有着无可替代的价值，尤其是对于中华茶文化来说，其中所包含的深厚理念，乃至人文精神，都是世界了解我国，了解我国文化的重要内容。本文拟从“一带一路”的时代背景认知入手，结合中华茶典籍的文化内涵，通过融入翻译活动中的跨文化交际要求，从而综合分析“一带一路”视角下中华茶典籍翻译的跨文化交际机制。

六十九、《英语学习与文化理解——以中西方茶文化交融为例》，张琪，《福建茶叶》2018年12月

在当前，只有进入“以文化理解为代表的茶文化交流”新状态，才能更为有效地促进中西方茶文化内涵的交流，这是因为“文化理解”是理解“中西方文化隐喻”的重要渠道、“文化理解”是“一带一路”背景下中西方茶文化交流的必要内涵、“文化理解”是克服英语学习中“翻译偏差”的重要方法。“文化理解”视角下中西方茶文化英语学习需要遵循跨文化交际原则、系统功能原则。“文化理解”视角下中西方茶文化英语学习要着重围绕着“中西方茶文化价值观念的理解”“中西方茶文化生活的理解”等方面而展开。

七十、《“一带一路”倡议下茶文化在英语国家传播的策略》，管俊，《福建茶叶》2018年12月

随着我国“一带一路”倡议不断实施，茶文化在海外英语国家得到了很好的传播，但很多时候，

由于文化、语言等因素的影响，茶文化在英语国家的发展和传播受到了阻碍。由此基于“一带一路”倡议下，如何提升茶文化在英语国家传播的效果，成了亟须面对的主要问题。

七十一、《“一带一路”倡议下中国传统茶文化的现代价值分析》，杨鹏，《福建茶叶》2018年12月

中国作为茶叶的发源地，也是丝绸之路的起点。在几千年的历史发展中，中国早已成为了茶叶大国，积聚了深厚的茶文化底蕴，而我国的茶文化也曾经顺着丝绸之路被带到了中亚以及东欧各国，并在一定程度上推动了不同民族的融合与发展。本文结合“一带一路”倡议，简要分析了中国传统茶文化的现代价值，并在“一带一路”倡议的指导下，对茶文化的现代传播之路提出了可行性建议。

七十二、《一带一路”战略下的无锡纺织服装产业升级策略研究》，朱旭明，《轻纺工业与技术》2018年12月

在新常态下，以重点工业城市无锡的纺织服装产业为切入点，深入分析传统劳动密集型产业围绕“一带一路”进行产业转型升级面临的机遇和挑战，并提出了无锡纺织服装产业转型升级的思路与对策。

七十三、《“一带一路”倡议对兰州物流业发展的影响》，陆阳，《中国港口》2018年12月

“一带一路”倡议既给我国物流业的发展带来了机遇，同时也带来了巨大的挑战。兰州物流业的发展也将因此迎来新的局面。兰州物流业发展现状，我国西部地区经济发展整体落后于东部地区，物流业的发展亦是如此。兰州市是西北地区的中心城市，被列为西部大开发战略重要的支点。

七十四、《“一带一路”视域下来华留学生在我国茶叶国际营销中的作用研究》，李坚强，《福建茶叶》2018年12月

我国茶叶出口总量大，但出口茶类结构较为单一、出口市场相对集中在亚、非等国家和地区，我国茶叶出口竞争力不断下降，茶叶企业在国际营销中面临的问题越来越严峻。在“一带一路”文化贸易战略的影响下，来华留学生在传播我国茶文化、把握国际市场消费偏好、推动茶叶企业转型经营、开拓新兴国际市场等方面都可以发挥积极作用。

七十五、《“一带一路”背景下英语翻译对茶企外贸重要性研究》，刘义，《福建茶叶》2018年12月

我国作为“茶叶之乡”，独特的制茶技术，制出了很多不同口味的茶，大大满足人们实际生活的需求。在“一带一路”背景下，提高茶产业对外经济贸易发展中，这对于促进我国经济发展有着积极作用。基于此，本文浅谈了“一带一路”背景下英语翻译对茶企外贸的重要性，以供借鉴和学习。

七十六、《社会组织服务“一带一路”建设的五大思维》，董俊林，《学会》2018年11月

“一带一路”建设不能没有社会组织的担当和作用。社会组织投身并服务于“一带一路”建设，迫切需要在思想和行动方面把握“五大思维”，要提出战略、对接战略和实现战略；要寻找历史记忆，把握历史经验，书写历史篇章；要考虑和处理好发展和监管、国内和国外、正面和负面之间辩证关系，通过跨界合作中的创新、困难问题解决中的创新和“双创”国际化来拓展创新思维、人道主义精神、可持续发展理念与核心价值观是应坚守的底线思维。

七十七、《中国-东盟蓝色伙伴关系建立之初探——以“一带一路”倡议为背景》，殷悦、王涛、姚荔，《海洋经济》2018年8月

从海洋数据信息与管理、蓝色经济、海洋生态环境保护、海洋防灾减灾等领域概述我国海洋产业与东盟“一带一路”沿线国家的合作基础和现状，提出面临的机遇和挑战；分析在“一带一路”背景下我国与东盟国家建立蓝色伙伴关系重点合作领域、合作方式，通过统一规划、合理利用资源，开展多双边合作，以及建立能力建设、人文交流机制和海洋命运共同体等方式推动蓝色伙伴关系的

构建,助力我国海洋事业发展与"一带一路"倡议相对接。

七十八、《论"一带一路"背景下的档案资源建设》,刘琳,《海南热带海洋学院学报》2018年12月

在"一带一路"建设的时代大背景下,档案资源的开发利用具有很大的发展空间,对增进"一带一路"沿线国家的相互认同感,传播中国传统文化都具有不可替代的重要意义。但目前档案建设在运行体制、资源、管理部门上还存在诸多问题。我们应在寻找历史依据、讲好中国故事、开发民族文化产品等方面采取有效措施,满足"一带一路"建设事业的时代需求。

七十九、《"一带一路"视角下边境特色小镇的水资源管理利用》,张洋,《内蒙古科技与经济》2018年12月

通过对云南省普洱市孟连县勐马镇芒沙村的水资源利用状况的调研,从生态人类学的角度入手,通过参与观察村寨里水资源的管理利用的现状及历史,用水的习惯以及水资源在人们日常生活中发挥的作用,从人类学的角度出发,结合当地的自然地理环境和经济发展状况对少数民族的用水习惯进行探究,从物质和精神两个方面分析水资源在该村村民生活中发挥的应用价值与文化功能,并且,针对当地水资源和水管理过程中存在的问题,提出相应的对策和解决办法,以此来推动当地的生态文明建设与农业生产协调发展。

八十、《"一带一路"背景下四川省现代服务业竞争力体系构建与评价》,李优树、张立祥、李蕾、罗运兰,《国土资源科技管理》2018年12月

"一带一路"的提出为国内沿线省市现代服务业的发展提供了新的机遇以及更广阔的合作平台。四川省作为"一带一路"沿线的西南省份,现代服务业的发展面临着沿线省市的激烈竞争。通过分析四川省现代服务业的发展现状,选取沿线的18个重要省市,运用熵值法,构建以核心竞争力、基础竞争力和环境竞争力3个层次的现代服务业竞争力评价体系,分析评价四川省现代服务业在沿线省市中的竞争力大小,并根据实证研究结果提出四川省现代服务业竞争力提升的建议。

八十一、《"一带一路"背景下景德镇陶瓷跨境电商发展初探》,余娜、张纯、叶孝明、段金华,《中国陶瓷工业》2018年10月

在"一带一路"发展大背景下,跨境电商崛起,作为世界瓷都的景德镇应抓住机遇,大力发展跨境电商。本文在进行广泛调研的基础上,对景德镇陶瓷跨境电商发展环境、机遇及问题进行分析,立足陶瓷产业转型升级,结合跨境电商发展趋势,提出景德镇陶瓷跨境电商发展对策与思路,为"一带一路"背景下景德镇陶瓷跨境电商发展提供有益的指引。

八十二、《"一带一路"安保法律分析》,张魏,《中国安防》2018年10月

"一带一路"建设中,各相关方会因为政治、经济、文化、宗教等方面因素的影响,而产生大量的争端。存在争端并不奇怪,也不可怕,问题的关键在于能否解决好争端。而解决争端的前提在于分清是非责任,而法律正是衡量争端各方是非责任的标准。因此,要充分重视"一带一路"安全保护法律方面的研究,为"一带一路"建设铺路架桥。"一带一路"在建的基础设施规模已达1万亿美元,涉及总量超过900个项目、44亿人口、多个语系和不同的法系。亚洲各国基础设施达世界水平需要8万亿美元投资。基础建设互联互通将会释放巨大的法律服务需求,同时也面临着政治、市场、社会稳定等方面的风险,这就离不开法律的"保驾护航"。

八十三、《煤电行业"一带一路"绿色产能合作现状与前景分析》,兰燕,《中国煤炭》2018年12月

介绍了我国煤电企业与"一带一路"国家合作与发展的现状,在合作主体、合作区域、合作方式等方面取得的突破,着重介绍了我国煤电企业向"一带一路"国家输出的先进技术和绿色产

能，提出了应构建煤电企业"一带一路"合作绿色指标体系，从而为我国煤电企业开展国际合作保驾护航。

八十四、《"一带一路"建设对沿线中国重点省域绿色全要素生产率的影响》，刘钻扩、辛丽，《中国人口资源与环境》2018年12月

绿色"一带一路"强调增长动力的转换，其落脚点是绿色全要素生产率（GTFP）的提升。中国沿线重点省域作为推进绿色"一带一路"实施的先锋与主力军，一方面，其更能充分享受到深度参与"一带一路"建设所带来的发展红利；另一方面其战略支撑与撬动作用关乎着绿色"一带一路"的建设成效与进度。本文首次基于"一带一路"沿线中国重点省域视角，采用基于SBM方向距离函数的GML指数测算并分析沿线重点省域GTFP的发展现状与动因来源；利用断点回归首次定量分析"一带一路"建设对沿线重点省域GTFP的影响净效应，并探讨沿线重点省域下一步加快GTFP发展的务实路径。研究发现：（一）沿线重点省域的GTFP发展现状总体较好；技术进步是主要驱动力。（二）"一带一路"建设对沿线重点省域的GTFP和技术进步均起到了显著促进作用，影响净效应分别达0.138和0.156。（三）研发投入对GTFP和技术进步表现为抑制作用但不显著；经济发展与GTFP表现为"U"型关系，沿线重点省域当前的经济发展水平与GTFP表现为负相关；沿线重点省域与"一带一路"沿线国家间的贸易对GTFP当前主要表现为负效应，原因受限于沿线重点省域不合理的贸易结构影响比较大，

八十五、《"一带一路"背景下我国煤炭企业如何发展》，成继忠，《财会研究》2018年11月

2013年后，在绿色能源、新兴能源蓬勃发展，经济市场万象更新的环境下，煤炭企业受产能过剩、生态约束、市场竞争激化等因素影响，结束了10年黄金发展期，迅速进入发展冰河期。恰逢"一带一路"倡议实施，为我国煤炭企业雪中送炭，创造诸多机遇，刺激煤炭企业逐渐回暖，进入新的发展阶段。纵观5年探索实践，文章对"一带一路"背景下煤炭企业发展面临的机遇与风险进行全面梳理，并深刻思考促进企业快速发展对策意义重大、势在必行。

八十六、《"一带一路"战略对大学生国际化思维的培养路径》，毕璟娴，《西部皮革》2018年10月

在"一带一路"当前背景的提出下，为我国大学生的国际化思维的影响带来了巨大的挑战和机遇。也就是说，对于现在的大学生思维教育要跟得上时代的步伐，密切结合"一带一路"倡议的思想，即要创新理念，建立管理联盟；健全教育体制，加强对于各个管理层次的运行监察；合理利用共享资源，建立出适合现在国际化的人才培养中心，以达到实现国内外相互沟通的地步。

八十七、《"一带一路"中外高校纺织服装专业教育合作的战略地图与推进策略》，陈李红、严先锋，《纺织服装教育》2018年12月

在"一带一路"中外高校专业教育合作战略目标和现状分析的基础上，从价值提升、操作流程和支持保障等3个层面系统构建专业教育国际合作的战略地图。针对我国高校纺织服装专业和纺织服装产业的现状，提出"一带一路"中外高校纺织服装专业教育国际合作的具体推进策略，为培养纺织服装产业发展所需的国际化专业人才提供有力支撑。

八十八、《"一带一路"背景下纺织工程专业培养方案的修订》，曹吉强、饶蕾、梁艳、张立杰、夏鑫、葛梦嘉，《纺织服装教育》2018年12月

新疆大学纺织工程专业在原有基础上提高实践教学课时比例，并增设针对少数民族学生的培养方案，从培养目标、课程体系设置等方面修订2017版本科培养方案，以期培养适应新疆经济社会发展需求的具有科学创新能力、实践能力及管理能力的纺织类复合型应用人才，促进新疆地区纺织工业发展。

八十九、《"一带一路"背景下珠三角企业的外籍人才需求研究——基于广深佛三市314家企业问卷数据的分析》,何展鸿,《广东轻工职业技术学院学报》2018年12月

"一带一路"倡议的实施中,人才建设是关键。基于6 826条外籍人才网络招聘信息和在广深佛三市发放的314份企业问卷数据,总结分析珠三角企业对外籍人才的需求现状和特点,为广东省高校的国际化办学和留学生培养提供依据,促进"一带一路"倡议的人才互通。

九十、《"一带一路"建设化解产能过剩的实证研究——以非金属矿物制品业为例》,王月升、刘曦、杜朝运,《亚太经济》2018年11月

在我国经济快速发展阶段,由于投资过度导致钢铁、水泥、平板玻璃、有色金属、船舶等行业出现严重产能过剩。自"一带一路"提出以来,人们普遍认为其对化解我国产能过剩具有重要意义。通过对非金属矿物制品业现状以及"一带一路"重点项目进行分析,并建立向量自回归模型,使用脉冲响应分析方法探究非金属矿物制品出口、对外直接投资(非金融类)、对外承包工程营业额、建筑材料和非金属矿物购进价格指数对非金属矿物制品业产成品库存的影响,可以得出"一带一路"能够有效化解非金属矿物行业产能过剩的结论。

九十一、《"一带一路"倡议下美丽中国建设的实践意蕴》,刘庆云,《新西部》2018年11月

本文阐述了美丽中国建设与"一带一路"推进之间相辅相成的关系,提出要破解生态困局,就要从以下3个方面进行实践:加强生态治理国际合作;推动科技创新人才培养;完善生态法律治理体系。

九十二、《一带一路"国家天然气贸易形势分析》,邹丽霞、张书莞、吴亚平、刘千慧、刘子瑜、杨庚明、周灿灿,《安徽理工大学学报》2018年11月

在"一带一路"倡议下推动天然气跨国贸易发展,有助于促进能源结构优化升级,促进世界经济和平发展。采用社会网络分析的方法表征"一带一路"天然气贸易格局,并还原出2012—2016年"一带一路"沿线国家管道天然气与液化天然气的贸易网络演化过程。此外还结合"一带一路"五通指数中的贸易畅通指数,分析典型国家的天然气贸易现状,划分出合作畅通型国家、合作均衡型国家、能源良好型国家、贸易良好型国家与潜在合作型国家,为开展"一带一路"跨国天然气贸易提供理论依据和政策建议。

九十三、《"一带一路"倡议背景下俄罗斯石油公司(Rosneft Oil)油气资源对外政策研究》,张嘉芯、汤嘉雯、陆宇丹,《佳木斯职业学院学报》2018年6月

现今,能源外交越来越成为一种不可逆转的趋势,俄罗斯最大的石油公司——俄罗斯石油公司(Rosneft Oil)在俄罗斯的能源外交中扮演了重要的角色,其油气资源的对外政策功不可没。本文将该公司的油气资源对外政策与我国"一带一路"倡议背景相结合,简要分析在此背景下该公司实行的油气资源对外政策。

九十四、《"一带一路"自驾游邂逅异域美食文化——以土耳其和印度为例》,李凯,《河北旅游职业学院学报》2018年12月

"一带一路"是"丝绸之路经济带"和"21世纪海上丝绸之路"的简称,在2013年由中国国家主席习近平提出,如今"一带一路"倡议的提出已有5年,在倡议全面落地的进程中美食起着至关重要的作用,美食连接了沿线国家间的历史、旅游、文化、贸易等。随着我国居民生活水平的提高,颇有自主性的自驾游模式越来越受到欢迎,在异国他乡的自驾游更是别有韵味,而自驾游目的地国家的美食是游客选择的重要要素之一,本文以"一带"上的土耳其和"一路"上的印度为例,介绍两国美食文化,为游客了解这两个国家的美食和为选择自驾游目的地提供参考。

九十五、《"一带一路"战略区碳排放差异影响因素的分析》,魏莱,《当代经济》2018年12月

"一带一路"倡议的提出对我国部分地区的经济增长具有明显带动作用,而一个地区经济发展势必会带来环境污染问题,其中最明显的就是碳排放的问题。因此为了更好地在地区经济发展的同时做好保护环境的预防措施,本文将以"一带一路"覆盖的地区为代表,主要研究西北、东北和西南3个地区覆盖的省份,分别对各地区碳排放差异进行Kaya分解,并建立SVAR模型,通过横向对比3个地区的脉冲响应可知,不同地区碳排放强度受能源结构、能源强度和产业结构的影响是不同的,进而对3个地区的碳排放问题提出针对性建议。

九十六、《一带一路沿线区域天然气管道在建情况分析》,李鑫、刘广仁、杨晓鹏、赵坤,《石油工程建设》2018年12月

天然气贸易正在迎来一个快速发展期,世界范围内与天然气相关的基础设施亟须完善,特别是跨国天然气管道建设在能源输送格局中显得尤为重要。全面梳理了当前"一带一路"区域跨国天然气管道建设情况,重点分析了亚欧大陆的中亚里海、俄罗斯、欧洲、中东地区及非洲大陆在建和规划的天然气管道具体数据,并简要阐述了其背后的政治经济意义。最后指出,深刻认识我国外部的天然气供需格局,可为我国的油气工程企业深度践行"一带一路"沿线区域管路互通提供有价值资料,并对其海外市场的拓展起到积极的指导作用。

九十七、《"一带一路"背景下FIDIC合同文件在国际工程项目管理中的应用探讨》,杜斌、沈明轩、郭仔翔、张玉涛、车小林、王涛、张兴,《科技创新导报》2018年8月

随着国家"一带一路"建设的不断推进,越来越多的国有企业参与到国外工程项目的承建中,国际咨询工程师联合会合同文件各项条款的应用非常广泛。本文通过对国际咨询工程师联合会合同条款的研究和分析,追溯国际咨询工程师联合会起源,提炼其合同文件的重要特点。对国际咨询工程师联合会文件中涉及的三方关系进行阐述,重点强调咨询工程师的作用和地位。最后通过分析国际咨询工程师联合会合同条款应用情况,总结国内外工程承包合同条款的几个重要区别,并提出在使用相关条款时需要考虑的重要因素。

九十八、《"一带一路"背景下的国际化人才培养》,黄金鑫、高楠楠、张燕燕、裴英、马梦朝,《中国电力教育》2018年11月

在"一带一路"建设背景下,国际化人才需求增长较快,人才培养面临新的挑战,电力企业国际化人才培养要根据对外开放的新步伐做出相应调整,重点培养专业能力强、外语水平高、能进行跨文化理解与沟通的新型国际化人才。

九十九、《"一带一路"背景下大学生就业创业教学改革研究》,白玉成,《郑州铁路职业技术学院学报》2018年12月

在"一带一路""互联网+"的经济发展新时代,社会提供了大量的新兴行业就业岗位,然而大学生并没有很快适应新时代的要求,不能胜任岗位,就业困难。在这种情况下,高校对学生的培养,除了专业能力外,更应该培养大学生解决问题的方法能力和社会适应能力。只有这样,才能使学生适应瞬息万变的社会需求,更快地适应岗位,发挥个人价值,为社会创造财富。

一〇〇、《"一带一路"背景下国际物流通道建设面临的问题和对策》,苏丽军,《企业科技与发展》2018年10月

随着"一带一路"倡议的提出和实施,我国经济发展越来越快。在"一带一路"背景下国际物流通道建设也逐渐加快,为各国间的贸易往来提供了较大的支持。文章分析"一带一路"背景下对国际物流提出的新要求,提出国际物流大通道建设策略。

一〇一、《“一带一路”视域下海外投资风险及应对研究》，陈珊，《企业科技与发展》2018年10月

2015年3月28日，国家发展改革委员会、外交部、商务部联合发布了《推动共建丝绸之路经济带和21世纪海上丝绸之路的愿景与行动》，从此“一带一路”的发展掀开崭新一页。由于当今世界对环保的要求及企业内外部发展等原因，让对外投资存在不少风险。文章在分析“一带一路”背景基础上，对存在的投资风险提出相应的策略。

一〇二、《基于战略钟模型的“一带一路”沿线工程承包市场进入模式分析》，李兴才、赵振宇，《电气时代》2018年12月

“一带一路”倡议致力于实现亚欧非大陆及附近海洋的互联互通，基础设施建设是其首要任务，如何进入沿线国家工程承包市场，我国企业面临着进入模式选择的关键问题。本文提出基于战略钟模型的牺牲型低价低值、节约型低价均值、双向型混合、改进型差异化以及投资型集中差异化战略等5种市场进入模式，为我国企业选择“一带一路”沿线市场进入模式并实现多赢目标提供参考。

一〇三、《“一带一路”背景下铁路物流人才培养的实践与探索》，嵇莉莉，《科教导刊》2018年11月

“一带一路”倡议为铁路物流发展带来机遇和空间，同时也对人才培养提出更高要求。文中分析了“一带一路”背景下铁路物流人才应具备的职业能力，并以南京铁道职业技术学院为例探讨铁路物流管理专业的课程体系设置和人才培养途径。

一〇四、《“一带一路”背景下运河经济带助推江苏“#”型经济带协同发展模式设计》，毛丽娜、周桂良、凌苗苗，《物流科技》2018年11月

文章从协同学角度出发，在“一带一路”战略背景下，分析江苏省沿海外向型经济带经济、社会以及生态协同发展模式，并在此基础上得出其整体协同发展模式。然后对江苏沿海外向型经济带协同发展路径提出建议，为江苏构建运河经济带助推江苏沿海外向型经济带协同发展，打造沿海外向型经济带全新格局形成联动协同效应，并在服务国家内外开放大局中增创江苏发展新优势。

一〇五、《“一带一路”背景下宁波航运保险供需状况及创新发展研究》，李华建，《宁波经济》2018年12月

当前我国的航运保险业呈现快速发展的态势，宁波作为国际知名港口城市理应在航运保险的发展中占据一席之地。而“一带一路”建设在为航运保险发展提供新机遇的同时，也对航运保险的发展提出了新需求。本文对宁波航运保险供需状况进行分析研究，提出推动宁波航运保险发展的对策建议：深化落实中央政策，加大对以东海保险为代表的本地航运保险企业的政策扶持；依托宁波保险科技集聚的优势，重点发展航运保险科技产业；鼓励并规范保险中介市场发展；加强基础研究，增强核心竞争力；加强基础设施建设，降低保险供给的隐形成本；提升航运保险服务水平，形成航运保险供给的新特色；加强人才培养，创新智力引进模式。

一〇六、《“一带一路”战略机遇下的西北内陆城市旧工业建筑再生利用模式研究》，李媛、肖莉，《城市建筑》2018年11月

本文基于“一带一路”背景简要介绍当前历史现状，以及曾经的旧工业建筑所面临的废弃、待拆、搬迁等命运现状，并尝试探讨旧工业建筑再生利用模式的可能性，结合案例、调研现状，探讨在城市化进程中如何更好地利用、活化这些空间。

一〇七、《资产规模、业务结构与银行绩效水平——基于"一带一路"中国及沿线国家银行面板数据》,成力为、李双宁,《科技与管理》2018年11月

以"一带一路"倡议下的中国及沿线国家银行资产规模扩张及非利息业务拓展为视角,从反映银行绩效水平的盈利和风险两个维度出发,发现"一带一路"区域内商业银行的资产规模与业务结构具有正向交互效应,两者对银行盈利能力及风险承担具有显著非线性协同影响。本文基于三维拟合曲面及边际分析法得出银行从非利息业务获得绩效水平提升须达到门槛规模,小型商业银行过度经营非利息业务反而降低银行的绩效水平,只有规模较大的银行提高非利息收入占比才能获益,但不能无限扩大规模,存在与非利息业务相匹配的最优资产规模-业务结构组合;因此,银行自身应合理调整规模与业务,强化风险意识;同时,"一带一路"沿线国家应建立区域性金融集群,优化资产规模-业务结构组合,提升银行业整体核心竞争力。

一〇八、《"一带一路"建设下产融结合平台的构建与实施——以中联重科为例》,谭小芳、张伶俐,《武汉商学院学报》2018年10月

"一带一路"沿线国家的基础设施建设需求,为装备制造业的产能输出与升级转型带来新的发展空间。产能输出与产业升级转型的背后是大规模的资金流通与金融支持。以"一带一路"的践行者中联重科为例,分析其"以融促产""产融协同""金融引领"的产融结合平台,如何实现资本输出带动产能输出、产金闭环的协同效应,促进"一带一路"上的产业升级、产业链布局的具体实践。

一〇九、《"一带一路"倡议下"义新欧"班列运行的问题及措施》,董华英、吕宏芬,《北方经济》2018年12月

"义新欧"班列是亚欧大陆互联互通的重要桥梁和"一带一路"建设的成果,是浙江融入这一国家倡议的重要举措。从落实和执行"一带一路"建设的角度出发,对"义新欧"班列运行的现状进行了梳理,剖析了这一中欧班列的比较优势和运行中存在的问题,如地方财政补贴不规范、班列运营缺乏市场化基础、回程货源组织不足、跨国协调难度大等。最后立足浙江,从统筹规划线路、探索市场化模式、协调和配置货源、提升贸易便利化等方面提出了推动"义新欧"班列高质量运行的措施。

一一〇、《"一带一路"、长江经济带发展战略背景下南京智慧港口综合信息管理平台建设需求分析》,蔡林芳、李鸿,《改革与开放》2018年11月

近年来,南京市紧紧抓住"一带一路"、长江经济带等国家战略机遇,加快海港枢纽经济区建设。文章对智慧港口——综合信息管理平台建设的背景、需求、必要性进行了分析。

一一一、《"一带一路"建筑施工企业税收风险及应对策略》,王春波,《现代营销》2018年12月

"一带一路"倡议的实施是推动我国企业走出去的重要助力,我国走出去的企业越来越多,面临着的税收风险也增加。本文讨论建筑施工企业的税收5个基本风险和施工企业特别关注的风险,通过分析这些风险,主要是从国家层面、企业层面税务部门层面和人才培养层面提出应对策略。

一一二、《"一带一路"背景下中国价值观国际传播新机遇与新对策》,康小兵,《西安航空学院学报》2018年12月

中国价值观的国际传播是提升中国文化软实力、实现中华民族伟大复兴的重要方面。当前综合国力的竞争是经济硬实力和文化软实力并重的全面竞争,如何有效开展中国价值观国际传播,彰显中国精神,展示中国形象,也成为中国意识形态建设面临的新课题。当前中国实施的"一带一路"倡议为中国价值观国际传播提供了新机遇,应立足国际国内形势,以精准凝练的内涵和内容为

载体,以国别研究为支撑,并加强人才和队伍建设,全方位推进中国价值观的国际传播。

一一三、《航运业“一带一路”投融资与航运金融人才培养》,谭小芳、张伶俐、杜佳媛,《航海教育研究》2018年12月

航运业“一带一路”沿线的产能输出与升级转型的基础是港口建设和航线布局等产业基础设施建设。航运业在产业建设与国际贸易过程中面临着产业投融资、贸易结算、金融风险防范及航运金融产品开发等金融需求,不仅需要航运金融人才进行资金融通与投资决策,更需要创新型航运金融人才开拓航运市场,以信息化优化航运金融市场。针对航运业在“一带一路”沿线的港口建设、航线布局等产业投融资,高等教育未来的重点是培养创新型航运金融人才,探讨“一带一路”航运金融人才的结构设计,从人才培养体系、课程体系、知识体系等方面,阐述“一带一路”航运金融人才的创新培养策略。

一一四、《“一带一路”背景下我国土木类人才培养问题探析》,何剑飞,《交通职业教育》2018年6月

“一带一路”倡议有利于我国土木类人才的战略升级、经验输出、品牌塑造。与此同时,我国土木类人才培养的弊端也显现出来,如国际化水平不高、职业教育理念淡薄、人才培养总体规模堪忧等一系列问题有待解决。需要动员各方面力量,整合多种有效资源,树立国际化办学理念,提升各领域人才培养的质量和营造良好的舆论氛围,为“一带一路”倡议建设打下坚实的基础。

一一五、《“一带一路”视角下我国高端制造业外贸发展策略及地区布局研究》,张思嘉,《科技经济导刊》2018年12月

“一带一路”构想,为中国外贸发展提供了新的视角。以高端制造业的外贸发展策略为课题,从“一带一路”视角切入,将从政治经济稳定性、市场发展潜力、产业分布结构的角度考察得出中国近期发展外贸合作的重点国家及重要合作方向,从而构建更有利于我国高端制造业健康发展的对外贸易新格局。

一一六、《“一带一路”全球质量溯源体系推动贸易便利化》,赵斌,《计量技术》2018年9月

从分析中国“一带一路”发展着手,结合国家供给侧结构性改革主攻方向提高发展质量,整体上看“一带一路”沿线国家贸易合作呈现良好态势,但是贸易壁垒和投资壁垒仍然存在,建立全球质量溯源体系,实现一个标准、一张证书区域通行,全球互认将极大的促进贸易便利化,有效提升我国产品质量,真正实现中国制造的升级换代,实现《中国制造2025》国家行动计划。同时作为国际质量管理手段也能加强“一带一路”沿线国家质量合作交流,输出中国质量标准,成就中国国家品牌战略。

一一七、《浅析“一带一路”战略下我国海外基地建设的需求与风险》,雷震,《科技经济导刊》2018年11月

随着当前“一带一路”建设的广泛深入,也使得中国海外利益不断扩展。但是由于我国海外缺乏稳定的硬件保障条件,因此使得在维护海外利益以及提供国际安全公共产品等方面存在一定的问题。在新时期,需要加强海外基地建设,针对“一带一路”倡议背景下我国对于海外基地建设的现实需求以及风险应对进行探讨,希望为相关工作者的研究提供理论支持。

一一八、《“一带一路”框架下集装箱多式联运发展对策研究》,柳艳娇,《全国流通经济》2018年11月

论文从点、线、货3个方面对南通集装箱多式联运的发展及基础进行分析,认为南通有一定发展集装箱多式联运基础。在探讨南通发展集装箱多式联运存在的短板基础上,论文认为南通需继

续从节点、线路、货源、服务等4个方面构建集装箱多式联运发展环境，从而实现提供"及时、经济、安全、个性"的联运服务，进而增强南通集装箱多式联运竞争力。

一一九、《"一带一路"认证认可信息服务共享模式研究》，王珊珊、温利峰、梁乔玲，《内蒙古科技与经济》2018年12月

基于信息平台建设需求，通过文献分析部分领域现有的信息共享模式，选择并提出了适合认证认可业务场景的模式。

一二〇、《"一带一路"框架下风电发展问题研究》，王换换，《中国经贸导刊》2017年2月

以2012—2015年中国风电企业财务数据为样本，利用度电成本模型对风电成本水平进行分析；论述了我国风电企业的发展现状问题，提出降低风电与火电在成本上的差异，提升风电的竞争力；丰富补贴政策的形式和渠道，逐步减轻对补贴的依赖；逐步扩大中东部等消费市场的开发份额，增加电网建设费用；逐步扩大西北地区的消纳能力的结论。

一二一、《"一带一路"背景下中国食用菌出口贸易创新发展研究》，王璇、张俊飚、赖晓敏，《食药用菌》2018年11月

通过对中国近10年食用菌出口数据的分析，针对出口额增加而增幅下降的态势，探讨其存在的主要原因：食用菌生产效率不高、质量难显优势、贸易壁垒重重等，但其也具有不断优化的国内政策环境、良好的国际合作条件等优势。在"一带一路"的背景下，加快中国食用菌出口贸易创新发展，对促进中国食用菌产业持续健康发展意义重大。

一二二、《"一带一路"背景下南亚国家农业生态安全动态评价与驱动力分析》，李坤，《世界农业》2018年12月

农业生态安全评价作为保障农业生态系统的重要组成部分，其安全状况对于推动农业可持续发展具有重要影响。选取南亚国家2010—2016年的自然与社会经济指标数据构建农业生态安全评价指标体系，对农业生态安全状况进行评价，并对变化驱动力进行分析，得到分析结果：(一)南亚各国驱动力、压力、状态、影响和响应农业生态安全因子的变化趋势均为不断上升状态，但上升幅度及数值范围均有所不同，农业生态安全综合指数呈不断上升趋势，农业生态安全程度不断增高。(二)水土流失治理率和土地绿化率两个因子的累计方差贡献率达到90.556%，初始方差贡献率分别为76.234%和14.322%，说明这两个因子基本涵盖了所有变量信息，可以作为衡量南亚国家农业生态安全状况的主成分。水土流失治理率、土地绿化率等对南亚国家农业生态安全状况的直接影响较大。

一二三、《"一带一路"沿线国家粮食安全问题的法律保障比较》，徐宜可，《世界农业》2018年12月

粮食安全问题是国家政治稳定、社会和谐、经济发展的重要基础，通过法律法规有效控制粮食安全问题是世界各国采用的普遍方式。本文选取中国、印度和俄罗斯3个农业大国为研究对象，通过比较三国的粮食产量和进出口量发现：在三国中，仅中国的粮食进出口贸易为逆差，其余均为顺差；俄罗斯的粮食进出口贸易差绝对值最大，其次是中国；中国的粮食产量最大，约占世界总量的20%，俄罗斯的粮食产量最小。本文还比较了3国粮食安全法律保障制度的差异，以期汲取其他国家的粮食安全立法经验，为中国完善粮食安全法律保障制度提供参考，促进中国粮食安全的可持续发展。

一二四、《"一带一路"倡议下中国对外农业政策变迁分析》，韩振国、于永达、徐秀丽，《世界农业》2018年12月

对外农业合作是中国对外合作的重要组成部分，国家出台多项政策进行引导。本文系统梳

理了“三农”类中央1号文件、“五年规划”以及《共同推进“一带一路”建设农业合作的愿景与行动》中的对外农业政策，并对变迁特点进行总结。研究发现，“一带一路”背景下的对外农业政策一方面保持了原有的一些传统，如强调企业的主体地位和农业“走出去”的公共性、关注两种资源和两个市场、鼓励“走出去”方式和途径的多样性；另一方面也增加了新的元素，如将对外农业合作拓展到“一带一路”经济走廊上、发展以基础设施为载体的农业合作园区、结合信息革命创建跨境电商和信息平台、强调绿色共享来落实可持续发展议程的粮农目标。最后，提出建立政策执行监督机制、建立政策自信传送机制以及培养专业的政策执行队伍，以保证中国对外农业政策的有效落实，推进中国与“一带一路”沿线国家农业的共同发展。

一二五、《“一带一路”倡议下区域图书馆联盟文献资源保障体系构建》，李娟，《中国中医药图书情报杂志》2018年12月

在“一带一路”倡议下，用户对文献资源无论是数量上还是质量上都提出了很高的需求，区域图书馆联盟文献资源保障体系的构建成为了时代的要求。文章首先介绍了区域图书馆联盟文献资源保障体系构建的现实基础，然后从管理体系、构建思想、建设标准等3个方面对现状进行了分析，最后从资源建设、制度建设、联盟建设、系统更新等角度提出了区域图书馆联盟文献资源保障体系构建的具体路径，以期能为我国文献资源保障体系的构建提供参考。

一二六、《“一带一路”沿线东北亚国家中医药政策及市场调查》，苏芮、苏右竹、苏庆民、图雅，《环球中医药》2018年12月

“一带一路”是中国在新形势下提出的对外开放重要倡议，东北亚地区是“一带一路”沿线最大的中医药产品出口市场，是中医药服务贸易发展的重点区域，中医药服务具有广阔的发展空间。其中日本和韩国是中国重要的中药产品贸易伙伴，但由于其对本国中药产业的保护，中国不得不扮演原料输出国的角色。中医药在俄罗斯虽然认可度比较高，但华人医生很难取得执业资格，限制了中医药在俄罗斯的发展。服务贸易是解决中药产品难以进入海外市场的新途径，东北亚4国民众对中医文化的认同以及完善政策法规体系为中医药在这一区域的发展提供了良好的政策和市场环境。应鼓励中药企业由中药原料供应商向中医服务提供商转变，积极构建涵盖科研、培训、医疗、康复和养生的中医药服务产业链，摆脱“原料输出国”的境遇，在增加中医药健康服务对经济发展的贡献度的同时，为中医药国际化探索更高层次的发展模式。

第十篇

大　事　记

2013年

9月7日，中国国家主席习近平在哈萨克斯坦纳扎尔巴耶夫大学发表题为《弘扬人民友谊　共创美好未来》的重要演讲，倡议共同建设“丝绸之路经济带”。

9月11日，国家主席习近平在比什凯克会见吉尔吉斯共和国议长叶延别科夫。习近平表示，中吉建立了战略伙伴关系，两国关系面临更多机遇和更广阔前景。中方对两国关系未来充满信心，愿同吉方真诚互助、紧密协作，沿着古丝绸之路建设新时代条件下的“丝绸之路经济带”，促进共同发展繁荣。叶延别科夫表示，习近平主席的访问继往开来，将两国关系推向新高度。吉方愿以两国这次建立战略伙伴关系为契机，加快双方合作步伐，共建“丝绸之路经济带”，实现世代友好。吉尔吉斯共和国议会希望加强两国立法机构友好交往，加深友谊、促进合作。

10月3日，中国国家主席习近平在印度尼西亚国会发表题为《携手建设中国–东盟命运共同体》的重要演讲，倡议筹建亚洲基础设施投资银行，与东盟国家共同建设“21世纪海上丝绸之路”。

10月24日，习近平在周边外交工作座谈会上发表重要讲话。强调要着力深化互利共赢格局。统筹经济、贸易、科技、金融等方面资源，利用好比较优势，找准深化同周边国家互利合作的战略契合点，积极参与区域经济合作。要同有关国家共同努力，加快基础设施互联互通，建设好“丝绸之路经济带”“21世纪海上丝绸之路”。要以周边为基础加快实施自由贸易区战略，扩大贸易、投资合作空间，构建区域经济一体化新格局。要不断深化区域金融合作，积极筹建亚洲基础设施投资银行，完善区域金融安全网络。要加快沿边地区开放，深化沿边省区同周边国家的互利合作。

11月，党的十八届三中全会通过的《中共中央关于深化改革若干重大问题的决定》进一步明确提出“加快同周边国家和区域基础设施互联互通建设，推进丝绸之路经济带、海上丝绸之路建设，形成全方位开放新格局”。自此，“一带一路”构想正式成为国家政策。

12月，习近平在中央经济工作会议上提出，推进“丝绸之路经济带”建设，抓紧制定战略规划，加强基础设施互联互通建设。建设“21世纪海上丝绸之路”，加强海上通道互联互通建设，拉紧相互利益纽带。

12月5日，国家主席习近平在北京人民大会堂同乌克兰总统亚努科维奇举行会谈。习近平表示，乌克兰曾为沟通东西方文明做出重要贡献，位于欧亚大陆桥必经之路，乌方愿参与“丝绸之路经济带”的建设，中方对此表示欢迎，愿与乌方探讨相关合作。

2014年

1月17日，国家主席习近平在北京人民大会堂会见来华出席中国–海湾阿拉伯国家合作委员会第三轮战略对话的海合会代表团。习近平表示，中方愿同海方共同努力，推动“丝绸之路经济带”和“21世纪海上丝绸之路”建设。海合会轮值主席国科威特第一副首相兼外交大臣萨巴赫表示，海合会各成员国高度重视发展对华关系，愿积极推进双方在各领域友好合作。古老的丝绸之路曾把海湾国家同中国联系在一起。海合会各成员国愿积极参与“丝绸之路经济带”和“21世纪海上丝绸之路”建设。

2月7日，国家主席习近平与俄罗斯总统普京就建设“丝绸之路经济带”和“海上丝绸之路”，以及俄罗斯跨欧亚铁路与"一带一路"的对接达成了共识。

2月19日，国家主席习近平在北京人民大会堂同巴基斯坦总统侯赛因举行会谈。强调紧密结合两国发展战略，加强经济政策协调，提高经济合作水平。双方将扎实推进中巴经济走廊建设，搞好瓜达尔港、喀喇昆仑公路、卡拉奇－拉合尔高速公路等旗舰项目，牵引两国能源、交通基础设施、工业园区等领域合作，促进"丝绸之路经济带"和"21世纪海上丝绸之路"建设。双方将加快第二阶段中巴自由贸易区谈判，推动两国贸易平衡增长。中国政府鼓励中国企业赴巴基斯坦投资兴业。

3月，李克强在《政府工作报告》中介绍2014年重点工作时指出，将"抓紧规划丝绸之路经济带、21世纪海上丝绸之路"。

3月13日，国家主席习近平在北京人民大会堂会见沙特阿拉伯王储兼副首相、国防大臣萨勒曼。习近平强调，中方欢迎沙特阿拉伯参与"丝绸之路经济带"和"21世纪海上丝绸之路"建设，推进交通基础设施互联互通，促进文明对话和人文交流。中方愿与沙特阿拉伯共同努力，加快推进中国－海合会自由贸易区谈判。

3月29日，国家主席习近平在杜塞尔多夫会见德国北威州州长克拉夫特。习近平指出，中方欢迎北威州充分利用杜伊斯堡港的特殊区位功能，积极参与"丝绸之路经济带"建设。

4月，博鳌亚洲论坛年会开幕大会上，李克强特别强调要推进"一带一路"建设。

4月1日，习近平在比利时布鲁日欧洲学院发表重要演讲。强调"我们要建设增长繁荣之桥，把中欧两大市场连接起来。中国和欧盟经济总量占世界1/3，是世界最重要的两大经济体。我们要共同坚持市场开放，加快投资协定谈判，积极探讨自由贸易区建设，努力实现到2020年双方贸易额达到1万亿美元的宏伟目标。我们还要积极探讨把中欧合作和'丝绸之路经济带'建设结合起来，以构建亚欧大市场为目标，让亚欧两大洲人员、企业、资金、技术活起来、火起来，使中国和欧盟成为世界经济增长的双引擎"。

5月，作为"丝绸之路经济带"建设的首个实体平台，连云港中哈国际物流基地的启用，标志着中哈两国依托亚欧新大陆桥，共建"丝绸之路经济带"的构想进入实质性实施阶段。

5月12日，国家主席习近平在北京人民大会堂同土库曼斯坦总统别尔德穆哈梅多夫举行会谈。习近平表示，中方支持土方经济多元化发展。双方要拓宽双边贸易渠道，改善贸易结构，促进两国贸易均衡、可持续发展。中方提出的共建"丝绸之路经济带"倡议为包括中土合作提供了新的历史机遇。双方要挖掘潜力，推动道路联通和跨境运输，促进人文交流。别尔德穆哈梅多夫表示，土方支持"丝绸之路经济带"建设，带动两国交通基础设施领域合作。

5月15日，习近平在北京人民大会堂出席中国国际友好大会暨中国人民对外友好协会成立60周年纪念活动并发表重要讲话时指出，海纳百川，有容乃大。中国将继续全面对外开放，推进同世界各国的互利合作，推动建设"丝绸之路经济带"和"21世纪海上丝绸之路"，实现各国在发展机遇上的共创共享。中国将以更加开放的胸襟、更加包容的心态、更加宽广的视角，大力开展中外文化交流，在学习互鉴中，为推动人类文明进步做出应有贡献。

5月20日，国家主席习近平在上海会见乌兹别克斯坦总统卡里莫夫。习近平指出，乌兹别克斯坦是中亚重要国家，也是丝绸之路沿线重要国家。中乌发展战略互补性和契合点很多，双方要开拓思路，加快制定两国关系未来5年发展规划，抓住共建"丝绸之路经济带"机遇，扩大经贸、能源、基础设施建设等领域合作，按期推进中国－中亚天然气管道建设。卡里莫夫表示，乌方愿积极参与建设"丝绸之路经济带"，促进经贸往来和互联互通，把乌兹别克斯坦的发展同中国的繁荣更紧密联系在一起。

5月20日习近平在上海同俄罗斯总统普京举行会谈。习近平指出，中俄合作是全方位、多层次的。要对接丝绸之路经济带和俄罗斯跨欧亚铁路建设，拉动两国经贸往来和毗邻地区开发开放，共享欧亚大通道和欧亚大市场。普京表示，俄方支持建设“丝绸之路经济带”，促进交通基础设施互联互通，欢迎中方参与俄罗斯远东地区开发。

5月21日，习近平在亚洲相互协作与信任措施会议第四次峰会上的讲话时强调，中国坚持与邻为善、以邻为伴，坚持睦邻、安邻、富邻，践行亲、诚、惠、容理念，努力使自身发展更好惠及亚洲国家。中国将同各国一道，加快推进“丝绸之路经济带”和“21世纪海上丝绸之路”建设，尽早启动亚洲基础设施投资银行，更加深入参与区域合作进程，推动亚洲发展和安全相互促进、相得益彰。

5月22日，国家主席习近平在上海同伊朗总统鲁哈尼举行会谈。习近平表示，中方欢迎伊方积极参与“丝绸之路经济带”和“21世纪海上丝绸之路”建设，带动基础设施建设等领域合作，启动高铁、经济园区等项目。

5月30日，习近平在钓鱼台国宾馆会见马来西亚总理纳吉布。习近平强调，中国的发展同周边国家发展相互促进。中国坚持与邻为善、以邻为伴的周边外交方针，提出了“亲、诚、惠、容”的周边外交理念，以及建设更为紧密的中国－东盟命运共同体、共同建设“丝绸之路经济带”和“21世纪海上丝绸之路”等一系列重大倡议。马来西亚是亚洲重要国家，也是海上丝绸之路支点国家。中方愿意同马方加强合作，为建设和平、繁荣、和谐的亚洲做出贡献。纳吉布表示，东盟和中国相互依赖，彼此是好邻居、好朋友。马方愿积极参与建设“21世纪海上丝绸之路”和亚洲基础设施投资银行。2015年马来西亚将担任东盟轮值主席国，愿为促进东盟－中国关系发展作出更大贡献。

6月4日，国家主席习近平在北京人民大会堂会见科威特首相贾比尔。习近平表示，双方要着力构建涵盖上中下游的能源战略伙伴关系，同时推进基础设施建设、新能源等领域合作，推动尽早重启并完成中国－海湾国家合作委员会自由贸易区谈判，共建“丝绸之路经济带”和“21世纪海上丝绸之路”，加强两国及地区国家间互联互通、贸易畅通、民心相通。贾比尔表示，科方愿意继续扩大和深化两国合作，积极参与建设“丝绸之路经济带”和“21世纪海上丝绸之路”，提升双边贸易和双向投资水平，推进金融、基础设施建设、物流等领域合作，大力推动海合会－中国自贸区谈判。

6月5日，习近平在中阿合作论坛第六届部长级会议开幕式上作《弘扬丝路精神 深化中阿合作》的演讲。他强调，中阿共建“一带一路”，应该坚持共商、共建、共享原则。共商，就是集思广益，好事大家商量着办，使“一带一路”建设兼顾双方利益和关切，体现双方智慧和创意。共建，就是各施所长，各尽所能，把双方优势和潜能充分发挥出来，聚沙成塔，积水成渊，持之以恒加以推进。共享，就是让建设成果更多更公平惠及中阿人民，打造中阿利益共同体和命运共同体。

6月24日，国家主席习近平在北京人民大会堂会见马来西亚国会下议院议长潘迪卡尔•阿明。习近平指出，中国高度重视与周边国家的睦邻友好关系。为此，我提出了亲、诚、惠、容的外交理念，倡导共同、综合、合作、可持续的亚洲安全观，提出携手建设更为紧密的中国－东盟命运共同体、“丝绸之路经济带”“21世纪海上丝绸之路”等一系列合作倡议。

6月28日，习近平在和平共处五项原则发表60周年纪念大会上作《弘扬和平共处五项原则 建设合作共赢美好世界》的演讲。他强调，中国将坚定不移奉行互利共赢的开放战略。中国正在推动落实“丝绸之路经济带”“21世纪海上丝绸之路”、孟中印缅经济走廊、中国－东盟命运共同体等重大合作倡议，中国将以此为契机全面推进新一轮对外开放，发展开放型经济体系，为亚洲和世界发展带来新的机遇和空间。

7月7日，国家主席习近平在北京钓鱼台国宾馆会见德国总理默克尔。习近平强调，中方欢迎德方共同参与"丝绸之路经济带"建设。中方将继续有序推进开放,欢迎德国继续参与中国市场竞争。

8月16日,国家主席习近平在南京会见马尔代夫总统亚明。习近平指出,中方视马尔代夫为南亚和印度洋地区的重要伙伴,愿同马方共同努力,巩固传统友谊,扩大旅游、贸易、基础设施建设等领域合作,确保重点项目取得良好效益。马尔代夫是古代海上丝绸之路必经之地,中方欢迎马方积极参与"21世纪海上丝绸之路"建设,将海洋合作培育成两国合作新亮点。亚明表示,马方希望中国公司参与旅游、基础设施建设、青年发展等领域重要项目,愿积极响应中方建设"21世纪海上丝绸之路"的重要倡议。

9月11日,中国国家主席习近平出席中俄蒙三国元首会晤时提出,将"丝绸之路经济带"同"欧亚经济联盟"、蒙古国"草原之路"倡议对接,打造中蒙俄经济走廊,随后三国签署了《建设中蒙俄经济走廊规划纲要》,成为共建"一带一路"框架下的首个多边合作规划纲要。

9月12日,习近平在塔吉克斯坦首都杜尚别举行的上海合作组织成员国元首理事会第14次会议上发表题为《凝心聚力 精诚协作 推动上海合作组织再上新台阶》的重要讲话时,指出"我去年访问中亚期间,提出了共建'丝绸之路经济带'的倡议,得到国际社会特别是上海合作组织各成员国高度关注和热情回应。对此,我深受鼓舞,也深表感谢。目前,'丝绸之路经济带'建设正进入务实合作新阶段,中方制定的规划基本成形。欢迎上海合作组织成员国、观察员国、对话伙伴积极参与,共商大计、共建项目、共享收益,共同创新区域合作和南南合作模式,促进上海合作组织地区互联互通和新型工业化进程"。

9月13日,习近平在杜尚别会见塔吉克斯坦总理拉苏尔佐达。习近平强调,随着中国经济发展,我们将扩大和深化同其他国家的交往合作,欢迎其他国家利用中国发展的机遇,携手实现发展。中方提出的共建"丝绸之路经济带"倡议是互利共赢的,欢迎塔方积极参与。双方要把握当前有利时机,抓住利益契合点,扎实推进合作。两国政府要发挥指导、协调、监督作用,制定实施具体合作项目,抓好落实。

9月17日,国家主席习近平在科伦坡会见斯里兰卡总理贾亚拉特纳。习近平指出,双方要加快推进中斯自由贸易谈判,稳步推进汉班托塔港等大项目合作,拓展旅游、海洋科研、海洋经济、港口建设、海上安全等领域合作,共同推进"21世纪海上丝绸之路"建设,加强旅游合作,促进两国人员交往。双方要加强多边领域合作,中方欢迎斯方作为创始成员国参与筹建亚洲基础设施投资银行。贾亚拉特纳表示,我曾数次访华,见过毛泽东主席等中国老一辈领导人,对中国怀有深厚的感情。斯里兰卡人民感谢中国提供的宝贵支持和帮助。我们愿意学习借鉴中国的成功经验,积极参与"21世纪海上丝绸之路"建设,携手共同发展。

9月18日,习近平在印度世界事务委员会发表题为《携手追寻民族复兴之梦》的重要演讲。指出,一个和平稳定、发展繁荣的南亚,符合本地区国家和人民利益,也符合中国利益。中国愿同南亚各国和睦相处,愿为南亚发展添砖加瓦。中国提出"一带一路"倡议,就是要以加强传统陆海丝绸之路沿线国家互联互通,实现经济共荣、贸易互补、民心相通。中国希望以"一带一路"为双翼,同南亚国家一道实现腾飞。

10月24日,国家主席习近平在北京人民大会堂会见出席筹建亚洲基础设施投资银行备忘录签署仪式的各国代表。习近平强调,中国正在全面深化改革,朝着"两个一百年"的奋斗目标向前迈进。中国经济将继续保持健康发展态势。中国的发展离不开亚洲、离不开世界。我们坚定不移奉行互利共赢的开放战略。我提出共同建设"丝绸之路经济带"和"21世纪海上丝绸之路",并提出建立亚投行的倡议,目的就是深化亚洲国家经济合作,实现共同发展。我们将努力使中国自身发展更好惠及亚洲和世界各国。

10月29日，国家主席习近平在北京人民大会堂会见博鳌亚洲论坛理事会工作会议代表。习近平指出，中国发展同亚洲命运息息相关。亚洲国家合作之路宽广，发展前景看好。亚洲国家应该坚持联合自强，互利合作，包容开放，实现共同发展繁荣。中国坚定不移走和平发展道路，践行亲、诚、惠、容的周边外交理念，奉行开放的区域主义。我提出建设"丝绸之路经济带"和"21世纪海上丝绸之路"的倡议，目的是共同打造沿线区域经济一体化新格局。一个不断发展的中国必将为亚洲发展作出更大贡献。

11月，习近平在2014年中国APEC峰会上宣布，中国将出资400亿美元成立丝路基金，为"一带一路"沿线国家基础设施、资源开发、产业合作和金融合作等与互联互通有关的项目提供投融资支持。

11月3日，国家主席习近平在北京人民大会堂同卡塔尔埃米尔塔米姆举行会谈。习近平指出，中方欢迎卡方参与"丝绸之路经济带"和"21世纪海上丝绸之路"建设，愿意同卡方建立上下游一体、长期稳定的能源伙伴关系，同时扩大基础设施建设、通信、金融等各领域合作，促进相互投资，并研究在第三国开展联合投资。塔米姆表示，卡方高度重视发展卡中战略伙伴关系，我邀请习近平主席早日对卡塔尔进行国事访问。习近平提出的建设"一带一路"倡议，为两国能源、基础设施建设等领域合作提供了重要机遇。卡方将扩大对华天然气出口，并作为创始成员国积极参与亚洲基础设施投资银行筹建工作，欢迎中国企业投资卡方在建大型项目。卡方将坚定致力于推动海中自贸区谈判早日完成。

11月4日，习近平主持召开中央财经领导小组第八次会议，研究"丝绸之路经济带"和"21世纪海上丝绸之路"规划、发起建立亚洲基础设施投资银行和设立丝路基金。

11月7日，国家主席习近平在北京人民大会堂会见柬埔寨首相洪森。习近平指出，路遥知马力，日久见人心。中柬两国坚持做知心朋友和可靠伙伴，风雨同行，携手合作。这种传统友谊弥足珍贵，我们要坚定不移予以坚持和发展，使中柬关系不断向前发展，结成守望相助的命运共同体。中方支持洪森首相和人民党领导柬埔寨走符合本国国情的发展道路，将继续为柬埔寨经济社会发展提供帮助。中方愿意同柬方保持高层往来和党际交往，交流治国理政经验，推进互联互通、农业、水电、经济特区、教育、医疗、电信、旅游等领域合作，共同推进"丝绸之路经济带"和"21世纪海上丝绸之路"建设。中方支持加强两国人文和青年交流，使中柬友谊不断发扬光大。双方要在地区事务中加强沟通和协调，共同维护和促进中国－东盟团结合作。洪森表示，柬方全力支持中方举办加强互联互通伙伴关系对话会和亚太经合组织领导人非正式会议，希望借助于"一带一路"建设，拉动本国基础设施建设和经济发展，参与区域一体化进程，促进地区和平稳定。

11月7日，国家主席习近平在北京人民大会堂会见塔吉克斯坦总统拉赫蒙。习近平指出，中塔是好邻居、好朋友、好兄弟，两国战略伙伴关系有着广泛、坚实的民意基础。2014年9月，我对塔吉克斯坦进行国事访问期间，同你达成一系列重要共识，我们商定的一批大型合作项目正在有序推进。我愿意同你继续保持密切接触，为两国合作作出规划并推动落实。下一步，双方要挖掘潜力，以能源、交通、农业等领域为重点，积极探讨新的合作模式，共同开展加工生产，使两国合作向更高水平、更高层次迈进。中方支持塔方希望成为中国同中亚及海湾国家经贸往来过境运输通道的愿望，将同塔方加快推进互联互通合作，共同推进"丝绸之路经济带"建设。拉赫蒙表示，习近平主席对塔吉克斯坦的国事访问取得极大成功，具有重要里程碑意义，塔吉克斯坦人民至今记忆犹新。今天再次见到老朋友，我感到格外高兴。在当前复杂多变的国际地区形势下，同伟大邻邦中国发展战略伙伴关系是塔方外交的优先方向。在习近平主席亲自关心和推动下，两国合作共识和项目取得突破性进展，塔方对此表示衷心感谢。我也一定会继续关注我们商定的重大项目，特别是推动中亚－中国天然气管道D线如期建成。塔方将同中方加强配合，打击"东突"等恐怖势力。交通运输是制约塔方经济发展的主要瓶颈，习近平主席倡议召开加强互联互通伙伴关系对话会对塔方来说恰逢其时，塔方积极支持和参与共建"丝绸之路经济带"，加快推动跨境铁路等基础设施建设。

11月8日，中国国家主席习近平在北京人民大会堂会见巴基斯坦总理谢里夫。习近平指出，我9月访问了马尔代夫、斯里兰卡、印度，深切感受到南亚各国都致力于发展，同中国合作前景广阔。中方愿同巴方一道，搞好中巴经济走廊，在亚洲基础设施投资银行筹建过程中加强合作，共同推进"丝绸之路经济带"和"21世纪海上丝绸之路"建设，为中国扩大同南亚合作发挥示范作用。中方愿意同巴方协力推进阿富汗和平与和解进程，支持巴印改善关系，共同维护南亚和平、稳定、发展。谢里夫表示，加强同中国的战略合作是巴基斯坦外交的基石，在所有重大问题特别是涉及中国核心利益问题上，巴方将一如既往坚定支持中方。巴方希望积极参与"一带一路"建设，加强两国电力、公路、港口等基础设施建设领域合作。

11月8日，中国国家主席习近平在北京人民大会堂会见孟加拉国总统哈米德。习近平指出，中孟两国之间只有友谊、信任、合作。中方赞赏孟方在涉及中方核心利益问题上给予的支持，将一如既往支持孟方维护独立和主权，实现稳定和发展，推动两国更加紧密的全面合作伙伴关系不断取得新成果。"丝绸之路经济带"和"21世纪海上丝绸之路"建设为两国合作带来新机遇。双方要以庆祝2015年建交40周年为契机，加强贸易、农业、基础设施建设、海洋等领域合作，深化传统友谊。孟加拉国是中国在南亚和印度洋地区重要合作伙伴，双方要共同推动孟中印缅经济走廊建设。中方欢迎孟方作为创始成员国加入亚洲基础设施投资银行。哈米德表示，中国是孟加拉国久经考验的朋友和伙伴，我们感谢中方多年来的支持和帮助。孟加拉国正在致力于加快减贫和发展，希望借鉴中方成功经验，抓住"一带一路"建设的机遇，促进两国贸易和互联互通。孟方希望同中方合作，提升应对气候变化、防灾减灾等方面能力。孟方将继续积极促进南亚区域合作联盟同中国的合作。

11月8日，中国国家主席习近平在北京人民大会堂会见缅甸总统吴登盛。习近平指出，中缅山水相连，都处在国家发展和建设重要阶段，我们要从战略高度和长远角度出发，坚定推进中缅全面战略合作伙伴关系，更好服务各自发展稳定。双方要扩大执政党交往，加强治国理政经验交流，结合"丝绸之路经济带"和"21世纪海上丝绸之路"建设，在平等互利基础上，推进中缅互联互通、经济特区、民生改善等合作项目，促进两国人文交流。中方欢迎缅方作为创始成员国加入亚洲基础设施投资银行。中方希望缅方坚持通过和谈早日实现缅北持久和平，愿意同缅方加强边境地区交往合作，促进边境地区繁荣稳定。吴登盛表示，缅方珍视缅中"胞波"情谊，感谢中方给予的支持，愿意同中方继续加强党际、政府、民间交往合作，推动两国关系不断迈上新台阶，让睦邻友好世代相传。我邀请习近平主席早日访问缅甸。缅方感谢并支持中方举办加强互联互通伙伴关系对话会，相信会议一定能够推动地区国家共同发展。缅甸作为东盟轮值主席国，愿意为促进东盟－中国关系作出贡献。

11月9日，习近平在亚太经合组织工商领导人峰会开幕式上作了题为《中国愿同各国一道推进"一带一路"建设 为亚太繁荣作出新贡献》的演讲。习近平强调，中国愿意同各国一道推进"一带一路"建设，更加深入参与区域合作进程，为亚太互联互通、发展繁荣作出新贡献。并表示，亚洲基础设施投资银行筹建工作已经迈出实质性一步，创始成员国不久前在北京签署了政府间谅解备忘录。中国还将出资400亿美元成立丝路基金，为"一带一路"沿线国家基础设施建设、资源开发、产业合作等有关项目提供投融资支持。我们愿同大家一道努力，推动亚洲基础设施投资银行及早投入运作，成为各方在互联互通、金融等领域开展合作的新平台。

11月15日，习近平在澳大利亚布里斯班举行的二十国集团领导人第九次峰会第一阶段会议上作了题为《推动创新发展　实现联动增长》的发言。习近平强调，中方在主办亚太经合组织领导人非正式会议期间，将互联互通作为核心议题之一，目的就是开辟新的增长点。我们支持二十国集团成立全球基础设施中心，支持世界银行成立全球基础设施基金，并将通过建设“丝绸之路经济带”“21世纪海上丝绸之路”、亚洲基础设施投资银行、丝路基金等途径，为全球基础设施投资做出贡献。

12月5日，习近平在主持就加快自由贸易区建设进行第19次集体学习强调，要加强顶层设计、谋划大棋局，既要谋子更要谋势，逐步构筑起立足周边、辐射“一带一路”、面向全球的自由贸易区网络，积极同“一带一路”沿线国家和地区商建自由贸易区，使我国与沿线国家合作更加紧密、往来更加便利、利益更加融合。

12月23日，国家主席习近平在北京人民大会堂同埃及总统塞西举行会谈。习近平表示，中方愿意将共建“丝绸之路经济带”和“21世纪海上丝绸之路”的倡议同埃方重大发展规划对接，加强基础设施建设、核电、新能源、航天等领域合作，并辅之以适当的投融资安排。塞西表示，习近平提出共建“一带一路”的倡议为埃及的复兴提供了重要契机，埃方愿意积极参与并支持。埃方希望同中方合作开发苏伊士运河走廊和苏伊士经贸合作区等项目，创造更好条件，吸引中国企业赴埃及投资。

12月29日，丝路基金有限责任公司在北京注册成立并正式运行。丝路基金秉承“开放包容、互利共赢”的理念，为“一带一路”框架内的经贸合作和双边多边互联互通提供投融资支持。

2015年

3月25日习近平在人民大会堂同亚美尼亚总统萨尔基相举行会谈。习近平强调，中方愿意在“丝绸之路经济带”建设框架内，发挥自身技术和装备优势，同亚方探讨合适的合作方式，希望亚方积极推动欧亚经济联盟同中方开展合作。萨尔基相表示，中国是亚美尼亚外交最重要、最优先的方向之一，亚方希望将亚方重要的公路铁路等基础设施项目纳入“丝绸之路经济带”设想，将在亚美尼亚推广中文教育，开办孔子学院，加强两国人文领域交流。

3月26日，国家主席习近平在北京人民大会堂同斯里兰卡总统西里塞纳举行会谈。习近平指出，双方要积极共建“21世纪海上丝绸之路”，充分利用丝路基金、亚洲基础设施投资银行等融资渠道，稳步推进大项目建设和产业合作，早日完成中斯自由贸易谈判。西里塞纳表示，丝绸之路是斯中两国共同的历史遗产，斯方希望在“21世纪海上丝绸之路”框架内加强同中方合作。斯方对中国政府支持汉班托塔港等斯里兰卡大项目建设表示感谢，愿与中方一道落实好两国业已达成的各项协议。

3月27日，国家主席习近平在海南省博鳌国宾馆会见马来西亚总理纳吉布。习近平指出，马来西亚已接任东盟轮值主席国。中国将继续支持东盟共同体建设，支持东盟在东亚合作中的主导地位。2015年，中国和东盟将制订第三份《落实中国-东盟战略伙伴关系联合宣言行动计划》，举办“中国-东盟海洋合作年”，推进建设“21世纪海上丝绸之路”。中方期待马方积极发挥主席国作用，推进中国-东盟关系取得长足进步。纳吉布表示，中国是马来西亚外交的重要方向，马来西亚特别重视马中关系。当前，两国关系全面有力发展并将继续得以密切和加强。马方感谢中方在国际和双边层面给予的多方面帮助，将同中方一道不断深化两国全面战略伙伴关系。希望两国扩大经贸往来，加强两国省州交流，便利人员互访，继续开展防务执法合作。马方欢迎中国银行在马开办人民币清算行，支持中方提出的亚投行和"21世纪海上丝绸之路"的倡议。我们将以外交和务实态度处理两国关系中出现的问题。马方愿意在担任东盟轮值主席国期间，促进东盟同中国关系和各领域合作深入发展，推动东盟成员国积极参与"21世纪海上丝绸之路"建设。

3月28日，中国发改委、外交部和商务部共同发布了《推动共建丝绸之路经济带和21世纪海上丝绸之路的愿景与行动》，从时代背景、共建原则、框架思路、合作重点、合作机制等方面对"一带一路"倡议进行阐释。

3月29日，国家主席习近平在海南省博鳌国宾馆会见博鳌亚洲论坛第四届理事会成员。习近平强调，"一带一路"倡议是新形势下中国扩大全方位开放的重要举措，也是中国着眼于深化区域经济合作提出的方案，致力于推动沿线国家共同发展。在各方共同努力下，"一带一路"建设开始进入务实合作阶段，一些早期收获项目已经成形，"一带一路"建设愿景和行动文件已经制定。中方倡导筹建亚洲基础设施投资银行并迈出实质性步伐。中方还宣布出资400亿美元成立丝路基金。这些倡议具有很强的包容性和开放性，遵循通行国际规则，按照现代管理模式运作，同既有机制相互促进。希望博鳌亚洲论坛发挥自身优势，为亚洲繁荣发展做出更大贡献。

4月7日，中共中央总书记、国家主席习近平在北京人民大会堂同越共中央总书记阮富仲举行会谈。习近平指出，中方欢迎越方参与"21世纪海上丝绸之路"建设，愿同越方一道用好双边合作指导委员会机制，落实好中越全面战略合作伙伴关系行动计划，成立基础设施合作工作组和金融合作工作组，推进互联互通合作，推动经贸合作迈上新台阶。阮富仲表示，越方正积极研究参与"21世纪海上丝绸之路"建设，希望同中方加强农业、制造业、基础设施、互联互通等领域合作，大力开展科技、卫生、教育、文化、环保、旅游、媒体、青年、地方交流合作，不断增进两国人民相互了解和友谊。

4月21日，国家主席习近平在巴基斯坦议会发表题为《构建中巴命运共同体　开辟合作共赢新征程》的重要演讲。习近平强调，我们希望同"一带一路"沿线国家加强合作，共同打造开放合作平台，为地区可持续发展提供新动力。

4月22日，国家主席习近平在雅加达应约会见日本首相安倍晋三。习近平强调，中国提出建设"一带一路"和筹建亚洲基础设施投资银行的倡议，已得到国际社会普遍欢迎。

4月23日，国家主席习近平在雅加达会见柬埔寨首相洪森。习近平强调，当前中柬关系面临重要发展机遇，中方将坚定不移推进中柬全面战略合作，坚定不移支持柬埔寨维护稳定和发展。中柬双方要保持高层密切交往，深化执政党经验交流，发挥政府间协调委员会作用，推进传统领域合作，并在"一带一路"框架内加强基础设施互联互通合作，运营好西哈努克港经济特区。洪森表示，我完全赞同习近平主席对柬中关系的评价，柬方将继续同中方一道，发展好两国老一辈领导人结下的深厚友谊。当前，两国各领域保持着良好沟通，柬方希望在经济社会发展领域继续同中方开展互利合作。希望两国在"一带一路"框架下合作，加强柬埔寨水路、航空等交通领域互联互通建设，在卫生、农业、应急救灾等领域拓展合作。

5月8日，中俄双方共同签署并发表了《关于"丝绸之路经济带"建设与欧亚经济联盟建设对接合作的联合声明》，"一带一路"倡议与"欧亚经济联盟"战略实现对接。

6月1日，交通部披露，《交通运输部落实"一带一路"战略规划实施方案（送审稿）》已于近日审议通过。

6月3日，据媒体报道，商务部在当日召开的中东欧国家经贸合作及中东欧博览会专题发布会上传递出重磅消息，结合“一带一路”合作倡议和《中欧合作2020战略规划》，中国和“一带一路”沿线16个国家正式制定《中国－东欧国家中期合作规划》。

6月23日，国家主席习近平在北京人民大会堂同比利时国王菲利普举行会谈。习近平向菲利普介绍了中方的“一带一路”倡议，指出中方赞赏比方参与亚洲基础设施建设的积极意愿，欢迎比利时参与“一带一路”倡议，支持亚洲基础设施投资银行优先考虑吸收比利时加入。菲利普表示，比利时作为欧盟总部所在地，在欧洲事务中发挥着重要作用。比方感谢中方支持欧洲一体化进程和欧元区建设，愿推动欧洲投资计划同中国“一带一路”倡议对接。

7月3日，国家主席习近平在北京人民大会堂同新加坡总统陈庆炎举行会谈。中方同样关心和支持两国在中国西部地区新的政府间项目，希望其成为“一带一路”、中国西部大开发和“长江经济带”建设示范性重点项目。陈庆炎表示，中方提出的“一带一路”和亚投行倡议十分重要，相信本地区国家将从中受益。新方很高兴能成为亚投行创始成员，愿在此框架下积极参与有关合作。

7月10日，习近平在俄罗斯乌法会见乌兹别克斯坦总统卡里莫夫。习近平指出，中乌经贸合作发展潜力巨大。双方要加强发展战略对接，以中乌共建“丝绸之路经济带”的合作文件为基础，制定合作路线图，确定早期收获项目，共同推动实施。中方将遵循共商、共建、共享原则，同乌方一道做好中国－中亚－西亚经济走廊有关工作。双方要加强政策和产业对接，推进并深化能源、农业、产能等领域合作。卡里莫夫表示，乌方支持中方“一带一路”倡议，认为这是很好结合了历史、现实、未来的蓝图，愿积极参与有关经贸、发展、人文合作。乌方同样支持中方在国际事务中提出的一系列重要主张，愿通过加强同中方在上海合作组织框架的协调，积极参与有关合作。乌兹别克斯坦坚定支持按照“上海精神”推进上海合作组织发展和成员国务实合作。

7月15日，中共中央总书记、国家主席习近平在北京会见德国社会民主党主席、副总理加布里尔。习近平指出，德国是欧盟重要成员国，希望德方在推动中欧各领域务实合作、推动欧洲投资计划同中国“一带一路”倡议对接、推动中欧四大伙伴关系发展中，继续发挥积极引领作用。

7月29日，国家主席习近平在北京人民大会堂同土耳其总统埃尔多安举行会谈。习近平指出，中土两国都面临实现民族复兴的历史机遇。中土合作前景广阔，大有可为。双方应当推进各领域合作，这将造福于两国人民，也有利于世界的和平与发展。中方愿将“一带一路”倡议同土方发展战略对接，实现共同合作、共同发展、共同繁荣。双方要落实好中土经贸合作中长期发展规划，加强在经贸、投资、金融、基础设施、旅游、人文、地方等领域的合作。

8月31日，国家主席习近平在北京人民大会堂同哈萨克斯坦总统纳扎尔巴耶夫举行会谈。习近平指出，双方要全面加强产能、投资、经贸、能源、基础设施、高技术、地方等领域务实合作，用好亚洲基础设施投资银行、丝路基金等融资机制，推动实现“丝绸之路经济带”建设和哈方“光明之路”新经济政策对接，促进共同发展繁荣。纳扎尔巴耶夫表示哈方积极推动中方“丝绸之路经济带”建设同哈“光明之路”新经济政策对接。哈方愿加强同中方在经贸、投资、产能、科技创新、旅游以及安全领域合作。

8月31日，中共中央总书记、国家主席习近平在北京同前来出席中国人民抗日战争暨世界反法西斯战争胜利70周年纪念活动的老挝人民革命党中央总书记、国家主席朱马里举行会谈。习近平强调，中方愿积极推动“一带一路”建设同老方发展战略有效对接，开展互利共赢的产能合作，把双方利益融合提升至更高水平。

9月2日，国家主席习近平在北京钓鱼台国宾馆会见塔吉克斯坦总统拉赫蒙。习近平指出，中方愿本着共商、共建、共享原则同塔方一道推进共建"丝绸之路经济带"合作，将"丝绸之路经济带"同塔方关心的能源、交通、粮食三大发展战略有效对接。拉赫蒙表示，两国经贸、安全、地方、基础设施等领域合作深入推进，"一带一路"框架下合作取得早期收获。塔方感谢中方给予的帮助，愿继续加强同中方各领域务实合作。

9月2日，国家主席习近平在北京钓鱼台国宾馆会见乌兹别克斯坦总统卡里莫夫。习近平指出，中方坚持推动两国战略伙伴关系发展，赞赏乌方对"丝绸之路经济带"建设的积极支持，愿积极加强双方交通基础设施建设合作，扩大贸易和投资规模。

9月2日，国家主席习近平在北京钓鱼台国宾馆会见吉尔吉斯共和国总统阿塔姆巴耶夫。习近平指出，中方愿在"丝绸之路经济带"框架内积极参与吉尔吉斯共和国国家稳定和发展战略中的重大合作项目，同吉方携手共建中国－中亚－西亚经济走廊。阿塔姆巴耶夫表示，吉方感谢中方对吉经济社会发展提供的帮助，愿加强同中方的经贸、安全合作，参与"一带一路"同"欧亚经济联盟"对接合作，不断巩固同中国的友好关系。

9月2日，国家主席习近平在北京钓鱼台国宾馆会见白俄罗斯总统卢卡申科。习近平指出，白俄罗斯是中方建设"丝绸之路经济带"重要合作伙伴。双方要共同推动"丝绸之路经济带"建设取得早期收获，通过中白工业园建设，带动两国贸易、投资、金融、地方等全方位合作。中方愿在平等互利基础上推动"丝绸之路经济带"建设同欧亚经济联盟建设对接。

9月3日，国家主席习近平在北京人民大会堂会见蒙古国总统额勒贝格道尔吉。习近平指出，双方要加快推进"丝绸之路经济带"倡议同"草原之路"倡议战略对接，尽早启动一批具有标志性意义的大项目，全面提升中蒙经贸务实合作水平。中方愿同蒙方和俄方保持密切沟通，推进中蒙俄经济走廊建设，促进三国乃至本地区发展繁荣。

10月15日，习近平在北京会见出席亚洲政党丝绸之路专题会议的外方主要代表。习近平指出，两年来，"一带一路"倡议得到国际社会特别是沿线60多个国家积极响应，正在逐步收获早期成果。"一带一路"建设秉持共商共建共享原则，弘扬开放包容、互学互鉴的精神，坚持互利共赢、共同发展的目标，奉行以人为本、造福于民的宗旨，将给沿线各国人民带来实实在在的利益。

10月26日，国家主席习近平在北京人民大会堂同荷兰国王威廉－亚历山大举行会谈。习近平指出，中荷两国已经实现全方位互联互通，围绕"一带一路"开展合作具有独特优势。双方要继续保持海运领域的合作优势，着力做大做强铁路和航空运输，为中欧和亚欧大陆互联互通发展提供有力支撑。中方愿同荷兰以及有关各方一道，将亚洲基础设施投资银行打造成一个实现各方互利共赢和专业高效的基础设施融资平台。威廉－亚历山大国王表示，荷兰与中国保持着传统友好关系。中方发起的"一带一路"和亚洲基础设施投资银行倡议具有重要意义，荷方愿积极参与相关合作，并支持"一带一路"规划与欧洲投资计划对接合作。

10月29日，国家主席习近平在北京钓鱼台国宾馆会见德国总理默克尔。习近平指出，中方赞赏德方积极支持和参与"一带一路"和亚洲基础设施投资银行倡议，愿同德方加强在二十国集团内的合作。默克尔表示，新形势下，德方愿深化同中方在经贸、产业和金融方面务实合作，积极参与"一带一路"和亚洲基础设施投资银行建设。

11月2日，国家主席习近平在北京人民大会堂同法国总统奥朗德举行会谈。习近平强调，中方将积极鼓励中国企业赴法投资，也欢迎法方积极参与"一带一路"建设。我们愿同包括法方在内的欧方一道，本着相互尊重、平等相待、合作共赢的原则，推动中欧四大伙伴关系不断向前发展，特别是在中国"一带一路"倡议同欧洲投资计划对接等方面尽早取得进展。

11月3日，国家主席习近平在北京人民大会堂会见第二届“读懂中国”国际会议外方代表。在谈到“一带一路”建设时，习近平指出，“一带一路”是开放、包容的倡议，坚持共商、共建、共享原则。“一带一路”建设，有利于沿线各国创造需求和就业，推动世界经济整体复苏。目前，“一带一路”势头已经形成，前景看好。中方正深入推进各国在“一带一路”框架内合作，同各国共创发展机遇，实现互利共赢。

11月19日，习近平在亚太经合组织工商领导人峰会上的主旨演讲时强调，通过“一带一路”建设，我们将开展更大范围、更高水平、更深层次的区域合作，共同打造开放、包容、均衡、普惠的区域合作架构。我们建立丝路基金并投入运营。我们同50多个国家一道积极筹建亚洲基础设施投资银行，打造新型投融资平台，预计亚投行将于年底前正式成立，为一批重大项目提供融资支持。我们围绕经贸、能源、投资、人文等重点领域逐步建立和完善一批新平台，激发现有双边和多边机制新活力。

11月26日，习近平在北京人民大会堂集体会见来华出席第四次中国－中东欧国家领导人会晤的中东欧16国领导人。结合“一带一路”合作倡议和《中欧合作2020战略规划》，中国同中东欧16国共同发表《中国－中东欧国家中期合作规划》，推动“16+1合作”提质增效。

12月14日，国家主席习近平在北京人民大会堂会见阿联酋阿布扎比王储穆罕默德。习近平强调，中方愿同阿方密切各领域各层次交流合作。两国要在共建“一带一路”框架内加强务实合作，实现互利共赢和共同发展。穆罕默德表示，阿联酋致力于深化同中国战略伙伴关系，加大对华投资，加强在基础设施建设、可再生能源、航空和科技等领域合作，积极支持和参与“一带一路”建设，也愿在亚洲基础设施投资银行建设中发挥积极作用，探讨同中方开展对非洲三方合作。

12月14日—16日，习近平在中央经济工作会议上发表重要讲话。强调要深入实施西部开发、东北振兴、中部崛起、东部率先的区域发展总体战略，继续实施京津冀协同发展、长江经济带发展、“一带一路”建设；要有重点地推动对外开放，推进“一带一路”建设，发挥好政策性、开发性、商业性金融作用。

12月25日，亚洲基础设施投资银行正式成立，这是全球首个由中国倡议设立的多边金融机构，重点支持基础设施建设，促进亚洲区域的建设互联互通化和经济一体化进程。目前，亚投行拥有87个成员。

2016年

1月16日，亚洲基础设施投资银行开业仪式在北京举行。国家主席习近平出席开业仪式并致辞。习近平指出，亚投行应该奉行开放的区域主义，同现有多边开发银行相互补充，应该以其优势和特色给现有多边体系增添新活力，促进多边机构共同发展，努力成为一个互利共赢和专业高效的基础设施投融资平台，在提高地区基础设施融资水平、促进地区经济社会发展中发挥应有作用。中国开放的大门永远不会关上，欢迎各国搭乘中国发展的“顺风车”。中国愿意同各方一道，推动亚投行早日投入运营、发挥作用，为发展中国家经济增长和民生改善贡献力量。我们将继续欢迎包括亚投行在内的新老国际金融机构共同参与“一带一路”建设。

1月19日，习近平在埃及《金字塔报》发表题为《让中阿友谊如尼罗河水奔涌向前》的署名文章。习近平指出，中国－阿拉伯国家集体合作也走过11个春秋。2014年，我出席在北京举行的中国－阿拉伯国家合作论坛第六届部长级会议开幕式，提出中阿共建“一带一路”的战略构想，并同阿拉伯朋友共同规划了未来10年中阿关系发展的蓝图。

1月20日，《今日中国》杂志阿拉伯文版20日出版“纪念中埃建交60周年专刊”并在埃及首都开罗举行首发式。习近平和埃及总统塞西分别为专刊致辞。习近平在致辞中表示，中埃都是文明古国。自古以来，两国人民以海陆“丝绸之路”为纽带，谱写了友好往来、相知相交的历史篇章。中国始终从战略高度和长远角度看待和推进中埃关系，愿同埃方携手努力，弘扬传统友谊，促进文明互鉴，深化“一带一路”框架内的多领域务实合作，让两国人民共享发展成果、生活更加美好。埃及总统阿卜杜勒-法塔赫•塞西在致辞中表示，热烈欢迎习近平对埃及进行国事访问。埃及珍视与中国的紧密关系，期待这种关系在各个领域持续发展。埃及将积极响应习近平关于复兴丝绸之路的倡议。

3月21日，国家主席习近平在北京人民大会堂会见尼泊尔总理奥利。习近平强调，中尼双方要加强高层接触的政治引领作用，确保中尼关系在和平共处五项原则基础上稳步前进。希望双方推动将中国的“一带一路”倡议和“十三五”规划同尼泊尔国家重建和发展规划对接，加快构建中尼自由贸易区，推进灾后重建和产能合作。希望双方加强在道路、口岸建设等领域合作，进一步提高双方互联互通水平。中方支持两国探讨并开展长期能源合作，并愿给予必要的政策便利。奥利表示，尼泊尔致力于在相互尊重基础上继续推进尼中关系深入发展，高度评价并愿积极参与“一带一路”建设，期待着加强双方在贸易、金融、互联互通、基础设施、旅游等领域合作，密切在国际事务中的沟通协调。

3月21日，国家主席习近平在北京人民大会堂同德国总统高克举行会谈。习近平强调，双方正在加紧落实《中德合作行动纲要》提出的合作共识和倡议，下一步可以把三方合作作为切入点，共同支持和参与“一带一路”和亚欧互联互通建设，开拓国际市场。我们愿同欧方积极推进“一带一路”倡议同欧洲发展战略、中国国际产能合作同欧洲投资计划、中国-中东欧合作同中欧整体合作对接，构建和平、增长、改革、文明四大伙伴关系。希望德方积极参与中欧发展战略对接，为中欧关系发展发挥更大作用。“一带一路”建设将连通亚太经济圈和欧洲经济圈，有利于挖掘亚欧大陆市场的巨大潜力，中德双方可以在“一带一路”框架下深化务实合作。高克表示，双方在经贸、科技、环保、教育、文化等各领域交流密切、合作成果丰硕；在重大国际地区问题上立场相近，德方赞赏中方在国际事务中的建设性作用，赞赏中方“一带一路”倡议的开放性和积极作用，愿继续同中方开展伙伴式合作。

3月28日，国家主席习近平在布拉格拉尼庄园同捷克总统泽曼举行会晤。习近平强调，2015年，双方签署共同推进“一带一路”建设的政府间谅解备忘录，奠定了良好基础。站在新的起点上，展望未来，我们有责任继往开来，共同传承和发展好中捷友好关系，使之历久弥新，不断焕发新的活力。

4月8日，中国国家主席习近平在北京人民大会堂会见斯里兰卡总理维克勒马辛哈。习近平强调，中斯是“一带一路”建设重要合作伙伴，双方要以此为契机加强统筹规划，深化在贸易、基础设施、工业园区、加工制造业、产能、科技、海洋等领域务实合作。维克勒马辛哈表示，斯方赞赏中国在促进全球经济稳定和增长方面的积极作用，感谢中国长期以来给予斯里兰卡的帮助和支持，愿积极参与中方提出的“一带一路”倡议，进一步加强在港口、机场等基础设施建设、贸易投资、交通、科技等领域合作，促进文化交流与人员往来，造福两国人民。斯方愿加强同中方在南盟等框架内的合作。

4月8日，国家主席习近平在北京人民大会堂同瑞士联邦主席施奈德-阿曼举行会谈。习近平强调，坚持平等互尊、交流互鉴是今后发展中瑞创新战略伙伴关系的政治基础。共建“一带一路”为中瑞合作开辟了更广阔空间，中方也愿同瑞方加强在亚洲基础设施投资银行框架内合作。施奈德-阿曼表示，瑞中两国建交以来，本着相互尊重原则，始终保持良好关系，近年来双方经贸、投资、金融等领域合作更是发展迅速。瑞方对两国自贸协定实施情况感到满意，对瑞中合作进入创新战略伙伴关系新时代感到高兴，希望进一步加强同中方在科技、创新、环保、金融、文化、教育、体育等领域交流合作。瑞方愿积极参与“一带一路”和亚洲基础设施投资银行建设。

4月15日，国家主席习近平在北京钓鱼台国宾馆会见澳大利亚总理特恩布尔。习近平强调，希望双方做好中方“一带一路”倡议同澳方“北部大开发”计划、中国创新驱动发展战略同澳方“国家创新与科学议程”的对接，实施好中澳自由贸易协定，探讨开展更多务实合作项目，推进司法执法、防务等领域交流合作。

4月29日，习近平主持就历史上的丝绸之路和海上丝绸之路进行中共中央政治局第三十一次集体学习。习近平在主持学习时强调，“一带一路”建设是我国在新的历史条件下实行全方位对外开放的重大举措、推行互利共赢的重要平台。我们必须以更高的站位、更广的视野，在吸取和借鉴历史经验的基础上，以创新的理念和创新的思维，扎扎实实做好各项工作，使沿线各国人民实实在在感受到“一带一路”给他们带来的好处。

5月3日，中共中央总书记、国家主席习近平在北京人民大会堂同老挝人民革命党中央总书记、国家主席本扬举行会谈。习近平强调，中国和老挝同为共产党领导的社会主义国家，理想信念相通，发展道路相近，前途命运相关，这是中老关系发展的重要政治根基。为拓展中老全面战略合作的广度和深度，双方要密切高层交往，保持政治互信高水平；要深化党际交流，促进互学互鉴，加强治党治国经验交流；要对接发展战略，推动务实合作，做好“一带一路”倡议同老挝“变陆锁国为陆联国”战略、中国“十三五”规划和老挝“八五”规划的有效对接；要加强人文交流，发展民心相通工程；要加强安全合作，维护稳定局面；要加强协调配合，深化国际事务合作。

5月11日，国家主席习近平在北京人民大会堂同摩洛哥国王穆罕默德六世举行会谈。习近平指出，非洲和阿拉伯国家是中国在发展道路上的好朋友、好伙伴。我在去年年底召开的中非合作论坛约翰内斯堡峰会上提出了中非“十大合作计划”，2016年年初访问中东地区时，就中阿共建“一带一路”提出一系列合作新举措，目的是实现中国同非洲和阿拉伯世界的共同发展。

5月26日，国家主席习近平在北京人民大会堂同印度总统慕克吉举行会谈。习近平指出，中方愿同印方探讨将“向东行动”倡议同“一带一路”倡议对接。双方要推动孟中印缅经济走廊建设尽快取得实质性进展，共同将亚洲基础设施投资银行打造成一个专业、高效的基础设施融资平台，推动早日完成区域全面经济伙伴关系协定谈判。

6月8日，中国铁路正式启用“中欧班列”品牌。从此，我国开往欧洲的所有中欧班列上都将刻上奔驰的列车和飘扬的丝绸为造型的品牌标识。

6月17日，习近平在塞尔维亚《政治报》和新南斯拉夫通讯社发表题为《永远的朋友 真诚的伙伴》的署名文章。习近平强调，中国愿同塞尔维亚分享发展成果和机遇，探索和加强双方发展战略对接，扩大利益融合，重点在“一带一路”“16+1合作”等框架内扩大贸易和投资规模，不断挖掘合作潜力，打造更多大项目合作，使中塞合作成为“16+1合作”的标杆和典范，切实造福两国人民。

6月21日，在对乌兹别克斯坦共和国进行国事访问并出席上海合作组织成员国元首理事会第16次会议前夕，国家主席习近平在乌兹别克斯坦《人民言论报》和“扎洪”通讯社网站发表题为《谱写中乌友好新华章》的署名文章。习近平指出，双方共建“一带一路”，加紧国家战略对接，创新合作驱动，加强国际协作和安全合作。当前，共建"一带一路"是中乌合作的亮点和主线。政策沟通方面，中乌签署了共建"一带一路"合作文件，正在研究编制中乌合作规划纲要。我们要做好共建"一带一路"这篇大文章，在互利共赢基础上开辟更广阔合作空间。在加强能源资源合作的同时，拓展非资源领域合作，努力构建结构优化、条件便利的中乌经贸新格局。

6月22日，国家主席习近平在塔什干乌兹别克斯坦最高会议立法院发表题为《携手共创丝绸之路新辉煌》的重要演讲。习近平强调，"一带一路"沿线国家市场规模和资源禀赋优势明显，互补性强，潜力巨大，前景广阔。我们愿同包括乌兹别克斯坦在内的各方一道，推动"一带一路"建设向更高水平、更广空间迈进。第一，中国愿同"一带一路"沿线国家一道，在自愿、平等、互利原则基础上，携手构建务实进取、包容互鉴、开放创新、共谋发展的"一带一路"互利合作网络。第二，中国愿秉持共商、共建、共享原则，以"一带一路"沿线各国发展规划对接为基础，以贸易和投资自由化便利化为纽带，以互联互通、产能合作、人文交流为支柱，以金融互利合作为重要保障，积极开展双边和区域合作，努力开创"一带一路"新型合作模式。第三，中国愿同伙伴国家携手努力，共同打造"一带一路"沿线国家多主体、全方位、跨领域的互利合作新平台。第四，中国愿同伙伴国家一道，继续完善基础设施网络，全面推进国际产能合作，加强金融创新，拓展人文领域合作，推进"一带一路"重点领域项目。

6月23日，国家主席习近平在塔什干会见蒙古国总统额勒贝格道尔吉。习近平指出，当前，中蒙关系发展势头良好，双方保持密切交往，务实合作不断深化。双方应共同努力，加紧落实已达成的各项重要共识，充实中蒙全面战略伙伴关系内涵，推动两国关系迈上新的更高水平。两国要加强各层级交往，夯实互信基础，在涉及各自核心利益和重大关切问题上相互理解、相互支持。要加快推进"丝绸之路经济带"同"草原之路"倡议战略对接，拓展务实合作，努力实现双边贸易额2020年达到100亿美元的目标。积极推动两国大项目合作取得实质性进展，在过境运输等项目上加强合作。

6月24日，习近平在乌兹别克斯坦塔什干举行的上海合作组织成员国元首理事会第16次会议上发表重要讲话。习近平强调，扩大务实合作，拓展本组织发展之路。为促进本地区经济整体发展，中方大力推动"一带一路"建设同各国发展战略对接，希望上海合作组织为此发挥积极作用并创造更多合作机遇。中方也愿同有关成员国继续推进产能合作，希望更多国家参与其中。

6月25日，习近平在《中俄睦邻友好合作条约》签署15周年纪念大会上发表重要讲话。强调：我们要在业已取得的经济合作成果基础上，深入推进两国发展战略对接和"一带一路"建设同欧亚经济联盟建设对接合作，进而在欧亚大陆发展更高水平、更深层次的经济合作关系，使中俄关系发展带来的福祉不仅惠及两国人民，还要惠及整个地区国家人民。

6月29日，国家主席习近平在北京人民大会堂会见韩国国务总理黄教安。习近平强调，中韩要坚持高层互动的引领作用，为双边关系发展指明方向。双方要加强政府、立法机构、政党等渠道沟通，用好两国各种机制性战略对话，不断深化政治互信。要发挥务实合作的引擎作用，为双边关系发展注入动力。希望双方推动中方"一带一路"倡议同韩方"欧亚倡议"等国家发展战略实现对接，打造合作亮点，落实好中韩自由贸易协定，深化财政金融合作。黄教安表示，韩方愿继续保持两国高层密切往来；以韩中自贸协定框架为契机建立更加紧密的经济联系；对接韩方"欧亚倡议"和"一带一路"建设，加强在亚洲基础设施投资银行内合作；促进青年等人文交流。

7月1日，庆祝中国共产党成立95周年大会在北京人民大会堂隆重举行。中共中央总书记、国家主席、中央军委主席习近平在大会上发表重要讲话。强调：中国坚持独立自主的和平外交政策，在和平共处五项原则的基础上同所有国家发展友好合作。中国坚定不移实行对外开放的基本国策，坚持打开国门搞建设，在“一带一路”等重大国际合作项目中创造更全面、更深入、更多元的对外开放格局。

7月5日，国家主席习近平在北京人民大会堂会见希腊总理齐普拉斯。习近平强调，中希要密切高层交往，在涉及彼此核心利益和重大关切问题上继续相互理解和支持。双方要推进务实合作。中方愿继续同希方携手合作，将比雷埃夫斯港建设为地中海最大的集装箱转运港、海陆联运的桥头堡，成为“一带一路”合作的重要支点，并带动两国广泛领域务实合作。齐普拉斯表示，希腊愿在稳定和振兴国家经济过程中，将自身发展战略同中方“一带一路”倡议对接合作，并在能源、运输等领域发挥连接东西的枢纽作用。希方愿同中方共同努力，夯实以比雷埃夫斯港项目为基础的互利合作，这有利于我们两国人民，也将产生积极的区域影响。

7月7日，国家主席习近平在北京钓鱼台国宾馆会见联合国秘书长潘基文。习近平指出，中方高度重视并同联合国在发展和气候变化等问题上开展了密切合作，取得了重要进展。中方推动二十国集团领导人峰会聚焦发展问题，推动共建“一带一路”，就是要助力2030年可持续发展议程。中方倡导设立亚投行，并愿同联合国、世界银行等国际组织加强合作，就是要同世界各国分享中国的发展机遇。潘基文表示，中国对联合国事业做出了突出贡献，为促进全球可持续发展、应对气候变化发挥了重要的领导作用。习近平主席在出席联合国成立70周年系列峰会期间就维和行动、南南合作提出了重要理念和具体倡议，对相关领域国际合作产生重大影响。我赞赏中方作为六方会谈主席国为解决朝鲜半岛核问题所作努力。联合国愿同中方倡导建立的亚洲基础设施投资银行等加强合作，促进发展中国家基础设施建设。

7月12日，国家主席习近平在北京钓鱼台国宾馆会见来华出席第18次中国欧盟领导人会晤的欧洲理事会主席图斯克和欧盟委员会主席容克。习近平指出，中方支持欧盟和欧洲一体化进程的政策不会改变，乐见繁荣和稳定的欧盟和英国，愿同欧方继续携手致力于和平与发展。中欧要用大视野拓展合作。欢迎欧方积极参与“一带一路”建设，双方要加强发展战略对接，加强交流互鉴和互利合作，推动彼此合作迈向更高端。

7月25日，国家主席习近平在北京人民大会堂会见世界卫生组织总干事陈冯富珍。习近平指出，我们积极支持世界卫生组织在全球、区域、国家层面推动落实2030年可持续发展议程卫生相关目标，也愿在“一带一路”框架下开展医疗卫生合作。陈冯富珍表示，世界卫生组织高度评价中国政府在国际事务，特别是全球卫生合作领域的重要贡献。中方为落实联合国2030年可持续发展议程发挥了领导作用。中方提出的“一带一路”思路富有远见，为新形势下全球合作和全球治理提供了新的模式。中国率先落实千年发展目标、实现全民医保覆盖、积极推进医疗改革引人瞩目，将为国际卫生事业提供新的推动力。世界卫生组织愿同中国进一步加强合作，并将继续坚定奉行一个中国政策。

8月17日，习近平在北京人民大会堂出席推进“一带一路”建设工作座谈会并发表重要讲话强调，总结经验、坚定信心、扎实推进，聚焦政策沟通、设施联通、贸易畅通、资金融通、民心相通，聚焦构建互利合作网络、新型合作模式、多元合作平台，聚焦携手打造绿色丝绸之路、健康丝绸之路、智力丝绸之路、和平丝绸之路，以钉钉子精神抓下去，一步一步把“一带一路”建设推向前进，让“一带一路”建设造福沿线各国人民。习近平指出，目前，已经有100多个国家和国际组织参与其中，我们同30多个沿线国家签署了共建“一带一路”合作协议、同20多个国家开展国际产能合作，联合国等国际组织也态度积极，以亚投行、丝路基金为代表的金融合作不断深入，一批有影响力的标志性项目逐步落地。"一带一路"建设从无到有、由点及面,进度和成果超出预期。

8月19日,国家主席习近平在北京钓鱼台国宾馆会见缅甸国务资政昂山素季。习近平指出,中缅"胞波"友谊源远流长,历久弥坚。两国山水相连、唇齿相依,民心相通、交往密切,遭遇相似、任务相近,合作广泛、优势互补。作为友好邻邦,中国将继续支持缅甸走符合自身国情的发展道路,维护国家稳定,促进经济发展,保持社会和谐。新形势下发展中缅关系,双方要加强政治引领。中方愿同缅方保持高层接触和各层级人员往来,加强沟通,增进互信。双方要对接发展战略。中方赞赏缅方支持"一带一路"倡议,愿同缅方一道推进有关互联互通项目,保障现有大项目安全运营,积极推进能源、金融等重要领域合作,推动两国产业合作取得更大成果。双方要增进友好感情。中缅合作今后要向农业、水利、教育、医疗等更直接惠及民生的领域倾斜,使更多民众获益。中方也愿扩大同缅方在文化、媒体、佛教等人文领域交流,进一步夯实中缅友好的民意基础。中方愿继续为推动缅甸和平进程发挥建设性作用,为维护中缅边境和平稳定共同做出努力。

8月31日,国家主席习近平在北京钓鱼台国宾馆会见沙特阿拉伯王储继承人穆罕默德。习近平指出,中沙建交26年来,双方始终真诚友好、平等相待,各领域合作取得许多成果。中国视沙特阿拉伯为共建"一带一路"的重要合作伙伴,愿同沙方共同努力,充实中沙全面战略伙伴关系内涵,更好造福两国人民,促进世界和地区和平。习近平强调,中沙要巩固战略互信,携手应对挑战。中方支持沙特阿拉伯维护自身安全和稳定的努力,将鼓励有关各方共同维护地区和平稳定。双方要加快发展战略对接,深化利益融合。我们要用共建"一带一路"来统领双边务实合作。中方愿同沙方加强基础设施、制造业、金融、投资和能源等领域合作。双方要落实重大战略合作项目,服务各自发展。中方大量优势产能、装备、创新技术正在走向世界,可以成为沙特阿拉伯推进经济多元化战略和制造业发展的合作伙伴。穆罕默德表示,沙方坚定支持中方在台湾、南海等问题上立场,希望通过沙中高级别联合委员会进一步深化沙中政治、经济关系,愿将自身发展战略同"一带一路"倡议对接,加强经贸、物流、金融等领域合作。

9月2日,国家主席习近平在杭州会见前来出席二十国集团领导人杭州峰会的印度尼西亚总统佐科。习近平强调,中国和印度尼西亚拥有广泛的共同利益,两国关系发展方向和势头良好。我们应该始终做好邻居、好伙伴、好朋友,不断增进政治互信,扩大务实合作,推动两国全面战略伙伴关系不断向前发展。双方要继续加强高层沟通,积极对接"21世纪海上丝绸之路"倡议和"全球海洋支点"构想。要确保雅加达—万隆高铁项目顺利实施,拓展基础设施建设、产能、贸易、投资、金融、电子商务等领域合作,打造更多旗舰项目。要加强教育、科技、卫生、广电、青年等领域交流,夯实两国关系的民意基础。

9月2日,国家主席习近平在杭州会见老挝国家主席本扬。近平强调,我们要密切高层交往,深化战略沟通,加强治党理政经验交流。要对接发展战略,深化互利合作,共同推进"一带一路"建设和产能合作,加强基础设施建设、能源开发、经济合作园区等领域合作,扩大利益融合。要继续办好建交55周年系列庆祝活动,加强教育、文化、旅游、执法安全等领域交流合作。

9月2日,国家主席习近平在杭州会见新加坡总理李显龙。习近平强调,去年中新确立了与时俱进的全方位合作伙伴关系。站在新的历史起点上,双方要做好顶层设计,规划好两国关系发展,保持高层交往,加强沟通,在涉及双方核心利益和重大关切问题上相互理解和尊重。中方重视新方参与"一带一路"建设的积极意愿,愿意将中新重庆战略性互联互通示范项目打造成两国合作新亮点。双方要推动苏州工业园区和天津生态城两大旗舰项目提高质量和水平,深化金融、互联网、信息通信技术、社会治理、执法安全、反恐、反腐败等领域合作。希望新方作为中国–东盟关系协调国，发挥积极作用，推动中国－东盟关系健康稳定发展。中方愿同新方加强在地区和国际机制中的沟通和协调。

9月3日，国家主席习近平在杭州出席2016年二十国集团工商峰会开幕式，并发表题为《中国发展新起点　全球增长新蓝图》的主旨演讲。提出"一带一路"倡议，旨在同沿线各国分享中国发展机遇，实现共同繁荣。"丝绸之路经济带"一系列重点项目和经济走廊建设已经取得重要进展，"21世纪海上丝绸之路"建设正在同步推进。我们倡导创建的亚洲基础设施投资银行，已经开始在区域基础设施建设方面发挥积极作用。

9月3日，国家主席习近平在杭州会见来华出席二十国集团领导人杭州峰会的土耳其总统埃尔多安。习近平强调，两国要牢牢抓住政治互信的核心问题，中方赞赏土方强调不会允许在土耳其发生损害中国安全的事情，希望双方反恐安全合作取得更多实质性成果。要通过对接发展战略，扎实推进务实合作，深入探讨对接"一带一路"和"中间走廊"倡议的具体合作方式和项目，扎实推进基础设施建设、能源、检验检疫等领域务实合作。中方愿以2016年中土建交45周年为契机，同土方一道努力，推动中土战略合作关系得到更大发展。中方愿同土方密切协作，推动二十国集团在全球经济治理领域发挥更大作用。中土关系发展前景令人期待。

9月4日，国家主席习近平在杭州会见在华出席二十国集团领导人杭州峰会的澳大利亚总理特恩布尔。习近平指出，中方高度重视发展中澳关系。希望双方相向而行，坚持互信互利原则，拓展务实合作，扩大人文交流，推动中澳全面战略伙伴关系健康稳定向前发展。互信是保证中澳关系顺利发展的前提。中澳要尊重彼此对发展道路的选择，尊重彼此核心利益和重大关切。我们要加强优势互补，继续实施好中澳自由贸易协定，加快推进中方"一带一路"倡议同澳方"北部大开发"计划对接，积极拓展能源资源、农牧业、食品加工、基础设施建设等领域合作，更好实现互利双赢。希望澳方继续致力于为外资提供公平、透明、可预期的政策环境，这也符合澳方自身利益。要深入推进创新发展战略对接，扩大食品、农业、矿业、海洋科学等领域联合研发。要深化教育、文化、旅游等领域交流，增进两国人民相互了解和友谊。

9月4日，国家主席习近平在杭州会见在华出席二十国集团领导人杭州峰会的俄罗斯总统普京。习近平强调，中俄双方要更加紧密地加强全方位战略合作，坚定支持对方维护国家主权、安全、发展利益的努力。要积极推动两国发展战略对接和"一带一路"建设同欧亚经济联盟建设有效对接，推进基础设施建设、能源、航空、航天、高新技术等领域务实合作，加强军事交流和安全合作。要密切在国际和地区事务中的协调和配合，坚决维护联合国宪章宗旨和原则及国际关系基本准则，维护国际公平正义，促进世界和平、稳定、繁荣。

9月5日，国家主席习近平在杭州会见西班牙首相拉霍伊。习近平指出，近年来，中西关系总体保持良好发展势头。各领域务实合作不断深入，给两国人民带来实实在在的利益。中方愿同西班牙一道努力，将两国全面战略伙伴关系提升到更高水平。双方要密切高层交往，在涉及彼此核心利益问题上相互理解和支持。中方赞赏西班牙积极支持"一带一路"建设，愿意鼓励中国企业赴西班牙投资兴业。双方要在金融、电信、可再生能源等领域继续打造合作亮点，发挥互补优势，实现互利多赢。要充分利用义乌—马德里的中欧班列继续扩大贸易规模。要用好中西论坛机制，扩大民间和地方交往。要加强在气候变化、可持续发展等重大多边问题上的沟通和协调。中方希望并支持欧盟保持稳定和繁荣，希望西班牙发挥积极影响，推动中欧关系良好发展势头。

9月13日，国家主席习近平在杜尚别会见塔吉克斯坦总理拉苏尔佐达。习近平强调，随着中国经济发展，我们将扩大和深化同其他国家的交往合作，欢迎其他国家利用中国发展的机遇，携手实现发展。中方提出的共建"丝绸之路经济带"倡议是互利共赢的,欢迎塔方积极参与。双方要把握当前有利时机,抓住利益契合点,扎实推进合作。两国政府要发挥指导、协调、监督作用,制定实施具体合作项目,抓好落实。中国新疆维吾尔自治区与塔吉克斯坦地理邻近,文化相通,两国开展地方合作优势明显。中方愿同塔方加强地方合作,促进经贸人文往来。

9月13日,国家主席习近平在北京人民大会堂会见越南总理阮春福。习近平强调,中越要共同努力,落实好两党两国高层共识,坚持以高层战略沟通引领双边关系发展方向。双方要坚持本着互利共赢的精神推进各领域合作。要充分发挥中越双边合作指导委员会的统筹协调作用,加紧推进"一带一路"和"两廊一圈"发展决策对接,打造产能合作新平台,加紧推进基础设施重点合作项目和跨境经济合作区建设。双方要坚持为百姓谋福祉,多做实事,为中越关系构筑牢固的民意支撑,夯实双边关系社会基础。

10月10日—11日,习近平出席全国国有企业党的建设工作会议时发表重要讲话,他强调,要通过加强和完善党对国有企业的领导、加强和改进国有企业党的建设,使国有企业成为党和国家最可信赖的依靠力量,成为坚决贯彻执行党中央决策部署的重要力量,成为贯彻新发展理念、全面深化改革的重要力量,成为实施"走出去"战略、"一带一路"建设等重大决策的重要力量,成为壮大综合国力、促进经济社会发展、保障和改善民生的重要力量,成为我们党赢得具有许多新的历史特点的伟大斗争胜利的重要力量。

10月31日,国家主席习近平在北京人民大会堂会见比利时首相米歇尔。习近平强调,希望比方抓住"一带一路"建设带来的机遇,推进中欧、亚欧物流产业发展和跨境电子商务合作。中方赞赏和欢迎比利时加入亚洲基础设施投资银行的积极意愿,祝愿比利时早日成为亚投行成员,欢迎比方积极参与亚欧海陆联动大通道、泛欧铁路网等建设。米歇尔表示,比方欣见比中经贸、文化交往活跃,愿拓展同中方司法、投资、创新、航空、新能源、数字经济、基础设施及"一带一路"框架下合作。

11月16日,国家主席习近平在意大利撒丁岛会见意大利总理伦齐。习近平指出,双方要保持高层交往,密切各层级人员往来,加强中方"一带一路"建设同意大利发展战略对接,深化人文交流,加强在国际和地区事务中的协调配合。

11月19日,国家主席习近平在利马会见俄罗斯总统普京。习近平强调,中方愿同俄方一道努力,在新的一年里保持密切高层交往势头,加大相互支持,巩固政治和战略互信,开展两国发展战略对接和"一带一路"建设同欧亚经济联盟建设对接合作,办好媒体交流年等重要人文交流活动,加强在国际事务中的协调和配合,促进世界和平稳定。普京表示,俄方期待着同中方共同推进欧亚经济联盟建设同"一带一路"建设对接合作。俄中双方要加强在亚太经合组织等多边事务中协调合作。

11月19日,2016年亚太经合组织工商领导人峰会在秘鲁利马举行。国家主席习近平应邀出席并发表题为《深化伙伴关系增强发展动力》的主旨演讲。习近平强调,中国欢迎各方参与到"一带一路"合作中来,共享机遇,共迎挑战,共谋发展。加强"一带一路"倡议同有关各方发展战略及合作倡议对接。我们要坚定不移打造改革创新格局,推进经济结构改革,为亚太引领世界经济创造动力。

12月1日,国家主席习近平在北京人民大会堂会见老挝总理通伦。习近平强调,中老两党要加强治党理政经验交流,加强互学互鉴。双方要加强发展战略对接,共同推进"一带一路"建设并加强产能投资、能源开发、经济合作园区、基础设施建设等领域合作。中方愿同老方加强教育、文化、旅游、执法安全等领域交流合作,不断增进中老传统友好。

2017年

1月18日，2017新年伊始，应联合国新秘书长古特雷斯邀请，中国国家主席习近平于1月18日造访联合国日内瓦总部，发表《共同构建人类命运共同体》的主旨演讲，系统阐发了全球发展的“中国方案”，即“构建人类命运共同体，实现共赢共享”。

3月17日，“一带一路”写入联合国决议。联合国安理会以15票赞成，一致通过关于阿富汗问题第2344号决议，呼吁国际社会凝聚援助阿富汗共识，通过“一带一路”建设等加强区域经济合作，敦促各方为“一带一路”建设提供安全保障环境、加强发展政策战略对接、推进互联互通务实合作等。

3月21日，国家“一带一路”官网上线。中国一带一路网（www.yidaiyilu.gov.cn）由推进“一带一路”建设工作领导小组办公室作为指导单位，国家信息中心主办，为沿线各国企业、社团组织和公民积极参与“一带一路”建设提供信息服务和互动交流。

3月23日—26日，“一带一路”成博鳌论坛热点。博鳌亚洲论坛2017年年会将“一带一路”设置为四大主题板块之首，成为各方关注的焦点。参加本届论坛年会的国内外嘉宾认为，“一带一路”倡议体现出共商、共建、共享的开放包容理念，有利于改革和再造国际贸易投资规则，完善金融货币制度，营造更加公平合理的政治经济新秩序框架。

3月27日，新西兰与中国签署“一带一路”合作协议。3月26日—29日，国务院总理李克强访问新西兰。其间，两国政府签署了《中华人民共和国政府和新西兰政府关于加强“一带一路”倡议合作的安排备忘录》，新西兰成为首个签署“一带一路”合作协议的西方发达国家。

4月1日，中国新增7个自由贸易试验区。辽宁、浙江、河南、湖北、四川、陕西、重庆七地自贸区挂牌成立，是我国成立的第三批自贸区。中国基本形成以“1+3+7”自贸区为骨架、东中西协调、陆海统筹的全方位和高水平区域开放新格局，并为加快实施“一带一路”倡议提供重要支撑。

4月10日，中缅原油管道正式投入运行。中缅原油管道起点为马德岛，途经缅甸多个地区，经中国云南省瑞丽市进入中国境内，缅甸段全长771公里，设置站场5座，设计年输量2200万吨。作为“一带一路”倡议在缅实施的先导项目——中缅油气管道项目的一部分，这一工程投运正在实践造福两国人民的愿景。

4月20日，七国铁路部门签署《关于深化中欧班列合作协议》。中国、白俄罗斯、德国、哈萨克斯坦、蒙古国、波兰、俄罗斯七国铁路部门正式签署《关于深化中欧班列合作协议》。这是中国铁路第一次与“一带一路”沿线主要国家铁路签署有关中欧班列开行方面的合作协议。

5月13日，中国与格鲁吉亚签署自贸协定。中格自贸协定是我国与欧亚地区国家签署的第一个自贸协定，也是“一带一路”倡议提出后我国启动并达成的第一个自贸协定。根据《协定》，双方对绝大多数货物贸易产品相互取消了关税，对众多服务部门相互作出了高质量的市场开放承诺，并完善了知识产权、环境保护、电子商务和竞争等规则。该协定已在2018年1月1日正式生效。

5月14日—15日，“一带一路”国际合作高峰论坛举办。“一带一路”国际合作高峰论坛是“一带一路”框架下最高规格的国际活动，也是中华人民共和国成立以来由中国首倡、中国主办的层级最高、规模最大的多边外交活动。来自29个国家的国家元首、政府首脑与会，来自130多个国家和70多个国际组织的1500多名代表参会，形成了76大项、270多项具体成果。中国政府与蒙古国、巴基斯坦、尼泊尔、克罗地亚、黑山、波黑、阿尔巴尼亚、东帝汶、新加坡、缅甸、马来西亚签署了政府间

"一带一路"合作谅解备忘录。

5月31日，蒙内铁路正式通车。全长约472千米，合同总额38亿美元的蒙内铁路被称为肯尼亚的"世纪工程"。它西起东非第一大港蒙巴萨，东至肯尼亚首都内罗毕，是肯尼亚100年以来最大的民生工程。它是一条采用中国技术、中国标准、中国装备、中国运营管理的国际干线铁路，是中国铁路建设全产业落地的标志性项目。

6月6日，中国外交部首次回应日本参与"一带一路"表态。日本首相安倍晋三在东京举行的国际会议上表示，希望在"一带一路"倡议方面与中方开展合作。外交部发言人华春莹隔天则回应说，"一带一路"是重要的国际公共产品，是开放包容的发展平台，对包括日本在内的世界各国都是有利的。"一带一路"倡议可以成为中日两国实现互利合作、共同发展的新平台和"试验田"。

6月8日，中巴经济走廊首个大型能源项目投产。萨希瓦尔电站自2015年7月31日开工建设，是中巴经济走廊优先实施项目，也是"一带一路"倡议的重点工程之一。萨希瓦尔电站已成为迄今为止中巴经济走廊建设速度最快、装机容量最大、技术领先、节能环保的高效清洁燃煤电站，被巴基斯坦政府誉为"巴电力建设史上的奇迹"。

6月14日，习近平主席在会见卢森堡首相贝泰尔时，首次提出"空中丝绸之路"的概念，表示中方支持建设郑州—卢森堡"空中丝绸之路"。这标志着郑州—卢森堡"双枢纽"合作模式由河南方案正式上升为国家战略，"一带一路"建设覆盖的维度愈加广泛，不仅连接大陆与海洋，还在蔚蓝天空中架起新的合作桥梁。

6月20日，中国首提"一带一路"海上合作设想。国家发改委、海洋局联合发布《"一带一路"建设海上合作设想》，提出共同建设中国－印度洋－非洲－地中海、中国－大洋洲－南太平洋，以及中国－北冰洋－欧洲等三大蓝色经济通道。这是中国政府首次就推进"一带一路"建设海上合作提出中国方案，也是"一带一路"国际合作高峰论坛的领导人成果之一。

7月3日，中俄就打造"冰上丝绸之路"达成共识。"冰上丝绸之路"系穿越北极圈，连接北美、东亚和西欧三大经济中心的海运航道。7月初，在对俄罗斯进行国事访问之际，习近平对中俄共建北极航道的"邀约"进行了积极回应，希望双方共同开发和利用海上通道特别是北极航道，打造"冰上丝绸之路"。"北极航道"也正是《"一带一路"建设海上合作设想》中明确的"一带一路"三大主要海上通道之一。

7月24日，亚洲金融合作协会成立。作为区域性国际非政府、非营利性的社会组织，亚洲金融合作协会（亚金协）将致力于搭建亚洲金融机构交流合作平台，同时通过治理结构制度安排，便利全体会员共同治理协会，共享协会服务及成果。

9月8日，中国与黎巴嫩签署"一带一路"合作文件。黎巴嫩自古以来就是丝绸之路上的重要节点。9月8日，国家发展和改革委员会主任何立峰会见了黎巴嫩经济和贸易部部长扈里，双方就共建"一带一路"，进行规划对接，深化产能与投资、金融、贸易合作以及人文交流等深入交换了意见，并代表两国政府签署了《关于共同推进丝绸之路经济带与21世纪海上丝绸之路建设的谅解备忘录》。

10月18日—24日，中国共产党第十九次代表大会在北京举行。坚持正确义利观，推动构建人类命运共同体，遵循共商共建共享原则，推进"一带一路"建设等内容写入党章。这体现了中国共产党高度重视"一带一路"建设、坚定推进"一带一路"国际合作的决心和信心，同时也彰显了"一带一路"建设的重要性，意味着"一带一路"建设将不是一个短期工程。

11月10日—13日，习近平应邀对越南进行国事访问并出席APEC第二十五次领导人非正式会议。在与越共中央总书记阮富仲举行会谈后，两国领导人共同见证了共建“一带一路”和“两廊一圈”合作备忘录以及产能、能源、跨境经济合作区、电子商务、人力资源、经贸、金融、文化、卫生、新闻、社会科学、边防等领域合作文件的签署。

11月13日—14日，习近平对老挝进行国事访问。访问结束后两国发表了联合声明，指出要加快中国“一带一路”倡议同老挝“变陆锁国为陆联国”战略对接，落实好此访期间签署的关于加强基础设施领域合作的谅解备忘录，加快推进中老铁路等标志性项目，并以此为依托共建中老经济走廊。

11月17日，中国与摩洛哥签署共建“一带一路”合作文件。摩洛哥王国外长访华期间，两国外长共同签署《中华人民共和国政府与摩洛哥王国政府关于共同推进丝绸之路经济带和21世纪海上丝绸之路的谅解备忘录》，摩洛哥成为非洲西北部首个签署该文件的阿拉伯国家。

11月17日，中国与巴拿马签署“一带一路”合作文件。6月13日，中国同巴拿马正式建立外交关系；在建交5个月后，巴拿马共和国总统巴雷拉访华，并同中国签署了《关于共同推进丝绸之路经济带和21世纪海上丝绸之路建设的谅解备忘录》，宣告加入“一带一路”朋友圈。巴拿马支持“一带一路”倡议，并已提出一些基建合作项目建议。

11月21日，首届丝绸之路沿线民间组织合作网络论坛在北京开幕，国家主席习近平向论坛发来贺信。5月，习近平在“一带一路”国际合作高峰论坛开幕式上宣布“建设丝绸之路沿线民间组织合作网络”，目前已有来自60多个国家和地区的300多个民间组织加入。

11月26日—29日，国务院总理李克强赴匈牙利出席第六次中国－中东欧国家领导人会晤。会晤期间，中国与爱沙尼亚、立陶宛、斯洛文尼亚三国签署合作文件，实现了共建“一带一路”倡议对中东欧16国的全覆盖。

12月3日，在第四届世界互联网大会上，中国、老挝、沙特阿拉伯、塞尔维亚、泰国、土耳其、阿联酋等国家相关部门共同发起《“一带一路”数字经济国际合作倡议》，称将致力于实现互联互通的“数字丝绸之路”，打造互利共赢的“利益共同体”和共同发展繁荣的“命运共同体”。这标志着“一带一路”数字经济合作开启了新篇章。

12月7日，中国与马尔代夫签署自由贸易协定。中马自贸协定是我国商签的第16个自贸协定，也是马尔代夫对外签署的首个双边自贸协定。双方同意最终实现零关税的产品税目数和进口额占比均接近96%，我国对马出口的绝大部分工业品及花卉、蔬菜等农产品将从中获益。马方绝大部分鱼水产品等优势出口产品也将享受零关税待遇。

12月8日，中俄亚马尔项目首条LNG生产线投产。亚马尔液化天然气项目是中国提出“一带一路”倡议后实施的首个海外特大型项目，也是全球最大的北极LNG（液化天然气）项目，建成之后，中国每年可以从这个项目获得400万吨的液化气。亚马尔项目的建设不仅新增了北部海上运来天然气，同时开辟的北极航道成功实现北冰洋运输，为“冰上丝绸之路”的实施提供了重要的支点。

12月19日，亚投行再度扩容，成员数增至84个。亚洲基础设施投资银行19日宣布批准库克群岛、瓦努阿图、白俄罗斯和厄瓜多尔四个经济体的加入申请，实现了自2016年开业以来的第4次扩容。亚投行2016年开业时共有57个成员。2017年3月、5月和7月，该机构先后进行3次扩容，成员增加至84个，从亚洲拓展至全球。

12月21日，中泰铁路一期工程正式开工。中泰铁路是泰国第一条标准轨高速铁路，是两国务实合作的旗舰项目，也是两国在“一带一路”框架下重要的互联互通项目。一期工程连接首都曼谷与东北部的呵叻府，二期工程则将把这条铁路延伸至与老挝首都万象一河之隔的廊开府，并实现与中老铁路磨丁至万象段的连接。

12月31日，习近平发表2018年新年贺词：回顾2017年的工作，描绘2018年的愿景。中国将积极推动共建“一带一路”，始终做世界和平的建设者、全球发展的贡献者、国际秩序的维护者。中国人民愿同各国人民一道，共同开辟人类更加繁荣、更加安宁的美好未来。

2018年

1月1日，《中国－格鲁吉亚自贸协定》正式生效，《协定》谈判于2015年12月启动，2016年10月实质性结束，是“一带一路”倡议提出后，我国在欧亚地区完成的第一个自贸协定谈判。

1月11日，为贯彻落实《推动共建丝绸之路经济带和21世纪海上丝绸之路的愿景与行动》和2017年“一带一路”国际合作高峰论坛精神，围绕推进“一带一路”建设新阶段的总体要求和重点任务，结合标准化工作实际，制订《标准联通共建“一带一路”行动计划（2018—2020年）》。

1月12日，中国电信集团公司与尼泊尔电信公司在尼泊尔首都加德满都举行两国跨境光缆开通仪式，标志着尼泊尔正式通过中国的线路接入互联网，为中尼两国间共建“一带一路”提供了成功的样本。

1月22日，中国－拉美和加勒比国家共同体论坛第二届部长级会议在智利开幕，国家主席习近平致信祝贺。会议通过了《圣地亚哥宣言》《中国与拉美和加勒比国家合作（优先领域）共同行动计划（2019—2021）》和《“一带一路”特别声明》。

1月26日，国务院新闻办公室发表《中国的北极政策》白皮书。中国发起共建“丝绸之路经济带”和“21世纪海上丝绸之路”（“一带一路”）重要合作倡议，与各方共建“冰上丝绸之路”，为促进北极地区互联互通和经济社会可持续发展带来合作机遇。

1月30日，海关总署制定出台《推进“一带一路”沿线大通关合作行动计划（2018—2020年）》，推出17条具体措施，以“信息互换、监管互认、执法互助”为重点，提出建立适应沿线国家贸易投资需求、适应新技术发展的高水平大通关国际合作机制。内容涵盖机制衔接、贸易便利和安全、科技创新、能力建设、国内环境、口岸开放等多个领域。

1月31日，国务院印发《关于全面加强基础科学研究的若干意见》。《意见》提出的重点任务中包括深化基础研究国际合作。落实“一带一路”科技创新行动计划，全面提升科技创新合作层次和水平，打造“一带一路”协同创新共同体。深化政府间科技合作，分类制定国别战略，建立国际创新合作平台，联合开展科学前沿问题研究。

3月1日，国家林业局印发《“一带一路”生态互联互惠科技创新行动方案》。《方案》确定了“一带一路”生态互联互惠科技创新行动总体目标，将重点创建“一带一路”生态互联互惠林业科技协同创新中心。

3月20日，第十三届全国人民代表大会第一次会议举行闭幕式，中华人民共和国主席习近平发表重要讲话。习近平说，中国将继续积极推进“一带一路”建设，加强同世界各国的交流合作，让中国改革发展造福人类。

3月28日，国家发展和改革委员会与香港特别行政区政府经协商一致并报国务院审批同意，签署《国家发展和改革委员会与香港特别行政区政府关于支持香港全面参与和助力“一带一路”建设的安排》。

4月8日，国家主席习近平在人民大会堂同奥地利总统范德贝伦举行会谈。会谈后，双方发表了《中华人民共和国和奥地利共和国关于建立友好战略伙伴关系的联合声明》。两国元首共同见证了“一带一路”合作、司法、创新、交通、现代流通、文化、体育和知识产权等领域双边合作文件的签署。

4月9日，乌兹别克斯坦媒体公布乌外交政策优先方向法令。根据该法令，乌兹别克斯坦将同中国在落实“一带一路”倡议、基础设施现代化、农业现代化、吸引中国资金和技术建设工业园区等领域加强合作。乌方将同中国合作建设中国–吉尔吉斯斯坦–乌兹别克斯坦铁路。乌兹别克斯坦还希望扩大对中国出口，计划到2020年时将乌中贸易额扩大到100亿美元。

4月10日，国家主席习近平在海南博鳌出席博鳌亚洲论坛2018年年会开幕式并发表题为《开放共创繁荣 创新引领未来》的主旨演讲。博鳌亚洲论坛8日发布的《亚洲竞争力2018年度报告》指出，2017年，在逆全球化潮流涌动、贸易保护主义重新兴起的大背景下，亚洲区域经济合作势头不减反增，“一带一路”倡议成为亚洲区域经济一体化的重要拉动力。

4月20日至21日，全国网络安全和信息化工作会议在北京召开。中共中央总书记、国家主席、中央军委主席、中央网络安全和信息化委员会主任习近平在会上强调，要以“一带一路”建设等为契机，加强同沿线国家特别是发展中国家在网络基础设施建设、数字经济、网络安全等方面的合作，建设21世纪数字丝绸之路。

4月25日，全国首个“一带一路”巡回法庭在连云港中哈物流合作基地揭牌。巡回法庭将主动适应“一带一路”建设的需要，积极对接新亚欧陆海联运大通道建设，妥善审理涉“一带一路”纠纷。

5月11日至15日，由国家发改委、商务部、陕西省政府等7家单位主办的第三届丝绸之路国际博览会在西安举办。本届丝博会主题为：新时代•新格局•新动能。

5月14日，在国务院总理李克强与来华访问的特立尼达和多巴哥总理罗利见证下，中国与特立尼达和多巴哥签署了政府间共建“一带一路”合作文件。这是中国与加勒比地区国家签署的首份政府间共建“一带一路”合作文件。

5月16日，“一带一路”税收合作会议在哈萨克斯坦首都阿斯塔纳闭幕，与会者就税收法治、纳税服务和争端解决等议题深入讨论并联合发布了《阿斯塔纳“一带一路”税收合作倡议》。会议提出了优化纳税服务，尊重和保护纳税人合法权益，以促进“一带一路”建设参与国家（地区）的生产要素有序流动等五方面倡议。

5月23日，“一带一路”中欧对话会在欧盟总部所在地布鲁塞尔举行。中国驻欧盟使团团长张明表示，当前“一带一路”倡议同欧洲发展战略对接顺利，中国同11个欧盟成员国签署政府间合作文件，顺利推进基建、物流、港口、电子商务、金融合作等诸多项目。未来要做大“一带一路”蛋糕，中欧应在“国际合作确定性”等三方面加强合作。

5月28日，“首届一带一路服务贸易合作论坛”在北京国家会议中心举行。论坛由联合国贸易和发展会议、中国服务贸易协会共同主办，以“新市场新机遇新发展”为主题，主要围绕“一带一路”发展过程中如何扩大服务业开放，发展服务业各国能力建设，“一带一路”服务贸易合作机制建设等方面展开讨论。

6月4日，驻安提瓜和巴布达大使王宪民与安巴总理贾斯顿•布朗分别代表两国政府签署《中华人民共和国政府与安提瓜和巴布达政府关于共同推进丝绸之路经济带与21世纪海上丝绸之路建设的谅解备忘录》。安提瓜和巴布达是东加勒比地区首个同中国签署“一带一路”合作文件的国家，体现了双方加强互利合作、打造双边关系升级版的共同愿望。

6月13日，国家发展和改革委员会、国务院港澳办会同有关部门，与香港特区政府在京共同召开支持香港参与和助力"一带一路"建设第一次联席会议。会议审议通过了《支持香港全面参与和助力"一带一路"建设联席会议制度》，明确了联席会议的工作规则、主要职责、成员单位和工作要求。

6月13日，"一带一路"倡议与2030年可持续发展议程高级别研讨会在纽约联合国总部举行，该研讨会由中国常驻联合国代表团、联合国经济和社会事务部、联合国开发计划署和世界卫生组织驻联合国办事处联合主办，来自50多个国家和联合国机构的约100名代表出席。与会者围绕"一带一路"倡议与联合国可持续发展议程的对接路径等议题进行了探讨。

6月19日，国家主席习近平在人民大会堂同玻利维亚总统莫拉莱斯举行会谈，两国元首一致决定建立中玻战略伙伴关系。习近平强调，中玻要做务实合作的发展伙伴，在"一带一路"框架内加强发展战略对接，共同打造投资、贸易、服务并举的合作新模式。会谈后，两国元首共同见证了共建"一带一路"等双边合作文件的签署。

6月21日，中巴新两国签署《中华人民共和国政府与巴布亚新几内亚独立国政府关于共同推进丝绸之路经济带和21世纪海上丝绸之路建设的谅解备忘录》，巴布亚新几内亚成为太平洋岛国地区首个与中方签署"一带一路"建设谅解备忘录的国家。

6月27日，中共中央办公厅、国务院办公厅印发《关于建立"一带一路"国际商事争端解决机制和机构的意见》。《意见》提出，最高人民法院设立国际商事法庭，牵头组建国际商事专家委员会，支持"一带一路"国际商事纠纷通过调解、仲裁等方式解决，推动建立诉讼与调解、仲裁有效衔接的多元化纠纷解决机制，形成便利、快捷、低成本的"一站式"争端解决中心，为"一带一路"建设参与国当事人提供优质高效的法律服务。

6月27日，"一带一路"国际联盟于香港会议展览中心举行成立仪式及首届年度圆桌会议，逾80位成员机构代表聚首香港，共同探讨"一带一路"发展蓝图。"一带一路"国际联盟汇聚中国香港、内地及海外的商会、行业协会、投资推广机构和智库组织，共同探讨及促进"一带一路"倡议发展。

7月9日，国务院办公厅转发了由商务部等20个部门发布的《关于扩大进口促进对外贸易平衡发展的意见》。《意见》提出要增加农产品、资源性产品进口；将"一带一路"相关国家作为重点开拓的进口来源地。

7月10日，中国–阿拉伯国家合作论坛第八届部长级会议10日在北京举行。会议通过并签署了《北京宣言》《论坛2018年至2020年行动执行计划》和《中阿合作共建"一带一路"行动宣言》等3份重要成果文件。

7月11日，上海国际港务（集团）股份有限公司、中国远洋海运集团有限公司与"一带一路"沿线30多个国家（地区）的逾100家港航企业和机构在上海举行了主题为"21世纪海上丝绸之路"港航合作会议。论坛发布了"21世纪海上丝绸之路"港航合作倡议。

7月23日，国家主席习近平同卢旺达总统卡加梅共同见证了关于"一带一路"建设等多项双边合作文件的签署。习近平在会谈中表示，中方欢迎卢方积极参与共建"一带一路"国际合作，鼓励中国企业赴卢旺达投资兴业，助力卢旺达工业化和现代化进程。

7月30日，国家外汇管理局"一带一路"国家外汇管理政策研究小组发布《"一带一路"国家外汇管理政策概览》。《概览》旨在为参与"一带一路"贸易投资活动的银行、企业等市场主体提供更丰富的参考信息。

8月9日，上海海事法院召开新闻发布会，以涉"一带一路"海事审判情况为专题向社会发布中英文版2017年度海事审判白皮书。这是全国首份专题涉及“一带一路”海事审判工作的白皮书。

8月30日，中国援建的中马友谊大桥正式开通。大桥全长2千米，将连通马尔代夫首都马累和机场岛，设计使用寿命100年。

9月3日—4日，中非合作论坛北京峰会在北京成功举行。本次峰会是迄今为止我国举办的规模最大、规格最高的主场外交活动。此次峰会期间，28个非洲国家与中国签订了“一带一路”政府间谅解备忘录，非洲共有37个国家加入了“一带一路”朋友圈。

10月10日，“一带一路”国际商事调解论坛暨“一带一路”国际商事调解中心调解规则评议研讨会在罗马举行。来自亚洲、欧洲、美洲和非洲12个国家20余个机构代表共同签署并发布了针对“一带一路”国际商事调解具有重要指导意义的里程碑式文件《罗马宣言》。

10月24日，从设计到建设前后历时14年、被英国《卫报》誉为“新世界七大奇迹”的港珠澳大桥正式通车。港珠澳大桥跨越伶仃洋，东接香港特别行政区，西接广东省珠海市和澳门特别行政区，总长约55千米，将助力粤港澳三地互联互通，为21世纪海上丝绸之路建设添砖加瓦。

11月5日—10日，首届中国国际进口博览会在上海举办。国家主席习近平出席开幕式并发表题为《共建创新包容的开放型世界经济》的主旨演讲，并在演讲中4次提及“一带一路”。习近平指出，中国将继续推进共建“一带一路”，坚持共商共建共享，同相关国家一道推进重大项目建设，搭建更多贸易促进平台，鼓励更多有实力、信誉好的中国企业到沿线国家开展投资合作。

11月12日，中国财政部部长刘昆与新加坡财政部部长王瑞杰签署并交换信函，新加坡正式宣布核准《“一带一路”融资指导原则》。该原则是2017年首届“一带一路”国际合作高峰论坛期间的一项重要成果，由包括中国在内的27国财政部门共同核准，旨在深化“一带一路”融资合作，推动建设长期、稳定、可持续、风险可控的多元化融资体系。

11月12日，工信部发布《关于工业通信业标准化工作服务于“一带一路”建设的实施意见》。《意见》指出，与“一带一路”沿线国家共同制定国际标准80项以上，成体系部署标准外文版研制计划400项以上；标准互认领域不断扩大，形成一批互认标准；一批先进中国标准在“一带一路”建设中得到应用；与“一带一路”沿线重点国家的标准体系对接合作机制基本建立。

11月20日，国家主席习近平在马尼拉同菲律宾总统杜特尔特举行会谈。习近平强调，菲律宾是中国共建“一带一路”的重要伙伴。会谈后，两国共同签署了包括《中华人民共和国政府与菲律宾共和国政府关于共同推进“一带一路”建设的谅解备忘录》在内的29项合作协议，并就南海油气开发合作签署谅解备忘录。

12月6日，国家发展和改革委员会主任何立峰在京会见来访的澳门特别行政区行政长官崔世安一行，双方签署了《国家发展和改革委员会与澳门特别行政区政府关于支持澳门全面参与和助力“一带一路”建设的安排》。

12月11日，中共中央党史和文献研究院编辑的《习近平谈“一带一路”》一书，由中央文献出版社出版，即日起在全国发行。

12月16日—17日，“一带一路”国际合作高峰论坛咨询委员会第一次会议在北京举行。咨委会是非营利性、国际性政策咨询机构，主要职能是为“一带一路”国际合作高峰论坛发展提供智力支持。

12月22日，中核集团田湾核电4号机组100小时满功率运行考核试验结束。至此，中俄最大的核能合作项目——田湾核电二期工程（3、4号机组）全面投产。